미학의 모든 것
철학적 미학의 길잡이

미학의 모든 것
철학적 미학의 길잡이

2018년 6월 25일 초판1쇄 발행
2020년 2월 20일 초판2쇄 발행
2021년 5월 25일 초판3쇄 발행
2024년 1월 10일 초판4쇄 발행

엮은이 | 제럴드 레빈슨
옮긴이 | 김정현 · 신운화 · 신현주 · 이종희 · 최근홍
펴낸이 | 이찬규
펴낸곳 | 북코리아
등록번호 | 제03-01240호
주소 | 경기도 성남시 중원구 사기막골로 45번길 14 우림2차 A동 1007호
전화 | 02-704-7840
팩스 | 02-704-7848
이메일 | ibookorea@naver.com
홈페이지 | www.북코리아.kr
ISBN | 978-89-6324-611-6 (93100)

값 39,000원

*본서의 무단복제를 금하며, 잘못된 책은 바꾸어 드립니다.

미학의 모든 것

The Handbook of Aesthetics

철학적 미학의 길잡이

제럴드 레빈슨 엮음

김정현 · 신운화 · 신현주 · 이종희 · 최근홍 옮김

북코리아

한국 독자를 위한 서문

번역: 신현주

*The Oxford Handbook of Aesthetics*의 한국어 번역본이 출판된 것을 매우 기쁜 마음으로 환영합니다. 이 책의 한국어 번역본을 통해 한국의 철학자들과 연구자들, 학생들, 예술가들이 이제 영어권의 미학 이론과 예술철학에서 진행되는 논의들에 더 활발히 참여할 수 있게 되리라 기대합니다.

비록 이 책의 초판이 출판된 지 10년이 지났지만, 영미권의 철학적 미학은 그동안 큰 변화를 겪지 않았습니다. 그러므로 이 책은 여전히 영미 미학을 조망하는 데 좋은 안내서가 될 것이며, 특별히 영미 미학의 주요 주제들에 생소한 사람들에게는 더 유용하리라 생각합니다.

철학의 한 분야로서 미학은 오랫동안 대륙 및 동아시아의 철학에서 큰 활약을 했으나, 영미권 철학 내에서는 지난 세기의 상당 기간 동안 그다지 뚜렷한 위치를 차지하지 못했습니다. 그러나 이러한 경향이 50년 전부터 크게 변하기 시작했고, 지금 미학은 영미권 철학 내에서 가장 왕성한 연구 영역의 하나로 자리 잡았습니다. 이런 시기에 영미 미학을 위한 좋은 안내서가 한국어로 번역되어 보다 광범위한 독자들에게 다가갈 수 있게 된 것은 상당히 고무적인 일입니다.

이 책의 가치는 편집자인 저 때문이라기보다는 총 48개의 논문을 집필한 37명의 훌륭한 저자들 때문이라는 것을 강조하고 싶습니다. 그들 역시 흥미로운 주제들을 탐구하려 했던 자신들의 노력이 마침내 한국 독자들에게도 전달될 수 있는 기회가 열린 것을 알게 되면 저처럼 기뻐할 것입니다.

　마지막으로, 이 책의 한국어, 중국어, 혹은 더 나아가 다른 아시아 언어들로의 번역이 단순히 아시아의 학자들에게만 유익한 것이 아님을 언급하고 싶습니다. 이 책의 번역을 통해 아시아의 학자들이 영미 미학에 보다 쉽게 접근하게 되면, 서양 미학의 전통은 그것 밖의 철학적 전통으로부터 다양한 관점들을 흡수해 보다 더 풍부해지고, 새로운 종류의 경험과 관심, 감수성을 생각해보는 계기가 마련될 것이므로, 서양 미학의 전통 내에서 연구하는 학자들 역시 큰 수확을 얻으리라 생각합니다.

2013년 3월
메릴랜드 컬리지 파크에서
제럴드 레빈슨

편집자 서문

번역: 김정현, 신현주

이 책은 현재 영어권에서 통용되는 철학적 미학에서 바라보는 예술의 위치를 살피는 것에 그 목적을 두고 있다. 만약 일반적인 철학적 배경을 가지고 있다면 이 책의 내용을 이해하는 데 무리가 없을 것이며, 원한다면 미국, 영국, 캐나다, 호주, 뉴질랜드, 스칸디나비아와 그 외 영어권의 책, 학술지, 학술대회에서 최근 논의되고 있는 미학적 문제의 토론에 참여할 수도 있을 것이다.*

이 책은 4부 총 48개의 장으로 구성되어 있다. 이 책에서 다루는 내용들은 현재 활발히 논의되고 있는 토론과 연구에 관련된 주제들로, 철학적 미학의 핵심 주제들의 거의 대부분을 아우르고 있다.

제I부 '배경'에 할애된 2개의 장은 철학적 미학 전반에 대한 개괄적 내용을 담고 있다. 1장은 두 부분으로 나누어 철학적 미학이라는 분야에 대한 개괄을 제공하는데, 전반부는 철학적 미학이라는 숲 전체를 조망하게 해주고, 후반부는 지난 반세기 동안 중요하게 다루어진 5개의 핵심 논제를 개진한다. 2장은 근대미학사의 흐름 속에 나타난 최근 저작과 17세기로부터 20세기 중반을 풍미한 미학적 사고에 대한 광범위한 조사를 섭렵한다.

---

* 프랑스, 이탈리아, 스페인 그리고 독일과 같은 비영어권 국가들에서 유사한 저작이 있다는 것을 부정하는 것이 아니다. 다만 이 국가들에서 '미학'이라는 이름하에 이루어진 연구들은 일반적으로 영어권의 것과는 본성상 차이점을 가진다고 보는 것이다.

이후 이어지는 46개의 체계적인 장들은 세 파트로 나누어 구성되었다. 제II부 '일반적인 미학적 문제들'에서는 표현, 허구, 미적 경험과 같이 모든 예술형식에 적용되는 미학의 일반 문제들을 다루고 있으며, 제III부 '예술형식과 미학적 문제들'에서는 미학이 음악, 영화, 춤 같은 특정 예술형식과 관련될 때 제기되는 미학적 문제들에 대해 다루고 있다. 마지막 제IV부 '이후 향방과 미학적 문제들'에서는 미학과 다른 연구 영역 간의 관계를 다루거나 주류 분석 미학적 주제가 다루지 못한 보충적인 주제들을 다룬다.

이 책에 상대적으로 많은 논문들이 실린 것은 현 미학 분야의 다양성과 복합성, 그리고 그 활발한 논의들에서 말미암는다. 50년 전 미학이 철학 분야에서 침체된 분과였다 해도, 지금은 그렇지 않으며, 미학과 철학의 다른 분과들, 특히 형이상학, 윤리학, 심리철학, 언어철학, 정치철학과의 쌍방향적 상호작용이 지속적으로 발전해가고 있다.

이 책의 각 장들은 길이가 다양하다. 적게는 4,500 단어로부터 길게는 12,000 단어에 이르는데, 전자는 (예컨대 〈은유〉, 〈환경미학〉처럼) 실로 구체적인 범위를 다루는 경우에 해당하고, 후자는 (예컨대 〈예술의 정의〉, 〈음악〉처럼) 광의의 범위를 다루는 장들에 해당한다. 그러나 대개는 8,500 단어 정도의 길이가 평균치이다.* 뿐만 아니라 모든 장이 광범위하고도 최근 저작들에 이르기까지 업데이트하고 있는 참고문헌을 담고 있다.**

비록 모든 장에서 그렇지는 않다고 해도 이 책의 방향성은 영미 분석철학의 방법론에 있다는 것이 분명하다. 그렇기는 하지만 우리는 각 장의 저자들에게 다른 철학적 그리고 비판적 전통에서 이루어진 논의에서 바라보는 관점들도 살펴보고, 필요하다면 그러한 관점을 언급하도록 권고하였다. 대부분의 저자들이 미국과 영국 출신이지만, 몇몇은 캐나다, 스칸디나비아, 호주 출신이기도 하다.

이 책의 저자들은 저명한 미학자들로 그 분야의 권위자들이고, 현재 진행되는 논의에 핵심적인 기여를 하여 각 주제를 살피고 있다는 점에서 신뢰할 수 있는 저자들이다. 어떤 주제를 특정 저자에게 의뢰하는 일은, 해당 주제에 대한 그 저자의 권위와 적합성에 근거해 이루어졌을 뿐만 아니라 그 저자의 관련 분야에 있는 이전 업적에 근거하기도 하였

---

* 살펴보면 이 책은 특이하게도 미적 실재론에 대한 두 장을 포함하고 있다. 이는 애초 서로 다른 목적 하에 의뢰된 두 논문 중 하나가 궁극적으로는 미적 실재론에 해당하는 것으로 밝혀졌기 때문이다. 하지만 이 주제가 (미적 속성이 존재하는지, 미적 판단이 진리가를 가지는지, 미적 기술들이 객관적인 기술인지 등등처럼) 매우 중요하고 복잡한 주제임을 고려했을 때, 같은 제목을 두 번 사용한 것은 그리 잘못된 결정은 아니었던 듯하다. 이는 특히 미적 실재론 1은 미적 실재론을 지지하는 쪽으로 결론지었던 반면 미적 실재론 2는 이를 거부하는 쪽으로 결론짓게 되어, 결국 두 논문이 같은 주제에 대한 상반된 결론을 제시했기에 더욱 그렇게 여겨진다.

** 하지만 이 책에 있는 참고문헌들은 거의 대부분이 영어권 저작들에 국한된 것이고, 매우 극소수만이 비영어권 저작들을 적고 있다.

다. 이 과정에서 다른 저작을 위해 쓰인 논문들이 이중으로 실리는 일을 피하는 노력이 필요하기도 했다.

이 책의 독특한 점은 저자들 중 다수가 한 장이 아닌 두 장을 집필했다는 것이다. 그 결과로 이 책은 스타일과 범위에 통일성이 있으며, 관련된 장들 간에 긴밀한 상호연관성을 보여준다. 각 장의 마지막 부분에는 이 책 내에서 관련 문제들을 다루는 다른 장들의 목록이 실려 있다.

이 책은 미학 분야의 학자, 즉 미학을 전공하는 대학원생, 교수, 연구원들을 위해 집필된 책이다. 그러나 이 외에도 현대의 철학적 미학이 어떻게 전개되는지 알고 싶은 진지한 예술 비평가, 이론가, 예술사가들뿐만 아니라, 예술에 대한 이론적 관심이 높은 일반 독자들에게도 도움이 될 것이다.

최근에 이 책과 비슷한 취지로 출판된 두 책이 있는데, 이 책이 그 두 책들과 어떻게 다른지 간단히 설명하고자 한다. 먼저 《루트리지 미학 논문 선집》(Routledge Companion to Aesthetics, London, 2001)과 비교했을 때 이 책은 다음과 같은 세 가지 점에서 차이가 있다. 첫째, 이 책은 학부생들보다는 대학원생들을 위한 책이다. 둘째, 이 책의 장들은 상당히 긴 편이며, 보다 완전한 참고문헌 목록을 포함하고 있다. 셋째, 특정한 역사적 인물이나 운동을 논하는 장들을 포함하지 않음으로써 이 책은 보다 체계적이다. 또한 이 책이 《미학 백과사전》(Encyclopedia of Aesthetics, New York, 1998)과 다른 점은, 분석미학과 철학적 주제들로 그 범위가 한정되었기 때문에 4권이 아닌 1권으로 완성되었다는 점이다.

지면의 부족으로 인해 현대 미학의 모든 주제들이 이 책의 독자적인 장으로서 자리할 수는 없었다. 예를 들어, 취미, 천재성, 비평, 형식주의라는 장들은 이 책에서 찾을 수 없다. 그러나 독자들은 명목상 제외된 듯 보이는 이러한 주제들이 사실상 이 책의 여러 장들에서 논의되고 있음을 발견할 것이다. 다음은 이렇게 숨어 있는 주제들을 어느 장에서 찾을 수 있는지에 대한 안내이다.

검열: 예술과 정치

공연: 예술과 창조성, 춤, 음악, 연극, 예술의 존재론

공예: 일상의 미학, 예술의 정의

기술: 예술과 창조성, 예술의 매체

독창성: 예술의 진정성, 예술과 창조성

묘사: 예술에서의 재현

미적 속성: 미적 실재론 1, 미적 실재론 2

미적 쾌: 미적 경험, 예술의 가치

미적 판단: 미적 실재론 1, 미적 실재론 2, 미적 경험, 예술의 가치, 미

비평: 미적 실재론 1, 미적 실재론 2, 예술의 해석, 문학

상상: 미학과 인지과학, 허구

숭고: 근대 미학의 역사

실용주의: 일상의 미학, 미학과 포스트모더니즘

에로틱 아트: 예술과 도덕성, 페미니즘 미학

예술과 사회: 미학과 문화연구, 대중예술의 미학, 예술과 정치, 페미니즘 미학

오페라: 음악, 연극

위조: 예술의 진정성

자율성: 아방가르드의 미학, 예술과 정치

장르: 예술의 해석, 문학, 예술의 매체

즉흥: 예술과 창조성, 음악

천재성: 예술과 창조성

취미: 미적 경험, 미

형식주의: 미적 경험, 미, 페미니즘 미학, 예술의 가치

회화적 사실주의: 예술에서의 재현

희극: 유머

책의 구상에서부터 완성까지 4년 남짓한 시간 동안 이 기획을 완성할 수 있도록 나를 믿어주고 조언을 아끼지 않은 옥스퍼드대학교 출판사의 피터 몬칠로프(Peter Momtch-iloff), 그리고 훌륭한 색인 작업을 해준 앤드류 캐니아(Andrew Kania)에게 고마움을 전한다. 마지막으로 철학적 미학과 관련한 최고의 연구 안내서가 될 이 책을 가능하게 한 37명의 저자들에게 진심으로 감사 인사를 드린다.

2002년 2월
메릴랜드 컬리지 파크에서
제럴드 레빈슨

CONTENTS

III   예술형식과 미학적 문제들

IV 이후 향방과 미학적 문제들

I

배경

Background

제1장

철학적 미학: 개괄

제럴드 레빈슨(Jerrold Levinson)
번역: 김정현

1. 미학의 범위

1.1 들어가기

미학은 예술과 미적 경험에 관한 개념과 이론을 연구하는 철학의 한 분야이다. 이 장은 철학적 미학의 전반적인 구조를 개괄하고 지난 50여 년 동안 영미(Anglo-American) 미학에 있었던 발전상을 다섯 가지 주요 주제를 중심으로 정리한다. 이때 선택된 주제들은 미적인 것(the aesthetic)이라는 개념, 예술의 정의와 그 존재론, 예술에 있어서 재현과 표현의 문제에 해당한다. 물론 이 주제들은 이 책의 개별 장들을 통해 더 충분히 논의될 것이다.

철학적 미학이라는 분야에는 편의상 접근 가능한 세 가지 초점이 있고, 각각의 관점들에 대해 적합한 논의를 진행해 볼 수 있다. 그 첫 번째 초점은 특정한 종류의 **관행**(practice)이나 **활동** 혹은 **대상**에 대한 것이다. 여기에서는 예술이라는 관행, 예술을 제작하고 감상하는 활동들 혹은 예술작품이라고 여겨지는 다양한 대상들을 다룬다. 두 번째 초점은 사물이 지니는 특정한 **속성, 특징, 국면**에 대한 것으로 미, 우아, 활력(dynamism)과 같은 **미적인 속성**이 여기에 해당한다. 마지막으로 세 번째 초점은 특정한 **태도**나 **지각** 혹은 **경험**에 주어지는 것으로, 여기에도 물론 **미적**이라는 수식어를 붙일 수 있다.

알다시피 위의 세 가지 초점에서 제시된 세 종류의 개념들은 서로 긴밀한 연관성을 가지고 있다. 예컨대 예술은 가치 있는 미적 속성을 갖는 대상을 제작하는 관행으로도, 혹은 인간에게 가치 있는 미적 경험을 주는 경향이 있는 대상을 낳는 관행으로도 말해질 수 있다. 한편 미적 속성은 주로 예술작품이 소유하는 속성일 수도 있고 기본적으로 미적 경험이 지향하는 속성일 수도 있다. 미적 경험은 예술작품을 감상할 때 주로 나타나는 경험의 종류를 말할 수도 있고 혹은 자연 대상물이건 인공물이건 간에 그 사물이 소유한 미적 속성들과 관계 맺는 경험을 말하는 것일 수도 있다.

이 세 초점 중 어느 것이 가장 근본된 것인지에 관한 논의, 특히 **예술**과 **미적인 것** 중 개념적으로 우선하는 것이 무엇인지에 관한 논의는 많았다(Scruton, 1974; Wollheim, 1980/ 1968; Danto, 1981). 그러나 창조와 수용이 동시에 일어나는 예술 자체의 특성상 예술이 미적 속성을 드러내고 미적 경험을 유발하는 가장 풍요롭고 다채로운 무대가 된다는 이유에서 이 세 초점들은 자연스럽게 상호 연관된 것으로 여겨진다. 예술 영역에 포함되지 않거나 예술과 무관한 미적 현상의 분석을 무시할 수는 없겠지만 최근 분석미학의 상당 부분이 예술철학(Philosophy of art)에 해당한다는 것은 부인할 수 없는 사실이다.

세 가지 초점에 즉각적으로 포함되지는 않지만 미학의 주요 논의에 해당하는 것으로 보이는 그 밖의 주제들로는, 첫째 자연 미학, 둘째 비평 이론, 셋째 기예(craft)의 본성을 들 수 있다. 그러나 잠시만 생각해 봐도 이 중 자연 미학은 두 번째와 세 번째 초점에서 적절히 논의될 수 있고 비평 이론과 기술의 본성은 첫 번째 초점에서 다룰 수 있다는 것을 알 수 있다.

자연 미학은 미, 숭고, 장엄, 풍요와 같이 미적인 것으로 분류되는 자연 현상에 나타나는 특정한 속성들을 다루거나 혹은 주로 자연에서만 환기되는 특정 경험이나 자연에 대해 취하기에 적절한 특정 태도를 다루는 것으로 볼 수 있다. 비평 이론은 예술 관행의 한 분야에 대한 탐구로 여겨지는 동시에 예술작품의 수용에 대한 논의에 해당하는 것으로, 여기에는 기술, 해석 그리고 평가가 포함된다. 한편 기예는 예술 관련 활동이나 혹은 준예술 활동으로 볼 수 있다.

1.2 미학의 세 가지 초점들

위에서 언급한 미학의 세 가지 초점들에 관한 본격적인 논의로 가보자. 우리는 이 세 가지 초점들을 간략히 **예술, 미적 속성, 미적 경험**이라 칭할 수도 있다. 살펴보았듯이 이 초점들은 다양한 방식에서 상호 연관되어 있어 상호 정의될 수 있지만 독립적으로 자신의 정박지를 갖지 못한다면 기껏해야 미학이라는 대양 안에서 상대적인 설명밖에 주지 못하는 꼴이 될 것이다. 현재로는 이 세 초점들에 대한 기초 내용을 밝히고자 한 최근까지의 주장들을 개괄하는 것이 도움이 될 것 같다. 그렇다면 예술이란 무엇이며, 미적인 특징으로 여겨지는 것들은 무엇이며, 또 미적 경험은 어떻게 형성되는 것일까?

예술

예술의 개념에 대한 첫 번째 견해는 특히 예술이 지각 가능한 **형식**(perceptible form)을 가진다고 보았다. 이때 지각 가능한 형식은 형식 그 자체로서 탐구되고 관조되는 형식을 말한다. 이러한 견해의 시작은 18세기 독일 철학자인 임마누엘 칸트의 저작에서 비롯되는데, 칸트는 사물과 예술작품과 자연 현상의 아름다움이 모두 유사하게 우리의 인지능력의 자유로운 유희를 자극하는 능력에서부터 온다고 보았다. 이때의 자유로운 유희는 개념의 매개 없이 지각된 시공간에 놓인 대상의 순수 형식(pure form)으로부터 비롯된다. 20세기 초 영국 이론가인 클라이브 벨(Clive Bell)과 로저 프라이(Roger Fry)도 유사한 노선에서 시각예술이 예술로서 가지는 국면은 오직 공간상의 형식이라 말했다. 그리고 벨의 그 유명한 '의미 있는 형식(significant form)'을 소유하는 것은 한 대상이 예술이 되기 위한 필요충분조건이다.

마찬가지로 오래된 예술에 대한 두 번째 개념은 예술을 본질적으로 마음의 상태 혹은 비명제적인 내용을 **표현하고 소통하는** 수단이라 보는 것이다. 20세기 초 이탈리아 철학자인 베네데토 크로체(Benedetto Croce)는 예술의 본질이 감정의 표현에 있으며 이때 그 표현의 내용과 수단은 분리 불가능할 뿐 아니라 심지어 동일하다는 사실을 강조했다. 영국철학자 콜링우드(R. G. Collingwood)도 같은 노선을 좀 더 발전시켜 예술가는 예술작품의 제작을 통해 그의 감정 상태의 본성을 분명하고 명확하게 해명한다고 주장하였다. 러시아소설가 레오 톨스토이는 이를 좀 더 발전시켜 예술은 간접적인 수단, 즉 외재적인 재료에 드러난 기호들의 구조를 통해 인간 상호 간에 정서적인 소통을 꾀하는 것이라고 주장했다.

예술에 관한 세 번째 개념은 예술에서만 가능한 독특한 방식이나 수단을 통해 외부대상을 **미메시스, 모방** 혹은 **재현**한다는 견해와 결합되어 있다. 이러한 견해는 매우 오래된 것으로 역사적인 순서로 보자면 먼저 언급되었어야 했던 것으로 초기 미학의 고전에 해당하는 플라톤의 《국가》와 아리스토텔레스의 《시학》에서 찾을 수 있다. 비슷한 관점에서 가시적인 것 너머에 있는 질료(matter)의 재현을 허용하도록 수정한 견해는 이후 사상가들 중 레싱, 헤겔과 쇼펜하우어의 미학 이론에서 나타난다. 예술을 재현 혹은 좀 더 넓게는 기호(semiotic)나 상징(symbolic)으로 보는 최근의 논의는 랭어(Susanne Langer, 1953), 굿먼(Nelson Goodman, 1976/1968), 단토(Arthur Danto, 1981), 월튼(Kendall Walton, 1990)에게서 진행되었다.

그 외의 예술 개념으로 비중 있게 다루어 볼 만한 견해는 예술을 아름다운 대상을 제작하는 활동으로 보는 견해이다. 여기에는 자연이나 인체의 아름다움을 충실히 재현하려는 활동도 포함된다. 혹은 예술을 기술을 보여 주는 장으로, 특히 감탄을 자아낼 수 있을 정도로 훌륭히 대상을 만들거나 조작하는 능력을 보여 주는 장으로 여기는 견해(Sparshott, 1982)도 있고, 놀이(play)의 개발로 여겨 이러한 놀이의 구조와 진지성을 강조하는 견해도 있다(Gadamer, 1986). 혹은 예술을 경험의 장으로 보는 견해도 있는데, 우리는 이러한 경험을 통해 외부 세계와의 관계에서 발생하는 능동적·창조적 국면과 수동적·수용적 국면의 상호작용을 그 자체로서 주목하고 사고하는 경험을 한다(Dewey, 1934).

　　보다 최근에 주장된 예술의 개념들은 다음과 같다. 혹자는 예술을 미적 경험을 제공하도록 의도되었거나 고안된 대상을 만드는 일이라고 보고(Beardsley, 1981), 혹자는 예술을 예술계(artworld)라고 하는 특별한 문화적 틀 안에서 작품의 내용(aboutness)이나 의미를 부여하는 일이라고 본다(Danto, 1981). 또 다른 이들은 예술이 오직 역사적으로만 정체 확인이 가능하고(identifiable) 이는 이전에 예술의 지위를 주었던 활동과 이미 예술 지위를 받은 대상들과의 관계를 통해 밝혀진다고 주장한다(Wollheim, 1980/1968; Levinson, 1990a, 1993; Carroll, 2001).

미적 속성

미학을 미적 속성에 대한 탐구로 간주하려는 견해는 분명 한 속성이 미적인 속성이 되는 시점을 설명해야만 한다. 미적 속성들이 지각적 속성이거나 혹은 관찰 가능한 속성으로 직접적으로 경험되는 속성이고, 대상이 지닌 미적 가치에 관련해 발생하는 속성이라는 것은 널리 받아들여지는 바이다. 그러나 미적 속성이라는 집합의 경계를 정하는 문제는 여전히 논쟁 중이다. 미적 속성의 지위를 검증해 주는 표식으로 지금까지 제안되어 온 것은 게슈탈트적인 성향, 세련된 취미의 요구, 평가적인 국면의 소유, 관조 그 자체에서 발생하는 쾌나 불쾌의 제공, 조건에 지배받지 않음, 보다 낮은 수준의 지각적 속성으로부터의 창발, 대상의 특성에 대한 상상력의 요구나 비유적인 사고의 요구, 미적 경험에 대한 주된 주목, 예술작품에 명시적으로 현전할 것 등이 있다(물론 이 중 마지막 두 경우는 미적 속성의 경계가 미적 경험이나 예술의 경계에 의존한다고 본다).

　　이러한 표식들에 관한 논쟁은 여전히 진행 중이지만, 제도적으로 말하자면 사물의 지각 가능한 속성들 중 어떤 것이 미적 속성으로 여겨질 수 있는가 하는 문제는 대개 다음의 열린 목록으로 일치를 본다. 여기에는 미, 추, 숭고, 우미, 우아, 섬세, 조화, 균형, 통일, 활력, 박력, 열기, 기운생동, 재치, 격노, 요란, 천박, 신랄, 불안, 슬픔, 고요, 상쾌, 조잡, 차분, 강인, 익살, 화려, 권태, 음울, 감상적임 등이 있다. 물론 목록에 제시된 속성들 중 다수가 비유적으로만 미적 속성으로 이해된다는 점을 밝혀 둔다. 결국 미적 속성의 집합과 표현적 속성의 집합이 완전히 일치하는 것은 아니지만 자연 대상이 아니라 예술작품에 귀속되는 한 표현적 속성은 미적 속성의 중요한 부분집합이다(Goodman, 1976/1968; Tormey, 1971; Scruton, 1974; Beardsley, 1982; Levinson, 1990a; Sibley, 2001을 참조하라).

미적 경험

미학을 태도이건 지각이건 감정이건 주목 행위이건 간에 특별한 경험이나 마음의 상태를 연구하는 학문으로 보려면 여기에도 한 심적 상태나 정신활동이 미적인 것이 되는 시점을 설명하는 것이 필요하다. 미적인 심적 상태를 다른 심적 상태로부터 구분하는 설명으로 제안된 것에는 무관심성(disinterestedness) 혹은 욕망과 필요와 실제적 관심으로부터의 탈피, 탈도구성(non-instrumentality) 혹은 그 자체를 목적으로 함, 관조와 몰입의 결과로 발생하는 주체의 상실, 대상의 형식에 대한 집중, 대상의 형식과 내용의 관계에 대한 집중, 대상의 미적인 특징에 대한 집중, 예술작품의 감상에 주된 집중 등이 있다(이번에도 마지막 두 경우에는 미적 경험의 경계가 미적 속성이나 예술의 경계를 어디에 두느냐에 따라 달라진다). 개별적으로건 연접해서건 간에 앞에서 말한 기준들이 미적 경험을 특별한 심적 상태로 적절히 구분시킬 수 있는가 하는 문제는 현재에도 논의 중이다(이에 대한 회의적인 견해로는 Carroll, 2001을 보라).

1.3 미학의 문제와 쟁점들

앞서 살펴보았듯이 예술과 미적 속성과 미적 경험의 본성이 상호 연관성 속에서 규정된다는 사실은 미학이 지닌 문제 중 하나이다. 이 상위의 문제는 더 구체적인 문제들을 낳는데 이를 위해서는 개별 예술 형식이나 미적 현상을 살펴보는 것이 필요하다.

우리는 예술의 정의에 관한 관심으로부터 자연스럽게 예술의 존재론, 예술적 창조의 과정, 예술 감상의 요구조건, 예술에서 형식이라는 개념, 예술에서 매체의 역할, 예술에서 재현과 표현의 분석, 예술 양식의 본성, 예술의 진품성(authenticity)과 예술의 해석과 평가에 관련된 원칙에 대한 관심을 가지게 된다. 이러한 관심들로 인해 예술철학이 가끔 메타-비평(meta-criticism)이나 예술 비평론으로 여겨지는 것은 놀라운 일이 아니다(Beardsley, 1981).

앞서 열거한 관심들에서 비롯되는 문제들이 어떤 것인지 그것들 중 몇몇이라도 살펴보는 것이 필요하다. 예술의 존재론은 예술작품이 정확히 어떤 종류의 사물이며 그것이 예술 형식마다 어떻게 다른지를 중점적으로 다룬다. 철학자들은 예술작품이 물질적인 것인지 정신적인 것인지, 추상적인 것인지 구체적인 것인지, 단일한 것인지 복수적인 것인지, 창조되는 것인지 발견되는 것인지, 기보를 통해 정의 가능한 것인지 아니면 다만 문화적으로 상세화할 수 있는 것인지에 질문을 던졌고 예술의 진품성이 어디에 있는지에 대해 궁금해했다(Collingwood, 1938; Goodman, 1976/1968; Wollheim, 1980/1968; Wolterstorff, 1980; Currie, 1989; Levinson, 1990, 1996d). 예술의 창조성에 대한 관심은 예술 창조에 관해 일반화가 가능하냐는 질문과 예술을 감상하는 데 있어서 예술 창조의 과정에 대한 지식, 즉 더 일반적으로 말하자면 예술 창조의 역사적 맥락을 아는 것이 필요한가에 관한 질문을 제기했다(Wollheim, 1980/1968; Beardsley, 1982; Currie, 1989; Walton, 1990; Levinson, 1990a, 1996d). 예술적 형식에 관련된 쟁점들은 예술이론으로서의 형식주의 옹호에 관한 문제, 상이한 예술 형식에 나타나는 형식들에 관한 문제, 그리고 형식과 내용의 관계와 형식과 매체의 관계에 대한 문제를 담고 있다(Kivy, 1990; Budd, 1995; Carroll, 1999).

　　예술작품이 의미를 나타내는 방식 중에 가장 중요한 것은 **재현과 표현이다**(그러나 굿먼은 1976/1968년 저작에서 재현과 표현만큼 중요한 방식으로 예시(exemplification)*가 있다고 주장했다). 이론가들은 흔히 회화적 재현이나 묘사를 대표적 사례로 삼아 다음과 같은 방식으로 재현을 설명할 수 있다고 주장했다. 이들은 재현을 대상과 그 대상의 재현 사이의 닮음, 즉 지각적인 환영(Gombrich, 1960), 기호의 관례들(Goodman, 1976/1968), 안에서-보기(Wollheim, 1980/1968, 1987), 세계-투사(Wolterstorff, 1980), 믿는-체하기(Walton, 1990), 재인 능력(Schier, 1986), 대상에 대한 시각 경험과 재현의 닮음(Peacocke, 1987; Hopkins, 1998) 혹은 정보적 내용(Lopes, 1996)이라고 주장했다. 이론가들은 예술적 표현을 흔히 감정의 표현에 대한 특별한 주목으로 설명했다. 이는 예술가 개인의 감정 표현을 말하는 것으로 감상자가 예술가와 함께 공감하도록 유도한다. 이러한 이론들은 표현이 은유적 예시(Goodman, 1976), 조응(Wollheim, 1987), 환기(Matravers, 1998), 상상적 투사(Scruton, 1997), 표현적 외양(Kivy, 1989; Davies, 1994), 혹은 상상된 사적 표현(Levinson, 1996d)이라고 주장한다.

　　예술 양식에 관해서 이론가들은 예술가 개인 양식과 역사적 시대 양식의 구분, 심리적 실체로서의 양식, 재현의 목표와 양식의 상호작용, 미적 감상에서 양식을 인지하는 것이 갖는 역할에 주목한다(Gombrich, 1960; Wollheim, 1987; Lang, 1987). 예술 해석의 문제에 있어서는 해석에서 예술가의 의도의 연관성, 해석의 다양한 목적, 비평 일원론과 비평 다원론

---

*　굿먼에게서 가장 기본적인 기호작용은 지시(denoting)와 예시(exemplification)이다. 지시는 기호가 대상을 가리키는 것으로, 예컨대 '철수'가 우리 학급에 있는 철수라는 학생을 가리키는 기호로 작용하는 것을 말한다. 반면 예시는 예컨대 양복점의 옷감 견본책에 있는 견본 하나가 담당하는 기호작용에 해당한다. 우리가 옷감 견본을 볼 때 무엇을 보는가? 우리는 견본에 있는 색, 패턴, 질감 같은 것을 보고 그것이 원래 속했던 옷감 한 필과 그것으로 양복을 만들었을 때 어떠할 것인가를 상상한다. 그렇다면 이 옷감 견본은 그것 자체가 옷감의 색, 패턴, 질감과 같은 속성을 소유하는 동시에 그 견본의 출처인 옷감 전체 한 필에 있는 그 속성들을 가리킨다. 즉 이 옷감 견본의 예에서처럼 어떤 것이 다른 것의 예시가 되기 위해서는 공통된 속성을 소유함과 동시에 그 속성을 가리키는 기호 관계도 성립되어야 한다. 따라서 굿먼은 예술작품이 슬픔을 표현한다고 한다면, 이 작품이 (비유적으로) 슬픈 속성을 소유함과 동시에 그 슬픈 속성을 가리켜야 한다고 보는 것이다.

간의 논쟁, 비평적 해석과 수행적(performative) 해석 간의 유사점과 차이점, 해석하는 것과
예술의 가치를 극대화하는 것 간의 관계가 주로 주목받는 주제이다(Currie, 1990; Davies,
1991; Budd, 1995; Goldman, 1995; Levinson, 1996d; Stecker, 1997). 마지막으로 **예술의 평가** 문제에 대
해서는 평가가 객관적인가 주관적인가 하는 문제, 예술적 가치(artistic value)와 즐거움(pleasur-
ability)의 관계, 예술이 지니는 가치 전반과 개별 작품이 가지는 가치와의 관계, 모든 예술
형식에 적용되는 일반적인 가치 기준의 유무, 그리고 예술을 예술로 평가하는 데 있어 인
식적 가치가 갖는 위상 등의 문제에 이론적 귀추가 주목된다(Beardsley, 1982; Goodman,
1978/1968; Goldman, 1995; Budd, 1995; Stecker, 1997; Levinson, 1998b).

언급한 문제들에 덧붙일 수 있다면 **의도, 허구, 은유, 서사, 비극, 천재, 공연**과 같이, 모
든 예술은 아닐지라도 많은 예술을 이해하는 데 필요하고 예술 형식에 관계없이 적용되
는 개념에 관련된 문제들이 있다. 다음으로는 예술과 여타 삶의 영역이나 국면과의 관계
를 다루는 쟁점들도 있다. 아마도 그러한 것들 중 **예술과 정서, 예술과 지식, 예술과 도덕성,
예술과 정치**라는 항목은 가장 중요한 항목들로 여겨지는 쟁점들이다. 예컨대 여기에는 우
리가 이미 허구라고 알고 있는 등장인물들에게 감정을 느끼는 것이 합당한지, 예술이 지
식을 전달하는 수단일 수 있는지, 만일 그렇다면 어떤 종류의 지식을 전달하는지, 예술이
도덕 교육에 이바지할 수 있는지, 예술이 검열이나 혹은 그와 비슷한 사회적 개입을 허용
하는 것이 합당한지와 같은 문제들이 속한다. 물론 회화, 시, 사진과 같은 개별 예술 형식
에 관련한 문제들도 있다. 여기에는 예컨대 영화가 본래적으로 사실주의적인 매체인지,
시는 훌륭하게 의역될 수 있는지, 음악의 기본 형식은 국지적인 것인지 세계적인 것인지,
회화는 본질적으로 이차원적인 것인지, 서사는 문학과 영화에서 동일하게 작용하는지,
오페라와 같이 하이브리드 예술 형식에서 지배적인 것은 음악인지 언어인지와 같은 쟁점
들이 있다.

미적 속성의 본성에 대한 관심은 자연스럽게 이러한 속성들의 **실재론**, 미적 속성과
그것들이 의존하는 속성 간의 **수반** 관계, 자연에서 찾을 수 있는 미적 속성의 범위, 미적
속성 중 **아름다움**이 갖는 위상, 미와 **숭고**의 차이, 미의 판단의 **주관성과 객관성**의 정도, 예
술미와 자연미와 인체미의 관계, 독창성, 생산성, 혁신성같이 예술 감상에 필요하지만 미적
속성처럼 작품에서 직접적으로 지각되는 것은 아닌 **예술적** 속성과 예술에 있는 미적 속성
간의 관계에 대한 관심으로 이어진다(Levinson, 1990a; Goldman, 1995; Sibley, 2001). 마지막으로
미적 경험의 본성에 관한 관심은 지각, 상상, 추론, 느낌, 기억, 기분과 같이 예술이나 자연
에 반응할 때 나타나는 다양한 **심적 상태**의 본성에 대한 논의를 열게 되고, 나아가 이러한
경험의 분석에 있어서 인지과학이 미치는 영향력에 대한 논의도 가능하게 했다.

2. 분석미학의 다섯 가지 쟁점

2.1 미적인 것이라는 개념

'미적인 것'이라는 개념의 근대적 사용은 18세기 독일의 철학자 알렉산더 바움가르텐에게서 시작되었다. 바움가르텐은 미학을 '사물이 감각을 통해 인지되는 방법에 관한 학(the science of how things are cognized by means of the senses)'(1735)이라 정의하였다. 그러나 분명 근대적 사고에서 '미적'이라는 단어는 언급한 것과 같이 일반적인 차원의 감각 지각과 관련되는 것보다 더 특별한 의미를 가졌다. 18세기 영국 취미론자 중 특히 섀프츠베리, 허치슨, 버크가 이 특별한 의미를 조성하는 데 기여했다. 이들은 미적인 것이 개인적인 욕구나 관심으로부터가 아니라 주로 대상 그 자체에 몰입하는 감각 지각의 방식을 일컫는 것임을 강조하였다. 이러한 사고방식은 미적 지각을 **무관심적** 지각으로 보는 칸트적 개념과 미적 지각을 **대상 지향적** 지각(objective perception)으로 본 쇼펜하우어식 개념에서 절정을 이루었다. 전자는 대상의 실제 존재나 그것에 대한 개인적 관심이 아니라 단지 그것이 주는 외양에만 관심 갖는 지각을 말했고, 후자는 대상에 대한 개인의 의지가 제거된 지각으로 대상이 보여 주는 종류의 지각에만 관심 갖는 것을 말한다. 이를 이어 내린 20세기 견해로는 에드워드 벌로우(Edward Bullough)와 클라이브 벨의 견해가 있다. 벌로우는 미적 지각이 가능하려면 지각 대상에 대해 취하는 심적 **거리** 혹은 그 대상과 관계 맺고 있는 실제적 자아로부터의 이탈이 필요하다고 하였고 클라이브 벨은 오로지 **형식**에만 초점 맞추는 것 혹은 세계에 대한 모든 배경지식으로부터 벗어나 감각적 재료가 주는 요소들의 배열에만 집중하는 것이 필요하다고 말했다.

미적인 것을 무관심적이고 대상에 집중하여 일상과 거리를 두고 형식에만 집중하는 방식의 지각이라고 보는 것은 현재에도 여전히 통용되는 듯하다. 그러나 이에 대한 비판 또한 많은데, 이들 중에는 미적 지각이 사람들을 정치적 상황에 무관심하게 만든다고 염려하는 이들도 있고, 앞서 말한 것과 같은 특별한 방식의 지각이 존재한다는 것 자체에 대해 회의적인 이들도 있다. 게다가 일반적으로 '미적'이라는 형용사는 지각보다는 태도, 경험, 쾌, 판단, 평가나 속성과 같은 단어에 더 어울린다고 여겨진다. 나는 다음에서 '미적'이라는 형용사가 어울리는 이러한 개념들과의 관계를 통해 미적인 것의 본질을 밝히고자 했던 현대적 시도들을 개괄하고자 한다.

분석미학에서 미적인 것이라는 개념을 거론하기 시작한 것은 엄슨(James O. Urmson, 1957)이다. 엄슨은 미적 속성이나 미적 정서가 특별하게 존재한다고 보지는 않았지만 한 대상에 대한 평가가 실제 그 대상의 존재방식보다 그것이 어떻게 보이고 들리며 감각에 어떻게 제시되는지에 기초한다면 미적으로 여겨질 수 있다고 제안했다. 미적인 것을 이렇게 개념화하는 것은 미적 판단을 오직 외양에만 국한시켜 생각했던 칸트적 견해와 크게 다르지 않다. 스톨니츠(Jerome Stolnitz) 또한 칸트의 계승자라 볼 수 있다. 그는 미적 주목이라는 것을 무관심한, 차별화된, 공감적인 그리고 궁극적인(intransitive) 주목, 즉 대상 그 자체 이외의 어떤 것도 목적하지 않고 대상 자체를 목적하는 주목으로 이해했다.

비어즐리(Monroe C. Beardsley)가 미적인 것을 이론화하는 시도에서 사용한 주요 개념은 **미적 경험**이라는 것이었다. 이러한 이론적 시도는 1958년에 구상되어 1980년대까지 계속되었다. 비어즐리(1981)는 미적 경험을 하려면 대상에 굳건히 고정된 주목(firmly fixed attention), 외부 세계로부터의 상대적 자유감(relative freedom from outside concern), 실제적 관심이 결여된 감정(affect without practical import), 탐구력의 능동적 사용(exercise of discovery power), 자아의 통합(integration of the self)이 필요하다고 주장하였다.* 이러한 경험은 그 경험이 지향하는 대상 특히 예술작품의 통일성(unity)**, 강도(intensity)***, 복합성(complexity)****을 감상하게 하기 때문에 가치가 있고, 이 대상들은 미적 경험을 제공하는 잠재력을 소유하기 때문에 미적 가치를 지닌다.

딕키(George Dickie, 1964, 1965)는 스톨니츠, 비어즐리와 같은 이들이 주장한 미적 태도나 미적 경험이라는 전통적인 개념을 맹렬히 공격한다. 딕키(1964)는 전통적으로 주장되어 온 미적 태도와 같은 것은 '신화(myth)'에 불과하며 이는 단순한 주목 그 이상도 이하도 아니라는 강한 논변을 펼쳤다. 특히 딕키는 무관심성이나 거리 두기와 같이 미적 지각을 특징짓는 것으로 추정되는 차이점들은 그러한 지각을 발생시키는 동기일 뿐 그 본성에 해당하지 않음을 증명하려 하였고, 지각마다 차이가 발생하는 것은 그 대상과 그것에 주어지는 주목의 정도를 통해 모두 설명될 수 있다고 주장하였다. 또한 딕키(1965)는 비어즐리의 제안이 결과적으로 범주적 오류를 저지른다고 본다. 왜냐하면 비어즐리에 따르면 통일성, 강도, 복합성과 같은 지각 대상의 가치 있는 특성들은 표준적으로 이러한 특성을

---

*   여기에서 제시한 다섯 가지 특징에 대해서는 이 책에서 게리 아이제밍거(Gary Iseminger)의 〈미적 경험〉, 3절을 참조하라.

**   통일성은 다시 외부의 다른 요소가 더 이상 필요 없다는 것을 보여 주는 완전성(completeness)과 대상 내 속성들이 서로 잘 부합하여 그중 낯선 요소들이 존재하지 않음을 보여 주는 정합성(coherence)으로 나뉜다.

*** 예컨대 우리는 '슬픈'과 같은 정서적 상태나 '우아한'과 같은 형식적 성질에 대해 표현성의 정도가 높고 낮음을 논할 수 있다. 비어즐리는 대상이 이러한 표현적 성질을 비유적으로(사물이 진짜 슬프지는 않을 것이므로) 지닐 때, 그리고 그 정도가 높을 때 '강도'를 지닌다고 말한다.

**** 복합성은 대상의 속성들이 간소하거나 단순하지 않고 다양한 요소들의 조합을 통해 이루어질 때 대상이 지니는 성질을 말한다.

지닌 대상의 경험에 동반되어 그 경험에 동일한 미적 특징을 부여하게 되기 때문이다. 그러나 딕키에 따르면 경험이란 것이 언급한 종류의 미적 특성들을 취득하는 것이 아니다. 비어즐리는 그저 '완전성의 경험'을 '경험의 완전성'으로 착각한 것이다. 이러한 비어즐리와 딕키 간의 논쟁은 비어즐리(1969)에게서 딕키(1974)로, 다시 비어즐리(1982)로 진행되었다.

딕키의 맹렬한 공격에도 불구하고 미적 태도와 미적 경험을 식별시키는 특징에 관한 설명은 계속되었으며 종종 미적 태도나 미적 경험에 있는 인지적 요소들을 강조하는 방향으로 흐르기도 했다. 예컨대 스크루턴(Roger Scruton, 1979)은 미적 경험은 반드시 상상적 사고(imaginative thought)에 의해 경험되며 이러한 경험은 대상과 그 대상 내 특성을 항상 어떤 기술을 통해서 이해해야 한다고 주장한다. 스크루턴에 따르면 이런 특정 방식으로 인식되지 않는 대상은 미적 만족을 찾을 수 있는 대상이 될 수 없다. 이때 미적 만족이란 그저 단순한 감각적 만족과는 다른 것이다. 그리고 레빈슨(Jerrold Levinson, 1996c)은 미적 쾌를 설명하면서 인식적인 것 또한 마찬가지로 중요하다고 제안한다. 다시 말해, 그는 대상에서 찾는 쾌가 대상의 개별적인 특징이나 내용에 대한 지각과 반성에서 비롯될 때 비로소 미적인 쾌가 된다고 본다. 이때 대상의 특징과 내용은 그것들과 이들이 비롯되는 대상의 구조적 기초와의 관계 속에서 지각되고 반성된다. 이러한 관점에서 보자면 한 대상을 미적으로 감상하는 데에서 가장 중요한 것은 그 대상이 예술이건 자연 대상이건 간에 그것의 지각 가능한 형식과 이로부터 비롯된 특징이나 내용과의 관계에 주목하는 것이라고 말할 수 있다(여타의 심적 상태와 구분되는 미적인 심적 상태에 관한 최근 논쟁을 보려면 Carroll, 2001; Goldman, 2001을 보라).

또한 분석철학자들은 미적 **속성**에 주목하여 미적인 것의 개념을 밝히려고 했는데, 이들은 때때로 미적 속성을 가지고 미적이라는 용어의 다른 사용들을 개념 지으려 했다. 예컨대 미적 지각 혹은 미적 경험을 미적인 속성에 대한 지각 혹은 경험으로 해석하였다.

분석미학에서 미적 속성에 관해 저술하기 시작한 것은 1959년 시블리(Frank Sibley)의 독창적인 논문 〈미적 개념들〉(Aesthetic Concepts)이었는데, 이 논문을 필두로 미적 속성과 관련된 많은 중요한 논문들이 나오게 된다(Sibley, 2001을 보라). 시블리에 따르면 미적 개념을 구별 해주는 특성은 **조건 비지배성**(non-condition-governedness) 혹은 **규칙 비지배성**(non-rule-governedness)*이다. 즉 한 미적 용어가 어떤 대상에 적용되는 것이 참이라는 사실은 그 대상

---

* 개념어임을 강조하기 위해 축약된 표현을 채택하다 보니 다소간 가독성이 떨어지는 번역어가 되었다. 그러나 간단히 말하자면, 미적 개념들이 항상 적용되는 규칙이나 조건에 지배를 받지 않는다는 것이 이 개념어가 설명하고 있는 바이다. 예컨대 우리는 크리스마스 카드에 파스텔 빛 아기 곰들로 장식된 그림을 보고 그 색과 형태가 따뜻하고 온화하여 귀엽다고 말할 수 있다. 만일 여기에서처럼 파스텔 색이 사용될

에 대한 비미적 용어의 기술로부터 정당하게 추론될 수 없다. 하지만 앞서 말한 미적 개념이 조건에 지배를 받지 않는다는 것이 미적 속성이 비미적인 속성에 의존하거나 그것으로부터 결정되지 못한다는 것을 의미하지 않는다. 즉 미적 속성과 비미적 속성 간의 관계는 개념적이라기보다 대체적으로 인과적인 관계이다. 또한 시블리는 미적 속성을 지각하여 미적 속성을 올바르게 적용하기 위해서는 특별한 능력, 즉 **취미**(taste)의 능력이 있어야 한다고 주장한다. 이러한 시블리의 주장은 코헨(Ted Cohen, 1973)에 의해서 논박되었다. 그는 미적 속성과 비미적 속성은 원칙적으로조차 구분될 수 없는 것 같다고 반문한다. 키비(Peter Kivy, 1973)의 경우는 적어도 몇몇 미적 속성들은 실제로 조건에 지배를 받는 경향이 있다는 것을 증명해 보이려 했다. 많은 이론가들이 미적 속성이 조건에 지배받지 않는 별개의 속성 집합이라는 데 동의하며 수반이라는 것이 이 속성의 표식이라는 데 동의했지만, 이를 식별하기 위해 취미라는 특별한 능력이 필요하다는 데에는 난색을 표명했다. 코헨의 비판으로 악화되었던 미적 속성과 비미적 속성의 구분에 관한 문제도 마찬가지로 많은 논란을 불러일으켰다. 미적 속성이 추론보다는 직접적인 경험에서 발생하는 저차적인 지각적 속성에 의존하며 어느 정도 이 속성을 지닌 대상이 미적 가치를 갖는 데 기여한다는 것은 널리 받아들여지는 바이다. 게다가 많은 이론가들이 미적 속성이 조건에 지배받지 않는다는 사실에 대해서는 시블리에게 동의하는 편이다. 그러나 이를 제외한 다른 문제들은 여전히 많은 논쟁에 열려 있는 상태이다. 미적 속성의 지위를 알려 주는 그 외의 표식들로는 다음과 같은 것들이 제안되었다. 예컨대 영역 특징(regional character)*일 것(Beardsley, 1973), 가치를 낳는 혹은 가치에 기여하는 속성일 것(Beardsley, 1973), 함축적으로 평가적인 속성일 것(Goldman, 1995), 평가 관련적인 속성일 것(Levinson, 1990b), 속성 부여(attribution)의 종결점일 것(Kivy, 1975), 속성 부여에 있어 상상적 사고와 은유적 사고를 필요로 할 것(Scruton, 1974; Gaut, 1997) 등. 그러나 이러한 미적 속성을 가려내는 데 필요한 표식에 대한 논쟁에도 불구하고, 대상의 지각적 속성 중 미적 속성에 해당하는 속성들에 대해서는 앞

때마다 항시 '귀여움'이라는 미적 속성을 낳는다면, 이는 파스텔 색이라는 (지각적이고 더 저차적인) 비미적 속성이 '귀여움'이라는 미적 속성을 항상 인과하는 규칙을 갖는 것이다. 그러나 (언젠가 골드만이 말했듯) 마이애미 해변에 늘어선 파스텔 색 집들은 온화하거나 귀엽다기보다는 천박한 싸구려 숙박집의 인상을 줄 뿐이다. 이러한 반례를 생각하면 파스텔 색은 언제나 온화하거나 귀엽다는 미적 속성을 인과하지 않는다. 이렇게 파스텔 색조가 상황에 따라 온화함이나 귀여움을 인과하기도 하고 그러지 않기도 하는 경우 규칙에 지배받는다고 말할 수 없다. 이렇듯 시블리에 따르면 대개 많은 미적 속성들은 더 저차적인 비미적 속성들로부터 인과되는 어떤 규칙에도 지배받지 않는다.

* 여기에서 레빈슨이 비어즐리에 관해 언급한 영역 특징은 이 책의 〈미적 경험〉, 3절에서 아이제밍거가 비어즐리에 관해 영역 성질이라 부르는 것과 같은 것으로, 더 상세한 설명을 위해서는 이 책의 5장 〈미적 경험〉 중 129페이지 역주를 참조하라.

서 말했던 것처럼 이론가들의 실질적이고 직관적인 동의가 주어진다.

이쯤에서 굿먼(1968)을 언급할 필요가 있다. 그는 미적인 것을 이론화하는 데 있어 위의 방식들과는 다른 접근방식을 시도한다. 그는 미적 속성이 나타나는 다섯 가지 징후가 있다고 본다. 그리고 이 징후들은 미적 속성성(aesthetic property-hood)이라기보다 한 기호체계가 행하는 **미적 기능**에 대한 것이라고 말한다. 이 다섯 가지 징후는 각각 구문론적 조밀성(syntactic density), 의미론적 조밀성(semantic density), 상대적 충만성(relative repleteness), 예시성(exemplificationality)과 복합 지칭(complex reference)이다. 그러나 이렇게 미적인 것을 다각적인 개념으로 설명하게 되면 그만큼 다양한 문제가 발생하게 된다.

월튼(1970)은 그의 저명한 논문에서 미적 속성이 지각적이고 게슈탈트적이며 대상이 소유한 더 저차적인 지각적 속성에 의존하지만 그 관계가 규칙에 지배받지는 않는다고 말함으로써 비어즐리와 시블리를 모두 계승하게 된다. 그러나 월튼은 곰브리치(Ernest Gombrich, 1963)의 견해를 발전시켜 미적 속성이 지각적으로 식별될 수 있는 **예술적 범주**, 즉 양식, 장르, 매체 중 하나에 의존하며, 예술은 이 범주들 하에서만 감상 가능하다고 말한다. 그 결과 한 작품의 미적 인상(aesthetic complexion)이 작품의 더 저차적이고 구조적인 지각적 특성들만의 함수로 만들어지지 않기 때문에 그 작품을 미적으로 감상하려 한다면 반드시 감상자의 작품 경험에 적절한 예술적 범주가 설정되어야만 한다. 이제 작품에 적절한 범주를 설정하는 것은 부분적으로 작품을 에워싸고 있던 예술사적 맥락의 문제일 것이다. 이때 **예술사적 맥락**에는 작가의 의도, 작가의 모든 작품, 작가가 활동했던 예술 전통, 작가가 답하고자 했던 예술적 문제들 같은 요소들이 포함된다(이에 관련된 논의를 보려면 Wollheim, 1980/1968; Levinson, 1996d를 참조하라).

미적 속성의 부여가 객관적인 것인가 주관적인 것인가 하는 문제와 이와 연관하여 미적 속성에 대한 실재론과 반실재론 중 어느 쪽이 정당화가 가능한가 하는 문제는 최근 저작들에서 중요하게 논의되어 왔다(Scruton, 1974; Budd, 1995; Goldman, 1995; Bender, 1996). 미적인 것이라는 개념에 관해 최근 많이 논의된 쟁점들로는 두 가지를 더 언급할 수 있다. 첫째, 미적인 것과 **예술적인 것**(the artistic)의 관계는 어떤 관계이며, 포함, 배제, 부분적 겹침의 관계 중 어느 것에 해당하는지에 관한 논의이다(Goldman, 1995; Stecker, 1997; Levinson, 1998b을 보라). 그리고 두 번째 쟁점은 미적인 것과 **도덕적인 것** 혹은 **윤리적인 것**이라고 하는 것의 관계에 관한 논의이다. 이 논쟁도 그 관계가 포함인지, 배제인지, 부분적 겹침의 관계인지에 대해 다루고 있다(Levinson, 1998a를 보라).

2.2 예술의 정의

분석미학 내에서 예술 정의에 관한 논의는 비트겐슈타인의 반본질주의에 뿌리를 두고 있는 회의론으로부터 시작하였다. 이 회의론은 웨이츠(Morris Weitz, 1956)가 그의 〈미학에서 이론의 역할〉(The Role of Theory in Aesthetics)이라는 논문에서 그 싹을 틔웠다(그러나 같은 노선에 있는 Ziff, 1953도 역시 참조 바란다). 웨이츠는 톨스토이, 벨, 콜링우드와 같은 이전의 현대 예술 이론들은 결과적으로 특별한 종류의 예술 편에 서서 그 예술을 추천하거나 혹은 좋은 예술이 만들어지는 방식을 간추리고 있다는 것을 숨기기 때문에, 이 이론들은 실제로 예술 현상에 대한 적합한 설명으로 볼 수 없다고 매우 설득력 있게 논했다. 한편 웨이츠는 이 이론들은 두 가지 이유에서 그렇게 귀결될 수밖에 없었다고 결론지었다. 첫째, 예술 자격(arthood)을 부여하는 데 있어 평가적 요소는 중요한 것일 뿐 아니라 필수적이기 때문이고, 둘째, 예술이라는 개념 자체가 본래적으로 열린 개념이라 필요충분조건에 제한받는 것을 항시 거부하기 때문이었다. 웨이츠에 따르면 결국 예술성에 대한 진술 가능한 본질 같은 것은 없고 예술이라 불리는 모든 것들은 기껏해야 '가족 유사성(family resemblance)*'이라고 하는 것을 외면적으로 가질 뿐이다.

　예술이라는 개념이 본래적으로 열린 개념이며 정의를 구할 수 없다는 결론을 이끌기 위해 웨이츠는 두 가지 논변을 펼친다. 결정된 조건을 통해 예술을 정의하려는 시도는 예술과 떼려야 뗄 수 없는 창의성 때문에 실패할 운명을 지닐 수밖에 없다. 그리고 시, 회화, 오페라와 같은 예술의 하위 범주들의 경계는 매우 유동적이라 그것들이 속하는 예술이라는 범주 자체도 유동적일 수밖에 없고 이 때문에 예술을 정의하려는 시도들은 그 실효성을 거두지 못한다. 그러나 이러한 두 논변 중 어느 것도 설득력이 없다. 첫 번째 논변을 보자. 창의성이 언제나 변화하기 마련인 예술의 특징이 되어야 한다는 사실은 어떤 점에서도 창의성 때문에 예술 정의 자체가 불가능하다는 사실을 함축하지는 않는다. 두 번째 논변에 대해 말하자면, 예술의 장르 간 경계가 유동적이고 침투 가능하다고 하더라도 이러한 사실로부터 모든 장르를 포괄하는 예술이라는 개념 자체가 계속해서 유동적인 경계를 갖는다고 말할 수는 없다. 왜냐하면 예술이라는 영역은 모든 존재하는 예술 장르들의 총합보다 넓은 개념으로 그 총합과 동치가 아니기 때문이다(이에 대한 심화된 비판은 Carroll, 1999를 보라).

　이후 이론가들 중 특히 딕키 같은 경우 예술이 제거 가능한 평가적인 개념이라고 본

＊　비트겐슈타인에게서 처음 소개되었던 '가족 유사성' 개념에 대해서는 이 책의 7장 〈예술의 정의〉 중 181 페이지 역주를 참조하라.

웨이츠의 첫 번째 결론을 공격한다. 딕키는 나쁜 예술 혹은 어떤 가치도 지니지 않는 예술이 모순이 아니라는 견지에서 분류적이고 기술적인 개념에 해당하는 예술의 사례들을 제시한다. 그러나 이러한 웨이츠에 대한 반론은 만델바움(Maurice Mandelbaum, 1965)이 먼저였다. 그는 웨이츠가 모든 그리고 오직 예술작품에만 공통된 속성을 밝히지 못한 것은 웨이츠가 (아름다움, 형식, 재료 같은) 예술작품에 전시적이고 내재하는 속성만을 고려했기 때문이라고 말한다. 이 공통된 속성은 오히려 비전시적이고 관계적인 속성, 예컨대 작품을 발생시킨 맥락이나 제작자와 연결시켜 주는 의도적이고 인과적인 속성들이라고 주장한다. 또한 만델바움은 역설적이게도 예술이 '가족 유사성'을 지니는 것으로 특징짓고 적어도 예술이 발생적인 혹은 역사적인 종류의 공통점을 가진다는 것을 강조하게 된다.

웨이츠와 만델바움의 논쟁은 예술 자격을 제도적으로 설명하는 이론의 발생을 가져왔다. 이 이론은 한 대상을 예술작품이게 해 주는 것이 그 대상이 지닌 명시적이거나 관찰 가능한 속성이 아니라 대상이 사회적인 틀(framework)에서 맺는 비명시적 관계라고 주장한다. 뒤샹의 다다이즘 기성품 예술과 워홀의 팝아트 시뮬라크라에 고무되어 단토는 1964년 저명한 논문 〈예술계〉를 쓰게 된다. 이 논문에 따르면 예술은 단토가 '예술계'라고 칭하는 예술 비평 이론이라는 배경과 적절한 관계를 가지는 대상에 해당한다. 이러한 주장은 이후 단토의 저서(1981)에서 자세하게 개진된다. 이 책에서 단토는 예술이 그것을 에워싸고 있는 예술계와 관계를 가지기 때문에 예술은 '-에 관함(aboutness)' 혹은 의미를 지닌다고 역설한다. 딕키의 1969년 논문과 그것을 발전시킨 1974년 저서에 따르면, 예술작품은 단토가 말한 사회적 구조 혹은 디피(Terry Diffey, 1969)가 '예술 공화국'이라 칭한 예술계를 대표하는 대리인에 의해 감상의 후보로 제공된 인공품을 말한다. 가장 미니멀한 제도론자였던 빈클리(Timothy Binkley, 1977)에 따르면, 예술작품은 단지 예술계의 지표(indexing) 관행에 의해 지시된 대상, 즉 한 대상을 예술이라고 일컫거나 정체 확인을 해 주는 관행에 의해 예술로 가리켜진 대상일 뿐이다. 마지막으로 딕키의 1997년 저서의(초판 1984) 주장은 자신의 1974년 주장을 수정하면서 예술작품은 예술계 공중에게 제시되기 위해 만들어진 인공품의 종류를 말한다고 주장한다. 앞서 말한 제도론 정의들은 분명 악순환의 오류를 저지르지 않기 위해, 예술계와의 관계를 통해 동일시되는 예술작품과 별개로 정체 확인되는 예술계라는 제도를 마련하는 데 총력을 기울인다. 그러나 몇몇 제도론자들은 언급한 순환이 치명적인 오류는 아니며 이는 오히려 예술이 지닌 '변화하는' 본성이 어쩔 수 없이 반영된 것이라고 말한다(Dickie, 1997). 이쯤해서 예술에 관한 좀 더 전통적인 방식에서 나온 관계적 정의를 언급할 필요가 있다. 예컨대 비어즐리(1981)는 제도적인 관계보다는 미적 투사에 호소함으로써 예술작품이 미적 경험을 제공하기 위해 창조되었거나 의도된 사물이라고 주장한다.

또 다른 종류의 예술에 대한 관계적 정의는 예술에 관한 역사적 정의(historical definition of art)이다. 이는 볼하임(Richard Wollheim, 1980/1968)의 간략한 언급이 동기가 되어 레빈슨(1979)에게서 처음으로 주장되었다(더 발전된 이론을 위해서는 Levinson, 1993을 보라). 이들 정의에 따르면 예술작품은 대개 과거 예술작품들이 올바르게 간주되거나 취급되던 방식에서 예술작품으로 간주되거나 취급되는 것들을 말한다. 제도적 정의처럼 레빈슨의 의도적이고 역사적인 예술 정의도 예술 자격을 한 대상의 내재적 속성에 위치시키지는 않는다. 그러나 이 이론은 제도적 정의와는 달리 한 대상이 예술계라는 사회적 틀과 맺는 관계라기보다 하나의 데이터로 여겨지는 해당 작품 이전의 구체적인 예술사와 맺는 관계를 핵심으로 생각한다. 이때 대상이 예술사와 맺는 관계는 예술가가 되고자 하는 이가 이러저러한 방식에서 그 대상을 예술사와 의도적으로 연결시킨 관계를 말한다. 결과적으로 이 이론은 현 '예술'의 **내포**(intension)를 과거 '예술'의 **외연**(extension)으로 특징지음으로써 순환의 오류를 교묘히 피해 가게 된다. 왜냐하면 '예술'을 정의하는 과정에서 '예술'이 전제되지 않기 때문이다(이러한 유형의 정의가 일반적으로 가지는 문제점에 대한 답변은 Carney, 1994를 보라). 만일 역사적인 예술 정의가 제대로 된 정의라면, 예술은 거칠게 말해 **소급적인**(recursive) 구조를 가지고 있는 것이 된다. 그러나 엄밀히 말해 역사적 정의도 그렇게 소급적인 것만은 아니다 (역사적 정의에 대한 비판을 보려면 Carroll, 1994, 1999, 2000; Stecker, 1997; Currie, 2000을 보라. 이 비판에 대한 재반박을 보려면 Levinson, 2002를 보라).

비록 명시적으로는 예술을 정의하는 것에 반대하지만 그 핵심에 있어서 예술의 역사적 정의와 동일 선상에 있는 이론으로는 노엘 캐롤(Noël Carroll)의 예술 자격에 대한 **서사 이론**(narrative theory of arthood)이 있다(Carroll, 2001을 보라). 캐롤의 이론은 원칙상으로 우리가 한 대상을 예술작품으로 **정체 확인하는** 방법에 관해 설명을 시도하고 있다. 캐롤에게서 예술 자격이라고 하는 것은 과거와의 연결에서 나온다. 그리고 이러한 과거와의 연결은 현재 후보의 대상이 이전 작품의 반복(repetition) 혹은 확장(amplification) 혹은 거부(repudiation)라는 관계를 맺는 과정을 정합적이고 설득력 있게 설명하는 서사를 통해 드러난다. 만일 언급한 것과 같은 서사가 구축될 수만 있다면 그 후보는 예술작품이 되거나 예술 지위를 주장할 수 있다. 그러나 그런 서사가 불가능하다면 지위도 없다. 그래서 **서사** 이론은 예술에 대한 **서사 가능성**(narrativizability) 이론이라고 부르는 것이 더 적확한 명칭이 아닐까 싶다.

좀 더 실용적인 상위 차원의 분류적 정의를 제공한 것은 데이비스(Stephen Davies, 1991)였는데, 그는 그의 저서에서 당대의 예술 정의들을 정리하고 비판하였다. 데이비스는 예술이론을 **기능적인** 이론과 **절차적인** 이론으로 나눈다. 전자는 예술이 충족시키거나 충족시키도록 의도된 본질적 기능들을 통해 예술이 정의될 수 있다고 보는 이론이다(이러한 이론의 예로는 비어즐리의 미적 정의나 예술을 재현이라고 보는 전통적 예술 정의를 들 수 있다). 후자는 사회적 관행에 있는 특정한 절차의 수행이나 발생을 통해 예술이 정의될 수 있다고 보는 이론이다(이러한 이론에는 디키, 디피, 빈클리의 제도론이 있다). 그러나 불행하게도 모든 예술 정의론들이 이 두 종류로 분류되는 것은 아니다. 특히 역사적 정의나 서사 이론이 그렇다. 게다가 몇몇 최근 이론들은 절차적 고려와 기능적 고려뿐 아니라 역사적 고려까지 모두 통합시키는 하이브리드 양상을 보인다(Stecker, 1995). 마지막으로 웨이츠가 예술에 대해 주장한 '가족 유사성'의 관점을 회상시키면서 예술을 클러스터 개념(cluster concept)으로 설명하고자 하는 이론도 있다. 이 이론 또한 절차적 이론으로도 기능적 이론으로도 분류되지 않는다. 이 관점에 따르면 비록 예술 개념 자체는 전통적 정의로 설명될 수 없지만, 그럼에도 불구하고 여전히 예술 자격을 얻기 위해 연접하여 충분조건이 되고 선접하여 필요조건이 되는 다수의 조건들이 존재한다(Gaut, 2000).

2.3 예술의 존재론

예술의 존재론은 예술작품이 어떤 종류의 개체인지, 예술작품의 정체성은 무엇이며 이들을 개별화하는 조건은 무엇인지, 예술작품이 지니는 형이상학적 지위라고 하는 것은 예술 형식마다 다른 것인지 아니면 동일한 것인지, 각각의 예술 형식에 있어서 작품의 진품성은 무엇에 해당하는지, 예술작품에 관해 환원주의나 제거론을 지지하는 입장이 정당화될 수 있을 것인지 등을 다룬다. 철학자들은 예술작품이라고 하는 것이 물리적인지 정신적인지, 추상적인지 구체물인지, 단일한 것인지 복수적인지, 창조되는 것인지 발견되는 것인지에 관해 질문을 던지곤 했다. 아마도 예술작품의 형이상학적인 구분 중 가장 근본적인 구분은, 작품에 고유한 시공간적 상황을 갖는 개별자로 발생하는 예술 형식과 유형, 종류, 보편자, 패턴, 구조라는 추상적 개체로 발생하는 예술 형식 간의 구분일 것이다. 대개 전자에는 회화, 드로잉, 조각, 즉흥 음악이 속하고 후자에는 동판, 목판, 소조(塑造), 작곡 음악, 시, 영화와 같은 것이 속한다. 나아가 철학자들은 예술작품의 위조, 복제(reproductions), 복사(copies), 판본(versions), 번역본, 필사본, 번안물이라는 지위는 무엇인지 그리고 공연 예술에 있어서 한 작품의 사례가 되는 작품을 만드는 데 있어 해석이 어느 정도까지 개입할 수 있는 것인지에 대한 질문도 던진다.

　　분석미학에서 예술의 존재론에 대한 의제는 대개 굿먼(1976/1968)과 볼하임(1980/1968), 월터스토프(Nicholas Wolterstorff, 1975)의 저작에서 형성되었다(Wolterstorff, 1980 또한 참조하라). 굿먼은 **단일한 예술 형식과 복수적인 예술 형식, 일차적**(one-stage) 예술 형식과 **이차적**(two-stage) 예술 형식, **자필적**(혹은 위조 가능한) 예술 형식과 **대필적**(혹은 위조 불가능한) 예술 형식 간의 구분을 소개하였으며, 최소한 특정 예술에 대해 적용해 볼 수 있는 작품 정의의 기능을 담당하는 기보(notation) 개념도 소개하였다(이에 대한 논의를 보려면 Levinson, 1990a를 참조하라). 특히 굿멋은 음악작품을 개념 짓는 데 있어 온건한 유명론자적 입장을 취한다. 그는 음악작품이 복합적인 기호들로 표기된 기보에 해당하는 악보를 연주한 연주들의 집합이라고 본다. 그러나 볼하임은 모든 예술작품을 물리적 대상으로 동일시하는 것에 반대했을 뿐만 아니라 이와 반대로 예술작품을 정신적 개체로 동일시하는 것에도 반대했다. 후자의 예술 개념은 주로 크로체, 콜링우드, 사르트르에게서 찾아볼 수 있다. 또한 볼하임은 음악작품과 문학작품의 개념을 집합이라기보다는 **타입**(type)이라고 소개하고 예술작품의 유형에 있는 속성이 그것에 속하는 사례인 **토큰**(token)에 드러나거나 전이되는 방식을 분석하였다. 월터스토프는 음악이나 문학은 특별한 종류의 유형 작품들이라고 제안하며 이러한 종류의 예술작품은 생명체의 종처럼 맞고 틀리는 사례들 혹은 적합한 사례와 부적합한 사례를 가진다는 의미에서 **표준 종들**(norm kinds)이라고 칭했다(이때 악보를 잘못 연주한 연주의 경우 한 작품의 부적합한 사례가 된다).

우리는 위에서 언급한 중대한 저작들에 덧붙여 마골리스(Joseph Margolis, 1974, 1977)를 언급할 필요가 있다. 마골리스는 이 논문들에서 예술작품을 문화적으로 창발하여 구체적인 대상으로 구현되는 **추상적 개별자**로 여길 것을 제안한다. 비슷한 개념이 단토(1981)에게서 나타난다. 단토는 예술작품을 '단순한' 대상이 아니라 이론의 창조물로 보기 때문에 **지각적으로 식별 불가능한**(perceptual indiscernibility) 사물들로부터 작품을 구분해 내는 것이 가능해진다. 비록 마골리스와 단토의 제안이 20세기 후반에 나타난 아방가르드 시각 예술(팝아트, 기성품 예술, 미니멀 아트, 개념 예술)에 적합한 이론이 되려 한 것은 분명하지만 짐작건대 이들 이론의 타당성이 아방가르드 방식의 예술 창조에만 국한된 것은 아닌 것 같다. 아방가르드 음악작품에 대한 중요한 제안이었지만 전통적인 음악작품에도 적용되었던 이론이 토미(Alan Tormey, 1974)에게서 개진된 바 있다. 토미의 경우 아방가르드 음악작품을 소리에 대한 것이라기보다는 연주자에 의해 행해지는 행위에 대한 **레서피**나 지침(prescription)으로 본다.

좀 더 최근의 예술 존재론은 커리(Gregory Currie)와 레빈슨에게서 발전되었다. 이들은 작품의 정체성을 논하는 데 있어 그 작품이 발생한 역사적 맥락이 갖는 중요성을 부각시킨다. 굿먼에게는 안된 일이지만, 이들은 기보가 핵심적인 역할을 담당하는 예술 형식에서조차 작품에서 관찰되는 구조만으로 작품의 정체성을 마련하기는 힘들다고 주장한다(Currie, 1989; Levinson, 1980, 1996d). 커리는 예술작품을 **행위 유형**(action type)이라고 말한다. 여기서 말하는 행위란 한 예술가가 특정한 목표를 가지고 특정한 맥락에서 작업할 때 그 작업이 명시적 대상으로 드러나기 전까지 겪게 되는 일련의 복잡한 행보들을 일컫는다. 평상시 우리는 여기에서 말하는 명시적 대상을 예술작품으로(실은 오인하는 것이지만) 동일시하고 있는 것이다. 커리는 모든 예술작품이 유형이라고 본다. 심지어 회화나 드로잉처럼 겉보기만으로도 유일무이한 개별자가 작품인 경우조차도 그렇다고 주장한다(Zemach, 1986도 참조하라). 반면 레빈슨은 개별자(단일) 예술과 유형(복수) 예술을 구분하는 전통적인 예술의 구분을 지지한다. 그러나 그는 커리처럼 예술작품의 유형을 역사적인 것으로 개념화하는 구조주의적 견해를 거부한다. 레빈슨에 따르면 음악작품이나 문학작품은 **지시된 구조**(indicated structure), 즉 일종의 **창시된 구조**(initiated structure)에 해당한다. 다시 말해, 음악이나 문학작품은 C라는 예술사적 맥락에서 창작자 X가 지시한 음색이나 언어적 구조를 말한다. 이러한 예술 개념에 따르면, 음악작품은 창조 가능한 것인 동시에 그 창조자와 맥락이 본질적인 역할을 담당하는 개체이다.

레빈슨과 커리와 동일하게 역사주의적이고 맥락주의적인 방향을 개진한 가장 최근의 이론들로는, 데이비드 데이비스(David Davies, 1999), 스티븐 데이비스(Stephen Davies, 2001), 하우웰(Robert Howell, 2002 a, b)이 있다. 이들은 또한 다원주의적인 예술 존재론만이 고급예술로부터 민중예술에 이르는, 원시예술에서 첨단기술의 예술에 이르는, 서구 예술에서 비서구 예술에 이르는 모든 현존하는 예술작품, 예술 형식, 예술 전통이 지닌 그 막대한 다양성을 만족시킬 수 있다는 점을 피력한다. 그러나 인공품이라는 점을 제외하면 예술작품들은 각기 다른 종류의 사물들에 해당하기 때문에 하나의 단일한 형이상학적 범주에 포섭되지 않는다(역사주의적-맥락주의적 견해에 대한 반론은 Dodd, 2000; Predelli, 2001을 보라).

2.4 예술에서의 재현

분석미학에 있어서 재현이라는 논제는 대부분 **회화적 재현**(혹은 묘사)과 관련되어 진행되었다. 이에 관한 연구는 1960년에 발간된 예술사가 에른스트 곰브리치의 획기적 저작《예술과 환영》에 의해 촉발되었다. 곰브리치는 그림을 지각하는 '순수한 눈'이라는 모형에 반대하고 회화적 재현의 역사라고 알려진 견해를 옹호하였다. 곰브리치는 더 사실적이면서도 환영을 유지하는 이미지를 만들려는 점진적 발전이 이미지의 창출(making)과 조응(matching)의 과정을 통해 일군 것이 회화적 재현의 역사라고 보았다. 곰브리치의 견해는 1968년 굿먼이 저술한《예술의 언어들》(Goodman, 1976/1968)에 계승된다. 굿먼은 이 책에서 곰브리치가 말한 재현의 역사성에 대한 테제에는 동의하지만 환영에 두었던 그의 주목은 받아들이지 않는다. 굿먼은 회화적 재현이 전적으로 관례에 의해 확립된 기호들의 지시에 관한 문제일 뿐 환영이나 이것과 심리학적인 친족 관계에 있는 지각된 닮음과는 무관한 것이라고 말한다.

이후 나타난 이론가들은 묘사나 묘사에 대한 지각자의 반응을 안에서-보기(Wollheim,

1980/1968, 1987), 세계-투사(Wolterstorff, 1980), 믿는-체하기(Walton, 1990), 재인 능력(Schier, 1986), 대상에 대한 시각적 경험과 재현의 닮음(Peacocke, 1987; Budd, 1993; Hopkins, 1998), 정보 내용(Lopes, 1996)이라고 설명한다. 이 중 최근 가장 영향력 있었던 이론 2개를 다음에 개괄하고자 한다. 이는 볼하임(Wollheim, 1987)의 '안에서-보기' 이론과 월튼(Walton, 1990)의 '믿는-체하기' 이론이 될 것이다.

볼하임의 이론은 비트겐슈타인의 국면 지각(aspect perception)이라는 개념을 발전시킨 것이다. 즉 이는 하나의 사물을 다른 사물로서 지각하는 것으로, 예컨대 옹이투성이 나무를 늙은 여인으로 보는 경우를 말한다. 그러나 볼하임은 그림의 지각을 설명하는 중심 개념으로 로서-보기(seeing-as) 대신 안에서-보기 개념을 제안한다. 안에서-보기는 로서-보기와 적어도 두 가지 방식에서 차이점을 보인다. 첫째, 안에서-보기는 그림의 부분에도 적용될 수 있지만 로서-보기는 전체 그림에만 적용되는 개념이다. 둘째, 안에서-보기에서는 그림에 묘사된 내용에 대한 인식과 그림의 표면에 대한 인식이 동시에 필요하다(안에서-보기에 있는 이러한 특성을 볼하임은 '이중성(twofoldness)'이라고 부른다). 따라서 볼하임에게서 안에서-보기란 시각 능력 본연의 것으로서 처음에는 이끼 낀 바위 표면과 같은 자연적 현상을 보는 데에만 사용되지만 차차 정교한 이미지를 볼 수 있게 연마되어 명백하게 안에서-보기에 해당하는 것들을 하게 된다. 따라서 볼하임에게서 그림이란 본질적으로 안에서-보기를 하도록 의도된 물감 자국들의 배열이다. 그림에 대한 미학적인 관심의 대부분은 안에서-보기가 지니는 이 기초적인 이중성에서 비롯된다. 이러한 이중성으로 인해 우리는 그림에 묘사된 내용을 허구적인 삼차원 공간에서, 그리고 실제로는 이차원적인 공간에 나열된 물감 자국들의 모양과의 관계 속에서 감상한다.

월튼의 이론은 그림을 믿는-체하기라는 시각 게임에 사용되는 소도구(prop)로 본다. 그리고 이때 믿는 체한다는 것은 안내된 상상 행위이다. 그림을 마주했을 때 우리는 그림을 형성하는 물감 자국들의 형태에 의해(by) 우리가 이러저러한 대상을 본다고 상상하도록 촉발된다. 그리고 우리는 실제로 물감 자국을 보고 있는 것을(of) 그림에 묘사된 대상을 보는 것이라고 상상한다. 그림은 허구적 세계('작품-세계')를 발생시킨다. 그리고 그림의 내용은 우리가 그림 속에서 본다고 상상하는 것이 옳은 것으로, 그것은 그림과 하고 있는 게임에 깔린 규칙과 관례에 의해 결정된다. 나아가 그림과 시각적 상호작용을 하여 그림의 내용을 상상할 때 일시적일지라도 그 감상자에게만 해당하는 허구적 세계('게임-세계')가 또한 발생한다.

앞서 살펴본 볼하임과 월튼의 제안이 궁극적으로 같은 것일 수 있는지에 대해서는 아직 미결의 상태이다. 월튼은 볼하임의 안에서-보기가 자신이 주장했던 본다고 상상하기로 완전히 설명된다고 말할 것이다. 그래서 볼하임 입장에서라면 안에서-보기는 본다고 상상하는 것 이전에 발생하는, 그리고 더 근본적인 활동일 것이다. 월튼의 본다고 상상하기가 회화를 감상하는 말미에서 제아무리 중요한 역할을 담당한다고 할지라도 말이다 (이와 관련한 심화된 논의는 Levinson, 1996a; Lopes, 1996; van Gerwen, 2001을 보라).

이미 곰브리치, 굿먼, 볼하임, 월튼의 저술을 통해 가시화된 회화적 재현 이론의 인지주의적 선회는 샤이어(Flint Schier, 1986)에 와서 더욱 분명해진다. 그는 자신의 회화 이론을 설명하기 위해 우리들의 평상적인 시각 행위과정에 있는 사실들을 직접적으로 사용한다. 샤이어에 따르면 재현은 주체가 이미 일상적 대상에 대해 소유하고 있는 시각적 인지 능력을 불러내기만 하면 회화적인 것이라고 주장한다. 따라서 회화는 그것을 바라보는 주체에게 실제 세계에서 대상 O를 바라보았을 때 촉발되는 것과 동일한 재인 능력을 촉발시킨다면 대상 O를 재현한 그림이 된다. 샤이어는 회화적 능력이 언어 습득과는 달리 **자연 발생적으로**(natural generativity) 습득된다고 말한다. 다시 말해, 일단 한 주체가 일정 종류의 몇몇 그림을 읽을 수 있게 되면 다음 그림의 내용이 얼마나 새롭든 간에 대개 모든 종류의 그림을 읽을 수 있게 된다는 것이다.

더 최근의 연구자로는 로페스(Dominic Lopes, 1996)가 있다. 그는 회화적 재현을 읽는 열쇠는 회화와 대상이 유사한 시각적 정보를 주는 것이라 보고 묘사에 대한 **국면-재인** 이론을 제안한다. 이 이론에 따르면 성공적인 그림은 정상적인 지각자에게 실제 대상의 재인을 촉발하기에 충분한 국면적인 정보를 준다고 한다. 그리고 이때 이 국면적인 정보는 형식상으로는 비개념적인 정보에 해당한다. 로페스에게서 흥미로운 점은 곰브리치(1960)를 발전시키기는 했지만 재현의 한 방식인 묘사의 핵심을 불가피한 **선택성**(selectivity)[*]에 있다고 보는 데 있다. 이 때문에 그림은 그것이 어떤 스타일의 묘사를 담고 있건 간에 기술과는 달리 대상의 재현된 특정 속성에 대해 명시적인 비관여(explicitly noncommittal)[**]를 하게 된다고 한다. 그리고 이는 바로 그림이 대상의 다른 속성들에 명시적인 관여(explicitly committal)를 하는 데에서 비롯된다.

---

[*] 로페스에게 있어 그림의 내용이 선택적이라는 것은 두 가지 의미를 갖는다. 첫째, 대상이 가지고 있는 모든 시각적 세부를 나타낼 수 없다는 의미와, 둘째, 그림은 특정 시점의 장면을 재현하므로 그 시점에서 보이지 않는 시각적 속성을 나타낼 수는 없다는 의미이다. 이 중 그림만이 가지는 선택성은 두 번째 의미에 해당한다.

[**] 원래 '관여함(committal)'이라는 개념은 네드 블록(Ned Block)이 먼저 설명한 것이다. 그에 따르면 그림은 그림의 내용에 대해 '명시적 관여'와 '비명시적 관여', 그리고 '명시적 비관여'와 '비명시적 비관여'를 할 수 있다. 그림이 관여하는 방법은 그림이 묘사한 대상이 F라는 속성을 지니는 것으로 재현하거나 F가 아닌 것으로 재현하는 것이다. 전자는 '명시적 관여'이고 후자는 '비명시적 관여'이다. 그러나 재현이 F라는 속성에 (언급한 것과 같은) 관여하는 데 방해되는 속성을 가진 것으로 대상을 묘사한다면 이는 '명시적 비관여'에 해당한다. 마지막으로 재현의 내용이 F 속성에 관여하는지 아닌지에 관한 문제 자체를 무시한다면 그것은 '비명시적 비관여'이다.

2.5 예술에서의 표현

예술작품이 우리의 심적 상태를 표현한다거나 그런 심적 상태에 대해 표현성을 지닌다고 말하는 것은 비평에서 흔한 일이고 우리는 대개 이러한 표현이나 표현성을 예술의 주요 관심사로 여긴다. 일반적으로 표현은 논리적 특성상 재현과는 구분되는 의미화 방식, 작동 방식, 그리고 대상의 범위(예컨대 추상적 조건 대 구체적인 개별자들)를 지니는 것으로 여겨진다. 분석 이론가들은 예술적 표현에 대해 사적 표현, 공감, 은유적 예시(Goodman, 1976/1968), 조응(Wollheim, 1987), 상상적 투사(Scruton, 1997), 환기(evocation)(Ridley, 1995; Matravers, 1998), 표현적 외양(Kivy, 1989; Davies, 1994), 심적 상태 추론에 대한 보장(warrant of inference to state of mind)(Vermazen, 1986), 사적 표현으로의 신속한 지각 가능성(Levinson, 1996b)과 같은 개념으로 설명하려 하였다. 예술의 표현에 관한 최근 이론의 대부분은 음악에서 표현이 표현 자체로 제시될 때 발생하는 문제들 혹은 중심 주제로 정서를 표현하는 문제에 집중되었다. 예술에서의 표현과 그 일차적 의미인 행위의 표현 간의 관계도 종종 주목받는 주제이다.

굿먼(1976/1968)에 따르면 예술에서 발생하는 표현은 작품이 일반적인 기호적 기능을 수행하는 중에 그것이 은유적으로 소유하는 속성들을 예시하거나 혹은 그런 속성들에 주목하도록 해 주는 것이다. 토미(1971)는 예술적 표현이란 작품이 표현적 속성들을 소유하는 것이라고 말한다. 이때 표현되는 속성들은 주로 개인의 지향적 상태를 지시하는 용어로 사용된다. 그리고 기저에 놓인 (예컨대 리듬이나 음색과 같은) 비표현적인 구조적 특성들이 이러한 (예컨대 유쾌함 혹은 괴로움과 같은) 표현적 속성들을 구성한다. 볼하임(1987)은 음악보다 회화를 더 중점적으로 다루면서 표현성은 예술이나 자연 대상의 외양과 주체가 느끼는 상태 간의 직관적인 조응이나 맞아듦(fit)의 문제이고, 이때 주체가 느끼는 상태는 복합적인 방식을 통해 작품이나 대상에 투사된다고 주장한다(Wollheim, 1993을 참조하라). 데이비스(1994)는 음악적 패턴과 우리의 정서적 행동이나 표정 간의 닮음에 근거하는 외양에 나타난 정서적 특징(emotion-characteristics-in-appearance)을 통해 표현성 이론을 설명하고 청자가 이같이 지각된 표현성에 대해 가지는 다양한 반응들, 즉 반영(mirroring) 반응이나 반동(reactive) 반응을 고찰한다(Kivy, 1989도 참조하라). 레빈슨(1996b)은 버마젠(Bruce Vermazen, 1986)을 좇아 음악적 표현성이 음악을 불명확한 주체나 페르소나가 갖는 내적 상태의 사적 표현으로 들을 가능성에서 온다고 말한다. 이에 그는 환기된 상상력과 이러한 표현성을 지각할 때 필요한 투사의 복잡한 상호작용을 살펴보았다(Robinson, 1994; Ridely, 1995도 보라). 스크루턴(Scruton, 1997)은 음악적 표현성을 지각하는 것은 청자가 음악이 구현하는 것으로 보이는 제스처로써 자신의 내부를 점하게 하는 능력에 있는 것이라서 이러한 제스처에 상응하는 내적 상태를 적절하게 상상하는 능력을 뜻한다고 주장한다. 끝으로 매트라버스

(Derek Matravers, 1998)는 음악적 표현에 관한 환기론자의 입장을 세련된 방식으로 옹호한다. 그는 음악작품에 드러난 표현성은 작품이 비슷하거나 연관된 감정을 청자에게 불러일으키는 성향이나 힘에서 온다고 여긴다.

음악이 감정을 불러일으킨다는 사실이 음악의 표현성과 개념적으로 접합한 관계를 가지건 아니건 간에, 음악에 대해 보이는 다양한 정서적 반응에 대한 논의는 분석미학권에서 방대하게 논의되어 온 바 있다. 이러한 논의에서 제기된 문제들로는 다음과 같은 것들이 있다. 음악에서 나타나는 정서적 반응이 온전한 정서인지 아니면 최소한의 인지적 내용을 가지는 혹은 전혀 가지지 않는 무드나 느낌에 불과한 것인지, 혹은 그것이 대상을 가지는 것인지, 만일 그렇다면 이때 정서의 대상이란 무엇인지, 그러한 정서적 반응은 음악작품의 이해에 있어 한 부분을 차지하는 것인지, 혹은 음악적 가치를 가지고 있다는 징후로 여겨도 되는 것인지와 같은 문제들이었다. 특별히 관심을 받았던 주제는 음악작품에 있는 '부정적 감정의 역설'이라고 하는 것이었다. 이는 고전적인 미학에서 제기된 '비극의 역설'과 연관이 있다(Carroll, 1990; Lamarque, 1996; Levinson, 1997을 보라). 이 역설에서 다룬 문제는 실제로도 그렇지만 만일 부정적인 감정을 표현한 음악작품이 그에 상응하는 부정적인 감정을 청자에게 낳는 경향이 있다면, 그러한 작품이 강력한 호소력을 지니는 것은 어떻게 가능한지를 설명하는 것이었다(Levinson, 1982; Davies, 1994; Ridley, 1995; Matravers, 1998; Kivy, 2001을 보라).

참고문헌

Beardsley, M. (1969). "Aesthetic Experience Regained". *Journal of Aesthetics and Art Criticism* 28: 3–11.

_____ (1973). "What Is An Aesthetic Quality?" *Theoria* 39: 50–70.

_____ (1981/1958). *Aesthetics: Problems in the Philosophy of Criticism*. Indianapolis, Ind.: Hackett (1958년 초판).

_____ (1982). *The Aesthetic Point of View*. Ithaca, NY: Cornell University Press.

Bell, C. (1914). *Art*. London: Chatto & Windus.

Bender, J. (1996). "Realism, Supervenience, and Irresolvable Aesthetic Disputes". *Journal of Aesthetics and Art Criticism* 54: 371–81.

Binkley, T. (1977). "Piece: Contra Aesthetics". *Journal of Aesthetics and Art Criticism* 35: 265–77.

Budd, M. (1993). "How Pictures Look". in D. Knowles and J. Skorupski (eds.), *Virtue and Taste*. Oxford: Blackwell.

_____ (1995). *Values of Art*. London: Penguin.

Carney, J. (1994). "Defining Art Externally". *British Journal of Aesthetics* 34: 114–23.

Carroll, N. (1990). *The Philosophy of Horror*. New York: Routledge.

_____ (1994). "Identifying Art". in R. Yanal (ed.), *Institutions of Art*. University Park, Pa.: Penn State University Press.

_____ (1999). *The Philosophy of Art*. London: Routledge.

_____ (ed.) (2000). *Theories of Art Today*. Madison, Wis.: University of Wisconsin Press.

_____ (2001). *Beyond Aesthetics*. Cambridge: Cambridge University Press.

Cohen, T. (1973). "Aesthetic/Non-Aesthetic and the Concept of Taste". *Theoria* 39: 113–52.

Collingwood, R. G. (1938). *The Principles of Art*. Oxford: Oxford University Press.

Currie, G. (1989). *An Ontology of Art*. London: Macmillan.

_____ (1990). *The Nature of Fiction*. Cambridge: Cambridge University Press.

_____ (1995). *Image and Mind*. Cambridge: Cambridge University Press.

_____ (2000). "A Note on Art and Historical Concepts". *British Journal of Aesthetics* 40: 186–90.

Danto, A. (1964). "The Artworld". *Journal of Philosophy* 61: 571–84.

Danto, A. (1981). *The Transfiguration of the Commonplace*. Cambridge, Mass.: Harvard University Press.

Davies, D. (1999). "Artistic Intentions and the Ontology of Art". *British Journal of Aesthetics* 39: 148–62.

Davies, S. (1991). *The Definition of Art*. Ithaca, NY: Cornell University Press.

_____ (1994). *Musical Meaning and Expression*. Ithaca, NY: Cornell University Press.

_____ (1997). "First Art and Art's Definition". *Southern Journal of Philosophy* 35: 19–34.

_____ (2001). *Musical Works and Performances*. Oxford: Clarendon Press.

Dewey, J. (1934). *Art as Experience*. New York: G. P. Putnam.

Dickie, G. (1964). "The Myth of the Aesthetic Attitude". *American Philosophical Quarterly* 1: 55–65.

_____ (1965). "Beardsley's Phantom Aesthetic Experience". *Journal of Philosophy* 62: 129–36.

_____ (1969). "Defining Art". *American Philosophical Quarterly* 6: 253–6.

_____ (1974). *Art and the Aesthetic*. Ithaca, NY: Cornell University Press.

_____ (1997/1984). *The Art Circle*. Chicago: Chicago Spectrum Press (1984년 초판).

Diffey, T. (1969). "The Republic of Art". *British Journal of Aesthetics* 9: 145-56.

Dodd, J. (2000). "Musical Works as Eternal Types". *British Journal of Aesthetics* 40: 424-40.

Gadamer, H. (1986). *The Relevance of the Beautiful and Other Essays*, trans. N. Walker. Cambridge: Cambridge University Press.

Gaut, B. (1997). "Metaphor and the Understanding of Art". *Proceedings of the Aristotelian Society*, n.s. 97: 223-41.

_____ (2000). "'Art' as a Cluster Concept". in N. Carroll (ed.), *Theories of Art Today*.

Goehr, L. (1994). *The Imaginary Museum of Musical Works*. Oxford: Clarendon Press.

Goldman, A. (1995). *Aesthetic Value*. Boulder, CO: Westview Press.

_____ (2001). "The Aesthetic". in B. Gaut and D. Lopes (eds.), *Routledge Companion to Aesthetics*. London: Routledge.

Gombrich, E. (1960). *Art and Illusion*. Princeton: Princeton University Press.

_____ (1963). "Expression and Communication". in *Meditations on a Hobby Horse and Other Essays*. London: Phaidon.

Goodman, N. (1976/1968). *Languages of Art*, 2nd edn. Indianapolis: Hackett (1968년 초판).

_____ (1984). *Of Mind and Other Matters*. Indianapolis: Hackett.

Hopkins, R. (1998). *Picture, Image and Experience*. Cambridge: Cambridge University Press.

Howell, R. (2002a). "Ontology and the Nature of the Literary Work". *Journal of Aesthetics and Art Criticism* 60: 67-79.

_____ (2002b). "Types, Indicated and Initiated". *British Journal of Aesthetics* 42: 105-27.

Kivy, P. (1973). *Speaking of Art*. The Hague: Martinus Nijhoff.

_____ (1975). "What Makes 'Aesthetic' Terms Aesthetic?". *Philosophy and Phenomenological Research* 35: 197-211.

_____ (1989). *Sound Sentiment*. Philadelphia: Temple University Press.

_____ (1990). *Music Alone. Ithaca*, NY: Cornell University Press.

_____ (2001). *New Essays on Musical Understanding*. Oxford: Clarendon Press.

Lamarque, P. (1996). *Fictional Points of View*. Ithaca, NY: Cornell University Press.

Lang, B. (ed.) (1987). *The Concept of Style*, 2nd edn. Ithaca, NY: Cornell University Press.

Langer, S. (1953). *Feeling and Form*. New York: Scribner's.

Levinson, J. (1979). "Defining Art Historically". *British Journal of Aesthetics* 19: 232-50.

_____ (1980). "What a Musical Work Is". *Journal of Philosophy* 77: 5-28.

_____ (1982). "Music and Negative Emotion". *Pacific Philosophical Quarterly* 63: 327-46.

_____ (1990a). *Music, Art, and Metaphysics*. Ithaca, NY: Cornell University Press.

_____ (1990b). "Aesthetic Supervenience". in *Levinson* (1990a).

_____ (1993). "Extending Art Historically". *Journal of Aesthetics and Art Criticism* 51: 411-23.

_____ (1996a). "Making Believe". in *Levinson* (1996d).

_____ (1996b). "Musical Expressiveness". in *Levinson* (1996d).

_____ (1996c). "What is Aesthetic Pleasure?". in *Levinson* (1996d).

_____ (1996d). *The Pleasures of Aesthetics*. Ithaca, NY: Cornell University Press.

_____ (1997). "Emotion in Response to Art: A Survey of the Terrain". in M. Hjort and S. Laver (eds.), *Emotion and the Arts*. Oxford: Oxford University Press.

_____ (ed.) (1998a). *Aesthetics and Ethics*. Cambridge: Cambridge University Press.

_____ (1998b). "Evaluating Music". in P. Alperson, ed, *Musical Worlds*. University Park, Pa.: Penn State University Press.

_____ (2002). "The Irreducible Historicality of the Concept of Art". *British Journal of Aesthetics* 42: 367–79.

Lopes, D. (1996). *Understanding Pictures*. Oxford: Clarendon Press.

Mandelbaum, M. (1965). "Family Resemblances and Generalizations Concerning the Arts". *American Philosophical Quarterly* 2: 219–28.

Margolis, J. (1974). "Works of Art as Physically Embodied and Culturally Emergent Entities". *British Journal of Aesthetics* 14: 187–96.

_____ (1997). "The Ontological Peculiarity of Works of Art". *Journal of Aesthetics and Art Criticism* 36: 45–50.

Matravers, M. (1998). *Art and Emotion*. Oxford: Clarendon Press.

Peacocke, C. (1987). "Depiction". *Philosophical Review* 96: 383–410.

Pouivet, R. (1999). *L'ontologie de l'oeuvre d'art*. Nîmes: Jacqueline Chambon.

Predelli, S. (2001). "Musical Ontology and the Argument from Creation". *British Journal of Aesthetics* 41: 279–92.

Ridley, A. (1995). *Music, Value, and the Passions*. Ithaca, NY: Cornell University Press.

Robinson, J. (1994). "The Expression and Arousal of Emotion in Music". *Journal of Aesthetics and Art Criticism* 52: 13–22.

Schier, F. (1986). *Deeper into Pictures*. Cambridge: Cambridge University Press.

Scruton, R. (1974). *Art and Imagination*. London: Methuen.

_____ (1979). *The Aesthetics of Architecture*. Princeton: Princeton University Press.

_____ (1997). *The Aesthetics of Music*. Oxford: Clarendon Press.

Sibley, F. (1959). "Aesthetic Concepts". *Philosophical Review* 68: 421–50.

_____ (2001). *Approach to Aesthetics*. Oxford: Clarendon Press.

Sparshott, F. (1982). *Theory of the Arts*. Princeton: Princeton University Press.

Stecker, R. (1997). *ArtWorks: Definition, Meaning, Value*. University Park, Pa.: Penn State University Press.

Tormey, A. (1971). *The Concept of Expression*. Princeton: Princeton University Press.

_____ (1974). "Indeterminacy and Identity in Art". *Monist* 58: 203–15.

Urmson, J. (1957). "What Makes a Situation Aesthetic?". *Proceedings of the Aristotelian Society*, Suppl., 31: 75–92.

van Gerwen, R. (ed.) (2001). *Richard Wollheim on the Art of Painting*. Cambridge: Cambridge University Press.

Vermazen, B. (1986). "Expression as Expression". *Pacific Philosophical Quarterly* 67: 196–224.

Walton, K. (1970). "Categories of Art". *Philosophical Review* 79: 334–67.

_____ (1990). *Mimesis as Make-Believe. Cambridge*, Mass.: Harvard University Press.

Weitz, M. (1956). "The Role of Theory in Aesthetics". *Journal of Aesthetics and Art Criticism* 15: 27–35.

Wollheim, R. (1980/1968). *Art and its Objects*. 2nd edn. Cambridge: Cambridge University Press (first published 1968).

_____ (1987). *Painting as an Art*. Princeton: Princeton University Press.

_____ (1993). "Correspondence, Projective Properties, and Expression in the Arts". *The Mind and its Depths*. Cambridge, Mass.: Harvard University Press.

Wolterstorff, N. (1975). "Towards an Ontology of Art Works". *Nous* 9: 115–42.

_____ (1980). *Worlds and Works of Art*. Oxford: Clarendon Press.

Zemach, E. (1986). "No Identification Without Evaluation". *British Journal of Aesthetics* 26: 239–51.

Ziff, P. (1953). "The Task of Defining a Work of Art". *Philosophical Review* 62: 58–78.

참조된 미학 개론서

Carroll, N. (1999). *The Philosophy of Art: A Contemporary Introduction*. London: Routledge.

Cometti, J. P., Morizot, J., and Pouivet, R. (2000). *Questions d'esthétique*. Paris: Presses Universitaires de France.

Dickie, G. (1997). *Introduction to Aesthetics*. Oxford: Oxford University Press.

Fisher, J. A. (1991). *Reflecting on Art*. Mountain View, Calif.: Mayfield.

Graham, G. (2000). *Philosophy of the Arts*, 2nd edn. London: Routledge.

Hanfling, O. (ed.) (1992). *Philosophical Aesthetics*. Oxford: Blackwell.

Hospers, J. (1982). *Understanding the Arts*. Englewood Cliffs, NJ: Prentice-Hall.

Lyas, C. (1997). *Aesthetics*. London: UCL Press.

Sharpe, R. A. (1991). *Contemporary Aesthetics*. Brighton: Harvester Press.

Townsend, D. (1997). *An Introduction to Aesthetics*. Oxford: Blackwell.

'미학'에 대한 참고문헌

Cooper, D. (ed.) (1992). *A Companion to Aesthetics*. Oxford: Blackwell.

Craig, E. (ed.) (1998). *Routledge Encyclopedia of Philosophy*, 9 vols. London: Routledge (이 책은 미학에 대한 주요 논문 40여 개 이상을 싣고 있다).

Gardiner, S. (1995). "Aesthetics". in A. C. Grayling (ed.), *Philosophy: A Guide through the Subject*. Oxford: Oxford University Press.

Gaut, B. and Lopes, D. (eds.) (2001). *Routledge Companion to Aesthetics*. London: Routledge.

Kelly, M. (ed.) (1998). *Encyclopedia of Aesthetics*, 4 vols. New York: Oxford University Press.

Levinson, J. (2002). "Aesthetics". in *Macmillan Encyclopedia of Cognitive Science*. London: Nature Publishing Group.

Scruton, R. (1995). "Aesthetics". in *The New Encyclopaedia Britannica*. Chicago: Encyclopaedia Britannica.

Turner, J. (ed.) (1996). *The Dictionary of Art*, 25 vols. London: Macmillan (이 책은 미학에 대한 주요 논문 30여 개 이상을 싣고 있다).

제2장

근대 미학의 역사

폴 가이어(Paul Guyer)
번역: 신현주

플라톤은 이상적인 국가 건설을 위해 시인의 추방이 필요하다 보았고, 또한 화가의 제작물은 목수의 제작물보다 형상(Forms)으로부터 훨씬 더 멀리 떨어져 있다고 주장하였다. 이러한 플라톤의 주장 이래로, 철학자들은 예술의 성질 그리고 중요성이라는 서로 구분되지만 또한 공통의 요소가 있는 이 두 주제를 논해왔다. 현재 '미학'이라 불리는 학문 분야의 명칭은 1735년에 와서야 등장했고, 이는 바움가르텐이 〈시와 관련된 문제들에 대한 철학적 성찰〉(Philosophical Meditations on Some Matters Pertaining to Poetry)이라는 그의 논문에서 처음으로 '미학'이라는 용어를 '저급한 인식 능력에 관한 혹은 감각적 인식은 어떻게 일어나는가에 관한 학문'을 지칭하는 데 사용하면서부터이다. 실제로 이 새로운 학문 분야가 '미학'이라고 명명되고 나서야 발전되기 시작한 것은 아니지만, 미학이라는 학문의 시작을 1711년 섀프츠베리의 저서 《특징들》(Characteristics)의 출판으로부터, 혹은 이보다 더 확실하게는 1712년 《스펙테이터》지에 실린 조셉 애디슨의 〈상상력의 즐거움〉(The Pleasures of the Imagination), 1719년 장 밥티스트 뒤보스의 《시와 회화, 음악에 대한 비판적 성찰》(Critical Reflections on Poetry, Painting, and Music), 1725년 프랜시스 허치슨의 〈미와 질서, 조화, 디자인에 관하여〉(Concerning Beauty, Order, Harmony, Design), 그리고 역시 그가 쓴 《미와 덕의 관념의 기원》(Inquiry into the Original of Our Ideas of Beauty and Virtue)에서 시작되었다고 본다면, 이것은 바움가르텐의 논문으로부터 불과 이삼십 년 전의 일이다.

그러나 그 당시의 '미학'이라는 용어는 20세기 이후 그 용어가 지니게 된 의미와는 다른 의미를 지니고 있었다. 20세기에 들어 '미학'이라는 용어는 자연이나 예술에서 발견되는 미 혹은 여러 성질들에 관한 연구를 지칭하기보다는 주로 예술철학을 지칭하고 있는데, 이러한 20세기적 의미가 성립된 것은 1819년부터 1829년 사이 베를린에서 행해졌던 헤겔의 강의가 1935년 그의 사후에 《미학 강의》(Aesthetics: Lectures on Fine Art)로 출판되면서부터이다. 그렇다면 비록 플라톤(Janaway, 1995; Nehamas, 1999: 12, 13장)과 아리스토텔레스(Halliwell, 1986; Belfiore, 1992; Rorty, 1992; 플라톤과 아리스토텔레스 둘에 대한 논의는 Schaper, 1968과 Nussbaum, 1986)가 미학사 내에서 심도 있게 연구되는 주제 중 하나이기는 하나, 미학사에 관한 최근의 연구들은 대부분 18세기 초반에 집중되어 있다는 사실이 놀라운 일은 아니다. 18세기 초반의 미학에 대한 연구는 주로 다음과 같은 두 가지 중요한 질문에 답하고자 한다. 첫째, 어째서 시학이나 문학 비평, 혹은 회화론이나 건축론 등의 분야에서 다루어졌던 문제들이 18세기 초반에 이르러 주류 철학의 중심에서 논의되기 시작한 것일까? 둘째, 18세기 미학은 주로 자연의 미 혹은 숭고함을 기술하고 분석했는데 19세기 미학은 왜 예술철학으로 한정되게 된 것일까?

이 글의 첫 부분은 근대 미학의 역사에 관한 최근 학계의 일반적인 접근 방법들을 살펴볼 것이다. 이를 통해 분석 미학적 전통 내에서 근대 미학사를 연구하는 대부분의 철학자들은 사실상 위의 두 가지 역사적 질문에 대해 별로 해주는 말이 없다는 것이 밝혀질 것이며, 오히려 미학이라는 영역의 존재, 그리고 18세기 이후 미학은 예술철학에 다름 아니라는 두 가지 점들을 당연하게 여기고 있음이 드러날 것이다. 분석 미학 전통 내의 연구들은 일반적으로 현대 미학에서 등장한 특정 관점을 옹호하거나 비판하기 위해 18세기의 역사적 인물을 해석하는 식이었다. 그러나 미학의 역사에 대한 분석 미학적 접근방식은 18세기 사상가들을 사로잡은 자연과 예술에 관한 여러 문제들 중 지나치게 제한된 범위에만 관심을 가지며, 현대 미학 이론에 대한 범위 설정과 이해에도 한계를 보인다. 근대와 현대 미학을 보다 폭넓게 이해하기 위해서 우리는 분석 철학적 전통을 벗어난 연구들을 살펴보아야 할 것이다. 미학은 왜 18세기에 급격하게 부상했는지, 그리고 그것의 범위가 왜 19세기에 이르러 예술철학으로 한정되게 되는지를 역사적으로 설명해야 한다는 필요성은 분석 철학 전통을 벗어난 연구들에서 보다 크게 인식되었다. 그러나 분석 철학 바깥의 연구들 또한 궁극적으로 연구 주제를 지나치게 좁게 설정하는 폐해를 드러낸다. 지난 10년간 가장 두각을 나타낸 미학사적 연구는(영미권 연구자들에 의해 저술되었건 유럽권 연구자들에 의해 저술되었건 간에) 사실상 그 초점이 지극히 유럽 중심적이며, 18세기를 거쳐 20세기까지 영미 미학에서 가장 중요하게 다뤄졌던 주제와 인물들을 생략하고 있다. 그러므로 필자는 분석 미학 전통 바깥의 연구들을 살펴봄과 동시에 마땅한 관심을 받지 못하고 있는 주제와 인물들에도 관심을 돌리도록 할 것이다.

이후 후반부에서는 18세기 초부터 20세기 중반까지 미학에서 나타난 주요 인물과 연구성과를 관련된 참고문헌을 제시하면서 소개할 것이다.

1. 근대 미학에 대한 개괄적 접근

1.1 분석 미학과 근대 미학사

분석 철학이라는 패러다임이 장악하고 있는 영미권 미학 내에서 등장한 역사기록학적 논제들 중 가장 두드러진 것은, 먼저 1960년대와 70년대 제롬 스톨니츠(Jerome Stolnitz, 1961a, b, 1978)의 논문들에서, 다음으로는 현대 미학에 몸담으며 오랜 기간 발전시킨 자신의 이론을 집대성한 조지 딕키(George Dickie, 1966)의 저서에서 찾아볼 수 있다. 이 두 저자 모두 현대 미학의 방향을 찾는 과정 속에서 자신들이 적절하다고 생각하는 방향을 지지하기 위하여 18세기 미학에 호소하고 있다. 노엘 캐롤(Noël Carroll, 1991, 2001)은 예술의 주목적을 미로 동일시했던 18세기적 관점이 현대 미학을 구속하고 있다고 보고 이를 비판한다. 캐롤의 이런 주장은 예술과 미의 관계에 대한 최근의 견해들을 대표한다고 볼 수 있으므로 캐롤의 연구 또한 살펴볼 것이다.

스톨니츠는 미적 경험에 대한 무관심성(disinterestedness)의 원칙이 영국 미학의 근본적 바탕이라고 주장하면서, 이런 경향은 미의 성질이 논의되고 있는 1711년 새프츠베리의 《인간, 행동양식, 의견, 시대의 특징들》(Characteristics of Men, Manners, Opinions, Times)을 비롯해, 보다 중요하게는 새프츠베리의 《도덕주의자들: 철학적 랩소디》(The Moralists: A Philosophical Rhapsody)에서 처음 나타났다고 본다(Shaftesbury, 1999: 273-88, 316-32). 더 나아가 스톨니츠는 영국 철학자들에게 있어 무관심성이란 대상에 접근하는 독특한 방식, 즉 20세기 철학자들이 말하는 '미적 태도(aesthetic attitude)'에 의한 접근방식이라고 주장하는데, 미적 태도란 1912년 발표된 에드워드 벌로우(Edward Bullough, 1957)의 〈예술에 있어서의 한 요소 그리고 미적 원칙으로서의 심적 거리〉(Psychical Distance as a Factor in Art and an Aesthetic Principle)라는 유명한 논문에서 처음 등장하여 1960년 스톨니츠가 자신의 논문에서 완성시킨 개념이다. 스톨니츠(1960)에 따르면, 한 대상을 미적 태도로 접근할 때, '우리는 그 대상이 수행할 수 있는 그 어떠한 다른 목적들에도 관심을 가지지 않은 채 단순히 그 대상을 바라본다'. 이 같은 심적 상태를 가질 때 우리에게는 '단순히 경험을 가져보려는 목적 이외에 그 어떠한 다른 목적도 경험을 관장하는 목적으로서 가능하지 않다'. 스톨니츠는 '경험을 가짐'이라는 것을 지각의 특별한 한 방식으로 간주하는데, 우리가 그러한 지각 방식을 따를 때, 시각 혹은 청각과 같은 감각 능력이 실용적 관심이나 이론적 탐구가 가하는 압박에서 해방되어 단순히 외부 대상의 지각 가능한 형식이나 물질과 유희하며 그에 따른 인상들을 즐길 수 있게 된다고 본다. 이에, 스톨니츠는 다음과 같이 새프츠베리를 설명한다.

> 소유하려 혹은 사용하려 하지 않는다는 것은, 미적 감상자가 대상의 지각이라는 목적 이외의 어떤 다른 목적들에 대상을 관련시키지 않는다는 생각으로부터 귀결된다 … 미적 관심이란 오직 지각 그 자체에 대한 관심이며 … 그것은 대상을 벗어나지 않는다 … 미적 관심이란 한 대상이 그 자체를 넘어선 다른 것들과 가지는 인과 혹은 그 어떤 관계들에도 무관심하다. (Stolnitz, 1961a: 134)

스톨니츠는 무관심성이라는 개념 그 자체, 그리고 무관심성을 대상과의 순수한 지각적 엮임으로 해석하는 것, 이 두 가지 모두가 새프츠베리 이후 영국 미학에서 특징적으로 발견된다고 주장한다. 이에 속하는 영국 철학자들은 바로 애디슨(새프츠베리의《특징들》이 나온 지 1년 후에 상상의 즐거움에 관한 애디슨의 에세이들이 발표된다), 프랜시스 허치슨(Francis Hutcheson), 에드먼드 버크(Edmund Burke), 알렉산더 제라드(Alexander Gerard), 알키발드 알리슨(Archibald Alison), 쇼펜하우어(Stolnitz, 1978: 419-21), 그리고 20세기 철학자들인 데이비드 프랄(David Prall), 뒤카스(C. J. Ducasse), 드윗 파커(DeWitt Parker) 등이다(Stolnitz, 1961a: 134-41). 이어 스톨니츠는 새프츠베리의 무관심성 개념은 근대 미학의 적절한 토대가 되었다고 보면서, 그러므로 미적 경험이라는 것은 무관심적 지각 그리고 무관심적 지각의 향유로 적절히 해석될 수 있다고 믿는다. 스톨니츠의 이러한 관점은 새프츠베리를 포함하여 그를 이은 여러 철학자들에 관해 상당히 논쟁의 여지가 있는 해석을 내린 결과이다. 일례로 물론 허치슨은 미적 반응이 이성적이라기보다는 감각적(sensory)이라고 분명히 주장하였지만, 새프츠베리는 감각을 보다 고차원적 인식의 힘인 이성과 거의 구분하지 않는다. 또한 버크와 알리슨은 미와 숭고에 대한 우리의 반응을 단순히 지각에만이 아니라 우리의 가장 깊은 곳에 자리한 욕망, 정서 등과 연결시킨다. 물론 딕키가 알리슨의 이러한 측면에 주목한 적은 있다. 그러나 이제 곧 살펴보겠지만, 딕키는 알리슨의 바로 그러한 점을 비판한 것이다(Dickie, 1996). 스톨니츠의 이론은 또한 예술적 창조성에 대한 논의가 천재라는 개념을 통해 18세기 미학에서 중점적으로 다루어진 사실을 주목하지 않았다.

딕키는 스톨니츠를 비판하지만 위에서 지적된 스톨니츠 이론의 문제점을 언급하면서 비판하는 것은 아니다. 딕키에 따르면, 스톨니츠는 18세기의 '취미(taste)' 이론가들과 19-20세기의 '미적 태도(aesthetic attitude)' 이론가들 사이의 주요 차이점을 간과한 실수를 저질렀다. 스톨니츠에 따르면, 어떠한 대상이라도 우리가 적절한 심적 태도를 가지고 접근한다면 그 대상을 지각할 때 우리는 쾌를 느끼게 되며, 무관심성, 즉 다른 관심들로부터의 해방은 바로 그 쾌의 가능성을 촉진한다. 그러나 딕키에 따르면 18세기 사상가들은 무관심적인 지각 상태 내에서 일반적으로 쾌가 발생한다는 식의 설명을 하지 않으며, 그보다는 대상 내에는 쾌를 일으키기에 특별히 안성맞춤인 성질들이 있는데 그것에 의해 쾌가 발생한다고 보았다(Dickie, 1974: 2장의 58쪽; Rind, 2002). 1960-70년대에 딕키는 미적 태도라는 개념 그 자체를 비판하면서, 그것을 내용 없는 텅 빈 개념이라 보았는데, 왜냐하면 예술작품은 어떤 방식이건 간에 적절한 방식으로 접근되어야 하며, 이때 어떠한 정보·이론적인 제약도 가해져서는 안 된다는 정도 이외에 미적 태도라는 개념이 말해주는 바가 없기 때문이라는 것이다. 때문에 딕키는 미적 경험이 무관심적 지각의 향유나 혹은 그와 비슷한 어떤 것으로 환원될 수 없다고 본다. 예술계의 구성원에 의해 감상의 후보로 제시된 것이 예술이라 정의하는 유명한 '제도론적 분석(예술작품을 감상 개념이 아닌 예술 개념만으로 정의하려는 시도)'을 딕키가 제시한 것도 바로 이 때문이다(Dickie, 1974: 1장). 한편, 이제 곧 살펴보겠지만, 딕키는 대상이 가진 속성들 중 우리의 미적 반응 및 취미 판단을 이끌어낼 수 있는 속성이 무엇인지 그 범위를 구체적으로 명시하려는 18세기 취미론의 노력을 높이 평가한다(Dickie, 1996).

노엘 캐롤은 스톨니츠에 대한 딕키의 이 비판, 즉 18세기 이론가들이 단지 미적 태도론만을 주장한 것이 아니라, 미(beauty)를 미적 태도의 특징적인 대상으로 간주하는 미의 이론을 함께 전개했다는 주장에 동조한다(Carroll, 1991). 그러나 캐롤은 최근의 분석적 예술철학이 예술의 주목적으로 아름다운 대상의 창조와 그것을 통한 미적 반응의 산출을 삼고 있으며, 이것이 궁극적으로는 분석적 예술철학에 좋지 않은 영향을 끼쳤다고 본다. 이에 캐롤은 미에 대한 반응의 산출을 넘어선 목적을 배척하는, 그가 18세기의 소산이라 여기는 '미적 예술철학(aesthetic theory of art)'을 거부한다. 캐롤은 이것을 허치슨, 칸트, 20세기 초 영국의 비평가인 클라이브 벨(Clive Bell), 그리고 20세기 중반 미국의 철학자인 몬로 비어즐리(Monroe Beardsley)를 중심으로 설명해 나간다. 캐롤은 미의 경험이란 다양성 내의 통일성(uniformity amidst variety)에 대한 즉각적이고 감각적인 반응이라 주장하는 허치슨, 그리고 '자유미(free beauty)'에 대해 논하는 칸트를 언급하는데, 특히 칸트에 따르면 'x가 아름답다'는 판단은 그것이 ① 합목적성의 형식(forms of finality)에 관련되어 ② 인식적이며 동시에 상상적인 자유로운 유희로부터 ③ 모든 이가 도출하는 관조적 쾌를 통한 ④ 주관적 ⑤ 무관심적 ⑥ 보편적 ⑦ 필연적 ⑧ 단칭(singular) 판단일 경우, 오직 그 경우에만 진정한 취미의 판단 혹은 미적 판단이다(316-17). 캐롤은 이 두 이론이 비록 포괄적인 예술이론으로서 제안된 것은 아니지만, 그럼에도 불구하고 벨과 같은 20세기 이론가들로 하여금 예술이란 순수하게 그것의 형식적인 속성을 통해 인간의 모든 다른 관심으로부터 동떨어진 어떤 독특한 반응, 예를 들어, 허치슨이 생각하는 것처럼 다양성 내의 통일성을 즉각적으로 감각한다든지, 혹은 칸트의 경우에서처럼 합목적성의 형식에 반응해 인식 능력들이 자유로이 유희한다든지 하는 그런 반응들을 이끌어낼 수 있는 대상의 제작으로 간주하게 하였다고 주장한다. 벨에게 예술의 목적은 '의미 있는 형식(significant form)'에 반응하는 '미적 정서(벨에 따르면 '실용적 유용성, 인식적 가치 등으로부터 완전히 독립된 황홀한 정서')'를 이끌어내어 이를 통해 목적과 유용성에 대한 일상적 관심으로부터 우리를 완전히 해방시키는 것이다. 캐롤은 여기서 벨의 이론이 예술은 모든 것으로부터의 해방을 초래한다고 보는 쇼펜하우어를 상기시킨다고 적절하게 지적한다(321). 비어즐리의 경우, 예술의 목적은 '미적 경험'을 끌어낼 수 있는 지각적 혹은 '현상적' 대상을 산출하는 것이며, 미적 경험은 '대상 지향성(object directedness)', 느껴진 자유(이전의 관심들로부터 해방된 느낌), 초월적인 정감(정서적 거리), 능동적 발견(가지성의 느낌), 완전성(만족감 그리고 주의 집중을 방해하는 충동들로부터의 자유) 등의 특징을 보인다(324). 캐롤에 따르면, 이러한 이론들은 예술의 영역에서 미를 추구하지 않는 작품들(예를 들어 아방가르드 작품들)을 제외시킴으로써 우리가 받아들이기 힘든 편협한 예술 정의를 제시한다. 다시 말해, '지식, 도덕, 윤리' 등 사실상 '전통적 예술에서 얼마나 중요한 역할을 했는지 생각해 본다면 이례적이라고 할 수도 없는' 그런 요소들을 예술의 영역에서 제외할 것을 예술가와 관객에 요구한다는 것이다(327). 즉 캐롤이 보기에 허치슨이나 칸트로 거슬러 올라가는 미적 예술이론은 예술의 관심사를 단지 미 혹은 특별한 종류의 초연한(detached) 쾌로 한정했기 때문에 적절한 이론적 정당성을 가지지 못할 뿐 아니라, 인간의 광범위한 관심들을 표현해 온 것으로 해석될 수 있는 실제 예술의 역사에도 부합하지 않는다. 이를 통해 캐롤은 스톨니츠의 기획, 즉 18세기 미학에서 발견되는 '미적 태도'의 개념을 부활시키려 한 그의 기획이 현대 미학에 근본적으로 좋지 않은 영향을 끼쳤음을 암시하고 있다.

캐롤은 허치슨과 칸트가 순수한 '미적 예술이론'을 의도하지 않았을 수도 있음을 인정하며, 이것은 확실히 강조되어야 할 부분이다. 비록 모든 미적 경험의 대상들이 '다양성 내의 통일성'이라는 추상적 개념 아래에 포섭된다고 허치슨이 보고 있지만, 그는 또한 미메시스(mimesis)나 재현(representation) 그 자체가 다양성 내의 통일성의 한 형태라고 분류하였으며, 예술은 형식에 대한 순수한 감각 반응뿐만 아니라 미메시스를 통한 본질적으로 인식적인 반응을 산출하려는 목적을 가질 수 있다고 인정하고 있다(315). 캐롤이 강조하지는 않았으나, 앞서 지적되었듯이, 칸트 역시 예술에 있어서의 '미적 이념들(aesthetic ideas)'의 존재를 역설하고 있다(318). 이를 통해 우리가 알 수 있는 것은 칸트에게 있어 예술이란 기본적으로 도덕적 내용을 지니며, 예술에 대한 우리의 반응은 그러므로 결코 상상력과 오성 사이의 단순한 조화가 아니라 상상력, 오성, 이성 간의 보다 복잡한 유희라는 것이다. 더 나아가, 18세기를 '미적 예술이론'으로만 설명하는 것은, 버크, 모세스 멘델스존(Moses Mendelssohn), 알리슨 등의 이론에서 나타나는 특징들, 즉 그들이 숭고나 비극, 그리고 강렬한 인간 감정의 표현으로서의 예술에 매료되었었다는 사실을 간과하는 것이다. 물론, 테오필 고티에(Théophile Gauthier), 귀스타브 플로베르(Gustave Flaubert), 샤를 보들레르(Charles Baudelaire), 월터 페이터(Walter Pater)와 같은 문학가들, 그리고 클라이브 벨과 같은 비평가들, 마지막으로 스톨니츠나 비어즐리와 같은 몇몇 분석 미학자들을 관통하는 흐름은 (이러한 예술 운동에 대한 개요는 Sartwell, 1998; Guyer의 근간 참고) 칸트적 예술 개념보다는 쇼펜하우어적 예술 개념에 바탕을 둔 것이다. 그러나 이러한 쇼펜하우어적인 흐름은 간헐적으로 이어졌고, 또한 그에 대한 반발이 없었던 것도 아니다. 다시 말해 한편으로 쇼펜하우어, 페이터, 벨이 있었다면 다른 한편으로는 프리드리히 실러(Friedrich Shiller), 존 러스킨(John Ruskin), 윌리엄 모리스(William Morris), 존 듀이(John Dewey)가 있었던 것이다. 후자에게서 미적 경험이란 목적과 유용성에 대한 즉각적인 집착에서 우리를 해방시켜 주는 것이기도 하지만, 이를 통해 얻은 자유는 그 어떠한 관심이나 영향으로부터 벗어난 단지 미의 관조만을 위한 자유가 아니라, 우리의 상상력 혹은 인식 능력을 발전시켜 우리 자신과 타인에 대한 지식을 얻고 새로운 삶의 방식을 생각할 수 있는 자유였다. 즉 그들에게 자유란 단지 자유이기 때문에 그 자체로서 소중한 것이기도 했지만, 우리의 여러 능력들을 개발하고 마침내 우리 삶에 혜택을 제공하기 때문에 소중한 자유였던 것이다(칸트와 실러에 대한 논의는 Savile, 1987; Guyer, 1993a 참고). 게다가 1950-60년대 분석 미학이라는 좁은 영역을 제외하고 볼 때, 쇼펜하우어나 벨보다는 실러나 듀이의 관점이 19-20세기 미학에 더 지배적인 영향력을 행사했다고 볼 수 있다.

    딕키는 1996년 그의 저서 《취미의 세기》(The Century of Taste)에서 미학에 대한 역사적 관점뿐만 아니라 현대 미학에 대한 전망에 있어서도 캐롤보다는 스톨니츠에 가까운, 즉 상당히 협소한 이해를 보여준다. 비록 이 책은 《18세기의 취미에 대한 철학적 오디세이》(The Philosophical Odyssey of Taste in the Eighteenth Century)라는 부제를 달고 있지만, 그는 오직 허치슨, 제라드, 알리슨, 칸트, 흄만을 나열된 순서대로 다루었으며, 그의 서술은 흄에 대한 찬사로 결말을 맺는다. 그는 뒤보스와 같은 프랑스 사상가들, 애디슨, 버크, 케임스 경, 애덤 스미스와 같은 영국 사상가들, 또 멘델스존이나 실러를 포함한 수많은 독일 사상가들을 생략하고 있다. 그런데 문제는 이렇게 몇 안 되는 철학자들에 관련해 그가 선택한 주제들 또한 협소하다는 것이다. 딕키는 18세기의 수많은 사상가들이 가졌던 주 관심사 중 하나인 숭고(sublimity) 개념을 전혀 다루지 않았을 뿐만 아니라, 그의 설명에서 중요한 위치를 차지하는 제라드와 칸트를 논할 때에도 그들이 심도 있게 다루었던 천재 개념을 생략하는 실수를 범한다. 미적 경험이 인간의 도덕성 혹은 창조성과 맺는 관계를 다룬 18세기의 그 어떠한 논의도 사실상 딕키는 모두 생략했다. 이것은 딕키가 그가 스스로 명명한 '취미론'에만 집중하고 싶었기 때문인데, 취미론은 단지 취미판단의 적절한 대상을 규명하고, 그러한 대상에 대한 우리의 반응은 어떤 성질을 가지는가에만 관심을 가진다. 즉 취미론은 예술의 본성이라든지, 그것의 전형적인 주제, 혹은 창작의 조건들과 같은 구체적인 문제들을 다루지 않는 이론인 것이다.

게다가, 18세기 '취미론'에 대한 딕키의 찬양은 궁극적으로 잘못되었는데, 왜냐하면 결론적으로 그는 흄을 제외한 다른 철학자들을 모두 비판하고 있기 때문이다. 그 비판의 골자는 첫째, 그들이 지나친 이론적 규제를 취미의 대상에 가했으며, 둘째, 미적 반응을 설명하는 유용한 가설을 만들어내려고 시도했다는 것이다. 결론적으로 딕키는 흄이 미를 만드는 특징들(beauty-making characteristics)을 열거하되, 인과에 대한 자신의 회의론에 따라 그러한 특징들이 어떻게 쾌를 발생시키는가와 관련된 그 어떠한 인과적 설명도 거부한다는 점을 높이 평가한다. 딕키의 역사기록학은 그러므로 미학에 대한 스톨니츠적 관점과 완전히 상반되나, 궁극적으로는 대등하게 편협하다. 딕키에게 있어 미학 이론이란, 미적 태도를 이론화하기보다는, 예술계의 구성원들에 의해 감상후보로 지목된 대상(그 대상이 어떤 속성을 가지며 그것에 대한 우리의 감상이 어떤 성격을 지니는가와 상관없이)이 받아 마땅한 관심을 처방해 주는 것만을 할 수 있을 뿐이다.

물론 허치슨은 미에 대한 우리의 반응이 언제나 대상이 지닌 속성들 중 다양성 내의 통일성이라는 속성에 대한 본질적으로 감각적 반응이라고 보았고, 이 반응은 5개의 외적 감관들에 의존하나 그것들과 같은 것이라고 볼 수는 없는 '내적 감관(internal sense)'을 통한 것이라 주장한다. 그리고 허치슨의 두 주장, 즉 미에 대한 우리의 반응이 언제나 본질적으로 감각적이며, 또한 그러한 반응을 일으키는 것은 언제나 다양성 내의 통일성이라는 주장에 대해 딕키는 이 두 주장이 제대로 증명되지 못하였다고 비판한다(Dickie, 1996: 25). 전자에 대한 딕키의 지적은 정확하며, 피터 키비(Peter Kivy) 역시 이 점을 지적한 바 있다(Kivy, 1976a: II장과 III장). 그러나 딕키는 다양성 내의 통일성이라는 추상적 개념하에 허치슨이 포섭시키고 있는 '미를 만들어내는 다양한 성질들'을 간과하면서 허치슨에 대해 공정하지 못한 비판을 한다. 허치슨이 정리들의 미(the beauty of theorems)를 논하면서, 이것이 '내적 감관'의 활동 중 '상위의 인지 능력'과 관련된다고 본 것을 딕키는 주목하지 못했다. 또한 딕키는 허치슨이 '상대적 미(relative beauty)'라는 개념하에 재현이나 미메시스를 포함시킨 것을 인정하였으나 다음을 간과하였다. 즉 허치슨은 '상대적 미'의 한 형태로 작가의 의도와 결과물 사이의 대응관계 역시 제시하고 있으며, 이것은 예술가의 숙련(artistry)을 통해 작품 안에 미를 만들어내는 특징들이 구현된다는 점을 허치슨의 이론이 인정할 수 있음을 보여준다. 다시 말해, 허치슨이 후대의 미 이론뿐만 아니라 천재 이론에도 길을 터주고 있음을 딕키는 보지 못한 것이다. 이것이 18세기 미학의 실제적 복합성을 딕키가 얼마나 단순화했는지를 보여주는 첫 번째 예이다(허치슨에 대한 보다 균형 잡힌 관점을 위해서 Korsmeyer, 1979a, b 참고).

딕키는 취미의 대상에 대한 우리의 반응을 설명하기 위해 1759년 제라드가 그의 《취미에 대한 에세이》(*Essays on Taste*)에서 '관념들의 융합(coalescence of ideas)' 개념을 도입했다고 본다(그러나 딕키는 제라드의 개념만큼 중요한, 1755년부터 발전되기 시작한 멘델스존의 '혼합 감정(mixed sentiments)* 개념을 전혀 언급하지 않았다(Mendelssohn, 1997)). 딕키는 미를 만드는 성질들의 목록을 확장했다는 이유로 제라드를 칭송한다. 그러나 곧이어 미적 반응을 오직 감각적인 것으로 제한했다는 이유로 허치슨을 비판하고, 제라드에 관해서는 그가 인식 능력의 범위를 감각 이외의 영역으로 지나치게 확장해버려 취미판단의 상대주의(relativism)를 초래한다고 비판한다(Dickie, 1996: 41, 47-8). 예술계에 의해 감상 후보로 제시될 수 있는 것의 범위에 대해서는 그 어떠한 한계 설정도 하지 않는 딕키이기에, 미적 반응에 관여되는 능력들을 확장한 제라드를 환영하는 동시에 어느 정도의 상대주의를 수용할 법도 하지만, 실제 딕키의 관점은 그런 예상을 빗나가고 있다.

알리슨으로 넘어가면, 딕키는 미적 경험을 오직 '융합(coalescence)'으로 설명하는 그를 비판한다. 딕키는 취미판단을 할 때 우리가 반응하는 것은 결코 지각되는 대상의 순수한 물리적 속성이 아니라 언제나 인간의 감정, 그러므로 마음의 성질이라는 알리슨의 견해, 다시 말해 우리는 '연상의 연쇄(train of association)'에 의해 지각 가능한 속성들과 연결된다는 (알리슨이 독창적으로 주장한 것은 아니며 새프츠베리로부터 영향을 받아 나온 주장, Shaftesbury, 1999: 322-4) 알리슨의 융합 개념을 비판한다. 미의 모든 형식들이 이와 같은 연상으로 환원될 수 있다는 것을 알리슨은 증명하지 못했고 그러므로 딕키의 지적은 옳다(71-3). 자연이나 예술작품의 형식 그리고 재료가 주는 쾌를 늘 정서적 연상에 의한 쾌와 동일시한 알리슨은 분명 지나친 주장을 한 것이다. 그러나 취미의 대상을 향유함에 있어 정서적 연상이 필수적이라고 본 알리슨에 대해, '전적으로 잘못되었으며 어떤 측면도 가치가 없다'고 한 딕키의 비판 역시 극단적이다(75). 이것은 예술에 대한 우리의 반응에서 간과될 수 없는 정서의 역할을 적절히 포착하고자 했던 여러 기획들, 뒤보스와 버크에서 시작하여 톨스토이와 콜링우드, 그리고 최근 리처드 볼하임(Richard Wollheim)과 켄달 월튼(Kendall Walton), 스탠리 카벨(Stanley Cavell)에 이르는 기획들을 정당한 논변도 없이 모두 쓸모없다고 하는 격이다.

---

* 멘델스존에 따르면 아름다운 것이 아닌 무섭거나 추한 것들을 볼 때 느껴지는 감정이 있는데 그것이 혼합 감정이다.

더 나아가, 취미의 대상에 의해 촉발된 연상의 연쇄 작용은 결국 우리로 하여금 취미의 대상에 적절한 관심을 쏟게 하기보다는 그것에 집중하지 못하게 할 것이라는 딕키의 주장은 너무나 단순하다(74). 많은 예술작품들, 예를 들어 리스트나 스트라우스의 음시(tone poem, 音詩)*들은 부분적으로 그와 같은 연상을 촉발하도록 되어있다. 그리고 예술작품을 향한 주의 집중과 예술작품에 의해 생겨난 연상의 연쇄작용 사이의 긴장감을 일종의 이론적 단점으로 묵살해서는 안 된다. 그런 복합성은 오히려 미적 경험의 실제 현상에 부합하며, 또한 우리가 왜 그러한 경험을 추구하는가라는 질문에 답을 해준다.

칸트에 대한 딕키의 해석 역시 논란의 소지가 있다. 딕키는 칸트 미학의 목적론적(teleological) 성격을 잘 지적하고 있지만, 종종 그것을 오해하기도 한다. 딕키는 판단력 비판에서 전개된 칸트의 논의는 순서가 잘못되었다고 지적한다. 딕키의 설명을 따르면, 칸트는 모든 미가 자연 유기체들에서 발견되는 합목적적인 디자인(purposive design)이라는 특별한 종류의 디자인 내에 존재한다고 보았으며, 그러므로 칸트의《목적론적 판단력 비판》(Critique of Teleological Judgement)이《미적 판단력 비판》(Critique of Aesthetic Judgment) 보다 앞에 놓였어야 한다고 본다. 물론 딕키는 미를 소위 유기체적인 합목적성(organic purposiveness)이라는 것으로 환원하는 듯 보이는 이런 시도는 전혀 그럴듯하지 않다고 지적한다. 그러나 사실 딕키는 아름다운 대상에 대한 칸트의 견해를 오해하고 있다. 상상력과 오성이라는 인식 능력들의 자유로운 유희를 이끌어내는 것으로서 아름다운 대상을 이해하기 위해 칸트는 그러한 대상의 주관적 합목적성(subjective purposiveness)에 주목하는데, 이때 주관적 합목적성이라는 것은 결코 딕키가 생각했던 것과 같은 어떤 특별한 방식의 유기적 디자인(칸트는 결코 이런 것을 논의한 적이 없다)을 의미하는 것이 아니고, 우리의 인식 목표에 부합한다는 의미에서의 합목적성을 뜻한다. 사실 유기체를 이해하기 위해 합목적성의 개념이 필요하다는 칸트의 주장은 자기 이해에 있어 합목적성의 개념이 중요하다는 그의 주장에 기인한 것이다. 즉 자연에서 일어나는 난해한 문제들을 이해하기 위해 우리 자신의 지향성 및 예술성을 자연 현상들에게 구성적으로 전이(transference)하는 것이 아니라 규범적으로 전이해야 한다는 것이다(Kant, 2000: §65). 즉 자연에 대한 칸트의 목적론적 관점은 주관적 합목적성, 다시 말해 우리 자신의 인식적 구성 및 예술 창조에 관련된 지향적 합목적성에 근거한 것이다. 칸트에 따르면 자연 현상들을 이해하기 위해 우리는 예술과의 유비를 이용해야 하는 것이지, 자연 혹은 예술의 미를 이해하기 위해 우리가 자연의 유기적 기능에 대한 이해 및 그것의 특징적인 외양적 특성을 알고 있어야 할 필요는 없다(Guyer, 1997).

마지막으로 딕키는, '비평 속에서 우리는 수많은 취미의 대상들을(흄이 '미' 또는 '오점'이

---

* 표제음악의 일종으로 음악 외적인 구체적 이야기, 생각, 프로그램 등을 관현악을 통해 표현하고자 한다.

라 부르는) 발견할 수 있는데, 이것들은 예술작품의 미와 추함을 평가하는 데 있어 적절한 이유로 작용할 수 있다'고 주장한 흄을 높이 평가한다(Dickie, 1996: 127). 또한 흄이 미적 반응을 일으키는 원인을 설명하는 단일 모델을 이론화하고자 시도하기보다는, 미나 오점들을 열린 목록으로 나열한 것을 높이 평가한다(128-9). 그러나 흄 미학에 대한 디키의 이런 관점은 순전히 흄의 유명한 후기작인 〈취미의 기준에 대하여〉에만 의지하고, 미의 수많은 사례들을 공감(sympathy) 혹은 상상을 통해 향유되는 실제적 유용성(actual utility)으로 설명하고 있는 흄의 《인간 본성에 관한 논고》(*A Treatise of Human Nature*)를 무시한 결과이다(Hume, 2000: 235-6, 368-9). 《인간 본성에 관한 논고》에서 나타난 미에 대한 흄의 견해는 〈취미의 기준에 대하여〉에 나타난 견해와 상이할 수도 있으나, 디키는 그러한 차이점을 아예 언급하지 않았다. 이는 마치 디키가 칸트를 오해하여 그의 주관적 합목적성 개념을 비판한 것과 유사하며, 이 때문에 18세기 미학의 가장 중요한 문제 중 하나 — 즉각적·실용적 관심으로부터 벗어난 미적 반응이 인간 사유의 부정할 수 없는 목적론적 측면과 가지는 복합적 관계 — 를 다룰 수 있는 기회를 놓쳐버렸다. 이 문제는 섀프츠베리에서부터 흄, 버크에 이르는 영국 철학자들, 그리고 라이프니츠와 볼프, 멘델스존, 칸트와 같은 독일 철학자들이 중요하게 다룬 문제이다. 그러나 흄 미학에서 이론적으로 가장 덜 정립된 것을 흄 취미론의 전형으로 간주함으로써 디키는 이 중요한 문제를 단순히 무시해버렸다.

스톨니츠, 캐롤, 디키에 의한 위와 같은 연구는 미를 대상이 가지는 형식적 속성의 하나로 보고 미의 지각이라는 좁은 주제에 초점을 맞추고 있으며, 미와 유용성 사이의 관계와 같은 18세기의 중요 문제들을 간과했다. 뒤보스, 버크, 멘델스존 등이 주로 다루었으며 또한 당시를 대표한다고 볼 수 있는 관심사들(예를 들어 숭고, 비극의 역설)에서 나타난 미적 경험과 인간 정서 사이의 관계에 대한 문제, 그리고 제라드, 칸트, 실러와 같은 철학자들이 관심을 가졌던 예술적 창조성의 문제를 간과한 것이다. 심지어는 미에 관련해서도, 스톨니츠와 캐롤, 디키는 미적 반응에 대한 18세기의 견해를 순전히 지각적 모델에 바탕을 둔 것으로 과장하고 있다. 섀프츠베리는 대상을 소비하거나 혹은 사용하는 것으로부터 나오는 쾌(이것은 대상을 소유함에 의존한다)는 미 혹은 현재 우리가 미적 성질들이라고 부르는 것의 향유와 다르다는 것을 지적하면서 18세기 미학의 시작을 열었다(Shaftesbury, 1999: 318-9). 하지만 무관심적 지각을 오로지 대상에 대한 지각이라고 보거나, 대상이 가지는 미에 대한 우리의 감상이 대상의 지각을 넘어서지 못한다고 생각하지는 않았다. 오히려 이와는 상반되게, 섀프츠베리에 따르면 대상을 소유하고자 하는 개인적 관심으로부터 초월할 때 우리는 우주 질서에 대한 한 예로서 미를 감상하게 되는데, 이것은 단순 지각을 통한 것이 아닌 이성을 통해 감지되는 것이다. 정통은 아니나 이처럼 여전히 종교적인 섀프츠베리의 철학 안에서, 우주의 질서를 감상한다는 것은 궁극적으로 모든 예술 형식의 원천적 힘에 대한 찬양이었다(Shaftesbury, 1999: 322-3).

거의 대부분의 18세기 사상가들은 허치슨보다는 새프츠베리를 뒤따랐으며, 그리하여 미적 반응의 복합적 성질(예를 들어 상위 인식 능력인 오성과 이성이 지각과 함께하는 상호유희) 및 미적 경험과 대상이 나타내는 다양성에 대해 인식하고 있었다. 흄은 그의 유명한 〈회의주의자들〉(The Sceptic), 〈취미의 기준에 대하여〉에서 미란 단지 '내적인 구조에 의해서 쾌를 일으키도록 혹은 불쾌를 일으키도록 계산된 특별한 형태 혹은 성질이다'라고 주장하는 듯하고, 이 때문에 미적 반응에 대해 순수하게 지각적인 견해를 전개하는 것 같지만(Hume, 1963: 238), 심지어 그런 흄마저도 사실은 《인간 본성에 관한 논고》에서 그와 같이 순전히 지각적인 미보다는 상상력을 이용한 반응, 즉 공감, 일반화, 관념들의 연상, 유용성 등을 통한 경험을 미의 경험으로 보면서 보다 복합적인 미의 이론을 제시했다(Hume, 2000: 235-6, 368-0; Korsmeyer, 1976; Guyer, 1993b; Gracyk, 1994; Townsend, 2001: 3장). 그리고 칸트 또한 비록 미적 판단의 무관심성이나(Kant, 2000: §2) '순수한' 미적 판단에 적합한 대상으로 지각적 형태를 강조하고 있지만(§14), 그럼에도 불구하고 우리가 가장 단순한 미에서도 쾌를 느끼는 것은 상상력과 오성의 자유로운 유희 때문이며(§§9, 35), 숭고로부터 느끼는 복합쾌(complex pleasure)는 상상력과 이성 사이의 조화에 대한 우리 자신의 의식과 동반되어 나타나는 상상력과 오성 사이의 부조화 때문이라고 보았다(§§23-9). 그리고 예술에서 느끼는 쾌는 이성의 관념과 상상력의 재료 사이에 일어나는 복잡한 상호유희 때문이라고 본다(§49). 정리하자면 18세기를 주도했던 미학 이론들은 미와 숭고에서 개인이 느끼는 쾌는 그 자신과 관련된 관심들로부터 독립되어 있다고 보지만, 그럼에도 불구하고 인간 심리의 가장 근원적이고 보편적인 측면들과 긴밀히 연관되어 있음을 인정했다는 점에서 환원주의적이기보다는 복합적이라고 평가할 수 있다(Townsend, 1987; Guyer, 1993a: 2-3장).

딕키와 캐롤, 스톨니츠의 연구는 또한 미학이 왜 18세기 철학의 핵심 분야로 부상했는가에 답하지 못하고 있다. 지금부터는 적어도 이 문제에 대해 답하려고 시도한 최근의 연구들을 소개할 것이며, 더 나아가 18세기가 아닌 19-20세기 미학에 대한 최근 연구의 동향도 알아볼 것이다.

1.2 근대 미학에 대한 분석 철학 이후의 역사

최근 영국의 문학비평가 테리 이글턴(Terry Eagleton)과 프랑스 철학자인 뤼크 페리(Luc Ferry), 장 마리 셰퍼(Jean-Marie Schaeffer)는 18세기부터 20세기를 포괄하는 근대 미학사를 저술했다. 이들은 미학 이론이 보다 광범위한 철학적·사상적 기획을 반영한 것이라 보고, 그러한 기획으로 인해 18세기에 미학 이론이 두각을 나타내게 되었다고 주장한다. 이글턴은

18세기에 부흥하기 시작한 부르주아들이 그들이 구상한 도덕적·정치적 개선이라는 계획에 미적 경험을 포함시키려 했던 순진한 발상에 의해 근대 미학이 시작되었다고 보나, 그러한 개선을 실행하기에는 부르주아들이 적합하지 않았기 때문에 결국 그 기획은 좌절되었다고 분석한다. 페리 또한 초기에는 부르주아들의 전유물이었던 개인의 발전과 표현을 진보적인 정치 틀 안에서 보다 확장시키려는 계몽주의적 신념을 미학의 등장에 연결시키고 있으나, 이글턴보다는 미적 경험과 예술의 잠재적 공헌에 대해 낙관적인 평가를 내리면서, 민주주의가 단 하나의 사회경제적 계급에 한정되지 않고 다른 사회경제적 계급으로 확대되어 번영할 수 있도록 미적 경험과 예술이 기여했다고 평가한다. 이런 차이점에도 불구하고, 이 두 연구는 미적 경험과 정치적 자유 사이의 관계에 중점적으로 관심을 가졌던 사상가들, 예를 들어, 19세기의 존 러스킨, 20세기의 콜링우드 등을 간과했다는 점에서 놀랍도록 비슷하다. 셰퍼 또한 헤겔에서 하이데거로 이어지는 사변적 형이상학이 예술 창조적 자유에 대한 칸트의 관점을 여러 이론적·도덕적 기획들을 통해 왜곡했으며, 형이상학의 지배에서 해방된 예술 창조적 자유에 대한 칸트의 이상은 20세기의 미학자들보다는 아방가르드 예술가에 의해 더 잘 실현되었다고 평가한다. 그러나 셰퍼 역시 슐레겔로부터 하이데거에 이르는 철학적 미학을 단일한 유럽 중심적 사관으로 접근한다. 그는 칸트나 (비록 부분적일지라도) 실러가 가졌던 예술 창조적 자유 개념, 즉 사변적 철학의 지배로부터 해방되고자 했던 예술 창조 개념이 19-20세기 미학의 여러 군데에서 헤르만 롯체(Herman Lotze), 조지 산타야나(George Santayana), 듀이, 콜링우드, 그리고 심지어는 딕키나 단토 등을 통해 명맥을 유지하고 있었음을 보지 못했다. 예술이 철학과 별반 다르지 않게 되었다고 보면서 '예술의 종말'을 선언한 단토를 우리는 단일한 철학적 기획의 지배로부터 현대 예술이 해방되기를 바라는 반어법적 호소로 이해해할 수 있는데도 말이다 (Danto, 1997).

이글턴의 《미학사상》(The Ideology of the Aesthetic)은 아마도 위의 세 연구들 중 가장 포괄적이나 또한 가장 비관적인 연구일 것이다. 이글턴에 따르면 미학 이론은 자기기만으로부터 시작해 절망에서 끝났다. 미적인 것(the aesthetic)을 개인 해방과 사회 진보의 수단으로 보는 18세기의 낙관주의는 기껏해야 부상하고 있던 자본주의 사회의 성격에 대한 기만이거나 최악의 경우 자본주의 사회에 봉사하려는 위선적 시도이며, 20세기 예술은 그것이 프로이트주의적이건 마르크스주의적이건, 혹은 탈근대적이건 간에, 근본적으로는 파시즘과 자본주의라는 서로 다를 바 없는 악을 대면한 인류의 무기력함과 소외감을 표현한 것이다. 이글턴의 암울한 관점에 따르면, 오직 젊은 마르크스만이 진정으로 '해방된 사회'를 가능케 하는 '형식과 내용의 미적 상호 융합'을 그려보는 데 성공했으며(Eagleton, 1990: 210), 마르크스의 20세기 후계자가 될 수도 있었던 벤야민이나 아도르노는 그것을 실현하지 못하고 예술을 소외감에 대한 대항 수단이 아닌 소외감의 표현으로밖에 보지 못했다.

　이글턴은 18-20세기의 현대 영미 미학에서, 그리고 근대 사회 및 문화의 성격에 대한 보다 광범위한 논의에서 중요한 역할을 한 사람들을 살펴본다. 18세기 인물들로 이글턴은 바움가르텐, 새프츠베리, 흄, 버크, 루소, 칸트, 실러를, 19세기 인물들로 피히테, 셸링, 헤겔, 키에르케고르, 쇼펜하우어, 마르크스, 니체를 다룬다. 20세기 인물들로는 프로이트, 하이데거, 그리고 마르크스주의자인 루카치, 벤야민, 아도르노, 또한 포스트모더니스트로 푸코를 다룬다. 여기서는 이들에 대한 이글턴의 관점 중 주목할 만한 몇 가지만 살펴보겠다. 이글턴에 따르면 바움가르텐에 의해 '미학은 몸의 담론으로서 탄생'했는데 (13), 이 말은 미학이라는 담론이 인간의 능력 중 보다 추상적이라고 여겨지는 이성뿐만 아니라 지각, 감각, 정서 같은 것들의 중요성을 인정하기 위해 전개되었다는 것이다. 그러나 그는 바움가르텐의 '획기적인 시도'가 오히려 '감각의 모든 영역을 이성의 식민지화'시켜버리는 결과를 낳았다며 독특한 결론을 내린다(15). 즉 인간의 정감적 측면에 호소하는 것으로 예술을 인식함으로써 당시 부상 중인 부르주아들이 개인을 통제하기 위해 사용했던 경제적·정치적 힘의 근간인 이성에 또 다른 통제 수단을 제공하는 결과를 낳았다는 것이다. 이와 비슷한 맥락으로 자기입법(self-legislation)을 통해 '독자적 개인성(unique individuality)'을 유지하는 루소의 자율적 인간상을 떠올려볼 수 있다. 루소에 따르면 자율적 인간들은 '공공복지에 대한 무관심적인 헌신'을 통해 '개인의 독특한 특수성을 전혀 잃지 않으면서도 전체와 함께 나누는, 그리고 미적 인공물의 형태를 닮은 보편과 개별의 융합을 이루는' 개인들이다. 그러나 이러한 신조를 정치적 관점에서 긍정적으로 해석해 보면, '내가 타인에 종속되는 것은 사실 나의 결정에 의한 것이다'가 되겠지만, 보다 냉소적으로 해석해 보면 '내가 타인에 종속됨이 너무나 효과적으로 이루어져 마치 내 자신을 나 스스로 잘 다스리고 있는 것처럼 보이는 지경에 이르렀다'가 될 것이다(25). 이글턴은 이처럼 부정적인 시각으로 근대 미학의 역사를 서술하고 있다. 예술 제작이나 미적 경험 안에 구현된다고 여겨지는, 개인적으로는 자율적이며 동시에 사회적으로 조화로운 자기 창조(self-creation)는 단지 권력에 대한 연약하고 별수 없는 비명이거나 혹은 권력에 의한 사회 통제의 수단으로 이용된다는 것이다.

　이 외에도 이글턴이 추가적으로 주장하는 것들이 있는데, 그는 칸트에 대해서는 우선 다음을 인정한다. 즉 칸트가 '이기주의(egoism)와 욕망에 바탕을 둔 사회철학에 반대하면서 봉건적 절대주의(absolutism)와 소유 개인주의(individualism)에 대항할 수 있는 인간의 가능성을 미적인 것의 방향성과 자율성에서 발견하고 그런 것들이 실현되는 공동체를 지지하고' 있으며, 그러한 공동체로 칸트가 초기 자본주의를 생각하고 있다는 것이다(100). 그러나 이글턴은 칸트에 대한 헤겔의 비판, 즉 칸트의 도덕적·정치적 원칙들이 지나치게 추상적이어서 자유로운 개인이나 사회를 실제로 만들어내고자 하는 목적에 부적합하다는 헤겔의 비판을 무비판적으로 받아들인다. 그러나 이는 칸트에 대한 헤겔의 관점도 존 롤즈(John Rawls)나 앨런 우드(Allen Wood)를 비롯한 여러 학자들에 의해 심각하게 비판받았다는 사실을 고려하지 않은 것이다. 이글턴은 그러나 곧 헤겔에 대해서도 비록 그가 도덕성이나 정의에 대한 칸트의 추상적인 원칙들을 실제 사회 제도들(예를 들어, 가족, 시민사회·역사적 정치 조직체들)로 대체하려 했으나, '경험적 의식(empirical consciousness)과 전체(the whole) 사이를 가로막고 있는 가짜 의식의 층' 때문에, 헤겔의 변증법은 이들 실제적 제도 기관을 변화시키기 위해 필요한 '변증법적 이성의 인내심 있는 탐구'에 도달하지 못한다고 본다 (151).

이글턴에 따르면 쇼펜하우어의 미적 무관심성(disinterestedness) 개념도 역시 개인 해방과 사회 진보에 별 도움을 주지 못했다. 그것은 상충하는 관심들을 공평하게 가늠해보는 매슈 아놀드(Matthew Arnold)가 보인 포용(large-mindedness)보다는, 주체 자체의 조용한 자기희생 혹은 완전한 자포자기를 요구하고 있기 때문이다(163). 이런 상황에서 이글턴은 듀이나 콜링우드는 둘째치고서라도 아놀드나 러스킨, 윌리엄 모리스 등으로 논의를 확장시키지 않았으며, 결국 미적 경험과 예술적 창조가 진정한 관용 혹은 포용에 기여할 수 있다는 그들의 주장은 전혀 다루어지지 않거나 진지한 검토도 없이 거부되었다. 이글턴의 주장에 따르면, 젊은 마르크스는 '인간의 능력과 인간 사회는 그 자체로 절대적 목적'이 된다고 본 점에서(마르크스로부터 결코 좋은 평가를 받을 법하지 않은) 섀프츠베리와 일맥상통하며, 이것은 '미학 전통 중 가장 창의적인 측면'이었다(226). 이것은 존 스튜어트 밀이《자유에 대하여》(On Liberty) 제3장에서 빅토리아 시대의 순응주의에 대항해 개인의 독자성을 옹호할 때 드러난 생각과 일맥상통하며, 또한 빌헬름 폰 훔볼트(Wilhelm von Humboldt)를 거쳐 이글턴에게로 이어지는 지극히 영국적인 견해임에도 불구하고 이글턴은 이것을 언급할 기회를 놓치고 있다.

이글턴에 따르면, 헤겔과는 다르게 마르크스는 근로 시간을 줄이는 것과 같은 실용적이고 명백한 근로 조건의 변화가 개인 해방과 사회 진보의 이상을 실현하기 위해 필수적이라 믿었다. 마르크스는 '역사는 그것의 가장 오염된 산물, 그것의 야만성을 가장 생생히 담지하고 있는 산물들에 의해 변화될 것(230)'이라는 대담한 희망을 품었으나, 그의 희망(즉 프롤레타리아에 의한 변화)이 실패한 것을 이글턴은 설명할 필요가 없다는 식으로 다룬다. 마르크스 이후의 미학 이론, 심지어는 마르크스주의 미학 이론조차도, 이글턴에게 있어서는 단지 절망적 충고의 연속일 뿐인 것이다. 니체로 넘어가보자. 니체에게 예술은 인간의 삶에 '경험과 모험의 신선한 가능성'을 열어주는 것이지만, 이글턴을 따르면 '사회적 획일성이라는 구속으로부터 개인을 자유롭게 하는 것'은 단지 초인(Übermensch)에게서 나타나는 '경멸적 고립'을 통해서만 이뤄질 수 있다(238, 245). 프로이트는 어떠한가? 프로이트에 따르면 예술은 '특권적 영역이 아니라, 일상생활을 구성하는 리비도적 과정의 연속'인데, 프로이트에 대한 이글턴의 평가는 치료를 통한 자기 지식(self-knowledge)은 그러한 리비도적 과정을 통제할 수도 없으며 그러므로 진정한 만족을 느낄 수도 없다는 것이다. 오히려 '완전성(fullness)에 대한 인문주의자의 꿈은 리비도적 환상이며, 전통적 미학 전체는 또한 순전한 환상(262-3)'이라고 주장한다. 여기서 볼하임(Wollheim)과 같은 최근 프로이트주의자들의 연구는 전혀 다루어지지 않는다. 하이데거는 어떠한가? 이글턴에 따르면, 하이데거의 현존재(Dasein) 개념은 '자율적(autonomous) 주체를 논하는 철학을 가차 없이 공격하나, 또한 동시에 특권적이고 미적으로 정화된 유사초월적인 주체들이 일상적인 것으로부터 자신들의 자율성과 온전함을 보호하려는 가장 최근의 시도'이기도 하다(297). 이 때문에 이글턴은 하이데거의 현존재 개념이 '불경한 동맹'을 맺고 있다고 본다. 하이데거의 철학이 자율성에 대한 공격이라는 것은 논박할 여지가 없으나, 이글턴이 듀이나 콜링우드가 아닌 하이데거를 20세기 중반 미학자의 대표 격으로 삼은 것은 20세기 철학에 대한 그의 이해가 협소하기 때문이다.

이글턴에 따르면, 마르크스주의자들 중 루카치는 부르주아 예술이 혁명에 곧 가담할 수 있을 것이라 공상했으며, 벤야민이나 아도르노는 보다 정직하나 무기력하게 '예술은 예술이 대항하고 있는 바로 그것과 얼마나 깊이 타협하고 있는지를 조용히 인정할 때 비로소 진정성을 가지게 된다. 그러나 이런 논리를 너무 밀고 나가면 결국 예술의 진정성이 손상되고 만다'고 말한다(349). 예술은 그것의 자율성을 성공적으로 성취할 수 없으며, 보다 확장된 영역인 경제와 도덕 같은 영역이 자율성을 성취할 수 있는 방식을 제시해 준다는 것이다. 여기서도 이글턴은 자신의 전제, 즉 진정한 자율성을 실현하고자 하는 근대의 기획은 단지 어려울 뿐만 아니라 몽상에 불과하다는 전제를 옹호하거나 설명하려고 노력하지 않는다. 최근의 포스트모더니즘에 대한 이글턴의 이해는 다음과 같다. 포스트모더니즘이란 결코 '완화된, 비분절화된, 복수화된 체계에 반응해 나온 것이 아니라 정확히 그와 상반된 것에 반응해 나온 것이다. 권력에 대항하는 반동자들을 무장 해제시키고 무기력화시킬 능력이 되는, 그 이전보다 어떤 의미에서 더 전체주의적인 권력 구조에 대한 반응'이다. 이러한 상황에 처하면, 푸코가 말할 법한 것이지만, '파괴되어야 할 전체적인 어떤 것이 결국엔 없다고 상상하는 편이 오히려 위안을 주거나 편리할 것이다(381)'.

물론 이글턴의 저서는 1990년대 유럽, 남미, 아프리카와 아시아에서 발생한 민주주의의 진정한 확장 이전에 집필되었으며, 그러므로 하벨(V. Havel)과 같은 예술가의 작품이 실제로는 많은 이들에게 민주주의를 꿈꿀 수 있게 도와준 사건을 고려하지 않았다. 어찌

되었든 이글턴은 인간 해방을 가능하게 하는 것으로 예술을 성립하고자 했던 기획이 단지 가망 없는 진보 진영의 자기기만일 뿐이라는 자신의 주장을 증명하지 못했다. 물론 실러와 같은 이는 미학 교육의 해방적인 힘에 대해 과도한 기대를 가지고 있었다. 그러나 이글턴의 비관주의는 실러의 낙관주의만큼이나 순진한 것이고, 예술이 개인적·정치적 해방을 위해 행할 수 있는 진정한 공헌에 대해 신중하게 평가하여 내린 결론이 아니라 예술을 향한 과도한 기대에 대한 씁쓸한 반작용일 뿐인 것이다.

20세기의 역사는 도덕적, 정치적, 경제적, 심지어 미적 자율성을 확장시키는 일이 계몽주의가 예상했던 것보다 훨씬 어려운 일임을 보여주었으며, 이 점은 부인할 수 없다. 그러나 미학과 근대 역사에 대한 이글턴의 비관주의는 근거가 부족하다. 이글턴이 논했던 인물들에 대한 보다 낙관적인 해석이 가능한데, 그것은 이글턴의 저서와 같은 해에 출간된 루크 페리의 《미학적 인간: 민주적 시대에서의 취미의 발명》(Homo aestheticus: The Invention of Taste in the Democratic Age)에서 찾아 볼 수 있다. 근대 철학의 발전 과정에서 미학이 차지하는 중심적 역할을 설명하기 위해 페리가 주목하는 사람은 바로 니체인데, 니체에 의하면 '완전히 시점화된(perspectival) 우주 안에서 그리고 무한한 해석의 가능성을 제공하는 세계 안에서, 오직 예술만이 진실에 대한 그 어떠한 가장도 아니라는 자기 자신의 모습을 진정성 있게 보여줄 수 있다(Ferry, 1993: 186)'. 그러나 페리에게 있어 진실의 가장(pretense)을 포기한다는 것은 예술이 진실에 대한 권리를 모두 포기한다는 것이 아니기 때문에 절망적인 상황은 아니다. 예술은 모든 개인들이 받아들여야만 하는, 세계에 대한 단 하나의 체계적이며 포괄적인 이론이 불가능하다는 점을 그 무엇보다 잘 표현하며, 또한 현실 자체가 가지는 복합성 때문에 나타나며 (단순히 개인의 선호가 다양하기 때문이 아니라) 민주적 개인주의가 받아들일 수밖에 없는 '관점의 다수성(multiplicity of viewpoints)'을 잘 표현한다. 그러나 페리의 주장에 따르면, 이러한 점은 20세기의 미학 이론보다는 아방가르드 운동에 의해 더 잘 인식되었다.

페리가 먼저 관심을 기울인 이들은 18세기의 인물들, 특별히 프랑스의 뒤보스, 영국의 흄, 독일의 바움가르텐이다. 그에 따르면, 라이프니츠와 상반되는 관점을 보인 이들은, 서로 다른 개인들 간의 조화를 가능하게 하기 위해 더 이상 신에 의지할 수 없다고 보았으며, 오히려 '주관성에 객관성을, 내재성(immanence)에 초월성(transcendence)을 부여할 수 있는 어떤 것, 혹은 개개인의 차이점을 인정하면서도 또한 동시에 공통점을 확립할 수 있는 어떤 것을 인간의 경험 안에서 찾아야 한다'고 보았다. 즉 '가장 수월하며 신비로운 방식을 통해 우리를 화합시켜 주는 … 아름다운 것'을 찾아야 한다고 보았다(Ferry, 1993: 25). 이러한 생각은 취미 판단이 규정적인(determinate) 개념들보다는 비규정적 개념들을 이용한 반성적 판단력의 산물이라는 칸트 이론에서 절정에 이르렀는데, 칸트의 이론은 '미적 상호주관성(intersubjectivity)을 독단적인 이성이나 심리-생리학적인 구조에 바탕을 두지 않고 어떻게 이해할 것인가'라는 문제에 대답을 제시한다(85-6). 그러나 우리의 감정이라든가 선호와 같은 지극히 주관적인 것이 상호주관적 일치의 토대를 제공해준다는 생각은 라이프니츠적 합리주의를 포기하고 싶지 않았던 헤겔에 의해 공격받는다.

근대의 역사주의(historicism)에 따르면, 무엇이 진실로 여겨지며 무엇이 예술에서 진실로 재현될 수 있는가 하는 문제는 전적으로 늘 변화하는 역사적 힘에 달려있는데, 페리는 근대 역사주의의 화신으로 헤겔을 해석하는 관점에 반대하며 그의 그런 관점은 타당하다. 페리에 따르면, '헤겔적 기획은 철학을 역사에 내어주는 것이 아니라, 개념(concept)이 역사성(historicity)을 다시 흡수하는 것', 즉 '라이프니츠로부터 직접적으로 파생된 기획인 것이다(146, 128-9)'. 미학 이론에서 이것이 의미하는 바는 헤겔이 고전(classical) 예술이라 부르는 것이 단지 예술사에서 등장하는 하나의 역사적 단계일 뿐, 역사적 상황이 달랐었더라면 다른 종류의 예술로 대체될 수 있었던 그런 것이 아니라는 것이다. 고전 예술은 예술의 본질을 체화하고 있으며, 그러므로 고전 예술의 지속적인 창조가 더 이상 역사적으로 가능하지 않을 때 예술 그 자체가 종교 그리고 그 다음에는 철학에 의해 대체된다는 것이다. '진실(truth)에 역사성을 도입함으로써', 헤겔은 뒤보스나 칸트와 같은 18세기 사상가들에 의해 거부되었던, '신성한(divine) 것과 가지적인(intelligible) 것의 우선성을 재확립하고자 했다'. '감각 가능한 것들에서 탄생한 미적 영역은 그러므로 전체 체계로 다시 재통합되어야만 한다. 예술철학은 그러므로 예술을 죽임으로써 그 목적을 가장 잘 달성할 수 있다(129)'. 여기에서 헤겔은 단지 예술의 죽음을 보고한 것이 아니라, 오히려 합리주의의 부흥이라는 명목 아래 예술을 죽일 것을 명령하는 것이다.

이러한 헤겔의 견해에 대해 페리는 단토와는 다른 방식으로 반응하는데, 그는 헤겔이 말하는 예술의 죽음을 역사적으로 불가피하다고 보지 않는다(Danto, 1997). 페리는 헤겔을 단지 18세기에서 니체에로 이르는 과정의 우회로 정도로 보는데, 그에 따르면 니체는 복합적이고 변화무쌍한 현실에 관한 정당한 관점들이 무한하게 존재함을 가장 잘 보여주는 것이 예술이며, 혹은 더 나아가 무한한 관점들의 원천이 되는 것이 예술이라 보았고, 이러한 니체의 생각은 20세기에 등장한 생동감 넘치는 아방가르드 전통의 토대가 되었다는 것이다. 페리는 '니체의 철학은 주체에 대해서도 또한 체계에 대해서도 단자론(monadology)의 형태를 보이고 있지 않다'는 관점을 가지고 접근하는데, 다시 말해 니체에 따르면 개인들은 고정되고 규정된 성질을 가지는 것이 아니라 예술작품을 창조하듯 자기 자신을 얼마든지 자유롭게 창조할 수 있다는 것이다. 적어도 예술작품을 창작하는 과정을 통해 자기 자신을 자유롭게 창조할 수 있다는 것이다. 개인적 창조와 자기 창조에서 기인한 '관점의 다수성'은 실재(reality)의 성질에 대한 유일하며 진정한 표현이다(Ferry, 1993: 167-

8). '진실'은 정확하게 말하면 '진실들의 다수성'이며, 예술은 이것을 그 어떤 것보다도 잘 표현한다. '객관성과 주관성이라는 이 두 용어는 존재하지 않는다 … 해석하는 것과 해석 되는 것의 구분 없이 오직 해석들만 존재할 뿐이다 … 그리고 이것이 삶 혹은 권력에로의 의지의 본질을 가장 적절히 표현해주는 것인 예술이 마땅히 지녀야 하는 중요한 위치를 정당화해준다(180)'. 이러한 통찰력은 20세기 아방가르드 예술로의 길을 열어주었다. 물 론 20세기 아방가르드 예술 중 몇몇은 가장된 고전주의의 재등장이어서, 마치 현실을 바 라보는 새로운 방식을 발견한 것처럼 행세하나 여전히 하나의 옳은 방식을 제시한다. 그 러므로 니체의 통찰력이 모든 종류의 아방가르드 예술에서 발견되는 것은 아니다. 그러 나 분명, 실재 그 자체가 '혼란스럽고 다르며', 그러므로 스스로가 끊임없는 혁명을 겪고 있는 예술에 의해서만 그러한 실재가 재현될 수 있다고 보는 아방가르드 예술은 니체적 통찰력과 맥을 같이 한다(232). 페리는 이로부터 다음과 같은 윤리적 교훈을 도출하면서 끝을 맺는다. '미학의 역사는 우리에게 공유된 세계로부터 물러난다는 것이 데카당스로 빠지는 것이 아님을 가르쳐준다. 이러한 교훈은 윤리학에서도 유효할 것이다(259)'. 그는 오히려 이러한 니체적 생각이 '민주적인 세계에 다시 도래한 탁월함(excellence)의 원칙'을 보여준다고 보고(260), 그러나 정확히 이것이 무엇을 의미하는지 밝히는 과제는 정치철학 에 맡긴다(Ferry, 1990; Ferry and Renaut, 1992).

지속적인 예술 창조성이 민주 사회에서 가능함을 주장하기 위해 근대 미학의 역사 를 살펴보는 또 다른 프랑스권 연구로 장 마리 셰퍼의 《근대의 예술》(Art of the Modern Age)이 있다(Schaeffer, 2000). 셰퍼에 따르면 칸트가 지속적인 예술 창조성의 가능성을 열어주었으 나 그 후의 미학에서 헤겔뿐만 아니라 니체마저도 예술에 형이상학적 부담을 가했으며, 이것은 예술이 창조의 충만한 형태, 그리고 근대인에게 가능해진 쾌의 실현이 되는 것을 방해했다고 평가한다. 셰퍼는 처음부터 다음과 같은 입장을 분명히 한다. '본질주의자의 탐구란 말이 되지 않는다. 예술은 내부에 어떤 본질을 지닌 대상이 아니다. 다른 지향적 대상들(intentional objects)과 마찬가지로 그것은 사람들이 그것을 대하는 방식에 의해 무엇인 지 결정된다. 그리고 사람들은 예술로부터 무수히 많은 것들을 만들어낸다(6)'. 그러나 셰 퍼는 그가 '사변적(speculative) 예술이론'이라 부르는 이론(셰퍼는 이의 추종자들로는 노발리스, 슐레 겔, 헤겔, 쇼펜하우어, 니체, 하이데거가 있다고 본다)에 대한 근본적인 반감에도 불구하고 그것을 자 세히 설명한다. 셰퍼의 저서에서 헤겔 미학의 복잡한 체계나, 세 단계를 거쳐 발전한 니체 의 예술관을 설명한 부분은 매우 훌륭하다.

칸트를 설명하기 위해 셰퍼는 칸트 이론의 다음 두 측면에 먼저 주목하는데, 그 두 측면은 첫째, 미를 경험할 때 발생하는 상상력과 오성의 자유로운 유희, 그리고 둘째, 미 에 대한 우리의 반응 및 판단에서만 발견되는 비규정적 개념이다. 이후 셰퍼는 이 두 측면이 예술에 대한 칸트의 관점에 긴장감을 일으킨다고 지적한다. 지향성을 지닌 인간 활동의 산물로서 예술은 그 활동을 통해 성취하고자 하는 목표의 규정적 개념으로부터 영향받지만, 그러나 다른 한편으로는 규정적 개념으로부터 자유롭다고 볼 수도 있는 것이다. 셰퍼는 칸트가 이러한 긴장의 요소를 그의 천재론을 통해 해소하려 했다고 주장하나, 결국 자신의 미적 창조 개념 내에 존재하는 천재와 취미 사이의 해소되지 않는 분열을 인정하고, 이에 그러한 긴장을 해결하려 하기보다는 재생산했다고 본다(40-9). 그러나 이에 대해 혹자는 그러한 긴장은 이론적 실패라기보다는 오히려 예술에서 독창성과 대중의 접근 가능성 사이의 균형을 찾는 것이 얼마나 어려운지를 현실적으로 반영한 것이라 역설할 수도 있다. 셰퍼는 칸트가 미적인 것과 도덕적인 것의 복잡한 관계를 분석하는 데에는 보다 성공적이었다고 평가한다. 칸트의 분석에 따르면 예술작품은 상상력과 오성의 자유로운 유희에 필수적인 비규정성(indeterminacy)을 희생하지 않으면서도 도덕관념(moral idea)을 상징화할 수 있다. 그리고 자연에서 도출되었건 예술작품에서 도출되었건 간에, 자유로운 유희 혹은 '특정한 목적을 표상하지 않고 합목적성이 이끌어내는 무관심적인 쾌'는 도덕성 일반에 대한 상징으로 작용할 수 있고, 그러므로 '선을 직접적으로 관조할 때 우리가 느끼는 쾌의 상징'이 될 수 있다(53). 그러나 셰퍼가 보기에 계몽주의를 논박하는 과정에서 칸트의 미적인 것과 도덕적인 것의 관계에 대한 분석은 '사변적 예술이론'의 핵심 특징이라고 할 수 있는 '예술의 신성화'로 변모한다. 예술작품과 미적 경험 그 자체가 도덕적으로 선한 것을 상징할 수 있다는 칸트의 주장은 오직 예술만이 절대적인 것, 혹은 실재의 참된 성질에 대한 사변적 접근 통로를 제공해준다는 주장으로 변모한다(53). 이 같은 형이상학적 임무가 예술에 주어짐에 따라, 비록 모든 예술이 미적이며 또한 이를 통해 이성적인 관념을 표현한다는 그의 주장에도 불구하고 칸트 이론은 결국 인간의 창조성을 제한하게 된다.

셰퍼에 따르면 낭만주의자들은 인간의 생각과 행위에 대한 칸트의 복합적 이론을 거부한다. 그들은 또한 실재의 궁극적 성질에 대한 이론적 통찰을 거부한 칸트에게 동의하지 않으며, 그리하여 궁극적 실재에 대한 특권적 접근 권한을 예술에 부여한다.

> 낭만주의는 아름다운 것을 참인 것(the True)으로 환원하고 또한 미적 경험을 존재론적 내용을 지닌 제시적 결정(presentative determination)과 동일시함으로써 칸트의 《제3비판》을 피해 가려 한다. 동시에 우리는 더 이상 예술작품을 마주하는 것이 아니라 추상적 존재자로서의 예술(Art)의 발현(manifestation)만을 보게 된다. 추상적 존재자로서의 예술(Art)이 존재(Being)를 드러내는 것이라면, 예술작품은 추상적 존재자로서의 예술(Art)을 드러내는 것으로 해석되어야 한다. 즉 동일한 이상적

본질에 대한 수많은 경험적 실현인 것으로 보아야 한다. (Schaeffer, 2000: 71)

헤겔 역시 형이상학적 절대자에 대한 접근 통로로 예술을 이해한 점에서 낭만주의자 들과 일맥상통한다. 그러므로 미적 경험은 쾌의 창조를 통해 도덕성의 본질을 상징화할 수 있다는 칸트의 관점을 헤겔과 낭만주의자들은 모두 거부한다. 그러나 헤겔은 예술이 절대적인 것(the Absolute)을 향한 가장 특권적인 접근방식이라고는 보지 않으며, 예술은 먼 저 종교 그리고 그다음에는 철학에 의해 대체될 것이라고(실제로 그렇게 되었다) 주장한다. 헤 겔은 낭만주의의 핵심 요소, 즉 존재론적 지식으로 예술을 성립하려는 시도와 예술적 실 행들에서 사변적 기능을 찾고자 하는 경향을 여전히 유지하고 있으나, 예술을 '철학보다 낮은 곳'에 위치시킨다(137). 헤겔이 예술의 인식적 지위를 종교와 철학의 인식적 지위보 다 열등하다 본 것은, 지식으로서의 예술에 대한 가능성을 역사적 발전 단계에 따라 세심 하게 분석하고, 서로 다른 형태의 예술은 어떤 인식적 능력을 가지는지 살펴보는 그의 고 찰과 일관적이다. '헤겔의 독창성은 그가 역사적 해석학을 예술에 대한 기호적 분석과 접 목시킨 최초의 예술이론가라는 점에 있다(138)'. 이처럼 서로 교차하는 축들로 인해 헤겔 은 노발리스나, 슐레겔, 셸링과 같은 선행 이론가들에 비해 훨씬 더 상세한 예술 체계를 발전시킬 수 있었다. 그러나 예술의 인식적, 형이상학적 지위에 대한 헤겔 자신의 편견 때 문에, 다양한 예술 매체가 가지는 상대적 가치, 그리고 그 안에서 가능한 상이한 유형의 창조성을 비교 평가하지는 못했다(174). 셰퍼는 헤겔의 미학사적 공헌을 페리보다는 복합 적으로 평가하나, 위에서 언급된 이유들을 들어 결론적으로 헤겔에 대해 부정적인 평가 를 내린다.

비록 실재 자체에 대한 쇼펜하우어의 생각은 절대적 이상주의자들의 생각과는 다르 지만, 헤겔을 경멸했음에도 불구하고 쇼펜하우어 역시 예술이 궁극적 실재를 향한 특권 적 접근을 가진다고 보았다. 절대적인 것은 우리가 만족할 만한 그 어떠한 합리성의 형태 를 지니지 못하며 그것은 오히려 우리가 단념하는 법을 배워야 하는 비이성적인 분투라 는 것이다. 셰퍼에 따르면, 쇼펜하우어의 미학에는 예술의 본질을 플라톤적 이데아로 보 는 관점과, 동시에 지식을 '근본적으로 경험주의적으로 보는 관점' 사이의 긴장이 존재하 는데(192), 이것은 분명 더 논의가 되어야 할 부분이다(Jacquette, 1996에서 Janaway). 셰퍼의 보 다 설득력 있는 주장은, 헤겔과 마찬가지로 쇼펜하우어도 예술의 경험은 실재에 대한 우 리의 궁극적 태도를 실현시키지 않는다고 보았다는 주장이다. 비록 쇼펜하우어에 따르면 철학은 궁극적으로 실재의 합리성과 조화되기보다는 실재의 비합리성을 대면했을 때 포 기하는 법을 가르쳐주지만, 쇼펜하우어나 헤겔 모두 예술은 철학에 의해 대체되어야 한 다고 본다(203).

셰퍼의 니체에 대한 설명은 그의 쇼펜하우어에 대한 설명보다 더 깊은 통찰력을 제공해준다. 셰퍼는 니체의 예술관이 3단계에 걸쳐 발전했다고 지적한다. 《비극의 탄생》(The Birth of Tragedy)에서는 실재에 대한 디오니소스적 황홀한 접근이라는 쇼펜하우어적인 요소가 나타나고, 그것이 《인간적인 것, 너무나 인간적인 것》(Human, All Too Human)에 와서는 예술 및 도덕, 종교, 철학의 가식에 대한 계보학적 혹은 실증주의적(positivist) 비판으로 이어진다. 이는 또다시 《차라투스트라는 이렇게 말했다》(Thus Spake Zarathustra)와 후기의 작품들로 이어지는데, 이 단계에서는 '권력에로의 의지 및 영원 회귀론이라는 틀 안에서 예술에 대한 문제를 재해석하는 작업'이 행해진다(210). 이 마지막 단계에서 핵심적인 것은 다음과 같다. 니체의 두 번째 단계에서 단순히 오류라고 판명된 것들이 사실은 '그것 없이는 특정 생물체가 살 수 없는 그러한 종류의 오류들'이거나, 혹은 삶과 권력의 부정이 아닌 그것들로 향한 의지라는 것이다(231). 그리고 그런 오류가 새로운 종류의 진실로 변모함을 가장 요약적으로 잘 나타내주는 것이 바로 예술이다. '예술은 삶에 대한 자극제로서의 기능을 넘어서, 역설적으로 일종의 인식적 의의를 회복한다. 만약 존재가 항상 창조되는 어떤 것이라면, 만약 세계가 권력에로의 의지의 투사 혹은 수행이라면, 예술은 그것들이 창조물인 것으로 제시되는 한 그런 투사적 행위의 가장 극명한 방식일 것이다(233)'. 그러므로 후기 니체의 관점을 따르면, 예술은 여전히 '세계의 구조가 허구임'을 보여야 하는 철학적 부담을 안고 있지만, 칸트가 그토록 인정하고자 했던 천재적 창조의 가능성을 회복한다(234). 그리고 페리의 니체에 대한 해석은 이 부분에서 셰퍼와 대조된다는 것을 알 수 있다. 페리의 니체 해석에 따르면 예술은 이러한 형이상학적 사실이 허용하는 자유를 단순히 이용하는 데 머무른다.

예술이 철학적 부담으로부터 해방되기 위해서는 초기 낭만주의로의 회귀를 주장하는 하이데거를 극복해야만 했다. 단순히 과학이나 기술에 의해 포착되는 그 어떤 것보다도 더 심오한 존재로 우리를 안내하는 철학을 위해 시가 봉사해야 한다는 것이 하이데거의 주장이다. 그러나 마지막 장에서 셰퍼는, 보다 광범위하게는 사변적 미학 이론으로부터 보다 특정하게는 하이데거의 해로운 영향으로부터 벗어나고 있는 것으로 근대 예술을 설명하면서 희망적인 관점을 제시한다. 그는 미국 철학자인 스티븐슨(C. L. Stevenson)을 논하면서, 사변적 예술이론이 예술에 대한 설득력 있는 정의를 전개한 것으로 해석할 수 있다고 주장한다. 즉 '예술'이라는 용어에 어떤 하나의 칭찬의 기능을 부여하고 그러한 평가적 의미에 적절하게 부합하는 작품들만을 '예술'이라 지칭함으로써 예술을 정의하는 설득력 있는 예술 정의를 전개한 것으로 볼 수 있다는 것이다(285). 그러나 이어 셰퍼는 예술 창조에 대한 칸트적 자유 개념 위에서 이제 우리가 사변적인 예술이론 및 본질주의적 전제들을 포기함으로써 '예술에 대한 보다 다양하고 생산적인 관점'을 가지게 될 것이라고 낙관한다. 즉 우리는 '예술이 가질 수 있는 최고의 형태를 보다 광범위한 영역으로 확장시킬 수 있게 되며', 그리하여 '예술작품은 비록 인간 창조 행위의 산물이지만 단지 그것에 그치는 것이 아니며 또한 인간 행위의 다른 산물들로부터 분리되어 존재하는 것도 아니다'. 마지막으로 '예술작품을 그것이 제공하는 만족감들로부터 분리시켜 예술작품을 신성화'하는 '고질적 청교도주의'에서 해방시킨다면 우리는 비로소 예술 경험이 주는 쾌의 타당성을 인정할 수 있게 될 것이다(274).

자유 민주주의 시대에서 예술 창조성은 사변적 예술철학에 의해 이미 획득된 것이 아니라 앞으로 성취되어야 할 것이라는(칸트적 영감을 갱생시켜서라도) 셰퍼의 관점은 타당한 듯 보인다. 우리는 예술과 미학 이론의 미래에 대한 그의 낙관주의가 이글턴의 절망보다 더 타당한 것이기를 희망해볼 수밖에 없다. 그러나 비록 셰퍼가 산타야나나 굿먼, 단토를 언급했다 해도, 현대 예술과 미학 이론의 미래에 대한 그의 긍정적 전망은 듀이나 콜링우드와 같은 20세기 영미권 전통의 미학자들, 그리고 그들의 선구자 격인 19세기의 아놀드, 러스킨, 모리스 등을 고려하지 않았다는 점에서 다소 가치가 떨어진다. 러스킨은 그의 《베니스의 돌》(The Stones of Venice)에서 고딕에 대해 논하면서 예술이 인간 자유의 표현일 수 있다고 보는데, 이것은 실러가 《칼리아스》(Kallias) 편지에서 미를 자유의 이미지라 여긴 것을 더욱 구체화한 것이다(Ellis, 1976). 러스킨과 모리스의 통찰력, 즉 예술은 자유와 쾌를 근대적 삶에 접목시킬 수 있다는(경제·정치 조직체 등에 정의를 도입해야 한다는 부담감 없이) 통찰력은 그들의 연구가 마땅히 더 많은 관심을 받아야 한다는 것을 보여준다. 역시 실러로부터 영감을 받은 듀이는 미적 경험을 통해 우리가 삶의 다른 분야들로 확장할 수 있는 창조성을 배우게 된다고 주장하며, 이것은 사변적 예술이론이 가하는 부담을 전복시키고자 하는 셰퍼의 시도를 지지한다. 《예술의 원칙들》(The Principles of Art) 제1부에서 콜링우드는 예술을 '마술'이나 선전의 도구로 사용하는 것에 반대하는데 그의 비판은 '예술을 위한 예술'이라는 원칙의 극단적 형태로 이해되어 오히려 경멸을 받고 있다. 그러나 지금까지 잘 논의되지 않았던 제3부에서 그는 예술이 궁극적 실재에 대한 형이상학적 지식이 아니라 우리 자신의 감정에 대한 자기 지식(self-knowledge)의 통로가 될 수 있음을 논하는데, 이것은 듀이의 관점과 일맥상통한다. 우리 자신의 감정에 대한 이해는 도덕적·정치적 진보를 위한 충분조건은 될 수 없지만 확실히 필요조건이 될 수 있으며, 이것이 바로 유럽의 파시즘이 어떻게 인간의 감정을 조작하기 위해 예술 매체를 이용했는지를 언급하며 콜링우드가 환기한 것이다. 최근에는 볼하임과 스탠리 카벨이 자기 지식의 방편으로 예술을 탐구했는데, 볼하임은 자기 지식을 정신분석학적으로, 카벨은 그것을 보다 넓은 차원에서 이해하고 있다.

이글턴, 페리, 셰퍼에게서 공통적으로 나타나는 유럽중심주의는 스톨니츠, 딕키, 캐롤이 18세기 영국 미학이란 협소한 분야에만 관심을 가졌던 것만큼이나 심각한 단점이라 할 수 있다. 듀이와 콜링우드의 공헌을 충분히 인정하는 근대 미학사 — 비어즐리의 미학사(Beardsley, 1965)처럼 집필된 지 다소 오래된 미학사의 경우 콜링우드는 아닐지라도 듀이만큼은 상세하게 소개하기도 한다 — 그리고 굿먼이나, 카벨, 볼하임, 단토와 같은 미학자들의 최근 연구를 포함하는 미학사가 앞으로 집필되어야 할 것이다.

2. 지금까지의 연구에 대한 참고문헌적 고찰

이제 18세기 초반부터 시작해 20세기 중반에 이르는 미학의 주요 운동과 인물에 대한 연구를 1970년경부터 발표된 저서들을 중심으로 살펴보겠다. 학술지에 실린 방대한 논문들을 다 포함하기보다는 주로 단행본이나 전집에 초점을 맞추어 살펴볼 것이나, 위에서 언급된 논문들 및 다른 논문들도 종종 언급할 것이다. 몇몇 예외적인 경우가 있겠지만 주로 영어로 집필된 연구를 중심으로 살펴볼 것이다. 1장에서 언급된 연구가 지금부터 언급되지 않는다 해도 그것은 뒤에 첨부된 참고문헌에 포함될 것이다.

18세기 미학 이론 중 위에서 논의되지는 않았으나 관심을 가지고 볼 필요가 있는 연구들은 Caygill(1989), Norton(1995), Mortensen(1997) 등이 있다. 18세기 미학에 대한 상당한 수의 중요한 논문들은 Mattick(1993)에서 찾을 수 있다. 근대 미학사에 박식하며 특별히 흄과 칸트에 대한 논의가 돋보이는 현대 미학이론으로는 Savile(1982), Mothersill(1984)을 꼽을 수 있다. Sparshott(1982), Budd(1995)도 또한 참조하라. 고대·중세, 그리고 근대 미학사에 박식하면서 또한 미의 이론과 예술론의 구분을 주장하는 연구로는 Kirwan(1999)이 있다. 숭고에 대한 최근의 유일한 논의는 Saint Girons(1993)이며, 그 밖에 Crowther(1993)를 참고하는 것도 좋겠다. Ashfile and de Bolla(1996)는 숭고에 대한 18세기 영국 사상들을 모은 전집이다. Warnock(1976)은 상상력에 대한 흄, 칸트, 셸링, 콜리지 등의 관점을 다루고 있다. Cothey(1990)는 최근의 미학 입문서 중 박식한 역사적 지식을 보여준다. Barasch(1985, 1990, 1998)는 고대에서 현대에 이르는 예술론을 개괄적으로 고찰하는데 철학자들보다는 주로 예술가나 예술비평가들을 다룬다.

Stolnitz(1961a, b), Townsend(1982, 1987), Kivy(1976a, 1장)는 여전히 섀프츠베리에 대한 가장 중요한 연구로 남아 있다. Mortensen(1997, 2장)과 Caygill(1989, 2장)을 참조하는 것도 좋다. 로렌스 클라인(Lawrence Klein)에 의해 다시 편집된 《특징들》은 섀프츠베리의 도덕철학뿐 아니라 그에 대한 다른 학자들의 연구를 살펴볼 수 있는 유용한 안내서이다(Shaftesbury, 1999).

허치슨 미학에 대한 주요 연구는 여전히 Kivy(1976a)이다. 허치슨에 대한 키비의 최근 관점을 살펴보려면 Kivy(1995)를 참조하라. Dickie(1996) 이외에도 Korsmeyer(1976, 1979a, b), Townsend(1987, 1991), Michael(1984), Caygill(1989, 2장), Matthews(1998), Mortensen(1997, 14장)을 참조하면 좋다.

흄에 대한 연구는 상당히 방대하다. Jones(1982)는 흄 미학이 지니는 철학적 특징뿐만 아니라 역사적 기원에 대한 중요한 연구이다. Von der Lühe(1996)는 흄 미학과 관련된 방대한 참고문헌을 함께 싣고 있는 체계적인 연구이다. 〈취미의 기준에 대하여〉에 대한 최근의 연구는 Kivy(1967)와 Osborne(1967)에서 시작되었고, 이후 Kivy(1976a), Mothersill(1984), Dickie(1996), Korsmeyer(1976, 1995), Wieand(1983), Carroll(1984), Kivy(1989), Mothersill(1989), Shusterman(1989), Mattick(1993), Guyer(1993b), Savile(1993, 4장), Cohen(1994), Gracyk(1994), Shelly(1998), Levinson(2002)으로 이어지고 있다. Warnock(1976, 2부)은 흄 미학의 맥락 속에서 상상력 개념을 다룬다.

버크에 대한 철학적 연구는 미미하다. Caygill(1989)과 Saint Girons(1993)에서 다루어진 것 이외에 문학이론가들의 연구인 Weiskel(1976)과 Ferguson(1992)을 참조해도 좋다. 지금까지 거의 다뤄지지 않았던 아담 스미스의 미학 역시 Caygill(1989)이 다루고 있다. 아담 스미스의 도덕철학, 정치철학을 주로 다루고 있는 Fleischacker(1999)와 Griswold(1999)에는 아담 스미스의 미적 판단에 대한 이론이 함께 소개되고 있다. 토마스 라이드(Thomas Reid)의 미학은 Kivy(1976b), Gracyk(1987), Nauckhoff(1994)에서 다뤄지며, 제라드의 천재론은 Kivy(2001)에서 논의되고 있다.

칸트 이전의 독일 미학에 관한 영어권의 연구는 제한적이다. 바움가르텐에 대해서는 Franke(1972)와 Solm(1990)을 참조하라. 영어로 집필된 보다 간단한 연구로는 Gregor(1983), 그리고 보다 확장된 논의로는 Caygill(1989, 148-71쪽)을 보라. 멘델스존의 이론은 Dahlstrom(1997)에 의해 영어로 번역되었다. 멘델스존에 대한 논의는 Guyer(1993a, 4장)를 참조하라. 멘델스존과 바움가르텐, 그리고 그의 제자인 마이어는 멘델스존의 친구인 레싱을 주로 연구한 Wellbery(1984)에서 언급되고 있다. 레싱에 관해서는 Savile(1987, 1-3장)과 Richter(1992)를 참조해도 좋다.

칸트 미학을 다룬 저서는 방대하다. Crawford(1974), Guyer(1997), Schaper(1979)는 칸트 미학에 대한 현대적 논의의 시작이다. Allison(2001)은 칸트 취미론에 관한 가장 최근의 연구이다. Guyer(1993a)는 칸트 미학을 역사적 맥락을 통해 살펴보는데, 칸트를 영국 미학 및 멘델스존, 칼 필립 모리츠, 실러, 헤겔 등과 관련시키며 논의하고 있다. Guyer(1997)는 그 이전의 연구에서 누락되었던 숭고 및 칸트 미학과 도덕철학의 관계와 같은 주제들을 다룬다. Kemal(1986)은 칸트 예술론에 대한 논란적인 해석을 제공한다. Pillow(2000)는 칸트 예술론의 바탕이 미보다는 숭고 개념에 있다고 주장한다. 칸트 미학과 도덕철학 사이의 관계에 대한 또 다른 연구로는 Cohen and Guyer(1982), Rogerson(1986), Savile(1987, 1993), Recki(2000)도 참조하라. Kivy(2001)는 칸트의 천재론을 다루며, Budd(1998)는 숭고에 대한 보다 심도 있는 논의를 제공한다. 칸트에 대한 프랑스권의 '해체주의적', '포스트모더니즘적' 해석은 Derrida(1987)와 Lyotard(1994)가 있으며, 이 연구들은 또한 숭고에도 관심을 가지고 있다. 칸트 미학을 상상력에 대한 그의 관점을 중심으로 구성한 시도로는 Warnock(1976)과 Gibbons(1994)가 있다. Matthews(1997)는 칸트 미학을 마음에 대한 그의 일반적 관점을 통해 고찰한 연구이다. Makkreel(1990)은 칸트 미학에 대한 해석학적 접근이다. Wieland(2002)도 참조하면 좋다. 칸트 미학의 발전에 대한 논란의 소지가 있는 해석으로는 Zammito(1992)가 있고 그것은 현재 Zammito(2001)에 의해 보충되고 있다. 이에 대한 보다 명료한 설명은 Dumouchel(1999)이 제공한다. 칸트 미학에 대한 광범위한 참고문헌은 Cohen and Guyer(1982)를 참조하라. Meerbote and Hudson(1991)과 Parret(1998)은 다양한 언어들로 집필된 논문들을 정리한 방대한 논문집이다.

실러의 철학과 미학을 함께 다룬 연구로는 Miller(1972)가 있다. 실러가 미의 문제를 처음으로 다룬 것은 그의 1793년작 《칼리아스》 편지를 통해서이며 이것은 Ellis(1976)를 참조하라. 실러의 1795년작 《인간의 미적 교육에 대한 편지》(Letters on the Aesthetic Education of Mankind)에 대한 상세한 연구는 Murray(1994)가 있다. Podro(1972)는 실러를 비롯하여 칸트, 허벌트, 쇼펜하우어도 함께 다루고 있다. Shaper(1979, 5장), Cohen and Guyer(1982에 실린 Henrich), Savile(1987), Chytry(1989, 3장), Sychrava(1989), Norton(1995, 6장), Martin(1996), Ameriks(2000)를 참조하라.

최근 독일 관념론이 심도 있게 연구되고 있는데, 독일 낭만주의와 절대적 관념론에 관한 찰스 라모어(Charles Larmore)와 앤드류 보위(Andrew Bowie)의 연구는 Ameriks(2000)와 Larmore(1996)에서 소개되고 있다. 이보다 훨씬 상세한 연구로는 Frank(1989)가 있으며 이는 바움가르텐과 칸트로부터 시작하여 낭만주의의 절정이라 불리는 솔저(Solger)와 티크(Tieck)를 다룬다. Beiser(2000)와 Richards(2002)도 참조하면 좋다. 셸링과 관련된 영어권의 주 업적은 무엇보다도 그의 《예술철학》(The Philosophy of Fine Art)이 번역된 것이다(Schelling, 1989). 이를 통해 영어권 독자들도 셸링이 헤겔의 역사적 결정주의 그리고 '예술의 죽음' 논제에 대응하여 흥미로운 대안을 제시하였음을 알 수 있게 되었다. 이에 대한 논평은 Bowie(1990, 4장; 1993, 3장)를 참조하라. 프리드리히 슐라이어마허 또한 새로운 번역을 통해 영어권 독자들에게 알려지게 되었다(Schleiermacher, 1998). 이에 대한 논평은 역시 Bowie(1997, 5장)이다. 독일 관념론자들 중 가장 큰 관심을 받아온 이는 역시 헤겔이었다. 예술에 대한 헤겔의 강의가 새로 번역되어 출판되었고(Hegel, 1975), 헤겔 미학에 대한 개요는

Beiser(1993)를, 시각미술과 문학에 대한 헤겔의 관점을 다룬 상세한 연구는 Bungay(1984)를 참조하라. Desmond(1986)는 헤겔 철학의 전체 모습을 미학에 대한 그의 관점을 통해 해석하고 있다. Pillow(2000)는 칸트와 헤겔의 차이점을 고찰한다. Wyss(1999)는 헤겔을 이어받은 사변적 이론들이 예술사에 끼친 영향을 분석한다. Podro(1982)는 보다 전통적인 예술사가들에 끼친 헤겔의 영향을 고찰하고 있다. Danto(1997)는 근대 회화의 기획이 종말을 맞았다는 그의 이론을 지지하기 위해 헤겔에 호소하고 있다. 헤겔 미학에 대한 다양한 새로운 논문들은 Maker(2000)를 참조하라.

미적 경험은 욕망이 주는 불만감으로부터 우리를 해방시킨다는 쇼펜하우어의 논제는 음악(그의 관점에서는 가장 우월한 형태의 예술)에 대한 그의 논제와 충돌하는데, 이는 쇼펜하우어의 철학에 있어 매우 중요하다. 그러므로 그의 미학이론에 대한 분석은 쇼펜하우어 철학 전반에 대한 연구에서 큰 역할을 차지하는데, 이에 대한 개요로는 Young(1987), Levinson(1998)이 있다. Jacquette(1996)는 쇼펜하우어 미학에 특별히 헌정된 논문집이다. 이 논문집에서 마사 누스바움(Martha Nussbaum)은《비극의 탄생》에 대한 쇼펜하우어와 니체의 관점을 비교분석하고 있는데, 이반 솔(Ivan Soll)도 이 주제를 Janaway(1999)에서 다룬다. 예술이라는 주제는 니체 철학에서도 중심적 위치를 차지하는데, 그의 초기 작품인《비극의 탄생》과 보다 후기의 작품인《인간적인 것, 너무나 인간적인 것》,《즐거운 과학》(Gay Science)을 참조하라. Young(1992)은 니체의 주요 저서에서 나타난 예술관을 고찰하고 있다. Nietzsche(1999)에는 레이먼드 게스(Raymond Geuss)의 서론이 실려있는데 이는《비극의 탄생》에 대한 짧지만 매우 유용한 정보를 제공하며, 반면 Silk and Stern(1981)은《비극의 탄생》이 보다 전형적인 문헌학과 어떻게 비교되는지, 또 그 책이 초기 독일 미학과 어떤 관계를 맺고 있으며 당시에 어떻게 받아들여졌는지 등을 망라한 보다 철저한 연구를 제공한다. Staten(1990)은《비극의 탄생》에 나타난 도덕심리학을 연구하였고, 또한 그것을 '해체론적'으로 읽은 폴 드 만(Paul de Man)과 필립 라쿠-라바르트(Philippe Lacoue-Labarthe)의 연구를 비판적으로 분석한다. 그러나 니체에 대한 해체론적 접근의 가장 대표적인 것은 Derrida(1979)이다. Nehamas(1985)는 니체 후기 철학에 대한 주요 연구이며, 여기서 예술 창조를 자기형성을 위한 이미지로 주장하고 있는 니체가 설명되고 있다. Nehamas(1998, 5장)도 참조. 예술의 '근대성(modernity)'에 대해 최근 대두되고 있는 개념들이 니체와 어떻게 관련되는지 살펴보는 연구로 Magnus and Higgins(1996)와 Rampley(2000에 실린 Nehamas)이 있다. 니체와 쇼펜하우어의 관계가 아닌 니체와 실러와의 관계를 연구한 것은 Martin(1996)이다. 마지막으로, Kemal(1998)은 니체의 예술관에 대한 다양한 주제들을 논하고 있다. 19세기 말의 또 다른 주요 인물은 톨스토이이다. 그의 미학이론은 Diffey(1985)에서 심도 있게 다뤄지고 있으며, 보다 간략한 연구로는 Lyas(1997)와 Graham(2000)을 참조하라.

Lyas(1997)는 20세기 초 매우 영향력이 컸으나 그 이후 간과되었던 크로체에 대한 흥미로운 토론도 싣고 있다. 라이아스는 또한 크로체의 주요 작품들을 체계적으로 다시 번역하였는데(Croce, 1992), 그러나 Croce(1922)는 여전히 크로체가 쓴 미학사의 좋은 번역이다.

20세기의 마르크스주의 미학은 굉장히 광범위한 주제를 포함한다. 이에 대한 개괄은 Arvon(1973)과 Jameson(1971)을 참조하라. 시각미술에 대한 마르크스 자신의 산발적인 언급은 M. Rose(1984)에서 찾을 수 있다. 이글턴이 위에서 언급한 연구들 이외에 Marcuse(1978)와 Bourdieu(1984)가 강한 마르크스주의적 성향을 보이는 연구들이다. 가장 최근에는 비정통 마르크스주의 혹은 비판이론가인 아도르노와 벤야민이 큰 주목을 받고 있다. 아도르노에 대해서는 G. Rose(1978), Jameson(1990), Zuidevaart(1991), Bernstein(1992, 2001), Nicholson(1997), Huhn and Zuidervaart(1997)를 참조하라. 벤야민에 대해서는 Wolin(1982), Buck-Morss(1989), Caygill(1998)를 참조하라. Bowie(1997)는 아도르노와 벤야민을 함께 다루고 있다.

보상케에서 시작해 콜링우드에 이르는 철학적 미학을 논했던 러스킨은 19세기와 20세기의 예술 실천과 이론 모두에 엄청난 영향을 끼쳤지만 최근에 들어 철학자들에 의해 거의 다루어지지 않고 있다. 러스킨의 삶과 저서에 대한 일반적인 개괄은 Hilton(1985, 2000)을 참조하라. Landow(1971)는 특별히 그의 미학 이론을 다루고 있다. 콜링우드의 예술철학 역시 마땅히 받아야 할 관심을 최근에 들어 받지 못하고 있다. 콜링우드의 미학에 대한 개괄적 입문인 Johnson(1998)과 그보다 더 간단한 입문인 Ridley(1999)는 최근 발표된 콜링우드 관련 논문의 목록을 수록하고 있고, 콜링우드 예술철학에 대해 특별히 가치가 있는 피터 존스(Peter Jones)의 연구가 실린 것은 Donagan(1962)와 Krausz(1972)이다. 존 듀이의 미학은 콜링우드의 미학보다는 많은 관심을 받고 있다. Alexander(1987), Shusterman(1991), Jackson(1998), Seiple and Haskin(1998)을 참조하라.

1950년대 이후의 '분석'미학에 대해서는 아직 완전한 역사적 연구가 이루어지지 않았으나, Lüdeking(1998)이 그러한 작업을 시작하고 있다. 분석 미학에 독보적인 영향력을 행사한 사람은 비트겐슈타인이며, 예술과 미적인 것에 대해 특별히 논하고 있는 그의 두 저서들(Wittgenstein, 1967, 1980)보다는 오히려 그의 철학 일반(Wittgenstein, 1953)이 더 큰 영향을 끼쳤다(그러나 1967년 비트겐슈타인의 관점, 즉 '미'가 진정한 술어라기보다는 단지 토론을 야기하는 촉발자라는 제안은 영향력이 컸다). 철학적 이론 그 자체에 대한 비트겐슈타인의 비평은 1950년대와 1960년대에 이르러 미학이론의 가능성 그 자체를 의심하는 주장들에 영향을 주었다. Kennick(Barrett, 1965에 실림)을 참조하라. 개념(concept)은 가족 유사성(family resemblance)을 보이는 것이지 어떤 규정적인 필요충분조건을 가지는 것이 아니라는 비트겐슈타인의 생각은 Mandelbaum(1965)에서 시작된, 전통적인 예술 정의에 대한 공격을 지지하였다. 이런 운동에 대한 개괄은 Davies(1991)를 참조하라. 비트겐슈타인의 이 같은 측면은 또한 미적 개념(aesthetic concepts)에 대한 프랭크 시블리(Frank Sibley)식 접근법의 바탕이 되고 있다. Barrett(1965)과 Sibley(2001)에 실린 시블리의 논문 참고. Brady and Levinson(2001)은 시블리에 관한 논문들을 잘 정리해 놓았다. 우리는 우리 자신의 심리 현상에 대해 내성적 접근을 가진다고 보는 전통적인 생각을 공격한 비트겐슈타인은 미적 경험이라는 개념을 공격한 딕키를 뒷받침하고 있으며, 또한 딕키적인 예술 정의, 즉 예술을 정의함에 있어 외적으로 접근 가능한 '예술계(artworld)'를 상정하는 방식에 영향을 주었다(Dickie, 1974). 지각과 해석의 분리에 대한 비트겐슈타인의 공격은 그의 '—로서 봄(seeing as)' 개념에 잘 나타나고 있는데, 이것은 Wollheim(1980, 1987)과 Scruton(1974, 1979)에 영향을 주었다. Gerwen(2001)도 참조하면 좋다. 마지막으로, 특권적인 자기 지식(self-knowledge)에 대한 비트겐슈타인의 비판은 Cavell(1969, 1979)에 영향을 주었다. 비트겐슈타인과 그의 미학에 대한 개괄적인 연구로는 Hagberg(1994, 1995), Cometti(1996), Allen and Turvey(2001), Lewis(2002) 등이 있다.

이 밖의 중요한 분석 미학자들로는 넬슨 굿먼(Nelson Goodman)이 있으며, Goodman(1968)은 1973년《테오리아》(Theoria)지 특별호의 주제이기도 했다. Goodman(1972, 1978, 1984)도 참조하라. 딕키의 미학은 Yanal(1994)의 중심 주제이다. 단토에 대해서, 특히 Danto(1981, 1986)는 Rollins(1993)에서 중점적으로 다루어지고 있다.

20세기 후반 미학에 끼친 하이데거의 영향은, 비록 미국이나 영국의 철학 분과 내에서 미학이 연구되고 있는 방식에는 미치지 못했지만, 비트겐슈타인의 영향만큼이나 크다고 할 수 있다. 미학에 대한 하이데거의 가장 유명한 저서는 1930년대에 집필되었지만 1950년이 되어서야 출판된 그의《예술작품의 기원에 대하여》이다. 이것의 번역으로 Heidegger(1971)가 있다. 하이데거가 주장하는 바는 일반적인 개념이 할 수 없는 방식으로 예술작품이 우리를 '존재(Being)'와 접하게 해준다는 것이며, 이것은 의지가 모든 외양(appearance)의 기저가 된다는 것을 음악이 직접적으로 표현한다는 쇼펜하우어를 연상시킨다. 독일 시인 횔덜린에 대한 하이데거의 저서들 또한 매우 영향력이 있었는데, 문학비평가인 폴 드 만이 하이데거의 영향을 받은 사람들 중 하나이다(de Man, 1983). 하이데거에 대한 논평은 Kockelmans(1985), Harries and Jamme(1994), Young(2001) 등이다. 하이데거에게서 영향을 받은 연구들 중에는 Gadamer(1975, 1986), Derrida(1979)가 있다. 횔덜린에 대한 하이데거식의 접근에서 벗어난 것으로는 Henrich(1997)가 있다.

참고문헌

Alexander, T. M. (1987). *John Dewey's Theory of Art, Experience, and Nature: The Horizons of Feeling*. Albany, NY: State University of New York Press.

Allen, R. and Turvey, M. (eds.) (2001). *Wittgenstein, Theory, and the Arts*. London and New York: Routledge.

Ameriks, K. (2000). *The Cambridge Companion to German Idealism*. Cambridge: Cambridge University Press.

Arvon, H. (1973). *Marxist Aesthetics*, trans. H. Lane. Ithaca, NY: Cornell University Press.

Ashfield, A. and de Bolla, P. (eds.) (1996). *The Sublime: A Reader in Eighteenth-Century Aesthetic Theory*. Cambridge: Cambridge University Press.

Barasch, M. (1985). *Theories of Art from Plato to Winckelmann*. New York: New York University Press.

_____ (1990). *Modern Theories of Art, 1: From Winckelmann to Baudelaire*. New York: New York University Press.

_____ (1998). *Modern Theories of Art, 2: From Winckelmann to Baudelaire*. New York: New York University Press.

Barrett, C. (ed.) (1965). *Collected Papers on Aesthetics*. Oxford: Basil Blackwell.

Beardsley, M. C. (1965). *Aesthetics from Classical Greece to the Present: A Short History*. University, Ala.: University of Alabama Press.

Beiser, F. C. (1993). *The Cambridge Companion to Hegel*. Cambridge: Cambridge University Press.

_____ (2002). *German Idealism: The Struggle against Subjectivism 1781-1801*. Cambridge, Mass.: Harvard University Press.

Belfiore, E. S. (1992). *Tragic Pleasures: Aristotle on Plot and Emotion*. Princeton: Princeton University Press.

Bernstein, J. M. (1992). *The Fate of Art: Aesthetic Alienation from Kant to Derrida and Adorno*. University Park, Pa.: Pennsylvania State University Press.

_____ (2001). *Adorno: Disenchantment and Ethics*. Cambridge: Cambridge University Press.

Bourdieu, P. (1984). *Distinction: A Social Critique of the Judgment of Taste*. Cambridge, Mass.: Harvard University Press.

Bowie, A. (1990). *Aesthetics and Subjectivity from Kant to Nietzsche*. Manchester: Manchester University Press.

_____ (1993). *Schelling and Modern European Philosophy: An Introduction*. London and New York: Routledge.

_____ (1997). *From Romanticism to Critical Theory: The Philosophy of German Literary Theory*. London and New York: Routledge.

Brady, E. and Levinson, J. (eds.) (2001). *Aesthetic Concepts: Essays after Sibley*. Oxford: Clarendon Press.

Buck–Morss, S. (1989). *The Dialectics of Seeing: Walter Benjamin and the Arcades Project*. Cambridge, Mass.: MIT Press.

Budd, M. (1995). *Values of Art: Pictures, Poetry and Music*. London: Allen Lane/The Penguin Press.

_____ (1998). "Delight in the Natural World: Kant on the Aesthetic Appreciation of Nature". *British Journal of Aesthetics* 38: 1–18, 117–26, 233–50.

_____ (2001), "The Pure Judgement of Taste as an Aesthetic Reflective Judgment". *British Journal of Aesthetics* 41: 247–60.

Bullough, E. (1957). *Aesthetics: Lectures and Essays*, ed. E. M. Wilkinson. Stanford, Calif.: Stanford University Press.

Bungay, S. (1984). *Beauty and Truth: A Study of Hegel's Aesthetics*. Oxford: Clarendon Press.

Carroll, N. (1984). "Hume's Standard of Taste", *Journal of Aesthetics and Art Criticism* 43: 181–94.

_____ (1991). "Beauty and the Genealogy of Art Theory". *Philosophical Forum* 22: 307–34.

_____ (2001). *Beyond Aesthetics: Philosophical Essays*. Cambridge: Cambridge University Press.

Cavell, S. (1969). *Must We Mean What We Say?*. New York: Scribners.

_____ (1979). *The Claim of Reason*. New York: Oxford University Press.

Caygill, H. (1989). *Art of Judgement*. Oxford: Blackwell.

_____ (1998). *Walter Benjamin: The Colour of Experience*. London: Routledge.

Chytry, J. (1989). *The Aesthetic State: A Quest in Modern German Thought*. Berkeley and Los Angeles: University of California Press.

Cohen, T. (1994). "Partial Enchantments of the Quixote Story in Hume's Essay on Taste". In R. J. Yanal (ed.), *Institutions of Art*. University Park, Pa.: Pennsylvania State University Press, pp. 145–56.

_____ (2002). "Three Problems in Kant's Aesthetics". *British Journal of Aesthetics* 42: 1–12.

_____ and Guyer, P. (ed.) (1982). *Essays in Kant's Aesthetics*. Chicago: University of Chicago Press.

Cometti, J.-P. (1996). *Philosopher avec Wittgenstein*. Paris: Presses Universitaires de France.

Cooper, A. A. Shaftesbury 참조.

Cothey, A. L. (1990). *The Nature of Art*. London and New York: Routledge.

Crawford, D. W. (1974) *Kant's Aesthetic Theory*. Madison, Wis.: University of Wisconsin Press.

Croce, B. (1992). *Aesthetic as Science of Expression and General Linguistic*, trans. D. Ainslie. London: Macmillan.

_____ (1992). *The Aesthetic as the Science of Expression and of the Linguistic in General*, trans. C. Lyas. Cambridge: Cambridge University Press.

Crowther, P. (1989). *The Kantian Sublime: From Morality to Art*. Oxford: Clarendon Press.

_____ (1993). *Critical Aesthetics and Postmodernism*. Oxford: Clarendon Press.

Danto, A. (1981). *The Transfiguration of the Commonplace*. Cambridge, Mass.: Harvard University Press.

_____ (1986). *The Philosophical Disenfranchisement of Art*. New York: Columbia University Press.

_____ (1997). *After the End of Art: Contemporary Art and the Pale of History*. Princeton: Princeton University Press.

Davies, S. (1991). *Definitions of Art*. Ithaca, NY: Cornell University Press.

de Man, P. (1983). *Blindness and Insight*. Minneapolis: University of Minnesota Press.

Derrida, J. (1979). *Spurs: Nietzsche's Styles*, trans. B. Harlow. Chicago: University of Chicago Press.

_____ (1987). *The Truth in Painting*, trans. G. Bennington and I. McLeod. Chicago: University of Chicago Press.

Desmond, W. (1996). *Art and the Absolute: A Study of Hegel's Aesthetics*. Albany, NY: State University of New York Press.

Dickie, G. (1974). *Art and the aesthetic: An Institutional Analysis*. Ithaca, NY: Cornell University Press.

_____ (1996). *The Century of Taste: The Philosophical Odyssey of Taste in the Eighteenth Century*. New York: Oxford University Press.

Diffey, T. J. (1986). *Tolstoy's 'What is Art?'*. London: Croom Helm.

Donagan, A. (1962). *The Later Philosophy of R. G. Collingwood*. Oxford: Clarendon Press.

Dumouchel, D. (1999). *Kant et la Genèse de la Subjectivite esthétique*. Paris: Vrin.

Eagleton, T. (1990). *The Ideology of the Aesthetic*. Oxford: Blackwell.

Ellis, J. M. (1976). *Schiller's 'Kalliasbriefe' and the Study of his Aesthetic Theory*. The Hague: Mouton.

Ferguson, F. (1992). *Solitude and the Sublime: Romanticism and the Aesthetics of Individuation*. London and New York: Routledge.

Ferry, L. (1990). *Rights: The New Quarrel between the Ancients and the Moderns*, trans. F. Philip. Chicago: University of Chicago Press.

_____ (1993). *Homo aestheticus: The Invention of Taste in the Democratic Age*, trans. R. de Loaiza. Chicago: University of Chicago Press (translation of *Homo Aestheticus: L'invention du goût à l'âge démocratique*. Paris: Editions Grasset & Fasquelle, 1990).

Ferry, L. and Renaut, A. (1992). *From the Rights of Man to the Republican Idea*. Chicago: University of Chicago Press.

Fleischacker, S. (1999). *A Third Concept of Liberty: Judgment and Freedom in Kant and Adam Smith*. Princeton: Princeton University Press.

Frank, M. (1989). *Einführung in die frühromantische Ästhetik: Vorlesungen*. Frankfurt am Main: Suhrkamp.

Franke, U. (1972). *Kunst al Erkenntnis: Die Rolle der Sinnlichkeit in der Ästhetik Alexander Gottlieb Baumgartens*. Studia Leibnitiana, Supplementa, Band 9. Wiesbaden: Steiner.

Gadamer, H.-G. (1975). *Truth and Method*, trans. G. Barden and J. Cumming. New York: Seabury Press.

_____ (1986). *The Relevance of the Beautiful and Other Essays*, trans. N. Walker, ed. R. Bernasconi. Cambridge: Cambridge University Press.

Gibbons, S. (1994). *Kant's Theory of Imagination: Bridging Gaps in Judgement and Experience*. Oxford: Clarendon Press.

Goodman, N. (1968). *The Languages of Art*. Indianapolis, Ind.: Bobbs–Merrill.

_____ (1972). *Problems and Projects*. Indianapolis, Ind.: Bobbs–Merrill.

_____ (1978). *Ways of Worldmaking*. Indianapolis, Ind.: Hackett.

_____ (1984). *Of Mind and Other Matters*. Cambridge, Mass.: Harvard University Press.

Gracyk, T. (1987). "The Failure of Thomas Reid's Aesthetics". *Monist* 70: 465–82.

_____ (1994). "Rethinking Hume's Standard of Taste". *Journal of Aesthetics and art Criticism* 52: 168–82.

Graham, G. (2000). *Philosophy of the Arts*. 2nd edn. New York: Routledge.

Gregor, M. J. (1983). "Baumgarten's *Aesthetica*". *Review of Metaphysics* 37: 357–85.

Griswold, C. L., Jr (1999). *Adam Smith and the Virtues of Enlightenment*. Cambridge: Cambridge University Press.

Guyer, P. (1993a). *Kant and the Experience of Freedom*. Cambridge: Cambridge University Press.

_____ (1993b). "The Standard of Taste and the Most Ardent Desire of Society". in T. Cohen, P. Guyer, and H. Putnam (eds.), *Pursuits of Reason: Essays in Honor of Stanley Cavell*. Lubbock, Tex.: Texas Tech University Press, pp. 37–66.

_____ (1997/1979). *Kant and the Claims of Taste*, 2nd edn. Cambridge: Cambridge University Press (first published 1989).

_____ (forthcoming). "Form and Feeling: Art at the Turn of the Century". in T. Baldwin (ed.), *Cambridge History of Philosophy*, 1870–1945. Cambridge: Cambridge University Press.

Hagberg, G. (1994). *Meaning and Interpretation: Wittgenstein, Henry James and Literary Knowledge*. Ithaca, NY: Cornell University Press.

_____ (1995). *Art as Language: Wittgenstein, Meaning, and Literary Theory*. Ithaca, NY: Cornell University Press.

Halliwell, S. (1986). *Aristotle's Poetics*. Chapel Hill, NC: University of North Carolina Press.

Harries, K. and Jamme, C. (eds.) (1994). *Martin Heidegger: Politics, Art, and Technology*. New York: Holmers & Meier.

Hegel, G. W. F. (1975). *Aesthetics: Lectures on Fine Art*, 2 vols., trans. T. M. Knox. Oxford: Clarendon Press.

Heidegger, M. (1971). *Poetry, Language, Thought*, trans. A. Hofstadter. New York: Harper & Row.

Henrich, D. (1992). *Aesthetic Judgement and the Moral Image of the World: Studies in Kant*. Stanford, Calif.: Stanford University Press.

_____ (1997). *The Course of Remembrance and Other Essays on Hölderlin*, trans. E. Förster. Stanford, Calif.: Stanford University Press.

Hilton, T. (1985). *John Ruskin: The Early Years*. New Haven: Yale University Press.

_____ (2000). *John Ruskin: The Later Years*. New Haven: Yale University Press.

Huhn, T. and Zuidevaart, L. (eds.) (1997). *The Semblance of Subjectivity: Essays in Adorno's Aesthetic Theory*. Cambridge, Mass.: MIT Press.

Hume, D. (1963). *Essays Moral, Political, and Literary*. Oxford: Oxford University Press.

_____ (2000). *A Treatise of Human Nature*, ed. D. Fate Norton and M. J. Norton. Oxford: Oxford University Press.

Hutcheson, F. (1738). *An Inquiry into the Original of our Ideas of Beauty and Virtue*, 4th edn. London: D. Midwinter.

Jackson, P. W. (1998). *John Dewey and the Lessons of Art*. New Haven: Yale University Press.

Jacquette, D. (ed.) (1996). *Schopenhauer, Philosophy, and the Arts*. Cambridge: Cambridge University Press.

Jameson, F. (1971). *Marxism and Form: Twentieth Century Dialectical Theories of Literature*. Princeton: Princeton University Press.

_____ (1990). *Late Marxism: Adorno, or, the Persistence of the Dialectic*. London and New York: Verso Press.

Janaway, C. (1995). *Images of Excellence: Plato's Critique of the Arts*. Oxford: Clarendon Press.

Janaway, C. (ed.) (1998). *Willing and Nothingness: Schopenhauer as Nietzsche's Educator*. Oxford: Clarendon Press.

_____ (ed.) (1999). *The Cambridge Companion to Schopenhauer*. Cambridge: Cambridge University Press.

Johnson, P. (1998). *R. G. Collingwood: An Introduction*. Bristol: Thoemmes Press.

Jones, P. (1982). *Hume's Sentiments: Their Ciceronian and French Context*. Edinburgh: Edinburgh University Press.

Kant, I. (2000). *Critique of the Power of Judgement*, ed. P. Guyer, trans. P. Guyer and E. Matthew. Cambridge: Cambridge University Press.

Kemal, S. (1986). *Kant and Fine Art: An Essay on Kant and the Philosophy of Fine Art and Culture*. Oxford: Clarendon Press.

Kemal, S., Del Caro, A., Conway, D., and Gaskell, I. (eds.) (1998). *Nietzsche, Philosophy, and the Arts*. Cambridge: Cambridge University Press.

Kirwan, J. (1999). *Beauty*. Manchester: Manchester University Press.

Kivy, P. (1967). "Hume's Standard of Taste: Breaking the Circle". *British Journal of Aesthetics* 7:57–66.

_____ (1976a). *The Seventh Sense: A Study of Francis Hutcheson's Aesthetics and its Influence in Eighteenth-Century Britain*. New York: Burt Franklin.

_____ (1976b). "The Logic of Taste: Reid and the Second Fifty Years". In S. F. Barker and T. L. Beauchamp (eds.), *Thomas Reid: Critical Interpretations*. Philadelphia: Temple University Press, pp. 118–32.

_____ (1989). "Recent Scholarship and the British Tradition: A Logic of Taste—The First Fifty Years". In G. Dickie, R. Sclafani, and R. Roblin (eds.), *Aesthetics: A Critical Anthology*. New York: St Martin's Press.

_____ (1995). 'The "Sense" of Beauty and the "Sense" of Art: Hutcheson's Place in the History and Practice of Aesthetics'. *Journal of Aesthetics and Art Criticism* 29: 349–57.

_____ (2001). *The Possessor and the Possessed: Handel, Mozart, Beethoven, and the Idea of Musical Genius*. New Haven: Yale University Press.

Kockelmans, J. (1985). *Heidegger on Art and Art Works*. Dordrecht: Kluwer.

Korsmeyer, C. W. (1976). "Hume and the Foundation of Taste". *Journal of Aesthetics and Art Criticism* 35: 201–15.

_____ (1979a). "Relativism and Hutcheson's Aesthetic Theory". *Journal of the History of Ideas* 36: 319–30.

_____ (1979b). "The Two Beauties: A Perspective on Hutcheson's Aesthetics". *Journal of Aesthetics and Art Criticism* 38: 145–51.

_____ (1995). "Gendered Concepts and Hume's Standard of Taste". In P. Z. Brand and C. Korsmeyer (eds.), *Feminism and Tradition in Aesthetics*. University Park, Penna: Pennsylvania State University Press.

Krausz, M. (ed.) (1972). *Critical Essays on the Philosophy of R. G. Collingwood*. Oxford: Clarendon Press.

Landow, G. P. (1971). *The Aesthetic and Critical Theories of John Ruskin*. Princeton: Princeton University Press.

Larmore, C. (1996). *The Romantic Legacy*. New York: Columbia University Press.

Levinson, J. (1998). "Schopenhauer, Arthur". In M. Kelly (ed.), *Encyclopedia of Aesthetics*, vol. 4. Oxford University Press, pp. 245–50.

_____ (2002). "Hume's Standard of Taste: The Real Problem". *Journal of Aesthetics and Art Criticism* 59: 227–38.

Lewis, P. (ed.) (2002). *Wittgenstein, Philosophy, and the Arts*. Aldershot: Ashgate.

Lüdeking, K. (1988). *Analytische Philosophie der Kunst*. Frankfurt am Main: Athenäum.

Lyas, C. (1997). *Aesthetics: An Introduction*. Montreal and Kingston: McGill–Queen's University Press.

Lyotard, J.-F. (1994). *Lessons on the Analytic of the Sublime*, trans. E. Rottenberg. Stanford, Calif.: Stanford University Press.

Magnus, B. and Higgins, K. M. (eds.) (1996). *The Cambridge Companion to Nietzsche*. Cambridge: Cambridge University Press.

Maker, W. (ed.) (2002). *Hegel and Aesthetics*. Albany, NY: State University of New York Press.

Makkreel, R. A. (1990). *Imagination and Interpretation in Kant: The Hermeneutical Import of the Critique of Judgment*. Chicago: University of Chicago Press.

Mandelbaum, M. (1965). "Family Resemblances and Generalizations concerning the Arts". *American Philosophical Quarterly* 2: 219–28.

Marcuse, H. (1978). *The Aesthetic Dimension: Towards a Critique of Marxist Aesthetics*. Boston: Beacon Press.

Martin, N. (1996). *Nietzsche and Schiller: Untimely Aesthetics*. Oxford: Clarendon Press.

Matthews, P. M. (1997). *The Significance of Beauty: Kant on Feeling and the System of the Mind*. Dordrecht: Kluwer Academic.

_____ (1998). 'Hutcheson on the Idea of Beauty', *Journal of the History of Philosophy* 36: 233–60.

Mattick, P. (ed.) (1993). *Eighteenth-Century Aesthetics and the Reconstitution of Art*. Cambridge: Cambridge University Press.

Meerbote, R. and Hudson, H. (eds.) (1991). *Kant's Aesthetics. North American Kant Society Studies in Philosophy*, vol. 1. Atascadero, Callif.: Ridgeview.

Mendelssohn, M. (1997). *Philosophical Writings*, ed. D. O. Dahlstrom. Cambridge: Cambridge University Press.

Michael, E. (1984). "Francis Hutcheson on Aesthetic Perception and Aesthetic Pleasure". *British Journal of Aesthetics* 24: 241–55.

Miller, R. D. (1972). *Schiller and the Ideal of Freedom: A Study of Schiller's Philosophical Works with Chapters on Kant*. Oxford: Clarendon Press.

Mortensen, P. (1997). *Art in the Social Order: The Making of the Modern Conception of Art*. Albany, NY: State University of New York Press.

Mothersill, M. (1984). *Beauty Restored*. Oxford: Clarendon Press.

____ (1989). "Hume and the Paradox of Taste". In G. Dickie, R. Sclafani, and R. Roblin (eds.), *Aesthetics: A Critical Anthology*, 2nd edn. New York: St Martin's Press, pp. 269–86.

Murray, P. T. (1994). *The Development of German Aesthetic Theory from Kant to Schiller: A Philosophical Commentary on Schiller's Aesthetic Education of Man*. Lewiston, NY: Edwin Mellen Press.

Nauckhoff, J. (1994). "Objectivity and Expression in Thomas Reid's Aesthetics". *Journal of Aesthetics and Art Criticism* 52: 183–91.

Nehamas, A. (1985). *Nietzsche: Life as Literature*. Cambridge, Mass.: Harvard University Press.

____ (1998). *The Art of Living: Socratic Reflections from Plato to Foucault*. Berkeley and Los Angeles: University of California Press.

____ (1999). *Virtues of Authenticity: Essays on Plato and Socrates*. Princeton: Princeton University Press.

Nicholson, S. W. (1997). *Exact Imagination, Late Work: On Adorno's Aesthetics*. Cambridge, Mass.: MIT Press.

Nietzsche, F. (1996). *Human, All Too Human*, trans. R. J. Hollingdale. Cambridge: Cambridge University Press.

____ (1999). *The Birth of Tragedy*, trans. R. Spiers. Cambridge: Cambridge University Press.

____ (2002). *The Gay Science*, trans. J. Nauckhoff. Cambridge: Cambridge University Press.

Norton, R. E. (1991). *Herder's Aesthetics and the European Enlightenment*. Ithaca, NY: Cornell University Press.

____ (1995). *The Beautiful Soul: Aesthetic Morality in the Eighteenth Century*. Ithaca, NY: Cornell University Press.

Nussbaum, M. (1986). *The Fragility of Goodness: Luck and Ethics in Greek Tragedy and Philosophy*. Cambridge: Cambridge University Press.

Osborne, H. (1967). "Hume's Standard and the Diversity of Aesthetic Taste". *British Journal of Aesthetics* 7: 50–6.

Parret, H. (ed.) (1998). *Kants Ästhetik-Kant's Aesthetics-L'esthétique de Kant*. Berlin and New York: de Gruyter.

Pillow, K. (2000). *Sublime Understanding: Aesthetic Reflection in Kant and Hegel*. Cambridge, Mass.: MIT Press.

Podro, M. (1972). *The Manifold in Perception: Theories of Art from Kant to Hildebrand*. Oxford: Clarendon Press.

____ (1982). *The Critical Historians of Art*. New Haven: Yale University Press.

Rampley, M. (2000). *Nietzsche, Aesthetics and Modernity*. Cambridge University Press.

Recki, B. (2001). *Ästhetik der Sitten: Die Affinität von ästhetischem Gefühl und praktischer Vernunft bei Kant*. Frankfurt am Main: Vittorio Klostermann.

Richards, R. J. (2002). *The Romantic Conception of Life: Science and Philosophy in the Age of Goethe*. Chicago: University of Chicago Press.

Richter, S. (1992). *Lessing's Body and the Aesthetics of Pain*. Detroit: Wayne State University Press.

Ridley, A. (1999). *Collingwood*. London: Routledge.

Rind, M. (2002). "The Concept of Disinterestedness in Eighteenth-century British Aesthetics". *Journal of the History of Philosophy* 40: 67–87.

Rogerson, K. F. (1986). *Kant's Aesthetics: The Roles of Form and Expression*. Lanham. Md: University Press of America.

Rollins, M. (ed.) (1993). *Danto and his Critics*. Oxford: Blackwell.

Rorty, A. O. (1992). *Essays on Aristotle's Poetics*. Princeton: Princeton University Press.

Rose, G. (1978). *The Melancholy Science: An Introduction to the Thought of Theodore W. Adorno*. New York: Columbia University Press.

Rose, M. A. (1984). *Marx's Lost Aesthetic: Karl Marx and the Visual Arts*. Cambridge: Cambridge University Press.

Saint Girons, B. (1993). *Fiat lux: une philosophie du sublime*. Paris: Quai Voltaire.

Sartwell, C. (1998). "Art for Art's Sake". In M. Kelly (ed.), *Encyclopedia of Aesthetics* Vol. 1. Oxford: Oxford University Press, pp. 118–21.

Savile, A. (1982). *The Test of Time: An Essay in Philosophical Aesthetics*. Oxford: Clarendon Press.

_____ (1987). *Aesthetic Reconstructions: The Seminal Writings of Lessing, Kant and Schiller*. Aristotelian Society Series vol. 8. Oxford Blackwell.

_____ (1993). *Kantian Aesthetics Pursued*. Edinburgh: Edinburgh University Press.

Schaeffer, J.-M. (2002). *Art of the Modern Age: Philosophy of Art from Kant to Heidegger*, trans. S. Rendall. Princeton: Princeton University Press (translation of *L'Art de l'âge moderne: l'Esthetique et la philosophie de l'art du XVIIIe siècle à nous jours l'homme*. Paris: Gallimard).

Schaper, E. (1968). *Prelude to Aesthetics*. London: George Allen & Unwin.

_____ (1979). *Studies in Kant's Aesthetics*. Edinburgh: Edinburgh University Press.

Schelling, F. W. J. (1989). *The Philosophy of Fine Art*, trans. D. W. Stott. Minneapolis: University of Minnesota Press.

Schleiermacher, F. (1998). *Hermeneutics and Criticism, and Other Writings*, trans. A. Bowie. Cambridge: Cambridge University Press.

Schmidt, J. (1985). *Die Geschichte des Genie-Gedankens in der deutschen Literatur, Philosophie und Politik 1750-1945*, 2 vols. Darmstadt: Wissenschaftliche Buchgesellschaft.

Schopenhauer, A. (1958). *The World as Will and Representation*, 2 vols., trans. E. F. J. Payne. Indian Hills, Colo.: Falcon's Wing Press; reprinted 1966, New York: Dover.

Scruton, R. (1974). *Art and Imagination*. London: Methuen.

_____ (1979). *The Aesthetics of Architecture*. Princeton: Princeton University Press.

Seiple, D. and Haskins, C. (eds.) (1998). *Democracy and the Aesthetics of Intelligence: Essays in Deweyan Pragmatism*. Albany, NY: State University of New York Press.

Shaftesbury (A. A. Cooper), Earl of (1999). *Characteristics of Men, Manners, Opinions, Times*, ed. L. E. Klein. Cambridge: Cambridge University Press (first published 1711).

Shelley, J. (1998). "Hume and the Nature of Taste". *Journal of Aesthetics and Art Criticism* 56: 29–38.

Shusterman, R. (1989). "Of the Scandal of Taste: Social Privilege as Nature in the Aesthetic Theories of Hume and Kant". *Philosophical Forum* 20: 211–29; reprinted in Mattick (1993).

_____ (1991). *Pragmatist Aesthetics: Living Beauty, Rethinking Art*. Oxford: Blackwell.

Sibley, F. (2001). *Approach to Aesthetics: Collected Papers on Philosophical Aesthetics*, ed. J. Benson, B. Redfern, and J. Cox. Oxford: Clarendon Press.

Solms, F. (1990). *Disciplina aesthetica: Zur Frühgeschichte der ästhetischen Theorie bei Baumgarten und Herder*. Stuttgart: Klett–Cotta.

Sparshott, F. (1982). *The Theory of the Arts*. Princeton: Princeton University Press.

Staten, H. (1990). *Nietzsche's Voice*. Ithaca, NY: Cornell University Press.

Stolnitz, J. (1960). *Aesthetics and Philosophy of Art Criticism*. Boston: Houghton Mifflin.

_____ (1961a). "On the Origins of 'Aesthetic Disinterest'". *Journal of Aesthetics and Art Criticism* 20: 131–43.

_____ (1961b). "On the Significance of Lord Shaftesbury in Modern Aesthetic Theory". *Philosophical Quarterly* 11: 97–113.

_____ (1978). "The 'Aesthetic Attitude' in the Rise of Modern Aesthetics". *Journal of Aesthetics and Art Criticism* 36: 409–23.

Sychrava, J. (1989). *Schiller to Derrida: Idealism in Aesthetics*. Cambridge: Cambridge University Press.

Townsend, D. (1982). "Shaftesbury's Aesthetic Theory". *Journal of Aesthetics and Art Criticism* 41: 205–13.

_____ (1987). "From Shaftesbury to Kant: The Development of the Concept of Aesthetic Experience". *Journal of the History of Ideas* 48: 287–305; reprinted in P. Kivy (ed.), *Essays on the History of Aesthetics*, Library of the History of Ideas, vol. 5. Rochester: University of Rochester Press, 1992.

_____ (1991). "Lockean Aesthetics". *Journal of Aesthetics and Art Criticism* 49: 349–61.

_____ (2001). *Hume's Aesthetic Theory: Taste and Sentiment*. London and New York: Routledge.

van Gerwen, R. (ed.) (2001). *Richard Wollheim on the Art of Painting: Art as Representation and Expression*. Cambridge: Cambridge University Press.

von der Lühe, A. (1996). *David Humes ästhetische Kritik*. Hamburg: Felix Meiner.

Warnock, M. (1976). *Imagination*. Berkeley and Los Angeles: University of California Press.

Weiskel, T. (1976). *The Romantic Sublime: Studies in the Structure and Psychology of Transcendence*. Baltimore: Johns Hopkins University Press.

Wellbery, D. E. (1984). *Lessing's Laocoon: Semiotics and Aesthetics in the Age of Reason*. Cambridge: Cambridge University Press.

Wieand, J. (1983). "Hume's Two Standards of Taste". *Philosophical Quarterly* 34: 129–42.

Wieland, W. (2002). *Urteil und Gefühl: Kants Theorie der Unrkeilskraft*. Göttingen: Vandenboeck & Ruprecht.

Wittgenstein, L. (1953/1968). *Philosophical Investigations*, trans. G. E. M. Anscombe. London: Macmillan (3rd edn. 1968).

_____ (1967). *Lectures and Conversations on Aesthetics, Psychology and Religious Belief*, ed. C. Barrett. Berkeley and Los Angeles: University of California Press.

_____ (1980). *Culture and Value*, trans. P. Winch. Chicago: University of Chicago Press.

Wolin, R. (1982). *Walter Benjamin: An Aesthetic of Redemption*. New York: Columbia University Press.

Wollheim, R. (1980). *Art and Its Objects*, 2nd edn. Cambridge: Cambridge University Press.

_____ (1987). *Painting as an Art*. Princeton: Princeton University Press.

Wyss, B. (1999). *Hegel's Art History and the Critique of Modernity*, trans. C. D. Saltzwedel. Cambridge: Cambridge University Press.

Yanal, R. J. (ed.) (1994). *Institutions of Art: Reconsiderations of Geroge Dickie's Philosophy*. University Park, Pa.: Pennsylvania State University Press.

Young, J. (1987). *Willing and Unwilling: A Study in the Philosophy of Arthur Schopenhauer*. Dordrecht: Kluwer.

_____ (1992). *Nietzsche's Philosophy of Art*. Cambridge: Cambridge University Press.

_____ (2001). *Heidegger's Philosophy of Art*. Cambridge: Cambridge University Press.

Zammito, J. H. (1992). *The Genesis of Kant's Critique of Judgment*. Chicago: University of Chicago Press.

_____ (2001). *Kant, Herder, and the Birth of Anthropology*. Chicago: University of Chicago Press.

Zuidevaart, L. (1991). *Adorno's Aesthetic Theory: The Redemption of Illusion*. Cambridge, Mass.: MIT Press.

II

일반적인 미학적 문제들

General Issues in Aesthetics

제3장

미적 실재론 1

닉 쟁윌(Nick Zangwill)

번역: 최근홍

이 장에서 나는 우리의 미적인 사고와 경험이 갖는 성격에 관해 생각해 볼 것이다. 미적 속성은 대상에 대한 우리의 반응과 무관하다는 뜻에서 마음 독립적인(mind-independent) 것으로 실재한다는 생각, 따라서 대상이나 사건이 미적 속성을 갖는다면, 그에 따른 미적 사태들도 마음 독립적인 것으로 실재한다는 생각 등을 받아들여야 할지 말지의 문제를 여기서 정면으로 다루려는 것은 아니다. 하지만 미적인 사고와 경험의 성격에 관해 생각할 때 우리는 그것과 관련하여 우리가 믿고 있는 형이상학적인 관점을 생각하지 않을 수 없다. 우리는 미적인 사고와 경험 속에서 미적 속성들과 미적 사태들을 표상한다. 이런 의미에서 관건은 그 사고와 경험이 '실재하는' 것인지 아닌지를 따지는 일이다. 만약 그것들이 실재한다면, '상식'이나 '통속 미학'은 형이상학적으로 궂은일을 떠안게 된다. 통속 형이상학이 사실인지 아닌지는 별개로 말이다. 실재론자들과 반대로 '비실재론자들'은 일상적인 미적 사고와 경험이 통속 형이상학에 기초한다는 생각을 부정한다.

1. 미적 실재론

먼저 미적 사고와 경험에 대한 실재론적 관점에 주목해 보자. 우리는 취미판단, 즉 아름다움에 관한 판단 또는 미적 장점에 관한 판단이 특별한 종류의 쾌인 미적 쾌에 기초한다고 중립적으로 합당하게 말할 수 있다. 문제는 '무엇이 쾌를 **미적**(aesthetic) 쾌이게끔 만드는가?'이다.

　미적 쾌에 대해 실재론적 관점을 취하는 이유는 미적 쾌가 고유하게 미적인 **내용**(content)을 갖는다는 점 때문일 수 있다. 하지만 여기서 우리는 신중할 필요가 있다는 것이 나의 생각이다. 우리가 대상이나 사건을 표상할 때 미적 쾌가 동반된다면, 실재론자는 그 대상이나 사건이 미적 속성을 갖는다고 말할 것이다. 나아가 실재론자는 미적 판단이 음식 맛의 훌륭함과 형편없음에 관한 판단과도 다르다고 말할 것이다. 왜냐하면 미적 판단은 쾌에 기초하는데, 그 쾌의 내용은 고유하게 미적인 개념들을 동원한다는 뜻에서 소거될 수 없는 방식으로 미적이기 때문이다. 이를 통해 실재론자는 매우 중요한 두 가지 대조를 포착할 수 있다. 칸트(Kant)의《판단력 비판》(*Critique of Judgment*)에서 첫 번째 '계기'는 이 점을 보여준다(Kant, 1928). 첫째, 미적 쾌는 감각적 쾌라고 여겨질 만한 것과는 다르다. 감각적 쾌는 아무런 내용도 갖지 않는다 ― 예컨대 그것은 추운 밤에 따뜻하게 목욕할 때 느끼는 쾌이다(미학에서 전통적으로 신체적 쾌를 낮게 평가한다는 점을 다룬 흥미로운 논의가 있다. Korsmeyer, 1999). 둘째, 미적 쾌는 '관심적(interested)' 쾌와 다르다. 관심적 쾌는 비미적인 내용을 갖는다 ― 이를테면 그것은 복권에 당첨됐을 때의 쾌 또는 도덕적으로 좋은 것들에서 얻는 쾌이다. 그러므로 우리는 미적 내용에 호소함으로써 비미적 내용을 갖는 쾌와 아무런 내용도 갖지 않는 쾌로부터 미적 쾌를 구분하는 데 성공한다. 실재론자는 **최소한** 이렇게 말해야 한다. 그러나 이것이 사실이라고 하더라도 실재론적 접근에 **고유한** 무언가는 아닐 수 있다. 왜냐하면 우리가 미적 내용과 미적 개념의 성격을 실재론적으로 설명한 것은 아직 아니기 때문이다. 미적 내용과 미적 개념이 있다는 사실 자체가 미적 쾌에 대한 실재론을 함축한다는 식으로 논증 없이 가정해서는 안 된다. 왜냐하면 비실재론자는 실재론적인 표상 내용 없이도 미적 내용과 미적 개념을 구성할 수 있기 때문이다(도덕철학에서 사이먼 블랙번(Simon Blackburn)의 유사실재론 기획과 비교해 보라. Blackburn, 1984, 1993, 1998). 비실재론자도 미적 내용과 미적 개념을 구성하여 미적 쾌와 비지향적 쾌(감각적 쾌) 사이의 대조, 미적 쾌와 비미적 내용들을 갖는 쾌(타산적 쾌나 도덕적 쾌) 사이의 대조 등을 포착할 수 있을 것이다. 그러므로 미적 내용과 미적 개념에 호소하는 일은 미적 실재론을 정식화하기에는 충분하지 않을 수 있다.

　그렇다면 우리는 미적 실재론을 어떻게 정식화해야 하는가? 논의를 보다 넓혀 미적 쾌보다는 미적 경험 일반에 주목해 보자. 그렇다면 이제 실재론자는 미적 경험이란 **미적인 표상적 내용**(aesthetic representational content)이 주어지는 경험이라고 말할 것이다. 이는 우리가 미적 경험을 통해 미적 사태나 미적 상황 또는 미적 사실을 표상한다는 뜻이다. 다시 말해 미적 경험 속에서 세계는 실재하는 미적 속성들을 갖는 것으로 표상된다. 이러한 미적 경험은 우리의 미적 판단을 근거 짓거나 합리적으로 야기한다. 이 경우 우리의 미적 판단은 마찬가지로 실재론적인 표상 내용을 갖는다. 예를 들어 음악에 대한 실재론적 관점에 따르면 우리는 음악을 경험할 때 음악적 사태를 음악 경험의 표상 내용으로 갖는다. 말하자면 우리가 소리를 표상할 때 그것은 이를테면, 열정, 통렬함, 분노, 우아함, 아름다움 등등과 같은 특정한 음악적 속성들을 갖는 것으로 표상된다. 그러므로 실재론자는 음악을 감상하고 이해하는 일이 무엇인지를 어려움 없이 설명할 수 있다. 첫째, 음악을 감상하고 이해한다는 것은 미적 속성들을 갖는 것으로서 소리를 **경험하는** 것이며, 소리는 미적 속성들을 실제로 소유한다. 둘째, 음악을 감상하고 이해한다는 것은 소리가 미적 속성들을 갖는다고 **판단하는** 것이다. 예컨대 멜로디가 열정적이라면, 우리는 그 멜로디를 열정적인 것으로서 경험하고 그 때문에 그 멜로디가 열정적이라는 판단에 이르게 될 경우 그리고 오직 그 경우에만 그 멜로디를 감상하고 이해한다.

우리가 표상하는 미적 속성들은 **마음 독립적**이다. 나는 실재론자의 관점을 이렇게 규정하고 싶다. 이러한 규정 방식 자체가 많은 것을 좌우한다고 생각되진 않지만 말이다. 대상의 미적 속성들이 그 대상에 대한 우리의 실제 반응들에 의존한다고 설명한다면, 이것은 가장 소박한 형태의 마음 의존적 관점이다. 보다 복잡한 형태의 마음 의존적 관점이라면 이렇게 설명할 것이다. 대상의 미적 속성들은 그 대상에 대해 반응하는 우리의 **성향**(disposition)에 의존하거나 우리가 그렇게 반응하게끔 야기하는 그 대상의 **성향**에 의존한다고 말이다. 이러한 성향적 관점은 색을 '이차적 성질(secondary quality)'로 간주하는 관점과 빈번하게 비교된다. 그러나 도덕철학과 미학 모두에서 성향 이론에 대한 논의는 다소 뒤죽박죽일 수 있다. 때때로 성향 이론은 실재론과 양립 가능하다. 예를 들어 한 대상이 사람들에게 어떤 효과를 산출하는 성향을 갖는다는 사실은 어쩌면 마음 독립적인 도덕적 속성 또는 그러한 미적 속성 덕분이다. 우리가 한 대상에 대해 반응을 보이는 성향이 있을 때 그 대상 내에서 그러한 반응을 **보증하는** 것은 어쩌면 마음 독립적인 도덕적 속성 또는 그러한 미적 속성일 수 있다. 게다가 일부 '엄밀한' 성향 이론들은 마음 의존성 조건문, 즉 만약 우리가 대상들에 대해 상이한 반응들을 보였더라면, 그 대상들은 각각 서로 다른 미적 속성들을 가졌을 것이라는 식의 조건문에 동조하지 않는다(Vallentyne, 1996). 그러므로 성향 이론들을 실재론 또는 비실재론으로 분류하는 일은 주의를 요한다. 미적 경험에 대한 관점은 크게 세 부류가 있다고 말할 수 있다. 첫째, 우리는 미적 속성들을 표상하고, 그 속성들은 마음 독립적이다. 둘째, 우리는 미적 속성들을 표상하고, 그 속성들은 마음 의존적이다. 셋째, 우리는 미적 속성들을 표상하지 않는다. 마음 의존적 관점에 '실재론적' 또는 '비실재론적' 가운데 어떤 이름을 붙이느냐는 그리 중요하지 않다.

철학자들은 도덕철학 내에서 종종 '인지주의'와 '비인지주의'를 대조시킴으로써 실재론 문제를 제기한다. 이러한 문제 설정 방식은 잘못됐으며 혼동을 가져온다는 것이 나의 생각이다. 실재론은 믿음과 욕구 양자 모두가 갖는 내용에 관한 문제인데 말이다. 나는 미적 사고를 **표상적 내용**으로 간주하는 문제 설정 방식에 대해 신중을 기했다. 우리의 사고를 이해할 때 실재론과 비실재론 사이의 결정적 차이는 **명제 태도**(propositional attitude) 유형의 차이라고 말하려던 것이 아니기 때문이다. 미학이 경험의 본성을 다룬다는 점에 대해서는 사실상 모두가 동의하지만, 그렇다고 해서 미적 판단과 미적 경험을 비실재론적으로 보는 관점이 보다 선호된다고 생각한다면 오산이다. 이 점을 아는 일은 어렵지 않다. 미적 실재론의 문제는 일반적으로 미적 경험의 내용, 특히 미적 쾌의 내용에 관한 우리의 견해가 무엇이냐에 전적으로 달려 있다. 미적 경험에 대한 실재론적 이해와 비실재론적 이해는 경합할 수 있다. 이러한 사실은 실재론/비실재론 논쟁을 인지주의 대 비인지주의의 문제로 간주하는 것이 잘못인 한 가지 이유가 된다. 왜냐하면 쾌는 비인지적 상태이기 때문이다. 인지적 상태와 비인지적 상태 모두를 각각 실재론적으로 그리고 비실재론적으로 이해하는 일은 어느 쪽으로든 여전히 가능하다(어떤 철학자들은 이른바 '비개념적 내용'에 호소하며 그것이 미적 경험에서 발견될 수 있다고 생각한다(DeBellis, 1995). 불행하게도 비개념적 내용이 무엇인지는 결코 만족스럽게 설명된 적이 없다. 게다가 그러한 비개념적 내용이 이해 가능한 방식으로 설명된다고 해도, 미적 실재론자는 그것을 이용하여 미적 경험을 이해하려는 시도가 의심할 만하다고 여길 특별한 이유들을 갖고 있다. 우리는 색 개념들을 가지고 있다고 해서 그것들 모두에 각각 대응하는 단어들을 빠짐없이 갖고 있는 것은 아니다. 마찬가지로 미적 개념들에 대해서도 그것들 모두에 각각 대응하는 단어들을 빠짐없이 가지는 것은 물론 아닐 수 있다. 하지만 실재론자에게 미적 개념들은 참된 미적 경험 속에서 사용되며 마음 독립적인 미적 속성들을 골라낸다(Zangwill, 2001: 10장)).

미적 실재론에 대한 한 가지 반론은 다음과 같을 것이다. 만약 미적 판단이 실재론적 사태라면, 그것이 느낌이나 반응에 기초해야 한다는 점은 왜 필연적인가? 도덕 판단들에 대한 실재론과 비교해 보자. 도덕 실재론에 따르면 우리가 도덕적 경험에 근거하지 않은 도덕적 믿음들을 가질 수 있으며 그러한 믿음들을 실제로 갖는다는 것은 그럴듯하다. 그러나 우리가 도덕 판단들을 근거 짓는 도덕적인 경험적 상태들을 갖는다는 것은 그럴듯하지 않다 ― 물론 도덕 판단의 자취를 따라 도덕 감정들이 유입될 수는 있겠지만 말이다. 도덕 실재론자에게 모든 도덕 감정들은 우리의 도덕적 믿음들에 의해 합리적으로 야기되는 것이지 그 반대는 아니다. 여기서 믿음은 일차적이고 감정은 파생적이거나 부수적이다. 하지만 미학에서는 상황이 정반대이다.

나는 이 논증이 그리 설득력 있다고 생각하지 않는다. 왜냐하면 미학과 도덕성은 합리적 인과의 방향이 비대칭이라서 구별되는 것일 수 있기 때문이다. 게다가 우리는 어쨌든 지각적 경험에 기초하여 외부 세계에 대해 판단하므로 일반적으로 경험에 근거한 판단들의 범위에 관해 의심할 만한 점은 아무것도 없음을 알 수 있다. 지각적 경험은 표상적 내용을 갖는 경험이고, 물리적 실재에 관한 우리의 믿음들은 그러한 경험에 근거하거나 그 경험에 의해 합리적으로 야기된다. 미학에서의 실재론적 관점도 경험에 기초한 판단이라는 점에서 유비적일 것이다. 물론 양자 모두에는 그 경로에 영향을 미치는 전체론(holism)의 요소가 있다. 즉 다른 판단들도 영향을 미친다. 나는 미적 경험과 미적 판단이 지각적 경험 및 지각적 판단과 유비되지 않는 점도 많다고 재빠르게 덧붙이고 싶다. 변증법적 요점은 다음과 같다. 판단이 경험에 근거한다고 해도, 일반적으로 이것은 판단에 관한 실재론에 전혀 해롭지 않다는 것이다.

2. 비실재론의 문제점

미적 비실재론은 다양한 형태로 나타난다. 〈음악의 이해〉(Understanding Music)라는 영향력 있는 논문에서 스크루턴(Scruton)은 음악의 이해에 본질적인 내용으로 경험의 표상적 속성들을 제시한다(Scruton, 1983, 1997). 하지만 그는 실재론자가 아니다. 왜냐하면 그는 이러한 내용이 '단언되지(asserted)' 않은, 즉 진정으로 참이라고 주장되지 않은, 일상적인 비음악적 내용이라고 생각하기 때문이다. 그러므로 예컨대, 우리는 **높이, 무게, 움직임, 감정** 등을 통해 소리를 묘사하거나 소리에 대해 생각하지만, 이것들 중 어느 것도 있는 그대로 소리에 적용되진 않는다. 스크루턴은 비미적 판단에서 사용되는 개념들이 음악에 관한 판단에도 동일하게 사용된다고 주장한다. 다만 일반적인 경우와는 달리 음악에 관한 판단에서 그 개념들이 사용될 때는 속성들이 귀속되지 않는다. 스크루턴은 이것을 '은유적 전이(metaphorical transference)'라고 부른다. 그는 최소한 고유하게 미적인 개념들로 이루어진 자율적인 영역이 있다는 것을 부정할 만한 사례들을 상당수 제시한다. 그렇다면 미적 '판단들'은 실제로는 전혀 판단이 아니다. 왜냐하면 우리는 그 '판단들'이 명제들에 대한 의도적인 비단언이라고 해야 하기 때문이다. 만약 그 '판단들'이 단언되었더라면, 비록 대부분 거짓이었겠으나, 일상적인 비미적 사실들이 단언됐을 것이다.

직전 세대에서 철학의 발전에 기여한 것들 중 한 가지는 형이상학적으로 흥미로운 어떠한 이론도 그저 언어가 갖는 효력만으로, 말하자면 화용론만 가지고는 제시될 수 없다는 인식이다. 예를 들어 '진술하기(stating)'와 '표출하기(evincing)'를 언어적 차원에서 구분하는 일은 사고 차원에서의 어떤 구분을 통해 **설명될** 필요가 있다. 이론은 언어가 갖는 효력을 고려함으로써 시작될 수 있겠지만, 그것이 끝일 수는 없다. 나는 '단언'이라는 언어적 행위를 통해 스크루턴의 이론을 기술했다. 하지만 이론의 핵심은 그것이 아닐 수 있다.

왜냐하면 그는 당면한 심적 상태들에 관해 많은 것들을 말하고 있기 때문이다. 스크루턴에게 음악에 관한 이런 종류의 미적 사고는 p인 **체하기**(pretending) 또는 p라고 **상상하기**(imagining)와 같은 심적 상태들과 밀접한 관련을 맺는 것으로 여겨진다. 이 경우 우리는 p가 거짓임을 줄곧 알고 있다. 혹은 그 미적 사고는 우리가 대상에서 '국면들(aspects)'을 볼 때, 이를테면 무언가를 X로서(as an X) 볼 때 일어나는 일과 같다. 스크루턴의 이론은 심적 상태의 이러한 유형들에 전적으로 의존한다. 나는 스크루턴이 아마도 궁극적으로는 음악에 관한 이런 종류의 미적 판단이 앞서 제시된 심리적 경험들을 표현한다고 생각할 것으로 믿는다. 여기서 반드시 언급되어야 할 점은 다음과 같다. 스크루턴 식의 설명은 비미적으로 많이 사용되지 않는 술어들인 '아름답다'나 '우아하다' 같은 경우에는 다소 문제가 있고, 비미적으로 많이 사용되는 술어들인 '섬세하다'나 '열정적이다' 같은 경우에는 보다 적절하다는 것이다. 이러한 사실은 스크루턴에게 골칫거리이다. 만약 스크루턴이 아름다움과 우아함에 관한 미적 판단에는 **다른** 설명을 제공하고 있는 것이라면, 그의 이론은 조각나게 될 것이기 때문이다. 그는 **모든** 미적 판단들이 미적인 것이 되게끔 만드는 이론을 갖지 못할 것이다.

스크루턴의 국면주의 관점(aspectualist view)은 그 지적 연원이 칸트에게 있다. 칸트는 상상력과 지성이라는 인식 능력들의 조화롭고 자유로운 유희에 호소한다(Kant, 1928: § 9 이후). 스크루턴의 비실재론과 대조를 이루는 입장은 흄(Hume)의 정감주의(sentimentalism)에 뿌리를 둔 관점이다. 정감주의 관점에 의하면 미적 판단은 미적 태도(attitudes)나 미적 **정감**(sentiments)을 가지는 것 또는 그것들을 표현하는 것이다 — 말하자면 우리는 어떤 것들은 좋아하고 다른 어떤 것들은 **싫어한다**. 이 관점은 비미적으로 사용되지 않는 개념들과 보다 수월하게 부합다는 점에서 스크루턴의 국면 이론 설명에 비해 우위를 점할 것이다(사실 정감주의 관점은 스크루턴 자신이 *Art and Imagination*의 10장에서 비미적으로 사용되지 않는 개념들을 설명한 방식과 유사한 관점이다. Scruton, 1974). 한편 정감주의 관점은 음악에 대한 은유적인 기술을 설명하는 경우에는 스크루턴의 이론에 비해 보다 큰 어려움을 겪게 될 것이다.

나는 이제 스크루턴의 국면주의와 흄의 정감주의 양자 모두에서 근본적인 문제라고 생각하는 것에 초점을 맞출 것이다. 우리가 실재론을 매우 진지하게 받아들여야 하는 이유는 미적 판단이 규범성(normativity)을 갖기 때문이다. 규범성은 실재론을 독려하고 비실재론을 단념시킨다. 미적 판단을 특징짓는 첫 번째는 미적 판단의 경험성(experientiality) — 미적 판단들은 주관의 반응에 근거한다는 사실 — 이다. 두 번째 특징은 미적 판단의 규범성 — 미적 판단들은 더 좋거나 더 나쁠 수 있다는 사실 — 이다. 즉 우리는 어떤 판단들에 대해서는 그렇게 판단해야만 하고, 다른 어떤 판단들에 대해서는 그렇게 판단해서는 안 된다. '무엇이든 허용된다'는 사실이 아니다. 이런 생각은 흄의 미학과 칸트의 미학 양자 모두에서 중추적인 역할을 한다. 미적 판단에는 일반적으로 어떤 규범성이 있을 것으로 기대된다. 그러므로 흄과 칸트에게 던져진 근본적인 물음은 '미적 판단에서 규범성을 기대하는 일이 어떻게 가능한가?'이다. 그 대답은 '우리의 미적 판단과 미적 경험이 실재론적인 표상 내용을 갖는 오직 그 경우에만 그러한 규범성을 기대하는 것이 가능하다'인 것 같다. 오직 그럴 경우에만 우리는 어떻게 미적 판단이 성공하고 실패하는 일이 가능한지를 이해할 수 있다.

이미 언급했듯이 일부 철학자들은 미적 속성이 마음 의존적이라는 생각 ― 미적 속성은 대상과 인간 반응이 맺는 모종의 관계라는 생각 ― 에 이끌린다. 그러나 이런 생각은 실재론에 포섭되지 않는 형태로 제시될 경우 골치 아픈 문제를 떠안는 관점이다. 우리의 실제 반응들과 우리에게 가능한 반응들이 다양하기 때문에 규범성을 기대하는 일이 불가능하다는 문제가 그것이다. 동일한 대상에 대해 어쩌면 나는 이런 방식으로, 당신은 저런 방식으로 반응할 수 있다. 혹은 나는 이런 방식으로 반응하는 성향을 갖고, 어쩌면 당신은 저런 방식으로 반응하는 성향을 가질 수 있다. 그렇다면 마음 의존적 이론들을 따를 때, 그것이 소박한 형태이든 성향 이론이든, 당신과 나는 둘 다 옳을 수 있다. 하지만 이 경우 우리는 옳음에 대한 통념을 잃게 될 것이다. 이는 마음 의존적인 설명 방식들이 우리의 실제 미적 사고를 설명하는 '통속 미학'으로서는 옳을 수 없음을 의미한다. 그러므로 미적 판단에서 기대되는 규범성을 존중하는 설명으로서는 마음 의존적 이론들이 정감주의나 국면주의에 비해 더 나을 것이 없다.

앨런 골드만(Alan Goldman)과 존 벤더(John Bender)는 취미에서 나타나는 차이들이 해소될 수 없다고 주장했다. 그들은 이것이 비실재론을 선호할 이유라고 생각한다(Goldman, 1995; Bender, 1996). 매우 다른 미적 판단을 내리는 사람들이 서로 동의하게끔 만들 수 없다는 점은 어쩌면 사실일 수 있다(도덕 판단들에 대해서도 동일한 사실이 적용된다). 설득하는 것이 그저 불가능한 사람들이 있다. 우리는 그들에게 그들 자신의 방식이 지닌 오류를 보도록 강제할 수 없다. 하지만 그럼에도 불구하고 그들은 틀린 것일 수 있다. 실재론이 우리의 판단들과 그것들의 참 사이에 틈을 열어 놓는다는 점은 **실재론**에 대한 반론이 되기 어렵다. 그건 단지 실재론의 일부일 뿐이다(Nagel, 1987을 보라). 그러므로 골드만과 벤더의 반론은 선결문제 요구의 오류를 범하고 있다. 그들의 논증이 내가 여기서 탐색하고 있는 문제 ― 미적 판단에는 일반적으로 그 판단의 옳음을 주장하는 것이 암시되어 있음을 설명하는 문제 ― 에 대한 대답을 전제하고 있다는 점을 주목해야 한다. 왜냐하면 그들은 판단이 불일치하는 현상에서 시작하기 때문이다. 하지만 그 불일치는 불일치의 쌍방 모두가 자기 자신은 옳게 판단하고 상대방은 틀리게 판단한다고 생각하는 오직 그 경우에만 성립한다.

다음과 같은 결정적인 물음에 모든 것이 달려 있다. 규범성은 무엇으로부터 나오는가? 실재론은 손쉬운 답변을 갖고 있다. 왜냐하면 판단과 경험의 옳고 그름은 그것들이 표상한다고 여겨지는 사실이나 사태에 대응하는지 아니면 대응하지 못하는지에 의해 결정되기 때문이다. 한편 모든 종류의 비실재론에는 심각한 문제가 있다. 왜냐하면 이제 실재론적 설명은 사용될 수 없으며, 그렇다고 해서 다른 어떤 설명을 찾기도 어렵기 때문이다. 만약 스크루턴이 말하듯이 음악을 이해하는 일이 단지 국면들을 듣는 것이라면, 어째서 어떤 국면경험이든 다른 국면경험들만큼 좋다고 하지 않는가? 만약 사람들이 동일한 소리를 들을 때 서로 다른 미적 반응을 보인다면, 어떤 반응은 승인하고 다른 반응은 불승인하는 근거로 흄주의자들은 무엇을 가리킬 수 있는가? 왜 모든 반응이 같지 않은가? 우리의 모든 미적 사고와 경험이 하나의 거대한 오류라는 믿기 힘든 결론을 회피하고자 하는 그 누구에게도 이것은 매우 심각한 문제이다.

3. 흄이 시도한 해법

흄은 비실재론의 규범성 문제를 잘 인식하고 있었다. 그는 〈취미의 기준에 관하여〉(Of the Standard of Taste)라는 논문에서 이 문제를 해결하는 일에 착수했다(Hume, 1985).

흄은 우리가 모든 취미판단들이 옳은 것은 아니라고 생각한다는 점을 지적한다 (Hume, 1985: 230-1). 우리는 잘못 판단할 수 있으며, 모든 판단들이 똑같이 적절한 것은 아니다. 이러한 규범성을 설명할 때 정감주의 틀을 전제한다는 점은 흄이 안고 있는 문제이다. 반대로 인지주의 관점은 우리가 대상 안에서 아름다움이라는 진정한 성질을 인식한다고 주장하므로, 규범성은 손쉽게 설명될 것이다. 만약 세계가 이런 식으로 인식되는 것이 아니라면, 우리는 잘못하고 있는 것이다. 그러나 미적 판단들이 단지 우리가 느끼는 쾌와 불쾌를 표현한다면, 어째서 어떤 판단이든 다른 판단들만큼 좋다고 해서는 안 되는가? 이것이 바로 흄이 스스로 제기한 문제이다.

흄은 비실재론자가 어떻게 규범성을 구성할 수 있는가에 대해 매우 영리한 몇 가지 제안들을 내놓는다. 판단의 옳음이라는 관념은 **탁월한 비평가**라는 관념에 종속되어 있어서 옳은 판단이란 탁월한 비평가가 내릴 만한 판단이라는 것이 흄의 근본적인 생각이다. 그는 이런 생각을 전제하고 감수성의 미덕과 결함을 정식화한다. 흄의 정식화 방식은 최소한 표면적으로는 그러한 감수성이 옳은 판단을 산출하는지 아닌지와 관계가 없다.

흄은 우리가 취미판단에서 규범성을 기대한다는 점을 설명하기 위해 탁월한 비평가라는 인물을 활용하려 한다. 그러므로 우리는 탁월한 비평가의 기준에 관한 흄의 다양한 제안들이 얼마나 설득력 있는지를 고려해 볼 필요가 있다. 흄은 그 제안들을 하나씩 자세히 서술한 후 다음과 같이 요약한다.

> 섬세함을 지니고 있지 못할 때 비평가는 아무런 판별 없이 판단을 내리게 되며 대상의 거칠고 가시적인 성질들에 의해서만 영향을 받는다. 보다 세련된 특질들은 간과되고 무시되어 버린다. 비평가가 연습을 통해 도움을 받지 않을 경우 그의 판결에는 혼동과 머뭇거림이 따르게 된다. 어떤 비교도 이루어지지 않았을 경우 오히려 결점이라고 부를 만한 가장 볼품없는 미도 그에게는 찬사의 대상이 된다. 선입견의 영향 아래 있을 경우 모든 그의 본성적 정감들은 왜곡된다. 좋은 감관이 결여되어 있을 경우 가장 뛰어나고 탁월한 아름다움인 계획과 추론의 미를 식별해 낼 자격을 지니지 못한다.
>
> 대다수의 사람들은 이와 같은 불완전함들의 이런저런 상태 아래서 고생하며, 그리하여 (보다 세련된 예술에 대한)* 참된 판단은 가장 세련된 시대 동안에조차 드문 특성으로 관찰된다. 섬세한 정감과 결합된, 연습을 통해 개선된, 비교를 통해 완벽해진, 그리고 모든 선입견으로부터 벗어난 그러한 강한 감관만이 이러한 가치 있는 특성을 비평가들에게 부여할 수 있다. 그리고 그러한 비평가들이 어디에서 발견되든 간에 그들의 공통된 판결이 취미와 미의 참된 기준이다. (Hume, 1985: 241)

이 인용구에서 제안된 탁월한 비평가의 다섯 가지 특징들을 구분해 보자. ① 취미의 '섬세함'에 대해 흄은 일찍이 《돈키호테》(*Don Quixote*)의 와인 맛보기 사례를 들어 예증한 바 있다(Hume, 1985: 234-7). 우리의 경험과 그 경험을 기초로 내리는 판단은 다소 섬세하게 구분될 수 있다. ② 판단은 연습을 요한다. 잘 훈련된 감수성을 갖는 것은 좋은 일이다(Hume, 1985: 237-8). ③ 광범위한 경험은 중요하다. 왜냐하면 그러한 경험 덕분에 우리는 다양하고 유용한 비교들을 제공받기 때문이다. 경험 부족은 조잡하고 순진한 판단으로 우리를 인도한다(Hume, 1985: 238). ④ 선입견은 피해야만 한다. 우리는 진정한 감상에 장애가 되는 것들을 제거해야 한다. 이를테면 우리가 작가에게 느낄 수 있을 법한 어떤 질투나 애정 같은 것들 말이다. 또한 우리는 유행을 맹목적으로 따라서는 안 된다(Hume, 1985: 239-40). ⑤ 우리는 흄이 '좋은 감관'이라고 부르는 것을 필요로 한다. 좋은 감관을 갖는다는 것은 우리의 인식적 능력들이 정상적으로 작동한다는 뜻이다. 우리는 다음과 같은 많은 목적들을 위해 좋은 감관을 필요로 한다. 우리의 선입견들을 중단시키기 위해, 문학작품의 플

---

*   흄의 원문에는 이 부분이 있으나, 쟁월이 인용하면서 누락된 것으로 보인다.

롯과 인물들을 이해하고 평가하기 위해 그리고 보다 일반적으로는 예술작품들의 재현적 특징들을 이해하기 위해서 말이다(Hume, 1985: 240-1). ⑥ 덧붙여 흄은 결함 있는 판단의 원천으로 또 다른 가능성을 언급하며 지나간다. 그러한 판단은 앞선 다섯 가지 범주들 중 어느 것에도 부합하지 않는 것처럼 보인다.

> 마음의 완전한 평온, 생각의 상기, 대상에 대한 공평한 주목. 만일 이러한 것들 중 하나라도 결핍된다면, 우리의 실험은 잘못될 것이고 우리는 전반적이고 보편적인 미에 대해 판단할 수 없을 것이다. (Hume, 1985: 232-3)

다시 말해 우리는 올바른 분위기에서 주목하고 있어야만 한다.

우리는 이러한 여섯 가지 특징들을 통해 탁월한 비평가가 어떤 사람일지를 알게 될 것이다. 탁월한 비평가라는 인물은 비실재론의 규범성 문제에 대한 흄의 해법이다. 왜냐하면 탁월한 비평가가 내릴 만한 판단은 옳기 때문이다.

4. 흄의 해법에 대한 평가

흄의 제안은 흥미롭다. 하지만 그것은 제대로 작동하는가? 나는 흄의 탁월한 비평가 이론에 의문을 제기할 것이다. 이를 위해 아름다움과 추함에 대한 판단과 음식과 음료의 맛에 적용되는 훌륭함과 형편없음에 대한 판단을 비교할 것이다. 후자의 판단은 한 가지 중요한 측면에서 아름다움과 추함에 대한 판단과 대조를 이룬다. 맛의 훌륭함과 형편없음에 대한 판단은 아름다움과 추함에 대한 판단과 마찬가지로 쾌와 불쾌라는 정감에 기초한다. 하지만 그 판단에는 아름다움과 추함에 대한 판단에서 기대되는 규범성이 없다(칸트는 카나리(Canary) 와인이 '보편적인 목소리'를 갖지 않는다고 말하면서 유사한 대비를 제시한다. Kant, 1928: §§ 1-5). 맛의 훌륭함과 형편없음에 대한 판단이 고려되는 한, 무엇이든 허용된다. 당신이 훈제 연어를 좋아하지 않는다면, 알람브라(Alhambra) 궁전의 아름다움을 감상하지 못하는 경우에 결핍되는 방식으로 당신에게 판단이 결핍되는 것은 아니다. 훈제 연어와 구운 콩 사이에 맛의 훌륭함이 동등하다고 생각하는 것은 '오길비(Ogilby)와 밀턴(Milton) 또는 버니언(Bunyan)과 애디슨(Addison) 사이에서 천재의 동등함(Hume, 1985: 230-1)'을 주장하는 것과 같지 않다. 사람들은 때때로 다른 사람들이 어떤 음식이나 음료를 좋아하는 것이 잘못된 것이라고 말할지도 모른다. 하지만 미적인 경우와는 달리, 이는 완전히 서로 다른 호불호를 갖는 것들을 대면할 때 사람들이 지속적으로 주장하는 무언가는 아니다. 완전히 서로 다른 미적 판단들에 직면할 때 미적 판단의 규범성 주장에는 어떤 **확고함**(robustness)이 있다.

흄은 비평가의 반응이 실패하는 여섯 가지 원천들에 호소한다. 이것들은 내적 원천과 외적 원천으로 나뉜다. 먼저 내적 원천들부터 살펴보자.

내적 원천들 중 첫 번째는 취미의 섬세함 또는 이른바 '분별력의 세련됨'이다. 이것이 그 자체로 성공적이지 않다는 점을 보이는 일은 그리 어렵지 않다. 흄은 미적 감수성들을 보다 좋거나 나쁜 것으로 평가하는 한 가지 방법이 분별력의 섬세함이나 세련됨에 호소하는 것이길 희망한다. 우리의 감각적 능력들을 평가하는 한 가지 방법이 분명 그것이듯이 말이다. 흄은 다시 한 번 색과 같은 이차적 성질에 관한 판단과 미적 판단 사이의 유비에 주목한다. 하지만 설령 우리가 이차적 성질에 대해 생각할 때 **어떤** 최소한의 규범적인 제약조건들이 분명하게 있다고 하더라도, 그것들이 미적 판단에서만큼 확고하게 작동하는지의 여부는 의심스럽다. 분별력의 섬세함이나 세련됨은 이러한 의심이 그럴듯한 것임을 예증한다. 분별력의 세련됨은 분명 어느 정도까지는 규범성을 제공할 수 있다. 우리는 물리적 세계에서 돌아다니기 위해 감각 경험들을 필요로 한다. 이때 세세한 경험들은 도움이 된다. 왜냐하면 이차적 성질들을 보다 섬세하게 분별하면 할수록 물리적 성질들에 대한 우리의 판단은 보다 섬세하고 예리하며 정확해질 것이기 때문이다. 그러므로 우리는 실용적인 면에서 보다 잘 대처할 것이다. 말하자면 우리는 굶주린 곰들을 피하는 일 또는 와인 보관통에 금속이나 가죽이 있는지의 여부를 탐지하는 일을 더 잘할 것이다. 이런 측면에서 그리고 이 정도까지 분명 우리는 감각적 능력들이 더 좋거나 나쁘다고 평가할 수 있다. 그러나 마이클 태너(Michael Tanner)와 콜린 맥긴(Colin McGinn)이 지적하듯이, 이것은 미학이나 도덕성에서 우리가 필요로 하는 종류의 확고한 규범성 주장을 뒷받침하지는 못한다(Tanner, 1968; McGinn, 1982). 역전된 스펙트럼을 가진 사람, 예컨대 우리가 빨강을 보는 곳에서 초록을 보는 화성인들을 생각해 보라. 그들은 이차적 성질에 대해 정상적인 스펙트럼을 가진 사람이 내리는 판단만큼이나 섬세한 판단을 내린다. 그런데 양측이 동등하게 섬세하므로 섬세함의 점수표에서 어느 한쪽을 다른 쪽보다 더 선호할 근거는 아무것도 없다. 양측의 감각적 능력은 각각 굶주린 곰들을 피하기 위해서라면 동등하게 좋다. 하지만 미적 판단 또는 도덕적 판단이 이런 식으로 충돌하는 경우에는 그들이 모두 옳을 수는 없다고 말할 수 있어야 한다. 그러므로 감각적 능력이 미학이나 도덕성과 간접적으로라도 타당하게 유비되려면 우리는 한쪽을 다른 한쪽보다 우위에 놓을 수 있어야만 한다. 우리가 미학이나 도덕성에서 찾는 규범성은 최소한 이 가능성을 요구한다. 그러므로 미학이나 도덕성에서 우리가 요구하는 종류의 확고한 규범성은 섬세함 그 자체에서는 발견될 수 없다. 분별력의 섬세함은 감수성이 갖는 미덕일 수 있지만 흄이 요구하는 옳음의 관념을 구성하기 위한 충분한 토대는 아니다. 왜냐하면 완전히 상반되지만 여전히 동등하게 섬세한 감수성들 사이에서 분별력의 섬세함은 판정 기준으로서 실패하기 때문이다.

흄의 두 번째 내적 원천은 판단의 연습이다. 그는 다음과 같이 서술한다.

(비평가가) 연습을 통해 도움을 받지 않을 경우 그의 판결에는 혼동과 머뭇거림이 따르게 된다. (Hume, 1985: 241)

이것이 규범성에 도움이 될 수 있는가? 그렇지 않은 것 같다. 나는 훈제 연어의 엄청 난 맛에 큰 기쁨을 느낀다고 판단하도록 잘 연습되어 있을 수 있다. 하지만 우리는 내 판 단에서 옳음의 빈도가 증가한다는 의미에서 훈제 연어에 관한 나의 판단이 개선된다고 예측하지는 못한다. 훈제 연어 맛의 훌륭함에 관한 판단에서가 아니라 미적인 경우에 어 째서 판단의 향상이 예측될 수 있는지가 설명되어야 한다. 인지주의 관점에 의하면 우리 는 독립적으로 존재하는 미적 성질들에 민감하다. 이 관점을 따른다면 우리는 어째서 연 습이 판단을 향상시킬 것인지를 이해할 수 있을 것이다. 왜냐하면 독립적으로 존재하는 미적 성질들에 대한 우리의 민감성은 연습을 통해 향상될 것이기 때문이다. 하지만 잘 훈 련되어 있다는 것이 왜 흄이 주장하는 감수성이 갖추어야 할 미덕인지를 알기는 어렵다. 판단이 연습을 요한다는 점은 그 자체로는 큰 의미를 지닐 수 없다.

마찬가지 이유로 우리가 광범위한 경험을 필요로 한다는 흄의 생각은 아마도 사실 이겠으나, 그 생각이 어떻게 규범성에 관련되는 것인지는 분명치 않다. 실제로 우리는 미 적 판단을 내릴 때 그것이 기초하는 적합하고 다양한 근거에 접근할 필요가 있다. 하지만 이것이 왜 우리의 반응이 시간에 따라 향상된다는 것을 의미해야 하는가? 흄의 지적에 따 르면 아름다움에 대한 판단들은 비교될 수 있으며(Hume, 1985: 238-9) 우월한 대상들에 익 숙하지 않은 경우 열등한 대상들은 우리에게 부적절한 반응을 일으킬 수 있다. 이는 모두 사실이다. 하지만 이러한 사실은 우리가 보다 폭넓은 경험을 통해 상대적으로 가치 있는 보다 적절한 판단으로 인도된다는 점을 **전제한다**. 그러나 보다 폭넓은 경험이 상대적으로 가치 있는 보다 적절한 판단을 설명해 주는 것은 아니다. 그러므로 광범위한 경험의 필요 성은 규범성을 **구성하는** 데 도움이 되진 않는다. 문제는 왜 폭넓은 경험이 우리로 하여금 더 나은 판단을 내리게끔 만드는지를 설명하는 일이다.

내가 생각하기에 흄이 내놓은 가장 흥미로운 아이디어는 그가 선입견에 호소한다는 점이다. 이는 감수성의 '내적' 결함이라기보다는 '외적' 결함이다. 우리는 작가나 의도된 감상자가 갖는 성격과 의견들을 추상하거나 감안해야 한다. 그리고 비평가와 작가가 맺 는 개인적인 관계는 — 우정이나 적개심과 같은 것들은 — 무시되어야만 한다. 이런 생각 을 따라가면 칸트가 제시한 보다 복잡한 아이디어인 무관심성에 근접하게 된다. 흄은 다음과 같이 서술한다.

> 어떤 작품이 공중(the public)에 발표될 때 나는 … 스스로를 보편적인 사람으로 생
> 각하여 가능하면 나의 개인적 존재와 나의 고유한 상황을 잊어버려야 한다. (Hume,
> 1985: 239)

그러나 분명 선입견은 취미의 기능을 그저 외부로부터 훼손하거나 '왜곡하는(Hume,
1935: 239)' 문제일 뿐이다. 선입견은 취미의 기능 그 자체에 잘못된 것이 무엇인지와는 관
련이 없다. 외부로부터 오염된다는 것이 어떻게 미적 오류를 설명하는 데 충분할 수 있겠
는가? 확실히 그러한 오염은 미적인 삶의 일부분이고 또한 인지주의자가 주목할 필요가
있는 무언가이다. 하지만 흄은 우리의 감수성이 잘 훈련되었고 폭넓은 경험을 거쳤으며
섬세한 분별력을 갖추었을 경우, 만약 우리의 판단이 순수하고 오염되지 않은 것이었더
라면 항상 올바른 판단이 제시되었을 것이라고 생각하는 것인가? 분명 오염되지 않고 건
강한 감수성에서도 여전히 옳지 않은 판단들이 나올 수 있다. 게다가 우리는 맛의 훌륭함
과 형편없음에 관한 판단에서도 선입견에 사로잡힐 수 있다. 우리는 특정한 사람들이 특
정 음식과 음료에 대해 잘난 체하는 성가신 태도로 이야기하는 방식 때문에 그 음식과 음
료에 대한 흥미를 잃을 수 있다. 고기 파이가 누군가의 반려견으로 만들어진 것임을 알게
된 경우 그것은 더 이상 같은 맛이 나지 않을 수 있다(고대의 극작가가 묘사하는 비운의 왕들이 자기
자식들을 먹고 있는 것임을 알게 되는 경우를 떠올려 보라). **어떤** 의미에서는 음식을 있는 그대로 맛보
아야 한다. 우리는 맛에 관한 판단에서 선입견을 갖지 않아야 한다. 하지만 그러한 맛 판
단은 여전히 우리가 찾는 확고한 규범성을 결여하고 있다. 그러므로 선입견에 호소하는
일은 그것 단독으로는 흄이 요구하는 규범성에 부응할 수 없다.

우리가 쾌 또는 불쾌의 반응을 보이는 대상이 있을 경우, 오류의 외적 원천은 그 대
상에 대한 우리의 일반적인 인식적 이해 속에서 나타난다고 생각될 수 있다. 이런 생각은
흄이 제시한 '좋은 감관'이라는 아이디어에 해당하며, '좋은 감관'을 갖는 것은 예술작품
을 이해하는 일에 관련된다. 이제 우리의 미적 감수성은 비미적인 입력을 통해 ― 그것이
물리적이든 감각적이든 혹은 의미론적이든 ― 정감을 산출하고, 그리하여 그 정감으로부
터 판단을 산출하는 함수이다. 그러므로 흄이 올바르게 지적한 것처럼 비록 우리에게 인
식 능력들이 필요하다고 해도, 비평가가 일반적인 인식 능력들을 갖추고 있다는 사실만
으로는 미적 오류 가능성에 대한 우리의 직관을 정당하게 다룰 수 없다. 왜냐하면 우리가
물리적, 감각적, 혹은 의미론적 속성들에 대해 판단할 때 그 속성들을 완벽하게 안다고 해
도, 그 완벽한 지식은 똑같은 인식적 입력이 주어질 때 나타나는 광범위하고 엇갈리는 정

감적 반응들과 양립 가능하기 때문이다. 그러므로 예술작품의 이해에 관련된 '좋은 감관'을 가져야 한다는 생각은 그 자체로는 효과적이지 않은 것 같다.

마지막으로 오류의 또 다른 외적 원천은 만약 우리가 아름다움과 추함에 대해 판단하려 한다면 올바른 분위기에 있어야만 한다는 흄의 생각이다. 그러나 이것은 훈제 연어의 맛있음을 완전하게 감상하기 위해서도 필수적이다. 우리는 다른 무언가에 사로잡혀 있을 때보다 편안한 상태에서 주목할 때 훈제 연어를 보다 잘 맛본다. 하지만 맛의 훌륭함과 형편없음에 대한 판단은 미적 판단을 특징짓는 규범성을 갖지 않는다.

요컨대 문제는 흄이 언급하는 모든 미덕과 결함이 음식과 음료에서 쾌를 경험하는 우리의 능력에도 동등하게 적용된다는 점이다. 음식과 음료에 관한 한, 우리가 가진 섬세한 식별력, 광범위한 경험, 선입견, 좋은 감관, 그리고 분위기는 좋거나 나쁜 정도의 차이가 있을 수 있다. 흄이 구체화하고 있는 감수성의 미덕과 결함은 음식과 음료를 맛보는 미식가에게도 마찬가지일 수 있을 것이다. 그렇다면 아름다움과 추함에 대한 판단이 감수성의 산물인 경우 그 감수성의 미덕과 결함 중 어느 것도 규범성을 설명하는 소임을 다할 수 있을지 미심쩍다. 왜냐하면 음식과 음료 맛의 훌륭함과 형편없음에 대한 판단은 아름다움과 추함에 대한 판단이 옳다고 주장되는 것과 동일하게 옳다고 주장되진 않기 때문이다(어쩌면 전자의 판단도 옳다고 주장되겠지만, 아름다움과 추함에 대한 판단만큼 그것의 옳음이 확고하게 주장되는 것은 전혀 아니다). 아름다움과 추함에 대한 판단에서 우리는 규범성을 기대하지만, 흄이 언급한 미덕과 결함은 그러한 규범성이 기대되지 않는 다양한 판단들과도 일관적이다. 그러므로 이러한 미덕과 결함은 아름다움과 추함에 대한 판단에서 요구되는 규범성을 구성하기에 충분하지 않다. 맛의 훌륭함과 형편없음에 대한 판단과 비교함으로써 우리는 아름다움과 추함에 대한 판단을 위해 정확히 얼마나 많은 것들이 여전히 성취되어야 하는지를 떠올리게 된다. 흄이 탁월한 비평가라는 인물에 호소했다는 점은 영리할 뿐만 아니라 상상력을 자극하는 전략이지만, 그것을 통해 흄이 원하는 소임을 다할 수는 없다. 그러므로 흄은 비실재론자를 규범성의 문제에서 구제하지 못한다.

5. 비실재론자를 위한 비흄주의자의 규범성 포착 시도

사이먼 블랙번은 도덕철학에서 흄의 정감주의 관점을 옹호하려 시도했다. 블랙번은 흄이 취미에 관한 논문에서 채택한 전반적인 전략에 고무됐다. 하지만 블랙번은 흄에게서 발견되지 않을 몇몇 기발한 아이디어도 제안했다(Blackburn, 1984, 1993, 1998). 어쩌면 이러한 아이디어는 미학에도 도움이 될 수 있겠다.

블랙번은 흄의 관점에서 규범성이 포착될 수 있게끔 만들기 위한 몇 가지 아이디어를 제안한다. 그중 하나는 우리가 도덕적 감수성에 대해 도덕적 태도를 취할 수 있다는 생각이다. 도덕적 감수성은 우리 자신이 취하는 도덕적 태도의 관점에서 평가될 수 있으며 결함 있는 것으로 발견될 수 있다. 하지만 이런 생각은 미학으로 옮겨질 수 없다. 왜냐하면 우리는 미적 감수성들 가운데 보다 더 만족스러운 어떤 미적 감수성들을 찾을 수 있을 것 같지 않기 때문이다. 또는 우리가 미적 감수성 내부의 국면을 지각할 수 있을 것 같지 않기 때문이다. 심리적 상태는 그것 자체로는 미적 경험 또는 국면적 경험의 올바른 대상으로 분류되지 않는다. 그러므로 우리의 미적 반응이 그것 자체를 비판적으로 가리키게 끔 만들 수는 없다. 반대로 도덕적 감수성을 도덕적으로 불승인하는 일에는 직접적으로 비정합적인 어떤 것도 없다.

블랙번의 다른 아이디어는 도덕적 마음 독립성이라는 관념이 그 자체로 하나의 도덕 원리라는 생각이다. 하지만 우리가 미적 규범성의 원리 — 옳은 미적 판단과 태도 그리고 옳지 않은 미적 판단과 태도가 있다 — 를 그것 자체로 하나의 미적 신념으로 읽을 수 있다는 생각은 이상하다. 우리는 사슴이 앙증맞다거나 땅돼지가 추하다는 것을 알게 된다면 미적으로 동요될 수 있다. 하지만 사슴이 앙증맞은지 아닌지 또는 땅돼지가 추한지 아닌지는 내가 어떻게 생각하는지에 달려 있는 것이 아니라고 믿는다면, 우리가 그 믿음에 의해 미적으로 동요될 수 없음은 분명하다. 게다가 이 분명한 사실을 지지할 때 우리는 미적 감수성에 대해 즐거움을 표현하는 것이 전혀 아니다. 미적 감수성은 감수성 자체에 대한 미적 태도를 내용으로 갖는 믿음을 통해 대상의 미적 성질을 추론하는 그런 일을 담당하지 않는다. 왜냐하면 이미 말했듯이 미적 감상 또는 게슈탈트 경험은 미적 감수성이라는 심적 상태를 감상이나 경험의 대상으로 삼을 수 없기 때문이다. 물론 그러한 심적 상태는 미적 속성들을 갖는 뇌의 상태로 실현될 수도 있다. 하지만 그러한 뇌의 상태는 어쩌면 정반대의 심적 상태를 갖는 누군가의 뇌의 상태와 — 미적으로 — 유사할 수 있다.

블랙번의 또 다른 아이디어는 우리가 도덕 판단에서 규범성을 기대한다는 생각이다. 왜냐하면 도덕 판단에서 규범성이 기대되는 그 경우에만 그것은 우리의 '필요와 목적'에 기여할 것이기 때문이다. 이 아이디어는 미학으로 옮겨졌을 때 어떻게 받아들여질 수 있을까? 모종의 미적 감수성이 우리의 미적인 삶과 완전히 구별되는 어떤 기획에 도움을 줄 수 있는가? 우리가 미적 사고 속에서 규범성을 기대하는 이유는 미적 사고가 특정한 필요와 목적에 기여하기 때문이라고 생각할 만하다. 그러므로 우리의 미적인 삶에 대한 평가는 미적 사고 밖에 있는 어떤 관점에서 발생할 것이다. 이는 앞의 두 아이디어들이 미적 사고 내부로부터의 정당화를 추구했기 때문에 직면했던 문제를 피해 갈 것이다.

우리는 미적 쾌가 '무관심적'이라는 칸트의 생각 — 즉 매우 거칠게 말해서 어떤 대상에 대해 우리가 느끼는 쾌는 그 대상이 우리의 욕구, 목적, 필요 등에 관련됨을 인식하는 것에 기초하지 않는다는 생각 — 때문에 블랙번의 이 세 번째 아이디어를 배제해서는 안 된다. 무관심성은 미적 사고의 한 가지 특징으로서 이것에 대해서는 모든 진영에서 동의해야만 한다. 왜냐하면 미적 판단이 규범성을 갖는다는 주장이 무관심성을 함축한다고 할 수 있기 때문이다. 다시 말해 만약 미적 쾌가 또는 그 쾌를 근거 짓는 판단이 욕구나 필요에 기초했더라면, 그런 판단이나 쾌는 칸트의 말대로 '매우 편향적'일 것이기 때문이다 (Kant, 1928: 43). 이 경우 미적 옳음은 한 사람이 우연히 어떤 욕구를 갖게 됐는지의 여부에 상대적이게 될 것이고, 그렇다면 규범성에 대한 기대는 사라질 것이다. 비실재론자는 무관심적 쾌가 포함된 형태의 사고를 하는 일이 왜 우리에게 **가치 있는**지를 설명하기 위해 우리의 필요와 목적에 기대고자 한다. 비실재론자는 무관심적 쾌에 기초한 판단의 존재와 가능성, 그리고 적법성을 설명하고자 하는 것이다.

그러나 정확히 어떤 필요나 목적이 미적 삶에 기여한다고 주장될 수 있는지는 분명치 않다. 그러한 필요와 목적에 대해 더 많이 알아야 그것들을 활용하여 미적 규범성을 설명하는 일을 생각해 볼 수 있다. 유머와 비교해 보자. 코미디언은 유머에 관해 생각할 때 어떤 목적을 가질 수 있다. 그는 웃음을 유발하길 원한다. 그럼에도 불구하고 우리는 최소한 미적 판단이 옳거나 그를 수 있다고 생각하는 그 동일한 확고한 방식으로 유머에 대한 우리의 판단은 옳고 다른 이들의 판단은 그르다고 생각하지 않는다. 유머에 대한 판단에서는 확고한 규범성이 기대되지 않는다는 점에서 그것은 음식 맛의 훌륭함과 형편없음에 대한 판단과 유사하다. 또한 유머는 아이들의 상상적 놀이가 종종 어떤 기능을 갖는다고 말해지는 그런 의미에서 심리적인 기능을 갖는다. 게다가 한 사람의 유머 감각을 통해 그 사람의 성격과 가치들에 관한 많은 것들이 알려진다는 이유에서 유머는 중요하다. 하지만 이 모든 것들에도 불구하고 유머에 대한 판단에서 옳음과 그름이라는 확고한 개념이 작동한다는 의미에서라면 우리는 유머를 진지하게 고려하지 않는다.

누군가는 미적 삶의 필요와 목적에 대해 이렇게 제안할 수 있다. 우리는 서로 협력하는 가운데 도덕적 관점을 적용하여 일상생활을 잘해 나가듯이 미(감)적 관점을 적용함으로써 여가 시간을 잘 보내게 된다고 말이다. 압정보다는 시가 보다 많은 쾌를 줄 수 있고, 열등한 시인의 시보다는 셰익스피어의 시가 보다 많은 쾌를 줄 수 있다. 그러나 이렇게 쾌락주의에 호소하는 일은 너무 투박하다. 왜냐하면 열등한 시인이 사실은 셰익스피어보다 더 많은 쾌를 줄 수도 있기 때문이다. 미적 규범성은 우리가 어떤 쾌를 가져**야만 하는**(ought to)가에 관여한다. 그러므로 여기서 쾌락주의적인 목적은 우리에게 도움이 될 수 없다.

그렇다면 미(감)적 관점을 적용하는 것이 미적 삶의 필요와 목적에 기여한다고 주장하는 일은 그 필요와 목적에 대한 설명으로서 부족하다. 어쩌면 우리는 이것을 줄곧 예상했어야 한다. 왜냐하면 우리는 분명 미적 사고를 그 자체 목적으로서 생각하는 오직 그 경우에만 미적 사고 그리고 미적 사고의 규범성을 진지하게 고려할 수 있기 때문이다. 그런데 이런 생각은 흥미로운 방식으로 변형될 수 있다. 우리의 미적 감수성은 외적 원천과 비교되고 그 외적 원천은 도덕성 그 자체일 것이라는 생각이 그것이다. 어쩌면 미적 사고의 근본적인 필요와 목적은 **도덕적** 필요와 목적일 수 있다. 그러므로 어떤 미적 감수성 또는 구체적인 미적 반응은 다른 미적 감수성이나 반응보다 도덕적으로 선호될 수 있을 것이다(Scruton, 1974: 마지막 장; Elliot, 1968). 이러한 생각은 외적 원천을 일상적인 필요와 목적으로 간주하는 앞선 제안보다 더 나은 방법일 수 있다. 일상적인 필요와 목적은 규범성을 충분히 설명하지 못했다. 그러나 도덕적인 필요와 목적을 갖는 미학의 규범성은 외적 원천으로부터 도출될 것이고, 미적 경험이나 감수성의 가치에 관한 도덕적 판단의 옳고 그름이 있다면 그 규범성은 공고해질 것이다. 그렇다면 우리는 도덕적 판단에서 기대되는 규범성을 떼어 내어 미적 판단이라는 별개의 것을 다루는 데 적용할 수 있을 것이다. 이로써 어떤 심적 능력의 적법성은 우리가 기댈 수 있다고 가정하는 다른 심적 능력의 적법성에 의존하게 될 것이다. 만약 어떤 방법으로든 도덕 판단의 옳음이 적법하게 주장된다는 점이 보여질 수 있다면, 아마도 우리는 미적 감수성을 도덕적으로 평가할 수 있을 것이다. 이것은 확실히 정합적인 아이디어인 것 같다. 미적 경험이 도덕적으로 가치 있다고 생각했다는 점에서는 분명 무어(G. E. Moore)가 옳았지만(Moore, 1903: 마지막 장), 이는 일차적인 도덕적 관점이며 거부될 가능성이 있다. 하지만 만약 일반적으로 미적 경험이 도덕적으로 좋다면, 서로 다른 미적 감수성들은 그것들이 얼마나 많은 도덕적 가치를 소유하느냐의 측면에서 서로 다를 수 있을 것 같다. 만약 그러하다면, 어쩌면 우리는 어떤 미적 판단들은 다른 미적 판단들보다 더 낫다고 말할 수 있을 것이다.

이런 생각이 한편으로 매력 있긴 하지만 애초에 보이는 것만큼 그렇게 간단하지만은 않다. 두 가지 주된 어려움들이 있다. 첫 번째로 우리는 도덕적인 것을 통해 미적인 것을 설명하는 것이 아니라 도덕적인 것의 편에서 미적인 것을 제거할 위험이 있다. 열등한 시인으로부터 쾌를 얻는 사람이 누리는 삶의 질이 셰익스피어를 감상하는 사람이 누리는 삶의 질과 유의미하게 다르다는 것은 사실일 수 있다. 하지만 가령 이것을 왜 셰익스피어가 그 열등한 시인보다 더 낫다고 판단해야만 하는가를 설명하기 위해 사용한다고 해 보자. 그렇다면 우리는 그 취미판단이 지니는 '-해야만 한다(ought)'를 설명하게 될 것으로 보인다. 이때 '-해야만 한다'는 취미판단으로 가장한 도덕적 의무로서 가능한 한에서 어떤 특정한 경험을 가질 것을 요구한다. 그러나 이런 설명은 만족스럽지 않다. 왜냐하면 우리는 취미판단이 갖는 고유하게 **미적인** 규범성을 입증하지 못할 것이기 때문이다. 설령 우리가 이 이론을 더욱 확장하여 다양한 경험을 할 수 있는 우리의 **능력**(capacity)이 도덕적으로 가치 있는 것이라고 주장한다 해도 여전히 위험은 남는다. 물론 어떤 지점에서는 도덕적 가치와 미적 가치가 함께 고려되어야 한다는 것이 그럴듯하다. 그러나 그런 시도가 너무 조잡할 경우 그것은 그 가치들을 함께 고려하는 것이 아니라 오히려 도덕적 가치의 편에서 미적 가치를 제거하는 것일 수 있다.

도덕적 접근이 갖는 두 번째 문제는 보다 결정적이다. 미적 경험이 규범성을 가질 것이라고 이미 믿었던 경우가 아니라면, 미적 경험이 도덕적으로 가치 있다고 믿을 이유는 분명치 않다. 미적 사고의 도덕적 가치는 그것에 본유적인 규범성 없이는 이해하기 힘들 것이다. 미적 경험은 단지 그것이 관여하는 쾌 때문이 아니라 그 쾌의 특정한 **본성** 때문에 도덕적으로 가치 있다. 그런데 미적 쾌가 특별한 가장 중요한 이유는 그것이 판단의 **옳음**(correctness)을 주장하도록 승인한다는 점이다. 어쨌든 소박한 쾌락주의 형태의 공리주의는 일반적으로 그것이 호소하는 쾌의 지향적 대상들을 제대로 식별해 주지 못한다는 반론에 처한다. 분명 가학적인 쾌는 그것이 쾌인 한에서 좋은 것이 아니다. 쾌의 내용은 도덕적으로 중요하다. 유사하게, 만약 미적 쾌가 도덕적으로 중요한 것이라면, 이는 그것이 단지 쾌이기 때문이 아니라 특정한 종류의 쾌이기 때문에 그럴 수 있다. 살펴본 것처럼 규범성은 미적 쾌에 본질적이다. 그러므로 우리는 이러한 규범성을 **전제하는** 오직 그 경우에만 미적 쾌가 갖는 도덕적 가치를 설명할 수 있다. 따라서 우리는 미학에서 규범성을 설명하기 위해 도덕성을 사용할 수 없다.

왜 미적 경험이 도덕적으로 가치 있다고 생각될 수 있는지를 정확하게 이해하는 것은 매우 어려운 문제이다. 우리는 미적 감수성이 도덕적 의미를 갖는 **방식**에 대해 더 많이 생각해 보아야 한다. 유머와 비교해 보자. 유머는 엄청나게 중요하다 — 하지만 유머는 무언가에 대한 징후를 보여 주고 바로 그것 때문에 도덕적으로 중요하다. 유머 감각은 도덕적으로 중요한 핵심적인 것 — 한 개인의 성격과 가치들 — 을 드러낸다. 하지만 여전히 그 모든 것들에도 불구하고 우리는 유머를 생각할 때 확고한 규범성을 기대하지 않는다. 만약 도덕성에 호소하는 일이 도움이 된다면, 미학은 유머와는 다른 방식으로 중요함에 틀림없다. 세부적으로 살펴보게 되면 미적 반응을 도덕적으로 평가하려는 비실재론자의 전략은 애초에 기대했던 것보다는 별반 도움이 되지 못한다. 여전히 비실재론은 미적 규범성의 원천을 제대로 설명하지 못한다.

미적 규범성의 외적 원천이 될 수 있는 또 다른 후보는 세계에 대한 우리의 일상적 인식이다. 도덕성의 관점에서 어떤 미적 반응은 다른 미적 반응보다 더 나을 수 있다는 것을 보이려 애써 온 것처럼 이번에는 어쩌면 지식의 관점에서 그러한 주장이 가능할 것이다. 이는 규범성 문제에 대한 칸트 자신의 해법이었다. 우리는 취미판단의 심층심리학에 관해 칸트로부터 배울 것이 많다(Kant, 1928). 칸트는 무관심성을 비롯하여 다양한 문제들에 대해 꽤나 많은 이야기를 하고 있다. 그렇지만 칸트는 미적 판단에 대해서도 적극적으로 설명한다. 흄과 마찬가지로 칸트도 비실재론적인 설명을 내놓는다. 또한 흄과 마찬가지로 칸트도 투사적인 요소와 관련하여 설명한다(칸트는 다음과 같이 서술한다. "우리는 아름다움에 관해 마치 그것이 대상의 속성인 양 말한다." Kant, 1928: 52). 그러나 칸트의 관점은 정감주의가 아니다. 왜냐하면 칸트에게 아름다운 것에서 느끼는 쾌는 인식 능력들의 **자유로운 유희**(free play)이거나 그것과 밀접한 관계를 맺는 것이기 때문이다(Kant, 1928: §§ 35-9). 인식 능력들은 보통 **지식**을 습득할 때 발휘된다. 하지만 취미판단에서 그 인식 능력들은, 말하자면 휴식 중이어서 그것들이 늘 하던 일에 관여하지 않는다. 추정컨대 우리의 인식 능력에는 지식이나 믿음 이외에도 많은 것들이 포함된다. 예를 들어 생각을 품는 일(entertaining thoughts)은 인식이지만 지식이나 믿음의 문제는 아니다. 또한 상상력도 그와 유사하다. 그러나 칸트의 설명이 취미판단에 '보편적 타당성'을 부여할 만큼 충분한지는 회의적이다. 인식 능력들의 자유로운 유희는 왜 다른 방식이 아닌 이러한 방식으로 제한되어야 하는가? 내가 보는 관점에서는 이 근본적 물음에 대해《판단력 비판》에 그 대답이 있진 않다. 그렇다면 칸트는 흄과 같은 배를 탄 것이다. 즉 칸트는 실재론을 회피하는 관점을 취하지만 미적 판단에서 기대되는 규범성을 포착할 수 없다. 오직 온전한 형태의 실재론만이 규범성에 대한 기대를 정당하게 다룰 수 있을 것 같다.

6. 변증법적 상황

흄은 비실재론이 처한 압도적인 어려움을 잘 보여 준다. 그 어려움은 흄이 자신의 정감주의 비실재론에서 다음과 같은 결론이 회피될 방법이 있어야 한다고 말할 때 나타난다.

> 동일한 대상에 의해 환기되는 천여 가지의 다양한 정감들은 모두 올바르다. 왜냐하면 어떠한 정감도 대상 속에 실제로 존재하는 것이 무엇인지를 표상하지 못하기 때문이다. (Hume, 1985: 230)

반대로 실재론자는 규범성을 매우 쉽게 설명한다. 규범성의 원천은 미적 사실과 부합하는 데 있다. 서로 경쟁하는 미적 판단들과 미적 경험들은 미적 실재와 짝 맞거나 그렇지 않다. 그러므로 이를 통해 한 판단은 다른 판단보다 더 나은 것이 되거나 보다 옳은 것이 된다. 흄의 말을 빌리자면 미적 판단은 '대상 속에 실제로 존재하는 그 무엇을 표상한다'. 실재론자는 미적 참의 확고한 규범적 본성을 쉽게 설명한다. 반대로 비실재론자는 심각한 문제를 갖는다. 만약 미적 판단을 내리는 일이 단지 태도를 취하는 문제 또는 국면 경험의 문제라면, 어떠한 태도나 국면 경험도 다른 태도나 국면 경험만큼 좋다는 것이 사실이 아닐 이유는 무엇인가?

실재론과 비실재론 양자 모두는 미학의 경험적 측면에 관련된 한에서 동등하다. 하지만 미적 판단의 규범성을 설명하려는 경우 실재론이 앞서 있다. 실재론과 비실재론은 미적 판단의 첫 번째 핵심적인 특징인 경험성에 관한 한 동등하지만 두 번째 특징인 규범성에 대해서는 그렇지 않다. 그러므로 전반적으로 실재론이 미적 사고의 본성을 보다 잘 설명한다.

나는 실재론이 갖춰야 할 자격에 대해서는 깊게 고려하지 않았다. 어쩌면 우리는 형이상학적 근거 또는 인식론적 근거에서 실재론에 반론을 제기할 수 있을 것이다. 하지만 실재론이 어떠한 형태로 제시되든 비실재론은 잘 구성되기 어렵다. 우리가 여기서 살펴본 내용을 종합해 보면 규범성을 설명하려 할 때 미적 판단에 대한 실재론적 관점은 비실재론에 비해 전반적으로 더 매력적이다. 왜냐하면 실재론과는 대조적으로 비실재론은 미적 판단에서 기대되는 규범성을 적합하게 설명할 방도를 갖지 못하기 때문이다. 이런 식의 논증은 귀납적이다. 우리는 단지 몇몇 비실재론 전략들을 살펴봤을 뿐이다. 어쩌면 다른 전략들이 더 나을 수 있다. 우리가 살펴본 전략들은 그것들이 장담한 것을 내놓지 못한다. 그러므로 만약 우리가 그것들을 대신할 어떠한 전략도 생각할 수 없다면, 비실재론의 전망은 어두워 보인다. 그러나 나의 논증에도 불구하고 어쩌면 규범성은 결국 비실재론적 기초 위에서 구성될 가능성이 있다. 그런데 이것이 가능하다면, 어떻게 취미판단이 가능하냐는 물음, 즉 어떻게 주관적인 근거 위에서 규범성이 내재된 판단이 가능하냐는 흄과 칸트의 물음에 대답할 수 있어야 할 것이다. 그러나 비실재론자가 무언가 그럴듯한 대답을 들고 나타나기 전까지는 실재론자들이 자신감을 느낄 만한 이유가 있다. 증명 부담이 어디에 있는지는 분명하다.

그러므로 나는 통속 미학이 실재론적이라고 결론짓는다. 미적 사실이나 사태에 대해 우리가 암묵적으로 갖고 있는 통속 형이상학의 입장이 정당화되는지의 여부는 또 다른 문제이지만 미적 판단은 그러한 형이상학을 전제한다. 미적 판단에 대한 일상적인 관행이 아무 문제 없이 지속될 수 있다고 생각하면서 그와 동시에 여전히 흄의 것이든, 칸트의 것이든, 아니면 성향 이론이든 비실재론적 관점을 주장하려는 것은 적절한 선택지가 되기 어렵다.

* 이 논문의 이해를 돕기 위해서 이 책에서 다음의 논문들을 찾아 읽으면 좋을 것이다.
〈미적 실재론 2〉, 〈미〉, 〈미적 경험〉, 〈예술의 가치〉

참고문헌

Bender, J. (1996). "Realism, Supervenience, and Irresoluble Aesthetic Disputes". *Journal of Aesthetics and Art Criticism* 54: 371–81.

Blackburn, S. (1984). *Spreading the Word.* Oxford: Oxford University Press.

____ (1993). *Essays in Quasi-realism.* Oxford: Oxford University Press.

____ (1998). *Ruling Passions.* Oxford: Oxford University Press.

DeBellis, M. (1995). *Music and Conceptualization.* Cambridge: Cambridge University Press.

Elliot, R. K. (1968). "The Unity of Kant's Critique of Aesthetic Judgment". *British Journal of Aesthetics* 8: 244–49.

Goldman, A. (1995). *Aesthetic Value.* Boulder, Colo.: Westview Press.

Hume, D. (1985). "Of the Standard of Taste", in E. Miller (ed.), *Essays: Moral, Political and Literary.* Indianapolis: Liberty, pp. 226–249.

Kant, I. (1928). *Critique of Judgment*, trans. J. C. Meredith. Oxford: Oxford University Press.

Korsmeyer, C. (1999). *Making Sense of Taste.* Ithaca, NY: Cornell University Press.

McGinn, C. (1982). *The Subjective View.* Oxford: Clarendon.

Moore, G. E. (1903). *Principia Ethica.* Cambridge: Cambridge University Press.

Nagel, T. (1987). *The View from Nowhere.* Oxford: Oxford University Press.

Scruton, R. (1974). *Art and Imagination.* London: Methuen.

____ (1983). "Understanding Music", *in The Aesthetic Understanding.* London: Methuen.

____ (1997). *The Aesthetics of Music.* Oxford: Oxford University Press.

Tanner, M. (1968). "Objectivity in Aesthetics". *Aristotelian Society Supplementary Volume* 42: 55–72.

Vallentyne, P. (1996). "Response–Dependence, Rigidification, and Objectivity". *Erkenntnis* 44: 101–12.

Zangwill, N. (2001). *The Metaphysics of Beauty.* Ithaca, NY: Cornell University Press.

제4장

미적 실재론 2

존 W. 벤더(John W. Bender)

번역: 이종희

1. 경고적 도입

미적 속성을 둘러싼 현대적 논쟁이 있다. 이 논쟁은 윤리학 이론에서 도덕적 속성에 대한 논쟁만큼 활발하다. 이는 이상해보일 수도 있다. '진짜' 속성을 위해 이보다 더 **나쁜** 후보가 가능할까? 많은 미적 속성들이 그에 대해 실재론적 태도를 가지는 것이 문제가 될 만한 상위 특성들을 가지거나, 혹은 가진다고 주장되었다.

미적 속성들은, 혹은 적어도 그들 중 다수는 다음과 같다. ① 순수하게 기술적이지 않고, ② 은유적이며, ③ 부분적으로 평가적이며, ④ 종종 추상적이고, ⑤ 소위 '문화적'이고, ⑥ 주관적 반응, 때로는 정감적인 반응에 대한 것으로 보이며, ⑦ 경향적이며, ⑧ 우리의 취미 규범에 상대적이며, ⑨ 그 기능에 있어 수사적이며, ⑩ 어떤 객관적이거나 규칙-지배적인 방식으로 입증할 수가 없다. 그런 특성을 가진 속성 집합을 위한 실재론을 주장하는 것보다 존재론자들에게 더 겁을 주는 일이 있겠는가! 이런 특성들 가운데 어느 것 하나라도, 가장 확고한 실재론자들을 어려움에 빠트리게 되리라 생각될 만하다.

아마도 인식론적 고려에 의해 더 많이 이끌리는 미적 토론이, "우리가 추상적 속성들, 은유적 속성들, '2차적 속성들'에 대해 실재론자가 될 수 있는가?"와 같은 가장 근본적인 존재론적 질문들을 회피한다는 것은 이해할 만하다. 따라서 이런 기본적인 질문들은 상당한 정도 해결되지 않은 채 남아 있으며, 그 해결은 미적 속성 실재론에 대한 특정 논쟁에 영향을 줄 것이다. 이런 궁극적인 질문에 관해, 미학에 특유한 것은 없기 때문에 이런 질문들이 미학자들의 영역이 아니라 형이상학자들의 영역에 남아 있는 것이라고 느껴질 것이다. 그러나 미적 실재론에 대한 본 장의 토론은 한쪽으로 치워진 근본적인 존재론적 주제들에 대해, 그 주제들의 중요성이 완전히 무시되어서는 안 된다는 경고와 더불어 시작한다.

2. 미적인 것과 비-미적인 것

미적 속성 실재론은 적어도 다음의 두 가지 주장들의 어떤 버전을 주장하는 데 전념한다. ① 예술작품과 미적 주목의 다른 대상들을 기술하는 데 쓰이는 술어 혹은 속성 부여의 구분되는 범주가 있다. ② 이런 속성 부여를 통해 어떤 미적 속성들이 존재하고 그 속성들이 예술작품과 다른 대상들에 대해 객관적으로 적용된다는 주장이 일어난다는 생각은 옳다.

반실재론자들의 도전이 주로 ②를 파괴하는 데 집중해 왔다고는 해도, ①, 즉 미적 속성이라는 개념 자체에 대해서도 항상 상당한 회의주의가 있어 왔다. 미적인 것과 비-미적인 것 간의 구분은 강력한 직관적 신뢰성을 가지지만 철학적 분석에 마지못해 굴복하는 그러한 구분들 중의 하나이다. 테드 코헨(Ted Cohen, 1973)은 이 구분이 아무 하는 일이 없고, 미적 용어로 알려진 모든 것들에 대해 특별히 미적 특성을 요구하지 않는 적용을 찾는 일이 가능하다고 주장했다. 로저 스크루턴(Roger Scruton)에 따르면, 미적 지각 이론의 실패(따라서 미적 실재론의 실패)는 이 이론이 '용어의 미적인 사용과 비미적인 사용 간의 분리를 너무 날카롭게 만들었다'는 데로 그 기원이 추적될 수 있다(Scruton, 1982: 41). 마샤 이턴(Marcia Eaton, 1994)은 최근 미적인 속성과 비미적인 속성들 간의 어떤 존재론적 구분도 거부하면서 (가령 '노란색' 같은) 어떠한 물리적 속성이건, 그것이 대상의 내재적(intrinsic) 속성(즉, 대상에 대한 직접적 검사로 검증될 수 있는 속성)이고 주목의 가치가 있는 속성이라고 문화적으로 인정되기만 한다면, 동시에 미적 속성일 수 있다고 주장했다. 그렇다면 실재론에 대한 논쟁을 진행하기에 앞서 '미적 속성'이라는 범주의 성격을 규정하려는 시도를 하는 것이 신중한 일이 되겠다.

우선, 추정되는 범주는 매우 혼합된 집합으로 이는 미적인 것에 대한 회의주의의 원천이 될 만하다. 우리가 아마도 제대로 정당화되지 못한 믿음, 즉 비미적인 것 — 이는 주어진 예술작품을 대하는 평범한 통찰자가 지각하거나 이해하고 동의할 수 있는, 그러한 형식적이거나 구조적인 특성들에 대한 순전히 기술적인 속성 부여를 말한다 — 에 대해 꽤 명확한 파악을 하고 있다는 확신을 가지고 시작하긴 하겠지만, 그 반대의(complementary) 범주는 극단적으로 다양하다는 사실은 변함이 없다.

고란 허메른(Goran Hermeren, 1988a, 1988b)은 미적 속성 부여를 다섯 가지의 유형으로 조직화하는 구분을 미학자들에게 제공하였다. 그 구분은 다음이다. 감정 성질들('슬픈'), 행동 성질들('억제하는'), 형태 성질들('통일된'), 취미 성질들('야한', '아름다운'), 그리고 반응 성질들('감동적인'). 앨런 골드만(Alan Goldman)은 더 나아가 8개의 범주들을 제안한다(Goldman, 1992, 1995: 2장). 순수한 가치 속성들('아름다운'), 감정 속성들('슬픈'), 형식적 속성들('균형잡힌'), 행동 속성들('대담한'), 감정환기 속성들('마음을 뒤흔드는'), 재현적 속성들('현실적인'), 2차 지각 속성들('선명한'), 그리고 역사적으로 관련된 속성들('독창적인')이 그것이다. 이렇게 다양한 속성들이 그로 인해 미적 속성들이 하나의 종류를 이루게 되는, 어떤 공통적 특성이나 공유된 기능을 가지고 있는 것일까?

프랭크 시블리(Frank Sibley, 1959)는 이런 속성들의 귀속에는 일반적인 지각적 능력 이상의 것이 관련된다며 **취미**의 발휘가 모든 경우에 필수적이라는 의견을 제시하였다. 그러나 이 대답은 순환성의 비난에 취약한데, 취미는 한 대상의 미적 속성들에 대한 감수성과 다르지 않은 것 같기 때문이다. 먼로 비어즐리(Monroe Beardsley, 1973)는, 미적 성질들이 '지역적(regional) 성질들'(예술작품의 부분들이 가진 보다 기본적인 성질들로부터 나오는 작품 안의 복합체나 지역의 특성들)이고 미적 성질들 모두가 '인간적 성질들', 즉 지향적 상태, 태도, 행동 등을 포함한 인간에게 적용되는 성질들과 유사한 것들일 수 있다고 제안하였다. 그러나 형식적인, 2차적인 지각적 성질들 전부가 인간적 성질에 대한 유비에 의해 근거 지어질 수 있는지는 분명하지 않다.

아마도, 다른 많은 저자들(Zangwill, 1995; Goldman, 1995)로부터 지지를 받은 비어즐리의 다른 제안이 더 유망한 것 같다. 비어즐리(1973)는 미적 성질들 모두가 규범적인 비평적 판단과 밀접하게 연관되어 있다고 제안한다. 보다 정확하게는 대부분의 미적 성질들이 비평적 가치평가를 뒷받침해 주는 이유로서 독립적으로 인용될 수 있는 '가치-근거적 성질들'이다(어떤 미적 술어는 가치-근거적이라기보다는 순수하게 가치-지칭적일 수 있음을 비어즐리는 인정한다). 따라서 우리는 미적 속성 부여가 예술작품에 대한 비평적인 가치평가를 제안하거나 이런 가치평가를 지지할 이유들을 제공하는 기능을 한다고 말할 수 있겠다. 앨런 골드만은 간결하게 이런 입장에 대해 말한다. "우리는 미적 속성들을 확인할 기본적인 기준으로, 그것들이 우리 혹은 다른 속성들에 상대적으로 예술작품을 감상할 가치가 있는 것으로 만드는 그런 가치들을 근거 짓거나 예시하는 속성들이라는 생각을 받아들일 것이다."(Goldman, 1995: 21)

이 정의는 미적 속성을 미적 가치의 관점에서 정의하며 이는 사태를 거꾸로 돌리는 일이 아니냐는 의심이 있을 수 있다. 미적 가치에 대한 설명은 그렇다면 우리가 어떤 속성이 미적인지를 알고 있음을 전제로 한다. 그럼에도 불구하고 이 입장은 장점이 있다. 우리는 예술이 지각적, 인지적, 그리고(혹은) 정감적 본성을 가진 보상적 경험의 원천이기 때문에 그것이 가치 있다고 생각한다. 예술작품은 우리의 감각, 상상, 사고, 반응과 감정을 사로잡는다. 작품은 지칭하기, 재현하기, 묘사하기, 속성을 예시하기, 감정을 표현하기, 은유를 구현하거나 구성하기, 대상이나 사태를 상징화하기 등등을 포함하는 다양하고 광범위한 의미론적 · 상징적 기능을 통해 매우 큰 정도로 우리의 관심을 끈다. 대부분 이런 기능들은 작품의 보다 기본적인 구조적 · 구성적 · 지각적 특성들 사이에서 성립하는 복잡한 관계의 결과이다.

예술작품에 의해 수행되는 상징적 기능들과 작품이 이런 기능들을 수행하는 방식은, 종종 작품이 이미 언급한 경험적 방식으로 우리를 사로잡기 때문에 가치 있다고 생각된다. 한 작품의 가치-형성 '내용'을 포착하기를 시도하는, 혹은 작품이 그 내용 덕분에 가치 있는 방식을 표현하는 어떤 속성 부여도 미적 속성 부여이다. 따라서 비어즐리와 골드만은 미적 속성 부여가 한 작품에 미적 가치를 귀속시키거나, 혹은 독립적으로 그런 가치평가를 지지하는 이유를 이룬다고 여겨질 수 있다고 생각한 점에서 옳다. 그러나 예술이 기능하는 방식에 대해 방금 이야기한 것들을 놓고 볼 때, 광범위하게 해석적이거나 은유적인 작품 내용 — 잠재적으로 가치-형성적인 종류의 내용 — 을 표현하는 어떠한 속성 부여도 미적 속성 부여로 여겨져야 한다는 것이 덧붙여져야 할 것이다. 그렇다면 대체로 미적 속성들은 우리가 예술에 대해 은유적, 해석적, 표현적으로 가치평가가 담지된 속성 부여를 할 때 언급되는 속성들이다. 이제 의문은 그것들이 진짜 속성들이라고 말하는 것이 무엇을 의미하느냐에 관한 것이다.

3. 실재론 혹은 객관적 참?

완고한 형이상학자라면 확실히, 미적 속성에 대한 실재론이 반드시 그런 속성들에 대한 존재론적 개입을 함축해야 한다고 요구할 것이다. 다시 말해 미적 실재론자가 되기 위해서는 우아함, 복잡함, 선명함, 아이러니 같은 속성들을 대상의 진짜 특성들로서, 우리가 망설이지 않고 양화하는 존재론적 항목으로서 인정해야 한다. 그러나 대부분의 철학자들에게 실재론을 끌어낸 속성들은 일정한 질량이나 빙점을 가짐, 음의 전하를 지님 혹은 특정한 유전자 지문을 가짐 따위의 물리적 속성들이다. 아마도 미적 속성이 모든 점에서 이러한 근본적인 물리적 속성들과 동등하다고 믿는 사람은 없을 것이다.

게다가, 우리는 이미 적어도 많은 미적 속성들이 본성상 평가적이라고 인정하였다. 그것들은 대부분 상대적 성격을 가진다는 의견이 또한 제시되어 왔다. 그 속성들은 그런 속성을 가진다고 이야기되는 사물들에 인간이 반응하는 방식에 관한 무언가를 표현한다. 이런 점에서 미적 속성은 특정 색깔을 가짐 같은 고전적인 '2차 속성들'과 유사한 것 같다. 그러나 가치나 색상이 진짜로 세상 속에 존재하는가? 만일 이런 질문이 미적이거나 감각적인 속성들이 진짜이기 위해선 인간이 그런 속성에 어떻게 반응하거나 대응하느냐에 관계없이 그 속성들이 대상에 적용되어야 함을 전제한다면, 어떤 의미에서 이는 부적합한 물음이다. 왜냐하면 그것은 미적이고 감각적인 현상의 본성 자체를 암묵적으로 거부하고 있기 때문이다. 그러나 우리가 이야기하는 것이 인간 반응에 대한 것이 전부라면, 미적 속성 부여는 단지 주관적일 뿐 대상에 대해 진짜 속성을 실제로 부여하는 것은 아니라고 대답하게 될 것이다.

우리는 더 섬세한 철학적 정교화가 필요한 지점에 이르렀다. 어떤 대상들에 대한 인간의 반응에 관해 객관적인 사실이 있을 수 있으며, 따라서 그런 대상에 귀속될 수 있는 관계적이긴 하지만 진짜인 속성들이 있을 수 있다. 이 점이 많은 철학자들과 대부분의 사람들이 가령 색채-속성 실재론에 대해 망설임을 갖지 않는 이유이다. 어떤 것은 당신에게는 회색으로 보이지만 실은 파랑일 수가 있다. 평범한 인간 지각자가 보통의 조명 조건에서 그 대상을 파랑으로 보기 때문이다. 세계가 사실들의 세계라는 것, '사실/가치 구분'이 있고 가치는 세계의 일부가 아니라 세계에 대한 우리의 투사라는 것 등의 자주 반복되는 철학적 주장들에 많은 사람들이 설득당하긴 하지만, 그럼에도 불구하고 또 그만큼 많은 사람들이 홀로코스트는 죄악이고 어려움에 처한 이를 돕는 것은 객관적으로 옳다는 것이 **절대로 참**이라고 말하고 싶어한다.

그러므로, 미적 속성들의 상대적 본성을 명확히 염두에 두는 한 이 속성들이 진짜라고 제안하는 것은 적어도 정합적이다. 미적 속성들은 **누군가가** 무엇을 생각하고 또 어떻게 반응하는지에 상관없이 대상에 적용된다는 의미에서 마음-독립적이지는 않지만, 대상들에 어떤 **특정인이** 어떻게 반응할 것인가에 독립적으로 적용되기는 할 것이다. 따라서 이런 의미에서 그것은 한갓 주관적 반응인 것은 아니다.

속성 실재론이 작품의 속성에 관한 참과 그 작품이 지각자에게 어떻게 보이거나 어떻게 생각될 것인가를 의미 있게 구분할 수 있다는 것에 속박되어 있다는 생각이 실재론/반실재론 논쟁의 형성에서 핵심적인 지점이 되었다. 미학에서도 철학의 다른 분야에서처럼 '언어적 전회' 이후 이 생각은, 미적 속성에 대해 실재론자가 된다는 것이 미적 술어귀속의 객관적인 진리조건을 인정하는 것이라는 주장으로 개정되었다. 실재론과 반실재론 일반에 대한 마이클 더밋(Michael Dummett)의 생각을 보라.

실재론자와 반실재론자 간의 논쟁에 대해 선호되는 성격규정은 그것을 **진술들의 집합**에 관련되는 것으로 나타내는 것이다. 그 진술들은 물리적 세계, 정신적 상태, 과거 시제, 미래 시제 등에 대한 진술들이다. 이 집합을 나는 … '논쟁 집합'이라 부르겠다. 나는 실재론을 논쟁 집합의 진술들이 우리가 그것을 아는 수단과 상관없이 객관적 진리치를 가진다는 믿음으로 규정한다. 그 진술들은 우리와 독립적으로 존재하는 실재 덕분에 참이거나 거짓이다. (Dummett, 1978: 146)

특히 미적 실재론에 대해 앨런 골드만은 다음과 같이 주장한다.

하나의 속성은 그 귀속의 참이 주관의 증거나 믿음체계에 독립적이라면 적절한 의미에서 실재한다. 어떤 실재하는 속성은 그것이 나타나는 것처럼 보임에도 불구하고, 또 그것이 나타난다는 믿음이 다른 믿음과 일관됨에도 불구하고 그 나타남에 관해 실수가 가능하다. 만일 미적 성질이 대상의 진짜 속성이라면 그것이 어떻게 보이는가와 그것이 진짜로 그러한 바 사이에 어떤 구분이 틀림없이 있을 것이다. (Goldman, 1995: 26-7)

실재론 논쟁의 본질은 그렇다면 미적 술어귀속이 객관적인 진리조건을 가지는지의 여부, 이와 상관있는 문제로 주어진 대상에 대한 미적 사실이 그 대상이 개인에게 어떻게 보이거나 나타나는지와는 구분되는지 아닌지에 의존하게 된다. 이는 실로 본질적인 논쟁이다. 그러나 이런 토론에서 종종 주목되지 않는 점은 객관적 진리-조건의 확증이 실재론을 받아들이는 데 있어 필요조건이긴 하지만 충분조건은 아니라는 사실이다. 이를 알기 위해서는 속성 **유명론자들**이 미적 술어귀속이 객관적 진리조건을 가진다고 인정한다는 사실을 생각해 보면 된다. 미적 술어귀속은 대상적으로가 아니라 대입적으로 생각될 수 있으며 그러면서도 여전히 객관적이라 여겨질 수 있다. 이 점은 실재론/반실재론 논쟁이 보통의 방식에서는 약간 불완전하다는 사실을 조명해 주기 때문에 중요하다. 그것은 실재론자들에게 잠재적인 어려움의 영역을 무시하고 있다. 예를 들어 미적 속성들을 **개별화**하는 것 혹은 그것들을 타입으로 간주함에 있어 심각한 어려움이 있을 수 있다. 드뷔시 전주곡의 신랄함은 브람스 소나타의 신랄함과 **같은** 속성인가? 아니면 이런 속성 부여는 실재론자에게 문제가 될 만큼 암묵적으로 지표적(indexical)*인가? 최근에 와서야 겨우 이런

---

* 단어가 뜻하는 바를 알기 위해 그 단어가 쓰인 문맥에 대한 정보가 필수적인 경우를 철학에서 지표적 용어라고 말한다. '오늘', '지금', '여기' 등이 대표적인 지표사들이다. 바꾸어 말하면 단어의 의미 속에 문맥

주제들이 깊이 있게 논의되기 시작했다(Vaida, 1998; Walton, 1970도 보라). 이런 문제들은 우리가 오직 미적 술어귀속의 진리조건이 가진 본성에만 주목할 때 무시되어 버릴 수 있다.

4. 진리조건에 대한 염려

미적 술어귀속이 진짜 단언(assertion)이 되기에는 충분히 강건한 진리조건을 결여하고 있는 것이라 주장할 수 있다. 가령 당신 앞의 와인이 '활기차다'거나 '귀족적'이라고 이야기될 때 정확히 무엇이 주장되고 있는지, 그리고 어떻게 이것이 확립될 수 있는지에 대해 궁금해할 여지가 있다. 실재론이 명확한 단언적 효력을 가지는 미적 술어귀속과 연관된다면 이러한 의심이 근거가 있을 것이다.

크리스핀 라이트(Crispin Wright)는 진정한 주장은 다음과 같은 종류의 진리조건을 반드시 가져야 하는 진술들이라고 제안하였다.

> 평범한 기준에서는 그 조건이 성립하는데도 진지하게 어떤 진술에 동의하기를 꺼리는 사람은 어떤 종류의 오해나 오류를 드러냄으로써, 혹은 어떤 종류의 회의적 태도를 표명함으로써만 스스로를 이해 가능하게 만들 수 있다. (Wright, 1980: 463)

다시 말해 진정한 단언의 진리조건은 누군가 그런 조건이 충족된다고 믿는다면 단언되고 있는 바가 무엇인지를 정말로 이해하고 있는지를 의심하지 않는 한 그 단언을 부인할 수 없는 그러한 조건이다. 이러한 입장에서는 '엄밀한' 진리조건이란 그것을 믿는다면 그 진리조건이 성격을 규정짓는 단언에 이성적으로 이의를 제기할 여지를 주지 않는 그러한 조건이다.

여기에서 미적 실재론에 반대하는 논증은 도덕적 속성에 관련된 무어의 '열린 물음' 논증에 유사한 것으로 여겨질 수 있다. 어떤 자연적 조건들도 그 조건을 만족시키는 하나의 대상이 특정한 도덕적 속성을 또한 소유하는지의 물음을 배제해 버릴 만큼 '엄밀하지' 않은 것과 마찬가지로, 누군가 참이라고 믿는 진리조건의 어떤 집합도 그 조건을 만족시

에 대한 표시(지표)가 들어 있다. 여기서는 미적 술어들이 각 작품에 국한하여 개별적인 의미를 가지게 되는 경우를 나타내기 위해 이 말을 쓰고 있다. 이런 어법에서는 미적 술어가 지표적이라면 드뷔시의 '신랄함'은 드뷔시 작품 안에서의 (특수한) 신랄함일 뿐이다.

키는 대상이 특정한 미적 속성을 소유하는지를 이성적으로 의심할 수 있는가 하는 물음을 막아 버리지 못한다고 주장할 수 있다(Sibley, 1959).

　그러나 이런 식으로 미적 술어귀속의 단언적 본성에 도전하는 것은 과격하게 검증주의적이다. 겉보기에 단언인 것들의 매우 넓은 범위가 이러한 엄밀성에 미치지 못할 것이다. 예를 들어 누군가가 자신의 이데올로기적 경향으로 인해 몇몇 긍정적인 경제 요인들을 과대평가한 결과, 경제가 현재 '침체되어 있다'는 진술에 반대함에도 불구하고 이는 객관적 사실일 수 있지 않은가? 그런데도 경제에 침체라는 성질을 부여하는 것은 지금 논의되고 있는 입장에서는 기껏해야 '유사(quasi)-단언'일 뿐이다. 미적 술어귀속이 이와 동류라고 할 수 있다면 미적 실재론자들에게는 충분한 실재론이 될 것이다. 따라서 미적 서술의 진리조건이 엄밀성이 부족하다는 걱정에 기반하여 실재론에 대한 심각한 도전이 가능한 것인지는 분명하지 않다.

　그러나 미적 실재론에 더 위협이 될 수 있는, 연관된 보다 세밀한 입장이 있다. 이는 로저 스크루턴이 제안한 것으로 그는 적어도 많은 미적 기술들이 확장된 의미로 사용된 술어와 관련된다는 관찰에서 시작한다. 음악 작품을 '슬프다'라고 말하는 것은 분명히 이 술어를 가지고 축어적으로 기술하고 있는 것이 아니다. 그보다는 음악을 '슬프다'라고 말함으로써 어떤 경험이나 반응이 음악에 적절하다는 것을 말하고 있다. 사실, 미적 기술은 특정한 마음 상태가 정당화된다고 **단언**하기보다는 그런 마음 상태 자체에 대한 직접적인 **표현**을 하는 것이라고 그는 말한다(Scruton, 1982: 48). 그렇기 때문에 미적 기술은 강한 의미에서의 진리조건을 결여할 수 있고 다음과 같은 수용조건들, 즉 만일 그 조건들이 믿음에 의거하지 않는(non-doxastic) 성격의 반응을 참고한다면 믿음으로써 진술 가능한 순수한 기술의 수용조건과는 다른, 그러한 수용조건들만을 허용할 것이다. 이는 스크루턴이 미적 기술의 근본적인 징후로 여긴 바에 대해 설명한다. 즉 미적 술어의 귀속이 적절한지 정말로 알기 위해서는 직접 대상을 경험해 보아야 한다. 우리는 이것을 '순수한' 기술의 경우 가능한 식으로 간접적 증명을 통해서는 알 수가 없다.

　　어떤 미적 기술들은 그 기술들이 믿음이 아니라 '미적 경험들'을 표현한다는 점에서 비-기술적이다. 그런 미적 기술을 이해한다는 것은 어떤 '경험'을 가졌을 때에만 그 기술을 단언하거나 거기에 동의할 수 있음을 깨닫는 것과 관계된다. 이는 누군가 적절한 믿음을 가졌을 때에만 평범한 기술을 단언하거나 거기에 동의할 수 있는 것과 마찬가지이다. …

　　　미적 기술에 대한 정감적 이론은 미적 기술의 수용조건이 믿음이 아닌 어떤 다른 정신적 상태일 수 있다고 주장한다. … 어떤 미적 기술에 동의하는 것은 '그

포인트를 보는 것'이며 '그 포인트를 보는 것'이란 어떤 반응이나 경험으로써 설명될 수 있다. … 따라서 미적 기술은 강한 의미에서의 진리 조건을 필요로 하지 않으며 그것을 정당화하는 것은 믿음이 아니라 경험을 정당화하는 것이 될 수 있다. (Scruton, 1982: 49-52)

여기에서의 생각은 미적 술어귀속이 작품에 대한 적절한 비명제적 반응을 표현하는 기능을 할 수 있다는 것이다. 이런 술어귀속이 이해 가능한 진리조건을 갖춘 속성 부여라고 해석하는 실재론적 함축을 가지지 않으면서 말이다. 우리는 작품이 어떠**한지**를 보는 것이 아니라 그것을 어떤 국면하에 보고 있으며 거기에 적절하게 반응하고 있다.

스크루턴의 입장은 미적 속성 실재론에 대한 심도 있고 강력한 대안인 것 같다. 그러나 그 논증은 실재론자들이라면 설득력이 없다고 여길 몇 가지 지점들에 의존하고 있다. 이 입장은 미학에서 우리는 스스로가 보아야 한다는 '의견'에서 시작한다. 미적 술어귀속에 있어 간접적인 진리나 보증의 가능성은 없다. 대조적으로 객관적 속성 귀속은 신뢰할 수 있는 다른 사람의 증언에 의해 알려질 수 있다. 미적 기술이 대상에 대한 직접적 경험 없이는 그 의미의 많은 부분을 잃어버린다는 것은 맞다. 그리고 한 작품을 슬프다거나 긴밀한 짜임이라고 '보게' 되는 것, 혹은 남성적이라고 보게 되는 것은 작품이 이런 속성들을 가지고 있다고 단지 믿게 되는 것보다 미적 감상에 있어 훨씬 더 중요하다는 것은 그럴 법하다. 그럼에도 불구하고, 자신과 비슷한 취미를 가지고 있다고 알고 있는, 그래서 항상 미적으로 그에게 동의하게 되는 자격 있는 누군가로부터 한 대상이 어떤 미적 속성을 가진다는 말을 들었을 때 그러하다는 것을 틀림없이 믿게 될 **수는 없다**는 점은 의심스럽다.

베토벤의 내림마단조 현악 4중주, 작품 74 〈하프〉(The Harp)에 대해, 우리가 그 듣는 능력을 알고 신뢰하는 누군가로부터 그것이 힘찬 앞쪽으로의 추진력을 가진다고 듣는다면 그것이 그렇다는 것을 알게 된다는 것은 분명히 맞다. 실용적으로 말하자면 그가 어떻게 이것에 관해 틀릴 수 있겠는가? 이런 간접적인 미적 지식의 전달은 기술의 아주 정확한 수준에서는 끊어질 것 같다. 이 새로운 보르도산 포도주가 '1986년산 샤또 무똥 로칠드보다 숙성 수준이 높다'는 것을 알게 되는 것은 오직 직접적인 비교를 통해서일 것이다. 그러나 이는 확실한 미적 의사 전달이 있을 수 없다는 것을 가리키는 것은 아니다. 단지, 취미의 같음이나 공유라는 개념을 적용하더라도 아주 상세하고 희귀한 판단에 대해서까지 동의가 보증되는 것은 아님을 보여줄 뿐이다.

스크루턴의 초점은 미적 속성 부여의 **단언 가능** 조건들에 관한 것임이 확실하고, 그의 주장이 가진 핵심은 이런 조건들이 믿음 상태보다는 정감적 상태를 가리킨다는 것이다. 우리는 이미, 믿음에만 근거한 미적 속성 부여도 그 인과적 근거가 지각보다는 증거에 기초한 간접적 성격일 때조차 전혀 보증되지 않는다는 것은 확실하지 않음을 알았다. 그러나 아마도 스크루턴에 대한 더 심오한 반응은 비-명제적 마음 상태를 언급하는 어떤 조건도 미적 속성 부여를 위한 실재론적 진리조건으로서는 즉각 자격이 박탈된다고 생각할 이유는 없다는 깨달음에서 비롯된다. 달리 말하자면, 스크루턴이 단언 가능성에 대해 주장한 것 가운데 아무것도, 미적 속성 귀속을 위한 실재론적 진리조건이 정감적 반응이나 경험에 대한 지칭을 하면 안 된다는 점을 확립해 주지 않는다. 그런 반응의 발생이 전혀 엄밀하게 검증 가능한 것은 아닐지 모른다는 사실은 우리가 진리조건에 관한 엄밀한 검증 가능성 이론을 수용할 때에만 실재론을 반박하는 것으로 가늠되는데, 이는 실재론자에게 의무사항이 아니다.

따라서 스크루턴의 정감 이론은 아마도 반-실재론을 표현하는 흥미롭고 그럴 법한 방식일 테지만, 그런 관점을 우리에게 강요하는 것은 아직 아무것도 없다.

5. 실재론의 두 모형

필립 페팃(Philip Pettit, 1983)은 미적 성격규정의 문제적 특성 두 가지가 사실은 적법한 종류의 실재론과 일관적임을 보여주려고 시도했다. 이런 특성 가운데 첫 번째 것은 앞선 토론에서 익숙해진 것으로, 미적 성격규정이 가진 본질적으로 지각적인 본성이다. 미적 성격규정이 참이라는 것을 안다고 정당하게 주장하기 위해서는 왜 대상에 대한 직접적인 지각적 접근을 해야 하는가. 보통의 2차 속성들은 증언을 통해 알려질 수가 있다. 미적 속성의 실재론 모형이 대략적으로 2차 속성의 모형이라면, 미적 속성은 인식론적으로 중요한 방식으로 그 모형과 달라지는 것으로 보인다. 실재론자는 이것을 설명할 수 있는가?

두 번째 특성은 미적 성격부여가 가진 지각적인 파악의 어려움(elusiveness)이다. 이 말로써 페팃은 지각적 경험의 얼마만큼의 양도 지각된 대상에 참인 미적 성격부여에 대해 진지한 동의를 보증할 수 없다는 것을 의미한다. 누군가 그림을 반복적으로 보면서도 그는 그림이 가진 우아함이나 신랄함을 보지 못할 수 있다. 진짜 속성이라면, 불명확하게 파악을 피해 가는 이런 신비스런 힘을 보여 주지 않는다고 생각되기 마련이다.

물론, 스크루턴의 정감 이론은 이런 특성들 모두를 설명하는 데 있어 어려움을 거의 겪지 않는다. 미적 속성귀속을 위한 단언 가능성 조건은 실제 작품에 대한 반응으로서만 오직 가지게 되는 비-인지적 경험, 그러나 작품에 대한 면밀한 지각적 조사로는 그 발생이 보증되지 않는 그런 경험에 대해 언급을 한다. 페팃의 의도는 다음과 같은 형식의 조건문을 구하는 것이다. "X는 그것이 조건 C에서 슬프게 보이는 그러한 것일 때, 오직 그럴 때에만 슬프다." 여기서 '조건 C'의 세부 사항들은 미적 기술이 어째서 본질적으로 지각적이면서 동시에 지각적인 파악이 어려운지, 또 그러면서도 이런 기술이 근본 정신에 있어서는 2차 속성의 실재론적 분석과 왜 유사한지를 설명해 준다.

페팃의 제안에 대한 단순한 버전은 다음이다. 예술작품의 슬픔을 보기 위해서는 감상자를 위해 혹은 감상자에 대해 대상이 **적절한 위치를 취해야** 한다. 색채 지각을 위한 적절한 위치 짓기(positioning)에는 (색채) 제시의 표준적 조건 및 관련된 대조 집합이 무엇인지에 대한 지각자 편에서의 지식이 포함된다. 그러나 이는 보통의 정보와 기억 능력을 요구할 뿐이다. 반면 작품을 슬픈 것으로 보려고 적절하게 위치 짓기 위해서는 그 작품을 적절한 참조 집합들에 관련시켜 자리하게 하는 상상력이 요구된다.

> 제안된 가설은 다음이다. 그에 대해 미적 성격 부여가 결정되는 모든 그림은, 식별할 수 있는 변이들의 어떤 집합을 배경으로 해서 본다는 것이다. … 변이들은 그림을 위한 참조 집합을 형성한다. 그것들은 우리가 위치 짓기라고 부른 바를 결정하는 데 쓰인다. … 가설에 따르면 X는 그것이 표준적인 제시와 적절한 위치 짓기의 조건 하에서 슬프게 보일 때 오직 그때에만 슬프다. 작품에 대한 위치 짓기는 그것을 배경으로 해서 작품을 보게 되는 참조 집합에 의해 결정된다. 그 집합은 표준적인 사례들의 도입을 통해서가 아니라 오직 상상을 근거로 해서만 이용 가능한 것으로 간주된다. (Pettit, 1983: 32-3)

이런 종류의 적절한 위치 짓기의 필요성은 미적 성격화가 가진 2개의 본성, 즉 지각적이면서도 지각적으로 파악이 어려운 본성을 설명할 수 있다. 우리는 위치 짓기의 상상적 과정을 시작하기 위해 대상에 지각적 접근을 가져야 한다. 그러나 하나의 대상이 표준적으로 제시된 것인지 결정할 때도 그렇지만, 하나의 대상이 누군가에게 제대로 위치하고 있는지 확신할 독립적인 방법은 없다.

적절한 위치 짓기라는 개념은 대안적이고 일탈적인 위치 짓기의 가능성도 더불어 제기한다. 이는 실재론에 치명적인 것으로 여겨질 수 있다. 첫 번째, 만일 작품이 다양한 방식으로 위치할 때 다른 미적 속성을 가진다면, 미적 술어귀속의 참은 기껏해야 그 사람이 작품을 위치시키는 참조 집합에 상대적인 것이 되고 만다(Walton, 1970). 더 나쁜 것은 만일 어떤 작품이나 미적 속성에 대하여, 얼마나 일탈적이건 간에 그 위치에선 작품이 그 속성을 가진 것으로 보이는 어떤 위치 짓기를 찾을 수 있다면 실재론은 사소한 것이 되어 버린다. 그것은 하나의 주관적 위치 짓기를 다른 것에 대해, **그때그때**(ad hoc) 특권화시키는 것에 지나지 않는다. 적어도 '적절한 위치 짓기'는 '슬픔을 봄'에 연관된(그렇다고 가정되는) 상 상적이고 지각적인 과정의 기술에 규범적인 요소를 도입한 것으로 보인다.

페팃은 '적합한' 위치 짓기가 어떤 규범적 제약을 포함한다는 점을 인정하지 않는다 면 미적 실재론은 포기되어야 한다는 점을 인정한다. 그는 두 가지 유형의 제약을 도입함 으로써 방어를 한다. 작품에서 하나의 미적 속성에 관련한 위치 짓기는 그것이 소유한 다 른 미적 속성에 요구되는 위치 짓기에 의해 제약될 것이다. 각각은 대상을 하나의 정합적 인 통일체로 보는 것을 허용해야 한다. 이것이 전체론적 제약이다. 덧붙여 예술작품을, 그 의 인지적이고 심리적인 구성에 대해 우리가 적어도 아주 기본적인 가정을 기꺼이 하게 되는 인간의 지적인 산물로 보아야 한다는 요구로부터, 위치 짓기에 대한 인본주의적 제 약이 생겨난다.

그렇다면 우리는 다음의 도식을 가지게 된다. "① X가 표준적인 제시와 적합한 위치 짓기 하에서 A로 보이는 그러한 것이고 ② 적합하다고 여겨지는 위치 짓기가, 그런 것이 있다고 가정할 때 알맞은 제약이 허용하는 것이면, 그리고 오직 그때에만, X는 A이다." (Pettit, 1983: 37)

도식에 규범적 고려사항을 도입함으로써 이런 관점이 작품의 미적 속성을 **평가적** 속 성으로 전환시킴으로 인해 실재론을 효과적으로 침해한다고 주장하는 것은 부정확한 일 이 될 것이다. 언급된 반응들이 규범적으로 그 성격이 규정된다는 사실로부터 작품에 귀 속된 미적 속성이 그 자체로 기술적이라기보다 평가적으로 여겨져야 한다는 사실이 따라 나오는 것은 아니다.

'모든 위대한 골프 선수들이 선호하는 공임' 같은 관계적 속성을 고려해 보라. 여기 서 '위대한 선수'는 '4개 이상의 메이저 선수권을 석권한 선수'로 정의되고 있다. 특정 브 랜드의 골프공이 어떤 규범적 기준을 만족시키는 일단의 골퍼들 사이에서 선호되고 있다 는 것은 분명히 순전히 기술적인 — 그리고 진정한 — 사실일 수 있다. 참조 집합을 특정 함에 있어 평가적 고려사항을 도입하는 것이 공이 가지는 속성을 그것의 평가적 특성으 로 전환시킴으로써 그 속성의 실재적 지위를 의심케 할 필요는 없다. 그 공은 그 공의 훌 륭한 속성들 때문에 선호될 수 있는 것이고, 좋은 선수들이 선택했다는 사실은 그 자체로 는 그 선택된 대상에 대한 평가적 속성 부여가 아니다.

그럼에도 불구하고, 페팃의 실재론 옹호에 대해 보다 실질적인 염려가 있다. 첫 번 째, 실재론에 대해 가정된 두 가지 장애, 즉 미적 속성 부여의 본질적으로 지각적 본성과 지각적으로 파악하기 어려움이라는 장애에 대해 대답을 제공하는 것은 그의 도식의 실재 론적 국면이 아님에 주목하라. 그보다 이 문제들은 미적 대상을 지각하고 그것을 참조 집 합 안에 상상적으로 위치시키는 비명제적 정신 과정을 감상자에게 귀속하는 것에서 언급된다. 본질적으로, 이는 비인지적 심적 상태나 경험이 미적 속성 부여의 저 두 가지 특성을 설명한다는, 그러나 그런 술어귀속의 진리조건을 제공하는 프로젝트에 우리를 참여토록 하지는 않으면서 그렇게 한다는 스크루턴의 반-실재론적 제안과 다르지 않다. 따라서 페팃은 잘해야, 미적 속성귀속에 대해 이렇게 알려진 두 가지 특성이 실재론적 해석을 방해하지 않음을 입증했지만 그것을 정감 이론이나 다른 반실재론적 견해보다 **선호할** 이유는 제시하지 못했다. 게다가 우리는 미적 속성귀속이 사실상 본질적으로 지각적인지를 의문시할 이유를 이미 발견했다.

더욱 문제가 되는 것은 페팃의 실재론이 '충분한 실재론'인가의 문제이다. 특정한 참조 집합이나 '위치 짓기'에 대해 미적 속성 부여를 상대화시키는 것은 앞에서도 이야기되었듯이, '일탈적인' 것에 비교하여 '적합한' 집합이나 위치 짓기의 옹호 불가능한 특권화를 함축하게 된다. 하나의 그림이 개인적인 우울을 표현할 뿐이라기보다 '진정으로' 비극적이라는 생각을 어떻게 옹호할 수 있겠는가? 두 가지의 위치 짓기가 인간주의적 제약과 전체주의적 제약을 모두 감안할 때 정합적이고 합당하다면 말이다. 적절하고 임시방편적이지 않은 제약들의 어떠한 목록도, 겉보기에 합당한 미적 불일치의 대부분을 제거하지 못하리라는 것이 물론 염려스럽다. 이런 점은 골드만의 저서를 고려하면서 좀 더 상세히 설명될 것이다.

많은 분석적 미학자들처럼 골드만은 비-미적이거나 비-평가적인 미적 속성들의 지각과 평가적인 미적 속성들의 귀속 사이의 관계가 가진 본성에 깊은 관심을 가진다. 이러한 연관성의 본성을 명확히 하는 일은, 비-미적이고 비-평가적인 속성들이 작품에 일정한 평가적 속성들을 귀속시키기 위한 이유로 인용되는 것이 어떻게 해서 합당할 수 있는지를 이해하는 데 있어 핵심적인 것 같다.

골드만의 가장 최근의 관점(1995: 14)은 작품의 객관적 속성들과 평가적이고 미적인 속성들 간의 연결이 (필요충분조건과 관련된) 논리적으로 환원적인 것이라거나 (의미 관계와 관련된) 개념적이라는 것, 혹은 (함축에는 미치지 못하는 비-귀납적 관계와 관련되는) 기준적(criterial)이라거나 (작품의 평가적 속성에서의 어떤 변화도 그것의 객관적 속성에서의 어떤 변화를 요구한다는 아이디어인) 수반의 일종이라는 생각을 거부하는 것이다. 골드만은 그 연결이 단순히 귀납적이거나 인과적이라고 제안한다. 평가적 판단을 하면서 비평가들은 비슷한 취미를 가진 사람들이라면 주목이나 관심, 경험, 감수성이 부족하지 않다면 같은 객관적 속성들에 같은 방식으로 반응할 것임을 암시하고 있다.

… (평가적) 속성들을 부여하는 미적 판단들은 평가적 미적 속성들이 의존하는 비
평가적인 기저 속성들에 호소함으로써 정당화된다. 그 의존 관계는 … 인과적이

다. … 미적 속성의 귀속은 예술작품의 기저 속성들이 이상적 특성을 지닌 비평가에게 일정한 반응을 일으킬 때, 일정한 취미에 상대적으로 참이다. 그러한 판단은 우리가 이러한 인과적 관계의 귀속에 관해 정당화될 때 정당화된다. (Goldman, 1995: 44)

골드만은 가령 A라는 평가적인 미적 속성에 의해 그 특성이 진정으로 규정되는 작품이 이상적 비평가에게 환기시키는 반응의 본성에 관해 완벽하게 명백한 것은 전혀 아니다. 그러나 특정한 취미를 가진 지각자가 하나의 대상 x가 A를 가진다고 주장한다면, 이 주장은 x의 보다 기본적인 비-평가적 속성들로 인하여 비슷한 취미를 가지는 이상적 위치의 비평가로 하여금 x가 A를 가진다는 것에 동의하도록, 혹은 x가 A라고 믿거나 그렇다고 보거나 x를 A인 것으로 경험하도록, x가 A인 것으로 인해 쾌나 불쾌를 느끼도록 야기한다면 참이다(1995: 22-3). 이런 분석이 근거하고 있는 모형은 윤리적 서술에 대한 '이상적 관찰자' 이론이다. 하나의 행동은 이상적으로 지식을 갖추고 윤리적으로 민감한 관찰자가 그 행위에 긍정적으로 반응하는 경우 옳거나 칭찬할 만하다(Firth, 1952).

어떤 사람들은 이상적 관찰자 분석에서 그 반응이 미적 술어귀속의 참에 관련된 참조 집합이 규범적으로 성격이 규정됨에도 불구하고 이 분석이 실재론을 구제할 수 있다고 생각할지도 모른다. 왜냐하면 그러한 반응이 어떠한 것인가에 관해 객관적 사실이 있을 것이기 때문이다. 흥미롭게도, 이런 관점의 근본적인 논리적 구조는 페팃 류의 실재론으로부터 거의 벗어나지 않는다. 이는 다음과 같이 도식화될 수 있다.

대상 O가 미적 속성 P를 가진다 = 지각자들이 어떤 적절한 규범적 제약을 만족시키는 상상적/심리적 과정들에 개입한 결과('위치 짓기'의 결과), O가 그들에게 R이라는 종류의 어떤 경험적 반응(O가 P로 보임)을 야기하게 되는 그러한 일단의 지각자들이 있다.

골드만이 미적 속성귀속에 대한 이상적 관람자 분석에서 제시하는 '흄적인 구조'와 비교해 보라.

대상 O가 미적 속성 P를 가진다 = O는 그것이 가진 보다 기본적인 속성들 B로 인하여, V라는 종류의 이상적 관람자에게 R이라는 종류의 반응을 이끌어내는 그러한 대상이다. (Goldman, 1995: 21)

이런 형식을 가지는 설명은 그렇다면, 그것이 평가적 요소를 가지고 관람자 반응을 언급함에도 불구하고 실재론의 기본적 제약들을 만족시키게 될 것이다. 왜냐하면 이상적 관람자의 반응이 지닌 본성에 대한 사실들은 실제 관람자가 가지는 그 사실에 관한 믿음과 독립적인 것으로 여겨지기 때문이다. 그럼으로써 대상이 특정 관람자에게 어떻게 보이느냐와, 실제로 그것이 어떠한 것이냐 사이의 구분이 견지된다.

그러나 이러한 실재론은 우리가 다음의 질문을 던질 때 무너진다. "이상적 관람자들이 그들의 반응에서 불일치한다면 무엇이 일어날 것인가?" 실재론자들에게 모순이 벌어지게 된다. 왜냐하면 분석은 같은 작품에 양립 불가능한 속성들을 귀속시키는 결과로 이어질 것이기 때문이다. 이는 실재론자들이 꾸는 최악의 악몽이다.

6. 골드만의 반실재론과 그 너머

골드만의 핵심 기조는 미적 판단이 취미에 심각하게 상대적이어서, 이상적으로 자리한 관람자이더라도 상이한 취미를 가졌다면 미적 판단을 공유하는 데 실패할 것이라는 주장이다(1995: 36-9). 그의 설명은 미적 판단의 참은 단지 대상이 특정 관람자에게 어떻게 보이느냐의 문제만은 아니라고 한다는 점에서 실재론자에게 동의한다. 그러나 그는 다음을 강조한다.

> 그런 판단의 참은 그것이 이상적 비평가들에게 어떻게 보이느냐에, 그것에 대한 모든 평가적 반응들에, 혹은 다양한 취미를 구성하는 다른 미적 판단과 믿음들에 독립적이지 않다. … 미적 속성과 그것이 우리에게 어떻게 보이느냐 사이에 구분은 가능하지만 그 속성이 어떤 것이냐와 다양한 취미를 가진 이상적 비평가에게 그것이 어떻게 보이느냐 사이에는 구분이 없다. (Goldman, 1995: 38-9)

따라서 미적 속성-판단은 취미에 상대적이지만 여전히 오류가 발생가능하다. 자신과 취미를 공유한 이상적 비평가가 특정한 방식으로 반응하리라 주장하는 것에 있어 틀릴 수 있기 때문이다.

골드만은 이상적 비평가들 사이의 불일치가 같은 예술작품에 양립 불가능한 속성들을 귀속시키는 결과를 낳을 수 있다는 점을 근거로 이런 관점을 반실재론이라고 규정한다(1995: 29). 몇몇 관람자들은 경험이 부족하고, 주의 깊지 못하거나 어떤 식으로든 편견을 가질 수 있으므로 비평적 관람자들 간의 불일치가 실재론적 관점과 양립 가능하긴 하지만, 그 취미가 상이한 이상적 비평가들 사이에서의 지속적인 논쟁의 존재는 반-실재론을 견인하기에 충분하다.

　　그러나 반실재론을 위한 논증은 골드만이 허용하는 것보다 더 강력할 수도 있다. '어떤' 혹은 '상이한' 취미들에 대한 언급이 공허하지 않은 방식으로 상세화될 수 있는가에 대해 의심이 있다. 같은 취미를 가진 개인들이 그럼에도 불구하고 특정 작품의 미적 속성들에 대해 완전무결하게 불일치할 수 있다는 것은 명백한 것 같다. 만일 그렇다면, 취미의 동일성은 미적 일치를 보장하지 못한다. 이를 부정하는 것은 취미의 공유의 조건을, 대상 x가 A라는 속성을 지닌다는 데 동의하는 사람들은 x는 A라는 데에 동의한다는 주장으로 환원시키는 셈이 될 것이다. 그러나 비슷한 취미를 가진 비평가들이 그들이 비슷하게 경험이 있고 주의 깊으며 예리하고 감수성이 예민함에도 불구하고 불일치할 수 있다면, 이제 미적 실재론에 대한 궁극적인 장애는 다음과 같은 것이 될 것이다. 즉 그것은 정상적 지각 조건에 있는 지각자가 상이한 취미를 가지기 때문에 대상의 미적 속성들에 대해 불일치한다는 것이 아니라, 취미를 공유하건 아니건 정상적 지각 조건에 있는 경험 많은 지각자들 사이에서의 해결될 수 없는 논쟁은 그것이 어떤 것이든지 간에 반실재론 편을 지지하기에 충분하다는 사실이다.

　　골드만 이론을 더 변형시키면 우리는 진실에 훨씬 더 가까워지게 된다. 그의 이론은 한편으로는 **인과적** 이론이다. 한 대상의 기저 속성은 일군의 정의된 감상자에게 특정 미적 판단을 일으킨다. 다른 한편 그것은 이상적 관찰자 이론의 한 유형이다. 일군의 정의된 감상자란 판단을 내리기에 적합한 이상적 상황에 놓여있는 사람이다. 이상적 관람자는 작품이 다른 작품들에 대해 가지는 적절한 역사적 관련성들에 대해 완전히 알고 있기 때문에, 질리지 않고 한 작품을 (계속) 바라보고 그 평가를 변경시켜 나간다고 그는 말한다. 이상적 비평가는 처음부터 한 작품이 반복적인 관람을 얼마나 잘 견뎌 낼 것인지 알 것이다(1995: 42). 그렇다면 어떤 실질적 관람자도 이상적 비평가가 될 수 없을 것인데, 어느 누구라도 그것이 가장 장대한 작품이라 하더라도 질리고 말 것이기 때문이다. 그러나 이상적 관람자가 실현 불가능한 추상물이라면, 미적 대상과 이상적 관람자 간의 인과적 관련성을 논하는 것이 의미가 있을까?

　　입장을 가정법 형태로 변경하는 것이 실질적 문제를 해결할 것인지는 분명하지 않다. 왜냐하면 만일 우리가 이상적 관람자가 미적 대상에 대해 갖게 될 반응들을 언급하는 것이라면, 우리는 참에 대한 소위 '인식적' 개념과 형식상 유사한 분석에 도달할 것이기 때문이다. 대충 말하자면 그 개념은 다음과 같은 형식이다. 인식적으로 이상적인 상황에 자리한 관찰자가 x가 P라고 믿을 때 오직 그때에만 'x는 P이다'는 참이다. 그러나 이런 관점은 참에 대한 미리 가정된, 선이론적이고 방어되지 않은 실재론적 관점에 결국 기생적으로 의존하는 것이라는 점이 강하게 주장되어 왔다(Williams, 1996: 6장). 속성 실재론에 마찬가지로 은연중에 의존하고 있는 미적 속성에 대한 반실재론을 지지할 수는 없을 것이다.

그렇다면 이제 '이상적' 관찰자 관념을 '적절한 지식을 갖추고, 민감하며 주의 깊은 관찰자'와 같이 실제 관람자에서 예화될 수 있을 법한 성격으로 제한하는 일이 필요할 것 같다. 우리가 취미의 유사성이 미적 판단의 동일성을 보장하지 않는다는 이전의 주장에 이런 개정을 덧붙인다면, 똑같은 지식을 갖추고 올바른 상황에 있는 비평가나 전문가들 사이에 미적 술어귀속에 대한 해결될 수 없는 논쟁이 있다는 결론을 어떻게 회피할 것인가를 알기란 극도로 어려워질 것이다. 그러한 해결될 수 없는 논쟁의 문제야말로 미적 실재론의 참된 골칫거리이다.

7. 본질적으로 현상적인 미적 속성

몇 개의 논문들에서 레빈슨은 그 자체 미적인 속성과 미적 대상에 대한 평가적 의미를 담지한(evaluatively laden) 기술 사이를 명확하게 구분함으로써 해결될 수 없는 논쟁의 문제로부터 미적 실재론을 구출하려고 시도했다(Levinson, 1990, 1994, 2001). 이런 방식에 따를 때, 대부분의 논쟁을 감상자의 취미나 감수성, 승인이나 부인의 태도 사이의 차이들에 기인한 것으로 보면서도, 한편으로는 다음의 주장이 가능해진다. 즉 평가적 기술에서의 그런 차이들 기저에는 어떤 **공통된**(shared) 인상, 즉 하나의 예술작품이 제시하는 비미적, 형식적, 구조적 특성들의 특정 배열로 인해 적절한 배경을 지닌 평범한 감상자에게 야기되는 현상적, 지각적, 혹은 경험적 인상들의 공통된 인상이 있다는 주장 말이다(Levinson, 1994: 353). 이런 견해에서는 미적 속성이 마치 2차 속성처럼 특유의 현상적 인상이나 효과를 산출할 경향성(disposition)으로서 현실적으로 이해될 수가 있다. 어떤 이는 차이코프스키의 교향곡 4번의 피날레 악장이 가진 넘치는 활력을 인지할 수 있는데, 이는 그가 그 성질에 질색하면서 그것을 '허풍 떠는'이라 기술하든지, 아니면 그것에 매혹되어 '흥미진진한'이라고 기술하든지와는 상관이 없다고 레빈슨은 말한다.

> … 내가 음악에 심적으로 귀속시키는 미적 성질이 있다. 이 성질은 특정한 음색, 리듬, 화성, 그리고 음량 등 그 성질이 기반해 있는 요소들에로 환원되는 것이 아니며 그 음악에 대한 나의 현재 태도와 상관없이 그것 그대로를 들을 수 있는 성질이다. … (Levinson, 1994: 353)

그러나 이처럼 현상에 근거한 미적 실재론에는 어려움이 있다. 우선, 그것은 미적 용어들과 비미적 용어들 사이의 구분에 덧붙여, 평가적으로 중립적인 미적 용어들과 평가적 의미를 담지한 용어들 사이의 구분을 요구한다. 그렇다면 그 관점은, 상이한 인지적 과정이 이 두 종류의 미적 용어의 사용에 연관된다고 상정하는 것 같다. 이때 평가적 용어에만 관람자의 '취미'나 '기호'가 관련된다는 것이다. 그러나 사실, 평가적 의미를 담지한 미적 용어와 평가적으로 다소 중립적인 용어들은 공통적으로, 연속적인 방식으로 쓰인다. 상이한 과정들이 연관된다는 증거는 없다. 감정적 표현성의 강도를 위한 용어들의 다음과 같은 연속을 고려해 보라. 냉정한-자제하는-표현적인-감정적인-감상적인-눈물이 헤픈. 관람자가 중립적 용어를 가장 적합하다고 선택할 때, 그가 연속들 가운데 끝에 위치해 있는 보다 평가적인 의미를 가진 용어를 선택할 때보다 자신의 취미를 덜 발휘하고 있다고 생각할 이유는 없다(Bender, 1996).

두 번째, 좀 더 심오한 요점은 작품의 미적 속성들에 동의하지 않는 심판관들이 사실 작품에서 동일한 현상적 인상을 받았다는 점이 전혀 명백하지 않다는 점이다. 만일 똑같은 와인이 한 사람에게는 극심한 신맛이 나고, 다른 사람에게는 아주 매력적이고 신선한 맛이 난다면, 두 사람은 그럼에도 불구하고 와인의 신맛 수준에 대해 공통적인 현상적 인상을 가지는 것일까? 물론, 공유된 바는 **상이한** 반응을 일으키고 또한 확실히 상이한 미적 판단을 유발한 특정한 **비-미적** 속성이다. 그 이상이 공유되었다고, 즉 현상적이고 원칙적으로 개별화가 가능한 무언가가 공유되었다고 주장하는 것은 부적절한 것 같다.

더 나아가, 한 대상에 대해 어떤 미적 기술이 가장 적합한가에 대한 불일치는 적어도 몇몇 경우들에서는 특정 속성에 대해 각각의 관람자가 가지는 민감성의 정도에서의 차이를 나타낼 수 있다는 점에 주목할 필요가 있다. 어떤 사람은 어떤 색깔을 단지 '밝다'라고만 느끼는 사람보다 소위 '야한' 색깔에 정말로 더 민감한 것은 아닐까? 만일 그렇다면, 우리는 이런 불일치의 아래 자리한 공통적인 현상적 인상을 찾기보다는 정확히 그 반대라고 보아야 할 것이다.

8. 실재론을 위한 초월적인 논증

에디 제마흐(Eddy Zemach, 1991, 1997)는 다소 상이한 방식으로 미적 실재론을 옹호하는 논증을 펼쳤다. 적어도 몇몇 미적 속성들은 제마흐에 따르면 실재함에 틀림없다. (데이비슨을 따라) 우리의 미적 서술에서 거대한 오류는 불가능한데, 미적 술어는 미적 속성들이 실재하지 않는다면 아무 의미가 없을 것이기 때문이다. 그런 술어들의 적어도 몇몇은 직접 가리킴으로써만 그 의미가 습득될 수 있다. 만일 'A'가 어떤 공적이고 안정된 의미를 지녀야 한다면, 우리는 어떤 것들이 미적 속성 A를 가진다는 것을 '보아야' 한다(Zemach, 1991, 1997: 2장과 3장). (비트겐슈타인을 반영하여) 범형적인 혹은 핵심적인 경우들에서는 적어도 일치가 있음에 틀림없다. 따라서 적어도 몇몇 미적 속성들은 관찰 가능하고 그러므로 실재한다. 불일치는 어려운, 새롭고 경계적인 경우들에 대한 것으로, 예술이 실제 소유한 다양한 속성들에 대한 **표준적인** 관찰 조건을 확인함으로써 그리고 적어도 불일치를 보이는 한쪽 편이 이런 표준적 관찰 조건에 있지 않음을 결정함으로써 설명되어야 한다.

실재론을 위한 이런 식의 '범형적 경우' 논증에 대해 가능한 세 가지 비판이 있다. 우선, 이 논증은 정확하다면 어떻게 그것이 어떤 종류의 속성에 대해서건 그 실재론의 옹호에 쓰이지 않을 것인가를 알기 어렵다. 그 속성이 아무리 추상적이거나 혹은 다른 식으로 문제가 있더라도 말이다. 따라서 그 논증은 지나치게 많은 것을 증명한다. 두 번째, 어떻게 해서 미적 용어가 공통되거나 공적인 유의미성을 가진다는 의미론적 가정이 미적 속성의 지위에 관한 형이상학적 결론을 확립하는 것인지 명확하지 않다. 미적 술어가 유의미하다는 사실에서 누구나 어떤 대상이 미적 속성을 지닌다는 것을 관찰할 수 있는 공통된 중심이 있음에 틀림없다는 결론이, 혹은 불일치의 모든 경우들이 경계적 경우에 해당한다는 결론이 이끌려 나오는 것은 아니다. 대상이 가진 비미적 속성들의 안정성과 상호주관성은 일군의 미적 술어들은 합리적으로 적용될 수 있는 반면 다른 술어들은 부적절하게 여겨진다는 사실을 결정하기에 충분한 것이 아닌가? 이때 우리 모두가 미적으로 동의하는 고정된 중심 사례들이 있어야 하는 것은 아니다. 미적 술어의 이해가능성은 미적 속성들이 실재하는 범형적 경우들에 대한 요구 없이 이런 식으로 설명될 수 있지 않을까?

마지막으로, 제마흐의 논증은 미적 불일치의 모든 경우들이 비-표준적 조건들로 추적될 수 있음을 함축하는데, 이는 부적절하다. (제마흐가 제안하는 식으로) 특정한 기술(skill)들이 주어진 예술작품을 관찰하는 표준적인 조건들의 일부로서 간주된다는 점을 우리가 용인한다 하더라도, 어떤 사람이 '자연에 대한 감동적이고 낭만적인 관점'으로 확인한 바를 다른 사람은 '순진한 감상성'으로 치부할 수 있다. 조건들이 당신이 원하는 대로 표준적일 수 있겠지만, 딜리어스의 음악이 어떤 날엔 희망과 해방감을 주는 반면 다른 날엔 미숙하고 제어되지 않은 것으로 들릴 수 있다. 반응에서의 이러한 변화가 일어나기 위해 누군가의 능력이나 기술, 조건들이 요동친 것일까? 그런 것 같지는 않다.

제마흐는 두 번째 논증을 제시하는데, 이는 '과학적 실재론으로부터의 논증'이라고 불릴 수 있겠다. 그것은 최상의 과학이 가지는 이론적 속성들에 대한 실재론자라면 누구나, 모순을 감수하지 않으려면 또한 미적 실재론자이여야 한다는 주장이다(Zemach, 1991, 1997: 64-7).

실재론에 대한 제마흐의 열정은 미적 속성들이 물리적 속성으로 환원될 수 없으며 우리의 경험에 관해 제거될 수 없는 설명적 역할을 수행한다는 관점에서 비롯된다. x를 F로서 경험하는 것은 F에 익숙해지는 것이다. 우리는 과학적이고 물리주의적인 속성들을 위해 현상적이고 미적인 속성들을 포기할 수는 없다. 왜냐하면 과학은 경험에 기반하고 있기 때문이다. 참된 이론에 대한 판결은 본질적으로 그런 이론에 대한 미적 판단 — 미, 단순성, 통일성, 정합성 따위에 대한 판단 — 을 내리는 일에 관계된다. 제마흐는 다음과 같이 주장한다. 어떤 과학적 실재론자이건 미적 실재론자가 되어야만 하는데, 미가 진리-회귀적(truth-tropic)이기 때문이다. 어떤 이론 T가 참이라면 그것은 아름답다. 어떤 미적 이론 AT가 T가 아름답다는 것을 함축한다면, AT는 참이다. AT의 기본적 술어들은 세상의 특성을 지칭한다. 따라서 미적 속성은 실재한다.

물론 이 논증의 두 번째 전제는, 그것이 AT가 전체에 있어 참이라는 것을 의미하는 것으로 해석된다면 거짓이다. 하나의 이론은 그 기조에 있어 거짓이면서도 T에 대해서는 옳은 결과를 가질 수 있다. 그러나 보다 일반적으로, 이 논증은 유비가 드러내듯이 명백히 결점을 가지고 있다. 어떤 윤리적 실재론자라도 유신론자이여야 한다는 다음의 의심스런 논증을 그 논증과 비교해 보라. 만일 T가 어떤 행동이 옳은지에 대한 정확한 이론이라면, T는 신의 명령과 일치해야 한다. 따라서 T가 신이 명령하는 바를 포착해 낸다고 말하는 유신론적 이론 TT는 참이다. 그렇다면 TT의 기초 술어는 세상 속 무언가를 지칭해야 하므로, 신의 명령에 정합적이라는 속성은 실재하는 속성이다.

나아가, 단순성, 정합성, 통일성이 과학적 이론과 미적 대상에 각각 적용될 때 단일한 의미를 지닌 것인지도 불명확하다. 그런데 위의 논증이 성공하려면 그러해야 한다. 쉐이커 교도들의 가구를 특징짓는 디자인의 단순성을 생각해 보라. 이러한 시각적 단순성은 가구 부분들 간의 꽤 복잡하고 섬세한 형식적 관계들의 결과일 가능성이 높다. 이는 '이론적 단순성'과 '미적 단순성'이 상당히 다른 문제라는 점을 보여 준다. '우아함', '힘참', '정합성'이나 다른 속성들에 대해서도 비슷하게 말할 수 있을 것이다. 그리고 비록 예술작품과 과학 이론에 정말로 몇몇 미적 속성들을 단일하게 적용할 수 있다고 하더라도 이는 '미적'이라는 통칭에 속하는 속성들의 아주 작은 부분에 불과하다. 따라서 과학적 실재론으로부터의 논증은 미적 실재론을 하나의 일반적인 형이상학적 입장으로서 지지해 주지 못한다.

9. 맺으면서 제안하는 것들

미적 실재론을 위한 강력한 논증은 아직 나오지 않았다. 미적 반실재론은 적절한 위치와 배경을 가지고 있는 전문가들 사이에서조차 해결 불가능한 미적 논쟁들이 있다는 사실의 결과인 것 같다. 그러나 미적 속성 부여가 대상에 대해 진짜 속성을 서술하는 것이 아니라면 그것을 어떻게 이해해야 할까? 미적 속성 부여의 지위에 대해 알려 주기 위해 마련될 어떤 반-실재론 모형이 있는가?

아마도 그러한 모형은 보통 다른 사람들의 행위, 행실, 태도와 동기들에 대해 내려지는 판단에서 발견될 수 있다. 이런 판단들은 개개인들이 명백하고도 격렬하게 의견 충돌을 일으키는 판단들이지만 그러면서도 '속성에 관한 이야기'가 쉽게 발판을 확보하는 영역이다. 더 나아가, 비록 그러한 개인적 속성 부여가 속성이 부여되고 있는 개인에 대한 우리의 반응을 표현한다고는 해도, 우리는 그런 반응을 뒷받침할 이유들이 요구될 수 있다는 점, 또 정당화된 속성 부여와 그렇지 않은 속성 부여 간에 구분을 할 수 있다는 점을 인정한다. 또한 우리는 제3자와의 불일치에 부딪치면, 미적 속성 부여에서 그런 것처럼 개인이 우리에게 특정 방식으로 강한 인상을 준다는 보다 주관적인 단언으로 보통 후퇴한다. 그리고 미적 속성의 경우에서처럼 인격적 특성들은 (정확하건 그렇지 않건) 한 사람의 행동과 자세의 보다 기본적인 특성들에 '수반'하거나 '창발'하는 것으로 보인다.

인격적 특성들이 명백하고 진짜인 듯 여겨지더라도 그에 대한 불일치는 매번의 경우마다 가능하며, 적어도 그런 불일치 가운데 일부는 특성이 부여되고 있는 개인과 상호작용하는 사람들의 '취미'에 차이가 있다는 사실에 기인한다. 똑같은 기본적 행동들이 성격유형에 대한 다른 '취미'를 가진 사람들에 의해 다르게 '해석'되기 마련이다. 예를 들어 똑같은 대화도 어떤 사람에게는 촌스러움의 증거로 여겨지면서 다른 이에게는 집요한 지성의 상징으로 여겨질 수가 있다. 우리는 우리 스스로의 해석이 그 사람의 인격에 대한 옳고 참인 '파악'이라고 완전히 확신할 수 있지만, 다른 합리적인 해석에 마주한다면 그 다른 해석이 정당화되는 한 우리의 관점이 유일한 '팩트'가 아닐 수 있다는 점을 기꺼이 감수해야 한다.

* 이 논문의 이해를 돕기 위해서 이 책에서 다음의 논문들을 찾아 읽으면 좋을 것이다.
〈미적 실재론 1〉, 〈미〉, 〈미적 경험〉, 〈예술의 가치〉

참고문헌

Beardsley, M. (1963). "The Discrimination of Aesthetic Enjoyment". *British Journal of Aesthetics* 3: 291–300; reprinted in Wreen and Callen (1982).

_____ (1973). "What is An Aesthetic Property?". *Theoria* 39: 50–70; reprinted in Wreen and Callen (1982).

Bender, J. (1996). "Realism, Supervenience, and Irresolvable Aesthetic Disputes". *Journal of Aesthetics and Art Criticism* 54: 371–81.

_____ (2000). Review of Eddy Zemach, *Real Beauty. Philosophy and Phenomenological Research* 60: 714–17.

_____ (2001). "Sensibility, Sensitivity, and Aesthetic Realism". *Journal of Aesthetics and Art Criticism* 59: 73–83.

Brady, E. and Levinson, J. (eds.) (2000). *Aesthetic Concepts: Essay after Sibley.* Oxford: Oxford University Press.

Cohen, T. (1973). "Aesthetic/Non-aesthetic and the Concept of Taste". *Theoria* 39: 113–52.

Currie, G. (1990). "Supervenience, Essentialism and Aesthetic Properties". *Philosophical Studies* 58: 243–57.

Dummett, M. (1978). *Truth and Other Enigmas.* Cambridge, Mass.: Harvard University Press.

Eaton, M. (1994). "The Intrinsic, Non-Supervenient Nature of Aesthetic Preoperties". *Journal of Aesthetics and Art Criticism* 53: 383–97.

Firth, R. (1952). "Ethical Absolutism and the Ideal Observer". *Philosophy and Phenomenological Research* 12: 317–45.

Goldman, A. (1992). "Aesthetic Properties", in D. Cooper (ed.), *A Companion to Aesthetics.* Oxford: Blackwell Publishers.

_____ (1995). *Aesthetic Value.* Boulder, Colo.: Westview Press.

Hermeren, G. (1988a). "The Variety of Aesthetic Qualities", in Mitias (1988: 11–23).

_____ (1988b). *Aesthetic Qualities.* Lund, Sweden: Lund University Press.

Levinson, J. (1990). "Aesthetic Supervenience", repreinted in his *Music, Art, and Metaphysics.* Ithaca, NY: Cornell University Press, pp. 134–58.

_____ (1994). "Being Realistic about Aesthetic Properties". *Journal of Aesthetics and Art Criticism* 52: 351–4.

_____ (2002). "Aesthetic Properties, Evaluative Force, and Differences of Sensibility", in E. Brady and J. Levinson (eds.), *Aesthetic Concepts: Essays after Sibley.* Oxford: Clarendon Press.

Mitias, M. (ed.) (1988). *Aesthetic Quality and Aesthetic Experience.* Amsterdam: Rodolpi B. V., pp. 11–23.

Pettit, P. (1983). "Aesthetic Realism", in Shaper (1983).

Putnam, H. (1981). *Reason, Truth and History.* Cambridge University Press.

Scruton, R. (1982). *Art and Imagination: A Study in the Philosophy of Mind.* London: Routledge & Kegan Paul.

Shaper, E. (ed.) (1983). *Pleasure, Preference and Value.* Cambridge: Cambridge University Pess.

Sibley, F. (1959). "Aesthetic Concepts". *Philosophical Review* 68: 421–50.

_____ (1965). "Aesthetic and Non-aesthetic". *Philosophical Review* 74: 135–59.

_____ (1983). 'General Criteria and Reasons in Aesthetics', in J. Fisher (ed.), *Essays on Aesthetics: Perspectives on the Work of Monroe Beardsley.* Philadelphia: Temple University Press, pp. 3–20.

Tormey, A. (1973). "Critical Judgments". *Theoria* 39: 35–49.

Vaida, I. (1998). "The Quest for Objectivity: Secondary Qualities and Aesthetic Qualities". *Journal of Aesthetics and Art Criticism* 56: 283–97.

Walton, K. (1970). "Categories of Art". *Philosophical Review* 79: 334–67.

Williams, M. (1996). *Unreasonable Doubts.* Princeton: Princeton University Press.

Wreen, M. and Callen, D. (eds.) (1982). *The Aesthetic Point of View: Selected Essays of Monroe Beardsley.* Ithaca, NY: Cornell University Press.

Wright, C. (1980). *Wittgenstein on the Foundations of Mathmatics.* London: Duckworth.

Zangwill, N. (1995). "The Beautiful, the Dainty and the Dumpy". *British Journal of Aesthetics* 35: 317-29.

Zemach, E. (1991). "Real Beauty". *Midwest Studies in Philosophy* 16: 249-65.

____ (1997). *Real Beauty.* University Park, Pa.: Pennsylvania State University Press.

제5장

미적 경험

게리 아이제밍거(Gary Iseminger)
번역: 김정현

1. 미적인 심적 상태

미적인 것과 예술이, 심적 상태이거나 혹은 이를 포함한다는 점에서 심리적인 개념이라고 생각하는 논의의 역사는 무척이나 오래된 것이다. 이러한 논의에는 연민과 공포라는 비극적 정서에 대한 아리스토텔레스의 논의로부터 관조에서 오는 쾌로서의 미(美)를 설명한 아퀴나스, 그리고 미적 인식의 특징으로서 무관심적 쾌를 논한 칸트의 논의가 포함된다. 그리고 여기에는 미적 정서, 미적 관조, 미적 쾌를 비롯하여 미적 지각, 미적 태도, 미적 감상 같은 개념들이 포함된다.

이 논문은 지난 20세기 후반 동안 영미 분석미학 전통 내의 미학자들이 미적인 심적 상태라는 이 특수한 개념을 명료히 하고, 옹호하고, 사용하고자 했던 시도들을 개괄하려 한다. 그들은 야심 차게도 다음의 네 가지 시도 중 대부분을 혹은 전부를 만족시키려 했다. ① 미적인 심적 상태가 그것과 일견 유사하게 보이는 여타의 심적 상태들 즉 감각적 쾌, 약물에 유발된 경험, 혹은 종교적, 인지적, 실천적 그리고 도덕적 심적 상태같이 인간의 다른 사고 영역과 연관된 심적 상태들과 어떤 점에서 다른지를 설명한다. ② 이러한 설명을 하는 데 있어서 미적인 것이나 예술이라는 선결 개념에 호소하지 않는다. ③ 미적 속성, 미적 성질, 미적 관점, 미적 대상, 미적 판단, 미적 가치와 같은 미적인 것과 연관된 개념들도 미적인 심적 상태라는 관점에서 설명한다. 마지막으로 ④ 미적인 심적 상태가 예술이 아닌 대상(예컨대 자연 대상)에 대한 것이거나 혹은 그것에 기초할 수 있다는 것을 인정하면서도 ③과 같이 설명된 미적인 영역과 예술의 영역이 갖는 일정 정도의 밀접한 관계를 옹호한다.

2. 경험에 대한 두 개념

때때로 **미적 경험**은 종종 미적인 심적 상태라는 유(generic)개념으로 여겨져 보다 구체적인 심적 상태들의 일부 혹은 전체를 포섭하는 개념으로 간주된다. 하지만 일반적으로 경험이란, 구체적이지 못한 단순한 심적 상태라기보다는 한층 더 한정된 의미의 심적 상태로 여겨진다. 이러한 경험에는 더 구체적인 관점에서 서로 다른 두 가지 개념이 있다. 첫 번째 개념은 일차적으로 한 경험이 '어떠할 것인지(what it is like)'가 그 경험을 특징짓는다고 본다. 나머지 한 개념은 직접적이거나 비추론적인 지식이 경험에 관계한다고 본다. 우리는 전자를 경험에 대한 **현상적인**(phenomenological) 개념으로, 후자를 경험에 대한 **인식적인**(epistemic) 개념으로 부른다. 예컨대 박쥐로서의 경험이 어떠할지 궁금하다고 할 때 개입되는 개념은 전자이다. 반면 우리가 박쥐는 인근 사물들에 대한 자신의 위치를 추적할 때 시각보다는 청각이 경험의 주된 방식이라고 주장하려 한다면, 이때 개입되는 개념은 후자이다.

따라서 **미적** 경험을 현상적인 개념으로 보는 것은 미적 경험을 갖는 것이 어떠할 것인지에 관해 사고하는 것이다. 이렇게 미적 경험이 내적 성찰을 통해 확인 가능하며 현상적으로 구분되는 것으로 보려는 시도들은 20세기 초 영미 분석미학자들의 고전이 된 저작들 속에서 모습을 드러냈다. 이들 중에는 클라이브 벨(Clive Bell), 에드워드 벌로우(Edward Bullough)와 존 듀이(John Dewey)가 있다(로만 인가르덴(Roman Ingarden)과 미켈 뒤프렌느(Mikel Dufrenne) 같은 20세기 대륙 현상학자들도 이와 비슷한 개념들을 발전시키고 옹호한 바 있다).

반면 미적 경험을 인식적 개념으로 보는 것은, 어떤 경험이 미적으로 여겨질 만하다는 것이 비추론적인 방식을 통해 알려진다고 보는 것이다. 예컨대 이는 어떤 것이 의자라는 것을 알게 되는 경험과 유사한 것이다. 20세기 후반 50년 동안의 영미 미학을 확립시킨 사람 중 한 사람인 먼로 비어즐리(Monroe C. Beardsley)는 미적 경험에 대한 현상적 개념을 옹호하는 것으로 자신의 논의를 출발시킨다. 그러나 같은 전통에 있던 다른 저명한 초기 미학자들과 조지 딕키(George Dickie)의 지속적인 공격으로 인해 그의 이론은 점차 인식적 개념 쪽으로 향하게 된다. 영미 미학 전통 내에서 미적 경험이라는 개념을 옹호하는 가장 최근의 시도들이 일반적으로 미적 경험이 현상적인 미적 경험과 양립 불가능한 것이라고 주장하는 것은 아니지만, 근본적으로는 인식적인 개념이라고 생각한다. 이 논문은 비어즐리가 초기 현상적 설명으로부터 자신의 논의를 발전시켜 나가는 과정을 살펴본 후, 딕키가 당대의 인식적 설명에 대해 했던 비판과 미적인 심적 상태라는 개념 자체에 대해서도 제기했던 비판까지 살펴볼 것이다.

3. 비어즐리와 딕키의 논쟁

먼로 비어즐리(1958)는 미학을 '비평적 진술의 명료화와 확증'에 필요한 원칙을 연구하는 학문으로 규정하는 당대의 언어 중심 철학에 영향을 받기는 했지만, 그는 또한 미적 경험을 완전한 경험(consummatory experience)*이라고 설명하는 듀이의 철학에도 영향을 받았다. 비어즐리의 이론과 이후 그와 딕키 사이에 오간 논쟁은 이 논쟁을 필두로 영미-미학권에서 일어날 미적 경험에 대한 논의의 맹아가 되었다.

비어즐리(1958)는 예술을 정의하기보다 미적 대상이라는 개념을 선접을 통해서 설명하려 했다. 이처럼 미적 대상이라는 개념에 호소하는 것은 겉보기와는 달리 반드시 미적 영역에서 가장 기초적인 개념인 미적 경험을 포기했다는 것을 의미하지는 않는다. 비어즐리는 "우리는 … 음악 작곡 작품, 시각 디자인, 문학 작품 그리고 이렇게 별개로 정의되는 서로 다른 대상들의 집합을 선접해서 하나의 그룹에 묶을 수 있다. 그리고 우리는 이들 모두를 '미적 대상'이라고 부를 수 있다. …"(p. 64)라고 한다. 그리고 이는 미적인 것에 대한 설명을 하려는 것이라기보다 예술작품에 대한 설명을 하고 있는 것처럼 들린다. 만일 이와 같은 비어즐리의 선접적인 예술에 대한 설명이 예술을 정의하는 데 있어 그를 반본질주의자로 보이게 한다면, 이러한 주저함은 넓게는 미적인 것이라는 개념 전반에 대해서도, 그리고 좁게는 미적 경험이라는 개념에 대해서도 해당되는 것일 것이다. 그러나 비

---

* 비어즐리도 미적 경험이 지니는 세 가지 특징 중 통일성을 설명하며 경험이 통일되기 위해서는 정합성과 완전성(completeness)을 가져야 한다고 설명한다. 앞서 밝혔듯이 비어즐리가 듀이에게서 영향을 받았다고 한다면 우리는 비어즐리가 말하는 완전성과 듀이가 말하는 완전한(consummatory) 경험이 유사한 의미를 지닐 것이라 타당하게 추측해 볼 수 있다. 그러나 듀이는 완전하다는 의미로 'complete'를 쓰지 않고 'consummatory'를 사용한다. 상대적으로 경험이라는 것에 더 많은 이론적 비중을 두었던 듀이의 경우, 그에게서 경험은 질적으로 균질적인 것이 아니다. 예컨대 플롯이 발단-전개-절정-대단원과 같은 완성의 리듬을 지니듯이 완전한 경험도 그러한 강약의 리듬을 지니고 스스로를 발전시킨다. 나아가 그러한 경험은 삶 속으로 들어와 리듬을 가지며 성장해 가는 삶과 하나가 된다. 그래서 듀이는 경험이 완전해진다는 것은 다만 완결되었다는 의미로는 부족하고, 하나의 경험이 점점 성장하여 절정에 다다라 자기완성의 단계에 이른다는, 즉 'consummatory'한 것이라 말한다.

어즐리의 경우 미적 대상(예술작품) 집합이 확장 가능하다고 보았고, 이는 미적 대상에만 고유한 미적 경험을 구하도록 해 주는 동기가 되기에 충분했다. 이에 비어즐리는 미적 대상과 상호작용할 때에만 특수하게 발생하는 경험이 갖는 특성들이 무엇인지를 묻고 이에 답하고자 했다.

고찰자들 스스로가 검증 가능한 내성(內省)을 통해 살펴보면, 미적 경험이 실제로 고유한 공통점을 지닌다는 결론에 다다르게 된다. 곧 미적 경험은 복합적이고(complex) 강렬하며(intense) 통일되어(unified) 있다(이때 통일성은 정합성(coherence)과 완전성(completeness)이라는 두 가지 다른 방식을 통해 구성된다). 예컨대 운동 경기를 보고 있거나 수학의 증명 과정을 감상하는 것과 같이 일견 미적 경험과 유사한 경험들은 전부는 아닐지라도 부분적으로 이러한 미적 경험의 특징들을 가진다. 미적 경험이 지니는 복합성, 강렬함, 통일성(의 합)의 정도는 비록 이 경험이 지향하는 미적 대상의 복합성, 강렬함, 통일성과 직결되어 있지만 그렇다고 이것으로만 환원되지는 않는다. 다시 말해, 이는 미적 경험 자체의 특성이다. 그렇다면 미적 대상(예술작품)이 지니는 미적 가치는 언급한 종류의 경험을 산출하는 그 대상의 능력에 놓인 것일 것이다. 그리고 이제 미적 경험은 그러한 경험을 하는 이들에게 자아를 통합시키거나 지각과 감식력을 연마시키거나 상상력이나 감정이입 능력을 발전시키는 것과 같은 다양한 방식의 가치를 낳게 된다.

딕키(1965)는 비어즐리가 미적 경험의 통일성을 구성하는 것으로 설명했던 정합성과 완전성에 특히 주목하면서 비어즐리가 미적 경험을 설명하면서 대상이 지니는 복합성, 강렬함, 통일성으로부터 그 경험 자체가 지니는 복합성, 강렬함, 통일성으로 개념을 옮겨갔다고 비판한다. 딕키는 예컨대 미적 대상(예술작품)이 정합적이고 완전할 수 있고 우리가 그러한 정합성과 완전성을 경험할 수 있다는 것에는 동의한다. 그러나 그는 어떤 속성에 **대한**(of) 경험을 경험이 그 속성을 **지닌**(having) 것으로 간주하는 것은 관념론의 잘못된 잔재일 뿐이라고 지적한다. 이는 완전성에 대한 경험과 경험의 완전성을 혼동한 것이다. 요컨대 미적 경험이라는 개념을 현상적으로 확인 가능한 통일된 경험이라 말하고자 한다면, 그 귀결점은 미적 경험 같은 것은 존재하지 않고 나아가 한 대상의 미적 가치를 그 대상이 미적 경험을 낳는 능력에 기초해 설명하려는 어떤 설명도 성공적이지 못하다는 데에 이르게 된다(어떤 철학자들은 예술작품이 객관적으로 통일성과 같은 속성을 지닌다고 말하는 것이 경험이 통일되었다고 말하는 것보다 더 의심스러운 것이라 여길지 모른다. 반면 경험도 대상도 모두 통일성, 강렬함, 복합성과 같은 속성을 지닐 수 있다고 여기는 철학자들이라 그것이 비어즐리가 주장한 것과 같은 방식으로 언급한 속성들과 대상에 대해서도 '적용'될 수 있다면, 즉 통일되고 강렬하며 복합적인 경험을 주는 대상이 그 자체도 통일되고 강렬하며 복합적일 수 있다면 더할 나위 없이 좋았겠지만).

비어즐리(1969)는 딕키에게 답하면서 경험하는 대상뿐 아니라 경험 자체도 완전성을 지닌다고 변론한다. 그는 완전한 미적 대상을 경험하는 것은 기대의 충족과 같은 완전한 경험의 일부분일 뿐이며, 이때의 완전한 경험은 비록 시간의 연장이 필요하기는 하겠지만 종국에 가서 기대가 충족되었을 때 현상적으로 그 자체가 완전하게 된다고(becomes) 말하여 딕키에게 반론한다.

한편 이후 비어즐리(1969)는 미적 경험을 정의 내리는 데 있어 자신의 초기 이론과는 다소 차이를 보이는 좀 더 형식주의적인 주장을 하게 된다.

> 사람들이 특정 시간 동안에 한 심적 활동의 대부분이 통일되었으며 그들이 주요하게 주목하고 있는 대상의 형식이나 성질들이 그들의 감각에 제시되어 상상력을 촉발하고 쾌를 유발시킬 때 그리고 오직 그러할 때에만(if and only if) 그들은 특정 시간 동안 미적 경험을 한 것이다. (Beardsley, 1969: 5)

특히 하나의(an) 경험이라는 듀이적인 개념인 통일성은 중요한 것으로 남게 되나 이로 인해 강렬함이나 복합성과 같은 개념은 축소되고 만다. 비어즐리의 1958년 저작에서 우연하게만 언급되었던 쾌라는 개념이 이제 미적 경험의 본질적인 특성이 되고, 이로써 미적 경험은 '감각에 제시되어 상상력을 촉발하는 대상의 형식이나 성질'과 일시적 우연이 아닌 본질적인 관계를 가지게 된다. 한편 이렇게 미적 경험을 특징지으면서도 비어즐리가 미적인 것이나 예술작품과 같은 선결 개념을 불러들이지 않는다는 점에 주목하자.

미적 경험에 대한 위와 같은 설명은 경험의 현상적 개념과 인식적 개념의 경계를 모호하게 만든다. 제시되었거나 의도된 대상과 그 대상의 형식과 성질 간의 결속을 미적 경험에 필수적인 사항으로 포함시키는 것은 이때의 경험이 인지적인 종류의 것이라고 말하는 것이다. 반면 비어즐리는 그러한 대상과 성질이 현상적으로 객관적이면 된다고 명확히 밝힌다. 예컨대 언급한 대상이나 속성은 고통이 아니라 색처럼, 우리 자신과 구분되는 어떤 성질로 우리에게 제시된다. 그러나 그것이 반드시 우리와 구분되는 실제 대상의 속성일 필요는 없다는 것이다. 게다가 미적 경험과 같은 류의 경험이 어떠할 것인가를 묻는 것이 의미를 가진다면, 오직 몇몇 국면 즉 통일성이나 쾌와 같은 국면에서만 그럴지도 모른다. 그러나 그렇다고 해도 인식적 경험의 본류에 해당하는 보는 것(seeing)이나 아는 것(knowing)과는 달리 미적 경험이 전적으로 내성을 통해 접근 가능하다는 것은 일리가 있다.

비어즐리(1969)에게 답변하는 중에 딕키(1974)는 그 대상뿐 아니라 경험도 통일될 수 있다는 데에 동의하지만, 이는 그러한 주장이 (느낌, 정서, 기대, 만족감 같은) '감정(affect)'과 같은 것이 완전하고 정합적인 경험을 만드는 차원에서 서로 연결될 수 있다는 주장으로 해석된다고 보는 차원에서이다. 결국 그는 미적 경험에 대해 경험 차원의 통일성을 허용했던 비어즐리의 수정된 견해는 적어도 두 가지 이유에서 너무 협소하다고 보아 이에 반대한다. 첫째, 딕키는 위에서 말한 감정 중 어떤 것도 환기시키지 않았지만 의심할 여지 없이 미적 경험인 사례들이 있다고 말한다. 예컨대 특정 종류의 추상회화에 대한 경험이 그렇다고 한다(딕키는 구체적인 작품을 예로 들지는 않았지만 아마도 케네스 놀런드(Kenneth Noland)나 솔 르윗(Sol LeWitt)의 작품들을 염두에 두었던 듯하다*). 나아가 매우 훌륭한 〈햄릿〉 공연을 보면서 어떤 감정들이 생겨났다고 하자. 그러나 이때의 감정들을 반드시 통일된 감정이라고 여겨야 할 이유는 없다. 딕키는 미적 경험이 '그것에만 고유하고 여타의 경험들로부터 미적 경험을 구분시켜주는 그러한 정서적 특성을 지닐 필요가 없으며', 만일 미적 경험이 여타의 경험들로부터 구분된다면 이는 그보다 먼저 규정되어야 하는 미적 경험을 낳는 미적 대상 측면에서만 그럴 수 있다고 결론짓는다.

이러한 반론에 대해 비어즐리(1982)는 일련의 경험을 정합적인 (그리고 그래서 통합된) 경험으로 만들어 주는 연결 요소가 느낌뿐 아니라 사고일 수도 있기 때문에 미적 경험이 느낌을 포함하지 않는다고 할지라도 여전히 통합된 것일 수는 있다고 답한다. 나아가 그는 딕키가 감정이 발생하지 않는 미적 경험의 예라고 주장한 사례들은 우리가 느낌을 '원숙한' 정서로 오인했을 때(아마도 정감적인 요소뿐만 아니라 개념적인 요소도 함께 포함하고 있는 때)에만 적절해 보이는 사례라고 반박한다. 요컨대 일련의 경험에서 원숙한 정서가 없다고 해서 그것이 느낌이 없다는 것을 함축하지는 않는다는 말이다.

그래서 비어즐리(1982)는 지속적으로 듀이가 말하는 것과 같은 **하나의** 미적 경험 같은 존재가 있다고 옹호하며 이러한 하나의 미적 경험은 한 개인의 정신적 삶 전반을 아우르는 통일성을 또한 갖는다고 주장한다. 그러나 그는 의미심장하게도 '우리들 삶의 매우 제한적인 부분만이' 이러한 종류의 경험으로 설명될 수 있다는 것에 동의한다. 그래서 그는 "미적 경험"을 좀 더 특별한 경우를 일컬을 때 사용하는 반면, 더 광의적인 사용을 위해서는 경험에서 미적인 것(the aesthetic in experience)이라는 개념'을 쓴다.

비어즐리는 1969년 논문에서 자신이 쾌라는 개념을 제시했던 것이 이러한 방향으로 나가게 된 시발점이 되었다고 말한다. 이러한 방향 전환은 추측건대 쾌가 듀이적인 완

---

* 케네스 놀랜드는 추상표현주의에 반기를 들고 나온 미국 기하학적 추상의 대표 작가이고, 솔 르윗은 미니멀리즘과 개념미술의 기류를 형성한 대표 작가이다. 기하학적 추상의 경우는 회화가 화가 개인의 심리상태나 실제 세계를 반영한다기보다 회화를 하나의 독립된 대상으로 여긴다는 점에서 감정을 배제하게 되고, 미니멀리즘이나 개념 미술은 작품에 있어 작품이 낳는 효과보다 그 작품을 구성한 작가의 아이디어가 본질을 이룬다고 보는 점에서 작품의 경험에서 느껴지는 감정을 중요하게 여기지 않는다. 이러한 점에서 딕키는 추상표현주의 같은 추상주의가 아니라 언급한 두 종류의 작가가 속한 특정한 종류의 추상이 정서적인 효과를 일으키지는 않지만 미적 경험을 발생시키기 때문에 비어즐리에 대한 반례가 될 것이라 본 것이다.

성된 경험보다 더 일반적인(common) 것이기 때문일 것이다. 그러나 비어즐리는 그가 애초에 가졌던 듀이식 관점에도 오류가 있다는 것을 인정한다. 그러나 그는 이와 반대 방향으로 나아가 쾌를 미적인 것의 정의 항으로 삼는 것도 '위험한 환원주의가' 될 수 있다는 것을 깨닫게 된다.

또한 비어즐리는 경험에서 미적인 것이라는 그 광의의 개념을 규정하는, 각각은 필요조건이며 연접하여 충분조건이 되는 조건을 밝히는 것에서 물러나 충족되어야 할 다섯 '기준(criteria)'을 마련한다. 그의 주장에 따르면 이 다섯 기준 중 첫 번째 기준은 필수적인 것이고, 이 첫 번째 기준과 나머지 4개 중 3개의 기준이 연접하여 충분조건이 된다. 첫 번째 기준은 **대상 지향성**(object directness)으로 '현상적으로 객관적인 속성들이 일련의 심적 상태를 안내하는 것을 기꺼이 받아들이는 것'이다. 그리고 나머지 기준들은 각각 '과거나 미래에 대한 걱정으로부터 벗어났다는 감(a sense of)'을 말하는 **향유된 자유**(felt Freedom), '현재 관심이 집중되고 있는 대상이 감상자로부터 정서적으로 일정 거리를 두고 있다는 감'을 말하는 **초연한 정서**(detached emotion), '정신의 구성력을 능동적으로 사용하고 있다는 감'을 말하는 **능동적 발견**(active discovery), 그리고 '한 사람으로 통합되는 감 … 그리고 이에 대한 응대로 오는 만족감'을 말하는 **전체감**(wholeness)이다.

이러한 설명에 따르면 비어즐리의 견해는 이제 예술에서 미적 경험에 관한 설명으로 옮겨 왔지만 반본질주의자적인 면모를 다시 한 번 전면에 드러내게 되고, 미적 경험의 정합성과 완전성이 아니라 자아가 갖는 '전체감'을 설명하게 되면서 듀이식의 통일성 개념은 흔적만 남게 된다. 그런데도 여전히 비어즐리는 미적인 것이나 예술적인 것이라는 선결 개념에 호소하지 않고 미적인 심적 상태가 식별 가능하다고 주장하고 있다.

이제 이 논문의 초입에서 언급했던 야심 찬 시도 네 가지 중 하나가 비어즐리(1982)에게서 아직 미결인 것으로 남아 있다. 1982년 저서에서 그는 미적 가치를 통해 미적인 관점(aesthetic point of view)을 정의한다.

대상 X에 대해서 미적인 관점을 취하는 것은 X가 소유하는 미적인 가치가 무엇이건 간에 그것에 관심 갖는 것이다. (p. 19)

그리고 미적인 가치는 ('미적 경험'의 한 변형이 '미적 희열(aesthetic gratification)'인데) 미적 희열을 통해 정의된다.

대상 X의 미적 가치는 X가 올바르게 **지각되었을** 때, 미적 희열을 제공하는 능력으로 인해 갖게 되는 가치를 말한다. (원문 강조) (p. 26)

이제 비어즐리는 미적인 개념의 궤도를 벗어나려는 시도를 하게 되는데, 이러한 근거는 다음의 주장에서 찾을 수 있다.

> 희열은 하나의 복합적인 전체(a complex whole)가 지니는 형식적 통일성 그리고/혹은 영역 성질(regional qualities)*에 주목하여 일차적으로 획득되는데, 그 희열의 양이 영역 성질의 형식적 통일성과/혹은 강도의 정도가 만드는 함수관계에 있을 때 미적이다. (p. 22)

이 같은 이론적 전회를 시도하면서 비어즐리는 미적 희열이 그것이 어디에 위치하는가를 통해서만 다른 종류의 희열로부터 구분된다고 말한다.

비어즐리는 미적인 심적 상태와 예술이 아닌 대상과의 관계에 대해서는 거의 다루지 않는다. 그러나 자연 대상이 그가 기술한 미적 희열을 줄 수 없다고 볼 근거는 없는데, 왜냐하면 비어즐리도 자연 광경에 적용되는 미적 관점의 사례 하나 정도는 들고 있기 때문이다.

예술과 미적인 심적 상태가 갖는 관계에 대해서 비어즐리의 반본질주의자적인 태도가 극복된 것은 이미 오래전이었는데, 그래서 그는 예술이 근본적으로 미적인 심적 상태를 낳도록 의도된 대상이라고 말하는 선접적 **정의**를 시도한다.

> 예술작품은 명백하게 미적 특징을 가진 경험을 제공하도록 의도된 조건의 배열 **이거나 혹은** (우연히) 그러한 배열의 집합이나 유형에 속하는 배열을 지닌 대상을 말한다. (p. 299)

비어즐리는 미적인 것의 조건으로 하나의 경험과 같은 듀이적인 개념을 실질적으로 포기함으로써 듀이보다 현상적이지 못한 견해를 제시한 셈이 되었다. 게다가 실상 미적

---

* 영역 성질을 이해하기 위해서는 비어즐리가 말하는 요소(element)와 복합체(complex)를 먼저 알아야 한다. 예컨대 '영역'이라는 단어는 더 이상 쪼갤 수 없는 'ㅇ', 'ㅕ', 'ㅇ', 'ㅇ', 'ㅕ', 'ㄱ'의 6개 (문자) 요소들로 이루어진 복합체이다. 이 경우 영역 특징은 '영역'이라는 단어가 가지는 의미에 해당하는데, 비어즐리에 따르면 요소들이나 복합부분(즉 '영'이나 '역' 같은 복합체로 되어 있으나 언급하고 있는 복합체의 부분인 것)은 가지지 못하나 복합체 전체('영역')는 가지는 성질에 해당한다. 따라서 내 몸이 50킬로그램이라는 성질은 영역 성질에 해당한다. 왜냐하면 내 몸의 어떤 요소나 복합부분들(팔, 다리 등등)도 그 자체가 50 킬로그램인 성질을 가지지는 못하기 때문이다. 이처럼 비어즐리에게서 미적 속성은 영역 성질에 해당한다. 즉 아름다운 음악을 예로 든다면 각각의 음표들이나 소절들은 지니지 못하지만 그것들이 이루는 전체가 '아름다움'이라는 미적 속성을 지닌다.

경험을 미적 희열일 뿐 아니라 대상을 올바르게 지각했을 때 제공되는 미적 희열이라고 주장하는 것은 우리의 경험이 미적이라는 것을 내성을 통해 결정할 수 없다고 말하는 것과 같다. 왜냐하면 우리는 일반적으로 대상에 대한 우리의 지각이 올바른가 하는 것을 내성을 통해 결정할 수 없기 때문이다. 마찬가지로 미적 경험을 설명하는 데 있어 올바른 지각에 호소하는 것은 명백하게 미적 경험을 인식적으로 여기는 방향으로 나아간 것이다.

물론 영미권에 있는 현상학자들은 지속적으로 미적 경험을 현상적으로 설명하고 있지만(Mitias, 1988을 보라), 이 장을 시작하며 언급한 야심 찬 시도 네 가지를 만족시키려 했던 최근의 영미 분석철학자들은 미적 경험을 인식적으로 설명하거나 혹은 그러한 관점을 전제하고 설명하는 경우가 많다.

4. 미적인 심적 상태 이론에 있는 문제점들

앞 절에서 살펴본 비어즐리에 대한 딕키의 반론은 주로 비어즐리가 주장한 미적인 개념의 외연적 적합성이라기보다는 미적인 개념을 심리적인 용어로 보고자 했던 그의 시도가 갖는 적합성에 관한 것이었다. 그러나 전자, 즉 미적인 개념의 외연적 적합성에 대한 딕키의 비판 또한 심리적인 것에 관한 것이었다. 왜냐하면 딕키는 비어즐리가 미적 경험에 근거 없는 심리적 제한을 두어서 이론이 협소해졌다고 보았기 때문이다(예컨대 감정을 포함해야 한다고 주장했던 것처럼).

미적 경험이라는 개념이 너무 협소하다고 비판하는 좀 더 일반적인 방식은, 그러한 개념이 예술작품이 무엇인가를 논함에 있어 지나치게 형식주의적인 견해를 가지고 있어서 감상자가 올바른 미적 경험을 하기 위해 알아야 할 것들, 그리고 비평가가 작품을 해석하거나 평가하기 위해서 알아야 할 것들을 논할 때도 마찬가지로 지나친 형식주의 입장을 취하게 된다는 비판이다.

이러한 비판의 근거는, 미적 경험의 설명에서 예술과 미적인 것 간의 긴밀한 관계가 (예컨대 미적 성질이 비평가나 감상자가 작품을 이해하고 평가하기 위해 반드시 파악해야 하는 성질이라고) 주장되었을 뿐만 아니라 미적 경험과 미적인 영역 내의 다른 개념들과의 연관성도 (예컨대 미적 성질은 미적 경험을 하기에 적합한 대상으로 설명된다는 점이) 가정되었다는 데에 있다.

그리고 이러한 비판은 종종 미적인 것에 대한 또 다른 심리학적 개념, 즉 **미적 태도** (aesthetic attitude) 개념이라든지 거리 둔(distanced), 초연한(detached), 무관심한 등으로 다양하게 기술되는 심적 상태들을 불러내면서 시작한다(딕키는 1974년 저작에서 비록 비어즐리가 미적 태도라는 개념에 호소한 적이 없다고 해도 자신이 비어즐리의 미적 경험에 했던 것과 유사한 비판이 이 다양한 버전의 심적 상태들에도 동일하게 적용된다고 주장했다). 흔히 미적 태도라는 개념은 논리적으로 미적 경험이라는 개념보다 선행한다고 여겨진다. 즉 우리가 제대로 된 조건에서 미적 태도를 취하게 되면 얻게 되는 것이 미적 경험이라는 것이다. 미적 태도에서 핵심적인 사안은 그러한 태도에서라면 예컨대 우리가 관람하고 있는 콘서트가 경제적으로 성공했으면 하는 욕망이라든지 우리에게 콘서트홀이 절반밖에 차지 않았다는 생각이 드는 것과 같은 현재 떠오르는 심적 상태나 심적 상태들을 또 다른 심적 상태를 위해, 즉 콘서트에서 즐거움을 찾는 심적 상태를 위해 **무시하거나 억눌러야** 한다는 것이다.

이렇게 서로 다른 심적 상태들이 마음속에서 그것들이 차지할 공간을 놓고 경쟁한다고 생각해 보았을 때 분명한 것은 **몇몇** 심적 상태들은 효과적으로 미적 경험이라고 불릴 만한 것을 배제할 수 있다는 것이다(마치 콘서트의 경제적 성공에 집중해 콘서트를 즐기지 못하게 되는 것처럼). 그렇다고 한다면 이제 미적 태도에서 무시되거나 억눌러져야 할 심적 상태의 목록을 늘려서 정신이 미적 경험을 편안히 하도록 해 주면 어떨까 하는 생각이 들 수 있다. 그리고 이는 결과적으로 미적 경험과 양립 가능한 심적 상태의 목록을 줄이게 되고, 관련 선상에서 미적 경험의 대상에 적합한 속성의 목록과 예술작품의 해석, 감상, 평가와 관련된 속성의 목록 또한 줄게 될 것이다. 문제는 이 목록을 어디에서 끊어야 하는가이다. 이 작업을 너무 엄격하게 진행하면 미적 경험은 역사적이거나 맥락적인 지식 혹은 도덕적, 종교적, 정치적 믿음으로부터 완전히 분리되어 예술작품의 외양에 나타나는 형식이나 디자인의 성질만을 미적으로 적합한 속성으로 여기는 견해에 이르게 된다. (앞서 인용에서 비어즐리가 제시한 미적 희열을 주는 속성들의 목록은 이 엄격한 경우와는 좀 거리가 있는 것으로 여기에 해당하지는 않는다. 그 목록에는 '영역 성질들'이 포함되었고, 이 영역 성질들을 설명하면서 그는 야함이나 우아함 같은 특성들을 열거하고 있다.)

미적 경험 이론이 가지는 또 다른 일반적인 문제점은, 예컨대 성적인 경험이나 마약의 경험같이 전혀 미적이지 않은 경험을 포함하는 것처럼 보여 너무 관대한(broad) 이론이 되어 버리는 것이다. 이러한 사례들이 미적 경험이 될 수 없다고 주장하는 이론은 성적 상대나 마약이 예술작품은 아니라는 꽤 일리 있는 가정을 하고 있는 동시에 다소 논쟁의 여지가 있는 가정도 하고 있는 것이다. 즉 성적 경험이나 마약 경험이 미적 경험**이라면** 예술과 미적인 것 간의 관계가 성적 대상과 마약도 예술작품이 될 수 있다는 것을 함축하는 것으로 가정하는 꼴이 된다.

끝으로 미적 경험에 대한 이론이 (말하자면 사회학적, 역사적, 인류학적인 것이 아닌) 순전히 심리적인 것이 되면, 이 이론은 미적 경험을 한 시대나 사회 계급 혹은 문화에 국한된 것이 아니라 어떤 의미에서는 전 **인류적인**(generically human) 특성으로 전제하는 것처럼 들린다. 결과적으로 이러한 이론을 옹호하는 이들은 다음과 같은 이론가들, 즉 미적이라는 개념이 18세기 유럽 부르주아의 계몽주의의 산물일 뿐이라고 제안하는 이들(Eagleton, 1990을 참조)과, 비서구권이나 문명 이전 혹은 선사시대에 있었던 사람들이 예술작품을 감상할 때 현대 서양인이 가지는 것과 동일한 종류의 경험을 가졌다고 주장할 만한 근거가 없다고 보는 인류학자들에게 어떤 답변을 줄 수 있어야만 한다.

    미적 경험에 대한 최근의 인식적 이론들은 일반적으로 이 장을 시작하면서 언급했던 야심찬 시도 네 가지 모두나 그 대부분을 만족시키고 있다. 뿐만 아니라 이 이론들은 심리적 신화 창출, 예술에 대한 지나친 형식주의, 미적 경험과 비미적 경험 구분의 실패, 현대 서구인들에게 특징적으로 나타난 경험을 현대 이전 그리고/혹은 비서구인들에게 적용하는 문제점에 대응할 수 있도록 고안되었다.

5. 미적인 심적 상태에 대한 최근의 인식적 설명 네 가지

미적 경험에 대한 최근의 인식적 설명들 중 뛰어난 이론들은 맬컴 버드(Malcolm Budd), 제럴드 레빈슨(Jerrold Levinson), 켄달 월튼(Kendall Walton), 그리고 로저 스크루턴(Roger Scruton)의 것이다.

    버드(1995)는 예술작품에 있는 가치에 대한 논의의 부분으로 미적 경험을 논한다. 버드의 주요 주장은 예술작품의 '예술적 가치'는 '그 작품이 제공하는 경험이 지닌 본유적(intrinsic)* 가치'에 있다는 것이다. 여기에서 작품이 제공하는 경험은 작품 자체가 이해되고 그것이 지닌 성질들이 직접적으로 파악되는 경험이다.

    버드의 주장에서 가장 주목할 만한 점은 그의 이론에는 미적인 것이라는 개념이 등장하지 않는다는 사실이다. 버드는 작품이 제공하는 경험을 미적 경험이라고 부르지 않는다. 실제로 버드는 '미적'이라는 용어를 좀처럼 사용하지 않는다. 버드가 한 번 정도 작품의 (미적 가치가 아니라) **예술적** 가치가 작품의 (예술적 성질이 아니라) **미적** 성질에 의존한다고 말한 적이 있기는 하다. 그러나 이것과 그의 중심 주장에 근거해 보면 미적 경험은 작품이 제공한 경험으로 설명될 수 있어서 인용한 문장에서 '예술적' 대신 '미적'을 써도 맥락상 크게 문제 될 것이 없다고 추측할 수 있다. 이렇게 되고 보면 이제 설명의 부담은 미적 성질이라는 개념으로 옮겨 가게 된다. 그러지 않으면 경험되는 작품의 어떤 성질이건 간에 그것이 작품의 예술적 가치와 관련된 성질로 간주될 위험이 있기 때문이다. 그러나 이러

---

*   원문의 맥락상 버드가 사용한 intrinsic은 '도구적으로'의 반대 의미에 해당한다. 따라서 '그 자체로서 가치 있다'는 의미의 번역어인 '본유적'을 사용하도록 하겠다.

한 미적 성질에 대한 설명이 없다면, 자연 대상도 작품에 대한 이해에서 발생하며 작품의 가치에 대한 기준을 마련해 주는 미적 경험을 줄 수 있는 것인지 아닌지가 명확하지 않게 된다.

반면 버드가 미적인 것이라는 영역, 즉 미적 경험, 미적 대상, 미적 성질, 미적 가치와 그 전 일족을 일궈 내는 일 자체가 근본적으로 잘못된 것이라 보는 것도 틀린 것은 아니다. 결국 남게 될 것은 예술작품에만 적절한, 즉 작품과의 연관선상에서만 주요하게 동일시할 수 있는 인식적인 심적 상태일 것이기 때문이다. 버드는 그의 견해가 특수한 미적 정서라든지 예술에 적합한 '단절된' 태도 같은 심리적 신화들을 사용하지 않는다고 주장하며, 우리가 어떤 사물이 제공하는 경험에 본유적인 가치를 평가하기 위해 문명인이어야 한다거나 서양인이어야 한다는 전제를 할 이유도 없고 미적인 것이라는 특수한 — 사실 어떤 것이건 그러한 — 개념을 가져야 한다고 가정할 이유도 없다고 말한다.

더욱이 버드의 견해는 협소한 형식주의자*의 것과도 거리가 멀다. 왜냐하면 버드의 경우 작품이 전달하고자 하는 메시지와 작품이 발생하여 온 역사를 이해하는 것이 '그것이 제공하는 경험'에 본질적인 것이라고 말하기 때문이다. 또한 버드식으로 정의하는 미적인 심적 상태는 예컨대 마약 경험과 혼동될 염려도 없다. 그러나 자연 대상과 예술작품에 적합한 경험은 공통점을 가지는 반면 마약의 경험과는 완전히 다른 것이라는 직관을 그가 어떻게 설명해 낼 수 있을지 모르겠다. 결국 그렇다면 이 모든 논의는 예술 개념에 대한 선행된 이해에 달린 것이다. 아마도 버드의 견해는 미적 경험이라는 개념에(혹은 어떤 미적인 것이건 간에 그러한 개념에) 특별히 호소하지 **않으면서** 예술의 핵심도 그것이 제공하는 경험으로 보려는 견해로 여기는 것이 최선인 듯하다.

레빈슨(1996)은 어떤 대상을 미적으로 경험하는 것에 대한 설명으로부터 (적어도 함축적으로) 미적 쾌가 무엇인지를 설명하려 한다.

> 대상에서 얻는 쾌는 대상이 가진 개별적 특징이나 내용을 그 자체로뿐 아니라 구
> 조와의 관계에서 감상하거나 반성하는 데에서 산출될 때 미적인 쾌가 된다. (Lev-
> inson, 1996: 6)

레빈슨은 한 대상을 특정한 방식으로 감상하거나 반성하는 것이 미적으로 **감상하는** 것이라는 주장을 즉각적으로 추론해 내고, 이로부터 미적으로 **경험한다는** 것은 대상이 가

---

* 앞서 논의한 초기 비어즐리(1958)를 염두에 둔 표현. 이는 결국 미적 경험이 대상의 형식적 배열이나 속성에 대한 경험으로 환원되는 것을 의미한다.

진 특징이나 내용을 그 자체로뿐 아니라 구조와의 관계에서 감상하고 반성하는 것이라는 것이 직접적으로 도출된다고 보는 듯하다.

　　이 같은 레빈슨의 설명은 미적 쾌가(혹은 미적 감상이나 경험이) 그 지향 대상이 다르기 때문에 여타의 쾌로부터 구분된다고 논하는 점에서 비어즐리의 미적 희열에 대한 설명과 매우 유사하다. 그러나 비어즐리의 경우 그가 말하는 대상이 단순히 현상적으로 그런 대상인지가 명확하지 않지만, 레빈슨의 경우 심적인 상태가 미적이라고 하는 것이 더 이상 정신적인 국면을 말하는 것이 아니기 때문에 미적 대상이 현상적인 대상이 아니라는 점이 명확하다. 적어도 여기에서 미적인 것이라는 기초 개념은 미적 속성으로 불리는 감상의 속성이나 관계에 대한 개념으로 보인다.

　　따라서 레빈슨은 더 이상 미적인 심적 상태를 식별하려는 야심 찬 시도에 힘쓰지 않는다. 그래서 그는 상대적으로 심리적 신화 창출을 한다고 의심받지는 않는 것 같다. 게다가 좀 더 일반적인 견지에서 보면 미적인 개념이 나타나기 시작한 18세기 이전이나 문명 이전 혹은 선사시대의 사회의 사람들이 '한 대상이 지닌 개별적인 특징이나 내용'을 '감상하거나 반성하지' 않았다고 여길 근거가 없다(그들도 그런 감상과 반성을 하고 있었다는 인류학적 근거들은 Maquet, 1986에서 제시되고 있고, 이에 대한 철학적인 지지는 Davies, 1999와 Dutton, 1999에서 찾아볼 수 있지만, 이들은 다른 문화권의 사람들도 미적 경험을 하는가에 대한 문제보다는 주로 다른 문화권에도 예술이 있는가 하는 문제를 다루었다).

　　명확히 레빈슨은 미적인 것을 예술과 독립적인 것으로 설명하려 한다. 그리고 그는 자연 대상이 예술과 같은 의미에서 미적으로 경험되는 대상이라고 본다. 여기에서 미적 쾌와 여타의 미적인 개념들 간의 관계가 상술되기 시작한다. 위에서 밝힌 미적 쾌라는 개념은 성행위나 마약에서 얻는 쾌에는 적용되지 않는다. 결국 미적 감상에서 '감상되고 반성되는' 것은 분명 '예술에 적합한' 것으로 고안되었고, 여기에는 협의의 형식적인 것을 넘어서는 내용과 그 내용이 표현되는 방식의 문제들이 포함된다.

　　월튼(1993)은 예술작품이 지닌 가치를 전면적으로 다루는 미적 가치론을 개진하는 중에 미적 쾌에 대해 논의한다. 작품이 지닌 가치라는 이득을 얻는 것은 그것을 단순히 즐기는 것이 아니라 감상하는 것이다.

> '미적' 쾌는 한 대상이 가치 있다는 것을 아는 것 즉, 그것을 상찬하는(admiring) 데에서 오는 쾌를 포함한다. 이때 우리는 그 작품을 단순히 즐기는 것이 아니라 그것을 **감상한다**. 왜냐하면 우리는 그것을 좋은 것으로 판단하는 데에서 쾌나 즐거움을 갖기 때문이다. (Walton, 1993: 504)

이렇게 미적 쾌를 대상의 가치를 **알아차리는** 데에서 얻는 쾌로 설명하는 것은 미적 쾌를 단순히 자족적인(self-congratulatory) 것이 아니라 … '(우리가) 한 대상을 상찬하는 중에' 얻는 **사물의 쾌**일 것을 요구함으로써 수정된다. 이때의 쾌는 **도덕적으로** 적절해야 하지만 이에 국한되지 않는다는 의미에서 **적절한**(appropriate) 쾌여야만 한다.

미적인 심적 상태를 이렇게 복합적이고 자기-지시적인 것으로 설명하는 것은 분명 인식적 설명에 해당한다. 비록 그의 설명은 예술작품의 경험을 설명하는 데 맞추어진 것이기는 하지만, 우리가 한 작품을 적절하게 경험하지 **않는다면** 미적 쾌를 얻을 수 없는 것인지에 대한 설명이 명확하지가 않다. 다시 말해, 예컨대 그것이 음악의 사례라고 한다면 우리가 듣기를 통해 그것을 경험하지 않는다면 해당 음악이 매우 경제적인 표현을 쓰고 있다는 것을 **알고** 있을 때에라도 미적 쾌를 얻을 수는 없는 것인지, 그 부분에 대한 설명이 명확하지가 않다. 우리는 악보나 텍스트들을 살펴봄으로써 이 같은 사실을 알게 되고 그래서 그 작품을 상찬하는 것을 즐기게 될 수는 없는 걸까?

월튼에게서는 심리적으로 의심스러운 것이나 현대 서구 사회에 특수한 것도 없으며 미적 쾌와 단순한 성적인 쾌나 약물에 의한 쾌를 구분하지 못하는 문제도 없다. 그러나 월튼은 상당한 고심 끝에 미적 쾌의 명확한 사례로 보이지 않는 사례들, 예컨대 자신의 기능을 훌륭히 잘 해내는 호미에서 얻는 쾌와 같은 사례를 미적 쾌의 사례로 받아들인다. 물론 이렇게 작품의 메시지와 도덕성이 미적인 연관성을 갖는다고 주장하는 견해는 형식주의적인 주장은 아니다.

월튼의 경우 (감상자에게 미적 쾌를 산출하는 능력인) 미적 가치뿐만 아니라 이외의 다양한 미적 개념들이 미적인 심적 상태를 통해 설명되었지만 ('감상하다', '즐기다', '상찬하다', '가치를 찾다'같이) 그 가치를 설명하는 데 사용된 용어들 중 어떤 것도 미적인 것이나 예술적인 것이라는 선결 개념에 호소하지 않는다.

월튼의 설명은 명백하게 예술작품 혹은 적어도 일반적으로는 인공품에 대한 평가를 설명하려 했던 것이었고, 그는 '상찬'이 본질적으로는 아니라고 해도 전형적으로는 일견 우리가 사람에 대해 취하는 태도라고 본다. 그렇다고 한다면 그의 입장에서 자연 대상이 미적인 심적 상태의 대상일 수 있다는 생각은 근본적으로 문제가 있는 것이다. 월튼은 예술에 대한 감상과 자연에 대한 감상의 공통점과 차이점은, **상찬하는 것을 경외나 경탄으로** 즉 대상의 **상찬에서 쾌를 얻을 때** 취하는 태도로 교체할 수 있는가에 그 성패가 달려 있다고 제안한다.* 물론 이 태도들도 여전히 미적인 상태이다.

---

* 월튼의 경우 상찬의 대상은 인공품이나 사람에 해당한다. 왜냐하면 월튼에게서 상찬은 인공품을 만든 주체의 행위나 그 주체의 성취를 높이 사는 의미가 포함되어 있기 때문이다. 그렇다면 자연 대상은 이러한

스크루턴(1974)에서 옹호된 미적 경험의 가장 놀라운 특성은 상상이라는 개념이 담당하는 역할에 있다. 스크루턴은 예컨대 음악작품에 있는 슬픔은 진정한 의미에서 슬픈 속성이 아니라고 주장한다. 따라서 한 작품이 슬프냐 아니냐 하는 판단은 진리치를 가지지 않고 그렇기 때문에 인식적이지도 **않다**고 주장한다. 오히려 그 슬픔은 작품의 한 '국면'이고 그 작품이 슬프다는 판단은 그 작품이 슬프다고 **상상하는 것**을 필요로 하는 것이라고 주장한다. 이때 상상한다는 것은 그러한 상상을 마음에 품는 것(entertaining)일 뿐 사람처럼 작품이 슬프다고 주장하는 것이 아니다.

그렇다면 미적 감상은 대략적으로 말해 대상 그 자체에서 적절한 즐거움을 찾는 것이 될 것이다. '대상 그 자체에서의 즐거움'이라는 문구는 이때의 감상을, 예컨대 음악작품을 직접 듣는 경험처럼 대상에 대한 직접적인 경험에 한정시키는 힘을 갖는다. 일반적으로 말해 자유롭게 유희하는 상상도 순수하게 지적인 사고도 이러한 경험을 주지는 못한다. 이렇게 미적 감상을 '대상 그 자체를 위한' 것으로 제한하게 되면, 이제 논리적으로는 아닐지라도 자연스럽게 우리는 상상력을 동원하여 '우리 앞에 제시된 대상에 주목하고 사고하면서(뿐만 아니라 제시되지 않은 것도 사고하고 주목하면서) 우리의 경험을 풍요롭게 만들게' 된다. 그리고 이때 대상이 환기시킨 사고나 느낌은 '경험 … 그 자체의 일부분이 되어 대상으로부터 현재의 경험을 이탈시키지는 않지만 그 경험을 변형시키게 된다'.

스크루턴은 우리가 대상의 속성과 직접 접촉한다는 의미에서 미적 경험이 인지적인 것은 아니라고 분명히 말하지만, 미적 경험의 한 부분인 상상적 사고가 여전히 대상에 근**거를 두며** 대상에 **적절하다는** 점은 분명하다. 예컨대 한 음악작품이 슬프다는 미적 경험을 하려면 그 작품을 슬픈 사람처럼 여기는 경험이 적절한 것이어야만 한다. 스크루턴의 견해에 있어 이러한 생각은 미적 감상을 이성적인 평가에 속하는 활동으로 만들기에 충분할 뿐만 아니라, 미적 감상에서 하는 미적 경험이 인식적인 표준에 따르는 것으로 보이게 만들기에, 즉 좀 더 거친 의미에서 말하자면 그의 견해를 인식적인 견해로 보이게 만들기에 충분해 보인다.

스크루턴은 앞서 밝혔듯이 '미적 태도'가 본질적으로 미적 감상을 목적한다고 설명한다. 그러나 이때의 태도는 딕키가 비판한 종류의 심리적 신화 같은 것을 낳지도 않고, 미적 태도나 미적 감상이 현대 사회, 문명사회, 그리고 서구 사회에 국한되지도 않는다. 나아가 스크루턴에게서 상상력은 비록 미적인 것을 정의하지는 않을지라도 그것과 매우

상찬의 대상이 아니다. 그러나 월튼은 일몰과 같은 자연 대상도 상찬될 수 있는데 이때의 상찬은 우리가 그 일몰을 바라보고 있을 때의 태도 즉 감상자가 취하는 경외(being awe of)나 경탄(wondering at)의 태도에 관한 것이라고 말한다.

밀접한 관계를 가지고 있어서 그가 말하는 상상력을 살펴보는 것이 중요하다. 그리고 스크루턴은 이러한 생각이 일반적인 생각이며 이론의 목적상 즉각적으로 만들어 낸 것이 아니라는 점을 분명히 한다. 즉 미적 경험에 있는 대상 지향적이고 규범적인 국면이 마약의 경험과 미적 경험을 구분시켜 주고, 미적 경험을 풍요롭게 하는 사고와 상상적 경험의 협동은 미적 경험을 성적 경험으로부터 구분시켜 줄 뿐 아니라 미적 감상이 좁은 의미의 형식적 감상을 넘어서도록 해 준다는 것이다.

버드와는 대조적으로 스크루턴은 미적 국면, 미적 속성, 미적 지각, 미적 대상, 미적 판단과 같은 다양한 미적 개념을 불러내는 데 조금도 주저하지 않는다. 스크루턴은 이들 중 몇몇 개념들은 비판하지만 나머지 개념에 대해서는 상대적으로 별다른 검토 없이 수용한다. 그는 이 개념들을 체계적으로 발전시키지는 못했는데 이는 그것이 그의 관심사가 아니었기 때문이었던 듯하다.

마지막으로 덧붙일 것은, '미적인 관심의 주요 대상은 예술작품'이라고 하는 것이 스크루턴에게는 중요하기는 했어도 그다지 본질적인 것은 아니라는 점이다. 이것이 우연적인 것이라는 사실은 자연 대상에 대해서도 상상적 사고를 발동시켜 미적 태도를 취하는 우리의 능력에서 드러난다. 그렇다고는 해도 스크루턴에게서 대상의 표현적인 속성과 재현적인 속성을 식별하는 것은 한 대상에 대한 미적 경험에서 핵심적인 사안으로 주로 그 대상을 예술작품으로 이해할 때만 가능하고 자연 대상의 아름다움을 감상할 때에는 요구되지 않는다.

> 미적 관심에 필요한 사고나 느낌은 미적 대상이 예술을 특징짓는 특성을 소유할
> 때에만 완전히 설명될 수 있다. (Scruton, 1974: 163)

미적 경험에 대한 인식적 설명의 대부분은 경험의 대상이 되는 속성에 대한 실재론을 전제하고 있는 것 같다. 참에 대한 비실재론들이 대상의 실제 속성에 대해 동의하지 않은 채 지식과 믿음의 차이를 지지할 수 있는 것과 마찬가지로 스크루턴의 미적 국면에 대한 비실재론적인 설명도 미적 경험에 대한 인식적 설명을 지지할 수 있다. 더욱이 미적 특성에 대한 비실재론적인 설명이 속성 일반에 대한 비실재론보다는 애초에 더 일리 있어 보인다는 이점도 있다.

6. 최근의 미적 경험론에 대한 두 비판

리처드 슈스터만(Richard Shusterman, 1997)과 노엘 캐롤(Noël Carroll, 2000)은 최근 철학자들 사이에서 재개된 미적 경험에 대한 관심을 슈스터만이 '(20세기의) 예술적 아방가르드의 반미학적 열망'이라고 불렀던 것에 대한 반응으로 간주하고 이러한 관심의 부흥을 서로 다른 방식에서 비판한다.

슈스터만은 '미적 경험의 전통'에 있는 네 가지 핵심적인 특성을 밝힌다.

> 첫째, 미적 경험은 본질적으로 가치 있는 것이며 즐거움을 준다. 우리는 이를 미적 경험의 평가적인 차원이라 부른다. 둘째, 미적 경험은 생생하게 느껴지고 주관적으로 풍미되는 것이라 우리로 하여금 감정적 몰입과 경험의 직접적 현전에 주목하게 함으로써 일상적 경험의 평범한 흐름으로부터 빠져나오게 한다. 우리는 이를 미적 경험의 현상적 차원이라고 부른다. 셋째, 미적 경험은 의미를 지닌 경험으로 단순 감각이 아니다. 우리는 이를 의미론적 차원이라 부른다. … 넷째, 미적 경험은 순수 예술과 재현 예술이 지니는 본질적인 목적의 차이에서 정체성이 확보되는 독특한 경험이다. 우리는 이를 구분과 정의의 차원이라고 부른다. (Shusterman, 1997: 30)

슈스터만의 논의는 분석미학과 듀이식 전통에 놓여 있기는 하지만 그는 (예컨대 아도르노, 벤야민, 하이데거, 가다머, 부르디외 같은) 20세기 대륙 철학자들의 미적 경험에 대한 논의도 잘 정리하고 있다. 슈스터만은 이들에게서 미적 경험이 '완전히 독립된 예술의 수용' 방식이었으며 '온전한 의미를 획득하기 위해서는 현상적인 직접성'을 요구한다는 점을 강조하고, 이런 그릇된 개념은 그가 인용문에서 언급한 네 가지 주요 특성에서 도출되는 결과가 아니라 말한다.

그러나 슈스터만은 듀이 이후 비어즐리에 대한 딕키의 비판에서 시작된 미적인 개념에 대한 영미권의 비판과 발전이 안타깝게도 미적 경험의 전통에 있는 평가적 차원을 무시하고 현상적인 차원을 희생시킨 대가로 의미론적 차원을 진전시켰으며, 상기 구분과 정의의 차원을 강조해 버렸다고 주장한다. 이는 '단지 미적인 것의 지위를 정의하고, 경계 짓고, 설명하기보다 미적인 영역을 개선하고 확대시키려 했던' 듀이식의 '변형' 개념에 반대되는 것이다.

슈스터만은 앞 절에서 다룬 인식적 설명 같은 것을 시도하지는 않는다. 그러나 인식적 설명은 슈스터만이 묘사한 것처럼 대륙 철학자들의 비판에 완벽하게 답할 수 있는 이론일 뿐 아니라 최근 영미 미학의 흐름에 대한 슈스터만의 비판을 다양한 방식에서 막아내며 그가 지지하는 것과 동일한 입장을 제시하는 이론이다. 무엇보다 누구도 미적 경험에만 특수한 현상학을 — 간혹 거부하기는 했어도 — 애써 주장한 적은 없었지만, 비어즐리와 같은 사례는 인식적 설명을 한다고 해서 이 특수한 현상학을 거부할 필요가 없다는 것을 보여 준다. 미적인 것에 대한 현상적 설명과 인식적 설명의 구분이 반드시 배타적일 필요는 없다. 그리고 인식적 설명을 한다고 해서 미적 경험을 '생생하게 느끼고 주관적으로 풍미하는(vividly felt and subjectively savored)' 것으로 보지 못할 이유도 없다. 게다가 슈스터만의 주장이 미학에서뿐만 아니라 현재 예술에서 진행되는 반미학화에 반대해 미적 가치를 옹호하는 데 있어 인식적 설명보다 강한 주장을 하는 것은 사실이지만, 인식적 설명에서도 미적 경험이 지닌 가치와 그 향유 가능성은 여전히 중요한 주제이다.

반면 인식적 설명이 제안한 미적 경험과 예술 간의 관계가 원래 밀접한 관계이기는 해도 그것이 미적 경험을 정의할 필요는 없다. 나아가 심지어 정의를 한다고 해도 그 관계가 미적 경험을 예술에만 국한된 것으로 '제한할' 필요도 없다. 그리고 미적 경험이 참신하거나 의외의 대상에서 온다는 생각에 반대해 말하자면, 이때의 관계가 반드시 '미적인 상황(aesthetic status quo)'을 조장하는 것도 아니다. 따라서 인식적 설명이 듀이로 회귀하는 슈스터만을 따르지 않는다고 해서 반드시 잘못된 것은 아닌 것 같다.

한편 슈스터만이 비어즐리에 대한 딕키의 비판으로 인해 타격받기 시작했던 미적 경험의 개념을 회복시키려 한 것이라면, 캐롤은 그 비판을 강화시키고 확대시키려 했다. 캐롤에 따르면 예술작품에 대한 미적 경험에 대해 말할 수 있는 최선은 다음과 같다.

> 디자인에 대한 감상 그리고/혹은 미적이고 표현적인 속성의 발견 그리고/혹은
> 작품이 형식적인, 미적인, 표현적인 속성을 가지게 되는 방식에 대한 주목을 필요
> 로 한다. (Carroll, 2000: 207)

이처럼 '축소되고, 내용 지향적이며, 열거적인' 접근방식은 비어즐리(1982)에 이어 버드(1995)와 레빈슨(1996)의 저작들에서도 다루어진 바 있다. 그러나 캐롤의 논문에 드러난 접근은 분명 보다 야심 찬 견해들에 대한 철저한 비판으로부터 나온 것이다(여기에서 캐롤은 예술작품에 대한 미적 경험에만 자신의 논의를 국한시키고, 그가 이 축소된 결론을 유지하려는 전략의 일환으로 예술작품 혹은 자연 대상에 대한 우리의 상호작용에 공통된 미적인 심적 상태가 있는가 하는 질문을 일부러 회피하고 있다는 점 또한 주목하자).

캐롤은 자신이 열거한 속성들에 대한 경험들을 묶는 '공통된 끈'을 찾으려는 '본질주의자'들의 목표는 성공적일 수 없다고 주장한다. 그리고 이는 무엇보다 그가 미적인 심적

상태에 대해 더 실제적인 설명을 옹호하는 이들의 핵심 논변인 미적 경험의 본질적인 특성이 그 자체로 가치 있다는 데에 있다고 보는 논변을 지지하지 않기 때문이다(슈스터만처럼 캐롤도 앞서 다룬 인식적 설명과 같은 논의는 하지 않는다. 그러나 본유적 가치라는 개념은 특히나 Budd, 1995에서 다루어졌던 것이다).

이러한 입장을 옹호하기 위해 캐롤은 먼저 미적 경험을 도구주의 입장에서 옹호해 온 역사가 짧지 않음을 지적한다. 그리고 실상 위에서 말한 속성들을 지닌 예술작품의 감상자들이 종종 작품이 주는 통찰력, 자기계발과 같은 다양한 이점을 얻을 수 있기 때문에 자신이 하고 있는 경험을 도구적으로 가치 있다고 말한다는 점도 언급한다(앞서 언급했듯이 이러한 종류의 주장이 Beardsley, 1958에 있었던 것을 떠올려 보자). 본유적 가치를 논하는 것을 반대하는 것과 마찬가지로 이러한 고찰도 적어도 부분적으로는 만일 어떤 것이 본유적으로 가치 있다면 동시에 그것이 도구적으로 가치 있을 수는 없다는 전제를 옹호하는 것처럼 보인다. 미적인 심적 상태가 다른 심적 상태를 배제시킨다고 보는 이들(예컨대 '초연한' 미적 태도라는 특정 개념을 옹호하는 이들) 덕분에 이러한 견해가 생겨났을 수는 있지만, 미적인 심적 상태가 부분적으로만 본유적 가치를 지닌다고 주장하는 이들까지 그들에 속할 필요는 없다. 적어도 미적인 심적 상태가 본유적 가치를 지닌다는 데 동의하는 것만으로 그렇게 치부할 수는 없다.

이런 지적을 잠시 보류하고, 우리가 한 경험이 본유적으로 가치 있는 동시에 도구적으로도 가치 있다고 평가하지 못할 어떠한 논리적 근거도 찾을 수 없다는 것을 인정한다 하더라도, 이러한 사실은 미적 경험에 본유적 가치를 부여하는 몇몇 특별한 경우에서 문제를 발생시킨다. 특히 미적 경험을 추구하는 동기에 대해 설명하면서 캐롤이 그런 상황에서 사람들은 일반적으로 도구적 가치를 부여한다고 지적했던 것을 떠올려 보면 더욱 그렇다. 왜냐하면 특수한 경우에 본유적 가치를 부여한다고 하는 것도, 사람들이 도구적인 가치를 찾지 못했을 때 하게 될 것에 대한 미덥지 않은 직관에 의존할 것이기 때문이다. 적어도 미적 경험을 설명하는 데 있어 그것이 본유적으로 가치 있다고 말하고자 한다면 이는 또 다른 심리적 신화를 낳아야 하는 위험을 감수해야 한다.

비록 어떤 경험을 본유적으로 가치 있다고 여기는 것이 그 자체로 의심스러운 것은 아니겠지만, 캐롤은 다음과 같이 말한다.

> 미적 경험은 그 자체로 가치 있는 경험이라는 견해는 … 심하게 설득력이 없다.
>
> (Carroll, 2000: 204)

그는 독자에게 같은 그림을 '이해하고 처리하는 데 있어서 정확히 동일한 유형의 평가 상태'에 있는 두 사람을 상상해 보라고 한다. 그중 한 명은 이 그림에 대한 이해와 처리에 도구적 가치가 아니라 본유적 가치를 두었고, 나머지 한 명은 본유적 가치가 아니라 도구적 가치를 두었다(우리는 후자의 경우, 말하자면 진화 심리학자로서 그가 믿고 있는 이론에 따르면 그림을 경험하는 것은 결코 본유적으로 가치 있는 것이 아니라 그것이 감상자의 감식 능력을 강화시키는 것과 같은 이득을 주기 때문에 가치를 지닌다고 여기는 것으로 간주해 볼 수 있다). 전자의 경험은 후자가 가지고 있는 믿음과는 다른 믿음에 의해서 발생하겠지만, 본유적 가치가 미적 경험을 가지기 위한 필요 조건이라고 여기는 이들처럼 "(전자는) … 미적 경험을 하고 있는 것이지만, (후자는) … 미적 경험을 하고 있는 것이 아니다"라고 주장하는 것은(그리고 후자의 경우 그가 본유적 가치의 부여와 양립 불가능한 이론을 고집한다면 미적 경험은 발생할 수 없다고 하는 것은) '완전히 작위적이고 매우 만족스럽지 못한 주장'으로 보인다.

본유적 가치가 미적 경험의 본질적인 요소라고 주장하는 이들은 이렇게 반론할지 모른다. 첫째, 자신의 이론을 지지하기 위해 미적 경험을 가지지 못하는 진화 심리학자의 무능력함은 어떤 것도 알 수 없다는 회의론자나 어떤 믿음도 가질 수 없다는 제거적 유물론자들의 무능력함을 가정하는 것이 불필요한 것과 같다. 어떤 이론이 특정한 심리 상태가 불가능하다는 것을 함축한다고 해서 그것이 이 이론의 지지자가 그러한 심리 상태에 있지 **못한다는 것을** 함축하지는 않는다.

한편 캐롤이 제시한 두 감상자에게 있었던 '동일한 유형의 심적 처리 과정'은 미적인 심적 상태에 대한 인식적 설명이 강조하는 종류의 심적 상태를 예시하고 있다. 아마도 이는 '경험'을 인식적 의미로 이해하는 입장에서 미적 **경험**이라고 불릴 만한 것일 것이다. 그러나 미적으로 고유한 심적 상태를 옹호하는 이들은 미적인 심적 상태를 월튼(1993)에게서 설명된 것처럼 미적 쾌, 즉 어떤 것이 좋다고 판단하는 데서 얻는 쾌와 같이 복합적인 것으로 볼 여지가 있다. 월튼이 언급한 심적 상태가 쾌를 얻는 것과 가치를 찾는 것의 조합인 것처럼, 캐롤이 반대하는 견해에 따르면 미적인 심적 상태는 가치를 찾는 것과 인식적 의미에서의 경험이 또 다른 방식으로 혼합된 것일지 모른다. 이러한 설명이 캐롤의 반대를 피하는 동시에 이 장을 열며 언급했던 네 가지 야심 찬 시도의 대부분 혹은 전부를 만족시킬 수 있을 것인지는 지켜봐야 할 일이다(이와 유사한 방식에서 미적인 심적 상태, 특히 미적 감상의 특징을 밝히려는 시도를 보려면 Iseminger, 1981을 보라. 그리고 예술의 본성을 미적으로 설명하려는 입장에서 미적인 심적 상태의 특징을 개진시킨 사례를 보려면 Anderson, 1999를 보라).

7. 결론

일반적으로 미적인 심적 상태에 대한 인식적 설명은 (적어도 고유하게 미적이라고 말해지는 심적 상
태라는) 신화 같은 심적 상태에 의존할 필요도 없고, 문명 이전이나 선사시대 혹은 비서구
권 사회에는 적용 불가능한 심적 상태에 의존할 필요도 없다. 인식적 설명은 미적인 심적
상태가 예술에 대한 과도한 형식주의를 이끌었을 뿐 아니라 미적인 심적 상태와 마약 경
험이나 성적인 쾌에 따르는 심적 상태를 구분하지 못했다는 데 가해지는 비판에 답변을
줄 수도 있다. 그리고 이는 예술이나 혹은 미적인 것이라는 선결 개념에 호소하지 않고도
설명될 수 있다. 인식적 설명은 미적인 경험이 고유한 현상학을 가진다는 것을 함축할 필
요는 없지만 이와 일관성을 유지할 수도 있다. 인식적 설명의 옹호자들이 미적 경험을 미
적 가치와 같은 관련 개념을 설명하는 데 사용하게 되면, 인식적 의미의 미적 경험은 이러
한 설명에 적합해 보일 것 같다. 그러기 위해 미적 속성과 같은 또 다른 미적인 개념이 결
국 더 기초적인 개념으로 출현할 것 같지만 말이다. 미적 경험에 대한 인식적 설명은 예술
과 미적인 것의 밀접한 관계를 설명하는 듯 보이지만, 자연 대상에 대한 미적 경험도 여전
히 허용하고 있다. 만일 미적인 심적 상태가 존재하고 그러한 상태를 경험하는 것이 가치
있는 일이라고 믿고 싶다면, 미적 경험을 인식적으로 설명할 수 있는 미적인 심적 상태의
개념을 밝히는 과정에서 이 논문의 서두에서 언급한 네 가지 야심 찬 목표의 대부분 혹은
전부를 지속적으로 추구하는 것이 필요해 보인다.

* 이 논문의 이해를 돕기 위해서 이 책에서 다음의 논문들을 찾아 읽으면 좋을 것이다.
  〈미〉, 〈미적 실재론 1〉, 〈미적 실재론 2〉, 〈미학과 인지과학〉, 〈예술의 가치〉, 〈자연의 미학〉

참고문헌

Anderson, J. (1999). "Aesthetic Concepts of Art". in N. Carroll (ed.), *Theories of Art*. Madison, Wis.: University of Wisconsin Press: 65–92.

Beardsley, M. (1958). *Aesthetics: Problems in the Philosophy of Criticism*. New York: Harcourt Brace.

_____ (1969). "Aesthetic Experience Regained". *Journal of Aesthetics and Art Criticism* 28: 3–11.

_____ (1982). *The Aesthetic Point of View*. Ithaca, NY: Cornell University Press.

Budd, M. (1995). *Values of Art*. London: Penguin Books.

Bullough, E. (1912). "Psychical Distance as a Factor in Art and as an Aesthetic Principle". *British Journal of Psychology* 5: 87–98.

Carroll, N. (2000). "Art and the Domain of the Aesthetic". *British Journal of Aesthetics* 40: 191–208.

_____ (2002). "Aesthetic Experience Revisited". *British Journal of Aesthetics* 42: 145–68.

Davies, S. (1999). "Non–Western Art and Art's Definition". N. Carroll (ed.), *Theories of Art*. Madison, Wis.: University of Wisconsin Press: 199–216.

Dewey, J. (1934). *Art as Experience*. New York: Putnam.

Dickie, G. (1965). "Beardsley's Phantom Aesthetic Experience". *Journal of Philosophy* 62: 129–36.

_____ (1974). *Art and the Aesthetic: An Institutional Analysis*. Ithaca, NY: Cornell University Press.

Diffey, T. J. (1990). "Schopenhauer's Account of Aesthetic Experience". *British Journal of Aesthetics* 30: 132–42.

Dutton, D. (1999). "'But They Don't Have Our Concept of Art'". in N. Carroll (ed.), *Theories of Art*. Madison, Wis.: University of Wisconsin Press: 217–38.

Eagleton, T. (1990). *The Ideology of the Aesthetic*. Oxford: Basil Blackwell.

Genette, G. (1999). *The Aesthetic Relation*, trans. G. M. Goshgarian. Ithaca, NY: Cornell University Press.

Iseminger, G. (1981). "Aesthetic Appreciation". *Journal of Aesthetics and Art Criticism* 41: 389–97.

Levinson, J. (1996). *The Pleasures of Aesthetics*. Ithaca, NY: Cornell University Press.

Maquet, J. (1986). *The Aesthetic Experience*. New Haven: Yale University Press.

Mitias, M. (1988). *The Possibility of Aesthetic Experience*. Dordrecht: Martinus Nijhoff.

Nehamas, A. (1998). "Richard Shusterman on Pleasure and Aesthetic Experience". *Journal of Aesthetics and Art Criticism* 56: 49–51.

Petts, J. (2000). "Aesthetic Experience and the Revelation of Value". *Journal of Aesthetics and Art Criticism* 58: 61–71.

Rosebury, B. (2000). "The Historical Contingency of Aesthetic Experience". *British Journal of Aesthetics* 40: 73–88.

Scruton, R. (1974). *Art and Imagination*. London: Methuen.

Shusterman, R. (1997). "The End of Aesthetic Experience". *Journal of Aesthetics and Art Criticism* 55: 29–41.

Stolnitz, J. (1961). "On the Origins of 'Aesthetic Disinterestedness'". *Journal of Aesthetics and Art Criticism* 20: 131–44.

Walton, K. (1993). "How Marvelous! Toward a Theory of Aesthetic Value". *Journal of Aesthetics and Art Criticism* 51: 499–510.

제6장

자연의 미학

맬컴 버드(Malcolm Budd)
번역: 신현주

자연의 미를 예술의 미보다 저급한 것으로 취급했던 헤겔 이후로 자연의 미학은 오랜 기간 침체되었으나 그러한 침체는 마침내 로널드 헵번(Ronald Hepburn, 1966)의 논문으로 인해 종결되었다. 어째서 철학이 자연의 미학을 등한시해왔는지를 분석한 그의 논문에서 헵번은 자연의 미적 경험이 어떻게 예술의 미적 경험과 구분되는지 설명하고, 또한 예술의 미적 경험에서 나타나는 특징들과는 다른 가치들을 자연의 미적 경험에서 발견하여 자연의 미를 무시했을 때 나타나는 해로운 결과들을 드러낸다. 헵번의 이론을 단순한 요약글로다 담을 수 없기에 필자는 그가 다룬 주제들 중 자연의 미학에 관한 현재의 논의들에 영향을 끼친 것을 설명하는 데에 만족할 것이다(헵번은 그 주제들의 섬세한 측면들까지 상세히 논하고 있으나 이 글에서 그러한 논의는 종종 생략되기도 할 것이다).

헵번에 의하면, 첫째, 우리는 자연 안에 존재하면서 또한 자연의 한 부분이기 때문에, 자연에 미적으로 참여할 때 우리는 행위자이며 동시에 관찰자이다. 둘째로, 예술작품의 경우와는 다르게, 자연적인 것들은 미적 대상으로 여겨질 때에도 그것의 본래 환경으로부터 분리되지 않는다. 셋째로, 자연에 대한 미적 경험은 해석되지 않은 형태나 색, 패턴, 운동 등의 관조에만 한정되어서는 안 된다. 마지막으로, 자연물의 외양을 만든 혹은 자연 현상 안에 활성화되어 있는 힘을 상상적으로 인식하는 것이 바로 자연에 대한 미적 경험의 핵심이다.

1. 참여의 미학

아놀드 벌런트(Arnold Berleant, 1993)는 자연의 미적 감상을 위해 '참여(engagement)의 미학'을 제시하면서(예술작품 감상에 대한 모델로 그가 추천하고 있는 것이기도 하다) 위의 네 가지 생각 중 첫 번째와 두 번째 생각을 강조하는데, 무관심적 관조의 미학이라 할 수 있는 전통 미학에서 미적 주체는 미적 대상으로부터 거리를 둔 관찰자인 반면, '참여의 미학'에서 미적 주체는 자연이 지닌 형태 및 과정들과 연속성을 지닌, 자연 세계에 지각적으로 몰입된 능동적 참여자로 그려지고 있다. 그러나 참여의 미학은 위의 첫 번째와 두 번째 요소들로부터 타당하게 귀결된 것이 아니며, 다음과 같은 세 가지 치명적인 약점이 있다. 우선 헵번(1998)이 지적한 바와 같이, 풍경을 마주하는 것이 아닌 풍경 안에 있다는 것이 우리의 미적 경험을 관조적이지 못하게 만드는 것은 아니다. 둘째로, 전통적인 미학에서의 무관심성 개념이 잘 드러난 것이 칸트의 무관심성 개념인데, 이에 따르면 어떤 것에 대한 긍정적인 정감 반응은 세상이 어떤 방식이어야 한다는 욕구의 만족을 통한 쾌가 아닌 오직 그 경우에만 무관심적인 것이다. 그리고 이 같은 의미에서의 무관심적 반응 개념은 벌런트가 논하고 있는 참여의 여러 측면들과 양립 가능할 뿐만 아니라, 미적 반응에 관한 설득력 있는 이론이라면 당연히 지니고 있어야 하는 그러한 개념이다. 마지막으로, 벌런트는 관조와 무관심성 개념을 거부하지만 그것들을 대신해 미적 감상이나 경험을 설명할 수 있는 대안적 개념을 제시하지 못하고 있으며, 이 때문에 자연에 관한 그의 '참여의 미학' 이론은 자연에 대한 감상이나 미적 경험을 설명하는 이론으로 적절치 못하다.

2. 환경적 형식주의

헵번이 거부하고 있는 관점, 즉 미적 경험이란 해석되지 않은 것들을 경험하는 것이라는 관점의 한 형태는 형식주의이다. 형식주의 중 자연환경에 대한 우리의 미적 감상과 평가와 관련된 것을 환경적 형식주의(environmental formalism)라 한다. 알렌 칼슨(Allen Carlson, 1979b)은 위에서 언급된 헵번의 첫 번째와 두 번째 관점을 이용해 형식주의를 논박한다. 형식주의는 ① 미적 감상이란 대상의 형식을 구성하는 요소를 감상하는 것이라 보며, ② 대상의 미적 가치는 그것의 형식적 속성들에 의해 완전히 결정된다고 주장한다. 대상의 지각된 형식은 '형태, 패턴, 그리고 디자인 등'으로 구성된다. 형식적 성질이란 '예를 들어 통일성이 있거나 아니면 혼잡하다, 균형 잡혀 있거나 아니면 균형 잡혀 있지 않다, 조화롭거나 아니면 혼란스럽다 등과 같은 성질들이다'. 그러므로 형식적 성질이란 대상이 그것의 형태, 패턴, 디자인 때문에 가지는 성질이다. 그러나 형태, 패턴, 디자인은 다시 대상의 감각 성질들(질감, 색, 선의 성질들) 사이의 관계에서 발생한다(혹은 그런 관계로 구성된다). 그러므로 넓은 의미에서 대상의 지각된 형식은 질감, 색, 선, 형태, 패턴, 디자인으로 구성된다.

칼슨이 이해한 바에 따르면, 형식주의는 바로 이 같은 넓은 의미에서의 '지각된 형식' 개념에 바탕을 두고 있다. 따라서 그가 이해한 바에 따르면, 환경적 형식주의는 자연환경을 미적으로 감상할 때 감상자가 자연환경을 구성하고 있는 항목들(땅, 물, 초목, 언덕, 계곡, 강, 나무 등)의 성질로부터 초월하여 자연환경의 지각된 형식, 즉 그것의 선이나 색, 질감, 그리고 이러한 것들 사이의 관계에만 주목해야 한다고 주장한다. 그리고 자연은 그것의 지각된 형식이 통일되거나, 균형이 맞으며, 혹은 다양성 내의 통일성을 이루고 있는 한 미적으로 매력적이며, 그렇지 않으면 매력적이지 않다는 것이다.

환경적 형식주의를 논박하며 칼슨이 주장하는 바는 다음과 같다. 전통적인 예술적 대상들과 자연환경 사이의 중요한 차이는, 예술작품의 경우 그것이 '어떤 형식적 방식에 따라 틀에 맞추어져 있거나(framed) 범위가 한정된(delimited)' 반면, 자연환경은 그렇지 않다. 그리고 이것은 전통적인 예술작품의 형식적 성질들과 자연환경의 형식적 성질들 사이의 차이점을 내포한다. 왜냐하면 예술작품의 형식적 성질들은 '대부분 그러한 틀(frame)에 의해 결정되기 때문이다'. 예술작품들은 '그것들의 틀 안에 있을 때 그리고 틀에 연관될 때 비로소 통일되거나 균형 잡힌다'. 그러므로 예술작품의 형식적 성질들에 대한 인식은 작품의 정확한 평가를 뒷받침할 수 있으며, 형식적 성질들은 '작품 그 자체의 중요한 결정 요소들'이기에 쉽게 감상된다. 반면 자연환경 그 자체는 형식적 성질을 가질 수 없으며 오직 틀 안에 놓인 후에야 형식적 성질을 가질 수 있다. 우리는 자연환경의 어느 한 부분을 다수의 서로 다른 위치에서 볼 수 있거나 또는 다수의 서로 다른 방식의 틀 안에서 볼 수 있고, 자연이 어떤 형식적 성질을 가지느냐 하는 것은 관찰자의 틀과 위치에 상대적인 것이어서, 이런 방식의 틀에서 혹은 이 위치에서 보면 통일성이 있고 균형 잡힌 듯 보이는 것도 저런 방식의 틀에서 보거나 혹은 저 위치에서 보면 혼동스럽고 균형이 부족한 듯 보인다.

자연환경이 그 자체로는 형식적 성질을 가지지 않으나 특정한 위치의 틀 안에서 감상될 때 형식적 성질을 가지는 것처럼 보인다는 결론은 환경적 형식주의에 큰 타격을 주지 않는다. 왜냐하면 형식주의자는 다양한 틀이나 관점들로 인해 형식적 성질들이 상대성을 가질 수 있다는 점 및 미적 감상에 있어서 틀 씌우기(framing)의 필요성을 인정하면서도, 여전히 자연환경의 미적 감상은 '관찰자가 선택한 관점으로 자연환경에 틀을 씌울 때' 나타나는 형식적 성질들을 감상하는 것이라고 주장할 수 있기 때문이다.

여기서 칼슨이 선호하는 결론은 보다 강하다. 즉 자연환경은 형식적 성질을 가지지 않는다고 말하면서 그가 의미하는 바는, 우리가 자연환경을 **적절한 미적 방식으로 감상한다면** 그것은 형식적 성질을 가지는 것으로 **감상될 수 없다**는 것이다. 그의 논증은 다음과 같이 전개된다. 칼슨에 따르면 자연환경의 적절한 감상 방식은 '자연환경의 일부이면서 자연에 반응하는 자의 능동적이고 참여적인 감상'이다.

> 자연환경의 한 부분에 틀 씌우기를 하여 볼 때, 우리는 그 부분으로부터 분리된 정적인 관찰자가 되며 이때 우리는 그 부분을 특정한 외부적(external) 관점에서 보게 된다. 그러나 이렇게 틀 씌우기에서 요구되는 정적이고 외부적인 관점을 유지하는 한 능동적이고 참여적인 감상은 발생하지 못한다. 즉, 우리는 자연환경에 틀을 씌우고 보면서 자연환경을 감상할 수는 없다. 자연환경 안에서 자연을 감상한다고 할 때 우리가 감상하는 것은 틀이 씌워진 자연환경이 아니다. (Carlson, 1979b: 109-10)

그러나 이 논변은 설득력이 없다. 비록 자연환경에 대한 적절한 미적 감상의 방식이 능동적이고 참여적인 것이라 할지라도, 그렇기 때문에 우리는 참여적인 감상자로서의 권리를 빼앗기지 않기 위해 정적인 관찰자는 결코 되어서는 안 된다는 사실이 따라 나오지는 않는다. 하늘의 변화무쌍한 모습들을 정적으로 관찰한다든지, 어떤 경치의 한 부분을 선택해서 응시하고 관조하는 것은 자연환경에 대한 미적 감상으로 충분히 여겨질 수 있다. 그러므로 자연환경은 그것의 형식적 성질들을 통해 미적으로 감상될 수 없다는 것을 보이는 데 칼슨은 성공하지 못했다.

그럼에도 불구하고 자연환경의 미적 감상은 개념으로 정립된 자연물(구름, 나무, 계곡 등)에 대한 것이어서는 안 된다는 환경적 형식주의의 주장은 확실히 근거가 없으며, 이는 대상을 그것이 예화하고 있는 종(kind)들로부터 분리하고 추상하여 감상하는 것을 미적 경험이라 한정하는 정당화되지 못한 견해의 산물로서, 예술작품뿐만 아니라 자연환경의 미적 감상을 이해하는 데에 적절하지 못하다.

3. 자연의 표현적 성질들

환경적 형식주의에 대한 대안으로 칼슨(1979b)은 자연환경은 그것의 다양한 비형식적 미적 성질들, 예를 들어 표현적 성질(고요함, 당당함, 침울함)이라든지 혹은 우아함, 섬세함, 조야함 등과 같은 성질들을 통해 미적으로 감상되어야 한다고 주장한다. 이 제안의 한 가지

약점은 표현적 성질들(expressive qualities)의 범위와 성질이 명확하지 않다는 것이다. 만약 엄격함을 극도의 단순함으로, 평온함을 고요함(조용함, 소란의 부재)으로, 불길함을 위협적임으로, 당당함을 거대함으로 규정하면, ① 사막 풍경은 **문자 그대로** 엄격하고(극도의 단순함), 조용한 초원은 문자 그대로 평온하며(소란의 부재), 폭풍이 오기 전의 하늘은 문자 그대로 불길하며(접근하고 있는 위협을 나타냄), 그리고 산맥은 문자 그대로 당당하다(거대하기 때문에). 그리고 ② 특별한 미적 감수성이 그러한 엄격함, 평온함, 불길함, 당당함 등을 간파하는 데 요구되는 것은 아니다(그러므로 미적인 것에 대한 어떤 특정 관점에 따르면 이것들은 미적 성질이 아니다). 그러나 만약 이것이 소위 표현적 성질의 전형이라면, 표현적 성질들은 오직 대상이 문자 그대로 소유하고 있는 성질들만을 한정해 지칭하게 되며, 이것은 표현적 성질에 대한 일반적 관점도 아니고, 칼슨(1976) 그 자신의 관점도 아닌 것 같다. 이는 엄격함, 평온함, 불길함, 당당함 등에 대해 위에서 제시된 설명이 잘못되었음을 드러내거나('당당함'은 물론 산맥이라는 자연물이 문자 그대로 소유할 수 없는 속성들, 예를 들어 위엄이나 귀족스러움과 같은 속성들을 의미하는 것으로 이해될 수 있다), 혹은 칼슨식의 표현적 성질 개념이 이질적 종류들을 포함하고 있음을 말해준다. 최근 다수의 연구들이 예술의 표현을 다루고 있지만 그럼에도 불구하고 표현적 성질의 담지자로서 자연을 성공적으로 설명한 이론은 아직 등장하지 않았다(주목할 만한 시도로 Wollheim, 1991 정도를 들 수 있다).

그러나 표현적 성질의 불확실한 특성 그 자체가 표현적 성질을 언급하면서 전개한 칼슨의 두 논증(그중 하나는 특별히 환경적 형식주의를 반박하는 것)의 힘을 약화시키지는 못한다.

환경적 형식주의를 논박하고자 하는 칼슨(1977)은 형식주의가 인간의 침입(예를 들어 전력선의 설치 등)으로 야기된 자연환경의 미적 가치 손실을 설명하지 못한다고 주장한다. 왜냐하면 형식주의자의 관점에서 보았을 때 전력선은 미적으로 매력적일 수 있을 뿐만 아니라, 자연환경과 함께 놓고 보았을 때 경치의 균형을 잡아 준다든지 아니면 틀을 씌워줌으로써 매력적인 형식 디자인을 구성해낼 수 있기 때문이다. 그렇다면 이 경우 무엇이 미적 가치의 상실을 설명해 주는가? 칼슨의 답은 이것이다. '전력선의 존재에 의해 그리고/혹은 전력선의 비형식적 미적 성질에 의해 영향 받은 자연환경의 비형식적 미적 성질'이 미적 가치의 상실을 설명해 준다.

> 예를 들어, 어떤 자연환경은 그것이 명백히 혹은 실제적으로 외딴 곳에 떨어져 있다는 이유로 특정한 표현적 성질들을 가질 수 있다. 그러나 전력선의 존재가 그러한 성질들의 표현을 방해하거나, 혹은 전력선 그 자체의 표현적 성질은 자연의 표현적 성질과 '부합하지' 않을 수도 있다. (Carlson, 1997: 159)
>
> (여기서 칼슨은 전력선의 표현적 성질이라고 볼 수도 있는 공격성, 힘 등과 같은 것들이 자연환경의

표현적 성질이라고 볼 수도 있는 고요함과 어울리지 않는다고 생각하는 듯하다.)

칼슨(1976)의 또 다른 논증은 왜 자연환경이 인간의 폐기물로 오염되지 말아야 하는 지 그 이유를 대고 있다('눈엣가시' 논증). 그 이유에 따르면, ① 쓰레기는 미적으로 쾌를 주지 못한다. 그리고 ② 미적으로 쾌를 주는 자연환경은 그렇지 않은 자연환경보다 더 선호된 다. 이 논증에 대한 반론은(이것은 칼슨 자신이 논박하고자 목표로 삼은 반론이기도 하다) 쓰레기를 치 우는 것보다 더 손쉬운 대안이 있다고 주장한다. 만약 쓰레기가 애초에 미적으로 불쾌한 것이라면, 우리의 캠프 감수성(camp sensibility)*을 발달시켜 쓰레기도 미적으로 쾌를 주는 것 으로 볼 수 있다는 것이다. 그는 이 같은 반론을 두 가지로 응수한다. 먼저 그는 자연환경 을 깨끗이 하는 것에 대한 대안으로 캠프 감수성을 발달시키면 된다는 생각은, '얇은(thin)' 의미의 차원에서는(즉, 대상의 색, 모양, 촉감, 패턴들 때문에 우리가 미적 쾌를 느낀다는 차원) '눈엣가시' 논증에 대항할 수 있음을 인정하나, '두터운(thick)' 의미의 차원에서는(즉 대상의 형식적 성질 그 리고 표현적 성질 때문에 미적으로 쾌를 느끼게 된다는 의미) '눈엣가시' 논증에 대항할 수 없다고 본다 (여기서 칼슨은 길가의 쓰레기는 그것의 부정적인 표현적 성질들 때문에 보기 싫은 것이라고 생각하는 듯하다). 왜 냐하면 ① 쓰레기의 표현적 성질이란 낭비, 불경스러움, 부주의함 등이며, ② 캠프 감수성 이 우리로 하여금 그러한 표현적 성질들을 더 뚜렷하게 인식하도록 해줄 수 있을지언정, 우리들 대부분은 그런 표현적 성질을 미적으로 향유하지 못하기 때문이다.

게다가, 어떤 대상이 그것의 부정적인 표현적 성질들 때문에 두터운 의미의 측면에 서 보았을 때 미적으로 쾌를 주지 못한다면, 그 때문에 또한 얇은 의미의 측면에서 우리가 그 대상을 미적으로 향유하는 것이 어려워지거나 불가능해진다. 그러므로 캠프 감수성이 우리로 하여금 어떤 것의 부정적인 표현적 성질들을 더 잘 의식하게 해준다면, 결국 그것 을 미적으로 향유하는 것 자체가 불가능해지게 된다. 따라서 캠프 감수성을 수용해도 부 정적인 표현적 성질들을 미적으로 향유하게 되는 것은 아니다. 그러나 이러한 논증은 논 박 가능한 두 가지 경험적 주장에 의존하고 있으므로, 칼슨은 대안적 논변을 또다시 제공 하는데, 도덕적/미적 논변이 바로 그것이다. 쓰레기의 표현적 성질을 미적으로 향유하는 것은 쓰레기를 만든 가치와 태도를 묵과함을 의미한다. 왜냐하면 어떤 것을 미적으로 향 유한다는 것은 그것을 없애 버리고 싶은 소망과 대립되기 때문이다. 그러나 그러한 가치 와 태도들은(낭비, 불경스러움, 부주의함 등) 도덕적으로 받아들여질 수 없는 것이고, 도덕적으 로 받아들여질 수 없는 것을 묵과하는 것 그 자체도 도덕적으로 받아들여질 수 없다. 따

---

* 수전 손태그(Susan Sontag)의 에세이, "Note on 'Camp'"에서 정의된 개념으로, 내용 보다는 양식화, 과장 성, 유희, 기교, 아이러니 등을 즐기는 감수성.

라서 설령 쓰레기를 (두터운 의미에서) 미적으로 향유할 수 있다 하여도, 도덕적으로 우리가 그래서는 안 된다.

위와 같은 칼슨(1977, 1976)의 주장은 유리코 사이토(Yuriko Saito, 1984)에 의해 비판되었다. 그러나 그녀는 인간이 자연에 가한 미적으로 안타까운 침략보다는 자연 파괴에 초점을 맞추고 있으며, 미적 영역을 윤리적 고려들로부터 독립되었다고 보지 않는 칼슨(1986)과 같은 입장에 효과적으로 대항할 수 없다.

4. 자연을 자연으로 보는 미적 감상

자연의 미적 감상을 해석되지 않은 개별자들에 대한 미적 감상으로 간주해서는 안 된다는 관점을 받아들이면, 이제 자연의 미적 감상을 어떻게 이해해야 할 것인가? 이와 관련해 놀랍도록 인기가 있는 관점은 자연의 미적 감상을 예술작품의 감상과 비슷하게 보는 관점인데, 이에 따르면 자연을 마치 예술작품인 것처럼 보는 것이 자연에 대한 미적 감상이다. 그러나 자연을 감상하기 위해서는 마치 그것을 예술작품인 것처럼 간주해야 한다고 주장하는 이론들은 모두 다음과 같은 두 가지 문제점에 부딪친다. 첫째, 자연의 대상을 마치 예술작품인 것처럼 바라볼 수 있다는 부정할 수 없는 사실로부터, 자연의 대상을 미적으로 감상할 때에는 반드시 그러한 방식으로 바라보아야 한다고 주장하는 결론이 어떻게 타당한 논변으로 구성될 수 있는가? 둘째, 그러한 주장은 자연을 미적으로 경험할 때 나타나는 현상적 측면과 잘 부합하지 않는다. 다시 말해, 최소한 나 자신의 그리고 수많은 사람들의 경험에서 나타나는 현상적 특징들과 부합하지 않는다(Budd, 2000).

자연적 미적 감상에 대한 이러한 설명을 거부한다면 자연스럽게 보다 적절한 대안이 무엇인지 찾게 된다. 이제 자연의 미적 감상은 자연을 자연으로 보는 미적 감상이어야 한다는 대안이 가능하다는 것이다. 좀 더 구체적으로 말하자면, 어떤 자연 대상물을 **특정한 유형의 자연 대상물로서**(as the natural item it is) 보는 미적 감상으로 이해할 수 있다는 것이다(Budd, 1996. 이와 비교될 수 있는 것이 예술적 감상, 즉 예술작품을 **특정한 유형의 예술작품으로서** 보는 감상인데, 이것은 작품이 어떤 종류인지에 대한 이해와 더불어 — 예를 들어 컬러 사진이 아닌 회화로 — 작품을 경험하는 것이다).

5. 자연의 범주와 객관성

칼슨(1981)은 자연의 미적 감상에 대한 위와 같은 관점을 옹호하며, 또한 이를 통해 예술

작품에 대한 미적 판단(작품의 미적 속성들에 대한 판단)은 객관적으로 참이 될 수 있지만 자연에 대한 미적 판단은 상대주의에 빠질 수밖에 없다는 관점을 비판한다. 우선, 칼슨이 문제가 있다고 생각하는 관점은 다음을 주장한다. 예술작품은 실제로 어떤 미적 속성들을 소유하고 있고 그러므로 예술작품이 활기차다, 혹은 고요하다, 혹은 신비함으로 가득 차 있다고 하는 것은 있는 그대로 사실이며, 반면 자연의 대상들은 오직 감상자가 지각하는 방식에 상대적으로만 어떤 미적 성질들을 소유한다. 이런 관점에 대한 반대 논증을 구성하기 위해 칼슨은 다음과 같은 월튼의 주장에 의지한다.

월튼에 따르면, ① 어떤 예술작품이 소유한 것처럼 보이는 미적 속성은(우리가 지각하는 미적 속성 혹은 우리가 대상이 소유한 것으로 경험하는 미적 속성) 어떤 예술적 범주와 관련하여 그 대상을 경험하느냐(즉 그 대상이 어떤 종류의 대상으로 경험되느냐)의 함수이다. 그리고 ② 대상이 실제로 소유한 미적 속성이란 그 대상이 속한다고 여겨지는 범주가 올바른 것일 때 결정된다. 다시 말해, 대상을 그것의 올바른 범주, 즉 그것의 정확한 범주에 속하는 것으로 두고 볼 때 그 대상이 소유한 것처럼 보이는 미적 속성이 바로 그 대상의 실제 미적 속성이다. 예술적 범주가 미적으로 중요한 이유는 다음과 같다. 다양한 비미적 지각 속성들은 지각적으로 구분가능한 특정 범주에 관련되어 지각될 때, '표준적(standard)', '변수적(variable)' 혹은 '반표준적(contra-standard)'인 것들로 분류되는데, 작품이 가진 비미적 속성들 중 무엇이 표준적, 변수적, 혹은 반표준적인지는 지각자가 작품을 특정 범주에 속하는 것으로 두고 보았을 때 결정되며, 그러한 분류가 어떻게 나타나느냐에 따라 작품의 미적 성질들이 결정된다(월튼은 어떤 것이 어느 범주에 속하느냐를 결정하기 위해 비지각적인 요소들에 전적으로 혹은 부분적으로도 의존할 필요가 없는 오직 그 경우일 때 범주가 지각적으로 구분가능하다고 본다).

문제는 월튼의 이 두 가지 논제가 자연에도 적용될 수 있을까 하는 것인데, 칼슨은 그렇다고 주장한다. 칼슨이 주장하는 바의 핵심은 월튼의 심리학적 논제를 자연에도 적용할 수 있다는 것이다. 다시 말해, 자연 대상이 소유하는 것처럼 보이는 미적 속성들은 그것이 어떤 범주하에서 경험되느냐에 의해 결정된다는 것이 적어도 종종 참이라는 것이다. 왜냐하면, 첫째, 자연 대상에 대한 미적 감상의 경우로, 어떤 종(kind)의 동물을 감상하는 경우를 생각해 보자. 이 동물의 종에서 표준적인 특징들이 무엇인지에 대한(예를 들어 그 동물이 다 성장했을 때의 크기라든지) 지식이 있다면, 이 지식은 그 종에 속한 동물로서 지각되는 동물들이 소유하는 것처럼 보이는 미적 속성들에 영향을 끼칠 것이다(예를 들어, 그 동물은 표준보다 작다든지 아니면 상당히 크다든지 하는 식으로). 그러므로 셰틀랜드 조랑말은 말이라는 범주에 속한 것으로 지각되고 또 그와 관련되어 매력적이거나 귀엽다고 지각되며, 클라이데스데일 말은 같은 범주 안에서 당당하거나 육중하다고 지각된다. 두 번째로, 자연환경에 대한 미적 감상을 생각해 보자. 다음은 헵번이 들고 있는 예이다.

내가 모래와 진흙이 넓게 펼쳐진 장소를 걷고 있다고 해 보자. 이 경치의 성질은 아마도 야생적 공허함일 것이다. 그러나 지금이 썰물 때이며 이곳은 썰물 때 드러난 바다 바닥이라는 지식을 가지고 이 경치를 보고 있다고 해 보자. 이것을 알게 된 것은 미적으로 무관(irrelevant)하지 않다. 나는 이제 하루 중 절반동안 바다밑에 잠겨 있는 장소를 걷고 있는 중이라고 나 자신을 바라보게 된다. 야생적 공허함은 이제 심란한 기묘함으로 바뀔지도 모른다. (Hepburn, 1966)

(즉 자연물이 그것이 실제로 속하지 않은 범주 안에서 먼저 경험되고 그리고 나서 그것이 실제로 속하는 범주에서 경험된다고 가정해 보자. 그러나 이때 우리가 경험하는 미적 속성들이 변하지 않을 수도 있다는 사실에 주목할 필요가 있다. 내가 지금 착륙한 곳이 어떤 행성이라고 생각했을 때 그때 그곳이 소유한 것처럼 보이는 미적 속성은, 사실은 그곳이 달이라는 것을 알게 되었을 때 달라져야 할 이유는 없다.)

월튼의 심리학적인 논제가 자연의 경우로 확장될 수 있다고 한다면, 월튼의 철학적 논제도 그렇게 될 수 있는가? 미적 관점에서 보았을 때 자연을 지각하면서 고려해야 하는 정확한 혹은 부정확한 범주가 있는 것일까? 아니면 자연에 대한 미적 판단은 예술작품에 대한 미적 판단과는 다르게 감상자가 자기 나름대로 문제의 자연이 속한다고 생각한 범주에 따라 상대적으로 결정되는 것일까? 만약 정확한 혹은 부정확한 범주가 있다고 한다면, 자연에 대한 미적 판단에 있어 범주 상대적인 해석(자연물을 어떤 특정한 범주 혹은 범주의 집합에 속한 것으로 간주하여 해석하고, 자연물에 대해 서로 대립적인 해석들이 양립 가능하게 만드는 해석)은 그릇된 것이다. 칼슨의 답변은 자연물이나 자연환경이 모두 정확한 범주를 가지고 있다는 것이다. 이때 정확한 범주란 자연과학이나 자연사에 의해 성립되고 문제의 자연물이 속하게 되는 범주이다. 즉, 정확한 범주란 자연물이 실제로 속하는 범주이다.

월튼의 철학적 논제가 자연에도 성공적으로 적용되기 위해 선결되어야 할 문제는 자연을 지각할 때 고려해야 하는 정확한 범주를 성립하는 것인데, 이 말은 어떤 한 자연물이 여러 범주들에 동시에 속하는 경우, **미적 관점에서 보았을 때** 그 자연물이 실제로 소유한 미적 속성들이 드러나며 그것의 미적 가치가 적절히 평가되기 위해서는, 그 자연물이 과연 어떤 특정한 범주에 속한 것으로 지각되어야 하는가라는 문제가 우선 해결되어야 한다는 말이다. 예를 들어, 예술가가 어떤 작품을 일반적인 범주하에서뿐만 아니라 보다 구체적인 범주하에서 감상되도록 의도한 경우에서처럼, 한 대상물이 속하는 범주들 중 보다 구체적인 범주를 그렇지 않은 범주보다 더 우선적으로 고려해야 하는 이유(즉 보다 구체적인 범주를 정확한 범주로 고려해야 하는 이유)는 자연의 경우에서는 찾기 힘들다. 다른 한편으로는, 셰틀랜드 조랑말과 클라이데스데일 말을 셰틀랜드 조랑말과 클라이데스데일 말이라는 각각의 범주에 비추어 보는 것이 아니라, 말이라는 보다 일반적인 범주에 비추어서 보는 경우들과 관련하여, 덜 구체적인 범주를 우선적으로 고려하는 이유가 제시되어야 할 것이다. 그러한 이유들이 밝혀지지 않으면, 보다 구체적인 혹은 덜 구체적인 범주를 정확한 범주라고 단언할 수 없고, 그런 경우에 자연물은 특정 미적 속성을 지닌다고 여겨질 수 없으며 단지 그것이 속한 여러 범주들 때문에 서로 대비되는 미적 속성들을 가진다고 간주될 것이다. 그러나 어찌 되었든, 자연과 예술의 경우에서 나타나는 이러한 차이점들은 월튼의 철학적 논제를 자연으로 확장하려는 시도를 어렵게 만들며, 또한 그러한 차이점들은 자연에 대한 긍정적 미학을 어떻게 평가할 것인가와 관련된다.

6. 긍정적 미학

자연에 관한 긍정적 미학(positive aesthetics)은 미적 관점에서 보았을 때 자연에 부정적인 미적 평가를 내리는 것이 부적절하며(왜냐하면 자연은 본질상 미적으로 좋으며, 그러므로 언제나 긍정적인 미적 가치를 가지기 때문에), 그 점에서 예술과 차별된다고 주장한다. 이에 관련해 다음과 같은 두 문제가 즉각적으로 발생한다. '이 주장의 설득력은 어디에서 나오는가?' 그리고 '이 주장을 받아들여야 하는 이유가 있는가?' 긍정적 미학을 수용하느냐 마느냐 하는 문제는 그것의 유형에 달려 있는 것이고, 긍정적 미학은 다음과 같은 세 가지 질문에 어떻게 답하느냐에 따라 그 유형이 달라진다. ① 범위에 대한 질문: 자연의 어떤 측면에 그런 주장이 적용되는가? ② 강도에 대한 질문: 그 같은 주장은 부정적인 미적 성질을 자연에 부여하는 것 자체를 불허하는가? 아니면 자연물들에 차등적인 미적 가치를 부여하는 것, 즉 비교 판단을 불허하는가? ③ 양상적 지위에 대한 질문(Godlovitch, 1998a, b; Budd, 2000).

　그 어떠한 자연물 혹은 자연물의 조합도 부정적인 미적 성질을 가질 수 없다는 주장으로부터 모든 자연물 혹은 자연물의 조합은 전반적으로 긍정적인 미적 가치를 가진다는 결론을 도출하는 데에는 많은 단계가 요구되는 것이 아니다. 자연의 미적 감상에 허용된 자유를 생각해 본다면 거의 아무런 단계도 존재하지 않는다고 볼 수 있다. 왜냐하면 이 자유는 그 어떠한 자연물이라도 긍정적인 미적 가치를(미적으로 보상을 주는, 비록 그 보상이 매우 작을지라도) 지닌 무언가를 제공한다고 보장하기 때문이다. 그러나 물론 자연물은 예술작품에서 나타나는 많은 단점들을 가지지 않지만(자연은 진부하거나, 지나치게 감상적이거나, 조잡하게 그려졌다거나, 조악하거나, 맥 빠지거나, 새롭지 않거나, 혹은 단순한 모방이거나 할 수 없다) 문제의 논증에서 사용된 전제는 거짓일 수 있으며, 참이라고 한다면 기껏해야 비생명체인 자연물에 대해서만 참이라고 할 수 있다. 부정적인 미적 성질은 그 자체만 보았을 때 대상의 미적 가치에 부정적인 영향을 끼치는 성질이고, 그러므로 대상의 미적 결함이 된다. 예술작품에 부정적 미적 성질이 있다는 말은 **예술작품으로** 그 대상을 봤을 때 그 대상은 흠이 있다는 말이다. 마찬가지로, 자연물이 부정적인 미적 성질을 가진다는 말은 **자연의 산물로** 그것을 보았을 때 그것에 결점이 있다는 말이다. 그런데 이 말은 그 자연물이 예화하고 있는 종에 비추어 판단되었을 때 결점이 있다는 말이며, 그러한 결점은 오직 생명의 형식을 지닌 것들에서만 가능하다. 구름, 바다, 바위 같은 것들은 각각 구름, 바다, 바위로서 결코 흠이 되지 못하는데, 왜냐하면 그것들이 속한 종(즉, 구름, 바다, 바위)은 그 종의 몇몇 예들이 잘 수행하지 못할지도 모르는 어떤 자연적 기능을 가지고 있지 않기 때문이다. 아마도 유기체의 종들 사이에서 어떤 한 종 전체가 다른 종보다 더 결점이 있을 수 있다. 그러나 그렇다 하더라도, 한 종의 구성원은 그것이 속한 종 내에서 결점이 될 수 있다. 예를 들어서 기형이거나 혹은 그 종이 가지는 정상적 기능을 수행하지 못한다거나, 아니면 그 종에 특징적인 번성 방식을 저해하거나 하는 개체들이 바로 그런 것들이다. 오직 생명체만이 건강하지 못한 상태에 있거나, 아프거나, 쇠락하거나 죽는다고 볼 수 있다.

만약 자연에서의 그 어떤 것도, 혹은 긍정적 미학이 주장하는 범위에 속하는 그 어떠한 것들도 부정적 미적 성질을 가지지 못한다고 한다면, 생물체들에 부정적인 미적 가치를 부여하는 경우가 불가능하게 되며, 그렇다면 자연에 대한 긍정적 미학은 설득력이 없어 보인다. 칼슨(1984)은 긍정적 미학을 옹호하기 위해 등장할 법한 3개의 논증이 문제가 있음을 보이고, 그것들을 대신해 자신의 두 가지 논증을 전개하는 방식으로 긍정적 미학을 옹호한다. 그의 두 가지 논증은 다음과 같다. 첫째로, 칼슨(1994)은 긍정적 미학이 자연을 이해하기 위해 과학이 생성한 범주들을 부분적으로 재확인한다고 본다. 둘째로, 그에 의하면(1993) 자연을 감상하는 것은 소위 '질서의 감상'으로 이해할 수 있는데, 다시 말해서 자연을 감상하는 것은 자연 세계에서 감상할 수 있는 대상들을 **선택**하여 자연의 힘(자연적 질서를 가시적이고 가지적으로 만들어 주는 힘)이 그런 대상들에 부과하는 **질서**를 보는 것이다.

위의 논증들을 통해 자연에 대한 긍정적 미학이 어떤 형태로 정립되는 것인지는 확실하지 않다. 그러나 위 논증들이 긍정적 미학 중 가장 야심찬 형태가 되는 데 실패했다는 것은 확실하다. 각각의 자연물이 그것들이 존재하는 매 순간마다(혹은 그것이 지속적으로 존재하는 한) 대략적으로 동일한 긍정적 미적 가치를 가진다는 주장이 가장 야심찬 형태의 긍정적 미학인데, 이것이 옳음을 보이는 것은 불가능하다(Carlson, 2000). 긍정적 미학이 적용되는 범위를 개개의 **자연물에서 종으로** 넓혀도, 그것이 주장하는 바는 크게 달라지지 못한다. 물론 '긍정적인 미적 가치를 지니는 종'이라는 개념을 결국 그 종에 속한 개개의 자연물들이 긍정적인 가치를 가진다는 식으로 설명하지 않는다면 가능할지도 모르겠다. 그러나 만약 이것이 가능하다 하더라도(아마도 그 종의 **정상적인 예**라는 개념을 이용하는 것이 가능하다) 자연에 대한 긍정적 미학은 여전히 안정적이지 못하다. 자연 범주의 다양성이 긍정적 미학을 안정적이지 못하게 하는 한 이유인데, 다시 말해 우리가 어떤 범주에 속하는 대상들을 개별화하고 동일시하는 데 있어 서로 다른 원칙들을 이용하기 때문이다. 자연물들은 시각적 외양에 따라, 혹은 어떻게 사용되는지에 따라, 혹은 발생 원인에 따라, 혹은 다른 자연물들과의 관계에 따라 분류되기도 하기 때문이다. 예를 들어 구름, 강의 지류, 조개껍데기, 돌풍, 꽃의 수술, 하늘, 숲, 달걀, 홍수, 간헐천, 동굴, 종유석, 둥지, 폭풍의 눈, 늪지대, 가축의 떼, 무리, 뼈, 뱀의 가죽, 파도, 견과, 일식, 화석, 오로라 등이 분류되는 방식들을 생각해보라. 이 범주들이 성립되는 원칙의 다양성을 생각해 본다면, 그리고 자연이 미적 관조나 감상에 완벽하도록 창조된 것이 아님을 생각해본다면, 그리고 자연물들도 부정적 미적 성질을 가질 수 있다는 전제를 받아들인다면, 자연의 모든 것들이 대략적으로 동일한 긍정적 미적 가치를 가진다는 주장은 극히 대담하다고 할 수 있다.

7. 자연 감상의 모델들

칼슨은 자연, 특별히 자연환경에 대해 **무엇을** 그리고 **어떻게** 미적으로 감상해야 하는지를 (이런 질문들이 예술작품에 관련해 발생할 경우 우리의 이해는 상당히 좋은 편이다) 명시한 미적 감상의 모델이 필요하다고 보았다. 예술작품 감상의 경우, 우리는 작품 그리고 작품의 부분들을 다른 것들로부터 구분할 수 있다는 점, 그리고 미적으로 유관한(relevant) 측면들을 그렇지 않은 측면들로부터 구분할 수 있다는 점에서, **무엇을** 감상해야 하는지 알고 있다고 할 수 있다. 또한 작품을 감상하기 위해 어떤 행위를 행해야 하는지도 알고 있다는 의미에서 **어떻게** 예술작품을 감상하는지도 알고 있다. 그러나 자연 그리고 자연환경에 대해서는 어떠한가? 자연과 예술 사이의 중요한 차이 때문에 자연의 경우 이러한 문제에 쉽게 답할 수 없다. 우리가 예술에 관련하여 무엇을 그리고 어떻게 감상해야 하는가를 아는 것은 예술작품이 우리 자신의 창조물이라는 사실에 기인한다. 그러나 자연은 우리의 창조물이 아니다. 이에 대해 칼슨(1979a)이 제시한 해결책이 그의 자연환경 모델(natural environment model)이다.

자연을 미적으로 감상하며 그것의 미적 성질을 감상하기 위해 자연환경 모델에서 중심적인 고려사항으로 내세우는 것은, 자연환경이란 것이 첫째로 자연적인 것이며, 둘째로 환경이라는 것이다. 환경이란 우리를 둘러싼 주변, 우리가 존재하는 공간이며, 일반적으로 우리의 감각을 통해 경험되는(비록 단순히 배경으로서라도) 것이다. 자연을 미적으로 감상하기 위해, 우리는 우리의 모든 감각을 이용해 그것을 배경이 아닌 전면에 두어야 한다. 이렇게 하는 것이 환경을 미적으로 감상하는 **방법**이다. 그러나 자연환경은 예술작품이 아닌 자연적인 것이며, 그렇기 때문에 미적 의의를 지닌 초점이나 경계도 없다. 그렇다면 자연환경에서 미적으로 감상되는 것이란 무엇인가? 이에 대한 대답은 자연에 대한 우리의 상식적/과학적 지식(이것들은 의미 없고, 비확정적이고 혼란스러울 뻔했던 우리의 경험을 의미 있고 확정적이며 조화로운 것으로 변화시켜 주는 지식들이다)이 우리에게 '미적 의의를 지닌 적절한 초점 그리고 경계'를 제공해 준다는 것이다. 따라서 '자연을 미적으로 감상하기 위해 우리는 자연의 상이한 환경들 그리고 그런 환경들의 체계나 요소에 대한 지식이 있어야 한다'. 그리고 서로 다른 자연환경들이 있기 때문에 자연환경을 **어떻게** 미적으로 감상할 것인가 하는 것은 환경에 따라 달라진다.

> 우리는 땅의 미묘한 윤곽을 고려하면서, 열린 공간에서 불어오는 바람을 느끼면서, 초원의 풀과 꽃 냄새를 맡으면서, 초원 환경을 살펴보아야 한다. 그러나 … 빽빽한 숲에 들어서면 … 숲의 바닥을 조사하면서, 새소리를 조심스럽게 들으면서, 그리고 전나무와 소나무의 냄새를 맡으면서 숲의 환경을 살펴야 한다. (Carlson, 1979a: 273-4)

게다가, 자연환경 모델에서 요구하는 감상 조건 중 하나는 다음과 같다(이 조건으로 칼슨은 자연 감상에 대한 대상 모델(object model)에 대항한다). 자연물은 그것이 생성된 자연환경 속에 여전히 그대로 존재하느냐 아니냐와 상관없이, 마치 생성된 환경에 놓인 것처럼 그리고 그 환경에서 작동하는 힘들에 의해 형성된 것으로 감상되어야 한다.

자연환경 모델에는 많은 문제점이 있다. 여기서는 그것의 범위와 관련된 두 가지 문제를 살펴보겠다. 먼저, 자연환경 모델이 애초에 어디에 적용되도록 의도된 것인지에 관한 문제가 있다. 자연환경 모델은 자연환경의 감상에 관심을 가지는 모델 같아 보이지만, 그것에 대한 정확한 모델로서만이 아니라 자연에 대한 미적 감상을 위한 정확한 모델로도 제시된 것 같다. 그러나 이것은 **자연물**의 미적 감상을 **자연환경**의 미적 감상과 동일시하는 것이며, 자신이 생성된 자연환경 속에 위치하고 있지 않은 자연물들이 미적으로 감상될 수 있는 가능성을 배제하고 있다. 예를 들어, 마을에 심어진 나무들은, 비록 비자연적인 혹은 부분적으로 비자연적인 환경에서 성장하고 있으며 초기 성장기의 몇 주를 온실에서 보냈다고 하더라도, 정원의 꽃이 자연물로서 미적으로 감상되는 것과 마찬가지인 방식으로 감상될 수 있다. 어찌 되었든, 칼슨의 자연환경 모델은 무생물 혹은 생물 중에서 운동능력이 없는 것들에 치우친 모델인 것 같다. 운동 능력이 있는 생물체는 그것이 태어난 환경에 고정되지 않으며 그곳에 머물러 있을 필요도 없고 또 그러지도 않는다. 새를 예로 들어 보면 그들은 부화 후 그들이 태어난 환경이라 볼 수 있는 둥지를 떠나 대기를 떠

돌아다닌다.

범위에 대한 두 번째 문제는 자연환경 모델이 적용되는 범위에 대한 것이 아니라 자연의 미적 감상에 유관한(relevant) 지식의 범위에 대한 문제이다. 칼슨은 자연에 대한 상식적/과학적 지식이 자연을 미적으로 감상하는 데 본질적으로 중요하다고 본다. 그러나 자연물에 대한 지식 중 어느 정도가 유관한가? 모든 지식이 다 관련적인 것은 아니라고 한다면, 자연물의 미적 감상에 유관한 지식을 유관하게 만드는 것은 무엇인가? 예를 들어, 태양에 대한 지식들(예를 들어 태양이 지구로부터 떨어진 정확한 거리 같은 지식들) 중 어떤 것이 석양을 감상하는 데 유관한가? 그리고 무엇 때문에 그 지식은 유관한가? 한편으로, 어떤 자연물에 관해 참인 모든 사실들을 알아야만 자연물을 자연물로서 미적으로 감상할 수 있는 것은 아니다. 꽃은 식물에 있어 생식기관이다. 그러나 어떤 꽃을 아름다운 꽃으로 보기 위해 그것이 식물의 생식기관이라는 것을 알 필요는 없으며, 꽃이 그것의 자연적 기능을 얼마나 잘 수행하는지 판단할 필요는 더더구나 없다. 다른 한편으로는, 과학적 지식이 자연의 미적 감상을 증진시킬 수 있음은 분명하다(Budd, 1996). 칼슨의 주장, 즉 어떤 종의 표준적 특징이 무엇인지 아는 것은 그 종의 예인 자연물이 소유하는 듯 보이는 미적 속성이 무엇인지 결정하는 데 영향을 끼칠 것이라는 그의 주장은 설득력이 있다. 하지만 인정될 수 있는 것은 이것뿐인 것 같다. 즉 자연적 범주가 미적으로 유관하다는 사실만이 드러났을 뿐이다. 다른 말로 하면 자연에 대한 지식 중 어떤 것이 유관하고 무관한지에 대한 구분은 전혀 하지 못하고 있다. 그러나 칼슨은 그의 관점에서 나타난 이런 난점들을 보지 못하는 것 같다.

칼슨 이론에서 나타나는 이런 문제점은 로버트 스테커(Robert Stecker, 1997)의 다음 논의에서 잘 드러난다. 스테커는 썰물 때문에 드러난 바다 바닥에 대한 헵번의 언급을 칼슨이 어떻게 이용했는지 살펴보고(광활하게 펼쳐진 모래와 진흙은 그것이 단순히 해변으로 지각될 때와 썰물이 빠진 바다 바닥으로 지각될 때 그것이 소유하고 있는 것처럼 보이는 미적 성질이 달라진다는 예) 다음과 같이 문제점을 지적한다. 물이 빠진 바다 바닥은 세 가지 방식으로 감상될 수 있는데, 그중 어떤 것도 근거가 없는 것은 아니다. 해변으로서, 바다 바닥으로서, 그리고 어떤 때는 해변이며 어떤 때는 바다 바닥인 것으로. 마지막 방식이 앞의 두 가지 방식보다 좀 더 '완전한' 것이기는 하지만(왜냐하면 두 가지 방식을 모두 포함하고 있으므로), 우리의 미적 감상을 증진시킬 수도 혹은 아닐 수도 있는 이러한 보다 완전한 방식을 우리가 선호할 필요는 없다. 게다가,

> 보다 완전한 방식이라는 것이 조수에 대한 물리학적 지식, 바다 바닥의 생태계에 대한 지식, 생물학, 화학, 지질학 등의 추가적 지식들을 통해 끝도 없이 보강될 수 있다 … 이처럼 가능한 수많은 정보들 중 우리가 어떤 것을 선택해야 하는지 자

연은 안내해주지 않는다. 왜냐하면 이 모든 사실을 포함한 존재로서 자연은 우리가 미적 향유를 추구하면서 무엇을 추구하는지에 대해 관심이 없기 때문이다.

(Stecker, 1997: 398)

칼슨(1984)에게 대상이 실제로 소유한 미적 성질들이란 바로 적절한 지각자가 적절한 조건 하에서 그것을 정확한 범주로 지각할 때 그것이 소유한 것처럼 보이는 성질들이다. 예에서 등장한 광활하게 펼쳐진 모래와 진흙의 정확한 범주란 바로 바다 바닥이란 범주이고, 이에 따라, 광활하게 펼쳐진 모래와 진흙은 단지 야생적 공허함이 아니라 '심란한 기묘함이 섞인 야생적 공허함'이라는 성질을 가진다는 것이 칼슨의 관점이다. 그러나 비록 광활하게 펼쳐진 모래와 진흙이 해변이라는 범주로 지각될 때와 바다 바닥이라는 범주로 지각될 때 서로 다른 성질을 가지는 것처럼 보이지만, 이때의 범주들은 양립불가능하지 않다는 점에 주목하라. 각각의 범주는 정확한 범주이며(물론 바다 바닥은 절대 아니며 오직 해변임이라는 범주는 정확한 범주가 아니다) 그때 지각되는 성질들은 다음과 같은 방식으로 연관되어 있다. 바다 바닥이라는 범주로 지각된 성질들은 해안이라는 범주로 지각된 성질들 위에 추가적인 성질들이 더해진 것이다. 따라서 문제의 예는 칼슨에게 상대적으로 큰 문제가 되지 않는다. 심각하게 문제가 될 수 있는 것은 2개의 정확한 범주로 각각 지각될 때 대상이 소유하는 것으로 여겨지는 성질들이 서로 양립 불가능한 경우이다. 그럼에도 불구하고, 칼슨은 해안과 바다 바닥이라는 두 범주가 모두 정확한 범주라는 것을 깨닫지 못하고 있으며, 그중 보다 포괄적인 것을 정확한 범주로 간주하는데 이때 그는 단지 그것이 포괄적이라는 이유로 정확하다 보는 것 같다.

스테커는 '자연에 대한 지식이 예술에 대한 지식과 같은 기능을 할 수 있을지는 명확하지 않다'는 결론을 내리면서, 자연 감상에 미적으로 유관한 지식이 가능하다는 생각에 회의적인 태도를 보인다. 그러나 이는 다소 모호한 주장이어서, 이와 관련해 우리가 구분해야만 하는 다음과 같은 두 가지 질문들이 있다(여기서 나는 자연물에 중점을 두고 설명하겠다). 먼저, 특정한 자연물의 미적 감상에 적절하게 유관한 사실들이 있는지 하는 문제이다. 자연물에 관한 사실들 중 그것의 미적 감상에 유관하지 않은 것, 즉 자연물이 가지는 미적 호소력을 구성하지 못하는 것이 있는가? 있다면 어떤 것들인가? 다른 한편으로, 자연물의 감상이 부족하고, 불완전하고, 피상적이며 혹은 부적절한 것이 되지 않기 위해 반드시 유관하다고 볼 수 있는 사실들이 있는가 하는 문제이다. 자연물에 관한 사실들 중 완전한 미적 감상이 가능하기 위해 필수적인 사실들의 집합(그런 집합의 밖에 존재하는 사실들은 미적으로 무관하다)이 있는가? 두 번째 질문에 대해 스테커는 부정적으로 답한다. 그러나 이것이 첫 번째 질문에 대해서도 부정적인 견해를 함축하지는 않는다. 사실, 다양한 종류의 사실들이 어째서 자연물의 미적 감상에 무관한 것으로 간주되는지를 설명하는 것은 어려운 일이지만, 첫 번째 질문에 대한 대답은 긍정적이어야 한다(Hepburn, 1996; Budd, 1996).

노엘 캐롤(Noël Carroll, 1993)은 자연환경 모델을 대체하는 것이 아닌 그것과 '공존하는 모델'로 환기이론(arousal model)을 전개한다(각각의 모델들은 자연 세계에 대한 우리의 반응 중 전체가 아닌 부분에 적용되며, 두 모델은 종종 겹치기도 한다는 의미에서 '공존하는 모델'이다). 캐롤의 모델은 단지 자연에 의해 정서적으로 감동받는 경우, 혹은 자연에 의해 정서들이 적절히 환기된 경우에 대한 모델이며, 정서들이 생겨나기 위해 과학적 범주의 인식과 같은 인지적 요소가 필요한 것은 아니다. 예를 들면 다음과 같다.

> 우리는 우레와 같이 요란한 폭포 아래에 서 있을 수도, 그리고 그것의 장대함에
> 놀랄 수도 있다. 혹은 부패하고 있는 나뭇잎들이 부드럽게 깔린 숲속에서 고요한
> 나무들 사이에 맨발로 서 있을 수도 있으며, 이럴 때 휴식과 편안함이 우리 안에
> 발생하기도 한다. (Carroll, 1993: 245)

높이 솟은 폭포의 장엄함에 압도되고 흥분될 때 우리는 자연적 광활함의 특정 측면에 초점을 두게 되며(폭포의 뚜렷한 힘, 그것의 높이, 물의 양, 그것이 주변 대기를 바꾸는 방식 등), 과학적, 혹은 상식적, 생태학적 지식을 필요로 하지 않는 방식으로 자연물에 주목한다. 그리고 장엄함에 의해 고무되는 정서적 반응은 장엄함에 대한 적절한 반응이다. 여기서 자연환경 모델과는 잘 부합하지 않는 자연에 대한 미적 감상의 한 형태를 찾아볼 수 있다(캐롤은 칼슨의 자연환경 모델을 자연 과정에 대한 체계적 지식을 요구하는 모델로 해석하며, 폭포의 미적 감상에 유관한 상식적 수준의 지식은 — 예를 들어 떨어지고 있는 것이 물이라는 지식 — 자연환경 모델이 요구하는 자연에 관한 상식적 지식과는 다른 종류라고 본다). 게다가, 캐롤은 자신이 제시한 자연에 대한 미적 감상 모델은 ① 자연에 대한 미적 판단이 객관적으로 정확할 수 있다는 결론(칼슨에 따르면 오직 자연환경 모델에 의해서만 도출되는 결론)을 산출하는데, 왜냐하면 그가 생각하기에 자연물에 대한 적절한 정서적 반응에 바탕을 둔 미적 판단은 객관성을 가질 수 있기 때문이다. 또한 캐롤이 주장하는 자연의 미적 감상 모델에 따르면 ② 정서적 반응을 통한 미적 감상을 자연사적 지식을 고려한 미적 감상보다 덜 심오하다고 볼 이유가 없다.

캐롤은 자연의 미적 감상이 자연에 의해 불러일으켜진 정서로 구성된다고 주장하는데, 그는 이때의 정서적 반응은 미적 반응이어야 한다는 것을, 그리고 자연에 대한 정서적 반응이 늘 미적 반응(자연으로서의 자연에 대한 미적 반응은 말할 것도 없고)은 아니라는 사실을 지적했어야 했다. 게다가, 그는 무엇 때문에 어떤 반응은 미적 반응이 되는지 설명하지 않았고, 심지어 자연에 대한 정서적 반응으로 그가 사용한 예들 중 어떤 것들은 미적 반응이

아닌 것도 있다. 그러나 이런 결점들은 쉽게 고쳐질 수 있는 것들이다.

칼슨(1995)은 캐롤의 이런 문제점을 더 파헤치지 않고 다른 노선을 취한다. 칼슨은 미적 반응을 구성하는 것이 무엇인가와 같은 질문에서 벗어나, **감상**이라는 개념에 보다 초점을 맞춘다(감상에 대한 Carlson, 1995의 주장에 대해 Godlovitch, 1997가 문제를 제기하고 있으며, 이것을 다시 Carlson, 1997이 효과적으로 반박하고 있다). 대상의 감상은 그 대상에 대한 어떤 정보를 필요로 하기 때문에, 대상에 대한 정확한 혹은 적절한 감상은 그 대상에 대한 지식을 필요로 한다. 이로부터, 만약 하나의 지식, 혹은 여러 개의 지식이 자연의 적절한 감상을 위해 요구된다면, 요구되는 지식에 바탕을 두지 않은 정서적 반응은 감상적 반응이 아니다. 물론 환기 모델은 자연의 적절한 미적 감상을 위해 요구되는 지식이 자연의 미적 감상을 구성하는 정서적 반응의 바탕이 될 수 있음을 배제하지 않는다. 그러므로 환기 모델에 있어 중요한 문제는 요구되는 지식에 바탕을 두지 않은 정서적 반응을 자연의 적절한 감상으로 잘못 간주할 수도 있는가 하는 것이다. 이것은 자연의 미적 감상을 위해 요구되는 지식이 어떤 것이냐에 달려있다. 자연환경 모델에 따르면 요구되는 지식은 '자연 과학 혹은 그보다 선행하는 상식적 설명들에 의해 제공된 지식'이며, 반면 환기이론에 따르면 그와 같은 지식이 자연의 적절한 감상에 필요한 것은 아니다.

칼슨은 여기서 두 가지 방침을 취한다. 첫 번째로 그는 캐롤의 예들을 이용하여 환기 모델이 자연환경 모델로 **붕괴되어 통합된다**고 주장한다. 이에 대한 예들 중 하나는 고래의 장엄함, '그것의 크기, 힘, 그것이 내뿜는 물의 양' 등에 의해 감동 받고 있는 경우이다. 그러나 고래가 내뿜는 물의 양이 얼마 만큼인지에 대한 지식은(여기서 캐롤이 의미하는 것은 정확히 얼마만큼의 물이냐에 대한 지식이 아니라 단지 그 양이 엄청나다는 지식이다), '엄밀한 의미에서 과학적이지는 않지만, 적어도 과학 이전의 상식적인 설명 혹은 유사 과학적인 설명'인 것이다. 그러므로 고래의 감상은 그것이 내뿜는 물의 양에 부분적으로 의존하고 있으며, 다시 말해 자연과학 모델에서 요구하는 종류의 지식에 바탕을 둔 것이며, '비록 그러한 지식은 과학과 상식이라는 스펙트럼 상에서 상식에 가까운 지식이기는 하지만' 여전히 과학 모델에서 요구하는 지식에 바탕을 둔 것이다. 물론 칼슨에게 이것은 '자연의 작동에 대한 체계적인 지식'이 아니겠지만, 그에게 있어서 이 정도는 무시해도 될 만한 양보이다. 왜냐하면 칼슨이 생각하기에는 이같이 체계적이지 못한 지식에 바탕을 둔 환기 모델에 부합하는 자연 감상의 경우는 그 수가 매우 적으며, 자연을 적절하게 감상하기 위해 지식이 필요하다고 본 점에 있어서는 환기 모델이나 자연환경 모델 사이에 중요한 차이는 없기 때문이다. 이런 이유로 칼슨은 환기 모델이 가장 기본적인 미적 감상을, 자연환경 모델은 보다 풍부하고 완전한 수준의 미적 감상을 설명한다고 본다.

칼슨의 이 견해는 결국 자연을 감상할 때 미적으로 유관한 지식의 범위가 어디까지

인가 하는 문제와 대면하게 된다. 모든 종류의 감상이 미적 감상은 아니므로, 자연물의 성질에 대한 보다 심오한 이해에 바탕을 둔 감상이 자동적으로 보다 심오한 **미적 반응**(미적 관점에서 보았을 때 보다 풍부하고 완전한 미적 반응)이라고 볼 수는 없다. 우리의 감상을 특별히 미적으로 만들어 주는 것은 무엇인가에 대한 설명 없이, 그리고 자연물의 미적 감상에 유관한 그리고 무관한 지식은 무엇인지에 대한 구분 없이 칼슨은 환기 모델에 대한 그의 비판을 더 이상 진행시킬 수 없다.

8. 객관성, 긍정적 미학, 그리고 자연 감상의 모델들

이제 나는 대상의 범주에 대한 지식이 감상에 끼치는 영향은 예술과 자연의 경우에서 차이가 난다는 나의 주장(5절에서)을 이용하여, 다음과 같은 주제들에 결론을 내릴 수 있다. 자연물의 미적 성질과 가치, 월튼의 철학적 논제를 자연의 경우로 확장시킬 수 있는지 아닌지에 대한 문제, 자연에 관한 긍정적 미학, 자연의 미적 감상을 설명하는 모델이 필요하다는 견해.

　　종종 예술의 다양한 형식들은 불변의 유형(type)을(예를 들어 작곡된 음악) 구성원으로 가지는 형식과 시공간적인 특수자(예를 들어 회화)를 구성원으로 가지는 형식으로 분류된다. 그러나 몇몇 철학자들은 이 같은 구분을 거부하며 모든 예술작품은 유형이라고 주장한다. 어떤 입장을 선호하든지 간에 자연물과 예술작품은 구분되는데, 이 구분은 자연물을 자연물인 것으로 간주했을 때 그것이 소유하는 것처럼 보이는 미적 성질들과 자연물로서 그것이 가지는 전반적 미적 가치에 지대한 영향을 끼친다.

　　첫째로, 자연물은 유형의 불변성을 가지지 않기에 변화하기 마련이고, 변화로 인해 자연물은 서로 다른 시간에 서로 다른 미적 성질들을 가지게 된다. 변화 가능한 시공간적 특수자로서(만약 그러한 것들이 있다면) 예술작품이 존재할 때 그것이 가지는 특징과 비교해 보았을 때, 자연물은 그것의 창조자가 가진 의도에 부합하면서 그것의 미적 속성을 드러낼 수 있는 최적의 조건이라는 것을 가질 수 없다.

　　둘째로, 예술작품이 속하는 예술적 범주 그리고 작품의 적절한 예술적 감상 사이의 관계는, 자연물이 속하는 자연적 범주와 자연물을 자연물인 것으로 보는 적절한 미적 감상 사이의 관계와 매우 다르다. 왜냐하면, 예술적 범주의 경우 그것은 ① 작품을 감상하기 위해 요구되는 지각의 방식을 정의하며(하나의 방식이건 다수의 방식이건 간에), 만약 특정한 지각 방식이 필요하지 않을 경우에도 소설의 경우에서처럼 작품의 내용이 이해되는 순서가 있거나(즉 정보가 처리되는 방향이 오직 하나인 것처럼) ② 특정 지각 방식이나 작품에의 참여를 부적절하게 만들며 ③ 지각을 위한 적절한 방식을 제시한다(즉 어떠한 조건에서 어디로 지각이 향하거나 향하지 말아야 하는지를 제시하는데, 자연물의 범주는 이런 기능을 수행하지 못한다). 반면 자연적 범주들은 이러한 기능을 하지 못한다. 따라서 자연물의 미적 속성은 특정 유형의 자연물이기에 가지는 고정된 미적 속성들의 집합이란 것이 없이 시간 변화에 따라 함께 변할 뿐만 아니라 그것의 외관은 기후 조건, 관찰자의 시점, 계절 등과 같은 요소들에 의해 영향받으며, 이러한 요소들 중 어떤 것도 반드시 필요하거나 최적인 것이 아니다. 그러므로 자연물의 미적 속성들이 가지는 범위는 예술작품의 미적 속성들에서는 찾아볼 수 없는 방식으로 열려 있다.

이로부터 예술의 미적 감상에는 허용되지 않은 자유가 자연의 미적 감상에는 허용된다는 점이 따라나오며, 이 때문에 무엇을 어떻게 감상해야 하는가(예술과 관련해 이 질문에 대한 우리의 이해는 상당히 좋다)를 알려주는 자연 감상의 모델(특별히 자연 환경 감상의 모델)을 찾으려는 시도는 환영을 추구하는 것처럼 보일 수도 있다. 이제 자연물의 미적 속성과 가치에 대한 판단이 참인지 거짓인지 하는 문제는 상대적인 방식으로 이해될 수 있거나(자연물의 자연사적 위치, 지각 방식, 관찰의 수준과 방식, 지각적 측면들에 의존하는 것으로) 아니면 그렇지 못한다. 만약 상대적으로 이해될 수 없다고 한다면, 자연의 적절한 감상, 즉 '대상의 미적 성질과 가치를 드러내는 감상(Carlson, 1984)'이라는 것은 불가능하며, '자연물로 간주되었을 때 자연물이 가지는 미적 가치라는 개념'은 정의 불가능할 뿐만 아니라 세상의 어떤 요소들이 자연물의 미적 가치에 연관되는지 말해 주지 않는 불확실한 개념으로 전락한다(자연의 미적 가치가 가지는 이런 불확정성은 일탈적인 예술작품이 지니는 가치와 비슷하다). 따라서 종들의 예인 자연물에 대한 논제이면서 그것들이 부정적 미적 성질을 가질 수 없다고 주장하는 형태의 긍정적 미학은, 자연물의 미적 가치라는 개념을 무분별하게 사용함에 따라 불확실한 이론적 지위에 머무르게 된다.

* 이 논문의 이해를 돕기 위해서 이 책에서 다음의 논문들을 찾아 읽으면 좋을 것이다.
  〈미〉, 〈미적 경험〉, 〈환경미학〉

참고문헌

Berleant, A. (1993). "The Aesthetics of Art and Nature". in S. Kemal and I. Gaskell (eds.), *Landscape, Natural Beauty and the Arts.* Cambridge: Cambridge University Press, pp. 228–43.

Budd, M. (1996). "The Aesthetic Appreciation of Nature". *British Journal of Aesthetics* 36: 207–22.

_____ (2000). "The Aesthetics of Nature". *Proceedings of the Aristotelian Society*, 100: 137–57.

Carlson, A. (1976). "Environmental Aesthetics and the Dilemma of Aesthetic Education". *Journal of Aesthetic Education* 10: 69–82.

_____ (1997). "On the Possibility of Quantifying Scenic Beauty". *Landscape Planning* 4: 131–72.

_____ (1979a). "Appreciation and the Natural Environment". *Journal of Aesthetics and Art Criticism* 37: 267–75.

_____ (1979b). "Formal Qualities in the Natural Environment". *Journal of Aesthetic Education* 12: 99–114.

_____ (1981). "Nature, Aesthetic Judgement, and Objectivity". *Journal of Aesthetics and Art Criticism* 40: 15–27.

_____ (1984). "Nature and Positive Aesthetics". *Environmental Ethics* 6: 5–34.

_____ (1986). "Saito on the Correct Aesthetic Appreciation of Nature". *Journal of Aesthetic Education* 20: 85–93.

_____ (1993). "Appreciating Art and Appreciating Nature". in S. Kemal and I. Gaskell (eds.), *Landscape, Natural Beauty and the Arts.* Cambridge: Cambridge University Press, pp. 199–227.

_____ (1995). "Nature, Aesthetic Appreciation, and Knowledge". *Journal of Aesthetics and Art Criticism* 53: 393–400.

_____ (1997). "Appreciating Godlovitch". *Journal of Aesthetics and Art Criticism* 55: 55–7.

Carroll, N. (1993). "On Being Moved by Nature: Between Religion and Natural History". in S. Kemal and I. Gaskell (eds.), *Landscape, Natural Beauty and the Arts.* Cambridge: Cambridge University Press, pp. 244–66.

Eaton, M. (1998). "Fact and Fiction in the Aesthetic Appreciation of Nature". *Journal of Aesthetics and Art Criticism* 56: 149–56.

Godlovitch, S. (1997). "Carlson on Appreciation". *Journal of Aesthetics and Art Criticism* 55: 53–5.

_____ (1998a). "Valuing Nature and the Autonomy of Natural Aesthetics". *British Journal of Aesthetics* 38: 180–97.

_____ (1998b). "Evaluating Nature Aesthetically". *Journal of Aesthetics and Art Criticism* 56: 113–25.

Hepburn, R. (1966). "Contemporary Aesthetics and the Neglect of Natural Beauty". in B. Williams and A. Montefiori (eds.), *British Analytical Philosophy.* London: Routledge & Kegan Paul, pp. 285–310.

_____ (1996). "Data and Theory in Aesthetics: Philosophical Understanding and Misunderstanding". in A. O'Hear (ed.), *Verstehen and Humane Understanding.* Cambridge: Cambridge University Press, pp. 235–52.

_____ (1998). "Nature Humanised: Nature Respected". *Environmental Values* 5: 267–79.

Matthews, P. (2001). "Aesthetic Appreciation of Art and Nature". *British Journal of Aesthetics* 41: 395–410.

_____ (2002). "Scientific Knowledge and the Aesthetic Appreciation of Nature". *Journal of Aesthetics and Art Criticism* 60: 37–48.

Saito, Y. (1984). "Is there a Correct Aesthetic Appreciation of Nature?". *Journal of Aesthetic Education* 18: 35–46.

Stecker, R. (1997). "The Correct and the Appropriate in the Appreciation of Nature". *British Journal of Aesthetics* 37: 393–402.

Walton, K. (1970). "Categories of Art". *Philosophical Review* 79: 334–67.

Wollheim, R. (1991). "Correspondence, Projective Properties, and Expression in the Arts". in I. Gaskell and S. Kemal (eds.), *The Language of Art History.* Cambridge: Cambridge University Press, pp. 51–66.

Zangwill, N. (2001). "Formal Natural Beauty". *Proceedings of the Aristotelian Society* 101: 209–24.

제7장

예술의 정의

로버트 스테커(Robert Stecker)
번역: 김정현

'예술'이라는 단어는 일군의 형식이나 관행 혹은 제도를 일컫는 데 가장 흔히 사용된다. 그러나 "이것이 예술인가?"라는 질문을 할 때, 우리는 대개 한 개별 대상이 **예술작품**인가 아닌가를 묻는 것이 된다. 그래서 예술을 정의하는 일은 대개 '이 대상이 예술작품이다'라는 진술이 참이 되게 하는 필요조건과 충분조건을 찾는 시도가 되곤 한다. 이때의 목표는 모든 예술작품들을 한 집합으로 분류함과 동시에 이것들을 예술작품이 아닌 것들로부터 구분해 주는 원칙을 마련하는 것이다. 그러나 때때로 예술을 정의하는 목표가 더 높이 설정될 때도 있다. 이에 몇몇 이론가들은 '실제적인(real) 정의*를 구하기도 하는데, 이러한 목표는 종종 **연접하여** 예술이 되기 위한 충분조건이 되는 그런 필요조건들을 찾는 것을 통해서** 성취된다. 혹은 그렇지 않다면 모든 예술작품들이 공유하는 형이상학적 **본질**을

---

* 무엇에 대한 실제적인(real) 정의는 명목상의(nominal) 정의와 대구를 이루는 것으로 그 정의가 말하는 내포(intension)와 외연(extension)을 모두 가지는 정의를 말한다. 예컨대 예술은 실질적인 정의가 가능한데, 이는 예술이라는 단어가 가진 의미나 개념(내포)을 줄 수 있을 뿐 아니라 그 개념이 적용되는 실제세계에 있는 대상(외연)으로 개별 예술작품들을 지목할 수 있다. 그러나 호빗(hobbit)의 경우를 생각해 보자. 그 이름에 담긴 의미(내포)는 찾을 수 있으나 그 개념이 지목하는 외연을 우리들의 세계에서 찾는 것은 불가능하다. 따라서 이 경우 실제적인 정의가 불가능하다.

** 본문에 대한 이해를 돕기 위해 여기에서는 예술에 대한 필요조건과 충분조건을 생각해 보기로 하겠다. 만일 어떤 조건이 예술이 되기 위한 필요조건이라면, 그 조건은 예술이 되기 위해 필요하지만 그 조건만

동일시하는 것을 목표로 삼기도 한다.

　예술을 정의하는 일은 모호한 경계를 가지며 보다 광범위한 영역을 다루는 철학적인 예술이론과 구분되어야 한다. 이러한 이론은 예술의 정의가 아닌 다른 다양한 문제들을 다루거나 심지어 그 문제들에 집중하느라 예술의 정의 문제를 의도적으로 다루지 않기도 한다. 이러한 예술이론은 가치의 문제를 가장 주요하게 다루는 것이 상례이다. 예컨대 예술작품만이 줄 수 있는 그 특유의 가치가 있는가와 같은 문제 말이다. 어떠한 경우이든 예술이론은 모든 문화권에서는 아니지만 대개의 경우에서 예술을 가치 있게 만들어 주는 속성(property)을 밝히려는 시도를 할 것이다. 그러기 위해 예술이론은 그 논의 과정에서 인식적인 문제를 다룰 수도 있다. 예컨대 우리가 한 예술작품을 이해하기 위해서 알아야 할 것들이 무엇인가와 같은 문제라든지, 한 작품의 해석이 좋다거나, 받아들일 만하다거나, 참이라고 말하는 것이 무엇인가와 같은 문제들 말이다. 때로 예술이론은 정서적 반응과 같은 예술작품에 대한 반응과 태도에 관심을 두기도 하고, 혹은 많은 예술작품들에 특징적으로 나타나는 허구성(fictionality)이라든가, 아니면 형식적인, 재현적인, 표현적인 성질들에 초점 맞추기도 한다. 그렇지 않다면 예술이 지닌 사회적인, 역사적인, 제도적인, 의도적인 특징들을 다루기도 한다. 예술이론은 상기 문제들 중 몇몇 문제들을 개진하고, 이 문제들 간의 연관성을 찾을 것이다. 그러나 가끔, 그렇지만 오직 가끔, 예술이나 예술적인 가치 둘 중 하나를 정의하거나 혹은 여타 예술적인 속성들에 근간해 예술과 예술적 가치를 모두 정의하려 한다.

　이 논문은 예술 정의의 기획이 걸어온 역사를 장식한 주요 경향들을 개괄하고 최근 30년간 가장 핵심적이었던 이론적 시도들을 다루려 한다.

으로는 예술을 정의하기에 충분하지 못한 조건이다. 일례로 벨(Clive Bell)의 '의미 있는 형식'의 경우, 의미 있는 형식을 지닌 대상이 예술작품일 수는 있으나 모든 예술이 의미 있는 형식을 지니지는 않는다. 따라서 그의 조건은 예술이 되기 위한 필요조건일 뿐 충분한 조건은 되지 못한다.

　한편 충분조건은 그 조건만 만족시키면 예술이 되기에 충분한 조건을 말한다. 예컨대 "아내가 있으며 남자라면 유부남이다"라는 명제에서 '아내가 있으며 남자'라는 조건은 이 조건을 만족시키는 모든 경우에 있어서 유부남이 된다. 따라서 이는 유부남이 되기 위한 충분조건에 해당한다.

　그런데 위 명제의 전건은 다시 두 조건, 즉 '아내가 있다'는 조건과 '남자이다'라는 조건으로 나누어 볼 수 있다. 이 경우가 두 조건 각각은 예술이 되기 위한 필요조건이며 결합하여 예술이 되기 위한 충분조건인 사례라고 말할 수 있다.

1. 역사적 배경

20세기의 논의로 가기 전에 예술의 정의가 비롯된 역사적 뿌리를 찾는 것이 필요해 보인다. 때때로 가장 최초의 예술 정의는 플라톤이나 아리스토텔레스와 같은 고대 철학자들의 저작에서 찾을 수 있다고 말해지고는 한다. 그러나 기실 이 철학자들은 '순수 예술' 혹은 순수 예술과는 다른 뜻이라면 '최근 우리가 사용하는 의미에서의 예술'로 분류되는 대상이라는 뜻에서 예술을 정의하지는 않았다. 순수 예술이라는 말이 완전히 확립된 것은 18세기에 이르러서라는 것이 널리 받아들여지는 바라 이 고대 철학자들이 우리가 사용하는 의미에서 예술을 생각하고 정의했을 것 같지는 않다. 그들이 지금은 예술로 분류되는 시, 회화, 음악, 건축과 같은 것들에 대해 저술한 바가 있고 이 예술 형식들이 어떤 공통된 맥락을 가진다고 여겼던 것은 사실이다. 플라톤은 시가 회화처럼 인간과 그들의 행위뿐만 아니라 다양한 사물과 세계 내 특징들을 모방하고 재현하며 사람들의 정서에 강력한 영향력을 행사한다는 사실에 큰 관심을 보였다. 아리스토텔레스 또한 모방으로서의 시라는 개념을 강조하며 바로 이 모방을 통해 음악 같은 예술을 특징지었다.

    예술을 이와 같이 이해하는 것은 르네상스와 계몽주의 시대에 막대한 영향력을 미쳤으며 순수 예술의 개념이 확립되었을 때 허치슨, 바퇴, 칸트와 같은 저명한 학자들의 예술에 대한 최초의 정의가 재현을 통해서 확보되었던 것도 이러한 영향력으로 인해서였다. 우리가 이 논문에서 이들이 주장했던 정의의 세세한 내용을 언급할 필요는 없을 것 같다. 왜냐하면 우리의 진정한 관심사인 그다음 시기에는 이 정의들이 다른 정의들로 대체되기 때문이다. 이전 정의들 중에서 이후까지 꾸준한 영향력을 미치고 있는 정의는 칸트의 정의일 것이다. 칸트에 따르면 순수 예술은 '쾌의 감정이 즉각적으로 나타나는' 두 가지의 '미적인 예술들(aesthetic arts)' 즉 표상(representation)*의 예술들 중 하나이다. **쾌적한 기예**(agreeable art)의 목적은 감각적인 쾌에 있는 반면 순수 예술의 표상이 주는 쾌는 '일종의 반성' 즉 우리의 상상력과 오성의 사용을 통해 얻게 되는 것이다. 순수 예술은 '표상의 한 형태로 그 자체로 궁극적인 가치를 지니며 ··· 사회적 소통을 원활하게 하는 정신의 힘을 배양한다'(Kant, 1952: 165-6). 이 같은 칸트의 주장에는 예술의 본질이 표상이라는 그의 생각이 포기되었을 때조차도 살아남게 되는 성찰이 있다. 그중 하나가 그가 열거한 (우리가 그의 용어를 적절히 이해한 것이라면, 순수) 예술과 오락(쾌적한 기예)의 차이점이다. 예술은 지성의 역할

---

*   영어권에서 'representation'은 대개 '재현'으로 번역되지만, 현 우리나라의 칸트 번역을 고려한다면 'representation'에 해당하는 독일어의 번역어는 '표상', 즉 세계 내 대상을 마음에 떠올렸을 때 생기는 상이라는 의미를 반영한 단어로 번역되고 있다. 따라서 번역의 통일성을 유지하기 위해 칸트의 경우 'representation'을 '표상'으로 번역하고자 한다.

을 요구하여 보다 깊은 만족감을 주고, '그 자체로 궁극적인 것', 즉 그 자체를 목적으로 감상되는 것이다. 그리고 예술은 그 본질상 소통을 목적으로 한다.

모방이라는 패러다임을 바꾸려는 노력은 19세기에 이르러서 나타난다. 한 세기 전 순수 예술에 대한 개념의 형성이 그러하였듯 이러한 노력도 여러 갈래로 나뉘어 진행된다. 낭만주의, 인상주의, 예술을 위한 예술 운동과 같은 운동들이 모방론과 연결된 이론들을 공격하였고 작가의 표현이나 감상자의 경험과 같은 예술의 또 다른 국면에 직접적인 주목을 주기 시작하였다. 언급한 운동들에 대한 반응으로 비평가들은 예술의 경계가 무엇인가에 대한 논쟁을 시작했다. 또한 사진이 사물을 매우 정확하고 실물같이 재현한 것일 수 있다면, 회화가 추구하던 이상으로서의 모방은 사진의 발명으로 인해 도전받게 된다. 순수 기악 음악에 대한 두터워진 신망도 비재현적인 예술의 가능성에 대한 명확한 사례를 제공하게 된다. 모든 예술이 음악의 조건을 열망한다고 했던 월터 페이터(Walter Pater)*의 주장처럼 몇몇 이론가들에게 음악은 새로운 패러다임을 제공하는 듯 보였다. 이 모든 변화에 답하기 위해 예술의 새로운 정의들이 나타났는데 특히 표현주의 이론, 형식주의 이론, 미적인 이론들이 이에 해당했다.

모방론과 마찬가지로 이 이론들이 가지는 공통점은 예술이 가지고 있는 유일한 하나의 가치 있는 성질이나 기능을 밝히는 것이며 한 대상이 예술로서의 지위를 가지는 것도 바로 그 성질이나 기능 때문이라고 주장하는 것이다. 나는 이러한 이론들을 **단순한 기능주의 이론**이라고 부를 것이다. 20세기 중반까지 이 이론이 예술을 정의하려는 시도들의 전 영역을 장악했다. 현재 이 이론들은 더 이상 지배적이지 않지만 지금도 꾸준히 개진되고 있다. 앞 문단 말미에서 언급한 이론들이 이 단순한 기능주의 이론의 가장 중요하고 영향력 있는 사례들이기에 각론을 살펴보고자 한다.

2. 표현으로서의 예술

표현과 재현은 명시적인 차이점을 지닌다. 재현은 외부의 세계를 관찰하고 자연, 사회, 인간의 모습이나 행위를 재제시하는(re-present) 반면, 표현은 우리 내부 세계를 들여다보고 마음에 생겨난 기분, 정서, 태도를 전달한다. 우리는 재현이 없거나 축소된 작품에서 표현

---

* 월터 페이터(Water Pater, 1839-1894): 영국의 소설가, 문학 비평가이자 예술 비평가. 《지오르지오네 화파》(*The School of Giorgione*, 1877)라는 르네상스 회화 비평서에서 '모든 예술은 음악의 조건을 열망한다'는 유명한 명언을 남겼다. 이는 예술은 내용과 형식의 조화를 꾀해야 하며 음악이야말로 명시적으로 내용과 형식이 하나가 되는 유일한 예술이라는 주장을 함축한다.

의 사례를 구하는 것 같기도 하다. 흔히 기악 음악, 혹은 적어도 음악의 많은 작품들을 표현적인 작품이라고 생각한다. 시각 예술이 추상화되면 될수록 이러한 작품들은 종종 표현적인 작품이 되기 위해 재현을 축소하거나 포기한 것으로 여겨지곤 한다. 우리가 이러한 사실을 문학에 적용시킬 수 있다면, 문학은 낭만주의 시가 도래했던 시대부터 내면세계를 표현하는 '의식의 흐름' 기법이나 여타의 기법들을 고안해 냈던 시대까지 표현주의의 목적을 추구했던 것이다. 따라서 재현되지 않은 예술은 있을 수 있지만, 표현되지 않은 작품은 없을지 모른다. 이러한 사고는 한 작품에 표현과 재현이 공존할 때조차도 예술의 본분은 표현에 있다는 사고를 낳았다. 그리고 19세기와 20세기에 있었던 다양한 낭만주의 운동과 표현주의 운동은 이러한 사고에 한층 박차를 가하게 된다.

지면의 제한으로 인해 여기에서는 표현으로 예술을 정의하는 오직 한 기획만을 살펴볼 것이다. 이 정의는 콜링우드(Robin G. Collingwood)의 《예술의 원리》(1938)에 잘 나타나 있다. 콜링우드는 예술을 하나의 활동으로 정의한다. 즉 예술은 감정을 명료하게 만드는 활동이다. 그에 따르면 우리는 이러한 활동을 통해 우리의 감정이 어떤 감정인지 동일시하게 되는데, 이때 우리는 그 감정을 화나 후회와 같이 일반적인 유형의 감정으로 느낄 뿐만 아니라 매우 개별적인(particular) 감정으로도 느낀다고 한다. 콜링우드가 이 정의를 활동보다는 예술작품으로 고쳐 말할 수 있다는 것에 반대하지는 않는다. 그러나 그는 예술작품이 예술 매체에 깃든다기보다는 주로 예술가와 감상자의 정신에 깃든다고 믿는다. 요컨대 콜링우드는 예술 매체의 맡은 바 소임이 그 매체에 구현된 정서를 감상자에게 소통하는 것이라 보았고, 이때 감상자는 구현된 것과 정확히 동일한 정서를 마음에 품게 된다. 콜링우드에게 있어서 소통된 정서는 말하자면 작품 그 자체인 것이다.

위 정의는 잘 알려진 문제점들을 가지고 있다. 첫째, 비록 어떤 의미에서 표현성이 예술 전반에 널리 퍼져 있는 현상이라고 할지라도 콜링우드의 표현성은 지나치게 협소한 감이 없잖아 있다. 그는 예술작품이 발생하는 과정을 규정하지만 실상 작품이 그가 말하는 방식으로 창조될 것인가 하는 것은 우연적일 뿐이다. 또한 그의 정의는 통상 예술작품으로 받아들여지는 많은 작품들을 예술에서 배제한다. 여기에는 소위 서양 예술의 전통에서 명작이라 하는 작품들 중 몇몇이 속하게 되는데, 가령 콜링우드의 입장에서 보자면 셰익스피어의 희곡은 예술이라기보다는 오락에 해당한다. 그리고 그의 예술 정의는 작품에 표현된 정서가 항상 예술가의 정서라고 가정한다. 그러나 작품을 창조할 당시 작가가 느끼지 못했던 정서를 작품이 표현하면 안 되는 이유를 잘 모르겠다. 근래 예술이 실제 한 개인이 느낀 정서를 표현한다는 생각은 예술이 표현적인 속성을 지님으로써 정서를 표현하게 된다는 생각으로 바뀌고 있다. 예컨대 슬픈, 즐거운, 불안한 것과 같은 속성들이 이러한 사례가 되겠다. 이러한 표현적인 속성들은 예술작품에서 지각 가능한 것으로 이것들이 작품에 현전하기 위해서 특별한 창조의 과정을 거칠 필요는 없다.

비록 몇몇 이론가들이 여전히 표현론이 예술의 주요 기능을 설명한다고 믿고 있지만 콜링우드의 견해와 같은 전통적인 표현론을 받아들이지는 않는다. 그러나 예술이 표현이라는 사고는 부가적인 조건을 달고 아서 단토(Arthur Danto)의 저작에 나타난다. 단토의 정의를 예술에 대한 표현론으로 보는 것은 합당하다. 그러나 단토와 같은 방식의 표현론은 전통적인 표현론과 사뭇 다른 이론과 예술의 맥락에서 발생한 것이라서 이 논문의 후반에 다루는 것이 좋겠다. 따라서 현재로서는 단토에 대한 논의보다는 먼저 예술에 대한 또 다른 종류의 단순한 기능주의 정의를 살펴보고자 한다.

3. 형식주의

형식주의는 표현주의와 나란히 발전해 왔다. 만일 예술이 재현만 하는 것이 아니라면 단순한 기능주의 입장에서 그다음으로 떠오르는 생각은 예술이 재현적인 내용이 아니라 그 형식이라는 생각이다. 대략 1880년부터 1960년 사이 정도로 추정되는 모더니즘의 전성기에 예술에 나타난 다양한 발전들은 이러한 사고를 지지했다. 물론 많은 예술 형식들에서 모더니즘 작가들의 걸작들이 탄생하였지만 특히 모더니즘 화가들이 그린 회화들이 형식주의 이론의 가장 영향력 있는 패러다임을 이루며 지지대 역할을 담당하였다. 특히 세잔은 초기 형식주의자인 클라이브 벨(Bell, 1914)과 로저 프라이(Roger Fry, 1920)가 가장 아끼던 화가였다. 세잔의 회화는 온전히 전통적인 재현의 주제였던 풍경, 초상, 정물을 그리고 있었으나 그가 일으킨 혁신은 형식에 있었다. 실제로 그는 그의 눈이 시각적 실재가 지닌 특징을 명료하게 묘사하는 것 외에 어떤 것도 관심 갖지 않았다. 그에게 내면의 무엇인가를 표현하는 것은 관심 밖의 일이었다. 이러한 혁신은 커다란 팔레트의 사용과 윤곽선의 강조, 그리고 그림의 주제를 삼차원적인 기하학적 형태로 파악하는 데에 관심 갖게 했다. 이러한 변화는 세잔이 그린 사물의 형태에 '견고함(solidity)'을 주게 되었고 이는 세잔 이전의 인상주의자들에게서는 찾아볼 수 없는 것이었다. 또한 이 견고성은 그림의 표면을 '편평하게(flattening)' 보이도록 만들었다. 언급한 형식적인 특징을 세잔 회화가 지니는 **존재의 이유**(raison d'être)로 해석하는 것은 예술사를 재해석하는 일임과 동시에 20세기 모더니즘 시기에 와서 급증한 추상회화를 설명하는 형식주의의 전형적인 전략이 된다. 이 논문에서 언급한 다른 단순한 기능주의 예술 정의와 마찬가지로 형식주의도 예술을 정의하는 시도로만 볼 수는 없다. 이미 말했듯이 형식주의는 예술에 대한 철학적 이론이다. 이 이론은 예술이 지닌 가치의 본질을 밝히고자 하며 예술작품을 감상하기 위해서 무엇이 이해되어야 하는지를 말하고자 한다.

　그러나 형식주의 입장에서 예술을 정의하려는 시도는 몇 가지 중요한 과제를 해결해야 했다. 이러한 과제들은 모두 형식이라는 개념을 어떤 방식으로 정의에 사용할 것인가 하는 문제와 밀접한 연관을 가진다. 그저 단순하게 예술은 형식이라거나 혹은 형식을 가지는 것이라고 말하는 것은 곤란하다. 왜냐하면 어떤 의미에서 모든 사물은 형식을 가지기 때문이다. 따라서 해결해야 할 첫 번째 과제는 예술의 정의와 관련된 의미의 '형식'이 무엇인지, 즉 작품에 **형식**을 부여하는 속성들이 무엇인지를 밝히는 것이다. 두 번째 과제는 예술작품 외의 대상들이 같은 의미에서 형식을 가질 수 있다면 예술작품이 이러한 형식을 소유하게 되는 방식에 특별한 것이 무엇인지를 밝혀야 한다.

　가장 유명한 형식주의 예술 정의론은 클라이브 벨의 정의이다. 벨에 따르면, 예술은 의미 있는 형식(significant form)을 가지는 대상이다. 이때 의미 있는 형식이란, 이것을 소유한 대상에게 특별한 가치를 불어넣는 형식인데 이 특별한 가치는 이 형식을 지각하는 감상자에게 느껴진 감정(affect)으로부터 나온다. 벨은 이 감정을 '미적 정서(aesthetic emotion)'라고 불렀다. 허나 캐롤 굴드(Carol Gould, 1994)는 벨이 염두에 두었던 것은 지각적 경험에 대한 좀 더 긍정적이고 유쾌한 반응이었기 때문에 이렇게 부르는 것은 다소간 잘못된 명칭이라고 지적한다. 어찌하였건 벨은 예술의 형식에만 특별한 것이 가치가 발생하는 그 특별한 방식에 있다고 설명함으로써 앞서 말했던 두 번째 과제에 답한 셈이 된다.

　하지만 벨이 위에서 말한 첫 번째 과제를 해결하지 못한다면, 즉 그가 형식이라는 말로써 뜻하고자 하는 바를 우리에게 이해시키지 못한다면, 의미 있는 형식에 대한 그의 주장은 여전히 석연치 않음을 남기게 된다. 유감스럽게도 첫 번째 과제에 대한 벨의 답변은 다소 서툴러 보였다. 벨은 주로 시각 예술을 논의의 대상으로 삼았기 때문에 형식을 이루는 초석이 선과 색의 특정한 결합이라고 말하곤 했다. 그러나 이는 그가 제시한 사례들을 보면 적절치 못한 말이다. 그의 사례들에는 성 소피아 성당, 사르트르 성당의 장미창, 멕시코 조각, 페르시아 접시들, 중국산 양탄자와 푸생의 작품들이 모두 포함되기 때문이다. 물론 건축물, 접시, 조각과 같은 삼차원적인 작품들조차 압축적인 의미에서는 선과 색으로 '만들어졌다'. 그러나 좀 더 솔직하게 접시의 형식적인 속성에 대해 말하자면 그것은 색과 삼차원적인 형태와 표면을 장식하고 있는 문양일 것이다. 어떤 삼차원적인 대상들도 이 같은 특징을 형식적 속성으로 가지고 있기 마련이기에 의미 있는 형식을 지닌 대상들은 형식을 가지는 대상들 중 한 그룹일 뿐이다. 이는 또한 건축물이나 조각상의 경우에도 마찬가지이다. 물론 건축물과 조각상은 서로 상호작용하는 부분들을 지니거나 혹은 그것이 놓인 환경과 상호작용하는 다양한 부분들을 지닌다는 점에서 더 복잡한 문제를 야기하기도 하지만, 이러한 문제는 인공적으로 만들어진 것이건 자연 대상이건 간에 많은 삼차원 대상들에서 발견될 수 있는 것이다.

벨이 가장 관심 두었던 시각 예술의 한 종류인 그림 일반이나 그림에 대해서 선과 색으로부터 발생하는 형식을 논하는 것도 다소간 정확하지 못한 논의이다. 왜냐하면 재현적인 속성뿐 아니라 회화의 모든 속성들이 선과 색으로부터 발생하기 때문이다. 나아가 형식이 삼차원을 묘사할 수 있는 이차원적인 매체에 적용되었을 때 복잡한 문제를 전혀 언급하지 않고 있다. 확실한 것은 표면에 그려진 이차원적인 선과 색면이 회화의 형식에 포함되기는 하지만 이것에만 국한되지는 않는다는 점이다. 맬컴 버드(Malcolm Budd, 1995)가 이 문제를 가장 명민하게 다루었던 한 저술에서 지적하였듯이, 회화의 형식에는 그리고자 하는 대상들이 그림의 재현된 삼차원적인 공간에 배열되는 방식이 포함될 뿐 아니라 여기에는 이차원적인 화면과 삼차원적인 재현된 공간의 상호작용도 포함된다.

한편 우리가 다양한 예술 매체에 일괄적으로 적용할 수 있는 형식의 의미를 명확히 말할 수 있다고 해 보자. 그렇다면 이제 한 대상이 의미 있는 형식을 지닐 때에만 예술이라고 주장하는 것은 가능한가? 벨의 정의의 사활은 단순히 형식이 아니라 의미 있는 형식을 설명하는 능력에 달려 있었고, 많은 이론가들이 벨이 순환의 오류를 저지르지 않으면서 이 과제를 수행할 수 있는가를 의문 삼았다. 벨의 답변은 명백한 순환의 오류를 저질렀고 아무것도 말해 주는 바가 없었다. 다시 말해, 벨은 의미 있는 형식이 미적 정서를 발생시키는, 그리고 그렇게 하는 유일한 존재라고 정의함과 동시에 미적 정서가 의미 있는 형식에 의해서, 그리고 오직 이 형식에 의해서만 발생한다고 정의했다. 그러나 또 다른 이론가들(Gould, 1994)은 의미 있는 형식을 지닌 작품에 대한 형식주의자들의 묘사 속에서 형식이 의미 있게 되는 시점을 실질적으로 파악할 수 있다고 말하기도 했다.

벨이 의미 있는 형식을 성공적으로 설명했다고 할지라도 그의 정의는 만족스러운 것이 아니었다. 그의 정의는 많은 점에서 효과적이지 못하였는데 이는 단순한 기능주의 예술 정의에 전형적으로 나타나는 현상이었다. 첫째, 벨의 정의에 따르면 나쁜 예술은 불가능하다. 왜냐하면 의미 있는 형식은 대상으로 하여금 항시 좋은 가치를 지닐 것을 요구하기 때문이다. 물론 의미 있는 형식을 가지는 데에도 정도의 차는 있을 수 있다. 그러나 어떤 작품에 대해 무시해도 좋을 만큼의 의미 있는 형식을 가졌다고 말할 수 없다면, 의미 있는 형식은 극소량을 소유할 수 있는 그런 것이 아니다. 둘째, 의미 있는 형식은 우리가 예술의 가치를 논함에 있어 중요하게 생각하는 수많은 속성들 중 단 하나의 속성에 해당하며, 이로써 형식주의자들은 나쁜 예술뿐만 아니라 명작들까지 희생시키며 여타의 다른 속성들을 배제하는 위험을 감수해야만 한다. 의미 있는 형식으로 예술을 정의하려는 이론가들은 브뤼겔 같은 화가에게 해 줄 말이 전혀 없다. 왜냐하면 작고 수많은 인간들의 모습으로 가득 찬 브뤼겔의 그림은 인간의 삶의 단면들이 지니는 풍요로운 의미를 담고 있지만, 벨이 이해하고 있는 예술의 정의적 특징을 가지고 있지는 않기 때문이다.

예술을 정의함에 있어서 형식이나 형식적 가치라는 개념을 사용하는 좀 더 바람직한 방법이 있을지 모른다. 그러나 그래서 얻는 것이 무엇이건 간에 이러한 가능성이 모색된 적은 없었다. 대신 여전히 단순한 기능주의 예술 정의에 경도되어 있는 이론가들이 좀 더 포괄적으로 사용될 수 있는 미적인 개념(the aesthetic)을 대안으로 내놓았다. 따라서 가설로 고려할 수 있는 형식주의를 탐색하기보다 이 새로운 접근법을 살펴보는 것이 좋겠다.

4. 미적인 정의들

미적인 것(the aesthetic)은 애매하여 논란의 여지가 많은 개념이다. 그러나 연관된 쟁점들이 이 책의 다른 장을 통해 다루어질 것이기 때문에 여기에서 이를 주요하게 다루지는 않을 것이다. 이 논문의 목적상 우리는 우선적으로 미적인 것이 본유적으로(intrinsically)* 가치 있는 경험을 가리키며 이때의 가치 있는 경험이란 대상의 감각적인 특징이나 대상이 투사한 상상적 세계에 주목함으로써 발생한다고 상정할 것이다. 따라서 대상이 지니는 미적인 속성은 본래적인(inherent) 가치의 속성이고 이는 대상이 낳는 가치 있는 경험 때문에 그렇다. 그리고 미적인 관심(aesthetic interest)은 언급한 경험과 속성에 대한 관심이다. 몇몇 예외적인 상황을 제외한다면 이러한 경험, 속성 혹은 관심으로써 예술을 정의하려 했던 미적인 정의들은 지난 30년간 단순한 기능주의가 추구해 왔던 예술 정의에 대한 대안으로서 채택되었다. 앞 절을 통해 간략하게 살펴보았듯이 재현적인 가치, 표현적인 가치, 그리고 형식적인 가치를 통한 예술 정의는 대안의 선택이 불가피했다. 그 각각의 예술 정의들은 예술이 가지고 있는 가치 중 하나의 가치만을 선택하고 그 가치를 소유한 모든 것이, 그리고 오직 그 가치만을 소유한 것이 예술작품이라고 주장했다. 그러나 그러한 정의들에 대한 반론 중의 하나는 이러한 예술 정의들이 몇몇 예술을 배제할 뿐만 아니라 그 정의가 옹호하는 특징을 결여한 것만 제외하면 상당히 고려할 만한 가치를 지닌 작품조차 배제해 버린다는 것이다. 따라서 이런 정의들은 보다 넓은 외연에 적용할 수 없는 부적절

---

* 이 논문의 번역에서 intrinsic은 '내재적' 혹은 '본유적' 중 맥락에 따라 선택하여 번역할 것이다. 만일 내재적이라고 번역한다면 이때는 한 대상의 가치가 '대상 안에 존재한다'는 물리적 공간으로서의 개념이 더 강조된 경우이다. 한편 현 논의에서처럼 intrinsic이 '대상 안에 존재한다'는 의미보다는 '그 자체를 목적으로 해서' 혹은 '스스로가 원인이 됨으로 말미암아' 가지는 가치라는 의미를 강조한다면 '본유적'이라 번역할 것이다. 그리고 이때의 의미는 대상이 다른 것의 도구가 될 때 지니는 가치인 도구적 가치와 반대되는 말이다. 나아가 inherent는 유사한 의미를 지닌 다른 단어를 사용한 저자의 의도를 살리기 위해 '본래적(本來的)'이라 번역할 것이다.

함을 지닌다.

반면 미적인 정의들은 언뜻 보기에는 상기 문제들을 일으키지 않는다. 형식과 재현은 모두 본유적으로 가치 있는 경험을 낳을 수 있고 이러한 경험은 대개 어느 한쪽이 다른 한쪽을 배제하지 않는다. 작품이 지닌 표현적인 속성이 주는 경험도 마찬가지이다. 또한 본유적으로 가치 있는 경험이라면 모두 미적인 경험이라는 포괄적인 개념 속에 포섭될 수 있다.

미적인 예술 정의들은 그 수가 많고, 지금도 새로운 미적인 정의들이 계속해서 생겨나고 있다. 우리는 이 장에서 좀 더 유명하고 잘 구성된 몇 개의 미적인 정의들을 살펴보게 될 것이다.

- 예술작품은 미적인 관심을 충족시키는 역량을 지니도록 의도된 대상이다. (Beardsley, 1983)
- 예술작품은 정상적인 조건에서라면 감상자에게 미적인 경험을 줄 수 있는 인공품이다. (Schlesinger, 1979)
- '예술작품'이란, 그 주요 기능이 유의미한(significant) 미적 대상을 소통하려는 하나 혹은 여러 매체들의 창조적인 조합을 말한다. (Lind, 1992)

미적인 것이라는 개념이 재현, 표현, 형식 같은 개념보다 단순한 기능주의 기획을 더잘 만족시킨다는 점을 제외하면 위 정의들이 그렇게 만족스러운 것은 아니다. 이를 명확히 하기 위해, (그것이 집합이건, 속성이건, 개념이건 간에) 어떤 K의 정의에 필요한 두 조건을 생각해 보도록 하자. 먼저 ① K에 속하기 위한(혹은 K이기 위한 혹은 K라는 개념에 들기 위한) 필요조건을 만족시켜야 하고, ② K에 속하기 위한(혹은 K이기 위한 혹은 K라는 개념에 들기 위한) 충분조건을 만족시켜야 한다. 그렇다면 한 대상이 예술작품이 되기 위해, 그 대상은 미적인 경험을 제공하는 것이 필요하거나 혹은 미적인 경험에 대한 관심을 충족시키려는 의도로 제작되는 것이 필요한가? 많은 이들이 그렇게 생각하지 않았다. 이를 부인한 이들은 다다이즘, 개념 예술, 퍼포먼스 아트(performance art) 같은 예술 운동에 큰 영향을 받았다. 이 예술 운동들은 이런저런 방식에서 예술로부터 미적인 관심을 벗겨내 버리고 작가의 생각(idea)을 전달하고자 했다. 뒤샹의 기성품 예술과 같은 다다이즘 작품들은 소변기, 눈삽, 병걸이와 같이 미적인 관심을 거의 혹은 완전히 받지 못하는 대상을 선택했다. 이로써 이 작품들은 예술과 미적인 것 간에 필수 불가결한 관계가 성립하는가 하는 것을 문제 삼으려는 듯 보였다. 몇몇 퍼포먼스 작품들은 미적인 관심을 걷어 낸다면 정치적 사상이 좀 더 효과적으로 전달될 수 있다는 전제하에 진행된 듯했고, 개념 예술들은 감각적인 구현을 포기하거나 완전히 배제하는 듯했다.

　미적인 정의를 옹호하는 이론가들은 이 같은 반론에 대해 두 종류의 답변 방식을 취한다. 몇몇 이론가들(Beardsley, 1983)은 앞서 제시한 겉보기에 반례인 것 같은 작품들이 예술이 아니라고 주장했다. 그러나 이러한 주장은 그 겉보기에 반례인 것 같은 작품들의 수가 증가하여 비평적일 뿐만 아니라 대중적으로도 예술로 받아들여지자 승산 없는 게임이 되었다. 오히려 겉보기에 반례로 보인 그 작품들마저도 미적인 속성을 가진다고 주장하는 것이 좀 더 최근에 나타난 답변 방식이다(Lind, 1992). 예컨대 기성품은 하나 이상의 수준에서만 미적인 속성을 갖는다. 기성품이 단순한 대상으로 여겨진다면 이것은 다소간의 차이가 있긴 하겠으나 단순한 대상들에게 주어지는 수준의 관조를 받는 특징을 지닌 대상으로 여겨진 것이다. 그러나 이것이 예술작품으로서 관조된다면 이는 예술을 향한 뒤샹의 풍자적인 태도를 강력하게 표현하는 특징을 지닌 대상으로 여겨진 것이다.

　한편 우리는 미적인 것이라는 개념을 예술작품이 되기 위한 충분조건으로는 볼 수 있는 것일까? 앞 단락 말미에 제시된 사례에서 이미 암시되었듯이 어떤 사물이건 미적인 관심을 끌 잠재력을 지닌다. 그러므로 미적인 경험을 낳는 것이 예술에만 고유한 현상이라고 말할 수는 없다. 한편 비어즐리(Monroe C. Beardsley)의 정의는 자연 대상들을 배제한다. 왜냐하면 자연 대상들은 그의 미적인 정의가 요구하는 의도에서 제작되지 않기 때문이다. 반면 그 정의는 예술작품은 아니지만 미적으로 즐거움을 주는 특징을 가진 많은 인공품들을 포함하게 된다.

　예술에 대한 미적인 정의를 옹호하는 이론가들은 **그 자체로** 예술(art per se)이 되는 영역 이외의 미적인 대상들을 다루는 데 있어서 세 가지 노선을 취한다. 그중 하나는 미적인 관심을 충족시키는 인공품은 무엇이나 예술이라고 재정의하는 것이다(쟁윌(Nick Zangwil, 2000)은 이 같은 접근법을 제안한다). 그러나 문제는 이러한 접근법은 쟁점을 바꾼 것에 지나지 않는다는 점이다. 다시 말해, 우리가 어떤 대상을 예술로 분류하는 이유를 밝히려는 시도에서 단순히 어떤 것이 미적인 대상이 되면 그것이 예술이라고 상정하는 것으로 쟁점을 옮긴 것이다. 심지어 기성품으로 제시되지 않는 도넛 상자, 천장용 선풍기, 토스터기와 같은 것들을 포함하는 정의는 다른 이론가들이 이해하고자 했던 그런 의미에서의 예술의 정의가 아니다. 두 번째 노선은 예술작품이 '유의미한' 미적인 관심을 충족시키기 때문에 '단순한' 미적인 관심을 충족시키는 여타의 인공품들과는 구별된다고 주장한다(Lind, 1992 참조). 이 노선은 이렇게 주장함으로써 예술이 아닌 인공품들을 배제하고자 한다. 하지만 이 노선도 역시 성공적이지 못하다. '유의미한'과 같은 정도의 요구를 하면 할수록 모든 예술작품이 그렇게 높은 수준의 미적인 관심을 받을 확률은 줄어든다. 왜냐하면 최근 많은 작품들이 풍부한 미적 경험을 창출하기 위해 매달리지 않는다는 사실을 우리가 잘 알고 있기 때문이다. 마지막 노선은 반대되는 직관에도 불구하고 미적 경험이 고유하게 예술에 의해서만 혹은 주로 예술에 의해서 제공되는 경험이라고 주장한다. 그러나 이러한 전략은 예술 개념을 언급하지 않으면서 모든 예술작품에 공통되며 예술만이 혹은 예술이 주요하게 제공하는 경험을 밝혀내야 하는 벅찬 업무에 시달려야 한다. 비록 비어즐리(1969)와 같은 몇몇 이론가들이 이러한 시도를 했지만 여론은 이와 같은 어떤 제안도 성공적이지 못하다는 쪽으로 기운다.

5. 반본질주의 예술 정의

비록 예술에 대한 미적인 정의를 지속적으로 지지하는 이들이 있다고 할지라도 1950년대 이후 예술 정의의 지배적 정서는 모든 형태의 단순한 기능주의를 거부하는 쪽으로 흘렀다. 이러한 거부는 예술에 대한 실제적인 정의를 지지할 만한 필요충분조건이 존재하지 않기 때문에 예술을 정의하려는 시도가 처음부터 잘못된 것이라고 일소하는 사고로부터 시작되었다. 이러한 반본질주의에서 가장 영향력이 컸던 주창자는 모리스 웨이츠(Morris Weitz, 1956)와 폴 지프(Paul Ziff, 1953)였다. 이들은 비트겐슈타인의 언어철학에 인도되어 일상 언어에 있는 경험적인 개념들을 필요충분조건으로 규정하는 것이 불가능하다고 주장하였다. 웨이츠에 따르면 대부분 이러한 개념들은 오히려 '열린 개념'으로 그 개념을 적용하는 하나의 기준이 실제 그 개념을 적용하는 모든 가능한 상황에서의 기준이 되지는 못한다는 것이다. 예술이라는 개념이 웨이츠와 지프에게 유일한 열린 개념인 것은 아니지만, 한 가지 점에서 다른 많은 경험적인 개념들과 차이를 보였다. 다른 경험적인 개념들이 열린 개념으로서 가지는 의의는 한 개념을 적용하던 기준이 더 이상 유효하지 않게 되어 그 개념을 적용할지 말지를 새롭게 결정해야 하는 상황이 발생할 수 있다는 이론적인 가능성만을 보였을 뿐이었다. 그러나 예술의 경우 새로운 예술 운동이 혁신적인 작품들을 계속 만들기 때문에 이 새로운 결정을 정기적으로 요구한다고 생각되었다. 예술의 혁신성은 예술이 예술을 정의하는 단순한 기능주의 이론들에 반례가 되는 작품들을 계속적으로 낳는 원인이기도 했다.

웨이츠와 지프에 따르면 예술작품은 필요충분조건에 의해서가 아니라 '가족 유사성(family resemblance)*에 의해, 혹은 다양한 기준에 준거한 일군의 유사성들로 인해 예술로 분

---

* 가족 유사성은 다양한 해석이 주어지고 있는 철학적 개념이이지만 거칠게 설명해 본다면, 모든 구성원이 갖고 있는 공통적인 본질은 없지만 부분적으로 구성원들이 서로에 대해 가지고 있는 상대적인 유사성들

류된다고 한다. 따라서 어떤 한 작품은 다른 작품들과 갖는 한 집합의 유사성들로 인해 예술이지만 또 다른 작품은 또 다른 집합의 유사성들로 인해 예술이 된다. 한 가지 대안적인 주장은(물론 이도 비트겐슈타인의 주장을 계승하고 있지만) 예술이 클러스터 개념(cluster concept)이라고 주장한다(Gaut, 2000 참조). 다시 말해, 그 개념의 클러스터를 이루는 속성 중 어느 한 속성이라도 소유한다면 한 대상이 예술의 지위를 얻기에 충분한, 그런 서로 다른 속성들로 이루어진 몇몇 집합들을 우리가 밝혀낼 수 있다고 본다. 그러나 이 집합 중 어느 한 속성을 소유하는 것도 그 자체로 예술의 지위를 얻기 위한 필요조건일 수는 없다.

언급한 제안들은 예술이라는 개념이 정의가 아닌 다른 방법을 통해서 더 잘 파악될 수 있다는 것을 보여 주기는 하지만 실상은 예술을 정의하는 새로운 시도에 자리를 내어 주게 되었다. 가족 유사성을 주장하는 견해는 예술 개념이 유사성들의 연결망을 통해 형성된다고 주장한다. 그러나 어떤 유사성들이 이 연결망을 이룰 것인가? 만일 어떤 유사성도 명시되지 않는다면 이러한 견해는 공허한 것이다. 왜냐하면 모든 사물은 다른 사물과 한 가지 유사성 정도는 지니기 때문이다. 사실 지프는 관련된 유사성의 영역이 그 본성상 사회적이거나 기능적일 것이라고 말했다. 후자의 경우 비록 단순한 기능주의자들이 바라는 방식에서 기능적인 것은 아닐지라도 말이다. 클러스터 개념을 주장하는 견해에 대해 말하자면 만일 예술작품이 되기에 충분한 조건들의 집합이 유한하여 열거 가능하다면 이는 이미 예술을 정의한 셈이다. 말하자면, 예술을 선접하여(disjunctive)* 정의한 것이 된다.

반본질주의에 입각한 예술 정의는 예술이 정의될 수 없다는 것을 증명하려 했으나 그들이 실제로 도착한 곳은 선배이자 적수였던 단순한 기능주의 예술 정의와는 다르기는 했지만 이와는 또 다른 새로운 예술의 정의였다.

의 집합에 의해 성립되는 유사성을 일컫는다. 예컨대 1남 1녀를 둔 부부가 형성한 가족을 생각해 보자. 여기에서 가족구성원 모두가 공유하는 하나의 유사성은 찾기 힘들 것이지만, 아빠와 딸은 콧날이, 엄마와 아들은 입 모양이, 아빠와 아들은 키가 큰 것이, 엄마와 딸은 커다란 눈이 닮았을 수 있다. 이렇듯 구성원 모두에게 공통된 유사성은 없지만 구성원들끼리 부분적으로 형성한 유사성들의 네트워크가 있어 우리는 이를 통해 이 가족을 다른 가족으로부터 구분해낸다. 이러한 예에서처럼 구성원이 지니는 복수적인 유사성들의 네트워크를 가족 유사성이라 한다.

* 논리학에서 선접한(disjunctive) 것은 연접한(conjunctive) 것과 대구되는 연결의 방식으로, 만일 A, B, C 라는 세 항목에 대해서 이들이 선접하여 연결되어 있다고 말한다면, 이 세 항목들은 'A 혹은 B 혹은 C'에서 보이듯 '혹은(or)'으로 연결된 관계를 말한다. 반면 이들이 연접하여 연결되어 있다고 말한다면, 이는 'A 그리고 B 그리고 C'에서 보이듯, '그리고(and)' 혹은 '-와/과'로 연결된 관계를 말한다. 따라서 '충분조건을 선접하여 예술을 정의한다'는 현 논의의 뜻은, 예술작품이 되기에 충분한 유사성들을 '혹은'으로 연결하여 정의를 만드는 셈이 된다는 말이다.

6. 단토와 딕키

모리스 만델바움(Maurice Mandelbaum, 1965)은 저명한 논문을 통해 예술의 정의를 가족 유사성에 호소하는 것은 예술의 정의를 배제하는 것이 아니라 오히려 야기하는 것이라고 주장한 최초 이론가 중 한 사람이었다. 말 그대로 가족들 간의 닮은꼴을 살펴보면 가족 구성원 하나하나가 모두 공유하고 있는 **전시된**(exhibited) 닮음* 같은 것은 없다는 것을 알 수 있다. 만델바움에 따르면 가족 유사성을 가족 구성원들이 부분적으로 차이를 보이지만 서로에 대해 가지는 유사성들의 열린 집합으로 설명하는 것은 만족스럽지 못했다. 왜냐하면 한 가족이 아닌 외부 사람이 그 가족과 **가족** 유사성을 가진다고 말해지지는 않을지라도 외면적으로 전시된 닮은꼴을 가질지 모르기 때문이다. 따라서 가족 유사성이라는 개념을 파악하는 데 가장 필요한 것은 **비전시적인 관계**(non-exhibited relation), 즉 **동일한 가계**(家系)를 가진 사람들이 공유하고 있는 관계이다. 만델바움은 예술에 대한 구체적인 정의를 주는 대신 가족 유사성을 주장하는 이들이 완성하지 못한 틈을 보완하는 노선을 선택했다. 이에 그는 어떤 비전시적인 관계적 속성, 즉 구성원들 사이에 존재하는 의도, 효용, 혈통 같은 속성들을 언급하였다.

이러한 방식으로 예술을 정의하는 가능성을 타진한 최초의 이론가이자 가장 영향력 있는 주창자들 중에 아서 단토와 조지 딕키(George Dickie)가 있다. 이들은 종종 서로 닮은 예술 정의를 발전시켰다고 여겨지기도 한다. 왜냐하면 부분적으로는 두 이론가 모두가 '예술계(art world)'를 통해서 예술에 관한 사고를 발전시켰기 때문이었고, 또 부분적으로는 단토 자신이 제안한 정의가 명확하지 않았기 때문이었다. 어찌하였건 지금은 이 두 이론가가 매우 상이한 이론을 전개시켜 나간 것으로 받아들여진다. 단토는 예술의 정의를 역사적이고 기능주의적으로 발전시켰던 반면 딕키는 기능주의와는 무관한 제도적인 예술 정의를 급진적으로 발전시켜 나갔다.

단토(1964, 1973)는 초기 논문들을 통해 예술의 정의를 확정하기 위해 반드시 필요한 사항들을 개괄하였다. 그러나 아직 그 필요 사항들을 충분히 만족시키는 정의를 구해 내지는 못했다. 워홀의 〈브릴로 박스〉뿐만 아니라 기성품 예술이 보여 주는 첫 번째 논점은 예술과 예술이 아닌 것의 경계를 구분하는 것이 지각적으로 불가능하기 때문에 '전시된' 속성들을 통해 예술과 예술이 아닌 것을 구별할 수 없다는 것이다(이로부터 추론되는 것은 한 작품이 다른 작품과 구별되는 것은 전시적 속성으로 인해서가 아니라는 점이다). 두 번째, 예술작품은 항시 그

---

* 이때의 전시되었다는(exhibited) 뜻은 눈에 보이지 않는 내면적으로 닮은꼴이 있다기보다는 그 닮은꼴이 대상의 외면에서 관찰된다는, 즉 지각적으로 관찰된다는 의미이다.

예술사적 맥락 안에서 존재하고 바로 이 점이 예술이 되기 위한 핵심 요소라는 점이다. 예술사적 맥락은 작품을 예술사에 연결시켜 준다. 또한 예술사적 맥락은 '예술의 이론적인 환경'을 제공한다. 즉 예술은 예술이론을 통해 그 존재를 옹호받을 수 있는 대상이다(Danto, 1981: 135). 세 번째, '한 작품을 이러저러한 것으로 구성해 주는 해석이 없다면 어떤 것도 예술작품이 되지 못한다'(p. 135). 즉 모든 예술작품은 무엇에 관해 말한다. 그러나 마찬가지로 모든 작품들은 한결같이 작품의 주제에 대한 작가의 태도나 '관점(way of seeing)'을 표현한다. 따라서 해석은 작품이 무엇을 말하고 있으며 그것이 작가에게 어떻게 비추어졌는지를 담는다. 나아가 예술은 이런 관점에서 예술가의 의도가 어떤 것인지도 표현한다.

예술철학에 있어서 단토의 가장 유명한 저술이자 예술의 본질을 파헤치려는 시도를 가장 잘 보여 준 책은《일상적인 것의 변용》(The Transfiguration of the Commonplace, 1981)이다. 이 책에서 단토는 언급한 주제 외에 다른 것들도 다루었다. 그러나 그의 저술로부터 명증한 예술의 정의를 구하는 것은 주석자들에게 남겨진 일이었다. 단토가 승인하기도 했지만 그 중 가장 잘 해석된 정의는 노엘 캐롤(Noël Carroll, 1993: 80)의 것으로 그 내용은 다음과 같다. 즉 X가 ① 주제를 가지고, ② 이 주제는 태도나 관점을 가지며, ③ 이 관점은 수사적인(흔히 비유적인) 생략을 통해 작품에 투사되고, ④ 이때의 생략이 감상자의 참여를 통해 채워지는 것(해석)이 필요한 동시에, ⑤ 그 참여의 과정에서 작품과 해석이 예술사적 맥락을 모두 필요로 한다면, 그리고 오직 그러할 때(if and only if) 예술작품이 된다.

위 정의는 전통적인 형식의 단순한 기능주의 정의와 상당히 닮았다. 먼저 조건 ①과 ②는 예술의 주제에 대한 작가의 관점이나 태도를 투사하는 기능을 부여한다. 따라서 이 정의는 넓은 의미에서 보자면 표현주의 예술 정의에 속한다. 그리고 이러한 기능이 특별하게 ③의 방법을 통해 이루어지는 동시에 ④의 감상자의 특정한 반응을 필요로 한다는 것도 표현주의 이론들이 갖는 특징이다. 만일 단토의 정의에 단순한 기능주의 예술 정의와 다른 점이 있다면, 이는 한 작품이 다른 작품과 예술사적 맥락에서 관계 맺는다고 말하는 마지막 조건 ⑤이다.

단토의 정의가 이론적 영향력을 발휘하게 되었던 것은 이 마지막 조건 때문이지만, 그의 정의가 다른 단순한 기능주의 예술 정의와 다른 운명을 지닌 것인지가 불분명해지는 것도 이 마지막 조건 때문이다. 많은 이론가들이 처음 네 조건을 모두 만족시키지 못하는 작품들이 존재한다고 본다. 예컨대 음악, 건축, 도자뿐 아니라 추상예술이나 장식 예술조차 무엇에 관한(about) 것은 아니지만 예술작품의 사례들이지 않은가.

조지 딕키의 예술계는 단토의 예술계와는 다르다. 그의 예술계는 역사적으로 관련된 작품, 양식, 이론으로 이루어진 것이라기보다 제도적인 것이다. 제도를 통해 예술을 정의하는 데 있어 딕키는 전시적인 특징뿐만 아니라 어떤 종류의 기능도 사용하지 않는다. 딕키는 제도를 공인된 지위를 수여하기 위해 존재하는 것으로 본다. 비록 이 지위 수여가 비공식적인 절차를 통해 이루어질지라도 말이다. 하지만 딕키는 특정 종류의 인공품을 제작하는 데 필요한 제도를 말하는 것에서 공중에게 제시하는 데 필요한 제도를 말하는 것으로 점점 더 그의 견해를 수정한다.

예술 제도의 의미가 변한 데에서 알 수 있듯이 딕키는 두 개의 서로 다른 예술에 대한 제도적인 정의를 제안하게 된다. 그리고 두 번째 정의는 자신의 처음 정의를 부정하는 데에서 비롯되었다. 하지만 이론가들 사이에서 두 정의 모두에 이론계의 귀추가 주목되었고 이후 많은 영향력을 행사하였기 때문에 두 정의에 관한 논의를 모두 여기에서 다룰 필요가 있다. 첫 번째 정의는 다음과 같다.

> 한 대상이 ① 인공품이고, ② 대상 내 일련의 국면들로 인해 예술계를 대신하는 한 사람 혹은 몇몇 사람들로부터 감상의 후보 자격을 수여받았을 때, 그리고 오직 그러할 때에만 예술작품이다. (Dickie, 1974: 34)

한 인공품을 예술작품으로 만들어 주는 수여된 지위란 (엄밀히 말하면) 예술작품이라는 지위가 아니라 감상의 후보 자격이라는 지위를 말한다. 그리고 이 지위는 그 대상이 지닌 일련의 국면들에 수여되는 것이지 대상 자체에 수여되는 것이 아니다. 딕키의 정의는 그 자체로 지위를 수여하는 예술계 사람을 지목하지 않는다. 혹자는 비평가, 미술관장, 박물관장일 것이라고 여기기도 한다. 왜냐하면 실제로 그들이 한 작품에 나타난 감상될 만한 국면을 선택하여 공중에게 제시하는 일을 하기 때문이다. 정의에 대한 딕키의 부연설명으로부터 유추해 보면 그는 예술의 지위를 수여하는 독점적인 대리인으로 예술가를 지목하고 있는 것이 확실하다. 수여는 행위일 것이기에 우리는 예술가가 지위 수여를 위해 어떤 행위를 하는지가 궁금할 수 있다. 이는 감상의 가치가 있다고 여겨지는 속성을 대상에 부여하는 것만으로는 부족할 것이다. 스티븐 데이비스(Stephen Davies, 1991: 85)에 따르면, **적합한 권위**(appropriate authority)를 가진 사람이 그러한 대상을 만들거나 제시하는 것이 바로 그 지위 수여의 행위가 된다.

많은 사람들에게 딕키의 예술 정의가 제도적이라 말할 수 있게 해 준 핵심은 예술이 된다는 것이 해당 권위를 가진 사람에 의해 수여된 지위를 소유하는 것이라는 사실에 있었다. 그러나 결과적으로 딕키는 바로 이 핵심을 거부하게 된다. 옳든 그르든 그는 지위 수여를 형식적인 절차를 일컫는 것으로 보았기에 이 절차 중 어떤 것도 예술작품을 탄생시키는 과정에서 발생할 필요가 없고 실제로 발생하지도 않는다고 보았다.

딕키의 두 번째 예술 정의는 '예술의 본질적 구조에 대해 말할 수 있는 최소한의 설명'에 해당하는 다섯 정의의 합으로 이루어져 있다.

① 예술가란, 예술제작에 대한 이해를 가지고 그 일에 참여하는 사람이다.
② 예술작품이란, 예술계 공중(artworld public)에게 제시되기 위하여 창조되는 인공품을 말한다.
③ 공중이란, 자신들에게 제시된 대상을 이해하려는 준비를 어느 정도 하고 있는 일군의 사람들을 말한다.
④ 예술계란, 모든 예술계 체계들(artworld systems)의 총체이다.
⑤ 예술계 체계란, 예술가가 예술작품을 예술계 공중에게 제시하는 틀을 말한다.

(Dickie, 1984: 80-1)

이 정의의 골자는 예술이라는 지위가 권위를 지닌 대리인에 의해 수여되는 것이 아니라 한 대상이 관계들로 이루어진 체계 속에 적절하게 위치하게 되면 발생하는 것이라는 점이다. 언급한 정의에서 눈여겨보아야 하는 것은 작품과 예술가의 관계와 작품과 예술계 공중과의 관계이다. 한 대상이 예술계 공중에게 제시되는 인공품, 즉 예술작품이 되는 것은 예술가가 '예술계라는 배경'(Dickie, 1984: 12)하에서 작품을 창조한다는 사실로부터 온다.

만일 딕키의 두 정의의 공통점을 추출한다면 두 정의의 접근법이 같은 문제를 야기하는 동일한 전략을 쓴다는 점이다. 두 정의 모두에서 딕키는 '예술계' 외의 다른 제도나 관행도 가지고 있는 구조를 제시한다. 지위의 수여는 다양한 맥락에서 발생할 수 있고, 심지어 감상의 후보 자격의 수여조차(그것이 예술계 내에서 일어나는 것이건 아니건 간에) 예술계 외부에서도 종종 일어난다. 예컨대 관광청에서 발행한 '공식적인' 여행 가이드 책자는 특정 장소에 감상의 후보 자격을 수여한다. 한 건축물을 '역사적인' 건축으로 명명하는 공식적인 승인 또한 마찬가지이다(딕키가 의식적으로 예술계의 대리인이 수여하는 후보의 자격이 어떤 종류의 감상에 대한 것인지 밝히지 않은 것에 유념하라). 광고조차 그 목적이 명확하게 감상에 있을 때에는 예술과 같은 지위를 수여받을 수 있을 것이다.

딕키의 첫 번째 정의가 이러한 감상의 지위 수여로부터 예술의 지위 수여를 구분하는 방법은 무엇일까? 이에 대해 그는 예술계에 대한 언급만을 주었을 뿐이었다. 즉 예술형식과 그것들을 만들고, 배포하고, 제시하는 행위를 향해 제스처만 취했을 뿐이었다. 거기에 다른 지위 수여의 관행과는 달리 예술의 지위 수여가 가지는 차이점에 대한 설명은 없다. 두 번째 정의에 대해서도 마찬가지이다. 예술계가 아닌 다른 관행에서도 인공품을 제작하고 제시하는 체계들은 수없이 많다. 그 산물이 소비자를 위해 만들어지는 것이라면 그곳에는 언제나 유사한 체계들이 존재한다. 그렇다면 딕키는 어떻게 이 인공품을 제시하는 여타의 체계들로부터 예술계 체계를 구분할 것인가? 그는 이에 답하기 위해 단지 예술계를 '예술계'라고 명명했을 따름이다. 차이점에 대한 아무런 설명도 없이 예술 관련 체계를 명명만 한 것이다.

이러한 전략은 순환의 오류와 불완전성의 문제를 야기했다(Walton, 1997; Levinson, 1987; Davies, 1991; Stecker, 1986, 1997을 보라). 딕키도 자신의 정의에 순환의 오류가 있다는 것을 알고 있었다. 그러나 그것이 문제 되지 않는다고 말했다. 하지만 정의가 정의하고자 하는 것의 외연(extension)*을 가려내기에 충분한 정보를 주지 못한다면 이는 확실히 문제가 있는 것이다. 딕키의 정의는 다른 체계들과 예술계 체계 간의 차이점을 설명하지 못한 채 예술계를 향한 제스처만을 한 격이었기 때문에 적확한 정보를 제공하지 못하는 불완전한 정의가 되었다. 딕키(1989)는 한 체계가 예술계에 속하는지 아닌지를 결정하는 것이 매우 임의적인 일이라고 답했지만, 오히려 이 점이 그의 정의가 불완전할 수밖에 없는 이유가 될 수 있다고 답했다.

7. 역사적 접근과 기능주의의 부활

어떤 이론가들은 현 논의의 상황이 딕키가 (성급하게) 말한 것처럼 그렇게 암담한 것만은 아니라고 주장한다. 켄달 월튼(Kendall Walton, 1977)은, 딕키가 제스처만 취했던 예술계 체계가 역사적으로 정의될 수 있을지 모른다고 제안한 최초의 사람 중 하나였다. 월튼은 제한된 몇몇 개의 원형체계들(proto-systems)과 이 체계들로부터 역사적으로 발전한 또 다른 체계들이 모여 예술계를 이룬다고 제안했다(1977: 98). 딕키(1984: 76)는 월튼처럼 말하는 것은 애초 원형체계들이 예술계에 속하게 되는 이유를 설명하지 못한다고 지적하며 예술계 체계에 대한 어떤 실제적인 설명도 불가능하다는 자신의 믿음을 표명했다. 그러나 이러한 월튼에 대한 딕키의 평가는 다시금 성급한 것일 수 있다. 최초의 원형체계들의 집합을 찾을 가능성이 있는 곳은 18세기에 확립된 순수예술의 체계에서일 것이다. 시, 회화, 조각, 건축 그리고 (성악에 국한되는) 음악이 전형적인 원형예술 형식이 되는 체계 말이다. 물론 당시 이러한 예술 형식들이 하나의 주요 범주를 형성하게 된 이유도 설명 가능하다. 이는

---

*　내포(intension)는 한 명사나 개념의 형식적 정의(定義)를 이루는 내재적 내용을 가리키며, 외연(extension)은 한 명사나 개념이 지시하는 개별 사물들을 가리킨다. 예를 들어 '책상'이라는 명사의 내포는 '책을 놓고 읽는 데 사용할 수 있는 가구'인 반면에 외연은 사무용 책상, 유아용 책상, 1인용 책상, 2인용 책상과 같이 우리 주변에서 책상으로 쓰이고 있는 개별 사물들을 말한다.

그것들이 지닌 공통된 기능적인 속성으로 설명될 수 있고 혹은 그 자체가 역사적인 것이라고 설명될 수도 있다. 이러한 접근법이 해결해야 할 문제는 이 이론이 예술작품으로 분류된 모든 대상들을 설명해 낼 수 있는 가능성에 관한 것이다. 이 같은 주장은 한 대상이 예술이 되기 위해 예술 형식이나 예술 체계에 속하는 것이 필요조건이자 충분조건이라는 것을 함축하는 듯 보인다. 그러나 모든 지지자가 이 양 조건을 다 받아들이는 것 같지는 않다(Levinson, 1979: Stecker, 1997). 이 이론이 준역사적인(quasi-historical) 노선을 찾아 보완된다고 해도 비서구 문화권이나 고대 서구 문화에서 나온 예술작품과 예술 형식들을 설명하지 못한다. 왜냐하면 이러한 작품이나 형식들은 18세기에 있었던 원형예술들과 개념적으로는 교차점이 있지만 역사적으로 올바른 연결고리를 가지지 않기 때문이다.

스티븐 데이비스는 딕키 이후 예술을 제도적으로 정의하는 접근법을 옹호한 가장 중요한 이론가이다. 데이비스는 실제로 예술에 대한 정의를 주지는 않지만 예술 제도론이 발전될 수 있는 윤곽을 보여 준다. 첫째, 그는 예술 종사자들에게 부여된 권위가 규정한 역할들을 통해 예술계가 구조화된다는 생각을 복귀시킨다. 즉 예술의 지위는 그 역할에 따르는 권위로 인해 예술가가 작품에 수여하는 것이다. 둘째, 예술계 제도들은 역사적으로 이해되어야 한다. 예술의 역사적 뿌리에 대한 데이비스의 논의들은 예술계 체계보다는 개별 예술작품에 더 집중되어 있다. 초기의 예술작품들(early works)을 고려해 보자. 그러한 작품들이 제도적인 배경하에 존재하게 되었겠는가? 만일 그렇다면 그러한 제도를 발생시킨 것은 무엇인가? 물론 제도가 싹트고 있었던 곳은 그보다 더 이전의 예술작품 주변에서였을 것이다. 애초 데이비스는 예술 제도와 아무런 연관도 없는 고립된 예술가 사례뿐만 아니라 이러한 최초의 예술 사례들에 대해서도 그의 제도적인 분석을 적용하려 했었다(Davies, 1991). 그러나 최근 그는 초기의 예술, 즉 이후 예술과 그 제도가 기원한 원형예술의 경우는 기능주의적으로 이해해야 한다고 주장한다. 즉 이것들이 지닌 미적인 가치가 그 본질적인 기능을 담당함으로 인해 예술이 되었다는 것이다. 그러나 그는 예술 제도가 일단 확립되고 나면 예술은 미적인 혹은 다른 여타의 어떤 기능도 요구하지 않은 채 발전해 나갈 수 있다고 본다(Davies, 1997, 2000).

예술을 정의하는 데 있어 제도론을 역사적으로 해명하려는 시도에 발맞추어 많은 철학자들이 또 다른 방식의 역사적인 정의를 탐색했다. 제럴드 레빈슨(Jerrold Levinson)은 예술가들의 의도와 이전 작품들 사이에 형성된 역사적인 관계가 예술을 정의한다고 제안했고(Levinson, 1979, 1989, 1993), 제임스 카니(James Carney)는 그 관계가 역사적으로 진화하는 양식들 간에 나타나는 것이라고 주장했다(1991, 1994). 노엘 캐롤은 정의를 내리지는 않았지만 현 작품과 이전 작품들을 연결하는 역사적 서사들(historical narratives)을 통해 어떤 것이 예술인지 예술의 신분은 확인할 수 있다고 제안했다(Carroll, 1994). 한편 로버트 스테커

(Robert Stecker, 1997)는 역사적으로 진화하는 기능들을 통해 예술을 정의할 수 있다고 주장했다.

그중 레빈슨의 주장이 가장 발전된 그리고 신중하게 개진된 정의로 보인다. 그는 '예술작품으로 간주하는 관점(regard-as a work-of-art)에서 진지하게 의도된 대상들, 즉 선재(先在)하는 예술작품들이 올바르게 예술로서 간주되거나 간주되었던 그러한 관점으로 의도된 것들이 예술'이라고 주장한다(Levinson, 1989: 21).

우리는 한 사물을 예술작품으로 간주하는 관점에서 의도한다는 것이 무엇인지, 그리고 레빈슨의 정의에 있는 이 핵심 개념이 딕키의 정의에서처럼 악순환에 빠지지 않는 이유가 무엇인지를 물어볼 수 있다. 여기에는 두 종류의 의도가 관련된다. '내재적인(intrinsic)*' 유형의 의도는 예술가가 구체적인 예술작품, 장르, 예술 운동, 예술 전통을 염두에 두지 않고 이전 작품들에서 발견된 특징에 해당하는 일련의 관점들을 의도하는 것이다. 예컨대 작가는 형식, 표현성, 실물 같음(verisimilitude) 같은 관점들을 작품에서 의도할 수 있다. 그것이 아니라면 '관계적인' 유형의 의도가 있다. 이때 작가는 개별 작품이나 개별 장르 등이 예술로 올바르게 간주되거나 간주되었던 관점을 한 대상에서 의도한다. 만일 이 이론에 가능한 관점들을 채워 넣을 수 있다면 '예술작품으로 간주하는'이라는 표현을 생략할 수 있다. 이러한 점에서 레빈슨은 순환의 오류에 대한 비난으로부터 벗어날 수 있다.

레빈슨은 캐롤이나 카니와 같은 또 다른 역사적인 이론들처럼 한 대상은 이전 작품들과 맺는 관계로 인해 예술작품이 되고, 이전 작품들은 다시 그 이전 작품들과 맺는 관계로 인해 예술이 된다고 본다. 그러나 이러한 사실이 명확하다면 그 연쇄적인 관계의 고리 끝에 이전 작품이 전혀 존재하지 않는 예술작품을 만나게 될 것이라는 것이 또한 명확하다. 이 가장 먼저 발생한 예술은 '최초의 예술'이라 불린다. 우리는 역사적인 설명을 하지 않으면서 최초의 예술작품을 예술이게 해 주는 근거는 무엇인지 그리고 그것이 이후의 모든 예술작품들이 예술이 되는 이유는 아니라고 여겨야 할 근거를 각각 설명해야 한다. 이에 데이비스는 제도론을 역사적으로 해명하는 가운데 최초의 예술이 그 본성상 기능주의적으로 설명될 수 있다는 제안을 하게 된다(1997, 2000). 그리고 이러한 논의가 이후의 모든 예술작품이 예술이 되는 근거를 설명하지 못하는 이유는 예술의 제도에 속한 대상들은 예술의 본래의 기능을 결핍했을 때조차도 예술의 지위를 획득할 수 있기 때문이라고 말한다.

---

* 이 장의 178 페이지 역주에서 intrinsic을 '본유적'이라고 번역했으나, 여기서는 '내재적'으로 번역할 것이다. 왜냐하면 현 논의에서 두 종류의 의도는 예술사에 나타난 작품들 간의 관계와 같은 작품 외부의 특징과 형식, 표현성, 실물 같음과 같은 작품 내부의 특징이라는 점에서 대조적으로 구분되었기 때문이다.

레빈슨은 최초의 예술에 대해 데이비스처럼 명백한 기능주의적인 접근을 시도하지는 않는다. 레빈슨에 따르면 어떤 것이 최초의 예술이 되는 이유는 그것이 '궁극적으로 인과관계의 근원에 해당하고 우리가 전형적으로 예술이라고 여기는 이후의 활동들이 의도적으로 그것을 가리키기' 때문이다. 뿐만 아니라 최초의 예술은 '이후에 나타난 전형적인 예술이 명문화한 효과나 가치들 중 많은 것들'을 목표한다(Levinson, 1993: 421). 이러한 레빈슨의 언급은 데이비스가 말한 기능주의적인 접근과 유사하지만 인과적이고 의도적인 관계를 예술의 기능을 직접 가리키는 기능으로 대체한다.

위의 레빈슨의 정의에 대해서도 수많은 반론이 있었다. 그들은 레빈슨의 정의를 예술이 되기 위한 충분조건으로 보지 않고 그가 말하는 의도를 가졌음에도 예술작품이 되는 데에 논란의 여지가 많은 다양한 반례들을 제시했다. 1915년 뒤샹은 〈울워스 빌딩〉을 기성품 예술로 변용시키려 했지만 성공하지 못했다. 그러나 그 실패는 예술이 되기에 적합한 의도가 없었던 탓은 아니었다(Carney, 1994). 렘브란트 초상화의 위작은 원작이 올바르게 간주되는 많은 방식에서 그것이 작품으로 여겨지도록 의도되었을 것이다. 그러나 그래서 이 위작이 또 다른 예술작품이 되는 것은 아니다(Sartwell, 1990: 157). 한편 그의 정의가 예술이 되기 위한 필요조건조차 제공하지 못한다고 보는 반대 견해도 있다. 왜냐하면 다른 사물들이 예술로서의 기능을 성공적으로 획득하는 것이 가능하기 때문이다. 이러한 사물들은 예술로 간주되는 몇몇 내재적인 관점들을 가지기는 하지만 예술이 되게 하려는 의도는 결여한 사례들이다. 이전 예술작품에 대한 잘못된 이해를 가지고 이로부터 예술을 제작하려는 의도를 실행했을 수도 있고, 우연히 예술적인 가치를 지닌 속성들을 그 대상에 부여하게 되었지만 애초는 실용적인 의도에서 그것을 제작했을 수도 있다. 예컨대 그저 물을 담을 수 있는 용기를 만들려고 했는데 결과적으로 너무나 아름다운 항아리를 만들게 된 것처럼 말이다.

레빈슨은 이 모든 반례에 대해 답변을 준다(Levinson, 1990, 1993 참조). 뒤샹이 실패한 이유는 그가 그 건물에 대해 예술과 관련된 '소유권(proprietary right)'을 가지지 못했기 때문이다. 그리고 렘브란트의 위작이 예술작품이 되지 못하는 이유는 비록 위작자가 렘브란트의 작품에 올바르게 주어지는 여러 관점에서 그 위작을 바라보도록 의도했을지라도 그것이 위작자 자신의 그림으로 올바르게 간주될 수는 없기 때문이다. 보통의 예술에 요구되는 의도를 가지지 못한 예술이 있을 수 있다는 것에 레빈슨도 동의하는 듯하다. 그러나 그는 이러한 사례들이 예술의 심화된, 그러나 부차적인 의미들을 지적하는 것일 뿐이라고 주장한다. 상기 최초의 예술에 대한 답변뿐 아니라 이러한 레빈슨의 답변들 모두 그의 애초의 정의에 부가적인 조건들을 추가하게 되고 이로써 그의 정의는 매우 복잡하게 된다. 그러나 너무 많은 조건의 요구는 기획 자체의 생명을 단축시킬 수도 있다. 물론 레빈슨의 정의의 경우 아직 그 문제점들은 제거될 가능성이 있고 또 회복 중에 있다.

하지만 여전히 많은 지점들에서 레빈슨은 의도가 아니라 기능이나 관점에 보다 직접적으로 호소함으로써 더 단순한 정의를 구했어야 했던 것이 아닌가 싶다. 로버트 스테커(1997)는 역사적으로 진화해 온 일련의 기능들에 보다 직접적으로 호소하는 예술의 정의를 정식화했다. 그리고 이 정의는 예술적인 의도에 대한 언급을 완전히 배제한다(이와 유사한 또 다른 시도는 그레이브스(Leslie Graves, 1998)에 나온다). 스테커는 한 시대의 예술을 그 이전의 예술과 연결하는 역사적 관계를 통해 예술을 정의하지 않는다. 오히려 그는 시대 상대적인 예술 형식들과 기능들을 지적한다. 어느 시기이든지 예술은 유한 집합의 기능들을 소유한다. 이 기능들에는 장르 특화된 기능에서부터 단순한 기능주의 정의에서 말한 재현적인, 표현적인, 형식적인 그리고 미적인 가치들까지 포함된다. 한 시기의 예술의 기능은 그 시기에 주요했던 예술 형식들을 이해함으로써 확인될 수 있다. 그러나 이렇게 주장하는 것이 주요 예술 형식들에 속하지 않는 대상들은 결코 예술일 수 없다는 것을 뜻하지는 않는다. 스테커에 따르면 대개 어떤 사물이건 예술이 될 수 있다. 그러나 주요 예술 형식에 속하지 못한 인공품들은 더 높은 기준을 만족시켜야만 한다. 한편 이러한 사실은 예술에 대한 선접적인 정의를 낳았다. 요컨대, 한 대상은 그것이 ① 시점 t에 주요 예술 형식 중 하나이며 예술이 시점 t에 가지는 기능을 충족시킬 의도에서 만들어지면, 그리고 오직 그러할 때, 예술이 된다. 혹은 그것이 ② 언급한 기능을 수행하는 데 있어 탁월함을 보일 때, 그리고 오직 그러할 때, 예술이 된다.

물론 스테커의 정의도 다양한 문제점을 가진다. 겉보기에도 있을 것 같은 순환의 오류는 레빈슨의 정의에서와 같은 방식으로 처리될 수 있다. 다시 말해, 주요 예술 형식과 기능들을 일일이 열거하여 예술에 대한 설명을 생략하는 것으로써 피해갈 수 있다. 그러나 이렇게 하자면 스테커는 이 개개의 항목에 대한 설명을 주어야만 한다. 그렇다면 주요 예술 형식이 발생하는 경로는 어떻게 이루어지는 것인가? 그리고 어떻게 예술이 가지는 우연적인 기능(예컨대 조각을 문 버팀쇠로 쓰거나, 그림을 단열제로 쓰는 경우*에서 발견되는 기능)과 외재적인 기능(예술을 광고로 사용하는 경우)으로부터 진정한 예술의 기능을 구분할 수 있는가? 나아가 모든 기능들이 모든 후보 예술작품들에게 유효하지는 않을 것이다. 그렇다면 이러한 기능들은 유효한 형식들로 조정될 필요가 있다. 결국 예술의 기능을 매우 높은 수준에서 충족시키는 사물들이 있을 수는 있겠지만 우리가 그것들을 예술작품이라고 부르지는 않

---

* 실제로 벽에 빈틈없이 회화를 건 풍경은 근대 서구 유럽에서 자주 목격된다. 이는 집주인의 예술적 소양을 자랑하기 위한 것이기도 했지만, 회화의 캔버스와 벽면 사이에 생긴 공간이 단열 효과를 일으켜 실내 온도를 상승시키는 역할을 해 주었기 때문이기도 했다.

을 것이다. 예컨대 매우 세련된 미적 경험을 유발하는 알약이 있다고 해 보자. 이 알약은 예술이 담당하는 기능을 훌륭하게 수행하겠지만 우리가 그것을 예술작품이라고 하지는 않을 것이다(이 사례에 대한 스테커의 답변을 보려면 Stecker, 1997: 51-65 참조).

데이비스, 레빈슨, 스테커가 제기한 견해들은 예술 정의의 방법론에 대해 어느 정도의 의견의 일치가 주어진다는 것을 보여 준다(Stecker, 2000; Matravers, 2000). 비록 언뜻 보면 이 이론들은 서로 다른 이론적 접근(제도적 접근, 의도주의적 접근, 기능주의적 접근)을 시도하는 듯 보이지만 각 이론들은 서로 차이점보다 유사점을 더 많이 가진다. 이 이론들은 모두 예술이 역사적으로 정의되는 것이라는 단토의 견해에 동의한다. 다시 말해, 이 이론들은 결국 (이른바 실제적인 정의에 해당하는) 서로 연접하여 충분조건이 되는 필요조건들의 집합으로 정의 내리는 것이 아니라 충분조건들의 선접을 통해서 예술의 정의를 구한다. 나아가 이들은 모두 단순한 기능주의 정의들과 다르다. 이 정의들은 더 포괄적인 예술의 규범이론에 필요한 핵심은 말하지 않지만 다른 많은 이론들과 양립 가능하다. 특히 위 정의들은 딕키의 두 정의들처럼 예술의 본질이 무엇인가를 이해하는 것과 예술의 가치를 이해하는 일을 구분한다. 사실 최근의 정의에 나타나는 선접적인 특징은 예술에 본질적인 하나의 가치나 기능이 없다는 것을 보여 줄 뿐만 아니라 아예 예술의 본질 같은 것은 없다고 제안한다.

정도의 차이는 있겠지만 그런 노선에서는 두 노선의 논의는 배제한다. 그 한 노선은 여전히 단순한 기능주의적 예술 정의에 관심을 두는 이론에 해당한다. 이 노선은 전형적으로 미적 경험이나 미적 속성들로 예술을 정의하고자 한다(Anderson, 2000; Zangwill, 2000). 나머지 한 노선은 예술의 정의 가능성에 대해 회의적인 견해이다(Tilghman, 1984; Novitz, 1996).

예술 정의에 관한 이론들이 앞으로 어떤 방향으로 흘러갈 것인가를 짐작해보는 것은 흥미로운 일이다(Stecker, 2000). 한편으로는 회의주의를 지지하는 노선이 그 논의를 발전시켜 갈 여지가 더 클지 모른다. 하지만 다른 한편으로 비회의주의자들은 본고에서 살펴본 종류의 제안들을 발전시키기보다 한 걸음 물러서 보다 기초적인 질문을 던져 보는 것도 가치가 있을 듯싶다. 우리가 정의하려는 것은 무엇인가? 이는 예술의 개념인가 예술이 되기 위한 속성인가 아니면 예술을 분류하는 (그것이 아니라면 예술의 가치를 정하는) 사회적 관행 혹은 다른 어떤 것인가? 만일 우리가 예술의 개념을 정의하고자 하는 것이라면 이 문제를 보다 일반적인 차원에서 흥미롭게 다룬 저작들이 있다(Peacocke, 1992; Podor, 1998). 이 저작들은 예술을 정의하는 문제에 유용하게 쓰일 수 있다. 그러나 이러한 정의를 통해서 우리가 얻고자 하는 것은 무엇인가? 전통적으로 예술의 정의가 목표하는 것은 예술의 본질을 동일시하는 것이었다. 만일 우리가 이러한 전통적인 목표를 단념한 최근 정의들을 따르고자 한다면 이제 우리가 하고 있는 것은 — 예컨대 기술하거나 개념화하는 것이 아니라면 — 무엇인가? 아니면 여전히 하나의 참된 정의를 구하고 있는 중인가? 그것도 아니면 이제 동등하게 유효한 다수의 예술 정의가 있을 수 있다는, 즉 동일한 문제에 대해 동등하게 좋은 다수의 해결책이 가능하다는 것을 인정해야 하는가? 혹은 서로 다른 해결책을 요구하는 상이한 문제들이 있는 것인가?

* 이 논문의 이해를 돕기 위해서 이 책에서 다음의 논문들을 찾아 읽으면 좋을 것이다.
  〈대중예술의 미학〉, 〈미적 경험〉, 〈예술의 가치〉, 〈예술의 존재론〉

참고문헌

Anderson, J. (2000). "Aesthetic Concepts of Art". in N. Carroll (ed.), *Theories of Art Today*. Madison: University of Wisconsin Press, pp. 65–92.

Beardsley, M. (1969). "Aesthetic Experience Regained". *Journal of Aesthetics and Art Criticism* 28: 2–11.

_____ (1983). "An Aesthetic Definition of Art". in H. Curtler (ed.), *What is Art?*. New York: Haven Publications, 15–29.

Bell, C. (1914). *Art*. London: Chatto & Windus. Reprint New York: Capricorn Books, 1958.

Budd, M. (1995). *Values of Art: Pictures, Poetry, and Music*. London: The Penguin Press.

Carney, J. (1991). "The Style Theory of Art". *Pacific Philosophical Quarterly* 72: 273–89.

_____ (1994). "Defining Art Externally". *British Journal of Aesthetics* 34: 114–23.

Carroll, N. (1993). "Essence, Expression, and History: Arthur Danto's Philosophy of Art", in M. Rollins (ed.), *Danto and his Critics*. Oxford: Basil Blackwell, pp. 79–106.

_____ (1994). "Identifying Art". in R. Yanal (ed.), *Institutions of Art*. University Park, Pa.: Pennsylvania State University Press, pp. 3–38.

_____ (ed.) (2000). *Theories of Art Today*. Madison: University of Wisconsin Press.

Collingwood. R. G. (1938). *Principles of Art*. Oxford: Oxford University Press.

Currie, G. (1993). "Aliens Too". *Analysis* 53: 116–18.

_____ (2000). "A Note on Art and Historical Concepts". *British Journal of Aesthetics* 40: 186–90.

Danto, A. (1964). "The Artworld". *Journal of Philosophy* 61: 571–84.

_____ (1973). "Artworks and Real Things". *Theoria* 39: 1–17.

_____ (1981). *The Transfiguration of the Commonplace*. Cambridge, Mass.: Harvard University Press.

Davies, S. (1991). *Definitions of Art*. Ithaca, NY: Cornell University Press.

_____ (1997). "First Art and Art's Definition". *Southern Journal of Philosophy* 35:19–34.

_____ (2000). "Non–Western Art and Art's Definition". in N. Carroll (ed.), *Theories of Art Today*. Madison: University of Wisconsin Press, pp. 199–216.

Dickie, G. (1974). *Art and the Aesthetic: an Institutional Analysis*. Ithaca, NY: Cornell University Press.

_____ (1984). *The Art Circle*. New York: Haven Publications.

_____ (1989). "Reply to Stecker". in G. Dickie, R. Sclafani, and R. Roblin (eds.), *Aesthetics: a Critical Anthology*, 2nd edn. New York: St Martin's Press.

Fodor, J. (1998). *Concepts: Where Cognitive Science Went Wrong*. Oxford: Oxford University Press.

Fry, R. (1920). *Vision and Design*. London: Chatto & Windus. Reprint New York: Dover, 1998.

Gaut, B. (2000). "'Art' as a Cluster concept". in N. Carroll (ed.), *Theories of Art Today*. Madison: University of Wisconsin Press, pp. 25–44.

Gould, C. (1994). "Clive Bell on Aesthetic Experience and Aesthetic Truth". *British Journal of Aesthetics* 34: 124–33.

Graves, L. (1998). "Transgressive Traditions and Art Definitions". *Journal of Aesthetics and Art Criticism* 56: 39–48.

Kant, I. (1952). *The Critique of Judgement*, trans. J. C. Meredith. Oxford: Oxford University Press.

Levinson, J. (1979). "Defining Art Historically". *British Journal of Aesthetics* 19: 232–50.

_____ (1987). *Review of The Art Circle*. *Philosophical Review* 96: 141–6.

____ (1989). "Refining Art Historically". *Journal of Aesthetics and Art Criticism* 47: 21–33.

____ (1990). "A Refiner's Fire". *Journal of Aesthetics and Art Criticism* 48: 231–5.

____ (1993). "Extending Art Historically". *Journal of Aesthetics and Art Criticism* 51: 411–24.

Lind, R. (1992). "The Aesthetic Essence of Art". *Journal of Aesthetics and Art Criticism* 50: 117–29.

Mandelbaum, M. (1965). "Family Resemblances and Generalization Concerning the Arts". *American Philosophical Quarterly* 2: 219–28.

Matravers, D. (2000). "The Institutional Theory: a Protean Creature". *British Journal of Aesthetics* 40: 242–50.

Novitz, D. (1996). "Disputes about Art". *Journal of Aesthetics and Art Criticism* 54: 153–63.

Peacocke, C. (1992). *A Study of Concepts*. Cambridge, Mass.: MIT Press.

Sartwell, C. (1990). "A Counter-Example to Levinson's Historical Theory of Art". *Journal of Aesthetics and Art Criticism* 48: 157–8.

Schlesinger, G. (1979). "Aesthetic Experience and the Definition of Art". *British Journal of Aesthetics* 19: 167–76.

Stecker, R. (1986). "The End of an Institutional Definition of Art". *British Journal of Aesthetics* 26: 124–32.

____ (1996). "Alien Objections to Historical Definitions of Art". *British Journal of Aesthetics* 36: 305–8.

____ (1997). *Artworks: Definition, Meaning, Value*. University Park, Pa.: Pennsylvania State University Press.

____ (2000). "Is it Reasonable to Attempt to Define Art?". in N. Carroll (ed.), *Theories of Art Today*. Madison: University of Wisconsin Press, pp. 45–64.

Tilghman, B. (1984). *But Is It Art?*. Oxford: Blackwell.

Walton, K. (1977). *Review of Art and the Aesthetic: An Institutional Analysis*. *Philosophical Review* 86: 97–101.

Weitz, M. (1956). "The Role of Theory in Aesthetics". *Journal of Aesthetics and Art Criticism* 15: 27–35.

Zangwill, N. (2000). "Aesthetic Functionalism". in E. Brady and J. Levinson (eds.), *Aesthetic Concepts: Essays after Sibley*. Oxford: Oxford University Press.

____ (2002). "Are There Counterexamples to Aesthetic Theories of Art?". *Journal of Aesthetics and Art Criticism* 60: 111–18.

Ziff, P. (1953). "The Task of Defining a Work of Art". *Philosophical Review* 62: 466–80.

제8장

예술의 존재론

스티븐 데이비스(Stephen Davies)

번역: 신현주

1. 서론

존재론은 세계에 존재하는 사물들의 종류에 관해 탐구하는 학문이다. 예술의 존재론은 예술작품을 존재하게 하는 재료와 형식, 그리고 방식에 관해 탐구한다. 예술작품은 자연종(natural kinds)이 아니고 인간의 창조물이라는 점에서 사회적 구성물이다. 예술작품을 분류하는 방식은 우리의 관심에 의해 결정되며, 그런 의미에서 예술작품의 존재론은 사회학이나 이데올로기와 쉽게 분리되지 않는다. 그럼에도 불구하고, 예술이 왜, 그리고 어떻게 창조되며 감상되는지에 관해 보다 많은 것을 우리에게 알려 주는 분류 방식과 관심들이 존재한다. 예술작품의 존재론은 바로 그러한 것들을 제대로 반영해야 한다.

　　예술을 분류하는 다수의 전통적 방식들이 있다. 예를 들어, 매체(돌, 단어, 소리, 물감 등), 혹은 종(조각, 문학, 음악, 연극, 발레 등), 혹은 양식이나 내용(비극, 희극, 초현실주의, 인상주의 등)을 고려하여 분류하는 방식들이다. 그러나 예술작품의 존재론은 그러한 분류들과 깔끔하게 맞아떨어지지 않는다. 조형예술의 경우, 광범위하고 다양한 매체와 구조들이 사용된다. 음악이나 연극의 경우에는 모든 작품들이 공연되기 위한 작품이라고 볼 수 없다. 예를 들어 연극을 녹화한 영화라든지 테이프 음악 등이 그렇다. 어떤 한 종류에 속하는 예술작품들이 모두 동일한 존재론적 층위에 있는 것도 아니며, 존재론적으로 고차원적인 것들이 저차원적인 것들로 항상 분석 가능한 것도 아니다. 모든 문학작품들이 단어 연쇄로 환원되는 것도 아니며, 또한 특정한 서사적 요소나 등장인물을 공유하는 것도 아니다(Howell, 2002a). 마찬가지로, 음악작품이라고 해서 모두 음표 연쇄로 환원되거나 조성적 선율을 가지는 것은 아니다(Davies, 2001).

이 장에서 나는 먼저 단수적(singular) 예술작품과 다수적(multiple) 예술작품을 구분하고, 다수적 예술작품 밑으로는 공연예술과 그 밖의 다른 종류들을 구분할 것이다. 나는 이러한 존재론적 구분이 우리가 예술에 대해 생각하고 기술하는 방식들과 근본적으로 관련되어 있다고 생각한다.

어쩌면 내가 예술**작품**에만 관심을 둔다는 사실은 선결문제의 오류를 범하는 것처럼 보일 수도 있다. 왜냐하면 예술은 작품이 없어도 존재한다고 볼 수도 있기 때문이다. 음악작품은 항상 잠재적으로 반복 가능하며(repeatable) 그러므로 다수적이기에, 단수적인 자유로운 즉흥 음악은 음악작품이 될 수 없다는 주장이 제기될 수도 있다. 이를 반박하는 사람은 즉흥곡도 잠재적으로 반복 가능하다는(Carroll, 1988), 혹은 즉흥곡들은 단수적이지만 여전히 작품이라는 주장을 전개한다(Alperson, 1984; Kivy, 1993). 앞으로의 논의를 단순화하기 위해 다음을 받아들이기로 하자. 예술의 산물은 그것이 예술작품이건 아니건 간에 존재론적으로 단수적일 수 있다. 위와 같은 지적에도 불구하고, 앞으로의 논의에서 나는 예술작품의 존재론에 관심을 집중할 것인데, 왜냐하면 대부분의 예술형식은, 우리가 이데올로기로 충만한 '예술작품'이라는 개념을 도입하지 않는 한은, 예술작품으로 적절히 간주될 수 있는 산물들을 생성하기 때문이다.

2. 단수적 예술작품과 다수적 예술작품

레오나르도 다빈치의 〈모나리자〉와 같은 유화, 그리고 미켈란젤로의 〈다비드〉와 같이 깎아 만든 조각은 단수적 예술작품이다. 이러한 작품들은 예술가가 재료에 직접 작업한 결과로 생겨나지만, 그 방식이 필수적인 것은 아니다. 폴라로이드는 음화 필름(negative film)이 아닌 사진을 직접 산출함으로써 단수적 작품을 만들어낸다. 인쇄 과정 중 새로운 각 단계마다 원판을 변형하는 제작방식이 사용되는 목판이나 라이노컷(lino-cuts)의 경우에도 단수적 작품이 산출된다.

다수적 예술작품의 전형적인 예는 베로키오의 〈콜레오니 승마상〉과 같은 주형 청동상들, 아담스의 〈달과 반돔〉(Moon and Half Dome)과 같이 음화 필름에서 나온 사진들, 오스틴의 《설득》과 같은 소설들, 베르디의 〈아이다〉와 같은 오페라들, 셸리의 〈오지만디아스〉(Ozymandias) 같은 시들, 델리베의 〈코펠리아〉(Coppelia) 같은 발레들, 셰익스피어의 〈햄릿〉과 같은 연극들, 뒤러의 〈묵시록〉 연작과 같은 목판화들, 베토벤의 〈5번 교향곡〉과 같은 음악 작품들, 웰즈의 〈시민 케인〉과 같은 영화들을 들 수 있다. 이 목록이 말해주는 바와 같이, 다수적 예술작품에는 다양한 종류가 있다. 그것들은 또다시 공연되기 위한 작품과 그렇지 않은 작품으로 유용하게 분류될 수도 있다. 그 경우 오페라는 전자에, 소설은 후자에 속하게 된다. 대안적으로는, 본보기(exemplar)라 간주될 수 있는 사례(instance)에 비추어 작품들이 명시되고 전달되는지, 아니면 사례들을 제작하는 방식을 처방한 지침 사항들에 비추어 작품들이 명시되고 전달되는지에 따라 다수적 예술작품 내의 하위 구분이 가능할 수 있다. 이 경우 시들은 전형적으로 전자, 연극은 후자에 속하게 된다.

2.1 단수적 예술작품

위에서 내가 제시한 구분이 널리 받아들여지고 있기는 하지만, 커리(Currie, 1988)나 제마흐(Zemach, 1992)는 위의 구분에 도전하면서, 원칙적으로 모든 예술작품은 다수적이라고 주장한다. 〈모나리자〉를 집어넣고 단추를 누르면 분자 수준에 이르기까지 동일한 대상을 만들어 내는 기계가 있다고 상상해 보자. 이때 우리가 원본과 그 복사물을 구분할 수 있는 방법이 없다고 한다면, 모든 단수적 작품은 원칙적으로 다수적이라는 점을 받아들여야 하지 않을까?

이에 대해 우리는 예술작품의 정체성(identity)은 그것의 외양에 의해서만 결정되는 것이 아니라 그것의 인과적(causal) 효력에 의해서도 결정된다고 대응할 수 있다. 커리는 그러한 대응을 받아들이는데, 그럼에도 여전히 미적 동일성과 감상을 위해 필요한 것은 복사물의 기원에 대한 정보가 아니라, 복사물이 물리적 차원에서는 원본과 질적으로 동일하다는 보증을 동반하는 '원본의 인과적 기원'에 대한 지식이라고 주장한다. 우리가 〈모나리자〉에 대해 그것이 1504년경 캔버스 위에 그려졌다는 사실을 안다고 해서, 우리는 우리가 마주한 어떤 '그림'을 감상하기에 앞서 그것이 원본인지 완벽한 모사물인지 알 필요는 없으며, 그것을 레오나르도 다빈치의 작품으로서 받아들이는 것이지 다른 어떤 것으로 받아들이는 것이 아니다.

레빈슨(Levinson, 1996)은 위와 같은 생각에 반대하는데, 그에 따르면 우리는 원본을 마주할 때 예술가의 창조성에 보다 가깝게 접근하며, 그것을 또한 가치 있게 여긴다. 또 다른 비판자인 캐롤(Carroll, 1998)은 시간이 지남에 따라 원본과 복사물에는 차이가 발생할 것이며, 그러므로 그 둘은 동일할 수 없다고 주장한다. 그러나 캐롤의 비판은 결정적이지는 못하다. 왜냐하면 그 비판은 판화와 같이 다수의 예들을 가지는 작품에도 똑같이 적용될 수 있기 때문이다. 개개의 판화들은 각자의 고유한 방식으로 노화되지만 그렇다고 해서 그것들이 동일한 작품의 사례들이 아닌 것은 아니다. 그리고 예술가는 작품의 정체성이 시간에 따라 변화하도록 의도할 수 있다는 점을 받아들인다고 해도 캐롤의 주장은 강화되지 않는다. 그러한 예술가의 의도는 다수의 사례들을 가진 예술작품이 노화되는 과정 속에서도 실현될 수 있기 때문이다.

그러나 다수적 예술작품과 단수적 예술작품 간의 구분은 우리가 예술작품의 정체성을 파악하거나 예술작품을 평가하는 방식에서 드러나는 실제적인 차이점들을 반영하기 때문에 계속 유지되어야 한다고 주장할 만한 충분한 근거들이 있다. 만약 슈퍼 복사기가 내일 발명된다면, 그것은 아마도 우리가 내일의 예술에 접근하는 방식에 영향을 미칠 것이다. 그러나 슈퍼 복사기의 발명 이전에 창조된 작품들에 관한 우리의 존재론적 설명들을 우리가 소급적으로 수정할 것인지는 확실하지 않다. 어쩌면 〈모나리자〉의 슈퍼 복사본은 루브르 박물관 근처에 살지 않는 사람들에게는 값진 대체물이 될 수 있는데, 이 점은 〈모나리자〉의 슈퍼 복사본이 레오나르도 다빈치가 창조했던 작품의 한 **사례**라고 보지 않고서도 충분히 인정될 수 있다. 우리는 어쩌면 한 작품과 매우 닮아 있는 어떤 다른 대상을 통해서 그 작품의 외양에 대해 많은 것을 배울 수도 있지만, 외양적인 유사성이 있다는 점은 그 둘이 동일한 대상의 사례들이라는 점을 함축하지 않는다(Shields, 1995).

2.2 단수적 예술작품과 다수적 예술작품의 차이점

단수적 예술작품과 다수적 예술작품의 구분은 명백하거나 간단하지 않다. 몇몇 종류의 예술에서는 그 산물들이 주로 다수적인지 아니면 단수적인지를 알기가 쉽지 않다. 건물을 예로 들어보자. 건축가는 설계도를 만들고 건축업자들은 그것을 이용해 작업을 한다. 표면적으로 보면 이 설계도는 한 번 이상 수행될 수 있다. 어떤 한 택지 지구 안의 많은 집들이 모두 하나의 디자인에 근거하여 지어지기도 한다. 그렇다면 우리는 건축가의 설계도를 마치 악보와 같다고 생각하고, 건축 작품들을 다수적이라고 볼 수도 있다. 그러나 〈타지마할〉처럼 예술의 지위가 인정된 건물들을 생각해 보면, 이 문제는 그렇게 간단하지 않다. 그러한 건물들은 단수적이며, 이는 단순히 설계도가 지금까지 두 번 혹은 세 번 사용된 적이 없다는 사실 때문은 아닌 것 같다. 그보다는 그러한 건물들이 단수적인 이유는 예술적 건물들이 특정한 장소나 환경을 위해 디자인된다는 실천적 상황과 관련 있다. 만일 건물들이 장소-특수적이라면, 장소들 자체가 디자인되거나 조성되지 않는 한 건물들은 단수적이다. 어떤 유형의 장소들은 다수적이고 복사가 가능하지만, 또 다른 유형의 장소들은 그렇지 않으며, 특히 특정한 자연 혹은 사회적 환경을 포함하거나, 혹은 풍부한 역사적 의미를 지닌 경우에 그러하다. 이런 경우들에서, 건축가의 설계도는 악보와 비슷하기보다는, 조수를 위해 만든 조각가의 스케치나 기보(notation)에 더 가깝다. 우리가 내릴 수 있는 합리적이지만 다소 깔끔하지 못한 결론은, 예술적 건물들 중 일부는 단수적이나 일부는 다수적이며 그 둘 사이의 경계가 뚜렷하지 않다는 것이다(Davies, 1994).

또한 다수적 예술작품과 단수적 예술작품의 구분은 비록 '다수적' 그리고 '단수적'이라는 용어를 사용하기는 하지만 작품의 개수에 의해서 명확하게 그어지는 것이 아니다. 실제로 다수적 예술작품은 단 하나의 사례만을 가질 수 있다(게다가, 다른 사례들의 제작이 불가능해질 수도 있다. 예를 들어 청동상을 위한 주형이 단 하나의 청동상이 제작된 후 파괴된 경우를 들 수 있다). 그리고 단수적 예술작품이 존재하기 위해서는 단 하나의 사례를 가져야 하지만, 그 단 하나의 사례와 지각적으로 구분되지 않는 다수의 복사물들이 존재할 수 있다. 〈모나리자〉의 이미지는 예술사를 통틀어 가장 많이 재생산된 아이콘이며, 시뇨리아 광장의 조각상은 아카데미아 미술관에 소장된 미켈란젤로의 〈다비드〉상의 복사물이다.

방금 암시된 바와 같이, 단수적 예술작품과 다수적 예술작품의 구분은 그것이 독자적인 예술작품의 복사물인가, 혹은 동일한 예술작품의 한 사례인가에 대한 구분에 의존하고 있다. 그 구분은 얼마나 정확하게 재생산되었는가의 문제와는 관련이 없다. 단일한 목판본으로부터 발생한 판화들은 서로 다르게 채색될 수 있다. 그러나 그것들 모두는 동일한 작품의 사례들이라 간주된다. 반면 그 어떠한 그림도, 제아무리 정확한 복사물이라 해도, 실제의 〈모나리자〉가 될 수는 없다. 내가 제인 오스틴의 《설득》을 필사한다면, 비록 나의 필체가 그녀의 필체와 다르다고 하더라도, 나는 그 소설의 한 사례를 제작하는 것이다. 반면 내가 아무리 충실하게 재료와 외양을 복사한다 하더라도, 나는 렘브란트의 그림들에 대한 또 다른 한 사례를 만들 수 없다.

복사물과 사례의 차이는 무엇에 근거하고 있는가? 한 가지 가능한 답변은 단수적 예술작품과 다수적 예술작품을 만든 예술가의 의도와 그 작품을 복사하는 사람들의 의도상에 차이가 있다는 것이다. 단수적 예술작품을 복사하는 사람은 전형적으로 예술가의 성취를 모방함으로써 관련된 기술을 습득하고자 하거나, 혹은 원본으로 오해되는 위작을 만들어내려는 의도를 가지고 있지만, 그 어떠한 경우에서도 자기 자신이 동일 작품의 사례들을 만들고 있다고 생각하지 않는다. 이와 대조적으로, 다수적 예술작품의 한 사례를 제작하는 사람은 예술가 자신이 처방한 지침 사항(instruction)에 따라 작업하며, 새로운 작품을 창조하고 있다고 생각하지 않는다. 잠재적으로 다수적인 예술작품을 창조하는 예술가는 그 작품이 다양한 사례들을 가지길 의도하며, 만약 그 작품이 공연되기 위한 것이라면 해석에 따라 달라질 수 있음을 기대한다. 예술가의 지침사항을 따르거나 혹은 방법론을 복제하면 새로운 사례가 산출된다는 사실을 의심하게 되는 경우는 오직 다수적 예술작품이 소유할 수 있는 사례들에 관한 적법한 한계가 그어진 경우에서뿐이다(예를 들어 30개의 석판화 연작 중 몇 번째 사례인지가 각 판화들마다 명시된 경우). 만일 어떤 희곡이 정통적인 방식으로 집필되었다면 극작가가 아무리 원한다고 해도 그것은 단수적 예술작품이 되지 않는다. 물론 그 극작가는 자신의 희곡이 한 번 이상 공연되지 못하도록 막을 수는 있지만 말이다. 지금까지 논의된 의도들이 제대로 효력을 발휘하기 위해서도, 또한 그러한 의도들을 이해하기 위해서도, 우리는 그 의도들이 의존하고 있는 사회적 환경과 관습들을 살펴보아야 한다. 오직 예술적 실행과 전통의 맥락 내에서만 예술가는 자신의 제작물이 단수적인지, 아니면 앞으로 더 나올 사례들을 위한 본보기인지를 결정하는 의도를 형성할 수 있다.

이에 대한 이해를 돕기 위해서 자유 즉흥곡과 자유 즉흥시를 비교해 보자. 앞에서 나는 자유 즉흥곡이 단수적일 수 있다고 인정했지만, 자유 즉흥시에 대해서는 그렇게 생각하지 않는다. 그 차이는 예술가 자신의 의도와 관련 있다기보다는 시가 전제하고 있는 예술적 실천들 및 규범과 관련 있다. 실시간으로 음악을 창조해야 한다는 압박으로 인해 의미를 가지게 된 즉흥곡은 긴 역사를 가지고 있다. 정해진 시간 안에 운율을 위한 운율을 만들어 내는 활동이 이와 비슷해질 수도 있었지만, 우리의 문학 문화 속에서 그러한 방식으로 발전되지는 않았다. 게다가 즉흥이 끝난 후에도, 긴 재즈 즉흥 연주를 기억하거나 기록하는 것보다는 긴 즉흥시를 그렇게 하는 게 훨씬 수월하다. 이러한 이유들로 인해, 즉흥시는 비록 후속 사례들이 등장하지 않는다 하더라도 다수적 예술작품의 한 사례로 보는 것이 적절하다.

2.3 예술작품의 세 가지 다수성

다수의 사례를 가지는 예술작품들은 세 유형의 다소 상이한 방식으로 창조되며 전달된다. 첫 째로, 본보기(exemplar)의 지위를 가지는 사례가 산출되는 방식이다. 예를 들어, 소설가는 자신의 소설에 대한 사례이면서 또한 앞으로의 사례들이 따라야 하는 표준을 제시하는 규준적 성격의 모델을 만들어 낼 수 있다. 그러나 모델의 모든 특성들이 본보기적인 것은 아니다. 복사기를 통해 만들어진 복사본은 원본의 외관을 재생산하지만, 소설의 충실한 복사본은 원본과는 다른 글씨체와 글씨 크기, 심지어는 철자를 가질 수도 있다. 소설의 정체성에 중요한 것은 무엇일까? 가장 먼저 우리는 특정한 단어 연쇄를 떠올릴 수 있다. 하웰(Howell, 2002a; Ingarden, 1973)은 발라드 형식의 시나 민속 설화와 같은 것들은 항상 동일한 단어 연쇄나 플롯, 등장인물들로 구성되지 않으며, 이 점은 몇몇의 아방가르드 소설이나 인터랙티브(interactive) 소설에서도 찾아볼 수 있다고 주장한다. 어떤 이야기 혹은 소설의 정체성에 핵심적인 것이 무엇인가에 관한 문제는 그 이야기나 소설이 속한 장르, 문학적 실천, 관습, 역사 등에 비추어 결정될 수 있을 것이다.

구전 음악 전통에서는 작품이 본보기의 지위를 지니는 공연을 통해 창조되고 전파된다. 여기서도 마찬가지로, 모델 작품의 모든 특성들이 다 작품을 구성하는 것은 아니다. 모델을 통해 도움을 받는 사람은 작품-구성적 특성들을 어떤 특정 해석으로 인해 생겨난 특성들로부터 구분해야만 한다. 이것은 문제의 작품이 가지는 성격에 대한 고찰을 통해서 결정되어야 하는데, 그러한 고찰은 단순히 작곡자의 언어적 지침 사항(만약 그것이 존재한다면)뿐만 아니라 그 작품의 장르가 가지는 관습이나 실천들을 고려함으로써 가능해진다. 작품이 복잡하거나 혹은 구전 전통 내에서 다년에 걸쳐 전승되어 왔다면, 상당히 다양한 변주들이 진품(authentic)으로 용인될 수 있고, 또 그러한 경우가 종종 발생하는 것이 사실이다. 그러나 그러한 음악적 실천들이 정확하고 엄격하게 작품들을 보존할 수 있다는 것도 역시 참이다(예를 들어 교회 성가의 전통을 생각해 보라). 나는 앞선 논의에서 단수적 작품은 반드시 하나의 사례를 가져야 한다고 지적했었다. 이는 본보기를 통해 명시되는 다수적 작품의 경우에서도 마찬가지인데, 그것은 다수의 사례들을 가질 수 있지만 적어도 하나의 사례는 반드시 가져야 한다.

다수적 예술작품을 창작하고 전파하는 두 번째 방식은 소위 '인코딩(encoding)'을 제작함으로써이다. 인코딩의 전형적인 예는 사진의 음화 필름, 판화의 실크스크린, 청동상의 주형, 순수 전자 음악의 마그네틱 테이프, 혹은 디지털 컴퓨터 파일 등이다. 이런 작품들의 사례들은 디코딩(decoding)을 통해서 생산되며, 이것은 인코딩을 적절한 기구나 과정에 투입함으로써 가능해진다. 주형에서 청동상이, 혹은 구리판에서 판화가 찍혀 나오는 경우에서처럼, 몇몇 경우들에서는 숙련된 노동이 요구될 수도 있다. 그러나 디코딩의 과정은 종종 기계적이다. 순수 전자 음악은 제대로 작동하는 적절한 장비와 손상되지 않은 인코딩만 주어진다면 자동적으로 디코딩된다. 무엇이 '적절한 장비', '제대로 작동함', 그리고 '손상되지 않은 인코딩'으로 간주될 것인지는 관련 산업이나 예술적 실천 내에서 정해진 규준에 따른다(Fisher, 1998). 예를 들어, 전자 음악작품의 테이프를 재생하는 데 사용되는 음향 시스템은 다양하며, 그 결과 디코딩된 것들은 정확히 동일하게 들리지 않을 수 있다. 그러나 음향 시스템상의 그러한 차이점들이 관련 조직에 의해 공식적으로 인정된 한계나 혹은 듣기 관행에 의해 비공식적으로 인정된 한계 내에 존재한다면, 상이한 소리들은 모두 동일한 작품의 충실한 사례들로 인정된다.

영화는 인코딩으로 예술작품이 창조되고 전파되는 좋은 예이다. 혹자는 영화의 마스터 프린트가 작품을 예시하는(exemplify) 하나의 본보기이며, 또한 충실한 복사물들이 프레임별로 닮아야 하는 기준을 제공한다고 생각할 수도 있다. 그러나 그렇게 생각하는 대신 만약 영화의 한 사례란 그 영화가 적절한 방식으로 스크린에 영사될 때 우리가 바라보는 것(즉 2차원의 움직이는 이미지들의 연쇄)이라고 생각한다면, 마스터 프린트는 본보기가 아닌 인코딩으로 간주되는 것이 더 낫다. 마스터 프린트나 그 복제물을 직접 본다고 해서 우리가 영화를 보게 되는 것은 아니다. 우리는 오디오 테이프, CD, 음화 필름, 그리고 사진 필름 등에 대해 마치 그것들이 예술작품인 것처럼(인코딩이 아니라) 이야기하는 경향이 있다. 그러나 그러한 말하기 방식은 오해를 낳는 생략을 담고 있다. 실제로 작품들은 테이프나 CD와 같은 인공물에 의해서가 아니라 그러한 인공물들을 적절한 아웃풋 장치를 통해 디코딩함으로써 획득된 결과를 통해 예시된다(Fisher, 1998).

근대의 수많은 예술형식들은 본보기를 통해 사례들의 복제를 명시하기(specify) 위해서, 혹은 인코딩이나 복사, 디코딩을 하기 위해서 '대량 기술(mass technologies)'에 의존한다. 캐롤(Carroll, 1998)은 동시에 많은 사람들 그리고 상이한 장소에 전달될 수 있는 예술작품을 '대량 예술(mass art)'이라 부른다. 다수의 예술형식들이 그러한 대량적 유형에 속한다(영화, 텔레비전 드라마, 소설 등). 캐롤에 따르면 대량 예술작품들은 고유한 존재론을 가진다. 그는 그것들이 유형(type)적 혹은 다수-사례적 예술작품들이며, 대량 예술작품의 토큰(token) 사례들은 형판(template)에 의해서 생성되거나, 혹은 그 자체가 토큰인 형판들의 연속에 의해 생성된다고 본다. 만일 '형판'이 본보기나 인코딩과 같은 뜻으로 쓰인 것이라면, 캐롤 주장의 앞부분, 즉 작품의 토큰들이 형판에 의해 생성된다는 그의 주장은 나와 일치한다. 그러나 나는 그의 주장의 뒷부분이 말하는 제한요건, 즉 그 자체가 토큰인 형판들에 의해 생성된다는 주장에는 동의할 수 없다. 소설의 형판은, 본보기로서, 소설가가 창조한 작품의 토큰 사례이다. 그러나 이것은 인코딩을 통해 명시되는 작품들의 경우에는 참이 아니다. 영화의 형판인 셀룰로이드 프린트는 그 자체가 작품의 한 토큰이 될 수 없다. 작품은 형판이 적절한 장치에 의해 영사됨으로써 디코딩되었을 경우에만 예시된다. 마찬가지로, 디지털 음악작품의 형판은 0들과 1들의 연쇄이며, 인쇄된 사진의 형판은 음화 필름이고, 청동상의 형판은 주형이다. 그러나 이것들 중 어떤 것도 그것이 명시하는 작품 자체의 토큰은 아니다.

기술이 예술에 끼친 영향에 관해 생각해 본 또 다른 사람은 벤야민이다(Benjamin, 1968). 그는 예술작품을 신비한 아우라로 둘러싸인 추종의 대상(cultic objects)으로 기술하는데, 그 신비한 아우라는 부분적으로 예술작품이 희소하다는 점, 그리고 일반 예술 애호가들이 쉽게 접근하기 힘들다는 점 때문에 발생한다고 본다. 그는 기계적인 복제가 모든 이들이 접근할 수 있는 대리물(proxies)들을 만들어 냄으로써 예술을 탈신비화한다고 본다. 내 생각에는 벤야민의 주장은, 만약 참이라면, 주로 단수적 작품들에만 적용될 수 있다. 물론 다수적 작품의 매력은 만일 우리의 환경이 다수적 사례들로 가득 차게 되면 퇴색될 수 있다(Brown, 2000). 그러나 일반적으로, 다수적 예술작품의 지위와 호소력은 기술에 의해 우리가 그 사례들에 더 많이 접근할 수 있게 되었다는 사실로 인해 저해되지 않는다. 베토벤과 셰익스피어 작품들에 관한 레코딩이나 영상물은 그 작품들의 가치를 떨어뜨리지 않는다. 게다가, 영화나 텔레비전 프로그램 같은 새로운 유형의 다수적 예술작품들은 대량 보급의 기술을 이용함으로써 발전되어 왔다. 마지막으로, 인코딩에 의해 전달되는 다수적 작품은 아무런 사례를 가지지 않아도 된다. 만약 인코딩이 디코딩되지 않는다면, 그 작품은 아무런 사례를 가지지 않는다.

다수적 예술작품을 창조하고 전달하는 세 번째 방식은 공연자나 실행자들을 위해 작품의 사례를 만들 때 이용할 수 있는 지침 사항(instruction)을 명시함으로써이다. 음악작품의 악보, 그리고 연극의 대본이 이 범주에 속한다. 기보된 지침 사항에 의해 명시된 음악작품은 그 지침 사항을 충실하게 예시하는 공연들에 비해 보았을 때 종종 훨씬 '얇은' 속성들을 가진다(Davies, 1991). 다시 말해, 어떤 한 사례가 가지는 다수의 특성들은 그 특정 사례 및 그 특정 사례가 나타내는 해석에 속하지만, 이때 그 특성들이 작품의 정체성을 구성하지 않으면서도 그러할 수 있다. 결과적으로, 기보에 의한 음악작품의 공연들은 그것들이 예시하고 있는 하나의 작품에 동등한 정도로 또한 이상적으로 충실하면서도, 여전히 서로 상당히 다를 수 있다.

기보(notation)에 관해서는 불완전성(incompleteness)과 불확정성(indefiniteness)을 구분하는 것이 중요하다. 기보의 지침 사항은 작품의 사례들이 발생할 때 결정되는 많은 세부사항들에 관해 불확정적일 수 있다. 그러나 그렇다고 해서 그 기보가 불완전한 것은 아니다. 작품이 기보로 명시된 방식 그 자체가 불확정적인 한에는 말이다(Davies, 2001). 예를 들어, 소도구나 무대 세트, 의상 등의 세부 사항을 명시하지 않은 연극 대본들이 있지만, 그렇다고 해서 그 대본들이나, 혹은 그 대본들이 인코딩하는 연극작품이 불완전한 것은 아니다. 오히려 그러한 사항들은 작품을 결정하는 요소라기보다는, 공연자가 누리는 해석적 자유에 속한다. 마찬가지로, 18세기의 통주저음(figured bass)을 표기한 악보들은 화성 구조의 윤곽만을 지시할 뿐 연주자에게 그것의 실현에 관계된 세부 사항을 스스로 결정하도록 허용한다. 그러한 악보는 불완전한 게 아니다. 그보다는 그러한 악보가 명시하고 있는 예술작품은 그 해당 부분과 관련하여 불확정적이며, 이로 인해 저음과 중간음 성부를 상이하게 실현한다 해도 작품의 충실한 제시와 일관적일 수 있다. 이때 무엇이 적절한 것인지에 관한 양식적 제약은 있을 수 있다. 그러나 그러한 제재 내에서 연주자는 자기 스스로의 판단과 취향에 따라 자유롭게 결정할 수 있다.

지침 사항에 의해 명시된 다수적 작품들이 꼭 어떠한 사례를 가질 필요는 없다. 악보나 대본에 의해 지시된 작품이 한 번도 공연된 적이 없다면 그 작품은 아무런 사례를 가지지 않는다.

　작품-결정적인 기보를 읽는 것은 언제나 단순하거나 기계적인 일은 아니다. 작품-결정적인 기보는 그 기보가 명시하고 있는 작품을 투명하게 나타내지 못할 수도 있다. 종종 기보들은 몇몇의 작품-구성적인 요소들을 생략하기도 하는데, 왜냐하면 적절한 공연 실천(practice)에 익숙한 독자라면 생략된 그 요소들을 실현시킬 것이라고 가정하기 때문이다. 또한 기보들은 강제력이 없는 예술가의 소망이나 해석적 선호 사항을 작품-결정적인 지침 사항과 함께 기록하기도 한다. 여기서도 마찬가지로, 그것들 사이의 구분은 오직 관련된 공연 실천들에 익숙한 사람에게만 명백하게 드러날 것이다. 따라서 작품의 기보는 적절한 기보적, 그리고 공연적 관행(convention)에 따라 읽혀야 한다. 그러한 관행들은 시간이 지남에 따라 변할 수 있기 때문에(음악 기보의 경우에서 잘 나타난다), 기보를 읽는 데 사용되는 관행들은 예술가 및 예술가의 기보를 전달받은 사람들이 공유하는 관행들이다.

　굿먼(Goodman, 1968)은 작품을 애매하지 않게 명시하기 위해 기보가 만족해야 하는 조건들을 제시하려 하였다. 특히 그는 겹치게 될 수도 있는 모호한 지시어들을 제거하고자 했다. 굿먼에 따르면, 만약 '포르테'와 '메조 포르테', 혹은 '프레스토'와 '프레스티시모'의 등급들이 겹치게 된다면, 그러한 기보들은 작품을 정의하는 역할을 담당할 수 없다. 마찬가지로, 만일 개별 음표들이 작품-구성적이라면, 'tr(트릴)'은 기보의 일부가 될 수 없다. 왜냐하면 그 지침 사항을 준수하기 위해 요구되는 음표의 수가 애매하기 때문이다. 굿먼은 작품의 모든 구체적 사항들을 기보 안에 담고자 노력했고, 그 결과 그가 구상하는 기보 체계는 실제로 통용되는 체계에 부합하지 않는다. 그는 작품의 장르나 실천이 제공하는 맥락을 무시하고 있으며, 그러므로 장르나 실천의 맥락이 작품-구성적이지 못한 기보를 애매모호하지 않은 기보로 만들 수 있음을 인식하지 못했다. 일반적으로 굿먼은 사용의 사회적 맥락을 고려하지 않은 닫힌 기보 체계를 만들려 했다는 점에서 잘못되었다. 왜냐하면 그 어떠한 기보도 그것을 해석하는 데 이용되는 모든 관행들을 그 자체 내에 명시할 수 없기 때문이다.

2.4 다수적 작품 실현(rendition)에서의 충실함

다수적 예술작품의 사례들이 충실한 사례가 되려면 작품-구성적인 특성들을 모두 실현해야 한다. 완전하고 분명한 인코딩이나 본보기, 혹은 지침 사항들이 작품의 첫 사례 내에서 공적인 방식으로 승인되어야 한다. 하나의 인코딩은 그로부터 후속 복사물들이 나오게 되는 하나의 마스터인 것이다.

　그러나 완전하고 분명한 작품의 본보기나 명시가 항상 가능한 것은 아니다. 어쩌면 예술가는 작품을 완성하지 않았거나(예를 들어 슈베르트의 〈8번 교향곡〉), 혹은 텍스트나 지침 사항이 절망적으로 손상되었을 수도 있다(예를 들어 말로의 〈파리의 대학살〉). 흥미로운 경우는 예술가 자신이 자기 작품의 명확한 명시를 저해하는 경우이다. 예술가는 상이하거나 양립 불가능한 인코딩들, 본보기들, 혹은 지침 사항들을 그중 하나에 더 많은 권위를 부여하지 않는 방식으로 제시할 수 있다.

애매한 것처럼 보이는 경우들은 종종 오해를 일으킨다. 이것은 예술가 자신이 작품을 창조할 뿐만 아니라 해석하거나 공연할 때 쉽게 발생한다. 예를 들어, 작곡가 자신이 자기 작품을 공연하는 경우, 원래 악보에는 없는 장식이나 추가 사항들을 첨가하기도 한다. 그러한 추가사항들이 작품-구성적인 지침 사항이라기보다 예술가 자신의 해석적 선호나 선택인 경우, 그러한 추가 사항들로 인해 작품 정체성이 애매해지는 것은 아니다. 그러나 이와 다른 경우들에서는, 애매성은 의도적이며 의심의 여지가 없다. 예를 들어, 브루크너는 출판 후에도 자신의 교향곡들을 계속해서 수정했다. 몇몇 분석가들은 브루크너의 예와 유사한 경우들을 지적하면서, 어떤 예술가들에게는 '작품 개념'이 부재한다고 본다 (Kallberg, 1996). 또 다른 설명은 그러한 예술가들이 심리적인 이유로 인해 종료된 작품을 가만히 내버려두지 못한다고 본다.

어찌되었든, 애매성과 불완전성이 반드시 작품의 정체성을 전적으로 전복시키는 것은 아니다. 우리는 우리가 가지게 된 미완성인 바흐의 〈푸가의 기법〉을 연주할 수 있고, 또한 브루크너의 〈8번 교향곡〉 중 어떤 버전(즉 1889년 버전)을 연주하고 있는지를 밝힐 수 있다. 셰익스피어의 〈오델로〉처럼 어떤 작품들은 다수의 버전들을 가지고 있다. 그러나 그 버전들은 작품의 정체성이라는 강건한 의미를 보존하기에 충분한 공통의 요소를 지닌다.

다소간 완전하며, 충분하게 분명하고, 또한 적절하게 권위를 부여받은 본보기, 인코딩, 혹은 작품-결정적 지침 사항들이 주어졌다고 해 보자. 이상적으로 충실한 사례를 만들기 위해 무엇이 더 필요할까? 가장 단순한 경우는 기계적으로 디코딩될 수 있는 인코딩이 관련된 경우이다. 관련 장치가 적절한 기준에 부합하며, 잘 짜인 순서 속에서, 정확하게 작동된다면, 그 결과로 발생한 사례는 이상적으로 충실할 것이다. 이 점은 본보기를 통해 작품이 제시되는 경우, 예를 들어 소설의 경우에서처럼 작품-정의적인 속성들이 본보기를 통해 기계적으로 산출되는 경우에도 해당된다. 이제 보다 덜 단순한 경우를 살펴보자면, 본보기를 통해 제시된 작품이 공연되는 경우이다. 공연자는 주어진 본보기에서 무엇이 작품-구성적인지 아닌지 알기 위해서, 양식이나 장르, 전통 등에 충분히 익숙해야 한다. 종종 그러한 사안들에 대한 불확실성이 존재하기도 하지만, 구전 전통은 언제나 신뢰할 수 없다고 볼 이유는 없다. 인도네시아의 가믈란(gamelan) 전통이 바로 구전 전통이 신뢰할 수 없다는 의견에 대한 강력한 반박 증거가 되는데, 가믈란 전통에서는 복잡한 작품들이 변형과 해석을 거치면서도 수십 년에 걸쳐 정체성을 유지하고 있다. 어떤 측면에서 보면, 글로 쓰인 지침 사항을 통해 전달되는 작품의 상황이 방금 논의된 구전 전통의 상황보다는 더 밝다. 왜냐하면 지침 사항이 작품에 집중되며, 지침 사항이 언급하지 않은 것들은 공연자에게 위임되기 때문이다. 그러나 글로 쓰인 지침 사항의 정확한 해석은 공연자가 기보의 관행 및 공연 실천에 익숙할 것을 요구한다. 기보의 관행과 공연 실천이 정확하게 해석된 경우에도, 작품의 사례를 만들기 위한 지침 사항의 실행은 상당한 예술적 재능을 필요로 할 수 있다. 음악가에게는 특정 악기나 양식에 대한 숙련이 요구되며, 배우에게는 연기하는 능력이 요구된다. 요구되는 기술이나 악기가 상실된다면, 작품은 더 이상 정확하게 예시되지 못한다. 카스트라토가 없는데 카스트라토를 요구하는 오페라를 충실하게 공연할 수는 없다.

지금까지 작품 구성요소를 모두 충실하게 전시하는 사례를 만드는 데 무엇이 요구되는지에 대해 논했다. 작품 구성요소의 전부가 아니라 일부가 재생산되는 경우를 우리는 어떻게 이해해야 할까? 아마도 대부분의 사람들은 그 사례가 어떤 작품인지 인식 가능한 정도라면 그 작품의 불완전한 사례로 간주하고자 할 것이다. 다시 말해, 작품은 더 정확하거나 덜 정확하게 예시될 수 있다. 어떤 이가 본 영화 〈카사블랑카〉의 화면에 스크래치가 나 있거나 혹은 몇몇 단어들이 잡음에 의해 지워졌다 하더라도, 그는 영화 〈카사블랑카〉를 본 것이다. 이 경우, '사례', '연주', 그리고 '공연'과 같은 개념들은 규범적이다.

굿먼(1968)은 이러한 견해에 동의하지 않는다. 그에 따르면, 음악작품의 각 음표가 작품의 정체성을 결정하므로, 잘못된 음표가 포함된 공연은 문제의 작품을 예시하는 것이 아니다. 이보다 덜 엄격한 기준은, 무해한 음 변화를 통해 하나의 음이 다른 음으로 도달할 수 있는 경우 서로 다른 곡들 간의 동질성을 인정한다. 다시 한 번 굿먼은 악보가 읽히는 사회적 상황을 무시한 결과로 인해 극단적인 입장에 서게 된다. 불완전한 연주를 음악작품으로 인정해야 하는 이유는 ① 그 연주가 문제의 곡을 의도하였고, ② 작곡가의 곡 창조로부터 악보 혹은 본보기를 거쳐 그 연주에 이르기까지의 인과적 연쇄가 잘 유지되어 있기 때문이다. 게다가, 굿먼은 선율과 같은 음악적 상위 구조가 반드시 선율을 구성하는 음표 연쇄로 환원되는 것은 아니라는 사실을 간과하고 있다. 몇몇의 잘못된 음표가 선율의 정체성을 손상시키는 것이 아니라면, 잘못된 음표를 포함한 선율은 여전히 그것이 등장하는 연주를 작품의 한 사례로 만드는 데 기여할 수 있다.

만일 공연자가 체계적으로 작가의 본보기나 지침 사항들을 무시한다면, 그 공연자가 산출한 것은 작가의 작품에 대한 한 사례가 아닐 것이다. 그러나 참신하고 흥미로운 해석을 위해 공연자가 의도적으로 모델의 핵심 특징들을 재생산하지 않거나, 혹은 작품-

결정적인 지침 사항들을 따르지 않는다고 해 보자. 다시 말해, 공연자가 진품성(authenticity)을 다른 공연적 가치들과 맞바꾸었으나, 여전히 자신의 공연이 문제의 작품에 대한 한 사례임을 주장할 수 있는 정도 내에서 맞바꾸고 있다고 가정해 보자. 이것은 적절한가? 20세기 전반에 '정격 연주 운동'을 옹호한 사람들은 그렇지 않다고 볼 것이다.

이에 대한 답은 작품 예시가 과연 무엇인가에 대한 우리의 생각에 달려 있다. 지금까지 나는 우리가 공연에 관심을 가지는 이유는 단지 공연의 독특한 특성들 때문이 아니라, 그 공연이 예시하고 있는 작품에로의 접근을 가능하게 해준다는 점 때문이라고 가정해 왔다. 이것을 우선적 목표로 삼을 때, 충실함의 추구란 단지 일련의 경쟁하는 해석 선택지들 중 하나가 아니다. 그것은 작품을 예시하는 데 있어 유일한 가치는 아니겠지만, 상당히 주된 가치가 될 것이다. 작가가 세부 사항에 쏟은 정성으로 좋은 작품과 나쁜 작품이 구분될 때, 작품을 공연한다고 결정하는 것은 불가피하게 작품에 충실하겠다는 헌신을 내포한다. 이와는 다른 접근방식들은 작품을 예술가의 창조물로 보는 우리의 관심에 의문을 제기할 것이다. 그러나 나는 공연자 자신이 기여하는 부분이 있다는 사실이나 혹은 공연자의 해석적 통찰력에 대해 우리가 관심을 가질 수 있다는 사실을 부인하는 것은 아니다. 중요한 것은 공연을 위한 작품들의 경우, 공연자의 자유가 발현되는 작품들은 작품의 정확한 연주를 과소결정하기 때문에, 공연자의 자유가 공연에 충실하고자 하는 그녀의 의지와 일관적일 수 있다는 사실이다.

그런데 여기 또 다른 측면이 있다. 보다 덜 복잡하고 덜 난해한 작품들이 속한 장르들 내에서는, 공연이나 연주에 관한 우리의 관심은 작품의 저자권(authorship)에 그다지 쏠려 있지 않은 것 같다. 이런 경우 우리는 작품보다는 공연에 더 관심을 가지는데, 이것을 잘 보여 주는 예는 팝송(만약 팝송을 반주하는 화음이 붙은 선율이라 간주할 수 있다면)이다. 게다가, 사례들은 수많은 제약 내에서도 산출될 수 있고, 또 여러 목적들에 봉사할 수 있다. 학생들을 클래식 연극에 쉽게 접근하도록 해 주기 위해서, 완벽한 진품성에 미치지 못할 정도로 과감한 생략을 감행하거나 적은 연기자들을 사용하는 것이 적절할 수도 있다. 그리고 재미를 추구하는 아마추어 제작에 대해서, 전투 장면에 사람 수가 모자란다든지 아니면 검술이 부족하다고 불평하는 것은 설득력이 없다.

2.5 공연되기 위한 작품들과 그렇지 않은 작품들

다수의 사례들을 가지는 예술작품을 분류하는 또 다른 방법은 공연되기 위한 작품과 그렇지 않은 작품으로 나누는 것이다(공연의 본질에 대해서는 다음을 참조. Thom, 1993; Godlovitch, 1998). 이 구분은 지침 사항을 통해서 전달되는 다수적 작품들(예를 들어 연극 대본이나 악보 등)

과 인코딩을 통해서 명시되는 다수적 작품들(예를 들어 음화 필름이나 마그네틱 테이프 등)의 구분과 잘 들어맞는다. 전자는 언제나 공연되기 위한 작품들이며 후자는 그렇지 않다. 그러나 이 구분은 다수적 작품들의 다른 범주들과는 잘 들어맞지 않고 오히려 범주들을 횡단한다. 본보기에 의해 명시되는 다수적 작품이라는 범주 내에서, 발레 같은 작품들은 공연되기 위한 작품인 반면, 소설 같은 작품들은 그렇지 않다.

공연되기 위한 작품이라는 개념은 우리에게 익숙하다. 대부분의 음악이나 연극이 이에 속한다. 나는 여기서 '대부분'이라고 말했는데, 왜냐하면 심지어 음악과 연극의 초기 형태에서도 공연되기 위함이라는 것이 모든 경우에서 참은 아니기 때문이다. 기계적 오르간이나 뮤직 박스를 위해 창작된 음악작품들은 공연되기 위한 작품이 아니었다.

예술가가 제공한 예시 만들기에서의 지침 사항을 공연자가 실행함으로써 재생되는 영화나 음악 테이프 등도 공연을 위한 작품에 포함될 수도 있다. 이때 공연자의 역할은 전체적으로 보았을 때 그다지 중요하지 않다. 그러나 그 역할이 작다 할지라도, 바로 그 역할로 인해 문제의 작품은 공연되기 위한 작품이 된다. 그러한 작품은 혼합 매체와 공연자를 위한 작품인데, 명시된 방식으로 재생되어야 하는 필름이나 테이프, 그리고 작품의 잠재적 공연자에게 전달되는 지침들로 구성된다.

어떤 예술형식의 위치는 불명확할 수 있다. 만일 시가 낭송된다면 그것은 공연예술이지만, 묵독된다면 그렇지 않다. 이때 주어진 속(genus) 내에서 상이한 종(kind)의 시가 상이하게 규정된 것이라고 간주한다면 아무런 문제가 되지 않는다. 예를 들어 영웅전설시는 공연을 위한 것으로, 그리고 형이상학파 시(metaphysical poem)는 읽기를 위한 것으로 말이다. 문제는 대부분의 경우 동일한 시가 그 두 가지 방식으로 다루어질 수 있다는 사실 때문에 발생한다(만일 어떤 시가 음악을 세트로서 가진다면, 이것은 혼종적 예술작품이 될 것이다. 예로는 이디스 시트웰(Edith Sitwell)의 시들을 이용한 윌리엄 월튼(William Walton)의 〈파사드〉(Façade)라는 작품이 있다).

어떤 다수적 작품들은 공연되기 위한 작품이 아니다. 판화가 목판으로부터 생산되거나 혹은 조각상이 주형으로부터 나올 때, 우리는 판화나 조각상이 공연되고 있다고 말하지 않는다. 여기서의 핵심은, 연기와 같은 것이 예술적 재능을 요구하는 반면, 판화나 조각이 거치는 과정은 기계적이라는 사실이 아니다. 음화 필름으로부터 사진을 인화하는 과정이나 실크스크린을 설치하고 사용하는 과정은 어쩌면 더 많은 기술을 요구할지도 모른다. 그렇다면 단순히 작품의 또 다른 사례를 만드는 것과 작품을 공연하는 것은 어떻게 구분되는가?

사진 인쇄물, 주형 조각상, 스크린 프린트 등은 시간 속에 존재한다. 그것들은 특정한 시간에 창조되고 또 다른 특정한 시간에 파괴된다. 그러나 이러한 시간성(temporality)은 사례로서의 그들의 정체성을 구성하지 않는다. 왜냐하면 사진 인쇄물이나 주형 조각상과 같은 작품들은 사례들에게 특정한 지속 기간을 요구하지 않기 때문이다. 오직 특정 지속 기간을 요구할 수 있는 작품들만이 공연 가능한 작품들이라 볼 수 있다(공연되기 위한 작품의 지속 기간은 변할 수 있지만, 어떤 제한 범위 내에서만 가능하다). 공연이란 연속되는 실제 시간의 덩어리 내에서 발생하는 사건이고, 그러한 덩어리의 지속이나 종료는 그 공연이 올리고 있는 작품의 정체성이 행하는 기능 중 하나이다(Levinson and Alperson, 1991). 이것은 어째서 어떤 이의 소설 읽기가 그 작품의 공연이 아닌지를 설명해 준다. 소설의 서사적 순서가 소설의 정체성에 본질적이라는 점에서 소설은 시간적 예술작품이라고 볼 수도 있겠지만, 독자는 자신이 원하는 대로 뒤로 가거나 혹은 건너뛸 수 있다. 게다가 책의 정체성에 중요한 요소들 중 어떠한 속도로 읽어야 하는지, 포함되어야 하는 에피소드들은 몇 개여야 하는지, 혹은 에피소드들 사이의 간격은 얼마나 되어야 하는지 등을 규정하는 것은 없다.

방금 논의된 점이 어째서 우리가 영화 영사나 순수 전자 음악 CD의 재생을 공연으로 간주하지 않는지를 설명하지는 못한다. 영사나 재생은 아웃풋 장치를 통해 작품의 사례 만들기가 계속되는 한 지속된다. 그러나 영사를 위한 영화와 재생을 위한 CD는 공연되는 작품이라 볼 수 없다. 우리는 종종 그러한 사건들을 '공연'이라 부르기도 하지만, 그 사건을 그것들이 예시하고 있는 작품의 공연이라고 말한다면 이상할 것이다(Carroll, 1998). 작품의 공연이라는 것은 불가피하게 어떤 해석을 통해 제시되지만, 영화나 CD의 재생은 해석을 포함하지 않는다. 어떤 측면에서는, 영화를 만드는 것은 연극을 공연하는 것과 비슷하다. 두 경우 모두 연기를 포함하기 때문이다. 그러나 영화에서는 연기가 작품의 창작과 관계된 것인 반면, 연극에서는 이미 완성된 작품의 전달과 관계된다. 영화의 시나리오는 작품 창조에 필요한 지침 사항들을 제공하지, 후속 공연을 위한 지침 사항을 제공하는 것이 아니다. 이러한 사실은 테이프나 디스크로 발행되는 순수 전자 음악에도 적용된다. 그러한 전자 음악들은, 비록 음악가들이 작품을 구성하는 원재료를 만들기 위해 일상적인 방식으로 노래하거나 연주한다고 할지라도, 공연되기 위한 작품이 아니라 재생되기 위한 작품이다. 연극이나 음악이라는 예술형식이 독점적으로 공연예술인 것은 아니다.

연극이나 음악작품의 실황 공연은 녹화 가능하고 이것이 후에 비디오나 디스크로 발매될 수도 있다. 그러한 결과물은 공연의 복사 혹은 재현이다. 단수적 작품들과 마찬가지로 공연들은 복사될 수 있으며, 그렇게 되면 그 공연들은 단수적 사건들로 남게 된다. 연극 공연을 녹화한 동영상과 영화의 차이, 혹은 실황 음악 공연을 녹음한 CD와 순수 전자 음악의 차이는 공연에 있는 것도 아니고, 그 결과물에 있는 것도 아니다. 그것은 인코딩된 것과 작품 사이의 관계에 있다. 영화의 마스터 프린트는 작품을 인코딩하지 작품의 공연을 인코딩하지는 않는다.

그래칙(Gracyk, 1996)은 넓은 의미로 해석된 록 음악이 존재론적으로 영화와 유사하다고 주장한다. 록 음악 작품이란 마스터로부터 정확하게 복제된 디스크상에 인코딩된 것들의 총체이다. 그러한 것으로서 록 음악은 공연을 위한 것이 아니라 재생을 위한 것이다. 이는 어째서 립싱크가 클래식 음악 공연에서는 허용되지 않지만 록 음악에서 허용되는지를 설명한다. 록 음악 공연자가 실황 공연을 할 때, 그들의 노력은 그들의 레코딩과의 비교를 통해 가늠되는 반면, 클래식 음악의 경우 우리는 레코딩을 실황 연주의 이상과 비교하여 평가한다. 익숙한 유형들의 음악 연주가 록 음악 레코딩에 사용되지만, 이때 연주는 작품의 작곡에 기여하고 있다고 보아야 한다. 그리고 실황 공연의 성격과 이질적이라 간주되는 전자적 개입은(예를 들어 멀티 트래킹과 복합적 콜라주 등) 록 음악에서 중심적인 위치를 차지한다.

　　나는 록 음악이 공연 전통과 이만큼 멀어졌다는 위의 주장에 쉽게 동조하지 못하겠다. 어쩌면 록 음악은 실황 공연이 아닌 스튜디오 공연을 위해 구상된 것일 수도 있다. 록 음악이란 그것의 '공연'이 음향의 전자적 구성에 관련되며, 스튜디오 설비에 의존한 효과를 목적으로 한 장르일 수도 있다. 문제의 곡은 다시 공연될 수 있지만(혹은 '커버될(covered) 수 있지만'), 원작에 충실하려면 그것 역시 실황 연주의 환경과는 다른 전자적 소리 환경을 만들어야 한다(Davies, 2001).

　　록 음악은 공연되기 위한 작품이 아니라는 생각과 록 음악은 레코딩 스튜디오 공연이라는 독자적 유형의 공연을 위한 작품이라는 생각 사이에서 우리는 어떻게 선택할 수 있을까? 이 문제의 해결을 위해 고려해야 하는 것은 우리가 어떤 것을 '록 음악 작품'으로 간주하는지, '록 음악 작품'의 정체성을 무엇이라 생각하는지이다. 만일 그래칙이 옳다면, 커버된 곡들은 원곡과 관련되었으나 원곡과 구분되는 새로운 작품들이다. 이에 대한 대안으로, 커버곡들은 원본 디스크상에서 처음 공연된 작품에 대한 새로운 공연들이라는 관점이 가능하다. 동일한 노래의 공연들이 되기 위해서, 커버곡들은 모든 세부 사항에 있어서 원곡에 비견될 필요는 없다(비록 '가장 히트 친' 커버곡을 만드는 데 이것이 가장 흔히 사용되는 방법이기는 하지만 말이다). 그보다는 커버의 출발점으로 삼기 위해 원곡의 선율이나 단어 혹은 화성을 단순히 따라가다가 그것들을 전자적으로 채워 나가도 괜찮다.

2.6 다수적 작품과 그것의 사례들 사이의 관계

다수적 작품과 그 사례들 사이의 관계는 무엇일까? 철학자들은 그 관계를 집합(class)과 그 원소들 사이의 관계(Goodman, 1968)로, 타입과 토큰의 관계(Wollheim, 1980; Margolis, 1980; Zemach, 1991; Dipert, 1993)로, 종과 그 사례들의 관계(Wolterstroff, 1980)로, 혹은 패턴과 그것의 실현(Walton, 1988; Bender, 1993)으로 논의해 왔다.

첫 번째 제안은 반직관적이다. 이 견해에 따르면, 모든 비공연된 작품들은 동일한 작품이 되는데, 왜냐하면 그 작품들은 그들 원소의 집합으로서 공집합을 공유하기 때문이다. 또한, 이 견해에 따르면 셰익스피어의 〈햄릿〉은 1620년의 〈햄릿〉보다 훨씬 커져 있는데, 왜냐하면 그 이후로 더 많은 공연이 이루어졌기 때문이다. 혹은 지금까지 올려진 〈햄릿〉 공연들의 집합을 생각해 보았을 때, 연극으로서의 〈햄릿〉은 가령 1,234,567개로 구성된다는 점이 따라 나온다.

집합이란 일반적으로 그것의 원소들과 같지 않기 때문에, 집합은 예술작품과 그 사례들의 관계에 관한 적절한 모델이 될 수 없다는 주장이 제기되어 왔다. 이 점에 있어서는 타입-토큰 관계('noon'이란 단어에는 몇 개의 글자가 있냐는 질문에 여러분이 '2개'라고 대답한다면, 여러분은 글자 토큰이 아닌 글자 타입을 센 것이다)가 더 적절하다고 인정된다. 우리가 '미국 달러'를 생각할 때, 우리는 실제의 미국 달러와 같이 생긴 어떤 것을 떠올리는 경향이 있다. 작품을 타입으로 간주하는 견해에 대한 대안으로는, 예술작품과 그것의 사례들은, 실제의 속성들을 공유하는 것이 아니라 술어들을 공유하고 있다는 관점이 있다. 오직 으르렁거리면서 갈색임이 없이는 어떤 것이 그리즐리 곰의 적절한 한 사례가 될 수 없는 경우에만, 그리즐리 곰은 으르렁거리며 갈색이라는 점이 참인 것처럼, 베토벤의 〈5번 교향곡〉은 그 작품의 정확한 공연이 떠들썩하고 의기양양한 특성들을 보여 주기 때문에 떠들썩하고 의기양양하다. 이러한 관점에서 보면 다수적 예술작품은 종(kind)이다.

월터스토프(Wolterstorff, 1980)는 예술작품이 종이라는 견해를 옹호하고 싶어 하는데, 그는 자연종(natural kinds)의 경우에서처럼, 종으로서의 예술작품은 단순히 기술적이라기보다는 규범적인 성격을 지닌다고 본다. 종으로서의 예술작품은 더 잘 형성된 사례들과 덜 잘 형성된 사례들을 허용한다는 것이다. 위에서 언급했듯이, 하나의 공연은 몇몇의 대사가 잘못되거나 생략되었다 하더라도 주어진 연극에 대한 공연으로 인정될 수 있다. 굿먼은 작품에 이상적으로 충실하지 못한 사례들이 있을 수 있다는 점을 거부하지만, 이것은 굿먼의 견해가 반드시 요구하는 견해는 아니다. 집합이나 타입, 혹은 패턴 등은 종에 못지않게 규범적일 수 있다.

2.7 허구로서의 다수적 작품

다수적 작품이란 어떠한 방식의 사물들인가? 그것들이 집합이든, 타입이든, 종이든 간에, 다수적 예술작품들은 추상적 실체들이다. 우리는 그것들을 직접 살펴볼 수 없다. 우리는 다수적 작품에 대해 그것의 구체적인 사례들이나 혹은 잠재적인 실행자를 위해 마련된 지침 사항들을 통해 알게 된다. 이제부터 살펴볼 견해는 작품들에 대한 우리의 담화는 허구적이라고 주장한다. 왜냐하면 이 견해는 작품 사례들 이상의 그 어떤 것이 존재하지 않는다고 보기 때문이다.

러드너(Rudner, 1950)가 강력하게 지지하고 있는 이 견해는, 우리가 사례들과 명시들로부터 다수적 작품들에 대해 배울 수 있을 뿐 아니라, 다수적 작품들에 대해 언급하는 것은 그것들의 사례나 명시들을 넘어선 그 어떤 것을 지시하지 못한다고 주장한다. 그는 만약 '베토벤의 〈5번 교향곡〉'이 지시적 표현이라면, 그 지시체는 과거와 현재, 그리고 미래의 공연들이거나, 혹은 해당 악보의 복사물들이라고 본다. 러드너에 따르면, 예술작품을 추상적이라고 보는 견해는 예술작품이 경험 가능하다는 점을 부정하는 셈이며, 이것은 우리의 미적 직관이나 이론들과 상충한다.

러드너의 존재론은 어떤 작품에 기대하는 속성을 그 작품의 특정한 사례가 가지지 못할 때마다 문제가 된다. 베토벤의 〈5번 교향곡〉의 모든 공연들이 의기양양하게 끝나지 않는 한, 러드너의 견해는 그 작품이 의기양양다고 말할 수 없다. 그러나 이러한 문제점을 피하기 위해 러드너의 이론을 수정하는 것은 어렵지 않다. '이 작품은 이러이러하다'라는 것은 이 작품 대부분의 사례들은 이러이러하다는 것과 동치라고, 혹은 잘 형성된 사례들은 이러이러하다는 것과 동치라고 주장하면 된다.

그러나 여전히 한 예술작품은 그것의 모든, 혹은 대부분의 정확한 사례들이 가지는 속성들과는 다른 속성들을 가지는 것처럼 보인다. 예를 들어, 어떤 작품은 프랑스에서 창조되고, 독일과 그리스에서 동시에 공연되며, 또한 예술가의 청년 시절의 마지막 작품일 수 있는데, 이러한 속성들 중 어떤 것도 잘 형성된 그 작품의 사례들의 전부에서 혹은 대부분에서 발견되지 않는다. 게다가, 작품이라는 개념은 무엇이 잘 형성된 사례인지를 결정하는 데 중요한 역할을 하는데, 특히 작품이 본보기를 통해 제시되거나 전달될 때 그러하다. 사례들과 구분되는 것으로서의 작품이라는 개념 없이는, 우리는 본보기에 근거하고 있는 연주나 공연들이 작품의 잘 형성된 사례인지 아닌지 판단할 수 없다. 어찌 되었든, 작품이라는 개념이 편리한 허구로서 존재한다는 견해는 작품이 추상적이라는 견해보다 직관적으로 더 강한 호소력을 지니지 못한다. 위에서 논의된 바와 같이, 베토벤의 〈5번 교향곡〉을 추상적이라고 본다고 해서, 작품이 웅장하고 의기양양할 수 없다는 점이 내포되지는 않는다. 그보다는 오히려 만일 웅장함과 의기양양함이라는 속성들이 작품의 잘 형성된 사례가 갖추어야 하는 속성들이라고 규정될 때, 그 교향곡이 웅장하고 의기양양하다는 기술이 참이 된다고 말한다.

3. 보편자로서의 예술작품들

또 다른 대안은 예술작품이 허구가 아니라 보편자(universal)라고 주장한다. 이 이론은 색과의 유비를 통해서 설명될 수 있다. 우리는 빨강(redness)이 예시된 개별자(particular)들로부터 보편적인 형식을 추상해 냄으로써 빨강을 알게 된다. 예술작품의 성질에 대해서 알게 될 때에도 우리는 비슷한 과정을 거친다. 예술작품은 보편자, 즉 구체적인 개별자들의 기저를 이루는 형식이다.

이 입장은 상당히 심각한 난관에 직면하는 것 같다. 표준적인 플라톤주의의 관점에서 보면, 보편자들은 영원히 존재하고, 예술작품은 특정 시간에 창조된 이후 특정 시간에 소멸된다. 미켈란젤로의 〈줄리우스 2세〉 청동상은 1508년 완성된 후 4년여 뒤에 볼로냐인들에 의해 파괴되었다. 커리(Currie, 1988)와 키비(Kivy, 1993)와 같은 이들은 이 난점을 피하지 않고 오히려 적극 받아들인다. 그들은 예술작품이란 창조되는 것이 아니고 발견되는 것이라고 주장한다. 이러한 견해를 더 설득력 있게 만들기 위해서, 발견됨은 창조와 마찬가지로 역사적인 맥락 내에 위치한다는 점이 주장되었다. 어떠한 발견들은 오직 특정한 사회적 상황 내에서, 그리고 오직 특유한 특성을 지닌 사람에 의해서만 가능하다는 것이다. 예술작품은 창조된다는 점과 예술작품은 영원불변하는 형상(form)에 참여한다는 점, 이 둘을 함께 주장하는 한 가지 방법은 예술작품을 규범(norm) 집합이나, 타입, 혹은 토큰으로 보는 것이다. 영원히 존재하며 또한 언제든 예시될 수 있는 기술적 보편자가 존재한다고 보는 방법이다. 예를 들어, 베토벤의 〈5번 교향곡〉을 통해 나타나는 피치-음색 관계들에 상응하는 피치-음색 관계들의 어떤 한 집합이 있다고 보는 것이다. 그리고 베토벤은 그 보편적 형상을 선택하고, 그 형상을 자기 작품의 규범으로 삼음으로써 교향곡을 창조했다고 보는 것이다. 다른 말로 하면, 예술가는 보편자의 실현이 어때야 하는지를 규정함으로써 작품을 창조한다는 것이다. 그 예술가의 작품을 예시하기 위해서는, 기술적 보편자가 실현되는 것만으로는 충분하지 않다. 예술가의 규정에 따름으로써 보편자가 실현되어야 하는 것이다(예술작품은 창조된다는 입장을 지니는 사람들이 이 부분에 충분히 동의할 것인지 아닌지는 논쟁의 소지가 있으며, 이에 대해서는 다음을 참조하라. Levinson, 1990; Fisher, 1991).

만일 방금 논의된 견해의 옹호자들이 계속해서 예술작품은 보편자라는 입장을 고수하려면, 그들은 아리스토텔레스적인 보편자 개념(즉 보편자도 창조되고 파괴될 수 있으며, 그것은 어떤 추상적 영역 속에서 존재하는 형상이 아니라 사례들 내에서 존재하는 형상이라는 개념)에 의존해야 할 것이다.

보편자는 개별자와 대조된다. 그리고 단수적 예술작품(즉 필연적으로 오직 하나의 사례만을 가지는 예술작품)은 개별자라는 주장이 제기될 수도 있다. 그러나 이것은 매력적인 제안은 아니다. 개별자로서, 예술작품은 추상적이거나 혹은 구체적이어야 한다. 그런데 추상적인 개별자의 존재를 지지하는 입장은 일반적으로 보았을 때 형이상학적으로 받아들여질 수 없는 입장이다(그러나 다음의 입장도 참조할 것. Campbell, 1990). 한편 두 번째 입장, 즉 예술작품은 구체적인 개별자라는 입장도 그 자체만의 난점을 지닌다. 다음 장에서 설명하겠지만, 작품의 정체성은 작품을 구성하는 물질적인 것들의 정체성을 넘어서나, 그렇다고 해서 우리가 작품을 구성하는 물질적인 것들이 아닌 다른 어떤 구체적 개별자와 작품을 동일시할 수 있을 것 같지는 않다. 그리고 다수적 예술작품에 관련해서는, 그것들이 수많은 사례를 가질 수 있다는 가능성과 그것들이 개별자라는 이론은 충돌을 일으킨다. 다수적 예술작품은 모양이나 색깔과 같이 개체(individual)이지만, 개별자는 아니다.

4. 예술작품과 관련된 관념론과 수반

예술작품은 추상적이라는 이론 이외에도, 예술작품은 심적인(mental) 영역에서 존재한다는 주장도 제기되었다(Croce, 1909; Collingwood, 1938). 작품은 창조자의 마음속에 존재한다는 것이다. 이러한 견해는 지침 사항이나 인코딩에 의해 전달되는 작품들에 적용될 때 가장 설득력이 있다. 왜냐하면 그러한 작품들은 존재하기 위해 실제로 실현될 필요는 없기 때문이다. 그러나 이 이론은 유화 등의 단수적 작품에까지 광범위하게 적용되었다. 그 경우, 예술가에 의해 창조된 물리적 대상은 심적인 성격의 진정한 예술작품에 대한 외적 대표물이 된다. 예술가의 작품을 감상하기 위해서, 예술가가 마음속에 가졌던 심적 경험을 감상자 자신도 자신의 마음 속에서 생산해 내야 한다. 작품의 물리적 재현, 즉 작품의 외적 현시는 이 과정에서의 도구로 활약한다.

　　이 이론은 반직관적인 귀결을 낳는다. 예를 들어, 우리가 〈모나리자〉 앞에 섰을 때 우리는 레오나르도의 작품 앞에 선 것이 아니며, 또한 〈모나리자〉는 더 이상 존재하지 않는다는 귀결이 가능하다. 이 이론은 작품의 내용이 상당 부분 작가가 사용한 물리적 매체와는 독립되어 있다고 간주하지만, 실상 다수의 예술적 속성들은 작품의 물리적 요소들이 다루어지는 방식에 의존하거나 그로부터 도출되는 것 같다(Wollheim, 1980; Ingarden, 1989). 따라서 예술작품이 심적이라는 이론은 유화와 수채화의 차이점이나, 혹은 얼음 조각이나 대리석 조각의 차이점을 설명하는 데 어려움을 겪는다.

　　그러나 만약 예술작품이 순전히 심적인 것이 아니라고 해도, 예술작품이 그것을 구성하는 물리적 요소들로 환원되는 것도 아니다. 주네트(Genette, 1997)가 지적하듯이, 예술작품은 그것이 초월하고 있는 물리적인 것들 속에 내재한다. 만일 미켈란젤로의 〈다비드〉

가 대리석 먼지로 변한다면, 그 작품은 파괴되겠지만 작품을 구성했던 물질은 파괴되지 않는다. 밀랍 조각은 녹을 수도 있으며, 다른 조각으로 재주형될 수도 있다. 게다가 예술 작품은 그 작품을 이루고 있는 물리적 재료가 가지지 못하는 속성들을 전시하기도 하며, 또 그 반대의 경우도 가능하다. 비록 물감이 묻은 캔버스는 원근법적 깊이와 힘의 속성을 지니지 못할지라도, 회화는 그러한 속성을 보여 줄 수 있다. 톨스토이의《전쟁과 평화》의 한 복사본은 특정한 무게가 나가지만, 그 소설은 그렇지 않다. 작품이 지침 사항을 통해 제시되는 경우에는, 작품과 지침 사항들 사이에 공통점이 거의 없을 수도 있다. 베토벤 〈5번 교향곡〉악보 자체는 작품처럼 웅장하지 않으며, 악보나 연극 대본이 과거에 비해 현재 더 비싸졌다는 것이 관찰된다 하더라도 〈햄릿〉이라는 연극이 지금 더 비싸진 것은 아니다(Ingarden, 1973, 1989).

비록 작품의 미적 속성들이 작품의 물리적 기저들로 환원되지 못한다 하더라도, 혹은 작품 인코딩이나 지시 사항이 기록된 물리적 개체로 환원되지 못한다 하더라도, 여전히 존재론적으로 전자가 후자에 의존하고 있다. 그 어떠한 예술작품도 공적인 예시를 거치거나, 혹은 공적인 개체나 사건과 관련되지 않고서는 창조될 수 없다. 하나의 시가 재-동일시 가능한 개별 작품으로 성립되려면, 그것은 암송되거나 필사되어야 한다. 마찬가지로 공연되기 위해 만들어진 연극이 재-동일시 가능한 개별 작품으로 성립되려면, 그것의 희곡이 공적으로 예시되거나 혹은 작품-결정적 지침 사항을 가지고 있어야 한다. 개념 예술들은 그 존재가 제목이나 지침 사항들에 의존한다. 게다가, 작품의 예술적 특성들은 직접적으로 혹은 간접적으로 작품의 지침 사항이 구체화되고 있는 재료의 속성에 의존한다. 만일 소설이나 연극 대본의 단어 연쇄가 달라진다면, 작품의 미적 속성이 달라질 것이다. 예술가가 더 밝은 색의 물감을 선택했었다면, 장면은 그렇게 우울하지 않았을 것이다.

기술적 용어를 사용해 설명하자면, 예술작품의 미적 속성과 존재는 예술작품이나 그것의 표본, 혹은 인코딩, 혹은 지침 사항을 구성하는 물리적 요소에 수반한다. 그러나 예술철학자들이 수반(supervenience)에 대한 분석 혹은 미학에서의 수반 개념의 유용성에 대해 일치된 의견을 보이는 것은 아니다.

18-19세기 이론에 의하면, 작품의 미적 속성들은 순전히 그것의 내용, 형식, 혹은 매체에 의존한다. 지각적 속성에 있어서 질적으로 동일한 두 대상은 동일한 미적 속성을 가진다는 것이다. 그렇다면 대상의 경계 바깥에 놓인 것들은 그 대상의 미적 특성과는 무관하게 된다. 이러한 이론의 몇몇 형태들에 따르면, 대상을 미적으로 온전하게 감상하기 위하여 지각자는 그 대상이 그 대상 외부의 것들과 가지는 관계를 고려하지 말아야 한다. 이러한 입장은 원본과 정확히 동일하게 보인다면 위작이나 복사물의 미적 가치는 원본과 차이가 없다는 귀결을 낳는다. 이 견해에 따르면, 수반 관계는 작품의 외양이나 혹은 작품

사례의 외양에 변화가 없이는 작품의 미적 특성에도 변화가 없다는 결론으로 나아간다. 수반 이론에 따르면, 만일 작품이 단수적이라면, 작품의 외양과 작품을 구성하는 물질의 성향 사이에 체계적인 관계가 있다. 또한 만일 작품이 다수적이라면, 사례들을 구성하는 물질의 성향과 사례들의 외양 사이에 체계적인 관계가 있다. 어떠한 경우에서도, 작품의 미적 특성상에서 변화가 생겼다면 이것은 작품이나 혹은 그 사례들을 구성한 물질상의 변화로 추적될 수 있다.

5. 맥락주의와 존재론

'형식주의-경험주의'라 볼 수 있는 위와 같은 견해는 소위 '맥락주의(contextualism)'를 지지하는 사람들에 의해서 비판받아 왔다. 맥락주의자들은 작품이 창조된 예술사적, 사회적 맥락의 여러 특성들이 작품의 정체성에 기여한다고 주장한다. 예를 들어, 한 장르에 속한 구성원들이 가지는 공통의 속성은, 구성원에 따라 차별적으로 가지는 독자적인 속성에 비해 그 중요성이 덜한데, 이것은 작품의 어떤 주어진 속성을 그 작품이 속한 예술장르의 예술사적 혹은 의도적 맥락과 관련시켜야만 제대로 평가할 수 있다는 사실을 말해 준다(Walton, 1970). 그 결과, 다른 측면에서는 모두 동일한 두 개체는 그 창조적 맥락이 다를 경우 상이한 미적 속성을 가지게 된다. 이로부터 따라 나오는 것은, 위작이 위작으로 판명되었을 때 그것을 재평가하는 것이 적절하다는 것이다. 왜냐하면 위작에서의 창조적 맥락이 그 이전에 가정되었던 창조적 맥락과 달라졌고, 따라서 그 이전에는 미적 속성이 잘못 지각되었을 가능성이 있기 때문이다. 예를 들어, 복사물인 위작들은 그것들이 담고 있는 예술적 성취를 잘못 표상한다(Dutton, 1983).

보르헤스(Borges, 1970)는 다양한 형태의 맥락주의를 예견했다. 그의 허구적 이야기인 《피에르 메나르, 돈키호테의 저자》에서, 프랑스 현대 작가인 메나르는 세르반테스의 《돈키호테》의 일부와 단어까지 동일한 텍스트를 쓴다. 즉 전자는 의도적으로 고대 외국어 형태를 차용하고, 반면 후자는 일상어를 사용하면서 고문체를 피하고자 한다. 전자는 피카레스크(picaresque) 양식으로의 회귀를 도모하고자 소설에 대한 현대적 접근 방식을 거부하며, 반면 후자는 소설과 관련한 모범이 부재한 상태에서 자신만의 양식을 찾고자 노력한다. 보르헤스는 메나르의 작품에 세르반테스의 작품에는 없는 요소, 즉 정신분석학과 실용주의에 대한 암시가 담겨 있다고 본다. 그 결과 메나르의 작품이 '거의 무한하게 더 풍부하다'(보다 심도 있는 논의는 다음을 참조. Morizot, 1999).

철학자들은 보르헤스의 소설 속에 제시된 이 논제를 발전시켜 왔다. 특히 단토(Danto,

1964, 1981)는 지각적으로 구분 불가능한 예술작품들이 그 주제나 미적 가치에서 상이할 수 있음을, 그리고 예술작품은 그것과 지각적으로 동일한 '단순한 실제적 사물들'과는 다른 속성을 가질 수 있음을 주장했다. 커리(1988)와 레빈슨(1990)도 맥락주의적 존재론을 발전시키고 있다.

맥락주의에 따르면, 작품의 정체성을 확인해 주는 속성들은, 다른 어떤 것들보다도, 그 작품이 창조된 맥락에 의존한다. 그렇다면 맥락의 어떤 측면들이 관련 있는가? 이 질문에 가장 먼저 떠오르는 것들은 작품의 예술사적 장소, 기능, 양식, 장르, 그리고 이것들에 직접적으로 영향을 끼친 보다 광범위한 문화적 혹은 기술적 요소들이다.

레빈슨(1990)은 예술가의 정체성이 작품의 정체성에 핵심적이라는 주장까지 나아간다. 다시 말해서, 동일한 시대와 장소에 살고 있지만 이전까지의 예술적 맥락상에서 구분되는 두 작가들은, 동일한 텍스트를 썼다 하더라도 상이한 소설을 창조한 것이다(만일 그들이 독립적으로 작업했다면). 레빈슨에 따르면, 이러한 설명은 음악과 관련하여 어떻게 특정 연주들이 특정 작품에 속하게 되는지를 직관적으로 설명하며, 또한 창조자들이 각자의 예술적 길을 가게 됨으로써 각각의 작품들이 시간이 지나고서 각기 상이한 속성들을 획득하게 되는 역설을 피할 수 있다. 그러나 슈베르트에 의해 지어진 작품이 그의 동시대인들 중 한 명에 의해 지어졌을 수도 있다고 주장하는 것은 레빈슨의 설명만큼이나 직관적인 것 같다(Currie, 1988). 그리고 대조적인 길을 걸어온 서로 다른 사람들이 종종 동일한 사물을 독립적으로 발명하거나 발견한다는 사실을 상기한다면 역설의 기미는 사라질 수 있을 것이다(이에 대한 레빈슨의 반응은 다음을 참조. Levinson, 1996).

5.1 행위 유형으로서의 예술작품

예술작품을 정신적인 것으로 보는 관념론과는 대조적으로, 나는 작품이란 단일한 물리적 대상 혹은 사건에 수반하거나, 혹은 사례 제작을 위한 지침 사항이 되는 대상이나 사건을 통해 명시되는 추상적 개체(abstract individual)라고 제안해 왔다. 이 두 견해 모두에서, 작품은 대상이거나 혹은 사건이다. 그러나 또 다른 가능성도 있다. 커리(1988)는 예술작품이 행위(action)라고 주장한다. 그에 따르면, 예술작품은 예술가의 '체험적 경로(heuristic path)'라 불릴 수 있는 특정한 방식으로 창조된 구조이다. 상이한 체험적 경로로 발견된 작품들은 비록 동일한 구조를 지닌다 할지라도 정체성에서 차이가 난다. 그리고 만일 상이한 구조가 동일한 체험적 경로를 통해 발생했다면, 마찬가지로 서로 다른 작품이 된다. 커리는 그의 입장이 지금까지 우리가 논의한 유형의 맥락주의를 인정하는 가장 좋은 방법이라고 본다. 상이한 작품들이 동일한 구조를 공유할 수 있기 때문에, 작품이라는 것은 구조 이상의 어떤 것이다. 작품들은 그것들을 발견하는 행위 유형과 동일시되어야 하는데, 왜냐하면 그렇게 하면 무엇이 만들어졌는가에 대한 문제뿐만 아니라 어떻게 만들어졌는가의 문제도 설명할 수 있기 때문이다. 다시 말해, 〈모나리자〉의 캔버스는 단순히 구조일 뿐이며, 작품의 한 사례가 아니다. 레오나르도 다빈치의 행위를 하나의 사례로 가지는 어떤 행위 유형이 바로 작품이다. 문제의 구조를 특정한 체험적 경로를 통해 발견하는 그 어떠한 행위도 작품의 한 사례가 된다. 그리고 이러한 이유로 커리는 모든 예술작품이 다수적이라고 주장한다. 어째서 커리는 (채색된 캔버스나 대본과 같은) 대상들 내에서 명시되거나 예시되어 있는 특정한 역사적 맥락의 개체를 예술작품이라 보지 않고, 행위 유형을 예술작품이라고 보는 것일까? 왜냐하면 커리는 우리가 예술작품을 감상할 때 작가의 성취를 감상한다고 보기 때문이다. 그러나 예술작품에서 우리가 감상하는 것이 작가의 성취인 오직 그 경우에만 커리와 같은 결론이 따라 나온다(Shields, 1995). 레빈슨이 지적하듯(1996), 우리는 만드는 행위뿐만 아니라 만들어진 대상도 감상한다. 커리의 입장은 다음과 같은 반직관적인 결론들을 낳는다. 모든 작품들은, 비록 오직 하나의 사례만 가진 경우에도, 다수적 작품이된다. 모든 작품들은 창조되는 것이 아니라 발견된다. 또한 우리는 오직 작품이 발견되는 그 순간에 참석한 경우에만 작품의 한 사례를 직접적으로 만나게 된다. 우리는 오직 〈모나리자〉나 베토벤 〈5번 교향곡〉의 패턴만을 접할 수 있을 뿐이다. 이러한 반직관적인 결론들을 피하면서도 커리의 맥락주의적 주장을 인정하는 방법이 있는데, 그것은 작품이란 실제의 대상 안에 예시되거나 명시된 구조임을 인정하고, 또한 작품 감상이란 작가의 성취에 대한 이해를 포함한다는 사실을 모두 받아들이는 것이다(Levinson, 1996).

5.2 문화적으로 창발적인 것으로서의 예술작품

마골리스(Margolis, 1999)는 지금까지 살펴본 맥락주의보다 더 과격한 형태의 맥락주의를 주장한다. 그는 작품의 정체성이 '문화적으로 창발하며(emergent)' 열려 있다고 본다. 작품의 정체성은 그것의 맥락과 결부되어 있으며, 그러므로 시간에 따라 맥락이 변하면서 함께 변화한다는 것이다. 마골리스에 따르면, 작품의 정체성은 시작부터 고정되어 있다기보다는, 이후의 해석과 수용 과정에 따라서 재구성되는데, 그 결과 작품은 그가 '단일성(unicity)'이라 부르는 것을 가지게 된다.

이 주장은 작품이 해석되기 전까지는 정체성을 가지지 못한다고 말하는 것은 아니다. 그 보다는, 해석이 작품을 변경하지만, 변화하는 시간 내에서 유지되는 정체성을 파괴하지 않는 방식으로 변경한다는 것이다. 해석은 참이 될 수 있다는 주장을 하지 않기 위해서(이 경우 해석은 작품이 이미 소유하고 있는 속성들을 확인할 수 있어야 한다), 마골리스는 해석은 참이 된다기보다는 다가(multivalent) 논리학에서 말하는 그럴듯함(plausibility)을 가진다고 본다.

작품의 해석은 그 전에는 가지지 않았던, 적어도 하나의 속성을 불가피하게 작품에 부여하게 된다. 즉 이러이러하게 해석된다는 속성 말이다. 게다가, 작품의 의의와 역사가 해석이나 수용에 의해서 결정된다는 사실을 부정할 수는 없다. 문제는 이러한 사실들이 작품 정체성의 변화를 가져올 수 있냐는 것이다.

마골리스의 이론은 우리 관심의 대상이 항상 현재에 존재한다고 가정한다. 우리는 지시의 편리함을 위해 작가의 작품인 것으로서 예술작품에 대해 이야기하지만, 우리의 관심이 향해 있는 대상은 이미 작품이 창조되었던 우연적 상황들을 벗어나 있기 때문에 작품의 기원은 부차적인 것이다. 이것은 예술작품에 대한 우리의 관계를 설명하는 그럴 듯한 사회학인가? 나는 그렇지 않다고 생각한다. 예술은 성취, 그리고 종종 대단한 기술을 포함한다. 우리는 작품의 예술사적 위치에 대해서 무관심할 수 없는데, 왜냐하면 그것을 알지 못하면 작품이 행한 예술사적 기여를 파악할 수 없기 때문이다. 나는 마골리스의 이론이 예술작품에 대한 최근의(아마도 '포스트모던'의) 접근 방식을 반영한다는 점을 인정한다. 그러나 그러한 방식은 예술작품에 대해 현재 우리가 가지고 있는 개념에 생명을 불어 넣지 못한다. 만일 그러한 방식들이 표준이 된다면, 개별적인 예술작품들은 항상 유동적인 정체성을 가진다고 주장하는 것보다는, 예술 개념이 알아볼 수 없을 정도로 변형되었다고 보는 편이 더 정확할 것이다.

이것은 우리를 새로운 가능성으로 이끄는데, 이 새로운 가능성은 예술의 역사성에 관심 갖기보다는 예술작품이라는 개념의 역사성에 관심을 가진다. 예술작품이라는 개념도 역사를 가지며, 음악과 같은 경우에는, 예술작품이라는 개념이 19세기 이전에는 적용되지 않았다는 주장이 제기되었다(Goehr, 1992). 괴어는 이전의 시대들에서는 뚜렷하게 나타나지 않았었던 개념과 가치들이 작품이라는 개념의 구성에 핵심적임을 확인함으로써 그러한 결론에 도달한다. 예를 들어, 그녀에 따르면, 연주되어야 하는 모든 음표를 명시한 텍스트를 작곡가가 산출하기 이전에는 음악에서의 작품이라는 개념은 규제력을 가지지 못했다.

이보다 더 그럴듯한 대안에 따르면, 음악에서의 작품이라는 개념은 서양 음악사의 수 세기에 걸친 과정의 종결 부분에 와서야 등장하게 된 것이 아니라, 그러한 과정 속에서 여타의 구성적 속성들을 지니게 되면서 두터워졌다고 본다. 이러한 관점에 따르면, 한 번 이상의 연주 속에서 재동일시될 수 있는 개체로서의 작품은, 비록 작곡가들이 문제의 작품을 여러 버전으로 산출하고 또한 많은 부분을 연주자에게 남겨 두기도 하지만, 19세기 이전에도 존재할 수 있다. 어째서 이 대안이 괴어의 이론보다 더 그럴듯한가? 왜냐하면 이 이론은 서양 음악사를 하나의 단일한 내러티브로 묶어 주는 연속성을 설명할 수 있기 때문이다. 괴어의 입장은 역사적 흐름상에 급격한 중단이 있음을 주장한다. 전례가 없는 새로운 음악적 개체로서의 음악작품이라는 것이 19세기부터 등장하여 우세를 점하게 되었다는 것이다. 물론 19세기 초와 그 이전 시대 사이에는 차이점이 있지만(그 이전에도 우세적인 양식이나 음악적 패러다임이 변화할 때 그러했던 것처럼), 낭만주의자들이 그들의 창의성을 기리기 위해 만들어 낸 과장적인 주장을 있는 그대로 받아들일 필요는 없다. 그러한 국부적 변화들을 작품이라는 개념이 '두텁게' 되는 과정(이미 4세기 전에 시작되었고 20세기 중반까지 지속되었던) 중 일부로 바라보는 것이 더 좋은 설명이다.

5.3 자필적 예술 대 타필적 예술

위에서 논의된 맥락주의들은 굿먼이 제시한 존재론적 주요 구분과 대조를 이룬다(Goodman, 1968; Genette, 1997). 굿먼의 구분에 따르면, 작품의 가장 정확한 복제물조차도 진품으로 간주되지 못할 때 그 작품은 자필적(autographic)이다. 자필적 예술작품은 마치 내가 이전의 논의에서 단수적 작품이라 기술했던 것들과 일치하는 듯 보일 수도 있다. 비록 모든 단수적 작품들이 자필적이지만, 굿먼은 몇몇의 다수적 작품들도(예를 들어 동판으로부터 나온 판화들, 주형으로부터 나온 조각상 등) 역시 자필적이라고 본다. 만일 이들 중 하나가 규정된 형판으로부터 나온 것이 아니라 복사된 것이라면, 그것은 진품이 아니다. 이와 대조적으로, 타필적(allographic) 예술작품은 그것의 '철자' 혹은 연쇄에 의해 정의되며, 그러므로 그러한 연쇄를 재산출하는 그 어떤 것도 작품의 한 사례로서 인정받게 된다. 필연적으로, 타필적 예술작품은 다수적이다. 이에 대한 굿먼의 예들은 음악작품과 소설이다. 다른 말로 하면, 작품의 제작 역사는 자필적 예술작품의 정체성과 진품성에 핵심적인 요소이지만, 오직 '철자의 동일성'만이 중요한 문제가 되는 타필적 예술작품의 경우에는 그렇지 않다.

어째서 굿먼은 단수적/다수적이라는 구분을 횡단하는 분류를 도입하는가? 왜냐하면 그는 기보적인 작품과 그렇지 않은 작품의 차이에 관심이 있기 때문이다. 타필적 작품들은 전자에, 자필적 작품들은 후자에 속한다. 나는 앞에서 이미 굿먼의 기보 이론을 설명했고, 기보의 명시 및 사용과 관련된 맥락이 기보의 의미론적 내용에(그리고 더 나아가 기보가 명시하는 작품에) 영향을 미칠 수밖에 없음으로 인해서, 그것을 막고자 하였던 굿먼의 소망은 이루어지지 못했음을 지적하였다. 이 점들은 굿먼의 구분이 맥락주의적 반대에 노출될 수 있음을 보여 주는데, 이를 지금부터 더 논의하려 한다.

첫 번째 비판은 굿먼의 구분이 남김 없는 구분을 의도했다는 점을 지적한다. 굿먼 자신은 훗날 자신의 구분이 존 케이지의 기보 없는 음악을 구분 안에 포섭하지 못했음을 인정했고, 브라운(Brown, 1996)은 즉흥 음악(재즈와 같은)이 굿먼의 구분 내에서 분류되지 못한다고 주장했다. 이보다 더 치명적인 비판은 기보적인 작품이 타필적이라는 생각을 부인한다. 텍스트에 의해서 지시되는 소설의 정체성, 혹은 악보에 의해서 지시되는 음악작품의 정체성은, 맥락주의가 이미 지적했듯이, 그것들의 단어나 혹은 음표 연쇄 이상의 것들에 의존한다. 세르반테스의 소설에 대한 또 하나의 사례를 만들었다기보다는, 메나르는 새로운 작품을 창조한 것이다. 비록 그것이 세르반테스의 소설과 동일한 단어 연쇄를 가지고 있다 하더라도 말이다. 만일 소설이나 음악작품이 오직 한 사람에 의해서만 창조될 수 있었다면, 그것들은 타필적인 것이 아니라 자필적인 것으로 판명될 것이다(Levinson, 1990). 한편 만일 작품의 정체성이 오직 창작의 예술사적 맥락에만 의존한다고 한다면, 작품은 타필적이지도 않고(왜냐하면 상이한 예술사적 맥락 속에서 서로 간의 영향 없이 독립적으로 창조된 동일한 '철자'의 작품들은 상이한 작품이 될 것이기 때문에) 자필적이지도 않다(왜냐하면 독립적으로 작업하되 동일한 예술사적 위치를 점유하는 사람들은 만약 그들이 언어 연쇄상으로 동일한 작품을 명시한다면 상이한 작품을 창조하지 않게 될 것이기 때문이다). 이 두 경우에서 모두, 굿먼이 구상했던 구분은 실패한다.

6. 혼종적 예술형식들

지금까지 나는 '순수한' 형식의 예술들(그림, 판화, 조각, 문학, 연극, 음악 등)에만 주목해온 편이었다. 그러나 몇몇의 예술형식과 유형들은 본질적으로 혼종적(hybrid) 성격이라는 사실은 중요하다. 예를 들어, 오페라는 음악과 연극을, 발레는 음악과 춤을, 그리고 구체시는 회화적 재현과 시를 결합하고 있다. 혼종적 예술작품의 존재론은 그 결합의 성격에 따라 달라지는데, 발레를 살펴보면 이 점이 명확해진다.

스트라빈스키의 〈봄의 제전〉은 그 첫 번째 공연을 위해 고안된 니진스키의 안무가 아닌 다른 다수의 안무들로 공연되어 왔다. 이 경우 및 다른 많은 경우들에서, 음악은 발레의 정체성을 결정하는 데 있어서 춤보다 더 중요한 듯 보인다. 춤에도 그 움직임을 위한 기보들, 예를 들어 라반식 표기법(Lavanotation)이 존재하므로, 필기록의 부재가 음악의 우세적 역할을 설명하는 것은 아니다. 또한, 공연되는 작품들은 본보기를 통해서 전달될 수도 있으며, 첫 번째로 제작된 공연이 본보기로 간주될 수도 있다. 차이코프스키 발레에 대한 페티파의 안무들은 레퍼토리로 남아 있다. 그럼에도 불구하고, 발레의 대부분은 그것의 음악에 의해 정체성이 확인된다.

그러나 발레의 정체성에 있어서 춤보다는 음악이 더 중요하다는 제안은 확실히 이상하다. 발레를 향한 우리의 주된 관심은 음악이 아니다. 발레의 창작에 있어서 작곡가의 역할 만큼이나 안무가의 역할이 중요하다. 게다가, 몇몇의 발레는 기존에 이미 존재했던 기악곡들을 사용하기도 한다. 게오르게 발란친(George Balanchine)의 〈바로크 협주곡〉이란 발레는 그 정체성을 그것의 음악인 바흐의 〈두 개의 바이올린을 위한 협주곡 D 단조〉에서 찾을 수는 없다. 트와일라 타프(Twyla Tharp)의 작품들이 춤을 우선적인 것으로 간주하는 경우이다. 그녀의 〈빅스의 작품들〉(The Bix Pieces)이라는 작품은 하이든의 음악에 맞추어 창작되고 준비되었지만, 공연은 빅스 바이더벡(Bix Beiderbecke)의 음악으로 행해졌다. 머스 커닝햄(Merce Cunningham)의 작품들도 이와 비슷하다. 존 케이지와 작업하면서 커닝햄은 무용수의 움직임으로 작동하는 전자 장치를 통해 생성된 음악이나 혹은 무작위적인 음악을 이용하여 작품을 창작했다.

몇몇 발레의 정체성은 음악보다는 춤 기보에 더 많이 의존한다. 어떤 경우들에서는, 하나의 발레가 열려 있는 안무 집합을 가질 수도 있다. 다른 경우들에서는, 기존에 성립된 안무에 의해서 명시된 발레가 열려 있는 음악적 반주의 집합과 조합되기도 한다. 많은 경우들에 있어서, 어떤 하나의 발레를 예시하고자 하는 의도의 결과로서, 그리고 첫 번째 제작과 연속적으로 이어진 역사적 전통 내에 위치함의 결과로서, 하나의 제작은 그 발레를 예시하게 된다.

명확한 구분이 되기 힘든 존재론적 유형을 보여 주는 혼종적 예술형식들 중에서 발레가 특이한 것은 아니다. 그리고 심지어는 비혼종적인 예술형식들도 대부분 존재론적으로 다양하다.

* 이 논문의 이해를 돕기 위해서 이 책에서 다음의 논문들을 찾아 읽으면 좋을 것이다.
〈음악〉, 〈춤〉, 〈예술의 매체〉, 〈예술의 진정성〉, 〈예술의 해석〉, 〈미적 실재론 1〉, 〈미적 실재론 2〉

참고문헌

Alperson, P. (1984). "On Musical Improvisation". *Journal of Aesthetics and Art Criticism* 43: 17–30.

Bender, J. W. (1993). "Music and Metaphysics: Types and Patterns, Performances and Works". in J. W. Bender and H. Gene Blocker (eds.), *Contemporary Philosophy of Art: Readings in Analytic Aesthetics.* Englewood cliffs, NJ: Prentice-Hall, pp. 354–65.

Benjamin, W. (1968). "The Work of Art in the Age of Mechanical Reproduction". in H. Arendt (ed.), *Illuminations: Essays and Reflections.* H. Zohn (trans.). New York: Harcourt Brace & World, pp. 253–64.

Borges, J. L. (1970). "Pierre Menard, Author of the Quixote". in *Labyrinths.* J. E. Irby (trans.). London: Penguine Books, pp. 62–71.

Brown, L. B. (1996). "Musical Works, Improvisation, and the Principle of Continuity". *Journal of Aesthetics and Art Criticism* 54: 353–69.

_____ (2000). "Phonography, Repetition and Spontaneity". *Philosophy and Literature* 24: 111–25.

Campbell, K. (1990). *Abstract Particulars.* Oxford: Blackwell.

Carroll, N. (1998). *A Philosophy of Mass Art.* New York: Oxford University Press.

Collingwood, R. G. (1938). *The Principles of Art.* London: Oxford University Press.

Croce, B. (1909). *Aesthetics.* D. Ainslie (trans.). London: Vision Press/Peter Owen.

Currie, G. (1988). *An Ontology of Art.* London: Macmillan.

_____ (1991). "Work and Text". Mind 100: 325–40.

Danto, A. C. (1964). "The Artworld". *Journal of Philosophy* 61: 571–84.

_____ (1981). *The Transfiguration of the Commonplace.* Cambridge, MA: Harvard University Press.

Davies, S. (1991). "The Ontology of Musical Works and the Authenticity of their Performances". *Noûs* 25: 21–41.

_____ (1994). "Is Architecture Art?". M. H. Mitias (ed.), *Philosophy and Architecture.* Amsterdam: Rodopi: 31–47.

_____ (2001). *Musical Works and Performances: A Philosophical Exploration.* Oxford: Oxford University Press.

Dipert, R. (1993). *Artefacts, Art Works, and Agency.* Philadelphia, PA: Temple University Press.

Dodd, J. (2000). "Musical Works as Eternal Types". *British Journal of Aesthetics* 40: 424–40.

Dutton, D. (ed.) (1983). *The Forger's Art.* Berkeley, CA: University of California Press.

Edlund, B. (1996). "On Scores and Works of Music: Interpretation and Identity". *British Journal of Aesthetics* 36: 367–80.

Fisher, J. A. (1991). "Discovery, Creation, and Musical Works". *Journal of Aesthetics and Art Criticism* 49: 129–36.

_____ (1998). "Rock 'n' Recording: the Ontological Complexity of Rock Music". P. Alperson (ed.), *Musical Worlds: New Directions in the Philosophy of Music.* University Park, PA: Pennsylvania State University Press: 109–23.

Genette, G. (1997). *The Work of Art: Immanence and Transcendence.* G. M. Goshgarian (trans.). Ithaca, NY: Cornell University Press.

Godlovitch, S. (1998). *Musical Performance: A Philosophical Study.* London: Routledge.

Goehr, L. (1992). *The Imaginary Museum of Musical Works: An Essay in the Philosophy of Music.* Oxford: Clarendon Press.

Goodman, N. (1968). *Languages of Art.* New York, NY: Bobbs-Merrill.

Gracyk, T. A. (1996). *Rhythm and Noise: An Aesthetics of Rock Music.* Durham, NC: Duke University Press.

Howell, R. (2002a). "Ontology and the Nature of the Literary Work". *Journal of Aesthetics and Art Criticism* 60: 67-79.

Ingarden, R. (1973). *The Literary work of Art*. G. G. Grabowicz (trans.). Evanston, IL: Northwestern University Press.

_____ (1989). *Ontology of the Work of Art*. R. Meyer with J. T. Goldthwait (trans.). Athens, OH: Ohio University Press.

Janaway, C. (1999). "What a Musical Forgery Isn't". *British Journal of Aesthetics* 39: 62-71.

Kallberg, J. (1996). *Chopin at the Boundaries: Sex, History and Musical Genre*. Cambridge, MA: Harvard University Press.

Kivy, P. (1993). *The Fine Art of Repetition: Essays in the Philosophy of Music*. New York, NY: Cambridge University Press.

Levinson, J. (1990). *Music, art, and Metaphysics*. Ithaca, NY: Cornell University Press.

_____ (1996). *The Pleasure of Aesthetics*. Ithaca, NY: Cornell University Press.

Levinson, J. and Alperson, P. (1991). "What is a Temporal Art?". *Midwest Studies in Philosophy* 16: 439-50.

Margolis, J. (1980). *Art and Philosophy*. Atlantic Highlands, NJ: Humanities Press.

_____ (1999). *What, After All, Is a Work of Art?*. University Park, PA: Pennsylvania State University Press.

Pouivet, R. (1999). *L'Ontologie de l'oevre d'art*. Paris: Éditions Jacqueline Chambon.

Predelli, S. (2001). "Musical Ontology and the Argument from Creation". *British Journal of Aesthetics* 41: 279-92.

Rudner, R. (1950). "The Ontological Status of the Esthetic Object". *Philosophy and Phenomenological Research* 10: 380-88.

Sagoff, M. (1978). "On Restoring and Reproducing Art". *Journal of Philosophy* 75: 453-70.

Schwartz, R. (1993). "Works, Works Better". *Erkenntnis* 38: 103-14.

Shields, C. (1995). "Critical Notice of Currie's an Ontology of Art". *Australasian Journal of Philosophy* 73: 293-300.

Thom, P. (1993). *For and Audience: A Philosophy of the Performing Arts*. Philadelphia, PA: Temple University Press.

Walton, K. L. (1970). "Categories of Art". *Philosophical Review* 79: 334-67.

_____ (1988). "The Presentation and Portrayal of Sound Patterns". J. Dancy, J. M. E. Moravcsik, C. C. W. Taylor (eds.), *Human Agency: Language, Duty and Value*. Stanford, CA: Stanford University Press, pp. 237-57.

Wollheim, R. (1980). *Art and Its Objects*. Cambridge: Cambridge University Press.

Wolterstorff, N. (1980). *Works and Worlds of Art*. Oxford: Clarendon Press.

Zemach, E. M. (1992). *Types: Essays in Metaphysics*. Leiden: E. J. Brill.

제9장

예술의 매체

데이비드 데이비스(David Davies)

번역: 최근홍

가장 일반적인 의미에서 매체란 어떤 물질이나 내용을 그 출처에서 수신처로 전달하는 **수단**이다. 이렇게 파악될 경우 매체의 기능은 **매개**이다. 공기나 물 따위의 자연 매체는 소리의 전달을 매개한다. 그렇다면 예술 매체는 추정컨대 수용자에게 예술작품의 내용 전달을 매개하는 무언가이다. 이렇게 이해된 예술 매체들은 서로 다른 수많은 방식으로 규정돼 왔다. 예술 매체들은 (유화 물감, 청동, 석조, 몸의 움직임 등) 물질적·물리적 유형들로서, (음높이, 음색, 질감, 색 등) 물질적·물리적 유형들로 실현 가능하되 감각을 통해 확인될 수 있는 것들로서, 또는 그러한 것들이 갖는 특정 가치들을 합목적적으로 실현하는 방식들(예컨대 붓질이나 제스처)로서, 혹은 (다소 엄밀한 의미에서 '언어들'인) 기호 체계들로서 규정돼 왔다. 여기서 더 깊게 다루지는 않겠지만, 조금 덜 보편적인 견해에 따르면 **예술가**도 매체로 취급된다. 이때 매체로서의 예술가는 유심론적(spiritualistic) 매체와 마찬가지로 내용 전달을 위한 도관(導管)의 역할을 수행한다. 플라톤(Plato)이 《이온》(Ion)에서 제시한 이 견해를 되살려낸 이들은 독일 낭만주의자들이다. 그들은 예술가가 비범한 감수성을 가진 존재라고 생각하며, (노발리스(Novalis)의 용어인) 언어 그 자체 혹은 (슐레겔(F. Schlegel)의 용어인) 무한자는 예술가를 통해 이야기한다고 주장한다.

이렇게 넓은 의미에서 '도구적'으로 예술 매체를 이해한다면, 우리가 철학적 관심을 가지고 주목할 것들은 다음과 같다. 예술 매체의 매개 기능은 어떻게, 그리고 얼마나 잘 수행되는가? 이러한 기능은 예술작품이 무엇인지 그리고 작품 감상에 관련된 것들이 무엇인지를 이해하는 데 어떤 중요성을 가지는가? 예를 들어 우리는 예술 매체마다 매개할 수 있는 내용이 그 종류상 유의미하게 다른지 다르지 않은지, 똑같은 내용이 예술마다 서로 다르게 매개될 수 있는지 그렇지 않은지 등을 결정하고자 한다. 이와 관련하여 우리는 특정 부류의 매체 없이도 예술이 가능한지 가능하지 않은지, 특정한 매체로 되어 있음이 그 매체로 된 예술작품을 구성하는 속성인지 아닌지, 작품의 매체를 어느 정도까지 아는 것이 그 작품의 적절한 감상에 필수적인지 등을 물을 것이다.

앞으로 살펴보겠지만 예술작품의 존재와 감상 모두에서 예술 매체의 도구적 기여가 필수 불가결하다고 결론 내릴 만한 좋은 이유들이 있다. 그러나 이 결론은 두 종류의 반론에 열려 있다. 첫 번째 반론은 예술의 내용을 매개하는 것으로서 예술 매체가 작품의 존재나 감상에 본질적인 어떠한 기여도 하지 않는다는 주장이다. 두 번째 반론은 예술 매체가 작품의 존재와 감상에 본질적이긴 하나 그것이 도구적으로 이해되는 것은 옳지 않다는 주장이다.

첫 번째 반론은 예술작품이 예술가의 매체 작업과 단지 우연적인 관계만을 맺고 있다는 생각에 기초한다. 이런 생각에서 나온 한 관점은 보통 크로체(Croce, 1992)와 콜링우드(Collingwood, 1938)를 연상시킨다. 이 관점에 따르면 작품이란 창작자의 마음에서 일어나는 표현 행위의 산물이고, 간주관적으로 접근 가능한 특정 부류의 매체에서 오직 우연적으로만 외재화된다. 주어진 효과를 성취하기 위해 외적 매체를 만드는 **공예**(craft)와 내적 과정으로서의 예술적 표현은 완전히 다르다. 예술과 공예를 구분한 콜링우드처럼 '개념' 예술가들도 그런 어떤 구분을 지지했다. 그중에서도 솔 르윗(Sol LeWitt, 1967)은 개념예술가의 작품에서 '예술'이 개념화 행위 안에 있으며, 외적 매체의 조작은 단지 '실행'의 문제로서 관련 기술이나 '기예'를 가진 사람들에게 위임될 수 있다고 주장한다. 이 견해에 따르면 공적으로 접근 가능한 매체 작업은 예술작품의 존재에 본질적이지 않거나 본질적일 필요가 없으며, 단지 사람들이 그 작품에 다가갈 수 있도록 하는 역할만 한다.

첫 번째 반론에 대해 사람들은 이 반론이 예술가가 매체를 **통해** 사유한다고 할 때 예술가의 작품 **구상**에서 그러한 공적 매체가 참조되는 방식을 설명하지 못한다고 비판한다. 또한 그들은 예술가의 작업 매체가 **다루기 까다롭다**는 사실이 결정적으로 예술가의 창작 과정뿐 아니라 작품 감상에서 우리가 주목하고 가치를 매기는 부류의 성질들에 관여하는 방식을 이 반론이 설명하지 못한다고 비판한다(Wollheim, 1980: 36-43). 심지어 어떤 재료들은 조작하기 어렵다는 바로 그 이유 때문에 예술적 표현을 위한 담지자로 선택된다고 주장될 수 있다. 전자의 비판에 대해 어떤 이들은 예술가가 '상상된 매체'를 통해 사유한다고 상정함으로써 답변하려 시도했다(Hospers, 1956). 그러나 이들의 시도는 후자의 비판을 다루지 못하므로, 이는 여전히 예술작품에 관한 비평 담론을 급진적으로 수정하려는 견해를 함축한다.

만약 우리가 감상하고 비평할 때 주목하는 대상이 '미적 대상'이고, 그것을 구성하는 속성들은 예술가가 창조한 어떤 것을 직접 대면하여 경험할 때 감상자에게 야기된다고 생각한다면, 우리는 예술 매체의 중요성을 도구적으로 이해하려는 방식을 의심해 볼 수 있다. 이런 관점을 처음으로 현대적으로 옹호한 먼로 비어즐리(Monroe Beardsley)는 예술 매체라는 개념이 예술에서 '진지하고 신중한 비평을 위해서는 거의 무용하다'고 주장한다 (1958: 82). 우선 그의 주장에 따르면 예술 매체라는 용어는 서로 다른 많은 방식들로 사용되며, 이는 부정확성과 혼동을 초래할 수 있다. 보다 중요한 사실은, 설령 예술의 매체를 더 정확하게 이야기할 수 있다고 해도, 이것이 예술작품들에 관한 비평 담론에 도움이 되진 않을 것이라는 점이다. 왜냐하면 캔버스나 유화 물감처럼 매체가 작품의 **물리적 토대**로 간주되는 한, 그것은 미적 대상의 일부가 아니기 때문이다. 게다가, 채색된 배열의 평면성이나 투명성처럼 지각 가능한 성질들의 특정 집합과 매체가 동일시되는 한, 미적 대상에 관한 진술들 중 매체에 대한 것과 그렇지 않은 것을 구별하는 체계적인 방법은 없기 때문이다.

비어즐리의 의심을 완전히 해소하려면 예술의 존재론과 인식론에 대한 보다 기본적인 질문들에 대답할 필요가 있다. 하지만 이른바 작품의 '물리적 매체'와 '예술적 매체'를 구분하는 조셉 마골리스(Joseph Margolis, 1980: 41-2)의 제안을 따른다면 그 의심을 해소할 대답은 분명한 방향성을 갖는다. 예를 들어 회화의 경우 물리적 매체는 (나무, 캔버스, 유리 등의) 표면에 적용된 (유화 물감, 템페라, 수채화 물감 등의) 안료들로 구성되는 반면, 예술적 매체는 '붓질들로 이루어진 하나의 합목적적 체계'이다. 유사하게, 춤에 관해 말하자면 신체적 움직임들이라는 물리적 매체는 구분 동작들로 이루어진 예술적 매체와 구별되어야 한다. 예술적 매체는 물리적으로 구현 가능하지만, 작품은 물리적 요소들 그 자체로 이루어진 것이 아니라 '작품 전체의 합목적성에 의해 의미 부여된' 춤사위들이나 붓질들 같은 요소들로 구성된 것으로 생각되어야 한다(Levinson, 1984: sect. I 참조). 마찬가지로 아서 단토(Arthur Danto, 1981: 159)도 예술작품에 대한 논의 방식들을 고려한다면 회화작품의 매체는 그것을 구성하는 물리적 재료와 동일시될 수 없다고 주장한다. 예술가는 물리적 매체로 **작업할** 때 일반적으로 특정한 예술적 매체 **안에서** 작업한다. 회화작품이 예술적 매체 안에 있다고 생각하는 것은 작품의 지각 가능한 속성들을 제작자의 행위와 관련짓는 것이다. 그 속성들의 원천은 예술적 매체에서 제작자의 합목적적 구성이다.

이처럼 어떤 것을 예술작품으로서 감상할 때 그 작품의 '두드러진' 속성들이 예술 제작자의 합목적적 행위와 관련되어야 한다고 생각하는 한, 우리는 비어즐리의 보다 심각한 다른 의심에도 답변할 수 있다. 비어즐리는 작품의 예술적 매체가 그 작품의 물리적 매체와 동일시되지 않는다고 여기며, 그러한 예술적 매체가 미적 대상과 분리 불가능한 것도 아니라고 생각한다. 오히려 예술적 매체가 미적 대상과 결부되어야 한다면, 그것은 단지 미적 감상이 아닌 예술적 감상을 위해서라는 좁은 의미에서이다. 비어즐리는 예술작품에 대한 비평에서 예술가의 의도가 차지하는 적법한 자리 같은 것은 없다고 완강하게 주장한다. 마찬가지로 (예술) 매체를 논의할 때 예술가의 의도에 호소하는 설명이 없어서는 안 된다는 점을 근거로 삼을 경우, 비어즐리는 그런 식으로 매체 개념을 옹호하는 관점을 거부한다(1958: 493-4). 이 논쟁의 해결은 다시 한 번 언급하건대 작품의 존재와 감상에서 예술가의 의도가 차지하는 자리와 관련된 보다 심층적인 물음들에 어떻게 답하느냐에 달려 있다.

　　우리는 예술철학에서 매체라는 개념의 의미를 최소화하려는 두 가지 방식들을 비판적으로 살펴보았다. 그러나 아주 최근에는 예술에 관해 이와 상반된 이론화 경향이 있다. 이러한 경향은 매체에 최우선적인 의미를 부여함으로써 매체를 예술 활동의 일차적인 동력으로 보고, 매체 그 자체 내에 예술 활동의 결실을 평가하기 위한 주요 기준들이 포함된다고 간주한다. 하지만 이것은 정반대 방향에서 잘못된 것일 수 있다. 이런 경향의 극단에는 '매체 순수성'주의가 자리 잡고 있으며, 이것은 매체에 대한 '도구적' 이해를 거부하는 것이나 마찬가지다. 그러나 매체 순수성을 옹호하려는 논변의 뿌리에는 매체에 대한 도구적 이해가 있다. 이런 생각은 대표적으로 《라오콘》(*Laocoön*)에서 나타나는데, 여기에는 언어예술과 시각예술의 한계에 관한 레싱(Lessing, 1957)의 유명한 논의가 담겨 있다. 레싱은 하나의 주어진 사건이 왜 시인과 조각가에 의해 서로 다르게 재현될 수 있는가를 설명하기 위해 시와 미술에서 채택되는 매체들 사이의 두드러진 차이에 호소한다. 회화와 시는 모두 모방예술로서 각각의 재현적 내용을 통해 감상자에게 미적 경험을 일으키려는 목표를 가진다. 그런데 회화는 '모방에 대해 시와는 전혀 다른 기호나 수단을 채택한다 — 회화는 공간 속에서 형태와 색을 사용하는 반면, 시는 시간 속에서 기호들을 구체화한다'. 그 결과 시와 회화는 자연스럽게 서로 다른 주제들을 재현하는 데 알맞다. 말하자면, '시간에서의 연속은 시인의 영역이고, 공간에서의 공존은 미술가의 영역이다'. 그러나 미적 경험의 유발이라는 공통 목표가 전제될 경우 레싱의 논의는 하나의 주어진 사건이 두 예술에서 재현되어야 하는 방식을 암시한다. 왜냐하면 회화나 조각은 미적 경험을 직접 유발할 수 있는 반면, 시인은 단어들을 통해 우리의 상상 능력에 호소하는 방식으로 간접적인 수단을 채택해야 하기 때문이다. 게다가, 직접적인 시각적 제시에 대한 우리의 반응은 훨씬 더 강렬하므로 시각작품에서 특정한 부류의 사건들에 대한 재현은 작품에 대한 미적 감상을 저해하거나 방해할 것이다.

이 논변은 예술 매체에 대한 도구적 이해를 전제하고, 그러한 매체 각각이 제공하는 이면의 목표들과 그 목표들이 가장 잘 제공되는 방식들에 관한 추가적인 전제들로부터 결론을 이끌어 낸다. 이런 점에서 루돌프 아른하임(Rudolf Arnheim, 1938)이 '유성영화'에서 소리와 이미지의 결합에 반대하여 제시한 논변들은 레싱의 추론을 확장한다. 아른하임은 레싱과 마찬가지로 예술 매체를 예술에 적합한 이면의 목표를 성취하기 위한 수단으로 간주한다. 아른하임의 견해에 따르면 그 목표는 **표현**(expression)이며 매체는 표현을 매개한다. 예술가는 매체를 조작함으로써 창조적인 **선택들**에 관여하고, 감상자는 예술가의 재현이 주제에 관해 표현하는 바를 추론할 수 있다. 매체는 바로 이 정도까지 표현을 매개한다. 아른하임에게 영화는 예술을 위한 적합한 매체이다. 왜냐하면 영화제작자는 자신의 주제를 제시할 때 다양한 차원들의 선택에 직면하고, 그러한 차원들에 의해 감상자는 그 결과로서의 이미지들로부터 표현적 의도들을 추론할 수 있게 되기 때문이다.

아른하임은 서로 다른 매체들이 결합된 단일 작품이 예술적 성공을 거두기 위해 만족해야 하는 몇몇 일반적인 조건들을 제시하는 것으로 시작한다. 첫째, 우리는 표현 수준에서 전반적인 통일성을 요구하는데 그러한 통일성에 기여하는 방식은 매체마다 구분될 수 있어야 한다. 둘째, 매체들의 결합은 단일 매체인 경우보다 표현적으로 더 풍부한 작품을 산출할 수 있는 오직 그 경우에만 예술적으로 정당화된다. 마지막으로, 매체들이 결합된 예술이 성공적일 경우에도 언제나 하나의 지배적인 매체가 있을 것이다. 그러나 아른하임은 이 조건들을 유성영화에 적용하면서 추가적으로 **매체차별화**(medium-differentiation) 원칙에 호소한다. 이 원칙에 따르면 성공적인 복합 매체 예술형식들은 반드시 지배적인 매체가 서로 달라야 한다. 아른하임은 연극에서 언어 매체의 역할을 고려할 때 유성영화에서는 언어가 아니라 움직이는 이미지가 지배적 매체여야 한다고 주장한다. 그렇다면 유성영화에서 움직이는 이미지와 소리의 결합은 예술적 실패다. 왜냐하면 영화에서 대화는 이미 문학에서 사용되는 의미 있는 표현적 가치들만을 허용하며, 심지어 움직이는 이미지의 표현적 힘조차도 약화시킬 수 있기 때문이다.

'매체 순수성'주의는 매체차별화 원칙을 지지하지만, 매체에 대해 레싱과 아른하임이 공유하는 도구적 이해를 명백히 거부한다. 모리스 웨이츠(Morris Weitz)는 '매체 순수성' 주의를 다음과 같이 정식화한다. '각각의 예술은 그것에 유일성을 부여하는 어떤 특정된 기능을 가진다. 그리고 이 기능은 매체의 본성에 의해 결정된다(1950: 120)'. 이러한 정식화 논제는 후기인상주의 회화를 변호하면서 예술의 재현적 목적들을 거부한 클라이브 벨(Clive Bell, 1914)의 형식주의를 뒷받침한다. 웨이츠는 '매체 순수성'주의에 대한 비판적 논의를 확장하면서 이 관점이 20세기 중반의 예술 관행에서 얼마나 영향력이 있었는지를 보여 준다. 그러나 '매체 순수성'주의는 뒤따르는 20년간의 예술 이론을 통해, 특히 클레멘트 그린버그(Clement Greenberg)의 글에서 가장 순수한 형태로 공식화된다. 그린버그(1961)는 예술에서 모더니즘이란 '한 분과 그 자체를 비판하기 위해, 말하자면 그 분과를 전복하는 것이 아니라, 그 분과가 경쟁력을 가진 영역에서 보다 확고하게 뿌리내리도록 하기 위해 그 분과의 특징적인 방법들'을 채택하는 광범위한 경향의 일부라고 보았다. 예술에서 모더니즘의 목표는 주어진 예술형식의 매체를 이러한 자기비판적 방식으로 채택하는 것이며, 이는 어떤 것이 그러한 부류의 작품으로서 수용되기 위해서 반드시 따라야 하는 '본질적 규준들이나 관행들'을 분명하게 하기 위함이다. 그린버그에 따르면 이 규준들과 관행들은 하나의 예술형식에만 '특별하고 독점적인 효과들'과 관련되는데, 이 효과들은 다시 그 예술형식의 매체가 가진 고유한 특징들에 의해 결정된다. 회화의 경우 그 규준들은 그림 표면의 평면성과 마감, 물감의 질감, 그리고 색의 명도 등과 관련된다. 보다 일반적으로 말해 모더니즘의 목표는 서로 다른 예술들 각각을 '순수하게끔 만들고' 그것들의 자율성을 확고하게 하는 것이다. 이를 위해 '각각의 예술이 가진 효과들 가운데 다른 예술 매체로부터, 또는 그런 다른 매체에 의해 차용된다고 생각될 수 있는 그 어떤 효과도 모두 제거'되어야 한다.

　노엘 캐롤(Noël Carroll)이 지적하듯이 매체 순수성주의는 각각의 예술형식이 그것의 매체에 의해 결정된 특정한 본성을 가진다는 점을 주장하는 본질주의의 한 형태이다. 또한 매체 순수성주의는 한 예술형식의 본성이 하나의 주어진 매체에서 **유일하게** 가능한 무언가에 의해 결정되어야 한다고 요구하는 매체차별화 원칙에 동조하기 때문에 제한된 형태의 본질주의이다. 매체 순수성주의를 비판하는 사람들은 그런 제한된 관점에 과연 어떤 논증이 제공될 수 있을지를 묻는다(예컨대 Carroll, 1988을 보라). 물론 우리는 웨이츠와 마찬가지로 암묵적으로든 명시적으로든 매체 순수성주의에 동조한 예술가들이 지난 세기의 보다 중요한 작품들 중 일부를 만들어 냈다는 점을 인정한다. 하지만 이것은 단지 순수주의 예술이 실현하는 중요한 예술적 가치들이 있다는 점을 보여 줄 뿐 그런 가치들이 우리가 추구할 만한 유일한 예술적 가치라거나 심지어 가장 중요한 예술적 가치라는 점을 보여 주진 않는다.

　실제로 예술 가치론 내에서 일반적인 이론적 표명으로서의 매체 순수성주의에는 심각하게 역설적인 무언가가 있다. 왜냐하면 이론으로서의 매체 순수성주의는 매체가 **그것 자체로**(for its own sake) 또는 그것의 **내재적**(intrinsic) 가치 때문에 상찬되어야 한다는 생각을 주입함으로써 매체에 대한 도구적 이해를 거부하는 것으로 해석될 수 있기 때문이다. 하지만 어떤 것이 그저 한 부류의 재료가 아니라 하나의 매체이기 위해 필수적인 것은 오직 그것이 어떤 **외재적인 또는 이면의**(extrinsic or ulterior) 목표를 제공한다는 점뿐이다. 만약 한 매체가 내재적으로 어떤 것을 전달하거나 의사소통하는 수단이라면, 작품을 감상할 때 그 매체를 그것 자체로 감상한다는 것은 단지 의사소통되는 내용이 아니라 그러한 것이 의사소통될 때의 방식에 주목한다는 것이다. 감상이라는 것을 이렇게 이해할 경우 그것은 이른바 볼하임(Wollheim)의 '이중성'을 보여 준다. 이러한 감상에서 우리는 작품의 내용과 그 내용이 매체를 통해 구체화되는 방식 양자 모두에 주목할 필요가 있다(1980: 213ff; Budd, 1995와 Eldridge, 1985도 보라).

순수주의자는 주어진 예술형식에서 적절하게 추구된 가치들이 매체의 표현적 잠재성을 극대화한다고 주장함으로써 사실은 매체에 대한 도구적 이해를 보존하고자 한다고 할지도 모르겠다. 하지만 물리적 매체에 표현적 잠재성이 귀속될 수 있으려면 그 물리적 매체가 위에서 구별된 의미에서 예술적 매체를 구현하고, 그럼으로써 표현 주체에 의해 합목적적으로 조작될 수 있는 것으로 간주되어야 한다. 예를 들어 회화에서 표현적 잠재성을 갖는 것은 회화의 물리적 매체들로 구현될 수 있는 예술적 매체들, 이를테면 붓질들의 체계 같은 것들이다. 하지만 일단 우리가 물리적 매체의 내재적 성질들을 전제하고 그것을 예술적 매체로 사용하는 데 초점을 맞추게 되면, 순수주의자의 제한된 주장은 근거를 잃는다. 우리는 작품 전체의 표현적 내용이 오로지 매체에 의해서만 영향받아야 한다는 '순수주의' 주장 또는 매체에 적법한 표현을 단지 그 매체에서만 가능한 것으로 제한하는 매체차별화 원칙에 동조하지 않고도 예술가가 매체의 표현적 가능성을 가능한 한 효과적으로 활용하려 애쓸 것임을 인정할 수 있다.

이러한 설명은 예술에서 매체가 중요하지만 그것의 중요성은 광의의 도구적 측면에서 밝혀져야 한다는 점을 암시한다. 이제 우리는 앞서 예술 매체 개념이 예술의 존재론과 인식론에 관한 물음들과 맺는 관련성 속에서 제기됐던 문제들로 돌아갈 수 있다. 예술작품이 매체로 이루어져야 한다는 것이 예술작품의 존재를 위한 필요조건인가? 작품의 매체는 어떤 의미에서 작품을 구성하는가? 또한 작품의 매체에 대한 지식은 작품의 적절한 감상을 위한 선행조건인가? 두 번째 물음은 작품의 내용(content)과 그 내용이 제시되는 매체(medium)가 서로 별개라고 합당하게 생각할 수 있음을 전제한다. 오직 그렇게 전제할 경우에만 우리는 상이한 매체에서 제시된 동일한 내용이 동일 작품의 예화일지 아닐지를 물을 수 있다. 앤드류 해리슨(Andrew Harrison, 1998)은 매체와 그 매체가 매개하는 것이 분리될 가능성, 말하자면 그것들을 별도로 생각할 수 있다는 점이 매체 논의에서 제공되는 바로 그 논리에 내장되어 있다고 제안했다. 이 제안이 사실이라면 우리는 이것에서 파생된 물음, 즉 주어진 매체로 이루어져 있음이 작품을 구성하는 것인지 아닌지에 주목할 수 있다.

여기에는 방법론적인 주의사항이 따른다. 예술의 존재론을 논하는 많은 사람들은(이를테면 Levinson, 1980; Danto, 1981; Currie, 1989; Davies, forthcoming을 보라) 예술이 응당 만족시켜야 할 제약조건이 있음을 인식하고 있는데, 그것은 우리의 비평 및 감상 관행의 특징들로부터 나온다. 그 제약조건이란 예술작품이 비평과 감상의 관행 속에서 올바르게 귀속된 속성들을 갖는 그런 부류의 대상이어야 한다는 것이다. 이 조건은 작품의 동일성과 개별화를 위해 요구되는 보다 일반적인 라이프니츠식의(Leibnizian) 제약조건들과 결합될 때 존재론적 타당성을 얻는다. 그러나 예술 존재론에서 나타나는 주장들이 흔히 말하는 광의의 존재론적 논의를 뒷받침해야 한다는 점은 이 조건이 요구하는 바가 **아니다** — 예컨대 음악작품의 악보를 준수하는 연주가 비표준적 악기들로 수행된 경우 그것을 그러한 작품의 연주로서 보느냐는 논의 또는 회화작품의 대량 생산된 복제품들을 그 작품의 복제 사례들로 보느냐는 논의 등.

한편 예술에 대한 인식론 분야에서 최근까지 수행된 많은 연구에 따르면, 우리는 예술작품에 관심을 가질 때 언제나 최소한 그 작품의 **제작 이력**(history of making)에서 도출되는 무언가, 즉 그 작품이 보여 주는 **성취**(achievement)나 **성과**(performance)에도 관심을 갖는다(예컨대 Dutton, 1979; Levinson, 1980; Danto, 1981; Baxandall, 1985; Walton, 1987; Currie, 1989; Davies, forthcoming 을 보라). 이러한 관점에서 우리가 어떤 것을 예술작품으로 생각할 때 그것이 행위자의 합목적적 활동을 가리킨다는 점은 핵심적이다. 이 경우 그 행위자가 추구하는 특정한 목적들은 특정한 장애물을 극복하길 요구하며, 그 행위자는 바로 이런 목적들을 추구하면서 예술작품을 만들어 내는 것으로 간주된다. 그 장애물은 일반적으로 예술가가 작업하는 예술 매체를 통해 나타난다. 예술비평가들은 작품에서 나타나는 혼란스러운 특징들 아니면 주목할 만한 두드러진 특징들을 설명하려 애쓰는데, 이 경우 그들이 빈번하게 언급하는 문제들은 각각의 예술 매체 작업에서 발생하는 종류의 문제들이다(예를 들어, Baxandall, 1985: (피카소에 관한) 2장과 (피에로에 관한) 4장; Lucie-Smith, 1976: 32-6(폴록)을 보라). 만약 예술 매체가 서로 다른데 동일한 최종 결과물이 생산됐다면, 또는 동일한 예술 매체를 서로 다른 물리적 매체 속에서 채택함으로써 동일한 최종 결과물이 만들어졌다면, 그 성취는 각각 서로 달랐을 것이고 그에 따라 작품에 대한 예술적 평가도 달라졌을 것이다.

물리적 매체와 예술적 매체에 관한 가정들은 다양한 종류의 **눈속임 그림**(trompe l'œil) 감상(Danto, 1981: 149ff를 보라)과 관련해서 보다 근본적인 방식으로 작품 비평에 개입한다. 눈속임 그림은 종종 동시대 예술 관행에서 채택된 예술적 매체나 물리적 매체를 활용한다. 예를 들어 베네치아(Venice)의 아카데미아(Academia) 천장에 채색된 '돌림띠들(cornices)'을 감상하려면 그것들을 건축 장식이 아닌 회화작품**으로서** 인식하는 일이 필수적이다. 이런 의미에서 '매체 인식(medium awareness)'은 코넬리우스 지스브레흐트(Cornelius Giesbrecht)의 놀라운 **눈속임 그림**인 〈편지 걸이〉(letter rack)와 〈나무 패널〉(wooden panel)을 감상할 때도 똑같이 결정적이다. 더 넓은 의미의 '매체 인식' 논의들은 영화 경험의 본성에 관한 최근의 논쟁들에서 핵심적인 역할을 할 뿐만 아니라 그러한 경험의 '환영적(illusory)' 본성에 관한 주장들을 평가하는 데에도 관련을 맺고 있다(이를테면 Currie, 1995; Allen, 1995; Davies, 2003을 보라).

가령 우리가 위에서 언급된 원칙, 즉 예술에 대한 인식론이 예술 존재론을 제한한다는 원칙에 동조한다고 해 보자. 그리고 만약 제작 이력 속에서 예술가가 작업 매체 혹은 매체들을 조작하는 방식에 따라 무언가가 성취되며 이러한 제작 이력은 예술작품 감상에서 반드시 설명돼야 한다는 생각이 설득력 있다고 해 보자. 그렇다면 우리는 한 작품이 어떤 주어진 매체로 이루어진 경우 그 작품이 그렇게 되어 있음이 부분적으로 그 개별 작품 자체를 구성한다는 생각 또한 호의적으로 바라볼 것이다. 레빈슨(Levinson, 1980)은 주어진 소리 구조를 실현하기 위한 특정한 **연주 수단**의 명세를 그 음악작품의 정체성에 포함시킴으로써 그러한 결론을 명시적으로 이끌어 낸다. 그 결론은 예술 감상에 대해 이런 관점을 지지하는 다른 사람들의 존재론 제안에도 다소 암시되어 있다(예로는 Dutton, 1979; Danto, 1981; Currie, 1989; Davies, 1999, forthcoming). 그 결론은 어쩌면 미술가 척 클로스(Chuck Close)의 작품에도 암시되어 있다. 그는 하나의 공유된 디자인을 갖는 일련의 작품들을 만들었지만, 각각의 작품에서 그 디자인은 서로 다른 예술적 매체 그리고/또는 물리적 매체를 통해 실현된다.

앞선 논변은 위에서 소개한 마골리스의 구분, 즉 예술가가 작업하는 재료인 작품의 물리적 매체와 예술가의 작업이 이루어지는 예술적 매체 사이의 구분에 호소한다. 작품은 예술적 매체 속에서 요소들의 특정한 배열로서 존재하며, 이는 물리적 매체를 통해 구현된다. 물리적 매체와 예술적 매체 사이의 이러한 구분은 예술 매체 개념과 동반되는 수많은 난관들에 대응하는 데 유용하지만, 답변을 요하는 특정한 문제들도 양산해 낸다. 첫째, 우리는 예술적 매체와 그것이 구현되는 물리적 재료 사이의 관계를 보다 정확하게 정식화할 필요가 있다. 둘째, 더 중요하게는 이런 구분이 '개념'예술 작품과 행위예술에도 적용될 수 있는지 아닌지를 물어야만 한다. 모든 예술작품들은 마골리스의 의미에서 예술적 매체로 이루어지는가? 만약 그렇다면, ① 왜 예술적 매체의 존재가 어떤 것이 예술작품이기 위한 선행조건인가? ② 한 작품은 물리적 매체로 이루어지지 않고도 예술적 매체로 이루어질 수 있는가?

이러한 물음들에 답변할 때 우리는 티모시 빈클리(Timothy Binkley, 1977)가 마골리스에게 가한 아주 흥미로운 비판을 참고할 수 있다. 빈클리는 레디메이드(readymades)나 '개념' 미술 같은 현대적 작품들과 전통적인 미술작품들 사이에서 나타나는 두드러진 연속성 및 불연속성을 보여 주는 데 관심을 갖고 있다. 빈클리에 따르면 현대미술을 이해할 때 일차적인 장애물은 미적인 것 아래에 예술적인 것이 포섭된다는 생각인데, 더욱 구체적으로는 전통미술에서 매체가 갖는 기능에 대한 오해가 그것이다. 빈클리는 '미적인 미술'과 '비미적인 미술'을 구분함으로써 전통미술과 현대미술 사이의 불연속성을 정식화한다.

'미적인 미술'은 '미적 대상'을 끌어들이는데, 이 경우 우리는 오직 예술가의 활동을 통해 만들어진 물리적 산물을 직접 경험함으로써만 '미적 대상'이 갖는 감상 가능한 성질들을 결정할 수 있다. '비미적인 미술'의 경우 예술가는 주로 '아이디어를 가지고' 창조하며 직접 경험은 요구되지 않는다. 그러나 미적인 미술과 비미적인 미술은 양자 모두 작품이 '(하나의) 예술적 진술을 구체화한다' — 즉 감상자가 작품을 감상할 수 있게끔 하는 방식으로 구체화된 어떤 **내용**이 있다 — 는 점에서 연속성을 갖는다. 여기서 예술적 진술이 구체화된다고 해서 작품의 내용이 명제적으로 정식화될 수 있다는 함축이 따라 나오는 것은 아니다. 오히려 작품들은 **외연적으로**(extensionally) 개별화되는 것이 아니라, 의미들이 개별화되는 그런 방식으로 **내포적으로**(intensionally) 개별화된다는 점이 함축된다. 미적인 미술에서 예술적 진술은 매체를 통해 구체화되지만, 비미적인 미술에서 그것은 '의미론적 공간'에서 나타난다.

빈클리에 따르면 철학자들은 미적인 미술과 비미적인 미술 사이의 연속성을 이해하지 못했다. 왜냐하면 그들은 매체를 통해 예술적 진술을 구체화하는 것이 무엇인지를 오해하고, 그것이 미적인 미술을 결정하는 조건이라고 간주했기 때문이다. 여기서 매체는 창발적인 **미적 대상**(aesthetic object)이 존재하게끔 조작되는 일종의 물리적 재료로 간주된다(Margolis, 1980을 보라). 그러나 빈클리에 따르면 이런 생각은 예술의 매체가 본질적으로 관습적인 본성을 가진다는 점을 놓치고 있다. 매체는 관습들의 집합이므로 그 관습에 따라 한 종류의 물리적 재료에 특정한 조작을 가하는 일은 미적 성질들로 이루어진 특정 집합을 하나의 작품으로서 명시하는 일로 간주되며, 따라서 그것은 특정한 예술적 진술을 구체화하는 일로 여겨진다. 그러나 미적인 미술에서 매체의 역할은 감상자들이 파악할 수 있는 방식으로 예술가가 예술적 진술을 구체화할 수 있게끔 하는 것임을 일단 인정한다면, 우리는 비미적인 미술에서 매체를 거부하는 것이 단순히 예술적 진술을 구체화하는 대체 수단을 채택하는 결정이라고 볼 수 있다.

빈클리의 제안은 흥미롭지만 여기서 다룰 수 있는 것 이상으로 많은 의문들을 제기한다. 그렇더라도 만약 물리적 매체와 예술적 매체라는 구분에 따라 미적인 미술에서 매체에 관한 그의 핵심 주장을 재공식화한다면, 우리는 현재 목적에 비추어 중요한 무언가를 끄집어낼 수 있다. 예술의 매체를 물리적 재료가 아닌 **작품특정적 관습들**(piece-specifying conventions)로 간주하는 것이 적절하다는 빈클리의 주장은 물리적 매체와 예술적 매체 사이의 관계가 갖는 우연적이고 관습적인 본성을 끌어내는 것으로 보일 수 있다. 그 요점은 〈게르니카〉들(guernicas)에 관한 켄달 월튼(Kendall Walton)의 사고 실험을 수정한 버전에서 드러날지도 모른다. 〈게르니카〉들은 하나의 '예술 범주'에 속하는 예술작품들이다. 그 범주 안에는 '게르니카'라는 이름하에 피카소의 회화작품이 갖는 디자인 특징들이 있지만, 그 예술 범주의 예술적 가치는 결정적으로 디자인 특징들의 공간 구조적 성격에 달려 있다.

월튼의 사례를 수정해서 다음과 같이 상상한다고 가정해 보자. 문화 C에 속하는 작품들은 — 그것들을 'C-회화들'이라고 부르자 — 우리 문화의 회화들과 물리적으로 구별될 수 없지만, C 문화에서는 채색된 캔버스의 — 물감의 두께로 인식되는 — 공간적 특징이 작품의 예술적 가치를 결정하는 핵심 인자로 간주된다. 말하자면 C-회화의 감상은 언제나 우리가 그 작품을 단지 정면뿐 아니라 측면에서도 볼 것을 요구한다. C-회화들은 우리 문화의 회화들과 물리적 매체를 공유하지만 예술적 매체는 우리의 것과 다르다. 그렇다면 예술적 매체는 물리적 매체에 수반할 수 없다. 왜냐하면 직관적으로 동일한 재료나 기체(substrate)가 서로 다른 예술적 매체들의 수반 기저가 될 수 있기 때문이다. 오히려 예술적 매체는 관습들의 집합으로 생각될 수 있다. 이러한 관습들에 따라 한 개인이 특정한 방식으로 행하는 행위는 — 이를테면 물리적 매체에 특정한 조작을 가하는 것은 — '특정한 예술적 진술을 구체화'하는 기능을 한다. 왜냐하면 그 행위는 이러한 관습들을 이해하는 감상자에게 접근 가능한 작품을 특정하기 때문이다(Levinson, 1984: I절과 비교하라).

만약 우리가 빈클리와 마찬가지로 물리적 매체의 조작을 통해 예술적 진술을 구체화하는 일을 허용하는 관습들의 집합이 예술적 매체라고 생각한다면, 로버트 배리(Robert Barry)의 〈내가 지금 이 순간 — 뉴욕에서 1969년 6월 15일 오후 1시 36분에 — 생각하고 있는 것이 아닌 것을 제외하고 내가 아는 모든 것들〉(All the things I know but of which I am not at the moment thinking — 1:36 p.m., 15 June 1969, New York), 또는 논쟁의 여지는 있지만 뒤샹(Duchamp)의 레디메이드 작품들과 많은 다른 현대미술 작품들처럼 순수하게 개념적인 작품들을 예술적 매체의 채택과 관련 있는 것으로 생각하기는 어려울 것이다. 하지만 우리가 애초에 예술 매체를 '도구적'으로 정식화한 지점으로 되돌아가면 우리는 예술적 매체를 보다 일반적으로 예술적 매개의 양태들로서 정식화할 수 있을지도 모른다. 그러한 매개의 양태들은 감상 가능한 작품들이 존재하기 위해 필수적이다. 작품의 예술적 매체가 이렇게 이해될 경우, 그것은 '예술적 진술을 구체화하기' 위해 그리고 그로써 감상자들에게 접근 가능한 작품을 특정하기 위해 예술가에 의해 채택된 수단일 것이다.

그러나 우리는 앞선 고찰들에서 다음의 세 가지에 주의해야 한다. 첫째, 예술적 매체는 예술적 '진술'의 구체화를 매개하는 역할을 하지만, 그 구체화된 '진술'은 선행적인 매개 없이 존재하는 무언가가 아니라 바로 그 매체 안에서 예술가가 작업한 결과 얻어지는 것이다. 둘째, 예술가가 예술적 매체 안에서 작업하기 위해서는 바로 그 예술적 매체가 실현되는 곳인 이른바 담지자(vehicle)를 숙련된 방식으로 조작할 필요가 있다 — 그 담지자가 모종의 물리적 매체이든, 상징적 구조든, 문화적 맥락에서 수행 가능한 행위들이든, 또는 빈클리가 '의미론적 공간'이라고 명명한 것이든 말이다. 마지막으로, 우리는 작품을 감상할 때 **어떻게** '예술적 진술'이 특정한 예술적 매체에서 구체화되었는지 그리고 어떻게 그러한 구체화는 바로 그 예술적 매체가 실현되는 담지자의 성질들을 이용하는지에 (즉 볼하임의 '이중성'에) 항상 주목해야만 한다. 예술 매체를 도구적으로 이해하는 일은 이러한 주의사항들에 민감한 방식으로 발전되는 오직 그 경우에만 예술의 이해에 꼭 필요한 도움을 줄 수 있다.

* 이 논문의 이해를 돕기 위해서 이 책에서 다음의 논문들을 찾아 읽으면 좋을 것이다.
  〈예술의 존재론〉, 〈예술의 진정성〉, 〈예술과 창조성〉, 〈영화〉, 〈예술의 정의〉

참고문헌

Allen, R. (1995). *Projecting Illusion: Film Spectatorship and the Impression of Reality*. New York: Cambridge University Press.

Arnheim, R. (1938). "A New Laocoön: Artistic Composites and the Talking Film", in R. Arnheim (ed.), *Film as Art*. Berkeley: University of California Press, 1964, pp. 199–230.

Baxandall, M. (1985). *Patterns of Intention*. New Haven: Yale University Press.

Beardsley, M. (1958). *Aesthetics: Readings in the Philosophy of Criticism*. New York: Harcourt, Brace.

Bell, C. (1914). *Art*. London: Chatto & Windus.

Binkley, T. (1977). "Piece: Contra Aesthetics". *Journal of Aesthetics and Art Criticism* 35: 265–77.

Budd, M. (1995). *Values of Art*. London: Penguin.

Carroll, N. (1986). "Performance". *Formation* 3(1): 64–78.

_____ (1988). *Philosophical Problems of Classical Film Theory*. Princeton: Princeton University Press.

Collingwood, R. G. (1938). *The Principles of Art*. Oxford: Clarendon Press.

Cook, N. (1998). *Analysing Musical Multimedia*. Oxford: Oxford University Press.

Croce, B. (1922). *Aesthetic*, 2nd edn. trans. D. Ainslie. London: Macmillan. First published 1902 (in Italian).

Currie, G. (1989). *An Ontology of Art* New York: St Martin's Press.

_____ (1995). *Image and Mind: Film, Philosophy, and Cognitive Science*. Cambridge: Cambridge University Press.

Danto, A. (1981). *The Transfiguration of the Commonplace*. Cambridge, Mass.: Harvard University Press.

Davies, D. (1999). "Artistic Intentions and the Ontology of Art". *British Journal of Aesthetics* 39: 148–62.

_____ (2003). "The Images, the Imagined, and the Imaginary", in M. Kieran and D. Lopes (eds.), *Imagination, Philosophy, and the Arts*. London: Routledge.

_____ (forthcoming). *Performing Art: The Artwork as Performance*. Maiden: Blackwell.

Dutton, D. (1979). "Artistic Crimes: The Problem of Forgery in the Arts". *British Journal of Aesthetics* 19: 304–14.

Eldridge, R. (1985). "Form and Content: An Aesthetic Theory of Art". *British Journal of Aesthetics* 25: 303–16.

Greenberg, C. (1961). "Modernist Painting". *Arts Yearbook*, 4. Reprinted in C. Greenberg, *Art and Culture*. Boston: Beacon Press, 1961.

Harrison, A. (1998). "Medium", in M. Kelly (ed.), *Encyclopaedia of Aesthetics*. New York: Oxford University Press, pp. 200–3.

Hospers, J. (1956). "The Croce–Collingwood Theory of Art". *Philosophy* 31: 291–308.

Lessing, G. E. (1957). *Laocoön: An Essay on the Limits of Painting and Poetry*, trans. E. Frothingham. New York: Noonday Press. First published 1766.

Levinson, J. (1980). "What a Musical Work Is". *Journal of Philosophy* 77: 5–28.

_____ (1984). "Hybrid Artforms". *Journal of Aesthetic Education* 18: 5–13.

LeWitt, S. (1967). "Paragraphs on Conceptual Art". *Artforum; quoted in L. Lippard, Six Years: The Dematerialisation of the Art Object*. New York: Praeger, 1973, pp. 28–9.

Lucie–Smith, E. (1976). *Late Modern*. New York: Praeger.

Margolis, J. (1980). *Art and Philosophy*. Atlantic Heights, NJ: Humanities Press.

Ridley, A. (1997). "Not Ideal: Collingwood's Expression Theory". *Journal of Aesthetics and Art Criticism* 55: 263–72.

Savile, A. (1987). *Aesthetic Reconstructions: The Seminal Writings of Lessing, Lant, and Schiller*. Oxford: Blackwell.

Walton, K. (1970). "Categories of Art". *Philosophical Review* 79: 334–67.

_____ (1987). "Style and the Products and Processes of Art", in B. Lang (ed.), *The Concept of Style*, 2nd edn. Ithaca, NY: Cornell University Press.

Weitz, M. (1950). *Philosophy of the Arts.* Cambridge, Mass.: Harvard University Press, chapter 7.

Wollheim, R. (1968). "Minimal Art", in G. Battcock (ed.), *Minimal Art: A Critical Anthology.* New York: Dutton.

_____ (1980). *Art and its Objects*, 2nd edn. Cambridge: Cambridge University Press.

제10장

예술에서의 재현

앨런 골드만(Alan Goldman)

번역: 김정현

재현 예술의 본성에 관한 논쟁은 철학의 발전을 의심하게 만드는 오래된 논쟁들 중 하나이다. 왜냐하면 재현에 대한 플라톤의 분석은 그것이 관대하게 해석될 수만 있다면 금세기 초 나타난 강한 비판들과 보다 최근의 수정 비판에 맞서 굳건히 자리를 지키고 있기 때문이다. 또한 플라톤이 재현을 분석하며 물었던 재현의 가치에 대한 질문은 철학적 주제로는 다소 훌륭하지 못하다고 할지라도 여전히 답하기 어려운 문제임이 분명하다. 다만 플라톤이 이에 대해 부정적인 답을 내린 것은 옳은 선택이 아니었을 뿐이다. 재현의 본성에 관한 논쟁의 핵심은 재현이 본질적으로 닮음에 의존하는가 아닌가에 있다. 한편 이 부분은 플라톤의 분석 중 그저 한 부분일 뿐인데, 나머지 부분들이 (암묵적으로라고는 해도) 부당하게 간과되었다.

1. 플라톤의 주장

재현에 대한 플라톤의 설명은 《국가》에 나오는 다음의 인용문에 잘 표명되어 있다.

　　회화의 기술(art)은 사물을 있는 그대로 모방하는 것인가 아니면 사물이 보이는 대로 즉 실재의 외양을 모방하는 것인가? 그것은 외양을 모방하는 것이다. (Plato, 1952(Stephanus): 598)

그리고 플라톤은《소피스트》에서 다음과 같이 적고 있다.

만일 예술가가 그들의 작품에 참된 비례를 주고자 한다면, 사물의 멀리 있는 윗부분은 가까이 있는 아랫부분에 비해 비례가 안 맞아 보일 것이다. 그래서 예술가들은 이미지를 만드는 데 있어 진리(truth)를 포기하고 실제적인 비례는 무시한 채 아름답게 보이기 위한 비례에만 힘쓴다. (Plato, 1952(Stephanus): 236)

위 인용문은 예술가들은 모방하지만 사물의 있는 그대로의 방식이 아니라 사물이 보이는 방식을 모방한다고 플라톤이 말하고 있음을 명확히 드러낸다. 두 번째 인용문 또한 플라톤이 선원근법을 알고 있었음을 명확히 드러내 준다. 비난이기는 했지만 플라톤은 예술가들이 외양과 등가인 원근법을 재생산하려 한다는 것을 알고 있었다. 재현 예술, 특히 회화에 관한 글이기 때문에 우리는 플라톤이 재현을 시각 경험의 모방 즉 사물이 시각에 드러나는 방식으로 여겼다고 결론지을 수 있다.

이제 살을 붙여 보자. 플라톤이 '모방'을 단지 사물이 시각 경험에 어떻게 보이는가로 의미하고자 한 것이라면, 금세기 에른스트 곰브리치(Ernst Gombrich)의 유명한 반론처럼 이것은 예술가들이 전형적으로 하는 일은 아니다. 심지어 회화에서 자연주의를 추구하는 이들조차도 그렇게 하지 않는다. 곰브리치는, 혹여 카메라나 그 전신인 카메라 옵스큐라의 사용이 그러한 모방을 가능하게 했을지라도 이는 거의 불가능하다고 주장한다(Gombrich, 1960: 36, 38). 그러나 외양을 모방하는 것이 배움 없이 가능한 활동이라면 인간이 그토록 오랫동안 자연주의를 추구해 온 것은 해명될 수 없다는 곰브리치의 견해는 옳다. 그리고 최근의 실험들에 따르면, 학생들에게 라인 드로잉 작품을 선원근법으로 그려 보라고 요청했을 때, 학생들이 대상의 모서리 방향을 작품에서 보이는 대로 맞추어 그리기보다는 자신이 알고 있는 원근법의 법칙을 적용해 그린다는 것이 확인되었다(Willats, 1997: 190). 그러니까 예술가들은 외양을 모방하기 위해 다양한 법칙과 방법의 사용을 배워야만 한다.

또한 플라톤에 따르면 예술가들은 삼차원 대상이나 삼차원 광경의 시각적 외양을 정확하게 재생하는 것도 아니다. 플라톤이 살았을 당시에도 그리스 예술가들이 그렸던 뛰어난 **트롱프뢰유**(trompe l'œil)가 있기는 했지만, 플라톤은 위에서 언급한 두 문헌 모두에서 회화에 속는 사람은 오직 먼발치에서 그 그림을 바라보는 어린애들뿐이라고 언급한다.

예술가들이 그들의 시각적 경험을 정확히 그대로 재생할 수 없기 때문에, 우리는 모방을 이차원 표면을 가진 한 대상의 창조이고, 그래서 재현된 대상에 대한 시각적 경험과 닮은 시각적 경험을 창조하는 것으로 여기는 듯하다. 복제(duplication)가 아니라 닮음이 중요하고, 대상 간의 닮음이 아니라 대상에 대한 시각적 경험 간의 닮음이 중요한 것이다. 모방은 의도를 가지는 활동인 까닭에 있는 그대로의 대상이나 광경의 그림이 되게 하려는 재현에 해당하는 모방은 회화와 회화가 그린 대상 간의 시각적 경험을 의도적으로 닮게 만드는 작업이다.

이러한 의도는 재현이 성공하기 위해 반드시 성취되어야 한다. 이 의도가 성공하면 그림을 보는 감상자들이 그림에서 재현된 대상을 보거나 재인할 수 있다. 감상자들은 실재에서 그 대상을 알아볼 수 있게 된 덕에 그림에서 그 대상을 알아볼 수 있기도 하고, 혹은 그림에서 그 대상을 알아볼 수 있게 된 덕에 실제 대상을 알아볼 수 있기도 하다. 둘 중 어떤 경우라도 감상자는 그림에서 대상을 어떤 특정한 속성을 지닌 대상으로 바라본다. 그리고 이때의 속성은 그림이 그 대상이 가지고 있는 것으로 재현한 것에 해당한다. 그러나 대상의 재현된 모든 속성들이 실제 그 대상이 가지고 있는 것으로 재현된 것은 아니다. 예컨대 흑백 라인드로잉은 실제 그 대상이 선을 가지거나 흑백인 것으로 재현하고자 하지 않는다. 그러나 그림의 재현 내용(content) 즉 그림이 대상을 어떤 것으로 재현하는 방식은 보이는 방식(the way it appears)을 통해 획득되고, 이는 외양상의 특정한 닮음에 관한 문제이다. 비록 시각적 속성들이 실제 대상에서 다른 것을 상징하거나 지시할 수 있을지라도 그림은 이 시각적 속성만을 재현할 수 있다. 그리고 그림은 그것들을 정확하게 재현해야 한다. 다시 말해 그림은 재현된 대상을 그림에서 재인하거나 보게 하기 위해 대상의 속성과 시각적으로 닮은 경험을 산출해야 한다. 그림의 내용을 파악하는 것은 일종의 시각적 경험을 개념화하는 것이다. 이러한 시각적 경험은 예술가가 대상을 재현한 바와 같이 묘사하려 한다는 의도를 보여 주고, 따라서 이때의 의도는 이러한 시각적 경험으로부터 드러나게 된다.

플라톤의 논의에 있는 다양한 지점들을 좀 더 상세히 살펴보기에 앞서, 지금까지 논한 플라톤의 비판의 기준을 명확하게 정리해 보자. 그 기준에 따르면, 그림은, ① 예술가는 화면의 표식을 통해 대상에 대한 시각적 경험과 닮은 시각적 경험을 만드는 것을 성공적으로 의도하고, ② 이러한 의도가 보충정보들과 함께 시각적 경험으로 드러나고, ③ 그리하여 재현된 대상이 그림에서 보일 수 있을 때, 그리고 오직 이러할 때에만 대상을 재현한다.

먼저 조건 ③부터 고려해 보자. 회화의 경우 회화에서 대상을 본다는 것이 회화를 통해 혹은 회화에서 실제 대상 자체를 본다는 것을 함축하지는 않는다(회화가 아닌 다른 종류의 그림에서는 상황이 다를 수 있다). 그러나 한 대상의 재현은 시각적으로 그 대상에 대한 재현으로 알아볼 수 있어야 하고, 이러한 재인은 예컨대 복잡한 약호화 혹은 그 해독의 방법에 의존하는 것이 아니라 실제 대상을 재인하는 능력 혹은 (여러 대상들에서) 그것을 식별하는 능력에만 의존해야 한다. 회화에 그려진 대상을 바라보면서 우리는 그 대상이 어떤 속성들을 가진다는 것을 안다. 언급했듯이 재현에 있는 속성들 중 어떤 것들은 그 대상이 지니도록 의도된 속성이 아닐 수 있다. 또한 회화는 대상이 실제 소유하지 않는 그런 속성을 가진 것으로 대상을 재현하여 대상을 잘못 묘사할 수도 있다. 그러나 잘못된 재현도 한 대상이 그림에 그려진 대상으로 재인되어야 하는 요구조건은 만족시켜야 한다. 한편 대상을 재인하는 능력의 근간은 닮음이라는 관계이기 때문에, 이 제한은 시각적 경험에서 닮음이 지니는 중요성을 다시금 시사한다. 완전히 잘못된 재현이거나 겉보기의 닮음이 결여된다면, 예술가의 의도가 무엇이건 간에 그 회화는 한 대상의 재현이 되지 못할 것이다. 〈모세〉라는 제목을 가진 추상화가 모세를 지칭하고 (예컨대) 강인함과 같은 모세의 성격을 상징할 수 있을지라도 이 회화는 모세의 묘사, 즉 회화적 재현은 아닐 것이다. 그림에서 의도한 대상이 보이지 않는다면, 시각적 경험에서의 닮음이 의도된다고 해도 재현이 되기에 충분하지 못하다. 한 회화의 경험은 화가가 언급하고자 하는 이전 회화의 경험과 의도적으로 닮을 수는 있지만, 현재의 회화에서 이전의 회화가 보이지 않는다면 현재의 회화는 이전의 회화를 재현하는 것이 아니다.

리처드 볼하임(Richard Wollheim)은 '안에서-보기(seeing-in)'라는 개념을 회화의 재현된 대상과 화면을 시각적으로 동시에 인식하는 것으로 설명했다(Wollheim, 1987: 21). 그는 이 '안에서-보기'를 재현된 회화를 보는 행위의 핵심으로 간주한다. 사실상 이러한 '이중적인(twofold)' 보기는 형식적인 요소와 회화적인 장치로부터 재현이 창발되는 방식을 설명하는 데 필수적일 수 있고, 이러한 점에서 '안에서-보기'는 대다수의 회화가 지닌 미적 가치의 감상에 본질적인 역할을 할지 모른다. 그러나 이것이 모든 재현적인 회화를 보는 방법에 필요하거나 혹은 선호되고 의도되는 것은 아니다. 트롱프뢰유 회화는 확실히 재현적이다. 혹자는 이러한 회화를 재현적인 회화의 전형으로 보려 할 것이다. 그러나 이 회화의 표면은 그것이 의도된 효과를 발생시키는 데 성공하게 되면 사라지도록 되어 있다(Levinson, 1998: 228; Lopes, 1996: 46-50). 한편 볼하임은 많은 재현적인 작품을 감상하는 데 있어 어떤 중요한 지점을 명확히 이해시켜 주었다. 많은 예술가들이, 특히 현대 예술가들이 칠해진 표면과 재현된 대상이나 공간이 갖는 이중성을 주제로 다룬다. 이들은 감상자로 하여금 그려진 표면과 실제 공간이나 재현된 공간의 대조에 주목하게 만듦으로써 그 이중성을 드러낸다. 여기에는 매우 다양한 방법이 있을 수 있는데, 예컨대 쉽게 알 수 있는 자국을 캔버스 표면에 남기거나, 캔버스를 편평하게 만들거나, 비정상적으로 공간이 튀어나오게 만들거나, 겹침의 법칙을 뒤집거나 혹은 다른 변칙을 사용하거나, 혹은 그림의 공간에 감상자를 포함시키거나 배제시키는 등 다양하다.

감상의 문제와 '이중적인' 보기의 관계에 대해서는 가치를 논하는 네 번째 섹션에서 더 깊이 다룰 것이다. 지금은 플라톤이 말한 기준에 대한 설명을 계속하기 위해 의도의 문제로 돌아가 보자. 우리가 시각적으로 유사한 경험에 기초해 회화의 표면에서 대상을 볼 수 있다는 사실만으로는 재현을 설명하기에 충분하지 못하다. 우리는 구름, 아무렇게나 난 벽의 얼룩 혹은 바위의 배열에서도 어떤 형체를 본다. 그러나 이런 것에 대해 말하는 것이라면, 이러한 경험을 의도해야 한다는 조건 때문에 러시모어 산의 바위와 유사한 것들만이 재현적이다. 의도는 묘사가 되기 위한 필요조건일 뿐만 아니라 어떤 사물이 재현되었는지, 그리고 어떤 속성을 가진 것으로 재현되었는지를 식별해 주는 역할을 한다. 우리가 회화에서 보아야 할 것은, 그림에 재현이 의도된 것으로 재인되거나 드러날 수 있는 것들이다(이런 점에서 보자면 사진은 회화와 다르다). 의도의 기준이 없다면, 어떤 회화의 내용도 근본적으로 결정 불가능할 것이다. 심지어 선원근법으로 그려져 자연스러운 풍경의 묘사인 듯 보이는 작품마저도 상이한 투사법으로 상이한 실제 풍경을 그린 것일 수 있다. 우리가 이 그림을 이처럼 해석하는 것은, 우리가 작품의 의도를 풍경을 자연스럽게 묘사하려는 의도로 쉽게 추론하기 때문이다. 의도는 비슷한 시각적 경험을 만드는 많은 대상들 중에서 재현된 그 대상을 식별해 준다. 〈시녀들〉에 그려진 개에 대한 시각적 경험은 유사하게 생긴 무수히 많은 개들에 대한 시각적 경험과 닮았다. 그러나 벨라스케스가 스페인 왕가가 기르던 바로 그 개의 재현을 의도했다는 것은 분명한 사실이다. 보통 라인 드로잉은 그린 대상이 선을 가진 것으로 재현하지 않는다. 왜냐하면 그렇게 의도하지 않기 때문이다.

모세를 묘사한 그림은 모세보다는 실제 모델을 더 닮은 것처럼 보인다. 그러나 모세를 재현하려는 의도는, 그 의도를 드러내는 제목이나 모세를 묘사하는 확립된 회화 관례와 함께(즉 앞서 언급한 보충적인 정보들과 함께) 그림에서 재현되고 있는 것이 모세라고 결정해 준다. 심지어 제목이 부재할 때조차도 우리는 이러한 관례들로부터 의도를 추론할지 모른다. 예컨대 지팡이나 석판과 같이 모세라는 인물과 연결된 상징들의 묘사나 사막에 솟은 산과 같은 재현된 배경으로부터 말이다. 그러나 이러한 사례는 플라톤이 주장한 재현의 기준 중 다른 점을 문제 삼게 만드는 듯하다. 만일 실제 모델이 실제 모세를 전혀 닮지 않았지만 회화가 성경의 인물을 재현하는 데 성공한다면, 혹은 어떤 경우라도 우리가 그 모델이 실제 모세를 닮았는지 아닌지를 알 수 없고 그래서 닮음이 전혀 상관없는 때라면, 이 사례는 시각적 경험에 있는 닮음의 필요성을 의심하게 만들 것이다. 그러나 〈모세〉라는 제목을 지닌 추상화가 모세를 재현하는 데 실패했던 것을 떠올려 보라. 그러므로 우리는 의도된 대상을 가리키는 제목과 같은 보충정보의 도움을 받아 이 그림에서 모세로 확인되는 사람을 우리가 볼 수 있기 위해서는 모세 그림에 대한 시각적 경험이 그 사람을 보는 경험과 충분히 닮아야 한다. 비록 모세가 세상에 존재한 적 없는 신화 속 인물이라고 해도 의도와 닮음이라는 이 이중의 기준은 여전히 유효하게 되는데, 이 예에서는 이러한 인물은 존재한 적이 없기 때문에 회화를 보는 경험과 이 사람을 보는 경험이 닮을 수 없겠지만, 이 그림의 시각적 경험은 예술가나 그의 문화가 산출해 낸 그 인물에 대한 이미지와 닮을 수 있다. 그리고 이때의 이미지는 회화에서 이 인물을 본 후 그를 신화 속 인물로 동일시함으로써 공유되게 된다. 대상이 존재하지 않을 때 우리가 그 이미지를 보존하여 이에 기초해 그 인물들을 재인한다고 하면, 그리고 그림에서 이러한 인물들을 보는 것에 기초해 그려진 대상을 재인할 수 있다고 하면, 위의 설명은 설득력이 있다.

언급한 사례들은 회화에서 재현의 내용을 결정하는 옳은 기준이 인과적인 것이 아니라 의도적인 것임을 보여 준다. 이는 재현적인 회화와 다음에서 논하게 될 재현적이지 못한 사진의 차이를 만든다. 우리는 모세의 사진을 가질 수는 없고 다만 모세처럼 포즈를 취한 모델의 사진만을 가질 수 있다. 그러나 모세를 그린 회화는 많이 있다. 개별 대상에 대한 사진은 대상과 사진이 인과적 관계를 가지기 때문에 사진이 된다. 그러나 항상 그 모델을 묘사하는 것은 아닌 회화의 경우는 이와 다르다. (한편) 또 다른 사례는 재현의 대상을 결정하는 문제에 있어서 원인보다는 의도가 우선한다는 견해에 의구심을 갖게 한다. 한 화가가 파리 사진을 가지고 작업을 하고 있는데 그는 그가 그리는 것이 런던이라고 믿고 있고, 그래서 런던의 거리 풍경의 묘사를 의도한다고 해 보자. 그러나 이때 화가가 재현하는 거리는 파리의 거리인 것은 아닐까? 맞다. 파리의 거리이다. 그리고 이는 그가 이 사진을 통해서 보는 바로 그 거리 풍경을 재현하려고 의도하기 때문에 그런 것이다. 이 경우는 재현의 내용을 결정하는 데 있어서 의도가 우선성을 가짐에도 불구하고 재현의 개념이 투명하다는 것을 보여 주는 사례이다. 만일 한 회화가 특정 거리를 재현하고 그 거리가 파리에 있다면, 그 회화는 파리의 거리를 재현하는 것이다. 그것을 그린 화가가 파리의 재현을 의도하였건 아니었건 간에 그렇다.

물감을 썼건 드로잉이건 간에 그림에 대해 말할 수 있는 유일한 인과적 요소는 대상과 회화 사이의 관계에 있는 것이 아니라 예술가가 캔버스의 표면을 제작하는 인과적 과정에 있다. 이 과정은 재현에 대한 플라톤의 분석의 나머지 요소들만으로 연접하여 충분조건이 되지 못하기 때문에 필요하다. 견본첩의 천 조각은 전체 천의 경험과 닮은 시각적 경험을 낳도록 훌륭하게 의도된 것이지만, 견본이 전체 천의 회화적 재현이거나 그림인 것은 아니다. 그러나 손으로 그려서 그것을 만든다면 이때는 전체 천에 대한 그림이 될 것이다.

재현에서의 닮음이 그림과 재현된 대상 간이 아니라 보이는 방식 혹은 시각적 경험

간의 닮음에 해당한다는 것을 강조하는 것은 중요하다. 이러한 사실은 모든 회화가 그것이 재현하는 대상보다는 다른 회화들을 더 닮았다고 하는(Goodman, 1976: 5), 닮음에 대한 반론이 성립하지 못하게 해 준다. 그렇게 물리적 대상들 간의 닮음이 요구되지도 않을 뿐만 아니라, 표시된 표면에 있는 물리적 자국이나 모양과 그것들이 재현하는 대상의 닮음도, 표시된 표면에서 반사되는 빛과 재현된 대상 간의 닮음도 필요하지 않다. 플라톤처럼 데카르트도 오래전 캔버스에 그려진 형태가 대상의 형태를 닮지 않았다는 것을 지적한 바 있다. 예컨대 종종 타원 모양은 원 모양을 재현한다. 이처럼 흔하게는 아니라도, 보통 캔버스에 칠해진 색상들도 재현된 대상의 색상과 일치하지 않는다. 첫째, 대개 캔버스의 표면에서 반사되는 전체적인 빛은 실제 묘사된 광경에서 반사되는 빛만큼 강렬하지 못하다. 둘째, 한 안료의 주변의 색상은 그 안료가 보이는 방식을 변화시키고, 캔버스라는 더 좁은 맥락은 묘사된 실제 광경의 맥락과도 다르다. 셋째, 곡선과 윤곽을 주는 명암, 거리를 표시하기 위한 색조의 변화와 그림자는 그려진 색과 실제 색의 차이를 발생시킨다. 전자에 해당하는 그려진 표면의 속성은 후자의 재현된 대상의 속성과 보이는 방식에서 닮았을까? 예컨대 타원형은 특정 각도에서 본 원이 보이는 방식과 닮았을까? 이는 매우 일반적이고 자연스러운 가정인 듯 보이지만, 온전한 일반성을 획득하기에는 부족한 면이 있다. 오히려 닮음은 캔버스에 그려진 형태나 색이 보이는 방식과 재현된 대상의 형태와 색이 요구된 각도에서 보이는 방식 사이에 존재한다.

　　혹자는 이 같은 닮음이 대상들 간의 실제적인 유사성이나 혹은 적어도 보다 확실하게 관련되어 있는 빛의 닮음으로 설명되어야 한다고 생각할지 모르지만, 이러한 생각도 항상 참인 것은 아니다. 예술가들은 종종 재현된 대상에 반사된 빛이 아니라 완전히 다른 회화적 장치를 사용함으로써 시각적으로 유사한 경험을 만들어 낸다. 라인 드로잉이 좋은 예인데, 라인 드로잉의 선들은 모서리들을 재현한다. 특히 이는 부드러운 윤곽이 끝나거나 한 대상이나 표면이 다른 대상의 표면과 겹치는 모서리이지만, 그림의 모델인 실제 대상은 이에 상응하는 선을 가지고 있지 않다. 질감이나 곡선의 방향을 재현하기 위해 회화에서 선을 사용하는 사례나 거리감(distance)을 재현하기 위해서 가늘거나 흐린 선들을 사용하는 사례들이 유사한 사례라 말할 수 있다. 여기에서 중요한 것은, 그림은 감상자가 그림에서 그 대상을 볼 수 있기에 충분한 시각적 정보를 제공해야 한다는 점이다(Schier, 1986; Sartwell, 1991). 대상의 재인은 물리적인 단서에 의해 촉발된 시각적 경험의 닮음만으로도 가능하고, 이 단서들 자체가 유사할 필요는 없다. 이는 또한 늘 의식에 떠올릴 수 있어야 하는 단서들인 것도 아니다. 이것들은 주로 색상, 질감의 변화, 선과 모서리 등에서 발생하는 보다 상위의 관계들에 영향을 미친다. 그리고 이 관계들과 관련해 말하자면, 이중 몇몇 관계들은 아마도 지속적으로 감상의 조건이 다양하게 변화하는 속에서도 실제 대상의 재인을 가능하게 해 주는 듯하다.

지금까지의 논의와는 달리, 몇몇 철학자들은 재현의 성공을 설명해 주는 한 가지 물리적 속성, 즉 그림과 그림이 재현하는 대상이 공유하는 한 가지 물리적 속성이 있다고 주장한다. 이 속성은 간혹 **겹침 형태**(occlusion shape)라고 불린다. 이것은 주어진 각도에서 바라보았을 때 대상 뒤에 놓인 표면이 그 대상에 의해 가려진 모양을 말한다. 로버트 홉킨스(Robert Hopkins)는 이러한 설명을 가장 명확하게 하였는데, 그는 이 형태를 윤곽선 형태(out-line shape)라고 부르고, 이를 대상이 한 점과 이루는(subtend) 입체각이라고 정의한다(Hopkins, 1998: 55). 우리는 이를 그 한 점으로부터 대상에 투사된 일련의 선들이 전방-평행면에 형성하는 외관으로 이해할 수도 있다. 선원근법으로 그린 회화는 일반적으로 이러한 형태들을 만들어 내며, 항상 그런 것은 아니지만 일반적으로 재현되고 있는 실제 대상이 주는 시각적 경험과 형태적으로 가장 닮은 시각적 경험을 준다. 이처럼 항상 그렇지 않다는 난점 외에도, 재현을 설명하기 위해 물리적 속성에 호소하는 견해가 극복 불가능한 두 가지 난점을 갖는다는 것은 이미 언급한 바 있다.

홉킨스는 위와 같은 설명이 지각적 경험에 호소할 필요 없이 물리적 속성에만 호소하면 되는 이점을 지닌다고 본다. 그러나 형태 지속성(shape constancy)의 작용으로 인해 이러한 물리적 속성이 우리의 시각적 경험에서 좀처럼 반복되지 않기 때문에, 화가가 선원근법에 입각해 그림을 그릴 때 이것이 얼마나 중요한지는 모르겠으나 (재현의) 분석이나 정의에서는 그 사용가치가 없다. 적어도 형태에 관련해서라면 윤곽선 형태의 닮음이 일반적으로 유사한 시각적 경험을 줄 수 있다. 그러나 그렇다면 이것은 경험적 사실일 뿐 적절한 철학적 분석의 부분은 아니다. 어떤 물리적 단서들이 우리의 경험에 (형태와) 관련된 닮음을 제공한다고 해도, 그리고 형태에 관련해서조차 그것이 어떤 다른 것이라고 해도, 재현에서 핵심 사안은 닮음이다. 왜냐하면 이차원 평면에서 사물을 보는 우리의 능력을 직접적으로 설명해 주는 근거는 바로 닮음이기 때문이다. 이렇게 말하는 것이 우리가 그림의 표면에서 대상을 볼 수 있기 전에 닮음을 먼저 알아채야 한다고 말하는 것은 아니다. 다만 그 자체가 물리적으로 인과될지는 몰라도 (결국) 닮음이 우리가 그림에서 대상을 그처럼 보게 만드는 능력을 설명하는 것이라고 말하려는 것뿐이다(Levinson, 1998).

더욱 명확한 두 번째 문제는, 형태 자체가 항상 결정적인 것도 아니라는 점이다. 예컨대 하늘, 바다, 구름, 연기 등과 같이 형태가 없거나, 무정형의, 혹은 지속적으로 형태가 변하는 대상의 재현은 윤곽선 형태의 속성에 의존할 수가 없다. 혹자는 대개 이러한 대상들은 그림에서 그 대상을 알아채게 하는 공간적 관계를 다른 대상들과 갖는다고 답하겠지만, 이 또한 항상 그런 것은 아니다. 나는 단지 새벽하늘을 그린 그림일 뿐인데, 바로 그 색으로 인해 새벽하늘로 명확하게 재인되는 그림을 본 적이 있다. 그리고 매우 명확하게 그려진 윤곽선 형태를 가지고 있는 대상의 재현조차도 간혹 다른 속성들이 주는 시각적 닮음에 의존하는 경우가 있다. 어린아이가 그린 나뭇잎 그림 또한 색채에 더 많이 의존할 것이다(Neander, 1987).

크리스토퍼 피콕(Christoper Peacocke)은 자신이 시각장 형태(shape in the visual filed)라고 칭한, 닮음에 주안점을 두는 속성에 호소한다. 이 속성은 재현에 관련된 닮음을 상세화한다는 점에서뿐만 아니라 시각 경험에 내재하는 것으로 이해된다는 점에서 이전 설명들에 비해 발전된 것이다. 그러나 피콕이 가정하는 그런 속성이 실제로 존재하는가 아닌가 하는 것은 또 다른 문제이자 매우 어려운 문제이다. 왜냐하면 그는 이 속성을 윤곽선 형태의 경험적 등가물로 보는 것 같기 때문이다(Peacocke, 1987: 389). 그는 한 대상이 시각장에 투사된 영역과 실제 대상이 시계의 수직면에 투사된 영역이 동일한 영역을 차지한다고 가정하는 듯 보인다. 그러나 윤곽선 형태는 일반적으로 시각 경험에서 그렇게 보이지 않고, 실제 대상들도 윤곽선 형태로 보이지 않는다. 실험에 따르면, 형태 지속성이 완전하게 작용하지 못한다고 했을 때, 한 대상은 일반적으로 그것의 윤곽선과 실제 형태 중간의 어떤 형태로 나타난다고 한다(Thouless, 1931; Gregory, 1964). 어떤 경우이건, 우리는 종류에 상관없이 형태라는 것이 항상 재현에 관련하여 닮음을 주는 속성인 것은 아니라는 사실을 살펴본 셈이다. 시각 경험에 나타나는 재현과 관련된 종류의 닮음은 형태와 같은 단일한 속성으로 상술될 수 없다. 이 닮음은 회화의 종류와 맥락, 그리고 재현된 대상의 종류마다 다르다(Neander, 1987). 하지만 언제나 감상자로 하여금 그림에서 대상을 재인하거나 볼 수 있게 해 주는 것은 닮음이다.

2. 반론과 대안

앞 절에서 다룬 플라톤의 이론을 가장 전면적으로 거부하는 방법은 재현을 설명하는 핵심적인 사안에서 시각 경험이라는 범주를 제거하는 것이다. 이 같은 이론은 인과적 지각론을 가정한다. 이에 따르면 대상에서 반사된 빛은 그것의 물리적인 배열이 지니는 속성과는 다른 속성을 지닌 시각 경험을 낳는다. 반대로 유물론자에게 어떤 것이 F로 보인다(appears F)라고 말하는 것은, 그것이 F라(it is F)는 판단의 약한 버전에 해당하는 F인 것으로 보인다(appears to be F)*라고 말하는 것이다. 그러나 앞서 옹호한 바에 따르면, 'F로 보인다'는 것은 'F인 것으로 보인다'와 다를 뿐만 아니라, '조건들이 정상적으로 보인다'는 조건

---

* 여기에서 번역자는 'appear F'는 'F로 보인다'로, 'appear to be F'는 'F인 것으로 보인다'로 번역할 것이다.

과 만나 어떤 것이 F인 것과는 별개의 증거를 형성한다.

분명 이 논문은 심리철학에서 기초적인 이 문제를 해결하는 논문은 아니다. 하지만 우리는 사례를 통해, 대상이 F도 아니고 F인 것으로 보이지도 않을 때 속성 F로 보일(ap-pear) 수 있는 방법을 좀 더 명확히 해 볼 수 있겠다. 내가 안경을 벗으면 방 반대편에 놓인 탁자는 흐릿하게 보인다(appear blurry). 그러나 그 탁자는 실제 흐릿하지도(is blurry) 않고, 흐릿한 것으로 보이지도(appear to be blurry) 않는다. 그 탁자가 흐릿한 것으로 보이려면, 내가 그것이 흐릿하다고 믿는 어떤 경향성을 가지고 있어야만 할 것이다. 그러나 나에게 그런 경향성은 없다. 그림이 아닌 다른 사물이 내게 흐릿한 것으로 보인 적이 있었는지는 잘 모르겠지만, 나는 그러한 믿음을 가질 수 있기 이전에 흐릿함이라는 개념을 먼저 필요로 했을 것임이 분명하다. 그리고 나에게 흐릿하게 보였던 사물들을 통해서 나는 그 개념을 획득했을 것 같다. 많은 시각적 속성들의 개념의 경우, 우리가 그 개념을 갖기 전에 사물이 먼저 우리에게 그렇게 보였음에 틀림없다. 그리고 이러한 사실은 그렇게 보임(appearing)의 범주와 그런 것으로 보임(appearing to be)의 범주가 구분된다는 것을 시사하는 듯하다.

오직 트롱프뢰유 작품에서만 회화에 대한 시각적 경험이 재현된 대상에 대한 시각적 경험인 듯하다. 그 외의 다른 모든 경우에서 재현과 그 대상이 보이는 시각적 외양(appear-ance)은 단지 유사한 것일 뿐이다. 최근 재현에 대한 유물론적인 분석을 제공한 존 하이만(John Hyman)의 분석에 따르면, 대상이 보이는 방식은 대상의 겹침 형태나 윤곽선 형태가 -인 것으로 보이는 방식이며, 대개 이러한 방식은 대상의 물리적 형태에 대한 부정확한 측정에 해당한다(Hyman, 1989: 56). 그러나 우리는 보통 윤곽선 형태를 알고 있지 못할 뿐 아니라 대부분의 사람들도 이러한 개념이 없고, F인 것으로 보이는 것은 F의 개념 소유를 필요로 하기 때문에, 소급해 보면 이러한 하이만의 시도는 성공적이지 못하다. 또한 이 이론은, 아마추어 화가인 우리가 윤곽선 형태를 추정하려 할 때, 우리 대부분이(형태 지속성이 작용한다는 가정하에) 대상이 보이는 방식 탓에 이러한 목적을 정확하게 성취하지 못하는 이유를 설명해 주지 못한다. 그려진 화면에서 대상을 보는 일에 있어 여전히 유효한 핵심적인 사실은, 시각적 경험 즉 보이는 방식이 유사하다는 것이다. 물론 이때 윤곽선 형태가 이러한 유사성의 발생에 있어 중요한 인과적 역할을 담당하긴 하겠지만 말이다.

플라톤적인 설명에 반대하는 두 번째 노선은 닮음의 개념에 주목한다. 이 분야에서 가장 유명한 주역은 넬슨 굿먼(Nelson Goodman)이다. 그는 자신의 유명론과 반실재론을 배경으로 닮음 개념을 비판한다. 그의 비판 중 하나는 이미 앞에서 해결되었다. 요컨대 모든 회화는 그것이 자신이 재현하고 있는 대상을 닮기보다는 하나의 대상으로서 다른 회화를 더 닮았다고 하는 굿먼의 주장은, 시각적 경험에서의 닮음을 주장하는 플라톤식의 재현 설명에는 유효하지 못하다. 굿먼은 또한 어떤 사물이건 간에 무수히 많은 방식에서 다른 사물을 닮을 수 있고, 이러한 닮음은 재귀적이고 대칭적인 관계이지만, 재현은 그렇지 않다고 지적한 바 있다(Goodman, 1976: 4). 전자의 지적은 논의에 관련된 닮음이 구체적으로 어떤 닮음인지를 밝혀 주면 되는 것으로, 이미 앞서 다루었다. 후자의 지적의 경우, 닮음은 엄밀히 말해 대칭적일지는 모르지만, 종종 그렇지 않은 것 같기도 하다. 내 아들의 테니스 서브는 피트 샘프러스의 서브와 닮았지만, 피트 샘프러스의 서브가 내 아들의 것과 닮았다고 말할 수 없을 것 같기 때문이다. 때때로 우리는 그림에서 본 것에 기초해서 한 대상을 재인할 때, 대응하는 시각적 경험을 지적하며 대상이 그것의 그림과 닮았다고 실제로 말하기도 한다. 그러나 이때 그 대상이 그림을 재현하는 것은 아니다. 마찬가지로 우리는 대상이 그 자체를 닮았다고 실제로 생각한 적은 없지만, 엄밀히 말해서 닮음을 재귀적이라고 보는 것 같다. 그러나 만일 엄밀히 말해 대상이 그 자체를 닮았다고 해도, 그 자체를 재현하지는 않는다. 이처럼 굿먼의 두 주장 모두 플라톤식의 재현의 설명에 대한 반론으로 유효하지 못한데, 플라톤의 설명에 따르면 시각적 경험의 닮음은 재현을 위한 필요조건일 뿐 충분조건이 아니기 때문이다.

굿먼이 기초한 반실재론은 플라톤식의 재현의 설명에 대한 자신의 반론을 좀 다른 혹은 더 깊이 있는 방향으로 이끈다. 굿먼에 따르면, 재현은 대상이 보이는 방식을 모방할 수 없다. 왜냐하면 대상이 보이는 방식에 있어서 특정하게 정해진 방식은 없기 때문이다. 닮거나 복사되어야 할, 세계가 원래 존재하는 그런 방식은 없다. 무수히 다양한 방식으로 세계의 시각적 재현 방식을 구성하는 것처럼, 우리는 세계가 보이는 방식 또한 구성한다 (Goodman, 1976: 6-9). 양자에서 모두 이러한 다양성이 있다면, 굿먼에게서 재현의 근저에 어떤 변하지 않는 자연스러운 관계가 있다는 주장은 쓸모 없는 것이다. 대신 그는 회화가 그것이 재현하는 대상과 가지는 관계가 지칭과 술어가 지니는 관례적인 혹은 임의적인 기호체계에 의해 이루어진다고 주장한다. 그리고 회화적 체계를 다른 체계와 구별해 주는 것은 기호와 지칭체의 관계가 아니라 기호체계 자체이다. 회화적 기호는 구문론적으로 그리고 의미론적으로 조밀하며(dense), 상대적으로 충만하다(replete). 이처럼 말하는 것의 의미는, 어떤 두 기호이건 간에 그 기호들 사이에는 제3의 기호가 존재하며, 기호들이 가지는 거의 모든 차이점들이 상이한 기호, 상이한 지칭, 상이한 술어를 만들고, 기호가 가지는 많은 속성들이 구문론적으로 그리고 의미론적으로 중요하다는 것을 뜻한다.

그러나 이러한 주장은 묘사 방식에 있는 막대한 다양성과 시각 체계의 가소성(plasticity)에서 비롯되는 문제점들을 안고 있다. 1950년대와 1960년대에 지각에 대한 심리 실험들은 시각이 다른 인지적이고 감정적인 요인에 의해 영향을 받는다는 것을 증명하려고 애썼다. 이러한 실험들은 대개 정상적인 상태에서는 어려운 시각 시점(viewing times)과 조건들을 만들어 진행되었고, 이는 언급한 요인들이 지각보다는 추측(guessing)에 더 많은 영향을 미치도록 고안되어 있었다(Vernon, 1968). 이후 이론가들은 이러한 잘못된 방향성을 바로잡고자 하였는데, 이들은 매우 어릴 때부터 주변의 깊이나 여타 특징들이 지각되게 해주는 변화하는 물리적 배열 속에 있는 불변항들을 강조하였다. 시각체계가 인지적 개입에 의해 거의 영향을 받지 않는다는 사실은, (예컨대 뮐러-라이어의 예처럼) 그 본성을 알고 있음에도 불구하고 대표적인 착시현상이 여전히 일어나는 일상적인 경험에서 확인받을 수 있다. 시각의 진화적 기능과 실제 행위의 필요에 맞추어 순응하는 시각적 기능을 고려하면, 예술이 시각적인 세계의 구성에 영향을 미칠 가능성은 거의 없다.

재현의 입장에서 보면, 재현적 그림의 상이한 양식들은 닮음이 발생하는 시각적 경험의 국면과 정도의 차이를 만들고, 이러한 차이점들은 분명 미학적으로는 중요하다. 그러나 이러한 차이가 근본적으로 다른 종류의 기호 체계나 재현 체계를 만들지는 못한다. 재현적인 그림이 재현하는 대상을 시각적으로 잘못 재현하거나 혹은 닮음에 실패하는 정도가 제한적인 것을 보면, 그 기초적인 방법이나 분석은 상수항을 가진다. 만일 상이한 양식들이 상이한 기호 체계를 발생시킨다면, 감상자들은 각각의 기호 체계를 읽는 법과 이 상이한 기호들과 그것이 가리키는 지칭체를 연결하는 법을 배워야 할 것이다. 그리고 실로 굿먼은 우리가 원근법에 입각해 그린 그림조차도 읽는 법을 배워야만 한다고 주장한다(Wollheim, 1987; Schier, 1986). 그러나 실제로 그 양식의 생경함에도 불구하고 모든 아이들은 피카소의 회화에서 형태를 알아볼 수 있다.

굿먼에게서 회화적 재현의 차이를 식별하는 기호의 조밀성과 충만성은 전형적이기는 하지만 정의적인 특징인 것 같지는 않다. 게다가 각각이 필요조건이지도, 연접하여 충분조건이지도 않다. 우리는 제한된 색으로 불연속적인 점을 찍어 그림을 그릴 수 있다. 이때의 물감들은 구문론적으로 조밀하지 않다. 즉 이는 재현을 위한 필요조건이 되지 못한다. 굿먼에 따르면, 도표와는 달리 그림이 된다는 것은 정도의 문제 즉 기호의 상대적인 충만성의 문제이다(Goodman, 1976: 230). 그러나 그 차이가 분명 정도의 차인 듯하지만, 시각체계에 생기는 닮음의 정도가 이 충만성의 정도보다 더 중요해 보인다. 우리는 캔버스의 모양이 그림이 상징하는 바와 연관을 맺는 현대 추상회화를 상상해 볼 수 있다. 그러나 이 회화가 의미론적으로 관련된 이 속성을 추가적으로 더 갖는다고 해서 더 회화적일 것 같지는 않다(Lopes, 1996: 112-13). 뿐만 아니라 언급한 조밀성과 충만성이 연접하여 재현을 위한 충분조건이 될 것 같지도 않다. 만일 어떤 회화를 수천 조각 내어 섞어 놓고는 완성된 그림을 해독하는 암호를 준다고 한다면, 이렇게 만들어지는 퍼즐은 굿먼의 기준을 만족시킬 것이지만, 회화적 재현은 아니다(Kulvicki, 2000).

굿먼은 묘사(depiction)를 상대적으로 확립된 관례적 규칙이 없는 언어사용으로 본다. 이때 그가 생각하는 공통점은 묘사를 지칭과 술어(predication)로 사용한다는 점과, 우리가 각각의 읽는 법을 배워야만 하고 익숙한 것을 가장 자연스러운 것으로 여기는 다양한 회화적 체계들이 있다는 점이다. 이러한 점에도 불구하고 두 체계의 유비의 실패 지점이 앞서 지적되었었다. 첫째, 묘사가 그 대상을 잘못 재현할 수 있는 제한 조건, 즉 시각 경험의 닮음이 요구되는 그림의 경우, 우리가 그 그림에서 묘사된 대상을 볼 수 있어야만 하는 점이 지적되었었다. 언어는 그 대상을 묘사하지 않고도 지칭체를 가리킬 수 있기 때문에, 언어의 경우 잘못된 묘사에는 이러한 제한조건이 없다. 회화적 속성들의 경우, 명백히 잘못된 그 속성의 재현은 재현 자체가 아니다. 예컨대 흑백사진은 구체적인 색상을 재현하려 하지 않으며, 원근법으로 그려진 회화만이 구체적인 삼차원의 형태나 공간관계를 재현한다. 그러나 언어와는 달리 그림이 무언가를 재현하려고 한다면 충분한 시각적 닮음을 통해서 특정 속성들을 정확히 재현해야만 한다. 바로 이러한 점으로 인해 우리는 일반적으로 언어적 묘사보다 그림에서 그 대상의 생김새를 더 잘 파악할 수 있다.

둘째, 굿먼에게는 미안하지만, 앞서 언급했듯이, 대상과 충분히 유사한 시각적 경험을 발생시키는 그림이 재현하는 바를 해석하는 법을 배울 필요는 없다. 내 아들이 한 살도 못 되어 처음 말했던 단어는 '아기'였다. 아이를 사실적으로 그린 회화를 프린트한 그림에 반응하여 했던 말이다. 우리 모두가 언어의 의미와 지칭체의 연결을 배울 필요가 있듯이 내 아들도 '아기'의 지칭체를 배울 필요가 있었겠지만, 아들이 그 그림을 재현으로 해석하는 법을 알고 있었을 것 같지는 않다. 굿먼 자신이 회화적 기호를 조밀하고 충만하다고 묘사하듯, 실로 그림은 고정된 의미 단위(fixed semantic unit)를 가지지 않는다. 만일 그림의 경우 이러한 단위가 없다면, 우리는 어떤 임의의 상관관계를 학습해야 할지 알 수가 없다. 우리는 단어와 그 지칭체를 상호연결하기 전에 이 둘이 어떤 것인지를 알고 있어야 하지만, 그림의 경우에 있어 우리는 그림과 지칭체에 대한 경험 없이도 그림에서 대상을 재인할 수 있고 그 역도 가능하다.

셋째, 그림이 한 대상을 특정 속성을 지닌 것으로 재현함에도 불구하고, 언어와 그림의 유비가 성립하지 않는 점이 더 있다고 한다면, 우리는 그림을 언어와 유사한 지칭과 술어로 고려하는 것이 최선의 생각인 것은 아니라고 의심해 볼 수 있다. 예컨대 '말'이라는 단어는 말 전체의 종을 가리키고, '세크러타리아트(Secretariat)'는 한 종류의 말의 사례를 가리키며, 이 둘 간의 차이는 명확하다. 그러나 말의 그림은 재현된 것이 개별 종의 말에 대한 것인지를 알려 주지도 않고, 그 그림을 하나의 재현으로 이해하는 데 있어서 중요하지도 않다.

따라서 플라톤의 주장에 대한 굿먼의 공격뿐 아니라 굿먼이 플라톤에 반대해 회화적 재현을 언어에 유사한 것으로 본 주장은 대부분이 잘못된 것으로 드러난다. 굿먼 이외의 현대 이론가들은 플라톤의 주장을 직접적으로 공격하지 않고 닮음에 대한 호소를 삼가기는 하지만, 결국에는 시각적 경험의 닮음에 대한 호소로 보는 것이 적합한 다른 기준들로 대체한다. '안에서 보기'라는 볼하임의 기준도 앞서 플라톤의 주장의 확장된 버전으로 설명되었다. 그러나 나는 그의 '이중적인' 보기가 재현적인 회화에 대해 보이는 보편적인 반응이 아니며, 칠해진 표면에서 대상을 보는 능력 그 자체가 시각적 경험에서의 닮음에 인과적으로 의존한다는 점 또한 지적했었다. 만일 회화의 경험이 대상의 경험을 닮지 않는다고 한다면, 우리가 아무리 열심히 노력한다고 해도 우리는 회화에서 대상을 상상하거나 그것을 본다고 상상할 수는 있겠지만 그것을 볼 수는 없다.

도미닉 로페스(Dominic Lopes)는 그림에서 대상을 재인하는 것이 재현에 핵심적인 사안인 한편, 이때 그림과 그 대상에 대한 시각적 경험의 유사성이 재인에 의존하는 것이지 그 역은 아니라고 주장한다. 그렇다면 재현을 설명하는 것은 후자(재인)이지 전자(유사성)가 아니다(Lopes, 1996: 151, 175). 로페스는 후자가 먼저라고 주장하는 근거를 오리-토끼 모양과 같은 예에서 찾고 있는데, 그는 우리가 오리(혹은 토끼)를 재인할 때에만 그 모양과 오리(혹은 토끼)와의 시각적 닮음을 알게 된다고 말한다. 로페스에 따르면, 우리는 보이는 방식의 변화에도 불구하고 한 대상을 계속해서 재인하기 때문에, 대상의 재인이 닮음의 인식에 의존할 수 없다고 본다. 회화의 상이한 양식들은 대상이 재인될 수 있는 국면들에 기초해 그 대상의 서로 다른 국면을 제시한다. 그러나 예컨대 입체주의 회화에 대한 전체적인 시각 경험은 그것이 재현하고 있는 대상의 시각적 경험과 닮지 않았다.

거듭 말하지만, 이러한 주장들은 플라톤을 옹호하는 자들의 공격에 열려 있다. 분명 재인 능력이 설명을 더 필요로 하는 것은 사실이지만, 닮음을 알아채거나 그것에 반응하는 이 능력은 더 원초적인 것처럼 보인다. 예컨대 오리-토끼 그림에서도 우리는 그 그림을 오리 모양으로 보게 되기 전에 그것을 오리 모양과 닮은 것으로 의식하지 못할 수도 있다. 그러나 이때의 닮음이 여전히 그것을 다른 어떤 것으로 보지 않고 오리로 보도록 하는 근거인 듯하다. 그리고 대체적으로 입체주의 회화에 대한 경험은 그 그림이 묘사하는 실제 광경에 대한 경험과 닮지 않을 수 있지만, 만일 어떤 형태가 이 그림에서 재인되거나 보일 수 있으려면, 재현된 형태의 부분과 국면이 실제 형태의 부분과 유사하게 보여야 한다. 결과적으로 우리가 시간의 흐름 속에서 외양이 변함에도 불구하고 한 대상을 재인한다면, 이는 오직 우리가 이러한 변화 속에서도 지속되는 불변항 혹은 닮음에 반응하기 때문에 가능한 것이라고 말해야 설득력이 있다.

유사한 언급이 플린트 샤이어(Flint Schier)에게서 제안된 바 있다. 샤이어는, 우리가 오직 그 대상을 재인하는 능력에만 의존하여 그것을 한 대상에 대한 그림으로 해석할 때, 그 그림은 한 대상을 재현하는 것이라고 말한다. 이는 재현이 대상과 맺는 관계가 임의적이라는 굿먼의 주장에 대한 적절한 반론이다. 그러나 여기에서도 그림에서 재인을 촉발시키는 것은 그림과 대상이 유발하는 시각적 경험의 닮음으로 가장 잘 설명될 수 있을 것 같다.

마지막으로 켄달 월튼(Kendall Walton)에 따르면, 회화가 그것을 보는 우리의 경험이 묘사된 대상의 시각적 경험이라고 상상하도록 해 준다면, 그 회화는 한 대상을 묘사하는 것이라고 한다. 월튼에게서 회화는 다른 재현들과 마찬가지로 믿는-체하기 게임의 소도구(prop)이다. (여기에서) 회화를 보는 것은 그것이 재현하는 대상을 보는 것이라고 하는 사실은 허구적이다. 즉 우리는 그러한 상황에 있다고 상상할 수 있다는 것이다. 그러나 그렇다고 해도 우리가 항시 회화와 이런 상상 게임을 한다거나 혹은 그렇게 여겨지는지 의심스럽고, 이것이 회화를 감상하는 최선의 방식인지도 모르겠다. 그런 경우가 있다고 해도, 내가 보기에 이 같은 상상 게임을 하도록 북돋우는 그림들은 그 그림이 재현하는 대상의 시각적 경험과 유사한 시각적 경험을 발생시켜서 그런 것이 아닌가 싶다.

3. 재현과 다른 매체 간의 연속성

일상적인 언어사용에 따르면, 사실주의와 닮음은 정도의 문제이지만 재현은 그렇지 않다. 그렇다면 그림은 대상을 재현하거나 하지 않거나 둘 중의 하나인 듯한데, 이 점이 닮음의 설명에 대한 굿먼식의 또 다른 반론에 사용될 수 있을지 모른다. 한편 재현은 아니지만 닮음은 정도를 허용한다고 해도, 어느 정도의 역치에 다다른 닮음에 근거해 재현이 성립할 수 있다. 또한 우리는 위에서 굿먼은 스스로 이러한 전제를 거부하며, 회화적이거나 재현적인 것에 정도의 차가 존재한다고 주장하는 것을 보았다. 굿먼에게 그림은 점진적으로 변화하여 다른 편 끝에서는 도표나 지도가 된다. 물론 이러한 의견에 동의할 수 있다. 그러나 이와 동시에 우리는 이 스펙트럼의 한쪽 끝에는 가장 사실주의적인(혹은 자연주의적인) 회화가 있고, 이것들은 대상이나 그것의 속성들을 가장 쉽게 재인하게끔 재현하는 작품들로 정의된다고 주장할 수도 있다. 그리고, 다시 한 번 말하지만, 이러한 대상이나 속성들은 그것들을 묘사한 것을 보는 시각적 경험과 그것들을 직접 보는 시각적 경험이 비슷하면 비슷할수록 더 손쉽게 재인된다.

언급한 사실주의에 대한 정의뿐만 아니라 그것이 닮음에 의존한다는 주장에 대해서 또다시 반론이 제기될 수 있다. 우리들의 일상적인 언어사용이 사실주의 예술에 대한 또 다른 개념을 보여 주는 것도 사실이다. 이런 개념 중에는 삶의 어둡거나 강인한 면 혹은 사회적 부당함을 고발하는 예술적 사실주의를 다루는 학파를 가리키는 경우가 있다. 이 경우는 단지 사실주의에 대한 상이한 개념에 해당하는 것으로, 우리가 앞서 정의한 사실주의 개념과 양립 가능하기는 하지만 우리가 다루고 있는 현안과는 관련이 없다. 사실주의에 대한 두 번째 대안은, 회화가 주는 시각적 정보나 세부묘사가 풍부할수록 회화가 사실적이라고 말하는 것이다. 이 개념은 언급한 우리들의 정의와 크게 다르지 않으나 그렇다고 완전히 일치하지도 않는다. 스스로 묘사하고 있는 풍경의 시각적 경험과 유사한 시각 경험을 주는 회화들은 흔히 선원근법에 가까운 작품들이고, 우리는 이러한 작품들이 다른 드로잉이나 페인팅 기법은 할 수 없는 정확한 형태나 공간 관계를 재현할 수 있다는 것을 알고 있다. 그러나 직교투시(orthogonal perspective)로 그린 엔지니어들의 드로잉 또한 크게 사실적이라는 생각은 들지 않지만 (깊이 면에서는 아니라 해도) 많은 시각적 정보를 제공한다. 그리고 선원근법의 회화의 경우, 더 작은 대상을 가까이 재현함으로써 서로 다른 크기의 대상들을 같은 세부묘사로 재현할 수 있는 반면, 소위 극사실주의 작품들은 자연주의를 희생시킨 대가로 회화적 공간 내의 모든 깊이에서 동일한 세부묘사를 보여 준다.

　　패트릭 메이너드(Patrick Maynard)는 닮음에 의존하지 않는 사실주의의 분석을 제공하였다. 그에 따르면, 감각적으로 생생한 속성의 재현은 그 속성에 관하여 사실적이다. 그는, 비록 어느 누구도 그런 광경을 목격할 것 같지 않다고 할지라도, 많은 극사실주의 회화들이 겉보기에 사실적이라고 주장한다(Maynard, 1972: 248). 이러한 주장은 극사실주의 입장에서는 옳은 말일지 모르지만, 일반적으로 받아들여지는 견해일 것 같지는 않다. 수많은 중세 회화에서 나타나는 다소 과하게 선명한 색의 경우 그것이 특별히 자연스러워 보이지도, 사실적으로 보이지도 않기 때문이다. 마찬가지로 선원근법의 경우 메이나르가 지적했듯이 생생한 깊이감을 줄지 모른다. 그러나 깊이감을 과장하게 되면 생생하지만 사실적이지 못한 그림을 얻게 될 수 있다. 또한 우리는 굿먼의 재현의 논의에서 얻는 주장, 즉 대개 사실적인 회화들은 단지 우리에게 가장 익숙한 것들일 뿐이라는 주장 또한 거부할 수 있을지 모른다. 나는 르네상스 회화보다 감상의 경험이 많은 피카소의 작품에 더 익숙할지 모르지만, 여전히 르네상스 회화가 더 사실적으로 보인다.

　　선원근법과 재현의 관계 혹은 전형적인 재현과의 관계에 대해 좀 더 논의할 것들이 있는 듯하다. 선원근법은 실제 광경의 공간적 관계를 화면의 공간적 관계로 옮겨 놓는 공간 투시법들 중 하나이다. 각 공간적 관계들은 실제 공간과 투시선(light ray)의 도형적 배열(geometry) 혹은 화면의 배열을 통해 정해지고, 그 각각은 묘사된 광경에 대한 가능한 시선을 만들어 준다(Willats, 1997). 선원근법에서 투시선들은 화면 뒤에 있는 한 점으로 모이는 까닭에 멀리 놓인 사물은 화면에서 보면 더 작게 보이며, (화면에 수직인 모서리를 재현하는 선에 해당하는) 직교선들은 소실점으로 모인다. 직교투시에서 투시선들은 평행하게 나아가 화면과 직각으로 교차한다. 그리고 여기에는 직교선들은 없으며, (엔지니어들의 드로잉에서 잘 사용하는) 대상의 전면만이 드러난다(Willats, 1997: 12). 경사투시(oblique projection)에서 대상들은 어떤 거리에 있건 간에 같은 비율로 나타나지만, 직교선들은 평행하게 나아가 (동양 회화에서 자주 볼 수 있듯이) 화면과 경사각을 이룬다.

가장 선원근법에 가까운 회화들이 실제 광경의 시각적 경험과 가장 정확하게 닮은 시각적 경험을 낳는다는 것은 단지 경험적인 사실일 뿐이기 때문에, 선원근법과 사실주의가 분석적인 연관성을 가지는 것은 아니다. 더욱이 보다 작은 캔버스의 경우, 실제와 유사한 깊이 효과를 내기 위해 선원근법의 배열 규칙을 다소 벗어나야 하는 까닭에(특히 수직차원에서 그러해 보인다), 이 경우는 선원근법의 근사치에 해당할 뿐이다. 그리고 형태만을 고려할 때조차도, 선원근법의 근사치만으로는 재인을 발생시키기에 충분치 못하다. 왜냐하면 이때 선과 모서리의 특별한 '우연적' 배열 같은 것은 없을 것 같기 때문이다. 그러나 그러한 연관을 말해 주는 많은 증거와 설명이 있기도 했다. 이러한 투시법들이 가능한 시점 (viewpoint, 視點)들에 상응한다는 사실은 널리 알려진 바이다. 선원근법은 가장 일상적인 시점에 상응하고, 직교투시는 먼 곳의 사물을 확대하는 시점에 잘 맞으며, 경사투시는 원거리 조망을 기울어진 각도에서 보는 시점에 잘 맞는다. 만일 우리의 눈이 투시점에 해당한다면, 우리는 그 시점에서 바라본 것처럼 형태들을 재인하는 습관을 고착시킨다. 선원근법으로 그린 회화에서 예술가들은 캔버스를 어떤 광경의 형태나 공간 관계를 화면 뒤의 시점에서 바로 본 것처럼 그려 넣은 투명판이라고 생각한다. 형태를 남들이 알아보도록 만들고 싶은 아이들은 이러한 시점이나 원근법과 닮은 선들을 그리는 법을 배워 나간다 (Willats, 1997: chapter 14). 따라서 우리가 한 그림이 사실적이라고 판단할 때, 우리는 그 그림이 선원근법에 가까운 원근법으로 그려진 그림으로 해석한다(Kulvicki, 2000: 24). 즉 이때 우리는 그림이 광경을 선원근법과 비슷한 시점에서 투시하고 있는가 하는 것을 살피는 것이다.

재차 말하지만, 선원근법이 재현의 범례로 사실주의와 관련을 맺는다고 보는 이유는 선원근법이 일상적인 시점에서 실제 광경을 바라본 시각적 경험을 그대로 복사해 놓은 것에 가깝기 때문이다. 존 쿨비키(John Kulvicki)는 선원근법 그림이 사실주의와 연결되는 데에 핵심적 역할을 담당하는 속성을 상세화한다. 그는 이 속성을 '투명성'이라고 부른다. 요컨대 원본과 동일한 방식으로 원본을 그린 그림이 원본과 동일하게 보일 때, 그림은 투명하다. 따라서 선원근법으로 그린 그림은 투명하다. 그러나 초점을 흐려 그린 그림이나 입체주의 회화는 투명하지 못하다. 한편 이러한 투명성은 그림이 자연스럽거나 사실적으로 보이게 하는 데 필요조건일지는 몰라도 분명 충분조건은 아니다. 예컨대 직교투시법으로 그려진 그림은 투명하지만 사실적으로 보이지 않는다. 이제 사실주의의 증거인 재인의 용이함은 시각 경험 자체의 유사성과 좀 더 깊은 연관을 갖는다고 생각할 수밖에 없다.

혹자는 이러한 삼각관계를 캐리커처의 예를 들어 의심할 수도 있다. 캐리커처는 여전히 재인 가능하지만 사실주의의 스펙트럼 중 반대편 끝에 있는 완전히 별개의 종류의 재현에 해당하기 때문이다. 캐리커처에서는 과장된 표현으로 인해 닮음이 축소되는 반면 재인은 여전히 가능하다. 그러나 사실 캐리커처에 연관된 닮음을 설명해 보면, 언급한 삼 각관계는 여전히 유효한 것으로 남는다. 먼저, 형태의 경우 캐리커처에서도 재인은 가능한 반면, 좀 더 자연스럽게 보이는 그림에서 훨씬 더 쉽게 재인된다는 점이 주지되어야 한다. 둘째, 캐리커처는 재현되고 있는 인물을 식별하는 특징들을 특히 강조하기 때문에, 이 때에는 이차적인 시각적 닮음이 유지된다는 것이다. 다시 말해, 이러한 재현의 경험은, 그 대상을 같은 종의 다른 대상들과 식별하거나 구별해 준다는 점에서 그 대상에 대한 경험과 닮았다.

재현의 스펙트럼의 한쪽 끝에는 사실주의 회화가 있고 다른 쪽 끝에는 도형과 지도가 있다. 전자의 경우 좀 더 뚜렷한 구분이 있을 수 있는데, 회화 같은 재현적인 매체는 재현한다고 오인되거나 혹은 재현의 전형적인 경우라 여겨지지 않는 다른 매체들과 구분된다. 특히 사진의 경우, 사진은 대상을 재현한다기보다는 **보여 준다**. 알다시피 사진은 회화와는 달리 허구적 인물들을 재현할 수 없다. 햄릿을 연기하거나 재현하는 연기자의 사진은 그저 그의 사진일 뿐 햄릿의 사진이 아니다. 그러나 능력이 있는 화가라면 누구나 햄릿의 그림을 그릴 수 있다. 마찬가지로 우리는 회화에서 모세를 보는 것처럼 텔레비전이나 영화 스크린에서 모세를 보지는 않는다. 우리는 모세를 연기하거나 재현하는 찰턴 헤스턴(Charlton Heston)을 본다. 따라서 엄밀히 말해 우리는 사진을 통해서 대상들을 보는 것이지 사진에서 대상을 보는 것은 아니다(Walton, 1984). 언급했듯이 재현은 의도적 행위이다. 그러나 사진에서 의도는 대상과 핵심적인 인과 관계를 설정하거나 현상과 인화를 하는 과정에만 관련한다. 이러한 이유로 우리는 회화와 사진을 다른 방식으로 해석한다. 마네 그림에서 한 쌍의 커플이 바라보는 응시의 방향은 재현되고 있는 그들의 관계에 대한 무언가를 드러낸다. 혹은 마네가 보았고 그 그림에서 표현하고자 했던 인간 조건에 대한 어떤 것일지도 모른다. 그림에 그려진 상황에 해당하는 실제 광경을 찍은 사진인 경우, 그 인물들이 마네풍의 커플을 재현하기 위해 포즈를 취한 연기자들이 아닌 이상, 이 순간에 대한 우연적인 산물 즉 스쳐 가는 일련의 움직임만을 포착할 것이다(Scruton, 1981과 비교하라).

우리는 이러한 차이를 청각 매체에서도 찾을 수 있다. 우리는 라디오나 리코딩을 통해서 새의 지저귐을 들을 수 있다. 이는 새소리 자체를 전송하는 기계적인 방식일 뿐이다. 악보를 연주하고 있는 오케스트라만이 새소리를 **재현한다**. 즉 의도적으로 새소리의 경험과 닮은 경험을 만들어 낸다. 음악에도 재현에 해당하는 명확한 경우들이 있다. 예컨대 우리는 몇몇 작품들에서 새소리뿐만 아니라 사냥 나팔, 천둥소리, 말발굽 소리 등등을 듣는다. 그렇다고 이것이 음악에 전형적인 것은 아니다. 음악이 전형적으로 재현적이라 여기는 사람들은 일반적으로 재현과 표현을 같은 것으로 본다(Walton, 1998). 그러나 재현과 표현은 동일한 것이 아니다.

예술가는 구체적인(심지어 허구적인) 대상이나 개인을 특정한 속성을 소유한 것으로 재현한다. 이러한 구조가 재현을 언어에 있는 지칭체와 술어의 관계로 오인하게 만드는 것이다. 그러나 음악이 다양한 감정을 표현할 때에는 예컨대 이러한 구조가 결여된다. 말하자면 우리는 음악에서 분출하는 감정을 들을 수는 있지만, 일반적으로 '순'음악에서 분출하는 감정으로 행동하는 사람을 듣지는 않는다. 이와 달리 원본 텍스트나 표제가 있는 음악의 경우, 예컨대 감정이 분출하는 혹은 개구쟁이처럼 구는 틸 오일렌슈피겔(Till Eulen-spiegel)을 재현할 수 있다. 알다시피 가끔 회화도 재현된 인물의 정체성을 부여하기 위해 제목을 필요로 하기도 한다. 그러나 여기에서 차이점은 회화가 제목이나 텍스트나 표제의 도움 없이 재현할 수 있다는 점이다. 그래서 순음악은 표현에 있어서는 그렇지 않지만 재현에 있어서는 그 능력이 매우 제한적이고, 재현을 할 때에도 흔히 이것은 음악적 형식의 구조에 핵심적이지 않다(Kivy, 1991과 대조해 보라). 살펴보게 되겠지만 그 반대의 경우가 회화에 해당한다.

4. 가치

플라톤은 재현에 대한 자신의 설명이 재현의 가치에 대해서도 회의적인 입장을 갖게 만든다는 것을 깨달았고, 아마도 이것이 재현에 대한 플라톤의 설명이 부당하게 포기된 한 가지 이유일 것이다. 만일 재현이 단지 사물의 외양만을 모방한다면, 재현되고 있는 실제 사물을 경험하는 것에 반해서 재현의 경험이 지니는 가치란 무엇일 수 있을까? 플라톤은 당연히 모방은 기껏해야 차선의 방책이라 보았겠지만, 몹시 굶주린 상태가 아니라면 우리는 실제 과일 바구니나 꽃이 꽂힌 화병을 보는 것보다 세잔이나 고흐의 정물화를 보는 것에 가치를 둔다. 철학적 저작들은 대개 이러한 주제보다는 재현의 본성에 관하여 다루었지만, 이러한 플라톤의 회의적인 입장에 대한 몇 가지 가능한 답변들이 재현에 대한 다양한 분석들을 통해 제안되었다. 대부분의 이러한 분석들은 재현적인 작품들이 가지는 가치를 지적하였고, 어려움이 있긴 하지만 우리는 이를 일반화해 볼 수 있다.

첫째, 혹자는 플라톤에 동의하며 재현을 차선의 방책이라 여기는 한편, 그림은 해당 사물이 부재할 때 재현이 아니라면 얻지 못했을 그 사물에 대한 지식을 우리에게 줄 수 있다는 점을 지적하는 것 같다. 때때로 이러한 지적은 옳다. 그러나 혹자는 또한 플라톤의 설명을 따르면서도 시각적 외양이 주는 지식이 얼마의 가치를 지닐 것인지를 의심한다. 특정 회화, 특히 초상화는 시각적 외양의 전달을 통하여 인물에 대한 더 깊은 무언가를 보여 주는 것을 목표하고, 때때로 이에 성공한다. 그러나 그렇다고 해도 대개의 초상화들은, 심지어 가장 미적으로 높게 평가되는 초상화들조차 한 순간의 모습만을 포착하는 데 그치지 않으려고 애쓰며 일상의 모습보다는 보다 의연하고 만들어진 듯한 모습을 포착하고 있다. 어쨌든 이러한 지식이 그 대상의 시각적 경험보다 재현된 예술의 시각적 경험이 가치 있다고 말하는 이유일 수는 없다. 아리스토텔레스는 언급한 목표를 지지하면서 좀 다른 답변을 준다. 아리스토텔레스에게 있어서 예술은 우리가 그것을 보았던 것처럼 실재를 모방하는 데 있지 않다. 그에게서 예술은 개별자에서 보편자를 포착하는 것을 목표로 하여 세계의 이상화된 버전을 제시한다. 하지만 이러한 목표도 저명한 재현 예술에는 부차적인 것으로 보인다. 예컨대 인상주의 회화들의 경우 특히 순간의 모습을 포착하는 데에만 전념했다.

굿먼과 로페스의 재현에 대한 설명은 재현적인 예술의 조금 다른 목적과 가치를 제시한다. 굿먼의 경우, 언어가 세계를 생각하는 방식을 바꿀 수 있듯이 예술은 우리가 세계를 지각하는 방식을 변화시킬 수 있다(Goodman, 1976: 241, 260). 로페스의 경우, 회화적 재현은 재인 능력을 촉발시키기 때문에 회화는 우리의 재인 기술을 확장시키는 능력이 있다(Lopes, 1996: 149). 앞서 지적했듯이 굿먼의 제안처럼 지각의 가소성을 주장하는 급진적인 논제는 언어에서 워프의 가설*이 그랬듯 이제 더 이상 신뢰가 주어지지 않는다. 우리는 이전에 눈치채지 못했던 속성에 주목하거나 그것을 알아보도록 훈련받을 수 있다. 그리고 이러한 과정이 미적 감상의 훈련 과정이기도 하다. 그러나 굿먼은 이보다 더 급진적인 주장을 염두에 두고 있는 듯하다. 뿐만 아니라 예술이 우리로 하여금 실제 대상들을 더 민감하게 감상하도록 만들어 주는가 하는 것은 의문의 여지가 있다. 대개의 청취자들에게 일상의 소음은 모차르트의 피아노 콘체르토를 들은 후에 더 듣기 싫어지고, 접시에 담긴 실제 과일들은 유전적으로 진화된 것이라 할지라도 세잔의 정물에 그려진 과일과 비교하게 되면 시시해 보이기 때문이다. 로페스의 제안의 경우에서는, 우리가 실제 세계에서 만날 것 같지 않은 것에까지 재인 능력을 확장시키며 실제 세계에 대한 시각 경험과는 다른 시각 경험을 가지게 된다고 해도, 이러한 시각 경험이 가치 있는 것인지 잘 모르겠다. 나아가 사실주의 회화들도 이러한 능력은 가지지 않을 것 같고, 그렇다면 그러한 능력

---

* 벤저민 리 워프(Benjamin Lee Whorf, 1897-1941)의 가설 혹은 그의 스승이었던 에드워드 사피어(Edward Sapir)와 함께 1950년대 '사피어-워프 가설'이라는 명칭으로 널리 알려지게 된다. 그는 언어와 문화의 연관성을 고찰한 언어 인류학자 중 한 명으로, "인간의 습관적 언어 또는 문법은 그 화자가 세상을 보는 방법이나 행위에 영향을 준다"라는 주장을 한다. 또한 그는 북미 인디언 중 호피족의 시제와 서구 유럽 어족의 시제상의 문법적 차이를 비교하여, 시간에 대한 인식과 구분도 사실상 어떤 언어를 사용하느냐에 따라서 상이하게 나타날 수 있음을 주장한다. (네이버 지식백과 〈언어인류학〉에서 인용)

의 가치는 해명되지 못한 채 남는다.

재현이 믿는-체하기 게임에서 소도구로 기능한다는 켄달 월튼의 주장은 재현의 가치가 상상을 계발하는 데에 있다고 보는 것이다. 즉 상상을 통해 감상자 자신을 회화의 세계로 이입시키는 것에 있다고 보는 것이다. 그러니 이러한 주장도 시각 예술보다는 문학에 더 잘 맞아 보인다. 마치 마네가 그린 인물들이 서로의 시선뿐 아니라 감상자의 시선도 피하고 있는 듯할 때처럼, 몇몇 회화들은 월튼이 말한 게임을 고무시키는 듯 보인다. 그러나 예컨대 거울에 비친 상을 그린 초상화와 같은 회화들은 우리가 재현의 세계에 있다고 상상하도록 해 주지 않는다. 그리고 실제 광경을 보고 있다고 상상하는 것이 우리로 하여금 회화의 완벽한 감상에 필수적인 형식적, 감각적, 표현적 국면들에 집중하지 못하도록 할지도 모른다. 사실주의 회화들은 언급한 상상하기를 조장하는 반면, 예술가들은 종종 의도적으로 표현적이거나 형식적인 목적을 위해 재현을 왜곡하는 경우가 있다.

이와 반대로 플라톤의 질문에 대한 올바른 답변은 표현, 형식, 감각적 호소가 재현과 형성하는 이러한 관계를 부각시킨다. 재현이 지닌 가치를 감상한다는 것은, 색과 형태뿐만 아니라 대상, 인물, 무게, 깊이, 움직임, 제스처, 시선 등에서 긴장감과 균형감을 만들어 형식을 늘려 가는 방식, 그 형식과 그려진 요소들로부터 재현이 창발하는 방식, (예컨대 살색톤 같은) 색의 감각적 느낌들을 변화시키고, 색과 형태의 표현을 인물과 배경의 표현으로 확장시켜 예술가가 세계와 타인을 바라보던 관점을 우리로 하여금 보게 하고 시각적 매체를 통하여 이러한 예술가의 비전을 우리에게 전달하는 방식을 감상하는 것이다(Goldman, 1995; Budd, 1995). 재현적인 예술작품을 살피는 데 있어 이 모든 상호작용들을 고려해 본다면, 커튼 앞 탁자 위의 과일 접시를 보는 것보다 세잔의 정물화를 보는 것이 훨씬 더 매력적이고 보람된 이유를 찾는 것은 그리 어려운 일이 아니다. 따라서 예술의 재현에 대한 플라톤의 회의주의는 논박된다.

* 이 논문의 이해를 돕기 위해서 이 책에서 다음의 논문들을 찾아 읽으면 좋을 것이다.
⟨예술과 표현⟩, ⟨회화⟩, ⟨조각⟩, ⟨사진⟩, ⟨예술에서의 스타일⟩, ⟨예술과 지식⟩

참고문헌

Aristotle (1947). *Poetics*, trans. I. Bywater. New York: Modern Library.

Black, M. (1972). "How Do Pictures Represent?". in M. Mandelbaum (ed.), *Art, Perception, and Reality*. Baltimore: Johns Hopkins University Press.

Blinder, D. (1986). "In Defence of Pictorial Mimesis". *Journal of Aesthetics and Art Criticism* 45: 19–27.

Budd, M. (1992). "How Pictures Look". in J. Hopkins and A. Savile (eds.), *Psychoanalysis, Mind and Art*. Oxford: Blackwell.

_____ (1995). *Values of Art*. London: Penguin. 2장.

Danto, A. (2001). "Seeing and Showing". *Journal of Aesthetics and Art Criticism* 59: 1–10.

Feagin, S. (1998). "Presentation and Representation". *Journal of Aesthetics and Art Criticism* 56: 234–40.

Goldman, A. (1995). *Aesthetic Value*. Boulder, Colo: Westview Press.

Gombrich, E. H. (1960). *Art and Illusion*. New York: Pantheon.

Goodman, N. (1976). *Languages of Art*. Indianapolis: Hackett.

Gregory, R. L. (1964). "How the Eyes Deceive". in *Frontiers of Knowledge*, Modern World Series. London: HMSO.

Hagen, M. (1986). *Varieties of Realism: Geometries of Representational Art*. Cambridge: Cambridge University Press.

Hopkins, R. (1998). *Picture, Image and Experience*. Cambridge: Cambridge University Press.

Hyman, J. (1989). *The Imitation of Nature*. Oxford: Blackwell.

_____ (1992). "Perspective". in D. Cooper (ed.), *Companion to Aesthetics*. Oxford: Blackwell.

Kivy, P. (1991). *Sound and Semblance*. Ithaca, NY: Cornell University Press.

Kulvicki, J. (2000). "Imagistic Representation: Depiction, Perception, and the Contents of Experience". Ph.D. dissertation, University of Chicago.

Levinson, J. (1996). *Pleasures of Aesthetics*. Ithaca: Cornell University Press.

_____ (1998). "Wollheim on Pictorial Representation". *Journal of Aesthetics and Art Criticism* 56: 227–33.

Lopes, D. (1996). *Understanding Pictures*. Oxford: Clarendon Press.

Maynard, P. (1972). "Depiction, Vision, and Convention". *American Philosophical Quarterly* 9: 243–50.

Neander, K. (1987). "Pictorial Representation: A Matter of Resemblance". *British Journal of Aesthetics* 27: 213–26.

Novitz, D. (1977). *Pictures and their Use in Communication*. Dordrecht: Kluwer.

Peacocke, C. (1987). "Depiction". *Philosophical Review* 96: 383–410.

Plato (1952). *Dialogues,* trans. B. Jowett. Chicago: Encyclopedia Britannica.

Podro, M. (1998). *Depiction*. New Haven: Yale University Press.

Pole, D. (1974). "Goodman and the "Native" View of Representation". *British Journal of Aesthetics* 14: 68–80.

Robinson, J. (1994). "Music as a Representational Art". in P. Alperson (ed.), *What is Music?* University Park, Pa.: Pennsylvania State University Press.

Sartwell, C. (1991). "Natural Generativity and Imitation". *British Journal of Aesthetics* 31: 58–67.

_____ (1994). "What Pictorial Realism Is". *British Journal of Aesthetics* 34: 2–12.

Schier, F. (1986). *Deeper into Pictures*. Cambridge: Cambridge University Press.

Scruton, R. (1976). "Representation in Music". *Philosophy* 51: 273–87.

_____ (1981). "Photography and Representation". *Critical Inquiry* 7: 577–603.

Thouless, R. H. (1931). "Phenomenal Regression to the Real Object". *British Journal of Psychology* 21: 339–59.

Tormey, A. and Tormey, J. (1979). "Seeing, Believing, and Picturing". in C. Nodine and J. Fisher (eds.), *Perception and Pictorial Representation.* London: Praeger.

Vernon, M. D. (ed.) (1968). *Experiments in Visual Perception.* Baltimore: Penguin.

Walton, K. (1984). "Transparent Pictures". *Critical Inquiry* 11: 246–77.

_____ (1990). *Mimesis as Make-Believe.* Cambridge, Mass.: Harvard University Press.

_____ (1992). "Seeing-in and Seeing Fictionally". in J. Hopkins and A. Savile (eds.), *Psychoanalysis, Mind and Art.* Oxford: Blackwell.

_____ (1998). "Listening with Imagination: Is Music Representational?". in P. Alperson (ed.), *Musical Worlds.* University Park, Pa.: Pennsylvania State University Press.

Willats, J. (1997). *Art and Representation.* Princeton: Princeton Univerisity Press.

Wollheim, R. (1980). *Art and Its Objects*, 2nd edn. Cambridge: Cambridge University Press.

_____ (1987). *Painting as an Art.* Princeton: Princeton University Press.

_____ (1998). "On Pictorial Representation". *Journal of Aesthetics and Art Criticism* 56: 217–26.

제11장

예술과 표현

애런 라이들리(Aaron Ridley)
번역: 최근홍

1. 서론

감정의 표현이 예술의 주요 목표 또는 예술의 핵심요소에 속한다는 생각은 최소한 고대 그리스 시기까지 거슬러 올라간다. 많은 사람들은 이런 식으로 명시된 생각에 대해서는 반대하고자 하지 않았다. 가장 확고한 인지주의자나 도덕 개선론자조차도 최소한 일부 예술에서는 표현이 그 핵심요소 중 하나임을 인정했다. 설령 그들 자신은 다른 요소들이 지배적이라고 우기고 싶었어도 말이다. 심각한 불일치가 나타나는 경우는 오직 '표현'이 실제로 무엇을 의미하는지를 말하려 시도할 때뿐이다.

　　이 글의 목적상 나는 '일상인(Everyman)'이라는 인물을 설정하고자 한다. 내가 상상하는 일상인은 예술적 표현에 관해 한두 번쯤 생각해 보고 믿을 만한 것을 믿는 사람이다. 일상인의 관점은 다음과 같다. 예술가가 관련되는 한, 표현적 예술이 나타난다. 왜냐하면 예술가는 무언가를 느끼기 때문이다. 어쩌면 예술가는 창작의 순간에 무언가를 느낀다. 또는 워즈워스(Wordsworth)가 말한 대로 예술가는 '평온함 속에서 쌓인 감정'을 통해 창작한다. 아니면 예술가는 단지 어딘가 '거기에' 있는 것으로 알고 있는 어떤 것을 꺼내 놓으려는 충동을 느낀다. 그러나 어느 쪽이든 예술적 표현은 예술가가 느끼는 방식에 관해 무언가를 표현한다. 예술가는 자신이 느끼는 것을 표현함으로써 특정한 종류의 대상, 즉 예술작품을 창작한다 — 그리고 이 경우 예술작품은 특정한 방식으로 그 느낌이 무엇인지, 또는 무엇이었는지를 보여 준다. 어쩌면 예술작품은 그러한 느낌을 묘사하거나 환기함으로써 — T. S. 엘리엇(Eliot)이 말하듯이 그 느낌의 '객관적 상관물(objective correlative)'이 됨으로써 — 그런 일을 한다. 혹은 어쩌면 예술작품은 그러한 느낌이 가지는 특정한 성질을 또는 성질들의 집합을 공유함으로써 그런 일을 한다. 그러나 그 일을 어떻게 하건 예술대상은 어쨌든 예술가가 느낀 것을 암시하거나 보여 준다. 그렇다면 이제 감상자는 예술가가 창작한 대상을 경험한다. 종종 감상자는 그 대상을 통해 어떤 것들을 느끼게 된다. 아마 감상자의 느낌은 (예컨대 공감이나 감탄의 형태로) 그 예술가에게 향할 것이다. 아니면 아마도 감상자는 예술가가 느낀 것을 느끼는 것이다 — 어쩌면 레오 톨스토이(Leo Tolstoy)의 말대로 감상자는 예술가가 갖는 느낌에 '전염되는' 것이다. 또는 감상자는 그 대상에 의해 동요되어 전적으로 자신 스스로 느낌들 속으로 빠져든다. 이러한 생각을 다함께 고려해 보면, 이른바 '일상인'의 관점이라 할 수 있는 잠정적 입장(proto-position)은 완벽하게 잘 포착된다. 즉 예술적 표현은 예술가가 무언가를 느낀다는 것에 관련되며, 예술가는 그것을 자신의 작품에서 구현하고 종종 결과적으로 감상자의 마음을 움직인다.

'일상인'은 물론 전적으로 옳다. 비록 '일상인'의 관점이 모호해서 있는 그대로 받아들이기는 어렵다고 해도 말이다. 나는 이 글의 말미에서 우리가 '일상인'의 관점을 어떻게 받아들여야 할지를 제안하고자 시도할 것이다. 하지만 우선 '일상인'의 관점에서 나타날 수 있는 문제점들을 살펴보는 방식으로 이 관점을 이해해 보는 것이 유용할 것이다. 문헌에는 이러한 이해 방식과 많은 공통점을 갖는 표준적인 관점이 최소한 하나 있으며, 이는 과장이 아니다. 19세기의 가장 위대한 소설들 가운데 두 권을 집필하고 열성적인 기독교인으로 여생을 보낸 톨스토이는 자신의 짧은 저서인 《예술이란 무엇인가?》(What Is Art?)에서 다음과 같은 주장을 옹호했다.

> 우리가 한때 경험한 어떤 감정을 우리 자신 안에서 환기시키는 것 그리고 … 그럴 경우에 움직임들, 선들, 색들, 소리들 또는 말로 표현된 형태들로써 그 감정을 전달하여 다른 사람들이 그 동일한 감정을 경험하도록 하는 것 — 이것이 예술의 활동이다. … 예술은 이것으로 구성된 인간 활동이다. 즉 어떤 사람은 자신이 살면서 느낀 감정들을 특정한 외부 기호들을 통해 의식적으로 다른 사람들에게 넘겨주고, 다른 사람들은 이러한 감정들에 전염되며 그 감정들을 경험한다. … (그러므로) 예술은 사람들을 그 동일한 감정들 속에서 하나로 묶어 주는 합일의 수단이다. … (Tolstoy, 1996: 51)

여기서 톨스토이의 진술은 단호하며 분명 애매하지 않다. 예술의 기능은 예술가의 감정을 감상자에게 전달하는 것이다. 즉 예술작품의 역할이란 단순히 예술가의 감정이 흐르는 도관(導管)의 역할이다. 《예술이란 무엇인가?》의 다른 곳에는 톨스토이가 이것보다는 더욱 미묘한 어떤 것을 염두에 두었을 수 있다는 점이 암시되어 있으며, 실제로 이것을 전제해야 이해되는 구절들도 있다. 하지만 현재 목적상 이런 세부사항들은 제쳐 둘 수 있다. 단지 우리는 톨스토이가 위의 인용된 구절에서 말한 것을 진정으로 의미했다고 받아들이도록 하자.

표현을 이해하는 이런 방식 — 이것을 전달 이론이라고 부르자 — 은 '일상인'의 직관과 분명 일관적이다. 하지만 '일상인'은 이것이 자신의 일부 다른 직관에 어긋나거나 최소한 그것과는 삐걱거린다고 생각하게 될 수도 있다. 전달 이론에 따르면 예술작품은 그것을 통해 전달된 감정을 단순히 담고 있는 무언가로 이해된다. 즉 예술작품은 예술가의 감정을 감상자에게 다다르게 할 목적을 위한 수단에 불과하다. 그리하여 원칙상 예술작품이 그 감정을 효과적으로 전달하는 것이라면, 그것은 무엇이든 다른 무언가로 대체될 수 있을 것이다. 예를 들어 에드바르트 뭉크(Edvard Munch)가 재능 있는 화학자였다면 그는 〈절규〉(The Scream)를 그리는 대신 약을 만들었을 것이고, 그 약은 이 그림에서 표현된 감정들과 동일한 감정들을 그 약을 복용한 사람들에게서 이끌어 냈을 것이다.

'일상인'의 직관은 이 지점에서 몇 가지 이유로 저항하기 시작할 것이다. 첫째, 사태를 기술하는 현재의 방식에 의하면 회화로서의 〈절규〉를 그 자체로 가치 매김할 어떠한 이유도 우리에게 남지 않는다. 둘째, 약의 경우는 말할 필요도 없겠지만, 어쩌면 다른 어떤 그림을 통해서도 〈절규〉를 보고 얻은 그 똑같은 경험을 할 수 있다고 생각하는 것은 이상해 보인다. 그리고 셋째, 우리가 〈절규〉를 볼 때 보는 고뇌는 바로 그러한 선들과 색들로 포착된 그 인물의 그 얼굴이 가진 고뇌이다. 그 고뇌가 어쨌든 뭉크의 그림과 분리될 수 있다고 여기는 것은 최소한 그의 그림이 제안하는 경험의 한 가지 중요한 측면을 분명 거짓으로 만들 것이다. 이러한 점들 각각에서 전달 이론은 예술작품과 그것이 표현하는 감정 사이의 관계를 지나치게 외재적이고 우연적인 방식으로 파악하는 것처럼 보인다. 이것은 때때로 다음과 같은 생각으로 나타난다. 말하자면, 만약 우리가 예술작품을 단순히 특정한 부류의 도구 — 예컨대 예술가의 감정을 감상자에게 전달하기 위한 도구 — 로 취급한다고 주장하면, 결국 우리는 예술작품을 이해할 수 없거나 그것을 정당하게 다룰 수 없다.

그렇다면 전달 이론은 거부되어야 한다. 그러나 우리는 이 이론의 결함을 통해 배울 수 있다. 우리는 그 결함을 통해 '일상인'의 직관을 어떻게 설명해야 받아들일 만한가에 관해 꽤 많은 것을 알게 된다. 무엇보다도 예술적 표현에 대한 설명이 수용될 수 있으려면, 예술작품과 거기서 표현된 감정은 특정한 방식으로 관계 맺어야 한다. 그 방식이란 감정을 표현한다고 하는 예술작품의 역할이 예술가와 감상자 사이의 소통에 대해 우연적인 특징이 아닌 본질적인 특징이 되게끔 하는 것이다. 왜냐하면 예술적 표현이란 다름 아닌 예술가와 감상자 사이의 그러한 소통에 있기 때문이다. 이어지는 세 절에서, 첫째, 예술가가 표현적 예술작품과 맺는 관계, 둘째, 감상자가 표현적 예술작품과 맺는 관계 그리고 매우 간략하게, 셋째, 예술작품 그 자체를 고려함으로써, 나는 우리가 받아들일 만한 설명 방식에 적용될 제한조건을 구체화하려 시도할 것이다.

2. 예술가들

예술적 표현을 다룰 때 예술가가 중요한 역할을 맡는다는 생각은 자연스럽다. 어쩌면 비예술적인 일상적 맥락에서 사람들이 자기 자신을 표현할 때 행하는 역할을 통해 외삽함으로써, 예술가는 예술적 표현을 할 때 그러한 역할을 맡게 된다고 생각한다면, 이는 자연스러운 생각일 것이다. 예를 들어 누군가의 얼굴에 대해 그것이 즐거움을 표현한다고 말할 때, 우리는 거기에 드러난 즐거움이 그 사람 자신의 즐거움이며 그 얼굴 표정은 그 사람이 느끼는 즐거움을 통해 설명되어야 한다고 통상 받아들인다. 그렇다면 우리는 비예술적인 일상 속에서 표정이 사람의 상태를 드러내며 그 사람의 상태가 그 표정을 설명한다고 받아들이게 된다. 이와 동일한 것이 틀림없이 예술적 표현에도 적용된다고 가정하고픈 유혹이 따른다. 그 유혹이란 분노를 표현하는 예술작품은 예술가 자신의 분노를 드러낼 뿐만 아니라, 그러한 분노를 통해 설명되어야 한다는 가정이다. 하지만 상황은 이렇게 단순한 것이 아닐 수 있다.

　여기서 피터 키비(Peter Kivy)는 음악적 표현이라는 맥락에서 왜 이 유혹이 거부되어야 하는지에 관한 일반적인 이유를 제안한다.

우리가 음악에 대한 정서를 기술할 때 많은 부분, 어쩌면 대부분은 그 음악의 작곡가가 가진 마음 상태와 논리적으로 독립적이다. 반면 나의 꽉 쥔 주먹이 분노의 표현인지 아닌지는 내가 화가 난 것인지 아닌지에 논리적으로 의존한다. 설령 모차르트가 교향곡 사단조(K. 550)를 작곡하는 동안 행복했다는 증거를 발견했다고 해도, 내가 그 곡의 시작 마디들이 어둡고 음울하며 구슬프다는 특징을 가진다고 한 것을 수정해야 한다고는 생각할 수 없다. 하지만 이는 (현재의 가정에 따르면) 정확히 내가 해야만 할 일이었다. 마치 주먹을 꽉 쥔 사람이 화가 난 것이 아님을 발견한다면 더 이상 그 꽉 쥔 주먹이 화의 표현이라고 하길 중단해야 하는 것처럼 말이다. (Kivy, 1980: 14-15)

여기서 키비가 말하고자 한 요점은 (Tormey, 1971: 39-62를 따라) 어떤 것이 정서를 **표현함**(express*ing*)과 그것이 그 정서에 대해 **표현적**(express*ive of*)임은 서로 구분된다는 것이다. 전자의 경우 표현이란 내가 위에서 대략 설명한 그런 종류의 관계에서(즉 누군가의 표현이 그 사람의 상태를 드러내고 그 상태를 통해 설명되는 그런 관계에서) 누군가의 표현이고 그 사람의 상태와 관계가 있지만, 후자의 경우는 그렇지 않다. 후자의 경우 어떤 것이 정서에 대해 **표현적**이라면(키비는 세인트 버나드 개의 슬픈 표정을 생각해 보라고 권한다), 우리는 그 표현이 표현하는 사람(또는 개)의 마음 상태와 '논리적으로 독립적'이라는 점을 그 관계가 갖는 특징으로서 암시하고 있는 것이다. 키비는 세인트 버나드가 쾌활하다는 사실을 발견했더라도 그 개의 표정이 '슬프다'는 기술을 철회하지 않을 것이고, 이와 마찬가지로 모차르트가 교향곡 40번을 작곡할 당시 행복했다는 사실을 발견해도 그 곡의 시작 마디들에 대한 기술을 철회하지 않을 것이다. 키비는 이러한 설명을 받아들임으로써 음악적 표현이 — 그리고 더 일반적으로는 예술적 표현이 — 표준적으로 후자의 경우와 같은 '논리적으로 독립적'인 부류여야 한다는 점을 암시한다. 다시 말해, 음악적(예술적) 표현은 비예술적인 일상적 표현의 경우들을 통해 단순히 외삽하여 이해되어서는 안 된다는 것이다.

이 논증을 있는 그대로 평가하긴 어렵다. 왜냐하면 그 결론이 얼마나 강한 것으로 의도됐는지 분명하지 않기 때문이다. 특히 키비가 말하는 논리적 독립성을 무엇에 상응하는 것으로 받아들여야 할지가 불분명하다. 이 논증은 둘 중 하나의 방식으로 해석될 수 있다. 약한 해석에 따르면 예술적 표현은 단지 **때때로** 예술가의 상태와 '논리적으로 독립적'일 뿐이고, 강한 해석에 따르면 예술적 표현은 **본질적으로** 또는 전형적으로 예술가의 상태와 논리적으로 독립적이다. 먼저 약한 해석을 생각해 보자(이 해석을 뒷받침하는 근거는 아마도 키비가 오직 '많은 부분, 어쩌면 대부분'의 경우에서 논리적 독립성이 나타난다고 언급할 때 염두에 두었을 것이다).

누군가의 부고를 접했으나, 그 소식이 전적으로 달갑지 않은 것은 아닌 어떤 사람이 침울한 표정을 성공적으로 가장하는 경우를 상상해 보라. 그 사람이 성공적으로 가장하고 있다는 것의 의미는 다음과 같다. 첫째, 그 사람의 표정은 자신이 느끼는 바를 드러내지는 않지만 대신 다른 어떤 것을 암시한다. 둘째, 그 사람의 표정은 어쩌면 자신이 느끼는 바를(즉 무정하게 보이고 싶지 않다는 것을) 통해 설명되어야 하겠지만, 그의 표정이 암시하듯이 그가 침울한 상태에 있다는 사실을 통해 설명되어야 하는 것은 아니다. 그러므로 그 사람의 얼굴은 침울함에 대해 표현적이지만, 그 자신의 침울함을 표현하는 것은 아니다. 왜냐하면 그 사람은 전혀 침울하다고 느끼지 않기 때문이다. 여기서 혹자는 그러한 표현이 그 사람의 마음 상태와 '논리적으로 독립적'이라고 말하면서, 심지어 그 사람이 가장하고 있다는 사실이 발각되더라도 그 얼굴이 '침울하다'고 한 것을 철회하길 거부할지도 모른다. 그러나 이렇게 말하는 경우조차도 침울한 얼굴 표정이 일반적으로 그런 얼굴 표정을 짓는 사람의 마음 상태와 논리적으로 독립적이라고 말하는 것은 분명 아닐 것이다. 왜냐하면 이런 식으로 가장할 수 있는 것도 그 표정이 진정하게 예화된다는 배경이 있기 때문이다. 침울한 표정을 가장했을 때 이것이 진정으로 침울함을 **표현하는** 표정이라고 오인될 수 있는 이유는 오직 실제로 침울한 사람들만이 진정 침울해 보이기 때문이다. 그렇다면 이 경우 우리는 완전히 파생적이고 비전형적인 사례를 다루는 셈이다. 이 사례가 비전형적인 것은 얼굴 표정과 마음 상태가 분리되어 있음을 보여 준다는 정확히 그 이유 때문이다. 그러므로 여기서 나타나는 논리적 독립성이 어느 정도이든 이 사례는 보다 광범위할 뿐만 아니라 논리적으로 선행하는 배경인 논리적 의존성도 보여 준다. 달리 말하자면, 사람들의 표현이 그들의 마음 상태에 대해 전형적으로 또는 표준적으로 독립적인 것은 아니라는 점이 이 사례에서 드러난다. 키비에게 던지는 질문은 이제 다음과 같다. 왜 모차르트의 교향곡 사단조를 사람이 아닌 개의 경우와 동일시하길 선호하는가? 왜 그 교향곡의 침울한 표현이 구슬픔을 가장하는 사람의 '침울한' 얼굴이 아니라 세인트 버나드의 '슬픈' 얼굴과 유비된다고 이해하는가? 다르게 말해 보자면, 표정을 가장하는 사람이 보이는 침울한 얼굴에는 침울한 사람들이 침울해 보인다는 배경이 있으며 이 배경이 분명하게 드러나고 활용되는 데 비해, 행복한 모차르트가 작곡한 교향곡의 침울함에 대해서는 왜 침울한 작곡가들이 침울한 음악을 작곡한다는 배경을 앞의 경우와 정확히 같은 방식으로 분명하게 보여 주고 활용하도록 가정하지 않는가? 키비는 자신의 선호에 대해 아무런 이유를 제공하지 않는다. 따라서 키비는 비전형적이고 파생적인 경우들을 제외하고는 음악적 표현 또는 예술적 표현이 예술가의 마음 상태와 '논리적으로 독립적'이라고 믿을 근거를 아무것도 제공하지 않는다. 그렇다면 약한 해석은 보편적 중요성을 가진 결론을 전혀 산출해 내지 못한다. 그러므로 약한 해석은 분명 너무 약해서 비예술적이고 일상적인 표현을 통해 외삽하여 예술적 표현을 이해하는 일이 불가능함을 확고히 할 수 없다.

예술가와 표현 사이의 '논리적 독립성'을 보여 주는 사례들이 단지 '많은 부분, 어쩌면 대부분'일 뿐이라고 주장함에도 불구하고, 키비가 자신의 논증에 대해 진정으로 염두에 둔 것은 강한 해석임이 분명하다. 키비는 자신의 저서* 나머지 부분에서 '논리적 독립성'을 표준적인 또는 전형적인 것으로 다룬다. 게다가, 면밀하게 살펴보면 강한 해석은 표현을 가장하는 사람들이 던지는 난관을 어떻게든 틀림없이 우회한다는 점도 분명하다.

---

* 이때 키비의 저서는 *The Corded Shell: Reflections on Musical Expression*을 가리킨다.

강한 해석은 다음을 규명해야 할 필요가 있다. 설령 침울한 음악이 침울한 작곡가에 의해 작곡된 적이 한 번도 없더라도, 행복한 모차르트는 침울한 교향곡 사단조를 작곡했을 것이다. 만약 이것이 규명될 수 있다면, '논리적 독립성'을 보여 주는 모든 분명한 사례가 실제로는 보다 심층적이고 논리적으로 선행하는 의존성을 배경으로 사용한다는 가정은 전혀 보증되지 않을 것이다. 앞서 가장(된 표현)을 설명할 때는 그런 가정을 해야 했지만 말이다. 내가 이미 말했듯이 키비 자신은 우리가 여기서 더 나아갈 만한 아무것도 제공하지 않는다. 그러나 침울한 예술가가 침울한 예술작품을 창작한 적이 전혀 없다 해도 침울한 예술은 있을 수 있다는 주장은 분명 초견적 타당성을 갖는다. 이런 식의 주장을 가장된 얼굴 표정에 적용할 경우 그 주장은 최소한 액면 그대로는 타당하지 않다. 이것이 왜 그러한지는 따져 볼 만한 가치가 있다.

나는 다음과 같이 대답할 수 있다고 생각한다. 우울함을 가장한 얼굴 표정은 진정 우울해서 짓는 얼굴 표정이라는 배경에 의존하는데, 이때 '진정한' 표정은 누군가 우울하다고 느끼기 때문에 짓는 표정이다(즉 그 사람의 표정은 자신의 우울함을 드러낼 뿐만 아니라 그 우울함에 의해 설명된다). 여기까지는 분명 사실이다. 하지만 이것은 다시 생각해 보면 다음과 같이 되기 쉽다. 가장된 얼굴 표정은 어떤 배경에 의존하지만, 그 배경은 단순히 진정한 얼굴 표정이 아닌 **자연적** 얼굴 표정이다. '인위적인' 것이 '자연적인' 것과 '진정한' 것 모두와 반대된다는 사실 덕분에 우리는 이런 생각이 들기 쉽다. 사실이든 아니든 바로 이런 생각 때문에 예술적 표현과 일상적 표현이 판이하게 다른 부류인 양 보인다. 왜냐하면 예술은 — 사람의 얼굴 혹은 그 얼굴의 생김새와는 다르게 — 인위적인 데다 관습에 크게 의존하며, 따라서 '자연적인' 양태의 표현이 전혀 아니라고 여길 수 있기 때문이다. 그렇다면 표정을 가장하는 일이 그 표정의 '자연적임'이라는 배경에 의존하는 그 정도까지는, 가장된 얼굴 표정과 달리 가장된 예술적 표현은 불가능해 보일 것이다. 그러므로 또한 가장된 예술적 표현은 — 말하자면, 세인트 버나드 개의 얼굴과는 다르게 — 무언가를 느끼는 예술가가 어떻게 다른 무언가에 대해 표현적인 예술작품을 창작할 수 있는가를 설명할 때 아무 쓸모가 없는 것처럼 보일 것이다. 이 점 때문에 우리는 강한 해석이 반영된 주장, 즉 본질적으로 또는 전형적인 경우 예술적 표현은 예술가가 느끼는 감정과 '논리적으로 독립적'이라는 주장에 보다 근접하며, 그리하여 더욱 일반적인 주장, 즉 예술적 표현은 일상적인 비예술적 표현 사례들을 통한 외삽으로 이해될 수 없다는 주장에 보다 가까워지는 것처럼 보인다.

내가 보기에는 이것 중 어느 것도 설득력이 전혀 없다. 만약 내가 의심하는 바대로 진정한 것에서 자연적인 것으로의 이행이 보증되지 않는다면, 즉 표현을 가장하는 것이, 말하자면 (단지) 진정한 표현이 아니라 자연적으로 진정한 표현이라고 생각할 이유가 없다면, 우리는 이전에 비해 강한 해석이 요구하는 결론에 보다 근접한 것이 아니다. 하지만 설령 그러한 이행이 **보증된다** 해도 — 그리고 잠시 그것이 보증된다고 가정하자 — 여전히 추가적인 중요한 논증 작업 없이는 그 이행을 통해 요구되는 결론을 확보할 수는 없을 것이다. 그러한 논증 작업으로서 우리는 다음의 두 가지를 보여야 할 것이다. 첫째, 가장될 수 있는 모든 종류의 비예술적인 일상적 표현은 유관한 의미에서 자연적이다. 둘째, 예술적 표현은 어떠한 전형적 또는 표준적 사례에서도 그런 의미에서 자연적이지 않다. 나는 둘 중 하나라도, 더 나아가 둘 모두가 순환적이지 않은 방식으로 보일 수 있을지가 매우 의심스럽다. 첫 번째 논증에서는, 이를테면 상당수의 일상적인 — 그리고 빼어나게 가장할 수 있는 — 표현이 언어적이라는 사실을 설명해야만 할 것이다. 추정컨대 두 번째 논증에서는, 만약 구어(spoken language)를 정의하는 관습들이 겉보기에도 불구하고 실제로는 유관한 의미에서 '자연적'이라면, 왜 예술적 표현을 지배하는 관습들은 자연적이지 않은가를 설명해야 할 것이다. 요점을 다르게 말하자면, 만약 두 번째 논증에서 예술적 관습들이 어쨌든 '내내' 관습적임을 보이는 데 성공했다면, 첫 번째 논증에서는 가장할 수 있는 일상적 표현은 자연적인 것으로 허용되는 특정한 한계 내에서가 아니라면 관습적이지 않음을 보여야 할 것이다. 이 논증들이 어떻게 함께 묶여서 순환에 이르게 되고 약정상(in stipulation) 선결문제 요구의 오류에 빠지는지를 아는 일은 어렵지 않다. 즉 일상적인 것은 단지 자연적인 것이다. 예술적인 것은 단지 관습적인 것이다. 그리고 기타 등등.

　　나는 이것 중 어느 것을 통해서도 키비의 입장에 대한 강한 해석을 구제할 희망은 조금도 없다고 제안한다. 다시 말해, 예술작품이 표현하는 바가 표준적이거나 전형적인 경우 예술가의 상태와 '논리적으로 독립적'이라는 생각을 독려할 이유는 전혀 없다. 나는 수많은 이유들을 가지고 이 점을 고심해 보았다. 하지만 그것들 가운데 주요한 이유들은 예술적 표현이 표현의 특수한 사례이기에 실제로 매우 특별한 경우여야 한다는, 어쩌면 심지어 **독특한**(sui generis) 경우여야 한다는 생각을 물리치는 데 집중되어 있었다. 지금까지의 논의에서는 이 생각이 사실이라고 암시하는 것은 없다. 그러므로 "설령 모차르트가 교향곡 사단조를 작곡하는 동안 행복했다는 증거를 발견했다고 해도, 내가 그 곡의 시작 마디들이 침울하다는 특징을 가진다고 한 것을 수정해야 한다고는 생각할 수 없다"고 키비가 언급한 단지 그 사실만으로는 분명 그러한 과장된 귀결에 이르지 않는다. 게다가, 우리는 단지 그 사실 때문이라면 모차르트가 가장하지 않았을 수도 있지 않을까 생각해 볼 필요도 없다. 논리적 독립성에 대한 논의를 사소한 것으로 여기게 할 목적이 아니라면 말이다. 왜냐하면 사실은 키비가 모차르트 교향곡에 대한 묘사를 (매우 정당하게) 철회하지 않으려 하는 이유를 완벽하게 일상적인 방식으로 설명할 방법이 있기 때문이다. 그 설명에 따르면 히틀러가 사적으로는 온순하며 겸양의 덕을 가졌다는 점이 '발견'되었다고 아무리 상상해도, 그의 과대망상을 공공연하게 보여 주는 증거가 항상 그러한 발견을 뛰어넘는 것처럼, 모차르트 교향곡 그 자체의 증거는 키비가 스스로 발견했다고 여긴 상상적 증거가 무엇이든 그것을 뛰어넘는다. 게다가, 히틀러가 사적으로는 어떻게 살았다고 알려지든 그것 때문에 결국 그의 과대망상이 그와 '논리적으로 독립적'이라고 생각하게끔 되는 것은 아닌 것과 마찬가지로, 모차르트의 작품이 갖는 표현적 속성들과 모차르트를 완전히 떼어 놓는 일이 그럴듯하다고 여길 만한 부류의 발견 — 그것이 무엇일 수 있겠는가? 편지? 수첩의 기록? — 은 없다. 요컨대 키비는 예술작품이 그 자체로 예술가가 실제로 무엇을 느꼈는지를(혹은 그가 어떤 정서적인/상상적인 상태에 있었는지를) 명백히 보여 주는 증거 — 그리고 존재하는 최선의 증거 — 일 수 있음을 간과했다.

내 생각에 키비는 모차르트의 교향곡을 개의 얼굴과 동일시하려는 어떤 심층적인 욕구 때문에 그러한 가능성을 받아들이지 않는 것이 전혀 아니다. 오히려 그가 그러한 가능성을 거부한 것은 그 교향곡을 예술작품으로서 감상하고 비평하는 데 주목하지 않고 예술가라는 역사적 인물 쪽으로 선회할까 봐 우려했기 때문이다. 거칠게 말해서, 예술작품이 예술가의 마음 상태를 표현하는 — 즉 그것을 드러내고 그것에 의해 설명되는 — 것으로 받아들여질 경우, 키비가 걱정했던 것은 "여기서 표현된 것은 무엇인가?"라는 물음에 대한 대답이었다. 왜냐하면 그 물음은 마치 예술가의 마음 상태에 관한 증거에 비추어 답변되어야 할 것인 양 보일 수 있기 때문이다. 예술가의 마음 상태는 예술가가 실제로 만든 예술작품과는 무관할 수 있는데도 말이다. 게다가, 예술가들이 무엇을 하는지를 그들 스스로 이야기해 온 것들 중 일부는 키비의 이러한 우려를 부채질한다. 살펴보았듯이 톨스토이는 예술가가 '겪어 온' 감정들이 감상자에게 전달되도록 의도된 '외적 기호들'의 집합으로서 예술을 논한다. 그리하여 그는 "외적 기호들이 무엇을 지시하는가?"라는 물음이 예술가가 사실상 어떤 감정들을 겪어 왔는가를 물어봄으로써 가장 잘 해결된다고 생각하도록 조장한다. 또한 워즈워스는《서정 시집》(Lyrical Ballads) 서문에서 다음과 같이 말한다. 시는,

> 평온함 속에서 회상된 감정에서 유래한다. 그 평온함이 일종의 반응에 의해 점차 사라지고 관조의 대상 앞에서 느꼈던 것과 유사한 어떤 감정이 서서히 나타나서 그 자체로 마음속에 실재할 때까지 그 감정은 관조된다. 성공적인 시작(詩作)은 일반적으로 이런 분위기 속에서 출발한다. … (Wordsworth, 1995: 23)

그리고 T. S. 엘리엇은 〈햄릿〉(Hamlet)에 관한 에세이에서 다음과 같이 말한다.

> 예술형식 속에서 감정을 표현하는 유일한 방도는 '객관적 상관물', 즉 저 **특별한** 감정의 공식이 될 일단의 대상들, 상황, 일련의 사건들을 찾는 것이다. 그리하여

감각 경험으로 끝나기 마련인 외부 사실들이 주어질 때 그 감정은 즉각적으로 환기된다. (Eliot, 1932: 145)

워즈워스는 시가 무엇을 표현하는지가 아니라, 시작(詩作)이 개시되기 전에 시인의 '마음속에' 어떤 감정이 존재했는지를 우리에게 물어보게끔 한다. 거의 같은 방식으로 엘리엇은 단지 그 '**특별한 감정**'이 무엇이었겠는가를 묻게끔 한다. 이때 예술가는 그 감정의 '객관적 상관물'을 찾는 데 성공했을 수도, 아닐 수도 있다. 톨스토이와 마찬가지로 여기서 워즈워스와 엘리엇은 전달 이론에 지나치게 매몰됨으로써 예술적 표현에서 예술작품의 역할을 최소화하거나 잘못 파악할 실질적인 위험에 처해 있다.

이 정도까지는 표현에서 예술가에게 맡길 역할에 대해 신중을 기하는 키비가 옳다. 그러나 예술가를 본연의 자리에 위치시키기 위해 꽤 많은 것이 필요하다고 해도, 이를 위해 예술작품이 표현하는 바와 예술가가 느낀 바 사이의 논리적 독립성을 입증하는 것은 과도하다 — 사실 거의 정반대의 일이 요구된다. 살펴보았듯이 단지 말보다는 행동이 내는 목소리가 더 크다는 일상적인 사실 — 즉 우리가 어떻게 느끼는지는 우리가 어떤 행동을 하는지, 어떻게 행위하는지를 통해서만 드러날 수 있다는 점 — 을 떠올리는 일이 필요하다. 그러므로 우리는 통상 예술작품의 제작이 특별히 풍부하고 반성적이며 정교한 종류의 행위라는 사실로부터 예술작품이 예술가의 상태에 대한 최선의 가능한 ('논리적') 증거를 제공한다고 결론 내리고, 또한 예술작품이 표현하는 바는 그러한 상태를 드러내며 그러한 상태를 통해 설명되어야 한다고 결론 내려야만 한다. 이 결론 덕분에 '일상인'의 직관을 그럴듯한 방식으로 설명하려는 모든 시도에는 다음과 같은 제한조건이 부가된다. 즉 사람이 자신의 행위 **속에서** 존재하는 것으로 보여야 하는 것과 마찬가지로, 예술가는 자신의 작품과 분리되거나 그것의 배후에서, 무엇보다도 그것과 '논리적으로 독립하여' 존재하는 것이 아니라 그 작품 **속에서** 존재하는 것으로 보여야 한다.

3. 감상자들

'일상인'의 잠정적 입장에서 보자면 예술적 표현은 특정한 방식으로 감상자의 마음을 움직이는 데 관련된다. '일상인'은 이런 입장이 최소한 다음과 같은 한 가지는 의미하지 않는다고 말하는 편이 낫다. 예술작품은 감상자가 느끼는 바가 무엇이든 그것을 표현한다고 말이다. 이것을 금하는 데에는 많은 이유들이 있겠지만 가장 단순하고 직접적인 이유는 다음과 같다. X와 Y는 서로 다르고, 우리가 어떤 예술작품이 Y를 표현한다고 인식한다는 정확히 그 이유 때문에 그 예술작품은 우리에게 X를 느끼게끔 만들 수 있다. 가령 〈절규〉가 고양감에 대해 표현적이게끔 하는 어떤 것도 그 작품 안에는 없는데도, 〈절규〉를 볼 때 나는 이상한 고양감을 느낀다고 해 보자(상황은 더 이상하게 될 수도 있을 것이다). 그렇다면 어떤 표현을 목격한 사람이 느낀 것이 바로 그 표현된 것이라고 자동적으로 받아들이는 일은 일상적 표현의 경우라고 해서 달라질 것이 없다(당신은 반가움을 표현했지만 결국엔 그것이 나를 슬프게 할 수도 있다). 만약 예술적 표현이 정말로 감상자의 느낌과 관련된다면, 그러한 관련성은 이것보다는 더 치밀한 방식으로 설명되어야 할 것이다.

예술적 표현에서 감상자의 느낌이 수행하는 역할에 대해 회의적인 생각을 갖는 것은 물론 적절할 수 있다. 사람들이 표현적인 예술을 경험함으로써 사실상 빈번하게 마음이 움직인다는 것은 인정하면서도, 여전히 이것이 예술적 표현을 이해하는 데 어떤 중요성을 지닌다는 점은 부정하는 의견이 있을 수 있다. 예를 들어 어떤 사람은 특정 예술작품을 경험할 때 그 작품을 통해 자기 자신에게 연상되는 것들 때문에 특정한 방식으로 무언가를 느낄 수 있다. 그러므로 이를테면 누군가는 베토벤의 교향곡 6번을 감상할 때 자신의 유모가 떠올라서 연약함을 느끼는 반면, 〈지옥의 묵시록〉(Apocalypse Now)을 통해서는 그것을 처음 볼 당시 자신이 앉은 뒷줄에서 일어난 일이 기억나서 히죽거릴 수 있다. 이런 사례들의 경우 감상자의 반응은 아무리 그 감상자에게 의미 있는 것이라고 해도, 그러한 반응을 유발하는 작품의 표현적 특성들과 관련된 문제들에 대해서라면 전적으로 외재적이다. 따라서 그런 반응은 예술적 표현을 이해하려는 시도와는 무관함이 분명하다.

이 점은 다소 덜 분명할 수는 있겠지만 다른 부류의 사례에도 적용될 수 있다. 많은 사람들이 주장했듯이(예컨대 Feagin, 1996을 보라) 주어진 예술작품에 대한 경험이 그 작품에 대한 감상자의 감정적 반응을 통해 채색되고 알려지지 않는다면, 감상자는 그 작품을 완전히 이해하는 상황에 있지 못할 것이라는 점은 사실일 수 있다. 그러므로 예컨대 〈리어왕〉(King Lear)의 한 훌륭한 공연을 볼 때 글로스터(Gloucester) 백작이 눈이 먼다는 것 때문에 오싹해지지 않았던 사람은 묘사된 그 사건의 진정한 성격을 감상하지 못했을 것이라는 생각이 그럴듯하게 제안될 수 있다. 만약 이것이 옳다면, 이는 특정한 종류의 감정적 관여가 어떤 부류의 미적 감상에는 본질적일 수 있음을 암시할 것이다. 하지만 이 사례에서 감상자의 관여나 반응이 표현과 특별히 관계 맺을 필요가 있음을 보여 주는 것은 없다. 다르게 말해서, 감상자가 감정적으로 반응한다는 사실이 예술적 표현을 이해하는 데 기여하지 않더라도, 감상자는 표현적인 예술작품들을 통해 수없이 다양하고 가치 있는 방식들로 감정적으로 동요될 수 있다. 이것이 참이라면, 감상자에 관한 '일상인'의 직관은 잠시 제쳐 놓아야 할 것이다.

그렇다면 표현을 설명할 때 감상자의 반응이 놓일 자리는 어떻게 확보될 수 있을 것인가? 앞에서 서술한 내용은 감상자가 무엇을 느끼는지가 예술적 표현에 대한 설명과 관련 맺는 두 가지 조건들을 암시한다. 첫째, 감상자가 무엇을 느끼는지는 예술작품이 무엇을 표현하는지와 어떤 내재적인 방식으로 관련되어야 한다. 둘째, 감상자가 특정한 방식으로 느낀다는 것은 예술작품이 표현하는 느낌을 파악하는 데 본질적이어야 한다. 첫 번째 요구조건은 우리가 방금 논의한 두 번째와 세 번째 사례들, 즉 베토벤의 교향곡 6번과 〈지옥의 묵시록〉 사례를 배제한다. 사적인 연상에 기초한 반응들은 예술작품이 표현하는 바에 내재적으로 관련되지 않을 뿐 아니라 어떤 식으로든 예술작품에도 전혀 내재적으로 관련되지 않는다. 한편 어떤 예술작품이 무엇에 관한 것인지를 보도록 도와주는 반응들은 그 작품과 올바른 종류의 방식으로 관련되지만, 표현적 대상으로서의 그 작품에 관련될 필요는 없다. 두 번째 요구조건은 이 절의 도입부에서 논의된 사례를 배제한다. 고양감이라는 나의 가상적 반응은 분명 〈절규〉에 표현된 분노와 내재적으로 관련된다. 하지만 나는 거기서 표현된 분노를 파악하기 위해 고양됨을 느낄 필요는 없다. 그런데 두 번째 요구조건은 이것 이상의 것도 의미하게끔 되어 있다. 즉 그 요구조건은 다음과 같은 종류의 가능성도 배제하게끔 되어 있다.

가령 내가 표현적인 예술작품을 경험할 때마다 그 작품이 표현하는 감정을 느낀다고 해 보자. 예컨대 나는 〈절규〉를 볼 때마다 분노를 느끼고, 모차르트의 교향곡 사단조의 시작 마디들을 들을 때마다 어둡고 음울하며 구슬픈 감정에 사로잡힌다. 사실 나는 톨스토이가 염두에 둔 그런 부류의 사람이다. 즉 나는 언제나 예술작품들이 표현하는 감정에 '전염'된다. 나의 반응이 첫 번째 요구조건을 만족한다는 점은 여기서 의문의 여지가 없다. 나는 작품에서 표현된 감정 때문에 내가 느끼는 바를 느낀다. 하지만 나에 관한 이런 사실 때문에 내가 아무리 흥미롭거나 강렬한 미적 경험을 하게 된다 해도, 이 사례에서 어떤 것도 그것 자체로는 예술적 표현의 분석에 필수적임이 암시되지 않는다. 이에 대한 이유가 두 가지 있다. 첫째, 나의 반응은 나에게만 특수한 것일 수 있다. 결국 이런 식으로 반응하는 것은 사적인 연상에 기초해 반응하는 것만큼이나 개인 특이성을 보이는 것일 수 있다. 그러므로 이것이 나의 반응 방식이라는 사실로부터는 표현에 관한 일반적인 종류의 결론은 도출될 수 없다. 둘째, 상이하게 반응했거나 전혀 감정적으로 반응하지 않은 사람이 무언가를 놓치고 있을 것이라고 생각할 이유가 없다. 표현적 예술에 대한 그런 사람들의 경험은 나의 경험과 같지 않겠지만, 그것은 예술작품의 특징들을 주목하고 감상하는 그들의 능력에 관해서는 아무 것도 보여 주지 않는다. 물론 나는 그 작품이 표현하는 바를 느낌으로써 그 작품에 반응하는 것이지만 말이다. 그러므로 이 사례는 위에 제시된 두 번째 요구조건 — 감상자가 무엇을 느끼는지는 예술작품이 무엇을 표현하는지를 파악하는 데 본질적이어야 한다는 것 — 을 만족하지 못한다.

그러므로 예술적 표현을 분석할 때 감상자의 반응이 필수적일 수 있는 유일한 방법은 예술작품이 표현할 수 있는 것 중 최소한 일부를 파악할 때 또는 그러한 것의 최소한 일부 국면을 파악할 때 감상자의 반응 중 최소한 일부가 필수적인 경우이다. 이는 사실상 이전 절에서 개괄된 입장에서 파생된 귀결들로 나타난다. 즉 예술적 표현을 분석할 때 필수적인 종류의 감상자 반응은 ① 작품의 표현적 속성이 무엇인지 파악되게끔 드러내고, ② 작품이 그런 표현적 속성들을 갖는다는 사실을 통해 설명된다. 여기서 기본적인 생각은 존 듀이(John Dewey)가 언급한 적 있는 어떤 것과 유사하다.

> 단순한 인식은 적절한 꼬리표나 이름표가 붙을 때 만족된다. 이때 '적절한'은 인식 행위 바깥에 있는 목적에 기여함을 의미하는 표현이다 — 판매원이 샘플을 통해 제품을 식별하듯이 말이다. 이 단순한 인식은 유기체의 동요나 내적 움직임에 관련되지 않는다. 하지만 지각 행위는 유기체 전체를 거쳐 연쇄적으로 확장하는 물결들을 통해 진행된다. 그러므로 지각에는 감정이 **추가된** 보기나 듣기 같은 것은 없다. 지각된 대상이나 장면에는 감정이 이미 만연해 있다. (Dewey, 1980: 55-6)

감정 없는 반응은 작품의 특정한 표현적 속성들을 '인식'하는 것일 수 있다. 그러나 그 속성들의 완전한 풍부함과 특이성을 파악한다는 것은 그것들을 '지각'하는 것이다. 이런 부류의 입장은 최근에 많은 사람들이 음악적 표현에 대해서 어쩌면 가장 흔하게 취하는 견해다. 그러므로 예컨대 맬컴 버드(Malcolm Budd)의 제안에 따르면, 음악에 대한 상상적 몰입 덕분에 '청자는 독특하게 생생하고 만족감을 주는 통렬한 형식 속에서 정서적 상태들의 내적 본성을 상상적으로 (혹은 실제로) 경험할' 수 있다(Budd, 1995: 154). 게다가, 제럴드 레빈슨(Jerrold Levinson)의 언급에 따르면, '음악에서 감정을 지각하는 일과 음악으로부터 감정을 경험하는 일은 사람들이 생각하는 것만큼 그렇게 원칙상 서로 구별될 수 있는 것이 아닐 수 있다. 만약 그렇다면, 음악을 미적으로 감상할 때 우리가 정서적 성질들에 대응하는 어떠한 것도 느끼지 않고 단순히 그 성질들을 인식한다는 제안은 경험적으로 믿기 힘들 뿐만 아니라 개념적으로도 문젯거리일 수 있다'(Levinson, 1982: 335). 로저 스크루턴(Roger Scruton)도 다음과 같이 지적한다. "'무언가와 같은 것처럼' 느껴지는 것이 있을 수 있다. … 나는 일인칭 시점에서 어떤 제스처를 볼 때 단지 그것을 하나의 표현으로만 보는 것이 아니다. 나는 그 제스처를 통해 암시되는 마음 상태까지 완전하게 파악한다". (Scruton, 1983: 96, 99. Ridley, 1995: 120-45와 Walton, 1997: 57-82 또한 보라)

감상자의 반응이 갖는 의미에 관해, 또는 심지어 그런 반응이 있을 가능성에 관해 현재 문헌에서는 합의된 바가 거의 없다. 많은 사람들은 감상자가 느끼는 감정이 예술작품을 통해 표현된 감정과 본질적으로 독립적이라고, 따라서 그것은 예술적 표현에 대한 어떠한 설명과도 우연적이라고 간주하는 편이다. 이 절에서의 논의는 이런 입장이 예술가의 감정에 관련된 유사 입장보다 훨씬 더 그럴듯하다는 점을 암시한다. 내 생각일 뿐인지는 모르겠지만 그래도 나는 '일상인'의 입장을 고수하고자 한다. 당신의 상황이 실제로 어떠한가를 파악하기 위해서는 때때로 내가 당신 입장에 서 보아야 — 말하자면, 당신 얼굴의 표정을 안으로부터 느끼려 시도해야 — 하는 것처럼, 때때로 나는 오직 예술작품에 감정적으로 반응함으로써 — 심지어 그 작품과 공명함으로써 — 그 작품의 온전한 표현적 요점을 파악한다. 그렇다면 다시 한 번 나는 일상적인 표현의 사례들을 통해 외삽하는 것이 예술적 표현을 이해하고자 하는 가장 전도유망한 방법이라는 생각으로 기운다.

4. 예술작품들

나는 도입부에서 예술적 표현에 대한 설명이 받아들일 만하려면 예술작품과 거기서 표현된 감정이 특정한 방식으로 관계 맺어야 한다고 주장했다. 그 방식이란 감정을 표현한다고 하는 작품의 역할이 예술가와 감상자 사이의 상호작용에서 우연적 특징이 아닌 본질적 특징이 되게끔 하는 것이었다. 이 주장을 예술가 쪽에서 보자면 표준적인 경우 예술작품의 표현적 속성들은 예술가의 상태를 드러낼 뿐만 아니라 그 상태를 통해 설명되어야 한다는 생각에 이르게 된다. 이번에는 감상자 쪽에서 본다면 그 입장이 어쩌면 덜 분명하겠지만, 최소한 어떤 경우에는 예술작품의 표현적 속성들이 감상자의 반응을 통해 드러날 뿐만 아니라 그러한 반응을 설명해 준다는 점이 암시되어 있다.

이러한 생각들을 통해 우리는 예술적 표현을 설명할 때 '일상인'의 입장이 그럴듯하다고 여기는 데 무엇이 요구되는지를 전반적으로 잘 알게 된다. 물론 우리는 이를 통해 예술적 표현을 설명할 때 예술작품에 관해 어떤 종류의 논의가 필요한지도 알 수 있다. 말하자면, 예술작품은 표현적 속성들을 가지는 대상으로서 이해되어야 한다. 그리하여 이 속성들은 예술가의 감정을 드러내고 그 감정을 통해 설명될 수 있으며, (어쩌면) 감상자의 감정을 설명하고 그 감정을 통해 드러날 수 있다. 그러나 이것 너머의 일반적 본성에 대해서는 논의할 것이 거의 없다. 어떤 종류의 자원을 갖고 예술적 조작(manipulation)을 할 수 있느냐에 따라, 주어진 맥락에서 어떤 종류의 속성이 표현적일 수 있느냐에 따라, 그리고 그 속성이 어떤 방식으로 표현적일 수 있느냐에 따라 예술형식은 매우 다양하게 구분된다. 그렇다면 이 지점에서 예술적 표현을 완전하게 이해하려는 시도는 개별 예술 각각에 대한 이론에 달려 있음에 틀림없다. 예를 들어 춤의 표현적 본성은 그 춤이 포함하는 제스처와 인간이 감정을 표현할 때의 제스처를 연결함으로써 설명될 수 있다. 회화의 표현적 본성은 여건이나 분위기 — 예술 안팎에서 표현적인 함축을 가지는 특징들 — 에 호소함으로써 설명될 수 있다. 음악의 표현적 본성은 음악적 움직임과 이런저런 느낌을 가진 사람들의 움직임을 연결함으로써 — 이를테면 광란이나 격분에 대해서는 빠르고 과격한 음악을 짝짓는 식으로 — 설명될 수 있다. 시의 표현적 본성은 일상적인 감정 표현에 특징적인 용어나 리듬을 강조함으로써 설명될 수 있다. 비록 본질적으로는 동일한 물음에 답하려는 시도라고 해도, 그 문제점들과 가능한 해결책들은 다양한 예술 각각에서 매우 고유한 것이다. 이때 본질적으로 동일한 물음이란 다음과 같은 것들이다. 이 예술작품은 어떤 특징들 덕분에 표현적인가? 감상자가 어떤 작품을 표현적인 용어들로 특징짓게 된다면, 그런 부류의 작품에서 그 감상자가 주목하고 인식하며 지각하는 것은 무엇인가?

5. 진정한 표현

이제 마지막으로 '일상인'의 잠정적 입장이 예술적 표현을 만족할 만하게 — 그리고 적절하게 일반적으로 — 설명할 수 있으려면 무엇이 더 필요한가? 내가 보기에는 R. G. 콜링우드(Collingwood)가 《예술의 원리들》(*The Principles of Art*)에서 이 문제를 다루는 방식에 그 해답이 있다. 이 저서는 놀라울 정도로 난해하지만 여전히 경이롭다.

콜링우드의 기본적인 주장에 따르면 예술적 표현과 관련되는 무언가는 다름 아닌 일상적인 표현의 사례들과 관련된 무언가이다. 실제로 그는 어떤 곳에서는 "우리 각자의 모든 발화와 제스처는 하나의 예술작품이다"(Collingwood, 1938: 285)라고 말하는 데까지 나아간다. 이것은 분명 사실을 과장하고 있는 것이긴 하나, 그가 예술적인 것과 비예술적인 것 사이의 연속성을 진지하게 받아들이고 있다는 점을 암시한다. 그에게 예술 안팎에서 표현의 목적은 스스로에 대한 앎이다. 우리는 우리가 생각하거나 느낀 바를 표현함으로써 그것을 안다. 콜링우드의 주장에 따르면 표현 과정은 예술가가 자신이 느낀 바에 대해 거의 아무 것도 알지 못한다는 데서 출발한다.

> 예술가가 의식하는 것은 어떤 동요나 흥분이 전부다. 예술가는 그런 동요나 흥분이 자신의 내부에서 진행되고 있음을 느끼지만 그것의 본성에 대해서는 무지하다. 이런 상태에 있을 동안 예술가가 자신의 감정에 대해 말할 수 있는 것이란 "나는 느낀다. … 나는 내가 느낀 바를 알지 못한다"가 전부다. 예술가는 무언가를 행함으로써 이렇게 속수무책의 억압된 상황으로부터 해방된다. 우리는 그것

을 예술가가 스스로를 표현한다고 부른다. (Collingwood, 1938: 109)

그렇다면 예술가는 "내가 느낀 바가 무엇인가?"라는 물음에 답하고자 애씀으로써 '속수무책의 억압된 상황'으로부터 해방되고자 한다. 처음 이 물음을 던질 때 예술가는 아무런 대답도 갖고 있지 않다. 즉 이때 예술가의 상태는 이제 막 시작되는 단계이며, 그 상태에 관해 어떤 구체적인 것도 말할 수 없다. 그러나 만약 예술가의 노력이 성공적이라면, 그 물음에 대한 답을 결국 얻는다. 그 답변은 예술가가 만들어 낸 표현 속에 있다. 그렇다면 예술가가 표현하는 감정은 그 표현됨의 과정 속에서 명료화되고 변형된다. 그러므로 '한 사람은 자신의 감정을 표현하게 될 때까지는 그것이 어떤 감정인지를 아직 알지 못한다'(Collingwood, 1938: 111). 그렇기 때문에 '감정의 표현이란 이미 존재하는 어떤 감정에 적합하도록 만들어진 무언가가 아니라 감정 경험이 있기 위해 반드시 필요한 어떤 활동이다'(1938: 244). 그렇다면 이 설명을 따를 때 감정은 표현을 제공받음으로써 그 감정의 정체에 부합하는 방식으로 드러나는 것이 아니다. 오히려 감정은 표현을 제공받음으로써 바로 그 감정이 된다.

감정은 형태를 부여받음으로써, 즉 구체적인 무언가로 발전됨으로써 바로 그 감정이 된다. 이런 방식 속에서는 완전한 형태를 갖춘 감정과 그 감정이 부여받은 표현이 서로 구별될 수 없다 — 실제로 그 둘은 하나이고 동일한 것이다. 말하자면, 감정이 바로 그 감정인 것은 그 형태를 부여받았기 때문이다. 이것으로부터 따라 나오는 것은 예술작품에서 표현된 감정의 정체가 예술작품의 정체와 뗄 수 없게 연결된다는 점이다. 달리 말해서, 표현된 감정은 그 감정이 드러난 작품과 본질적으로 분리될 수 있는 무언가로 간주될 가능성이 없다. 즉 표현된 감정이 다른 방식으로 표현되었을 무언가, 또는 다른 예술작품에서 표현되었을 무언가로(또는 사실상 어떤 화학자의 혼합물에서 포착되었을 무언가로) 생각될 가능성은 없다.

콜링우드의 주장은 바로 이 점에서 전달 이론과 가장 강력한 방식으로 구분되는 특징을 갖는다(이상하게도 콜링우드는 전달 이론가로 빈번하게 혼동되었다). 또한 콜링우드는 이 점을 다음과 같이 더욱 발전시킨다.

어떤 사람들의 생각에 따르면 시인은 미묘하게 차별화된 매우 다양한 감정들을 표현하고자 할 때 그런 감정들을 구분하여 지칭할 만한 어휘가 풍부하지 않다는 이유로 제한받을 수 있다. … 이는 사실과는 정반대다. 시인은 그런 어휘들을 전혀 필요로 하지 않는다. … 어떤 것을 기술한다는 것은 그것을 이러저러한 부류의 어떤 것이라고 부르는 것이다. 즉 그것을 어떤 개념화 아래로 가져오는 일, 그것을 분류하는 일이다. 이와는 반대로 표현은 개별화한다. (Collingwood, 1938: 112)

그렇다면 정확히 동일한 용어로 기술될 수 있을 감정들도 표현을 통해 서로 구별되고, 우리가 만나는 성공적인 예술작품 안에서 그 동일한 용어는 매우 개별화된 감정들로 변형된다.

> 진정한 예술가란 특정한 감정을 표현하는 문제와 씨름하면서 '나는 이것을 분명하게 하고 싶다'고 말하는 사람이다. 다른 무언가가 이것과 아무리 유사할 수 있다 해도, 그 다른 무언가를 분명하게 하는 일은 예술가에게 쓸모없다. 예술가는 특정 부류의 어떤 것을 원하는 것이 아니라 특정한 어떤 것을 원한다. (Collingwood, 1938: 114)

반면에 기술은 오직 '특정 부류의 어떤 것'만을 산출할 것이다. 그러므로 표현과 기술의 구분, 즉 '특정한 어떤 것'에 도달하는 일과 '특정 부류의 어떤 것'에 도달하는 일 사이의 구분은 그것 자체로 중요한 요점을 보여주는 데 기여한다. 뿐만 아니라 이 구분은 예술가가 무엇을 표현하는지에 대한 콜링우드의 이해와 앞서 살펴본 톨스토이, 워즈워스, 엘리엇 등의 이해 사이의 간극을 강조하는 데에도 기여한다. 톨스토이에게는 예술가가 '겪어 온 감정'이고, 워즈워스에게는 '마음속에 실제로 존재하(고 있)는' 감정이며, 엘리엇에게는 **특별한 감정**'인 그런 감정들 각각은 그것들이 표현되어야 할 작품과는 독립적으로 파악될 수 있다는 것이 그들의 이해 방식이기 때문에, 이때 감정은 모두 기술에 속한다. 즉 그것들 중 어느 것도 단지 '특정 부류의 어떤 것' 이상은 아니다.

콜링우드의 설명에 따르면 예술가는 형태를 갖추지 못한 채 뒤죽박죽인 명료화되지 못한 감정을 '특정한 어떤 것'으로 변화시키는 데 성공할 때 유관한 의미에서 자기 자신에 대한 앎에 도달한다. 예술가가 그 특정한 것이 무엇인지를 미리 구체화하지 못한다 — 구체화할 수 없다 — 고 해서, 그러한 사실 때문에 어쨌거나 스스로를 표현하는 일이 임의적이거나 우연적인 것이 되는 것은 아니다.

> 여기에는 분명 어떤 정향된 과정이 있다. 이는 말하자면 특정한 목적을 향한 노력이지만, 그 목적은 그것의 특별한 성격에 대한 우리의 지식에 비추어 볼 때 어떤 적절한 수단이 생각될 수 있는 식으로 예견되고 예상되는 무언가가 아니다. (Collingwood, 1938: 111)

그 목적의 '특별한 성격'에 대한 지식은 정확히 이 과정이 향하고 있는 바로 그 목적이다. 예술가는 자신의 방식을 느끼며, 마침내 그것을 올바르게 파악하여 "거기 — 바로

저거지! **저것**이 내가 찾던 것이다"라고 말할 수 있을 때까지는 "이런 식은 아닐 것이다"라고 스스로에게 되뇐다(Collingwood, 1938: 283). 게다가, 이런 종류의 '정향된 과정'은 드문 일도 아니다. 즉 이것은 특정한 방식으로 창조적인 예술가에게만 특별한 일은 아니다. 이것은 전적으로 익숙하고 일상적인 부류의 과정이다. 예를 들어 자신이 뜻하는 바를 분명하게 말하려 애쓰는 그 누구라도 이 과정에 참여한다. 그렇게 애쓴다는 것은 생각을 명료하게 하려는 목적으로 정향된다. 하지만 그런 노력이 성공할 때까지는 그 노력을 하는 사람을 포함하여 누구도 그 생각이 정확히 무엇인지 말할 수 없다 ─ 만약 누군가 그 생각이 무엇인지 말할 수 있었더라면, 표현 과정은 이미 완성되어 있었을 것이다(이 점은 콜링우드가 크로체(Croce, 1992)에게 빚지고 있는 성찰이다). 이것은 어쩌면 콜링우드가 예술적 표현이 일상적인 표현 행위와 연속적이라고 간주하는 가장 중요한 방식일 것이다. 두 표현 모두 목적 지향적일 수 있지만, 둘 중 어느 것도 독립적으로 구체화될 수 있는 목표를 겨냥하지는 않는다.

내가 여기서 개괄한 콜링우드의 설명은 이전 절에서 언급된 예술가 쪽의 요구조건을 정확하게 만족한다는 점이 명백할 것이다. 예술작품이 표현적인 성격을 가지는 것은 예술가가 스스로를 표현하는 데 성공했기 때문이다. 즉 예술가가 만든 작품의 표현적인 성격을 통해 그 '특정한 것'에 대한 예술가의 감정이 고유하게 드러난다. 또한 콜링우드는 감상자와 관련된 요구조건도 만족시키려 의도한다. 비록 그의 노력이 여기서는 보다 애매한 것으로 예상되지만 말이다. 예컨대 콜링우드는 예술가와 감상자가 서로 '협업'한다고 주장한다. 예술가는 '자기 자신과 감상자를 동일한 종류의 방식으로' 다룬다. '예술가는 자신의 감정을 감상자에게 분명하게 하며, 그것은 그가 그 자신에게 하는 일이기도 하다'. 게다가, '우리는 어떤 사람을 통해 스스로 시인이 되며 그러한 사실을 통해 그 사람이 시인임을 안다'는 콜리지(Coleridge)의 언급을 상찬하여 인용하면서, 콜링우드는 '누군가 시를 읽고 이해할 때 그 사람은 시인의 말들로 자신의 감정을 표현하는 것이며, 그리하여 시인의 말은 곧 그 사람의 말이 된다'고 제안한다(Collingwood, 1938: 118). 이런 생각은 다음과 같은 결과를 낳는다. 콜링우드에 따르면 그 누구도 '스스로 완비되어 있는 자족적인 창조적 능력자'가 아니다. 오히려 '다른 모든 것에서와 마찬가지로 예술에서도',

사람은 유한한 존재다. 누군가가 하는 모든 일은 그 사람과 다를 바 없는 다른 사람들과의 관계 속에서 행해진다. 예술가로서의 예술가는 말하는 자이다. 그런데 사람은 자신이 배운 대로 말한다. 사람은 자신이 타고난 언어로 말한다. … 모국어를 배우는 아이는 … 화자가 되는 법을 배움과 동시에 청자가 되는 법도 배운다. 그 아이는 다른 사람들이 말하는 것을 듣고, 듣고 있는 다른 사람들에게 말한다. 이 점은 예술가에게도 마찬가지다. 예술가들은 자신의 턱수염이 자라나듯이 내부로부터 진행된 발달 과정에 의해서가 아니라 언어가 통용되는 사회에서 살아감으로써 시인이나 화가 또는 음악가가 된다. 다른 화자들처럼 예술가들도 그들을 이해하는 사람들에게 말하는 자들이다. (Collingwood, 1938: 316-7)

이러한 언급은 감상자가 느끼는 감정이 그 감정을 촉발하는 예술작품의 표현적 성격에 의해 드러나고 설명되어야 한다는 그림에 완전히 부합하진 않지만 최소한 거기에 근접하는 것이긴 하다. 콜링우드가 이러한 그림을 지지했어야 한다는 점은 그의 전반적인 설명과 분명 일관적이다. 어쨌든 누군가는 '시인의 말들로 자신의 감정을 표현하는 것이며, 그리하여 시인의 말은 곧 그 사람의 말이 된다'고 콜링우드가 말했을 때 그가 그것 외에 다른 무언가를 염두에 두었을 수 있다고 생각하긴 어렵다.

예술적 표현에 대한 콜링우드의 설명은 내가 개괄한 제약조건들 내에서 '일상인'의 잠정적 입장을 온전하게 보여 주는 작업이다. 실제로 표현예술가들은 구체화될 수 있는 감정들과는 독립적인 작품을 완비한 채 자신의 작품 **배후**에 서 있는 것이 아니라 자기 작품 **속**에 있는 것으로 간주된다. 반응하는 감상자는 예술가의 작품 속에서 콜링우드가 '감상자 자신의 마음의 비밀'이라고 부르는 것을 발견할 때(1938: 336) 그 작품 **때문에** 느낀 바를 느끼며, 그런 느낌 **때문에** 그 작품이 무엇을 표현하는지 파악한다. 감상자의 반응은 이렇게 이해되는 것이 합당하다. 게다가, 콜링우드는 예술작품과 그것의 구체적인 표현적 속성들에 관해 자신의 일반적인 설명과 일관될 만한 추가적인 이야기를 거의 하지 않는다. 이런 사실에 대해 콜링우드가 말을 아낀다는 점은 위에서 변호된 바 있다.

6. 결론

예술이 표현을 통해 규정된다는 주장은 주로 표현이론가 집단이라는 제목하에 이차 문헌에서 논의된다. 톨스토이는 그들 중 한 명이고 콜링우드도 그러하다. 표준적으로 이차 문헌에서는 '표현 이론'을 반박하는 쪽으로 설명이 진행된다. 말하자면, 어떤 것은 전혀 표현적이지 않으면서도 예술작품일 수 있다는 점을 보여주는 일련의 반례들을 수집하는 식이다. 우리는 이 전술을 통해 톨스토이에게 맞설 수 있다. 톨스토이는 분명 예술이 표현으로 정의될 수 있다고 생각하고, 이 점으로 인해 그의 입장은 애매함에도 불구하고 최소한 일반적인 반례에는 취약한 것으로 보인다. 그러나 콜링우드는 이 전술에 영향받지 않는다. 콜링우드는 예술과 표현을 동일시한다. 즉 콜링우드가 '진정한 예술'이라고 부른 것은 단순히 표현이다. 그리고 콜링우드는 이것을 통해 '진정한 예술'이란 예술가의 생각과 감정을 명료화하는 것 — '진정한 예술'작품은 '특정 부류의 어떤 것'이 아니라 '특정한 어떤 것' — 임을 의미했다. 이 점을 상기한다면 콜링우드의 입장이 갖는 성격은 분명해진다. '진정한 예술'작품들이 갖는 공통점은 그 작품들이 실제로 표현들이라는 점이다. 그런데 이 공통점이란 그저 각각의 작품이 고유하게 그것 자체라는 사실과 다름없다 — 그러므로 만약 여기서 개괄된 입장이 옳다면, 그러한 사실을 떠나 그 이상의 일반적인 성격은 없다. 이 결론은 예술에서 표현에 대한 '일상인' 설명을 콜링우드 버전으로 이해할 경우 따라 나온다. 이는 내가 여전히 '일상인' 설명을 매우 높게 평가할 또 다른 이유이다.

---

* 이 논문의 이해를 돕기 위해서 이 책에서 다음의 논문들을 찾아 읽으면 좋을 것이다.
〈예술과 정서〉, 〈예술과 지식〉, 〈예술의 가치〉, 〈음악〉

참고문헌

Arnheim, R. (1998). "The Expression and Composition of Color". *Journal of Aesthetics and Art Criticism* 56: 349–52.

Barwell, I. (1986). "How Does Art Express Emotion?" *Journal of Aesthetics and Art Criticism* 45: 175–81.

Benson, J. (1967). "Emotion and Expression". *Philosophical Review* 76: 335–57.

Bouwsma, O. K. (1954). "The Expression Theory of Art", in W. Elton (ed.), *Aesthetics and Language.* Oxford: Blackwell.

Budd, M. (1985). *Music and the Emotions: The Philosophical Theories.* London: Routledge & Kegan Paul.

_____ (1995). *Values of Art.* London: Allen Lane.

Carroll, N. (1997). "Art, Narrative and Emotion", in M. Hjort and S. Laver (eds.), *Emotion and the Arts.* Oxford: Oxford University Press.

Casey, E. (1970). "Expression and Communication in Art". *Journal of Aesthetics and Art Criticism* 30: 197–207.

Collingwood, R. G. (1938). *The Principles of Art.* Oxford: Oxford University Press.

Croce, B. (1922). *Aesthetic*, rev. edn, trans. D. Ainslie. London: Macmillan. First published 1902.

Davies, S. (1994). *Musical Meaning and Expression.* Ithaca, NY: Cornell University Press.

Dewey, J. (1980). *Art as Experience.* New York: Perigee Books.

Eliot, T. S. (1932). *Selected Essays.* London: Faber.

Elliott, R. K. (1967). "Aesthetic Theory and the Experience of Art". *Proceedings of the Aristotelian Society* 67: 111–26.

Feagin, S. (1996). *Reading with Feeling.* Ithaca, NY: Cornell University Press.

Ferguson, D. (1960). *Music as Metaphor: The Elements of Expression.* Minneapolis: University of Minnesota Press.

Goodman, N. (1976). *Languages of Art.* Indianapolis: Hackett Press.

Gombrich, E. (1962). "Art and the Language of the Emotions". *Proceedings of the Aristotelian Society,* supp. vol. 36: 215–34.

Karl, G. and Robinson, J. (1995). "Shostakovich's Tenth Symphony and the Musical Expression of Cognitively Complex Emotions". *Journal of Aesthetics and Art Criticism* 53: 401–15.

Kivy, P. (1980). *The Corded Shell: Reflections on Musical Expression.* Princeton: Princeton University Press.

_____ (1990). *Music Alone.* Ithaca, NY: Cornell University Press.

_____ (2001). *New Essays on Musical Understanding.* Oxford: Oxford University Press.

Langer, S. (1953). *Feeling and Form.* London: Routledge & Kegan Paul.

Levinson, J. (1982). "Music and Negative Emotion". *Pacific Philosophical Quarterly* 63: 327–46.

_____ (1990). "Hope in *The Hebrides*", in his *Music, Art, and Metaphysics.* Ithaca, NY: Cornell University Press.

_____ (1996). "Musical Expressiveness", in his *The Pleasures of Aesthetics.* Ithaca, NY: Cornell University Press.

Matravers, D. (1998). *Art and Emotion.* Oxford: Oxford University Press.

Nolt, J. (1981). "Expression and Emotion". *British Journal of Aesthetics* 21: 139–50.

Osborne, H. (1982). "Expressiveness in the Arts". *Journal of Aesthetics and Art Criticism* 41: 19–26.

Petock, S. (1972). "Expression in Art: The Feelingful Side of Aesthetic Experience". *Journal of Aesthetics and Art Criticism* 30: 297–309.

Ridley, A. (1995). *Music, Value and the Passions.* Ithaca, NY: Cornell University Press.

_____ (1998). *R. G. Collingwood: a Philosophy of Art.* London: Orion Books.

Robinson, J. (1994). "The Expression and Arousal of Emotion in Music". *Journal of Aesthetics and Art Criticism* 52: 13–22.

Scruton, R. (1974). *Art and Imagination.* London: Routledge & Kegan Paul.

_____ (1983). *The Aesthetic Understanding.* London: Methuen.

_____ (1997). *The Aesthetics of Music.* Oxford: Oxford University Press.

Sircello, G. (1972). *Mind and Art: An Essay on the Varieties of Expression.* Princeton: Princeton University Press.

Stecker, R. (2001). "Expressiveness and Expression in Music and Poetry". *Journal of Aesthetics and Art Criticism* 59: 85–96.

Tolstoy, L. (1996). *What Is Art?* trans. A. Maude. Indianapolis: Hackett Press.

Tormey, A. (1971). *The Concept of Expression.* Princeton: Princeton University Press.

Trivedi, S. (2001). "Expressiveness as a Property of the Music Itself". *Journal of Aesthetics and Art Criticism* 59: 411–20.

Vermazen, B. (1986). "Expression as Expression". *Pacific Philosophical Quarterly* 67: 196–224.

Walton, K. (1988). "What is Abstract about the Art of Music?" *Journal of Aesthetics and Art Criticism* 46: 351–64.

_____ (1997). "Listening with Imagination: Is Music Representational?" in J. Robinson (ed.), *Music and Meaning.* Ithaca, NY: Cornell University Press.

Wollheim, R. (1993). "Correspondence, Projective Properties and Expression in the Arts", in his *The Mind and its Depths.* Cambridge, Mass.: Harvard University Press.

Wordsworth, W. (1995). Preface to *Lyrical Ballads*, in A. Neill and A. Ridley (eds.), *The Philosophy of Art: Readings Ancient and Modern.* New York: McGraw–Hill.

제12장

예술에서의 스타일

스테퍼니 로스(Stephanie Ross)
번역: 김정현

1. 서론

우리는 스타일과 실질적 내용(substance)을 흔히 대조시키곤 한다. 스타일은 겉보기의 생김이나 일을 하는 방식에 대한 것이다. 우리는 옷을 잘 입은 혹은 평소와 달리 입은 사람의 스타일을 알아보고, 혹은 불편한 사교적 상황을 편하면서도 우아하게 만드는 스타일을 알아본다. 또한 스타일은 계급이나 문화로부터 전유될 수도 있다. 최근 신문 연재물 〈How Race is Lived in America〉는 백인 청소년들이 힙합 스타일을 입는 것에 대해서 다루었다. 이 모든 경우에서 스타일이 다소 사소하고 단순한 목적의식으로 인해 도덕적으로 문제시되는 것 같아 보이는 이유는 이러한 스타일을 만들어 내는 이들이 '깊이 있고' 보다 중요한 고려를 간과한 탓이다.

예술에서 스타일은 매우 중요한 요소이다. 한 작품의 스타일을 아는 것은 그 작품에 대한 올바른 이해나 감상에 필수적이다. 우리는 작품을 올바른 스타일 범주에 위치시킨 다음에라야 그 작품의 톤, 재현적이고 표현적인 내용, 작품 전체의 의미에 대한 해석적 문제에 답할 수 있다. 또한 스타일을 아는 것은 작품의 근원을 추적하는 데에도 중요하다. 서구에서는 작품 제작자를 아는 것에 특별한 관심을 둔다. 특별한 예로서, 이탈리아 르네상스 회화의 속성들을 확인할 때 미묘한 스타일상의 표식들을 사용하는 조반니 모렐리

285

(Giovanni Morelli)의 '과학적 감식가'를 떠올려 보자. 그러나 이런 특별한 통찰력을 사용하지 않는 감상자들조차 개별 작품을 판정하는 데 있어서 스타일에 대한 판단을 사용한다. 이처럼 스타일에 대한 고려는 해석과 감상에 지침이 될 뿐 아니라, 진정성, 창조성, 미적 성질, 예술의 지위 같은 보다 상위의 철학적 논쟁들에도 관여한다.

역사학자와 철학자가 제시한 스타일의 정의들은 예술의 영역에서 이 개념이 가지는 중요성을 잘 드러내 준다. 마이어 샤피로(Meyer Schapiro)는 그의 논문 〈스타일〉(Style)을 다음과 같은 고찰로 시작한다. "흔히 스타일로써 의미하는 바는 개인이나 그룹의 예술에 있는 — 때때로 일정한 요소, 성질, 표현이기도 한 — 일정한 형식을 말한다."(Schaphiro, 1994: 51) 한편 에른스트 곰브리치(Ernst Gombrich)는 백과사전에서 이 주제를 다루며 '스타일은, 하나의 행위가 수행되거나 수행되어야 할 혹은 한 인공물이 만들어지거나 만들어져야 할 독특한, 그리고 그래서 재인될 수 있는 방식을 말한다'(Gombrich, 1968: 352)라고 적고 있다. 넬슨 굿먼(Nelson Goodman)은 〈스타일의 지위〉(The Status of Style)에서 '스타일은 예술작품에서 작가, 시기, 장소 혹은 계파의 특징을 드러내는 상징으로 기능하는 특징들로 구성된다'라고 간결하게 언급했다(Goodman, 1978: 35). 시각예술에 관해 언급하면서 제임스 애커먼(James Ackerman)은 '우리는 같은 시대나 장소 혹은 동일인이나 같은 그룹에서 만든 예술작품들의 관계를 특징짓는 방식으로써 … 스타일이라는 개념을 사용한다.'(Ackerman, 1962: 227)라고 적고 있다. 반편 레너드 메이어(Leonard Meyer)는 음악 예술에 관해 논하며, '스타일은 인간 행위에서건 인간의 행위가 산출한 인공품에서건 간에 주어진 제한 조건들 하에 만들어진 일련의 선택들에서 기인한 패턴의 반복을 말한다.'라고 한다(Meyer, 1989: 3).

특히 최근의 두 철학자 넬슨 굿먼과 리처드 볼하임(Richard Wollheim)의 저작은 스타일과 스타일에 관련된 복잡한 문제들에 대한 우리의 이해를 명료히 해 주는 데 큰 역할을 하였다. 앞으로 다루게 될 논의는 이 두 철학자들의 제안에 기초해 진행될 것이다. 〈스타일의 지위〉에서 굿먼은 '스타일은 말해진 내용과 말해지는 방식 모두에서, 그리고 주제와 어법 모두에서, 그리고 내용과 형식 모두에서 보이는 특징들로 이루어진다'는(Goodman, 1978: 27) 점을 강조한다. 이는 스타일을 전적으로 형식적이거나 표면적인 성질로 보려는 유혹을 떨쳐 내는 데에 중요한 역할을 한다. 굿먼은 실제 사례들을 가지고 그의 논점을 만들어 간다. "어떤 역사가는 군사적 갈등을 통해 역사를 기술하지만, 또 다른 역사가는 사회적 변화를 통해 역사를 기술하는 예를 생각해 보자. 아니면 어떤 전기 작가는 공적인 경력을 강조하지만 또 다른 전기 작가는 사적인 삶을 강조한다는 사실을 생각해 보자." (Goodman, 1978: 25) 한편 이러한 언급은, 예컨대 헨리 제임스(Henry James)가 20세기 초 유럽으로 추방된 미국인의 뉘앙스가 섞인 반응을 보였던 점과 바토(Jean-Antoine Watteau)가 18세기 프랑스 귀족정의 특권층이 즐기던 야외 여흥을 보였던 점이 각자의 스타일에 핵심적이었다는 것을 우리에게 상기시켜 준다. 물론 굿먼의 주장은 일차적으로 '내용을 지닌' 예술에 적용된다. 즉 재현적인 회화, 연극, 전통 소설, 영화 등등을 말한다. 이러한 예술들은 음악이나 건축처럼 상대적으로 명확하지 않은 주제와 서사적 차원을 가진 예술과는 다르다. 결국 굿먼은 스타일을 이루는 구성요소로서 지시, 예시, 표현이라는 세 가지 기호 작용을 주장한다.

2. 일반적 스타일

일반적 스타일과 **개인적 스타일**에 대한 리처드 볼하임의 구분은 그의 강의 〈현재의 스타일〉(Style Now)과 논문 〈회화적 스타일: 두 견해〉(Pictorial Style: Two Views)에 잘 피력되어 있다. 그리고 볼하임의 이 두 스타일의 구분은 보편적 스타일, 시대적 스타일, 화파 스타일이 그 종류에 있어서 예술가 개인의 스타일과는 사뭇 다른 것임을 제안한다. 볼하임은 일반적 스타일의 예로, 고전주의(classicism), 아르 누보, 사회적 사실주의 그리고 조토 화파를 제시한다. 다른 사례들로는 조슈아 레이놀즈(Joshua Raynolds)에 의해 주창된 18세기 회화에서 보이는 '장엄 스타일(grand style)'이나, 알렉산더 포프(Alexander Pope)가 그의 서사시에서 선보인 오거스턴 스타일, 1970년대 프랑스 작가주의 영화감독들에 의해 발전된 **누벨바그**(nouvelle vague) 스타일이 포함될 수 있겠다. 대개의 예술가들이 당대 예술계의 관례들을 알고 있었을지라도 모든 예술가들이 일반적 스타일로 작업하는 것은 아니다. 그러나 볼하임은 뛰어난 예술가들은 누구나 개인적 스타일은 가지고 있다고 주장한다. 볼하임은 일반적 스타일을 '분류적인' 것이라고 본다. 볼하임은 이러한 언급을 통해 일반적 스타일이란 일련의 작품들이 공유하고 있는 특징들을 밝혀냄으로써 결정된다는 것을 말하고자 한다. 이후 시대의 예술사가들이 이와는 다른 종류의 뚜렷한 특징에 주목하도록 작품을 재조명함으로써 우리가 가지고 있었던 일반적 스타일의 범주들을 수정할 수도 있다. 그러나 볼하임에게서 개인적 스타일을 결정하는 것은 이처럼 수정 가능하지 않다.

스타일에 대한 생각이 이렇게 설명되고 나면 몇몇 당혹스런 문제들이 발생한다. 한편으로는 어떤 작품이든 혹은 어떤 예술가이든 고유의 스타일을 소유해야만 하는 것인지 궁금해진다. 작품은 왜 그것의 근원을 드러내야 하는 것일까? 혹은 예술가의 창조물은 왜 혈통을 형성하도록 무리 지어져야 하는 것일까? 그러나 다른 한편으로는 달리 생각해 볼 수도 있다. 즉 어떤 작품이건 스타일을 가지는 것은 당연한 현상이라고, 즉 스타일을 가지는 것이 불가피하다고 여길 수 있다. 이 후자의 견해는 일종의 스타일 결정론이다. 이러한 사고 노선에 따르면 일반적 스타일은 각 문화에 의해 필연적으로 만들어지고, 개인적 스타일은 각 예술가의 정신에 의해 필연적으로 만들어진다. 〈스타일〉에서 마이어 샤피로는 일반적 스타일에 대해 결정론적인 설명을 했던 독일 예술사가들을 논한다(Schapiro, 1994: 69-81). 이 독일 예술사가들은 서구의 시각예술사, 특히 그리스와 이탈리아 르네상스 예술계 간의 유사성을 논하면서, 예술사 주기론을 주장했다. 이는 고대 예술이 고전기로 넘어가고 다시 고전기는 데카당스기로 넘어가면서 그 전체 주기를 새롭게 갱신하는 길을 모색하는 반복적 패턴을 보인다고 주장한다. 하인리히 뵐플린(Heinrich Wölfflin)의 유럽 예술에 대한 분석은 이러한 스타일 결정론을 받아들이는 예술사 분석의 사례이다. 뵐플린은 선적인/회화적인, 평행선의/대각선의, 닫힌/열린, 결합된/융합된(composite/fused), 분명한/불분명한 것과 같이 서로 상반되는 범주들을 가지고 유럽의 예술사를 분석한다(Wölfflin, 1950). 이러한 또 다른 사례는 폴 프랭클(Paul Frankl)의 설명이다. 샤피로의 설명에 따르면, 폴 프랭클은 '두 극단적인 스타일 즉 존재(being)의 스타일과 생성(becoming)의 스타일의 반복적 운동을 상정한다. 그러나 이 두 스타일 각각은 전고전(preclassic), 고전, 후고전(postclassic)이라는 3단계로 발전한다. … (이러한) 기획은 실제의 역사적 발전을 기술하도록 고안된 것이 아니라 … 형식의 본성에 입각해 역사적 발전에 내재하거나 표준적인 경향들을 보여 주는 모델 혹은 관념적 기획을 제공하도록 만들어진 것이었다'(Schapiro, 1994: 71, 72).

예술사에 대한 주기론을 거부할 이유는 많다. 대개 이러한 기획들은 서구 예술의 전체를 포섭하지 못한다. 예컨대 뵐플린의 이론은 매너리즘이나 현대 미술에 적용되지 못한다. 또한 헤르더(Herder)*의 풍토이론 아래 놓인 것과 같은 문화적 결정론을 거부할 이유도 충분하다. 이 이론에 따르면 주거, 의복, 음식뿐만 아니라 기후, 대기, 지형과 같은 모든 물리적 환경의 국면들이 성격, 문화, 사고의 질을 결정한다. 곰브리치는 오스트리아 건축가 아돌프 루스(Adolf Loos)가 한 다음의 언급을 통해 이러한 이론의 과도함을 지적하는 훌륭한 사례를 보여 준다. "만일 멸종된 인종으로부터 단추 하나가 남았다면, 나는 그 단추의 모양으로부터 그 인종들이 어떻게 입었는지, 어떻게 집을 지었는지, 어떻게 살았는지, 그들의 종교, 예술, 정신성은 무엇이었는지를 추론해 낼 수 있을 것이다."(Gombrich, 1968: 358) 물론 이 같은 허풍은 최소한 내재적 관계의 법칙(Doctrine of Internal Relations)**이 참일 때

---

* 요한 고트프리트 헤르더(Johan Gottfred Herder, 1744-1803). 18세기 독일의 신학자이자 철학자이자 대표적인 사상가. 그는 역사철학을 개진하던 중 풍토이론, 즉 일명 '정신풍토학'이라고 부르는 이론을 주장한다. 헤르더는 풍토가 인간의 소질을 만들어 낸다고 했으며, 언어의 문제에 있어서도 기후, 공기와 물, 음식물 등이 언어기관과 언어에 영향을 끼치고, 사회의 풍습과 습관에 따른 고유성과 상이성의 결과가 하나의 지역어를 형성한다고 보았다. (출처: 〈김유정의 '미술로 보는 세상': 풍토론 1〉, 《제민일보》)

** 내재적 관계의 법칙: 20세기 초 영국 철학자들 사이에서 사용된 개념이다. 이 주장에 따르면 모든 관계는 그 관계항들에 대해 내재적인데, 이는 관계가 관계항들에 대해 본질적인 것이며, 관계항들은 그 관계가 없었다면 스스로인 바일 수 없다는 의미에서 그렇다. (출처: 위키피디아)

말이 된다. 주기론에 대한 반대론자들은 이 대신 진화론적인 모델을 선택할 수 있다. 이 이론은 방금 언급한 이론들의 목적론은 유지하지만, 정기적인 회귀에 대한 어떤 함의도 허용하지 않는다. 샤피로가 주기적이라기보다는 진화론적이라고 밝혔던 일반적 스타일에 대한 이론으로는 알로이스 리글(Alois Riegl)의 이론이 있다. 알로이스 리글은 유럽 예술사가 촉각적인 것으로부터 시각적인 것으로 발전해 간다고 본다. 샤피로는 리글의 이론이 자신의 이론에 대한 목적론적인 신뢰를 지지해 줄 헤겔의 형이상학적 사고에 기반하고 있지만, 온전히 따르지는 않았을 것이라는 점을 지적한다. 왜냐하면 많은 현대 독자들이 헤겔이 말하는 세계정신이라는 개념에 공감하지 않을 것이기 때문이다. 스베틀라나 알퍼스(Svetlana Alpers)가 리글 이론에서 극찬했던 점은 고대 직물(ancient textile)과 후기 고대 예술(late antique art)과 같이 상대적으로 '변두리의' 작품들에 주목한 점이었다. 그러나 알퍼스는, 예술사의 짧은 한 시기, 즉 이탈리아 르네상스에 특권을 부여하여 이러한 유일한 개별 사례로부터 일반화를 꾀했던 접근 방법에 대해서는 전면적인 비판을 가한다. 그녀는 스타일의 유일한 계보를 찾아내는 방법보다는 다양한 방식을 통해 예술사를 바라보는 견해를 더 선호한다(Alpers, 1990: 101, 114).

　　예술사가 제임스 애커먼은 그의 논문 〈스타일론〉(A Theory of Style)에서 위에서 언급했던 스타일에 대한 역사적 결정론자들의 주장에 대한 대안을 제공하는 시도를 했다. 그의 해결법은 예술 창조의 행위를 문제-해결 방안의 실행으로 보는 것이다. 애커먼에 따르면, 예술가들은 주기적이거나 진화론적인 요소에 좌우되기보다는 질문을 하고 문제를 해결하는 과정에 자신들의 노력을 쏟는 것으로 이해한다. 이렇게 되면 예술사의 과정은, 이러한 개인들이 그 이전 사람들이 설정해 놓은 경계를 뛰어넘어 문제를 해결하고 해답을 구한다는 점에서 이들의 창조력에 의존하게 된다. 애커먼은 스타일의 변화를 역사적 요소들의 발현이라기보다는 예술가 개인의 상상력의 발현으로 보는 자신의 주요 논점을 유지하면서, '주기-진화론적 스타일 대신에 융합되고 중첩되며 상호작용하는 스타일'들을 가정한다(Ackerman, 1962: 236, 233). 이제 예술사에서 주기가 나타나는 것은, 유사한 기술적인 문제들이 세련화의 증대라는 목표하에 후속 세대로 넘어가면서 해결될 때 불가피하게 나타나는 수렴적 현상(convergence)으로 설명된다.

　　일반적 스타일과 그것의 장기적인 진화를 고려하는 데 있어서, 일반적 스타일의 특징을 맥락적으로 다루어야 한다는 점을 주목하는 것이 중요하다. 우리는 예술가들에게 가능했던 선택조건들과 그 특징이 선택되게 된 레퍼토리들을 알 때에만 그 의미를 제대로 해석할 수 있다('레퍼토리'는 볼하임이 《예술과 환영》(Art and Illusion)에서 말한 용어로 곰브리치의 논의를 정리하는 11장에서 사용했다. Wollheim, 1968: 섹션 28-31을 보라). 인체 조각을 다루는 고대적 기법이 선사시대의 다산을 기원하는 조각이나 기원전 6세기경 만들어진 그리스 쿠로스상에서 갖는 의미와 가스통 라셰즈(Gaston Lachaise)나 헨리 무어(Henry Moore)가 만든 조각에서 갖는 의미는 각기 다르다. 단토(Arthur Danto, 1981: 44)의 경우 모든 시대에 모든 것이 가능한 것은 아니라는 뵐플린의 주장을 인용하였고, 실제로 주어진 예술계를 설명하는 인과적인 이야기들은 언제나 존재한다. 이전 예술가들의 작품, 현재의 관례, 사용 가능한 재료나 기법들, 그리고 현행 예술가들의 관심과 기술과 같은 이 모든 것들이 스타일을 결정한다. 그러나 우리가 자유와 결정론 간의 철학적 논쟁에서 결정론이 승리한다는 극단적인 견해를 취하지만 않는다면, 이러한 요소들이 주어진 작품의 모든 국면을 필연적인 것으로 설명하기는 어렵다. 그럼에도 불구하고 일반적 스타일과 그것의 시간적 진화를 설명할 한 요소는 작품 창작의 맥락에 대한 배경지식, 즉 그 시기에 각각의 예술가들에게 무엇이 사용될 수 있었는가를 아는 것이다.

일반적 스타일 관련 문제 중 아직 다루지 못한 문제 하나는 동일한 일반적 스타일로 작업하는 예술가들의 심적 상태에 대한 것이다. 이 예술가들은 일반적 스타일에 대한 기준을 내면화하고 의식적으로 이런 제한조건들을 지키고 있는 것인가? 이들은 알려진 거장 혹은 전문가로부터 배운 후 어느 정도의 자유나 개성을 추구하는 것인가? 이런 방식으로 예술사를 해석하게 되면, 우리는 예술사에 독창성과 창조성에 대한 지나치게 지엽적이고 특이한 견해를 부여할 위험을 감수해야 한다. 어떤 일반적 스타일들은 수 세기에 걸쳐서 변하지 않지만(애커먼과 샤피로는 모두 고대 이집트의 일반적 스타일의 정체에 대해 언급한 바 있다), 아서 단토는 〈예술의 종말〉(The End of Art)에서 현대를 부분적으로 스타일과 미술운동의 '눈부신 연속'으로 특징짓는다. 여기에는 '야수파, 입체파, 미래파, 소용돌이파, 동시주의, 추상주의, 표현주의, 추상표현주의, 팝아트, 옵아트, 미니멀리즘, 포스트-미니멀리즘, 개념주의, 포토리얼리즘, 추상 이성(Abstract Reason), 신표현주의 등 익숙한 이름들이 열거될 수 있다'(Danto, 1984: 29). 예술가는 자신의 작업을 문제 해결의 과정으로 본다는 애커먼의 제안 또한 예술가의 심적 상태를 지나치게 강조한 것일 수 있다. 애커먼이 말하는 것처럼 예술가들이 자신의 작업을 의식적으로 접근한다는 것은 설득력이 없어 보인다. 예술가들은 이전 작품들에 의식적으로 혹은 무의식적으로 다양하게 반응할 수 있다. 그리고 여기에 있는 선택지들 모두가 새로운 문제나 전작에 대한 인식을 만드는 것도 아니다(Baxandall, 1987을 보라). 한편 애커먼의 이론은 예술을 역사적으로 정의하는 제럴드 레빈슨(Jerrold Levinson)과 노엘 캐롤(Noël Carroll)의 최근 시도를 예견한 듯하다. 이들 철학자들에 따르면, 예술가들은 특히 이전 작품들이나 그 작품들의 예술계 관행에 대해 알고 있으며, 나아가 선행 예술가들에 대한 응답으로서 작품 제작을 한다고 한다. 현재 작품과 과거 작품의 관계는 전작을 극복하거나, 상찬하거나, 그것과 맞서는 등으로 다양할 수 있다.

개인적 스타일로 가기 전에, 일반적 스타일에 대한 설명이 다양한 예술에 걸쳐 적용될 때뿐만 아니라 스타일이 장르나 형식과 대조될 때 제기되는 몇 가지 어려움을 지적하고자 한다. 만일 우리가 굿먼의 지적을 받아들여 스타일을 내용과 대조되는 것으로 보지 않는다면, 장르로부터 스타일을 구분하는 것은 매우 성가신 일이 된다. 장르를 바라보는 한 가지 일반적인 관점은 주제와의 명확한 관련 속에서 그것을 정의하는 것이다. 따라서 풍경화는 하나의 회화 장르이고, 정물은 또 다른 회화 장르이며, 단란도(conversation piece, 18세기 영국에서 종종 의뢰되었던 야외 가족 초상화)도 또 다른 회화 장르이다. 그런데 개별 예술가들은 이 장르들을 서로 다른 스타일(세잔의 풍경화 스타일 대 쿠르베 스타일, 게인즈버러 단란도 스타일 대 아서 데비스(Arthur Devis)의 스타일)로 그린다. 또한 이는 시기나 화파의 스타일에 따라서도 세분화될 수 있다. 즉 르네상스 재단화 스타일 대 바로크 재단화 스타일, 이탈리아 풍경화 스타일 대 플랑드르 풍경화 스타일 등으로 말이다.

문학 장르는 시에 있어서 전원시와 서사시(물론 포프를 따르면 모방 영웅시(mock epic)도 포함된다)를 포함하고, 또 다른 허구 범주로는 하드-보일드 탐정소설과 피카레스크 소설(pica-resque novel)*을 포함한다. 그러나 음악, 건축, 원예와 같은 비재현적인 예술들에서 장르는 무엇일까? 물론 이러한 예술들도 표현적인 내용뿐만 아니라 재현적인 내용을 가질 수 있다. 그러나 그것은 원칙이라기보다는 예외적인 경우이다. 바로크 서곡이 프랑스 스타일이나 이탈리아 스타일로 작곡될 수 있는 하나의 장르인가? 부레**나 가보트***와 같은 개별 춤들을 위해 만들어진 수많은 악장들은 예술형식으로 이해되는 것이 나아 보인다. 건축에서 일반적 스타일이나 개인적 스타일로 다양하게 나눌 수 있는 마천루나 주택 장르들이 있는가? (시대적 스타일을 대조하며) 현대적 마천루 건축의 대명사인 고든 번샤프트(Gordon Bunschaft)가 만든 (스키드모어, 오윙스와 메릴 사의) 레버 하우스를 포스트모던 건축의 대명사인 필립 존스의 AT&T 사 건물과 대조시키는가? 원예 명명법에 관한 논문에서 케네스 우드브리지(Kenneth Woodbridge)는 원예 기술에 있어서 스타일의 용어를 적용시키는 어려움에 대해 논한다(Woodbridge, 1983을 보라). 영국식 정원(landscape garden)은 장르인가? 시기적 스타일인

---

* 피카레스크 소설(프랑스어: Picaresque, 스페인어: Picaresca, 스페인어로 '악당'을 뜻하는 단어인 '피카로(Pícaro)'에서 유래)은 16세기에서 17세기 초반까지 스페인에서 유행한 문학 양식의 하나로, 악한소설이나 건달소설이라고도 하며, 그 명칭은 피카로(피카레스크 소설에서 악한 역할을 하는 사람)에서 유래되었다.《라사리요 데 토르메스의 생애》가 이 방면의 첫 소설로 볼 수 있으나, 주인공을 피카로라고 부르지 않았다. 유럽 여러 나라로 퍼져 큰 독자층을 이루기도 하였다. 주인공은 악한(악독한 짓을 하는 사람, 피카로)이며 가난하게 태어난 후 의지할 곳도 사람도 없어 사회나 가정을 떠나 여행하면서 전개된다. 주인공을 중심으로 많은 사건이 연속되어 이루어지며 대부분 마지막엔 주인공의 뉘우침과 혼인으로 끝이 난다. (출처: 위키피디아)

** 경쾌한 2박자의 춤.

*** 프랑스에서 한때 유행했던 춤의 이름.

가? 그리고 이탈리아의 매너리즘적인 정원은 어떠한가? 매너리즘적인 정원은 매너리즘 회화와 시기적으로 일치해야 하나? 아니면 동일한 스타일상의 특징들을 공유해야 하나?

　　이러한 문제에 대한 답은 부분적으로 범주를 나눌 때 염두에 두는 용도에 따라 다르다. 즉 그 용도에 따라 예술가들에게서 나타나는 형식, 장르, 스타일로 다르게 답해질 수 있다. 그러나 이는 재현적 예술과 비재현적 예술의 구분(비재현적 예술을 비서사적 예술(non-narrative arts)이라고 하면 좀 더 정확해 보이기는 하겠지만 내용이 없는 것은 아니기 때문에 더 어색한 명칭일 수 있다)뿐 아니라 공연예술과 비공연예술의 구분과 개인작과 단체작의 구분에 따라서도 복잡한 문제를 발생시킨다. 또 우리는 영화에는 어떻게 스타일을 부여해야 하나? 우리는 영상예술 스타일, 연출 스타일, 편집 스타일과 같은 것을 재인하는 것일까?

3. 개인적 스타일

지금까지의 논의는 볼하임의 이분법 중 두 번째 종류, 즉 개인적 스타일에 대해서는 다루지 않았다. 이 개념에도 또한 고려해 봄직한 명확하지 못한 구분들과 거론해야 할 철학적 문제들이 놓여 있다. 결정론에 대한 주장은 여기에서도 중요하다. 먼저 개인적 스타일이라는 개념을 고려할 때 우리는 "왜 모든 예술가가 스타일을 가져야 하는지?", 그리고 "모든 예술가들이 하나의(혹은 오직 하나의) 스타일을 가질 수밖에 없는지?"를 궁금해한다. 볼하임은 개인적 스타일은 일반적 스타일과는 달리 그가 '심리적 실재(psychological reality)'라고 부르는 것을 가진다고 주장한다. 나는 이러한 주장은 자아를 이루는 국면들이 인과적으로 각 예술가들의 스타일을 결정한다고 말하는 것이라고 본다. 예컨대 지식, 가치, 관심사, 감정, 성격, 신체적 기술, 근육의 기억과 같은 국면들 말이다. 이러한 의견은 근거는 부족하지만 전제된 가정을 가지고 있는데, 즉 우리들 각자가 단일하게 형성된 개인적인 정체성을 소유하고 이러한 정체성을 예술적 행위가 표현한다고 보는 가정이다. 그러나 우리는 예술을 창조할 때 좀 더 편한 시도들, 즉 예술가의 진정한 자아와 관련 없는 시도들이 있다는 것은 생각해 볼 수 있다. 볼하임은 개인적 스타일이 반드시 심리적 실재를 가져야 한다고 주장하기 때문에, 자아와의 연결이 없는 작품들을 설명하기 위해 그는 한 작가의 몇 작품들이 '스타일을 벗어난(extrastylistic)' 것일 수 있다고 말한다(Wollheim, 1995: 42).

　　개인적 스타일의 발전에 관해 말할 수 있는 것은 무엇일까? 모차르트의 유년기 작품들은 후기 걸작에서처럼 풍부하고 섬세하게 자신의 스타일을 보이지는 않았지만 그의 독특한 스타일을 가지고 있다고 여겨질지 모른다. 그러나 모차르트와 동시대의 재능 없는 작곡가들은 결코 그들의 스타일을 가져 본 적 없는 상황에 있었던 것일까? 샤피로는 스타일에 관한 그의 논문에서, 서로 다른 시기에 제작된 너무나 달라 보이는 피카소의 두 작품으로 구성된 한 쌍의 삽화를 제시한다. 이때 이 작품들은 서로 다른 문제를 해결하고자 했기 때문에 차이를 보이지만 동일한 자아로부터 나온 진짜의 혹은 진정한 작품으로 여겨져야 하는가? 여러 개의 필명들을 사용하여 그녀의 작품을 구분 짓고 있는 조이스 캐롤 오츠(Joyce Carol Oates) 같은 소설가들은 어떠한가? 여기에는 위조와 그 작용에 관한 문제들도 관련된다. 작품을 위조하는 것은 다른 이의 스타일을 자신의 것인 양 취하는 것이다(해당 작가의 작품에 '새로운' 작품을 끼워 넣은 반 메헤렌(Van Meegeren)과 같은 위조미술가를 생각해 보라). 반면 다른 작가의 영향을 받는 것은 자기 자신의 스타일을 발전시키는 한 가지 방법으로 보인다. '차용예술'을 현대적으로 사용하는 예술가들은(셰리 레빈(Sherry Levine)의 사진이나 회화를 떠올려 보라) 자신의 주장을 완성시키기 위해 다른 예술가의 스타일을 역설적이고 의식적으로 사용하며 언급한 (위조와 그 작용의) 구분을 모호하게 한다.

언급한 문제들에 대한 답을 살펴보기 위해서, 주로 회화예술에 관련해 제공된 개인적 스타일에 관한 두 경쟁적인 주장을 좀 더 살펴보고자 한다. 아서 단토는 그의 저서 《일상의 변용》(The Transfiguration of the Commonplace, 1981)의 마지막 장에서 스타일에 대한 설명을 제시한다. 책 말미에서 스타일의 문제를 다루는 탓에 단토의 스타일에 관한 설명은 그의 예술철학 특유의 전제들 하에서 이해되어야 한다. 그의 스타일 논의에 직접적으로 맥락이 닿는 것은 예술 모방론에 대한 거부이다. 이 거부는 둘 중 하나가 작품이거나 혹은 두 대상 모두가 각기 다른 작품이 되는 일련의 식별 불가능한 대상들에 대한 제시를 통해 설명된다. 단토의 잦은 그리고 다양한 이러한 사례들의 사용을 생각해 보면, 단토가 스타일을 '부사적인 사용으로' 설명하게 되는 것은 놀라운 일이 아니다. 이러한 설명은 스타일을 '무엇' 즉 재현의 대상이라기보다는 '어떻게' 즉 '한 대상이 재현되는 방식'으로 제시한다. 단토에게서 스타일은 투명성으로부터의 이탈과 이미지(즉 거기에 실제로 있는 것)와 모티브(주제가 재현되는 방식) 간의 불일치에 의해 형성된다. 단토는 이러한 이탈이 모방의 실패라기보다는 예술가 자신에 대한 무언가를 말해 준다고 본다. 즉 이러한 이탈은 예술가에게도 그 동시대 작가들에게도 투명하지만 우리에게는 그리 투명하지 않은, 예술가가 바라보는 방식을 말해 준다고 한다(Danto, 1981: 162-3). 그는 우리가 스타일이라는 용어를 '이러한 **방식** 즉 재현에서 내용을 빼고 났을 때 남는 것으로 사용하기'를 제안한다(p. 197).

단토의 언급 중 결정적으로 가장 중요한 것은 스타일과 **기법**(manner)의 대조이다. "겉으로 볼 때는 이 둘의 특별한 차이를 발견할 수 없을지라도 스타일은 재능이고 기법은 학습 가능한 것이다."(Danto, 1981: 200) 스타일은 '지식이나 기술의 매개 없이' 부여받는 것이지만 기법은 학습을 통해 습득된다는 단토의 주장은, 그가 언어행위론에서 가져온 또 다른 차이, 즉 스타일은 예술가의 기본적인 행위로부터 오지만 기법은 비기본적인 행위로부터 온다고 주장한 것과 일맥상통한다(pp. 200-1). 그리고 이 모든 주장들은 단토로 하여 금 "스타일은 그 사람이다"라고 한 부폰(Buffon)의 격언을 확증해 주는 데 이바지하게 된다. 비록 단토는 스타일을 주로 내용과 대조시키기는 하지만, 또 재빠르게 이러한 주장의 한계를 드러내기도 한다. "실제 내용(substance)으로부터 스타일을 구분하는 것은 어렵다. 왜냐하면 이 둘은 단일한 동인(impulse)에 의해 동시에 생겨나기 때문이다."(p. 197) 그렇다 고 해도 단토의 고유한 주장은 유지되는데, 그는 스타일을 예술가가 세계를 바라보는 방 식으로 사용하는 동시에 우리 각자가 본성상 재현적 체계, 즉 세계를 바라보는 고유한 방 식을 지닌 담지자라는 형이상학적 가정을 기반으로 삼는다.

단토처럼 볼하임도 개인적 스타일에 대한 그의 주장을 지지하는 많은 장치를 둔다. 그는 개인적 스타일의 구성요소인 도식(schemata), 규칙 그리고 행위 성향으로 구성되는 스 타일 형성 과정이 있다고 한다. 이때의 도식은 이 규칙을 따르는 예술가의 행위 영역들로 '회화적 자원을 분할한다'. 이 과정에 포함된 어떤 부분도 언어화되거나 명료할 수 없다. 다시 말해, '예술가가 스타일 형성 과정에 대해 직접적인 접근을 한다거나 혹은 심지어 그 가 스타일을 만든 후 그 과정을 거듭할 수 있는 유리한 입지에 있다는 전제도 있을 수 없 다'(Wollheim, 1995: 48). 볼하임은 또한 이 도식이 회화의 명확한 형식적 국면들로 나타나지 않으며, 해당 작가에 대해 도식화된 것을 결정하는 것도 그 예술가의 작품으로부터 쉽게 나타나지 않을 수 있다고 말한다.

볼하임의 개인적 스타일과 일반적 스타일에 대한 대조는 단토가 스타일과 기법을 대조하는 논의와 유사하다. 예컨대 일반적 스타일은 '분류적인(taxonomic)' 것으로 결과적 으로 학습될 수 있는 반면 개인적 스타일은 이와 반대로 '형성되는' 것이라는 볼하임의 주 장은 지식과 예술에 대한 단토의 주장과 일맥상통한다. 그러나 볼하임이 살펴본 스타일 과 시그너처(signature)라는 두 번째 구분은 개인적 스타일을 더 깊이 이해하는 데 도움을 준 다. 시그너처는 그것이 무엇이건 간에 우리로 하여금 그 작품을 한 작가의 것으로 동일시 하게끔 해 준다. 여기에는 캔버스에 기입한 문자 그대로의 서명뿐만 아니라 작가의 올바 른 귀속을 도와주는 모든 예상 가능한 반복된 특색들이 포함된다. 굿먼은 이러한 특색을 더욱 상세화하며 "심지어 제작자나 시기 혹은 작품의 출처를 결정하는 데 도움을 주는 모 든 성질들이 스타일적인 것은 아니다. 회화에 붙어 있는 분류 표시, 카탈로그 레조네* 상 의 목록, 제작자의 서신, 작품 발굴 보고서 등도 한 작품을 위치시키는 것을 도울 수 있다.

---

* 카탈로그 레조네(Catalogue raisonne): 전작 도록, 즉 한 작가가 만든 모든 작품에 해제를 붙여 만든 작품 목록을 말한다. 작가의 전작을 실은 도록 형태지만 단순히 작품 도판만 모아 놓은 것이 아니라, 재료나 기 법, 제작 시기 등 기본 정보는 물론이며 소장 이력, 전시 이력, 참고자료 리스트, 작가의 생애, 제작 당시의 개인사, 신체조건, 정신상태 등을 집대성한 '분석적 작품 총서'로 일컬어진다.

그러나 그렇게 표시되고 보고되고 발굴되었다는 것이 스타일에 관한 것은 아니다. 회화의 정체 확인을 돕는 안료의 화학적 성분들도 스타일에 관한 것은 아니다"라고 말한다 (Goodman, 1978: 34-5). 볼하임에게서 스타일은 전적으로 작품의 인과적인 근원에 의해 개별화된다. 도식과 규칙으로부터 발생하는 회화의 특색들만이 스타일-기술(style-description)에 관계한다. 그러나 실제로 스타일적인 것으로 간주되는 작품의 특징들은 우리가 그런 것으로 재인하는 특색이 아닐 수 있다. 따라서 스타일은, 볼하임이 이해하듯이, 우리가 어떤 작품의 작가를 역사적으로 위치시키는 것에 반드시 이바지하는 것은 아니다.

위에서 언급한 개인적 스타일에 대한 두 철학자들의 설명은 형이상학적으로 논란의 여지가 있는 함축을 담고 있다. 즉 단토에게서는 보는 방식과 재현의 체계가 그렇고, 볼하임에게서는 도식을 설명하면서 비언어적으로 상세화되는 규칙에 입각해 행동하는 성향이 있다고 언급하는 점이 그렇다. 하지만 그러한 점이 아니라 해도 두 이론 모두 전반적으로 만족스러워 보이지 않는다. 단토의 접근 방법은 그의 저서 말미에서 언급한 제 요소, 즉 은유, 표현, 스타일을 명확하게 구분하지 못한다. 비록 우리가 개별 작품이 단순한 재현과 구별되는 해석상의 중요한 국면들을 결정할 수 있다고 해도, 이 차이점들이 수사적인 것인지, 표현적인 것인지, 스타일적인 것인지 혹은 모두가 동시에 발생하는 것으로 여겨야 하는지가 명확하지 않다. 만일 이 차이점들이 개별 경우마다 다르게 결합된 것이라면, 스타일이라는 개념이 확실히 이해되었다고 보기는 어렵다는 것이 분명하다. 단토는 〈서사와 스타일〉(Narrative and Style)이라는 이후 논문에서 자신의 저작을 스타일의 문제에 관한 역사철학으로 제시한다(Danto, 1991). 단토는 그가 '서사적 문장들(narrative sentences)'이라고 불렸던 것의 의미론적 속성들에 호소하면서, 예술가들은 그들의 스타일상의 국면들을 의도적으로 공식화하거나 추구하지 않고 논리적으로 그럴 수도 없다고 주장한다. 서사적 문장들은 이후의 대상이나 사건들에 비추어 이전의 것들을 기술하는 문장이기 때문에 애초 사건의 동시대인들에게는 가용하지 못한 진리조건을 발생시킨다. 그에 따르면 이러한 서사적 문장들은 스타일에 적합한데, 이는 '우리가 동시대인이라면 볼 수 없었겠지만, 우리는 한 작가의 이전 작품들 속에 예견된 이후 작품들을 그 후에 볼 수 있기'(Danto, 1991: 206) 때문이다. 예술가 자신은 이러한 특징들을 볼 수가 없다. "왜냐하면 예술가는 자신의 미래의 작품을 알지 못하기 때문이다."(Danto, 1991: 206) 간단히 말해 어떤 예술가도 자신의 미래의 작품이 지니는 모든 국면들을 예상하거나 의도할 수 없기 때문에, 스타일의 속성들은 의도된다고 말해질 수 없다. 그러나 이러한 주장은 각 예술가들이 세계를 보는 방식이 자신의 작품에서 사례화되는 방식을 더욱 불가사의한 것으로 만든다. 비록 노엘 캐롤이 그의 논문 〈단토, 스타일 그리고 의도〉(Danto, Style, and Intention, 1995)를 통해 예술가의 의도가 개인적 스타일에 영향을 주는 좀 더 구체적인 방법을 강구해 내기는 했지만,

단토의 이론이 주는 긴장은 가시지 않는다.

　　한 예술가가 자신의 이력 전반에 걸쳐 다양한 스타일로 작업할 가능성으로 가 보자. 단토에게서라면 이는 세계를 바라보는 새로운 방식이 도래할 만큼 커다란 변화가 자아에 일어날 것을 요구할 것이다. 세계를 보는 방식을 개별화하는 것은 스타일에 대해서 지금껏 생각해 온 어떤 것보다도 불분명한 개념이다. 이 같은 스타일의 변화에 대한 볼하임의 반대는 명확하다. 왜냐하면 (그렇지 않을 수도 있는 화가와는 달리) 모든 **예술가**가 개인적 스타일을 갖는다는 것은 볼하임에게 참으로 상정된 것이기 때문이다. 그는 '해당 작가의 스타일들은 특별한 이유 없이 다양하게 되어서는 안 된다고 경고한다. 이때 특별한 이유란 예술가가 성격상 커다란 변화를 겪는 것이다. 그러나 스타일상의 변화가 일어나는 것처럼 느껴지는 대개의 다른 경우들에서라면, 원래의 스타일 기술이 충분히 추상적인 수준에서 쓰이지 못했던 것은 아닌가 하는 것이 우선 고려되어야 한다'(Wollheim, 1990: 143). 그러나 이러한 입장을 옹호하기 위해 볼하임은 단지 자아의 부분들만이 개별 작품이나 프로젝트의 제작 과정에서 사용될 수 있다는 기묘한 메레올로지*적인 주장을 하게 된다. 다양한 스타일을 한 예술가에게 귀속시키는 대안을 제시하는 듯 보이는 다음과 같은 문단은 언뜻 스타일이라는 개념을 규정하는 듯 보이지만 사실은 불분명한 구분일 뿐이다. "예술가가 아직까지 자신의 스타일을 구축하지 못했거나 작품이 전스타일적인(prestylistic) 경우, 혹은 예술가가 '스타일의 상실과 싸우고 있거나 작품이 후스타일적인(poststylistic) 경우, 예술가가 서로 다른 작품에서 자신의 스타일의 다양한 부분들을 이끌어 낸 경우, 예술가가 몇몇 작품에서 자신의 스타일을 완전히 실현하지 못했거나 관련 작품들이 불완전한-스타일인 경우."(Wollheim, 1990: 144) 그리고 이후 논문에서는 '한 예술가의 어떤 작품이건 혹은 어떤 일군의 작품이건 간에 그의 스타일은 온전히 그대로 사용되지 않을 수도 있다'고 말한다 (Wollheim, 1995: 46).

4. 예술적 행위, 겉보기의(apparent) 예술가, 스타일 성질들

앞서 다룬 개인적 스타일에 대한 논의는 언젠가 간략히 언급한 딜레마를 가져올 방향으로 우리의 관심을 돌려놓는다. 나는 지금 스타일에 대한 행위-중심적인 설명으로의 전환을 염두에 두고 있는 것이다. 개인적 스타일과 일반적 스타일 모두에 있어서 스타일을 이루는 어떤 요소들은 가용한 재료나 기술에 의해 결정되는 듯 보인다. (라틴어 스틸루스(*stilus*)에

---

*　부분과 전체 사이의 관계를 추상적으로 연구하는 학문 (출처: 네이버 영어사전)

서 파생되었으며 뾰족한 필기구를 의미하는) '스타일'이라는 단어의 어원을 다루면서, 단토는 다양한 도구의 사용으로 인해 성취될 수 있는 다양한 효과들을 지적한다. "나는 다양한 종류의 스틸루스들이 만든 여러 선들의 가촉적인(palpable) 성질들을 말하고 있다. 예컨대 종이 위에 그어진 연필의 까칠까칠한 성질, 돌에 그어진 크레용의 오톨도톨한 성질, 드라이포인트 바늘이 금속성 날의 흔적을 남기면서 뻗는 부스스한 선, 붓이 남긴 얼룩덜룩한 선, 막대기로 비스코스 안료를 휘저어 만든 소용돌이 선, 또 막대기의 끝에서 격렬하게 떨어져 내린 물감이 만들어 낸 흩뿌려진 선."(Danto, 1981: 197) 일단 우리가 서로 다른 도구나 원재료가 하는 일을 알고 나면, 도구를 써서 재료를 변화시키는 행위와 제스처, 의도와 기술들에 주목하는 것은 자연스러운 일처럼 보인다. 나아가 일단 우리가 신체적 기술과 제스처에 주목하게 되면, 개인적 스타일에 대해 '부사적인' 접근을 하고 싶어진다. 다시 말해, 미적 성질의 담지자인 '예술적 행위'의 존재론에 기초해 미론을 공식화한 가이 서셀로(Guy Sircello) 같은 이들의 저작을 따라, 우리는 스타일이(이는 이미 현대 미술과 관련해 선결문제 요구의 오류를 저지르는 것이기는 하지만) 완성된 대상에 내재하는 것이 아니라 그 작품을 창조하는 예술적 행위에 내재한다고 가정하는 것이다(Sircello, 1975를 보라). 이러한 접근은 몇 가지 사례를 매우 잘 설명해 준다. 추상 표현주의 회화가 지니는 미적 성질들 중 다수는 그 작품을 만든 제스처를 통해 밝혀낼 수 있다. 볼하임은 회화에 관한 스타일을 언급하면서 개인적 스타일을 '고도로 내재화된' 것으로 보고, '예술가의 몸 안에 들어 있다'고 말한다(Wollheim, 1995: 42).

예술가가 나무나 돌을 자르고, 청동을 뜨며, 점토를 빚고, 금속 조각을 땜질 하는 것을 상상해 보면, 조각예술(art of sculpture)은 위의 주장에 해당되는 것 같다. 연기예술(art of acting)도 분명 제스처적이다. 예컨대 연기자의 몸과 음성의 의도적인 조작을 통해 특정 인물이 창조될 수 있다. 그러나 다른 예술들은 언급한 접근에 잘 들어맞지 않는다. 영화의 경우는 개인적인 예술이 아니라 다양한 제작의 영역들을 가지기 때문에 어려움이 있다. 음악 연주가 아니라 음악 작곡은 '예술적 행위'의 접근법에 의해 설명되는 것이 없어 보인다. 그러나 문학예술을 먼저 고려해 보자. 제니퍼 로빈슨(Jenefer Robinson)은 그녀의 논문 〈문학작품에서의 스타일과 성격〉(Style and Personality in the Literary Work)에서 행위와 대상의 구분에 대해 언급한다(Robinson, 1985). 그녀는 문학적 스타일은 작가가 다양한 언어 행위를 수행하는 기법에 깃든다고 제안한다. "문학적 스타일은 등장인물을 기술하고 행위를 설명하고 플롯을 짜는 것과 같이 어떤 것을 행하는(doing) 방식이다."(Robinson, 1985: 227). 그녀의 논문 〈문학의 일반적 그리고 개인적 스타일〉(General and Individual Style in Literature)에서 로빈슨은 이와 '관련 행위들'의 부가적 사례들을 제공한다. 예컨대 '사람들을 기술하기, 풍경을 묘사하기, 사적인 인간관계를 특징짓기, 운율을 형성하기, 이미지의 패턴을 구성하기 등등'(Robinson, 1984: 148). 또 다른 곳에서는 제인 오스틴 특유의 스타일을 논하며 로빈슨은 '제인 오스틴의 스타일은 단순히 사회적 허식을 기술하는 것과 같은 한 가지 행위에 대한 스타일이 아니라 등장인물과 주제와 사회적 배경을 **기술하고, 묘사하고, 다루는 것**에서, 그리고 행위에 대해 **논평하거나** 다양한 관점을 **제시하는** 등과 같은 다양한 것들을 하는 데 있는 스타일'이라고 주장한다(Robinson, 1985: 231). 이러한 목록이 문학을 창조하는 행위를 모두 다룬 것인지는 모르겠으나, 우리는 허구 작품에 연관된 행위를 상세히 다룬 오스틴(J. L. Austin)이나 그라이스(H. P. Grice) 같은 초기 발화 행위론자들로부터 그 장치를 빌려 올 수 있을지도 모른다.

예술적 행위의 접근을 음악 작곡에 적용하는 것은 문제가 있다. 이때 예술적 행위는 소리를 상상하는 행위가 되는 것인가? 〈음악작품이란 무엇인가?〉(What a Musical Work Is)라는 논문에서 개진된 제럴드 레빈슨의 이론은 적어도 의도적 행위를 작곡의 핵심에 놓음으로써 다시금 예술적 스타일에 대한 '부사적인' 설명을 가능하게 해준다. 레빈슨은 작곡가가 주어진 음악적 체계에 있는 모든 가능한 조합의 영역에서 연주나 소리의 구조를 지시할 것이라고 본다(Levinson, 1980을 보라). 하지만 음악 작곡이 문학의 경우와 비슷한가? 소리를 상상하거나 지시하는 행위가 의미를 지닌 발화를 이루는 세부적 사항이나 그 경계를 설정하지는 못한다. 따라서 이러한 주장은 음악적 스타일에 대한 완전한 설명이 되기에 충분해 보이지 않는다. 비록 작곡에 대한 좀 더 세련된 분석을 제안할 수 있을지는 몰라도 말이다. 우리는 작곡가를 다양한 행위에 관련된 사람으로 볼 수 있다. 예컨대 멜로디를 모방하고, 하모니를 조성하고, 장면을 묘사하는 등등(Wolterstorff, 1994). 이러한 제안은 음악예술을 문학예술과 좀 더 유사하게 보는 것이지만, 예술적 행위의 위치나 근원에 관련한 문제들이 여전히 남아 있다. 어떻게 소설가나 작곡가의 선택이 현재 고찰하고 있는 심리적인 것에 기초한 개념으로서의 스타일을 표현할 것인가? 이 문제를 살펴보도록 하자.

스타일에 대한 설명은 행위/대상의 구분뿐만 아니라 다음의 딜레마를 해결해야 한다. 작품의 스타일적 속성들은 **실제적**(actual) 예술가에게 귀속되어야 하는 것일까? 아니면 **겉보기의**(apparent) 예술가에게 귀속되어야 하는 것일까? 표현적 속성을 고려할 때, 우리는 슬픈 작품이 슬픈 예술가에 의해 만들어졌고 흥분된 작품이 흥분한 예술가에 의해 만들어졌다고 가정하는 오류는 저지르지 말아야 한다는 것을 잘 알고 있다. 그러나 많은 스타일 속성들은 그 자체로 표현적이다. 로빈슨은 〈문학작품에서의 스타일과 성격〉에서 문학적 스타일을 정의하며, 이는 작가의 정신이나 인격이나 성격의 특질들을 표현하는 것을 행하는 한 방식이라고 말한다(Robinson, 1985). 언급한 것들을 작품에 드러내기 위해서 예술가가 실제로 이러한 특질들을 소유해야 한다고 가정하는 것은 확실히 잘못된 생각이다. 그래서 로빈슨은 자신의 견해를 급히 보완한다. 즉 '나는 작가가 이러한 것들을 행하는 방식이 작가의 성격을 표현하거나 혹은 더 정확히 말하자면 작가가 가지고 있다고 여겨지는 성격을 표현하는 것이라고 주장하는 것이다'(Robinson, 1985: 227). 그녀는 이러한 주장이 널리 받아들여지고 있음을 지적하기 위해 웨인 부스(Wayne Booth)의 '함축된 작가(implied author)' 이론과 알렉산더 네하마스(Alexander Nehamas)의 '상정된 작가(postulated author)'를 인용한다. 초기 논문 〈스타일 그리고 예술의 산물과 과정〉(Style and the Products and Processes of Art)에서 나온 '겉보기의 **예술가**'(Ross 강조)에 대한 켄달 월튼(Kendall Walton)의 설명은, 언급한 접근을 문학예술 너머로 확장시킨다. 예컨대 월튼의 확장된 사례는 잭슨 폴록의 독특한 회화 스타일을 예로 든다. '액체가 어떻게 움직이는지에 대해 아무런 이해가 없어서 폴록 그림에 있는 물감의 떨어짐과 흩뿌려짐을 이해할 수 없는 너무나 순진한 감상자는 그것을 오해할 수 있다'(Walton, 1990: 58)는 점을 지적하면서, 월튼은 로버트 라우센버그의 회화 한 쌍인 〈Factum I〉과 〈Factum II〉를 제시한다. 이 두 작품은 모두 단편적인 부분에서 폴록적인 드리핑 스타일을 보여 준다. 이른바 라우센버그는 〈Factum II〉에서 '세심하게 〈Factum I〉을 재생산하려고 했다'. 월튼은 자신이 점안기를 가지고 물감을 한 방울 한 방울 떨어뜨려 그 그림을 재생산했다고 가정해 보라고 한다(Walton, 1979: 62). 이러한 가정은 우리의 지각적 경험에 있는 배경지식의 효과뿐만 아니라 실제적 예술가와 겉보기의 예술가 간의 차이를 드러내 준다.

다음 네 가지 주장들은 로빈슨의 논문에서 도출된 개인적 스타일에 대한 설명의 핵심을 구성한다. ① 스타일은 특정 행위가 수행되는 방식으로 표현된다. ② 이렇게 표현된 것들은 태도, 성정과 성격의 특질 등을 다룬다. ③ 이러한 항목들은 실제적 작가라기보다는 겉보기의 작가의 것이다. ④ 이 같은 제안은 문학으로부터 다른 예술에까지 확장될 수 있다. 이렇게 재구성한 이론에는 수많은 난점이 도사리고 있다. 로빈슨 견해에 우호적인 사례들에서조차 각 사례의 복잡함은 만만치 않다. 제인 오스틴, 헨리 제임스, 에디스 왈튼, 제임스 조이스의 소설에 있는 수준들을 고려해 보라. 이러한 작가들은 우리에게 수많은 사건과 등장인물에 대해서 말한다. 무엇이 한결같은 스타일을 유지하게 해 줄 것인가? 작가들은 대개 다양한 사건이나 등장인물을 기술할 화자를 설정한다. 이때의 기술들이 화자의 인격을 추론할 근거를 줄 만큼 통일된 것일까? 그러한 기술들이 신뢰감이 떨어지도록 의도된 화자의 설명과 관찰을 통해 나오는 더 복잡한 사례들은 어떠한가? 그리고 우리는 화자가 그 자체로 허구적 인물이라는 점을 가정하면서, 어떻게 겉보기의 작가에게 다다르는 것일까? 화자의 말이나 태도가 어떤 한 겉보기의 작가를 가리키기에 충분할 정도로 통일될 것이라고 가정하는 이유는 무엇인가? 로빈슨 자신은 오스틴의 소설에 대해서 "물론 한 작품에 나타난 작가의 모든 예술적 행위가 동일한 정신적, 성정적, 성격적 성질들을 정확히 표현하는 것은 아니다. 예컨대 《엠마》(Emma)에서 제인 오스틴은 제인 페어

팩스를 묘사한 것과는 사뭇 다른 방식으로 엘튼 부인을 묘사한다. 이는 엘튼 부인에 대한 제인 오스틴의 태도가 제인 페어팩스에 대한 태도와 다르기 때문이다"라고 말한다(Robinson, 1985: 231). 이때 로빈슨은 실제적 작가인 제인 오스틴과 등장인물인 제인 페어팩스와 엘튼 부인에 대해 말하고 있는 것이지만, 우리가 구분했던 중간 역할들을 생각해 보라. 즉 실제적 작가는 겉보기의 작가와 다르고, 겉보기의 작가는 화자와 다르고, 화자는 묘사된 나머지 등장인물과도 각기 다르다.

반복된 추론이 있은 후에만 스타일의 귀속을 시킬 수 있다는 사실이 로빈슨 견해에 치명적인 타격을 주는 것은 아니다. 그러나 여전히 문제점이 남는다. 로빈슨은 '우연적'인 것이 아니라 '지속적인' 작가의 정신과 성정과 성격의 특색들만이 스타일로 간주되어야 한다고 주장하면서 그녀의 논의를 맺는다(로빈슨은 '비록 작가가 만성적으로 불안하거나 화내거나 경멸하는 사람이 아니라고 할지라도, 특정 성격, 사건, 생각에 불안해하거나 화내거나 경멸하는 것'과 같은 사례를 든다 (Robinson, 1985: 232)). 얼마나 많은 성격을 묘사하는 특색들이 남겨질까? 우리들은 고정적인 성격적 특색을 상대적으로 덜 가지고 있기 때문에, 이 같은 로빈슨의 제안은 스타일 분석에 쓰일 자원들을 과도하게 삭감시킬 우려가 있다. 만일 그렇지 않고 우리가 보다 많은 심리적 특색들을 알고 있다고 할지라도, 이러한 특색들이 겉보기의 작가에 대한 우리의 생각을 형성하기에 충분히 규칙적인 방식으로 예화될 수 있을 것 같지는 않다. 이러한 사실들은 로빈슨의 이론을 잠정적인 것으로 보게 만든다. 그녀는 스타일 특징이 성격을 표현하는 특징들이어야 한다고 주장한다. 그렇다면 이제, 제작자를 알 수 있게는 해 주지만 성정이나 성격을 표현하지는 않는 작품의 형식적 특징이 있다면, 이러한 특징은 해당 작품의 스타일 특색일 수 없다는 결론이 나오게 된다. 로빈슨은 예컨대 음조상 듣기 좋은 소리들의 존재와 같은 가능성 있는 사례들을 다루면서 다음과 같이 결론 내린다. "따라서 우리는 작품에서 개인적 스타일의 요소를 단순히 인상적이거나 두드러진 특징들로 동일시할 수 없다. 한편으로는, 항상 개인적 스타일이 되는 것은 아닌 작품의 두드러진 특징들이 있고 … 다른 한편으로는, 특별히 인상적인 것은 아니지만 개인적 스타일에 해당하는 많은 요소들이 있기 때문이다."(Robinson, 1985: 242. 로빈슨은 후자의 예로 정관사에 비해 부정관사를 선호하는 경향을 언급한다) 굿먼도 스타일을 만들지 못하는 '세밀한 통계학적 특징'의 사례를 언급한다. 그는 '소설의 두 번째 단어를 평균치보다 더 자주 자음으로 시작하는' 작가의 소설을 생각해 보기를 권고한다(Goodman, 1978: 36). 그러나 나아가 굿먼은 이러한 속성들이 스타일이 될 수 없는 이유에 대한 좀 더 만족스러운 설명을 주고자 한다. 굿먼은 작가 정신과의 필요한 관계가 결여되었다고 주장하는 대신, 이러한 특징들이 소설에서 예시되거나 기호화되지 않아서 그 소설의 기호적 기능을 하지 못했기 때문이라고 말한다. 굿먼이 '앞서 우리는 이러한 기호 기능의 어떤 국면이, 그리고 지금은 바로 이 국면들만이 스타일에 거론될 수 있다는 것을 알게 되었다'고 말했을 때, 실상 그는 이 기능을 필요조건으로 제시한 것이다(Goodman, 1978: 35).

이른바 예술대상과 예술가 양자의 '소실'이라고 하는 것은 예술적 스타일에 대한 최근 논의에서 두드러진 특징이다. 대상은 그것을 발생시키는 행위에 자리를 내어 주었고, 실제적 예술가는 작품의 겉보기의 작가에게 자리를 내어 주었다. 그러나 이런 논의가 맞다면, 부가적으로 하나의 항목이 더 사라질 위기에 처해 있다. 즉 우리가 상식선상에서 스타일의 지표라고 간주했을지 모를 바로 그 성질들이나 특징들도 사라질 위기에 처한 것이다. 만일 우리가 스타일 특징들을 성격에 '고정적인' 특색과 연합한 특징들로 제한하고, 나아가 인상적인 특색들을 스타일 특징의 지표로 삼기를 거부한다면, 스타일을 귀속시키는 근거로 남을 것이 무엇일까? 이제 문제는, 예술작품의 어떤 국면이 그 작품의 스타일의 증거를 제공할 것인가이다. 우리는 각각의 예술매체마다 참조할 특징들의 점검 목록을 만들 수 있을까? 이러한 질문에 대한 상반되는 두 답변이 최근 저작들에서 지지를 얻고 있다. 한편으로 많은 이론가들이 스타일 요소에 대한 '점검 목록' 같은 것은 있을 수 없다고 강력하게 주장한다. 예컨대 로빈슨은 단순하게 이러한 주장을 펼치는(Robinson, 1985: 241) 반면, 굿먼은 "스타일을 이루는 요소적 속성들에 대한 어떤 고정된 목록도 만들어질 수 없다. … 우리는 스타일을 구성하는 특징들에 대한 분석 없이도 정상적으로 스타일을 파악할 수 있다"라고 주장한다(Goodman, 1978: 34). 이러한 부정은 각기 차원에서 다른 두 견해를 형성한다. 한편으로는 어떤 작품이건 그 작품의 스타일 속성으로 여겨질 속성, 성질, 혹은 특징으로 이루어진 사전의 목록이 있을 수 없다는 견해이고, 다른 한편으로는 비록 우리가 특정 작품에 대해 그것의 스타일 특징으로 간주될 수 있는 특징들이 있다는 데 동의한다고 해도, 그 특징들의 현존이 해당 스타일 범주를 적용하는 것을 보장해 주지는 않는다는 견해이다. 전자의 주장은 〈스타일의 지위〉라는 굿먼의 논문이 주장하는 주요 논점과 일치한다(Goodman, 1978). 후자의 주장은 프랭크 시블리(Frank Sibley)의 획기적인 논문 〈미적 개념들〉(Aesthetic Concepts, 1959)에서 그가 옹호하고자 했던 주장이다. 나아가 이는 또한 칸트의 세 번째 비판서에서 많은 이론가들이 도출해 내는 취미에는 법칙이 있지도 않고, 있을 수도 없다는 강령과도 정합적인 주장이다.

이제껏 언급한 직관과는 달리, 스타일 특징에 대한 점검 목록의 존재를 경험적으로 논하는 다음의 논의를 고려해 보자. 컴퓨터 과학자들의 주장에 따르면 그들은 한 작가의 현존 작품을 분석하여 스타일상의 독특한 패턴들을 뽑아낸 후, 그 작가의 스타일로 새로운 작품을 만드는 프로그램을 개발했다. 이 프로그램은 어떤 특정 예술에만 더 잘 적용된다는 점을 밝혀 둔다. 음악과 문학은 스타일을 이루는 제스처, 문구 등을 통계적으로 분석하는 것이 가능해 보이지만, 사실주의적인 회화에도 이러한 접근이 가능할지는 명확하지 않다. 사실 우리는 이러한 프로그램이 굿먼이 말한 자필적 예술에는 실패할 것이라고 예상해 볼 수 있을지 모른다. 자필적 예술들은 기보적이지 않다. 사실 자필적 예술들은 작품이 '철자법의 동일성'을 통해 정체성을 결정할 방법이 없기 때문에 위조의 발생을 허용한다(Goodman, 1968: III장과 IV장을 보라). 한편 우리는 철자법의 동일성을 결정할 때 이러한 작품들을 위해 참조할 사전이 있었더라면, 이것이 스타일에 대한 통계적인 분석의 기초로도 활용될 수 있지 않았을까 하고 추정해 본다. 요컨대 만일 이러한 컴퓨터 프로그램이 타필적 예술에서 성공적이라면, 적어도 타필적 예술에 있어서는 스타일에 관한 목록을 만들 수 있어 보인다는 결론이 나온다.

이고르 두벤(Igor Douven)은 이 같은 사이버 스타일 분석에 대한 모든 시도들에 이의를 제기하는 논문을 썼다(Douven, 1999를 보라). 그는 주요 사례로 데이비드 코페의 프로그램 '음악 지능에서의 실험'(EMI)을 들며, 이와 유사한 어떤 프로그램도 해당 예술가의 (개인적) 스타일로 작품을 생산할 수 없다고 주장한다. 왜냐하면 스타일 특징들은 컴퓨터 프로그램이 추출해 낼 수 있는 종류의 텍스트 특징들로 환원되지도, 그것들에 수반되지도 않기 때문이다. 두벤은 그가 반대하는 스타일 이론을 '지역주의적(localistic)' 견해라고 부르며, 다음과 같이 설명한다. "이러한 견해는 근본적으로 스타일이 작곡가(혹은 작가나 화가)의 작품에 '위치하는' … 작품의 텍스트에 '내재하는(inhere)' 것이라고 말한다."(Douven, 1999: 256) 지역주의적 견해를 논박하기 위해서 두벤은 우리에게 요구에 따라 세계를 바꿀 수 있는 변형기기(transmogrifying device)를 사용하는 사고실험을 생각해 보도록 제안한다.

> 당신이 한 작곡가 C의 작품에서 스타일 특징이라고 여기는 특징 F를 가지고, 모두가 특징 F를 가지는 수많은 다양한 **작품들**이 존재하도록 세계를 변형시킨다고 해 보자. 그런 후 여전히 특징 F를 C의 작품의 스타일 속성이라고 부를 것인지 물어보라. … 아니면 당신이 절대 C의 작품의 스타일 특징이라고 여기지 않는 특징 G를 가지고, 특징 G를 보이는 나머지 어떤 **작품들**도 존재하지 않도록 세계를 변형시켜 보라. 그리고 여전히 특징 G를 C의 작품의 스타일적인 특징으로 간주하지 않을 것인지 자신에게 물어보라. … (Douven, 1999: 259)

확실히 두벤이 위에서 던진 부가 질문들은 수사적인 것이다. 모차르트의 음악적 스타일을 다룬 사례를 재차 언급하며 두벤은 (스타일을) 포착하려 할 때 잘 파악되지 않는 것은 특정 패턴에 대한 모차르트의 선호가 아니라 모차르트의 규칙을 깨려는 재능이라고 말한다. "코페 덕분에 우리는 언급한 패턴들을 컴퓨터에 넣는 방법은 알게 되었다. 그러나 우리는 여전히 이 같은 재능을 컴퓨터에 넣는 방법은 알지 못한다."(Douven, 1999: 261)

그러나 스타일을 귀속시킬 때 맥락-의존성을 고려해야 한다는 사실이, 스타일 특징들이 그렇게 단순한 방식으로 작품에 내재하지 않는다는 주장을 뒷받침한다는 두벤의 논점은 다른 이론가들에게서도 지지되는 바이다. 예컨대 볼하임은 '심리적인' 맥락의 참조를 통해 (자신이 스타일적인 기술들(stylistic description)과 다르다고 본) 스타일 기술들(style descriptions)을 구분한다. 그리고 이때의 맥락은 개별 예술가가 그가 다루는 매체적 자원들을 기획하고 조작하는 방식에 대한 참조를 말한다(Wollheim, 1995: Ⅶ장을 보라). 〈스타일 그리고 예술의 산물과 과정〉이라는 논문에서 켄달 월튼은 스타일 특징을 동일시하는 데 있어서 역사적이고 문화적인 맥락이 미치는 영향력을 강조한다(Walton, 1979를 보라). 자신의 주장을 뒷받침하기 위해 월튼은 모든 점에서 두벤의 변형기만큼이나 기상천외한 예를 사용한다. 월튼은 (예컨대 고어체의/고어체가 아닌, 실용주의적인/비실용주의적인처럼) 양립 불가능한 스타일 특징들을, 한편으로는 세르반테스의 《돈키호테》에, 다른 한편으로는 이와 식별 불가능한 메나르의 버전에 귀속시킴으로써 보르헤스의 〈피에르 메나르〉(Pierre Menard) 이야기를 분석한다. 월튼은 이 사례로부터 매우 복잡한 교훈을 이끌어 낸다. 그는 (두벤의 주장에 반대하여) 스타일 특징들은 작품에 내재하지만, 스타일은 다양한 시대마다 다르게 기술된다고 주장한다.

> 스타일의 정체성은 겉보기의 예술가가 아니라 작품의 특색과 연관된 것이다. 만일 몇몇 작품에서 대담한 예술가임을 보여 주던 특징들이 후기 작품들에서 소심한 예술가임을 보여 준다고 해서, 그 작품들이 서로 다른 스타일을 지닌다고 말할 필요는 없다. 오히려 하나의 맥락에서 대담하게 보였던 동일한 스타일이 다른 맥락에서는 소심하게 된 것이다. 피에르 메나르의 《돈키호테》가 지닌 스타일은 고어체적인 것이지만, 세르반테스의 《돈키호테》는 그렇지 않았다. 그러나 두 작품은 동일한 스타일의 것이다. 그 스타일은 맥락이 변하면서 고어체적인 것으로 된 것이다. (Walton, 1979: 60)

월튼은 스타일이 "표현된 바(what is expressed)에 의해서가 아니라 작품에서 표현하고 있는 바(what in the work does the expressing)로 동일시되어야 하고 … 이렇게 말하는 것은 작품의 스타일을 엄격히 작품 자체에 위치시키는 것이다. … 그러나 행위와의 연관성이 여전히 유지된다"고 결론짓는다(Walton, 1970: 60). 월튼의 견해는, 선집에 자주 수록되는 〈예술의 범주들〉(Categories of Art, 1970)이라는 초기 논문을 통해 옹호된 견해와 동일하다. 이 논문에서 월튼은 피카소의 〈게르니카〉의 사례를 제시한다. 다분히 정서적이며 표현적인 작품이라고 알고 있는 피카소의 걸작 〈게르니카〉가, 그것을 대신해 그것과 정확히 동일한 이차원적인 패턴을 지닌 '부조 채색화'를 만드는 관행이 있는 예술계에 있었다면, 그것은 절제된 우아미를 가진 것으로 여겨졌을 것이다. 왜냐하면 이러한 맥락에서라면 〈게르니카〉가 지닌 평면성이라고 하는 것이 가장 중요한 요소로 부각되었을 것이기 때문이다(Walton, 1970을 보라).

두벤, 보르헤스 그리고 월튼이 제시한 사례들은 모두, 우리가 인상적인 특징들을 스타일 속성을 동일시하는 데 도움을 주는 특징들로 성급하게 간주해 버린다는 것을 보여주는 사례이다. 그러나 인상적인 특징들 자체가 맥락-의존적임을 보여 주는 심화된 고찰은 언급했던 이론가들을 다시금 합의에 이르게 만들지 모른다. 개인적 스타일의 구성요소로 고도의 심리적 기준을 강조하고 있는 불하임과 (다소간) 로빈슨 같은 이들은 스타일을 관찰 불가능한 과정을 통해 정의하는 듯 보이고, 그래서 인상적인 특징과 스타일을 구분하는 것 같다. 그러나 만일 모든 스타일이 모든 시기에 의도될 수 있는 것이 아니라면, 개별 스타일의 결정요인에 대한 주목이 이 영역의 간극을 메우며 일군의 조작적인 정의(operational definition)를 가능하게 해 줄지도 모른다.

메이어 샤피로는 스타일에 관한 자신의 1962년 논문을 결론지으며, '그럼에도 심리적이고 역사적인 문제를 적절히 다루는 스타일에 관한 이론이 개진되어야 한다'는 견해를 덧붙인다(Schapiro, 1994: 100). 그는 전반적으로 마르크스주의적 접근이 이러한 요구를 충족시키기를 염원했다. 나는 그로부터 40년쯤 지난 오늘날에 이르러서도 우리는 스타일에 관한 지배적인 이론을 여전히 파악하고 있지 못하다고밖에 말할 수 없다. 그러나 다양한 방향에서 논의의 진행은 있었다. 세밀한 구분을 밝혔고, 철학의 다른 영역의 문제들과의 연관성을 드러내는 것이 고찰되었고, 심화 연구를 위한 유용한 매개변수들도 구해졌다. 그리고 무엇보다도 이 주제가 중요하다는 것이 충분히 입증되었다. 굿먼의 말처럼, '스타일의 식별은 예술작품과 그것이 제시하는 세계에 대한 통합적인 이해일 것이다' (Goodman, 1978: 40).

* 이 논문의 이해를 돕기 위해서 이 책에서 다음의 논문들을 찾아 읽으면 좋을 것이다.
〈예술에서의 재현〉, 〈예술과 표현〉, 〈회화〉, 〈음악〉, 〈문학〉

참고문헌

Ackerman, J. S. (1962). "A Theory of Style". *Journal of Aesthetics and Art Criticism* 20: 227–37.

Alpers, S. (1990). "Style is What You Make It: The Visual Arts Once Again". in B. Lang (ed.), *The Concept of Style*, 2nd edn. Ithaca, NY: Cornell University Press. 초판 1979.

Baxandall, M. (1987). *Patterns of Intention*. New Haven: Yale University Press.

Beardsley, M. (1990). "Verbal Style and Illocutionary Action". in B. Land (ed.), *The Concept of Style*, 2nd edn. Ithaca, NY: Cornell University Press. 초판 1979.

Carroll, N. (1995). "Danto, Style, and Intention". *Journal of Aesthetics and Art Criticism* 53: 251–7.

Danto, A. (1981). *The Transfiguration of the Commonplace: A Philosophy of Art*. Cambridge, Mass.: Harvard University Press.

_____ (1984). "The End of Art". in B. Lang (ed.), *The Death of Art*. New York: Haven Publication.

_____ (1991). "Narrative and Style". *Journal of Aesthetics and Art Criticism* 49: 201–9.

Douven, I. (1999). "Style and Supervenience". *British Journal of Aesthetics* 39: 266–62.

Gilmore, J. (2000). *The Life of a Style: Beginnings and Endings in the Narrative History of Art*. Ithaca, NY: Cornell University Press.

Gombrich, E. H. (1968). "Style". in D. L. Sills (ed.), *The International Encyclopedia of the Social Science*, vol. 15. New York: Macmillan Company and Free Press.

Goodman, N. (1978). "The Status of Style". in *Ways of Worldmaking*. Indianapolis: Hackett.

Herwitz, D. (1993). *Making Theory, Constructing Art: On the Authority of the Avant-Garde*. Chicago: Unviersity of Chicago Press.

Levinson, J. (1980). "What A Musical Work Is". *Journal of Philosophy* 77: 5–28.

Meyer, L. (1989). *Style and Music: Theory, History, and Ideology*. Philadelphia: University of Pennsylvania Press.

Robinson, J. (1981). "Style and Significance in Art History and Art Criticism". *Journal of Aesthetics and Art Criticism* 40: 5–14.

_____ (1984). "General and Individual Style in Literature". *Journal of Aesthetics and Art Criticism* 43: 147–58.

_____ (1985). "Style and Personality in the Literary Work". *Philosophical Review* 94: 227–47.

Schapiro, M. (1994). "Style". in *Theory and Philosophy of Art: Style, Artist, and Society*. New York: George Braziller. 초판 1953.

Sibley, F. (1959). "Aesthetic Concept". *Philosophical Review* 79: 334–67.

Sircello, G. (1975). *A New Theory of Beauty*. Princeton: Princeton University Press.

Walton, K. (1970). "Categories of Art". *Philosophical Review* 79: 334–67.

_____ (1990). "Style and the Products and Processes of Art". in B. Lang (ed.), *The Concept of Style*, 2nd edn. Ithaca, NY: Cornell University Press. 초판 1979.

Wölfflin, H. (1950). *Principles of Art History: The Problem of the Development of Style in Later Art*. New York: Dover.

Wollheim, R. (1990). "Pictorial Style: Two Views". in B. Land (ed.), *The Concept of Style*, 2nd edn. Ithaca, NY: Cornell University Press. 초판 1979.

_____ (1995). "Style in Painting". in S. Kemal and I. Gaskell (eds.), *The Question of Style in Philosophy and the Arts*. Cambridge: Cambridge University Press.

Wolterstorff, N. (1994). "The Work of Making a Work of Music". in P. Alperson (ed.), *What is Music? An Intro-*

duction to the Philosophy of Music, 2nd edn. University Park, Pa.: Pennsylvania State University Press. 초판 1987.

Woodbridge, K. (1983). "The Nomenclature of Style in Garden History". *Eighteenth-Century Life* 8: 19–25.

제13장

예술과 창조성

필립 알퍼슨(Philip Alperson)
번역: 최근홍

일반적으로 예술에 관해 생각할 때 예술적 창조성이라는 개념은 다른 어떤 개념보다도 근본적인 것 같다. 이는 사람들 대부분이 창조성은 예술에서만 고유하다고 보기 때문이 아니다. 오히려 정반대이다. 우리는 과학을 비롯한 학문 분과들, 요리, 운동 등 실제로 인간이 무언가를 만들어 내려는 노력을 기울이는 모든 영역에서 창조적 활동에 대해 자유롭게 이야기한다. 이것은 놀라운 일이 아니다. 창조(creating)와 제작(making)은 (라틴어 크레아레(creare)가 연원이기에) 어원적으로 긴밀할 뿐 아니라 대중의 마음속에서도 밀접하게 연관되어 있다. 게다가, 만들어지거나 행해질 수 있는 무언가가 창조적으로 만들어지고 행해질 수 있음은 상식에 부합한다. 그럼에도 불구하고 일반적으로 창조성은 최소한 예술을 보증하는 특징이거나 예술의 전형적인 특징처럼 보인다. 설령 그것이 예술 관행에 필수적인 조건은 아니더라도 말이다. 그러므로 우리는 예술가가 작품을 창조한다고 여기고 (물리적 대상, 공연, 사건, 개념적 대상과 구조 등을 포함하는) 예술작품이 예술적 창조물이라고 생각한다. 또한 우리는 예술가와 예술작품, 심지어 예술 시대 전체를 창조성 때문에 상찬한다. 많은 사람들은 예술적 창조가 인간의 창조적 활동을 보여 주는 정수라고 받아들인다.

  예술에서 창조성이 결정적으로 중요하다는 점은 보편적인 생각에 속한다. 여기에 더해 예술에서 창조가 상호 연관된 세 가지 다른 측면들을 갖는다는 데에는 일반적인 동의가 이루어져 있다. 첫째, 사람들은 보통 예술에서의 창조성이 긍정적 가치를 갖는 어떤 것이라고 받아들인다. '창조적'이라는 용어는 예술가에게 적용되건 작품에 적용되건 거의 언제나 경의를 표하는 말이다. 즉 그것은 적절한 문화적 맥락에서 긍정적인 평가를 뜻하는 용어이다. 예술에서의 창조성은 중요한 종류 내지 차원의 예술적 탁월함으로 생각되는 것이 일반적이다. 둘째, '진정한' 창조는 드물게 성취된다고 여겨진다. 물론 스피노자(Spinoza)의 말처럼 모든 탁월한 것들은 드문 만큼이나 어렵다. 진정으로 뛰어난 창조적 성취도 스피노자의 일반적인 언급에서 벗어나지 않을 것이다. 하지만 많은 이들은 그것 이상의 요점이 있다고 생각한다. 말하자면, 예술에서의 창조성은 특별한 능력을, 또는 그런 능력들의 집합을 요청하는 것처럼 보이며, 이는 예술가와 일반인을 구별해 준다는 것이다. 셋째, 우리는 일반적으로 창조성을 독창성과 연관 짓는다. 즉 창조성은 어떤 중요한 의미에서 새롭거나 독특한 무언가를 만드는 일과 관련된다. 독창성의 미적 가치는 의문시된 적이 있지만(Vermazen, 1991; Elster, 2000), 그것이 소수의 견해임은 분명하다. 우리는 창조적 활동이 **무에서**(ex nihilo) 나와야 한다고 요구할 필요가 없다. 창조적 활동은 마치 신이 창조하듯이 아무것도 아닌 것으로부터 무언가를 존재하게끔 해야 하는 의무를 갖지 않는다. 하지만 우리는 예술작품들이 창조적이라면 그런 한에서 세계에 흥미로운 무언가를 더하길 기대한다. 이는 창조적인 것이 정형적인 것, 일상적인 것, 파생적인 것, 그리고 단지 새로운 것과 구별되는 핵심적인 부분이다. 진정으로 창조적인 작품을 평가하는 일은 단지 새로운 작품을 평가하는 것과 달리 시간에 의존한다고 종종 주장된다. 말하자면, 우리는 오직 작품이 시간의 흐름 속에서 전범(典範)의 자격을 유지하는 한에서만 그것이 진정으로 창조적인 작품이라고 결정할 수 있다. 예술적 창조의 이러한 특징들 — 예술에 핵심적임, 긍정적인 가치를 가짐, 드문 성취임, 독창성을 갖는 산물임 등 — 은 각 시대를 대표하는 친숙한 예술가들을 모아 놓은 신전에 잘 간직되어 있는 것으로 생각된다. 그 신전에는 호머(Homer)와 호레이스(Horace)에서 시작하여, 다 빈치(da Vinci)와 미켈란젤로(Michelangelo), 셰익스피어(Shakespeare), 바흐(Bach), 모차르트(Mozart), 베토벤(Beethoven), 그리고 브람스(Brahms)를 거쳐, 반 고흐(van Gogh), 피카소(Picasso), 조지아 오키프(Georgia O'Keefe), 버지니아 울프(Virginia Wolf), 토니 모리슨(Toni Morrison), 빌 에반스(Bill Evans) 등등에 이르기까지 우리가 작품 앞에서 존경과 경의를 느끼는 모든 예술가들이 망라되어 있다.

　　예술에서 창조의 역할과 중요성에 관한 이러한 생각들은 충분히 보편적이다. 이런 생각들을 통해 많은 물음들이 답변되지만 그만큼 많은 물음들이 제기되기도 한다. 사람이나 행위 또는 대상을 창조적이게끔 하는 것은 정확히 무엇인가? 우리는 창조적 성취를 어떻게 평가하는가? 만약 예술에서의 창조성이 설명될 수 있다면 어떻게 설명될 수 있는가? 창조적인 사람이나 창조적 활동이 갖는 특별한 특성들이 있는가? 사회적, 문화적, 경제적, 제도적, 역사적, 그리고 성적인 고려들은 예술에서의 창조, 창조적 탁월성에 대한 식별과 평가, 창조성 측면에서 작품과 예술가에 대한 전반적 평가 등에 어느 정도까지 영향을 미치는가? 창조성과 독창성의 관계는 무엇인가? 예술적 창조성에 대한 설명을 예술 전반에 성공적으로 일반화하는 일이 가능한가? 아니면 다양한 예술들마다 또는 다양한 예술들의 다양한 측면들마다 창조성을 다르게 설명해야 할 필요가 있는가? 예술적 창조성이 정말 그렇게나 드문 현상인가? 아니면 그것은 인간 행위의 산물 일반이 갖는 특성으로 이해되는 것이 보다 나은가?

예술적 창조를 매우 드물고 경이로우며 예외적인 형태의 인간 활동이라고 생각하든, 아니면 그들 자신의 활동이나 경험을 통해 아는 무언가와 연속선상에 있다고 생각하든 간에 사람들은 그저 자연스럽게 앞서 제기된 물음들에 관해 숙고할 것이다. 이와 함께 예술적 창조를 이론화하기 어렵게끔 만드는 경향은 최소한 두 가지 방향에서 나타난다. 우선, 플라톤(Plato)까지 거슬러 올라가는 전통에서 특히 시의 창조를 특별히 신비로우면서도 어쩌면 비합리적인 영역으로 간주했기 때문에 예술적 창조는 미학 이론에서 다루기에 보다 어려운 주제에 속하는 것처럼 여겨진 측면이 있다. 게다가, 이 문제를 논의하는 일은 예술가들 사이에서 어떤 양면성을 갖는다. 우리는 예술적 창조성이 제공하는 직접적인 성찰을 알기 위해 예술가들에게 의지할 수 있다. 특히 창조적 경험의 현상적 성격과 관련된 주제에 대해 예술가들이 남긴 잘 알려진 언급과 진술 및 논평이 있음은 분명하다(예컨대 Ghiselin, 1952를 보라). 그러나 어떤 경우에는 분석 때문에 창조성의 의미가 상실될 것을 두려워하여 이 주제 전체를 회피하고자 하는 예술가들도 많다. 예술에서의 창조성이라는 주제는 도대체 얼마나 다루기 힘든 것인가?

1. 창조성의 역동성

예술에서의 창조란 인간 행위의 산물에 관련된 문제이므로, 우리는 창조 과정 그 자체에 관한 물음으로 시작할 수 있을 것 같다. 창조 과정은 어떻게 묘사될 수 있는가? 이 물음은 내성적 보고, 인간 행위에 대한 심리적 기술, 철학적 분석 등에 의존한다고 생각되는 측면이 있다.

어떤 연구자들은 창조 과정의 개별 단계들을 구별하는 일에 진력해 왔다. 그레이엄 월러스(Graham Wallas, 1926)와 캐서린 패트릭(Catharine Patrick, 1937)이 제안한 설명은 오래됐지만 여전히 영향력을 갖고 있다. 이 설명에 따르면 창조 과정은 다음의 네 단계로 인식된다. ① 준비(preparation). 창조자는 문제에 대해 막연하게 자각하게 되며, 어쩌면 그 문제에 대한 어떤 해결책을 찾기 위한 임의적인 노력을 하는 것일 수 있다. ② 잠복(incubation). 이 단계를 거치면서 그 문제는 의식적인 자각 밖으로 떨어져 나온다. ③ **영감**(inspiration). 통찰, 발견, 또는 깨달음의 기간이나 그 순간. ④ **정교화**(elaboration). 이 단계를 통해 창조적인 생각이 작동하고 발전된다(Ghiselin, 1952도 보라).

보다 최근에는 몇몇 연구자들이 이 도식을 어느 정도 채택했고, 네 단계들 중 하나를 강조하곤 했다. 예를 들어 빈센트 괴츠(Vincent Götz)는 네 범주들을 변형된 형태로 제안했다. 괴츠는 창조성의 어원, 그리고 이른바 '경험과 논리의 사실들'에 호소함으로써 창조성이란 개별 산물을 낳는 의도적인 활동으로 특징 지어지는 일종의 제작이라고 주장한다. 그러므로 창조성이라는 말은 그 자체로는 오직 최종 단계인 정교화 단계('통찰을 의도적으로 구체화하는 과정이나 활동')에서만 적절하게 사용될 수 있다. 이런 규정을 통해 괴츠는 창조성이라는 용어가 통상적으로 사용되는 방식에 어려움이 가중되는 경우, 특히 창조성을 독창성, 통찰, 의사소통 등과 구별해야 할 때 나타날 수 있는 혼동이나 애매성은 어느 정도 해결된다고 주장한다(Götz, 1981).

창조적 활동이 빈번하게, 어쩌면 전형적으로 어떤 의도적인 활동과 관련됨은 분명하다. 이 점을 상기해 두는 것은, 특히 예술적 창조성의 경우 매체 작업의 중요성을 상기해 두는 것과 함께 현명한 일이 될 것이다. 우리는 이러한 통찰을 통해 예술에서의 창조가 단순히 '유레카'의 순간을 포착하는 문제라는 섣부른 가정을 보완하게끔 도움받는다.

그러나 괴츠의 견해처럼 제한조건들이 붙는 규정방식에는 문제가 많다. 우선, 모든 의도적 제작이 창조적 제작인 것은 아니다. 일반적으로 우리는 특정 평가 기준, 이를테면 어떤 활동이 새롭거나 독창적인 무언가를 낳는 정도에 근거해 솜씨 있는 것과 가치 있는 것을 구별한다(Hausman, 1984; Bailin, 1983). 게다가, 창조 과정을 정교화 활동으로 국한하려 하거나 정교화 활동에만 특별히 초점을 맞추어 이해하는 것은 지나치게 까다로워 보인다. 창조적 활동이 놀라워 보이는 이유는 단지 아이디어들이 잘 조직되어 있어서만이 아니라 그런 아이디어들이 나온 출처 때문이기도 하다. 이는 작가들이 "당신은 어디서 아이디어를 얻습니까?"라는 물음에 끊임없이 시달리는 이유이기도 하다. 더 나아가, 창조적 활동이 갖는 다양한 측면들을 분석적으로 확인할 수 있는 한, 우리는 그 활동 단계들 하나하나를 너무 엄밀하게 개념화하지 않도록 조심해야 한다. 듀이(Dewey, 1934)에게 많은 부분 빚지고 있는 비어즐리(Beardsley, 1966)의 유명한 논문에서 지적되듯이, 이러한 활동들은 일반적으로 예술적 창조의 진행 과정에서 끊임없이 교대로 나타나는 식으로 다 같이 섞여 있다. 아마도 이 활동들은 창조적 활동의 단계들이 아닌 요소들이라고 생각하는 게 최선일 것이다. 비어즐리 자신은 '개시점과 마무리 지점 사이의 — "여기서 나는 무언가에 걸려드는 것 같다"라는 생각과 "끝이 났다"는 생각 사이의 — 심적 물리적 활동 구간'에서 무슨 일이 벌어지는지를 물어봄으로써 창조적 활동의 본성을 개괄한다. 이를 통해 비어즐리는 창조 과정이 최소한 부분적으로 어느 정도까지 통제되는지를 묻는 것이다.

예술적 창조에서 의도적인 통제의 정도에 관한 물음은 중요하다. 많은 예술가들은 자신들의 창조적 활동이 합목적적이거나 완전한 통제하에 있는 것은 아닌 것 같다고 보고 한다. 즉 예술가는 최종 결과를 완전하게 그려 놓거나 미리 생각해 둔 계획에 따라 진행하는 것이 아니다. 이는 창조성의 역설들 중 하나이다. 말하자면, 예술가는 예술가 자신이 하고 있는 일을 알면서 동시에 알지 못한다(Maitland, 1976; Howard, 1982).

어떤 철학자들은 목적을 알지 못한 채 시작하는 활동이 예술적 창조에 특징적이라는 생각을 받아들였다. 콜링우드(1938)가 제안한 영향력 있는 관점에 따르면 창조성은 감정의 표현이며, 표현적 활동은 공예와 선명하게 구별된다.

> 어떤 사람이 감정을 표현한다고 말할 때 우리는 그 사람에 관해 다음을 말하는 것이다. 우선 그 사람은 감정을 가진다고 의식하지만 이 감정이 무엇인지는 의식하지 못한다. 그 사람이 의식하는 것은 단지 흥분이 가져오는 동요인데, 이는 그 사람이 자신 안에서 일어난다고 느끼는 무언가이다. 그러나 그 사람은 이것의 본성에 대해서는 알지 못한다. … 그 사람은 자신의 감정을 표현할 때까지는 아직 그것이 어떤 감정인지를 알지 못한다. 따라서 그 감정을 표현하는 행위는 자기 자신의 감정들을 탐색하는 일이다. 그 사람은 이런 감정들이 어떤 것인지를 알아내려고 애쓰고 있다. 여기에는 분명 어떤 정향된 과정이 있다. 말하자면, 그 과정은 특정한 목적을 향한 노력이지만, 이는 그 목적의 특별한 성격에 대한 우리의 지식에 비추어 어떤 적절한 수단이 생각될 수 있는 식으로 예견되고 예상되는 무언가가 아니다. 표현은 특별한 기술이랄 게 있을 수 없는 활동이다. (Collingwood, 1938: 109-11)

비어즐리는 창조를 통제하는 문제를 다루는 두 가지 주요한 이론적 접근들을 구별한다. '추진 이론(Propulsive Theory)'에 따르면 '통제하는 동인은 창조 과정 이전에 존재하는 무언가이다'. 반면에 '목적 이론(Finalistic Theory)'에 따르면 '통제하는 동인은 그 과정이 겨냥하는 최종 목표이다'. 비어즐리는 창조적 활동이 갖는 목적지향적이고 문제해결적인 측면에 너무 많은 강조점을 두고 있다는 점을 들어 목적 이론을 일축한다. 예술가는 대규모 과제("나는 어떻게 비스듬히 기댄 형상을 가진 훌륭한 조각을 만들 수 있는가?")와 다소 즉각적인 과제("만약 여기서 이 차가운 녹색을 사용한다면 나는 이 평면이 밀어지도록 할 수 있다") 둘 모두에 직면할 수 있다. 비어즐리는 예술가가 특정한 국지적 성질(regional quality)을 염두에 두고 창조하는 경우를 최소한 생각해 볼 수는 있다고 인정한다. 그러나 창조 과정이 '미리 내다본 목표들' 또는 해결해야 할 문제들에 의해 통제되는 식으로 대개의 경우 정확하게 정식화될 수 있다는 관점은 비어즐리가 주장하듯이 예술가들이 겪는 대부분의 경험에 반하는 것이다.

비어즐리는 추진 이론에 더 동조한다. 그는 콜링우드가 그 이론의 대표적인 주창자라고 생각한다. 추진 이론에 따르면 예술가는 감정을 명료화하려는 결정을 내림으로써 추동된다. 이때 감정은 창조 과정을 거치면서 정체성을 보존하고 그 과정이 나아갈 진로를 대략적으로 결정하는 역할을 한다. 하지만 비어즐리는 다음의 두 가지 근거에서 콜링우드의 표현주의 이론을 거부한다. ① 예술가는 표현된 감정과 (알려져 있지 않은) 그 이전의 감정을 비교할 때 정체성의 원칙을 따르는데, 표현주의 이론에는 이러한 원칙이 없다. ② 감정을 '명료화한다'는 개념은 모호하다(콜링우드의 표현 기반 창조성 이론을 옹호하는 관점에 대해서는, Anderson and Hausman, 1992를 보라). 대신 비어즐리는 창조가 자기수정 과정이라고 제안한 토마스(Tomas, 1958)를 따라 이른바 발생적(Generative) 설명에 기초한 추진 이론을 발전시킨다. 이 설명에 따르면 (문장, 주제, 어조, 스타일, 기타 등등) 모종의 착수가 이루어진 다음 '미완의 작품 자체와 그것이 제시하는 가능성, 그것이 허용하는 전개 등이 형성되는 개별 단계나 조건 각각이 모든 지점에서 결정적인 통제력을 갖는다'(다시 한번 Dewey, 1934를 보라).

예술가는 작품을 시작할 때 최초 지각, 아이디어, 주제, 스타일 등을 정교화할 수 있는 가능성들에 대해 오직 어렴풋하게만 자각한 것일 수 있다. 창조의 통제를 설명하는 비어즐리의 이론은 이렇게 정교화될 수 있는 방식들을 지시해 준다는 장점을 갖는다. 어쩌면 이것은 이야기를 '쓰는 일 자체'에 대해, 또는 작가가 열중하는 인물에 대해 언급할 때 작가가 염두에 둔 무언가일 수 있다. 이런 의미에서 예술적 창조는, 토마스가 언급한 잘 알려진 사례를 사용하자면, 사격 거리에 있는 표적 한복판을 맞추려는 시도처럼 명백하게 목적을 지닌 활동과 다르며 그것보다는 더 복잡해 보인다.

하지만 비어즐리의 관점이 예술적 창조성에 대한 일반 이론으로서 또는 창조 과정에서 통제의 역할을 설명하는 것으로서 전적으로 만족스러운 것은 아니다. 비어즐리의 견해에 의하면 창조 과정에서 정해진 순서대로 나타나는 단계들이 갖는 보편적인 패턴 같은 것은 없음이 분명하다. 최소한 서술상 비어즐리가 이것 이상의 무언가를 말하고자 하는지는 분명치 않다. 어떤 지점에서 비어즐리는 고전적으로 구분된 네 가지 활동들이 창조 과정에 모두 섞여 있다고 제안한다. 그런데 다른 지점에서 창조 과정은 끊임없이 교대하는 두 국면들과 관련된다고 규정된다. 그중 하나는 '전통적으로 영감이라고 부른 고안 국면이다. 이 국면에서 새로운 아이디어들은 전의식에서(in the preconscious) 형성되고 의식에 나타난다. … (다음으로) 선택 국면이 있다. 이것은 단지 비판적인 활동으로서 의식이 이미 잠정적으로 채택된 무언가와 맺는 관계를 지각한 이후에 그 새로운 아이디어를 선택하거나 거부하는 국면이다'.

추진 이론과 목적 이론 사이의 일반적인 구분이 얼마나 유용한지는 분명치 않다. 카차두리언(Khatchadourian, 1977)이 지적하듯이 이것은 개념적인 문제이며 — 예컨대 의식적으로 지속되는 목적으로서의 비전이나 목표가 무의식적이고 추진적인 창조 충동으로 다시 나타나는 경우 개념적 구분은 허물어진다 — 동시에 실천적인 문제이기도 하다. 왜냐하면 예술가가 작업하는 방식들은 광대한 스펙트럼을 갖기 때문이다. 어떤 작품들은 구체적으로 잘 구상된 계획이나 목적을 염두에 두고 창조되는 반면, 다른 작품들은 완성된 작품에 대한 비전이 거의 없는 상태로 창조된다. 카차두리언은 창조 방식 전반을 여섯 가지 대표적인 패턴들로 구분하지만 그 가능성들은 끝이 없어 보인다(Maitland, 1976; Bailin, 1983도 보라). 이런 점들을 고려할 때 창조 과정이 비어즐리가 제안한 노선을 따라 주로 발생적 추진 이론의 관점에서 이해될 수 있다는 생각은 의심스럽다.

그러나 혹자는 문제해결 모델에 의존함으로써 예술에서 창조를 이해하려는 시도가 갖는 한계들을 지적한다. 문제해결 노선을 따라 예술 창조를 이해할 수 있다는 생각은 생물학과 심리학의 맥락에서 창조적 예술 활동을 생각할 때 특별한 호소력을 갖는다. 우리는 자연에서 인간의 창조 행위와 비견될 수 있는 현상, 상호작용, 변화 등의 사례 — 거미가 복잡한 거미줄을 짜는 것, 새의 둥지 짓기, 나뭇가지들의 분포 등 일반적으로 유기체가 자연 조건과 제약에 적응하는 사례 — 를 다수 발견한다. 추정컨대 이러한 사례들에서 자연에 창조성을 귀속시키는 일은 단지 은유적이다. 우리는 일반적으로 인간의 창조 행위란 무엇보다도 의도를 가진 행위자의 능력과 관련된다고 생각한다. 비록 어떤 이들은 (Godlovitch, 1999; Arnheim, 2001) 자연 유기체와 자연 일반도 글자 그대로 창조적이라고 주장했지만 말이다. 어쨌든 어린아이가 무질서에서 벗어나 점차 질서를 찾아 가는 것처럼 우리는 '창조적' 개입이 있어야 해결될 것 같은 문제들에 부딪힐 경우 나타나는 행동과 활동을 자연에서도 발견하게 된다(Perry, 1988). 대부분의 예술 창조 과정에서 의사결정이 내려진다는 사실, 창조 행위 이전 또는 그 과정에서 문제들이 제시된다는 사실 등은 의심의 여지가 없다. 아른하임(Arnheim)과 곰브리치(Gombrich) 같은 심리학자들의 연구가 정당하게 평가받는 이유는 예술 활동, 이를테면 회화적 재현이 갖는 다양한 측면들을 문제해결이라는 노선을 따라 어느 정도 이해할 수 있게끔 통찰을 제공하기 때문이다. 게다가, 문제해결 모델은 심지어 가장 높은 차원에서도 예술에서의 창조와 인간 활동들 일반이 어떤 연속성을 갖는다는 직관을 제시한다(Baxandall, 1985; Elster, 2000도 보라).

하지만 그렇다고 해서 예술적 창조가 단지 일종의 문제해결로, 심지어 주로 문제해결로 이해될 수 있다는 건 아니다. 여기에는 몇 가지 지적할 점들이 있다. 첫째, 이미 살펴봤듯이 해결해야 할 전반적인 핵심 문제 또는 일단의 문제들 없이도 예술적 창조는 가능해 보인다(Beardsley, 1966; Khatchadourian, 1977; Howard, 1982; Hospers, 1985). 더 나아가, 창조적 활동을 '문제해결'이라고 재기술함으로써 얻는 것이 무엇인지 분명치 않다. 실상 그럼으로써 어떤 것들은 잃게 될 수도 있다. 어떤 경우에는 방법론이 문제가 된다. 일부 심리학 연구들은 상대적으로 낮은 수준의 수수께끼나 퍼즐을 해결하는 피실험자의 능력을 통해 일반화하는 것이 적절할 수 있다는 가정에 기초해 진행된다(Leddy, 1990). 하지만 이는 창조적 예술가들의 작품에서 두드러지는 부류의 결정들과는 거의 공통점이 없는 활동들이다. 게다가, 문제해결 접근법은 예술에서 창조적 활동을 긍정적으로 가치 매김할 때 전형적으로 갖게 되는 생각, 즉 어떤 문제가 해결되었든 예술적 창조 활동의 최종 결과는 상당한 정도의 독창성, 심오함, 통찰, 또는 이것들의 조합을 드러낸다는 생각을 설명할 채비를 제대로 갖추지 못한 것 같다. 잘 해결된 문제라고 해서 이러한 특징들을 하나라도 가질 필요는 없기 때문이다. 마찬가지로 창조적 활동을 문제해결로 재기술한다고 해서 예술적 창조가 갖는 사회적, 역사적, 문화적 맥락에 관한 무언가를 반드시 알게 되는 것도 아니다. 컴퓨터 프로그램 모델에 기초해 창조성을 개념화하는 이른바 창조성에 대한 계산 이론(Computational theories)도 동일한 도전에 직면한다. 만약 계산 이론이 성공적이라면, 예를 들어 바로 앞에 닥친 생각과 대상에 익숙한 사람들의 관점에서 그 예상을 벗어나는 놀라움이라든지, 이를테면 공리, 쾌 또는 다른 어떤 특성을 통해 이해되든 그렇게 이해된 가치라든지 하는 요소들을 제대로 설명해야 하겠지만, 이것은 계산 이론이 할 수 있는 일이 아니다(Boden, 1990; Novitz, 1999). 마지막으로, 우리는 다양한 개별 예술들 내에서 제기되는 문제들이 모두 다르다는 점을 명심해야 한다. 적절하게 추상적인 어떤 수준에서 창조 과정에 관해 언급할 내용이 어느 정도 있음은 의심의 여지가 없다. 하지만 회화에서 색을 적용하는 데 관련된 '문제들'이 안무를 짜는 일이나 흉상 조각을 만드는 일, 음악에 가사를 덧붙이는 일, 건축 디자인 또는 한 무리의 화음 변화들을 즉석에서 고안하는 일 등을 할 때 마주치는 문제들과 상당한 정도로 유사한 것인가?

창조 과정을 기술하는 단 하나의 일반 이론이 있다는 생각은 앞으로는 등장하지 않을 수 있다. 우리는 예술가들이 창조적인 작업을 할 때 그 작업 방식들 속에서 보다 두드러져 보이는 특징들을 파악하는 것으로 만족해야 할지도 모른다. 그러나 그 특징들을 기술하는 문제에서 그것들을 설명하는 보다 심층적인 문제로 이행하는 것이 여전히 가능하다고 생각해 볼 수도 있다. 우리는 이미 어떤 것이 어떻게 발생했는지를 말해 줌으로써 그것을 이해할 수 있게끔 한다는 의미에서 설명을 시작했다. 하지만 우리는 왜 어떤 것이 발생하는지도 물어볼 수 있다. 특히 우리는 창조적인 무언가가 행해지는 적합한 이유들이 알려질 수 있게끔 창조적 행위가 인간의 믿음과 욕구 및 지향적 상태들을 통해 합리화될 수 있는지의 여부를 물어볼 수 있다.

최소한 세 가지의 일반적인 전략들이 제안될 수 있고 그것들은 이미 암시된 바 있다.

창조적 활동은 미적 즐거움을 통해 만족을 얻으려는 인간의 욕구에 기여한다는 전략, 창조적 활동은 시작 단계의 감정을 명료화하는 표현을 통해 그러한 마음속 감정적 동요를 해소한다는 전략, 창조적 활동은 기본적인 인지적 필요에 도움이 된다는 전략이 그것이다. 물론 이 전략들은 상호 배제적이지 않다. 이에 더해 한 가지 중요한 설명 전략은 심층심리학이다. 심층심리학은 무의식의 구조와 동기, 메커니즘 등에 호소한다(예컨대, Ehrenzweig, 1967을 보라). 인간 행위를 심층심리학적으로 설명할 때 직면하게 되는 인식론적 난해함은 잘 알려져 있지만, 대강의 그림을 파악하는 일은 그리 어렵지 않다. 그와 동시에 프로이트(Freud), 융(Jung), 랑크(Rank), 위니콧(Winnicott) 등 심리학자들의 연구에는 매력과 호소력이 있다. 이 이론들의 설명력에 관해서는 여전히 인식론적으로 심각한 우려들이 남아 있음에도 말이다. 비록 창조적 활동 그 자체(tout court)와는 무관하더라도, 예술적 창조에서 심층심리학적 접근은 최소한 개별 예술가들이 내린 결정들과 기술 습득에 관한 문제들을 설명하는 경우에는 특별히 그럴듯해 보인다. 말하자면, 이런 문제들을 다룰 때 욕구, 충돌, 은폐, 상징적 의미, 놀이 등 심층적 차원에 호소하는 일은 우리를 사로잡는 매력을 갖고 있다(Wollheim, 1974; Spitz, 1989).

창조의 역동성을 이해할 때 마지막으로 고려해야 할 것이 있다. 그것은 예술에서의 창조를 설명하려는 모든 시도들에 대해 제기되는 일반적인 문제이다. 만약 독창성이나 자발성 또는 예측 불가능성 같은 무언가가 창조 과정의 필수적인 특징임을 인정한다면, 창조성을 설명하는 일은 필연적으로 창조성을 사소하게 만드는 것일 수밖에 없는가? 여기서 요점은 단지 창조가 모든 인간 활동과 마찬가지로 심리적으로 복잡하다는 것이 아니다. 그 요점은 특히 예술에서의 창조적 행위를 설명하는 일이 통상적으로 이해될 때 어떤 내재적인 역설을 지닌다는 것이다(Tomas, 1958; Henze, 1966; Jarvie, 1981; Hausman, 1984).

2. 창조의 산물

예술에서의 창조를 철학적으로 살펴볼 때 반드시 창조 과정의 본성에 초점을 맞출 필요는 없다. 어떤 철학자들은 창조 과정에 관한 물음과 어떤 것이 창조적인 예술작품이게끔 만드는 것이 무엇인지에 관한 물음을 구분하고 전자와 후자는 서로 무관하다고 주장한다. 이러한 구분은 해석, 존재론, 문화 등의 차원에서 이루어진다.

예를 들어 비어즐리(1966)는 창조 과정을 철학적으로 설명하는 데 상당한 분량을 할애하긴 했지만, 예술가의 마음이 어떻게 작동하는지를 아는 것이 아무리 흥미롭다고 해도 예술가의 작품이 지니는 가치는 '제작 방식과 독립적'이라고 선언한다. '심지어 작품이 동물이나 컴퓨터 혹은 화산이나 오물통에 의해 만들어졌다 해도' 그러한 사실과 작품의 가치는 독립적이라는 것이다. 물론 잘 알려져 있듯이 비어즐리의 이러한 판단은 그가 의도주의를 공격의 대상으로 삼는다는 점에 근거한다. 이는 비어즐리가 윌리엄 윔샛(William Wimsatt)과 함께 이른바 의도주의 오류(Intentional Fallacy)에 관해 쓴 유명한 논문에 제시되어 있다(Wimsatt and Beardsley, 1946). 게다가, 예술작품의 가치가 창조 과정과 독립적이라는 비어즐리의 견해는 예술의 주요한 가치가 예술작품의 형식적 통일성과 국지적 성질들을 경험함으로써 획득되는 미적 만족에 있다는 그의 관점에 근거한 것이기도 하다. 비어즐리의 주장에 따르면 '창조성의 진정한 자리는 작품 이전의 무언가로부터 유래된 과정이 아니라 작품이 감상자의 경험 속에 살아 있을 때의 그 작품 자체이다'.

비어즐리와는 다른 근거에서 글릭먼(Glickman, 1976)은 예술에서 창조가 제작된 산물의 문제이지 과정의 문제가 아니라고 주장한다. 글릭먼의 주장에 따르면 '창조하다'라는 동사는 라일(Ryle)이 '성취 동사'라고 부른 것이다. 창조적이라는 이유로 예술가를 칭찬하는 것은 특정 부류의 활동 때문이 아니라 그 예술가가 성취한 무언가 때문이다. 더 나아가, 개별 대상은 제작되는 것이지만 유형은 창조되는 것이라는 점에서 구분된다. 예술에서 창조적 활동이 이루어질 때 우리가 가치 매김하는 것은 개별 대상들이 아니라 아이디어 또는 개념화이다. 그러므로 뒤샹(Duchamp)이 (개별 대상으로서의) 병걸이를 만들지는 않았지만 (유형으로서의) 예술작품인 〈병걸이〉(Bottlerack)를 창조했다고 할 때 우리는 이러한 일이 어떤 식으로 이루어진 것인지를 이해한다. 유사하게, 우리는 어떻게 유목(流木) 조각 같은 자연 대상이 적절한 문화적 혹은 이론적 맥락에서 예술작품으로서의 자격을 가질 수 있는지를 이해한다. 글릭먼은 이러한 주장이 아서 단토(Arthur Danto, 1981)에게 빚지고 있음을 인정한다.

이 논의에서 예술'작품' 개념이라는 매우 복잡한 주제를 어떻게 이해하느냐에 많은 것이 달려 있음은 분명하다. 또한 예술가는 작품을 창조하며 우리는 그러한 예술가의 창조에 관심을 갖는다는 직관만큼은 작품의 존재론을 어떻게 이해하든 분명해 보인다. 그러므로 만약 이 직관이 부정된다면, 여기에는 설명이 요구된다.

음악작품의 경우를 생각해 보자. 음악예술작품이란 어떤 종류의 대상인가? 베토벤의 5중주 작품처럼 전형적인 작곡의 사례를 잠시 떠올려 보자. 많은 동시대 철학자들은 이런 음악작품이 사실상 특정 부류의 유형이라서, 그러한 유형의 예화들이 작품의 개별 연주들이라고 주장할 것이다. 만약 그렇다면, 작곡가가 정확히 그 유형을 창조한다는 가정은 자연스러워 보일 것이다. 이를테면 레빈슨(Levinson, 1980)은 음악작품이란 특정 부류에 속한 구조적 유형이라고 주장한다. 그는 '창조가능성'이 음악작품을 적절하게 설명하기 위한 엄밀한 요구조건은 아니더라도 최소한 그러한 설명에 꼭 필요한 것이라고 제안한다. 말하자면, 음악작품은 '작곡가의 작곡 활동 이전에 존재하는 것이 **아니라 바로 그 활동에 의해 존재하게 된다**'는 것이다. 이는 레빈슨의 관점에서 음악작품이 소리 구조 **그 자체**(per se)로는 이해될 수 없는 이유이기도 하다(레빈슨의 관점을 비판하는 견해에 대해서는 Kivy, 1983을 보라). 그렇다면 최소한 베토벤의 4중주 작품은 작곡가에 의해 존재하게 된 부류의 대상이라는 의미에서 창조 가능하다. 게다가, 베토벤의 4중주 작품, 특히 후기 4중주 작품은 미묘하고 복잡한 모티브 전개와 기교적인 요구사항 및 표현적 깊이 등 많은 음악적 성질들에 걸쳐 있는 창조성 때문에 널리 상찬된다. 상대적으로 낮은 평가를 받는 음악가인 카를 디터스 폰 디터스도르프(Karl Ditters von Dittersdorf)의 4중주 작품은 베토벤의 4중주 작품과 동일한 의미에서 창조가능성을 갖겠지만 — 추정컨대 — 음악적으로는 덜 창조적이라고 판단될 것이다.

음악의 존재론과 창조가 맺는 긴밀한 관계는 즉흥 음악의 경우에도 마찬가지로 성립한다. 즉흥 연주자는 개별 소리 구조를 만들지만, 즉흥 음악에서 일반적으로 우리가 관심을 갖는 부분은 특정 부류의 행위, 즉 음악작품이 연주되는 동안 그 작품을 창조하는 행위이다. 즉흥 음악에 동원되는 감상 습관들은 작곡된 작품을 감상할 때 개입되는 것들과 다르며, 심지어 작곡된 작품의 연주를 감상할 때 개입되는 것들과도 다르다. 즉 우리는 즉흥 음악 활동의 요구사항들과 제한조건들 내에서 감상될 수 있다고 밝혀진 무언가에 관심을 갖는다. 즉흥 음악에서 음악작품의 창조란 그 작품이 연주되고 있음과 다르지 않다. 이 경우 우리는 그러한 활동에 수반되는 수정가능성의 한계와 자발성 등을 감안하면서 작품을 감상한다(Alperson, 1984). 이런 점에서 즉흥 음악의 창조는 즉흥 연극, 즉흥 시, 즉흥 춤, 그리고 즉흥 랩 음악 등 다른 즉흥 예술들뿐 아니라 언어적 발화를 포함한 인간 행위 일반이 가지는 많은 국면들과도 평행을 이룬다(Shusterman, 2000: 188-92; Hagberg, 2000).

게다가, 즉흥 음악도 다른 다양한 종류의 음악과 마찬가지로 특정 음악 전통 및 역사적 전통 내에서 나타난다. 다양한 맥락들 속에서 전통적인 감상 관행들과 역사에 익숙해짐에 따라 우리는 즉흥 음악의 창조성을 더욱 향상된 방식으로 감상하게 될 것이다. 이 경우 딱 들어맞는 부류의 음악은 재즈이며, 여기서 즉흥 연주는 결정적인 역할을 한다. 예를 들어 색소폰은 즉흥 재즈에서 핵심적인 악기이다. 단순히 색소폰 소리가 불편해서 안 듣는다는 사람은 콜먼 호킨스(Coleman Hawkins)나 존 콜트레인(John Coltrane) 같은 연주자들이 성취한 음색의 창조적 혁신을 알아채지 못할 가능성이 크다. 그런 사람은 폴 데즈먼드(Paul Desmond)가 알토 색소폰을 연주할 때 음색과 소리를 조작하는 특정한 **방식**은 더더욱 감상하지 못할 것이다. 그는 덮개 없이 딱딱한 고무로 된 마이어(Meyer) 마우스피스를 고강도 리드 및 셀머 마크(Selmer Mark) VI 색소폰과 조합하여 사용함으로써 목구멍을 열고 느슨하게 입술을 댈 때 흡사 플루트의 음색과 유사하여 뇌리를 떠나지 않는 그런 소리를 내고 조작할 수 있었다. 물론 방금 설명한 정보는 오직 소수의 전문가들만 알 수 있는 지식이라고 인정할 만하지만, 종종 그렇듯이 재즈에서 창조성을 향상된 방식으로 감상하기 위해서는 이 정도까지 난해한 지식은 아니더라도 어느 정도의 이해가 뒷받침될 필요가 있다. 이를테면 재즈 장르의 역사에 익숙하지 않은 청자는 모스 앨리슨(Mose Allison)의 즉흥 연주 — 바로크적인, 때때로 비밥과 블루스 선율 및 화성이 구분하기 어렵게 겹쳐 있는 스타일의 연주 — 가 가진 유머와 기발함을 놓치기 쉬울 것이다. 많은 재즈 악곡에서 새로운 선율들은 표준적이고 대중적인 곡조로 된 화성 진행 위에 또는 표준적인 진행을 대체하는 화성 진행 위에 중첩된다. 이런 전통을 의식하지 못하는 청자들은 〈Ornithology〉가 〈How High the Moon〉의 곡조에 기초하여 그것의 악구들을 인용하거나 변형하는 경우 〈Ornithology〉의 즉흥 연주 속 기지나 재기 발랄함을 감상하지 못할 수 있다. 반음계 음악과 불협화 음정에 익숙하지 않거나 불편해하는 귀를 가진 사람에게 찰리 파커(Charlie Parker)의 즉흥 연주는 모험적인 화성을 통해 기교를 탐구하고 보여 주는 것이 아니라 소리의 과다 분출로 들릴 수 있다. 음악작품을 사회적이고 정치적인 맥락에서 들을 수 없거나 그렇게 하려 하지 않는 청자가 1960년대와 1970년대 개인의 자유를 선언하고 인종 평등으로 나아가는 상징으로서의 '프리 재즈' 즉흥 연주의 화성, 리듬, 소리, 음악적 형식 등 전통적인 구조들을 통해 자유를 들을 가능성은 없을 것이다. 이렇게 다양한 모습으로 나타나는 창조성을 감상하려면 연주가 이루어지는 무수한 맥락들을 이해할 필요가 있다.

따라서 캔버스, 빌딩, 쓰인 텍스트 등과 같이 상대적으로 안정적인 물리적 대상들로 구현된 작품들까지도 포함하여 예술작품은 창조적인 인간 행위의 수행, 결과, 또는 제시라는 정확히 그런 의미에서 창조된 작품이라는 주장이 가능하다(Maitland, 1976; Wollheim, 1980; Sparshott, 1982). 만약 그렇다면, 창조된 작품들을 완전하게 감상하고 평가하는 일은 그것들을 인간의 성취로서 감상하는 일과 불가피하게 연결될 것이다(또한 Currie, 1989를 보라).

이러한 관점은 창조적인 작품을 어떻게 이해할 것인지에 관한 것이다. 우리는 이것을 통해 예술에서의 창조가 가진 문화적 본성을 염두에 두고 구체적인 역사적 전통 및 제도라는 맥락 속에서 예술의 창조를 이해하는 일이 중요하다는 점을 생각하게 된다. 예술적 창조란 자율적인 주체가 자유롭고 자발적이며 자연스럽게 독창적으로 행하는 활동이라고 생각하는 사람들은 예술에서 창조를 논의할 때 큰 부담을 안고 있음이 분명하다. 이러한 경향의 발자취를 따라가다 보면 낭만주의 작가들의 긴 계보를 거쳐 《판단력 비판》(Critique of Judgement)에서 칸트가 논의한 천재에 이르게 된다. 이때 천재란 '예술에 규칙을 부여하는' 타고난 능력으로서 전범(典範)이 될 만한 예술작품들을 창조할 때 '외부적' 제약조건들의 역할과 중요성을 최소화하는 결과를 낳는다. 이는 예술에서의 창조 개념을 다소 약화시키는 관점이며, 특히 여성주의와 마르크스주의 같은 다른 입장들이 심각한 비판을 제기하는 빌미가 되어 왔다. 그들은 이 약화된 관점에 본유적으로 자리 잡고 있는 주관성 모델을 거부하고, 이와 관련하여 예술에서의 창조적 성취를 위한 선행조건인 사회 경제적 여건과 제도적 구조의 역할이 퇴색되는 것에 반대한다. 이러한 선행조건은 사실상 예술에서의 창조가 갖는 모든 측면에 영향을 미친다. 여기에는 창조성의 전형이라고 간주되는 예술가 및 작품의 분파도 포함된다(Nochlin, 1971; Adorno, 1984; Battersby, 1989). 예술적 창조를 온전하게 이해하려면 이런 문제들을 주의 깊게 고려해야만 할 것이다.

레디(Leddy, 1994)가 지적한 것처럼, 창조적인 예술적 산물이 감상자 쪽에도 어느 정도의 창조성을 요구한다는 점은 중요한 의미를 가진다. 이것은 수많은 방식으로 나타날 수 있다. 감상자들은 때때로 예술가 그룹의 일원으로서 작품의 창조에 직접 참여할 수 있다. 보다 덜 직접적으로는, 작품이 창조되는 맥락에서 전통, 양식, 시기 등등의 평가적 범주들을 확립하는 데 참여하고 작품을 해석 및 평가함으로써 작품의 창조에 기여할 수 있다. 마지막으로, 그러나 그 중요성이 가장 덜한 것은 결코 아닌 방식이 있다. 말하자면, 감상자가 작품을 상상적으로 경험하는 한, 우리는 그 작품이 실제화되거나 현실화된다고 말할 수 있는데, 이것 역시 감상자 쪽에 창조적 활동을 요구하는 활동이다. 이러한 모든 방식들을 보건대 창조성 — 예술가의 창조성, 작품의 창조성, 그리고 감상자의 창조성 — 은 근본적으로 문화적인 현상이다.

* 이 논문의 이해를 돕기 위해서 이 책에서 다음의 논문들을 찾아 읽으면 좋을 것이다.
  〈예술의 존재론〉, 〈예술과 표현〉, 〈예술의 가치〉, 〈예술의 의도〉, 〈음악〉

참고문헌

Adorno, T. (1984). *Aesthetic Theory,* (ed.) G. Adorno and R. Tiedemann, trans. C. Lenhardt. London: Rout-ledge.

Alperson, P. (1984). "On Musical Improvisation". *Journal of Aesthetics and Art Criticism* 63: 17–29.

Anderson, D. and Hausman, C. (1992). "The Role of Aesthetic Emotion in R. G. Collingwood's Conception of Creative Activity". *Journal of Aesthetics and Art Criticism* 50: 299–305.

Arnheim, R. (1962). *Picasso's Guernica: The Genesis of a Painting.* Berkeley: University of California Press.

_____ (2001). "What It Means To Be Creative". *British Journal of Aesthetics* 41: 24–5.

Bailin, S. (1983). "On Creativity as Making: A Reply to Götz". *Journal of Aesthetics and Art Criticism* 41: 437–42.

Battersby, C. (1989). *Gender and Genius: Towards a Feminist Aesthetics.* London: Women's Press.

Baxandall, M. (1985). *Patterns of Intention: On the Historical Explanation of Pictures.* New Haven: Yale University Press.

Beardsley, M. (1966). "On the Creation of Art". *Journal of Aesthetics and Art Criticism* 25: 159–65.

Binkley, T. (1997). "The Vitality of Digital Creation". *Journal of Aesthetics and Art Criticism* 55: 107–16.

Boden, M. (1990). *The Creative Mind: Myths and Mechanisms.* New York: Basic Books.

Collingwood, R. G. (1938). *The Principles of Art.* Oxford: Oxford University Press.

Currie, G. (1989). *An Ontology of Art.* London: Macmillan.

Danto, A. (1981). *The Transfiguration of the Commonplace.* Cambridge, Mass.: Harvard University Press.

Dewey, J. (1934). *Art as Experience.* New York: G. P. Putnam's Sons.

Dutton, D. and Krausz, M. (eds.) (1981). *The Concept of Creativity in Science and Art.* Dordrecht: Martinus Ni-jhoff.

Ecker, D. (1963). "The Artistic Process as Qualitative Problem Solving". *Journal of Aesthetics and Art Criticism* 21: 283–90.

Ehrenzweig, A. (1967). *The Hidden Order of Art: A Study in the Psychology of Artistic Imagination.* Berkeley: University of California Press.

Elster, J. (2000). *Ulysses Unbound: Studies in Rationality, Precommitment, and Constraints.* Cambridge: Cambridge University Press.

Gardner, H. (1982). *Art, Mind, and Brain: A Cognitive Approach to Creativity.* New York: Basic Books.

Gaut, B. and Livingston, P. (eds.) (2002). *The Act of Creation.* Cambridge: Cambridge University Press.

Ghiselin, B. (ed.) (1952). *The Creative Process: A Symposium.* Berkeley: University of California Press.

Glickman, J. (1976). "Creativity in the Arts", in L. Aagaard–Mogensen (ed.), *Culture and Art.* Atlantic Highlands, N.J.: Humanities Press, pp. 130–46; reprinted in J. Margolis (ed.), *Philosophy Looks at the Arts,* 3rd edn. Philadelphia: Temple University Press, 1987.

Godlovitch, S. (1999). "Creativity in Nature". *Journal of Aesthetic Education* 33: 17–26.

Gombrich, E. H. (1968). *Art and Illusion: A Study in the Psychology of Pictorial Representation.* London: Phaidon.

Götz, I. (1981). "On Defining Creativity". *Journal of Aesthetics and Art Criticism* 39: 297–301.

Hagberg, G. (ed.) (2000). Special Issue: "Improvisation in the Arts". *Journal of Aesthetics and Art Criticism* 58(2).

Hausman, C. (1984). *A Discourse on Novelty and Creation.* Albany, NY: State University of New York Press.

Henze, D. (1966). "Creativity and Prediction". *British Journal of Aesthetics* 6: 230–45.

Hospers, J. (1985). "Artistic Creativity". *Journal of Aesthetics and Art Criticism* 45: 243–55.

Howard, V. (1982). *Artistry: The Work of Artists.* Indianapolis: Hackett.

Jarvie, I. (1981). "The Rationality of Creativity", in Dutton and Krausz (1981: 109–28).

Khatchadourian, H. (1977). "The Creative Process in Art". *British Journal of Aesthetics* 17: 230–41.

Kivy, P. (1983). "Platonism in Music: A Kind of Defence". *Grazer Philosophische Studien* 19: 109–29.

Koestler, A. (1964). *The Act of Creation.* London: Hutchinson; reprinted London: Penguin, 1989.

Leddy, T. (1990). "Is the Creative Process in Art a Form of Puzzle Solving?" *Journal of Aesthetic Education* 24: 83–97.

_____ (1994). "A Pragmatist Theory of Artistic Creativity". *Journal of Value Inquiry* 28: 169–80.

Levinson, J. (1980). "What a Musical Work Is". *Journal of Philosophy* 77: 5–28.

Maitland, J. (1976). "Creativity". *Journal of Aesthetics and Art Criticism* 34: 397–409.

Nochlin, L. (1971). "Why Have There Been No Great Women Artists?" *ART news* 69: 22–39, 67–71; reprinted in P. Alperson (ed.), *The Philosophy of the Visual Arts.* Oxford: Oxford University Press, 1992.

Novitz, D. (1999). "Creativity and Constraint". *Australasian Journal of Philosophy* 77: 67–82.

Osborne, H. (1979). "The Concept of Creativity in Art". *British Journal of Aesthetics* 19: 224–31.

Patrick, C. (1937). "Creative Thought in Artists". *Journal of Psychology* 4: 35–73.

Perry, L. (1988). "Creativity and Routine". *Journal of Aesthetic Education* 22: 45–57.

Rampley, M. (1998). "Creativity". *British Journal of Aesthetics* 58: 265–78.

Shusterman, R. (2000). *Pragmatist Aesthetics: Living Beauty, Rethinking Art*, 2nd edn. Lanham, Md: Rowman & Littlefield (original edn, Oxford, 1992).

Sparshott, F. E. (1982). *The Theory of the Arts.* Princeton: Princeton University Press.

Spitz, E. (1989). "Conflict and Creativity: Reflections on Otto Rank's Psychology of Art". *Journal of Aesthetic Education* 24: 97–109.

Tomas, V. (1958). "Creativity in Art". *Philosophical Review* 67: 1–15.

Vermazen, B. (1991). "The Aesthetic Value of Originality", in P. French, T. Uehling, Jr, and H. Wettstein (eds.), *Midwest Studies in Philosophy*, vol. XVI. Notre Dame, Ind.: University of Notre Dame Press, pp. 266–79.

Wallas, G. (1926). *The Art of Thought.* London: Jonathan Cape.

Wimsatt, W. K. and Beardsley, M. C. (1946). "The International Fallacy". *Sewanee Review* 54: 468–88.

Wollheim, R. (1974). "Freud and the Understanding of Art", rev. edn, in R. Wollheim, *On Art and the Mind.* Cambridge, Mass.: Harvard University Press, pp. 202–19.

_____ (1980). *Art and Its Objects*, 2nd edn. Cambridge: Cambridge University Press, esp, pp. 185–204.

제14장

예술의 진정성

데니스 더튼(Denis Dutton)
번역: 김정현

1. 서론

'AUTHENTIC*'이라는 단어는, 비슷하게 쓰이는 '실제의(real)', '진짜의(genuine)', '참된(true)'처럼 오스틴(J. L. Austin)이 '차원어(dimension word)'라고 불렀던 단어들 중의 하나이다. 이때 차원어란, 지시체가 언급되고 있는 차원이 정해져야만 그 의미를 파악할 수 있는 단어를 말한다. 예컨대 위조 회화라고 해서 무조건 가품인 것은 아니다. 즉 위조화폐가 법화(法貨)의 가짜 사례인 동시에 한 조각의 진짜 종이이기도 하듯이, 베르메르(Vermeer)를 위조한 얀 반 메헤렌(Han van Meegeren)의 그림은 베르메르의 위조인 동시에 반 메헤렌의 진품이기도 하다. 진정한 작품인지 아닌지를 결정하는 것은 맥락 의존도가 매우 높은 일이다. 현대의 그랜드피아노로 연주된 모차르트의 작품은, 연주된 각 음표들이 제아무리 모차르트 작품의 진정성을 살려 연주했다고 할지라도 18세기 포르테피아노로 연주된 것에 비해 진정성이 없는 것으로 말해질지 모른다. 엘리자베스 시대의 제작 방식, 의미, 어투 등을 재현하

---

* 　영어의 'authentic'은 '진정한'으로 번역되는 것이 일반적이지만, 그 맥락에 따라 조형예술의 경우는 '진품의', 공연예술의 경우는 '정격성의' 등의 번역어를 가지기도 한다. 이 장에서는 'authentic'을 '진정한'으로 번역할 것이지만, 필요에 따라 '진품의'와 '정격성의' 등을 사용할 것이고, 이때에는 원어를 병기할 것이다.

기 위해 각고의 노력을 쏟은 셰익스피어 작품의 공연은 그렇게 애쓴 정도에서는 진정성을 지닌다고 말할 수 있지만, 셰익스피어 자신의 무대였다면 남자아이를 기용했었을 여자 역할에 여배우를 썼다는 점에서 진정성이 떨어질지 모른다. 제시(presentation)의 진정성이 공연예술에만 연관된 것은 아니다. 예컨대 현대 박물관들은 강한 조명을 사용하여 오래된 걸작들을 제시하는 데 관련해 비판받아 온 바 있다. 강한 조명은 세부묘사를 더 잘 드러내 주기는 하지만, 동시에 그림의 붓 자국에서 애초의 감상자들이 받았을 것과는 사뭇 다른 전체적인 효과를 주게 된다. 그래서 클리닝하고 바니싱을 다시 하여 강한 조명까지 사용한 경우, 진정성이 없는 제시로 여겨질 수 있다. 제단에 두기 위해 제작된 성상을 현대 미술관의 공간에 제시하는 것도 진정성이 없는 전시라고 주장된 바 있다(Feagin, 1995를 보라).

'진정한'이란 단어가 미학에서 사용될 때마다 가장 먼저 물어야 할 질문은 "무엇에 반해(opposed to) 진정한가?"이다. 미학에서 진정한/진정하지 못한(authentic/inauthentic)의 구분은 매우 다양한 맥락에서 사용되지만, 그럼에도 불구하고 크게 두 범주의 의미를 중심으로 그 구분이 형성되는 경향이 있다. 첫째, 예술작품들은 흔히 **명목적 진정성**(nominal authenticity)이라고 불리는 것을 가질 수 있다. 이는 이 용어가 함축하듯, 미적 경험의 대상이 적절하게 이름 붙여졌음을 보증하기 위해 작품의 근원, 원작자, 대상의 출처에 대한 옳은 정체확인을(identification) 해 주는 것으로 정의된다. 하지만 진정성의 개념은 종종 다른 의미를 함축하기도 하는데, 이는 한 대상이 가지는 특징과 관련하여 그 대상이 한 개인의 혹은 한 사회의 참된 가치나 믿음의 표현을 그 특징으로 가지는 것을 의미한다. 우리는 이 두 번째 의미의 진정성을 **표현적 진정성**(expressive authenticity)이라 부를 수 있다. 이 논문은 명목적 진정성을 둘러싼 문제들을 정리해 보고 나서, 결론으로 표현적 진정성에 대한 일반적 고찰을 다룰 것이다.

2. 명목적 진정성*

2.1 위조(forgery)와 표절(plagiarism)

진정성에 관련하여 가장 자주 거론되는 문제 중 대부분이 예술작품의 위조와 표절에 관련되어 있다. 위조란, (반드시 예술가일 필요는 없는) 누군가가 (그 작품의 잠재적 구매자일 수 있는) 감상

---

*   이 명목적 진정성은 한국어 번역어로는 '진품성'이라고 불리고는 한다.

자에게 대개 경제적인 이득을 위해 작품의 제작의 역사를 허위 진술한 작품으로 정의된다. 위조 작가들은 자신의 결과물을 유명한 작가가 만든 것처럼 시장에 내놓기 위해서 그러한 작가들의 스타일로 그림을 그리거나 조각을 만든다. 이미 존재하는 작품에 대한 정밀한 복제는 식견 있는 구매자들에게 팔기는 어려우므로 좀처럼 위조되지 않는다. 위조라는 개념에는 반드시 위조 작가나 그런 작품을 파는 상인의 속이려는 의도가 포함되어 있다. 일상적인 언어 사용에서는 의도가 없는 순진한 복제품들이 애초의 의도는 그렇지 않았다고 할지라도 이후에 위조 작품으로 사용될 수 있고, 그래서 '위조'로 불릴 수 있다. 이런 경우, 속이려는 판매자는 무지한 구매자에게 진품성(authenticity)을 증명하는 가짜 서명이나 가짜 증명서를 덧붙여 작품의 출처를 허위 진술한다. 앞으로 살펴보겠지만, 순진한 복제품과 명백한 위조 사이의 경계를 구분하는 것은 매우 어려운 일일 수 있다.

표절은 가짜(fraud)와 관련 있기는 하지만 논리적으로 다르다. 표절은 남의 말이나 생각을 자신의 것인 양 행세하는 것이다. 표절의 가장 명백한 사례는 한 저자가 다른 저자가 이미 쓴 텍스트를 자신의 이름으로 출판하는 경우를 말한다. 비록 원작이나 원작의 모든 사본을 찾을 수가 없거나 소멸된 경우에 표절을 증명하는 것이 불가능하기는 하지만, 만일 원본이 이미 출간된 것이라면 표절자는 발각의 위험을 감수하게 된다. 표절된 작품의 출간은 광범위한 조사에 노출되기 때문에 표절은 위조와는 달리 발각되지 않고 공식적인 행위로 완수되기가 어려운 가짜이다. 실제로 가장 일반적인 표절 행위는 공적으로 일어나지 않고, 학생이 교사에게 제출하는 사적인 영역의 작업들에서 발생한다.

2.2 단순한 오인(Honest Misidentification)

일상어에서 진품성(authenticity)은 '허위(falsity)'나 '가짜(fakery)'의 반의어로 쓰이지만, 언급했다시피 가짜를 제작하는 모든 과정이 사기(fraud)를 함축할 필요는 없다. 예술작품의 뻔한 위조품이나 의도적인 허위 진술은 예술시장이 존재해 온 이래 계속되었다. 이는 고대 로마에서조차 성행했던 일이다. 그러나 '가품'이라고 일컬어진 대개의 많은 작품들은 단지 오인된 것들이다. 겉보기에 고대 뉴기니 가면인 듯 보이는 작품이나 겉보기에 18세기 이탈리아 회화로 보였던 작품들의 기원을 잘못 추측한 경우, 거기에 사기성이 있는 것은 아니다. 사기(fraudulence)는, 단지 낙관적으로 추측된 것일 뿐인 것을 확립된 지식처럼 간주할 때 혹은 그러한 추측을 하는 사람이 원래의 가치보다 더한 가치를 부여하는 지위나 권위를 남용할 때에만 일어난다. 그렇다고 해도 사기로부터 근거 없는 낙관론을 구분하는 경계는 고작해야 흐릿할 뿐이다(고미술상에게 "아마도 한 150년쯤 된 것 같습니다"라고 전해 들은 사람은 누구나 이 말을 이해함에 있어서, 그것이 그렇게 오래되지는 않았으나 그가 그 작품이 그러기를 바란다는 것인지 아니면 진실을 왜곡해 보려는 것인지 자신조차도 확신할 수 없다는 것을 알 것이다).

　따라서 진품성(authenticity)은 예술에서 단지 가짜를 발견하여 제거하는 일보다는 더 폭넓은 문제이다. 예술작품의 제작자와 출처를 확인하여 명목적 진정성을 확립하려는, 요컨대 **작품이 성립된 방식을 결정하려는** 의지는 예술작품을 비평의 근본적인 규칙들에 입각해 이해하려는 일반적인 욕구이다. 예컨대, 그 작품은 제작자에게 어떤 의미였는지? 작품이 제작될 당시의 문화적 맥락과 어떤 연관성을 가졌었는지? 작품이 속하는 확립된 장르는 무엇이었는지? 당대의 감상자들은 그 작품을 통해 무엇을 할 것으로 기대되었는지? 그들은 그 작품의 어떤 점이 매력적이거나 중요하다고 여겼을 것인지? 이러한 질문들은 작품의 정체성을 부분적으로 결정하거나 구성하게 될 예술가의 의도에 따라 답해지곤 한다. 그리고 의도라는 것은 사회적 맥락이나 역사적 시대를 통해서만 발생하고 이해될 수 있다. 따라서 외재적 맥락과 예술가의 의도는 본유적으로(intrinsically) 연관된 것이다. 그러나 이러한 명목적 진정성을 확인하게 될 때, '오래된' 혹은 '원작의' 작품들이 그 이후의 작품들보다 당연히 선호되게 될 것이라고 성급하게 판단해서는 안 된다. 원작보다 미적으로 많은 즐거움을 선사하는 렘브란트나 다른 네덜란드 예술가들의 복제품이 있는 것처럼, 어떤 점에서는 오래된 원작보다 미적으로 더 훌륭한 고대 그리스 원작의 복제품인 로마시대 조각상들이 있다. 그러나 이 모든 경우에 있어서, 가치와 의미라고 하는 것은 올바르게 결정된 명목적 진정성에 근거해서만 정당하게 평가될 수 있다(이에 관한 더 깊은 논의는 Dutton, 1983; Goodman, 1976; Currie, 1989; Levinson, 1990을 보라).

2.3 얀 반 메헤렌

지난 세기 가장 유명한 작품의 오인이자 사기사건 중 하나는 반 메헤렌의 베르메르 위조 사건이다. 네덜란드 예술가 얀 반 메헤렌(1889-1947)은 데벤터르*에서 태어나 17세기 네덜란드의 거장 요하네스 베르메르의 고향인 델프트에서 수학했다. 반 메헤렌은 1차 세계대전 이후 출셋길이 막히면서 미술상, 비평가, 그리고 미술학계에 대해 점차 적개심을 가지게 된다. 1923년 반 메헤렌은 한편으로는 (그가 '여성 혐오자이자 흑인옹호자'라고 칭했던) 그의 원수들에게 복수하기 위해서, 또 단순하게는 돈을 벌기 위해서 프란츠 할스(Franz Hals)의 〈웃고 있는 기사〉(Laughing Cavalier)의 위조에 손을 대게 된다. 더 희귀하고 값비싼 베르메르의 그림에 손을 댄 것은 그 이후의 일이다(20세기까지 살아남은 베르메르의 작품은 40개 남짓이었다). 1930년대 중반에 꾀해진 그의 가장 야심 찬 계획은 종교적인 주제를 다룬 베르메르의 대

---

* 　Deventer: 네덜란드 동부 도시.

작을 위조하는 것이었다. 이는 미발견 베르메르 작품에 대한 통상적인 발견은 아니었을 것이기에 위조자가 할 것 같지 않은 선택이었을 것이다. 그러나 실제로 반 메헤렌은 영리하게도, 베르메르가 젊었을 때 이탈리아를 방문하여 종교적 주제에 대한 그림을 그렸는데 이탈리아 스타일을 사용해 큰 규모로 그린 이러한 그림들이 그때까지 발견되지 않은 것 같다는 학계의 출판된 연구를 확증해 주었던 것이다. 이 위조작 〈엠마오의 그리스도〉(Christ and the Disciples at Emmaus)는 1937년에 완성되었다. 이를 제작하기 위해 반 메헤렌은 17세기에 사용된 안료의 제작의 공식을 연구하여 경도를 높이는 휘발성 있는 꽃 기름을 섞은 안료를 만들고, 알려지지 않은 17세기 회화를 재활용한 캔버스 위에 오소리 털 브러시를 사용했다(현대에 사용되는 붓털이 한 개라도 그림에 붙어 있었다면 그의 정체가 발각되었을 것이다). 그는 재정이 곤궁해져 극비리에 이 그림을 처분하려는 오래된 이탈리아 가문으로부터 이 그림을 손에 넣게 되었다고 주장하기 위해 오래된 회화들이 가지는 특징인 표면의 미세한 잔금, **크라케뤼어**(craquelure)를 내는 방법을 고안해 냈고, 이 작품을 위한 그럴싸한 출처를 날조했다(Godley, 1967; Dutton, 1983). 최종적으로 로테르담에 있는 보이만스 박물관이 이 작품을 (2002년도 화폐 가치로) 대략 미화 250만 불에 구입하였고, 이 중 3분의 2가 반 메헤렌의 주머니로 들어갔다.

　　〈엠마오의 그리스도〉가 보이만스 박물관에 전시되었을 때, 이 그림은 저명한 베르메르 전문가 아브라함 브레디위스(Abraham Bredius)로부터 베르메르의 '걸작'으로 상찬되었고, 반 메헤렌은 그 군중 속에 서서 희열을 느꼈다(Bredius, 1937). 반 메헤렌은 계속해서 베르메르의 작품을 6개 더 위조하였는데, 이 중 하나가 결국 나치 제국의 원수 헤르만 괴링(Hermann Göring)의 사제 소장품에 들어가게 된다. 반 메헤렌이 이 작품을 거래한 것이 알려지면서 그는 종전 며칠 후 네덜란드의 국보를 적군에게 팔아넘겼다는 이유로 네덜란드 경찰에 체포된다. 그때에야 반 메헤렌은 이 그림과 나머지 작품들을 그린 것이 자신임을 고백했고, 그는 재판을 기다리는 감옥 안에서 그것을 증명하기 위해 마지막 베르메르 작품을 그리게 된다. 재판은 그야말로 매스컴의 화제였고, 전 세계적인 보도는 반 메헤렌을 대중의 영웅으로 만들었다. 반 메헤렌은 고작해야 징역 1년 형에 처해졌지만, 형이 시작되고 얼마 되지 않아 심장마비로 죽고 만다(Dutton, 1983).

　　반 메헤렌 사건은 공인된 전문가들이 예술적인 재능을 지닌 영리한 사기꾼에게 속은 경우로 그에 걸맞은 유명세를 타게 된다. 이처럼 공식적인 전문가들의 타당성뿐만 아니라, 예술 전문가들이 '명작'의 정체를 확인하여 저열한 위조품으로부터 그것을 구분 가능하게 해 줄 확인 가능한 모든 미적 가치의 존재가 의심스러운 것이다. 결국 유명한 전문가들도 베르메르와 반 메헤렌을 구분할 수 없다면, 그리고 〈엠마오의 그리스도〉에서 분명히 그리하였듯, 반 메헤렌이 박물관 관람자들에게 기쁨을 줄 수 있다면, 왜 우리가 그 그림이 베르메르의 것인지 아닌지에 대해 그토록 매달려야 하는 것일까? 이런 그림은 왜 지하 창고로 보내지는 걸까? 이 그림이 위조작이라는 사실이 밝혀졌다고 해서 이 그림의 미적 특징에 대한 우리의 지각이 바뀔 것 같지는 않다. 아서 케스틀러(Arthur Koestler)[*]는, 이러한 경우 우리가 복제품이나 위작을 받아들이지 못할 이유가 없다고 말했다. 만일 (완전히 동일한 복제의 경우) 위조작품이 원작과 차이를 보이지 않는다면, 혹은 만일 그것이 한 예술가가 남긴 전체 작품들과 너무나 일치해서 원작자의 다른 작품들과 동일한 종류의 미적 쾌를 산출한다면, 박물관에서 이 위조작품을 몰아낼 정당한 이유가 없다는 것이다(Koestler, 1964).

널리 알려진 자신의 위조 논의에서 넬슨 굿먼(Nelson Goodman)은 원작과 식별 불가능한 위조 사이에 미적인 차이는 있을 수 없다는 주장이 잘못되었다는 논변을 발전시킨다. 먼저, 굿먼은 '누구에게 식별 불가능한가?'를 물어야 한다고 주장한다. 어린아이에게 〈모나리자〉와 그것을 정확히 복제한 것의 차이는 식별 불가능할 것이다. 그러나 노련한 박물관 큐레이터에게는 그 차이가 분명히 식별 가능하다. 박물관 큐레이터가 이 둘 간의 차이를 식별하지 못한다고 할지라도, 이는 계속해서 차이가 나타나지 않을 것을 의미하는 것은 아니다. 이후 이 차이는 큐레이터뿐만 아니라 더 순진한 눈에도 명백하게 보일 것이다. 이러한 지각의 변화 과정, 즉 실제로 지각이 예민하게 변화되는 것은 반 메헤렌 사건에서 매우 잘 드러난다. 먼저 〈엠마오의 그리스도〉가 박물관에 전시되었던 당시에도 그 진품성(authenticity)이 의심받았던 점에 주목해야 한다. 이때 참석한 미술상 두빈 브라더스(Duveen Bros.)의 뉴욕 지사 에이전트는 이 그림이 형편없는 위작이라고 사장에게 전보를 보낸 바 있다. 더욱이 회고해 보면 〈엠마오의 그리스도〉는 현존하는 베르메르 작품과 완전히 딴판으로 보인다. 이 그림에는 17세기 초상화보다는 흑백 영화 스틸을 더 닮은 사진적인 속성이 있다. 실제로 그림 속 얼굴들 중 하나는 그레타 가르보(Greta Garbo)의 얼굴과 놀랍게 닮았음을 보여 준다. 이렇게 그림의 전반적인 '모던한' 느낌은 당대의 관람자들에게는 포착되기 힘들었겠지만, 1930년대 영화가 등장인물들의 헤어스타일, 화장법, 제스처와 말을 통해 그 시대를 드러내는 것과 같은 이유에서 지금의 우리에게는 그림이 제작된 시대를 드러내 주게 된다. 두빈의 에이전트는 당대의 전문가들보다 날카로운 식견이 있었던 것이다.

또한 굿먼은 반 메헤렌 사건과 특별히 관련 있는 위조의 또 다른 특징을 지적한다.

---

[*]   아서 케스틀러(Arthur Koestler, 1905-1983): 헝가리 출생 영국의 소설가이자 언론인으로 독일 및 영국 신문의 특파원으로 활약하였고, 공산당에 입당하기도 하였다. 《정오의 어둠》으로 정치소설가의 기반을 굳혔으며, 그 밖의 작품으로는 희곡 〈도착과 출발〉, 소설 《밤의 도둑》 등이 있다. (출처: 두산백과)

오래된 예술가의 작품으로 새롭게 발견된 모든 작품들은 부분적으로 그 작품의 특징들이 해당 작가의 알려진 작품들과 일치할 때에만 그 작가의 작품으로 평가되고 입증된다. 그러나 위조라고 할지라도 이 새로운 작품이 일단 그 작가의 작품에 속하게 되면, 이것은 굿먼이 새로운 발견들이 평가되는 준거라고 했던 소위 '전례 집합(precedent class)'이라는 작품들의 부분을 구성한다. 반 메헤렌의 경우, 그의 다른 위작들 중에서 〈엠마오의 그리스도〉는 스타일에 있어서 베르메르의 원작들로 이루어진 전례 집합에 가장 가까운 작품이었다. 브레디위스가 인정하고 권위 있는 보이스만 박물관 벽에 걸렸다면, 예컨대 호두 껍데기 같은 눈꺼풀 안으로 힘없이 들어간 우울한 눈망울과 같은 이 그림의 스타일적인 특징은 베르메르 스타일로 인정된 국면들이 된다. 이런 식으로 반 메헤렌의 다음 위작은 베르메르의 원래의 전례 집합을 더 확장시켰을 것이고, 그다음 위작은 이를 더욱더 확장시켰을 것이고, 계속해서 베르메르 스타일에 대한 이해가 왜곡되면서 전례 집합은 더욱 확장되어 갔을 수 있다. 반 메헤렌은 그의 모든 활동이 실제 베르메르의 작품들이 보호 수장고에 들어가 있어서 원작과의 비교가 불가능했던 2차 세계대전 중에 진행된 덕을 보았던 것이다. 그의 모든 위작들은 각각은 충분히 닮았지만 베르메르 진품과는 스타일이 달라서, 결국 반 메헤렌이 고백하지 않았다고 해도 그 위작들의 신분은 종국에 들통났을 것이 분명하다(Dutton, 1983).

굿먼은 일반적으로 한 작품이 위작임을 아는 것 혹은 그렇다고 의심하는 것마저도 우리 지각의 식별력을 훈련하는 역할을 하여 대상을 바라보는 우리의 시각을 조건 짓게 된다고 주장한다. 실제로 우리가 원작과 위작의 차이를 탐지하는 것을 배우는 방법은, 지금까지는 보이지 않았던 그 차이점을 지각하려고 시도해 보는 일일 것이다. 레너드 마이어(Leonard Meyer)는 원작과 위작의 차이에 관한 문화적 관념들이 예술에 대한 우리의 지각에 없어서는 안 될 요소라고 주장하는 이론가들 중의 한 사람이다. 마이어는 인간이 만든 모든 산물을 이해하는 데 있어서 '그것이 어떻게 생겨났고 무엇인지를 아는 것이 필요하며, … 이는 만일 그것이 과거에 일어난 일이라면, 그것이 역사 속에서 발생할 때 가졌던 함축을 인식하는 것'이 필요하다고 주장한다(Meyer, 1967). 우리가 우리 자신으로부터 지각에 관련된 이러한 전제를 벗어던질 수 없는 것은 우리가 진공 속에서 숨을 쉴 수 없는 것과 같다. 이와 비슷한 견해가 데니스 더튼(Denis Dutton)에게서 주장되었는데, 그는 예술에서 소위 성취(achievement)라고 불리는 것의 상당수가 작품의 근원에 대한 우리의 관념과 내재적으로 관련되어 있다고 본다. 피아노의 거장이 리스트의 〈난쟁이의 춤〉(Gnomereigen)을 현란하게 연주하여 들려주는 그 흥분은, 인간의 손이 피아노 건반에서 보여 주는 성취가 무엇인지에 대한 우리의 관념과 본유적으로 연관되어 있다. 이와 청각적으로 완전히 동일한 전자 건반의 연주는 이처럼 우리를 흥분시킬 수 없다. 왜냐하면 전자 건반은 얼마든지 원하는 만큼 빠르게 연주할 수 있지만, 피아니스트는 그럴 수 없기 때문이다. 마찬가지로 16세기 거장의 그림의 위조가 제아무리 미적인 쾌를 주고 기술적으로 뛰어나다고 할지라도 그것이 16세기의 업적이 될 수는 없고, 그렇기에 그 거장의 그림과 동일한 방식으로 상찬받을 수 없는 것이다(Dutton, 1983).

2.4 루손의 이고로트족(The Igorot of Luzon)

반 메헤렌이 베르메르를 위조했던 사건은 명목적 진정성의 관점에서 문제 될 것이 없다. 왜냐하면 베르메르의 진품과 반 메헤렌의 위작은 명확히 구분되기 때문이다. 그러나 명목적 진정성을 결정하는 것이 무척 어려운 영역이 있다. 다음의 사례에 나오는 복잡한 사례를 고려해 보자. 루손섬 북쪽에 거주하는 이고로트족은 곡식 창고를 수호하는 쌀의 신 불룰(Bulul)을 조각한다. 이 조각은 피를 붓는 의식을 받는데, 이때 부은 피는 해를 거듭하면서 음식 공양물에서 나온 검은 기름 찌꺼기와 엉겨 붙어 검붉은 녹을 형성한다. 이 조각은 이미 여행객들을 위해 제작되고 있었고, 1920년대에는 국제적으로 팔려 나갔다. 그리고 이고로트의 한 유명한 조각 거장 따길링(Tagiling)은 그당시에도 부족 내 가정에 필요한 조각을 돈을 받고 만들어 주었을 뿐만 아니라 여행객들에게 팔 용도로도 만들었다. 불룰은 지금도 전통적인 방식으로 사용되지만 그러한 용도를 위해 특화된 생산은 2차 세계대전 이후 중지되었다. 오늘날 부족에서 불룰 조각이 필요하면, 기념품 매대에서 구입한 다음, 이를 해당 의식에 사용함으로써 신성성을 부여한다. 알랭 쉐펠(Alaine Schoffel)은 '결과적으로 그 조악한 조각들이 신성한 피로 천천히 덧씌워지는 것을 곡식 창고에서 보게 된다. 그 조각들은 전통적인 방식에서 사용되었기 때문에 진품(authetic)이다. 그러나 이러한 사실이 미적 가치를 부여하지는 않는다'고 한다. 우리는 '진정성'의 수없이 많은 가능한 의미 중 쉐펠이 언급하는 전통에 진정하다는(the authentically traditional) 의미를 이해하기 위해서, 이 '조악한' 기념품 조각에 대한 그의 미적 평가에까지 동의할 필요는 없다. 이 맥락에서 전통에 진정한 조각에 반대되는 것은 기념품 조각, 혹은 공인된 전통의식에 사용되지도 그것을 표현하지도 않는 조각이다. 반면 부족 주민이 기념품 조각을 사서 전통의식에 사용하였다면, 그것은 당연히 진품이고, 다만 (이전의 의미와는) 조금 다른 의미에서 그러하다. 즉 그 대상은 토착민들의 영적인 맥락에서 진정하게 전통적인 방식으로 사용되었다는 의미에서 진정성을 갖는다. 이때의 진정성에 반대되는 사기는, 전통적인 의식에서 그 역할을 하지 않은 조각을 의도적으로 그러한 역할을 한 것처럼 사칭한 조각일 것이다. 예컨대 조각 판매자나 판매 이후 소유자가 용의주도하게 가짜 핏물을 들이고 일부러 사용감이나 마모를 낸 그런 조각에 해당할 것이다.

2.5 음악의 진정성*

예술의 용도(use)와 제시(presentation)에 관한 논쟁이 음악 연주에서보다 활발한 곳은 없을 것이다. 이것은 서양 기보 음악의 일반적인 구조 때문인데, 이러한 구조에서 작품을 창작한다는 것은 회화나 다른 조형예술과는 달리 두 단계 진행 과정을 취하게 된다. 워싱턴 내셔널 갤러리에 있는 레오나르도 다 빈치의 〈지네브라 데 벤치〉(Ginevra de' Benci) 앞에 서면, 우리는 다 빈치 자신이 손으로 작업한 작품을 우리 앞에 마주하게 된다. 이 그림이 제아무리 시간의 흐름과 안료의 화학적 변질 속에서 처음과 달라졌다고 할지라도, 그리고 그 갤러리의 환경이 제아무리 이 그림이 원래 제시되기로 했던 장소와 다르다고 할지라도, 적어도 우리는 비산(飛散)방지, 무반사 유리 너머로 바로 그 작품 자체를 본다. 영광에 찬 고색의 둘도 없는 그 작품을 말이다. 그러나 옛 음악작품의 연주의 경우, 이러한 직접적인 조응은 일어나지 않는다. 원곡은 악보 즉 주로 일련의 지시에 의해 명시되며, 이 악보는 대개 청자를 즐겁게 하기 위해 연주자들에 의해 청각적으로 실현된다. 악보는 개별적으로 실현되어야 할 정확한 소리를 결정하지 못하기 때문에, 옳은 연주라고 하는 것들은 커다란 차이를 보일 수 있다(Davies, 1987).

따라서 회화의 경우에는 흔히 원작 즉 '유일한' 원작으로 확인될 수 있는 명목적 진정성을 지닌 대상이 존재하지만, 음악의 경우에는 이에 상응하는 것이 존재하지 않는다. 예컨대 라흐마니노프가 자신이 작곡한 피아노 콘체르토를 연주한다든지 아니면 스트라빈스키가 〈봄의 제전〉을 지휘하는 것처럼 악보를 작곡가 자신이 공연하는 경우조차도 이러한 연주들이 다른 연주들이 선택한 해석들을 완전히 제압하고 영원히 '하나의' 정격한 (authentic) 공연으로 정의될 수는 없다(작곡가이건 연주자이건 그들은 언제나 그들의 음악을 다양한 상황 속에서 다양하게 해석한다). 스티븐 데이비스(Stephen Davies)는 음악 연주의 정격성을 향한 노력이, 하나의 이상적인 정격한 연주가 있다는 것을 함축하는 것은 아니며, 나아가 그런 연주가 그 작품의 첫 연주라거나, 작곡 당시 작곡가의 머릿속에 어떤 악상이 울려 퍼졌건 간에 그것이 정격한 연주라는 것을 함축하는 것도 아니라고 주장한다. **공연** 예술이라는 개념 자체가, 악보를 적절하게 따랐다는 것을 결정해 주는 관례와 문제가 없는 선에서 공연이 해석의 자유를 가지는 것을 허용한다(Davies, 2001; Godlovitch, 1998과 Thom, 1993도 보라).

그럼에도 불구하고 21세기는 특히 17, 18세기 유럽 음악에 대해 그 본래의 소리를 깊이 이해하려는 운동의 활발한 전개를 목도하였다. 이러한 운동은, 음악 기보법과 연주

---

* 진정성이 음악의 연주에 대해서 주장될 경우, 한국어로는 흔히 '정격성'이라는 단어로 번역되곤 한다. 이 섹션은 특별히 음악의 연주가 지니는 당대의 작곡에 대한 충실성을 논하고 있으므로, 여기에서 번역자는 이 음악적 'authenticity'를 '정격성'으로 번역할 것이다.

법을 지배하던 과거의 관례를 재건하고, 당대의 특징을 지닌 악기를 사용하는 연주의 시도를 장려하였다(Taruskin, 1995). 정격성에 관한 이러한 노력은 (예외가 없는 것은 아니지만) 다음과 같은 일반 원칙 즉 '정격성을 지키는 것이 작곡가의 작품을 그 목표에 이르게 하려는 기획에 필수적인 요소라고 보는 원칙에 의해 정당화될 수 있다. 만일 우리가 연주되어야 할 작품에 대한 것으로서 그 연주에 관심 갖는 것이라면, 정격성은 그 자체로 가치 있는 것이다'(Davies, 2001). 이러한 우리의 관심은 다양한 형태를 띤다. 예컨대 현대 피아노가 아니라 스카를라티(Scarlatti)가 연주했을 것 같은 종류의 하프시코드로 연주하는 스카를라티의 소나타, 바흐의 바이올린 독주곡을 그 곡에 필요한 더블-스토핑*을 쉽게 연주하기 위해 바로크식의 더 낮은 브리지와 바로크식 활로 연주하는 것, 후기 낭만주의에 비해 규모가 작은 오케스트라로 연주하는 하이든의 교향곡 등이다(브람스나 말러는 앙상블에도 100명의 연주자를 사용한 바 있다). 이러한 실행들은 이전의 연주의 전통이 있던 시대로 우리를 데려가, 이론적으로는 작품 그 자체에 더 근접하게 만들어 준다는 점에서 정당성을 가진다.

이러한 견해에서 보면 역사적으로 정격한 연주의 재건의 목표는, 전문가 즉 악기를 잘 갖춘 음악가들이 그 곡을 연주하였을 때 작곡가의 귀에 들렸을 연주에 가깝게 들리도록 상황을 만드는 것이다. 이러한 생각에 대한 열정은 이러한 음악 운동의 초기의 연주자들로 하여금 그들이 과거의 음악을 연주하는 유일하게 옳은 방식에 대해 일종의 윤리적이고 지적인 권한을 가지고 있다고 여기게 만들었다. 가장 유명한 비난의 말은 하프시코디스트 완다 란도프스카(Wanda Landowska)**가 한 피아니스트에게 했던 "당신은 당신의 방식으로 음악을 연주하세요, 전 바흐의 방식으로 연주하겠어요"였다고 전해진다. 미학이론에 관련된 질문이 생긴다. 그러니까 **무엇이 바흐의 방식인가?** 만일 이 질문이 순수하게 악기편성법(instrumentation)에만 관련된 것이라면, 답변은 너무나 쉬운 것이다. 즉 바흐의 건반 **파르티타**(Partita)는 바흐가 사용했을 법한 하프시코드로 연주할 때에만 정격하게 공중에게 연주된 것이라고 답하면 된다. 그러나 바흐의 이 음악이 정격하게 연주된 것일 수 있는 또 다른 방법들이 있다. 예컨대 바흐의 건반 기보는 글렌 굴드(Glenn Gould) 같은 유능한 피아니스트의 연주에서처럼 하프시코드보다는 현대 콘서트용 그랜드 피아노로 연주할 때 종종 더 명확하게 드러날 수 있는 혼합된 음색들을 담고 있다(Payzant, 1978; Bazzana, 1997). 비록 더 오래된 악기가 바흐가 우아하게 낼 수 있었던 정교한 소리의 질을 연주하겠지만, 일반

---

*   현악기의 두 현을 동시에 연주하는 것.

**   완다 란도프스카(Wanda Landowska, 1879-1959): 폴란드 출생의 프랑스 피아니스트 · 쳄발로 연주자. 그녀의 중후한 리듬, 개성적인 악센트, 다이내믹한 연주 등은 무척 뛰어났고 고악부흥(古樂復興)에 선도적 역할을 하였다. 옛 음악에 관한 연구를 토대로 한 저서가 있다. (출처: 두산백과)

적으로 하프시코드와는 달리 그랜드 피아노의 더 활달한 음역과 음색은 이것으로 연주되는 모든 음악에 장점으로 작용할 것이다(예컨대 하프시코드는 지속력이 떨어지는데, 하프시코드 작곡가들은 이것을 보완하기 위하여 트릴(trills)과 장식음을 필요로 하였고, 이것이 바로크 스타일의 한 부분을 이루게 된다).

그러나 만일 한 곡의 정격한(authentic) 연주를 그 악보의 미적인 잠재성이 가장 완벽하게 실현된 연주로 이해한다고 한다면, 역사적 정격성은 이러한 정격한 연주를 얻기 위한 최선의 방책은 아닐지 모른다. 우리는 단지 셰익스피어 시대에 행해졌던 그대로라는 이유로 셰익스피어 연극의 여인 역에 어린 남자 연기자를 연출하는 것으로 돌아가지는 않을 것이다. 이러한 역할이 지니는 극적 잠재력은 이상적으로는 완숙한 여자 연기자를 필요로 했던 것일 것이고, 어린 남자 연기자를 썼던 엘리자베스 시대의 관행은 셰익스피어 시대의 윤리적 풍토에서 일어난 역사적인 우연일 뿐일 것이다. 다시 말해, 셰익스피어에게 선택의 여지가 있었다면 이 역할에 여자 연기자를 꼽았을 것이라 여겨진다. 유사하게 베토벤의 피아노 소나타도 베토벤에게 가능했던 가장 크고 소리가 잘 나는 피아노를 염두에 두고 작곡되었을 것이다. 만일 그에게도 선택의 여지가 있었다면, 현대 콘서트용 그랜드 피아노를 선호했으리라는 것은 의심할 여지가 없다(한편 데이비스는 베토벤의 피아노 소나타 중 몇몇 작품 즉 예컨대 베토벤의 〈소나타 제23번 열정〉(Appassionata Sonata)의 매력과 목적은 베토벤 시대의 악기가 지닌 역량의 한계를 시험하고 그 한계를 넘어서려는 데 있다는 것을 지적하면서, 현대 그랜드 피아노로 연주할 경우 악기의 한계에 도전하는 〈열정 소나타〉의 힘이 주는 느낌이 사라져 버리거나, (그렇지 않다면) 여하튼 줄어들고 만다는 점을 지적한다). 음악 연주에 있는 정격성을 바라보는 가장 좋은 태도는, 작곡 당시의 역사적 관례와 한계에 면밀히 주목하면서도 작곡가 당대에의 이해를 넘어서는 함축적 의미와 함께 한 음악 작품이 지닐 수 있는 더 큰 예술적 잠재성을 결정하려는 노력이 기울여지는 데 있다. 이런 관점에서 보면 음악을 역사적으로 이해하는 것도 문학과 회화 같은 예술들을 역사적 정보하에 비평적으로 이해하는 것과 원칙적으로 다르지 않다.

3. 표현적 진정성(Expressive Authenticity)

명목적 진정성 외에 옥스퍼드 영어사전이 '진정성'에 대해 제시하는 두 정의 중 나머지 하나는, '근원의 혹은 본래적 권능(inherent authority)을 소유한' 그리고 이와 연관하여 '스스로 움직이는, 자체적으로 기원한(self-originated)'의 의미를 갖는다. 이것은 '진정한'이라는 단어가 실존적인 철학에 등장할 때 가지는 의미로, 여기에서 진정한 삶이란 자신의 선택과 가치관에 대하여 비판적이고 독립적인 주권을 지니고 산 삶을 뜻하게 된다. 그래서 '진정성'은 미학과 비평 담론에서도 이와 비슷한 의미로 종종 쓰이곤 한다. 피터 키비(Peter Kivy)는 음악연주의 진정성을 논하는 가운데 대개 이 용어는 역사적 정격성을 뜻하지만 간혹 또 다른 의미로 쓰이기도 한다는 점을 지적한다. 즉 '타인의 연주 방식에서 파생되었거나 흉내 낸 것이 아니라 연주자 자신의 것에 충실한, 독창적인 것'으로서의 연주의 진정성을 의미하기도 한다는 것이다(Kivy, 1995). 이때의 진정성은 역사적 전통에 진실하기보다는 사적인 표현이 음악적으로 예술적 자아에 진실하다는 것을 강조하는 것으로 보인다. 우리는 이제 흔히 출처에 대해 언급하는, 즉 한 대상의 근원에 관한 경험적 사실을 언급하는 **명목적 진정성**으로부터 정해진 사실이 아니라 예술작품이 소유한 창발적(emergent) 가치를 언급하는 진정성의 또 다른 개념으로 옮겨 가게 된다. 나는 이 두 번째의 다루기 어려운 진정성의 의미를 **표현적 진정성**이라 칭할 것이다.

어떤 문화에서건 작품의 명목적 진정성은 여러 가지 면에서 찾기 힘들 수 있지만, 일단 그것이 가능하기만 하다면 그것은 명백한 경험적 발견에 의해 결정된다. 반면 표현적 진정성을 결정하는 것은 매우 논쟁적인 문제로 어떤 식으로건 논란의 여지가 있는 판단들이 뒤얽혀 있다. 앤서니 셸턴(Anthony Shelton)은 북서 멕시코 위촐족(the Huichol)의 문화와 예술이 표현적 진정성의 애매성을 보여 준다고 설명한다(Coote and Shelton, 1992). 위촐족의 전통예술은 그 부족의 세계관과 가치관을 구현하는 제의와 밀접히 연관되어 있어서 미적인 개념과 지역 윤리의 개념이 여기에 혼재하게 된다. 이러한 그들의 예술은, 인간과 초자연적 존재 사이뿐만 아니라 전통적 결혼 풍습 안에서 아내를 제공하는 자와 아내를 취하는 자 간의 교환 관계도 반영한다. 셸턴은 위촐족의 예술이 서양의 예술과 기호학적인 차이, 즉 예컨대 기표와 기의를 융합해 버린다는 점에 있어서 크게 차이를 보임을 반복적으로 강조하기는 하지만, 그는 또한 '중세 유럽에서 스콜라 학파가 발전시켰던 예술과 미의 개념들'에서 이것의 '대응물'이 찾아질 수도 있다는 것을 인정한다. 이는 분명 맞는 말이다. 예컨대 실제로 성모마리아상 같은 예술작품이 단지 재현이라기보다는 때때로 (성모의) 육화로 여겨졌다는 사실은 유럽 전통에서 널리 알려진 사실이다.

셸턴은 최근 위촐족의 상업적 공예가 부상하고 있는 것을 기술하며, 특히 위촐족 전통 신화에 나오는 일화를 목판(wooden tableaux, tablas) 위에 털실을 붙여 그린 '털실 그림(yarn painting)'이라 불리는 것의 제작을 다룬다. 이 판목은 색이 선명한 상업적 재료에 해당하는 털실을 밀랍을 이용해 판목 위에 붙여 그림을 만든다. 셸턴은 위촐족의 문화에 깊이 공감하고 있는 한편, 이들에게 열린 상업적 시장의 발전이 저속한 예술 형식 즉 진정한 위촐족 문화의 표현이 아닌 어떤 것을 발생시켰다고 본다. 반면 이 화려하고 심지어 겉만 번지르르한 작품의 제작자들은 이것들이 위촐족 문화의 중요한 산물로서 진정성을 지닌다고 공언한다. 그렇다면 셸턴 혹은 어떤 외부인이건 간에 그들은 이러한 위촐족의 토착적 견해와 그 견해를 인도하는 가치들을 문제 삼을 수 있는가?

위촐족의 예술에 대한 셸턴의 비판에서 가장 중요한 두 지점은 **연속성**(continuity)과 **청중**(audience)에 관련된다. 셸턴은 외부인과 상인들이 그 털실 **목판**을 '전통 예술형식 혹은 전통 형식으로부터 진화된 것'으로 여기는 경향이 있다고 말하기는 하지만, 그 작품들이 전통과 연속성을 지닌다는 것으로 받아들이지 않는다. 실제로 위촐족은 밀랍으로 구슬이나 다른 재료들을 봉헌접시나 편평한 사각 목판에 비슷한 방식으로 장식하는 전통을 가지고 있다. 그러나 셸턴은 털실로 제작한 것에 관해서라면 이전 형식들로부터 직접 계승되었다는 것을 보여 주는 어떠한 진화의 계통적(organic) 원칙도 발견할 수가 없었다고 말한다. 셸턴은 그 **목판**이 위촐족의 전통 예술과 별개의 것으로 여겨져야 하는 이유를 열거한다. 예컨대 정교한 색 묘사를 위해 선명한 염료로 색을 낸 상업용 뜨개실을 붙인 합판 혹은 섬유판에 해당하는 이 **목판**은 전통적인 봉헌물을 소박하게 장식했던 것과는 사뭇 달라 보인다. 뿐만 아니라 과달라하라나 멕시코시티에 사는 위촐족에 의해 만들어지기 때문에 이 현대적 산물들을 제작하는 맥락 또한 그 고원 지역(the sierra)이 아니고, 전통적인 신화의 일화를 그리고 있지만 그 토착적인 종교적 사용이 없다.

그래서 셸턴은 위촐족의 털실 **판목**이 전통적인 위촐족 사회의 붕괴를 보여 주는 지표라고 본다. 그는 상업적 예술과 공예는 위촐족 전통예술에 통합적이었던 목적들에 이바지하지 않기 때문에, '전통적인 위촐족의 가치에 본질적으로 공감하지 못하는 것'이라고 말한다. 공예품은 외국인에게 팔기 위해 만들어지기 때문에, 셸턴은 그 **목판**이 위촐족 전통과는 완전히 다른 지식의 지평을 가지고 있는 문화권에 호소하기 위해 제작되었다고 주장한다. 구전서사를 이렇게 하나의 회화적 재현으로 바꾸는 것은 그 서사가 지닌 문화적 특징에 고유한 인과적 요소를 서사로부터 제거한다. 셸턴은 위촐족 사람들 입장에서 보자면, 그 **목판**의 현란함은 그것을 '눈에 띄는 소비상품'으로 만드는 것임을 지적한다. 이러한 점에서 그 목판들이 구현하고 있는 가치는 '위촐족 자신들에게는 낯선 것이자, 겸양과 종교적 반성을 강조하는 그들의 가치에 위배되는 것이다'. 결과적으로 전통적인 위촐족들은 그 **목판**을 구입하지 않을 것이다. 종합적으로 이 **목판**들은 위촐족을 그들 자신의 문화로부터 소외시키는 효과를 준다. 위촐족의 이 목판이 '진정성이 없다'고 보는 것이 정당한 이유는 바로 이러한 사실에 있다.

셸턴은 위촐족의 털실 그림의 실패의 원인은, 그것이 그가 '진화의 계통적 원칙'이라고 일컬었던 것에 의해 역사적인 위촐족의 예술형식과 연속성을 지니지 못하는 데에 있다고 본다. 여기에서 연속성이 의미하는 것은 그 외재적 형식의 지속적인 현존을 말하고, 어떤 맥락에서는 이것이 진정성의 적합한 기준이 된다는 것은 의심할 여지가 없다. 그러나 지각적 형식에 주목하는 것은 표현적 진정성을 가늠하는 데 걸려 있는 더 중요한 문제를 놓치게 한다. 진정성은 종종 한 예술이 원래 지녔던 토착적 청중이 그대로인 것을 함축한다. 다시 말해, 원래의 청중들이 사라졌거나 혹은 그 예술에 대한 관심이 더 이상 없다는, 그리고 이제 다른 청중들, 가령 외국인들의 소비를 위해 만들어진다는 의미에서 말해지는 진정성 말이다. 위촐족의 털실 그림에 관련된 진정성의 문제는, 상업적으로 염색된 것이건 아니건 간에, 그 털실들이나 밀랍이 과거의 방식으로 사용되었는가 아닌가에 의존하지 않는다. 이 문제는 전통적인 위촐 부족사회가 지니는 현재의 종교적 섭리나 여타 영역에서 이 털실 그림이 차지하는 역할이 없고, 따라서 그 부족민들에게 그들의 두려움, 꿈, 사랑, 취향, 강박에 대해 말해 주지 못한다는 데 있다. 토착적인 청중들의 가치를 담은 평가를 받지도 못한다. 즉 이 털실 그림들은 위촐족에게 위촐족의 삶에 대해서 말해 주는 바가 아무것도 없는 것이다. 그래서 진정성이 없는 것이다.

3.1 진정성과 청중

진정성의 논의에서 창작 예술과 공연 예술의 맥락을 확정할 때 청중의 역할은 너무나 자주 망각되곤 한다. 예술의 의미에 공헌하는 청중의 중요성을 일깨우기 위해 다음의 사고 실험을 해 보자. 예컨대 라 스칼라(La Scala)와 같은 위대한 오페라 제작사가 제공하거나 구현하는 오페라 예술을 구성하는 배우, 기량, 지식의 축적, 기술, 경험, 의상, 전통 등을 상상해 보라. 거기에는 방송, 비디오, CD 같은 제작물의 배급 경로뿐 아니라, 음악과 그 역사, 극적 서사, 무대 전통, 합창단에서 국제적 스타급의 성악가들도 포함되어 있을 것이다. 뿐만 아니라 오페라를 둘러싼 비평과 학문의 전 영역 또한 관련된다. 예컨대 역사서들이 나오고, 학과들은 그 음악과 성악 기법과 기술을 연구하고, 새로운 배역과 연출에 대한 리뷰들이 잡지와 일간 신문에 난다. 조명이 라 스칼라의 공연을 비추기 위해 내려올 때, 극장의 막은 한 고립된 예술적 스펙터클을 위해 올라가는 것이 아니라 재능, 지식, 전통 그리고 창의적인 자질을 지닌 무수한 삶들이 축적되어 발생시키는 작품이 열리는 상황을 위해 올라가는 것이다.

그러던 어느 날, 라 스칼라 극장이 그 본래의 고장의 청중을 완전히 잃어버렸다고 상상해 보자. 그럼에도 불구하고 라 스칼라 극장은 방문객들에게 유명한 명소로 남아 매일 밤 버스 가득한 여행객들로 극장을 근근이 채워 간다. 게다가 비록 서울, 더반, 요코하마, 퍼스, 키토, 디모인처럼 먼 곳에서 온 사람들로 이루어진 이 밤의 만원 관중들이 교양 있고 즐기는 듯 보이지만, 이들 대부분에게 라 스칼라 극장의 경험은 이것이 처음이자 마지막일 것이라고 상상해 보라. 그들은 언제 박수를 쳐야 하는지도 모르고, 그 호화로운 의상과 빛나는 무대장치, 대규모의 합창 장면과 높은 고음을 부를 수 있는 소프라노에 감명받는다고 해도, 우리가 19세기와 20세기의 전통적인 라 스칼라 극장 청중에게 연상했었을 세련된 예술적 식별력을 가질 수는 없을 것이다.

만일 우리가 이런 장면을 그려 본다면, 어떻게 상상의 라 스칼라 극장에서 그려진 이 장면이 오페라 예술이 될 것이라 기대할 수 있는가? 여기에서 문제는 좋은 성악가나 오케스트라 피트의 연주자의 상실이 아니다. 그렇다기보다는 그 고장에 고유한 청중들이 모든 살아 있는 예술형식에 부여하는 생명력 있는 비평적 전통의 상실일 것이다. 이러한 사고실험은 결국 장기적으로 이러한 라 스칼라 극장에서 상연되는 오페라 예술이 급격하게 쇠락할 것이라 결론짓게 한다. 퍼시픽 아일랜드의 한 무용수가 원주민 문화에 대한 질문을 받은 적이 있었다. 그는 "문화요? 그것이 우리가 여행객들을 위해 하는 것입니다"라고 답했다. 하지만 만일 한 예술형식에 대한 비평을 가늠하는 기준이 배우고 적용할 지식도 시간도 없는 여행객들만을 위한 것이라면, 이 예술형식이 세계에서 가장 위대한 예술 전통들에서 관찰되는 복합적이고 표현적인 가능성들을 발전시킬 것이라고 기대할 이유가 없다(Dutton, 1993).

그렇다면 왜 예술, 음악, 문학의 비평가들과 역사가들, 개인 소장가들, 큐레이터들, 그리고 모든 종류의 애호가들이 예술적인 대상들의 명목적 진정성 즉 출처, 근원, 적합한 정체성을 확인하기 위해 그렇게 많은 시간과 노력을 투자하는가? 이러한 관심을 일으키는 돈, 즉 물신화의 형식이자 상품화된 수집가들의 투자가치일 뿐이라고 가끔 냉소적으로 말해지기도 한다. 그러나 이러한 냉소가 사실에 의해 정당화되는 것은 아니다. 렘브란트의 것이라고 추정되는 그림이나 이스터섬의 오래된 조각으로 여겨지는 조각의 명목적 진정성은 그 소유자에 의해 열심히 변호될지는 몰라도, 예술작품의 출처를 조사하는 기사나 저서의 대부분은 개별 대상의 진실성에 대해 개인적인 이해관계가 없는 사람들에 의해 저술된다. 더구나 이 진실성이 문제가 되면, 특정한 상품가치를 지닌 물리적 예술대상에 대해서 명목적 진정성의 문제가 뜨겁게 논의되는 것만큼이나 공공의 영역에 나온 소설이나 음악 작품에 대해서도 명목적 진정성이라는 문제는 열띤 논의의 대상이다.

명목적 진정성을 입증하는 것은 예술적 대상의 시장가치를 유지하는 것보다 더 중요한 목적을 지닌다. 왜냐하면 우리는 이러한 입증을 통해 예술의 관행과 역사를, 예술가와 청중 모두를 위한 가치와 믿음과 이념의 표현으로서의(이리하여 표현적 진정성과의 연결고리를 가지는) 지성사로 이해하기 때문이다. 예술작품은 종종 우리에게 형식적으로도 매력적이지만, 실제로 모든 있을 법한 상대적 가치와 그 조합에서 개인적이자 집단적인 가치의 표명이다. 클리퍼드 기어츠(Clifford Geertz)가 말하길, '예술형식을 연구하는 것은 감수성(sensibility)을 탐구하는 것'이며, '이때의 감수성은 본성상 집단적으로 형성되는 것'으로, '사회적 존재만큼이나 일반적이고(wide) 오래되었다(deep)'고 말한다(Geertz, 1983). 기어츠는 예술적 대상에 표현된 이러한 감수성이 언제나 **본질적으로** 사회적이라고 주장한 점에서는 부분적으로 옳다. 왜냐하면 굳게 단결된 부족문화의 사회적으로 결정된 미적 언어 내에서 조차도 개인적 비전을 추구하는 특이한 예술가들이 배출되곤 하기 때문이다. 부족문화이건 유럽문화이건 간에 예술작품에 대한 기어츠의 폭넓은 기술은, 일반적으로 예술에 대한 연구가 관계와 영향을 기록하고 추적하는 일이라는 추론에 비추어 볼 때 대체적으로 적절해 보인다.

이러한 사실은, 예술작품이 그것의 근원에 대한 고려 없이 감상되어야 하는 미적인 호소만을 위한 대상이라고 주장하는 미학 이론들이 만족스럽지 못한 이유를 설명해 준다. 만일 예술작품이 우리들의 형식적이고 장식적인 미적 감각에만 호소하는 것이라면, 작품들의 발전 과정을 추적하고 유사한 호소를 하는 꽃이나 조개 같은 자연 대상과의 차이점을 밝혀 주어 예술작품이 인간에 대해 가지는 맥락을 살피는 것은 쓸데없는 일이다. 그러나 모든 사회의 예술작품은 그 민족에게 보편적인 문화적 신념과 한 개인에게 특수한 인격이나 감정 둘 다를 표현하고 구현한다. 나아가 이러한 사실은 모두는 아니라고 해도 우리가 예술작품에 가지는 관심의 많은 부분을 설명해 준다. 이러한 사실에 반대하는 것은 암묵적으로 18세기에 나타난 경이의 방(curiosity cabinet)이라는 개념을 지지하는 셈이 될 것이다. 이 방에는 아시리아의 도편, 열대 조개껍데기, 올멕 문명의 옥 조각, 정동석*, 네쓰케, 아티카의 등잔, 극락조의 깃털과 마오리족의 파투가 공평하게 호사스러운 모습으로 나란히 놓였을 것이다. 예술에 경이의 방과 같은 방식으로 접근하는 것은, 예술작품 내의, 그리고 그것들 간의 관계가 그 의미와 정체성을 구성한다는 취지에서 이러한 작품의 출처와 문화적 의미를 확립하고자 하는 요망의 편에 선 현대적 사고에서는 받아들여질 수 없는 것이다.

4. 결론

레오 톨스토이가 말년인 1896년에 출간한 《예술이란 무엇인가?》는 궤도에서 벗어난 천재적 저작이라 할 수 있다. 이 책은 베토벤, 셰익스피어, 바그너뿐만 아니라 초기 자신의 작품에 대해서도 맹렬한 비판을 가했던 것으로 유명하다(Tolstoy, 1960). 그러나 이 책은 미학사에서 차지하는 그의 명확한 이론적 설명 때문에 계속해서 회자된다. 이 이론은, 예술작품이 그 제작자의 진정한 가치를 표현할 때에만 작품의 예술적 가치가 획득된다고 설명하는데, 특히 이러한 가치는 예술가의 직접적인 소통을 통해 (독자와) 공유된다고 한다.

---

*   수정의 일종.

톨스토이는 현대 예술이 즐겁고 기쁨을 주는 데 있어서 매력적이라는 것은 인정하였지만, 궁극적으로 예술로서의 유의미성을 부여할 정신적 취지를 결여하였다고 비난했다. 자연스럽게 그는 소박한 민속예술(folk art)에 칭찬을 아끼지 않게 되었고, 특히 러시아 농민계급의 기독교 예술을 상찬하였다. 톨스토이가 한두 세대를 더 살았더라면 부족사회의 '원시' 예술을 상찬하였을 것임을 상상하는 것은 어려운 일이 아니다. 또한 그는, 피카소나 로저 프라이(Roger Fry)처럼 현대 예술가들의 의제를 지지하려는 욕망으로부터가 아니라 고결한 야만이 빚은 진실한 예술이 현대 사회에서 거부된 진정한 정신적 가치를 표현한다는 생각을 옹호하기 위해 상찬하였을 것이다.

톨스토이는 당대의 유럽의 국제적 예술이 오락과 출세주의적 속임수 편에서 감상자에게 유의미한 것을 소통하려는 노력을 포기했다고 주장한다. 그가 당대의 모든 예술을 그렇게 버린 것은 옳지 못했지만, 당대의 예술계에 대한 신랄하고 냉소적인 그의 기술은 매스미디어에 경도된 우리 현시대의 대중예술과 고급예술에도 놀라울 정도로 맞아 드는 말이다. 톨스토이가 한편으로 허위적 감상이자 조작인 예술과 다른 한편으로 진실한 표현을 담은 예술을 어디에서 그리고 어떻게 구분하였는가 하는 것은 열띤 논의의 대상이었다(Diffey, 1985). 그러나 적어도 우리가 서양 예술에 적용하는 비평적이고 개념적인 어휘들에서는 전적으로 예술을 이 두 범주로 나누는 것은 불가능하다. 최근 섹스와 폭력물로 수백만 달러 수익을 낳는 헐리우드 블록버스터나 교묘히 눈물 짜내는 감상주의 영화들을 베토벤의 현악 4중주 131번의 음울함이나 《카라마조프의 형제들》의 열정적인 강렬함과 구분하는 것은 단지 형식적 성질에서만 비롯되는 것은 아닐 것이다. 후자의 두 작품은 전자의 작품들에서는 절대로 불가능한 방식으로 **의도된다**(are meant). 즉 그 작품들은 많은 대중 엔터테인먼트와 모든 상업광고가 대개는 가지지 못한 사적 개입(personal commitment)이라는 요소를 구현한다.

마지막 사례로, 더크 슈미트(Dirk Smidt)가 파푸아 뉴기니, 라무 강 중류에 위치한 코미니뭉(Kominimung)에 사는 330명의 조각가들에 대해 언급했던 것을 생각해 보자. 코미니뭉 조각가들은 그 부족 내 씨족들을 상징하는 정교한 컬러-코드와 시각적 상징체계를 디자인으로 삼는 가면과 방패를 만든다. 씨족의 문장을 새긴 방패에 있는 씨족들의 친연성은 마을 인근에서 그들의 적들과 벌이는 전투에서 그 방패를 가지고 있는 사람들에게 중요하게 작용한다. 슈미트는 이러한 상징들이 인간의 감정에 깊이 관여하기도 하지만, 이보다 더 큰 작용을 한다고 설명한다.

방패로 스스로를 보호하는 전사들은 단순히 판자를 든 사람들이 아니다. 그들은 그들의 정체성을 알려 주는 방패에 새겨진 씨족들의 조상들로부터 보호받는다.

… 그 방패를 어깨에 메게 되면, 어깨를 올려놓는 곳에 해당하는 방패 뒷면의 윗부분에 칠해지지 않은 채 남겨진 눈물 모양을 통해 말 그대로 선조들의 살갗을 뒤집어쓰게 되는 것이다. (Smidt, 1990)

슈미트는 이 방패는 생명체로서, 인간의 뼈와 살과 피와 살갗을 상징하는 단계를 거친 생명체를 만들고 그린 것이라고 말한다.

생존은 방어력에 달려 있기에, 방패를 제작하는 것은 디자인과 구성을 제대로 만드는 데 전념할 것을 요구한다. 그렇다고 해서 이것이 전통적인 장르의 요구를 무조건 따르는 것을 함축하지는 않는다. 슈미트는 '많은 비중이 개인적인 실행에 주어진다'고 언급한다. 그는 코미니뭉들이 종종 그 스스로의 생각을 따라야만 하고 타인의 생각을 베껴서는 안 된다고 말하곤 한다고 기록한다. "조각가들이 잠시 작업하던 방패를 놓아두려고 할 때 그들은 다른 조각가들이 '그의 아이디어를 훔쳐가지' 않도록 방패의 전면을 집의 벽을 향하도록 돌려놓을 것이다." 다시 말해, 코미니뭉 방패는 한 문화의 감성을 표현하는 한편, 동시에 조각가 개인의 감성 또한 구현하고 있는 것이다. 이는 단순히 아이디어에 대한 지엽적인 저작권의 문제가 아니다. 방패나 다른 조각의 디자인에 담긴 조각가 개인의 비전이 만들어지는 문제이다. 한 코미니뭉이 슈미트에게 말했듯이, '목공은 집중하여, 깊이 사고하고, 영감을 받아야만 한다. 어떤 모티브를 나무에 새기고자 하는지에 대해 깊이 사고해야 한다. 그리고 자신의 마음속 깊은 곳으로부터 이를 느껴야 한다'. 코미니뭉에게 좋은 조각이란 그러한 모티브를 느끼고 꾀하는(meaning) 기술적 능숙함을 말한다.

파푸아 뉴기니의 예술적 삶에 대한 슈미트의 기술들은 표현적 진정성이라는 개념이 서양에만 국한된 것이 아님을 상기하게 해 준다. 미학에서 다양한 형식주의들은 다양한 시대에 걸쳐 예술의 의미성을 삭감시키려 하였지만, 만일 예술이 무엇인가를 표현할 수 있다면, 진실성, 표현의 진정성, 도덕적 열망에 대한 문제들은 원칙적으로 예술에 관련된 것이다. 표현적 진정성은 우리가 예술을 이해하는 개념적 지형도를 형성하는 데 있어서 변하지 않는 영역이다.

* 이 논문의 이해를 돕기 위해서 이 책에서 다음의 논문들을 찾아 읽으면 좋을 것이다.
  〈예술과 표현〉, 〈예술의 매체〉, 〈예술의 가치〉, 〈예술의 존재론〉, 〈비교미학〉, 〈회화〉

참고문헌

Arnau, F. [H. Schmitt] (1961). *The Art of the Faker.* Boston: Little Brown.

Bazzana, K. (1997). *Glenn Gould: The Performance and the Work.* Oxford: Clarendon Press.

Bowden, R. (1999). "What Is Wrong with an Art Forgery? An Anthropological Perspective". *Journal of Aesthetics and Art Criticism* 57: 333–43.

Bredius, A. (1937). "A New Vermeer". *Burlington Magazine* 71: 210–11.

Cebik, L. B. (1995). *Non-aesthetic Issues in the Philosophy of Art.* Lewiston, Maine: Edwin Mellen Press.

Coote, J. and Shelton, A. (eds.) (1992). *Anthropology, Art and Aesthetics.* Oxford: Clarendon Press.

Currie, G. (1989). *An Ontology of Art.* London: Macmillan.

Davies, S. (1987). "Authenticity in Musical Performance". *British Journal of Aesthetics* 27: 39–50.

_____ (2001). *Musical Works and Performance: A Philosophical Exploration.* Oxford: Clarendon Press.

Diffey, T. J. (1985). *Tolstoy's 'What is Art?'* London: Croom Helm.

Dutton, D. (ed.) (1983). *The Forger's Art: Forgery and the Philosophy of Art.* Berkeley: University of California Press.

_____ (1993). "Tribal Art and Artefact". *Journal of Aesthetics and Art Criticism* 51: 13–22.

Feagin, S. (1995). "Paintings and their Places". *Australasian Journal of Philosophy* 73: 260–8.

Friedländer, M. J. (1930). *Genuine and Counterfeit*, trans. C. von Hornstett. New York: A. & C. Bonni.

Geertz, C. (1983). *Local Knowledge: Further Essays in Interpretive Anthropology.* New York: Basic Books.

Godley, J. (1967). *Van Meegeren, Master Forger.* New York: Charles Scribner's Sons.

Godlovitch, S. (1998). *Musical Performance: A Philosophical Study.* London: Routledge.

Goodman, N. (1976). *Languages of Art.* Indianapolis: Hackett.

Grafton, A. (1990). *Forgers and Critics: Creativity and Duplicity in Western Scholarship.* Princeton: Princeton University Press.

Hebborn, E. (1991). *Drawn to Trouble* (*Master Faker*라는 제목으로도 출판이 되었다). Edinburgh: Mainstream Publishing Projects.

_____ (1997). *The Art Forger's Handbook.* London: Cassell.

Hoving, T. (1996). *False Impression: The Hunt for Big Time Art Fakes.* New York: Simon & Schuster.

Jones, M. (ed.) (1990). *Fake? The Art of Detection.* Berkeley: University of California Press.

Kemal, S. and Gaskell, I. (eds.) (1999). *Performance and Authenticity in the Arts.* Cambridge: Cambridge University Press.

Kennick, W. (1985). "Art and Inauthenticity". *Journal of Aesthetics and Art Criticism* 44: 3–12.

Kenyon, N. (ed.) (1988). *Authenticity and Early Music.* Oxford: Oxford University Press.

Kivy, P. (1995). *Authenticities: Philosophical Reflections on Musical Performance.* Ithaca, NY: Cornell University Press.

Koestler, A. (1964). *The Act of Creation.* New York: Macmillan.

Koobatian, J. (편집자) (1987). *Faking It: An International Bibliography of Art and Literary Forgeries (1949-1986).* Washington: Special Libraries Association.

Levinson, J. (1990). *Music, Art and Metaphysics.* Ithaca, NY: Cornell University Press.

Meyer, L. (1967). "Forgery and the Anthropology of Art". in *Music, the Arts, and Ideas.* Chicago: University of

Chicago Press.

Payzant, G. (1978). *Glenn Gould, Music, and Mind.* New York: Van Nostrand Reinhold.

Sagoff, M. (1978). "On Restoring and Reproducing Art". *Journal of Philosophy* 75: 453–70.

Sartwell, C. (1988). "Aesthetics of the Spurious". *British Journal of Aesthetics* 28: 360–7.

Savage, G. (1963). *Forgeries, Fakes, and Reproductions.* London: Barrie and Rockliff.

Savile, A. (1993). "The Rationale of Restoration". *Journal of Aesthetics and Art Criticism* 51: 463–74.

Schoffel, A. (1989). "Notes on the Fakes Which Have Recently Appeared in the Northern Philippines". *Triabl Art* (Musée Barbier–Mueller Bulletine) 12: 11–22.

Smidt, D. (1990). "Kominimung Sacred Woodcarvings". in ter Keurs and D. Smidt (eds.), *The Language of Things: Studies in Ethnocommunication.* Leiden: Rijksmuseum voor Volkenkunde.

St Onge, K. M. (1988). *The Melancholy Anatomy of Plagiarism.* Lanham, Md: University Press of America.

Taruskin, R. (1995). *Text and Act: Essays on Music and Performance.* New York: Oxford University Press.

Thom, P. (1993). *For a Audience: A Philosophy of the Performing Arts.* Philadelphia: Temple University Press.

Tietze, H. (1948). *Genuine and False.* London: Max Parrish.

Tolstoy, L. (1960). *What Is Art?* [1986], trans. Almyer Maude. Indianapolis: Bobbs–Merrill.

Van Bemmelen, J. M. et al. (eds.) (1962). *Aspects of Art Forgery.* The Hague: Martinus Nijhoff.

Young, J. (1988). "The Concept of Authentic Performance". *British Journal of Aesthetics* 28: 228–38.

제15장

예술의 의도

페이즐리 리빙스턴(Paisley Livingston)
번역: 신현주

미학과 문학 이론에서 의도(intention)라는 것은 해석의 기준 문제와 관련된 논쟁 중에서 아마도 가장 자주 논의되는 주제일 것이다. 의도에 관한 논쟁들이 지니는 주요 단점들 중 하나는 의도의 성질과 기능을 바라보는 통찰력이 부족하다는 것이다(예를 들어 Aiken, 1955; Wollheim, 1987). 이를 유념하면서 이 글은 의도와 해석에 관한 최근의 연구를 살펴보는 것을 목표로 한다(예를 들어 Taylor, 1998; Lyas, 1992). 이 글의 전반부는 의도가 무엇이며 무엇을 하는지에 대한 연구들을, 후반부는 예술 감상에서 의도의 역할에 대한 주장들을 설명할 것이다.

1. 의도의 성질에 대한 관점들

1.1 제거주의

제거주의(eliminativism)는 의도와 관련된 모든 개념들은 거짓이며 그러므로 제거되어야 한다고 주장한다. 제거주의가 극단적 물리주의(materialism)의 형태로 나타날 때 그것은 유심론(mentalism) 전체를 공격한다. 극단적 물리주의의 형태를 보이는 제거주의에 따르면, 행동은 이유 혹은 의도와 같은 의미 있는 태도에 의해 설명되는 것이 아니라, 뇌에서 발생하는 물리-화학적 과정을 통해 설명된다. 반면 문화적, 역사적, 혹은 기호학적 형태의 제거주의에 따르면, 실제적으로 인간 활동을 발생시키는 요소들(예를 들어 외부적인 사회 조건들, 내부에서 일어나는 상징 혹은 욕망의 무의식적 과정들)이 아닌, 주체의 의도적 행위라는 것은 허상에 불과하다.

비록 몇몇 문학 이론가들이 물리주의적 제거주의에 관심을 보인 것은 사실이나, 미학과 관련하여 물리주의적 제거주의를 옹호하는 사람이 거의 없음은 놀라운 사실이 아니다. 그러나 '주체', 더 나아가 개인 행위자의 강등을 요구하는 역사주의적 시도는 다수 있었다. 롤랑 바르트(Roland Barthes, 1968, 1971)는 '작가의 죽음'을 선언하면서, 억압적인 어버이적 결속력에서 해방된 익명의 텍스트성을 한동안 옹호하였다. 미셸 푸코(Michel Foucault, 1994)는 '작가-기능(author-function)'에 대한 통찰력을 제공한 것으로 유명한데, 그는 '작가-기능'을 담론에 대해 독자가 수행하는 다양한 수행들의 산물로 보고 있다. 다수의 문학 이론가들은 작가의 무의식적 충동을 살핌으로써 작품을 이해하려는 시도를 옹호하며, 반면 작가의 '의식적 의도' 및 '합리적' 구성이 작품 이해에 관련될 수도 있음을 거부하고 있다. 이러한 극단적인 후기 구조주의적 관점에서 나타나는 애매성, 역사적 부정확성, 그리고 바람직하지 못한 실용적 함의들에 대한 다양한 비판이 진행되어 왔다(Dutton, 1987; Hjort, 1993; Lamarque, 1996; Livingston, 1997). 그 비판들은 우리가 발화를 행위자의 의도적 산물로 보는 틀을 유지하되 작가를 '명예' 개념과 관련 없이 이해할 수 있고, 그러한 이해는 후기 구조주의자들의 견해보다 훨씬 타당성이 있다고 주장하며, 또한 개인 혹은 집단적 저자권(authorship)이 본질적으로 근대 유럽 담론의 억압적 산물은 아니라고 본다.

1.2 최소주의적 견해들

태도심리학(attitude psychology)에서 의도에 대해 최소주의적(minimalist) 관점을 주장하는 사람들은 의도를 의미 있는 인식적 혹은 동기적인 심리 상태들 중 하나와 동일시한다(예를 들어, 예측, 알아차림, 충동, 원함, 희망함, 동경함 등의 상태 중 하나와 동일시한다). 예를 들어, 사회심리학자인 피시바인과 에이젠(Fishbein and Ajzen, 1975: 12)은 의도를 '한 개인이 그가 앞으로 어떤 행동을 할 것인가에 대해 스스로 가지는 주관적 개연성(probability)'이라 정의한다. 다른 제안에 따르면, 의도는 어떤 행동을 수행하고자 하는 의식적 계획이다(Warshaw and Davis, 1985). 의도는 또한 평가적 태도, 우세적 동기, 의욕이나 의지 등의 상태와 동일시되기도 하였다.

몇몇 예술 비평가나 이론가들은 의도에 대한 최소주의적 견해를 받아들인다. 이때 이들은 의도란 작가가 언젠가 수행하고자 생각하고 있는 어떤 행위에 대한 사적인 **상상**

(fancies)이라고 본다. 의도를 이런 식으로 이해한다면 그것은 예견하지 못했던 감흥이 작가 안에 불어넣은 창조적 영감과 실제적으로 차이가 나지 않는다. 다른 극단적인 한편으로, 의도는 작가의 **의지**, 다시 말해 의미를 창조하거나 부여하려는 결단적인 심리 상태로 이해되기도 한다.

1.3 의도하기에 관한 환원주의적 분석

행위 이론(action theory) 내에서 등장한 의도하기에 관한 환원주의적 분석(Audi, 1973, 1997; Beardsley, 1978; Davis, 1984)은 의도가 어떤 종류의 심리 상태를 지칭한다는 생각을 거부하며, 그 대신 의도라는 용어는 믿음과 욕구의 조합에 의해 수행되는 **기능**, 혹은 도널드 데이비슨(Donald Davidson, 1963)이 '주된 이유(primary reason)'라 부르는 것들을 지칭한다고 본다. 즉 의도하기라는 것은 개인의 우세적 동기와 관련된 성과기대(performance expectation)로 환원될 수 있다는 것이다. 의도하기는 오직 믿음만으로 환원되지는 않는데, 우리는 우리 자신이 유혹에 굴복할 의도가 전혀 없으나 결국 그렇게 될 것이라고 믿을 수 있기 때문이다. 그렇다고 의도하기가 바람, 소망하기, 욕구하기 등으로 환원되는 것도 아닌데, 그 이유는 동경의 대상이 되는 것을 가질 수 없다고 믿는다면 나의 바람이나 소망이 곧 행동하려는 의도로 귀결되는 것은 아니기 때문이다.

　　의도하기에 대한 환원주의적 해석은 문학이론이나 미학에서 거의 언급되지 않았으나(예외로 Carroll, 1992: 120), 그것을 지지하는 직관은 예술가나 그들의 행위에 대한 담론들에서 찾아볼 수 있다. 예를 들어, 예술가는 새롭거나 어려운 방식을 시도하기보다는 자신에게 매우 익숙한 방식으로 작업하기를 원하나 그것을 의도하지 않을 수 있다. 오페라의 리브레토를 쓰고자 의도하는 것은 단지 바람이나 욕구가 아닌, 그렇게 하고자 하는 결심을 요구한다. 또한 의도하기에 있어 인식적 조건이 종종 발생하기도 한다. 작가가 단순히 언젠가는 명작을 쓴다고 의도할 수는 없으나, 그가 그 같은 시도가 불가능하다고 믿지 않는 한, 명작을 쓰려고 노력하는 것을 의도할 수는 있다. 예술비평가들은 현대 영국 화가인 리사 밀로이(Lisa Milroy)가 다시 한번 정물화들을 그려주기를 바라고 예상할 수는 있으나, 오직 그녀만이 그렇게 하고자 의도할 수 있다.

1.4 비환원적 관점들

행위 이론에서 등장한 의도에 대한 비환원적 관점에 따르면, 의도란 목적을 지닌 채 시공간에 위치한 행위자들의 삶에서 중요한 기능을 수행하는 어떤 심리적으로 **실재하는 마음의 상태이다**(Bratman, 1987; Mele, 1992; Brand, 1984, 1997). 의미 있는 태도로서 의도는 어떠한 상황이나 사태를 향하고 있다. 의도의 내용(즉 계획)은 행위가 일어나는 순간에 대한 상세화와 조정을 요구하므로 도식적이다. 계획은 의도된 행동이나 결과에 대해 어느 정도 명확한 상세화를 제공한다. 의도하기가 일어난 그 순간은 의도된 행동이 수행될 순간과 시간적 관계를 맺으며, 이 관계가 계획 속에 포함되어 있다. 도식적으로 말하자면, S는 t_1인 현재에서 t_2에 A가 일어나기를 의도한다. $t_1 < t_2$인 경우 우리는 이것을 미래를 향한 의도, 먼(distal) 의도라 보며, t_1이 t_2와 수렴할 때, 혹은 거의 같을 때 그것을 우리는 즉각적, 혹은 현재를 향한, 혹은 가까운(proximal) 의도라 한다. 많은 의도들은 시간적으로 혼합되어 있다. 현재 교향곡을 작곡하고자 의도하는 작곡가는 그와 동시에 미래의 다양한 관련 행동 등을 수행하고자 의도할 수 있다. 심지어 다른 의도들을 형성하고 그것을 수행할 것을 계획한다는 의미에서 그는 의도하기를 의도하기도 한다. 브람스가 자신의 첫 번째 교향곡을 처음 작업하기 시작했을 때 그 작업을 14년간 계속할 것이라고는 의도하지 않았을 것이다. 그러나 그가 결과에 만족할 때까지 계속 작업할 것을 의도했다고 볼 수도 있다. 미래를 향한 의도들 중 상당수는 실현되기는커녕 행해지지도 않는다. 반면 가까운 의도는 주로 행해진다. 그러나 행위자가 지금 바로 어떤 것을 수행하려는 의도를 가지고 있다 해도, 그리고 비록 그가 노력한다고 해도, 언제나 그것이 성공적으로 실현되는 것은 아니다. 한 개인의 의도는 그가 세운 계획 안에 상세화된 상황이 실제가 되었을 때, 그리고 그것이 계획에 명시된 방식으로 나타났을 때 실현된다. 예를 들어, 아이삭 디네센(Isak Dinesen)이라는 필명으로 출판하고 있는 카렌 블릭센(Karen Blixen)*이 그녀의 불확실하면서도 종종 시대에 맞지 않는 영어로 'outlandish'라는 단어를 타자로 쳤을 때, 그녀는 'foreign' 혹은 'uden-landske'(이후에 그녀가 덴마크 어로 번역하면서 쓴 것처럼)를 의미한 것이다. 그녀는 특정 단어를 쓰고자 했던 그녀의 의도를 행동으로 옮겼으나, 그녀가 계획한 방식의 특정한 의미론적 의도를 실현시키지는 못했다(여러 언어를 사용할 때 철자는 비슷하나 뜻이 다른 단어들이 나타날 수 있다는 것을 이해한다면, 우리는 그녀가 의미한 뜻을 그녀가 실제로 쓴 것으로부터 추론할 수는 있다).

미래를 향한 의도들은 창조 과정에 아무런 영향을 끼치지 못한다는 생각이 지배적이나 그러한 견해는 예술의 여러 측면들과 잘 조화되지 못한다. 슈베르트의 8번 소나타를 '미완성(Das Unvollendete)'이라 부르는 것은 오직 그가 어떤 순간에 실제로 4개의 악장을 모두 작곡하려는 의도를 지녔으나 이런저런 이유로 그렇게 하지 못했을 경우에만 적절

---

* 덴마크의 여류 소설가(1885-1962). 《7개의 고딕소설》(1932), 《겨울의 메르헨》(1942), 《아웃 오브 아프리카》(1937), 《풀 위의 그림자》(1960) 등의 작품이 있으며, 덴마크어, 프랑스어, 영어로 작품 활동을 함.

한 듯하다. '낭만적 파편'들은 그것이 속한 장르에서 완성이라 간주되는 작품들이 지니는 필수적 요소들을 결여하도록 의도되었다는 점에서, 일부러 파편적이도록 의도된 것들이다(Livingston, 1999). 어떤 작품에 대해 그것이 완성되었다고 생각할 때마다 우리가 가정하는 것은, 작가 스스로 그 작품이 완성되었다고 결정 내렸으며, 더 이상의 예술적 변형을 삼가려고 의도했다는 것이다. 보다 일반적으로 말해서, 작가의 예술적 행보가 발전하는 과정에서 그의 의도적으로 삼가기(intentional refrainings) 또한 중요한 한 부분을 차지하고 있다. 예술가가 한 작품에서 다른 작품으로 나아갈 때, 이전의 의도에 대한 회고 및 미래를 향한 다양한 종류의 의도들이 좋은 안내자가 되어 준다(Levinson, 1996; Livingston, 1996; Gaut and Livingston, 2003).

미래를 향한 의도에 관해 철학자들은 그것이 우리로 하여금 앞으로 무엇을 행해야 하는지 숙고하고 정리하도록 도와 주는 기능을 포함한 다양한 기능을 담당한다고 본다. 의도적 행동을 시작하고, 안내하고, 지지하는 역할, 행위자의 행동을 시간적으로 계획하고 조절하는 역할, 다른 행위자들과의 상호작용을 원활하게 하는 역할 등을 담당한다는 것이다(Mele, 1992). 예를 들어, 특정 작품을 완성하려는 예술가의 의도는 그것과 양립할 수 없는 계획들을 배제함으로써 그녀의 활동에 유용한 제재를 가한다. 3부작 영화를 제작하려는 계획을 가진 예술가는 거대한 스케일의 창조력이 전개될 수 있는 뼈대를 구상한다. 3부작 시리즈 중 한 작품이 완성될 때쯤 되면 그는 이미 그다음 작품을 계획하면서 전체 계획에 흥미롭게 관련될 수 있는 생각들을 찾아 나선다. 예술가는 계획되지 않았던 변형이나 양식상의 변화, 주제의 강조 등을 도입하기도 한다. 계획을 완성하려는 신념을 가진 작가는 최초의 계획을 향상하고 실현하기 위해 노력한다. 감흥의 순간들, 다시 말해 고도의 집중이 가능해지고 예술적 생각이나 제스처가 거침없이 솟아나는 그런 순간들은 상당한 양의 계획과 노력에 의해 준비된 것이다.

많은 철학자들이 '행위 내의 의도(intention in action)'에서 작동하고 있는 것은 현재로 향한 혹은 가까운 의도하기이며, 이것이 바로 목적성 있는 행위와 단순한 해프닝을 구분하는 기본 요소라고 본다. 행위 내의 의도에 대한 분석 중 하나는 다음을 주장한다. 어떤 동작이나 심적 활동을 수행함에 있어 행위자는 그러한 동작이나 활동이 목표된 사건을 실현할 수 있도록 의도한다(Wilson, 1989: 124). 예를 들어, 타자기의 한 키를 누르면서, 블릭센은 그 동작의 순간에 그것이 'o'라는 문자를 찍어내기를 의도한다. 그녀는 또한 그 문자가 'outlandish'의 첫 번째 문자가 되기를, 이어서 *Alkmene*라고 제목 붙여진 이야기의 일부를 이루는 문장이 되고, 궁극적으로는 《겨울 이야기》(*Winter Story*)라는 전집의 일부가 되기를 의도한다('행위 내의 의도'를 더 살펴보려면, Pacherie, 2000 참고).

이론가들은 과연 의도하기가 모든 의도적 행위에 필요한 것인지에 대해 논쟁을 벌여 왔다. 어떤 이들은 의도적 행위가 성공하기 위해 필요한 제스처들은(예를 들어 'writing'이라는 단어를 쓸 때 'i'의 점을 제대로 찍는 것) 아마도 그 자체로 명백하게 계획된 것이 아닐 수도 있으나(즉 의도하기라는 실제적 심리 상태의 대상은 아니라는 것이다), 그것의 실행은 여전히 의도적이라고 본다. 그러나 이 관점에 대해, 의도의 발생은 종종 급작스럽고 또 무의식적 과정을 통한 것이며, 따라서 심지어 예술가의 즉흥적인 제스처라고 우리가 간주하는 것들이 사실은 예술가에게 발생한 갑작스런 의도 때문이라고 대응할 수도 있을 것이다. 그렇다고 한다면, 의도의 발생이란 여전히 의식적 숙고의 발발이 가져온 결과(반드시 그럴 필요는 없으나)일 수 있다. 이 같은 경우의 의도를 우리는 예술가의 결정 혹은 선택이라 부를 수 있겠다.

의도적 행위가 의도하기를 필요로 한다는 관점에 대한 또 다른 반론은 의도되지 않은 부작용들이 있다는 사실에 주목한다. 예를 들어, 괴테가 시를 쓰면서 칼 필립 모리츠*의 예술적 열등감을 자극하고자 의도한 것은 아니었다. 그러나 괴테 자신도 실제 그러한 결과를 예상했었기 때문에 그 같은 결과가 실현된 것은 의도적이라고 볼 수도 있다. 그러나 이런 경우에 대한 우리의 직관이 하나로 일치되지 않으며, 어떤 이들은 괴테의 그런 행위는 '비의도적(unintentional)'이라기보다는 '무의도적(non-intentional)'이었다고 주장한다(Mele and Moser, 1994). 그렇다면 자신의 의도가 포함된 계획을 따르는 것이 의도적 행위를 수행하기 위한 필요조건이라는 주장이 옳은 것일지도 모른다. 이 관점은 예술 창작 과정에서 나타나는 예측 불가능한 즉흥적 순간들의 존재와 양립 가능한데, 왜냐하면 의도된 계획이라는 것이 반드시 완전하며, 변형 불가능한, 또한 필요한 방법과 목표를 완벽하게 상세화한 것이라고 가정할 필요가 없기 때문이다. 앤서니 새빌(Anthony Savile, 1969: 123)도 이와 비슷한 견해를 보이는데, 그에 따르면 미래를 향한 의도가 없다고 하여 예술가의 활동이 의도적이지 못한 것은 아니다.

의도에 관한 논의를 복잡하게 만드는 또 다른 문제는 바로 의도가 무의식적일 수 있는가 하는 문제이다. 만약 의도가 늘 일종의 또렷한 의식을 포함한 심적 상태라고 한다면(예를 들어 특정한 목표를 가질 때의 생생한 느낌), 작품의 의미론적 측면들 모두에 대해 작가가 의도를 가진다는 주장은 그럴듯하지 않아 보인다. 의식과 의도에 관한 이 같은 전제에 바탕을 둔 정신분석학적 비평가들은 예술작품의 의도되지 않은 상징적 의미들을 기술한다. 다른 한편으로, 의도적 행위의 의미론적 측면들 중 어떤 것들은 행위자가 의식할 필요가 없다는 것을 우리가 인정한다면, 다양한 의미들이 무의식적이며 동시에 의도된 것일 수 있게 된다. 이 두 견해 사이의 논쟁은 '의식적(conscious)'이라는 말이 과연 무엇을 의미하는지를 먼저 해결하지 않으면 계속 피상적으로 전개될 수밖에 없다. 현대의 수많은 행위 이론가

---

* 칼 필립 모리츠(1756-1793)는 독일의 작가로,《안톤 라이저》(*Anton Reiser*, 1785) 등을 씀.

들에 따르면(예를 들어 Mele, 1992), 의도는 행위자 스스로 어떤 의도를 가지고 있는지에 대한 뚜렷한 이차적(의식적) 믿음이나 숙고 없이도 갑작스럽게 형성될 수 있다. 여기에 행위자의 의식적 상태가 그의 실제 의도에 대한 오류 없는 안내자가 아니라는 사실도 덧붙일 수 있다.

어찌되었든 무의식적 심적 상태 혹은 과정에 대한 논의를 프로이트주의자들이 독점하고 있는 것이 아님을 명심하는 것이 중요하다. 프로이트 이전의 수많은 이론가들도 무의식적 정신작용에 대한 이론들을 발전시켜 왔고(Whyte, 1962), 다수의 현대 철학자들과 인지 심리학자들도 그 주제를 다루고 있다.

2. 의도와 예술작품의 감상

'감상'이라는 용어는 작품의 기술, 이해, 해석, 평가를 의미하는 것으로 사용될 수 있는데, 감상에 대한 일반적 전제는 다음과 같다. 감상자의 목표는 작품을 통해 작품에 집중하는 것, 즉, 예술작품으로서의 작품의 역량에 집중하는 것이다. 이 장은 감상의 여러 측면 중 의미 부여의 측면에 초점을 맞출 것이며, 종종 의미적 측면을 이해 및 평가적 측면과 구분하기도 할 것이다. 이 장에서 살펴볼 논변들은 대부분 다음과 같은 기본 전제를 공유한다. 작품 해석의 평가에 대한 인식적 기준을 마련하는 것이 가능하며 또한 바람직하다. 그러나 이 같은 이론적 야망에 대한 회의론이 존재하며, 그것은 예술작품의 해석이 가지는 다양한 목표들을 모두 포함하는 일반적 규범을 찾을 수 있다는 가능성을 의심한다(Cioffi, 1963-4; Gaut, 1993; Walton, 1990). 이 같은 회의론에 대한 대응 중 하나는, 감상의 다양한 맥락과 목표를 인정하면서 동시에 특정 해석적 요구에 대해서는 그것에 맞는 기준을 찾을 수 있다고 보는 것이다. 과연 어떤 기획들이 해석 혹은 감상으로 여겨져야 하는가에 대한 문제, 그리고 해석의 종류를 어떻게 분류할 것인가 하는 문제는 여기에서 다루지 않겠다 (Carlshamre and Petterson, 2003).

몇몇 제거주의자들의 주장처럼, 만약 태도심리학이 인간 행동을 잘 설명하지 못하며 그러므로 없어져도 되는 것이라면, 혹은 의도라는 것은 정확한 심리학적 도식 속에서 나타날 수 없는 그러한 것이라면, 예술작품의 감상을 설명할 때 의도가 언급되어서는 안 된다. 그러나 전건에서 나타난 두 가지 조건은 모두 상당히 논쟁의 소지가 있다. 그러한 관점을 옹호하는 자들은 그것을 증명해야 하는 부담을 전적으로 안고 있을 뿐만 아니라, 자신들의 견해에 따라 예술사나 예술비평의 담론들을 통째로 다시 재수정해야만 한다. 믿음이라는 것은 없다고 주장하는 사람이 필연적으로 처하게 되는 자기모순처럼, 태도심리학을 이론적으로 거부하는 것은 결국 자기모순에 이른다. '의식적 의도'에 의지해서 예술

작품의 감상과 해석을 설명하려는 시도는 사라져야 한다고 주장하는 이론가들은 자아심리학 및 의도적 행위(이것들은 다수의 프로이트 체계에서뿐만 아니라 일상 심리학에서도 사용된다)를 무시하는 몇몇 정신분석 이론들에 의존하고 있다. 예를 들어 자크 데리다(Jacques Derrida, 1977)는 언표내적 의도(illocutionary intention)의 종류에 따른 다양한 구분들이 화행론(speech act) 내에서 상정되고 있으나 그러한 구분들은 무의식이 지닌 양면가치, 비결정성, '근원적 마조히즘'과 같은 특징들에 의해 전복된다고 주장한다. 그러나 그는 그 자신의 개념인 쓰기적(writer-ly) 의도에 대해서는, 그것이 의식적 의도임에도 불구하고 그 중요성과 효과에 대해 전혀 의심하지 않는다(Dasenbrock, 1994).

극단적 제거주의의 문제점을 통해 우리는 반의도주의의 흥미롭고 도전적인 형태는 다음을 주장할 것임을 알 수 있다. 텍스트, 구조물, 연주와 같은 것들이 적어도 어떤 의도적 행위의 **결과물**이며, 작품의 제작은 어느 정도 부분적으로 행위자의 계획이나 의도에 의해 안내된 것이지만 그럼에도 불구하고 작품 감상에는 의도가 **관련되지 않는다**.

의도주의의 극단적 형태는 예술작품의 의미란 예술가에 의해 의도된 의미와 동일하다고 주장한다. 작품의 의미는 작가가 의도한 의미, 의미론적으로 의지한(will) 것, 혹은 '최종 의도'와 같은 것들과 논리적으로 동치라는 것이다(Hancher, 1972; Hirsch, 1967; Juhl, 1980; Irwin, 1999). 이런 극단적 의도주의에 따르면 적절한 감상을 위해 예술가의 의도를 이해하는 것이 필요하다. 그러나 가치 있는 작품을 만들고자 하는 예술가의 의도가 있었다 해도, 그리고 그런 의도가 행동으로 옮겨졌다고 해도 그의 목표가 성공적 실현으로 귀결되는 것은 아니다. 의도주의자들은 예술가의 의미론적 의도가 실현되지 못한 경우에도 예술가의 목표를 이해하는 것은 비평적 평가에 있어 매우 중요한 것이라 생각한다.

반의도주의의 극단적 형태는 예술작품의 의미는 텍스트, 연주, 인공물과 같은 예술적 대상들 그 자체의 의미, 바로 그것이라고 주장한다. 작품의 의미는 작가의 의도에 의해 결정되지 않을 뿐 아니라, 작가의 의도를 이해하는 것은 적절한 감상에 아무런 공헌도 하지 않는다는 것이다. 반의도주의자들은, 예를 들어, 반어법을 인식하는 것조차 실제 작가가 가진 태도나 목표에 대한 그 어떠한 고려를 필요로 하지 않는다고 주장하는데(Nathan, 1982, 1992), 왜냐하면 반어적 의미가 텍스트 그 자체의 말투나 암시에 의해 충분히 드러나기 때문이라는 것이다. 예를 들어 서사자에 의해 표현된 태도는 허구적 혹은 내포적(im-plied) 작가의 태도와 모순될 수 있으며, 후자는 실제 작가의 태도와 부합하지 않을 수도 있다. 몇몇 반의도주의자들은 예술가의 의도란 작품의 미적 가치를 평가하는 데조차 관련이 없다고 보는데, 왜냐하면 작품의 미적 가치가 작품에 내재하는 속성들 혹은 작품이 감상자를 위해 수행하는 기능 속에 존재하기 때문이라는 것이다(Davies, 1982). 이에 대한 대안으로 혹자는 '의미'의 문제에 관해서는 반의도주의자이면서 동시에 적절한 '감상'을 위해 예술가가 가지는 가치-관련적 목표를 이해하는 것이 필요하다고 인정하는 입장을 지닐 수 있다.

비록 위에서 설명된 의도주의와 반의도주의의 극단적인 견해들을 여전히 옹호하는 사람들이 있지만(예를 들어 Knapp and Michaels, 1982; Dickie and Wilson, 1995), 문학과 관련된 논의들을 중심으로 중도적 입장이 필요하다는 주장이 꾸준히 제기되고 있다(예를 들어, Petterson, 2000: 291). 몇몇 주목할 만한 중도적 입장들을 아래에서 소개하겠다.

반의도주의자들은 종종 의도에 관해 인식론적 우려를 표출한다. 유심론자가 만들어 낸 이 신비하고 드러나지 않은 창조물인 의도라는 것을 그 누가(작가를 포함하여) 과연 알 수 있는가? 이에 대한 대응으로 의도주의자들은 우리가 의도를 오해하거나 잘못 알 수는 있지만, 의도 그 자체에 대한 회의론자들의 의심은 근거가 없다고 본다(Hirsch, 1976: 96-103). 예를 들어, 괴테, 스텐 스틴슨 블리셰르(Steen Steensen Blicher)*를 비롯한 많은 작가들이 제임스 맥퍼슨(James Macpherson) 및 오시안(Ossian)**의 의도에 대해 잘못된 믿음을 가지고 있었지만, 결국 맥퍼슨의 기만적 의도가 밝혀졌다고 볼 수 있는 타당한 이유들이 존재한다.

반의도주의자들이 의존하는 직관 중 하나는, 개별 제작자의 성과를 강조하는 의도주의는 결국 역사에 대한 '위인(great man) 이론'이 지니는 편견, 혹은 부르주아들의 개인주의 이데올로기를 지속시킨다는 것이다(Heath, 1973). 이에 대해 의도주의자들은 '먼' 설명과 '가까운' 설명이라는 구분을 이용해 대응한다. 즉 가까운 설명은 개인 창작자에 중점을 두고 그와 관련해 발생한 행위들을 언급함으로써 이루어지며, 이런 설명 방식과 먼 설명 방식은 구분될 수 있다는 것이다. 의도주의자들은 또한 문학과 관련된 총체론적(holistic) 이론의 건전성에 대해서도 의문을 가진다. 종종 집단적(collective) 의도가 창조 과정에서 필수적일 때가 있는데, 이에 대한 좋은 예는 몇몇의 시인들이 돌아가며 시 구절을 쓰는 랑가(ranga)라는 일본 시의 한 장르이다. 이 예는 의도주의가 곧바로 개인주의로 이어진다는 반의도주의자의 우려가 문제 있음을 보여 준다. 공동의 혹은 집단적 의도에 대한 분석은(예를 들어 Bratman, 1999) 비평가나 미학자들이 최근에 들어서야 관심을 가지기 시작한 주제이다(Ponech, 1999가 예외적이다).

반의도주의자들은 예술작품의 복합적 의미를 단지 작가의 삶에 대한 증상적(symptomatic) 표시로 환원하는 전기주의적 비평(예를 들어 모든 소설을 실화 소설인 것으로 보는 것)의 문제점을 잘 지적하고 있다. 이에 대해 의도주의자들은 다음과 같이 대응한다. 해석과 평가에 대한 극단적 반의도주의는 비평적 가십(gosship)을 치료하기 위한 적절한 처방전이 되지 못

---

* 덴마크의 작가(1782-1848)

** 18세기 스코틀랜드 시인인 제임스 맥퍼슨이 조작해 만든 3세기경 고대 켈트족의 전설적인 음유시인.

하며, 그 대신 전기주의적 비평은 작품 안에서 종료된 창조 과정의 재구성 혹은 '되찾기 (retrieval)'로 이해되어야 한다(Wollheim, 1980: 185).

'작품 그 자체'가 과연 무엇을 포섭하는지에 대한 문제는 여전히 논란의 중심에 있다. 어떤 반의도주의자들은 작품은 완전히 분리되고 독립된 인공물, 대상, 텍스트, 혹은 연주라고 보며, 감상을 위해 이러한 것들의 전적으로 본래적인(intrinsic) 성질들에 집중하는 것만으로 충분하다고 본다. 의도주의자들은 반면 작품의 의미, 예술적 혹은 미적 가치, 그리고 예술작품으로서의 정체성과 개별성 등은 인공품 혹은 그것의 유형들 안에 내재하고 있는 비관계적(non-relational) 속성들을 넘어선 광범위한 속성들에 의존한다고 본다. 단어들의 배열을 통해 제시되는 의미는 단어들 자체에 내재된 것이 아니라, 그 단어들이 발화되고 있는 언어의 의미론적 규칙이나 관습에 깊이 연관되어 있다는 것이다. 마찬가지로 어떤 소설의 텍스트를 구성하는 언어적 배열이 주어진 텍스트가 완료되었다는 작가의 결정 혹은 그 텍스트가 이러저러한 방식으로 간주되었으면 좋겠다는 작가의 의도로부터 독립될 수 없다고 볼 수도 있다(Currie, 1991; Levinson, 1992). 여기서 나타나듯이, 작가의 의도가 감상에 어떻게 관련되는가 하는 논쟁은 작가의 의도가 예술작품의 정의 및 존재론적 지위에 어떻게 관련되는가 하는 문제로 확대된다.

많은 반의도론자들은 사실 텍스트 혹은 상징적 인공물의 의미는 그것의 맥락적 요인들과 관계 맺고 있음을 인정한다. 이렇게 되면 반의도주의자들은 이제 감상의 증거 기반을 작품에 '단순히' 내재하는 것들을 넘어선 것들에까지 확장하게 된다. 유명한 〈의도주의 오류〉(The Intentional Fallacy)를 쓴 이론가들에 따르면 그러한 확장은 결코 좁지 않은 요소들을 감상의 증거 기반으로 인정하는 결과를 초래한다. 시에 내재적인 것으로 여겨지는 증거로 이제 단지 텍스트나 그 텍스트가 쓰인 언어만 포함되는 것이 아니라, '그 언어와 문화를 구성하는 모든 것'까지 포함되게 된다(Wimsatt and Beardsley, 1946, 1976: 6). 그렇다면 이러한 확장이 일어난 후에도 여전히 배제되는 것은 과연 무엇인가? 배제되고 있는 '외부적 증거'란 결국 작가의 '사적' 혹은 '독특한' 의미론적 의도들, 혹은 일기장이나 편지 등에 몰래 쓴 그의 생각 같은 것들이다. 이러한 반의도주의자들의 핵심 주장은 다음과 같은 딜레마 형태로 포착될 수 있다. 작가의 의미론적 의도는 텍스트에 표현되어 있고 그럴 경우에는 작가의 의도에 대한 지식은 불필요하며, 그렇지 않다면 의도가 텍스트 안에 제대로 표현되어 있지 않다는 것인데 그럴 경우 작가의 의도를 알게 되는 것이 작품의 실제 의미를 밝혀내는 데에 충분하지 못하다.

이 딜레마를 해결하려는 의도주의자의 전략 중 하나는 작품의 의미가 계획에 의한 산물이냐 아니냐 하는 문제는 언제나 감상에 유관하다고 말하는 것이다. 예를 들어, 어떤 소설에서 등장한 서술이 단지 '우연적으로' 웃기게 된 것이라는 사실은 그 작품에 대한 우리의 이해나 평가에 영향을 미친다. 더 나아가, 극단적인 반의도주의자들의 신념은 우리가 작가의 개인적 성품(예를 들어 진정성과 같은 성품)에 대해 가지는 정당한 관심(이것은 예술적, 도덕적 함의를 지닐 수 있다)과 충돌을 일으킨다(Lyas, 1983a; Taylor, 1999).

위의 딜레마에 대한 의도주의자의 두 번째 대응은 작품의 내포된 혹은 암시된 의미를(예를 들어 이야기에서 직접적으로 전달되거나 서술되고 있지 않은 측면들) 결정하는 문제를 언급하면서 전개된다. 문화적 맥락을 살펴보는 것만으로는 종종 내포된 혹은 암시된 의미를 알기에 충분하지 않은데, 왜냐하면 화자는 독자가 속한 집단이 당연하게 받아들이지 않는 것들을 선택해 텍스트 속의 골자로 삼을 수 있기 때문이다. 내포된 이야기를 결정하는 것은 서사의 노동 분업이라는 측면에서 볼 때 작가의 책임이며, 해석자가 그 어떠한 증거를 사용해서라도 내포된 이야기에 대한 작가적 결심을 발견해 내는 것은 정당하다고 의도주의자들은 말한다.

반의도주의자들은, 만약 내포된 의미를 결정함에 있어 작가의 의도가 결정적이라는 것을 인정한다면, 그것은 알프레드 멕케이(Alfred Mackay, 1968)가 '험프티 덤프티(Humpty Dumpty)의 의미론'*이라 부르며 맹비난한 관점(발화는 언제나 발화자가 의미한 것을 의미한다는 관점)과 다를 것이 없다고 주장한다. 이 때문에 다소 온건한 의도주의로의 전환이 일어났고, 온건한 의도주의는 어떤 의도가 작품 안에 실현되었는지 아닌지에 대한 우리의 이해가 텍스트나 인공물 그 자체의 특징들에 의해 어느 정도 통제를 받는다는 관점에 동의한다. 예를 들어, 말라르메 자신은 〈목신의 오후〉라는 시를 테아트르 프랑세에서 연극으로 상연하겠다는 의도를 가졌다고 말한 바 있으나, 극장 위원회는 그가 극적인 시를 쓰는 데 성공하지 못했다고 여겨 그의 제안을 거절했다. 작가가 의도했다고 하여 시가 극적으로 되거나, 웃기게 되거나, 혹은 어떤 특정 의미의 표현이 되는 것은 아니다. 마찬가지로 작품은 그것의 텍스트, 연주, 인공물 등 실제로 감상을 위해 대중들에게 제시되는 것에서 나타난 특징들과 양립 불가능한 내포적 의미를 지닐 수 없다. 그렇다면 보다 온건한 실제적 의도주의(actualist intentionalism)는 다음을 주장한다. 의도들 중 어떤 것은 결코 실현되지 않으며 또한 작품의 의미를 결정하지 못하고, 작품의 의미 중 일부는, 다른 관련 속성들과 마찬가지로, 의도된 것이 아니다. 온건한 의도주의는 또한 결정적 의미를 지닌 예술작품의 창조를 위해서는 모든 의도가 아닌 어떤 특정한 종류의 의도를 성공적으로 실현하는 것이 필수적이라고 본다. 결과적으로, 적절한 감상은 적어도 관련 의도들(예를 들어 내포된 의미

---

* 험프티 덤프티는 영어권의 자장가에 등장하는 인물 중 하나로 주로 의인화된 달걀의 모습을 하고 있다. 이 논쟁을 좋아하는 달걀은 루이스 캐롤(Lewis Carroll)의 동화,《거울 나라의 앨리스》(Through the Looking-Glass, 1871)에도 등장하는데, "내가 단어를 말하면 그 단어는 내가 선택한 의미만 띠게 되는 거야, 더도 말고 덜도 말고"라고 하면서, 단어의 의미를 자기가 주인이 되어 정한다고 자랑한다.

와 관련된 의도들) 중 일부에 대한 이해를 포함한다는 것이다(Isenminger, 1992, 1996; Carroll, 1992; Mele and Livingston, 1992; Livingston, 1998; Savile, 1996).

많은 이들이 제한된 의도주의를 받아들이지만, 제한의 방식에 대해서는 의견 수렴이 이루어지지 않았다. 이에 대한 윌리엄 톨허스트(William Tolhurst, 1979)의 제안은, 해석자는 발화자의 의미 혹은 실제 예술가의 의미론적 의도와 논리적으로 구분되는 **발화**(utterance) **의미**를 밝혀내는 데 노력해야 한다는 것이다. 발화 의미란 작가가 의도한 관객이라는 집단에 속한 구성원들이 그 구성원이기에 가질 수 있는 증거들에만 바탕을 두어 만든 **가설적 의미**이다. 그러나 톨허스트의 가설적 의도주의(hypothetical intentionalism)는 목표가 되는 관객을 결정하는 데 있어 실제 작가의 의도를 고려하고 있으므로 실제적 의도주의에 의존한다고 볼 수 있으며(Nathan, 1982), 이 때문에 실제 작가의 의도를 고려하여 목표가 되는 관객을 결정하는 방식이 아니라, 발화 의미에 대한 가설을 구성할 때 관객이 의존해야만 하는 증거들의 종류에 대한 독립적인 상세한 기술을 통해 목표가 되는 관객을 결정하는 제안이 등장했다. 그러한 종류의 증거에는 작품이 제작된 문화적, 역사적 맥락에 대한 여러 사실, 그리고 실제 작가가 작품을 만들 때 사용한 범주관련적(categorical) 의도가 포함된다. 범주관련 의도란, 예를 들어, 어떤 텍스트나 구조물 같은 것들이 예술작품으로 감상되기를, 혹은 소설로, 혹은 특정한 장르나 유형의 예술작품으로 감상되기를 바라는 의도이다(Walton, 1970). 레빈슨이 설명한 바에 따르면, 가설적 의도주의는 감상이 범주관련적 의도의 적절한 이해에는 의존하나, 의미론적 의도에는 동일한 정도로 의존하지 않는다고 주장한다(Levinson, 1992, 1999). 보다 구체적으로 말해, 실제 작가의 의미론적 의도가 작품 그 자체와 양립 가능하면서 예술적으로 좀 더 가치 있는 의미에 미치지 못한다면, 그럴 경우 비평가는 후자를 선택해야 한다는 것이다. 레빈슨의 견해에 의해 제기된 하나의 문제는 어떻게 작가의 의미론적 의도가 그의 다른 의도들과 구분될 수 있는가 하는 것이다. 또 다른 문제는 그런 두 종류의 의도를 심하게 구별하여 취급하는 그 동기가 무엇인가 하는 것이다. 우리는 또한 가설적 의도주의자들이 범주관련적 의도를 옹호할 때 제시한 이유들이 왜 의미론적 의도나 혹은 혼종적(hybrid) 의도에 적용될 수 없는지에 대해 의문을 가질 수 있다(Livingston, 1998).

해석, 해석의 목표, 그리고 의도의 성질과 지위에 대해 대안적 관점을 보이는 의도주의들이 제안되기도 했다. 스탠리 피시(Stanley Fish, 1991)는 의미 귀속(attribution)은 모두 필연적으로 작가에로의 귀속이라고 주장하는 절대적 의도주의와, 작가란 항상 해석자의 구성물 혹은 투사일 뿐이라는 반실재론을 결합하고 있다. 피시는 그 같은 투사의 목표는 작가에 대한 그 어떠한 상식적 전제들에 의해서 제한되어서는 안 된다고 본다. 작가는 시대정신(Zeitgeist)일 수도, 혹은 공동체일 수도, 혹은 독자에 의해 의미의 중심지 혹은 원천으로 투사된 그 어떤 것도 될 수 있다는 것이다. 이러한 방식으로 획득된 해석적 자유는 비평에 득이 되는 것이며, 이것은 '지식에 공헌할 것'이라는 전통적인 인식적 요구가 부과하는 부담감으로부터의 해방이기도 한 것이다. 허구적 의도주의(fictionalist intentionalism)를 제안하는 알렉산더 네하마스(Alexander Nehamas, 1981)도 피시와 비슷한 도구주의적 성향을 지녔지만 해석자가 작가의 페르소나를 상상할 때 역사적 사실성으로부터 완전히 자유로울 수는 없다고 본다. 어떤 텍스트나 구조물 혹은 연주를 예술작품인 것으로 해석하는 것은 표현적인 태도와 의미를 어떤 사람 혹은 단체에 귀속하는 것이다. 그러나 이런 과정을 이해함에 있어, 이것을 예술가의 실제 심리 상태에 대한 우리의 믿음을 결정하는 과정으로 볼 필요가 없으며 그것은 또한 바람직하지도 않다. 감상자는 텍스트나 구조물을 해석의 주 초점으로 삼으면서, 제작자가 세운 계획의 결과인 것으로 그것들을 상상하면서(이때 문제의 제작자는 그 텍스트를 쓴 실제의 작가와 동일한 사람이 아니라 그와 역사적으로 비슷한 사람이다) 그것의 의미와 가치를 탐험해 갈 수도 있는 것이다. 움베르토 에코(Umberto Eco, 1992: 64)는 '추측적(conjectural-ist)' 의도주의의 한 형태를 옹호하고 있는데, 그는 '텍스트의 의미는 오직 독자 편에서의 추측의 결과인 것으로서 이해될 수 있다'고 말한다.

　허구적 의도주의에 대한 비판 중 하나는 상상된 작가적 페르소나에 의존하는 것은 결코 작품의 생성을 설명할 수 없다는 것이다(Stecker, 1997). 완성된 인공품에만 초점이 맞춰진 감상적 믿는-체하기(make-believe)는 실제 예술 창조의 과정에 대한 우리의 관심, 혹은 예술가의 윤리적·예술적 책임 때문에 나타나는 작품의 의미와 가치에 대한 우리의 관심을 적절하게 반영하지 못한다(Carroll, 1992, 2000, 2002).

　반의도주의자들은 의사소통적 혹은 대화적 모델을 도입하여 화자의 의미를 이해하는 것이 중요하다고 생각하는 우리의 일상적 전제를 의도주의자들이 예술의 맥락에까지 (예술의 맥락에서는 '병 속의 메시지'로 요약될 수 있는 해석적 모델이 부적합함에도) 부당하게 확장시키고 있다고 비난한다(Rosebury, 1997). 몇몇 반의도주의자들은 의미를 포함한 작품의 모든 속성이 역사의 끊임없는 변화와 흐름 속에 맡겨졌다고 보는 급진적인 해석학을 지지한다(Gad-amer, 1960: 448-9; Merleau-Ponty, 1969; McFee, 1980). 그렇다면 작품의 의미와 가치는 제작자에 의해 구상된 것이 아니고, 심지어는 제작 상황의 맥락에 의해 제한되지도 않는다는 것이다. 오히려 작품의 의미와 가치는 상징적 인공물이 늘 새로운 맥락에서 재해석되는 것과 같이 본질적으로 시간의 흐름에 따라 계속 변화하는 것이다.

　이 주장에 대한 의도주의자의 대응 중 하나는 다음과 같다. 변화하는 맥락 속에서 작품이 획득할 수 있는 새로운 의의(significance)와 제작상황의 맥락 속에서 그것이 지니는 실제적 의미(meaning)를 구분해야 한다(Hirsch, 1967). 물론 궁극적으로 의미나 의의가 의미론적으로 같은 종류의 것이라면, 위의 주장은 순전히 말장난인 것처럼 보인다. 그러나 이 구분을 지지하는 다음과 같은 논변이 있다. 제작 상황의 맥락을 이해해 알게 된 예술 성취의 가치는 예술작품이 여러 상황 속에서 수행하는 다양한 기능들과 구분된다. 비록 텍스트나 인공물은 그것과 관련된 맥락으로부터 분리되어 다른 시대적 맥락 속에 놓일 수도 있지만, 그때의 결과물은 더 이상 그 예술작품이 아니다(Levinson, 1988; D. Davies, 1999; S. Davies, 1996). 그러므로 근본적인, 그러나 논쟁을 낳는 질문은 상징적 인공물의 정체성이나 의미가 제작된 시점의 역사에 의해 구성되느냐 아니면 이후 그 인공물이 수행하는 여타 기능들에 의해서 구성되느냐 하는 것이다. 이보다 더 근본적인, 그러나 역시 논쟁적인 질문은 예술작품을 과연 인공물로 동일시하고 감상해야 하는가, 아니면 예술작품을 반드시 어떤 과정이나 성취인 것으로 이해해야 하는가(이럴 경우 작가의 의도적, 비의도적 행위들이 적절한 감상을 위해 중요하게 된다) 하는 문제이다.

* 이 논문의 이해를 돕기 위해서 이 책에서 다음의 논문들을 찾아 읽으면 좋을 것이다.
  〈예술의 해석〉, 〈예술의 정의〉, 〈예술의 존재론〉, 〈예술의 매체〉

참고문헌

Aiken, H. D. (1955). "The Aesthetic Relevance of Artist's Intentions". *Journal of Philosophy* 52: 742–51.

Audi. R. (1973). "Intending". *Journal of Philosophy* 70: 387–403.

_____ (1997). "Intending and its Place in the Theory of Action". in G. Holmström–Hintikka and R. Tuomela (eds.), *Contemporary Action Theory, vol. 1, Individual Action.* Dordrecht: Kluwer, pp. 177–96.

Barthes, R. (1968). "La mort de l'auteur". in E. Narty (ed.), *Œuvres complètes*, vol. 2, 1966–73. Paris: Seuil, 1994, pp. 491–95; trans. 'The Death of the Author'. in S. Heath (ed.), *Image-Music-Text*. London: Fontana, 1977, pp. 142–8.

_____ (1971). "De l'œuvre au texte". *La Revue d'esthétique* 3: 225–32; trans. "From Work to Tex". in J. V. Harari (ed.), *Textual Strategies: Perspectives in Post-Structuralist Criticism*. Ithaca, NY: Cornell University Press, 1979, pp. 73–81.

Baxandall, M. (1985). *Patterns of Intention*. New Haven: Yale University Press.

Beardsley, M. C. (1958). *Aesthetics: Problems in the Philosophy of Criticism*. New York: Harcourt, Brace & World.

_____ (1978). "Intending". in A. I. Goldman and J. Kim (eds.), *Values and Morals*. Dordrecht: Reidel, pp. 163–83.

_____ (1982). "Intentions and Interpretations: A Fallacy Revives". in M. J. Wreen and D. M. Callen (eds.), *The Aesthetic Point of View: Selected Essays*. Ithaca, NY: Cornell University Press, pp. 188–207.

Brand, M. (1984). *Intending and Acting: Towards a Naturalized Action Theory*. Cambridge, Mass.: MIT Press.

_____ (1977). "Intention and Intentional Action". in G. Holmström–Hintikka and R. Tuomela (eds.), *Contemporary Action Theory*, vol. 1, *Individual Action*. Dordrecht: Kluwer, pp. 197–217.

Bratman, M. E. (1987). *Intention, Plans, and Practical Reason*. Cambridge, Mass.: Harvard University Press.

_____ (1999). *Faces of Intention: Selected Essays on Intention and Agency.* Cambridge: Cambridge University Press.

Carlshamre, S. and Petterson, A. (eds.) (2003). *Types of Interpretation in the Aesthetic Disciplines.* Montreal: McGill–Queen's Press.

Carroll, N. (1992). "Art, Intention, and Conversation". in G. Iseminger (ed.), *Intention and Interpretation*. Philadelphia: Temple University Press, pp. 97–131.

_____ (2000). "Interpretation and Intention: The Debate between Hypothetical and Actual Intentionalism". *Metaphilosophy* 31: 75–95.

_____ (2002). "Andy Daufman and the Philosophy of Interpretation". in M. Krausz (ed.), *Is There a Single Right Interpretation?* University Park, Pa.: Pennsylvania State University Press, pp. 319–44.

Cioffi, F. (1963–4). "Intention and Interpretation in Criticism". *Proceedings of the Aristotelian Society* 64: 85–196.

Currie, G. (1991). "Work and Text". *Mind* 100: 325–40.

Dasenbrock, R. W. (1994). "Taking it Personally: Reading Derrida's Responses". *College English* 56: 5–23.

Davidson, D. (1963). "Actions, Reasons, and Causes". *Journal of Philosophy* 60: 685–700.

Davies, D. (1999). "Artistic Intentions and the Ontology of Art". *British Journal of Aesthetics* 39: 148–62.

Davies, S. (1982). "The Aesthetic Relevance of Authors' and Painters' Intentions". *Journal of Aesthetics and Art Criticism* 41: 65–76.

_____ (1996). "Interpreting Contextualities". *Philosophy and Literature* 20: 20–38.

Davis, W. (1984). 'A Causal Theory of Intending'. *American Philosophical Quarterly* 21: 43–54.

Derrida, J. (1977). "Limited Inc. abcd ···". *Glyph* 2: 162–254.

Dickie, G. and Wilson, W. K. (1995). "The Intentional Fallacy: Defending Beardsley". *Journal of Aesthetics and Art Criticism* 53: 233–50.

Dutton, D. (1987). "Why Intentionalism Won't Go Away". in A. J. Cascardi (ed.), *Literature and the Question of Philosophy*. Baltimore: Johns Hopkins University Press. 194–209.

Eco, U. (1992). "Overinterpreting Texts". in S. Collini (ed.), *Interpretation and Overinterpretation*. Cambridge: Cambridge University Press, pp. 45–66.

Fish, S. (1991). "Biography and Intention". in W. H. Epstein (ed.), *Contesting the Subject: Essays in the Postmodern Theory and Practice of Biography and Biographical Criticism*. West Lafayette, Ind.: Purdue University Press, pp. 9–16.

Fishbein, M. and Ajzen, I. (1975). *Belief, Attitude, Intention, and Behavior.* Reading, Mass.: Addison–Wesley.

Foucault, M. (1994). "Qu'est–ce qu'un auteur?" in *Dits et écrits* (1954–88), vol. 1, ed. D. Defert and F. Ewald. Paris: Gallimard, pp. 789–821; trans. "What is an Author?". in J. V. Harari (ed.), *Textual Strategies: Perspectives in Post-Structuralist Criticism*. Ithaca, NY: Cornell University Press, 1979, pp. 141–60.

Gadamer, H.–G. (1960). *Wahrheit und Methode: Grundzüge einer philosophischen Hermeneutik.* Tübingen: J. C. B. Mohr.

Gaut, B. (1993). "Interpreting the Arts: The Patchwork Theory". *Journal of Aesthetics and Art Criticism* 51: 597–610.

Gau, B. and Livingston, P. (eds.) (2003). *The Creation of Arts: New Essays in Philosophical Aesthetics.* New York: Cambridge University Press.

Hancher, M. (1972). "Three Kinds of Intention". *MLN* 87: 827–51.

Heath, S. (1973). "Comment on 'Ideas of Authorship'". *Screen* 14: 86–91.

Hirsch, E. D. Jr (1967). *Validity in Interpretation.* New Haven: Yale University Press.

_____ (1976). "In Defense of the Author". in D. Newton–De Molina (ed.), *On Literary Intention*. Edinburgh: Edinburgh University Press, pp. 87–103.

Hjort, M. (1993). *The Strategy of Letters.* Cambridge, Mass.: Harvard University Press.

Irwin, W. (1999). *Intentionalist Interpretation: A Philosophical Explanation and Defense.* Westport, Coun.: Greenwood.

Iseminger, G. (1992). "An Intentional Demonstration". in G. Iseminger (ed.), *Intention and Interpretation*. Philadelphia: Temple University Press, pp. 76–97.

_____ (1996). "Actual versus Hypothetical Intentionalism". *Journal of Aesthetics and Art Criticism* 54: 319–26.

Juhl, P. D. (1980). *Interpretation: An Essay in the Philosophy of Literary Criticism.* Princeton: Princeton University Press.

Knapp, S. and Michaels, W. B. (1982). "Against Theory". in W. J. Th. Mitchell (ed.), *Against Theory: Literary Studies and the New Pragmatism*. Chicago: University of Chicago Press, pp. 11–30.

Krausz, M. (ed.) (2002). *Is There a Single Right Interpretation?* University Park, Penna: Penn State University Press.

Lamarque, P. (1996). *Fictional Points of View.* Ithaca, NY: Cornell University Press.

_____ (1998). "Aesthetic Value, Experience, and Indiscernibles". *Nordisk Estetisk Tidskrift* 17: 61–78.

Lamarque, P. and Olsen, S. H. (1994). *Truth, Fiction, and Literature: A Philosophical Perspective.* Oxford: Clarendon Press.

Levinson, J. (1988). "Artworks and the Future". in T. Anderberg et al. (eds.), *Aesthetic Distinction: Essays Presented to Göran Hermerén on his 50th Birthday*. Lund: Lund University Press, pp. 56–84; reprinted in *Music,*

Art, and Metaphysics. Ithaca, NY: Cornell University Press, 1990.

_____ (1992). "Intention and Interpretation: A Last Look". in G. Iseminger (ed.), _Intention and Interpretation._ Philadelphia: Temple University Press, pp. 221–56; rev. version published as "Intention and Interpretation in Literature". in his _The Pleasures of Aesthetics: Philosophical Essays._ Ithaca, NY: Cornell University Press, pp. 175–213.

_____ (1996). "Work and Oeuvre". in his _The Pleasures of Aesthetics: Philosophical Essays._ Ithaca, NY: Cornell University Press, pp. 242–73.

_____ (1999). "Two Notions of Interpretation". in A. Haapala and O. Naukkarinen (eds.), _Interpretation and its Boundaries._ Helsinki: Helsinki University Press, pp. 2–21.

Livingston, P. (1996). "Form Work to Work". _Philosophy and Literature_ 20: 436–54.

_____ (1997). "Cinematic Authorship". in R. Allen and M. Smith (eds.), _Film Theory and Philosophy._ Oxford: Clarendon Press, pp. 132–48.

_____ (1998). "Intentionalism in Aesthetics". _New Literary History_ 29: 831–46.

_____ (1999). "Counting Fragments, and Frenhofer's Paradox". _British Journal of Aesthetics_ 39: 14–23.

Livingston, P. and Mele, A. R. (1992). "Intention and Literature". _Stanford French Review_ 16: 173–96.

Lyas, C. (1983a). "Anything Goes: the Intentional Fallacy Revisited". _British Journal of Aesthetics_ 3: 291–305.

_____ (1983b). "The Relevance of the Author's Sincerity". In _Philosophy and Fiction: Essays in Literary Aesthetics_, ed. P. Lamarque. Aberdeen: Aberdeen University Press, pp. 17–37.

_____ (1992). "Intention". in D. E. Cooper (ed.), _A Companion to Aesthetics._ Oxford: Basil Blackwell, pp. 227–30.

Mackay, A. (1968). "Mr Donnellan and Humpty Dumpty on Referring". _Philosophical Review_ 77: 197–202.

McFee, G. (1980). "The Historicity of Art". _Journal of Aesthetics and Art Criticism_ 38: 307–24.

Mele, A. R. (1992). _Springs of Action._ Oxford: Oxford University Press.

Mele, A. R. and Livingston, P. (1992). "Intentions and Interpretations". _MLN_ 107:931–49.

Mele, A. R. and Moser, P. (1994). "Intentional Action". _Noûs_ 28:39–68.

Merleau–Ponty, M. (1969). _La prose du monde._ Paris: Gallimard.

Nathan, D. O. (1973). "Categories and Intentions". _Journal of Aesthetics and Art Criticism_ 31: 539–41.

_____ (1982). "Irony and the Author's Intentions". _British Journal of Aesthetics_ 22: 246–56.

_____ (1992). "Irony, Metaphor, and the Problem of Intention". in G. Iseminger (ed.), _Intention and Interpretation._ Philadelphia: Temple University Press, pp. 183–202.

Nehamas, A. (1981). "The Postulated Author: Critical Monism as a Regulative Ideal". _Critical Inquiry_ 8: 131–49.

Pacherie, E. (2000). "The Content of Intentions". _Mind and Language_ 15: 400–32.

Pettersson, A. (2000). _Verbal Art: A Philosophy of Literature and Literary Expression._ Montreal and Kingston: McGill–Queen's University Press.

Ponech, T. (1999). _What is Non-Fiction Cinema? On the Very Idea of Motion Picture Communication._ Boulder, Colo.: Westview Press.

Rosebury, B. (1997). "Irrecoverable Intentions and Literary Interpretation". _British Journal of Aesthetics_ 37: 15–30.

Savile, A. (1968-9). "The Place of Intention in the Concept of Art". _Proceedings of the Aristotelian Society_ 69: 101–24.

_____ (1996). "Instrumentalism and the Interpretation of Narrative". _Mind_ 105: 553–76.

Stecker, R. (1997). _Artworks: Definition Meaning Value._ University Park, Pa.: Pennsylvania State University Press.

Taylor, P. A. (1998). "Artist's Intention". in E. Craig (ed.), *Routledge Encyclopedia of Philosophy*. London: Routledge, pp. 513–16.

____ (1999). "Imaginative Writing and the Disclosure of the Self". *Journal of Aesthetics* 19: 3–14.

Tolhurst, W. E. (1979). 'On What a Text Is and How It Means'. *British Journal of Aesthetics* 19: 3–14.

Trivedi, S. (2001). "An Epistemic Dilemma for Actual Intentionalism". *British Journal of Aesthetics* 41: 192–206.

Walton, K. L. (1970). "Categories of Art". *Philosophical Review* 79: 34–67.

____ (1990). *Mimesis as Make-Believe: On the Foundations of the Representational Arts*. Cambridge, Mass.: Harvard University Press.

Warshaw, P. and Davis, F. (1985). "Disentangling Behavioural Intention and Behavioural Expectation". *Journal of Experimental Social Psychology* 21: 213–28.

Wilson, G. M. (1989). *The Intentionality of Human Action*, 2nd edn. Stanford, Calif.: Stanford University Press.

Whyte, L. C. (1962). *The Unconscious Before Freud*. New York: Anchor Books.

Wimsatt, W. K. and Beardsley, M. C. (1946). 'The Intentional Fallacy'. *Sewanee Review* 54: 468–88; reprinted in D. Newton–De Molina (ed.), *On Literary Intention*. Edinburgh: Edinburgh University Press, 1976, pp. 1–13.

Wollheim, R. (1980). "Criticism as Retrieval". in his *Art and its Objects*, 2nd edn. Cambridge: Cambridge University Press, pp. 185–204.

____ (1987). *Painting as an Art*. Princeton: Princeton University Press.

제16장

예술의 해석

그레고리 커리(Gregory Currie)
번역: 신현주

1. 개요

해석을 한다는 것은 무언가를 행한다는 것이고, 해석은 해석활동의 결과이다. 일단 나는 해석활동과 그것의 결과물인 해석에 대한 완벽한 설명을 제공하는 대신, 그것들 각각에 대한 전제 두 가지를 언급하겠다. 첫째, 해석의 결과물은 어떤 것에 의미나 내용을 귀속 (attribution)시키는 것이다(이후에 나는 이 전제가 지나치게 제한적이지 않은가라는 문제를 제기할 것이다). 그러나 나는 의미의 귀속이 언제나 해석활동의 결과라고 가정하지는 않을 것이다. 왜냐하면 의미를 부여하는 방법들 중에 해석활동이 아닌 것들이 있으며, 그러한 방법들은 해석을 결과물로 산출하지 않기 때문이다. 나의 두 번째 전제는 다음과 같다. 해석활동은 **특별한 방식**으로 의미를 부여하는 것이다. 어떠한 특별한 방식인가? 이에 대해 내가 어떤 정의를 가지고 있는 것은 아니지만, 해석활동이 **아니면서** 의미를 부여할 수 있는 몇 가지 방식들을 살펴본다면 해석이 의미를 부여하는 방식이 그것들과 어떻게 다른지 알 수 있게 되리라고 본다. 당신이 내 모국어로 내게 말을 걸 때 나는 당신 발화의 문자적 의미를 해석하지 않는다. 타인의 말을 있는 그대로 당신 몸짓의 의미로 간주할 때 나는 해석을 하는 것이 아니다. 마지막으로 암호화된 메시지를 기계적인 규칙에 의해 파악할 때에도 나는 해석을 하는 게 아니다.

해석은 단순히 생물학이나 생리학 등의 하부 차원에서 발생하는 작용들을 넘어선 어느 정도의 사고(문자 그대로의 의미를 이해하는 것과 더불어)를 요구한다. 해석은 해석 대상에 대한 판단을 요구하는데, 이는 내가 당신의 말을 있는 그대로 받아들이는 경우에서는 찾아볼 수 없다(비록 당신의 말을 있는 그대로 받아들이는 것이 당신이라는 개인 자체에 대한 판단을 포함할 수는 있다고 하더라도 말이다). 해석은 해석자의 창의성(creativity)을 요구하지만, 규칙을 기계적으로 적용하는 경우는 창의성을 요구하지 않는다(Shusterman, 1992; Levinson, 1999). 그러나 규칙의 기계적 적용에 대비되는 개념으로서의 창의성을 '발견(discovery)'과 대비되는 개념으로서의 창의성과 구분할 필요가 있다. 몇몇 이론가들은 해석은 작품 안에 존재하는 의미를 발견하는 것이 아니라 작품의 의미를 창조해 내는 것이라고 주장한다(Bordwell, 1989). 이 논쟁은 아직 해결되지 않았으나, 여기에서 우리는 해석이란 어떤 것을 창조해 내는 것은 아니나 적어도 창의성을 요구한다고 생각할 수 있다.

그러므로 해석은 올바른 방식으로 행해진 의미 부여라고 할 수 있는데, 의미 부여가 일어날 때 그것이 과연 해석인가 아닌가 하는 것은 그보다 먼저 발생한 사건들을 살펴보지 않고서는 말할 수 없다. 적절한 선행 사건을 가지진 않지만 제대로 된 해석과 일치하는 것이 있을 수 있다. 예를 들어, 운 좋은 추측은 마치 해석처럼 보이기도 하지만 실제로는 해석이 아니다.

의미는 그라이스적인 의미에서 자연적(natural)일 수도 혹은 비자연적일 수도 있다(Grice, 1956; Fodor, 1993). 구름이 비를 의미한다고 할 때 우리는 구름을 해석하는 것이고, 어떤 이의 몸짓을 모욕으로 받아들이는 것도 그 몸짓을 해석하는 것이다.* 이 장에서 우리의 관심은 예술의 해석이므로, 여기서 나는 주로 비자연적 의미에 집중할 것이다. 비록 파운드 아트(found art) 같은 것들이 예술도 자연적 의미를 가질 수 있지 않은가라는 질문을 제기할 수 있다 하더라도 말이다. 이 글의 후반부에 음악이 자연적 의미와 유사한 것을 가진다는 주장이 짧게 언급될 것이다.

우리의 관심은 지금 예술의 해석이기에, 해석자란 예술작품에 작품의 이해, 감상, 혹은 평가와 관련된 의미를 부여하는 사람이라고 상정할 것이다. 이런 의미로 이해된 해석자들 중에는, 자기 의식적인 방식으로 해석을 행하는 특별히 훈련된 박학한 해석자들이 있다. 그러나 단순히 이야기의 줄거리를 따라가는 비반성적인 독자들 또한 그들의 읽기

---

*　구름이 비를 의미하는 예가 그라이스가 말하는 자연적 의미의 경우이며, 어떤 이의 몸짓을 욕으로 받아들이는 예가 비자연적 의미의 경우이다. 간단히 말해서 전자는 자연에서 발견되는 징후, 사건 등이 나타내는 의미(예를 들어, "특정 종류의 점들은 홍역을 의미한다")이며, 후자는 인간이 만들어 낸, 혹은 발화자가 있는 의미이다. 그러나 비자연적인 의미가 반드시 특정 발화자의 언어적 발화를 전제하는 것은 아니다. 예를 들어 "세 번 울린 벨은 그 버스가 만원이라는 것을 의미한다"도 비자연적 의미의 경우이다.

가 최소한도로 창의적이라면('창의적'이란 말의 두 가지 의미 중 첫 번째 의미) 해석자로 간주될 것이다.

2. 다원주의와 해석의 참

다원주의(Pluralism)는 한 예술작품에는 다수의 허용될 수 있는 해석들이 있다고 보며, 그중 하나가 다른 하나보다 더 나은 해석은 아니라고 주장한다(Stecker, 1997). 다원주의는 일원론(monism)에 대조되는 관점인데, 후자에 따르면 그 어떤 다른 해석들보다 더 우월한 단 하나의 가장 좋은 해석이 항상 존재한다(Juhl, 1980). 어째서 항상 **하나의** 최선의(best) 해석이 존재한다고 믿는 것일까? 해석의 목적을 작가가 작품에 수여한 의미의 발견으로 가정한다 해도, 어째서 작가는 작품에 오직 하나의 의미만을 수여한다고 생각해야 하는가? 특히나 작품이 다수의 작가에 의해 만들어진 경우, 오직 하나의 의미가 집단적으로(collectively) 의도된 것이라고 주장하는 것은 매우 설득력이 없어 보인다. 반면, 해석이 작가가 의도한 것에 부합할 필요가 없다고 한다면, 도대체 왜 오직 하나의 해석을 최선의 해석이라고 생각해야 하는가?

다원주의자라고 하여 모든 해석들이 동등하게 다 좋다고 믿을 이유는 없다. 다원주의자의 기본적인 주장은 항상 단 하나인 최선의 해석이 있는 것은 아니라는, 즉 어떤 작품들의 경우에는 최적의(optimal) 해석이(어떤 해석은 그것보다 더 나은 해석이 없을 경우 오직 그럴 경우 최적이라고 한다면) 하나 이상 가능하다는 것이다. 최선의 해석은 반면 다른 그 어떠한 해석들보다 우월한 해석이다. 즉, 최선의 해석은 모두 최적의 해석이나, 최적의 해석이 모두 최선의 해석은 아니다. 최적이면서 최선이 아닌 해석(optimal-but-not-best interpretation)이 2개 있다면 그것들은 동등하게 좋은 해석이라는 점, 혹은 이 둘은 서로 비교 불가능할 수도 있다는 점을 주목하라.

해석은 참이 될 수 있는가? 이 문제에 대한 대답으로 최선의 해석은 참이라는 주장이 있다(Barnes, 1988). 이 주장은 자연스럽게 해석에서의 거짓은 어떻게 결정되는가에 대한 문제를 던져 준다. 이에 대한 답으로 참이 아닌 해석은 거짓이라고 말할 수도 있을 것이다. 즉, 오직 최선의 해석만이 참이라면, 최적이면서 최선이 아닌(optimal-but-not-best) 해석들은 거짓이라는 것이다. 이 답변의 문제점은 '거짓'이라는 말의 의미를 우리가 일반적으로 참과 거짓에 대해 생각하는 규범적인 의미와 관련 없이 사용한다는 데에 있다. 동일한 작품에 대해 서로 양립 불가능한 두 해석이 있다고 가정해 보자. 또한 각각의 해석이 그 자체로 상당히 좋다고 가정해 보자. 사실 그 두 해석 모두가 매우 좋기 때문에 그것들에서 어떤 문제를 찾는 것이 불가능하다고 가정해 보자. 상황이 이러할 때 우리는 이 둘 모두가 거짓이라고 볼 이유가 있는가? 이런 문제를 피하기 위해 우리는 최적인 해석들도 모두 참이라고 주장할 수 있을 것이다. 그러나 이 해결 방식은 최적인 해석들이 서로 양립 불가능한 경우 문제를 일으킨다. 왜냐하면 참은 일관성을 포함하기 때문이다. 이에 대한 대안으로, 다음과 같이 진리치에 대한 틈(gap)을 허용할 수도 있을 것이다. 즉, 최선인 해석은 참이고, 최적이 아닌 해석은 거짓이며, 최적이지만 최선이 아닌 해석들은 참도 거짓도 아니라고는 식으로 진리치에서의 틈을 허용하는 것이다. 이 같은 방식의 진리치 부여를 살펴보면, 참은 좋은 것이고, 거짓은 나쁜 것, 혹은 좋은 것보다는 부족한 어떤 것이다. 그러나 지금 논의되고 있는 진리치에서의 틈은 해석 문제가 아닌 경우에서 발견되는 진리치의 틈과는 달리, 검증가능성(verifiability)에 대한 우려로부터 발생한 것은 아니다. 즉, 우리가 알 수 있는 것 혹은 알 수 없는 것에 대한 고려는 위의 논증에서 아무런 역할을 하지 않는다.

진리치에서의 틈은 좋음/나쁨의 구분이 참/거짓의 구분으로 환원되지 않는다는 것, 혹은 그 반대 방향으로도 환원되지 않는다는 것을 보여 준다. 그러나 이 중 어떤 구분이 해석에 있어 기본적인가? 물론 좋음/나쁨의 구분이 기본적이다. 우리는 좋은 해석을 찾고 있으며, 만약 하나 이상의 좋은 해석이 있다고 한다면, 그것은 확실히 우리의 승리이지 패배는 아니다. 그러나 해석의 참이 우리의 주된 목표라고 한다면, 작품에 대한 오직 하나뿐인 해석을 발견해야 우리의 목표에 도달한 것이고, 반면 좋지만 서로 양립 불가능한 다수의 해석을 발견하면 우리의 목표가 좌절된 것이라고 보는 이상한 상황에 처하게 된다. 일반적으로 말해 참은 해석의 목표가 아니다.

위에서 나는 모든 해석들이 동등하게 좋다는 생각을 부정했다. 비록 해석에서의 좋음이라는 개념을 상대화하려는 여러 시도들이 있었으나, 내가 아는 한 모든 해석들이 동등하게 좋다고 보는 극단적인 회의주의를 옹호한 사람은 없다. 스탠리 피시(Stanley Fish, 1980)는 작품에 관한 하나의 해석이 다른 해석보다 더 좋다는 것을 우리가 말할 수 없다고 주장한다. 그 대신 좋음 혹은 더 좋음이라는 것은 언제나 공동체에 상대적이기에, 어떤 한 해석 공동체에서 좋은 해석은 다른 해석 공동체에서 좋은 것일 필요가 없다고 본다. 이 같은 주장은 그 자체로는 많은 이가 반대할 만한 것이 아니다. 한 공동체에서 가치 있는 것은 그 공동체의 환경에 의존한다고 주장하는 것이 가치의 개념을 격하시키는 것은 아니다. 비는 어떤 환경에서는 굉장히 소중한 것일 수 있고, 그와 다른 환경에서는 반갑지 않은 것일 수 있다. 그러나 피시는 이 정도의 주장을 넘어선 좀 더 과격한 주장을 펼치는데, 바로 한 해석이 그 해석이 속한 공동체 내에서 가지는 가치는 그 공동체의 '문제 상황'에 의해 결정되는 것이 아니고, 단순히 그 공동체의 권위자들이 내린 결정이나 선호에 의해 결정된다는 것이다. 그러므로 비록 피시의 이론이 공식적으로는 회의주의라기보다는 상대주의적이나, 해석에서의 좋음이 상대화되는 방식이 지나치게 임의적이기 때문에 결국 회의주의와 매우 가깝게 된다(Currie, 1993a). 나는 해석 문제에 있어 좋음이라는 개념이 아무리 상대화된다 해도 그것은 여전히 규범적인 개념이며, 그러므로 단순히 권위자들에 의해 선호되고 있다는 사실 그 이상의 제재(constraints)와 연관되어 있다고 가정할 것이다.

3. 작가-의도주의

작가-의도주의(author-intentionalism)는 해석의 목표란 작가가 작품에 의도한 의미 혹은 의미들을 알아내는 것이라고 주장한다(Hirsch, 1967; Juhl, 1980). 이 관점에 따르면 해석은 그것이 작가가 실제로 의미하고자 의도했던 것에 상응해야 한다는 필수 요건을 만족해야 한다(이 장에서 나는 복수가 아닌 단일 작가의 의도, 그리고 텍스트에 바탕을 둔 단일 작품에 대해 다루고 있다고 가정하겠다).

　　작가-의도주의자들은 작가가 가진 의도로부터 독립된 의미를 텍스트가 가진다는 것을 부인할 필요는 없다. 그들은 텍스트의 단어나 문장들은 그것들을 조직한 작가의 행위와는 독립적으로 의미를 가질 수 있다는 관점을 취할 수도 있을 것이다. 그러나 앞에서 언급된 바와 같이, 텍스트가 가지는 문자 그대로의 혹은 관습적 의미는 우리의 해석 대상이 아니다. 작품의 의미는 문자 그대로의 의미를 넘어서는 어떤 것이며, 어쩌면 작품의 문자 그대로의 의미와 모순될 수도 있다. 작가는 텍스트의 단어나 문장들이 의미하는 바와 다른 무언가를 의미하면서 단어를 비축어적으로(non-literally) 사용할 수 있다. 그리고 작가는 텍스트에 진술된 것을 통해 줄거리와 성격 등을 추론해 내는 독자의 능력에 의존하므로, 작품의 의미는 텍스트의 의미를 넘어서게 된다. 하나의 해석은 그것의 텍스트와 유사한 내용을 가짐으로써 텍스트의 재현(representation)이 된다는 주장도 제기되었다(Sperber, 1996). 사실, 반어적이거나 안정적이지 못한 텍스트의 해석은 그것의 원본과 전적으로 상충하는 내용을 가질 수도 있다.

　　냅과 마이클즈(Knapp and Michaels, 1982, 1987)는 작가적 의미가 텍스트의 유일한 의미라고 주장한 바 있다. "한 텍스트의 의미는 그것의 작가가 의미하려고 의도한 것이다". 그러나 이를 지지하는 그들의 논증은 명확하지 않다. 예를 들어, 그들은 반어법이 관습적 의미와 작가(혹은 '화자')가 의도한 의미 사이에 드러난 대조를 포함하지 않는다고 주장하는데, 왜냐하면 '화자는 관습적 의미와 관습적 의미로부터의 일탈, 이 두 가지가 모두 인식되기를 의도했기 때문'이라는 것이다. 그러므로 '반어적 발화가 지닌 두 요소가 모두 동등하게 의도적'이라는 것이다. 그러나 우리가 관습적 의미를 알아차리는 것을 화자가 의도했다는 사실(만약 이것이 사실이라면)로부터, 관습적 의미가 의도적 의미와 같다고 결론 내려서는 안 된다. 누군가가 어떤 것이 F로 인식되기를 의도했다고 해서, 그것이 오직 그러한 의도 때문에 F가 되는 것은 아니다. 사람으로 인식되기를 내 자신이 의도하기 때문에 내가 사람이라는 결론에 이르게 되지 않는 것처럼 말이다. 그러므로 앞으로 전개될 논의에서 나는 작가-의도주의가 관습적 의미의 부정을 포함한다고 전제하지 않을 것이다(냅과 마이클즈에 대한 비판으로 Currie, 1990: 3장; Wilson, 1992 참고).

　　작가-의도주의의 문제점 중 하나는 해석 작업에 있어 텍스트가 차지하는 중심적 위치를 제대로 포착하지 못하는 데 있다. 우리가 〈햄릿〉을 해석할 때, 우리는 그 희곡의 텍스트를 단순히 셰익스피어가 무엇을 의미하고자 의도했는지에 관한 정보를 제공해 주는 자료 정도로 간주하지 않는다. 만약 우리가 진정 원하는 작업이 그런 것이라면, 그의 의도를 같은 정도로 혹은 더 잘 드러내 주는 정보의 다른 원천들이 있을 것이다. 셰익스피어가 쓴 편지들이(만약 우리가 그것들을 손에 넣게 된다면) 아마도 그의 의도에 대해 〈햄릿〉이라는 텍스트보다 더 좋은 정보를 제공해 줄 것이다(여기서 논의의 단순화를 위해, 나는 우리가 하나의 확정적인 텍스트를 가지고 있다고 가정할 것이다. 모든 해석적 논쟁들이 텍스트가 확정적인가 아닌가에 대한 의심에 기인한 것은 아니다). 그러나 편지는 텍스트 그 자체와 동등한 지위에 설 수 없다. 텍스트는 편지와는 다르게, 작품을 구성하고 있으며, 우리는 텍스트의 어느 한 부분이 작가의 의도를 잘 알려 주지 않는다고 하여 그 부분을 무시할 수 없다. 해석자로서 우리의 의무는 우리에게 주어진 텍스트를 이해하려고 노력하는 것이지, 문제의 작품은 그것이 아닌 다른 텍스트를 통해 더 잘 표현되었다고 주장하는 것이 아니다(Currie, 1993b). 어떤 비평가는 작품의 특정 부분이 작품 전체의 가치에 아무런 기여도 하지 않는다고 우리를 설득할 수도 있다. 그러나 그렇다고 하여 마치 텍스트의 그 부분이 존재하지 않는 것처럼 작품을 대하는 것은 옳지 못하다. 그러한 부분의 존재, 그리고 그것이 전체 작품의 가치에 공헌하지 못했다는 점 등이 모두 작품에 대한 포괄적인 비평적 판단을 내릴 때 고려되어야 할 요소들이다.

　　어떤 이는 해석에서 의도가 그 어떠한 역할도 하지 않는다고 결론 내릴 수도 있다. 1950년대에서 70년대까지 많은 이론가들이 이같이 결론 내렸으며, 의도에 대해 언급하는 것은 그런 언급을 한 화자가 여전히 '의도주의 오류(intentionalist fallacy)'를 저지르고 있음을 보여 주는 증거로 여겨졌다. 소위 의도주의 오류라는 것을 처음으로 언급한 윔샛과 비어즐리(Wimsatt and Beardsley, 1946)는 작가의 의도가 작품이 의미하는 바를 결정한다는 관점을 공격하는 것을 그들의 목표로 삼았다. 그런 그들의 공격에 우리가 동참할 수는 있지만, 그렇다고 해서 의도라는 것이 불필요한 해석적 개념이라는 결론이 따라 나오는 것은 아니다. 왜 의도라는 것이 여전히 중요한 해석적 개념인지 다음과 같은 질문을 해 보자. 작가의 의도가 아니라면 과연 어떤 것이 작품의 의미를 결정하는가? 비어즐리 그 자신은 작품의 의미를 결정하는 것이 '(언어) 사용의 공적 관습들(public conventions)'이라고 보았다 (Beardsley, 1958: 25). 그러나 예컨대 은유(metaphor)의 창의적 용법 같은 경우 비어즐리가 말한 언어의 공적 관습으로 잘 설명되지 않는다는 것은 잘 알려진 바이다.

창의적 용법이 단순히 언어의 공적 관습에 의해 설명되지 못하는 것과 유사한 다수 의 예들이 존재한다. 그런 예들은 공적인 관습을 위반하는 바로 그 점 때문에 작동하는 것이다. 인유(allusion) 역시 비어즐리의 이론이 제대로 설명할 수 없는 난해한 경우인데, 공 적인 관습은 한 작품 안에서 어떤 것이 인유되고 있는지 결정할 수 없는 것 같기 때문이 다(Hermeren, 1992). 우리는 언어 용법의 공적인 관습이 단어가 가지는 문자 그대로의 의미 를 결정한다고 인정할 수 있을지도 모르나, 이미 앞에서 살펴본 바와 같이 문자 그대로의 의미는 해석을 필요로 하지 않는다. 해석은 우리로 하여금 문자 그대로의 의미를 넘어서 게 해 주는 것이며, 그렇다면 여기에서 자연스럽게 떠오르는 생각은 해석이 의도된 의미 에 호소해야 한다는 것이다.

아마도 위와 같은 주장들보다 훨씬 강력한 것은 해석의 작동에 관해 우리가 보유하 고 있는 가장 설득력 있는 이론들이(경험과학 분야에서 마음을 연구하는 자들이 열광적으로 받아들였던 이론들) 전적으로 의도주의적이라는 사실이다. 이와 관련하여 특히 두 이론을 주목할 만하 다. 함축(implicature)에 대한 그라이스의 이론(Grice, 1989)과 적합성(relevance)에 대한 스퍼버와 윌슨의 이론(Sperber and Wilson, 1986)이 바로 그것이다. 그라이스는 의사소통이란 특정한 이 성적 원칙들에 부합한다는 생각에서 출발한다. 즉 어떤 발화가 그런 이성적 원칙들 중 하 나를 위반하면, 우리는 그 원칙들에 부합하는 가설이 선호되는 방식으로 화자가 무엇을 전달하려 의도했는지 추측한다는 것이다. 그라이스의 이론은 '대화 규칙들(conversational rules)'이라는 다소 인위적인 목록의 규칙들에 의존하고 있다. 이를 개선하기 위해 스퍼버 와 윌슨은 적합성이라는 단일한 원칙을 제공하는데, 발화를 처리함으로써 얻어지는 혜택 이 발화를 처리할 때 드는 비용보다 높을 원칙이다. 이들은 은유의 해석과 반어법의 해석 간의 차이에 대해 상당히 복잡하고 자세한 이론을 제시한다.

물론 위와 같은 경험적 이론들은 경험적 사실에 의해 지지되어야 하는데, 해석이 의 도를 분별하는 능력, 혹은 보다 일반적으로 '의중을 읽는 능력'에 의존한다는 사실을 뒷받 침 하는 많은 증거들이 있다. 자폐증이 있는 사람들은 일반적으로 다른 사람들의 믿음이 나 욕구, 혹은 지향적 상태(intentional states)를 이해하는 데 매우 어려움을 겪고 있다(Happé, 1994). 그들이 다른 사람들의 발화를 이해하지 못하며 또한 대화의 연관성을 유지하지 못 한다는 사실은 그들이 언어 사용에 있어서도 어려움을 겪는다는 사실을 지지하는 증거로 볼 수 있다. 그러나 그들이 겪는 어려움은 분명 문자적 의미의 이해 차원에서 발생하는 것 이 아니다. 오히려 자폐가 있는 사람들이 겪는 어려움은 다른 사람들의 발화를 문자 그대로 받아들이면서 발화의 반어적 혹은 은유적 차원을 보지 못하는 데에 있다(Happé, 1993). 이렇게 그라이스와 스퍼버-윌슨의 이론들이 경험적 사실에 의해 지지되기도 하지만, 그 것들은 또한 구체적인 예견(prediction)을 제공하기도 한다. 스퍼버와 윌슨(1986)은 은유와 는 달리 반어는 특별한 '공명적(echoic)' 발화로 이해될 수 있고, 반어에서 화자는 실제의 혹 은 가상의 타인이 지닌 생각에 대한 태도를 나타낸다고 보았다. 다시 말해 반어는 우리에 게 이차적 차원의 심리 상태를 추론할 것을 요구한다. 위에서 언급된 연구에서, 프란체스 카 하페(Francesca Happé)는 믿음에 대한 믿음(종종 '이차적 믿음'이라고 불린다)을 이해하는 데 어려 움을 겪는 사람들은 은유를 이해하는 것보다 반어를 이해하는 데 더 어려움을 겪는다는 것을 보인다. 또한 특정 종류의 뇌 손상을 가지고 있는 환자들은 종종 거짓말을 농담과 구분하는 데 어려움을 겪는다. 이런 어려움들은 이차적 믿음을 귀속하는 임무의 수행을 얼마나 잘 실행하는가를 관찰함으로써 예견될 수 있음이 밝혀졌다(Winner et al., 1998).

간단히 말해 반의도주의자들은 의도주의에 대항할 수 있는 상세하고도 설명적인 힘 을 지닌 대안을 제시하지 못하고 있다. 사실 지금까지 미학에서 행해진 해석과 관련된 방 대한 연구는, 그것이 의도주의적이건 아니건 간에, 해석이 실제로 행해지는 방식과 제대 로 부합하지 못하고 있다.

4. 발화자의 의미와 발화 의미

이제 우리는 막다른 골목에 다다른 것 같다. 이미 우리는 작가-의도주의를 부인했으나 여전히 의미와 의도 사이의 연결 없이는 어떤 것도 제대로 설명하지 못하는 듯하다. 이 막 다른 골목에서 벗어나기 위해, 우리는 화자나 작가가 그의 발화를 통해 의미하는 것, 그리 고 듣는 이가 화자 혹은 작가가 의미하는 것으로 합리적으로 간주하는 것을 구분해야 한 다. 즉 발화자(utterer)의 의미와 발화(utterance) 의미를 구분해야 한다(Tolhurst, 1979; Meiland, 1981; Levinson, 1992). 작가-의도주의가 실패했다고 볼 수 있는 상황에서, 해석의 목표는 이 제 발화자의 의미는 아니다. 그러나 우리가 찾고 있는 것이 발화 의미라면, 의도는 여전히 해석에서 중심적인 위치를 차지한다. 해석자는 어떤 것이 발화에 의해 의도된 것인지 합 리적으로 결정해야 한다. 많은 경우에서 발화자의 의미와 발화 의미는 일치한다. 작가는 어떤 것을 그의 독자에게 전달하고자 의도하며 그의 의도는 합리적이다. 그러나 발화자 의 의미와 발화 의미가 늘 일치하는 것은 아니며, 발화자의 의미가 아닌 발화 의미 개념을 사용해 해석하는 것이 해석자의 의무이다.

여기서 발생하는 한 가지 문제는 컴퓨터가 쓴 시의 경우처럼 그 어떠한 발화의 결과물이 아닌 텍스트를 어떻게 다룰 것인가 하는 문제이다. 비어즐리(1970)는 컴퓨터가 산출한 시가 어떤 의미를 지니기 때문에(단지 시를 구성한 단어나 문장 때문에 가지게 되는 문자 그대로의 의미만이 아니라), 의도 없이도 의미를 지니는 것이 가능하다고 주장하였다. 이에 대해 우리가 보일 수 있는 반응은, 우리가 그 시를 어떤 상상적 전제하에서 해석한 것이라고 말하는 것이다. 우리는 비록 그 시가 실제 발화의 산물이 아님을 알고 있다 하더라도, 그것을 발화의 산물로 가정하고 있으며, 이런 전제 하에서 우리는 어떤 이가 이 시를 통해 합리적으로 의미하고자 한 바는 무엇인가를 묻는 것이다. 그러나 이런 반사실적이고 상상적인 가정을 도입하는 것은 다소 위험하다. 문제의 대상에 대해 그것이 의도적으로 제작된 텍스트가 아니라는 것을 알면서도 마치 그런 것처럼 상상하는 것이 허락된다면, 엘리자베스 시대에 의도적으로 제작된 텍스트를 마치 작년에 쓰인 것인 양 상상해도 되는 것인가? 이것이 가능하다면 우리는 '제멋대로인' 해석을 인정해야 하는 상황에 처한다. 작품을 그것의 양식적이고 문화적인 맥락에서 이탈시키는 해석을 인정해야 하는 상황에 처하는 것이다. 여기서 난해한 점 중 하나는 해석에 있어 반사실적 상상이 어느 정도까지 가능하고 가능하지 않은 것인지 결정하기 위해 우리가 호소할 수 있는 일반적 직관이 없다는 것이다. 해체론적 해석이론을 옹호하는 자들은 다른 이들이 정합적이지 않다면서 배척하는 해석들, 혹은 적절한 해석의 목표를 달성하는 데 실패한 해석들이라고 간주하는 해석들도 인정 가능한 해석으로 받아들인다.

그러나 반사실적 상상의 범위를 우리가 쉽게 결정 내릴 수 없다는 사실이 해석에서 반사실적 상상이 어떤 위치를 차지한다는 관점을 위협하지는 않는다. 오히려, 만약 해석적 공동체가 반사실적 상상의 범위를 쉽게 결정 내릴 수 없다면, 그런 사실을 통해 우리는 해석적 공동체의 성질을 더 잘 이해하게 될 것이다.

5. 실제 작가와 내포된 작가

컴퓨터가 쓴 시의 경우, 우리는 반사실적으로 발화자를 상상함으로써 발화 의미에 도달한다. 그리고 이런 방법이 실제 해석에서 일반적으로 사용되는 방식이라는 주장이 있다. 이에 따르면, 해석은 **내포된 작가**(implied author), 즉 작품 그 자체에 의해 암시되기는 했으나 여러 면에서 실제 작가와 구별되는 작가를 구성하려는 노력이다(Nehamas, 1981). 여기서 다시 상대주의의 문제가 발생한다. 내포된 작가의 개념을 명료화하는 데 큰 역할을 한 웨인 부스(Wayne Booth)는 《안나 카레니나》의 내포된 작가는 여러 가지 면에서, 특별히 문화 배경적인 측면에서, 톨스토이와 비슷한 사람이라고 생각한다. 《안나 카레니나》의 작가는 지구를 방문한 화성인이며 인간이란 생물체의 이색적 심리를 탐구해 보고자 그 소설을 쓴 것으로 가정하면서 읽는 방식이 있다면, 부스와 뜻을 같이하는 사람들은 그런 방식을 거부할 것이다. 마찬가지로 그들은《돈키호테》에 대해서도 그것을 보르헤스의 단편소설에서 등장하는 괴짜 후기-프로이트주의자인 피에르 메나르(Pierre Menard)*가 쓴 것으로 읽는 방식에 주저할 것이다.

해석적 규범성(normativity)에 호소하면 이런 상대주의가 어느 정도 사라질 수 있을까? 해석자는 자연과학 연구의 경우에서처럼 단지 증거와 개연성의 법칙만을 따르는 것이 아니고 합리화의 요구도 따르고 있다(Davidson, 1984). 다른 사람들과 일상적으로 상호작용함에 있어 우리는 그들을 단순한 인과적 분석의 대상으로만 보지 않는다. 우리는 타인을 믿음이나 욕구, 의도 등을 가진 존재로 보고 이런 것들에 비추어 타인의 행동을 합리적으로 설명하려 한다. 마찬가지로 우리가 예술작품을 해석할 때, 최소한 정합성, 통일성, 가지성(intelligibility) 등의 가치를 강조하는 전통적 개념의 예술을 해석할 경우, 합리적 설명을 하려고 노력한다. 사실 일상적인 인간의 행동을 해석하는 경우보다 예술을 해석하는 경우에 있어 규범성이 지니는 역할이 더 크다고 볼 수 있다. 예술에서 우리는 단순히 정합적인 해석보다는 예술적 가치를 극대화하는 해석을 지향한다(Dworkin, 1985). 반면 나와 대화하고 있는 사람이 오늘의 날씨를 해석할 때, 그의 해석이 풍부한 암시, 비유, 상징 등을 드러내지 못한다고 하여 내가 그의 해석을 거부하지는 않는다.

예술의 가치에 대한 관점 중 위에서와 같이 규범적인 접근 방식에 상충되는 관점이 있다. 노엘 캐롤(Noël Carroll, 1992)에 따르면 예술과의 관계 맺음을 우리는 작가와의 대화로 생각하고 있는데, 대화의 가치는 타자의 생각과 성격을 과격하게 오독할 때 감소하는 특징이 있다. 아마도 우리를 만족시키는 해석이론은 미적 가치와 작가와의 대화적 친밀성 사이의 균형을 찾은 이론일 것이다. 그러나 단 하나의 가장 좋은 균형이란 있을 법하지 않다. 최적이지만 최선이 아닌 해석에 대한 이론을 찾는 것이 아마도 해석 문제와 관련하여 우리가 희망할 수 있는 최선이 아닐까 싶다.

지금까지 나는 우리가 예술작품의 해석을 통해 찾는 것은 바로 작품과 실제 작가 사이의 관계를 단절하거나 약화시키는 발화 의미라는 주장을 살펴보았다. 그러나 다른 방식의 주장도 가능하다. 작가가 작품을 통해 **의미하고자 의도한 것**(intended to mean)과 작품 그 자체가 실제로 의미하는 것 사이의 대조(즉, 발화자의 의미와 발화 의미 사이의 대조)를 작가가 **의미**

---

* 아르헨티나의 작가 보르헤스(1899-1986)가 쓴《피에르 메나르, 돈키호테의 저자》에 등장하는 허구적 인물로 20세기의 프랑스인. 이 단편소설은 피에르 메나르가 세르반테스의《돈키호테》중 일부를 똑같이 베끼지만 그것이 위대한 작품이 되어 가는 과정을 그린다.

한(mean) 것과 작품이 의미한 것 사이의 대조로 보지 않을 수 있다. 작가가 의미하려고 의
도했던 것 이외의 다른 것을 작가가 의미할 수 있다고 우리는 주장할 수 있다. 이 관점에
따르면, 개인이 의미하는 것은 그가 의도하고자 한 것에만 의존하는 것이 아니라, 의도자
의 외부적 사실들에도 의존하는데, 그러한 외부적 사실은 작가의 의도가 공적 의사소통
에서 제대로 작동하지 않는다고 결정할 수도 있다. 이런 관점은 결국 행위가 공적인 관습
에 의해 제한된다는 생각이며, 이는 해석 상황이 아닌 다른 여러 상황에서 우리가 이미 익
숙하게 알고 있는 점이다. 한 사람의 의도는 빗나갈 수 있으며, 결과적으로 그가 행하고자
의도하지 않은 어떤 것을 행하게 될 수 있다. 이같이 생각해 보면, 발화 의미를 찾으려 하
는 것은 여전히 작가적 의미를 찾으려 하는 것이다. 그러나 그것은 작가가 실제로 의미한
것을 찾고자 하는 것이지, 단지 작가가 의미하려고 의도한 것을 찾는 것이 아니다. 그러므
로 '발화자의 의미'와 '발화 의미'에 대해 이야기하는 대신에, 우리는 '발화자가 의도한 의
미'와 '발화자가 성취한 의미'에 대해 이야기할 수 있다. 이 같은 관점은 위에서 언급된 작
가와의 대화적 친밀성(conversational intimacy)과 합리화(rationalization) 사이의 긴장감을 줄이는
데 유용할지도 모른다.

작가(실제 작가이건 내포된 작가이건 간에)와 작가적 의미를 통해 해석을 설명하는 방식의
장점이 있겠지만, 여기서 내가 지적하고 싶은 것은 그러한 방식은 해석적 비결정성을 종
결시키지 않는다는 것이다. 우리가 작가에 대해 명쾌하고 온전한 이해를 하면서도, 작품
그 자체의 암시, 상징, 혹은 다른 수사들에 대해서는 결정적 의미를 부여하지 못할 수도
있다. 이럴 때 우리의 관심이나 기질에 따라 우리 자신이 그것들에 다양한 방식으로 의미
를 부여할 수 있다. 그러나 이때 작가라는 개념이 실패했다고 볼 이유는 없다. 왜냐하면
지금까지 작품의 의미를 자세히 살펴보았고 이제 우리 자신의 노력을 통해 작품의 의미
를 확장하겠다는 시도가 시작된 것으로 그런 상황을 이해할 수 있기 때문이다. 이 같은
확장이 과연 정당한 것인가라는 문제는 작품의 의미가 곧 작가의 의미라는 주장이 답할
수 있는 문제는 아니다.

6. 의미를 넘어

지금까지 나는 의미를 부여하고자 노력하는 해석에 대해 알아보았다. 그러나 과연 이런
해석만이 해석의 전부인가 하는 것은 확실하지 않다. 의미로부터 다소 독립된 구조적 혹
은 맥락적 특징들을 작품에 부여하는 것으로 해석을 생각해 볼 수도 있다(Goldman, 1995).
예를 들어, 구조주의자들은 작품의 소위 '깊은 구조적(deep structural)' 특징들에 초점을 맞춘

해석을 옹호한다(예를 들어, Todorov, 1977). 이런 기획의 중요한 측면 중 하나는 국지적이기보다는 포괄적이고자 한다는 점이다. 즉 이런 기획의 목적은 서로 다른 작품들 사이의 공통점을 찾는 것이고, 심지어 극단적으로는, 서사들의 불변적 특징들까지도 찾고자 한다. 일반적으로 이 기획은 실패했다고 여겨지는데, 그렇게 된 이유 중 하나는 이 기획이 산출한 해석들이 특정한 작품을 조명하는 것이 아니라 어떤 포괄적인 이론을 뒷받침하기 위해 고안된 것처럼 보이기 때문이다. 그러나 이것보다는 조금 덜 야심찬 방식으로 작품의 구조적 특징들에 주목하며 또한 '해석'이란 명칭이 어울리는 기획들도 있다. 장르에 대한 분석이 한 예이다. 해석자가 어떤 작품을 특정한 장르에 속한 것으로 볼 때, 이것을 작품에 의미를 부여하는 활동으로 생각할 수 있는가? 작품의 장르와 의미 사이의 관계는 정확히 어떠한가?

명백한 점은 작품의 의미 중 적어도 한 측면(우리가 작품의 서사적 의미라고 부를 수 있는 것)을 알지 못하면 우리는 작품의 장르도 알 수 없다는 것이다. 〈햄릿〉이 비극인지, 희극인지, 혹은 제3의 또 다른 장르인지를 알 수 있으려면, 실제로 무엇이 〈햄릿〉에서 일어나고 있는지 알아야 한다. 그러나 작품에서 무엇이 일어나는지 잘 알고 있어도 이것이 작품의 장르를 알기 위해 충분하지 않을 수 있는데, 왜냐하면 장르라는 것은 본질적으로 관계적(relational) 속성이기 때문이다. 〈햄릿〉은 단지 주로 비극에서 나타나는 사건들이 그 안에서 나타나기 때문에 비극인 것이 아니라, 그와 같은 비극적 요소들을 현저한 특징으로 인식하는 문학적 맥락 내에서 창조되었기 때문에 비극인 것이다. 동일한 텍스트의 희곡이 비극이라는 장르를 인식하지 않는 사회에서 제작된다면, 즉 비극이라는 장르가 가지는 요구사항이나 제재를 유념한 작가들에 의해 제작된, 구조적으로 서로 유사한 예술작품의 집합체가 존재하지 않는 사회에서 제작된다면, 그 텍스트는 비극이 되지 못할 것이다. 여전히 장르를 결정하기 위해서는 의미의 결정이 요구된다.

그러나 위의 논의는 장르를 결정하기 위해서는 해석 작업이 전제되어야 한다는 것만을 보여 줄 뿐, 장르의 결정 그 자체가 해석의 문제임을 보여 주지는 않는다. 우리는 장르의 결정 그 자체가 의미의 결정이라고 주장할 수 있을까? 무엇이 의미인가에 관한 난해한 문제를 해결하지 않고서도, 작품의 장르는 작품의 의미에 직접적이고 독자적인 공헌을 한다고 주장하는 것은 타당한 듯하다. 다시 다음을 상상해 보자. 〈햄릿〉과 정확하게 동일한 텍스트가 있어 그 안에서 나타나는 사건들의 연속은 정확하게 우리가 알고 있는 작품 〈햄릿〉에서 일어나는 사건들의 연속과 일치하지만, 이 문제의 텍스트는 비극이라는 관습을 인식하지 않는 사회에서 제작되었다고 상상해 보자. 이제 이 작품이 그것의 관객에게 나타내는 의미는 셰익스피어의 〈햄릿〉이 엘리자베스 시대의 관객에게 나타내는 의미와 다르다고 말하는 것은 매우 자연스럽다. 결국, 어떤 것의 의미를 찾거나, 혹은 그것에 의미를 부여한다는 것은, 그 문제의 대상이 가지는 특징들에 차별적 중요성을 수여할 수 있다는 것이며, 이것이 바로 장르 분석이 하는 일이다. 우리가 〈햄릿〉을 비극으로 볼 때, 우리는 〈햄릿〉의 특징 중 일부를 그 같은 종류의 희곡이 지닌 정의적 특징이라는 뜻에서 '표준적(standard)'이라 간주한다. 반면, 햄릿의 우유부단함에 대한 강조는 반-일반적(con-tra-generic), 혹은 적어도 변수적 요소로 나타난다(Walton, 1970). 양식 개념에 대해서도 위와 비슷한 이야기를 할 수 있다. 르누아르의 〈물랭 드 라 갈레타〉와 시각적으로 동일한 회화가 있다고 상상해 보자. 그러나 이 회화는 인상주의 양식이라는 개념이 존재하지 않는 사회에서 제작된 것이고, 그러므로 연관된 작품의 집합체(예를 들어 터너의 작품과 같은 작품들)가 존재하지 않는다고 해보자. 분명 이 사회에서 르누아르의 그림과 시각적으로 동일한 이 문제의 그림이 그 사회의 감상자에게 의미하는 것은 르누아르 그림이 우리 사회의 감상자에게 의미하는 것과 다를 것이다.

음악 연주에는 또 다른 어려움이 있다. 우리는 연주자를 해석자라고 부르기도 한다. 이것은 정확히 무엇을 의미하는가? 연주자가 행하는 일에는 두 가지 종류가 있음을 구분하도록 하자. 연주자가 행하는 일 중 하나는 작품의 연주를 통해 작품에 접근할 수 있는 통로를 만들어 주는 것이다. 그런데 문제의 작품이 의미를 가질 수 있는 것이라면, 연주자는 첫 번째 종류의 작업 이외에 다른 것을 행하는 사람이 될 수 있는데, 즉 연주자는 어떻게 의미가 작품에 귀속되어야 하는지 그 방식을 제시하는 작업을 행할 수 있다. 연주자가 작품을 연주하는 방식은 작품에 관한 어떤 특정 해석들을 장려하고 그와 다른 해석들은 좌절시킨다. 그러므로 우리는 연주를 작품에 대한 부분적 해석을 체화한 것으로 생각할 수 있다. 우리가 작품 그 자체만을 추상적으로 생각하면서 가지게 된 해석의 집합보다는 좀 더 범위가 좁혀진 해석의 집합인 것이다. 이 경우 연주자가 곧 해석자라고 말하는 것은 엄밀히 말해 참은 아니지만, 연주자가 해석의 촉진자라는 것은 참이다. 물론 연주자가 실제로 해석자일 수도 있다. 즉 그의 연주가 어떻게 진행될 것인가를 결정하기 위해 해석에 관여한다면 그는 곧 해석자인 것이다. 그러나 연주자가 꼭 그런 것을 행해야 할 필요성은 없다(Levinson, 1993).

그러나 음악에는 의미를 부여할 수 없다는 관점이 상당히 폭넓게 지지되고 있다. 만약 이 관점이 옳다면, 그리고 해석과 의미에 대해 내가 지금까지 해 온 논의들이 옳다고 또한 가정해 본다면, 연주자는 해석자가 아니며, 그 누구도 음악의 해석자가 아니라는 결론이 도출된다.

물론 음악이 의미를 가질 수 없다는 주장이 확실히 증명된 것은 아니다. 예를 들어, 다이아나 래프만(Diana Raffman, 1993)은 음악이 다소 특별한 종류의 의미를 가진다고 주장한다. 음악적 의미의 후보자로 그녀가 들고 있는 것은 '느낌(feeling)'이다. 그녀가 의미하는 느낌은 보통 우리가 말하는 감정과 같은 것이 아니라, 다장조에서 제자리 '다'음은 가장 안정적인 음높이인 것처럼 느껴지는 느낌 같은 것을 말한다. 이렇게 이해된 음악적 의미는, 만약 그것이 정말 의미로 간주될 수 있다면, 전통적으로는 음악과 그다지 관련되지 않았었다. 물론 그것은 보편적이고 자동적이라기보다는 계발 가능한 것들이기는 하지만, 그라이스가 말하는 자연적 의미에 보다 가까운 것 같다. 더 나아가, 숙련된 청자가 음악작품을 들을 때에는 마치 생성문법*에서 상정되고 있는 구조 같은 것이 나타난다고 주장하는 이들도 있다(Lerdahl and Jackendoff, 1983). 이런 구조는 래프만이 말하는 우리가 음악에 반응하며 보이는 느낌들과 매우 잘 일치한다. 래프만은 그런 느낌들이 과연 의미인가 하는 질문에 대해 독단적인 입장을 보이지 않으며, 그러므로 그것들을 종종 '유사-의미(quasi-meanings)'라 부르기도 한다. 물론 우리는 그런 느낌들이 **실제로** 의미인가 하는 것을 결정할 수 있는 어떤 사실들이 있을 수 없다는 가능성을 인식해야 한다. 그러나 래프만은 최소한 음악이 해석과 유사한 것에 관련될 수 있다는 가능성을 주장한다. 반면 '음악이 무언가를 말하고 있다'는 뜻으로 음악이 의미를 가진다는 견해, 그리고 해석자의 역할은 음악이 말하고자 하는 바를 알아내는 것이라고 보는 견해는 여전히 거부되어야 한다. 많은 혼란이 바로 그 같은 견해에서 비롯되고 있다(Kivy, 1995).

7. 의미와 방법

지금까지 나는 특정 방식을 통한 의미 부여를 해석이라 보았다. 그러나 의미가 부여되는 방식은 극단적으로 서로 다를 수 있다. 해석학적 전통을 따른 슐라이어마허(Schleiermacher)나 딜타이(Dilthey) 등이 지지하는 방식은 개인에 대한 공감적 이해를 통해 작품을 이해하는 것인데, 이 방식은 최근 시뮬레이션 이론에서도 찾아볼 수 있다(Davies and Stone, 1995a, b). 이 제안이 가지는 가장 심각한 난점은 바로 상상이라는 개인적이고 명백히 주관적인 행위가 과연 어느 정도에 다다르면 비로소 상호주관적인 정당성을 지닌 해석이 되는지 결정하는 문제이다.

　여기서의 문제는 응시(gaze)의 적절한 방향성을 찾는 것이다. 어떤 관점에서 보면 상상하는 행위는 본질적으로 내면을 바라보는 것이다. 이때 우리의 업무는 자신의 심적 상

＊　모국어를 사용하는 사람들은 지금까지 들어 보지 못한 문장을 만들고 이해할 수 있는데, 촘스키 등은 이를 유한한 규칙의 습득을 통해 무한한 문장을 만들어 낼 수 있는 인간의 언어 능력, 소위 생성 문법(generative grammar)을 사용할 수 있는 능력으로 설명한다.

태를 조정하여 목표가 되는 개인(target agent)의 심적 상태에 맞추는 것이다. 이런 식으로 공감(empathy)을 생각하는 견해에서 우리는 공감의 개념이 내성에 모호하게 기대고 있다는 것을 알 수 있다. 이와는 다른 방식으로 공감을 생각해 볼 수 있는데, 이에 따르면 공감은 바깥을 바라보고 있다. 즉 우리는 목표가 되는 개인의 상황에 우리가 처해 있다고 상상하면서 그 개인에게 세상이 나타나는 방식을 생각해 보는 것이다. 이런 상상하기를 우리가 생생하게 해낼 수 있다면, 우리는 목표가 되는 개인이 그의 세상에 반응하는 것과 같은 방식으로 반응하게 될 것이다. 이런 방식을 통해 우리는 내성 없이 심적 상태의 전환을 이룰 수 있다. 그러나 이 제안이 당면한 가장 긴급한 문제는 다음과 같다. 목표가 되는 개인과 내가 살고 있는 세계의 차이가 사라졌을 때에도 나타나는 두 사람 간의 반응 차이를 어떻게 설명할 것인가? 동일한 상황에 처했을 때 두 사람이 서로 다른 방식으로 행동할 수 있다는 생각은 분명 타당성이 있다. 공감의 방식으로서 '밖으로 바라보기'는 기껏해야 내가 목표가 되는 개인의 상황에 처했을 때 어떻게 행동할 것인가를 알려 주지만, 이것은 **목표가 되는 개인**이 어떻게 행동할 것인가를 알려 주지는 않는다.

　이 문제에 대해 세 가지 대응이 가능하다. 첫째, 우리가 할 수 있는 최선은 우리 자신이 문제의 상황에 처했을 때 어떻게 할 것인가를 재구성하는 것밖에 없다고 대응하는 것이다. 만약 목표가 되는 개인이 실제로 행한 행동이 그와 나 사이의 심적 차이 때문에 내가 그 상황에 처했을 때 행할 행동과 일치하지 않는다면, 이는 곧 목표가 되는 개인의 생각을 우리가 재구성할 수 없음을 뜻한다. 둘째, 밖으로 바라보는 공감은 때에 따라 우리 자신의 심적 상태에 맞게 의식적으로 조정되어야 한다고 대응할 수 있다. 목표가 되는 개인의 기본적 선호와 사고방식이 우리의 것과 다르다는 사실을 지지할 만한 이유들이 있을 때, 우리는 이에 맞추어 내적인 조정을 행해야 한다. 그러나 우리가 과연 내적 조정을 할 수 있는지, 할 수 있다면 어떻게 하는 것인지는 확실하지 않다. 세 번째로, 우리는 혼합된 모델을 선택할 수 있는데, 이 혼합된 모델은 밖으로 향한 공감을 좀 더 추론된 계산과 결합시킨다. 나는 내가 문제의 그 상황에서 어떻게 행할 것인가를 상상할 수 있다. 그러나 그로부터 바로 목표가 되는 개인도 그렇게 행동할 것이라고 결론 내리는 대신, 나는 목표가 되는 개인은 나처럼 선택하고 사고하지 않을 것이라는 믿음에 근거하여 몇 가지 조정을 하는 것이다.

　예술작품을 어떤 행위자의 산물로 이해하는 틀을 유지하되 공감에 대해서는 위와는 다른 대안적 관점이 가능한데, 이에 따르면 우리가 이해해야 하는 것은 어떤 상황에 처했을 때 예술가가 실제적으로 어떻게 대응했는지가 아니라, 예술가가 어떻게 대응했어야 **마땅했는지**이다. 이 관점에 따르면 우리는 이론화를 위한 한 예로 예술작품을 취급한다. 그러나 예술작품에 우리가 도입하는 이론은 자연과학에서처럼 결정주의적 혹은 확률적 법칙에 바탕을 둔 인과이론은 아니다. 그 대신 우리는 합리적인 행동에 대한 이론을 — 비록 그 이론을 우리가 내포적으로 상정하고 있어 구체적으로 서술할 수는 없을지라도 — 작품에 들여온다. 해석 작업에 대한 이 같은 이해는 내포된 작가라는 개념과 잘 조화된다. 즉 우리는 한계가 있으며(limited), 오류 가능한, 그리고 어느 정도 비합리적인 실제 행위자에 의해 제작된 산물로 예술작품을 이해해야 하는 것이 아니라, 이상적인 행위자의 산물로 이해해야 한다는 것이다. 이는 또한 역사 이해를 위해 포퍼가 제시한 '상황 논리(logic of the situation)'에 바탕을 둔 방식과 유사하다(Popper, 1996). 이런 접근 방법은 선택과 불확실성을 포함한 여러 복잡한 상황들을 충분히 잘 다룰 수 있는 합리성의 이론(theory of rationality)을 우리가 실제로 가지고 있다는 확신을 우리에게 주는 것이 필요하다. 최근의 경제학이나 게임 이론에 따르면, 무엇이 합리적인지는 결코 명백한 것이 아니며, 합리성에 대한 기본 이론들도 개인들은 자신의 실제 이익에 반하는 방식 그리고 자신의 실제 삶에서 행동하는 방식과는 다른 방식으로 행동할 것이라고 예측하고 있다(예를 들어 Frank, 1988). 전략적 행동에 대한 이론에 따르면 적절한 반응이란 타인이 보일 수 있는 가능한 반응에 대한 계산, 또 그가 나의 반응을 어떻게 계산할 것인가에 대한 계산에 의존한다고 보는데, 이런 이론을 발전시키는 것은 매우 어렵다. 이런 이론을 과연 우리가 성취할 수 있을까? 언어학자들은 우리가 어떤 복잡한 문법이론을 가지고 있다고 보며 그 이론을 포착하고자 여전히 애쓰고 있는데, 그러한 복잡한 문법의 수준과 비견되는 수준의 해석이론을 우리가 가지고 있다고 말할 수 있을까? 확실히 공감이론은 보다 경제적이고 그럴듯하다. 공감이론은 타인의 추론적 사고, 결정, 행위를 우리가 어떻게 이해하는지 설명하는 과정 중에 어떤 특정 이론을 들여오지 않은 채 우리 자신의 추론적 사고, 결정, 행위를 행할 수 있는 능력들을 언급하면서 설명한다.

그러나 몇 가지 이유들로 인해, 사회적인 상호작용을 적절하게 설명하는 해석이론이 예술작품의 해석에 있어서는 그다지 효과적이지 못할 수도 있다. 첫째로, 일상에서 발생하는 대인관계적 해석은 종종 시간적 압박을 받기 때문에 심사숙고를 이용한 느린 방식을 피할 수 있는 기제를 이용한다. 그러나 예술작품의 해석은, 영화나 연극을 한번 보고 나서 해석하는 경우를 제외하고서는, 그와 같이 시간적 압박을 받지 않으며, 그러므로 우리는 예술작품 해석의 이러한 특징에 상응하도록 예술의 해석 이론에 보다 큰 역할을 기대한다. 둘째로, 우리는 종종 우리가 살고 있는 시대나 문화와는 다른 시대와 문화에서 제작된 예술작품을 마주하게 된다. 이런 경우, 공감적인 재연(re-enactment)은 서로 얼굴을 마주하는 대면의 경우보다 훨씬 안정성이 떨어진다. 셋째로, 예술작품의 해석은 대인관계적 해석과는 달리 결정이나 행위와 직접 관련되지 않는다. 넷째로, 서사적 예술작품은 장르와 같은 틀 안에 존재하며, 틀 자체에 대한 이해는 그 틀 속의 예술작품 해석에 영향을 미친다. 어떤 작품을 추리소설로 파악한다면 우리는 그 작품의 인물이나 사건에 대해 특정 전제들을 가지고 그 작품에 접근하게 된다. 만약 그 작품을 우리가 전원적 희극으로 파악한다면, 우리가 사용하는 전제들은 상당히 달라질 것이다. 우리는 장르에 관해 일종의 내포된 이론을 가지고 예술작품에 접근하는 듯하며, 그 이론에 비추어서 예술작품에 대한 우리의 기대를 조정하는 듯하다. 이 점은 예술작품에 대한 해석이나 대인관계적 상황에 대한 해석에서 아무런 차이가 나지 않는다고 주장하는 사람들도 있을 것이다. 사회적 상호작용에 대해서도 안내가 되어 주는 일종의 전제들을(이들을 우리는 종종 '스크립트'라 부른다) 우리가 사용하고 있는 것이 분명하다(스크립트와 시뮬레이션 사이의 논쟁에 대해서는 Harris, 2000: 3장 참고). 그러나 대인관계적인 경우에서 스크립트(script)는 일반적으로 모든 참여자에게 적용된다고 가정된다. 대화 상대자의 입장에 처한 나를 상상하면서, 나는 스크립트에 의해 지시되고 있는 방식으로 행동하고 있는 나를 상상하게 되며, 대화 상대자도 그와 같이 행동할 것이라고 단순히 가정한다. 그러나 내가 만약 허구적 인물에 공감하고자 한다면, 나는 내가 그 인물이라고 상상하면서 또한 동시에 장르의 법칙에 따라 행동하고 있다고 상상할 수 없다. 장르의 법칙은 예술작품의 세계 외부에 있다고 보아야 한다. 그것은 구성조직에 대한 법칙이지, 허구적 인물 그 자신들의 생각에 침투해 있는 그런 법칙은 아니다(적어도 작품이 칼비노*적인 스타일이 아니거나, 혹은 허구의 관습들을 의식적으로 조작하려 하지 않는다면 말이다). 공감이 예술 해석에 있어 아무런 역할도 하지 않는다고 말하기는 어렵지만, 공감이 수행하는 역할은 크지 않을지도 모른다. 작품의 풍부성과 미묘함이 증가하면 할수록, 또한 해석적 결과물의 가치가 크면 클수록, 공감의 역할은 더 작아질지도 모른다.

* 이 논문의 이해를 돕기 위해서 이 책에서 다음의 논문들을 찾아 읽으면 좋을 것이다.
〈예술의 의도〉, 〈예술의 존재론〉, 〈예술에서의 재현〉, 〈허구〉, 〈서사〉, 〈비극〉, 〈미학과 인지과학〉

---

*　　이탈로 칼비노(Italo Calvino, 1923-1985), 이탈리아 소설가로 소설이라는 문학의 형식적 조건과 관습을 의식적으로 반성하는 '메타-소설(meta-fiction)'로 알려져 있다.

참고문헌

Barnes, A. (1988). *On Interpretation*. Oxford: Basil Blackwell.

Beardsley, M. (1958). *Aesthetics*. New York: Harcourt, Brace & World.

____ (1970). *The Possibility of Criticism*. Detroit: Wayne State University Press.

Bordwell, D. (1989). *Making Meaning: Inference and Rhetoric in the Interpretation of Cinema*. Cambridge, Mass.: Harvard University Press.

Carroll, N. (1992). "Art, Intention and Conversation". in G. Iseminger (ed.), *Intention and Interpretation*. Philadelphia: Temple University Press.

____ (2000). "Interpretation and Intention: The Debate Between Hypothetical and Actual Intentionalism". *Metaphilosophy* 31: 75−95.

Currie, G. (1990). *The Nature of Fiction*. New York: Cambridge University Press.

____ (1993a). "Text without Context: Some Errors of Stanley Fish". *Philosophy and Literature* 15: 212−28.

____ (1993b). "Interpretation and Objectivity". *Mind* 102: 413−28.

____ (1995). *Image and Mind*. New York: Cambridge University Press.

Davidson, D. (1984). *Essays on Actions and Events*. Oxford: Clarendon Press.

Davies, M. and Stone, T. (eds.) (1995a). *Mental Simulation*. Oxford: Basil Blackwell.

____ (eds.) (1995b). *Folk Psychology*. Oxford: Basil Blackwell.

Davies, S. (1996). "Interpreting Contextualities". *Philosophy and Literature* 20: 20−38.

Dworkin, R. (1985). *A Matter of Principle*. Cambridge, Mass.: Harvard University Press.

Fish, S. (1980). *Is There a Text in this Class? The Authority of Interpretive Communities*. Cambridge, Mass.: Harvard University Press.

Fodor, J. (1993). "Deja Vu All Over Again: How Danto's Aesthetics Recapitulates the Philosophy of Mind". in M. Rollins (ed.), *Danto and his Critics*. Oxford: Basil Blackwell.

Frank, R. H. (1988). *Passions within Reason: The Strategic Role of the Emotions*. New York and London: W. W. Norton.

Gaut, B. (1993). "Interpreting the Arts: The Patchwork Theory". *Journal of Aesthetics and Art Criticism* 51: 597−609.

Goldman, A. (1995). *Aesthetic Value*. Boulder, Colo.: Westview Press.

Grice, P. (1956). "Meaning". *Philosophical Review* 66: 377−88.

____ (1989). *Studies in the Way of Words*. Cambridge, Mass.: Harvard University Press.

Happé, F. (1993). "Communicative Competence and the Theory of Mind in Autism: A Test of Relevance Theory". *Cognition* 48: 101−19.

____ (1994). *Autism: An Introduction to Psychological Theory*. London: UCL Press.

Harris, P. (2000). *The Work of the Imagination*. Oxford: Basil Blackwell.

Hermeren, G. (1992). "Allusions and Intentions". in G. Iseminger (ed.), *Intention and Interpretation*. Philadelphia: Temple University Press.

Hirsch, E. D. (1967). *Validity in Interpretation*. New Haven: Yale University Press.

Iseminger, G. (ed.) (1992). *Intention and Interpretation*. Philadelphia: Temple University Press.

Juhl, P. D. (1980). *Interpretation*. Princeton: Princeton University Press.

Kieran, M. (1996). "In Defence of Critical Pluralism". *British Journal of Aesthetics* 36: 239-51.

Kivy, P. (1995). *Authenticities.* Ithaca, NY, and London: Cornell University Press.

Knapp, S. and Michaels, W. B. (1982). "Against Theory". *Critical Inquire* 8: 723-42.

_____ (1987). "Against Theory 2: Hermeneutics and Deconstruction". *Critical Inquiry* 14: 49-68.

Knight, D. (1997). "A Poetics of Psychological Explanation". *Metaphilosophy* 28: 63-80.

Krausz, M. (ed.) (2002). *Is There A Single Right Interpretation?* University Park, Pa.: Pennsylvania State University Press.

Lerdahl, F. and Jackendoff, R. (1983). *A Generative Theory of Tonal Music.* Cambridge, Mass.: MIT Press.

Levinson, J. (1992). "Intention and Interpretation: A Last Look". in G. Iseminger (ed.), *Intention and Interpretation.* Philadelphia: Temple University Press.

_____ (1993). "Performative vs. Critical Interpretation in Music". in M. Krausz (ed.). *The Interpretation of Music.* Oxford: Oxford University Press.

_____ (1999). "Two Notions of Interpretation". in A. Haapala and O. Naukkarinen (ed.), *Interpretation and Its Boundaries.* Helsinki: Helsinki University Press.

Meiland, J. (1981). "The Meanings of a Text". *British Journal of Aesthetics* 21: 195-203.

Nehamas, A. (1981). "The Postulated Author: Critical Monism as a Regulative Ideal". *Critical Inquiry* 8: 133-49.

Popper, K. R. (1966). *The Open Society and its Enemies. vol. 2, The High Tide of Prophecy: Hegel, Marx, and the Aftermath.* London: Routledge & Kegan Paul.

Raffman, D. (1993). *Language, Music and Mind.* Cambridge, Mass.: MIT Press.

Savile, A. (1996). "Instrumentalism and the Interpretation of Narrative". *Mind* 105: 553-76.

Shusterman, R. (1992). "Beneath Interpretation". in his *Pragmatist Aesthetics.* Oxford: Basil Blackwell.

Sperber, D. (1996). *Explaining Culture: A Naturalistic Approach.* Oxford: Basil Blackwell.

Sperber, D. and Wilson, D. (1986). *Relevance: Communication and Cognition.* Oxford: Basil Blackwell.

Stecker, R. (1997). *ArtWorks: Definition, Meaning, Value.* University Park, Pa.: Pennsylvania State University Press.

Todorov, T. (1997). *The Poetics of Prose.* Ithaca, NY: Cornell University Press.

Tolhurst, W. (1979). "On What a Text Is and How It Means". *British Journal of Aesthetics* 19: 3-14.

Walton, K. (1970). "Categories of Art". *Philosophical Review* 79: 334-69.

Wilson, G. (1992). "Again, Theory: On Speaker's Meaning, Linguistic Meaning, and the Meaning of a Text". *Critical Inquiry* 19: 164-86.

Wimsatt, W. and Beardsley, M. (1946). "The Intentional Fallacy". *Sewanee Review* 54: 468-88).

Winner, E. et al. (1998). "Distinguishing Lies from Jokes: Theory of Mind Deficits and Discourse Interpretation in Brain-Damaged Patients". *Brain and Language* 62: 89-106.

제17장

예술의 가치

로버트 스테커(Robert Stecker)
번역: 김정현

대개 예술의 가치에 관해 제기되는 질문들은 일목요연하게 정리되지도 않고 동일한 수준에서 제기되지도 않는다. 이에 이 논문은 예술의 가치에 관한 질문들을 세 가지 유형으로 즉 메타-미학적인 질문, 존재론적인 질문, 규범적인 질문으로 나누어 살펴볼 것이다. 첫번째 메타-미학적인 질문에서는 예술적 가치에 대한 판단의 본성을 살핀다. 두 번째 존재론적인 질문에서는 예술적 가치 그 자체가 지닌 본성을 살핀다. 마지막으로 규범적인 질문에서는 예술이 예술적으로 가치 있다는 것이 무엇이며, 우리가 어떻게 개별 작품이 지닌 다양한 가치들로부터 그것의 전체 평가에 이르게 되는지를 살펴볼 것이다. 그러나 논의에 앞서 비록 위 세 유형의 질문이 서로 다른 것이기는 하나 명확히 구분되는 것은 아니라는 점을 밝혀 두는 바이다. 이 논문은 두 번째와 세 번째 질문을 먼저 다루고, 마지막으로 첫 번째 질문인 메타-미학에 관한 문제를 다룰 것이다.

1. 존재론적인 쟁점들

예술작품은 어떤 종류의 가치를 가지는가? 이 물음에 대해 하나의 답을 구할 필요는 없다. 왜냐하면 예술은 다양한 종류의 가치 있는 특성을 지니고 있기 때문이다. 이때 몇몇 가치 있는 특성들은 말 그대로 다른 가치에 이르기 위한 수단이 되는 것들이고, 또 몇몇은 전체 가치의 부분 되는 가치 있는 특성들이다. 그러나 이 질문을 이해하는 가장 바람직한 방법은, 이를 예술작품이 지니는 가치 전반에 관한 질문으로 이해하는 것이다. 그리고 이러한 통상적인 이해 방식은 예술의 가치가 본유적(intrinsic)*인가 아니면 도구적(instrumental)인가를 묻는 것이다. 그러나 혹자는 이렇게 위 질문을 정리하면, 적어도 독립된 두 가지 가치의 구분을 혼동한 것이라고 주장하기도 한다(Korsgaard, 1996). **내재적**(intrinsic) **가치**는 외재적(extrinsic) 가치와 반대된다고 보는 것이 옳다. 이 구분은 대상이 가치를 대상 안에서 얻느냐 아니면 밖에서 얻느냐에 관한 것이다. 따라서 이는 가치의 출원에 관련된 구분이다. **도구적 가치**는 그 자체가 목적이 될 때 발생하는 가치 혹은 그 자체를 위해 존재할 때 얻는 가치와 반대된다. 따라서 이 구분은 우리가 대상의 가치를 평가하는 방법에 관한 것이다. '도구적'이란 말은, 어떤 대상이 수단이 됨으로써 얻는 가치 혹은 그것이 또 다른 목적을 위해 쓰임으로써 얻는 가치를 말한다. 그러므로 도구적으로 가치 있는 것은 언제나 외재적 가치를 지닌다. 따라서 남겨진 문제는 그 자체가 목적으로 가치를 지니는 것 혹은 그 자체로 가치 있는 것이, 동시에 외재적 가치를 지닐 수 있는가 하는 것이다.

몇몇 이론가들은 예술의 가치를 예술 안에 있는 속성들 ─ 때때로 미적 속성이라는 집합으로 칭해지는 속성들 ─ 에 둔다(Goldman, 1995; Sibley, 1983; Zemach, 1997; Zangwill, 1984). 반면 다른 이론가들은 그 가치가 작품이 주는 경험이나 작품과의 상호작용에서 비롯된다고 여긴다(Beardsley, 1958; Budd, 1995; Dickie, 1988; Levinson, 1996a, 1997). 후자의 이론가들은 우리가 앞에서 살펴본 것처럼 예술작품이 외재적 가치를 지닌다고 주장해야만 한다. 한편 전자의 이론가들은 선택권이 있는 듯하다. 하지만 누가 작품 안에 가치가 존재한다는 의미에서 작품이 내재적 가치를 지닌다고 말할 것인가. 전자의 이론가 대부분은 미적 속성이 가치를 지니는 이유로서 그 속성에 대한 관조가 제공하는 대가, 즉 쾌, 이해, 욕구의 충족과 같은 것을 들기 때문이다. 더욱이 이들 대부분은 미적 속성을 관계적 속성으로 본다. 그리고 그 관계항(relata) 중 하나를 (실제적이거나 혹은 관념적인) 인간의 주관적인 상태로 본다. 이는 미적 속성이 내재적 가치를 소유한다고 해서 예술 또한 내재적 가치를 소유할 필요는 없다는 것을 함축할 뿐이다(왜냐하면 이때의 가치는 미적 속성을 감지하는 인간의 주관적 상태와 예술작품 사이에 형성된 관계에 주어지는 것이기 때문이다). 이제 가치가 대상 안에 존재한다는 의미에서 예술이 내재적 가치를 지닌다고 보는 입장은 지지를 얻지 못할 듯하다. 따라서 진정한 문제는 예술이 도구적으로 가치를 지니는가, 아니면 그 자체를 목적으로 가치를 지니는가 하는 것이 된다.

---

*　'intrinsic'의 번역에 대해서는 이 책의 7장 〈예술의 정의〉 중 178페이지 역주를 참조하라.

크리스틴 코스가드(Christine M. Korsgaard)는 예술작품이 쾌, 미적 경험 혹은 통찰력을 주는 수단으로서, 즉 도구적으로 가치 있다고 말하지 않는다. 대신 그녀는 예술작품이 그 자체로서 가치 있다는 것은 옳지만, 이는 우리가 예술작품에서 쾌, 미적 경험 혹은 통찰력과 같은 다른 좋은 것들을 얻는 조건에서 그렇다고 말한다. 이렇게 말하는 까닭은 오직 우리의 경험이나 의식 상태만이 그 자체로 가치를 지닐 수 있다는 생각에 반대하기 위해서이다(한편, 코스가드의 주장을 함축하지 않으면서 단순히 예술작품을 포함한 모든 인공물들이 도구적으로 가치 있다고 여기는 주장도 다수 있음에 유념하자). 또한 이런 반대는, 우리가 장기적 안목에서 혹은 궁극적인 목적에서 가치 있다고 생각할 수 있는 대상이 의식 상태만은 아니라는 사고, 즉 그런 다른 사물들이 다수 존재한다는 사고에서 나온다. "밍크코트는 그 자체로 가치 있다고 말해질 수 있다…. 모험, 여행, 그리고 마음의 평화와 함께 우리가 늘 원하던 것들의 목록에 놓을 수 있다."(Korsgaard, 1996: 263) 그러나 밍크코트, 모험, 여행이 마음의 평화와 같은 차원인 것 같지는 않다. 마음의 평화는 그것이 왜 가치 있는지를 묻지 않을 것 같다는 점에서 그 자체로 가치 있다고 말하기에 충분해 보인다. 그러나 우리는 나머지 것들의 가치를 평가함에 있어서는 항상 더 큰 이유를 찾는다. 예컨대 여행은 그것이 새로운 경험을 주고, 흥미롭고 아름다운 것을 보여 주며, 자유로움을 느끼게 해 주기 때문에 가치를 지닐 수 있다. 이런 이유들이 여행을 그 자체로 목적이 되어 가치 있게 해 주는 조건인가? 아니면 여행은 그저 이런 좋은 것들을 얻기 위한 수단인가? 더 이상의 논증이 없더라도 우리에겐 목적을 위한 수단으로 이해하는 것이 더 적합하고 쉬워 보인다.

예술작품이 그 자체로 가치 있다고 주장하는 두 번째 동기는, 예술작품이 제공하는 가치가 고유하고 대체 불가능하다는(unique and irreplaceable) 생각에서 비롯된다. 이 생각은 하나의 주장임과 동시에 어떤 우려를 표명한 것이기도 하다. 즉 이 주장이 틀리다면, 예술이 생각했던 것보다 훨씬 가치가 없는 대상일지 모른다는 걱정에 대한 표명 말이다(Budd, 1995; Graham, 1997; Scruton, 1983). 이 주장은 다음과 같은 논변을 통해 개진된다. 작품의 가치는 작품이 감상자에게 주는 경험에 있거나 혹은 그렇지 않다면 그때 제공되는 미적 속성에 있으며, 이때 미적 속성들은 개별 작품에 고유한 것이기 때문에 그 작품의 가치는 고유하고 대체 불가능하다.

개별 작품들이 각각의 고유한 경험 혹은 많은 고유한 경험들을 준다고 말하는 것은 합당해 보인다(비록 위 주장의 필요 요건으로 합당할지라도, Levinson, 1990을 보라). 그리고 이러한 경험이 예술의 가치 중 적어도 한 국면을 가리킨다고 보는 것도 마찬가지로 합당한 일이다. 따라서 예술의 가치 중 상기 국면*은 대체 불가능하다는 것이 도출된다. 그러나 이로부터

---

* 예술작품이 주는 고유한 경험이라는 국면

해당 작품이 대체 불가능하다거나, 이러한 국면을 지닌 예술들은 그 자체로서 가치 있다는 명제가 도출되지는 않는다(Stecker, 1997b). 오직 한 종류의 금속만이 특정 항공기 부품을 제작하는 데 쓰일 수 있다고 해 보자. 혹은 한 특정 화학물질만이 가치 있는 경험을 제공할 수 있다고 해 보자. 그렇다면 이 금속과 화학물질은 각각의 목적을 위한 수단으로서 그것의 고유한 가치를 지닌다. 그러나 그때의 고유성이 수단으로서가 아니라 목적으로서의 가치를 보장해 줄 것 같지는 않다. 나아가 그 고유성은 대체 불가능성을 낳기는 하겠지만, 그것이 그렇게 절대적인 것일 것 같지도 않다. 우리가 그 부품을 쓰거나 그 경험을 향유할 것을 암묵적으로 약속한다면, 그 금속이나 화학물질 혹은 그 작품을 대체할 수는 없다. 하지만 이는 조건적인 상황이라 다양한 상황들이 소소하게 벌어지는 환경 속에서 이러한 조건적 상황은 포기될지도 모른다. 만일 우리가 예술의 대체 가능성을 진심으로 염려하는 것이라면 작품이 주는 경험의 고유성이 그러한 염려를 불식시킬 수는 없다.

예술의 가치가 도구적이라고 여기는 이들은 예술이 인간에게 주는 이득이 항시 그 가치를 해명할 것이라는 근거에서 이처럼 주장한다. 그들에게서는 다음과 같은 논변이 가능하다. 인간의 제작과 실행의 대상이라는 포괄적인 의미에서 보면 예술작품은 인공품에 해당한다. 인공품은 항상 인간들을 위해 이바지할 목적이나 기능을 지닌다. 그리고 바로 거기에 인공품의 주된 가치가 깃든다. 따라서 예술의 주요 가치도 이러한 기능을 완수하는 데에서 발생한다.

살펴본 것처럼 많은 이론가들은 예술의 주요 기능을 가치 있는 경험의 근원이 되는 데 있다고 여겼다. 예술과 그 경험의 관계는 특별히 긴밀한 것인데, 이는 이때의 경험이 한 작품에 고유한 것일 뿐만 아니라 그 작품의 속성들에 주어지는 주목과 분리 불가능한 것이기 때문이다(Davies, 1994; Levinson, 1996a). 이런 점에서 작품에 대한 경험은 앞서 말한 화학물질이 유도한 경험과는 사뭇 다르다. 작품과 그 경험 간의 밀착된 관계 때문에 우리는 작품의 도구성을 여타의 수단과 목적의 관계 속에 있는 도구성과 구분하는 경향이 있다. 즉 우리는 그것을 금속의 속성들과 비행기의 부품이 될 때 발생하는 유용성의 관계와는 다른 것으로 여긴다. 많은 이론가들이 예술의 도구적 가치에 **본래적 가치**(inherent value)라는 특별한 이름을 부여함으로써 이 차이를 설명하려 했다. 그러나 본래적 가치도 일종의 도구적 가치라는 사실은 피해 갈 수 없다.

작품이 그 자체로 가치 있는가 아니면 도구적으로 가치 있는가 하는 문제는 규범 이론과 독립적으로 해결될 수 없다. 그리고 이때의 규범 이론은 예술이 지닌 가치들을 실제로 규명하려는 이론일 것이다. 그렇다면 이제 규범 이론을 살펴보자.

2. 규범 이론

규범 윤리학(normative ethics)은 때때로 선(the good)에 관한 이론과 옳음(the right)에 관한 이론으로 나뉜다. 전자는 가치의 문제를 다루는 것으로, 도덕적 의사 결정에 관련되는 한에서 도덕적 가치와 비도덕적 가치 모두를 다룬다. 후자는 어떤 행동이 도덕적으로 요구되는 것인지, 즉 도덕적으로 허용되는(옳은) 것인지, 혹은 금지되는(그른) 것인지를 논하는 한에서 우리의 행동을 다룬다. 그러나 예술에 관한 규범 이론은 예술적으로 옳은 것을 다루지 않는다. 이는 아마도 예술 영역에는 윤리학에 대응될 만한 그런 요구, 즉 허용이나 금기가 없기 때문인 듯하다. 보다 순수하고 단순하지만, 예술적 가치에 관한 이론은 도입 글에서 말했듯 두 분야, 즉 예술이 '예술로서' 지니는 가치를 다루는 분야와 개별 작품의 평가를 다루는 분야로 나뉜다.

우리는 예술의 가치를 설명하는 근본적으로 다른 두 이론을 구분해 볼 수 있다. **본질주의 관점**은 예술의 본질적인 속성이나 정의적 속성에서 예술의 가치를 찾고자 한다. **비본질주의 관점**은 예술의 가치를 본질주의 관점에서 설명할 수 없다고 보기 때문에, 이와는 다른 예술적 가치를 찾으려 한다. 본질주의 관점을 주장하는 이론가들은 논리적으로 본질주의 그 자체와는 관계가 없는 다른 논제들을 지지하는 경향이 있다. 첫째로, 본질주의자들은 예술을 '예술로서' 가치 있게 하는 가치가 예술에만 고유한 것이라고 주장한다. 그리고 이렇게 하는 것은 매우 통상적인 일이다. 이런 주장이 본질주의자들이 해야 할 일인 것처럼 보일지는 모르지만, 엄밀히 말해, 예술의 본질적 속성은 어떤 것이 예술이 되기 위한 필요조건이 되는 속성이기만 하면 된다. 따라서 예술만이 아니라 다른 사물도 그 속성을 소유할 수 있다. 둘째, 본질주의자들은 통상적으로 예술적 가치가 한 종류의 속성에서 파생된다고 보고, 그렇기 때문에 모든 예술적 가치는 그 단일한 속성의 소유를 통해서 설명된다고 본다. 이는 말 그대로 본질주의의 귀결일지는 모른다. 그러나 몇몇 가치 있는 속성들이 예술의 본질적 속성으로 동일시될 수 있기 때문에 예술적 가치가 오로지 한 종류의 속성으로 설명되어야 한다고 생각할 필요는 없다. 본질주의자들이 고수해야 하는 주장은 모든 예술이 동일한 근거에서 가치를 지닌다고 보는 것이다. 그 근거가 하나의 속성에 호소할 것인지 아니면 여러 개의 속성으로 이루어진 집합에 호소할 것인지는 상관없다.

예술적 가치에 관한 최근 저서(Budd, 1995; Goldman, 1995; Graham, 1997)에서 개진된 주장들은 본질주의를 닮았지만 앞서 살펴본 명백한 본질주의는 아니다. 이들 이론가들은 자신들이 주장하는 예술적 가치를 가지지 않는 예술이 있을 수 있다는 것을 알고 있다. "특히 금세기 동안 예술 개념에 일어난 일들을 생각해 본다면, 현재의 예술 개념은 예술적 가치에 관한 설명을 줄 수 없다."(Budd, 1995: 3) 그러나 예술이 예술로서 갖는 가치를 동일시하는 대안적 전략이 제안되었고, 이 전략이 본질주의 기획과 같은 목적에서 사용되었는데, 이는 모든 위대한 작품들이 대체적으로 비슷한 특색의 가치를 공유한다는 사실에 근거한다. 예술이 예술로서 갖는 가치는 예술작품이 소유할 수 있는 예술 특유의 가치이며 모든 위대한 작품들은 이 가치를 매우 높은 정도로 소유한다는 것이다. 나는 이 전략 또한 예술적 가치에 관한 본질주의의 한 종류라고 본다.

본질주의는 명백하고 강력한 설득력을 지닌다. 왜냐하면 본질주의는 작품의 어떤 국면들은 **예술적으로** 가치 있지만 다른 국면들은 그렇지 않은 이유를 명쾌하게 제공하기 때문이다. 예컨대 많은 작품들은 경제적 가치를 지닌다. 그러나 아무도 이 가치가 작품의 예술적 가치를 높일 것이라고 생각하지 않는다. 반면 한 작품이 미적 속성을 지녔거나 혹은 작품을 이해하는 사람에게 가치 있는 경험을 제공한다면 우리는 이 사실만으로도 그 작품의 예술적 가치가 높아질 것이라 믿는다. 그렇다면 경제적 가치는 예술적 가치와 무관하지만 미적 가치나 미적 경험은 예술적 가치와 연관된 가치라는 것을 우리는 어떻게 아는가? 본질주의자들에게는 명확한 답이 있다. 즉 경제적 가치는 예술작품 혹은 위대한 작품에 본질적인 것이 아니지만 미적 가치는 예술에 본질적인 것이라고 할 것이다. 반면 비본질주의자들은 예술적 가치와 비예술적 가치를 구분할 명확한 방법을 가지고 있지 못한 것 같다.

그러나 예술적 가치에 대한 본질주의도 심각한 문제를 가지고 있다. 그들이 예술적 가치가 예술의 정의적 속성으로부터 도출되어야 한다고 주장하는 한, 그들은 상기 버드(Malcolm Budd)의 인용문에서 언급된 문제에 봉착한다. 즉 작품의 가치 있는 속성들로부터 예술을 정의하는 것은 상당히 어려워 보인다. 이 같은 방식에서 예술을 정의하려 했던 주장들은 지난 15여 년 동안 공격받아 왔다. 여전히 이런 본질주의적인 정의를 옹호하는 이들이 있다고 할지라도 최근 가장 주목받는 예술 정의들은 예술의 가치에 관한 본질주의를 함축하지 않는다. 다른 한편 모든 명작이 공유하는 가치를 통해 예술적 가치를 설명해 보려는 대안은 본질주의의 근거를 약화할 뿐이다. 말하자면 그런 가치가 있다고 해도 이로부터 다른 가치 있는 특성들을 예술적 가치로부터 배제해야 하는 이유가 불분명하다. 이러한 문제가 있다면 본질주의의 옹호자들은 대안적 전략을 변론하기 위해 더 나은 논변을 제시해야 할 것이다.

예술적 가치에 관해 본질주의적인 관점을 지닌 이론은 많다. 그러나 이 논문에서는 크게 20세기에 중요하게 거론되었던 두 부류의 주장을 다루려 한다. 이는 예술적 가치를 미적 가치로 설명하는 이론과 예술적 가치를 인식적 가치로 설명하는 이론이 될 것이다.

2.1 미적 가치로서의 예술적 가치

지금보다는 20세기 초반에 좀 더 유행했던 미학 이론의 한 버전인 **형식주의**(formalism)를 살펴는 것으로 시작해 보자. 대부분의 형식주의자들이 예술적 가치에 관한 이론만을 다루는 것은 아니다. 오히려 그들은 예술의 정의를 포함한 보다 철학적인 예술에 관한 이론을 발전시켜 나간다(형식주의자들의 예술 정의와 역사적 배경에 관한 논의는 이 책의 〈예술의 정의〉를 참조하라). 형식주의 이론으로 가장 유명한 것은 클라이브 벨(Clive Bell, 1914)의 이론이다. 벨에 따르면, 예술을 규정하는 성질은 의미 있는 형식(significant form)이고 이 성질은 예술적 가치를 갖는 예술이 소유하는 유일한 성질이다. 그러나 벨은 의미 있는 형식이 모든 가치를 그 안에 담지한다는 의미에서 내재적인 가치를 지닌다고 말하지 않는다. 벨은 의미 있는 형식의 가치는 특별한 종류의 쾌를 주는 데 있다고 본다. 그리고 그는 이 특별한 종류의 쾌를 미적 정서라 칭하고, 이것이 궁극적인 실재에 대해 유사 신비적 암시(quasi-mystical inkling)를 제공한다고 보았다. 벨은 우리가 그와 다른 이유에서 작품을 가치 있게 여길 수 있다는 것을 알았다. 예컨대 우리는 재현적인 성질에서 작품의 가치를 찾기도 한다. 그러나 그는 재현적인 성질에 대한 감상이 예술적 가치에 대한 감상은 아니라고 여겼다. 이는 다만 인간적 관심에서 혹은 역사적 기록으로서 예술을 감상하는 것과 같다고 보았다. 이러한 감상은 예술과 완전히 별개의 문제인 것으로 작품을 감상하는 감상자의 심적 경향에 우연적인 것일 뿐이다.

형식주의의 가장 커다란 문제점은 형식주의가 배제한 모든 것에서 나타난다. 예술의 정의로서 이 이론은 통상 예술작품으로 여겨지는 많은 대상들을 배제한다. 한편 예술적 가치론으로서 이 이론은 예술가와 감상자가 모두 주요하게 관심 갖는 많은 항목들을 배제한다. 재현에 대한 우리의 관심을 생각해 보자. 재현이 예술적 가치의 근원에서 배제된 것도 문제가 있지만 그 배제의 이유가 재현에 주어지는 관심에 대한 적절하지 못한 생각에서 기인한다는 데에 더 큰 문제가 있다. 감상자가 재현에 두는 관심에 대한 벨의 생각은 적어도 두 가지 지점에서 부적절하다. 첫째, 그는 재현에 대한 관심을 주제, 즉 재현되는 대상에 대한 관심으로 여긴다. 재현에 대한 관심은 묘사된 대상의 과거 혹은 미래를 상상하는 것과 같은 자유로운 연상을 불러일으킬 수도 있고 개념이나 정서를 제시하거나 정보를 전달할 수도 있다. 형식주의자들이 배제한 가능성은 감상자가 재현에 미적 관심을 둘 가능성이다. 그러나 이러한 가능성이 그렇게 뜬금없는 이야기인 것만은 아니다(Budd, 1995 참조). 예컨대 우리가 풍경화를 보고 있다고 해 보자. 우리는 묘사된 장소의 정보를 얻기 위해 이 풍경화에 관심을 가질 수도 있고 비슷한 정경을 봤던 경험을 연상시켜 주기 때문에 이것에 관심 가질 수도 있다. 그러나 이런 것들은 이 풍경화에 대한 우리의 주요 관심사일 것 같지 않다. 우리는 오히려 광경이 묘사된 방식에 좀 더 집중할 것이다. 다시 말해, 우리는 색상, 혹은 대상이 재현 공간에 배치된 방식, 빛의 연출, 주제의 선택, 시각적 실재의 강조된 국면들, 해당 광경 혹은 좀 더 일반적으로는 자연에 대한 작가의 표현 태도, 인류애가 발견되는 장소 등에 좀 더 집중할 것 같다. 만일 우리가 재현된 광경에서 이런 종류의 관심을 보인다면, 그리고 회화가 이러한 관심의 대상일 수 있다면, 회화 같은 작품이 지닌 예술적 가치를 논함에 있어 상기 관심들을 배제하는 것은 설득력 있게 들리지 않는다. 둘째, 재현된 내용을 무시하는 것은 종종 형식 자체의 가치를 삭감하는 일이 되기도 한다. 베르메르의 〈저울을 든 여인〉 같은 그림을 생각해 보자. 이 그림에서 창으로부터 들어온 한 줄기 빛은 방 한쪽을 내리비추면서 상대적으로 방의 나머지 공간을 어둡게 만든다. 우리는 이를 단순히 이차원 캔버스 표면과 재현되고 있는 삼차원 공간의 분할이라고 설명할 수 있다. 그리고 이렇게 하는 것은 아마도 그림을 형식적으로 다루는 것일 것이다. 하지만 언급한 베르미어의 채광에 의한 공간 분할은 재현적으로 그리고 상징적으로 중요성을 갖는다. 이처럼 공간의 분할이 다른 차원에서 작용하는 방식을 이해하게 되면 그림의 형식적 성질들이 지닌 의미성을 더 많이 확보할 수 있기 때문이다.

형식주의는 **예술적** 가치에 대한 설명으로도 부적절하지만 예술이 가지는 **미적** 가치를 설명하는 데에도 성공적이지 못했다. 그렇다면 미적 가치를 (형식보다) 더 광범위하게 잡으면 예술적 가치가 확인될지 모른다. 만일 혹자가 이 노선을 취하고자 한다면 여기에는 이러한 미적 가치를 확인하는 세 종류의 방법이 있다. 그러나 이 세 방식들은 상호배타적일 필요는 없다. 이 방식들은 예술작품이 지니는 미적 속성으로 미적 가치를 설명하는 방법, 예술작품이 제공하는 미적 경험으로 미적 가치를 설명하는 방법, 그리고 우리가 예술로부터 얻는 특별한 쾌로써 미적 가치를 설명하는 방법에 해당한다. 미적 속성은 그것을 감지하는 취미능력(taste), 감수성 혹은 식별력을 요구한다. 예컨대 우아함은 전형적인 미적 속성인데 이러한 속성을 소유하는 것으로 미적 가치를 설명하려는 이론가들이 있다 (Goldman, 1995; Sibley, 1983; Zangwill, 1984; Zemach, 1997). 한편 미적 가치를 미적 경험이나 쾌를 통해 설명하는 이론가들이 있다(Beardsley, 1958; Budd, 1995; Anderson, 2000). 그러나 우리가 조금만 더 생각을 진전시켜 보면, 두 방식 모두 나머지 한 방식을 동반하지 않는 한 완전히 성공적일 수는 없다는 것을 알 수 있다. 한편으로는 작품이 주는 쾌나 경험이 작품에서 감상되고 평가되는 속성을 통해서만 특징지어지기 때문이고(Davies, 1994), 다른 한편으로는 이러한 속성이 가치를 지니는 이유가 그 속성들이 제공할 가치 있는 경험이나 쾌를 통해서만 설명되기 때문이다. 미적 가치에 대해서 좀 더 통일된 설명이 필요할 것 같기 때문에 이 논문은 쾌나 경험을 더 중점적으로 다룰 것이다. 미적 속성은 너무나 많고, 그래서 수없이 많은 범주를 형성하기 때문이다.

미적 쾌와 미적 경험에 대한 분석이 독립적으로 행해질 필요는 없다. 왜냐하면 어느 하나에서 시작하든지 나머지 하나도 정의되기 때문이다. 둘 중 미적 경험으로부터 출발하는 것이 더 바람직하다. 왜냐하면, 한 경험이 미적인 동시에 그 자체가 목적이 되는 경험이라고 여겨질지라도 그것이 쾌를 주는 경험은 아닐 여지가 있기 때문이다(Anderson, 2000; Levinson, 1997). 어떤 예술은 충격이나 혐오를 유발하기도 하고 혹은 은폐된 것을 폭로하기도 한다. 예컨대 양쪽으로 절단된 소, 신체 손상, 시체 안치소의 시체를 이용하는 작품들이 그렇다. 그러나 이런 작품들이 작품에 담긴 개념만을 위해서 제작되는 순수하게 개념적인 작품인 것은 아니다. 오히려 이러한 작품들은 우리에게 생생한 지각적 경험을 제공하는 경우가 더 많다. 혹자는 이러한 경험을 놓고 쾌를 찾는다기보다 다른 종류의 가치를 평가하고자 할지 모른다. 그러나 논의의 시작부터 이런 경험을 미적이지 않다고 전제하고 들어가고 싶지는 않다.

나는 미적 경험이 그 자체로 가치를 지닌다는 사실을 우리가 **선험적으로** 알고 있으며 (그러나 캐롤(Noël Carroll)은 이러한 견해를 거부한다. Carroll, 2000b, 2002), 미적 경험이 최소한 **전형적으로는** 쾌를 주는 경험이라고 전제할 것이다. 그리고 분명 미적 경험은 (약물 사용에서 그럴 수 있듯이) 대상에 대한 정확한 인지와는 별개로 인과될 뿐 아니라 그 대상에 대한 집중된 주목에서 생겨난다. 미적 경험을 주장하는 이론가들은 이러한 전제들 말고도 미적 경험을 제각각 다르게 개념화한다. 어떤 이론가들은 형식주의처럼 사람들이 주목하는 속성이나 국면에 제한을 두기도 하고, 다른 이론가들은 대상이 감각에 주는 외양(appearance)에 제한을 두기도 한다(Urmson, 1957). 또 다른 이론가들은 우리가 주목하는 대상이 일정 정도 구조적인 복합성을 지녀야 한다고 말한다. 로저 스크루턴(Roger Scruton, 1983)은 일정 개념과 사고를 배경으로 상상력에 주어진 대상에 주목해야 한다고 주장하고, 제럴드 레빈슨(Jerrold Levinson, 1996a)은 우리가 대상의 내용과 특징과 그것들을 발생시키는 대상의 기본 구조에 주목해야 한다고 말한다. 이 외에 몇몇 이론가들은 미적 경험을 상위 반응(meta-response)으로, 즉 반응에 대한 반응으로 특징지을 것을 제안했다. 예컨대 대상을 찬미하는 데에서 쾌를 얻고 있다고 여기는 반응이거나(Walton, 1993), 아니면 한 대상에 대한 경험이 본유적으로 가치 있다고 여기는 반응으로 특징지었다(Anderson, 2000).

그렇다면 미적 경험에 대한 위의 다양한 견해들을 비판해 볼 수 있을까? 어느 정도는 그렇다. 일반적으로 거의 모든 예술 형식은 미적 경험을 제공하는 것으로 여겨지며 여기에는 분명 문학도 포함된다. 하지만 미적 경험이 감각에 제시된 외양에 국한된 것이라면 대체적으로 문학은 이 논의에서 배제되어야 한다. 따라서 이런 식으로 미적 경험을 설명하는 것은 부적절하다. 반대로 상위 반응으로 설명하는 방식은 너무 관대해 보인다. 나는 한때 자신이 구매한 모든 대상과 그런 자신을 찬양하는 데에서 엄청난 쾌감을 찾는 사람을 알고 지냈던 적이 있었다. 그는 당연히 그 대상들을 구입하는 경험이 본유적으로 가치를 지닌다고 여겼다. 상위 반응 이론에 따르면 그가 얻었던 두 가지 쾌감은 모두 미적인 것이다. 그러나 내 지인이 느꼈던 그 쾌감은 미적인 쾌와 어떤 점에서도 유사해 보이지 않는다.

한편 어떤 경험이 미적 경험인가를 결정하는 문제에는 더 이상 환원되지 않는 상정(stipulation)이 필요해 보인다. 이는 '미적'이라는 용어가 애초부터 가치 있는 경험을 지시하는 전문 용어로 개발되었고 현재도 어느 정도 그렇게 사용되고 있을 뿐만 아니라, 애초의 사용에 있어서 이 경험의 영역을 설명할 정확한 본성이나 명확한 경계를 설정하지 않았기 때문이다. 몇몇 이론가들은(Bell, 1914; Wollheim, 1980; Danto, 1981) 미적 경험이 주로 발생하는 장소가 예술작품이라고 상정했고, 만약 다른 대상에 대해 일어난다면 그것은 부가적으로 그럴 수 있다고 주장했다(그러나 이렇게 주장하는 것은, 18세기부터 시작된 예술이라는 용어의 어원을 무시하는 처사다. 왜냐하면 그 당시 '미적 경험'은 자연미나 그 외의 인공품의 아름다움 모두에 적용되었기 때문이다). 다른 이론가들은 이 용어가 일차적으로 감각적 경험에 적용되는 것이라고 주장하였지만(바움가르텐의 전통을 잇는 엄슨(James O. Urmson, 1957)의 주장), 또 다른 이론가들은(칸트를 따르는 스크루턴(Scruton, 1983)과 레빈슨(Levinson, 1996a)의 주장) 감각뿐만 아니라 오성과 상상력이 함께 작용하는 경험에 일차적으로 이 용어를 적용할 수 있다고 보았다.

예술이 예술로서 갖는 가치를 밝히는 이 논문의 목적상, 예술에 대한 미적 경험을 예술작품에 대한 경험으로 등식화해 볼 수 있다. 대상에 대한 면밀한 주목으로부터 비롯되며 그 자체로 가치 있는 경험 말이다. 미적 쾌는 이러한 경험이 주는 쾌다. 한 작품이 지니는 미적 가치는 작품이 감상자에게 주는 미적 경험이 그 자체로 지니는 가치이다. 그리고 이때의 미적 경험은 이 경험이 그 자체로 가치 있다는 이해를 가지고 작품을 이해하는 감상자들에게 제공된다. 이렇게 생각하는 것은 앞서 살펴본 주장들과는 잘 맞지 않지만 미적 가치를 가능한 넓게 정의하려는 목적에는 부합하는 듯하다. 다시 말해, 이러한 방식은 예술적 가치에 대한 한 본질주의적인 관점(Budd, 1995)과 잘 맞아 보인다(그러나 버드 자신은 언급한 가치를 미적 가치라고 칭하지 않는다. 또한 위에서 살펴본 미적인 것에 관한 이론들도 모두 동일한 본질주의적인 관점에서 예술적 가치를 설명하지 않는다).

예술이 예술로서 갖는 가치를 앞 단락에서 살펴본 의미의 미적 가치와 동일시할 수 있을까? 이렇게 주장하는 몇몇 논변들은 그 주장을 적절히 수행하여 우리에게 익숙해졌고, 그렇게 함으로써 전통적인 본질주의 논변을 유지시켰다. 문학에 관해서 주로 논의를 펼치는 라마르크와 올슨(Peter Lamarque & Stein Haugom Olsen, 1994)이 이런 이론가들에 해당한다. 이들은 문학을 하나의 관행으로 본다. 이 관행으로서의 문학은, 문학적인 미적 가치라는 특정한 종류의 가치를 추구하는 관점에 의해 정의되는 관행이다. 문학을 다른 관점에서 감상하는 것도 가능하다. 그러나 그러한 감상은 문학을 문학으로서 감상하는 것이 아니다(예술 일반에 대한 동일한 주장으로는 Anderson, 2000 참조). 그러나 말했다시피 예술 혹은 문학과 같은 한 예술 형식이 특정 가치나 특정 형태의 감상으로 혹은 이것들에 대한 하나의 관점으로 정의될 수 있는 것인지 잘 모르겠다. 문학과 같은 실제 관행들은 막대한 다양성에 열려 있고, 이 다양성은 특히 예술가와 감상자의 목적이 다양한 데에서 기인한다. 비록 위 정의가 성공한다 할지라도, 이 정의에 사용된 가치가 모든 예술의 가치에 적용되는 것으로 귀결되기 위해서는 다른 전제들이 부가되어야 한다. 예술적으로 가치 있는 것이라면, 모든 (가치 있는) 예술이 가지고 있어야 한다는(Bell, 1914) 전제가 가능하다. 이것이 아니라면, 문학적 관점을 취하면 다른 가치에 대한 고려를 할 수 없다는 전제가 있을 수 있겠다. 그래야 한 문학 작품을 미적 가치에서 감상하고 있을 때 그 작품의 비미적인 가치를 감상하지 못할 것이기 때문이다. 그러나 둘 중 어떤 전제도 확보되기 어려워 보인다.

두 번째 논변은 앞서 살펴본 예술의 대체 가능성과 연결되어 있다. 이 논변은 다음과 같다. 만일 우리가 예술작품의 가치를 작품이 주는 고유한 경험으로 설명하지 않는다면, 예술이 아닌 다른 사물들도 예술작품과 동일한 가치를 산출할 것이고, 그렇다면 예술은 대체 가능하다. 이는 버드를 위시한 이론가들이 사용한 논변 중 하나이다. 버드는 예술적 가치가 미적 경험을 통해 정의될 수 있다고 주장하던 중에 이 논변을 사용한다. 그러나 그는 라마르크나 올슨처럼 예술이 특정 관점에 의해서 정의될 수 있다고 보지는 않는다. 우리는 앞서 예술 일반과 개별 작품 모두에 대해 절대적인 대체 불가능성이 보장될 수 있는지를 살펴보았다. 그러나 미적 가치가 이러한 대체 불가능성을 보장할 수 있다고 해도, 예술이 왜 다른 부가적인 방식에서 예술로서의 가치를 지닐 수 없는 것인지 모르겠다.

세 번째 논변은 앞서 살펴본 적 없는 내용으로 예술이 비미적인 방식에서 예술로서의 가치를 갖는 역량과 가능성을 의심하는 논변이다. 이것은 필시 각론을 통한 논변으로 만들어져야 한다. 왜냐하면 미적 가치 외의 대안 가치들을 마련하고 그것들을 하나씩 테스트하여 제거해 나가는 방법을 사용해야 하기 때문이다. 그러나 보통 이러한 제거법은 예술이 중요한 인식적 가치를 소유한다는 생각을 겨냥한 것이다. 더 일반적으로 말하자면, 이는 예술이 그 자체로 가치 있는 경험을 줄 것으로 기대될 뿐 아니라 도구적인 가치도 지닌다는 생각을 겨냥한 것이다. 따라서 이 논변은 예술이 도구적 가치를 지니지 않는다고 주장하거나(Hyman, 1984), 혹은 그런 가치를 주기에 미덥지 못하다고 말한다(Budd, 1995). 그래서 이들은 예술이 미적 가치를 갖는 대상으로만 해석되어야 한다고 주장한다.

세 번째 논변을 검증하는 가장 확실한 방법은 예술이 예술인 바로서 비미적인 가치를 소유할 수 있는가를 가늠해 보는 것이다. 이러한 검증은 살펴본 나머지 논변들을 처리하는 데에도 도움을 줄 수 있다. 그래서 이제 예술이 인식적 가치를 소유할 수 있는지 그리고 이 인식적 가치가 미적 가치와는 다른 가치인지를 살펴보고자 한다. 다시 말해, 우리는 이제 예술적 가치를 인식적 가치로 설명하는 관점을 통해 예술적 가치에 관한 경쟁적인 또 다른 본질주의적인 관점을 공식화할 수 있는지를 타진해 볼 것이다. 그러나 이보다 먼저 인식적 가치가 예술적 가치의 한 종류일 수 있다는 데에 관심을 둘 수도 있다.

2.2 인지적 가치로서의 예술적 가치

예술이 인지적 가치를 지닌다는 가정하에 예술 개념을 규정하는 이론은 많다. 예컨대 콜링우드(Robin G. Collingwood)의 경우, 그의 예술론(1938)이 정서적 표현론으로 분류되기는 하지만 그가 말하는 정서적 표현은 인지(cognition)에 가깝다. 그에게서 표현은 우리가 느낀 개별적인 정서를 의식하게 되는 과정이다. 정서를 표현함으로써 우리가 지금 이 개별적인 상태가 내가 느끼고 있는 정서라는 것을 알게 된다고 말하는 것은 타당해 보인다. 콜링우드에 따르면, 예술은 이런 의미에서의 표현이며 예술의 가치는 표현이 지니는 가치이다.

비슷한 관점에서 아서 단토(Arthur Danto, 1981)는 한 대상이 예술작품이 되기 위해서는 무엇에 관한 것이어야 하는 동시에 그 내용을 어떤 태도나 관점에서 표현하는 것이 필요하다고 주장한다. 그의 주장을 바꾸어 말하자면, 개별 작품들은 주제에 대한 구상(conception)을 제공한다. 단토 자신이 예술적 가치에 대한 특정 이론을 명확히 지지하는 것이 아니라서 그의 주장을 순수하게 인지적인 견해로 보는 것은 다소 조심스러운 일이다. 그러나 단토의 예술론은 예술의 주요한 가치가 작품이 제시한 구상(주제를 바라보는 태도나 관점)에 있다는 주장으로 여겨질 수 있다. 그렇다면 예술이 새로운 지식의 보고라는 말은 아닐지라도 사고, 상상, 지각의 새로운 방식을 제공한다는 의미에서 예술이 인지적 가치를 지닌다고 말할 수 있을 것이다.

넬슨 굿먼(Nelson Goodman, 1968, 1978)은 콜링우드나 단토보다 명확하게 예술의 가치가 '세계 제작의 방식'에 있다고 주장한다. 이때 세계 제작의 방식이라 함은 지식의 획득을 다소 자극적이긴 하나 굿먼식으로 표현한 용어이다. 굿먼에게서 예술은 비록 과학과는 다른 종류의 기호를 사용하지만 과학만큼이나 인지적인 탐구활동이다.

본질주의적 관점을 택하지 않으면서 예술의 인지적 가치를 주장하는 이론가들(Carroll, 2000a; Gaut, 1998; Graham, 1997; Jacobson, 1996; Kivy, 1997; Levinson, 1997; Stecker, 1997a)도 그렇지만, 위에서 살펴본 이론가들도 모두 동일한 생각을 마음에 두고 있다. 다시 말해, 이들은 작품의 경험이 주는 것이기는 하지만 이를 초월하여 생생하고 정확한 구상을 상상력에 제공한다는 점에서, 예술이 지적인 이득을 준다고 본다. 콜링우드가 말했듯이 우리는 시를 읽으면서 상상으로 정서를 경험하기도 하지만 전형적인 정서들과는 다른 자기 자신만의 정서를 확인하는 작업을 통해 새로운 자기 인식의 상태에 도달할 수도 있다. 우리는 재현된 회화의 세계를 상상력을 통해 시각적으로 경험하기도 하지만 이 경험을 통해 세계를 바라보는 새로운 시각을 획득할 수도 있다. 우리는 상상력을 가지고 특정한 가치가 지배하는 심리적, 사회적, 경제적 조건하에 살아가는 허구 세계를 경험할 수 있고 또 그렇게 하는 것은 가치 있는 일이다. 이후 우리는 그 허구가 말하는 구상을 실제 세계에 적용해 볼 수도 있다. 이렇게 함으로써 우리는 그것이 적절하다고 여기게 될 수 있다. 반대로 그 구상이 지나치게 과장되거나 단순하다면 실재의 어떤 점과 인간의 어떤 심리가 그러한 구상을 받아들이게 했는지 알게 될 것이다.

　　이 같은 언급이 예술의 인지적 가치를 이해하는 유일한 방식인 것은 아니다. 어떤 이론가들은 예술이 우리에게 실제로 참이거나 거짓인 구상을 준다는 점에서 지식을 전달한다고 보는 좀 더 야심 찬 주장을 하기도 한다(Nussbaum, 1990). 그러나 앞서 언급한 것과 같은 예술의 인지적 가치에 대한 견해가 보다 합의된 것이다. 나아가 이는 예술의 인지적 가치에 대한 더 일반적인 반론에 대해 더 잘 대처한다. 이러한 반론 중 하나는 작품에 드러난 구상이 참이라는 증거를 예술이 제시할 수 없기에 예술은 실제적인 지식을 줄 수 없다고 말한다. 그러나 만일 예술의 인지적 가치가 새로운 사고방식이나 지각방식을 제공하거나 기존의 사고방식이 지닌 유의미성을 깨닫게 하는 데에서 구해진다면(Graham, 1997) 이러한 반론은 논점을 벗어난 것이다. 만일 작품에 드러난 구상이 진리치(truth)를 가진다면 이는 실험실에서 다양한 가설들이 시험될 때처럼 다양한 종류의 가치가 함께 혼재하는 것으로 여겨야 할 것이다. 두 번째 반론은 작품이 주는 구상을 진술(statement)로 환원하면 이 환원된 진술들은 결국 진부한 참이거나 명확한 거짓일 뿐이라고 주장한다(Hyman, 1984). 그러나 이 반론 또한 가치를 잘못 위치시킨 데에서 비롯된다. 이는 작품의 구상이 궁극적으로 지니게 될 참과 거짓을 너무 과장하는 잘못뿐만 아니라 작품의 구상이 진술로 환원될 수 있다고 보는 잘못도 저지르고 있다. 작품의 구상이 갖는 가치는 작품의 '세계'만큼 풍부한 그 세부사항에 놓여 있을 것이다. 그러나 이런 답변은 또 다른 문제를 야기한다. 흔히 작품의 구상은 언급한 것과 같이 풍부한 만큼 또 '개별적인' 것이다. 그러나 만일 이 구상이 지식이나 이해를 가지는 데 쓰이려면 이는 개별적인 작품의 테두리를 벗어나 끊임없이 반복되는 세상사에 적용되기에 충분할 정도로 일반적이어야 할 것이다. 이 문제의 해결은 그것이 작품에 대한 경험이든 세계에 대한 경험이든 간에 경험으로부터 외삽을 통해 추론하는 것이 필요하다는 것을 아는 데 있다. 《안나 카레니나》를 읽을 때, 우리는 마치 안나, 브론스키, 레빈 같은 등장인물들과 닮은 사람들을 만났던 것처럼 느낀다. 물론 그들이 모든 세부사항에 있어서 등장인물들과 닮은 것은 아니다《안나 카레니나)나 여타의 소설들이 주는 구상에 대한 생생한 외삽이 작품의 풍요로운 의미에 주목하는 방법이라고 주장하는 것에 관련해서는 Jones, 1975 참조). 마지막 반론은 대체 가능성의 문제에 대한 것이다. 우리는 다른 방법을 통해 작품이 주는 구상에 도달할 수는 없을까? 만일 그렇다면 예술은 폐기될 수 있지 않을까? 비록 대체 가능성을 철저히 배제할 수는 없지만, 만일 작품의 구상에서 우리가 감상하는 것이 작품의 경험이나 구상의 표현 수단과 떼려야 뗄 수 없는 것이라면 (Levinson, 1996a) 이때 발생하는 가치는 작품의 미적 가치만큼이나 대체 불가능한 것이다.

따라서 많은 작품들이 인지적 가치를 소유한다는 견해는 설득력이 있다. 나아가 이러한 인지적 가치를 획득하는 것이 창작자의 기획에서나 감상자의 감상에서 필수적이라고 말하는 것은 설득력 있는 말이다. 따라서 인지적 가치를 예술이 예술로서 지니는 가치가 아니라고 할 이유가 없다. 반면 예술적 가치가 단순히 인지적 가치로 동일시된다고 가정하는 것은 설득력이 없다. 왜냐하면 첫째, 모든 가치 있는 작품들이 인지적 가치를 소유한다거나 혹은 인지적 가치를 가질 경우에라도 그 작품의 주요한 가치가 인지적 가치에서 발견된다는 점이 명확하지 않다. 예컨대 순수 음악작품은 인지적 가치를 소유하기는 하지만(레빈슨과 그레이엄(Gordon Graham)이 주장하듯이, Levinson, 1997; Graham, 1997) 인지적 가치가 이 작품들의 주요한 가치일 것 같지는 않다. 둘째, 미적 가치를 예술적 가치로 여기지 못할 이유가 없다. 그리고 실상 미적 가치는 대개 인지적 가치보다 더 중요한 예술적 가치로 여겨지곤 한다. 그러나 미적 가치와 인지적 가치를 묶어 좀 더 복잡한 본질주의자 관점에서 예술적 가치를 설명하는 방법도 가능성이 희박해 보이기는 마찬가지이다. 왜냐하면 첫째, 살펴보았듯이 모든 가치 있는 작품들이 이 두 종류의 가치를 모두 소유하는 것도 아니고, 둘째, 아직은 예술적 가치를 남김없이 논의했다고 여길 이유도 충분하지 않기 때문이다. 많은 이론가들이 작품에 정서적으로 반응하는 데에서 발생하는 가치를 강조하는데(Feagin, 1996; Walton, 1990) 이 가치가 제3의 가치가 될지도 모른다. 또 다른 이론가들은 예술사적 가치를 언급한다. 예술사적 가치는 한 작품이 예술, 예술 형식, 장르 혹은 예술가의 이전 작품들에 기여할 때 얻는 가치를 말한다(Goldman, 1995; Levinson, 1996b). 이렇게 되면 예술적 가치에 대한 비본질주의 관점이나 다원주의적인 관점이 점점 더 설득력을 얻어가는 듯 보인다.

위 관점을 지지하기 위해서는 예술적 가치와 비예술적 가치를 구분하는 문제가 먼저 해결되어야 한다. 다행히도 다양한 해결책이 있다. 한 해결책은 다음과 같다. 우리가 작품의 이해 과정을 통해서만 작품의 예술적 가치의 소유를 적절하게 파악한다면, 이 이해 과정에서 파악된 작품이 지닌 가치 있는 특성들은 작품의 예술적 가치의 부분이다. 두 번째 해결책은 노엘 캐롤(1988)이 제시한 개념인 예술을 신분 확인하는 방법에 호소하는 것이다. 캐롤이 말하는 예술을 신분 확인하는 방법을 예술적 가치를 식별하는 방법으로 사용할 수도 있을 것이다. 그의 주장은 현 작품과 이전의 작품의 연결을 정당화해 주는 역사적 서사에 호소하는데, 이때 역사적 서사에서 언급된 가치들을 예술적 가치로 간주할 수 있다.

3. 메타-미학적 쟁점들과 예술작품의 평가

평가는 개별 작품이 지닌 가치를 판단하는 일이다. 이러한 판단은 앞서 살펴본 예술적 가치의 본성과 근원에 관한 일반적인 주장과는 다르다. 우리는 평가를 세 가지 종류로 구분할 수 있다. 우리가 한 작품이 좋거나, 아름답거나, 훌륭하거나, 뛰어나거나, 형편없거나, 진부하다고 말한다면, 이때 우리는 한 작품이 소유한 전체 가치를 가늠하고 있는 것이다. 우리가 한 작품이 위트가 있거나, 완벽히 균형 잡혔거나, 감동적이거나, 통찰력이 있다고 말한다면, 그것은 작품이 지닌 가치 있는 특성들 중 하나 혹은 몇몇 특성을 평가하는 것으로, 이는 좀 더 제한된 평가에 해당한다. 실제로 우리는 전자의 판단이 후자의 판단에서 기인하거나 정당화되며 후자의 판단이 다시 평가적이지 않은(non-evaluative) 판단에 근거한다고 생각한다. 평가의 과정이 어떻게 진행되며, 어떤 종류의 정당화가 판단의 과정에 제공되는지에 대해서는 의견이 분분하다. 마지막 세 번째 종류의 판단은 비교 판단으로 예컨대 우리가 A가 B보다 낫다고 말할 때와 같은 판단이다. 그러나 본고는 이 세 번째 판단에 대해서는 다루지 않을 것이다.

　메타-미학은 예술에 대한 규범 이론에서 발생하는 문제들을 다루는 것이 아니라 규범 이론 자체를 살펴본다. 개별 작품이 지닌 가치를 논하거나 그 작품을 평가한다고 할 때 우리가 주장하고자 하는 바는 무엇인가? 이때의 주장은 주관적인가, 객관적인가? 혹은 취미, 사회, 역사적 시대에 따라 다른가, 아니면 일반적으로 말해질 수 있는가? 그 판단들은 참 혹은 거짓인가? 아니면 다른 종류의 평가기준을 요구하는가? 만일 다른 평가기준이 필요하다는 주장이 옳다면 우리는 이러한 주장들이 옳다는 것을 어떻게 아는가? 우리는 이를 어떻게 정당화하는가? 언급한 문제들은 예술적 가치에 대한 일반론에서뿐만 아니라 개별 작품에 대한 평가에서도 제기되는 것들이다. 한편 작품 평가에서 발생하는 불일치가 더 많기 때문에 상기 문제들은 후자의 경우에서 더 긴급해 보인다. 따라서 이 절에서는 평가 문제와 이에 관련된 메타-미학의 쟁점들을 다룰 것이다. 특히 평가의 객관성과 그 정당화 문제를 다룰 것이다.

　평가가 참이거나 거짓인 주장을 할 때 그 참이나 거짓이 평가적 판단을 내리는 주관의 상태와 독립적이라면 평가는 객관적이다. 평가의 객관성을 부인하는 이들이 취하는 입장은 두 가지이다. 하나는 주관주의, 즉 반응 의존적 접근이라 불린다. 이들은 평가는 참이지만 그 참은 부분적으로 미적 판단을 내리는 사람의 주관적인 상태로 인해 그렇다고 본다. 나머지 하나는 정서주의, 비인지주의, 표현주의 등으로 다양하게 불리는 입장이다. 이들은 평가가 참이나 거짓인 어떤 것을 주장하는 대신 느낌이나 태도를 표현한다고 주장한다.

윤리학에서와 마찬가지로 미학에서도 주관적인 요소가 작품 평가에 본질적으로 개입한다고 보는 오랜 전통이 있었다. 표현주의와 주관주의는 **모두** 바로 이 전통에서 나온다. 다음에 제시된 흄(David Hume)의 인용문이 이를 잘 보여 준다. 흄이 다음 단락을 도덕적 평가의 논의로서 시작하지만 동일한 분석을 미적 판단에 적용함으로써 끝맺고 있다는 사실에 주목하자.

> 행위나 정감이나 성격은 선하거나 악하다. 왜일까? 이는 그것들을 바라보면 특별한 종류의 쾌나 불쾌가 인과하기 때문이다. … 우리는 어떤 성격이 쾌를 주기 때문에 선하다고 추론하지 않는다. … 우리는 실상 그 성격이 독특한 방식에서 쾌를 준다고 느끼는 가운데 그것이 선하다고 느낀다. 이는 아름다움에, 취미에, 감각에 관련한 모든 종류의 판단에 대해서도 동일하다. (Hume, 1888: 471)

이 짧막한 문단은 표현주의자로서의, 그리고 주관주의자로서의 노선을 모두 드러낸다. 위 문단에서 "우리는 그 성격이 쾌를 준다고 느끼는 가운데 … 그것이 … 선하다고 느낀다"라고 하는 것은 작품에 대한 평가가 느낌에 있고, 평가를 표현하는 것이 느낌을 표현하는 것이라고 제안하는 것이다. 만일 평가가 느낌이라면 평가는 어떤 것도 주장하지 않는다. 반면 첫 번째 문장은 평가가 진정한 주장을 한다고 제안한다. 즉 한 작품이 특별한 종류의 쾌나 불쾌라는 주관적인 상태를 인과한다는 주장이다.

인용문이 말하는 두 제안 모두 지금으로서는 설득력이 없다. 후자에 따르면, 평가는 단순하고 사실적이며 인과적인 판단이다. 이렇게 말하는 것은 평가 판단에 핵심이 될 규범적인 국면을 배제시킨 듯 보이기 때문에 설득력이 없다. 한편 전자에는 예술작품의 평가가 대상과 대상 내 속성을 가리킬 필요가 있다는 언급이 없다. 다시 말해, 개인적인 느낌의 표현, 그 이상의 것을 필요로 한다는 사실에 대한 언급이 없기 때문에 설득력이 없다.

최근 이론가들뿐 아니라 흄과 칸트도 미적 평가에 핵심이 되는 주관적인 특성을 유지하는 동시에 언급한 국면들을 미적 평가에 부가시키고자 했다. 이 논문은 이러한 경향을 발전시킨 좀 더 최근의 시도들에 관심을 갖고 있다. 표현주의(Blackburn, 1998 참조)와 주관주의(Goldman, 1995)는 모두 상당히 세련되어졌다. 나는 이 논문에서 후자에 해당하는 최근의 주관주의 경향만을 다루려 한다.

주관주의의 한 분석(Goldman, 1995)이 주장하는 바는 다음과 같다. 이상적 비평가들(ideal critics)이 한 대상의 더 기초적인 속성에 근거하여 작품 전체에 대한 긍정적인 반응을 보인다면 이 대상은 아름답거나 혹은 좋거나 훌륭하다. 이 주장은 흄의 이론에 대한 한 해석에 기초하고 있다. 여기에서 근거로 작용하는 대상의 더 기초적인 속성은 판단 자체에서는 상술되지 않을 것이다. 그러나 그 속성들은 대개 보다 구체적인 평가적 속성들로, 예컨대 미묘함, 우아함, 통일성, 힘참, 유머, 생생함, 심리적 통찰력, 성숙한 도덕성 혹은 독창성 등이 언급될 수 있다. 열거된 이 속성들에 대해서도 앞서 행한 동일한 분석을 적용할 수 있다. 비록 이 속성들이 근거할 더 기초적인 속성들이 평가적 속성은 아닐지라도 말이다.

이러한 접근법이 미적 평가의 규범적 국면을 성공적으로 파악하고 있는지 의심스러울 수 있다. 이상적 비평가의 설정이 우리에게 말해 주는 바는 예술작품이 그것의 더 기초적인 속성들로 인해 특정 **경향들**을 갖게 된다는 사실이다. 이상적 비평가를 정의하는 특징들이 정해지면 대상의 경향성이 구체화된다. 종종 이상적 비평가들은 이해력이 있고, 편견이 없으며, 감수성이 예민하고, 세련된 취미를 지닌 것으로 정의된다. 그러나 이 같은 사실은 색과 같은 이차 성질에 대해서도 참이다. 이차 성질들 또한 정상적인 지각자와 환경이라는 조건하에서 특정 경향을 지니는 것으로 이해될 수 있다. 그리고 이는 심지어 이상적 조건에서만 정의되는 기초 물리적 속성들에 대해서도 참이다(적어도 물리적 속성을 다루는 전통적인 방식에는 감각과 지력을 지닌 존재의 반응 조건이 포함되지 않을지라도 말이다). 당구공이 빨갛다든지 그 무게가 200그램 나간다든지 혹은 그 사물이 정지 상태에 있다는 판단을 규범적인 판단이라 말하지는 않는다. **만일** 한 대상이 아름답다거나 통렬하다고 말하는 판단이 단지 경향에 대한 보고라면 왜 우리는 이 판단들을 규범적인 판단으로 간주해야 하는가?(이에 대한 대안적인 답변을 보려면, Beardsley, 1982 참조)

상기 판단들에 암묵적으로 **미리 규정된**(prescribed) 것이 있다면 그것은 규범적인 판단이 될 것이다. 한 비평가를 이상적 비평가가 되도록 해 주는 자격요건이 작품의 공정한 평가에 필요한 요건이라고 주장할 수도 있다. 그 사람이 편견을 지녔다는 사실은 그의 평가를 의심스럽게 만드는 반면 편견이 없다는 사실은 적어도 그가 내린 평가에 대해 제기될 반대를 제거할 것이기 때문이다. 이상적 비평가의 다른 자격에 대해서도 같은 말을 할 수 있다. 만일 평가의 관건이 공평한(fair) 평가를 내리는 것에 있다면 나의 평가는 이상적 비평가들의 평가와 일치해야 한다. 그러나 우리는 이 '일치해야만 한다'라는 말 속에 미리 규정되어 있는 적어도 세 가지의 의미를 생각해 볼 수 있다. 즉 이상적 비평가의 반응과 동일한 반응을 가지고 나서 혹은 이상적 비평가의 반응에 따르고 나서 혹은 가능한 한 이상적 비평가의 자격요건을 갖추고 나서, 자신의 반응을 살피라고 하는 것이다.

이 세 기준들은 모두 문제점을 가진다. 우리의 목적이 평가를 정당화하는 데 있다면 두 번째 기준이 가장 적합해 보인다. 왜냐하면 가장 공평한 평가로 이끌 것 같기 때문이다. 그러나 본고가 살펴본 견해들은 전통적으로 예술작품을 경험하는 목적이 특정한 종류의 쾌 혹은 쾌를 유발하는 경험에 있었고 골드만(Alan Goldman)은 이 전통을 따랐다. 첫 번째와 세 번째의 규정된 의미는 특정한 방식으로 일어나는 감상자의 반응을 잘 설명할 수 있어 보이기는 하지만 두 번째가 어떻게 이 목적을 성취할 것인지가 명확하지 못하다. 그러나 작품을 감상하는 목적이 쾌를 주는 경험에 있다고 한다면, 우리가 왜 세 가지 중 하나를 받아들여야 하는지조차 모르겠다. 만일 내가 현재의 내 반응 경향을 따라 작품으로부터 얻은 쾌에 만족한다면 내가 이를 변경해야 할 이유가 무엇인가(Blackburn, 1998: 109)?

이 문제에 해답을 준 이론가는 레일턴(Railton, 1998)이다. 그의 이론은 흄의 해석에서 영감을 받았지만 칸트의 테제와도 공명한다. 레일턴(Peter Railton)에 따르면 우리가 작품의 경험에서 목적하는 쾌는 흄의 용어를 빌리면 정신의 '능력과 대상 사이에 형성되는 특정한 일치감(match)'으로부터 온다(Railton, 1998: 66). 이러한 '일치감'을 얻기 위해서는 이상적 비평가의 자격요건을 갖추어야 한다. 이 자격요건에 근접하는 이는 누구라도 미적 쾌를 경험할 능력을 갖추게 될 것이다. 레일턴에 따르면 첫 번째와 세 번째의 미리 규정된 의미를 받아들이면 이는 미적 쾌를 추구하는 것이 된다. 뿐만 아니라 레일턴은 우리가 이상적 비평가에 근접하는 요건을 갖추게 되면 그들과 비슷하게 반응한다고 보기 때문에 레일턴에게 위 두 규정은 실제로 교환 가능하다.

이러한 레일튼의 답변이 성공적이려면 인간 상호 간에 확립된 공통성(uniformity)이 요구된다. 그러나 이러한 공통성이 있다는 것에 모두가 동의할 것 같지 않다. 일례로 골드만은 그가 '취미'라고 부른 부가적 요소에 따라 우리의 반응이 달라진다고 본다. 그리고 이 취미는 인간 모두가 공유하는 능력도 아니고 사람마다 다르며 이상적 비평가에게서조차 서로 다른 반응을 야기한다. 만일 골드만이 옳다면 그 자신들조차 취미 상대적인 이상적 비평가들의 반응에 우리의 반응을 일치시키기 위해서 노력해야 할 이유가 없다. 따라서 위 세 규정은 모두 정당화되지 않는다.

반응 의존적이고 표현주의적인 접근에 대한 대안은 예술작품의 평가가 전적으로 객관적이라고 주장하는 것이다. 이 견해는 작품 평가가 참 혹은 거짓일 뿐만 아니라 판단자나 비평가의 주관적 상태와 상관없이 참 혹은 거짓이라고 주장한다(Bender, 1995; Miller, 1998).

이러한 객관주의를 옹호하는 한 가지 전략은 다음과 같다. 우아함, 위트, 균형, 통찰력과 같은 하위 수준의 미적 속성들은 이것들이 소유하는 기술적인(descriptive) 내용을 통해서 설명될 수 있다고 주장하는 것이다(Levinson, 2001). 그렇다면 우리는 이렇게 기술적으로 결정된 속성들에 호소해 아름다움 같은 예술의 상위 수준의 속성에 대한 판단을 정당화할 수 있다.

이 전략에 대한 반론은 반응 의존성이 직면했었던 문제점과 동일한 문제를 제기한다. 즉 여기에서도 미적 판단의 규범적 국면을 설명하는 것이 문제가 된다. 만일 우리가 미적 판단을 할 때 근본적으로 하는 일이 그 작품을 기술하는 것이라면 이것에 대해 어떤 의미에서 평가를 내리고 있다고 말할 수 있는가? 그렇게 하지 않고 하위 수준의 판단은 기술적이고 상위 수준의 판단은 평가적이라고 말하고자 한다면, 전자에서 후자를 타당하게 이끌어 낼 수 있겠는가?

객관성과 정당화가 연결되어 있는 후자의 반론을 살펴보면, 이 반론에 대해 답하는 한 가지 방법은 그 연결을 끊는 것이다(Miller, 1998). 작품의 전체 평가를 정당화하기 위해 작품의 다양한 특성들에 호소할 수 있다면, 이때의 정당화는 누구나 그 평가에 수긍할 수 있는 그런 근거를 주어야 한다. 그러나 밀러(Richard W. Miller)는 미학이나 윤리학에서 이런 보편적 정당화가 불가능하다고 말한다. 미적 판단은 '원칙에 지배받지 않는 반응'에 기초하며, 사람들은 서로 다른 방식으로 반응한다. 이렇게 서로 다르다는 사실은 제거될 수 없다. 결국 밀러는 이상적 비평가들에게서조차 평가의 **정당화** 문제와 관련한 취미가 다를 수 있다는 상대주의를 받아들인다. 그러나 그는 **평가** 자체는 객관성을 지닐 수 있다고 주장한다(p. 44). 이 객관성은 주로 언어적이고 행위적인 근거에서 주장되는데, 각각의 평가는 타르스키적인 진리 도식에 적용되는 평서문으로 말해지며, 이 평가들이 미적 불일치의 원인이 된다(p. 29).* 그러나 이러한 사실은 미적 객관성을 주장하는 근거로서 다소 미약하다. 왜냐하면 미적 객관성을 받아들이지 않고도 언급한 사실들을 설명할 수 있는 대안이 가능하기 때문이다. 만일 미적인 주장이 취미 상대적이고 원칙에 지배받지 않는 반응이어서 이에 대한 일반적인 정당화가 불가능한 세계를 가정한다면, 이 대안은 더욱 설득력을 얻게 될 것이다. 객관성을 주장하고 싶다면 가능한 이 가정을 하지 않는 것이 상책이다.

작품의 평가에 대한 객관성을 주장하는 가장 야심 찬 시도는 작품 전체에 대한 평가가 미적 속성을 근거로 해 **연역**될 수 있다고 주장하는 것이다. 예술작품은 인공품이고 인공품은 기능을 가진다. 일단 한 유형의 인공품이 지닌 기능을 파악하면 우리는 그 작품이

---

* 밀러는, 미적 평가의 발화자들이 자신의 평가를 진술할 때, '자신의 관점에서 그 평가가 참'인 것이 아니라 그냥 '참'인 것으로 말하는데, 이는 그 평가 주장이 합리적인 근거를 갖고 진술되었다고, 즉 객관성을 지닌다고 여겨져야 하는 이유라고 본다.

그 유형의 인공품의 좋은 사례인지 아닌지를 그 기능의 수행을 원활하게 해 주는 속성들에 근거해서 연역할 수 있다. 다른 인공품들처럼 예술작품도 기능을 가진다. 그리고 예술작품은 미적 속성을 통해서 자신의 기능을 수행한다. 이러한 사실은 우리가 두 가지 기술적인 사실들로부터 작품 전체의 가치를 연역할 수 있다는 기대를 가지게 한다. 즉 작품의 기능에 대한 기술과 (객관주의자들도 미적 속성에 대한 이해를 가지고 있다면) 작품이 지닌 미적 속성에 대한 기술로부터 연역할 수 있다(Davies, 1990: 158-9).

그러나 이런 시도에는 복잡한 문제가 놓여 있다. 첫째, 예술작품은 수많은 기능을 수행한다고 여겨질 수 있다. 그렇다면 한 작품이 예술의 한 기능을 잘 수행한다는 주장을 뒷받침하는 근거들로부터 작품의 전체 평가를 연역적으로 이끌어 내기는 힘들다. 뿐만 아니라 예술작품이 그 다양한 기능들을 수행하는 정도를 계산하여 가치를 합산해 내는 연역적 절차가 있을 것 같지도 않다. 작품이 한 기능을 충족시키고 있다는 근거로 제시된 미적 속성은 그저 초견적 차원에서 근거가 될 뿐이다. 왜냐하면 미적 속성들은 다른 속성들과 독립해서 작품의 기능을 만족시키지 않기 때문이다. 오히려 다른 속성들과 다양하게 상호작용함으로써 그 기능을 수행한다(Bender, 1995; Davies, 1990; Dickie, 1988; Goldman, 1995; Sibley, 1983). 데이비스(Stephen Davies)는 특정 종류의 예술의 경우, 미적 속성이 항상 동일한 방식으로 가치를 줄 수 있을 것이라 제안한다(1990: 173-4). 그러나 이렇게 보는 것은 너무 낙관적이다. 예컨대 위트라는 속성은 연극에서 바람직한 특성으로 여겨진다. 그러나 특정 연극의 경우 위트가 한 장면이 지닌 정서적 긴장을 해쳐 바람직하지 못하게 될 수도 있다. 이와 같은 문제를 발생시키지 않을 만한 종류의 예술을 찾아낼 방법을 잘 모르겠다.

이러한 논변은 작품을 평가함에 있어서 연역적인 모델보다 초견적인 모델이 더 적합하다는 것을 보여 준다. 초견적인 모델은 다양한 초견적인 고려들이 개별적인 가치 산정을 함축하지는 않지만 그것에 연관된다고 보는 모델이었다. 그러나 초견적인 고려들에 기초해 어떻게 전체의 평가를 정당화할 것인가 하는 문제는 미적 가치 판단에 관한 인식적인 관점에서뿐만 아니라 윤리학과 일반 가치론 모두의 관점에서도 풀지 못한 문제이다. 이는 또한 객관주의자들에게만 발생하는 문제가 아니라 표현주의자나 반응의존 이론가들에게도 그들이 작품 평가를 정당화하는 근거가 있다고 주장하는 한 발생하는 문제이다. 이는 앞으로 결실 있는 연구가 기대되는 분야이다.

* 이 논문의 이해를 돕기 위해서 이 책에서 다음의 논문들을 찾아 읽으면 좋을 것이다.
〈미〉, 〈미적 경험〉, 〈미적 실재론 1〉, 〈미적 실재론 2〉, 〈미학과 윤리학〉, 〈예술과 지식〉

참고문헌

Anderson, J. (2000). "Aesthetic Concepts of Art". in N. Carroll (ed.), *Theories of Art Today*. Madison, Wis.: University of Wisconsin Press, pp. 65–92.

Beardsley, M. (1958). *Aesthetics: Problems in the Philosophy of Criticism*. New York: Harcourt, Brace.

_____ (1982). "The Aesthetic Point of View". in *The Aesthetic Point of View*. Ithaca, NY: Cornell University Press.

Bell, C. (1914). *Art*. London: Chatto & Windus.

Bender, J. (1995). "General but Defeasible Reasons in Aesthetic Evaluation: The Generalist/Particularist Dispute". *Journal of Aesthetics and Art Criticism* 53: 379–92.

Blackburn, S. (1998). *Ruling Passions: a Theory of Practical Reason*. Oxford: Oxford University Press.

Budd. M. (1995). *Values of Art: Painting, Poetry, and Music*. London: Penguin.

Carroll, N. (1988). "Art, Practice, and Narrative". *Monist* 71: 140–56.

_____ (2000a). "Art and Ethical Criticism: an Overview of Recent Direction of Research". *Ethics* 110: 350–87.

_____ (2000b). "Art and the Domain of the Aesthetic". *British Journal of Aesthetics* 40: 191–208.

_____ (2002). "Aesthetic Experience Revisited". *British Journal of Aesthetics* 42: 145–68.

Collingwood, R. (1938). *Principles of Art*. Oxford: Oxford University Press.

Danto, A. (1981). *The Transfiguration of the Commonplace*. Cambridge, Mass.: Harvard University Press.

Davies, S. (1990). "Replies to Arguments Suggesting that Critics' Strong Evaluations Could Not Be Soundly Deduced". *Grazer Philosophische Studien* 38: 157–75.

_____ (1994). "The Evaluation of Music", in P. Alperson (ed.), *What is Music?*. University Park, Pa.: Pennsylvania State University Press, pp. 307–25.

DeClercq, R. (2002). "The Concept of an Aesthetic Property". *Journal of Aesthetics and Art Criticism* 60: 167–76.

Dickie, G. (1988). *Evaluating Art*. Philadelphia: Temple University Press.

Feagin, S. (1996). *Reading with Feeling: The Aesthetics of Appreciation*. Ithaca, NY: Cornell University Press.

Gaut, B. (1998). "The Ethical Criticism of Art". in J. Levinson (ed.), *Aesthetics and Ethics*. Cambridge: Cambridge University Press, pp. 182–203.

Goldman, A. (1995). *Aesthetic Value*. Boulder, Colo.: Westview Press.

Goodman, N. (1968). *Languages of Art*. Indianapolis, Ind.: Bobbs–Merrill.

_____ (1978). *Ways of Worldmaking*. Indianapolis, Ind.: Hackett.

Graham, G. (1997). *Philosophy of the Arts: an Introduction to Aesthetics*. London: Routledge.

Hume, D. (1888). *Treatise of Human Nature*. Oxford: Oxford University Press.

Hyman, L. (1984). "Morality and Literature: the Necessary Conflict". *British Journal of Aesthetics* 24: 149–55.

Jacobson, D. (1996). "Sir Philip Sidney's Dilemma: On the Ethical Function of Narrative Art". *Journal of Aesthetics and Art Criticism* 54: 327–36.

Jones. P. (1975). *Philosophy and the Novel*. Oxford: Oxford University Press.

Kivy, P. (1977). *Philosophies of Arts*. Cambridge: Cambridge University Press.

Korsgaard, C. (1996). "Two Distinction in Goodness". *Creating the Kingdom of Ends*. Cambridge: Cambridge University Press, pp. 249–74.

Lamarque, P. and Olsen, S. (1994). *Truth, Fiction and Literature*. Oxford. Oxford University Press.

Levinson, J. (1990). "Aesthetic Uniqueness". *Music, Art, and Metaphysics*. Ithaca, NY: Cornell University Press.

____ (1996a). *The Pleasures of Aesthetics*. Ithaca, NY: Cornell University Press.

____ (1996b). "Art, Value, and Philosophy" (Budd 1995의 서평). *Mind* 105: 667–82.

____ (1997). "Evaluating Music". in P. Alperson (ed.), *Musical Worlds*. University Park, Pa.: Pennsylvania State University Press.

____ (2001). "Aesthetic Properties, Evaluative Force, and Differences of Sensibility", in E. Brady and J. Levinson (eds.), *Aesthetic Concepts*. Oxford University Press.

Miller, R. (1998). "There Versions of Objectivity: Aesthetic, Moral, and Scientific". in J. Levinson (ed.), *Aesthetics and Ethics*. Cambridge: Cambridge University Press, pp. 26–58.

Nussbaum, M. (1990). *Love's Knowledge*. Oxford: Oxford University Press.

Railton, P. (1998). "Aesthetic Value, Moral Value, and the Ambitions of Naturalism". in J. Levinson, *Aesthetics and Ethics*. Cambridge: Cambridge University Press, pp. 59–105.

Scruton, R. (1983). *The Aesthetic Understanding*. London: Methuen.

Sharpe, R. A. (2000). "The Empiricist Theory of Artistic Value". *Journal of Aesthetics and Art Criticism* 58: 321–32.

Shelly, J. (2002). "The Character and Role of Principles in the Evaluation of the Art". *British Journal of Aesthetics* 42: 37–51.

Sibley, F. (1983). "General Criteria and Reasons in Aesthetics". in J. Fisher (ed.), *Essays on Aesthetics: Perspectives on the Work on Monroe Beardsley*. Philadelphia: Temple University Press, pp. 3–20.

Stecker, R. (1997a). *Artworks: Definition, Meaning, Value*. University Park, Pa.: Pennsylvania State University Press.

____ (1997b). "Two Conceptions of Artistic Value". *Iyyun* 46: 51–62.

Urmson, J. (1957). "What Makes a Situation Aesthetic?". *Proceedings of the Aristotelian Society, Supplement*, 31: 93–106.

Walton, K. (1990). *Mimesis as Make-Believe*. Cambridge, Mass.: Harvard University Press.

____ (1993). "How Marvelous!: Towards a Theory of Aesthetic Value". *Journal of Aesthetics and Art Criticism* 51: 499–510.

Wollheim, R. (1980). *Art and its objects*, 2nd edn. Cambridge: Cambridge University Press.

Zangwill, N. (1984). "Dickie and Doughnuts". *Ratio* 7: 63–80.

Zemach, E. (1997). *Real Beauty*. University Park, Pa.: Pennsylvania State University Press.

제18장

미

닉 쟁윌(Nick Zangwill)
번역: 신운화

나는 이 글에서 미와 관련된 몇 가지 문제들을 논의하려고 한다. 그것은 첫째, 다른 미적 속성들 사이에서 미가 차지하는 위치, 둘째, 미적 수반(supervenience)의 일반 원칙, 셋째, 미적 관련성(aesthetic relevance)의 문제, 넷째, 자유미와 부수미의 구별, 다섯째, 감상에 있어 자유미가 부수미보다 우선한다는 것, 여섯째, 미의 한 종류로서의 사람 개인의 미(personal beauty), 일곱째, 미의 형이상학이다.

1. '미적인 것'이라는 관념

현대 철학에서 흔히 미는 수많은 미적 속성들 중의 하나로서 생각된다. 물론 미는 그중에서도 특별한 것이기는 하다. 내 생각으로는 미가 특별하다는 것을 잊지 않는 한 이것은 미를 생각하는 하나의 유용한 방식이다. 미에 대한 생각은 사실 더 광범위한 미학적 관념들과 밀접하게 연결되어 있기 때문이다. 그러므로 미적인 것이라는 범주와 그 안에서의 미의 위치를 살펴봄으로써 논의를 시작하고자 한다.

　미적 속성이란 어떤 속성인가? 미와 추함을 미적 속성의 사례들로 생각하는 데는 논란이 없을 것이다. 미와 추는 미적 속성의 전형적인 경우이다. 그러나 우미(優美)함, 투박함, 고상함 등은 어떠한가? 음악이 슬프거나 활기찬 것은 어떠한가? 암소를 나타낸 것 혹은 런던 브리지를 나타낸 것과 같은 재현적 속성들은 어떠한가? 대체로 노란색인 것 혹은 C 단조인 것은 어떤가? 큐비즘 회화인 것 같은 예술사적 속성들은 또 어떠한가? 이 중 어떤 것은 미적 속성이고 어떤 것은 비미적 속성이라고 분류할 수 있는 실질적인 원칙이 있는가?

그 질문은 다음과 같은 물음들로 이어진다. 이러한 구별은 말하자면 세계 속에도 있는 것인가? 어떤 속성들은 미적이고 어떤 속성들은 미적 속성이 아니라는 것은 단지 사실, 즉 형이상학적 사실인가? 혹은 이렇게 구분하는 것이 단지 **유용하기** 때문에 이 구분을 해야 하는가? 즉 이 구분은 본성적이라기보다는 실용적인 것인가? 그렇다면 아마도 이것은 거짓 딜레마일 것이다. 미적/비미적인 것의 구분은 어떤 의미에서는 본성적일 수도 있지만, 우리가 그렇게 생각하는 주된 **근거**가 우리가 이러한 구분을 유용하게 여긴다는 것이기 때문이다.

그러나 이 구분이 사실 유용하지 않다고 주장하는 이들도 있다. 프랭크 시블리(Frank Sibley)는 미적 개념이 비미적 개념과 구별될 수 있는가에 관한 논쟁을 촉발시켰다(Sibley, 1959, 1965). 테드 코헨(Ted Cohen)과 피터 키비(Peter Kivy)도 이 논쟁의 중요한 참여자이다(Cohen, 1973; Kivy, 1975, 이 논쟁은 미적 **개념**들에 관한 것이었지만, 미적 **속성**들에 관하여서도 비슷한 논쟁이 있다). 시블리는 미적 개념과 비미적 개념 사이에는 중요한 차이가 있다고 보았다. 미적 개념은 그것을 적용할 때 '취미(taste)' 혹은 '식별(discernment)'이 필요한 개념인데, 그러나 이 능력들은 결국 미적 측면에서 특징지어진다는 것이다. 시블리를 비판하는 이들은 이런 방식으로 미적 개념과 비미적 개념을 구별하게 되면 너무 협소한 순환이 된다고 지적했다. 오늘날 미학자들은 이 구별이 다소 자의적이고 분명히 규정짓기 어렵다는 데 의견을 같이한다.

나는 시블리의 생각이 옹호될 수 있다고 생각한다(Zangwill, 2001a: 2장). 미적 개념 및 속성과 비미적 개념 및 속성을 구별하는 원칙적인 방식이 있다. 이 구분은 유용하고 또한 다양한 종류의 개념 및 속성들 간의 실제적인 차이를 나타낸다. 나의 전략은 다음과 같다. ① 미에 대한 판단이 다른 미적 개념과 속성들보다 특별한 것이라고 생각하는 것, ② 미와 미에 대한 판단에 대한 특유한 설명을 제공하는 것, ③ 미에 대한 판단과 다른 미적 판단 사이에 필연적인 연관성을 설정하는 것이다. 미에 대한 판단과 비미적 판단 사이에는 이러한 필연적 연관성이 없다.

이렇게 미를 특유하게 설명하는 것은 상당히 표준적인 설명이다. 대략 말하자면 이러하다. 미는 미에 대한 판단, 즉 칸트가 '취미 판단'이라고 부른 것, 혹은 오늘날 우리가 '미적 가치의 판단'이나 '미적 장점(merit)의 판단'이라 부르는 판단의 대상이다. 이 판단에는 두 가지의 독특한 특징이 있다. 첫 번째 독특한 특징은 그 판단들은 칸트가 말한 '주관적' 근거를 가진다는 점이다(Kant, 1928). 즉 그 판단들은 쾌나 불쾌의 반응을 기초로 하여 이루어진다(이것은 칸트가 창안한 것은 아니다. 플라톤의 《대(大) 히피아스》와 아퀴나스와 흄의 저작에서도 찾아볼 수 있다. Levinson, 1995 참고). 이러한 특징은 미적 판단은 물론 음식이나 음료가 쾌적하다는 판단에도 해당되는 특징이다.

두 번째 독특한 특징은 이러한 판단들은 올바를 것(correctness)을 주장한다는 점이다. 이 특징은 미적 판단과 경험적 판단이 함께 가지는 특징이다. 칸트는 미와 추의 판단이 '주관적 보편성'을 가진다고 하면서 각기 다른 이 두 특징들을 한데 묶었다. 그래서 미는 우리가 특수한 종류의 쾌를 통해 알게 되는 것이다. 올바를 것을 주장하는 판단들은 이러한 쾌를 통해 보증을 받는다. 이런 식의 설명은 미는 우리의 쾌가 투사된 것이라는 관점과 미는 (그것이 우리의 마음으로부터 독립된 것이든, 마음에 의존하는 것이든) 우리가 쾌를 통해 알게 되는 세계의 한 속성이라는 관점 사이에서 중립적인 입장을 취한다(이 책의 〈미적 실재론 1〉 참고). 그러나 나는 어쨌든 칸트가 주관적 보편성이 미와 추의 판단의 고유한 특징이라고 말한 것은 옳다고 생각한다. 한편으로, 미에 대한 판단은 주관적이라는 점에서 음식이나 음료가 쾌적하다는 판단과 유사하지만 보편적 타당성을 주장한다는 점에서 그 판단들과 다르다. 다른 한편으로는, 미에 대한 판단은 주관적이라는 점에서 경험적 판단과 다르지만, 보편적 타당성을 주장한다는 점에서 경험적 판단과 유사하다.

미와 추에 대한 판단과 미적 장점 및 결점을 '평결적인(verdictive)' 미적 판단이라고 부르도록 하자. 그리고 우미함, 투박함, 고상함 등의 판단을 '실질적인(substantive)' 미적 판단이라고 부르자. 이러한 판단들에 상응하는 것이 '평결적인' 속성과 '실질적인' 속성이다. 때때로 미는 특정한 종(kind)의 미적 탁월함인 것으로, 하나의 실질적인 미적 속성으로 생각된다. 그러나 뒤에 언급하겠지만 나는 그렇지 않다고 생각한다. 오히려 미는 **보다 포괄적인**(generic) 종류의 미적 탁월함이라고 생각할 것이다(아마도 우리에게는 실질적인 미라는 관념이 있다. 예컨대 무언가가 우아하지만 아름답지는 않다고 말할 수 있을 것이다. 그러나 지금의 논의에서 이것을 다루지는 않을 것이다).

그럴듯한 원칙 한 가지는 평결적인 판단은 실질적인 판단에 분석적으로 연결되어 있지만, 물리적, 감각적, 재현적 혹은 예술사적 판단에는 분석적으로 연결되지 않는다는 것이다. 이러한 입장은 먼로 비어즐리(Monroe Beardsley, 1982)의 저작에 기원을 두고 있다. 이 입장에 따르면 어떤 것을 우미하다, 투박하다, 고상하다라고 기술하는 것은 그것을 가치평가하는 **것과 같다**. 그리고 우미함, 투박함, 고상함이란 속성들은 따라서 그 속성들 내에 좋다는 혹은 나쁘다는 식의 가치 평가적인 양극성이 있다(Burton, 1992). 그러나 **모든** 실질적인 미적 판단들이 미와 추의 판단에 사실상 분석적으로 연결되어 있는지 아닌지에 대해서는 논란이 있다. 그리고 모든 실질적인 미적 속성들이 가치 평가적인 양극성을 가지는지 아닌지도 논쟁적이다(Levinson, 2001). 물론 **언어적 기술, 즉 단어들**은 우리가 그것을 특정 사물에 특수하게 귀속시키는 맥락에서가 아니라면, 거기에는 가치 평가가 실려 있지 않다. 그러나 특정하게 귀속시킬 경우에는 이러한 단어들이 그 안에 가치 평가적인 양극성을 가진 **속성들**을 항상 귀속시킨다고 보는 것이 바람직할 것이다. 언어적 기술은 가치 평가적인 판단을 최소한 '담화적으로 함축한다'.

우리는 아마도 미적 **개념**과 **판단**에 대한 논의와 미적 **속성**에 대한 논의를 구별할 수 있을 것이다. 미적 판단과 개념들에 관한 분석적 원칙들이 동반하는 미적 속성 관련 교의가 있는가? 혹자는 분석적 함의(entailment) 원칙과 유사한, 실질적인 속성들이 평결적인 속성들을 **결정한다**는 양상(modal) 원칙이 있다고 주장할 수도 있다. 그러나 그것은 잘못이다. 왜냐하면 만일 미적/비미적 수반 관계가 성립된다면 물리적·감각적 속성들에 있어서도, 그리고 재현적·예술사적 속성들에 있어서도 동일한 수반 관계가 성립할 것이기 때문이다. 그렇다면 설령 이러한 모든 속성들이 미적 속성에 **필연적으로** 관련된다고 할지라도 아마도 오직 실질적인 속성들만이 평결적 속성에 **본질적으로** 관련될 것이다(본질과 필연성 간의 구별에 대해서는 Fine, 1994 참고). 설령 그 형태와 색채가 **필연적으로** 아름답다고 할지라도, 아름다움은 이러저러한 형태와 색채를 **가진 것**의 일부분이 아니다. 그러나 아름다움은 우아한 것의 일부분**이다**. 양상 원칙들과 달리 이 원칙은 분석적 함의 원칙과 진정 형이상학적으로 유사한 것이다. 따라서 미와 추는 우리의 미적 판단 및 미적 속성들 자체 모두에서 특별히 중요한 역할을 한다.

만약 실질적인 판단과 평결적인 판단 사이에 상호배타적인 분석적 관련이 있거나 실질적인 속성과 평결적인 속성 사이에 상호배타적인 본질적 관계가 있다면, 미적인 것의 범주의 통일성(unity)과 통합성(integrity)이 확실해질 것이다.

2. 미적 수반

미와 여타의 미적 속성은 예술과 그다지 밀접한 관련을 맺고 있지 않다. 사실 양방향적으로 각기 독립되어 있다. 한편으로는 자연도 미적 속성을 가질 수 있다. 다른 한편으로는 예술 작품은 미적 속성과 관계없는 다른 수많은 종류의 속성들을 가질 수 있다. 그럼에도 불구하고 내 생각에는 대부분의 경우 특정 예술 작품이 그 작품이 되기 위해서는 미적 속성이 중요한 역할을 한다(Zangwill, 2001b). 사람들은 미적인 점이 없는 예술 작품들이 있다는 이야기를 종종 한다. 어떤 예술가들은 미나 다른 미적 속성을 구현하는 데 그다지 주의를 기울이지 않는다. 그러나 사실이 그렇다고 해도 그것은 우리의 관심사인 미와 미적인 속성의 본성에 대한 문제와는 아무런 관계가 없다. 우리의 논제는 미적 속성과 예술 작품 간의 관계가 아니라 미적 속성 자체이기 때문이다. 그것이 자연의 미적 속성이든 예술의 미적 속성이든 말이다.

분명 많은 예술 작품들은 다른 종류의 속성들과 함께 미적 속성들도 가지고 있다. 그리고 그 작품들이 미적 속성을 가지고 있을 때 어떻게 되는지는 흥미로운 문제이고 우리는 이것을 탐구할 수 있다. 나는 건축과 조각에 초점을 맞추고자 한다. 건물과 조각이 가진 속성의 종류들을 목록으로 만들어 보자. 건물과 조각은 미나 추, 우미함, 투박함, 역동성, 균형, 통일 같은 미적 속성들을 가지고 있다. 건물과 조각은 또한 물리적 속성, 감각적 속성, 예술사적 속성 그리고 때로 재현적인 속성들도 가진다. 내가 살펴보고자 하는 것은 건축과 조각 작품들의 미적 성질들과 '비미적 속성'으로 함께 묶을 수 있는 다른 속성들 간의 관계가 정확히 무엇인가 하는 점이다.

여기서 근본적인 원칙은 미적 속성들이 비미적 속성들에 의해 결정되거나 혹은 비미적 속성들에 의존한다는 것이다. 사물들은 그것의 비미적 속성들로 인해 혹은 비미적 속성들 덕분에 미적 속성들을 가지게 된다. 예컨대 음악 작품의 연주는 소리들의 특정한 배열로 인해 섬세하며 추상 회화는 색채들의 어떤 공간적 배열로 인해 화려하거나 아름다운 것이다. 철학적인 전문 용어로 말한다면, 미적 속성은 비미적 속성에 수반된다(supervene). 이것이 의미하는 것은 만일 무언가가 미적 속성을 가진다면 그 미적 속성을 가지기에 충분한 어떤 비미적 속성을 가진다는 것이다(의존이나 수반의 관계는 일반적인 관계이다. 비록 이 관계는 다양한 방식으로 형식화될 수 있지만(Kim, 1993) 나는 그 관계의 정확한 본질을 파고들지는 않을 것이다. 그 관념은 미학 외의 분야, 즉 도덕 철학이나 심리 철학 같은 분야에서 중요하게 생각된다). 미적인 속성이 본질적으로 비미적 속성에 의존하거나 혹은 비미적 속성에 의해 결정된다는 생각은 프랭크 시블리 덕분이다(Sibley, 1959, 1965).

나는 이 생각이 적어도 적절하게 공식화된다면 논란이 될 것이 없다고 생각한다. 만약 철학자들이 그들의 철학적 이론들에 기반하여 미적 의존이나 미적 수반에 반대한다면, 잘못된 것은 수반 주장이 아니라 그들의 이론일 것이다. 왜냐하면 미적 수반은 우리의 일상적인 '통속 미학'에 단단히 자리 잡은 원칙이기 때문이다. 어떤 사물이 아름답거나 우아한데 그것이 그 사물이 가진 다른 특징 덕분이 아니라고 한다면 그 생각이 이상한 것이다. 그리고 그렇게 주장하는 사람은 우리의 미학적 사고에서 중심적이고 본질적인 측면을 급진적으로 바꾸라고 강요하는 것이다.

일단 수반 관계가 성립된다는 것을 받아들인다면 더 깊이 탐구할 문제들이 있다. 첫번째 종류의 문제는 수반을 어떻게 설명할 것인가이다. 이것은 형이상학적 문제들을 야기하는데, 형이상학적 입장이 다르면 수반에 대해 형이상학적으로 다른 설명을 내놓을 것이기 때문이다. 두 번째 종류의 문제는 미적 속성이 수반되는 비미적 속성들은 **어떤** 것인가이다. 다음 절에서 나는 이 문제를 다루고자 한다.

3. 미적 관련성

우선 미적 성질을 '지지하는' 토대에 해당하는 것은 어떤 속성들인지를 물을 수 있다. 그러나 이런 식으로 질문하는 것은 너무 일반적이다. 그것은 미적 성질을 지지하는 토대는 다양한 예술 형식들에 따라 각기 달라질 것이기 때문이다. 어떤 예술 형식들은 지지 토대가 되는 속성들이 분명하다. 예컨대 음악과 추상 회화의 경우 미적 속성들은 시간과 공간 속에 배열된 감각적 속성들에 분명하게 의존하고 있다. 이미 살펴보았듯이 음악 작품의 연주가 가진 섬세함은 소리의 시간적 배열에 좌우되고, 추상 회화의 화려함이나 아름다움은 색채의 공간적 배열에 달려 있다. 그러나 건축과 조각의 경우는 음악과 추상 회화의 경우만큼 분명하지 않다. 건축과 조각의 미적 속성과 관련되는 비미적 속성은 어떤 종류인가?

조각은 흔히 **재현적** 속성을 가진다(반면 건축은 대체로 음악처럼 추상예술이다). 어떤 조각은 님프를 **나타낸**(of) 조각일 수도 있고 이교의 신이나 나폴레옹 등등을 **나타낸** 조각일 수도 있다. 물론 작품의 재현적 속성들은 그 작품의 미적 속성에 있어 중요한 경우가 많다. 비록 우리가 '미적인' 것이라는 범주에 어떤 역할을 기대하는지는 어느 정도 선택의 문제이지만, 나는 재현적 속성들 자체를 미적 속성으로 분류하지 않는 쪽을 택하고자 한다. 설령 재현적 속성들을 미적 속성으로 분류하는 것이 별로 유용하지 않다고 해도, 많은 경우 재현적 속성들이 미적으로 **관련된다**는 것은 논란의 여지가 없다. 예컨대 어떤 사물은 무언가의 재현**으로서** 아름답거나 우아할 수 있다(1913년 클라이브 벨이 이러한 생각을 부정했던 바가 있기는 하지만, 그럼에도 이것은 특별히 논란이 되지는 않는다).

건물과 조각은 **예술사적** 속성 또한 가진다. 즉 건축과 조각은 특수한 기원을 가지고 있고 다른 예술 작품들과의 관계 속에 놓여 있으며, 바로 이 점 때문에 예술사적 범주 안에 포섭된다. 어떤 이들은 어떤 작품의 미적 속성을 정확하게 귀속시키고자 한다면 그 작품이 속하는 예술사적 범주를 알아야 한다고 주장한다(Walton, 1970). 이 관점에 의하면 한 작품의 미적 속성들은 그 작품 자체의 '국소적인(local)' 비미적 속성들보다 예술사적 속성들에 더 많이 의존한다. 특히 그 작품이 제작된 역사에 의존한다.

이 문제는 미적 속성을 지지하는 토대의 범위와 관련된 것이다. '반(反)형식주의자'들은 미적 속성을 지지하는 비미적 속성들이 한 사물 내의 국소적 속성들에 한정된다는 것을 부정하고 그 비미적 속성들에 역사적 속성들을 포함시켜야 한다고 말한다. 그래서 반형식주의자들은 **도플갱어**와 같은 경우를 허용한다. 그들은 비미적인 측면에서 본유적으로 유사한 2개의 사물이 미적으로는 다를 수 있다고 말한다(Gombrich, 1959: 313; Danto, 1981; Currie, 1989). 예컨대 반형식주의자들은 본유적으로 유사한 두 모자이크가 있을 때 그중 하나는 우아한 로마의 모자이크이고 다른 하나는 투박한 비잔틴 모자이크인 경우가 있을 수 있다고 말한다. '형식주의자'들은 이러한 경우가 가능하다고 생각하지 않는다. 그러나 이러한 사례들이 형식주의적 혹은 반형식주의적 관점을 주장하는 **논쟁**에서 지지 근거가 될 수 있는지는 확실하지 않다. 왜냐하면 도플갱어와 같은 경우가 있을 가능성을 어떻게 생각하느냐는 형식주의에 대한 태도가 선행되고 나서 그에 따라 정해지는 것이기 때문이다. 예술사적 속성들이 미적 속성들에 미적으로 관련되는지 아닌지는 논쟁적이다. 어떤 이들은 예술사적 속성들이 언제나 미적으로 관련된다고 보는 반면 어떤 이들은 전혀 관련이 없다고 주장한다. 내가 보기에 합리적인 관점은 예술사적 속성들이 때로는 관련이 있고 때로는 그렇지 않다는 관점이다(Zangwill, 2001a: 4-6장).

건축물과 조각은 **물리적** 속성을 가진다. 즉 형태와 양괴성을 가진다. 건축물과 조각의 각 부분들은 다른 부분들 그리고 그것을 둘러싼 주위 환경과 특정한 공간적 관계를 가지고 있다. 건물과 조각은 물질적 실체로 구성되어 있으며 이 점으로 인해 경향적인(dispositional) 물리적 속성을 가진다. 예컨대 건축물은 비를 피하는 데 있어 방수 능력이 더 좋거나 나쁠 수도 있고, 가연성 측면에서도 다소간 차이가 있을 수 있다. 많은 저술가들은 건축과 조각의 미적 속성을 결정하는 데 있어 공간적 관계가 지배적인 역할을 한다고 생각해 왔다. 그 공간적 관계는 그 작품의 각 부분들 간의 관계일 수도 있고 그 작품이 주위 환경과 맺는 공간적 관계일 수도 있다. 예컨대 팔라디오와 르코르뷔지에 모두 자신들의 건축물 및 건축에 관한 저술에서 공간적 관계를 중심적인 것으로 생각하고 있다(Rowe, 1976). 건축 작품의 미적 속성을 결정하는 데 있어 공간적 관계가 **일정한 정도**의 역할을 한다는 것은 논의의 여지가 없다. 그러나 논란이 되는 것은 이 역할이 다른 것보다 **현저하게 중요한** 것인가 하는 점이다.

건축물과 조각은 또한 **감각적** 속성을 가진다. 가장 중요한 것은 물론 색이다. 건물이나 조각의 표면색은 주로 재료나 표면에 칠해진 도료에서 나온다. 그러나 그림자나 반사로 인해 생기는 색도 잊어서는 안 된다. 상대적으로 비중이 덜하긴 하지만, 건물 안에서 들을 수 있는 소리 또한 중요한 것이 된다. 그리고 보통 키네틱 조각에 있어서 소리는 중요하다. 철학자들은 통상 이러한 종류의 감각적 속성들을 **2차 성질**이라는 범주로 묶는다. 그리고 이 2차 성질은 인간 경험의 질적 특성을 본질적으로 가리키는 것이란 점에서 **1차** 성질과는 다른 것으로 생각된다. 2차 성질과는 달리 모양이나 크기 같은 1차 성질은 인간의 신체 기관에 좌우되지 않는 것으로 생각된다. 일반적으로 색, 소리, 맛, 냄새 같은 감각적 성질들은 모두 2차 성질로 생각된다. 왜냐하면 빨갛거나 시끄럽거나 달콤하거나 톡 쏘는 냄새 같은 것은 보통 상황에서 인간이 빨갛고 시끄럽고 달콤하고 톡 쏘는 것을 경험하는 것으로부터 독립된 것이 아니기 때문이다. 건축과 조각에서 감각적 속성들이 항상 관련이 있는지 아닌지는 논란이 있다.

또한 내가 **현상적**(appearance) 속성이라고 부르는 범주가 있다. 이 속성은 **네모로 보임**과 같은 시각적 속성을 포함한다. 이러한 속성들은 1차 성질의 현상이다. 사각형임은 물리적이고 1차적인 속성이지만 사각형**으로 보임**은 현상적 속성이다. 이러한 속성들은 감각적 속성들과 공통점이 많다(Levinson, 1990).

많은 이들이 건축과 조각의 미적 성질은 **오직** 물리적 성질에 의해서만 좌우되며 여기서 감각적 속성과 현상적 속성은 모두 빠진다고 말하고 싶어 한다. 그러나 이러한 생각은 잘못이며 감각적 속성과 현상적 속성은 건축과 조각에 있어서 사실 제거할 수 없는 미적 중요성을 가진다는 것이 나의 입장이다. 이 논쟁은 건축의 본질에 관한 르네상스 시대의 흥미로운 논쟁과 관련되어 있고 또 그 논쟁이 되풀이되는 것이기도 하다(Wittkower, 1971; Mitrovic, 1998). 한편에는 팔라디오 같은 이들에게서 볼 수 있는 르네상스의 플라토니즘 경향과 그것과 관련된 르코르뷔지에 같은 이들의 모더니즘 경향이 자리한다. 이 경향들은 공간적 관계를 강조한다. 다른 한편에는 감각적 속성과 현상적 속성을 핵심적으로 중요시하는 반대 입장이 있다(Scott, 1914). 건축의 본질에 관한 다양한 이데올로기들은 실제 건축 관행에 있어 실질적인 차이를 초래한다. 한쪽에서는 건축이 우리의 지성 앞에 제시되는 것이라고 생각하는 한편, 다른 쪽에서는 건축이 우리의 감각 앞에 제시된다고 생각한다. 예컨대 이것은 창문처럼 건물에 높이 위치하고 주로 아래로부터 올려다보는 것을 디자인할 때 차이를 가져온다. 그 창문들이 사각형**이라는** 것, 혹은 단지 사각형**으로 보인다**는 것이 미적으로 중요한가?(심화된 논의는 Mitrovic, 1998 참조)

건축과 관련된 이러한 문제들은 미적인 속성을 가지는 사물들이라면 무엇이든 물리적, 감각적 혹은 현상적 속성을 가져야 하는가 하는 매우 일반적인 문제로부터 파생된 것이다. 시공간의 제약을 받지 않는 추상적 대상이 혹시 있다면 이 대상들은 미적 속성을 가질 것인가? 혹자는 수학이나 과학 이론이 미적 속성을 가질 수 있다고 말한다(Kivy, 1991). 《파이돈》에서 플라톤은 아름다운 것들의 형상(form)은 아름답다고 주장한다. 다른 이들은 영혼이 아름다울 수 있다고 주장한다. 에디 제마흐(Eddy Zemach)는 자연의 법칙이 아름다울 수 있다고 말한다(Zemach, 1997). 나는 이러한 것들이 아름다운지에 대해서는 회의적이며 미적 속성을 가진 사물의 종류들이 제한적이라고 보는 편이다. 아름다운 사물들은 언제나 감각적 혹은 현상적 속성을 가진다고 나는 생각한다(Zangwill, 2001a: 8장). 그러나 이렇게 생각한다는 점에서 나는 소수파에 속한다. 현대 미학자들 사이에서 합의되고 있는 바는 나의 입장보다는 더 관대하다. 나는 다음 절의 말미에서 미적 속성의 범위를 제한할 것을 옹호하는 논의를 할 것이다.

　　나의 일반적인 입장이 이러하기 때문에 나는 지적으로 관조할 때에만 건축미를 감상할 수 있다는 견해에 반대한다. 내가 선호하는 입장은 건축미는 감각적 혹은 현상적 속성을 지각적으로 경험하는 것을 즐기는 문제라는 쪽이다. 미는 시각이나 소리에만 국한되는가, 혹은《향연》에서 여사제 디오티마가 주장하는 것처럼 우리의 지성을 통해서만 향유할 수 있는 더 고차원적인 미가 있는가? 나의 견해로는 우리가 지적으로 관조하는 사물들은 수많은 놀라운 특징들을 보여 줄 수 있지만, 미는 그 특징에 속하지 않는다는 것이다. 그리고 이러한 지적인 관조에 필요한 심적 능력들은 미적 능력이 아니다. 지각적인 경험을 통해 우리에게 명백히 제시되지 않는 한, 건물의 공간적 구조, 역사, 건물의 의미에 대한 우리의 지적 이해에도 이것은 동일하게 해당된다. 건물의 역사와 의미는 지적으로 흥미로운 것일 수 있지만 미적 대상으로서의 그 건물과는 관련이 없다. 건축미는 감각적 경험 속에서 식별될 수 있다. 디오티마가 말하는 고차원적 미는 단지 환상에 불과하다. 우리의 감관 앞에 분명히 제시되는 저급한 미가 있을 뿐이다.

4. 자유미와 부수미

칸트의 저작을 보면 **자유미와 부수미**를 중요하게 구별하고 있다(Kant, 1928: §16, 그 이전의 선도자는 프랜시스 허치슨(Francis Hutcheson, 1993)인데 그는 '절대적' 미와 '상대적' 미를 구별한다). **부수미**는 한 사물이 **어떤 기능을 갖는 사물로서** 가지는 미이다. 사물은 특정한 종류의 역사를 가질 때에만 기능을 가지므로, 사물은 특정한 역사를 가질 때에만 부수미를 갖는다(Millikan, 1993). 반면 사물의 **자유미**는 그 사물의 기능과는 무관한 미이다. 사물은 특정한 순간에 그것이 어떠한지에 따라서만 자유미를 갖는다. 사물의 자유미는 그 사물의 역사 및 미래와 무관하다. 한편 사물의 부수미는 사물의 역사가 그 기능에 관여하는 한 그 역사에 의해 좌우된다. 어떤 사물을 부수미를 가진 것으로 **간주하기** 위해서는, 자연적이든 인공적이든 어떤 기능을 함축한 특정한 종류의 사물로서 그 사물을 보아야 한다. 그리고 우리는 사물을 경험할 때 그 사물의 역사에 관련된 지식을 동원한다. 어떤 사물에 기능을 부여하는 것은 그 사물 자체의 외부에 있으므로, 기능은 그 사물을 단순히 지각적으로 대면하고 있는 사람 앞에는 분명하게 제시되지 않는다.

　　칸트의 자유미와 부수미 구분에 대해 논의하는 많은 사람들이 그 구분의 중요한 목적론적 차원을 간과한다. 그들은 부수미가 단지 어떤 사물을 어떤 **개념** 아래 포섭하는 문제라고 생각한다. 그러나 핵심적인 것은 어떤 사물을 그것의 **기능이라는 개념**에 포섭한다는 것이다(이 관념에 대한 칸트의 탐구를 잘 논의하고 있는 곳이 Schaper, 1983: 4장과 McCloskey, 1987이다). 나는 자유미와 부수미 간의 구분은 절대적으로 근본적인 것이며, 그 구분 없이는 미학에서 우리가 이해할 수 없는 것들이 많다고 생각한다.

몇 가지 사례들을 생각해 보자. 소위 '표제 음악'의 미는 어떤 비음악적 기능을 음악적으로 적절한 방식으로 수행할 때 생겨난다. 예컨대 음악은 춤, 행진, 쇼핑을 위한 것일 수 있다. 또 투우나 영화의 배경 음악이 될 수도 있다. 재현적 회화의 미는 그 그림이 무언가의 재현으로서 아름다울 때 생겨난다. 시의 가치는 특정한 의미를 표현하기 위해 단어가 미적으로 적절하게 선택되는 것에 있다. 연설이나 소책자는 정치적인 언술로서 미적으로 강력할 수 있다. 예술에서의 이 모든 미적 가치들은 오직 부수미라는 관념으로만 이해될 수 있다. 반면 '절대 음악' 작품의 미는 그 음악을 구성하는 소리만으로 성립되며, 그 음악이 관계된 어떤 목적과도 무관하다. 유사하게 추상 회화의 미는 형태와 색채만으로 성립되며 어떤 재현적 목적과도 무관하다.

자유미와 부수미 사이의 구분은 자연에서도 역시 중요하다. 어떤 자연물은 특정한 자연적 생물종으로서 아름답다. 예컨대 혹자는 어떤 사물이 해변이 아니라 해저라는 것(Hepburn, 1984: 19), 혹은 어떤 생물이 포유류가 아니라 물고기인 것(Carlson, 2000: 89)이 미적으로 중요하다고 말한다. 그렇기는 하지만 자연에 상당한 자유미가 있다는 사실을 간과해서는 안 될 것이다(Zangwill, 2001a: 7장). 예컨대 화사한 색을 띤 해삼을 생각해 보라. 그 해삼의 아름다움은 그것이 어떤 유형의 생물인지와 무관하다. 또 우리가 물속에서 북극곰이 우아하게 움직인다고 판단할 때를 생각해 보라. 이 판단은 분명 그것이 북극곰으로 변장한 동물원 사육사가 아니라 실제 북극곰이라는 사실에 좌우되지 않는다. 그것이 무엇이건 그 자체로 어떠하다는 것, 그리고 어떻게 움직이는가로 인해 우아하다고 하는 것이다. 단지 북극곰으로서 우아한 것이 아니다.

물론 수많은 사물들이 자유미와 부수미를 **모두** 가지고 있다. 예를 들어 만약 그림들에서 가치 있는 속성들의 목록을 정리한다면 우리는 재현적 속성들에 좌우되는 부수미와, 지각되는 표면적 속성에만 좌우되는 자유미를 구별할 수 있을 것이다. 그러나 그림은 이 두 종류의 미 모두를 가질 수 있다.

어떤 경우에는 부수미가 무엇인지 논란이 될 수도 있다. 한 건축물은 단지 **건축물로서**, 혹은 더 협소하게는 **특정 종류의 건축물로서** 아름답거나 우아한가? 건축미는 상대적으로 개략적인가(단지 건축물로서 아름다운가), 아니면 보다 섬세한 것인가(특정 종류의 건축물로서 아름다운가)? 우리가 교회나 모스크 건물들을 모스크나 교회로서가 아니라 단지 건물들로 본다면 그 건축물들의 아름다움이나 우아함을 놓치게 되는지는 적어도 분명하지 않다. 그 건축물의 비미적 기능이 변하면 그 건축물의 미가 손상되는가?(이 논의에 관해서는 Scruton, 1979 참조) 만일 그렇다면 건축적인 부수미는 상대적으로 섬세한 것이다. 그렇지 않다면 상대적으로 개략적인 것이다.

이제 감각적 속성을 결여한 사물들에도 미가 있는지의 문제를 다시 살펴보자. 이론, 영혼, 자연의 법칙, 그리고 플라톤의 형상 같은 경우는 어떠한가? 지금 부수미의 경우를 보면 사물은 그 기능을 표현하는 미를 가진다. 그러나 사물이 사실상 그 기능을 수행하거나 혹은 수행하는 경향성을 가지지 않을지라도 부수미를 가질 수 있다. 예컨대 한 건축물이 단지 강하고 견고해 보이기만 할 뿐, 빈약한 가짜 파사드를 하고 있어서 실제로는 그야말로 강하지도 견고하지도 않지만 그럼에도 힘이나 견고함을 표현할 수 있다. 이론과 영혼의 경우, 이것들을 '아름답다'고 말하는 사람은 그것의 특정한 속성들, 즉 이론의 **참**, 영혼의 도덕적 **특질**에 관심을 가진 것이다. 그래서 이론과 영혼에 미를 귀속시키는 것은 그것들의 참이나 도덕적 특질과 분리할 수 없다. 소위 이론이나 영혼의 미와 관련된 난점은 그것이 부수미의 사례라고 하기에는 다른 고려 사항들에 너무 밀접하게 관련되어 있다는 것이다. 완전히 거짓인 이론이나 구제 불가능하게 악한 영혼은 참이나 선함에 해당되는 속성들을 가지고 있지조차 않으며, 이것들은 아름답다고 할 수 없을 것이다. 따라서 이론이나 영혼의 '미'를 말하는 것은 잘못된 과장에 불과하다. 아름다운 것들의 플라톤적 형상이나 자연법칙의 아름다움은 어떠한가? 이것들은 부수미의 후보로 생각되지 않는 것들이다. 나는 형상들과 법칙들이 어떻게 그것들이 만들어 내고 설명하는 사물들, 즉 형상에 참여하고 법칙에 매여 있는 아름다운 사물들과 무관하게 아름다울 수 있는지 모르겠다. 확실히 아름다운 것들의 형상은 물리적 사물에 우리가 지각할 수 있는 미를 부여하는 능력을 떠나서 그 자체로 아름다울 수 없을 것이다. 그리고 자연의 법칙도 그 법칙이 지배하는 지각 가능한 대상과 사건들이 모두 추함에도 불구하고 아름답다고 할 수는 없을 것이다. 결국 형상과 법칙의 경우, 소위 형상이나 법칙의 미와 그것들이 관련된 사물들의 미 사이의 연결이 너무나 밀접하기에 우리는 형상과 법칙들이 나름의 독립적인 미를 가진다고 주장할 수 없다.

5. 자유미의 우선성

나는 자유미가 부수미에 대해 일종의 **우선성**을 가진다고 생각한다. 우리가 **어떠한** 미라도 감상할 수 있으려면 자유미를 감상할 수 있어야 한다는 의미이다. 우선성 주장이란, 자유미라는 관념이 없이는 우리에게 다른 어떤 미도 가능하지 않으리라는 것이다. 우리가 부수미에 대해 생각할 수 있는 것은 자유미를 생각할 수 있기 때문이다. 자유미에 관심을 갖지 않고 부수미만을 생각할 수 있는 사람은 없다. 말하자면 우리가 자유미를 사랑하는 것은 부수미에 대한 사랑이 생겨날 수 있는 토대가 된다.

음악의 경우 만약 우리가 절대 음악을 감상할 수 없다면 우리는 절대 음악이 아닌 음악이나 '표제 음악'을 감상할 수 없다는 것을 추측할 수 있다. 사실 음악이 순수하게 음악적인 목적에 충실할 수 없다면 아마 비음악적 목적에도 충실할 수 없을 것이다. 설령 부수미가 상당 부분을 차지하고 자유미가 극도로 적은 음악 작품이 있을 수 있다고 해도, 음악적 부수미를 감상하는 우리의 능력은 음악적 자유미를 감상하는 능력에 의존한다. 회화의 경우에도 만일 우리가 2차원적 디자인의 미를 감상할 수 없다면 재현적 미를 감상할 수 없을 것이다. 건축의 경우도 건축물들이 가진 순수한 조각적 속성들의 미를 향유할 수 없다면 기능이 미적으로 적절하게 구현되었는지를 감상할 수 없을 것이다. 그래서 어떤 의미에서 순진하게 감탄을 연발하는 관광객의 무지한 감수성이 소양 있는 학자의 감수성보다 더 근본적이라고 할 수 있다. 학자는 더 많은 것을 알고 있고 결과적으로 그 건축물이 가진 더 깊은 층위의 미를 감상할 수는 있을 것이다. 그러나 학자조차도 처음에는 관광객이었다.

언제나 그렇듯 문학의 경우는 더 복잡하다. 그것은 문학의 미적 속성들에 어떤 것까지 포함시켜야 할지 불확실하기 때문이다. 온건한 주장은 우리가 순수한 음성적 아름다움을 그 자체로 감상할 수 없다면 내용이 적절하게 음성적으로 구현되었는지를 감상할 수 없으리라는 것이다. 즉 우리는 문학에서 순수하게 음악적인 측면을 감상하지 않고는 문학의 시적인 측면을 감상할 수 없다는 것이다. 그러나 만일 문학적 내용에 미적 속성이 있고, 그 속성들이 단어의 음성적 속성들에 결부되어 있지 않다면 자유미의 우선성 논제를 일반적으로 지지하기 어려울 것이다. 아마도 이야기들은 특정 단어들로 제시되는 것과 무관한 미적 속성들을 가질 터인데, 만일 그러하다면 특정 단어로 된 특수한 음성적 구현을 감상할 수 없더라도 그 이야기의 미적 속성을 당연히 감상할 수 있을 것이다. 이와 비슷하게 감각을 통해 시각적 미를 감상하지 않더라도 그림의 상징적·서사적 속성들을 감상할 수 있을 것이다. 만일 그렇다면 자유미의 우선성 논제는 예술 전반에 걸쳐 일반화될 수는 없을 것이다. 다른 한편, 우리가 이러한 경우들에서 감상하는 속성들이 미적 속성인지는 분명하지 않다(Zangwill, 2001a: 8장). 만약 이 속성들이 미적 속성이라면 자유미의 우선성 논제는 결국 문학에서는 유지될 것이다. 상징적, 서사적 속성들이 그 자체로 미적 속성들을 산출할 수 있는지 아닌지는 논쟁의 여지가 있다. 만일 그 속성들이 미적 속성을 산출할 수 있다면 문학과 미술 같은 경우 우선성 논제가 무너지지만, 그렇지 않다면 일반적으로 우선성 논제가 유지된다.

예술 작품을 만드는 사람의 동기에 관해 일반적인 합리적 가정을 한다면, 우선성 논제가 함축하는 것은 만일 자유미를 가진 예술이 없다면 부수미를 가진 예술도 없을 것이란 점이다. 설사 자유미 없이 부수미만을 가진 수많은 작품들이 있다고 해도 말이다. 예컨대 사람들이 자유미를 결여한 채 오직 부수미만을 가진 건물을 만드는 상황이나, 2차원적 패턴으로는 추하면서 재현으로는 아름다운 그림을 그리는 상황은 있을 것 같지 않다. 넓은 의미에서 예술적 가치를 가진 많은(아마 대부분의) 예술 작품이 자유미 측면에서도 또한 뛰어나다는 것은 우연이 아니다.

나는 자유미의 우선성 논제를 어떻게 논증할지 확신은 없지만, 만일 우선성 논제가 옳다면 우리 모두 감관 앞에 제시되는 것들에 미적으로 반응하는 것에서 시작하게 될 것이다. 그리고 나서 우리는 사물들을 그 역사에 비추어 감상하는 법을 배우면서 감상을 위한 소양을 더 쌓을 것이다. 그러나 이러한 소양을 갖춘 사람들도 원초적인 미적 반응의 존재와 중요성을 부정해서는 안 될 것이다. 우리가 미적으로 소양 있는 삶을 살 수 있는 기반은 자유미를 원초적으로 즐기는 것이다.

6. 개인의 미

미적 관심의 대상을 보통 예술과 자연으로 나눌 수 있다는 점에서 본다면, 인간에 대한 미학은 다소 이례적이다. 인간은 그 둘 중 어떤 범주에도 잘 들어맞지 않으며, 어쩌면 그 양자가 교차하는 부분에 위치하는 듯하기 때문이다. 예술도 자연도 인간의 미를 생각하는데 있어 충분한 모델이 되지 못한다.

'미'란 단어가 학문 영역 **바깥**에서 가장 두드러지게 눈에 띌 때 그것이 주로 의미하는 것은 예술이나 자연의 성질이 아니라 사람의 속성(attribute)이라는 점은 주목할 만하다. '개인의 미'를 한 사람의 얼굴, 신체, 혹은 몸가짐의 미를 의미하는 것으로 간주하자. 만일 전화번호부에서 '미'를 찾는다면 그 목록에 미학자들은 거의 올라 있지 않다는 것을 알게 될 것이다. '미용사(beautician)'는 형이상학보다는 매니큐어에 더 깊은 조예를 가지고 있을 것이다.

개인의 미를 둘러싼 다양한 문제들은 칸트가 자유미와 부수미를 구분하고 있다는 측면에서 이해해야 한다. 개인의 미는 분명히 부수미이기 때문이다. 한 사람은 추상 조각으로서가 아니라 인간으로서 아름답다.

그러나 이러한 생각을 송두리째 거부하는 회의론적인 사고 흐름이 있다. 이러한 회의론에 따르면 개인의 미는 전적으로 사회적인 구성물이다. 그것은 인간의 미에 관한 형이상학적으로 실재하는 속성이 없다는 의미에서, 또한 인간의 미에 대한 우리의 반응들은 전적으로 사회적 조건의 산물이지 인간에 대한 지각적 속성들에 대한 반응이 아니라는 의미에서 그러하다. 이것은 학계 내에서 합의되고 있는 것으로, 현재 학계에서 개인의 미라는 주제는 매우 활발히 논의되고 있다. 사실 학계의 안과 밖 사이에는 커다란 문화적 균열이 있다. 학계 내에서 이 문제의 논의자들은 회의론에 합의하고 있는 반면, 학계 밖에서는 매우 실제적이고 욕망할 만한 것들에 많은 돈과 에너지를 쓰고 있다. 그리고 이러한 미의 관념은 일반인들의 생각, 욕망, 쾌락 속에서 두드러지게 나타난다. 물론 학자들이 옳고 일반인들이 가지고 있는 상식, 통속 미학 이론이 잘못되었을 수 있다. 그러나 일반인들의 상식적인 미학이 옳고 학자들이 틀렸을 수도 있다.

회의론적인 관점은 나오미 울프(Wolff, 1992)가 '미의 신화'라는 슬로건 아래 대중화했다. 미의 신화는 남성 중심적인 미디어에 의해 길들여진 순응적인 여성들에게 강요된 지배적 여성미의 이상들의 집합체로 생각할 수 있다. 이러한 여성미를 뒷받침하는 어떤 본성적, 필연적인 근거도 없다. 여러 문화와 시대에 따라 다양하게 변형된 남성미와 여성미의 이상들이 있다. 그러나 미의 신화라는 교의는 이보다 훨씬 더 나아간 것이다. 미의 신화라는 교의는 여성미라는 이상이 **전적으로** 사회적으로 구성된 것이라는 것이다(Wolff, 1992: 12-19). 이러한 울프의 주장에 대응하여 낸시 에트코프(Nacy Etcoff, 1999)는 반대의 견해를 내놓고 있는데, 그녀의 주장에 따르면 오히려 '미의 신화'가 하나의 신화일 뿐이다. 그것은 개인의 미에 대한 이상은 진화론적 생존과 관련되어 있기 때문이다. 남성미와 여성미라는 관념에는 다양한 변형들이 있는 반면, 좀 더 큰 틀에서 보면 미의 기준들은 진화적 측면에서 결정되어 있고 다양한 문화와 시대에 걸쳐 뚜렷한 일관성을 보인다는 것이다. 이 문제에 대해 사회-구성주의에 반대하는 근거 사례들이 압도적으로 많다(그러나 '미의 신화'라는 신화는 위안이 되고 이데올로기적으로 유용하기에 지속되고 있는 것 같다).

더 나아가 에트코프는 미의 신화는 해롭다고 생각한다. 그녀는 "미는 없어지지 않는다. 미가 중요하지 않거나 미는 하나의 문화적 구성물이라는 생각이 진정한 미의 신화이다. 우리는 미를 잘 이해해야 한다. 그러지 않으면 언제나 미의 노예가 될 것이다."(Etcoff, 1999: 242)라고 말한다. 에트코프가 숨김없이 보여 주듯, 개인의 미는 설령 우리가 의식하지 못할지라도 사실 우리 삶에 중요한 역할을 한다. 개인의 미는 즐거움을 주기 때문에 우리에게 강력한 힘을 발휘한다. 그러나 그 매력으로 인해 미는 또한 위험의 원천이기도 하다. 미는 우리의 주의를 흩트릴 수 있으며 우리의 마음을 조종하는 데 사용될 수도 있다. 그렇기에 미가 존재한다는 것을 부정할 것이 아니라 미를 더욱더 잘 알아야 한다. 우리는 개인의 미가 무엇인지, 그리고 그것이 왜 우리를 사로잡고 있는지를 알아야만 그 미가 제기하는 위험을 인식할 수 있다. 에트코프와는 대조적으로 일레인 스캐리(Elaine Scarry, 1999)는 미와 정의가 행복하게 공존한다고 생각한다. 그러나 스캐리는 이에 대해 과도하게 낙관적이다. 스캐리는 울프의 반대 극단에 있다. 스캐리는 미의 실재성(reality)과 가치를 보되 미의 위험을 보지 않는 반면, 울프는 미의 위험을 보지만 미의 실재성과 가치를 보지 않는다. 우리는 두 가지를 모두 보아야 한다.

이제 우리가 생각할 문제는 이것이다. **남성**으로서의 아름다움 혹은 **여성**으로서의 아름다움 같은 속성이 있는가? 즉 인간의 아름다움 중 어떤 것은 **성별**(gender)에 좌우되는 미인가? 아니면 성별에 따라 다른 미라는 생각을 우리는 거부해야 하는가? 남성미와 여성미 사이의 구별은 수천 년간 수많은 문화권에서 통속 미학의 한 부분을 차지했다(남성미와 여성미의 관념은 각각 다양하게 변형된 형태들이 있어 왔지만, 이 두 관념들은 언제나 서로 다른 것이었다). 그러나 통속 미학 이론이 잘못되었을 수도 있다. 아마 양쪽 입장 모두 사람들이 **인간으로서** 아름다울 수 있다는 데 동의할 것이다. 그러나 논쟁점이 되는 것은 인간에게 **남성**으로서의 혹은 **여성**으로서의 아름다움 같은 속성이 있는가 하는 보다 심오한 문제이다. 바위는 아무런 기능이 없기 때문에 자유미를 갖는다. 따라서 바위에 부수미를 귀속시킨다면 잘못이다. 성별과 관련된 미를 비판하는 이들은 사람들이 인간으로서 아름다울 수 있다는 데 동의하지만 더 섬세한 미적 가치 평가에 있어서 성별 범주를 동원하는 것은 잘못이라고 생각한다. 앞에서 나는 건축에서는 건물들이 모스크, 기차역, 도서관 등으로서가 아니라 단지 건물로서 아름답다고 보는 입장이 있고 이것은 설득력이 있다는 것을 말한 바 있다. 어떤 이들은 많은 건축물들이 급진적인 방식으로 용도를 바꾸지만 그것이 아무렇지도 않다는 것을 들어 이 입장을 지지한다. 그러나 내 생각에는 성별의 경우 이와 유사한 논변이 통할 것 같지는 않다.

나는 성별화된 미의 문제는 생물학적 성(sex)이 다른 본질적 기능을 가지는가하는 일반적인 문제에 달려 있는 것이 아닌가 생각한다(이러한 관점이 소위 '성별 본질주의'의 입장과 관계되는지 아닌지는 열어 놓고자 한다). 성별과 관련된 미가 있다고 생각하는 이들은 생물학적 성 간에 본질적인 기능상의 차이가 있다고 믿는 이들이고, 성별 관련 미를 부정하는 이들은 그렇지 않다고 믿는 이들이다. 이 두 문제는 함께 엮여 있다. 성별 간에 본질상 기능의 차이가 없다고 생각하는 이들은 인간의 미에 대해 양성구유적(androgyne)인 관념을 가질 터이다(이 관념은 1970년대 서양에서 인기가 있었다). 남성으로서 아름다운 것과 여성으로서 아름다운 것 사이에는 아무런 차이가 없다는 것이다. 다른 한편 양성 간에 기능적인 차이가 있다고 생각하는 이들은 각 성별에 대한 미적 관념에도 차이가 있다고 여길 것이다. 칸트의 부수미 관념은 성별적인 미와 관계된 논쟁을 잘 설명한다.

개인의 미와 관련하여 말하고자 하는 또 다른 문제는 문신의 미학이다. 분명 어떤 문신은 자유미를 가지고 있다. 그러나 (내가 동의하는) 칸트의 입장에 따르면 문신은 모두 부수미 측면에서는 추하다(Kant, 1928: §16). 이것은 우리가 인간의 몸에 대해 갖는 관념들과 관련된, 불분명하지만 흥미로운 문제를 야기한다. 미적-도덕적 근거에서 문신에 반대하는 이들은 **순수함**과 **오염** 같은 관념에 호소한다. 그리고 아이러니하게도 문신을 한 사람들, 문신을 옹호하는 많은 사람들이 순수함과 오염이라는 바로 이 범주들을 이용하고 있다. 결과적으로 다른 판단을 내리지만 그들 역시 문신을 이러한 관점에서 보는 것이다(문신 관련 잡지들을 보면 이를 확인할 수 있다). 이 문제에 대해 순수하게 '자유주의적인' 접근은, 몸에 관한 대부분의 다른 문제들의 경우와 마찬가지로 그 논쟁의 양쪽 입장의 현상학을 적절하게 다루지 못한다. 왜냐하면 실제로 문신을 하는 사람들과 문신에 반대하는 사람들의 관점에는 모두 모종의 종교적 색채가 감돌기 때문이다. 우리에게는 이 문제에 대해 제대로 된 이해가 거의 없는 것이나 다름없다. 그러나 이 문제는 분명 부수적인 미와 추함에 관한 문제이다. 문신에 대한 반대 의견과 문신한 이들을 옹호하는 핵심 모두 신체의 도덕적 기능이라는 관념에 기인하고 있다. 그리고 문신의 부수미적 가치에 대해 다른 가치 평가를 내리는 것은 신체에 대한 더 근본적인 견해 차이 때문이다.

나는 개인의 미에 관한 문제들을 논의했는데, 이것은 분석 미학자들이 흔히 잘 다루지 않으며 미학 관련 교과서나 논문집에 잘 등장하지 않는 주제이다. 그러나 나는 이 문제들을 탐구할 가치가 있다고 생각하며, 이 문제를 단순히 '문화연구' 영역으로 넘겨 버려서는 안 된다고 믿는다. 재현적인 회화와 건축의 미학처럼 인간에 관한 미학은 부수미와 주요한 관련이 있다.

7. 최근의 세 가지 동향

나는 앞 절들에서 미와 다른 미적 속성들과의 관계, 미의 종류, 미를 수반하는 비미적 속성들 등 다수의 논쟁적 문제들을 살펴보았다. 이제 마지막 절에서는 미의 형이상학을 논의하고자 한다. 미는 실재하는가? 만일 그렇다면 미는 마음으로부터 독립된 속성인가, 아니면 마음에 의존하는 속성인가? 미는 인간 마음의 투사인가? 나의 입장을 제시하기에 앞서 미의 본성에 관한 최근의 세 가지 설명을 간략히 검토하고자 한다.

저서 《미의 복권》(*Beauty Restored*, 1984)에서 메리 마더실(Mary Mothersill)은 미학적 탐구의 중심적 대상으로서 미가 차지하는 올바른 위치가 어디인지를 논의한다. 그녀는 두 가지 예비적 테제를 제시한다. '첫 번째 테제'는 취미에는 법칙이 없다는 것이다. 나는 이에 기본적으로 동의한다. 하지만 수반은 필연적이고 보편적으로 일반화될 수 있다고 생각해도 될 것이다. '두 번째 테제'는 미적 판단은 '진실된(genuine) 판단'이고 어떤 미적 판단은 참이라는 것이다. 나는 '진실된 판단'에 관한 설명 대부분이 성립한다면 이 테제에도 동의한다. 마더실은 계속해서 이 두 예비적 테제를 바탕으로 미적 속성들을 분석한다(Mothersill, 1984: 11장). 그녀는 여기서 미적 속성을 지각적으로 구별할 수 없는 사물들이 공유하는 속성이라고 정의하고 있다. 그러나 지각적 구별 불가능성이란 개념에 대한 설명이 충분하지 않으며, 또한 우리가 사물들을 그 역사를 알게 되면서 다르게 지각할 수 있다는 것을 생각한다면 이 설명은 문제가 있다. 그리고 어쨌든 지각적 구별 불가능성이라는 마더실의 정의는, 우리가 최근에야 망원경이나 현미경을 통해 지각할 수 있게 된 먼 우주나 극히 작은 세포들은 미적 속성을 가질 수 없다는 것을 함축하는 듯하다. 더욱이 마더실은 미가 언제나 '지각할 수 있는' 속성들에 의해 '협소하게' 결정된다고 가정하는데, 이로 인해, 비판받기 쉬운 극단적 형식주의자가 되고 만다. 결국 그녀는 '미는 미적 속성에 의거하여 쾌를 산출하는 경향'이라고 말하고 있다(Mothersill, 1984: 349). "미적 속성에 의거하여"란 구절이 없다면 이것은 앨런 골드만(Alan Goldman)의 설명에서처럼 미를 순수하게 경향성으로 설명하는 것이 된다(골드만의 설명에 대해서는 잠시 뒤에 언급하겠다). 그러나 이 구절로 인해 마더실의 설명은 미의 형이상학에 대해서는 말하지 않고, 다만 쾌, 미와 다른 미적 속성들 사이의 관계를 대략적으로 설명하는 데 그치고 있으며, 어느 정도는 설득력이 있다. 그러나 이 설명은 또한 미적 속성에 대한 대부분의 형이상학적 설명들과 양립되기 때문에, 사물들은 이러한 속성들과 관련된 경향성을 가진다고 보는 것이다.

앨런 골드만은 책 《미적 가치》(1995)에서 미적 속성들에 관해 비실재론적(non-realist) 입장을 옹호한다. 그는 미적 속성과 미적 가치 간의 관계를 기술하면서 시작하고 있다. 그는 미적 속성에는 가치 평가적 양극성이 내재되어 있다고 보는 듯하고(Goldman, 1995: 20) 나도 이에 동의한다. 그러나 그는 이에 기반하여 미적 비실재론을 옹호하는 논증을 구성할 수 있다고 생각한다. 그런데 그 논증에 관해서는 그다지 언급하지 않은 채, 골드만은 미적 속성은 더 기본적인 속성에 의거하여 이상적인 비평가들에게서 반응을 이끌어 낼 수 있는 경향이라는 관점을 받아들이고 있다(Goldman, 1995: 21). 그는 이 관점을 '흄적 구조(Humean Structure)'라고 부른다. 골드만은 흄적 구조를 받아들여, 이상적인 비평가들일지라도 다양한 반응들을 보일 수 있다고 주장하며(Goldman, 1995: 30-1), 미적 속성은 인간의 마음에 의존하며 미적 실재론은 잘못된 것이라고 결론 내린다(36-9).

그러나 흄적 구조는 확실히 논란의 여지가 있다. 흄 자신이 인지주의자가 아니었고 흄적 구조 자체와는 별 관련이 없다고 할 수 있다. 더욱이 실재론에 기울어 있는 사람들도 흄적 구조를 거부할 수 있고 분명히 그럴 것이다. 미적 실재론자라면 미적 속성을 설사 이상적인 비평가라고 해도, 비평가와의 어떤 경향적 관계 **속에서 찾고자** 하지 않을 것이다.

아마도 우리가 미적 특징들에 대해 특정한 방식으로 반응하는 성향이 있다는 것은 참일 것이다. 그러나 우리는 우리의 반응이 보증부이며, 우리가 경험하는 미적 특징들이 그 반응을 **보증한**다고 생각한다. 설령 이상적인 비평가들이 어떤 사물의 미적 속성을 **필연적으로** 알게 된다는 것이 참이라고 해도(그렇지 않다면 이상적인 비평가들이 아닐 것이다), 그것은 미적 **속성이기 위한 조건**은 아닐 것이다(Fine, 1994). 흄적 구조를 부과하는 것은 미적 실재론에 반대하기 위해 선결문제와 관련된 잘못을 범하는 것이다. 만일 '이상적인 비평가'가 단지 올바른 판단을 내리는 사람에 불과하다면 이상적이지 **않은** 미적 판단들에 있어 의견이 갈린다는 사실은 문제가 되지 않을 것이다. 그리고 만일 '이상적인 비평가'가 판단을 내리는 데 필요한 덕목들을 갖춘 사람으로 정의된다면 이러한 이상적 비평가가 틀리지 않는다고 볼 이유가 없다. 왜냐하면 실재론자에게 있어서 판단에 필요한 덕목은 적절한 조건에서 올바른 판단을 내리는 **경향**(tendency)에 불과하기 때문이다. 또한 실제 판단상의 불일치도 문제가 되지 않는다. 골드만은 이상적인 비평가들과 유사한 논증을 사용하여 미적/비미적 수반이라는 생각에 반대한다(Goldman, 1995: 39-44). 다시 말하자면 해결책은 이상적인 비평가와 관련된 설명을 거부하는 것이다.

저서《미의 실재》(*Real Beauty*)에서 에디 제마흐는 경향적이고 이상적인 관찰자 이론의 유혹을 거부한다. 이것이 제마흐식 미적 실재론의 미덕이라고 나는 생각한다. 제마흐는 과학이 필연적으로 미적인 고려를 해야 한다고 생각하기 때문에 미적 실재론자이다. 우리가 과학적 이론을 평가하는 데 있어, 경쟁하는 이론들 중 어느 것을 선택할지를 데이터의 적합성을 가지고는 결정할 수 없을 때 우아함 같은 미적 속성은 매우 중요하다. 제마흐의 주장은, 만일 이론들을 평가하는 데 있어서 미적 기준들에 호소해야 한다면, 그렇게 하는 것이 부당하지 않다면 그 이론들이 실재적으로(really) 미적 속성을 가지기 때문에 미적 기준에 호소하는 것이어야 한다는 것이다. 나는 이 논증이 몇 가지 점에서 문제가 있다고 생각한다. 한 가지 문제점은 추상적 대상들이 미적 속성들을 소유할 수 있어야 한다는 생각을 일반적으로 거부하는 데서 기인한다. 과학 이론들은 추상적 대상으로 간주된다(그 이론들의 미는 그 이론들을 제시하는 글이나 소리의 아름다움에 있지 않다). 그렇다면 그 이론들은 미적 속성들을 가지지 못하며 그것들의 '우아함'을 말하는 것은 단지 은유에 불과하다. 그러나 우리가 과학 이론들이 원칙적으로 미적 속성들을 가질 **수 있다**는 것을 인정하더라도, 그의 논증은 **과학 이론들**이 미적 속성을 가진다는 것을 단지 보여 줄 뿐이다. 그 논증은 **세계가** 일반적으로 미적 속성을 가진다는 것을 보여 주지 않는다. 미적 실재론자들은 장미와 그림은 미적 속성을 가지지만 과학 이론들은 그렇지 않다고 생각한다. 두 번째 문제점은 설령 과학 이론이 기술하고 있는 세계 또한 미적 속성을 가질 때에만 과학 이론이 미적 속성을 가진다고 인정한다고 해도, 이것 역시 장미와 그림들을 포함시키지 못한다. 그것은 이론이 기술하는 법칙들, 이론에서 상정된 개체들이 미적 속성을 가진다는 것을 보여 주는 것이지, 장미나 그림같이 법칙에 따르는 일반(commonsensical) 항목들이 그렇다는 것이 아니기 때문이다. 마지막 문제점은 비록 그 논증이 장미나 그림같이 법칙을 따르는 일반 대상들이 미적 속성을 가진다는 것을 보여준다고 해도, 그것은 과학 이론의 평가와 관련된 종류의 미적 속성들을 그 대상들이 가진다는 것을 보여 주는 것일 따름이다. 그러나 그 밖의 다른 수많은 미적 속성들이 있다. 장미와 그림은 때로는 우아하고, (인정하건대) 어떤 과학 이론들 또한 우아하다. 그러나 이론들이 섬세하고 통렬하고 생기가 넘치고 활력 있으며 쾌활한가? 제마흐의 논증이 설명할 수 있는 미적 속성들의 범위는 지나치게 한정적이다.

나의 생각으로는 실재론적인 설명을 받아들일 이유가 충분하다. 실재론적 설명에 의하면 미적 속성은 사물의 일상적인 비미적 속성들 속에 구현된, 마음과 독립된 속성들이다. 그래서 예컨대 장미의 아름다움은 꽃잎, 잎사귀, 줄기 등의 특수한 배열과 색채를 통해 구현된다. 그리고 사물이 실제로 가지고 있는 마음과 독립된 미적 속성들을 사물에 귀속시킬 때 우리의 미적 판단은 참이다.

앞에서 나는 미적 수반을 어떻게 설명할지의 문제가 있다고 말했다. 미적 수반은 미 그리고 다른 미적 속성에 관한 우리의 관념에서 매우 중요한 것이다. 미적 실재론자들은 미적 수반이 미적 속성의 본성에 기인한다고 설명하며, 한편 비실재론자들은 미적 판단이나 미적 반응 사이에 일관성이 요구된다는 점에 호소한다. 비실재론자들은 이러한 요구 조건에 관하여 납득할 만한 설명을 지금까지는 제공하지 못하고 있다. 골드만은 미적 속성이 마음에 의존한다는 그의 입장에 의거하여 미적 수반을 부정하기에 이른다. 이것을 나는 그의 입장이 보여 주는 귀류법으로 간주한다. 이를 통해 이 근본적인 원칙(미적 수반)을 설명할 수 있는 유일한 설명으로서 실재론이 남게 되는 것이다.

실재론에서 유일한 문제는, 미적 속성들을 수반하는 비미적 속성들 가운데 색이나 소리 같은 **감각적** 속성들이 있다는 것이다. 그리고 다수의 의견으로는 이 속성들은 마음과 독립된 사물의 속성들이 아니다. 만일 감각적 속성이 마음과 독립된 것들이 아니라면 감각적 속성에 수반되는 미적 속성들도 마음과 독립된 것이 아니다(Zangwill, 2001a: 11장). 만일 이것이 옳다면 미적 속성은 전혀 마음과 독립된 속성이 아닐 것이다. 그러나 미적 속성을 반응 의존적인 것으로 보는 통상적인 설명에서와는 달리, 미적 속성은 쾌락 반응에 의존하지 않으며 오히려 인간의 감각적 경험의 특성에 의존한다.

그러면 이제 미란 무엇인가? 미는 특정한 종류의 쾌를 우리에게 선사하며, 그 쾌는 올바름을 추구하는 판단의 기초가 되는 것이다. 미에 대한 판단은 칸트의 용어로 '주관적 보편성'을 가진다. 더욱이 미는 수반적인 속성이다. 비록 다양한 사례들에서 미가 정확히 무엇에 수반되는지는 논쟁의 여지가 있지만 말이다. 이 중 다수는 칸트의 자유미와 부수미 구분을 통해 설명할 수 있다. 마지막으로, 비미적 속성에 미가 의존한다는 것은 미 그리고 여타 미적 속성의 형이상학에 관한 논쟁에서 중심적인 역할을 한다.

* 이 논문의 이해를 돕기 위해서 이 책에서 다음의 논문들을 찾아 읽으면 좋을 것이다.
  〈미적 실재론 1〉, 〈미적 실재론 2〉, 〈미적 경험〉, 〈자연의 미학〉, 〈일상의 미학〉, 〈미학과 진화심리학〉, 〈예술의 가치〉

참고문헌

Beardsley, M. (1982). 'On the Generality of Critical Reasons', in *The Aesthetic Point of View*, Ithaca, NY: Cornell University Press.

Bell, C. (1913). *Art*. London: Chatto & Windus.

Burton, S. (1992). 'Thick Concepts Revisited'. *Analysis* 52: 28–32.

Carlson, A. (2000). *Aesthetic and the Environment*. London: Routledge.

Cohen, T. (1973). 'Aesthetic/Non-aesthetic and the Concept of Taste: A Critique of Sibley's Position'. *Theoria* 39: 113–52.

Currie, G. (1989). *An Ontology of Art*. London: McMillan.

Danto, A. (1981). *The Transfiguration of the Commonplace*. Cambridge, Mass.: Harvard University Press.

Etcoff, N. (1999). *The Survival of the Prettiest*. New York: Doubleday.

Fine, K. (1994). 'Essence and Modality'. *Philosophical Perspectives* 8: 1–16.

Goldman, A. (1995). *Aesthetic Value*, Boulet, Colo.: Westview.

Gombrich, E. (1959). *Art and Illusion*. London: Phaidon.

Hepburn, R. (1984). 'Contemporary Aesthetic and the Neglect of Natural Beauty'. in his *Wonder and Others Essays*. Edinburgh: Edinburgh University Press.

Hutcheson, F. (1993). *Inquiry into the Original of Our Ideas of Beauty and Virtue*. The Hague: Nijhoff.

Kant, I. (1928). *Critique of Judgement*, trans. J. C. Meredith. Oxford: Oxford University Press.

Kim, J. (1993). 'Concepts of Supervenience', in his *Supervenience and Mind*. Cambridge: Cambridge University Press.

Kivy, P. (1973). 'What Makes "Aesthetic" Terms Aesthetic?' *Philosophy and Phenomenological Research* 35: 197–211.

_____ (1991). 'Science and Aesthetic Appreciation'. *Midwest Studies in Philosophy* 16: 180–95.

Korsmeyer, C. (1999). *Making Sense of Taste*, Ithaca, NY: Cornell University Press.

Levinson, J. (1990). 'Aesthetic Supervenience', in his *Music, Art, and Metaphysics*. Ithaca, NY: Cornell University Press.

_____ (1996). 'Pleasure and the Value of Works of Art', in his *The Pleasure of Aesthetics*. Ithaca, NY: Cornell University Press.

_____ (2001). 'Aesthetic Properties, Evaluative Force, and Differences of Sensibility', in E. Brady and J. Levinson (eds.), *Aesthetic Concepts: Essays after Sibley*. Oxford: Clarendon Press.

McCloskey, M. (1987). *Kant's Aesthetic*. Albany, NY: SUNY Press.

Millikan, R. (1993). *White Queen Psychology and Other Essays for Alice*. Cambridge, Mass.: MIT Press.

Mitrovic, B. (1998). 'Paduan Aristotelianism and Daniele Barbaro's Commentary on Vitruvius' *De architectura*'. *Sixteenth Century Journal* 29: 667–88.

Mothersill, M. (1984). *Beauty Restored*. Oxford: Clarendon Press.

Rowe, C. (1976). 'The Mathematics of the Ideal Villa', in his *The Mathematics of the Ideal Villa and Other Essays*. Cambridge, Mass.: MIT Press.

Scarry, E. (1999). *On Beauty and Being Just*. Princeton: Princeton University Press.

Schaper, E. (1983). *Studies in Kant's Aesthetics*. Edinburgh: Edinburgh University Press.

Scott, G. (1914). *The Architecture of Humanism*. London: Constable.

Scruton, R. (1979). *The Aesthetics of Architecture.* Princeton: Princeton University Press.

Sibley, F. (1959). 'Aesthetic Concepts'. *Philosophical Review* 68: 421–50.

_____ (1965). 'Aesthetic and Nonaesthetic'. *Philosophical Review* 74: 135–59.

Walton, K. (1970). 'Categories of Art'. *Philosophical Review* 70: 334–76.

Wittkower, R. (1971). *Architectural Principles in the Age of Humanism.* New York: W. W. Norton.

Wolff, N. (1992). *The Beauty Myth,* New York: Doubleday.

Zangwill, N. (2001a). *The Metaphysics of Beauty.* Ithaca, NY: Cornell University Press.

_____ (2001b). 'Aesthetic Functionalism', in E. Brady and J. Levinson (eds.), *Aesthetic Concepts: Essays after Sibley.* Oxford: Clarendon Press.

Zemach, E. (1997). *Real Beauty.* University Park, Pa.: Pennsyvania State University Press.

제19장

유머

노엘 캐롤(Noël Carroll)
번역: 신현주

1. 유머에 관한 이론들

유머는 우리 삶에서 흔히 발견되는 모습이다. 우리는 어디에서든 유머를 찾을 수 있다. 일하거나 혹은 휴식을 취할 때, 사적이거나 혹은 공적인 일들에서 말이다. 우리는 스스로 유머를 지어낼 때도 있고, 종종 희곡작가, 소설가, 영화제작자, 코미디언, 광대 등에게 돈을 지불하고 유머를 창작해 주길 부탁하기도 한다. 라블레(Rabelais)*와 같은 이들에 따르면, 유머는 고유하게 인간적인 속성, 즉 인간이 아닌 다른 종들은 지니지 못하는 속성이다. 그러나 비록 이것이 사실이 아니라 해도, 유머는 인간의 여러 사회들이 지닌 보편적 요소인 듯하다. 그러므로 철학자들에게 유머가 지속적인 논의 주제였음은 놀라운 사실이 아니다. 우리 삶의 모든 측면들을 논의하고자 하는 야망에 찬 철학자들에게는 특히 더 그러하다.

　　플라톤은 유머와 함께 발생하는 웃음은 악덕(vice), 특히 자기 자신을 잘 알지 못하는 악덕으로 향한다고 보았다(Plato, 1961). 다시 말해, 우리는 소크라테스의 충고, "너 자신을 알라"를 실현하지 못하는, 그러면서 자신이 현명하며, 강하고, 건강하다고 자기기만에 빠

---

* 프랑수아 라블레(1483-1553), 프랑스의 작가 · 의사 · 인문주의자. 대표작 《가르강뛰아와 팡타그뤼엘 이야기》(1953)

진 이들을 보며 웃게 된다는 것이다. 그러므로 우리가 우스움으로 즐거워할 때 거기에는 적의(malice)가 포함되어 있다는 것이다. 플라톤은 또한 유머를 신뢰하지 못하였는데, 왜냐하면 그것이 자제하기 힘든 웃음으로 이어질까 두려웠기 때문이며, 그는 이성적인 자기 제어에 방해가 되는 것을 경계하였다. 이러한 이유로 그는 공화국의 후견인 집단 내에서의 웃음을 장려하지 않았으며, 그들이 웃고 있는 모습의 신과 영웅의 재현에 노출되지 말아야 한다고 주장한다(Plato, 1993).

유머에 대한 이와 유사한 불신은 에픽테토스(Epictetus)[*]와 스토아 학파에서 찾아볼 수 있는데, 그들은 플라톤과 마찬가지로 감정의 자기 절제에 가치를 두었다. 암브로시우스(Ambrose)와 히에로니무스(Jerome)와 같은 교부들은 예수가 웃음의 가치를 인정했음에도 불구하고 스토아 학파가 지녔던 유머에 대한 불신을 유지한다(Phipps, 1979).

아리스토텔레스도 자신의 스승인 플라톤과 마찬가지로 농담을 일종의 모욕(abuse)으로 보았고(Aristotle, 1941), 희극은 인간들을 평균에도 못 미치는 형편없는 모습으로 묘사한다고 생각했다(Aristotle, 1993). 그러나 플라톤과는 다르게 아리스토텔레스는 덕이 있는 삶에서의 유머의 역할을 인정한다. 그러나 덕이 있는 이들의 웃음은 절제되거나 혹은 요령이 있어야 한다. 아리스토텔레스 역시 플라톤과 마찬가지로 웃음이 제어되지 않을 수도 있다고 본다. 그러므로 그는 덕이 있는 사람들에게 저속한 익살의 위험을 경고한다. 그 어떤 방법을 써서도 아무 상황에서나 웃음을 참지 못하는 무능력이 바로 그 위험이다. 그런 사람을 우리가 신뢰할 수 있는 시민으로 간주하기는 매우 어렵다.

플라톤과 아리스토텔레스에게서 발견되는, 결함 있는 사람들을 향한 적의와 모욕을 유머와 연관시키는 견해는 **유머의 우월 이론**(Superiority Theory of Humor)이라고 불리며, 토마스 홉스(Thomas Hobbes)가 매우 간결한 형태의 우월 이론을 전개한다. 홉스는 다음과 같이 말한다. "나는 웃음이란 타인이 가진 약점과의 비교, 혹은 나 자신의 이전 모습과의 비교를 통해 알게 된 현재 나 자신의 뛰어남에 바탕을 둔 갑작스런 영광이라고 본다(Morreall, 1987)."

즉, 홉스에 따르면, 웃음은 타인의 약함을 지각하여 우리 자신의 우월함을 느끼는 데에서 나온다. 홉스는 또한 종종 우리가 우리 자신을 향해 웃는다는 사실을 설명하기 위해, 유머의 대상이 우리 자신일 수 있다고 본다. 그러나 우리 자신의 멍청한 행동(예를 들어 면도 크림을 칫솔에 얹는 행동)에 웃음 지을 때, 우리는 스스로의 우스꽝스러운 행동을 반추해 보고 그로부터 나온 우월감 때문에 웃는 것은 아니다.

유머의 우월 이론과 관련하여 논의될 수 있는 많은 주제들이 있다. 상당수의 유머들은 의심할 여지 없이 인간의 성격 특성들, 예를 들어 멍청함, 허영심, 욕심, 잔인함, 무자비

---

[*]　스토아 학파에 속하는 철학자. 대표작《담화록》

함, 더러움, 음란함, 혹은 그 밖의 성격 결함을 이용한다. 예를 들어, 미국인이 말하는 폴란드인에 대한 농담, 영국인이 말하는 아일랜드인에 대한 농담, 프랑스인이 말하는 벨기에인에 대한 농담, 유태인이 말하는 헤움(Chelm)*인에 대한 농담, 폴란드인이 말하는 러시아인에 대한 농담, 러시아인이 말하는 우크라이나인에 대한 농담, 캐나다인이 말하는 뉴펀들랜드인(Newfie)에 대한 농담, 인도인이 말하는 시크교인(Sikh)들에 대한 농담, 그리고 누구나 하는 금발에 대한 농담을 생각해 보라. 이것들은 모두 궁극적으로는 바보 농담(moron joke)이다. 이것들은 '왜 그 바보는 X를 한 것일까?', 혹은 '어떻게 그 바보가 X를 한 것일까?'를 물어봄으로써 재기술될 수 있다. 바보 농담은 그 사람의 심각한 지적 능력의 결여와 그로 인해 거의 모든 이가 그에 대해 느끼게 되는 우월감에 초점이 맞추어져 있다.

이와 유사하게, 많은 농담들은 신체적 장애(예를 들어, 말더듬이) 혹은 문화적 약점(예를 들어, 문맹), 그리고 그것이 내포하는 우월한 지위를 이용한다. 우월 이론이 주장하는 것은, 우리가 유머의 대상을 단지 우리와 다르다고 보는 것이 아니라 우리에 비해 열등하다고 본다는 것이다. 우월 이론은 바보 농담에서부터 빙판에 미끄러지는 사람들(즉 우리보다 어설픈 이들)을 향한 웃음에 이르기까지 방대한 경우를 설명할 수 있다는 장점이 있다. 많은 웃음들은 타인의 멍청함을 비웃는 못된 웃음이며, 우월 이론은 이것이 왜 그런지 표면적으로는 잘 설명한다. 웃음은 쾌(pleasure)의 한 표지이며, 타인의 멍청함에서 느끼는 우리의 쾌는 바로 우리가 그들보다 낫다는 인식이다.

그러나 우월 이론의 설명 범위가 이렇게 넓음에도 불구하고, 그 이론은 뚜렷한 한계를 지닌다. 우월감은 웃기 위한 필요조건이 될 수 없는데, 왜냐하면 우월감을 포함하지 않은 웃음의 수많은 경우들이 있기 때문이다. 우리는 저의가 없는 말장난 등과 같은 단순한 언어적 재치에 웃기도 한다. 이때 우리가 우월감을 느끼거나, 혹은 언어적 재치를 발화한 그 사람이 어떤 의미에서 우리보다 열등하기 때문에 우리가 웃는 것은 아니다. 사실 우리는 그 언어적 재치의 발화자가 우리보다 영리하다고 느낄 수도 있다.

누군가가 나를 놀릴 때 나도 함께 웃을 수 있는데, 이러한 사실은 우월감으로는 설명하기 힘들다. 왜냐하면 지금 웃음거리가 되고 있는 것은 나의 기존 자아가 가지고 있던 단점이 아니라 지금 이 순간의 나 자신이기 때문이다. 게다가, 어린이들은 매우 어린 나이에 '웃기게 생긴 얼굴', 그리고 '포르트-다(fort/da)'** 놀이 등과 같은 것에 웃는데, 그 나이의

---

* 폴란드 루벨스키에(Lubelskie)주의 한 도시

** 프로이트가 어느 날 자신의 손자가 실패 꾸러미를 던지면서 그것이 눈앞에서 사라지면 'Fort(사라졌다)'를, 다시 실패를 잡아당겨 눈앞에 나타나면 'Da(여기 있다)'를 외치는 놀이를 반복하는 것을 목격하고 그 놀이에 붙인 이름

어린이들이 우월성이라 불릴 만한 어떤 개념을 가진다고 보기는 어렵다. 그리고 어찌 되었든 '포르트-다' 놀이에 대한 반응으로 나온 웃음을 어떻게 우월감으로 설명할 수 있겠는가?

더 나아가 우리는 종종 우리가 우월하다고 간주하는 희극적 인물들의 행동에 웃기도 한다. 예를 들어, 영화 〈제너럴〉(The General, 1926)에서 버스터 키튼이 자신이 들고 있던 침목(railroad tie)을 이용해 탈선을 방지하는 행동은 그 놀라운 통찰력으로 인해 우리에게 웃음을 선사한다. 비록 우리 자신은 그 난국을 그처럼 우아하게 해결하지 못한다는 사실을 잘 알고 있지만 말이다(Carroll, 1996). 그런 경우 우리의 웃음이 키튼에 대한 우월감에서 나온다고 보기는 어렵다. 우월이나 열등이라는 차원으로 굳이 생각을 해 보자면, 아마도 우리는 순발력 있게 대처한 점에 있어 키튼에 비해 우리가 열등하다는 생각을 할 것이다.

타인보다 자신이 우월하다는 인식은 웃음의 충분조건도 되지 못한다. 프랜시스 허치슨(Francis Hutcheson)이 지적하였듯이, 우리는 굴보다 우리가 우월하다는 사실을 인식하지만, 굴에게 웃음 짓지는 않는다(Hutcheson, 1973). 허치슨은 또한 우리가 이단자들에 비해 우월함을 인식하지만 그들에게 웃음 짓지는 않는다고 말한다. 결과적으로, 비록 우월 이론이 많은 예들을 잘 설명하는 듯 보이지만, 동시에 그 이론은 다른 수많은 예들을 설명하기에 적절하지 못하다.

게다가, 홉스식의 우월 이론은 웃음에 대한 이론이란 틀을 가지고 있고, 잠정적으로 웃음의 원인에 대한 설명이다. 이 점은 확실히 우월 이론의 직관적 개연성을 높여 주는데, 왜냐하면 실로 웃음은 종종 타인에 대한 나의 승리에 동반하여 나타나기 때문이다. 그러나 유머의 이론이 대상으로 삼아야 하는 것이 과연 웃음인지에 대한 문제가 남아 있다. 왜냐하면, 한편으로 웃음은 유머에 대한 반응일 뿐만 아니라, 간지럼 태우기, 아산화질소, 미치광이풀, 아트로핀(atropine), 암페타민(amphetamine), 대마초, 술, 발작, 긴장, 파과증(hebephrenia), 그리고 물론 승리에 대한 반응이기도 하기 때문이다. 다른 한편으로, 어떤 유머는 웃음을 이끌어내지 못하고 단지 온화한 즐거움이나 경쾌함, 즉 가벼운 마음 상태를 이끌어 낸다. 그러므로 웃음에 초점이 맞추어진 홉스의 이론이 과연 유머의 이론인지는 확실하지 않다.

유머의 이론은 재미있어 하는 웃음, 즉 우스운 즐거움(comic amusement)으로부터 발생한 웃음만을 다루어야 하며, 승리의 웃음을 재미있어 하는 웃음이라고 볼 이유가 없다. 이 문제에 답을 내기 위해서는 먼저 즐거움(amusement)에 대한 분석이 필요하다. 그러나 우월 이론이 즐거움에 대한 분석을 제공할지는 미지수인데, 왜냐하면 홉스가 관심을 가졌던 정감의 대상은 자아-승리감이었으며 그것은 우스운 즐거움의 대상이 아닌 듯 보이기 때문이다. 비록 어떤 우월감은 특정 유형의 웃음을 발생시키기도 하지만 말이다.

홉스의 우월 이론이 가지는 많은 문제점들은 그 이론을 소위 **유머의 부조화 이론**(In-congruity Theory of Humor)으로 대체하고자 했던 18세기의 허치슨에 의해 지적되었다. 이 이론은 희극의 대상이 평균보다 저급한 인간들이라고 본 아리스토텔레스에 의해 이미 구상되었다고 볼 수 있다. 아리스토텔레스를 살펴보면, 우스운 즐거움은 기준으로부터의 일탈에 바탕을 둔다고 보는 견해가 나타난다. 그러나 명시적으로 이론화된 부조화 이론의 가장 잘 알려진 초기 형태는 허치슨의 이론이다. 지금까지 부조화 이론은 쇼펜하우어(Scho-penhauer, 1966), 키에르케고르(Kierkegaard, 1941), 코스틀러(Koestler, 1964), 모리얼(Morreall, 1983), 클라크(Clark, 1970), 그리고 논란의 여지는 있지만 칸트(Kant, 1951)와 베르그송(Bergson, 1965) 등 많은 철학자들을 매료시켰다.

부조화 이론의 주된 주장은 부조화를 인식하는 데에서 우스운 즐거움이 나온다는 것이다. 우리는 애니메이션 〈치킨 런〉(Chicken Run, 2002)의 닭들을 보고 우스운 즐거움을 느끼는데, 왜냐하면 그들의 동작, 행동, 생김새가 인간을 연상시키기 때문이다. 그러나 이는 현실과 부조화적이며 터무니없다. 닭들을 인간이라는 개념 아래 포섭한다면 범주의 오류를 저지르는 것이 될 것이다. 즉 이는 기존의 범주를 위반하는 것이다. 따라서 이는 인간이라는 개념의 부조화적 예라고 볼 수 있다. 〈치킨 런〉의 제작자들은 우리에게 그러한 관점으로 닭들을 바라보도록 초대하며, 그렇게 함으로써 우스운 즐거움을 이끌어 낸다.

이와 유사하게, 다의어나 동음이의어를 이용한 말장난(pun)은 특정 문맥에 놓인 단어나 구절의 일반적 의미를 이차적 혹은 은유적 의미로 바꾸거나, 혹은 단어의 예상 가능한 사용을 동음이의어의 예상 가능한 사용으로 교환함으로써 관례적인 규칙을 위반한다. 다시 말해, 그러한 말장난은 단어가 위치한 담론이 나아가는 방향에서 일탈된 의미를 활성화시키기 때문에 부조화적이다. 게다가 농담이나 풍자, 해학 등에서 사용되는 괴상한 논리적 추론 역시 부조화로 간주될 수 있다. 그것들은 연역이나 귀납 논리, 혹은 형식이나 비형식 논리의 모든 논리 법칙을 통해 살펴보아도 터무니없다.

부조화 이론이 전제하고 있는 부조화 개념은 매우 간단하게는 일리 있음, 혹은 말이 됨(sense)에 대한 문제화로 볼 수 있다. 이는 개념이나 규칙이 위반될 때 발생한다. 그러나 위반의 범위는 개념적 실수, 언어적 부적절, 혹은 논리적 오류에만 국한될 필요는 없다. 감각 역시 한계 상황으로 치닫게 되면 문제화될 수 있다. 그러므로 희극 영역에서 매우 마른 남자와 매우 뚱뚱한 남자로 구성된 조를 발견하는 것이 흔한 일이다(예를 들어 돈키호테와 산초 판자, 애벗과 코스텔로*). 이 경우 범주의 오류가 범해진 것은 아니다. 그러나 우리는 관련

---

* 버드 애벗(Bud Abbott)과 루 코스텔로(Lou Costello)로 구성된 미국의 코미디 듀오로 1940-50년대에 활발히 활동했다.

된 범주의 양극단에 놓인 인간들을 마주하게 된다. 인물들이 너무 상이하기 때문에, 우리는 인간이라는 범주의 동질성이 아닌 이질성에 놀라게 된다. 이와 유사하게, 부조화는 어떤 개념이 오류적인 방식이 아니라 그럴 법하지 않은 방식으로 예화될 때에도 발생한다. 40kg의 연약한 사람이 씨름 선수 복장을 하고 있을 때, 우리는 그 인물이 씨름 선수의 고정관념적인 예와 너무나 다르기 때문에 부조화를 느끼게 된다.

앞선 예가 보여 주듯이, 개념들만이 부조화를 일으킬 수 있는 것이 아니라 고정관념 역시 그럴 수 있다. 우리의 고정관념은 고정관념적 특성들의 과장이나 혹은 축소를 통해 왜곡될 수 있다. 캐리커처는 종종 과장한다(예를 들어 오후에 거뭇거뭇하게 올라온 닉슨 대통령의 수염을 덥수룩한 턱수염으로 묘사하는 캐리커처). 사실 과장은 해학, 패러디, 풍자 등에서 널리 사용되는 기본 전략이다. 반면 40kg의 씨름 선수에 대한 예는 축소를 통해 생겨난 부조화의 예이다.

지금까지의 예들이 제시하는 것처럼, 부조화는 기존의 규준(개념적, 논리적, 언어적, 고정관념적인 규준 등)으로부터의 일탈을 포함한다. 여기에 예의를 포함한 도덕적 혹은 상식적 규범도 포함될 수 있다. 찰리 채플린이 종종 그랬듯이 인간을 팔걸이로 이용하거나, 혹은 식탁보를 손수건으로 이용하는 것은 규범적 행동으로부터의 일탈이기 때문에 부조화이다. 그러므로 부조화는 단순히 서툰 행동뿐만 아니라, 도덕적 혹은 상식적으로 부적절한 행동도 포함한다.

대립되는 견해들이 또한 부조화의 원인이 되기도 한다. 소설, 연극, 영화 속의 희극적 서사에서 어떤 인물들은 종종 그들의 상황을 잘못 인식한다. 그들은 종종 자신이 정원사와 이야기하고 있다고 믿지만 사실 그들은 집주인과 이야기하고 있는 것이다. 관객은 이를 인식하여 문제의 장면을 두 가지 대립적 견해, 즉 오해를 하고 있는 등장인물의 제한적 관점, 그리고 서술자의 전지적 관점을 통해 따라간다. 이 관점들이 효과적으로 대립되는 한, 희극 이론가들은 그것들을 부조화적 병치의 한 예로 간주한다.

어떤 농담들은 메타-농담(meta-joke)으로 간주되는데, 왜냐하면 농담하기의 관습들로부터 일탈함으로써 그 관습들에 우리를 주목시키기 때문이다. 그런 식의 농담(예를 들어, "왜 닭이 길을 건너갔을까? / 반대편에 도달하기 위해서")은 농담에 대한 우리의 관습적 기대, 즉 농담이 우리의 뒤통수를 치는 정보제공적 펀치라인을 제공할 것이라는 기대를 드러내면서 동시에 그것을 위반하기 때문에 메타-농담이다(Giora, 1991). 닭이 길의 반대편에 도달하기 위해 길을 건넜다는 사실은 전혀 정보제공적이지 않다. 그 사실은 오직 농담의 결론이 될 때에만 놀라울 뿐이다. 마찬가지로 그릇된 추론은 부조화적인데, 왜냐하면 그것들은 주어진 대화나 이야기가 정합적으로 연결될 것이라는 우리의 기대를 전복하기 때문이다. 게다가, 인물이 그가 처한 상황에 맞지 않는 감정이나 태도를 가진다면, 혹은 적절한 감정이나 태도를 지나치게 과장한다면 그러한 정서적 부적합도 부조화로 나타날 수 있다. 부조화 이론에 따르면, 우스운 즐거움은 문제의 유머가 위반하고 있는 개념이나 규칙, 기대 등을 관객이 이미 알고 있음을 전제하며, 유머가 주는 즐거움은 아마도 그런 배경 정보에 접근할 수 있는 우리의 능력과 일부 관련이 있다.

그렇다면 전형적인 부조화는 우리가 가진 개념, 규칙, 논리와 추론의 법칙, 고정관념, 도덕이나 예의의 규준으로부터의 일탈을, 그리고 병렬적으로 제시된 모순적 관점들, 그리고 표준적이라 인정되는 정서적 각본이나 희극적 형식에 대한 기대의 전복과 관계있다. 전형적인 부조화의 이와 같은 목록이 주어진다면, 이를 바탕으로 이론가들은 유머의 이론에 관한 지도를 그려 낼 수 있을 것이다.

부조화 이론에 따르면 유머란 특정한 유형의 자극(즉 부조화에 대한 반응으로 나온 자극)과 관계된 반응 의존적 속성이다. 즉, 인식된 부조화는 우스운 즐거움이라는 심적 상태의 대상이다. 우리가 우스운 즐거움의 상태에 있을 때 그 심적 상태의 대상은 지각된 부조화이다. 이 상태는 항상 보아 오던 사람들이 갑자기 어떤 점에서 우습다는 것을 알아차리는 경우(부조화적임)와 같은 발견된 유머(found humour)를 향한, 혹은 농담과 같이 부조화에 우리의 주의를 집중시키기 위해 의도적으로 만들어진 발명된 유머(invented humour)를 향한 반응일 수 있다.

이것은 우월 이론에 비해 한 걸음 진보한 것이다. 왜냐하면 우스운 즐거움의 대상이나 자신에 대한 우월감이 아니라 인식된 부조화나 혹은 터무니없음(absurdity)이라는 것이 더 그럴듯하기 때문이다. 어찌되었든, 우월감과 그에 동반된 잔인한 웃음은 아무런 웃긴 점이 없는 것(예를 들어 원수에 대한 피의 복수)에 반응해서도 발생할 수 있다. 반면 적절한 맥락 내에서 발생한 터무니없음은 그것이 우리에 관한 것이건 타인에 관한 것이건 간에, 혹은 그 누구와도 관련되지 않는다 하더라도, 우스운 즐거움의 자연스런 후보자이다. 예를 들어 냉동고 안의 운동화를 목격하는 경우, 우리는 그 어떠한 실제적 혹은 상상의 인물에 대해 웃는 것이 아니고, 운동화가 위치한 장소로서 냉동고가 터무니없기 때문에 거기에서 우스움을 느낀다.

그러나 부조화는 기껏해야 우스운 즐거움이 발생하기 위한 필요조건이 될 뿐이다. 알렉산더 베인(Alexander Bain)이 지적하듯, 전혀 우습지 않은 부조화의 예는 너무나 많다(Bain, 1975). 그러므로 비록 부조화가 우스운 즐거움의 부분이 될 수는 있어도, 전체가 될 수는 없다. 간단히 말해 부조화는 우스운 즐거움과 완벽한 상관관계에 있지 않다. 종종 부조화나 어떤 기대로부터 일탈된 상황은 위협적이며 불안감까지 가져다준다. 만일 어떤 낯선 이가 어린아이에게 '우스운 표정'을 짓는다면, 그 아이는 겁을 먹기 쉽다. 그러나 만약 가족이 동일한 '우스운 (부조화적) 표정'을 짓는다면 그 아이는 깔깔거리고 웃을 것이다. 이것이 말해 주는 바는 우스운 즐거움이 일어나기 위해 지각자는 부조화로부터 위협을 느끼거나, 혹은 그것을 불안의 원천으로 보아서는 안 되고, 그 대신 부조화를 터무니없음을 향유할 수 있는 기회로 보아야 한다는 것이다(Hartz and Hunt, 1991).

그렇다면 발견된 유머와 관련하여, 우리에게 우스운 즐거움을 주는 상황이란 그 안에서 우리가 위협을 느끼지 않는 상황이다. 엄청난 몸무게의 인간과 부딪혀 우리가 죽을 수도 있는 경우에 대해 우리가 우스운 즐거움을 느끼지는 않을 것이다. 또한 어떤 상황이 타인에게 위험스런 경우에도 우리는 그것에서 우스운 즐거움을 느끼지 않을 것인데, 왜냐하면 그 상황은 우리에게 불안감을 일으킬 것이기 때문이다(Carroll, 1999).

발명된 유머는 부조화가 불안감을 유발하지 못하도록 하는 다양한 외부적, 내부적 관례들을 사용한다. 부조화는 일반적으로 재미있다고 인정되는 상황들을 표시해 주는 관례적 장치들을(예를 들어 '너 이러이러한 것을 들어 보았니?'와 같은 표현 및 억양의 변화) 이용하여 비위협적으로 소개된다. 사실 그러한 관례적인 표지들은 참가자들에게 위협을 느끼지 않아도 된다는 점을 알려 줄 뿐만 아니라, 발명된 유머의 농담-세계나 허구적 환경에 살고 있는 존재들이 겪는 일에 대한 걱정이나 근심을 덜어주는 일종의 희극적 거리(농담이나 풍자에 등장하는 인물을 향한 도덕적 염려나 공감의 부재)를 요청한다. 그 인물들은 지옥에서 불타거나, 혹은 상어에 잡아먹히고, 혹은 높은 건물에서 추락하고 있을 수도 있다. 그러나 희극적 거리라는 관례는 그들에 대한 어떠한 염려도 덮어 두라고 말한다. 베르그송이 지적하듯이 유머는 잠시 동안의 심장 마취를 요구한다.

그리고 물론 이 희극적 거리 혹은 희극적 마취는 단순히 유머-외부적 관례들의 작용만은 아니다. 농담이나 슬랩스틱(slapstick)과 같은 것들은 우리가 등장인물에 가해지는 해의 물리적, 윤리적, 심리적 결과에 신경 쓰는 것을 방해함으로써 우리의 불안감을 없애는 방식으로 그 내부가 구조화된다. 다시 말해, 어떤 농담에서 등장인물이 폭발물을 맞는다고 할 때, 그 인물이 피를 흥건히 흘릴 것이라는 점은 우리에게 알려지지 않는다. 왜냐하면 그것이 알려질 경우 인물에 대한 공감을 끌어낼 것이기 때문이다. 사실 발명된 유머는 일반적으로 우리의 정상적 공감이나 도덕적 반응이 중지 상태에 있기 때문에 인물의 고통에 대한 인식이 결여되는, 따라서 불안감을 일으키는 것으로 우리가 그 상황을 간주하지 않도록 하는 허구 세계 내에서 일어난다.

그러므로 부조화 이론에 따르면, 우스운 즐거움은 위에서 언급된 종류의 인식된 부조화를 그 대상으로 삼으며, 그 대상은 위협적이거나 불안감을 조성하는 것이 아니라 즐겨질 수 있는 것이어야 한다. 발명된 유머는 그러한 상태를 만들기 위해 의도된 것이다. 물론 이것은 아직 적절한 정의는 아닌데, 왜냐하면 수학적 퍼즐 역시 이 정의를 만족하기 때문이다. 그러나 수학적 퍼즐의 해결책이 종종 웃음을 가져다주기는 하지만 그 자체로 우습거나 혹은 우스운 즐거움의 대상이 되지는 못한다.

여기서 문제는 부조화에 대한 우리의 반응이 단순히 위협을 느끼거나, 아니면 그와 대조적으로 우스운 즐거움을 느끼거나의 두 가지로 나누어지지 않는다는 것이다. 종종 부조화는 우리를 혼란스럽게 하며 문제를 풀도록 자극한다. 이때 유머나 우스운 즐거움과는 대조적으로, 문제 해결은 실제로 부조화를 해결하거나, 진정한 이해를 하거나, 겉으로 보기에 터무니없어 보이는 것이 그렇지 않다는 것을 보이는 데 전념한다. 반면 우스운 즐거움의 상태에서 우리는 부조화를 해결하는 적절한 방법을 찾으려 하지 않으며, 기껏해야 농담의 경우에서처럼, 터무니없다고 생각되는 것이 한편 말이 되는 것처럼 보이는 모습에 놀라게 될 뿐이다(Carroll, 1991).

게다가 유머의 내부적 구조와 외부적 관례는 우리에게 문제를 해결하려는 성향을 중지해야한다고 말해 준다. 즉, 발명된 유머의 존재를 표시해 주는 관례들을 통해 우리는 부조화의 실제적 해결책이 나오지 않을 것이며, 그와 동시에 유머의 내용은 진정한 해결을 거부한다는 사실을 인식하게 된다. 반면, 문제 해결의 경우, 우리의 즐거움은 주로 해결책을 찾는 데에서 나온다(이와 대조적으로 우스운 즐거움은 부조화 그 자체에 집중한다).

그러므로 부조화 이론의 한 형태를 정리하자면, 우리는 다음과 같은 경우 그리고 오직 그 경우에만 우스운 즐거움을 느낀다. ① 우리의 심적 상태의 대상이 인식된 부조화이고 ② 우리는 그 부조화가 위협적이거나 불안감을 준다고 간주하지 않으며 ③ 진정한 문제 해결적 태도로 그 부조화에 접근하지 않고 ④ 우리는 그 부조화를 오히려 즐긴다. 유머는 우스운 즐거움을 제공하는 반응 의존적 속성이다. 발견된 유머는 발명된 유머와 차이가 나는데, 발명된 유머가 유머 제시 방식의 내부 혹은 외부적 특성들이 뒷받침하는 의도에 의해 추진되는 반면, 발견된 유머의 경우 청자가 부조화를 스스로 발견할 뿐만 아니라 불안감이나 문제해결 성향을 스스로 억제함으로써 관련된 자극을 즐길 수 있는 가능성을 스스로 연다.

부조화 이론의 상당한 호소력에도 불구하고, 이 이론에는 간과할 수 없는 문제가 하나 있다. 그것은 바로 부조화라는 개념이다. 왜냐하면 부조화에 대한 명확한 정의가 아직 없기 때문이다. 과거 쇼펜하우어와 같은 철학자들이 유머를 엄격하게 정의하고자 시도했을 때(그는 유머를 본질적으로 범주의 오류라고 보았다), 그들의 유머 정의는 전형적으로 우리가 웃긴다고 생각하는 모든 것들을 담아내기에는 너무 편협했다. 이 때문에 어떤 이들은 전형적인 부조화의 예라고 생각되는 것들을 열거하여 부조화 개념을 명확히 하려고 시도했다. 그러나 그 예들은 개념적이고 논리적인 오류에서부터 부적절한 식탁 예절이나 전복된 기대감에 이르기까지 매우 광범위한 경우들을 포함하게 되었다. 그리하여 어떤 이들은 부조화의 개념이 충분히 배타적이지 못하다는 우려를 한다. 특히 기대감의 전복과 같은 매우 광범위한 현상을 아무런 제한 없이 부조화로 인정한다면 말이다. 다른 한편으로 지금까지 발전되어 온 부조화의 정의는 어쩌면 너무 배타적일 수도 있다. 왜냐하면 우리가 전혀 웃긴다고 간주하지 않는 다수의 초현실주의 예술작품 역시 그 정의를 만족하는 것처럼 보이기 때문이다(Martin, 1983). 그러므로 유머에 관한 부조화 이론은 앞으로 더 많은 연구를 필요로 하는 기획이다.

유머 이론의 세 번째 전통은 **해방 이론**(Release Theory)이라 불린다. 혹자는 희극을 논한 아리스토텔레스의 《시학》 2권(유실됨)에서 그가 해방 이론을 전개했을 것이라 추측한다. 그가 《시학》 1권에서 카타르시스 개념을 이용해 비극을 설명하고 있으므로, 그와 유사하게 희극을 일종의 적체된 감정 해소의 방법으로 설명했을 것이라는 가설이 지속되어 왔다.

섀프츠베리(the Earl of Shaftesbury)는 희극이 억압된 자유 정신을 해방한다고 보았으며(Morreall, 1998), 이 견해는 과격한 감정이나 유치한 넌센스를 억압하기 위해 이성이 쏟는 에너지를 방출해 주는 것이 농담이라고 본 프로이트 역시 공유하고 있다(Freud, 1976). 이와 유사하게 허버트 스펜서(Herbert Spencer)는 마음이 어떤 광대한 것(진중한, 혹은 최소한 심각한 것)으로부터 작은 것(실없거나 사소한 것)으로 나아갈 때 긴장된 에너지가 해소되면서 나오는 것이 웃음이라 본다(Spencer, 1911). 심각한 일을 다루면서 축적된 긴장 에너지가 웃음으로 대체되면서 밖으로 배출되는 것이 농담이라는 것이다.

스펜서와 프로이트의 이론은 마음을 일종의 수압(hydraulic) 체계로 가정하고 있는 듯한데 이는 상당히 의심스럽다. 그들은 심적 에너지가 특정한 경로를 흐르며, 방해물을 돌아가고, 압력이 축적되면 분출구를 찾는 물과 비슷한 모습으로 행동한다고 가정하고 있다. 이를 기술하는 그들의 언어는, 비록 당시의 과학적 용어들을 이용하긴 하지만, 현재의 관점으로 보았을 때 기껏해야 은유적인 차원으로밖에 들리지 않는다. 혹은 보다 덜 인신공격적으로 표현하자면, 그들의 이론은 적체되고 억압된 무언가가 있는데 그것이 해방되어야 한다고 가정하고 있지만, 이를 정당화하는 과학적 근거는 매우 희박해 보인다.

해방 이론은 기대(expectation)라는 개념을 이용하여 보다 쉬운 언어로 재기술 가능하다. 우리는 수수께끼나 농담을 들을 때 펀치라인을 기다리면서 자연스럽게 어떤 기대를 가지게 된다. 펀치라인이 등장하면 그 기대가 해방되거나 풀어지고 웃음이 따라 나온다. 그러나 기대감이 어떻게 농담에서 사용되는지 적절하게 기술하기 위해 해방이나 경감이라는 개념이 필요한 것 같지는 않다.

농담이나 수수께끼는 이상적인 경우 청자에게 결말을 욕구하게끔 만든다. 즉 수수께끼의 답이나 농담의 펀치라인을 듣고 싶은 욕구를 만들어 낸다. 답이나 펀치라인이 나오면 그 욕구는 만족되고, 그러한 만족은 종종 웃음으로 표현되는 즐거움으로 이어진다. 그러나 여기서 우리가 해방이나 경감과 같은 것을 논할 특별한 이유는 없다. 기대나 욕구, 그리고 그것의 만족에 대한 이야기만으로도 충분하다.

어쩌면 우리의 욕구가 충족되는 것이 바로 욕구로부터의 해방이라는 주장이 제기될 수도 있겠다. 그러나 우리 자신의 욕구에 대해 그런 은유적 방식으로 말하는 것은 오해의 소지가 있다. 문제의 주장은 단순히 우리가 문제의 욕구를 더 이상 가지고 있지 않다는 것 이상을 의미하지 않는다. 결국 우리가 욕구를 소유하는 것이지, 욕구가 우리를 소유하는 것은 아니다. 우리가 죽으면 더 이상 살아 있지 않다고 보는 것이, 우리가 삶으로부터 해방되거나 방출된다고 보는 것보다 더 말이 되듯이, 기대가 만족되었을 때 우리가 기대로부터 해방된다고 보기보다는 더 이상 기대를 가지지 않게 되었다고 보는 것이 더 설득력이 있다.

농담은 일시적 유머라고 불릴 수 있는 범주에 속한다. 즉 농담은 종결을 약속한다. 그러나 모든 유머가 이와 같지는 않다. 어떤 유머는 그 어떠한 기대의 축적을 포함하지 않는다. 그러므로 해방 이론이 농담과 같은 일시적 유머에서 기대가 담당하는 역할을 설명할 수 있다 하더라도, 그 이론은 기대를 축적시키지 않는 유머의 형태에는 적용되지 않는다. 40kg의 씨름 선수가 등장하거나, 혹은 냉동고 안에서 운동화를 발견할 때, 우리는 우스운 즐거움을 느낀다. 그러나 우리가 가졌던 어떠한 기대가 그것들에 관계있다고 보는 것은 잘못인데, 왜냐하면 우리는 사전에 아무런 기대를 가지지 않았기 때문이다. 물론 여기서 기대가 포함된 일종의 무의식적 과정이 항상 작동한다고 주장하는 노선을 해방 이론 지지자들이 채택할 수도 있을 것이다. 그러나 그런 무의식적 과정에 대해 보다 구체적인 논의가 진행되지 않는 한 그러한 노선은 매우 임시방편적이다.

또 다른 대안으로, 위와 같은 무의식적인 과정을 가정하지 않고서도 우리가 어떤 기대들을 가지고 있다는 점을 보이려는 시도가 가능하다. 우리는 무엇이 정상적인가에 대한 고정적인 기대를 가지고 있으며, 유머에서 전복되는 것은 바로 그러한 기대라는 주장을 함으로써 말이다. 그렇다면 유머가 발생할 때 우리는 우리가 가졌던 고정적 혹은 정상적 기대로부터 해방되는 것이다. 그리고 그러한 종류의 해방은 터무니없는 결론의 농담을 듣거나 40kg의 씨름 선수를 보았을 때에도 발생한다고 주장될 수 있다. 그러나 우리가 어떤 정상적인 기대들에 사로잡혔다가 해방된다는 생각은 억지스러워 보인다. 그런 기대들이 우리를 억압하거나 제약하는 힘을 가진다고, 혹은 그 기대들의 제대로 된 작동은 심리적 압력을 통해 가능하다고 가정하지 않는 한 말이다. 그러나 이것은 해방 이론이 과학적으로 증명되지 않은 심적 과정에 의존한다는 그 이전의 문제로 되돌아간다. 또한 세계에 대한 우리의 정상적 기대가 우리를 제약한다는 생각도 그럴듯하지 않은데, 왜냐하면 그 '제약'이 바로 우리 자신이기 때문이다.

현대 유머 이론의 다수는 우월 이론, 해방 이론, 그리고 이들보다 더 자주 부조화 이론의 변형으로 전개되고 있다. 기존 이론들과의 연결을 끊은 현대 유머 이론 중 하나는 제럴드 레빈슨(Jerrold Levinson)의 이론이다(Levinson, 1998). 레빈슨에 따르면, 어떤 것은 그것에 대한 인지만으로(어떤 다른 이유 때문이 아니라) 특정 유형의 유쾌한(pleasurable) 반응을 적절한 주체(즉 정보적으로, 태도적으로, 정서적으로 준비된 주체)로부터 이끌어 내는 경우, 오직 그 경우 유머이다. 이때 유쾌한 반응(즐거움)은 그것이 또 다른 현상인 웃음을 산출하는 성향을 지니는 것으로 규정된다. 그러므로 레빈슨에 따르면 유머는 웃음이라는 신체 경련적 표현을 하려는 성향으로부터(그것이 아무리 희미한 것일지라도) 분리될 수 없다.

이 이론을 유머의 성향 이론(Dispositional Theory of Humour)이라 부를 수 있을 것이다. 부조화 이론과 마찬가지로, 이 이론은 유머에 있어서 인지-반응적 요소의 중요성을 인정한다. 그러나 레빈슨은 그 반응을 부조화의 지각 정도라고 좁게 정의하고 있지 않다. 오히려 그는 관련된 인지나 지향적 대상의 성격을 규정하지 않은 채 남겨 두고 있고, 단지 인지가 지향적 대상을 가질 것, 그리고 적절한 지각자로부터 쾌를 이끌어낼 것만을 요구하고 있다.

물론 이러한 레빈슨의 조건은 충분히 영리한 수학적 정의도 만족시킬 수 있다. 이러한 반례가 생기는 것을 막기 위해, 레빈슨이 제시한 마지막 요구사항은 다음과 같다. 유머에 있어서 인지에 의해 산출된 쾌는 그것이 또한 웃음을 유발하는 성향을 지닌다는 점으로 규정될 수 있다. 왜냐하면 비록 수학적 영리함이 어떤 이에게 웃음을 일으킬 수는 있지만, 그것은 심지어 수학에서 즐거움을 찾는 이들 사이에서조차 웃음을 일으키는 안정적 성향이 될 수는 없기 때문이다.

비록 레빈슨의 이론이 유머를 특정한 종류의 쾌에서 찾고 있지만, 그는 그 쾌의 성질에 대한 설명을 소홀히 함으로써 우리에게 많은 이야기를 해 주는 데 실패했다. 문제의 쾌(pleasure)를 즐거움(amusement)으로 정의함으로써, '잠을 오게 하는 힘'에 대한 여러 정의들이 종종 그러하듯 정의 자체가 순환적으로 되어 버린다. 그의 이론이 유머를 정의하는 데 있어 유용하려면, 그가 생각하고 있는 쾌라는 상세화되지 않은 감정을 웃음을 이끌어 내는 성향과 연결시켜야 한다. 그러므로 레빈슨의 이론 내에서 우리가 유머를 퍼즐 풀기와 구분하고자 한다면 웃음을(유쾌한 상황에 대한 인지로부터 나온 웃음) 이끌어 내는 성향에 의존해야 한다.

이 웃으려는 성향은 게다가 강렬할 필요가 없다. 그것은 단지 희미한 성향이어도 되며, 또한 겉으로 드러난 웃음으로 표현되지 않아도 된다. 그것은 웃고자 하는 희미한 충동을 넘어선 무언가가 아니어도 상관없다. 이렇게 부조화 이론과는 달리 레빈슨의 이론은 우스운 즐거움의 지향적 대상이 가지는 구조를 상세화하지 않으며, 단지 우리의 인지가 발생시킨 쾌가 웃음을 이끌어 내는 성향을(그것이 아무리 경미한 것일지라도) 가질 것만을 요구하는 성향 이론의 한 형태를 취한다.

레빈슨의 이론에서 언급되는 웃으려는 성향을 우리는 얼마나 엄격하게 이해해야 하는가? 발명된 유머 중 일부는 강렬한 종류가 아니다. 그것들은 잘 드러나지 않는 짧은 미소나 눈의 반짝임 정도로밖에 표출되지 않는, 극도로 온화하긴 하지만 실재하는 쾌를 가져다준다. 이것을 우리는 웃으려는 성향이라(비록 희미하지만) 간주해야 할까? 일반적으로 우리는 그렇게 간주하지 않는다. 물론 여기서 레빈슨은 신체적으로 나타난 그 어떠한 가벼운 느낌도 웃으려는 성향으로 간주될 수 있다고 주장하거나, 혹은 자신의 이론을 드러나지 않은 일시적 웃음이나 미소를 지으려는 경미한 성향에 대한 이론으로 재기술하는 노선을 택할 수 있다.

그럼에도 불구하고, 이 두 대안에는 모두 문제가 있다. 이 두 대안은 모두, 레빈슨의 처음 제안과 마찬가지로, 유머를 필연적으로 어떤 신체와(전형적으로 인간의 신체) 연결시키고 있다. 그러므로 텔레파시로 의사소통을 하는 실험실 통 속의 뇌들, 신체가 없는 신들, 혹은 웃음이나 미소를 가능케 하는 생물학적 기반이 없는 외계인들의 사회는 유머를 가지지 못한다는 결론으로 나아간다. 그러나 필자는 유머에 대한 우리의 일반적 개념이 이 정도로 제한적이라는 데에는 동의할 수 없다. 어떤 공상과학 소설가가 유머를 소유한 외계인 사회를 묘사한다고 하여 우리는 그가 개념적 비정합성을 범했다고 비난하지는 않을 것이다.

일반적으로 우리는 어떤 특징적인 신체적 느낌을 가지지 않는 미적 혹은 지적 쾌가 있다고 생각한다. 신체를 가지지 않는 신들로 구성된 사회가 있는데 그들은 부조화에서 즐거움을 느끼지만, 그에 상응하는 어떤 가벼운 느낌의 신체적 감각을 가지거나 웃음을 짓지 않는다고 가정해 보자. 그들이 농담을 지어내고, 교환하고, 향유함에도 불구하고 그들 사회에는 유머가 없다고 보아야 하는가? 비록 웃음 자체 혹은 웃음으로의 성향은 부재하지만, 그들의 농담은 그들에게 쾌(특정한 미적 혹은 지적 쾌와 유사한)를 제공한다는 사실을 생각해 보라.

혹은 경수(cervical cord)가 심각하게 손상되어, 횡격막, 가슴, 복부 근육에 장애가 생겨 공기가 움직이지 않는 사람들을 생각해 보자. 그들은 호흡에 필요한 운동제어 능력을 가지고 있지 않거나, 혹은 '정상인들'에게는 웃음으로의 성향을 갖게 하는 어떤 압력을 느끼지 못하므로 웃지 못한다. 그들은 심지어 웃고 난 후의 가벼운 느낌도 가지지 못한다. 그러나 확실히 그들은, 앞에서 살펴본 신들의 예에서처럼, 농담을 창조하고, 교환하고, 향유할 수 있을 것이다. 우리들이 그 사람들의 농담을 온전히 이해하지 못할지도 모르지만, 우리는 그것의 형식적 특성에 의존하여, 혹은 그들이 우리에게 말해 주는 바에 의존하여 그것이 농담임을 인식할 수 있을 것이다. 그렇다면 그들 사회에는 유머가 없다고 보아야 하는가?

신체가 없는 신들, 생물학적으로 우리와 다른 외계인들, 심한 신체적 손상을 입은 인간들의 경우, 필자의 직관적 대답은 '그들은 유머를 가진다'이다. 왜냐하면 비록 웃음으로의 성향이 정상적인 신체를 지닌 인간들 사이에서 규칙적으로 반복되어 나타나기는 하지만, 유머의 개념이 반드시 웃음으로의 성향을 요구할 필요는 없다고 생각하기 때문이다. 그러나 만약 웃음 조건이 레빈슨의 정의에서 누락된다면, 그의 이론은, 부조화 이론과는 달리, 퍼즐 풀기를 유머의 범위 밖에 둘 수 없게 된다. 왜냐하면 그는 유머의 지향적 대상이 가지는 구조를 규정하지 않은 채 남겨 두었기 때문이다. 더 나아가 그의 이론은 퍼즐 풀기가 주는 쾌가 반드시 유머는 아니라는 주장을 선결문제 요구의 오류를 범하지 않고서는 전개할 수 없다.

레빈슨은 유머에 요구되는 인지의 성질을 상세화하지 않았는데, 왜냐하면 그는 부조화 이론이 제공하는 유형의 상세화가 너무 배타적이라고 생각하기 때문이다. 그러나 그는 부조화 이론에 대한 설득력 있는 반례를 제공하지 못하고 있다. 그가 언급했던 간단한 예는 바나나 껍질에 미끄러진 사람이다. 그러나 레빈슨은 이 사건이 기대의 소멸, 혹은 놀라움이나 이상함을 포함하고 있다는 점을 인정함으로써, 그것을 부조화에 대한 반례가 아니라 오히려 넓게 해석된 부조화 개념의 예로 보이게 한다. 물론 베르그송은 이 경우를 단순한 건망증 내지는 넋을 놓음으로, 즉 적절한 지각력(sentience)으로부터의 일탈로 분석하면서 부조화의 한 예로 볼 것이다. 결론적으로, 레빈슨은 인지된 부조화 개념을 이용해 혹은 보다 다듬어진 다른 개념들을 이용해, 유머에 관련하여 요구되는 인지를 구체적으로 설명하지 않는 이유를 설득적으로 제시하고 있지 않다.

유머에서 작동하는 인지의 범위에 제한을 두지 않으려는 레빈슨에 대한 반례로 다음과 같은 경우를 생각해 볼 수 있다. 장 뤽 고다르(Jean Luc Godard)의 영화와 같은 아방가르드 영화들은 타 예술작품(단지 다른 영화뿐만 아니라 그림 등 다른 장르의 예술작품도 포함)에 대한 인유(allusion)를 포함한다. 적절히 준비된 감상자가 그러한 인유를 발견하면, 그들은 그것을 인식한 데에서 나온 쾌를 나타내기 위해 웃을 것이다. 이것은 아방가르드 영화를 상영하는 곳에 가 보면 흔히 관찰될 수 있는 현상이다. 그러나 인유가 그 자체로 우스울 필요는 없다. 이 감상자들은 분명히 인지를 사용했으며, 거기서 쾌가 발생되어 웃음으로(혹은 웃음으로의 성향으로) 이어졌다. 물론 그 인유들 중 일부는 우스울 수도 있다. 그러나 반드시 그럴 필요는 없다. 그리고 인유가 맥락 내에서 그 자체로 우습지 않은 경우 그것을 유머로 보는 것은 이상한데, 레빈슨의 이론을 따를 경우 그것은 유머가 된다.

게다가, 문제는 단지 위의 반례 하나에만 국한된 것은 아니다. 웃음에 관한 최근의 연구에 따르면 대부분의 웃음은 농담이나 우스운 말 이후에 발생하는 것이 아니라 일상적 담화에서 대화의 윤활제로 발생한다(Provine, 2000). 이것은 레빈슨의 이론에 매우 심각한 문제를 던져준다. 왜냐하면 종종 웃음은 우스운 요소가 없는 것을 인지하여 발생한 쾌로부터 나온다는 점을 말해 주기 때문이다(예를 들어, 어떤 연인들이 약혼하기로 한 것을 인지했을 때).

유머에 관한 전통적 이론들과 보다 최근에 등장한 성향 이론은 모두 각자의 난점을 가진다. 그러나 부조화 이론이 여전히 가장 설득력 있어 보이는데, 왜냐하면 우스운 즐거움의 지향적 대상이 가지는 구조에 관해 가장 많은 정보를 주고 있기 때문이다. 그 이론은 희극을 분석할 때 생산적으로 이용될 수 있다. 즉 농담이나, 희극, 풍자, 시트콤 등이 우스운 즐거움을 발생시키는 구조를 분석하고 지목할 때 유용하게 이용될 수 있다. 물론 부조화의 개념이 너무 유연하기 때문에 현재 우리가 가지고 있는 부조화 이론은 아직 만족스럽지 못하다. 그럼에도 불구하고 현재의 논의에서 우리가 나아가야 할 방향은, 부조화의 개념을, 비록 모호하나 공허하지는 않은, 체험적(heuristic)으로 습득 가능한 개념으로 받아들이고, 그것을 광범위한 예와 반례들에 적용함으로써 그 과정에서 유관하게 반복적으로 드러나는 유머의 구조를 최대한 정확하게 포착하길 기대하는 것이다. 이것이 마련된다면, 부조화의 개념은 보다 잘 다듬어질 것이고, 혹은 그것을 계승하는 개념이 밝혀질 것이다.

2. 유머, 희극, 예술

'희극(comedy)'이란 용어는 풍자, 해학, 시트콤, 패러디, 캐리커처, 스탠드업 코미디, 만화, 희화화, 슬랩스틱, 광대극, 농담 등 매우 다양한 형식을 아우른다. 일상 언어에서 '희극'은 주로 어떤 제도적 장소(극장, 클럽, 서커스, 영화, 텔레비전이나 라디오 프로그램, 공연장 등)에서 공식적으로 상연되도록 고안된 발명된(발견되었다기보다는) 유머를 일컫는다. 그러므로 우리는 어떤 희극 클럽에서 하나의 극으로서 상연된 독백을 희극으로 간주하는 반면, 휴식 시간에 우리의 동료가 재연한 동일한 독백은 희극으로 분류하려 하지 않는다. 일상 언어에서 희극이라는 개념은 주로 우스운 즐거움이 주가 되는 반응을 관객으로부터 이끌어 내려는 직업인들에 의해 고안된 것들에 적용된다. 시트콤이나 캐리커처, 슬랩스틱, 심지어는 특정한 게임쇼들이 희극으로 분류되는 근거는 바로 이것이며, 그러한 것들을 창조하는 사람들은 '희극인'이나 '코미디언'이라 불린다.

그러나 희극에 관한 보다 좁은, 유사-기술적 개념도 있다. 그 개념에 따르면, '희극'은 비극과 대조되는 극적 서사의 한 장르를 지칭하는 이름이다. 비극은 전형적으로 주인공들에게 좋지 않은 결론으로 끝나는 반면 희극은 좋게 끝난다. 〈햄릿〉은 여기저기 흩어진 시체들로 끝이 나지만, 〈한여름 밤의 꿈〉은 모두의 결혼으로 끝이 난다. 이런 관점에서 보면, 희극과 비극의 차이점은 플롯 구성에 있다.

물론 우리가 희극이라 부르는 것들의 반복적인 플롯 구조는 유머 개념을 통해 분석될 수 있다. 희극에서 자주 사용되는 플롯 장치는 등장인물이 상황을 이해하는 방식이 관객이 상황을 이해하는 방식과 부조화를(그러나 불안감을 일으키지 않는 방식으로) 일으키는 것이다. 예를 들어 마을 관리들은 흘레스타코프(Khlestakov)가 정부 검사관인 줄 알지만 우리는 그렇지 않음을 알고*, 티타니아(Titania)는 보텀(Bottom)이 좋은 남자인 줄 알지만 우리는 그렇지 않다는 걸 안다.**

이와 유사하게, 희극의 플롯은 종종 등장인물의 노력을 그들의 결과와 부조화적으로 짝지어 보여 준다. 희극에서 멍청한 이는 그가 만약 도덕적으로 옳기만 하다면 쉽게 성공하곤 하지만(예를 들어 사랑하는 사람을 얻게 된다), 반면 그보다 영리하고 강한, '보다 정상적인' 그의 적은 실제 삶에서는 실패할 가능성이 없음에도 불구하고 희극에서는 거의 항상 실패한다.

그러나 비록 희극이 이렇게 우스운 즐거움의 구조로 환원될 수 있는 플롯 장치를 종종 지니지만, 희극과 연관된 모든 서사적 특성이 유머로 환원 가능한 것은 아니다. 예를 들어, 행복한 결말이 종종 희극의 전형적인 특징으로 등장하지만, 행복한 결말은 나머지 플롯과의 관계를 통해 보았을 때 반드시 유머이거나 혹은 부조화일 필요는 없다. 즉 희극의 주인공이 멍청하거나 혹은 주인공이 성공할 개연성이 터무니없이 부족할 필요는 없다. 그러므로 플롯 구조와 관련하여 좁은 의미로서의 희극은 그 자체로 유머일 필요는 없다. 게다가, 서부영화와 같은 특정 서사들은 행복한 결말을 가진다 하더라도 그 속에서 유머는 거의 찾기 힘들다. 반면 찰리 채플린의 〈서커스〉(The Circus)는 전반적으로 보았을 때 희극이지만 슬프게 끝난다.

결론적으로, 희극에 대한 좁은 개념은 우리가 현재 사용하는 개념과 잘 맞지 않는 점들을 귀결할 수 있다. 이 좁은 개념이 서사들을 오직 두 종류(희극 아니면 비극)로 분류하고자 고안되었다는 점을 상기한다면 그러한 결과는 이해가능하다. 그러나 그리스 시대 이후로 서사의 장르가 확장되어 온 점을 고려할 때, 문제의 좁은 개념에 대해 우리가 내릴 수 있는 가장 친절한 평가는 아마도 그것이 더 이상 쓸모없다는 것이다. 그것은 더 이상 우리가 가진 자료들을 다 다룰 수 있을 만큼 미세한 체를 지니지 않았다.

앞선 예들이 보여주듯이 어떤 희극들은 예술이다. 〈한여름 밤의 꿈〉이 예술임은 부정할 수 없다. 그러나 유머의 범주에 속하는 모든 것들이 다 예술의 지위를 지니는 것인지

---

* 러시아의 작가 고골(Gogol)이 쓴 〈검찰관〉(Revizor, 1836)의 등장인물.

** 〈한여름 밤의 꿈〉의 등장인물들.

는 확실하지 않다. 예를 들어, 모든 농담이 다 예술인가?

테드 코헨(Ted Cohen)은 농담과 예술작품 사이에 중요한 유사성이 있음을 지적한다 (Cohen, 1999). 예술작품처럼 농담은 관객이 그것을 완성하도록, 즉 농담을 이해하기 위해서 요구되는 가정, 정서, 태도 등을 관객이 채우도록 권한을 준다. 더 나아가, 농담에 대한 서로의 공통된 이해를 웃음으로 축하하면서 농담의 화자와 청자는 매우 친밀한 감상의 공동체를 형성하는데, 이는 마치 예술작품에 대한 반응을 통해 취미의 친밀한 공동체를 형성하는 것과 유사하다. 이러한 유사성들은 농담이, 비록 축소된 형태일지라도, 예술작품임을 시사한다.

그러나 예술작품과 농담 사이에는 주목할 만한 차이점도 존재한다. 예술작품은 일반적으로 우리의 관조가 지속되도록 고안된다. 이상적인 경우 우리는 예술작품을 반복하여 감상하며, 그때마다 새롭거나 보다 풍부해진 통찰력을 얻기도 한다. 반면 농담의 경우는 이와 같지 않다. 농담은 일반적으로 일회성 사건이다. 우리가 농담을 듣고 이해했으면 그걸로 끝이다. 농담을 기억해 두었다가 다른 경우에 반복할 수는 있다. 그러나 우리가 일반적으로 농담의 구조적 복합성과 창의성에 매료되어, 혹은 농담이 제시하는 인간성의 조건에 대한 통찰력에 흥미를 느껴 농담을 지속적으로 관조하지는 않는다. 어떤 농담들은 그런 반응을 제공할 수 있지만, 대부분의 농담은 그렇지 않다. 그러므로 모든 희극 혹은 발명된 유머가 예술의 범주에 속하는 것은 아니라고 보는 것이 합리적이다. 다시 말해, 농담은 예술에 속하지 않는 것 같다.

3. 유머와 도덕

지금까지 유머의 이론들에 관해 살펴보면서 우리는 유머가 여러 방식으로 윤리와 부딪치는 경우가 있음을 알게 되었고, 그중 상당수는 도덕주의자(moralist)를 심란하게 할 것이다. 유머는 종종 조롱과 악의, 우월감, 약함에 대한 경멸, 윤리 규범으로부터의 일탈, 의도적인 공격성 등을 포함한다. 유머는 심지어, 최소한 희극적인 허구 세계에 속한 피조물에 대해서는, 심장의 마취, 혹은 공감이나 도덕적 염려의 중지를 전제하기도 한다. 유머는 욕심, 돈에 현혹됨, 성적 문란, 잔인함, 식탐, 태만 등, 온갖 악덕의 광경을 우리의 즐거움을 위해 제시한다. 이 모든 것은 도덕주의자를 불안하게 한다.

그 결과, 유머의 윤리학은 희극 관련 철학 분야에서 지속적으로 등장하는 주제가 되었다. 최근에는 광범위한 문화 내에서의 정치적 옳음(political correctness)을 반성해 보는 학문적 조류가 발생함에 따라 유머의 윤리학에 관한 논의는 더 부각되었다. 특히 철학자들은 유머에서 정확히 무엇이 윤리적으로 옳지 않은지 가려내는 문제에 관심을 가져 왔다. 이중 우리가 주목해야 하는 두 가지 시도가 있는데, 하나는 사악한 농담에 우리가 웃는다는 사실은 우리 안의 사악한 성격을 드러내 준다는 로날드 드 수자(Ronald de Sousa)의 주장이며, 다른 하나는 베리스 고트의 윤리주의(ethicism)이다.

많은 농담들은 성차별적, 인종차별적, 계급차별적, 동성애혐오적, 반유대주의적이다. 그러한 농담들은 여성, 흑인, 노동자, 동성애자, 유대인 등을 향한 악의를 드러낸다. 드 수자는 이런 것들을 악의적(phthonic) 요소라 보면서 부조화를 단순히 인지적으로 즐기는 것이라 볼 수 있는 재치(wit)와 구분한다(de Sousa, 1987). 모든 농담은 조건적이다. 다시 말해, 농담은 청자가 숨은 배경 전제를 알아차리고, 전복되고 있는 규준들을 인식하고, 농담을 이해하기 위해 필요한 정서나 태도를 가지기를 요구한다(Cohen, 1999).

예를 들어, 드 수자는 우리에게 다음과 같은 농담을 생각해보라고 한다. 'M(잘 알려진 연예인으로 성적으로 매우 활발하다는 소문이 있다)이 하키 팀을 방문했다. 방문 후 그녀는 자신이 집단강간을 당했다고 주장했다. 그러나 그것은 그녀의 소망일 뿐'. 추정해 보건대, 이 농담은 다음과 같은 성차별주의적인 전제들에 의존하고 있다. ① 강간은 용인될 수 있는 성관계의 한 형태일 뿐이다, ② 많은 여성들은 방탕한 성적 욕구를 가지고 있다, ③ 많은 성관계를 한 여성에게는 무언가 불쾌한 구석이 있다. 드 수자는 우리가 여성에 대한 이러한 성차별주의적 태도들을 지녀야 이 농담을 이해할 수 있으며, 만약 우리가 이 농담에 웃는다면 우리는 그러한 태도들을 공유하는 것이라고 주장한다. 즉 우리는 성차별주의자인 것이다.

명백히 어떤 성차별주의자들은 다른 성차별주의자들과의 연대감을 확고히 하기 위해 이러한 농담을 사용할 수 있다. 그러나 문제는 그 농담에 웃은 사람이 **모두** 다 성차별주의자이냐는 것이다. 드 수자는 '그렇다'고 답하는데, 왜냐하면 그는 이 농담을 이해하기 위해 요구되는 태도가 가설적으로는 전제되지 못한다고 생각하기 때문이다. 즉 청자가 실제로 어떤 전제를 그 농담과 공유함에 틀림없다는 것이다.

드 수자의 주장이 지닌 문제점은 이 농담이 오직 하나의 해석만을 가진다고 생각한 데 있다. 즉 강간은 다양한 성관계의 한 형태일 뿐이며 그 어떠한 도덕적 오명을 지니지 않는다고 보는 성차별주의적 해석만을 가진다고 생각한 것이다. 그러나 필자는 처음 그 농담을 들었을 때 그렇게 해석하지 않았다. 필자는 그 농담이 위선에 대한 것이라고 생각했다. M은 지금 유명한 여자 바람둥이로 설정되고 있다. 그러므로 필자의 해석에 따르면, 그녀는 정말로 하키 팀과 성관계를 맺은 후 그것을 덮기 위해 강간을 당했다고 주장하며, 그 주장에 대해 그 농담의 회의적 서술자가 "우리가 그 말을 믿을 것이라 생각한다면 그

건 당신의 꿈이다"라고 대꾸하고 있다. 필자는 이 농담의 유머가 타르튀프(Tartuffe)*의 위선을 드러내는 것과 비슷하다고 생각한다. 이러한 해석은 그 농담이 왜 그녀를 과도한 성적 욕구를 지닌 사람으로 설정하는지도 설명한다. 게다가 드 수자의 해석은 완전히 정합적인 것 같지 않다. 만약 M이 강간을 당했고, 그 농담에서 강간은 다양한 성행위의 한 형태라고 가정된다면, 그녀는 도대체 무엇을 여전히 소망하는 것일까? 펀치라인인 '그녀의 소망일 뿐'은 무슨 의의를 지니는가?

이 농담의 정확한 해석에 대한 논쟁이 큰 의미를 지닌 것은 아니다. 그러나 여기에 이론적으로 중요한 점이 있다. 많은 농담들은 다양한 해석을 지지하고 있고, 그중 다수가 웃음을 촉진할 수 있다. 이는 농담이 완전히 열린 텍스트임을 의미하지는 않는다. 농담의 해석들은 일반적으로 제한된 범위 안에 존재한다. 그러나 한 농담은 하나 이상의 합리적 해석을 가질 수 있고, 그것들 각각이 모두 웃음으로 이어질 수 있다. 드 수자의 예에서, 조롱의 대상은 그가 보듯이 여성의 성생활일 수 있고, 아니면 필자가 생각하듯이 위선일 수도 있다. 그러나 만약 비성차별주의적 해석 역시 웃음을 유발한다면, 그 농담에 웃은 사람들은 모두 도덕적 결함이 있고 성차별주의자임을 드러낸다는 드 수자의 추론은 정당하지 못하다. 자신의 해석에 따르면 성차별주의적인 농담이 필자의 비성차별주의적 해석을 통해서도 우스울 수 있음을 드 수자는 알아차리지 못했다. 결과적으로, 그가 제시한 추론은 올바르지 못하다.

그렇지만 드 수자가 원하는 영락없는 성차별주의적 농담을 한번 살펴보자. 《플레이보이》지의 정의에 따르면 강간은 상냥한 무기를 사용한 공격이다. 이 농담에 웃는다면 우리의 성차별주의적 성격이 드러나는 것인가? 많은 이들은 농담에서 사용된 단어의 부적절한 재치 때문에, 혹은 대립자들의 모순적 병렬(공격 및 치명적 무기를 상냥함과 연결함) 때문에 웃은 것이라 주장하면서, 그렇지 않다고 대답할 것이다. 물론 그들은 이 농담의 저변에 흐르는 성차별주의적 태도를 인식할 것이다. 그러나 문제는 그들이 그 태도를 승인하고 있는가이다. 그들은 아마도 이 농담의 내포된 화자를 비웃었을 수도 있다. 어찌 되었든 그들은 이 농담을 터무니없는 **가짜** 정의로 간주하고 있는 것이니 말이다.

비록 위와 같은 해석이 지나치게 과장되었다고 하더라도, 이 농담에 즐거워한 청자는 다음과 같이 말할 법하다. 나는 단지 언어적 재치에 웃었을 뿐이며, 그 재치를 이해하기 위해서 강간이 중대한 신체적 공격이 아닐 수 있다는 생각을 해 보았을 뿐이다. 죽음에 관한 터무니없는 정의에 웃는다 하더라도 죽음이 도덕적으로 중대한 사건이 아니라고 생

---

* 프랑스 극작가 몰리에르의 희극 〈타르튀프〉(Le Tartuffe, 1664)의 주인공. 타르튀프는 신앙심이 깊은 척하지만 여자와 돈, 음식을 탐하는 위선자로 등장한다.

각하는 것이 아닌 것처럼, 그 농담에 내가 웃었다고 하더라도 내가 문제 있는 관점을 승인한다는 점을 보여 주지 않는다.

드 수자는 악의적 유머에서 드러난 태도를 우리가 단순히 가설적으로 가정할 수는 없다고 주장하면서 이를 부인한다. 그러나 드 수자는 그런 결론을 정당화하는 실제 논증을 제시하고 있지 않다. 그리고 표면적으로 보았을 때 그런 결론은 반직관적이다. 우리는 농담을 통해 우리가 믿지 않는 온갖 종류의 가능성을 상상하고 즐긴다. 소원을 이뤄 주는 램프의 요정이 있다는, 사후세계가 존재한다는, 땅콩들이 말을 할 수 있다는, 죽음과 꾀를 겨루어 이길 수 있다는 가능성들을 말이다. 그렇다면 왜 우리가 일시적으로 강간이 성관계의 일종이라고 상상할 수 없는가? 어쩌면 바로 이 생각의 부조화가 즐거움을 일으키는지도 모른다. 비록 그 생각에서 즐거움을 느끼려면 우리가 그것을 승인하기보다는 불신한다는(즉 그것을 부조화적이라고 본다는) 점이 전제되어야 하지만 말이다. 그러한 즐거움은 일상 유머에서 자주 요구되는 심장의 마취를 필요로 할지도 모르지만, 결코 내가 가진 진짜 태도들을 드러내 주지는 않는다. 마치 아일랜드인들이 가진다고 알려진 음주 습관에 대한 조롱에 내가 즐거워한다고 해서 그것이 실제 아일랜드인에 대한 나의 악의적 태도를 드러내는 것이 아닌 것처럼 말이다.

드 수자는 악의적 농담을 즐기기 위해 필요한 태도는 단순한 믿음이 아닌 정서적인 것이므로, 그러한 태도들은 일시적으로 향유될 수 있는 것이 아니라 우리 안에 뿌리 깊이 내재된 것이라고 주장할 것이다. 그러나 이는 입증되기 힘들어 보인다. 금발에 관한 농담은 금발 여성과 그들의 지능에 대한 부정적인 태도를 전제하는 듯 보인다. 그러나 나는 내가 존경하는 매우 지성적인 금발 여성과 결혼했음에도 불구하고 그 농담에 웃을 수 있다. 나의 부인도 그 농담에 함께 웃는다. 종종 그녀는 금발에 관한 농담을 나에게 들려주기도 한다. 드 수자는 우리가 이 경우 허구적 장르를 다루고 있으며, 그 장르 안에서 금발 여성은 상상적인 존재이며 또한 허구적 관례라는 점을 알아차리지 못하고 있다. 실제 존재에게는 가지지 않는 정서를 그에 대응하는 허구적 존재에게 가지는 것은 확실히 가능하다. 허구적 맥락 안에서 나는 청부살인업자에 환호할 수 있지만, 그를 거리에서 만난다면 나는 분명 도망가거나 경찰에 신고할 것이다. 허구에 대해 보인 나의 정서가 나의 진실한 태도를 드러낸다고 볼 필요는 없다. 나는 금발 농담 속의 금발 여성들을 허구적 관례로 받아들이며, 그 관례가 영리하게 조직된 방식에서 즐거움을 느낀다.

드 수자는 상상력과 허구가 농담에서 어떤 역할을 하는지 고려하지 않았으며, 이는 악의적 유머에 대한 그의 가설을 약화시킨다. 물론 악의적 유머는 악의적 태도를 전달하는 도구로 쓰일 수 있으며, 그러므로 바로 그 이유 때문에 도덕적으로 경멸 가능하다. 그러나 우리는 악의적 농담에 반응하여 웃는 사람이 자신의 사악한 특성을 드러내는 것이라고 일반화할 수는 없다. 왜냐하면 그때의 웃음은 농담 속의 어떤 재치에 대한 것일 수도 있고, 그 재치를 이해하기 위해 요구되는 가정이나 정서는 상상적으로 취해지거나 혹은 허구적 존재를 향한 것일 수도 있기 때문이다.

농담, 심지어는 명백히 악의적인 농담도 종종 드 수자가 생각하는 것보다 훨씬 복잡하다. 램프의 요정 지니가 아프리카계 미국인, 유대인, 미국 남부의 보수적인 시골 사람(redneck)을 만나는 이야기가 있다. 지니는 각자에게 소원 하나씩을 들어준다고 하였다. 아프리카계 미국인은 모든 아프리카계 미국인들이 다시 아프리카로 돌아가기를 소원했다. 유대인은 유대인들이 모두 이스라엘로 돌아가기를 소원했다. 미국 남부의 보수적인 시골 사람은 아프리카계 미국인과 유대인이 모두 미국을 떠난다는 사실을 알자 오직 마티니 한 잔을 원했다.

한 인종차별주의자가 다른 인종차별주의자에게 이 농담을 건넨다면, 상호 간의 공유된 적대감을 공고히 할 수 있을 것이다. 그러나 한 진보주의자가 다른 진보주의자에게 이 농담을 건네는 경우에도 그들은 여전히 웃겠지만, 이 경우 그들은 미국 남부의 보수적 시골 사람이 가진 편협하고 비뚤어진 욕망에 대해 웃는 것이다. 농담이 발화되는 맥락, 그리고 청자의 목적과 해석이 농담 교류의 도덕적 지위를 평가할 때 매우 중요하다. 드 수자는 악의적 농담인 듯 보이는 농담은 언제나 변함없는 의미를 가지고 있으며, 또한 진정으로 악의적인 반응을 이끌어 낸다고 성급히 가정하였는데, 반드시 그런 것은 아니다.

물론 농담이 죄 없는 이들을 향한 진정한 악의의 공동체를 결집시킬 때 그 농담은 사악하다고 본 드 수자는 옳다. 그러나 그는 강한 악의적 요소를 지닌 모든 농담이 그러한 목적을 위해 봉사한다고 본 점에서는 옳지 않다. 일반적으로 우리가 저능한 이들에 대한 증오를 기념하거나 강화하려고 바보 농담을 주고받지는 않는다. 사실 나는 그런 목적으로 발화된 농담을 한 번도 들어 본 적이 없다. 바보 관련 농담의 관례, 전형적 유형 및 태도 등은 부조화를 촉진하기 위해 즐겨진다고(승인된다기보다는) 보는 편이 적절하다.

다수의 유머들은 도덕적 위반을 범한다. 〈심슨 가족〉(The Simpsons), 〈사우스파크〉(South Park), 〈더 맨 쇼〉(The Man Show) 등이 범하는 도덕적 위반, 〈오리지널 킹스 오브 코미디〉(The Original Kings of Comedy)에서 어린이들을 향해 쏟아 붓는 버니 맥(Bernie Mac)의 고함은 양날을 지닌다. 이런 것들은 '금지된' 생각이나 정서를 방송하여 부조화의 전시를 통해 즐거움을 만들어 낼 뿐만 아니라, 동시에 그러한 도덕적 위반의 저변에 흐르는 태도를 충분히 반어적으로 풍자하고 있다. 〈못 말리는 번디 가족〉(Married With Children)에서 알 번디(Al Bundy)의 여성혐오적 농담은 도덕 규칙을 위반하면서 우리의 웃음을 자극하지만, 그 뿐만이 아니라 그의 성격 자체, 즉 거의 미개인인 호머 심슨(Homer Simpson)과 비슷한 그의 성격에 대해서도 웃게끔 만든다. 그러므로 악의적 농담에 반응해 웃는 것이 그 유머 안에 나타난 태도를 승인한다는 표시는 아니며, 어쩌면 우리가 그들에 대해 느끼는 우월감의 표시일 수도 있다. 그리고 몇몇의 경우 우리는 우리 안에서 호머 심슨이나 알 번디의 어떤 점을 발견했기 때문에 웃을 수도 있지만, 우리의 웃음은 승인과는 관계없을 수 있다. 왜냐하면 그 경우 우리는 사실상 자신에 대한 반성으로 인해 웃는 것이며, 그런 의미에서 문제의 태도를 승인한다고 보기는 힘들기 때문이다. 마찬가지로, 〈사우스파크〉의 인물들이 캐나다인을 향해 보이는 충격적인 관점은 미국인들의 우월주의에 대한 풍자 섞인 반성이기도 하다. 악의적 유머는 이렇게 수많은 복잡한 의미의 층들로 채워질 수 있기 때문에(반어적 의미도 포함), 악의적 유머에 대한 반응이 가지는 함의를 드 수자식으로 해석하는 것은 지나치게 안일하다.

베리스 고트(Berys Gaut)에 의해 전개된 윤리주의(ethicism)는 비도덕성이 유머와, 특히 농담과 가지는 관련성을 탐구하려는 시도이다(Gaut, 1998). 대부분의 사람들은 비도덕적인 농담, 즉 발화되거나 장려되지 말아야 할 농담이 있다는 데 동의할 것이다. 그러나 도덕주의(moralism)의 극단적인 한 형태는 그런 농담들은 심지어 하나도 우습지 않다고 주장한다. 즉 그런 농담은 단지 사악할 뿐만 아니라 심지어 재미있지도 않다는 것이다. 고트의 윤리주의는 그러한 극단적 도덕주의와 대비되어 가장 잘 이해될 수 있을 것이다.

고트에 의하면, 비도덕성은 농담이 우습게 되는 것을 막지 않는다. 그럼에도 불구하고, 비도덕성은 항상 우스움에 반한다. 비도덕적 요소를 담지한 농담 역시 형식적인 재치와 영리함을 지닐 수 있고, 그 유머를 전반적으로 평가해 보았을 때 재치와 영리함이 비도덕적 요소를 압도할 수 있다. 그러나 비록 비도덕적 요소가 그렇게 압도된다 하더라도, 그것은 언제나 농담으로서 농담을 보았을 때(도덕적 관점으로 농담을 보았을 때가 아니라) 그 농담의 단점이 된다. 만약 비도덕적 요소를 지닌 농담이 전반적으로 우스울 경우, 고트에 따르면 그것은 단지 그런 도덕적 결함을 상쇄하는 다른 관련 특성들이 있기 때문이다. 그리고 물론 어떤 경우들에서는 비도덕적 요소가 농담의 그 어떠한 영리함도 압도할 수 있다. 그런 경우 모든 요소를 고려해 보았을 때 그 농담 발화는 우습지 않다.

고트는 소위 **마땅한 반응 논증**(Merited Responses Argument)이라 불릴 수 있는 논증을 통해 윤리주의를 옹호한다. 우리가 어떤 농담 발화를 우습다고 평가할 때, 우리는 그것이 특정한 수의 사람들에게 웃음을 일으켰다는 사실에 근거해서 평가하는 것은 아니다. 즉 우스움은 단순한 통계적 개념이 아니다. 이 방의 모든 이가 어떤 농담에 웃는다 해도, 우리는 여전히 그 농담이 우습지 않다고 판단할지도 모른다. 여기서 우리의 판단은 규범적(normative)이며, 우리는 다음과 같은 것들을 묻는다. 그 농담 발화는 긍정적 반응을 받을 가치가 있는가? 우리의 웃음은 적절한가? 그 농담 발화는 웃음을 받을 자격이 있는가?

우스운 즐거움은 단순히 농담 발화의 영리함에 대한 것이 아닌 다양한 측면에 대한 복합적 반응이지만, 농담이 만들어 내는 정감에 대한 반응이기도 하다. 그리고 이 요소들은 서로 분리될 수 있다. 농담 발화는 그것의 단어 유희로 인해 긍정적 반응을 받기에 마땅할지 모르지만, 그것이 환기시키는 정감은 부적절할지도(예를 들어 농담이 혐오감이 느껴질 만큼 비도덕적이기 때문에) 모른다. 만약 정감적 차원의 부정적 측면이 영리함보다 더 우세하다면, 모든 점들을 고려해 보았을 때, 그 농담에 대한 우리의 긍정적 반응은 마땅하지 않다(즉 전반적으로 그 농담 발화는 웃기지 않다). 반면에, 만약 영리함이 더 우세적이라면, 농담은 비록 농담으로서는 여전히 결함이 있음에도 불구하고 전반적으로 보았을 때 우습다고 불리기에 마땅하다.

　　윤리주의는 극단적 도덕주의와는 다르게 비도덕적 요소가 있는 농담 발화들 중 어떤 것들은 우스울 수 있음을 인정하며, 그러므로 이 문제에 관한 우리의 일상적 직관에 호소한다. 그러나 윤리주의는 농담이 완전히 역겨울 정도로 사악하다면 그 농담은 더 이상 진정으로 우습지 않을 가능성이 있다고 본다.

　　윤리주의의 설득력은 마땅한 반응 논증에 의존한다. 이에 반대하는 자들은 이 논증이 선결문제 요구의 오류를 범한다고 지적한다(Jacobson, 1997). 왜냐하면 도덕적 적절성이 이미 고트가 생각하는 우스움의 적절성 기준에 포함되어 있는 듯 보이기 때문이다. 그러나 그 점은 바로 고트가 자신의 결론으로서 증명해야 하는 것이다. 그는 처음부터 그 점을 전제해서는 안 된다. 어떤 농담이 우습다고 여겨지기에 마땅한가 아닌가는, 그 농담이 도덕적 부조화와 같은 부조화들의 제시를 통해 즐거움을 생성시키는가에 의존한다고 주장될 수 있다. 그리고 바로 이러한 내용의 논증이, '도덕적 위반은 농담을 우습다고 분류하는 데 방해가 된다'는 사실을 증명하기 위해 요구되는 논증이다. 그러나 고트는 그러한 논증을 제공하지 않았다. 그는 결론을 미리 전제로 가정하고 있을 뿐이며, 그렇게 함으로써 유머에서의 적절성에 대한 기준을 도덕적 올바름을 포함한 적절성 그 자체의 기준과 혼동하고 있다.

　　농담이 웃기려면 현저하게 비도덕적이어서는 안 된다는 주장에 회의적인 사람을 고트가 설득하고 싶다면, 그는 그러한 회의주의자와 공통의 전제를 공유해야 한다. 회의주의자는 어떤 농담이 농담으로서 마땅한 반응을 받으려면, 그 농담 자체가 도덕적으로 마땅해야 한다(혹은 적어도 도덕적으로 비난받을 만해서는 안 된다)는 전제를 받아들이지 않을 것이다. 회의주의자는 유머란 도덕과 상관없다고 말할 것이다. 그러므로 회의주의자는 유머에 마땅한 반응을 보이기 위해 농담의 도덕적 장점이나 단점을 고려해야 한다는 점을 부정할 것이다. 회의주의자가 보기에 유머에 대한 반응의 마땅함을 도덕적 장점과 혼동하는 것은 심각한 오류를 범하는 것이다.

　　윤리주의는 아직 그러한 회의주의자에 답하지 않았다. 결론적으로 문제의 열쇠는 비도덕성이 항상 유머와 관련하여 단점이 되는가이다. 그러나 지금까지 윤리주의는 비도덕성이 종종 농담의 우스움을 훼손한다는 주장을 충분히 그럴듯하게 보였는지도 모른다. 왜냐하면 농담이 너무나 뻔하게 비도덕적일 경우 그 어떠한 청자도 부조화를 향유할 때 요구되는 방식으로 농담과 관계 맺거나 혹은 생략된 부분을 태도적으로 채울 수 없을지도 모르기 때문이다.

이는 비도덕적 요소를 지닌 모든 농담에 다 해당하는 것은 아닌데, 왜냐하면 전형적으로 그러한 요소들은 일반 청자의 이해를 방해할 정도로 노골적으로 제시되거나 혹은 명백히 사악하지는 않기 때문이다. 그러나 농담의 비도덕성이 청자를 너무 심란하게 하여 부조화를 즐길 기회가 봉쇄된다면(즉 농담 발화 그 자체가 불안감의 원천이라면), 이 경우 비도덕성이 유머를 훼손한다고 보는 것이 합당하다. 종종 과도한 도덕적 극악함으로 인해, 청자는 심장의 마취를 유지하기 힘들어진다. 그리고 그들은 즐거워하지 않을 것이다.

* 이 논문의 이해를 돕기 위해서 이 책에서 다음의 논문들을 찾아 읽으면 좋을 것이다.
  〈은유〉, 〈허구〉, 〈비극〉, 〈미적 경험〉, 〈예술과 도덕성〉

참고문헌

Aristotle (1941). *Nicomachean Ethics, Basic Works of Aristotle*, ed. R. McKeon. New York: Random House.

_____ (1993). *Poetics*, trans. Malcolm Heath. Harmondsworth: Penguin.

Bain, A. (1975). *The Emotions and the Will,* 3rd edn. London: Longmans & Green.

Bergson, H. (1965). *Laughter*, ed. W. Sypher. Garden City, NJ: Doubleday.

Carroll, N. (1991). "On Jokes". *Midwest Studies in Philosophy* 16: 250–301.

_____ (1996). "Notes on the Sight Gag". *Theorizing the Moving Image.* New York: Cambridge University Press, pp. 146–57.

_____ (1999). "Horror and Humor". *Journal of Aesthetics and Art Criticism* 57: 145–60.

Clark, M. (1970). "Humor and Incongruity". *Philosophy* 45: 20–32.

_____ (1987). "Humor, Laughter and the Structure of Thought". *British Journal of Aesthetics* 77: 238–46.

Cohen, T. (1999). *Jokes*. Chicago: University of Chicago Press.

Freud, S. (1963). "Humor". *Character and Culture*, ed. P. Rieff. New York: Collier Books, pp. 263–9.

_____ (1976). *Jokes and their Relation to the Unconscious*, trans. and ed. J. Strachey. Harmondsworth: Penguin Books.

Gaut, B. (1998). "Just Joking: The Ethics and Aesthetics of Humor". *Philosophy and Literature* 22: 51–68.

Giora, R. (1991). "On Cognitive Aspects of the Joke". *Journal of Pragmatics* 16: 465–85.

Hartz, G. and Hunt R. (1991). "Humor: The Beauty and the Beast". *American Philosophical Quarterly* 25: 299–309.

Hutcheson, F. (1973). "Reflections on Laughter". in P. Kivy (ed.), *An Inquiry Concerning Beauty, Order, Harmony, Design.* The Hague: Martinus Nijhoff.

Jacobson, D. (1997). "In Praise of Immoral Art". *Philosophical Topics* 25: 155–99.

Kant, I. (1951). *Critique of Judgment*, trans. J. H. Bernard. New York: Hafner.

Kierkegaard, S. (1941). *Concluding Unscientific Postscript*, trans. D. F. Senson. Princeton: Princeton University Press.

Koestler, A. (1964). *The Act of Creation.* New York: Macmillan.

Lafollete, H. and Sharks, N. (1993). "Belief and the Basis of Humor". *American Philosophical Quarterly* 30: 329–39.

Levinson, J. (1998). "Humour". *Routledge Encyclopedia of Philosophy*, ed. E. Craig. London: Routledge, pp. 562–7.

Martin, M. W. (1983). "Humour and the Aesthetic Enjoyment of Incongruity". *British Journal of Aesthetics* 23: 74–84.

Monro, D. H. (1951). *The Argument of Laughter.* Melbourne: Melbourne University Press.

Morreall, J. (1983). *Taking Laughter Seriously.* Albany, NY: State University of New York Press.

_____ (ed.) (1987). *The Philosophy of Laughter and Humor.* Albany, NY: State University of New York Press.

_____ (1989). "Enjoying Incongruity". *Humor* 2: 1–18.

_____ (1998). "Comedy". *Encyclopedia of Aesthetics,* ed. M. Kelly. Oxford: Oxford University Press, pp. 401–5.

Oring, E. (1992). *Jokes and their Relations.* Lexington, Ky: University Press of Kentucky.

Palmer, J. (1994). *Taking Humor Seriously.* London: Routledge.

Pfeiffer, K. (1994). "Laughter and Pleasure". *Humor* 7: 157–72.

Phipps, W. (1979). "Ancient Attitudes toward Laughter". *Journal of the West Virginia Philosophical Society* 16: 15–16.

Plato (1961). *Philebus*, The collected Dialogues of Plato, ed. E. Hamilton and H. Cairns. Princeton: Princeton University Press.

_____ (1993). *Republic*, trans. R. Waterfield. New York: Oxford University Press.

Province, R. (2000). *Laughter: A Scientific Investigation.* New York: Viking.

Roberts, R. (1988). "Is Amusement an Emotion?". *American Philosophical Quarterly* 25: 269–73.

Schopenhauer, A. (1966). *The World as Will and Representation* vol. 1, trans E. F. J. Payne. New York: Dover.

Scruton, R. (1982). "Laughter". *Proceedings of the Aristotelian Society*, supplementary vol. 56: 197–212.

Sousa, R. de (1987). *The Rationality of Emotion.* Cambridge, Mass.: MIT Press.

Spencer, H. (1911). "The Physiology of Laughter". *Essays on Education*, etc.. London: Dent.

제20장

은유

테드 코헨(Ted Cohen)
번역: 이종희

2000년이 넘는 동안 철학에서 은유라는 주제는 다소간 종잡을 수 없는 역사를 가졌지만 20세기 후반에 들어오면서 강렬한 관심을 받기 시작했다. 철학자들 가운데 은유에 대한 간헐적인 언급을 아리스토텔레스와 홉스, 로크, 그리고 니체에게서 찾을 수 있지만, 이 주제는 1950년 이후 쯤에 특히 분석철학자들에게서 지속적인 주목을 받게 되었다. 언어철학과 예술철학에서 은유의 중요성은 현재 인정되고 있으며 몇몇 사람들은 이 주제가 철학 일반에 대해 중요성을 가진다고 생각했다. 자크 데리다(Jacques Derrida, 1974)는 모든 진술이 어떤 의미에서 사실상 은유라고 주장했다. 조지 레이코프(George Lakoff)와 마크 존슨(Mark Johnson, 1980)은 사고의 구조 자체가 깊숙이 은유적이라고 보았다. 이런 대담한 주장들은 분석 철학자들에게는 그리 큰 영향을 주지 못했지만 다른 영역에서의 사람들에게 광범위하게 받아들여졌다. 분석철학자들과 다른 사람들에게 초기의 중요한 저작은 맥스 블랙(Max Black)의 〈은유〉(Metaphor)이다. 그러나 이 논문은 발표 이후 10여 년이 지나 굿먼(Nelson Goodman, 1968)에 의한 호의적인 언급이 있은 이후에야 널리 고려되기 시작했다(굿먼의 논제는 Scheffler, 1979에서 자세히 논의되고 옹호되었다).

  은유는 소통되고 있는 바가 단어가 문자 그대로 의미하는 바가 아닌, 언어의 다양한 사용 가운데 하나이다. 말하자면 그것은 무언가 다른 것에 관해 이야기함으로써 어떤 것을 말하는 하나의 방식이다. 우리는 X를 말하고(혹은 쓰고), 그럼으로써 Y를 소통한다. 이러한 특유의 '간접성'은 그것만으로는 은유를 다른 비표준적 언어 사용으로부터 구분하기에 충분하지 않지만, 은유 일반이 그것들에 대한 하나의 단일하고 통일된 기술을 허용할 만큼 서로 충분히 닮았느냐는 것도 사실 의문이다.

한편으로 은유는 수백 년 동안 호머와 세익스피어 및 다른 수많은 시인들의 작품에서 두드러진 시의 특성이었다. 그러나 다른 한편 은유는 말하고 쓰는 일상의 언어에서도 흔히 나타난다. 은유에 대한 하나의 단일한 설명이 비유적 언어의 시적 사용과 보다 일상적인 사용 모두에 적합할 수 있는지는 명백하지 않다.

여기에 유명한 시로부터의 두 가지 사례(첫 두 줄)와 이어서 다른 은유적 구절들이 있다.

순순히 어두운 밤을 받아들이지 마라.
홍겨운 새들 노래했던 벌거벗고 허물어진 성가대.
그는 아무도 그 위에 쓰지 않은 백지이다.
마일스 데이비스는 재즈의 피카소이다.
바그너는 음악의 푸치니이다.

처음의 두 사례들에서 은유적 시행은 문맥 안에 깊숙이 자리하고 있다. 시의 감상에 적합한 모든 것이 이런 시행들의 이해에 관련될 뿐 아니라, 은유 자체가 그 시의 나머지에 의해 명시적으로 정교화되고 확장된다. 이번에는 시행들의 원래 자리에서 그것들을 고려해 보자.

순순히 어두운 밤을 받아들이지 마라,
노년은 날이 저물어 감에 열 내고 몸부림쳐야 한다.
빛이 꺼져 감에 분노하고 또 분노하라.

지혜로운 자들은 마지막에 이르러서야 어둠이 지당함을 알지만
그들의 이야기는 더 이상 번개처럼 번쩍이지 않기에 그들은
순순히 어두운 밤을 받아들이지 않소.

선한 자들은 마지막 파도가 지난 후 그 덧없는 행적들이
푸른 바닷가에서 얼마나 밝게 흩날렸는가를 한탄하며
빛이 꺼져 감에 분노하고 또 분노하라.

달아나는 해를 붙잡고 노래한 사나운 자들은
섭섭히 해를 보내 준 걸 뒤늦게 알고,
순순히 어두운 밤을 받아들이지 않소.

죽음을 앞둔 채, 눈이 멀어 수심에 찬 이들은,
그들의 먼 눈에는 저 빛이 별똥별처럼 불타오르고 화사할지 모르지만,
빛이 꺼져 감에 분노하고 또 분노하라.

그리고 당신, 저 슬픔의 높이에 있는 내 아버지,
이제 당신의 성난 눈물로 나를 저주하고 축복하길 내 기도할 터이니.
순순히 어두운 밤을 받아들이지 마라.
빛이 꺼져 감에 분노하고 또 분노하라.

(딜런 토마스, 〈순순히 어두운 밤을 받아들이지 마라〉)

추위에 맞서 흔들리는 가지에
누런 잎 다 지거나 몇 개만 달려 있는
한 해 중 그런 때를 그대 내게서 보게 되리라.
흥겨운 새들 노래했던 벌거벗고 허물어진 성가대
석양이 서쪽에서 사라지듯
그런 날의 황혼을 그대 내게서 보게 되리라.
만물을 안식 속에 가두는 죽음의 또 다른 자아,
검은 밤이 이윽고 앗아 가 버리는 황혼.
그대 내게서 이런 불타오름을 보게 되리라.
청춘의 재로 사그라지는,
임종의 침상에서 사위어야 할,
타올랐던 것으로 재가 되어 소멸하는 불씨.
이 사실 알기에 그대 사랑 더욱 열렬해져,
곧 떠나갈 것 그대 더욱 사랑하나니.

(셰익스피어, 소네트 73)

나머지 세 경우들에서는 일상적 산문에 일종의 시가 나타난 것처럼 보이긴 하지만, 은유의 정교화는 그것이 행해진다면 전적으로 독자의 몫이다(서정 시와 다른 곳에서 나타나는 은유의 문맥적 특성에 대한 최선의 설명은 화이트(White, 1996)의 것이다. 그는 은유가 종종 복잡한 문맥 안에서 발생한다는 사실을 포용하기 위한 의도로 강력하고 정교한 이론을 고안해 낸다).

은유의 이해는 은유를 바꿔쓰기할 수 있는 능력에 의해 입증될 테지만, 능숙한 은유는 이야기를 계속 이어갈 능력에서 더 잘 입증될 것이다. 예를 들어 마일스 데이비스(Miles Davis)가 재즈의 피카소라면 누가 재즈의 렘브란트인가? (루이 암스트롱(Louis Armstrong)일까?) 누가 재즈의 달리인가?(존 콜트레인(John Coltrane)일까?) 그리고 마일스 데이비스가 재즈의 피카소라면 그는 청색 시기를 거쳤는가? 입체파 시기를 거쳤는가?

일반적으로 우리는 은유를 어떤 용어 'L'에 의해 문자그대로 지칭되는 무언가에 대해 이야기하기 위해 어떤 용어 'M'을 사용하는 것으로 생각할 수 있다. 블랙은 암묵적으로, 그리고 굿먼은 명시적으로, 은유가 'M'과 'L'을 사용하긴 하지만 배경에서 본질적으로 나타나는 것은 'M과 함께 속하는' 단어들과 'L과 함께 속하는' 단어들이라고 말했다. 따라서 '피카소'를 마일스 데이비스에 적용하는 것은 어떤 화가의 이름을 어떤 재즈 음악가들에 적용시키느냐는 의문을 불러온다.

비록 '시적인' 은유가 '일상 언어'에서 나타나는 은유와 중요하게 다르긴 하지만, 우리는 적어도 은유 일반에 대한 잠정적 기술을 시도할 것이다. 언어의 간접적(oblique) 사용 가운데에서도 은유의 두드러진 첫 번째 특성은 Y(소통되는 바)가 어떻게든 X(말로 된 혹은 글로 쓰인 바의 의미)에 의존한다는 점이다. 비록 이 특성이 은유를 다른 모든 간접적 사용들로부터 구분하기에 충분하진 않지만 말이다. 그러나 이는 은유를 관용적 표현들로부터 구분하기에는 충분하다. 여기에 누군가 죽었다는 것을 의사소통할 수 있는 수단으로서 몇몇 관용적 표현들이 있다.

> 그는 농장을 샀다(buy the farm).
> 그는 양동이를 걷어찼다(kick the bucket).
> 그는 서쪽으로 갔다(go west).
> 그는 영혼을 포기했다(give up the ghost).

이런 사례들에서 우리가 어떻게 그 표현이 누군가 죽었다는 것을 말하는 방식이 되었는가를 알고 있느냐는 중요하지 않다. 물론 각 경우들에 대해 아마도 설명이 주어질 수 있겠지만 말이다. 이 가운데 내가 아는 유일한 것은 "그는 농장을 샀다"인데, 확실히 아는 것도 아니다. 1차 세계대전 때 미국 군인들이 생명보험을 들었는데, 병사가 죽으면 보험금이 지급되어 그가 근저당으로 구입한 농장 대금을 보험금으로 갚을 수 있게 되었다고 한다. 이런 식으로 죽음으로써 그는 농장을 사는 것이다.

군대의 정부 보험에 대한 이러한 역사를 내가 안다면 그것이 맞든 아니든, 나는 "그는 농장을 샀다"가 "그는 죽었다"를 말하는 하나의 방식이라는 것을 알아내게 된다. 그러나 "그는 농장을 샀다"가 그가 죽었음을 의미한다는 것을 알기 위해 이런 것을 알아야 할 필요가 있는 것은 분명히 아니다. "그는 농장을 샀다"의 의미론이 이런 역사에 의존하고 있긴 하지만 그 표현을 사용하는 사람이 그것을 발화하거나 이해하기 위하여 역사를 알아야 할 필요는 없으며 이런 의미에서 의존은 없다. 사실, 능숙한 영어 화자가 "그는 농장을 샀다"의 문자 그대로의 의미를 파악하지 못한다는 것은 아주 그럴 법하지 않지만, 이 표현을 오직 "그는 죽었다"만을 의미하는 것으로 이해하는 것은 가능하다. 그러나 진짜 은유의 경우에는 그 표현의 문자 그대로의 의미를 쓰지 않고 의사소통되고 있는 바를 파악하기란 불가능하다. 예를 들어 "마일스 데이비스는 재즈의 피카소이다"나 "온 세상이라는 무대", "그는 그 위에 아무도 쓰지 않은 백지이다"의 경우 그 구성 요소들의 문자 그대로의 의미에 호소하지 않으면서 그 의미를 파악할 가능성은 없다. 이런 의미에서, 이런 경우들에서 Y는 X에 의존한다.

그러나 이러한 의존성을 나타내면서도 은유적이지 않은 간접적 의사소통의 종류가 있다. 그것은 반어이다. 한 학생이, 자기 친구가 나를 적극 추천해 주었기 때문에 나와 공부하게 되었다고 가정해 보자. 그러나 그 학생은 내가 쓸모없는 선생이라는 것을 알게 되어 아주 실망한다. 그는 그의 친구에게, "음, 그 추천에 대해 정말 고맙네. 코헨은 훌륭한 선생이야"라고 말한다. "코헨은 훌륭한 선생이야"라고 말하면서 그 학생은 코헨이 아주 형편없는 선생이라는 그의 의견을 전달하고 있다. 이러한 의사전달을 확인하기 위해 학생의 친구는 "코헨은 훌륭한 선생이야"라는 문자 그대로의 표현에 주목해야 한다. 왜냐하면 반어적 의사소통은 거기에 의존하기 때문이다. "코헨은 훌륭한 선생이야"에 "코헨은 아주 형편없는 선생이야"라는 의미를 할당할 말이 되는 방식은 없으며 이러한 점에서 반어는 그 의미 중의 하나가 그가 죽었음을 뜻하게 되는 "그는 농장을 샀다"와 다르다. 이러한 사실로 인해 그라이스(Paul Grice)는 자신이 화자 의미라고 칭한 바를 발화 의미와 구분하면서, 반어에서 전달되는 것은 표현의 의미가 아니라 그 표현의 사용자가 표현을 통해 의미하는 바라고 말한다.

반어를 다음과 같은 방식으로 생각할 수도 있다. 반어 연산자가 표현에 부가되는 것이고 이 연산자는 X(표현의 문자적 의미)를 Y(전달되는 반어적 의미)로 변환시킨다. Y와 X를 관련시킴에 있어 이 연산자가 정확히 무엇을 하는지 규정하기란 쉽지 않다. X가 주어질 때, 그것은 X의 반대, 역, 혹은 과장된 부정이라고 불릴 만한 것을 산출한다. 그것은 마치 X가한 축 위에서의 어떤 위치를 가리키고 Y는 그 축의 원점에서 동일한 거리로, 그러나 반대 방향으로 이동한 결과인 것과 같다. 그러나 연산자가 어떻게 규정되건, 한 표현이 반어적으로 사용될 때 그러한 어떤 연산이 지시되고 있다고 가정하는 것은 맞는 것 같다.

만일 Y가 X에 의존한다는 점에서 반어가 은유와 같고 관용적 표현과 다르다면, 반어와 은유를 구분하는 것은 무엇인가? 은유와 반어의 차이는 심오하다. 은유를 이해하는 것은 훨씬 더 어렵고 복잡한 작업일 수 있다. 왜 반어가 쓰였는가를 이해하는 것, 반어를 감지하는 것도 어려울 수 있지만, 일단 한 표현이 반어라는 것이 알려지면 화자가 반어적 발화를 통해 무엇을 의미한 것인가를 산출하는 일은 거의 틀에 박힌 것이다. 반어적 표현을 취해서 그 문자적 의미에 표준적 연산을 가하면 그럼으로써 의도된 의미에 도달하게 된다. 그러나 은유에서는 표현의 문자적 의미 이외의 무언가를 전달하기 위해 어떤 단어들이 어떻게 결합되었는가를 이해할 방식을 찾는 시도를 하는 동안, 말하자면 은유의 단어들에 머물러 있어야 한다. 반어적 표현으로 추정되는 것에 있어 그것이 실제로 반어적인가에 관한 논쟁이 있을 수는 있지만, 만일 무언가가 반어적이라면 그것에 의해 의미되는 바가 무엇인지에 대한 중요한 논쟁은 없다. 그러나 은유에 있어서는 일단 무언가가 은유라고 선언이 되었다고 해도 그 표현이 의미하는 바가 무엇이냐에 대해 종종 아주 중대한 논쟁이 있게 된다.

은유에 대한 부가적 질문은 어떻게 그것이 인지되느냐이다. 독자나 화자가 은유를 이해하기 위해 무엇을 하느냐에 대해 어떻게 설명하건 간에, 우선 독자나 화자가 문제의 표현이 은유라는 것을 어떻게 깨닫느냐는 질문이 있는 것 같다. 초기의 어떤 이론가들 — 가령 먼로 비어즐리(Monroe Beardsley)는 은유의 수용자가 어떤 표현을 문자적으로 취하려고 할 때 스스로 방해받는다는 것을 알게 되기에 은유적 이해를 시도하도록 인도되는 것이라고 생각했다(Beardsley, 1967). 수용자는 표현이 문자적으로 취해질 때 그것이 자기-모순적이거나 어떤 방식으로든 의미론적으로 말이 안 되기 때문에 방해받을 것이다. 이런 생각은 그다지 옳지 않은데, "줄리엣은 태양이다"나 "온 세상이라는 무대"가 문자 그대로 취해질 때 완전히 명백하게 거짓이라는 의미에서 적어도 의미론적으로 비정상적인 것은 사실일 수 있더라도, 예를 들어 "어떤 사람도 섬이 아니다"나 "알 카포네는 짐승이었다"처럼 문자 그대로의 읽기를 견딜 수 있는 은유들이 있기 때문이다. 그런 경우들에서 아마도 문자적 읽기를 방해하는 것은 그 표현이 문자 그대로 취해질 때 너무 뻔하게 참이어서 그 저자가 그 표현을 그런 식으로 의도했을 리 없다는 사실일 것이다. (표현의) 저자와 수용자가 이미 알고 있고 서로가 알고 있다는 것도 아는 무언가를 누군가에게 전달하려는 시도는 의미가 없다는 점에서 그렇다. 그러나 문자적 읽기를 방해하는 것이 전혀 없어서 은유의 독자 스스로 은유적 이해를 소위 시도해야 하는 사례들이 있을 수 있다. 예를 들어 문자 그대로 완벽히 이해될 수 있고 정보적이지만 중요한 것은 그 은유적 함의인 서정시의 행들이 있을 수 있다. 가령 "순순히 어두운 밤을 받아들이지 마라"와 그 시에서 잇따르는 시행들은 어두워진 후에 바깥에 아무렇지 않게 나가는 것을 금지하는 것 이상도 이하도 아닌 것으로 읽힐 수 있다.

따라서, 은유가 어떻게 인지되는 것이냐에 대한 가능한 단일하고 일반적인 설명이란 없을 수 있으며 이는 작품 자체에 독자로 하여금 더 나아가는 수준을 찾으라고 명령하는 것이 없이 그냥 발견되어야 하는 그런 예술작품 ─ 특히 문학작품 ─ 의 해석들이 때때로 있다는 사실과 연관된 것일 수 있다. 그렇다면 어떤 표현이 은유임을 발견하는 것 자체가 중요한 과업인 그런 사례들, 따라서 그 사례에서는 은유가 나타났는지 아닌지에 대한 논쟁이, 그보다 자주 일어나는 논쟁인 어떤 표현이 반어적인지 아닌지에 대한 논의만큼 흥미로운 그런 은유의 사례들이 있을 수 있다.

이런 논의들에서는 은유에서 전달되고 있는 바에 대해 대략적으로 언급하였고 그것이 의미로 간주되어야 한다는 암시도 있었다. 그러나 은유를 단지 하나의 말하기 방식으로 간주할 필요도 있는데, 왜냐하면 은유적 의미 같은 것이 있느냐는 물음은 현대적 토론에서 논쟁적인 질문이기 때문이다.

은유적 의미에 대해 말해야 할 최소한 두 가지 명백한 이유가 있다. 하나는 비형식적이며 다소 부정확한 것이고 다른 하나는 보다 정확하고 엄밀한 것이다. 첫 번째는 단순히, 우리가 성공적인 감상자가 은유를 이해한다고 말하고 싶어 한다는 점이다. '이해'는 아주 자연스럽게 의미의 파악으로 이해된다. 따라서 은유가 이해될 수 있다면 파악될 수 있는 무언가, 즉 의미를 제시함에 틀림없다는 것이다. 두 번째 이유는 우리가 어떤 은유들에 대해 그것이 참(혹은 거짓)이라고 말하고 싶어 할 수 있다는 점이다. 따라서 우리는 진리치를 가지는 무언가 ─ 말하자면 명제 ─ 를 필요로 한다. 사실, 우리는 두 가지 명제를 필요로 한다. 문자 그대로 취해질 때 문장은 거짓이고 은유적으로 취해질 때 참이다. 하나의 명제는 대략 한 문장의 의미이다. 따라서 두 가지 의미가 있다. 하나는 문자 그대로의 의미이고 다른 하나는 은유적 의미이다.

이런 이유들은 설득력이 있고 몇몇 철학자들로 하여금 은유적 의미의 존재에 대해 확신하도록 이끌었지만 결정적 이유들인 것은 아니다. 특정한 은유적 의미를 언급하지 않으면서 은유의 이해를 생각하는 것, 또 어떤 추정적 이해를 합당하거나 그렇지 않다고 여기는 것은 완전히 가능하다. 은유의 파악은 그 자체로 어떤 가외의 노력, 즉 문자 그대로의 의미 파악에 요구되는 바에 부가되는, 그리고 그것을 넘어서는 무언가를 요구하는 것 같다. 왜 보통의 방식으로는 파악될 수 없는 어떤 특별한 종류의 의미가 있다고 가정하는가? 더 나아가 은유의 요점이 상대적으로 구체적이고 고정적이더라도, 그 함의는 종종 확장 가능한 것으로 여겨지고 단순한 바꿔쓰기로는 파악될 수 없다는 것이 여전히 사실이다. 이런 점에서 은유는 하나의 고정적인 의미를 가진 무언가라기보다는 상상력의 자극제, 상상적이고 공상적인 생각에 대한 촉매제인 것 같다.

　　은유를 하나 이상의 의미를 가진 표현으로 생각하는 것은 별난 일이 아니며 사실, 수년 전까지도 언어 및 언어학에 관한 저작들은 때로 은유를 애매성과 더불어 다의성이라는 일반적 주제하에 논의했다. 따라서 애매성과 은유를 둘 다 두 가지 이상의 의미를 가지는 표현으로 생각했다. 그러나 이런 견해가 적절하더라도 충분하지는 않다. 그것은 드러내는 것보다 감추는 것이 더 많으며 감추는 것은 바로 의존의 관계이다.

　　진짜 애매한 표현의 경우, 의존관계는 없다. "그는 뱅크(bank) 위에서 밤을 보냈다"는 그가 건물 위에서 밤을 보냈다는 것을 의미할 수도 있고 아니면 강가에서 밤을 보냈다는 것을 의미할 수도 있다. 그러나 이런 의미들 중 어느 것도 다른 것에 의존하고 있지 않고 실로 우리는 다른 것의 의미를 모르고도 나머지의 의미를 잘 알 수가 있다. 그러나 "줄리엣은 태양이다"나 "어떤 인간도 섬이 아니다"와 같은 진짜 은유 표현의 경우, 은유적 의미가 2차 의미이더라도 그 의미는 절대적으로 1차적인 문자 그대로의 의미에 의존하며 문자적 의미를 언급하지 않으면서 은유적 의미를 파악하는 것은 불가능하다.

　　진짜 애매한 용어의 경우 사전 편찬자는 하나 이상의 의미를 가진 단어가 있는 것인지, 하나 이상의 단어가 있는 것인지를 결정해야 하며, 그는 이것을 철학적 근거에서 결정하게 된다. 어떤 사전은 '뱅크(bank)'를 한 번만 실으면서 하나는 재정적 제도와 관련되고 다른 하나는 강의 부분과 관련되는 두 가지 의미를 규정할 것이다. 반면 다른 사전은 우연히 같은 철자적 표상을 가지게 된 2개의 구분되는 단어를 신게 된다. 어떤 식으로든 어떤 언어의 화자가 하나의 의미를 알면서 다른 하나는 모르는 것이 완전히 가능하며 이것은 두 가지 의미 중 어느 것에나 적용된다.

　　그러나 은유에서는 완전히 다르다. 은유적 의미로 불리는 무언가가 어떤 표현이나 용어에서 확인될 수 있더라도 이것을 분리된, 독립적인 의미로 분류하는 것은 부적절할 것이다. 소위 은유적 의미를 열거하는 것이 가능해진다면 이는 은유가 얼거나 죽었다는 것을 보여 주는 것으로, 곧 그것이 더 이상 은유가 아니라는 말이 된다.

　　은유적 의미가 있건 없건 간에, 은유에 의해 소통되거나 전달되는 혹은 건네지는 무언가는 있다. 시급한 질문은 어떻게 그 '내용'이 그것을 전달하는 표현으로부터 추출되느냐는 것이다. 은유에 대한 초기 저술 이래로 끈질긴 생각은 은유가 어떻게든 유사성을 암시한다는 것이었다. 따라서 "F는 G이다"라는 표현에서 F가 은유적으로 G라고 말해진다면, F와 G는 유사하다고 이야기되고 있는 것 같다. 이는 "F는 G이다"의 은유적 의미가 "F는 G와 같다"에 의해 주어질 수 있다는 생각으로 이어진다. 이 생각은 은유를 본질적으로 축약된, 압축적인 직유로 파악한다. 은유와 직유의 관계는 은유의 바꿔쓰기 가능성이라 불려 온 사안에 관한 논의에서 두드러지게 나타났고, 이런 논의의 초기 부분은 혼란스럽게 진행되었다. 중심적인 질문은 은유적 표현이 완전히 문자 그대로의 언어로 표현될 수 있느냐는 것이었다. 어떤 이론가들은 은유를 그에 상응하는 직유로 환원함으로써 이것이 가능하다고 생각했다. 이 생각은 때때로 은유의 의미가 그것에 수반하는 직유로 파악될 수 있느냐는 물음과 은유가 문자적 등가물을 가지느냐는 물음을 혼동했다. 혼동은 "F가 G이다"가 의미론적으로 "F는 G와 같다"와 등가라 하더라도(이것은 언뜻 보아 그럴 법하지 않다. 왜냐하면 결국 일반적으로 "X는 Y이다"는 "X는 Y와 같다"와 같은 것을 의미하지 않기 때문이다), "F는 G와 같다"가 문자적인지 여부는 여전히 열린 질문이라는 점에 일단 주목하게 되면 명백해진다. 예를 들어, 로미오의 "줄리엣은 태양이다"는 말이 "줄리엣은 태양과 같다"로 환원가능하다고 해보자. 만일 '줄리엣은 태양과 같다'가 참이라면 줄리엣과 태양이 이런저런 면에서 비슷할 것이 요구된다는 것은 그럴 법하다. 즉 그 둘은 어떤 속성을 공유해야 한다. 이제 매력적이지 않은 딜레마가 일어난다. 한편으로 줄리엣과 태양이 공유하는 속성들을 찾기란 쉽다. 그 둘은 모두 질량을 가지며 공간을 차지하며 눈에 보이는 대상이다. 그러나 이런 속성들 중 어느 것도 로미오의 은유적 선언의 의미와는 관련이 없다. 반면, 줄리엣과 태양이 공유하는 관련된 속성들이 있다. 예를 들어 그 둘은 온기의 원천이다. 줄리엣과 태양 모두 따뜻하다. 그러나 줄리엣은 태양이 따뜻하다는 의미에서 따뜻한 것이 아니다. 사실, 줄리엣과 태양이 추정적으로 공유한다는 속성은 문자 그대로는 줄리엣의 속성은 아니다. "줄리엣은 따뜻하다"는 그 자체 비유적 언어로, "줄리엣은 태양이다"라는 원래의 은유만큼이나 축어적이지 않다(스턴(Stern)의 2000년 저작은 관련된 속성들이 은유를 이해하는 사람에 의해 어떻게 찾아지는가하는 문제에 대해 주로 논의한다. 이 글은 은유의 의미라고 불릴 만한 무언가가 있다는 생각에 대한 존중할 만한 방어이기도 하다. 스턴의 작업은 은유에 대한 아주 드물게 철저한 이론으로, 매우 세련된 언어철학과 언어학에 근거하고 있으며 그런 학문의 세부에 대한 그의 주목은 세심히 연구해 볼 가치가 있다).

은유의 내용이 직유에 의해 전달될 수 있다고 하더라도 직유가 문자 그대로라고 기대할 이유가 없다는 것, 정말로 그것이 거의 확실히 문자적이지 않을 것이라는 점이 따라 나온다. 또한 은유가 문자적 등가물을 가진다는 것을 부인하고 싶은 사람들로서는 은유를 직유로 바꿔 쓸 수 있다는 것을 부인할 필요가 없다는 점이 따라 나온다(은유가 비교와 관계된다는 생각에 대한 강력한 옹호와 더불어 직유와 문자성의 관계에 대한 유용한 토론을 포절린(Fogelin, 1988)에게서 찾을 수 있다).

은유를 근거 짓는 것이 직유보다 더 복잡한 구성물, 즉 유비(analogy)라고 가정하는 것이 그럴듯하다. 따라서 줄리엣은 로미오에 대해 태양이 무언가 — 아마도 로미오일 것이다 — 에 대해 가지는 관계와 비슷한 관계에 있다. 아니면 아마도 줄리엣은 달이 다른 남자에게 가지는 것과 비슷한 관계를 로미오에 대해 가진다. 로미오가, 다른 남자가 자신의 연인을 달로 생각한다면 줄리엣은 태양이 달의 광채를 가리듯 다른 여인의 광채를 가린다고 말하고 있는 것처럼(이런 제안의 정교한 전개를 위해서는 Tormey, 1983을 보라).

직유에서 유비로의 이러한 이행은, 그것이 몇몇 은유들이 불러들이는 복잡성을 용인한다는 점 때문이라면 전도유망해 보인다. 그러나 이것은 환영일 뿐이다. 왜냐하면 전형적으로, 축어성으로의 더 이상의 진전이 없기 때문이다. 유비에 의한 그런 설명은 결국에는 직유에 의한 설명에 다름 아니다.

"줄리엣은 태양이다"나 "신은 나의 아버지이다"를 근거 짓는 유비는 무엇인가? 로미오가, 줄리엣과 다른 여성들의 관계가 태양과 달의 관계와 비슷하다고 말하고 있다고 가정해 보라. 우리는 다음과 같이 쓸 수 있을 것이다.

$$jRw : sR'm$$

그리고 용 키푸르(Yom Kippur)의 시의 한 행이, 신이 나에 대해 맺는 관계가 나의 아버지가 나에게 가지는 관계와 비슷하다고 말하고 있다고 가정해 보자. 우리는 다음과 같이 쓸 것이다.

$$gRt : fR't$$

이제 두 경우에서 이런 식으로 표상되는 유비에 대해 우리는 다음의 '-와 비슷하다'를 이해할 필요가 있다.

$$xRy : wR'z$$
[x가 y에 대해 가지는 관계는 w가 z에 대해 가지는 관계와 비슷하다.]

명백한 질문은, R과 R' 사이의 관계는 무엇인가 하는 것이다.
가령 그것은 다음과 같은 관계와 같은가?

2가 4에 대해 가지는 관계는 3이 6에 대해 가지는 관계와 비슷하다.

여기서 두 경우의 관계는 같다. 즉 우리가 다음과 같이 쓸 수 있더라도,

$$2R4 : 3R'6$$

R과 R′은 같으므로, 우리는 다음과 같이 써도 된다.

$$2R4 : 3R6$$

은유를 문자적 유비에 의해 근거 지을 수 있다고 생각하는 사람들은 R과 R′가 같다고 생각하고 있는 것이 분명하다. 그러나 은유의 대부분의 경우, 그렇지 않다. 태양이 달에 대해 가지는 관계는 줄리엣이 다른 여자들에 대해 가지는 관계와 같은 관계가 아니며 신이 나에 대해 가지는 관계 역시 나의 아버지가 나에 대해 가지는 관계와 같은 관계가 아니다. 의심의 여지 없이 두 관계 간에는 유사성이 있지만 이는 유비에 의한 설명이 직유에 의한 설명보다 더 나을 것이라는 전망이, 근거가 되는 유사성으로 추정할 만한 것이 이번에는 관계적 유사성이라는 점에서 성립할 따름임을 의미한다. 그것은 원래의 은유가 문자적 진술이 아닌 것만큼이나 문자 그대로의 유사성이 아니다. 우리는 은유를 이해하는 데 도움이 되는 유사성 진술을 제공할 수 있고, 유비에 대한 진술을 제공하는 것이 훨씬 더 도움이 될 수도 있다. 그러나 그 도움이란 그 자체가 여전히 비유적이어서 은유를 근거 짓는 문자 그대로의 유사성이 무엇인지에 대한 이해에 전혀 근접하지 못하게 된다.

은유가 문자적 등가물을 가지건 그렇지 않건, 모든 은유가 직유나 유비로 표현될 수 있건 없건 간에, 은유적 언어 자체의 두드러지는 특성, 즉 우리가 은유에 맞닥뜨릴 때 일어나는 것으로 생각되는 무언가가 남아 있다. 은유에 대한 끈질긴 생각은 그것이 **그림** 혹은 **이미지** 비슷한 무언가를 제공한다는 생각이다. 그 생각은 은유를 비유적(figurative) 언어 ― 형상(figure)을 제시하는 언어 ― 의 한 예로 기술하는 것에서 표현된다(같은 생각을 그런 언어가 그림 같다(bildliche)라 불리는 독일어와 역시 구상적(figuratif)이라 불리는 불어에서도 찾을 수 있다). 그 아이디어는 "줄리엣은 태양이다"를 이해하기 위해서는 어떻게든 줄리엣을 태양으로 생각할 수 있어야 하고, 이는 곧 상상 속에 그림과 비슷한 무언가를 형성하는 것이라는 생각이다. 그림이 어떤 식으로든 문장보다 더 강렬하고 강조적이라고 보통 생각되므로, 은유가 문자적 표현보다 더 존재감이 뚜렷하고 저항하기 어렵다고 생각하는 것은 자연스럽다. 따라서 누군가가 서양 문명이 황무지라고 생각하기를 거부할 수 있더라도, 엘리엇의 시는 그에게 자신의 믿음에도 불구하고 황무지로서의 이미지를 남겨 줄 것이다(이 주제에 대한 비할 데 없이 유용한 논의를 Moran, 1989에서 찾을 수 있다. 이는 세심하고 분석적으로 깊이 있는 연구이다).

은유에 있어 구체적인 의미론적 내용 같은 것은 없다고, 즉 화용론적 효과조차 없다고 가정해 보라. 다시 말해, 데이비슨(Davidson)을 따라 은유는 엄밀한 언어적 제어가 작동하지 않는, 상상력에 대한 열린 자극 비슷한 무언가라고 가정해보라(데이비슨(1978)은 은유적 의미 같은 것은 없고 은유의 효과는 어떤 다른 방식으로 이해되어야 한다고 주장했다. 이 논문은 은유적 의미라는 생각에 반대하는 표준적인 압축적 논증이 되었다. 은유적 의미의 존재에 대한 보다 포괄적인 반론은 쿠퍼(Cooper, 1986)에 나온다. 은유적 의미를 옹호하는, 그 반대편 관점을 위해서는 스턴(2000)과 레빈슨(Levinson, 2001)을 보라). 은유에 대한 모든 반응이 적법하지는(legitimate) 않다는 것이 여전히 참이다. '줄리엣은 태양이다'나 '마일스 데이비스는 재즈의 피카소이다'를 받아들이는 모든 방식이 받아들일 만한 것은 아니다. 로미오가 줄리엣이 편안하고 영감을 준다고 생각한다는 것을, 그리고 마일스 데이비스 팬들이 마일스 데이비스가 어마어마한 조형적 상상력을 가진 혁신적인 사람이라고 생각한다는 점을 파악하지 못한다면, 이런 은유들에 있어 당신이 놓친 무언가가 있는 것이다. 이제 당신이 의미를 파악하지 못했다고 말하고 싶은 강렬한 충동에 이끌린다. 그렇게 말하지 않는다면 우리는 당신의 실패를 어떻게 기술할 수 있겠는가? 그것은 예술작품을 이해하는 데 실패한 것과 같다고 말할 수 있을까? 어떤 사람이 〈리어 왕〉이 다른 무엇보다 늙어 감의 끔찍한 절망에 대한 것임을 알지 못한다고 가정해 보라. 우리는 이런 실패를 어떻게 기술해야 하겠는가? 자주 평가절하되는 '감상(appreciate)'이란 단어의 가장 풍부한 의미에서, 우리는 그가 연극을 감상하는 데 실패했다고 말할 것이다. 비슷하게 우리는 누군가가 은유를 감상했다거나, 감상에 실패했다고 말할 수 있을까?

'감상하다'라는 단어는 종종 이해와 감상되는 바에 관한 어떤 느낌의 경험 둘 다를 의미한다. 어떤 사람에 대해 그가 모차르트 오페라를 감상한다고 말하는 것은 그가 무언가를 파악한다는 것뿐 아니라 그가 그것을 좋아한다는 것을 말하는 것이다. 은유가 단지 무언가를 기술하기 위해서 사용되는 것이 가능하다 하더라도, 그 무언가에 대해 은유 사용자가 가지는 느낌이 어떤지를 말해 주는 데에도 또한 은유가 쓰일 수 있다는 것은 훨씬 더 흔한 일이다. 그리고 그런 경우 은유 사용자가 그 은유를 감상하는 사람에게도 바로 그 감정을 끌어내려 희망하는 것은 이상한 일이 아니다. 맥스 블랙은 명시적으로, 은유가 '인지적'일 수 있다고 주장하면서 단지 '감정적' 의미만을 가진다고 생각하는 사람에게 반대했다. 그러나 아마도 전형적 경우는 은유가 둘 다인 경우일 것이다. 그것은 무언가를 보는 새로운 방식을 제공하고, 그 새로운 관점은 그와 더불어 어떤 느낌을 가져오게 된다.

우리는 여전히, 은유가 정확히 무엇인지, 왜 그것이 사용되고 어떻게 그것이 작동하는지에 대해 완벽한 이해에 다가서지는 못했다. 그러나 현재 그 주제가 널리, 그리고 풍부하게 인식되고 있다는 것, 진전이 이루어지고 있다는 점에는 의심할 여지가 없다.

* 이 논문의 이해를 돕기 위해서 이 책에서 다음의 논문들을 찾아 읽으면 좋을 것이다.
  〈허구〉, 〈시〉, 〈문학〉, 〈유머〉, 〈예술의 해석〉

참고문헌

Beardsley, M. C. (1967). "Metaphor". in *Encyclopedia of Philosophy*, ed. P.Edward. New York: Macmillan.

_____ (1978). "Metaphorical Senses". *Nous* 12: 3–16.

_____ (1982). "The Metaphorical Twist". *Philosophy and Phenomenological Research* 22: 293–307.

Black, M. (1995). "Metaphor". *Proceedings of Aristotelian Society* 55: 273–94.

Cohen, T. (1975). "Figurative Speech and Figurative Acts". *Journal of Philosophy* 72: 669–84.

_____ (1978). "Metaphor and the Cultivation of Intimacy". *Critical Inquiry* 5: 1–13.

_____ (1997). "Metaphor, Feeling, and Narrative". *Philosophy and Literature* 21: 223–44.

Cooper, D. (1986). Metaphor. Oxford:Blackwell.

Davidson, D. (1978). "What Metaphors Mean". *Critical Inquiry* 5: 31–47.

Derrida, J. (1974). "The White Mythology: Metaphor in the Text of Philosophy". *New Literary History* 6: 5–74.

Fogelin, R. J. (1988). *Figuratively Speaking*. New Haven: Yale University Press.

Goodman, N. (1968). *Languages of Art*. Indianapolis: Bobbs–Merrill.

Grice, P.(1989) *Studies in the Way of Words*. Cambridge,Mass.: Harvard University Press.

Hagberg, G. (2001). "Metaphor". in *Routledge Companion to Aesthetics*, eds. B. Gaut and D. Lopes. London and New York: Routledge.

Hausman, C. (1998). "Metaphor and Nonverbal Arts". in *Encyclopedia of Aesthetics*, ed. Michael Kelly. Oxford and New York: Oxford University Press.

Henle, P. (1958). "Metaphor". in P. Henle (ed.), *Language, Thought, and Culture*. Ann Arbor: University of Michigan Press, pp.173–95.

Hills, D. (1997). "Aptness and Truth in Verbal Metaphor". *Philosophical Topics* 25: 117–53.

Isenberg, A. (1963). "On Defending Metaphor". Journal of Philosophy 60; revised and expanded in *Selected Essays of Arnold Isenberg*. Chicago: University of Chicago Press, 1973.

Johnson, M. (ed.) (1981). *Philosophical Perspectives on Metaphor*. Minneapolis: University of Minneapolis Press.

_____ (1998). "Metaphor: An Overview". in *Encyclopedia of Aesthetics*, ed. Michael Kelly. Oxford and New York: Oxford University Press.

Lakoff, G. and M. Johnson (1980). *Metaphors We Live By*. Chicago: University of Chicago Press

Levinson, J. (2001). "Who's Afraid of a Paraphrase?" *Theoria* 67: 7–23.

Martinich, A. P. (1998). "Metaphor". in *Routledge Encyclopedia of Philosophy*. London: Routledge.

Moran, R. (1989). "Seeing and Believing:Metaphor, Image, and Force". *Critical Inquiry* 16: 87–112.

_____ (1997). "Metaphor". in *A Companion to the Philosophy of Language*, eds. B. Hale and C. Wright. Oxford: Blackwell.

Ortony, A. (ed.) (1993). *Metaphor and Thought*, 2nd edn. Cambridge: Cambridge University Press.

Scheffler, I. (1979). *Beyond the Letter*. London: Routledge.

Shibles, W. (1971). *Metaphor: An Annotated Bibliography and History*. Whitewater, Wis.: The Language Press.

Stern, J. (1998). "Metaphor and Philosophy of Language". in *Encyclopedia of Aesthetics*, ed. Michael Kelly. Oxford and New York: Oxford University Press.

_____ (2000). *Metaphor in Context*. Cambridge, Mass.: MIT Press.

Summers, D.(1998). "Metaphor and Art History". in *Encyclopedia of Aesthetics*, ed. Michael Kelly. Oxford and

New York: Oxford University Press.

Tormey, A. (1983). "Metaphor and Counterfactuals". in J. Fisher (ed.), *Essays on Aesthetics.* Philadelphia: Temple University Press.

Walton, K. (1993). "Metaphor and Prop Oriented Make—Believe". *European Journal of Philosophy* 1: 39–57.

Wheeler, S. C. III (1998). "Derrida and De Man on Metaphor". in *Encyclopedia of Aesthetics*, ed. Michael Kelly. Oxford and New York: Oxford University Press.

White, R. M. (1996). *The Structure of Metaphor.* Oxford: Blackwell.

제21장

허구

피터 라마르크(Peter Lamarque)
번역: 김정현

허구(모양 짓다 혹은 형성하다, 만들다, 가장하는 것을 의미하는 라틴어 fingere에서 옴)는 비단 문학에 관련해서만이 아니라 미학 전반에 걸쳐서 많은 중요한 문제들을 발생시킨다. 어떤 예술 형식이건 창안하거나 지어내거나 상상하는 것과 관련된 재현은 허구의 영역과 관련을 맺는다. 오랫동안 철학자들은 허구성이 무엇인지 특징지으려 노력해 왔으며, 앞으로 살펴보게 되겠지만 결코 단순하지 않은 허구와 비허구의 경계를 찾으려 노력해 왔다. '허구적 개체들'의 지위에 관한 철학적 관심 또한 있었다. 허구적 개체들에는 과학, 수학, 법, 형이상학 등에 나타난 이론적인 허구들뿐만 아니라 소설, 희극, 신화나 전설에 나오는 지어낸 인물, 장소, 사건들도 포함된다. 무엇이 존재하는지 혹은 실재하는지를 구획해 내는 존재론적인 문제들도 있다. 이 외의 다른 주제들은 의미론이나 언어 철학과 관련해 허구적 맥락에서 말하는 이름, 문장, 그리고 진리가 지닌 특이점들이 무엇인지를 다룬다.

언급한 문제들은, 재현 예술에 있는 창조성뿐만 아니라 인지적 혹은 참의 거론 가능성의 차원에서도 상상의 산물들이 어떻게 '세계와 관련 맺는가'라는 문제에 폭넓은 관심을 불러일으킬 만큼 미학에서 갖는 의의가 크다. 허구와 세계의 관계에 있어 중요한 또 다른 문제는 허구에 대한 정서적인 혹은 여타 정감적인 반응의 가능성에 관련된 것이다. 우리는 그것이 단지 허구라는 것을 알고 있는 것에 대해 진정한 동정이나 존중, 존경 혹은 두려움을 가지고 반응할 수 있는가? 다시 말해, 실재하지 않고 믿는-체하기(make-believe)의 영역에서만 존재하는 것들에 대해서 그렇게 할 수 있는가 말이다. 이 문제와 관련하여 철학자들은 만족스러운 해결을 보기 힘든 '허구의 역설'이 있다는 것을 알게 되었다.

1. 예비적 고찰

허구의 개념은 문학에서의 허구와 동일하지 않으며, 앞으로의 논의는 허구의 개념에만 집중할 것이다. 모든 허구가 문학이지도 않고 모든 문학 작품이 허구적이지도 않기에 '허구'와 '문학'이라는 용어는 서로 다른 외연을 가질 뿐만 아니라, 특히 허구에서는 결여된 평가적인 요소를 문학이 가진다는 점에서 이 두 용어의 의미가 다르다. 완전히 논란의 여지가 없는 것은 아니지만 존 설(John Searle)은 다음의 말에서 하나의 차이점을 잘 포착하고 있다. 즉 '한 작품이 문학인가 아닌가 하는 것은 독자가 결정할 일이다. 그러나 이것이 허구적인가 아닌가 하는 것은 작가가 결정할 일이다'(Searle, 1979: 59). 물론 수많은 위대한 문학작품들이 허구적이기 때문에 허구에 대한 분석은 문학작품의 한 국면을 밝혀 주기는 한다. 그러나 허구에 대한 분석이 문학에 대해 말할 수 있는 모든 것을 망라할 것이라 여겨서도 안 되고, 이러한 분석이 특징적으로 문학적인 성질들을 포함할 것이라 여겨서도 안 된다.

'허구'라는 용어는 특별한 종류의 **기술들**뿐만 아니라 **대상들**에 적용된다(Larmarque and Olsen, 1994: 16 ff.). 허구적 대상들은 허구 작품에서 특징지어지는 상상된 등장인물, 장소, 사건들을 말하는 반면, 허구적 기술들은 이런 특징짓는 기능을 하는 문장들이나 전체 작품을 포함한다. 대상에 대해 그것이 허구적이라 말하는 것은 대개 그것이 실재가 아님을 함축하지만, 기술에 대해서 그것이 허구적이라 말하는 것은 대개 그것이 참이 아님을 함축한다. 이로써 주된 주목은 실재와 참이라는 개념에 주어지게 된다. 그러나 이러한 개념들이 허구성에 대한 포괄적인 설명을 제공할 수 있는지 혹은 이러한 개념이 갖는 통상적인 함축들에 예외가 없을 것인지조차 논란의 여지가 있다. 실재적이지 않은 모든 것이 허구적인 대상도 아니고, 거짓인 것이 모두 허구적인 기술인 것도 아니다. 그리고 특정 종류의 실재가 허구적 대상에 적합하며, 특정 종류의 참이 허구적 기술에 적합하다고 주장될 수도 있다.

허구적 기술에 관련해서는 특히 심화된 구분이 필요하다. 예컨대 문학 비평가들이 하는 **허구에 대한 담론**(discourse about fiction)은 허구작품의 내용을 보고하여 그것의 정확성이나 부정확성 혹은 참이나 거짓을 평가받을 수 있다. 이는 진리-평가에 그렇게 적합하지는 못한 **허구적 담론**(fictional discourse), 즉 스토리텔링 자체와는 구별되는 것이다(van Inwagen,

1977). 이야기-논평과 이야기-말하기라는 담론의 형식상의 차이는 문장의 표면적인 특징들만으로 밝혀질 수 없다는 것을 주지해야 한다. 하나의 동일한 문장-유형도 어떤 때에는 이야기에서 나타나고, 다른 때에는 이야기에 대한 보고에서 나타날 수 있다. 맥락적인 요소들이 어떤 사용 용례가 적용된 것인지를 결정하여 적절한 평가 방법을 결정할 것이다. 나아가 모든 허구적 담론들이 창조적이지도 않다. 가끔 스토리텔링은 그 이야기가 처음 말해질 때는 이야기를 지어내는 것과 동일한 것이지만, 가끔은 이야기된 것을 다시 이야기하는(retelling) 경우도 있다. 이야기된 것을 다시 이야기하는 것도 여전히 허구적 담론의 한 방식이고, 이는 허구에 대한 담론과는 다른 것이다.

위 예비적 고찰에서 다룬 구분들은 허구의 분석에서 제기되는 서로 다른 종류의 문제들을 시사하며, 비록 서로 연관되어 있다고 할지라도 우선에는 구분된 문제로 다루는 것이 좋다. 먼저 '대상'으로서 허구적 개체들에 대한 문제들이 있다. 이는 존재론적인 관점에서 허구적 개체의 지위, 다른 대상들과의 관계, 그것들의 위치를 다룬다. 다음으로 허구적 문장이나 기술에 관련한 문제들이 있다. 이는 비허구적인 담론과는 다른 허구적 담론을 특징짓는 방법과 허구적 담론에 독특한 특성들을 특징짓는 방법을 다룬다. 이러한 광범위한 논리적 문제들에 대한 답변은 다른 탐구들에도 영향을 줄 것이다. 예컨대 허구가 우리 삶에서 차지하는 위치, 허구에 대한 정서적 반응의 가능성, 우리가 허구에 부여하는 가치들, 그리고 문학과 기타 예술들에 대한 허구의 기여 등을 생각해볼 수 있겠다.

2. 존재론

존재와 비존재에 관한 논쟁은 분석철학의 시작점부터 존재해 온 것이었고 이 분야의 주요 논쟁점 중 하나라는 이유에서 존재론적인 탐구부터 시작해 보자. 이 문제는 주로 의미(meaning)와 지시(denotation)의 연합 때문에 제기된다. 버트란드 러셀(Bertrand Russell)과 그의 추종자인 논리적 분석학자들 대다수가 믿듯이, 이름의 의미가 그 이름이 지시하는 대상이라면, '페가수스', '최고의 전성기(the highest prime)', '프랑스의 현재 왕'과 같은 지시체가 없는 이름의 표현들은 의미를 가지지 않는다. 그러나 이러한 이름들이 이해되지 못하는 것 같지 않고, 이것들을 포함한 문장들도 그것에 할당된 진리가를 가질 수 있다.

초기 분석철학자들이 선택하기를 꺼렸던 지시(denotation)와 같은 의미론의 사용을 포기하지 않고 이 난제를 해결할 수 있는 두 가지 뛰어난 선택지가 있다. 그리고 이 두 가지 길은 허구에 대한 차후 논의를 위한 이정표가 될 것이다. 러셀(1905, 1956)이 선택했던 첫번째 길은, 겉보기에 이름으로 보이는 이 (허구적) 이름들이 진짜 이름이라는 것을 거부하는 것이다. 러셀에 따르면, 특히 기술이론과 일상적인 이름들이 기술 어구를 숨기고 있다고 보는 이론이 제시하는 논리적 분석은 지시하는 용어처럼 보이는 것이 실제로는 그렇지 않을 수 있고, 이때의 지시는 단지 양화사와 명제적 기능들만을 포함한 패러프레이즈로 대체될 수 있다.

알렉서스 마이농(Alexius Meinong, 1904, 1960)이 택한 두 번째 방법은, 가장 명확하게 허구적인 이름들을 포함해 이러한 모든 이름들이 사실상 지시어들이지만 다른 방식의 존재를 가지는 대상을 지시하며, 그것이 온전히 존재하려면 그러한 한 방식의 존재일 수밖에 없다고 주장한다. 러셀은 허구적 이름의 지시체인 허구적 개체를 제거하려 하였던 반면, 마이농은 허구적 개체들을 일반적인 '대상론(theory of objects)' 내에 순응시키려 했다. 앞으로 내가 **제거론**(eliminativism)과 **순응론**(accomodationism)으로 부르게 될 이 두 전략은 여전히 뛰어난 전략들이라서 나는 이 두 전략의 좀 더 최근 주장들을 살펴보고자 한다.

3. 제거론

논리적 분석의 한 가지 목표는 원치 않는 존재론적 개입(commitment)을 없애는 것이다(w. v. O. Quine, 1953). 허구는 논란의 여지가 있는 개입의 명증한 사례들을 제공하지만, 논리적 분석의 적용은 다소간 혼란스러운 결과를 준다. 가장 단순한 예를 들어 보자.

① 홈즈는 탐정이다.

허구적 개체인 **홈즈**에 대한 겉보기의 개입은 전형적인 러셀/콰인류의 분석에서 이름을 양화사와 술어를 가지고 패러프레이즈함으로써 다음과 같이 제거된다.

② 홈즈-기술을 만족시키는 어떤 고유한 것이 있고, 그것은 탐정이다.

이 후자의 문장은 의미가 있고, (거짓이라는) 진리가를 가지고, 허구적 개체의 영역에 대한 개입을 불러일으키지 않는다. 그러나 이 분석은 많은 점에서 부족해 보이는 것 같다. 첫째 허구적 등장인물'에 관한' 모든 문장을 거짓으로 만들게 됨으로써 ①과 같이 참의 요소를 가진 것처럼 보이는 문장과 "홈즈는 지적이지 못하다"와 같이 거짓이 분명한 문장들 간의 구분을 파악하지 못한다. 둘째, 위 분석은 문장 ①을 마치 허구 세계에 대한 것이 아니라 실제 세계에 대한 주장으로 간주하는 것처럼 취급한다. 이와 연관해, 셋째, 문장 ①의 진리가는 허구적 세계가 아니라 실제 세계에서 사물들이 어떠한가에 따른 것이기 때문에, 그런 결과로 위 문장은 만일 우연히 문장 ②에 있는 술어들이 만족된다면 참으로 밝혀질 수 있다. 그러나 "홈즈는 탐정이다"의 진리가는 어떤 실제적인 인물이 홈즈-속성을 예시하는가 아닌가에 의존하지 않는다(David Lewis, 1978). 마지막으로 위 분석은 허구에 대한 담론과 허구적 담론을 구분하지 못한다. 왜냐하면 이는 후자의 문장만을 다루어 잘못된 결과를 낳기 때문이다. 그러나 전자의 문장에 대한 분석으로서도 잘못된 결과를 낳는다고 말해 볼 수도 있다. 왜냐하면 코난 도일의 소설에 나오는 모든 문장들이 거짓이라는 주장도 도움이 되지 않기 때문이다. 세계에 대한 사실 보고가 아니라 이야기를 지어내고자 했던 코난 도일의 목적을 파악하지 못한 것이기 때문이다.

논리적인 패러프레이즈에 의한 제거가 다양한 형식을 취할 수 있다는 것은 받아들일 수 있다. 또 다른 영향력 있는 제안은 넬슨 굿먼(Nelson Goodman, 1968)에 의해 제공되었다. 비록 그가 제공한 이론이 예술 전반에 걸쳐 적용될 수 있다고 해도, 굿먼은 주로 회화적 재현에 주안점을 두었다. 굿먼은 우리가 "X는 유니콘의 그림이다"를 그림과 허구적 개체 간의 관계에서가 아니라 "X는 유니콘-그림이다"라는 일항 술어로 분석할 것을 제안한다. "유니콘-그림이다"라는 술어는 그림 종류를 분류하는 데에만 사용되기 때문에 지칭체에 관한 개입을 함축하지 않는다(실상 굿먼은 비-지칭적인 발화인 '홈즈에-관한'을 사용함으로써 홈즈에 관해 이야기하는 데 관련된 겉보기의 개입을 일반적으로 피할 수 있는 방안을 제시하였다. Goodman, 1961).

굿먼의 전략은 어느 정도 효과적이지만 이러한 모든 패러프레이즈 전략이 그러하듯 그 범위가 제한적이다. 허구적 개체에 대한 이같이 가정된 지칭은 러셀이나 굿먼 식의 패러프레이즈가 문제를 일으킬 것 같은 맥락에서도 나타난다. 적절한 이론이라면 ①과 같은 단순 기술 문장들뿐만 아니라 다음과 같은 문장들도 수용해야 한다.

③ 홈즈는 코난 도일에 의해 만들어졌다.
④ 홈즈는 허구적 등장인물이다.
⑤ 홈즈는 실제로 존재하지 않는다.
⑥ 홈즈는 쁘와로보다 똑똑하다.
⑦ 홈즈는 현대 허구 문학을 대표하는 등장인물이다.

제거론자들은 종종 위와 같은 사용을 패러프레이즈하기 위해 고심한다. 그리고 때때로 그들이 이 상이한 맥락들과 씨름하는 방법들은 제거론 기획 전체에 대한 적절한 테스트로 여겨지기도 한다(Robert Howell, 1979; Lamarque, 1996; Amie Thomasson, 1999). 예컨대 ①과 같은 문장 앞에 '허구에서'라는 접두사를 붙이는 방편(Lewis, 1978)은 ③-⑦에는 적용할 수가 없고, 문장 ②에서처럼 양화사와 함수(function)를 사용하면 적어도 문장 ③, ④와 ⑦에서는 잘못된 진리가를 낳을 위험이 있다. 흔히 수용론자들은 그들이 허구적 개체를 받아들이는 근거를 ④와 같은 문장의 축어적 참이라고 여기는 것에 둔다. 제거론자들에게 가장 큰 문제를 낳는 것은 바로 이러한 문장들이다.

켄달 월튼(Kendall Walton)의 제거론적 전략은 러셀식의 논리적 분석이 아니라 '믿는-체하기'라는 개념에 호소한다. 월튼에게서 허구적인 것은 '믿는-체하기 게임에 있는 소도구(prop)인' 것이다(Walton, 1990). 게임과 그것에 연관된 소도구들은 충분히 실제적이지만, 홈즈나 쁘와로에게 그 이상의 실재성이라는 것은 없다. 사실 '홈즈'는 지시가 아니기 때문에 월튼에 따르면 홈즈에 대한 명제도 없고, 축어적으로 말하자면 문장 ①은 어떤 명제도 표현하지 않는다. 이것은 매우 강한 주장이다. 왜냐하면 이러한 주장은, 이 문장 자체가 아무 의미도 없기에 패러프레이즈를 통해서 문장 ①의 의미를 파악하려는 시도가 쓸데없는 일이라는 것을 함축하기 때문이다(이러한 반대에 대해서는 Eddy Zemach, 1998을 보라). 그런 반면 월튼에 따르면 우리는 ①이 의미를 갖는 체하고 그 문장을 사용함으로써 참인 무언가를 말하는 체한다. 월튼은 그의 "톰 소여는 자신의 장례식에 참석했다"라는 사례 문장을 다음과 같이 설명한다. 《톰 소여의 모험》은 용인된 게임에서 K라는 종류의 체하기에 관여하는 사람이 스스로 그 게임에서 자신이 참을 말한다는 것을 허구적으로 만드는 그러한 것이다."(Walton, 1990: 400) 우리는 게임을 하는 데 있는 적절한 행위들을 직면함으로써 K가 어떤 종류의 것인지 명시적으로 알게 된다. 월튼의 제거론은 모든 문제적인 경우에 적용되는 섬세한 이론이고, 그의 더 광범위한 재현이론으로부터 잘 개진되었다. 그러나 그의 이론은 체하기를 너무 넓게 확장시키고 있고, 예컨대 ③, ④와 ⑦ 같은 경우에서도 믿는-체하기 게임을 상정한다고 말할 수 있다. 그러나 이 경우들은 축어적 해석이 더 직관적이다(Frederick Kroon, 1994; Thomasson, 1999). 월튼은 이후 다시 다루도록 하겠다.

4. 순응론

허구적 개체를 순응시키려는 시도들은 제거론보다 더 다양한 형태를 취한다. 논의의 시작점으로 좋은 것은 마이농이다. 마이농은 존재적(existent) 대상뿐만 아니라 비존재적(non-existent) 대상도 있다고 제안한다. 마이농에 따르면 단칭 명사의 지칭체로 말해질 수 있는 어떤 것이든 일종의 존재(being)를 가진다고 말한다. 심지어 둥근 사각형과 같이 모순된 개체들도 포함해서 말이다. 따라서 홈즈는 모든 홈즈 속성을 가지지만 존재의 속성은 결여하는 그런 대상이다. ①과 같은 문장은 이제 말 그대로 주체/대상(subject/object) 술어로 해석된다.

좀 더 세련된 버전의 마이농 이론은 테렌스 파슨스(Terence Parsons, 1980)에 의해 개진되었다. 파슨스는 적어도 핵속성(nuclear properties)의 모든 조합과 상호연관된 하나의 대상이 있다고 주장한다. 이러한 많은 대상들은 존재하지 않으며 홈즈 같은 허구적 등장인물들은 존재를 결여한다는 점에서뿐만 아니라 '불완전한' 존재라는 점에서 평범한 인간들과 다르다. 이때의 '불완전한'이라는 의미는, 어떤 주어진 속성에 대해서건 등장인물이 그 속성을 소유하고 있는가 아닌가가 항시 결정된 것이 아니라는 점에서 그렇다. 파슨스는 문장 ①에서와 같은 비존재적 대상의 '핵' 속성을 '핵외(extra-nuclear)' 속성으로부터 구분한다(파슨스의 이론에 대한 명확한 논의와 평가는 Levinson, 1981을 보라).

비슷하지만 동일하지는 않은 견해들이 또 다른 순응론자들로부터 주장된다(Edward Zalta, 1983). 찰스 크리텐든(Charles Crittenden, 1991)은 허구에 대한 이야기에 대해서 축어적인 해석을 준다는 점에서 마이농주의자로 분류된다. 그러나 그의 버전은 비트겐슈타인의 언어-게임이라는 개념에 영향받고 있다는 점에서 반-형이상학적이라 말할 수 있다. 크리텐든은 허구적 대상을 '실천' 안에서 발생하는 '문법적인 대상들'이라 여긴다. 리차드 로티(Richard Rorty, 1982)도 비슷하게 형이상학과 존재론을 거부하지만, 그는 허구적 개체를 '제거'하려 하는 것은 무의미하다고 여긴다. 왜냐하면 로티는 '허구적 담론에 대한 문제'를 잘못 경도된 두 개념으로부터 발생한 유사-문제일 뿐이라고 생각하기 때문이다. 즉 사실의 '대응'으로서의 참과 세계의 '그림'으로서의 언어라는 두 개념을 혼동한 것이라고 말한다(이러한 접근의 좀 더 발전된 경향은 C. G. Prado, 1984를 보라).

다른 이론가들은 허구적 개체를 **비존재적** 대상으로 보지 않고 **추상적** 대상이라는 종으로 여긴다. 예컨대 반 인와겐(van Inwagen, 1977)은 허구적 등장인물을 '문학 비평의 이론적 개체들'이라고 말하고, 니콜라스 월터스토프(Nicholas Wolterstorff, 1977)는 '인간의 종(kinds of persons)'과 대조되는 것인 '인간-종(person-kinds)'이라고 보며, 피터 라마르크와 스타인 호검 올슨(Peter Lamarque and Stein Haugom Olsen, 1994)은 '허구적 발화'라는 관례하에 제시되는 특징들의 집합으로 분석한다(Jérôme Pelletier, 2000도 참조하라).

이러한 이론들 중에서, 특히 추상적 존재의 지위를 허구적 대상에 부여하는 이론들은 (파슨스가 그의 이론에서 이미 주지시켰듯이) 추상적 개체가 영원한 본성을 지니기 때문에 허구적 등장인물이 (한 시점에) **창조되는** 것이 불가능하다는 문제점을 마주하게 된다. 여기에는 위의 문장 ③이 축어적으로 거짓임이 함축된다. 그러나 이는 직관과 어긋난다. 표준적인 반응은(예를 들면 Wolterstorff, 1980: 145) 작가를 문자 그대로 **창조자**라기보다는 창의**적이**(creative)라고 기술하는 것이다. 그러나 또 다른 순응론은(Jeanette Emt, 1992; Nathan Salmon, 1998; Thomasson, 1999) 허구적 등장인물을 추상적 개체이자 창조된 인공물로 간주한다. 토마슨은

(1999) 의존 이론(theory of dependence)을 기반으로 이러한 개념을 상세히 발전시켰다. 의존 이론에 따르면, 허구적 등장인물들은 그것들을 존재하게 만든 언어 행위와 그것들이 지속적으로 존재하도록 해 주는 (개별 텍스트가 아니라) 작품의 지속적인 존재 모두에 필수적으로 의존한다. 이 이론은 허구적 대상을 영원한 개체라기보다는 역사적 개체로 보기 때문에 등장인물들의 역사적 발생 근원이 필수적인 요소이다. 그리고 그것들은 존재하기를 시작한 것과 마찬가지로 존재하기를 그만둘 수도 있다. 그것들은 법, 이론, 정부, 그리고 실제로 문학작품에 대해서 유사한 지위를 획득한다. '추상적 인공물'이라는 존재론적 범주에 대한 우려를 차치한다면 이러한 종류의 순응론이 가지는 매력은 허구적 등장인물에 대한 어떤 종류의 현실을 인정한다는 점이다. 즉 변칙적인 '비존재적 대상'을 상정하지 않고도 허구적 등장인물들에 대한 축어적 참들이 있을 수 있다는 것을 허용한다.

5. 허구적 담론

우리는 허구적 담론과 비-허구적 담론을 어떻게 구분할 수 있는가? 이 문제는 꽤 중요한 문제인데, 왜냐하면 오손 웰즈(Orson Welles)의 방송 〈우주 전쟁〉을 들은 순진한 청취자처럼 허구와 실재를 혼동하는 사람들은 기껏해야 창피해하고 말면 그만이지만, 사실-진술을 허구로 간주하는 사람들은 좀 더 심각한 결과를 초래할 수 있기 때문이다. 이러한 문제는 사용되는 언어에 허구적인 것과 비-허구적인 것을 구분 지을 결정적인 외면적 차이가 없어 보인다는 점에서 비롯된다. 구문론적으로나 수사적으로나 언어상의 결정적 차이가 없다는 점은 소설 작가나 드라마 작가가 사실주의를 추구할 때 잘 활용하는 점이기도 하다. 뿐만 아니라 지칭이나 진리가와 같은 의미론적인 특징들도 필요조건이나 충분조건을 제공하지 못한다. 허구적 담론은 대개 지시체가 없는(non-denoting) 이름을 사용하는 것이 특징인 한편, 역사적 허구에서 알 수 있듯 이러한 이름이 비-허구적 맥락에서 사용되는 점을 감안한다면 이 같은 사실은 필요조건도 충분조건도 아니다. 또한 허위성 또한 허구이기 위한 충분조건이 아니다. 왜냐하면 허구를 만드는 것은 거짓말을 하거나 실수를 저지르는 것과는 다른 일이기 때문이다. 또한 축어적으로 참인 문장들도 허구적 이야기들 속에서 핵심적인 역할을 담당할 수 있기 때문에 필요조건 또한 못 된다고 주장해 볼 수 있다(이는 Goodman, 1984와 상반된 견해이다). 이 외의 제안으로는, 허구가 주장을 하는 것도 아니기 때문에 허구적 담론이 진리가를 가지지 않는다고 주장하거나(J. O. Urmson, 1976), 적어도 참과 거짓의 판단을 내리는 것은 부적절하다고 말한다(R. M. Gale, 1971). 그러나 허구의 다양한 목적들에 비추어 보면 이러한 주장들이 허구의 정의의 부분일 것이라고 여기는 것은 문제가 있어 보인다.

　　문장의 외면적 혹은 의미론적 속성들이 허구적 담론을 정의하는 만족스러운 후보가 되지 못한다면, 문장의 사용상에 있는 조건들은 더더욱 그러지 못한다. 한 가지 공통된 생각은 화자 혹은 작가의 의도가 허구적 내러티브의 핵심이라고 보는 것이다. 하지만 허구-제작자들이 가지고 있는 중심 의도가 무엇인가에 대해서 널리 합의되는 바는 없다. 월터 스토프는(1980) 스토리텔러들은 상황이나 명제를 독자에게 반추하거나 생각해 보라고 '제시하거나 그것들을 고려하라고 제안한다'고 주장한다. 그럴지도 모른다. 하지만 이것도 스토리텔러들을 비허구적 화자들로부터 구분 짓기에는 여전히 부적절하다. 스토리텔러들이 실제로 그것들을 수행하지는 않으면서 마치 주장처럼 발화 행위를 **모방한다**거나(Richard Ohmann, 1971) **재현한다**고(Monroe C. Beardsley, 1981) 주장하기도 한다. 설(1979)은 허구를 만드는 작가가 발화수반행위(illocutionary act)를 수행하는 **척하지만**, 이때 작가는 독자를 속일 의도를 갖지 않는다는 강력한 주장을 펼친다. 루이스(1978) 또한 스토리텔링을 체하기(pretense)로 본다. 그는 '스토리텔러는 그가 지식을 가지고 있는 문제에 대해 참을 말하는 것에 취지를 둔다'고 말한다.

　　체하기와 허구의 연합이 있는 것은 (Lamarque and Olsen, 1994: 60-71에 설명된 '-하는 체하기(pretending to do)'와 '-인 체하기(pretending to be)', 그리고 '-라고 체하기(pretending that)'의 구분 같은 좀 더 복잡한 것들을 염두에 둔다면) 매우 명확해 보인다. 하지만 스토리텔링을 체하기와 **동일시하는** 것은 여전히 너무 협소하거나 소극적인 것처럼 보인다. 살펴보면 이 같은 제안은 스토리텔러들이 하지 **않는** 것만을 강조한다. 예컨대 좀 더 적극적인 방식에서 그들이 하고 있는 것이나 목표하는 바를 특징짓는다기보다는 오히려 스토리텔러들이 그저 하는 **척하는** 것만을 강조한다. 스토리텔러인 호머와 역사가인 헤로도토스의 차이를 논함에 있어서, 전자가 그저 하는 척하기만 한 어떤 것을 후자는 기실 하고 있다고 말하는 것은 최선이 아니다. 이는 호머의 성취에 대한 공정한 평가일 수 없다. 보다 적극적인 설명을 구하면서 여전히 작가의 의도에 기반하고 있는 또 다른 이론가들은 체하기를 스토리텔러들이 아니라 이야기의 독자들이 하는 것으로 본다. 이 견해에 따르면, 스토리텔러들의 일차적인 의도는 어떤 것을 하는 체하는 것이 아니라 독자들로 하여금 어떤 것을 체하거나 믿는-체하거나 상상하도록 만드는 것이다. 예컨대 한 이야기가 알려진 사실인 것처럼 말해지는 것을 믿는-체하거나(Gregory Currie, 1990), 표준적인 언어 행위들이 수행되고 있지 않다는 것을 알고 있으면서도 수행되고 있다고 믿는-체하는(Lamarque and Olsen, 1994) 것이다. 스토리텔러 입장에서 이러한 의도는 그라이스식의, 혹은 재귀적인(reflexive) 의미-의도로 여겨질 수 있는데(Currie, 1990), 이때 의도는 그 의도가 의도로 인식되면 실현되게 된다. 의도에 기초한 모든 이론들에서 중요한 점은, 이 이론들이 허구의 근원을 허구와 사실 간의 관계에서라기보다는 특정 종류의 발화, 요컨대 '허구적 발화'에서 찾는다는 점이다.

그러나 모든 이론가들이 이러한 재조명을 받아들이지는 않는다. 월튼은(1990) 허구를 가능하게 하는 것이 — 혹은 허구를 의도하는 것이 — 허구를 성립시키는 핵심이라는 견해를 거부한다. 그에 따르면 허구를 결정하는 것은 행위가 아니라 '믿는-체하기 게임에서 소도구 역할로 기능하는' 대상이다. 월튼은 다양한 종류의 허구를 강조한다. 여기에는 비단 내러티브만 속하는 것이 아니라 — 이러한 월튼의 근거 자체가 그로 하여금 허구에 대한 발화행위 이론을 거부하도록 만들기도 하는데 — 인형, 아이들이 만든 진흙 파이, 가족 초상 그리고 모든 종류의 재현이 허구라는 집합에 속한다. 일상적인 용례보다는 이론적인 상정에 더욱 근거하는 이러한 관대한 (허구의) 외연적 확장에 대해 우리가 생각할 수 있는 것이 무엇이건 간에, 이 이론은 허구에 대한 설명으로부터 의도를 완전히 제거해 버린다는 점에서 설득력이 없다. 심지어 (월튼이 든 예처럼) 구름의 형태에서 얼굴 모양을 보거나 해변의 바위에 얼룩진 글자 모양도 인간의 행위나 상상의 목적에 합치하여 동화되기만 하면 월튼의 주장과는 **달리** 재현이 된다(Jerrold Levinson, 1996: 296; Lamarque and Olsen, 1994: 47-9).

6. 허구에 대한 담론

허구적 담론이나 스토리텔링은 허구에 대한 담론과는 다른 것이다. 이야기가 어떻게 진행되는가를 기술할 때 우리는 이야기를 말하는 것이 아니라 특정 종류의 보고를 하는 것이고 이로써 참을 추구하게 된다. 하지만 허구-보고에서 진리조건이란 무엇일까? 여기에는 분명히 존재론 논의에서 나왔던 몇몇 문제들이 제거론자나 수용론자의 전략 중 어느 것을 선택하는가에 따라 달라지는 잠정적인 답을 가지고 재등장한다(따라서 수용론자에게 "홈즈는 탐정이다"라는 보고의 참은 한 속성이 허구적 개체에 진정 귀속되는가 하는 사실에 의존할 것이다). 그러나 이 같은 논의에 있는 조금 다른 국면이 최근 철학적 논의로 각광받고 있고, 이는 존재론적인 문제에는 직접적으로 관여하지 않는다. 이 논의는 '허구에서의 참'에 대한 혹은, 월튼의 용어를 빌리자면, 허구적 참을 관장하는 '발생 원리'에 대한 논의에 해당한다.

이 문제는 간략히 언급될 수 있다. 허구를 읽을 때 우리는 어떤 사물들을 허구 세계에서 참인 것으로 간주한다. 이는 종종 허구적 내러티브에서 명확해 보이는 것을 넘어서는 추론을 낳기도 한다. 우리는 홈즈가 신장이나 혈관 내 혈액을 가지고 있다고 명백히 들은 바는 없지만, 그가 정상인이지 로봇이나 화성인이 아니라고 여기기 때문에 이를 당연하게 생각한다. 그러나 이러한 종류의 추론을 발생시키는 원리는 무엇일까? 월튼은 (1990: 4장) 모두 설득력이 있어 보이는 현실원리(Reality Principle)와 상호믿음원리(Mutual Belief

Principle)라는 경쟁적인 두 원리를 밝혀낸다. 현실원리에 따르면, 우리는 허구적 세계를 (허구에서) 명백히 언급된 것과 양립 가능한 한에서 현실세계와 유사한 것으로 간주한다. 우리는 현실세계의 사실에 기반해 허구 세계의 부족한 세부사항들을 채운다. 두 번째 상호 믿음 원리에 따르면, 우리의 추론을 제한하는 것은 실재나 사실이 아니다. 오히려 내러티브가 제작될 당시에 공유되던 공통된 믿음이라는 것이다.

현실원리에 대한 공통된 반론은, 이 이론이 부적절한 혹은 시대착오적으로 보이는 추론을 허용한다는 데 있다(Walton, 1990; Currie, 1990; Lewis, 1978). 천문학, 핵물리학 혹은 심리학의 현대 이론들은 소포클레스나 초서의 시대에 함축된 배경지식과는 전혀 들어맞지 않는 허구적 참을 그들의 세계에 발생시킬 수 있다. 이때의 참은 시대착오적일 뿐만 아니라 수적으로 너무 많고도 상세하다(Parsons, 1980; Wolterstorff, 1980). 쿼크나 퀘이사에 대한 심원한 사실들이 《오이디푸스 왕》의 세계에 속하는 것일까? 물론 '허구적 세계'라는 개념 자체가 불명확해서, 이러한 세계의 '내용'이 얼마나 한정된 것인지 혹은 그 범위가 얼마나 넓은지도 논란의 여지가 있다.

월튼이 설명하듯 상호 믿음 원리는 '예술가가 허구적인 것에 대해 더 나은 통제력을 발휘하도록 해 준다'는 장점을 갖는다(Walton, 1990: 153). 만일 작가와 그의 공동체가 지구는 편평하며 정지해 있다고 믿는다면, 이러한 믿음들은 이에 반하는 특별한 지침이 없는 이상 그의 이야기 내에서 허구적 참이 된다. 그러나 공동체 내의 상호 믿음이 무엇인가 하는 것이 항시 명확하지도 않고, 작가가 이러한 상호 믿음을 받아들이지 않을 때에는 당대의 태도에 너무나 격하게 반대하려다 왜곡된 추론을, 특히 심리적이거나 도덕적인 문제에 있어서 왜곡된 추론을 얻게 될 수도 있다. 커리는(1990: §2.6) 상호 믿음 원리의 다른 버전을 제안한다. 이 버전에 따르면, 허구에서 참은, 정보를 가진 독자가 허구적 작가가 믿는 바라고 추론하는 것이 합당한 것을 말한다. 이제 허구적 작가가 믿는 바는 그 시대의 공통된 믿음으로부터 구성되지만 이는 또한 현 내러티브의 어조나 함축으로부터 제한받기도 한다.

루이스는(1978) 가능세계라는 개념을 사용해서 위 두 원리의 다른 버전들을 제안했다. 그는 허구에서 참인 것에 대한 추론과 (만일 -했다면, 어떠하였을까에 해당하는) 반사실적인 추론을 비교하면서, 이야기가 실제 세계에 준하여 알려진 사실로 말해지는 세계인 한 버전과 당대의 독자들이 상호적으로 믿고 있는 세계인 두 번째 버전을 비교하여, 두 세계 중 가장 알맞은 것이 무엇인지를 결정할 필요가 있다고 제안한다. 그러나 이 가능세계의 분석에 대해서도 반론은 제기되었다(Currie, 1990; Lamarque, 1996). 첫째, 가능세계는 모든 세부사항이 결정되어 있고 자기-모순이 없다는 점에서 허구적 세계와 다르다. 둘째, 허구에서 참을 구하는 탐구는 준-사실에 대한 탐구와 유사해 보이지 않는다. 오히려 다양하게 해석될 수 있는 의미에 대한 탐구와 더 닮았다.

월튼은(1990) 두 원리 중 어느 것도 직관적으로 옳은 모든 추론을 포섭하지 못하며, '발생의 역학'은 근본적으로 '무질서하다'는 견해를 견지한다. 이는 어떤 깔끔한 공식도 허구에 대한 담론의 진리-조건을 파악할 수 없다는 것을 말하는 점에서 옳아 보인다. '허구에서의 참'의 난점과 비결정성은 문학적 해석에 관련해서도 나타난다. 예컨대 이는 등장인물이 '실제로 어떠한지', 소설의 사건과 행위의 구성은 어떠한지, 혹은 만일 그런 것이 있다면 창조적인 문학 작품에서 궁극적으로 추구하는 '논제'는 무엇인지에 대한 비평의 오래된 쟁점들에도 반영되어 있다.

7. 허구와 감정

많은 철학적 관심을 끌었던 마지막 주제는 소위 감정에 관한 '허구의 패러독스'이다. 이 문제는 허구로 알려진 것에 대해서 우리가 명백한 감정적 반응을 보이는 것을 설명하며, 흔히 직관적으로는 말이 되지만 상호 일관성은 없는 세 명제를 중심으로 표현되는데(Currie, 1990; Levinson, 1997; Rober Yanal, 1999; Richard Joyce, 2000), 그 내용은 다음과 같다.

① 독자 혹은 감상자는 허구적 대상이라고 알고 있는 것, 즉 허구적 등장인물에 대해서 종종 두려움, 동정, 욕망, 존경 같은 감정을 경험한다.
② 두려움, 동정, 욕망 등과 같은 감정을 경험하는 데 필요조건은, 그러한 감정을 경험하는 사람들이 그들의 감정의 대상이 존재한다고 믿는 것이다.
③ 그 대상이 허구적이라고 알고 있는 독자 혹은 감상자는 이러한 대상이 존재한다는 것을 믿지 않는다.

관련 논문에 대한 유용한 조사를 통해 제럴드 레빈슨은(1997) 얼핏 보기에는 이 패러독스를 벗어나는 듯한 방법을 다루는 최소 일곱 가지 정도의 상이한 해결책이 있다는 것을 밝혀냈다. 이 중 몇몇은 다양하게 변형된 하위 방법들을 가진다. 그중 몇몇은 나머지 해결책들에 비해 큰 지지를 얻지 못했다. 예컨대 명제 ③을 거부해야 한다는 견해를 현대에 지지하는 이는 거의 없다. 이는 아마도 허구를 감상하는 감상자들이 허구적 사건을 실재라고 '반쯤-믿는다'거나 혹은, 콜리지의 표현처럼, 그들의 현실에서 '불신의 유보'를 하는 것이라고 보기 때문이다. 패러독스가 말하는 세련된 감상자들은, 허구적 등장인물들이 너무나 실재처럼 보일지라도 그것들을 실재 사람으로 믿지 않는다. 심지어 반쯤-믿지도 않는다. 사실상 명제 ③이 참이라는 것은 널리 받아들여지는 바이다. 이로써 패러독스에 있는 주된 의심은 명제 ① 혹은 ②, 혹은 ①과 ② 모두에게 주어진다. 그리고 대부분의 주목도 이들에게 향하고 있다.

가장 영향력 있는 이론들 중 하나는 켄달 월튼이 개진한 것으로, 명제 ①을 거부하는 것이다. 월튼(1990)에 따르면, 우리가 허구적 등장인물에게서 경험하는 감정들이 두려움, 동정 혹은 존경과 특정한 현상적 유사성을 갖는다고 할지라도, 우리가 허구적 등장인물들을 두려워하거나 동정하거나 존경하는 것은 축어적 참이 아니라 그저 믿는-체하는 것이다. 월튼은 이러한 느낌들을 실제로 경험되는 '유사 두려움', '유사 동정' 등등이라 부르며, 이러한 반응들이 실제 두려움, 실제 동정 등과 완전히 같지는 않을지라도, 여전히 '정서적으로 충만'하다는 점을 강조한다(Walton, 1997: 38). 월튼은 명제 ②의 참을 역설한다. 두려움이나 동정 같은 감정들이 믿음 요소(그 대상이 존재한다고 믿는 것)를 가지는 것뿐만 아니라 허구의 경우에는 부재하는 행위 성향(두려울 때는 달아나고, 불쌍할 때는 위로를 하는)도 가지고 있음에 틀림없기 때문이다. 허구 작품의 믿는-체하기 게임에서 감상자는 묘사되는 사건이 발생하고 있다는 것을 상상하고, 감상자들이 정서적으로 그 사건에 반응하고 있다고 상상한다. 월튼은 그의 유명한 예인 찰스와 영화 괴물에 대해서 다음과 같이 적고 있다. "그(찰스)는 허구적으로 흐물대는 괴물에게서 괴롭힘을 당한다고 생각한 결과로 유사 두려움을 경험한다. 이는 괴물이 위협한다는 믿음으로부터 찰스의 유사 두려움이 야기되었다는 것을 허구적으로 만들고, 그 결과 찰스가 괴물을 두려워한다는 것을 허구적으로 만든다."(Walton, 1990: 245)

월튼의 설명의 장점은 이 설명이 그의 일반적인 허구이론과도 잘 맞고, 그의 강경한 제거주의 존재론과도 아귀가 맞는다는 점이다. 이러한 설명의 다른 버전들은 '시뮬레이션 이론'을 구체화시킨 커리(1990)와 레빈슨(1996, 1997)에게서 개진되었다. 하지만 많은 이론가들에 따르면(Alex Neill, 1991, 1993; Richard Moran, 1994; Lamarque, 1996; Eva M. Dadlez, 1997; Yanal, 1999), 예외적인 경우가 아닌 표준적인 경우, 감상자들이 허구적 등장인물들에게 실제의 두려움이나 동정이나 욕망이나 존경심을 경험한다는 것을 부인하는 것은 너무나 반직관적이다. 사람들은 어떻게 자신의 감정 상태에 대해서 그토록 체계적으로 오인할 수 있는 것일까? 왜 공포스러운 장면을 상상하는 것이 두려운 것을 상상하는 것만을 낳는가?

다른 대안적 해결책은 명제 ②를 거부하기로 한다. 아마도 두려움, 동정, 존경과 같은 감정에 대한 믿음 조건이 완화될 수 있을 것이다(Morreall, 1993). 결국 두려움을 느끼는 사람이 외견상으로는 그가 위험에 처했다고 믿지 않으려는 두려움, 즉 **포빅 피어**(phobic fear)가 있다는 것이다. 하지만 허구에서의 두려움을 혐오증과 융합시키는 것은 옳아 보이지 않고(Neill, 1995; Joyce, 2000), 레빈슨(1997)이 지적하듯이, 비록 대상이 **위험하다**는 믿음은 아니라고 할지라도 대상이 **존재한다**는 믿음은 두려움에 필수 사항일 수 있다. 그러나 이러한 존재에 대한 믿음이 사실상 요구되는가? 주장컨대 아니다.

믿는-체하기 이론에 대한 가장 유명한 대안의 중심에는 소위 사고이론(Thought Theory)이 있다(사고이론의 버전들은 Carroll, 1990; Lamarque, 1996; Susan Feagin, 1996; Edward Gron, 1996; Dadlez, 1997; Yanal, 1999에서 옹호되었다). 이 이론은 매우 생생한 상상하기가 믿음을 대체할 수 있다고 주장한다. 이 견해에 따르면, 허구적 사건이나 등장인물을 떠올림으로써 감상자는 진정 놀라거나, 동정심을 갖거나, 욕망이나 존경심에 사로잡힐 수 있다. 이렇게 되도록 해 주는 메커니즘은 인과이다. 즉 두려움이나 동정은 사고에 의해 인과된다. 그러나 이때의 두려움은 사고에 **대한**(of) 것이 아니다. (괴물에 대한 두려움에서처럼) '-에 대한'이라는 표현은 감정의 **내용**을 포착하여, 감정을 비관계적 방식으로 특징짓는다(예컨대 '뱀파이어-두려움'과 다른 것으로서 '괴물-두려움'을 말하듯이). 불쾌감이나 창피함 혹은 성적 흥분의 경우에 사고가 생리적 효과를 일으킬 수 있다는 것은 잘 알려진 바이다. 행위 성향의 조건에 대한 유비도 사고 이론에 잘 부합한다. 왜냐하면 사고를 차단하려는 성향이 위험으로부터 도망치려는 성향을 대체하기 때문이다.

사고이론에 대한 반대론자들은(Walton, 1990; Levinson, 1996) 명제 ②를 완화시키는 것에 대한 반대라기보다는 감정의 **대상**이 없을 수 있다는 데에 대한 우려를 표명한다. 만일 그들이 주장하듯이 찰스가 진정 두려움을 느꼈다면, 그의 두려움에 **대한** 대상은 무엇인가? 가능한 한 가지 답변은, 오직 그 두려움에 대한 **상상의** 대상만이 있다고, 즉 상상의 괴물이 있다고 하며, 두려움의 대상을 말하는 것은 두려움의 지향적 성격을 말하는 것이라 되풀이하는 것이다(Lamarque, 1991). 이와 연관된 또 다른 답변은, 마치 이집트 인들이 오시리스를 섬긴 것은 사실이지만 엄밀히 말해 이집트 인들이 섬겼다고 말할 **것이** 없는 것처럼, 엄밀히 말해(즉 de re적으로) 찰스가 두려워할 것은 없다는 것에 동의하는 것이다. 사고이론은 어떤 면에서도 두려움의 대상으로서의 후보인 영화 속의 괴물이 — 괴물의 **이미지**나 그것에 대한 **사고**의 실재성이 아닌 — 어떤 종류의 실재성을 가진다고 보지 않는다. 또한 찰스가 사고에 (의한 것이 아니라) 대해 놀란 것이라고 여기지도 않는다. 심지어 믿는-체하기 이론에서도, 두려움의 대상이 있다는 것을 **믿는-체하는** 것일 뿐이며, '유사-두려움' 자체는 대상을 가지지 않는다.

때때로 실제 삶에 있는 대응물이 허구에서 발생하는 감정의 대상의 역할을 담당한다고 제안되기도 한다. 우리가 안나 카레니나를 안타깝게 여길 때, 사실상 우리는 이와 비슷한 운명으로 힘들어하는 실제 여인을 안타깝게 여기는 것이라고 주장된다(Barrie Paskins, 1977). 다시 말해, 우리가 영화에 나온 흐물대는 괴물을 두려워한다면, 이때 우리는 실제로 흐물대는 점액질의 것들을 두려워하는 것이다. 윌리엄 찰튼(William Charlton, 1984)은 감정을 현실 세계에서 행하는 성향과 연결지으며 이 같은 견해를 주장한다. 그러나 이러한 해결은 분명 허구에 대한 반응의 개별성을 포착하지 못한다. 말하자면, 우리는 안나 카레니나 자체를 불쌍히 여기는 것이지, 단지 **안나 카레니나의 곤궁에 처한 여인들**을 불쌍히 여기는 것이 아니다(Bijoy H. Boruah, 1988).

레빈슨은(1996: 303) 대체적으로 월튼식의 노선을 지지하면서 각 이론들이 주장하는 참인 바가 어떤 일반적인 해결로 포섭되어야 한다고 적절하게 말한다. 원래의 패러독스를 이루는 각각의 명제들을 정교하게 만들 필요가 있을지도 모른다. 요컨대 콜린 래드포드(Colin Radford)는(1975) 허구와의 관계에서 인간 행동이 보이는 심오한 비합리성을 허구의 패러독스가 보여 준다고 제안했다. 그는 우리가 허구적 등장인물들에게 진정한 동정(존경 등등)을 느끼지만, 동시에 우리가 동정을 느낄 만한 실제 대상이 없다는 것을 알고 있다는 점에서 우리는 합리적이지 못하고 일관되지도 못하다고 본다. 이러한 견해는 많은 논쟁을 불러일으켰지만, 받아들이는 이들은 거의 없다(좀 더 심화된 논평을 보려면 Boruah, 1988; Dadlez, 1997; Yanal, 1999; Joyce, 2000을 보라).

허구와 감정에 대한 논의가 시사하는 바는, 인간이 상상을 통해 허구적 등장인물과 상황에 관여하는 것을 중요하게 생각한다는 것이다. 아마도 인간 삶에서 허구가 가지는 가치를 논하는 어떤 설명도 위 사실로부터 시작해야 할 것이다. 또한 이러한 관여에는 학습의 차원이 있으며(David Novitz, 1987), 허구 문학의 명작들에서 허구의 주제를 통해 개진된 인간 본성에 관한 통찰력을 구하는 것도 흔한 일이다(Lamarque and Olsen, 1994). 물론 문학작품이 추구하는 가치를 묻는 것처럼, 이 장이 다루고자 하는 범위를 벗어나는 심화된 문제들이 남겨져 있다. 등장인물과 사건이 창조되는 허구는 단지 문학예술의 전달 수단일 뿐이며, 모든 허구가 본유적으로 가치 있는 것도 아니다. 하지만 창조성, 풍부한 상상력(imaginativeness), 새로운 관점의 제공과 같이, 허구가 인간 삶에서 지속적으로 중요한 역할을 담당하도록 해 주는 도구적인 가치가 허구의 실천 속에 있다.

---

* 이 논문의 이해를 돕기 위해서 이 책에서 다음의 논문들을 찾아 읽으면 좋을 것이다.
　〈예술과 정서〉, 〈예술의 해석〉, 〈예술의 가치〉, 〈예술의 존재론〉, 〈서사〉, 〈문학〉, 〈영화〉, 〈연극〉

참고문헌

Beardsley, M. C. (1981). "Fiction As Representation". *Synthese* 46: 291–313.

Boruah, B. (1988). *Fiction and Emotion: A Study in Aesthetics and the Philosophy of Mind*. Oxford: Clarendon Press.

Carroll, N. (1990). *The Philosophy of Horror, or Paradoxes of the Heart*. New York: Routledge, Chapman & Hall.

Charlton, W. (1984). "Feeling for the Fictitious". *British Journal of Aesthetics* 24: 206–16.

Crittenden, C. (1991). *Unreality: The Metaphysics of Fictional Objects*. Ithaca, NY: Cornell University Press.

Currie, G. (1990). *The Nature of Fiction*. Cambridge: Cambridge University Press.

Dadlez, E. M. (1997). *What's Hecuba to Him? Fictional Events and Actual Emotions*. University Park, Pa.: Pennsylvania State University Press.

Dammann, R. (1992). "Emotion and Fiction". *British Journal of Aesthetics* 32: 13–20.

Emt, J. (1992). "On the Nature of Fictional Entities". in J. Emt and G. Hermerén (eds.), *Understanding the Arts: Contemporary Scandinavian Aesthetics*. Lund: Lund University Press.

Feagin, S. L. (1996). *Reading with Feeling: The Aesthetics of Appreciation*. Ithaca, NY: Cornell University Press.

Gale, R. M. (1971). "The Fictive Use of Language". *Philosophy* 46: 324–39.

Goodman, N. (1961). "About". *Mind* 70: 1–24.

_____ (1968). *Languages of Art*. Indianapolis: Bobbs–Merrill.

_____ (1978). *Way of Worldmaking*. Brighton: Harvester Press.

_____ (1984). *Of Mind and Other Matters*. Cambridge, Mass.: Harvard University Press.

Grone, E. (1996). "Defending Thought Theory from a Make–Believe Threat". *British Journal of Aesthetics* 36: 311–12.

Hartz, G. (1999). "How We Can be Moved by Anna Karenina, Green Slime, and a Red Pony". *Philosophy* 74: 557–78.

Hjort, M. and Laver, S. (eds.) (1997). *Emotion and the Arts*. Oxford: Oxford University Press.

Howell, R. (1979). "Fictional Objects: How They Are and How They Aren't". *Poetics* 8: 129–77.

Joyce, R. (2000). "Rational Fear of Monsters". *British Journal of Aesthetics* 40: 209–24.

Kroon, F. (1994). "Make–Believe and Fictional Reference". *Journal of Aesthetics and Art Criticism* 52: 207–14.

Lamarque, P. V. (1991). "Essay Review of Kendall Walton's Mimesis as Make–Believe". *Journal of Aesthetics and Art Criticism* 49: 161–6.

_____ (1996). *Fictional Point of View*. Ithaca, NY: Cornell University Press.

Lamarque, P. V. and Olsen, S. H. (1994). *Truth, Fiction and Literature: A Philosophical Perspective*. Oxford: Clarendon Press.

Levinson, J. (1981). Review of Terence Parsons's Nonexistent Objects. *Journal of Aesthetics and Art Criticism* 40: 96–9.

_____ (1996). *The Pleasure of Aesthetics: Philosophical Essays*. Ithaca: Cornell University Press.

_____ (1997). "Emotion in Response to Art: A Survey of the Terrain". in Hjort and Laver(1997).

Lewis, D. (1978). "Truth in Fiction". *American Philosophical Quarterly* 15: 37–46.

McCormick, P. (1985). "Feelings and Fictions". *Journal of Aesthetics and Art Criticism* 44: 375–83.

Meinong, A. (1904/1960). "Theory of Objects". in R. M. Chisholm (ed.), *Realism and the Background of Phe-*

nomenology. Glencoe, Ill.: Fress Press.

Moran, R. (1994). "The Expression of Feeling in Imagination". *Philosophical Review* 103: 75–106.

Morreall, J. (1993). "Fear Without Belief". *Journal of Philosophy* 90: 359–66.

Neil, A. (1991). "Fear, Fiction and Make–Believe". *Journal of Aesthetics and Art Criticism* 49: 47–56.

_____ (1993). "Fiction and the Emotion". *American Philosophical Quarterly* 30: 1–13.

_____ (1995). "Fear and Belief". *Philosophy and Literature* 19: 94–101.

Novitz, D. (1987). *Knowledge, Fiction and Imagination.* Philadelphia: Temple University Press.

Ogden, C. K. (1932). *Bentham's Theory of Fictions.* London: Kegan Paul, Trench, Trubner.

Ohmann, R. (1971). "Speech Act and the Definition of Fiction". *Philosophy and Rhetoric* 4: 1–19.

Parsons, T. (1980). *Nonexistent Objects.* New Haven: Yale University Press.

Paskins, B. (1977). "On Being Moved by Anna Karenina and Anna Karenina". *Philosophy* 52: 344–7.

Pelletier, J. (2000). "Actualisme et fiction". *Dialogue* 39: 77–99.

Prado, C. G. (1984). *Making Believe: Philosophical Reflection on Fiction.* Westport, Conn.: Greewood.

Quine, W. V. O. (1953). "On What There Is". in *From a Logical Point of View.* Cambridge, Mass.: Harvard University Press.

Radford, C. (1975). "How Can We be Moved by the Fate of Anna Karenina?". *Proceedings of the Aristotelian Society*, suppl. vol. 49: 67–80.

Rorty, R. (1982). "Is There a Problem About Fictional Discourse?". In *Consequences of Pragmatism.* Brighton: Harvester Press.

Russell, B. (1905/1956). *Logic and Knowledge*, ed. R. C. Marsh. London: George Allen & Unwin("On Denoting" 과 "The Philosophy of Logical Atonomism"도 이 책에 실려 있음).

Salmon, N. (1998). "Nonexistence". Nous 32: 277–319.

Savile, A. (1998). "Imagination and the Content of Fiction". *British Journal of Aesthetics* 38: 136–49.

Schaper, E. (1978). "Fiction and the Suspension of Disbelief". *British Journal of Aesthetics* 18: 31–44.

Searle, J. R. (1979). "The Logical Status of Fictional Discourse". in *Expression and Meaning: Studies in the Theory of Speech Acts.* Cambridge: Cambridge University Press.

Thomasson, A. (1999). Fiction and Metaphysics. Cambridge: Cambridge university Press.

Urmson, J. O. (1976). "Fiction". *American Philosophical Quarterly* 13: 153–7.

van Inwagen, P. (1977). "Creatures of Fiction". *American Philosophical Quarterly* 14: 299–308.

Walton, K. (1990). *Mimesis as Make-Believe.* Cambridge, Mass.: Harvard University Press.

_____ (1997). "Spelunking, Simulation, and Slime: On Being Moved by Fiction". in Hjort and Laver (1997).

Wolterstorff, N. (1980). *Works and Worlds of Art.* Oxford: Clarendon Press.

Yanal, R. J. (1999). *Paradoxes of Emotion and Fiction.* University Part, Pa.: Pennsylvania State University Press.

Zalta, E. (1983). *Abstract Objects.* Dordrecht: Reidel.

Zemach, E. (1998). "Tom Sawyer and the Beige Unicorn". *British Journal of Aesthetics* 38: 167–79.

제22장

서사

조지 M. 윌슨(George M. Wilson)

번역: 신현주

〈허구의 예술〉(The Art of Fiction)에서 헨리 제임스(Henry James)는 다음과 같이 주장한다. "이야기와 소설, 생각과 형식은 실과 바늘이며, 실 없이 바늘을 사용하라는 혹은 바늘 없이 실을 사용하라는 재봉사의 조언을 한 번도 들어본 적이 없다(James, 1986: 178)." 비록 제임스가 한편으로는 **이야기와 소설**(텍스트로서)의 구분을 인정하고 있지만, 다른 한편으로 그는 보다 넓은 맥락에서 살펴보았을 때 '이야기(story)'라는 개념이 애매하며 암시적이라는 사실을 말하고 있다. 제임스 이후 일군의 서사학자(narratologist)들이 등장하여 이야기 개념의 애매성을 해명하고 암시성을 덜기 위해 노력하고 있다. 예를 들어, 한 이야기는 의심할 여지 없이 **서사**이다. 그러나 '서사(narrative)'라는 용어는, '진술'이라는 용어와 마찬가지로 '행위를 지칭하는 것인지 아니면 대상을 지칭하는 것인지'가 애매하다. 다음을 비교해 보자.

① 동일한 서사가 종종 영화-판(version) 그리고 문학-판으로 나타난다.
② 플래너리(Flannery)*는 울음으로 인해 서사 도중 몇 번이나 멈추어야 했다.

①에서 나타나는 것은 '대상'으로서의 서사 개념이며, 이때 '서사'라는 용어는 재현

---

* Mary Flannery(1925-64). 미국의 여류 소설가.

된 사건, 과정, 상태 등의 연쇄 및 그것들의 발생이 재현되고 있는 시간적, 인과적 관계들을 지칭한다. 서사는 '파불라(fabula)' 혹은 '**서사적 산물**'이며, 아마도 이것이 '이야기'의 개념 중 가장 옹호되는 개념일 것이다. 그러나 '서사'라는 용어는 또한 사건이나 사건의 시간적/인과적 관계들을 명료하게 기술하는 확장된 재현적 활동을 지칭하기도 한다. 다른 말로 하면, 서사는 ②에서와 같이 '**서사하기**(narration)'를 의미할 수도 있다. 보다 기술적 용어인 '서사 담론(narrative discourse)' 역시 ②의 서사 개념을 따르고 있다. 더 나아가 '서사'라는 용어는 서사 활동이 체화된 구체적 텍스트를 지시하기 위해 사용되기도 한다.

③ 그 사건의 서사는 보고서에서 삭제되었다.

이 진술에서 '서사'는 또한 세 번째 의미로 사용되고 있다. 제라르 주네트(Gerard Genette)의 '*histoire*', '*narration*', '*recit*' 구분은 유명한데, 이 용어들은 대략적으로 '이야기', '서사' 그리고 '텍스트'에 대응한다. 앞으로 논의가 진행되면서 드러나겠지만, 이 세 개념이 각각 중요한 문제점을 지닌다.

서사학(narratology)은 서사 그리고 서사가 예화하는 구조에 대한 일반적 이론인데, 그 용어는 츠베탕 토도로프(Tzvetan Todorov)가 처음 쓰기 시작했다. 토도로프, 브레몽드(A. Bremond), 그레마스(A. Greimas), 초기의 롤랑 바르트(Roland Barthes) 등이 전개한 고전적 구조주의 서사학은 주로 서사적 산물로 이해된 서사에 관심을 갖는다. 그러한 관심사와 그에 맞는 방법론을 선정하는 데 있어 이들은 최초의 구조주의자라 볼 수 있는 러시아 형식주의자인 쉬클로프스키(V. Shklovsky)와 프로프(V. Propp) 등에 영향을 받았다. 이러한 전통에 속한 이론가들은 허구나 비허구적 이야기가 모두 매우 상이한 서사 담론들(discourses)로 재현될 수 있다는 점을 강조한다. 사실 동일한 이야기가 문학, 영화, 연극 등 상이한 매체로 구성된 담론으로 나타날 수 있다. 구조주의적 서사학의 중요한 분석 작업은 허구/비허구 구분, 또는 상이한 담론과 매체 내에서 나타나는 구체적 실현의 다양성에 관계없이 어떤 불변하는 이야기의 특성들을 찾아내는 것이었다. 그러므로 어떠한 서사 담론이 주어지든지 간에, 그 안에서 큰 애매성 없이 텍스트, 서사, 이야기를 구분할 수 있다고 본다.

다수의 서사 이론가들은 서사의 본질적 성질과 관련하여 여러 견해들을 제시하였고, 널리 받아들여지고 있는 견해에 따르면 진정한 서사에는 최소 두 가지 사건의 재현 및 사건의 시간 순서가 나타나야 한다. 더 나아가 서사적 사건들은 적어도 어떠한 단편적 인과 구조를 보여야 한다는 견해도 종종 주장된다(그러나 이렇게 외관상으로 보기에 상당히 그럴듯한 약한 주장에도 반론이 제기되었다). 사실 인과 관계의 다양한 양상들이 구분될 수 있으며, 그들 중 특정 담론 내에서 재현된 인과 관계는 그 담론을 서사로 보이게끔 도와주는 '서사적 연결'을 구성할 것이다. 서사의 필요 혹은 충분조건을 찾아내려는 기획은 잘못된 듯 보인다. 문학적 허구에서 행해졌던 모더니즘과 포스트 모더니즘적 실험은, 이보다 초기 작품들인 스턴(Sterne)의 《트리스트람 샌디》(*Tristram Shandy*)*와 디드로의 《운명론자 자크》(*Jacques Le Fataliste*)**는 말할 것도 없거니와, 서사 구성에 있어 거의 모든 익숙한 관례와 도식들을 폐기하는 '이야기들'을 다루고 있다. 주네트는 자신의 초기 논문에서 다음과 같이 선언한다. "우리는 어떻게 근대 문학이 다양하고 종종 모순적인 방식들을 통해, 그것의 토대 그 자체에서부터 서사라는 개념에 대한 의문, 혼란, 이의를 제기하였고 또 성공하였는지 알고 있다(Genette, 1982: 127)." 그러한 충격의 여파 속에서 진정한 스토리메이킹을 그렇지 않은 것들로부터 명확하게 구분하려는 시도는 헛수고이다. 그럼에도 불구하고 전형적인 서사적 연결들의 범위를 조심스럽게 그어 보는 것은 서사성에 대한 우리가 가진 광범위한 직관들을 드러낼 수 있다(Carroll, 2001).

어찌 되었든, 서사의 정의 혹은 본질에 관한 질문들은 우리로 하여금 다른 중요한 문제들에 관심을 갖지 못하게 한다. 예를 들어, 사건들의 플롯 구조에 있어 그것의 순차적 재현이 호기심을 불러일으켜야 한다는 점이 본질적이지는 않다. 그럼에도 불구하고, 많은 이야기 속의 어떤 사건들은 등장인물이 처한 역경을 보여 주고, 그것을 염려하는 관객들로부터 적절한 반응을 이끌어 내는 구체적 서사적 기능을 가지는 것이 중요하다. 마찬가지로, 등장인물이 처한 역경이 어떻게 해결되는지 보여 줌으로써 관객을 만족시키는 기능을 서사하기가 제공해야만 하는 것은 아니다. 그러나 물론, 대부분의 대중적 서사들은 이런 두 가지 목표를 달성하도록 구성된다. 관객의 주목 및 상상적 참여에 대한 그러한 일반적 관심은 아마도 왜 관객이 스토리텔링을 그토록 가치 있게 여기며, 또 왜 자신들이 배운 이야기를 다양한 맥락과 배경의 변형을 통해 반복하는지 설명할 수 있다. 고전적인 서사학은 이야기 발화자의 전략적 목표와 관객의 기대에서 벗어나고자 하며, 구조를 통해 '서사'를 개념화하기 때문에 관객과 독자들에게 보다 친숙한 형태의 서사들에서 발견되는 딜레마에 의한 전개에 거의 주목하지 않는다.

서사의 최근 이론들은 이러한 누락을 시정하고자 한다. 그들은 비록 서사적 에피소드의 의미는 언어적 구성 혹은 행위의 의미와는 다른 성격을 지니지만, 서사란 그 자체로 '의미 있는' 사건들의 구조임을 강조한다. 서사는 사건들이 인물의 목표나 필요에 목적론

---

*   영국의 작가 스턴의 장편소설로 1760-1767년에 총 9권으로 간행되었으나 미완성이다. 줄거리가 없거나 혹은 일탈이 반복되어 무엇을 말하는지 알 수 없고, 주인공이라고 볼 수 있는 트리스트람도 3권 마지막에 가서야 태어나는 등 매우 기이한 작품. 소설 중간에 작가의 서문이나 알 수 없는 도표 등이 삽입되어 있다.

** 프랑스 작가 디드로의 1796년작으로 20세기에 등장한 메타-소설처럼 끊임없이 작품 자체의 흐름과 구성을 언급하면서 독자의 기대를 비꼰다.

적으로 어떻게 기여하는지, 그리고 어떤 인과적 역할을 맡는지를 밝혀 주는 설명 패턴 속에 사건들을 위치시키는 방식을 통해 사건에 의미와 의의를 부여한다. 그들은 행위자의 행동에 관한 현저한 원인들을 명시하고 그러한 행위들이 산출하는 결과들의 목록을 만듦으로써 극적으로 강조가 된 행동에 관한 포괄적 설명을 제시한다. 이야기를 구성할 때 서술자는 주로 개연성이 있는 평가 관점들에 의해 평가될 수 있는 설명적 연결들의 패턴을 제공하는데, 이때 개연성이 있는 평가 관점들은 도덕적, 정치적, 혹은 여타 평가의 틀들이 될 수 있다. 한 에피소드의 의미는 어떤 한 설명적 연결들의 패턴에서 그것이 차지한 위치에 의해 결정되며, 그때 채택된 평가적 관점에서 보았을 때 그 위치가 관객에게 드러낸 것에 의해 구성된다(Wilson, 1997a). '의미'의 개념이 서사의 사건들에 적용되면서 그 개념에 대한 혼동이 일어나게 되었고, 이는 서사적 의미를 언어 사용에서 나타나는 이런저런 유형의 의미와 동일시함으로써 서사에 대한 이론들을 심하게 왜곡시키고 있다.

웨인 부스(Wayne Booth)의 《우리의 동반자》(*The Company We Keep*, 1998)와 마사 누스바움(Martha Nussbaum)의 《사랑의 지식》(*Love's Knowledge*, 1990)은 서사의 이런 중요한 측면을 회복할 수 있는 현대적 이론과 비평을 성립하고자 노력한다. 부스와 누스바움은 허구적 서사와 같은 복합적 서사가 제공할 수 있는 도덕적, 심리학적 지식에 관한 과감한 주장들을 전개한다. 누스바움은 "인간의 삶에 관한 몇몇 진실들은 **오직** 서사 예술가가 사용하는 특징적인 언어와 형식들을 통해서만 정확하고 적절하게 진술될 수 있다"라고 말한다(Nussbaum, 1990: 4). 보다 구체적으로, 그녀는 서사적 사건의 적절한 구성 속에서 함축적으로 드러나고 있는 '투사된 도덕성(projected morality, 헨리 제임스가 사용한 표현)'에 관한 진실들이 바로 그러한 것들이라고 본다. 게다가 그녀는 가장 미묘하고 예리한 '서사의 언어와 형식들'은 중요한 도덕적 선택의 행위자, 행위, 상황이 가지는 윤리 관련 속성들을 우리가 잘 분별할 수 있도록 가르쳐 준다고 본다.

이와 관련되지만 대조적인 차원에서 프랑크 커모드(Frank Kermode, 1968)와 피터 브룩스(Peter Brooks, 1984)는 플롯 구성의 독특한 궤도를 부분적으로 제어하는 강력하지만 종종 억압된 것들을 탐구한다. 대부분의 서사는 처음부터 극적 전개가 어떤 적절하고 만족스런 종결로 완성되기를 바라는 독자의 욕구를 실현하기 위해 고안된다. 그러나 브룩스는 적절한 종결에 대한 독자의 생각이 매우 다양하며 또한 복잡한 결정 요인들을 가진다는 점을 강조한다. 더 나아가 그 결정 요인들은 아마도 허구적 행위와 관련하여 독자 스스로 검열한 소망들(이 소망들은 변태적이거나 혹은 위협적인 것일 수 있다)을 포함할 수 있다. 그러므로 독자들이 '적절하며 만족스럽다'고 느끼는 서사적 종결의 형태는, 동시에 독자들을 심란하게 하거나 심지어는 공포나 혐오의 무의식적 원천이 될 수 있다.

서사를 이야기하는 것이 인간의 보편적 특성이라는 주장이 자주 제기된다. 발생했던 어떤 것을 보여 주거나 혹은 이야기하는 것이 이미 서사 제작이라는 점에서, 인과관계를 포함한 재현의 체계를 가진 문화들 내에서 서사성이 나타나지 않기란 매우 어렵다. 초기의 서사학자들은 특히, 한 문화 내에서 혹은 여러 문화 내에서, 이야기의 기본 서사적 구성요소와 기저의 플롯 구성의 측면에서 보았을 때 이야기 유형들의 범위가 놀라울 정도로 유사하다는 점을 주장한다. 여기서의 유사성은, 적절히 크고 의의 있는 말뭉치(corpus)들에 속한 이야기들은 종종 일반적 조합 규칙이나 변형 규칙에 의해 '발생될 수 있다'는 의미에서의 유사성이라는 주장이 있다. 프로프의《러시아 민담 형태론》(Morphology of the Russian Folktale, 1968)은 그가 연구하는 '경이담(wonder tale)'이 특정한 생성 규칙의 산물로 발생될 수 있음을, 그리고 그 생성 규칙들은 서사적 '기능들(예를 들어 허구적 행위, 상황, 효과 등)'의 제한된 기반 위에서 작동함을 주장한다. 많은 이론가들이 프로프의 영향을 받아 서사의 문법을 발전시키고자 노력하였다. 그러나 불행하게도, 언어 문법과의 유비를 통해 그들이 주장하는 바는 그들의 연구에서 뚜렷하게 드러나지 않는다. 그들 중 일부는 자신들이 하는 일을 이야기(그 이야기들이 '믿는-체하기'적이건 아니건 간에)의 이해와 창작을 다소 선험적으로 형성하는 기본적 개념 능력에 대한 분석이라고 본다.

위와 같은 노선을 따르는 제안들의 장점이나 정확성을 평가하기는 어렵다. 첫째, 이야기-발생 규칙을 형성하는 근본적 범주들이 너무나 일반적이며, 따라서 모호한 성격을 지닌다. 둘째, 생성 규칙에 대해 말할 수 있는 실제적 혹은 가능적 이야기들의 영역이 무엇인지 명확하지 않다. 그러므로 그러한 이론들의 기술적 적합성을 평가하기조차도 어려운 실정이다. 셋째, 어떤 주어진 이론의 기술적 적합성이 인정된다 하여도, 서사 이론 내에서 '문법적' 모델이 가지는 설명적 힘이 무엇인지 확실하지 않다. 구조주의적 서사학은 스토리텔링에 있어 보다 구체적으로 나타난 것들에 관심을 가지기보다는 도식적 서사 구조의 우선성을 지지하고 있다. 구조주의적 서사학에 따르면, 스토리텔러는 구체적 서사하기를 구성하는 데 있어 먼저 비교적 추상적인 서사 구조를 파악하는데, 그 후 그 서사 구조는 주어진 매체 내에서 '얕은' 서사적 담론의 보다 구체적이고 접근 가능한 특수자들(particulars)을 통제한다는 점이 주장되어 왔다. 이 점이 사실일 수도 있지만, 그것을 옹호하는 증거가 희박하고 애매모호하다.

기호학이나 구조주의에 덜 영향받은 다수의 비평가와 이론가들은 서사하기의 활동과 서사적 정보의 흐름이 서사 담론 내에서 규제되는 보다 체계적인 방식에 관심을 기울인다. 이러한 경향의 초기 연구는 퍼시 러벅(Percy Lubbock)의《허구의 기법》(The Craft of Fiction, 1921)이 있으며, 웨인 부스의《허구의 수사학》(The Rhetoric of Fiction, 1983)은 이 대안적 경향의 고전이라 평가된다. 이 두 책 모두 (서사적) '관점'이라는 주제를 확장하고 발전시키고 있으며, 후속 서사학자들도 이 주제를 채택하고 더 나아가 정상적인 스토리텔링에 관련된 본래적 특성들을 조사한다. 예를 들어, 주네트는 '관점'에 대한 논의가 서사적 **목소리** 및 서사적 **초점화**(focalization) 혹은 분위기의 문제와 연관될 수 있다고 본다(Genette, 1980). 문학의 서사적 허구에서, 서사의 단어들을 허구적으로 산출하고 있는 것이 누구 혹은 무엇인지 묻는 것은 하나의 문제이다. 서사를 행하는 허구적 혹은 허구화된 존재(즉 서사자)는 서사적 행위를 하는 사람으로 그려질 수도 있다. 즉 동종제시(homodiegetic)적일 수 있다. 혹은 서사자가 작품의 허구적 창조물이기는 하나 이야기 속의 인물이 아닐 수도, 즉 이종제시(heterodiegetic)일 수도 있다. 이것은 누가 서사하기를 '말하는가'에 대한 문제, 즉 '목소리'에 대한 문제이다. 다른 한편으로, 서사자가 전달하는 허구적 정보는 오직 특정 인물만 접근 가능한 정보에 한정될 수 있지만, 그 초점화를 행하는 인물은 반드시 서사자일 필요는 없다. 헨리 제임스의 소설《메이지가 알고 있었던 일》(What Maisie Knew, 1897)은 메이지라는 어린 소녀가 불완전하게 이해하고 목격한 사건에 대한 이야기를 전달하는 것으로 유명하다. 그러나 여기서 서사하기의 언어들은 그녀 자신의 것은 아니다. 그 언어들은 메이지의 생각과 감정에 대한 무제한적 지식을 가진 고도로 명료한 제임스적 '목소리'의 산물이다. 다수의 미스테리 소설에서 우리는 서사하기가 주로 탐정의 관점에서 초점화되지만 서사자는 탐정이 아님을 관찰할 수 있다. 이와 다른 방식으로, 서사자는 조직적으로 제한된 정보를 우리와 공유할 수도 있다. 예를 들어 서사자가 인물들의 내면세계에 직접 접근할 수 없다는 점이 암묵적으로 전제될 수 있다. 물론 서사는 그 어떠한 인식적 제한 없이 작동할 수 있고, 그런 의미에서 '전지적'일 수 있다. 이러한 것들은 모두 '초점화'라는 넓은 개념에 속한다.

주네트와 그를 이은 학자들은 또한 서사적 텍스트와 그것들이 서사하는 이야기들 간의 체계적 상호관계가 어떤 다른 유형으로 나타날 수 있는지 탐구한다.《서사적 담론》(Narrative Discourse, 1980)에서 주네트는 서사된 사건들의 시간적 틀과 함축적으로 재현된 서사 활동의 **시간** 사이의 관계를 살펴본다. 그러므로 서사하기에서 사건 발생들이 소개되고 기술되는 **순서**는 그 사건들이 서사적 시간 내에서 예화하는 것으로 상정되고 있는 순서와 다를 수 있다. 기술되고 있는 에피소드의 **지속기간**은 서사 담론 내에서 나타나는 그것의 상대적 기간에 대응하지 않을 수 있고, 이야기 내에서 어떤 유형의 사건이 발생하는 **빈도** 혹은 어떤 단일 사건이 언급되는 **빈도**는 예들마다 달라질 수 있다.

제럴드 프린스(Gerald Prince, 1982)는 다수의 허구적 서사하기가 어떤 내부적 관객, 즉 피화자(narratee)를 향해 말해지는 것으로 나타나고 있으며, 피화자의 함축된 특성은 서사자의 행위에 중요한 방식으로 영향을 미친다는 점을 지적한다. 미케 발(Mieke Bal, 1985), 마이어 스타인버그(Meir Steinberg, 1978), 토마스 파벨(Thomas Pavel, 1986) 등이 초기의 구조주의적 서사학에 비해 보다 유연하고, 미묘하며, 광범위한 서사 구조를 이야기하는 이론가들이다. 초기의 구조주의적 연구를 따르던 서사학자들은 이야기 내용으로부터 구조적 일반성을 추상할 수 있는 수단을 제공하는 것으로서 '서사 담론'을 다룬다. 반면 보다 최근의 학자들은 목표 달성을 위해 다양하고 복잡한 방식으로 방향을 설정하고 내적 조정을 행하는 서사하기 활동의 방식들에 관심을 보인다. 이전의 부스와 러벅과 마찬가지로, 최근의 이론가들은 서사적 사건 발생에 대한 관객의 인식적, 공감적 접근을 복잡하게 만드는 서사적 전략들에 관심을 가진다.

서사와 서사 담론에 관한 많은 연구들이 미묘하고 복합적이지만, '서사하기'라는 기본 개념은 여전히 우리를 어리둥절하게 한다. 서사학 내에서 서사하기의 전형적인 예는 문학적 서사하기였다. 비록 문학적 서사하기가 다른 서사적 방식이 가지지 않는 특성들을 가지고 있지만 말이다. 잠시 후에 이에 대해 더 살펴볼 것이다. 비허구적 서사인 문학작품에서, 서사하기는 이야기를 구성하는 **작가**에 의해 수행되는 다양한 유형의 **발화 행위**(speech acts), 즉 언표내적 행위(illocutionary acts)로 구성된다. 다시 말해 실제 작가는 언어적 텍스트를 구성함에 있어서 명제들을 단언하고, 가정들을 소개하며, 문제들을 제기하며, 이렇게 연결된 언어 행위의 선형적 네트워크가 문제의 이야기를 말하는 것이다. 이때 독자는 표현된 '명제적' 내용 및 작가가 수행한 언어 행위의 언표내적 힘, 이 두 가지를 포착해야 한다. 그러나 서사적 허구 작품의 경우, 예를 들어 소설의 경우, '서사하기'의 개념은 광범위한 애매성을 나타낸다.

소설가 안나 스웰(Anna Sewell)은 《검은 미》(Black Beauty)라는 그녀의 소설에서 그 이름이 붙은 한 말(horse)에 대한 이야기를 한다. 그러나 소설 내에서 그 이야기를 하는 것은 말 그 자신이다. 그러므로 동일한 문학적 텍스트에 연관된 두 가지의 '이야기 말하기'가 행해지며, 그들 간에는 행위자적, 존재론적, 언표내적 차이점이 존재한다. 이야기 내에서 발생하는 사건들과 상황들을 **허구적으로 만드는** 실제 작가의 '스토리텔링' 활동이 존재하며, 다른 한편으로 그러한 사건의 발생들을 실제인 것처럼 보고하는 **허구적** 활동이 존재한다. 문학의 서사적 허구에 대한 논의를 할 때, '서사하기'라는 용어는 서사적 사건들의 허구적 보고를 가리키는 것으로 사용되는 것이 관례이며, 필자는 실제 작가가 수행하는 스토리텔링을 지칭하기 위해서 '허구-만들기(fiction-making)'라는 용어를 사용할 것이다. 이렇게 이해된 서사하기는, 비록 서사되고 있는 이야기의 한 부분은 아닐지라도, 허구 작품의 한 내부적 요소이다. 그것은 텍스트 단어들 안에 독자를 위해서 '대본화된(scripted)' 하나의 함축적으로(implicitly) 지시된 행위이다. 필자가 앞서 언급했듯이, 허구적 이야기의 서사자는 이야기를 말하는 행위자, 즉 어떤 사건들이 일어나고 있다고 허구적으로 단언하는 사람, 그리고 발전되는 플롯에 허구적으로 자기 의견을 제시하는 사람이다. 허구적 이야기의 서사자는 그들 자신이 작품의 허구적 구성물이다. 이와 대조적으로, 작가는 서사적 행위의 허구적 역사를 창조하고, 더 나아가 그 역사를 실제적으로 기록한 것이 문제의 텍스트 안으로 옮겨졌다고 말하는 보다 넓은 허구를 창조한다. 서사적 산물의 허구적 사실들은 허구적 말하기와 관련된 사실들의 매개를 통해서 생성된다. 이후에 우리는 여기서 작동하는 '생성의 기제'가 무엇인지 살펴볼 것이다.

서사 이론가들이 느슨하게 동의하는 것이 있는데, 그것은 문학 이야기를 서사하는 허구적 활동은 개념적으로 그 작업을 수행하는 허구적 혹은 허구화된 서사자를 전제한다는 것이다. 비록 그러한 전제의 개념적 특성에 대해서 의심을 제기할 수 있다 하더라도 말이다. 이 문제에 대한 우리의 직관은 단호하지는 않다. 그럼에도 불구하고, 서사자는 서사적 허구 내에서 창조되는 것이 보통이고, 다양한 허구적 서사자들의 존재는 사실은 소설이나 단편소설을 읽는 우리 경험의 중요한 한 부분이다. 독자가 서사자와 가지는 상상적 관계는 복잡한 이야기를 읽는 데에서 발생하는 주요 즐거움 중 하나이다. 부스의《허구의 수사학》과 같은 문학에 대한 다수의 연구들은 허구적 서사자가 가지는 잠재적 주요 특성들 및 그들이 이야기 내의 인물 및 상황들과 가지는 가능한 관계들을 탐구한다.

나는 이미 서사자 그 자신이 그의 이야기 속에, 혹은 그가 그 이야기를 어떻게 알게 되었는지를 설명하는 보다 광범위한 극적 역사 속에 등장하는 인물이 될 수 있다고 말했다. 반면 그 이야기를 서사자가 어떻게 알게 되었는지가 명시되지 않아서, 서사자가 이야기의 세계와 그 어떤 확정적인 인식 관계를 맺지 않는 경우도 있다. 이 질문들은 서사자가 가진 **권위**의 유형과 관계된다. 더 나아가, 이 두 관계 중 어떤 경우이건 간에, 서사자의 심리적, 도덕적 특성이 기술될 수 있는데, 왜냐하면 서사자 **자신이** 자신에게 그러한 특성을 부여할 수도 있고, 혹은 이야기의 방식을 통해 내포적으로 그러한 특성들이 **극화될**(dramatized) 수도 있기 때문이다. 한쪽 극단에서 서사자는 **지워진** 상태로 남아 있고, 이 경우 단순히 이야기를 말하는 상대적으로 중립적인 목소리이다. 또 다른 극단에는 서사자로서의 자신의 수행이나 자신이 사용하는 서사하기의 성격에 대한 의견을 덧붙이는 **자기의식적** 서사자들이 있다. 더 나아가 극화된 서사자는, 작품에서 승인된 규준에 따라, 전적으로 훌륭하거나, 혹은 완전히 매정하거나, 혹은 이 두 극단 중 어딘가에 위치한다. 마지막으로, 앞에서 지적했듯이, 서사하기는 서사자가 말하는 이야기의 적어도 어떤 중요한 측면들이 **신빙성이 없을** 수 있다는 사실을 드러내기도 한다. 이러한 점들과 다른 고려사항들이 허구적 서사자에 관한 정교하고 진화하는 분류체계를 완성하는 기반이 된다.

서사자를 논의하면서 부스는 또한 **내포된 작가**(implied author)라는 개념을 도입한다. 허구 작품을 읽는 독자는, 작품 서사자와의 상상적 관계를 포함하여, 작품을 실제로 만든 사람(즉 실제 작가)의 지성이나 감수성, 성격에 관한 생생한 인상을 경험할 수 있다. 그리고 이 인상은, 그것이 실제 역사적 작가를 진실하게 반영하고 있는지 아닌지와 상관없이, 작

품에 대한 독자의 반응에 비평적, 미적으로 중요한 부분이 될 수 있다. 그러므로 다양한
모습을 갖춘 예술작품으로서 허구 작품의 특징들을 이해함에 있어, 독자들은 작가의 심
리와 세상에 대한 관점을 표현하는 것으로 허구-제작 활동을 간주할 수도 있다. 만약 그
렇다면 독자는 작품의 '내포된 작가'가 가진 속성들, 혹은 작품이 내포하는 것처럼 보이는
작가의 한 형태를 기술하는 것이다.

　　서사학의 기본 개념들은 상이한 매체의 서사들이 상이한 예들에 동일하게 적용될
수 있다는 취지로 발전되어 왔다. 그러므로 우리는 서사하기의 상이한 방식들이 각각 상
이한 유형의 스토리텔링의 기초가 될 것이라 기대해 볼 수 있다. 다시 말해, 어떤 한 서사
가 제시될 때마다, 어떤 한 유형의 서사하기가 그것을 제시한 것이라고 생각해 볼 수 있
다. 그러나 이렇게 진부할 정도로 참인 듯 보이는 논제가 중요한 문제들을 일으킨다. 첫째
로, 관객을 위해 공연되거나 상연되는 이야기들의 경우를(예를 들어 연극 무대) 생각해 보자.
많은 이론가들은 아리스토텔레스의 뒤를 이어, 허구적 행위들을 말하거나 보고함을 통해
서 전달되는 이야기를 미메시스나 연극적 모방을 통해서 전달되는 이야기와 대조하면서,
이야기의 연극 공연은 서사하기를 포함하지 않는다고 본다. 이러한 관점에 따르면, 이야
기를 관점적이고 분절적으로 말해야만, 즉 관련 사건들을 특정 위치에 서서 기술해야만,
진정한 서사하기가 될 수 있다. 이러한 관점은 서사하기의 말하기가 반드시 언어적일 필
요는 없다는 사실을 인정한다. 비록 비언어적 말하기의 범위가 언제나 명확한 것은 아니
지만 말이다. 물론 연극이나 영화에서 사용되는 목소리로 수행되는 서사하기는 상대적으
로 문제가 되지 않으며, 여기에서 그러한 장치가 논의되는 것도 아니다.

　　허구적 영화의 경우는 이 점에서 매우 흥미롭다. 영화에서 편집된 이미지들의 조합
이 진정한 회화적 말하기(pictorial telling)를 포함한다는 관점은 직관적으로 그럴듯하다. 영
화 사진술의 성격상 허구적 사건들의 시각적 전시는 관점적일 수밖에 없으며, 또한 편집
으로 인해 분절적이기 때문이다. 그렇다면 영화에서 특징적으로 나타나는 회화적 말하기
는 극적 수행이나 무대 요소와 같은 순수하게 재현적인 측면을 보충한다. 그러나 일종의
회화적 말하기가 서사적 영화에 본래적이라는 점을 인정한다 하여도, 그러한 말하기가
말하기를 담당하는 영화적 서사자의 존재를 가정하는 것인지가 우선 확실하지 않다. 그
자체가 행위자의 행위가 아닌 시각적 말하기는 없을까? 이에 대한 영화이론가들 사이의
긴 논쟁을 살펴보면, 긍정적인 답과 부정적인 답이 모두 동등한 정도로 인정되고 있다.

　　그러나 잠정적으로 모든 허구적 영화가 위에서 약술된 의미에서의 시각적 말하기를
포함한다고 인정해 보자. 그럼에도 불구하고, 그러한 방식의 시각적 말하기가 문학적 허
구에서 사용되는 서사하기와 진정으로 유비될 수 있는지 확실하지 않다. 필자는 문학에
서의 허구적 서사를 논의하면서, '서사하기'라는 용어의 적절한 지시체는 작품-내부적인

허구적 사건 보고이며, '서사자'라는 용어는 규약에 의해 허구적 사건을 보고하는 허구적 혹은 허구화된 행위자임을 강조했다. 영화에서 회화적 서사하기라 볼 수 있는 활동이 존재한다고 주장하기 위해서는, 영화의 이미지 조합이 시각적 말하기(즉 영화 안에서 재현되는 사건이나 사물을 보여 주는 행위)의 허구적 활동을 암묵적으로 제시한다는 사실을 주장하는 논증이 필요하다. 그러한 논증 없이는, 허구적 영화에서 분절적이고 관점적인 회화적 말하기가 움직이는 이미지들을 이용한 분절적이고 관점적인 허구-제작(의심할 여지 없이 실제의 영화 제작자가 행하는 행위)을 넘어선 어떤 것이라는 논제를 받아들일 이유가 없다. 시각적, 시청각적 허구-제작의 표현적 특성들은 내포된 영화 제작자가 가질 법한 심리를 분석하는 데 근거들을 제공할 수 있지만, 독자적인 영화적 서사자의 존재에 대한 증거가 되지는 못한다.

위에서 요구하는 논증은 쉽게 설득적으로 만들어지지 못할 것이다. 손그림자 연극이나 신문의 짧은 만화와 같은 상대적으로 단순한 형태의 시각적 서사 구성은 서사적 행위를 어떤 내포된 작가의 것으로 보여 주는 작품-내부적 활동들을 기술하지 않는다. 물론 이러한 기본 형태의 시각적 서사를 창조하는 이들은 미래의 관객을 위해 이야기를 보여 주고자 하며, 그것을 기술하는 이미지들을 만들어 냄으로써 허구적 사건의 상태들을 제시한다. 그들이 만들어 내는 것은 물론 단지 회화적 허구-제작이다. 그러나 어떤 특별한 반성적인 자기-재현의 전략이 없는 상태에서, 그 회화들은 관객에게 서사적 사건들을 보여 주는 누군가의 활동을 기술하지는 않는다. 예를 들어 그 회화들은 관객의 눈앞에 이야기의 사건을 연출하는 허구적 행위를 보여 주지 않는다.

영화의 서사하기를 고찰하는 문제에 있어 매우 상충하는 직관들이 작동한다는 사실은 놀랍지 않다. 영화의 서사가 연기나 연출에 의해 창조된다는 점에 있어서 영화는 모방적, 비서사적 형태의 스토리텔링 중 하나인 연극과 같이 분류되어야 한다. 그러나 이러한 연극적 요소가 편집된 사진들의 매개적 연쇄를 통해 관객에게 제시된다는 점에 있어서 영화는 부가적으로 어떤 담론적 성격을 지니며, 이 성격으로 인해 영화는 잠재적으로 허구-회화적인 서사하기로 간주되기에 충분하다. 이것이 사실인지 아닌지는, 우리가 지금까지 살펴본 바와 같이, 영화에서의 사진 재현의 성격과 거기에 상상적으로 참여하는 우리의 역할에 관한 어려운 문제들에 달려 있으며, 지금 그 문제를 이 글에서 다룰 만한 여유는 없는 것 같다. 지금 당면한 문제들과 관련하여 필자는, 허구 작품과 관련한 '서사하기'의 일반적 개념이 개념적으로 결정되지 못하였고, 또 그 개념은 해결되지 못한 긴장 요소를 가진다는 점을 보여 주고자 한다.

서사에 관한 적절한 이론은 서사하기가 서사를 성립하는 방식, 그리고 그러한 방식으로 결정되는 이야기 내용에 관한 설명을 제공해야 한다. 이 영역의 문제들은 섬세하고 다루기 힘들다. 필자가 여기서 가정하는 것처럼 문학적 허구에서의 서사하기가 텍스트 내에서 직접적으로 재현되고 있는 이야기-생성적 허구 발화 행위들의 연쇄와 동일시될 수 있다면, 그렇게 해석된 문학적 서사하기는 서사의 구성요소를 불충분하게 결정한다. 서사자가 공공연하게 단언하는 사건-기술적 명제들은 일반 독자가 이야기의 일부로 포착할 수 있는 모든 것에 미치지 못한다. 서사자가 이야기와 관련된 타 명제들을 참이라고 허구적으로 가정하고 있다는 사실은 독자에게 명백하며, 더 나아가 이야기 속의 사건들이라고 공공연히 말하는 것 이외의 다른 것들을 서사자가 허구적으로 내포하고 있다는 사실도 마찬가지이다. 두드러진 전제들과 함축들은 일반적으로 서사 내용의 일부라고 간주되며, '슈제트(syuzhet, '파불라(fabula)'와 대립됨)'는 그러한 명백하거나 암시적인 서사적 진술들의 넓은 영역을 포섭하기 위해 적용될 수 있을 것이다.

그럼에도 불구하고, 서사적 정보의 보다 넓은 영역조차도 작품이 전달하고자 하는 이야기의 전체(파불라)를 성립하기에 충분하지 못하다. 서사적 허구 작품을 읽을 때, 이야기의 세부 전개에 이용되는 광범위한 배경지식을 독자가 도입하는 것이 요구되는데, 배경지식은 일반적으로 서사자가 허구적으로 전제하는 명제들의 집합과 일치하지 않는다. 게다가 이야기의 전개에 관계된 독자의 배경지식은 그 양이 시간이 지남에 따라 대개 변화한다. 서사하기가 진행함에 따라 독자는 지금까지 관련되었던 배경 믿음들을 이제는 버려야 하거나 잠시 중지해야 함을 깨닫는다. 그리고 더 나아가 그러한 단계에 이르렀을 때 서사하기는 독자가 후속 이야기의 구성에 활용해야 할 새로운 정보들을 지정해 줄 수도 있다. 서사에 대한 독자의 이해는 공적으로 드러난 텍스트와 변화하는 배경 전제들을 바탕으로 하여 추론한 합리적 결과들에 의해 정기적으로 보충되지 않으면 피상적이거나 틈이 많이 생기게 된다. 이러한 고려사항들을 통해 우리는 서사적 내용의 결정에 관한 이론이 서사하기의 역학에 관한 적절한 설명(즉 읽기에 있어 독자에 의해 활용될 자격이 되는 전제들에 대한 설명)을 필요로 함을 알 수 있다. 그리고 그 이론은 또한 플롯의 간접적 이해를 도와주는 보충적 추론의 **타당한** 형태를 설명할 수 있어야 한다.

독자들은 허구적 서사하기 내에서 가장 확정적이고 명확한 주장들을 있는 그대로 받아들여서는 안 된다는 점을 인식하고 있다. 한편으로는, 표준적인 서사하기 내의 명시적 진술과 분명한 제안들은 아마도 **파기 가능적 방식으로**(defeasibly) 옳다고 간주된다. 다시 말해, 독자들은 서사자가 단언하거나 혹은 명백하게 함축하고 있는 명제들을, 그것들을 이야기에 추가하지 말아야 할 어떤 명확하고 구체적인 작품 내적 근거가 존재하지 않는 한, 이야기에 얼마든지 추가하도록 허락되고 있다는 것이다. 다른 한편으로, 신빙성 없는 서사자가 허구 세계에 대해 거짓인 주장들을 단언하는(속이고자 하는 의도가 있건 없건 간에) 서사적 작품도 있다. 이런 경우들에서, 서사적 허구의 사실들을 결정하는 표준 방식은 서사하기의 사실들을 결정하는 내부적 힘들에 의해 무효화될 수 있다. 포드 매독스 포드(Ford Madox Ford)의 《선량한 병사》(The Good Soldier)는 텍스트가 작품의 일인칭 서술자의 신뢰성을 무너뜨리는 방대한 증거들을 제공하는 소설로서 자주 언급되곤 한다.

그러나 텍스트에 의해 다소간 직접적으로 성립되는 허구적 참들의 보다 광범위한 틀이 있다고 가정해 보자. 그렇다면 위에서 언급되었던 것처럼, 독자들이 나머지 모든 것을 '생성하는 데' 있어 올바르게 도입할 수 있는 추론의 방식에 관한 문제가 남아 있다. 《믿는-체하기로서의 미메시스》(Mimesis as Make-Believe, 1990)에서 켄달 월튼(Kendall Walton)은 이 '생성의 기법'에 관한 문제를 다루며, 두 가지 타당한 서사적 추론 개념을 상세하고 구체적으로 탐구한다. 첫 번째 개념은 소위 '실재성 원칙'을 수용한 것으로, 실제 세계에서 사실인 것들이 무엇인가에 관한 독자의 확신에 바탕을 둔다. 두 번째 개념은 '공동의 믿음 원칙'에 기반하는데, 작품의 동시대 감상자들이 가졌다고 독자가 확신하는 믿음들에 바탕을 둔다. 첫 번째 접근 방식은 어떤 특정한 사태들이 이미 이야기의 일부로 성립된다면 그로부터 실제적으로 무엇이 따라 나오는지에 대한 독자의 판단에 의존하여 이야기의 내포된 측면들을 추론하는 읽기이다. 두 번째 방식은 '작가가 예상한 독자 집단(readership)이 어떻게 이야기를 완성할 것인가'에 관한 독자의 이해에 의존하여 이야기의 내포된 측면들을 추론한다.

'실재성 원칙'에 따르면 만약 독자가 P1에서 Pn까지를 이야기 S 내에서 허구적이라고 받아들인다면, 그리고 독자가 또한 "만약 P1, P2 … 그리고 Pn이면, Q이다"라는 '생성 조건문'의 참을 받아들인다면, 그 경우 독자는 Q도 또한 S 내에서 허구적임을 받아들일 수 있는 권한을 가진다. 반면 '공동의 믿음 원칙'에 따르면, 만약 독자가 P1에서 Pn까지를 S 내에서 허구적이라고 받아들이고 또한 **작품 동시대의 감상자들이 위의 '생성 조건문'을 공동으로 믿고 있었다는 점**을 받아들인다면, 그 경우 독자는 S 내에서 Q도 또한 허구적임을 받아들일 수 있는 권한을 가진다. 월튼은 우리가 이 두 원칙들 중 하나 혹은 두 가지를 상황에 따라 사용하며, 분명 이들 이외의 다른 원칙들도 있을 것이라고 말한다. 그는 그 어떠한 단일 추론 전략도 독자들이 서사의 구성요소에 대해 가지는 타당한 믿음들을 어떻게 추가하게 되는지 그 방식을 적절하고 완전하게 포착하지 못한다고 본다. 실제로 논의 후반부에서 월튼은 우리가 정당하게 행하는 추론들은 그 어떠한 질서 정연하고 깔끔한 설명으로 기술되기에는 너무 '무질서'하다고 본다. 그는 "생성의 기계는 고무줄과 종이 집게로 만들어지며, 유니콘에서부터 식초 섞인 베이킹 소다에 이르는 모든 것들을 연료로 사용한다"라며 생생하게 표현하고 있다. 이 문제와 관련하여 어떤 체계적 이론의 가능성에 의심을 보이는 견해가 정당한지, 그리고 만약 그렇다면 그러한 관점이 서사적 허구 작품의 해석에 어떤 함의를 가져올 것인지는 활발한 논쟁의 주제로 남게 될 것이다.

조나단 컬러(Jonathan Culler)는 "서사 이론의 기본적인 질문은 이것이다. 서사가 지식의 근본적 형식인가(즉 의미 제작을 통해 세상에 대한 지식을 제공하는가), 혹은 세상을 드러내면서 또한 왜곡하는 수사적 구조인가? 서사는 지식의 원천인가, 혹은 망상의 원천인가?"라고 주장한다(Culler, 1997: 94). 이러한 취지의 회의적 질문이 서사에 관한 최근의 논의에서 눈에 띈다고 보는 컬러의 관찰은 확실히 옳다. 그러나 이러한 질문의 취지가 정확히 무엇인지는 이해하기 힘들다. 우선 허구적 서사는, 일차적으로 목표라는 차원에서 보았을 때, 우리에게 지식을 제공하려고 하지 않는다. 허구적 서사는 주로 믿음이 아닌 상상하기를 처방한다.

두 번째로, 대부분의 비허구 서사들은 그것들이 그려 내는 사건에 관한 일정량의 진실한 지식을 제시하지만, 그 서사들은 또한 거짓, 왜곡, 그리고 자주는 아니지만 완벽한 터무니없음을 전달하기도 한다. 허구나 비허구 작품의 서사하기는 수사와 깊이 혼합되어 있는 특징을 가지지만, 수사적 설득이 지식과 양립 불가능한 것은 아니다. 수사는 독자나 청자에게 참인 어떤 것을 받아들이도록 매우 잘 설득할 수 있다. 사실 서사 내의 진실과 오류의 조합은 경우마다 상당히 다를 수 있다. 결국, 서사는 지식과 거짓된 의견 모두를 쉽게 수용할 수 있는 느슨한 형식 혹은 형식의 집합이며, 서사 방식의 인식적 정직함에 관해 전체적으로 질문하는 것은 의미가 없다.

서사는 대체적으로 인과적 주장을 많이 담고 있다. 그리고 우리는 물론 인과관계에 대한 일종의 총체적 회의주의를 취할 수 있다. 그러나 서사에 관한 회의적 논의는 인과관계라는 개념 자체에 반하는 체계적 도전이 될 수 없으며, 성공적으로 그러한 도전을 하기는 어려울 것이다. 그러므로 인과성에 관한 보편적 회의나 혹은 그 어떠한 설명적 연결 유형에 관한 회의가 반서사적 관심의 기반을 이룬다고 보기는 힘들다. 그러나 서사는 필연적으로 그것이 설명하려고 하는 사건들에 대해 선택적일 수밖에 없으며, 그리고 문제의 사건과 관련된 인과적 요인들을 설명하는 데 있어서 선택적일 수밖에 없다. 이 선택은 서사 내의 에피소드에 관한 통찰력 있는 설명과 평가를 제공하려는 목표에 의해 조정될 수 있으며, 선택에서의 원칙 및 평가적 이해 가능성이라는 목표, 이 둘에서 서사의 설명적 측면에 대한 의심이 발생할 수 있다.

예를 들어, 사건 E가 또 다른 사건 F를 일으켰다는 '올바른' 판단이 내려졌을 때, 이 주장의 옳음은 보통 E가 F를 일으킨 여러 인과적 요인들 중 하나라는 보다 좁은 사실에 근거하고 있다. 설명적 판단은 F를 촉진하거나 산출하는 역할을 한 모든 사건들, 상황들, 조건들 중 E를 꼽고 있다. 예를 들어, 한 행위자의 욕망이나 믿음들이 그녀의 행동을 인과했음은 참일 수 있지만, 이러한 심리적 설명은 아마도 그녀의 행동을 동등하게 형성한 보다 광범위한 사회적, 경제적 요인들을 배제하는 설명을 제공하게 될 것이다. 그리고 설명에서 사회적 결정요인을 배제한 것은 무언가 의심할 만한 이데올로기적 목표나 다른 목적에 봉사하기 위한 것일 수 있다. 여기서 그러한 서사에 대한 반론은 그 서사가 대부분 거짓이라고 말하지는 않을 것이다. 반론은 그 서사가 서사적 행위를 일으킨 인과적 요인들의 융합을 매우 제한적이고 왜곡된 방식으로 그려 내었다는 말을 할 것이다. 더 나아가, 완벽하게 적법한 원인들(예를 들어 정치적 요인)을 반복적으로 배제하면서 설명을 선택할 때 작동했던 세계관에 대한 우려도 발생할 수 있다. 그럼에도 불구하고, 이러한 유형의 의심들은 개별적인 경우들 각각에 적합한 방식으로 적용되어야 한다. 서사에서의 선택은 피할 수 없으며, 특정한 역사(허구적이건 비허구적이건 간에) 내에서의 선택적 차별은 특정한 인식적 환경 내에서는 건전하고 적절할 수 있다. 지금까지 살펴보았던 고려사항들은 '서사'에 대한 일반적 회의주의를 옹호하지 못한다.

위에서 논의된 바대로, 이야기의 청자들은 서사가 '적절하고 만족을 주는' 결론을 가지기를 원하거나, 혹은 최소한 서사가 광범위한 설명적 의의를 지니기를 원한다. 관객들이 보이는 이러한 '서사적 의미'에 대한 열망 때문에, 플롯 구성의 친숙한 전략들에 대한 끈질긴 회의론이 나타나게 된다. 관객들은 한 서사가 다른 서사보다 행위들을 더 잘 이해되도록 기술할 때, 즉 행위에 대한 설득적인 평가를 촉진할 때, 그러한 서사를 다른 서사보다 더 인정하는 경향이 있다. 그러나 많은 서사이론가들은 이해 가능성과 평가 가능성은 어떤 사실에 기반한 정당성 없이 관련 행위에 단순히 '투사되는' 관례적 속성이라고 본다. 위에서 인용된 컬러의 글에서 그는 이러한 속성들 혹은 그와 유사한 규범적 속성들은, 진정한 '증거'가 없는 상황에서, 어떤 특정 이야기를 독자가 받아들이도록 만드는 단순한 '수사적' 요소들일 뿐이라고 보는 것 같다.

이러한 노선의 주장들은 타당할 수도 있지만, 그렇다면 우리는 지금 설명과 평가의 일상적 형태가 가지는 객관성과 합리적 기초를 송두리째 의심하는 회의주의를 대면하게 되는 것이다. 그러한 성격의 회의주의를 특별히 그럴듯하게 만들기 위해서는 매우 일반적인 성격의 논증이 요구된다. 서사의 최근 이론은 스토리텔링의 구조와 기능에 대한 의심을 표현하는 데 매우 공을 들이고 있지만, 필자가 생각하기에 근본적인 문제들은 아직 실질적으로 다루어지지 않았다. 이는 서사의 인식론과 관련하여 다루어져야 할 중요한 질문들이 있다는 사실을 부정하는 것이 아니고, 앞으로 보다 세련되고 신중한 연구가 나오기를 희망하는 것이다.

* 이 논문의 이해를 돕기 위해서 이 책에서 다음의 논문을 찾아 읽으면 좋을 것이다.
〈허구〉, 〈문학〉, 〈영화〉, 〈예술의 해석〉

참고문헌

Bal, M. (1958). *Narratology: Introduction to the Theory of Narrative.* Toronto: University of Toronto Press.

Barthes, R. (1974). *S/Z.* New York: Hill & Wang.

_____ (1977). "An Introduction to the Structural Analysis of Narrative". in *Image-Music-Text*, trans. S. Heath. New York: Hill & Wang.

Booth, W. (1983). *The Rhetoric of Fiction*, rev. edn. Chicago: University of Chicago Press.

_____ (1988). *The Company We Keep: An Ethics of Fiction.* Berkeley: University of California Press.

Bordwell, D. (1985). *Narration in the Fiction Film.* Madison, Wis.: University of California Press.

_____ (1991). *Making Meaning.* Cambridge, Mass.: Harvard University Press.

Branigan, E. (1992). *Narrative Comprehension and Film.* London: Routledge.

Bremond, C. (1979). *Logic du recit.* Paris: Editions du Seuil.

Brooks, P. (1984). *Reading for the Plot: Design and Intention in Narrative.* New York: Alfred Knopf.

Carroll, N. (1998). *A Philosophy of Mass Art.* Oxford: Oxford University Press.

_____ (2001). "On the Narrative Connection". in *Beyond Aesthetics: Philosophical Essays.* Cambridge: Cambridge University Press.

Chatman, S. (1978). *Story and Discourse: Structure in Fiction and Film.* Ithaca, NY: Cornell University Press.

_____ (1990). *Coming to Terms: The Rhetoric of Narrative in Fiction and Film.* Ithaca, NY: Cornell University Press.

Culler, J. (1975). *Structuralist Poetics.* Ithaca, NY: Cornell University Press.

_____ (1997). *Literary Theory: A Very Short Introduction.* Oxford: Oxford University Press.

Currie, G. (1990). *The Nature of Fiction.* Cambridge: Cambridge University Press.

_____ (1995). *Image and Mind: Film, Philosophy, and Cognitive Science.* New York: Cambridge University Press.

Forster, E. M. (1927). *Aspects of the Novel.* New York: Harcourt, Brace.

Gaudreault, A. and Jost, F. (1990). *Le Recit cinematographique.* Paris: Nathan.

Genette, G. (1980). *Narrative Discourse: An Essay in Method*, trans. J. E. Lewin. Ithaca, NY: Cornell University Press.

_____ (1982). *Figures of Literary Discourse*, trans. A. Sheridan. New York: Columbia University Press.

_____ (1988). *Narrative Discourse Revisited*, trans. J. E. Lewin. Ithaca, NY: Cornell University Press.

Greimas, A. J. (1981). *On Meaning: Selected Writings in Semiotic Theory.* Minneapolis: University of Minnesota Press.

Iser, W. (1974). *The Implied Reader.* Baltimore: Johns Hopkins University Press.

_____ (1993). *The Fictive and the Imaginary.* Baltimore: Johns Hopkins University Press.

James, H. (1986). *The Arts of Criticism*, ed. W. Veeder and S. M. Griffin. Chicago: University of Chicago Press.

Jameson, F. (1981). *The Political Unconscious: Narrative as a Socially Symbolic Act.* Ithaca, NY: Cornell University Press.

Kermode, F. (1968). *The Sense of an Ending.* Oxford: Oxford University Press; 2nd edn. with new epilogue, 2000.

Kozloff, S. (1988). *Invisible Storytellers.* Berkeley: University of California Press.

Lamarque, P. (1990). "Narrative and Invention". in C. Nash (ed.), *Narrative in Culture: The Uses of Storytelling in the Sciences, Philosophy, and Literature.* London: Routledge.

____ (1996). *Fictional Points of View.* Ithaca, NY: Cornell University Press.

Lemon, L. and McLaughlin, T. (eds.) (1965). *Russian Formalist Criticism: Four Essays.* Lincoln, Neb.: University of Nebraska Press.

Levinson, J. (1996). "Film Music and Narrative Agency". in D. Bordwell and N. Carroll (eds.), *Post-Theory: Reconstructing Film Studies.* Madison Wis.: University of Wisconsin Press.

Lewis, D. (1983). "Truth in Fiction". in *Philosophical Papers*, vol. 1. Oxford: Oxford University Press.

Lotman, J. (1977). *The Structure of the Artistic Text.* Ann Arbor: University of Michigan Press.

Lubbock, P. (1921). *The Craft of Fiction.* New York: Charles Scribner.

Martin, W. (1986). *Recent Theories of Narrative.* Ithaca, NY: Cornell University Press.

Miller, D. A. (1981). *Narrative and its Discontents: Problems of Closure in the Traditional Novel.* Princeton: Princeton University Press.

Mitchell, W. J. T. (ed.) (1981). *On Narrative.* Chicago: University of Chicago Press.

Nussbaum, M. (1990). *Love's Knowledge: Essays on Philosophy and Literature.* Oxford: Oxford University Press.

Pavel, T. (1986). *Fictional Worlds.* Cambridge, Mass.: Harvard University Press.

Perez, G. (1998). "The Narrative Sequence". in *The Material Ghost: Films and Their Medium.* Baltimore: Johns Hopkins University Press.

Prince, G. (1982). *Narratology: The Form and Functioning of Narrative.* Amsterdam: Mouton.

____ (1987). *A Dictionary of Narratology.* Lincoln, Neb.: University of Nebraska Press.

Propp, V. (1968). *Morphology of the Russian Folktale.* Austin: University of Texas Press.

Richardson, B. (2000). "Narrative Poetics and Postmodern Transgression: Theorizing the Collapse of Time, Voice, and Frame". *Narrative* 8: 23–42.

Ricour, P. (1984, 1985). *Time and Narrative* vols. 1 and 2, trans. K. McLaughlin and D. Pellauer. Chicago: University of Chicago Press.

Rimmon-Kenan, S. (1983). *Narrative Fiction: Contemporary Poetics.* London: Methuen.

Sack, S. (1964). *Fiction and the Shape of Belief.* Chicago: University of Chicago Press.

Savile, A. (1989). "Narrative Theory: Ancient or Modern?". *Philosophical Papers* 18: 27–51.

Scholes, R. and Kellogg, R. (1966). *The Nature of Narrative.* Oxford: Oxford University Press.

Steinberg, M. (1978). *Expositional Modes and Temporal Ordering in Fiction.* Baltimore: Johns Hopkins Press.

Todorov, T. (1968). *Introduction to Poetics.* Minneapolis: University of Minnesota Press.

____ (1977). *The Poetics of Prose.* Ithaca, NY: Cornell University Press.

Walton, K. (1990). *Mimesis as Make-Believe: On the Foundations of the Representational Arts.* Cambridge: Harvard University Press.

Wilson, G. M. (1986). *Narration in Light: Studies in Cinematic Point of View.* Baltimore: Johns Hopkins University Press.

____ (1997a). "On Film Narrative and Narrative Meaning". in *Film Theory and Philosophy,* ed. R. Allen and M. Smith. Oxford: Oxford University Press.

____ (1997b). "Le Grand Imagier Steps Out: On the Primitive Basis of Film Narration". *Philosophical Topics* 25: 295–318.

제23장

비극

애런 라이들리(Aaron Ridely)
번역: 신현주

1. 서론

비극은 미학의 중요한 주제 중 하나인데, 왜냐하면 미학이 속해 있는 철학이라는 상위 분야에서 비극이 중요한 주제이기 때문이다. 그리고 비극은 한 가지 주된 이유로 인해 철학에서 중요하게 다루어진다. 비극은 다른 예술형식보다 더 직접적으로 철학의 가장 근본적인 문제에 관여하는데, 그 문제는 바로 "우리는 어떻게 살아야 하는가?"이다. 세상이 그르게 돌아가는 모습을 보여 줌으로써(그런 세상에서는 우연과 필연이 인간의 삶을 형성하는 데 핵심적이며 종종 파괴적인 역할을 한다), 비극은 우리가 최선을 다해 살아가야만 하는 우리 세계의 모습들을 보여 준다. 비극은 인물들 간의 사건으로 인해, 혹은 가차 없이 전개되는 우연적인 사건들의 조합으로 인해, 그리고 필연적이지만 또한 종종 심각하게 파괴적인 인간이 지닌 조건들로 인해 황폐해진 삶들을 보여 준다. 그러한 맥락 내에서 제기된 어떻게 살 것인가라는 질문은 적절한 절박함과 복합성을 지니게 된다. 그리고 세계를 그러한 모습으로 보여 줌으로써 비극은 철학이라는 분야에 진정한 동력과 도전을 제공한다.

철학이 그러한 도전을 다룰 수 있는 방식에는 여러 가지가 있다. 한편의 극단적인 입장으로 플라톤의 견해를 들 수 있는데, 그는 소크라테스의 입을 통해 선한 사람이 해를 끼칠 수 있다는 점을 부정하고 있다. 플라톤의 견해에 따르면, 선한 사람은 영원불멸의 진리인 형상(Forms)을 가치 있다고 여기며 형상과 자신을 동일시한다. 그는 또한 비극이 의존하고 있는 우연의 범위 바깥에 존재하는 것들과 자신을 동일시한다. 그러므로 세상의 불행들은 선한 사람을 진정으로 해칠 수 없다. 그렇다면 이러한 견해 내에서, 비극적 요소는 인간 삶의 진정한 본질적 특징이 아니다. 그것은 오히려 옳은 유형의 인간이 아니기 때문에, 혹은 그러한 인간이 되지 못하기 때문에, 혹은 그러한 인간으로 자신을 이해하지 못하기 때문에 치러야 하는 비용인 것이다.

다른 방향의 한 극단에서 우리는 니체의 관점을 만나는데, 니체에 따르면 비극적인 것은 삶의 결정적 요소이다. 니체에 따르면 자기 자신을 우연성의 범위 밖에 놓인 존재로 이해하려는 소크라테스적 노력은 실제로는 자기 자신을 **오해**하게 한다. 현실의 인간들은 복잡하고 풍부한 욕구와 충동들의 혼합으로 구성되어 있다. 그리고 욕구와 충동들은 그것들이 작동하고 있는 이 세계와 함께 손잡고 인간의 행복을 연약하고 일시적인 성취 이상이 되지 못하도록 한다. 이러한 견해에 따르면 우리가 해야 할 일은, 삶의 비극적 성격에도 불구하고가 아니라 삶의 바로 그 비극적 성격 **때문에** 삶을 사랑하는 법을 배우는 것이다. 우리는 니체가 '운명애(amor fati)'라고 부르는 태도, 즉 운명을 사랑하는 태도를 발전시키도록 노력해야 한다.

그러므로 비극을 향해 취하는 태도는 인간의 성질에 대해 취하는 관점과 긴밀히 연결되어 있다. 만약 (플라톤, 혹은 기독교의 특정 분파, 혹은 칸트처럼) 우연성과 관계없는 인간성의 본질적 핵심이 있다고 생각한다면, 비극을 삶에서 제거 가능한, 혹은 심지어 삶의 환영적인 측면이라고 볼 것이다. 더 나아가 "어떻게 살아야 할 것인가?"라는 질문에 대하여 우연성을 지니지 않는 본질적인 자아에 대한 헌신을 언급하면서 답할 것이다(성 아우구스티누스의 충고를 생각해 보라. 당신이 잃을 지도 모르는 것에 너무 애착을 가지지 말라). 반면 니체처럼 인간성이 철저히 속세적이라고 생각한다면, 삶의 비극적 측면들은 피할 수 없으므로 인정하는 편이 나으며, 그리고 가능한 범위 내에서 우리가 직면해야 할 것들이다. 이러한 관점을 따르는 사람은 우리가 그러한 인정을 체화한 방식으로 살아야 한다고 생각하게 된다(운명을 사랑하라는 니체의 명령이 그러한 방식의 한 형태이다).

이 두 극단적인 견해는 또 다른 점에서 구분된다. 심오하지만 상당히 명백한 이유들로 인하여, 플라톤을 따르는 이라면 니체를 따르는 이와는 다르게, 어떤 단일한, 최상위의, 의심할 수 없는 권위적인 가치가 있다는 것이 객관적 사실이라고 생각하기 쉽다. 결국 그러한 가치가 존재할 경우에만, 그리고 비우연적인 인간의 본질이라고 가정되고 있는 것이 그 가치와 동일해야만, 우리는 **진정으로** 의미 있는 단 한 가지 방식으로 어떤 해로움으로부터 벗어난 영역에 있다고 자신할 수 있다. 이러한 견해에 따르면, 비극적인 예술작품은 덕을 소유함과 좋은 운명이 서로 아무 연관이 없다고 말하기 때문에 오도적일 수 있으며 심지어는 위험할 수 있다. 이와 대조되는 진영에 속한 이들은 가치의 다양성을 인정하며, 그중 어떤 것도 독보적인 권위를 지니지 않는다고 본다. 각각의 가치들은 하나 혹은 그 이상의 가치들과 서로 상충할 수 있으며 가치들로 인해 비극이 초래될 수도 있다. 그러므로 이러한 견해에 따르면, 비극적인 예술작품은 예술작품들 중 가장 중요한 것이 될 수 있다.

삶에서의 비극이건 예술에서의 비극이건 간에, 비극에 관한 성찰은 지금까지 간략하게 살펴본 두 입장에 모두 결정적 중요성을 지닌다. 비극의 외양 혹은 실재성은 인간성에 대한 위의 두 입장(본질상 변화하고 소멸하는 것들을 넘어선 인간성인가? 아니면 우연성으로서의 인간성인가?), 그리고 가치에 대한 두 입장(단일하며 어떤 점에 있어서 인간성과 동일시되는 가치인가? 아니면 복수적이며 잠재적으로 불규칙적이고 복잡한 가치인가?), 그리고 어떻게 사는 것이 최선인가에 대한 두 입장(속세적인 것을 넘어선 방식인가? 아니면 좋든 싫든 간에, 속세적인 방식의 하나인가?)에 지속적으로 문제를 제기한다. 나는 비극에 관한 이러한 질문들에 관심이 있는지를 기준으로 철학적으로 심오한 연구들을 가려낼 수 있다고 생각한다. 위와 같은 질문들을 담고 있지 않다면, 비극이 철학에 제공하는 심오하고 중요한 것들은 포착되기는커녕 인식조차 제대로 되지 않을 것이다.

2. 비극의 '패러독스'

위와 같은 배경을 통해서 보면, 최근 미학에서 우세했던 비극의 이론화 작업은 다소 얄팍하고 불만족스러워 보인다. 상당한 양의 시간과 노력이 소위 비극의 '패러독스'라 불리는 18세기 무렵 등장한 한 문제를 해결하려는 데에 쓰였다. 그 문제는 다음과 같다. 비극에 대한 관객의 경험은 재현되는 사건에 대한 고통스럽거나 혹은 괴로운 느낌을 포함할 수 있다. 표면적으로 보았을 때, 그러한 느낌 및 그것을 발생시키는 상황들을 피하는 것이 좋다. 그러나 사실 사람들은 자발적으로 비극을 보러 가며 심지어는 즐긴다고도 말한다. 그러므로 자발적으로 비극을 찾는 사람들의 동기를 이해할 수 있도록(즉 패러독스가 아니게 되도록) 비극의 경험을 정합적으로 설명하는 문제가 대두되었다. 이 문제의 고전적 형태는 흄의 짧은 에세이, 〈비극에 관하여〉(Of Tragedy)에서 찾을 수 있다.

> 잘 쓰인 비극을 대하는 관객이 슬픔, 공포, 불안 등 그 자체로는 불쾌하고 불안감을 주는 정념들로부터 경험하게 되는 쾌는 설명하기 힘든 쾌인 것 같다. 관객들은 더 괴로워하고 영향 받을수록 더 그 장면으로부터 즐거움을 느낀다 … 시인의

모든 기술이 관객의 연민이나 분노, 불안, 분개를 불러일으키거나 지지하도록 사용된다. 관객들은 고통에 비례하여 즐거워하며, 울거나 흐느낌을 통해 부드러운 동정심과 연민으로 가득 찬 자신들의 마음을 풀어주며, 슬픔을 분출할 때만큼 기뻐할 때가 없다. (Hume, 1993: 126)

비극 경험에 대한 흄의 견해는 강하고 약한 두 가지 방식으로 해석될 수 있을 것이다. 약한 방식은 양립불가능해 보이는 정서적 상태의 공존에 주목한다. 관객들은 '그 자체로 불쾌하고 불안감을 주는 정념들(슬픔, 공포, 불안 등)'에 의해 '고통받으면서' 동시에 '기뻐하거나', '즐거워하거나', '행복해한다'. 여기서의 문제는 단순히 유쾌한 것과 불유쾌한 것의 공존은 아니다. 복합적 감정의 경험은 드물거나 신비스러운 것이 아니다. 예를 들어 다이어트가 가지는 유쾌하고 동시에 불유쾌한 측면들 때문에 다이어트를 패러독스로 보려는 사람은 없을 것이다. 마르고 싶은 사람은 여러 종류의 음식을 먹지 못하는 점, 그리고 분명 그에 따르는 공복감을 싫어할 것이나, 그럼에도 불구하고 결국 살이 빠질 것이라는 기대감으로 인해 계속 다이어트를 할 것이다. 이 경우 아무런 수수께끼 같은 점이 없다는 사실은, 살을 빼고 싶어 하는 사람의 쾌는 어떤 한 가지(날씬해진 미래의 자신에 대한 생각)에서 나오는 반면, 불쾌는 다른 것(그때까지 음식을 조절해야 한다는 사실)에서 나온다는 점으로 설명될 수 있다. 한 반응의 유쾌하고 불유쾌한 차원이 모두 같은 대상을 향할 수 있다는 사실도 특별히 더 흥미로운 문제를 제기하지 않는다. 남편과 애증 관계에 있는 여성은 남편의 어떤 점을 사랑하면서 동시에 어떤 다른 점을 싫어할 수도 있고, 어떤 때에는 혹은 어떤 관점으로 보았을 때에는 남편이 사랑스럽지만 다른 때에는 혹은 다른 관점으로 보았을 때에는 남편이 혐오스러울 수 있다. 어찌 되었든 그녀의 긍정적이거나 부정적인 반응은 각각 그녀의 남편이 가지는 명백히 구분 가능한 측면들로 향해 있고, 이에 대해 어떤 논리적 우려를 느낄 필요가 없다. 이러한 약한 읽기에 따르면, 흄이 제기한 문제에 대한 해결 방안은 매우 간단하다. 관객들은 비극의 어떤 한 측면에 즐거움을 느끼고(예를 들어 그것이 '잘 쓰였다는 점'), 반면 다른 측면(예를 들어 비극 안에서 재현된 사건)을 '불쾌하다'고 느낀다. 그리고 비극 경험의 좋은 측면이 나쁜 측면보다 더 우세하다는 전제하에서, 스스로 그러한 경험을 하고자 하는 사람들의 동기에 의아함을 느낄 이유는 하나도 없다.

그러나 이보다 더 강한 읽기를 흄이 의도했다는 점은 명백하다. 흄이 말하는 관객들은 '고통에 비례하여 즐거워하며', '그 장면으로부터 즐거움을 느낀다'. 즉 그들은 그들 자신의 고통에서 쾌를 느끼는 것처럼 보이며, 그리하여 더 고통받을수록 더 즐거워하는 것처럼 보인다. 이것은 약한 읽기와는 상당히 차이 난다. 예를 들어, 살을 빼고 싶어 하는 이들은 날씬한 미래를 위해 다이어트의 불쾌감을 더 환영하지는 않을 것이다(비록 특정 개신교적 정신을 지닌 이는 그렇게 할지도 모르지만 말이다). 더 나아가 복합 감정이 나타나는 대부분의 경우들에서, 긍정적인 감정의 경험은 어느 정도 부정적인 감정에 의해 강화되거나, 혹은 그것에 의존한다는 점도 그럴듯하지 않다(물론 남편의 어떤 특성이 자신을 역겹게 하는 능력이 있기 때문에, 바로 그 때문에 그 특성에서 위험한 매력을 느끼는 한 여성의 남편에 대한 애증이 예외가 될 수는 있다). 위의 두 가지 읽기 중에서, 흄이 이 강한 읽기를 의도한 것은 옳았다. 우리를 괴롭게 하는 데 실패한 비극은 어떤 의미에서 실패이다. 그리고 이는 우리가 비극에 부여하는 가치와 비극이 우리에게 괴로움을 주는 능력이 어떤 긴밀한 방식으로 연관되어 있다는 점을 그 자체로 시사한다. 그리고 이 사실은 더 나아가 우리가 스스로 그러한 경험을 겪도록 자처하는 동기에 관해 질문을 던진다. 나는 (앞으로 내가 설명할 이유들로 인하여) 그러한 질문들이 패러독스라는 주장에 회의적이다. 그러나 비극이 가치 있으려면 우리를 괴롭게 만들 수 있어야 한다는 점은 참이기 때문에, 철학자들이 그 사실에 깊은 인상을 받고 놀라워 해왔다는 점은 충분히 이해할 만하다.

그러나 흄이 지목한 이 문제에 관하여 흄 자신이 취한 접근 방법은 그다지 추천할 만한 것이 못 된다. '잘 쓰인 비극'의 경험에 대해 그는 다음을 주장한다.

> 음울한 정념(passion)이 가지는 불안감은 그것과 반대되는 유형의 보다 강한 무언가에 의해 압도되거나 제거될 뿐만 아니라, 그 정념의 전체적 충격이 쾌로 전환되고, 그 글의 문장력이 우리에게 일으킨 즐거움을 증가시킨다 … 슬픔, 연민, 분개로부터 발생된 충격 혹은 격렬함은 미의 정감들(sentiments of beauty)로부터 새로운 경향을 받아들인다. 우세한 정서로서의 후자는 마음의 전체를 장악하며, 전자를 후자로 전환시킨다 … 그리고 정념에 의해 동요되는 동시에 문장력에 의해 매혹된 정신은 전반적으로 즐거운 강한 움직임을 느낀다. (Hume, 1993: 129)

여기서 흄이 드러내고 있는 생각은 명확하지 않다. 혹자는 여기서 흄이 '슬픔, 연민, 분개' 등, '그 자체로 불쾌하거나 불안한 정념들'이 모종의 방식을 통해 동일한 감정의 유쾌한 형태로 전환된다는 주장을 하고 있다고 본다(Budd, 1995: 3장; Schier, 1983, 1989). 다른 이들에 따르면 흄은 '음울한 정념'이 모종의 방식을 통해 기쁨과 같은 그 자체로 유쾌한 다른 정념들로 전환된다고 주장한다(Packer, 1989). 만약 이 두 제안 중 하나가 옳다면, 흄의 입장은 단순히 불명확한 것이 아니라 심각하게 자멸적이다. 왜냐하면 이 두 제안들에서 모두 핵심적인 주장은 관객이 결국에는 그 어떠한 고통스러운 것도 경험하지 않는다는 것이고, 만약 그렇다면 흄이 '전환'을 언급하면서 해결하고자 했던 처음의 문제가 애초에 발생하지도 않음을 의미하기 때문이다.

최근 알렉스 닐(Alex Neill, 1998)이 흄의 입장에 관한 보다 설득력 있는 해석을 내놓았다. 그의 해석에 따르면 비극에 의해 발생된 불쾌한 감정은 계속 남아 있게 된다. 예를 들어 슬픔은 유쾌하기보다는 불유쾌한 것으로 남으며, 계속해서 기쁨보다는 슬픔으로 남는다. 슬픔과 함께 느껴지는 '충격 혹은 격렬함'은 그러나 어떻게든 ('보다 강한') '미의 정감'에 의해 흡수되거나 장악되는데, 그리하여 이때 미의 정감들은 오직 비극의 미에 의해서만 발생된 미의 정감들보다 훨씬 더 강하게 경험된다. 우리가 '잘 쓰인 비극'에서 받는 쾌의 강도는 그러므로 그것이 일으키는 불쾌한 정념의 강도에 비례한다. 그리고 정념 그 자체가 '전환되는' 것이 아니라(기분 좋은 어떤 것 혹은 다른 어떤 것으로), '충격 혹은 격렬함'이 수행하는 역할이 전환되는 것이다. 이러한 읽기는 두 가지 장점을 지니는데, 하나는 흄 자신이 해결할 수 있다고 주장했던 비극의 패러독스를 진정한 문제로 남겨 둘 수 있다는 점이며, 또 하나는 다른 대안들보다 《인간 본성에 관한 논고》(A Treatise of Human Nature)에서 드러난 정념에 관한 흄의 견해와 더 잘 일치한다는 점이다. 그러나 이러한 읽기는 흄의 관점을 설득력 있게 만들어 줄 수는 없는데, 이는 단지 여기서 가정되고 있는 전환의 기제가 정당화되기 힘든 연상주의적 심리학에 의존하고 있다는 사실 때문만은 아니다.

전환에 대한 흄의 견해를 어떻게 해석하더라도 흄의 견해를 구할 수 있을 법하지 않으며, 또한 그런 방식으로 흄을 옹호하고자 진지하게 노력했던 이는 내가 생각하기에 지금까지 없었다. 그러나 그가 우리에게 제시했던 문제는 최초의 형태 그대로 많은 이들의 주목을 끌어왔다. 우리들 중 많은 이들이 자발적으로 비극적 드라마의 경험을 겪고자 하는데, 비극이 우리를 괴롭게 하는 능력에도 **불구하고**가 아니라, 부분적으로는 바로 우리를 괴롭게 하는 그 능력 **때문에** 그 경험을 겪고자 하는 것이다. 그렇다면 괴로움을 주는 특성에도 불구하고 비극이 우리에게 주는 것이 틀림없는 쾌의 원천과 성질은 무엇일까? 여기서 필자는 이 질문과 관련하여 지금까지 등장했던 답변들을 열거하려 하지는 않을 것이다. 상당한 양의 잉크가 이 문제를 논하는 데 사용되었지만 그중 진정으로 어떤 영향력을 지닌 견해는 찾기 힘들다는 점을 지적하는 것만으로 충분하다(이 문제에 대해 건설적인 방식으로 접근하고 있는 예로는 다음을 참조. Schier, 1983, 1989; Lamarque, 1995). 그리고 잠시 생각해 본다면 이 점은 크게 놀랍지 않다. 흄이 제시한 패러독스의 문제점은, 적어도 흄 자신이 제시했던 처음의 형태를 두고 보았을 때, 바로 그것이 선결문제 요구의 오류를 범한다는 것이다.

비극에 관한 그의 성찰과는 별개로, 흄은 가치 문제와 관련하여 환원주의적, 쾌락주의적 입장을 취한다. 그러한 입장을 고려해 본다면, 비극과 같은 괴로운 것을 자발적으로 경험하려하는 우리의 동기는 동일한 원천으로부터 나오는 어떤 상쇄적 쾌에 의해 설명되거나(약한 읽기), 혹은 괴로움 그 자체의 경험으로부터 나오는 상쇄적 쾌에 의해 설명되어야 한다(강한 읽기). 그렇게 되어야만 비극은 우리가 자발적으로 겪을 만한 가치 있는 것이 된다. 내가 지적했듯이, 흄의 이러한 생각은 비극에 관한 그의 통찰과는 관계가 없다. 쾌와 불쾌만이 유의미한 것이라고 생각할 그 어떠한 독립적인 이유가 전혀 없음에도, 사람들이 그의 말을 있는 그대로 받아들인다는 것은 놀랍다. 괴로움을 주는 것을 자발적으로 겪으려는 우리를 이해하기 위해서, 우리가 괴로움으로부터 쾌를 얻는다고 가정할 이유가 없다. 간단히 말해 비극의 가치와 중요성이 궁극적으로 우리에게 쾌를 주는 능력에 근거한다고 볼 이유가 없다. 〈리어왕〉이나 〈오이디푸스〉와 같은 성공적인 비극을 생각해 보면 그것들은 그다지 유쾌하지 않다.

어쩌면 성공적인 비극들은 유쾌할지도 모른다. 비극에 대한 진정한 성찰은 비극의 가치와 중요성이 결국 우리에게 쾌를 주는 능력에 근거한다는 결론을 도출할지도 모른다. 그러나 이것이 참이라고 해도, 이것은 비극에 관한 풍부하고 흥미로운 성찰뿐만 아니라, 쾌 그 자체의 성질과 쾌가 우리 삶에서 차지하는 위치에 관한 풍부하고 흥미로운 성찰에 의존할 것이다. 그러나 소위 비극의 '패러독스'와 관련된 논쟁에서 우리는 흄이나 흄을 따랐던 사람들에게서 그러한 성찰을 찾아볼 수 없다. 나는 이 절의 도입부에서 비극의 '패러독스' 논쟁이 얄팍하고 불만족스럽다고 말한 바 있는데, 그 이유가 이제 명확해질 것이다. 어떤 것이 비극에 관한 진정한 성찰이 되기 위해서는 그 안에 인간성, 가치, 그리고 좋은 삶 등에 관한 성찰이 포함되어야 한다. 흄에게서 그러한 개념들은 이미 정교하고 섬세한 이유들을 통해 정립되어 있지만, 그 정립된 방식이 비극의 패러독스에 의해 발생되었다기보다는 오히려 그 방식이 비극의 패러독스를 발생시킨다. 반면 흄을 따르는 이들은 인간성이나 가치, 좋은 삶 등과 관련된 문제가 비극의 패러독스 논쟁과 긴밀히 연관되었다는 점은 보지 못하는 것 같다. 이 점은 비극의 '패러독스' 논쟁과 동일한 용어를 사용하는 동일한 논쟁이 최근 공포 영화에 관한 논의에 이식되었다는 사실에 의해 더 확실해진다(Carroll, 1990). 가치 있는 것들은 반드시 유쾌하다고 가정하는 것은, 비극에 '패러독스'가 있다고 생각하는 이들처럼, 비극이 제기하는 진정한 질문과 주제들을 성찰하거나 심지어는 인식하는 것조차 거부하는 것이다.

3. 비극과 선택

운 좋게도 다른 문제들은 위의 문제보다 나은 상태에 있다. 내가 위에서 언급했듯이, 플라톤과 니체는 비극에 관해 올바른 방식으로 관심을 가지고 있었고, 아리스토텔레스와 헤겔, 쇼펜하우어도 마찬가지이다. 이 철학자들을 살펴보면, 철학적으로 심오한 문제들에 관한 진지한 관심이 비극의 영향으로 인해 얼마나 활성화되며 구심점을 찾게 되었는지 알 수 있다. 그러한 영향은 오늘날에도 여전하다. 나는 이 절을 통해 비극이 여전히 진지한 철학적 사고를 촉진할 수 있다고 믿는 최근의 두 철학자인 마사 누스바움(Martha Nussbaum)과 버나드 윌리엄스(Bernard Williams)에 대해 이야기할 것이다. 누스바움은 니체보다는 플라톤과, 윌리엄스는 플라톤보다는 니체와 가깝다고 볼 수 있다.

《선의 연약함》(*The Fragility of Goodness*, 1986)에서 누스바움은 비극적 딜레마, 즉 비극에서 두 유형의 경쟁 가치들이 서로 겨루는 상황을 논의하는 데 상당한 지면을 할애한다. 예를 들어 아가멤논은 동명의 연극 작품에서 자신의 딸 이피게니아를 희생시키는 것과 그의 모든 군사들을 바다에 수장시키는 것, 이 두 악 사이에서 하나를 선택해야만 한다. 〈테베 공략 7용사〉(Seven Against Thebes)에서 에테오클레스는 형제를 죽이는 악과 그의 도시가 노예화되는 악 사이에서 선택해야만 했고, 〈안티고네〉에서 크레온은 가족 문제에 무조건적 가치를 부여하는 안티고네에 동조하거나, 혹은 안티고네가 타협 없이 국가에 헌신하려는 크레온에 동조해야만 했다. 각각의 경우에서 두 가치들 중 하나가 자존심의 자리를 내주어야만 한다.

이러한 경우들을 논의함에 있어 누스바움의 시작점이 전적으로 플라톤적이지는 않다. 플라톤에 따르면 그러한 딜레마들은 결국 진지한 성찰을 통해 보면 허상임이 드러난다. 둘 중 하나의 가치가 의심할 여지 없이 다른 가치보다 더 가치롭다고 판명나거나, 혹은 그 두 가치에 비해 더 고차원적인 가치가 그 둘을 능가하게 된다. 즉 플라톤의 가치 일원론은 진정한 비극의 딜레마가 발생시키는 평가적 혼란을 허용하지 않는다. 플라톤에게 있어 과제는 과연 어떤 가치가 **실제로** 중요한지 알아내는 것, 그리고 그 가치와 일관되게 행동하는 것이다. 이 문제를 해결하면 중요하지 않은 것으로 판명된 가치는 고려 대상에서 제외되며, 그러므로 딜레마는 남김없이 해결된다.

이와 대조적으로 누스바움은 비극의 딜레마를 진정한 문제라고 본다. 그녀는 비극의 딜레마가 남김없이 해결될 수 있다는 점을 부정하며, 고전 비극의 주된 강점 중 하나는 딜레마가 어떤 한 가치 쪽으로 해결되었을 경우에도 경쟁에서 진 가치가 요구했던 것들이 단순히 사라지지 않는다는 사실을 보여주는 데 있다고 본다. 예를 들어, 누스바움은 아가멤논이 자신의 딸을 희생하는 것이 차악임을 결정하면서, "극도로 간절한 열망으로 젊은 아가씨의 피를 희생하기를 원하는 것은 고결하고 옳은 일이다. 모든 일이 다 잘 되기를" 이라고 선언할 때, 코러스는 아가멤논의 태도를 비난하고 있음에 주목한다. 에테오클레스의 경우를 보면, 그의 형제와 한 번의 결투를 하기로 결정한 후 그는 코러스가 생각하기에는 적절하지 못한 흥분을 보여 준다. 코러스는 아가멤논과 에테오클레스에게서 보다 많은 것을 기대하고 있는 것이다. 즉 그들이 처한 딜레마가 제거하도록 강요하는 가치들

(아가멤논의 경우에는 부성애, 그리고 에테오클레스의 경우에는 형제애)에 대한 정서적 인정을 기대하고 있다. 누스바움도 이에 동조한다. 그녀는 "더 적절한 반응은 눈물의 거부가 아니라 눈물이다(Nussbaum, 1986: 38)"라고 말한다. 각 인물에 대해 그녀는 다음을 지적한다. "그는 자신이 처한 갈등을 제대로 보고 반응하는 데 실패했다. 그러한 죄는 이미 그의 행동이 지닌 심각한 부담을 더욱 가중시킨다(39)."

세심하고 광범위한 논의를 통해 누스바움은 행위자가 옳은 가치의 편으로 딜레마를 해결하는 것이 중요할 뿐만 아니라, 행위자가 덜 중요하다고 간주한 가치를 위반하려 할 때 어떤 정감적 **태도**를 취하는지, 그리고 그 가치를 인식하는지 인식하는 데 실패하는지도 중요하다는 점을 주장한다. 그리고 여기에서 마침내 누스바움과 플라톤의 유사성이 드러난다. 그녀에 의하면 행위자는 지금 자신이 처한 딜레마에 책임이 없기 때문에(적어도 그녀가 다루고 있는 예들에서), 행위자의 유일한 책임은 위반하도록 강요되고 있는 가치들에 정당한 방식으로 도덕적 위반을 수행하는 것이다. 사실상 그녀는 정감적인 도덕적 올바름이라는 내면적 영역을 설정하고 있으며, 이 영역을 행위자의 실제 행위와 구분한다. 만약 아가멤논이 딸을 희생하는 데 있어 적절하게 눈물 흘리며 주저했다면 그의 도덕성은 구원될 수 있었을지도 모른다. 도덕성은 그러므로 우연성으로부터 자유롭다. 만약 누군가가 내면의 일들을 제대로 처리한다면, 원칙적으로 그는 항상 진정으로 중요한 단 하나의 것을 계속 지닐 수 있다. 즉 그가 무슨 행동을 하든지 간에 기본적으로 그는 **선한 사람**일 수 있다(그리고 그 점에서 해로움으로부터 자유롭다). 누스바움은 그러므로 인간성(자신이 행한 것에 대해 스스로 어떻게 느끼는지가 본질적으로 중요한 것으로서의 인간성), 가치(비록 그것이 외적 차원에서는 대립을 일으킨다 하더라도 궁극적으로 우리의 내면과 관계된 것으로서의 가치), 그리고 최선의 삶의 방식(행위자의 감정이 비난받을 수 없는 방식)에 대한 설명을 제공하려고 노력하고 있고, 이것은 모두 비극의 어떤 측면을 진지하게 받아들인 결과이다.

이러한 모습은, 내가 이미 언급했듯이, 비극에 적절하게 철학적으로 접근할 때 나타나는 모습이다. 비록 그러한 접근의 결과가 결론적으로 우리를 설득하지 못한다 하더라도 말이다. 올바른 행위를 확인하고 추구하는 것 이상이 도덕적 삶을 구성한다는 누스바움의 주장은 매우 유익하며, 행위자의 정감적 차원에 그녀가 주목한 것은 환영할 만한 일이다. 그러나 여전히 그녀는 자신이 논의하고 있는 상황들 중 일부가 얼마나 끔찍한지 완전하게 이해하지 못하고 있다. 다시 한 번 에테오클레스의 경우를 생각해 보자. 누스바움과 코러스가 지적하듯이, 에테오클레스의 범죄는 마지못한 것이기는 하지만 어찌되었든 자기 형제와의 단 한 번의 전투를 다른 대안들 대신 선택한 후, "내 갑옷을 당장 가져와라 … 빨리 가는 게 좋겠다"라고 말한 것이다. "왜 그렇게 안달이 나 있는가?"라고 코러스는 묻는다. "최악의 이름들로 불리는 사람을 닮지 말지어다 … 나쁜 정열의 권위를 벗어버려라 … 살인을 하도록 부추기는 욕망이 너무나 게걸스럽구나 … 흘려서는 안 되는 피를 흘리면서." 그러나 이러한 선량한 명령은 부적절하다. 왜냐하면 에테오클레스의 선택은 그의 도시를 넘겨주는 것과 그의 형제와의 결투에 응하는 것 중 하나를 고르는 것이 아니었기 때문이다. 만약 그것이 에테오클레스의 선택이었더라면, 그는 누스바움이나 코러스가 원하는 눈물로 가득한 주저함의 상태로 싸움에 나설 수 있었을 것이며, 그리고 분명 그 결과로 패할 수 있었을 것이다. 그러나 에테오클레스가 처한 선택은 테베를 넘길 것인가 아니면 자신의 형제를 무너뜨리도록 수를 쓰고 노력할 것인가에 대한 것이다. 그리고 이것은 매우 다른 문제이다. 만약 에테오클레스가 단 한 번의 결투를 효과적으로 치르고자 한다면, 그는 진정으로 이기기를 원해야 한다. 즉 그는 결투에 올바른 마음가짐을 가져야 하고, 진정으로 '게걸스런' 욕망을 채우기 위해 전념을 다해 노력해야 한다. 오직 그렇게 해야만 그가 실제로 그 선택을 내린 것이다. 누스바움은 에테오클레스가 아가멤논과 마찬가지로 '내면과 외부적 힘들의 부자연스런 협업'을 표출한다고 비난하면서, 즉 그가 '외적 필요성과 내면적으로 협조하기 시작하며' 또한 '기이하게도 그 자신을 협업자로 변화시킨다'고 비난하면서(Nussbaum, 1986: 35), 에테오클레스의 상황을 상당히 잘못 해석하고 있다. 인간성을 보존하는 민감성을 유지한 채 단 한 번의 결투를 치른다는 것은 그에게 가능한 선택지가 아니었다. 그에게 열려 있었던 선택지는 그가 실제로 선택한 것보다 훨씬 황량한 것이다. 선택을 내림으로써 '최악의 이름들로 불리는 사람'이 **되는 것**, 즉 자기 자신을 '나쁜 열정의 권위'와 동일시하는 사람이 **되는 것**이 그에게 열려 있었던 선택지이다. 외적 필요성과의 내면적 협업은 그가 사치스럽게 피할 수 있었던 어떤 것이 아니다. 그가 내뱉은 마지막 말에서처럼, '신이 명령한다면, 악을 피할 수 없다'.

에테오클레스의 경우를 올바르게 이해한다면, 그것이 보여 주는 것은 인간성에 대한 누스바움의 설명이 그려 보이는 외부로부터 고립된 내면(이것은 가장 끔찍한 행위를 함에 있어서도 선한 사람이 도덕적으로 훼손되지 않도록 해 준다) 같은 것은 지지될 수 없다는 사실이다. 다른 말로 하면, 선한 이는 주어진 상황에서 최선을 행하기 위해 자기 자신의 선함을 희생해야 할지도 모른다. 그리고 그것이 일부 비극에서 우리가 배워야 하는 불편한 진실일지도 모른다. 만약 그렇다면, 이것은 《선의 연약함》에서 인간성과 가치의 관계에 대해 누스바움이 그려낸 모습에 비해 암울하다. 더 나아가 자아에 대한 확고한 개념이 약해지며, 그리고 그에 발맞추어 선한 삶이 무엇인가에 대한 훈훈한 개념도 약해진다.

버나드 윌리엄스의 비극에 관한 통찰은 누스바움에 대한 위와 같은 비판과 일관적이다. 삶의 비극적 측면과 비극 자체에 관한 윌리엄스의 통찰은 누스바움의 통찰보다는 더 명민한 것 같다. 다수의 에세이들과 훌륭한 저서인 《수치와 필연성》(*Shame and Necessity*, 1993)을 통해 윌리엄스는 비극에 관해 고찰해 보는 한 가지 방식을 발전시키고 있으며, 근래의 철학 연구 중 그 어떤 것보다 풍성한 결과를 내고 있다. 윌리엄스가 지속적으로 연구하는 주제 중 하나는(그에 의하면 이는 고전 비극 속에서 발전되고 있는 주제이다) 비인과적, 비논리적 필연성(불가피함)의 여러 유형들이 인간의 삶을 형성하고 또한 종종 결정적인 영향을 끼치는 방식이다. 윌리엄스는 소포클레스의 아이야스(Ajax)를 예로 들면서, 자신이 우스꽝스럽다는 아이야스 스스로의 생각이(자신을 영웅적, 전사적이라 생각해 왔지만 양 떼를 아카이아의 지도자들이라 생각해 죽인 사건을 겪은 후) 그로 하여금 자살을 결심하게 만들었다고 지적한다. 아이야스의 자살은 인과적으로나 논리적으로 필연적이지 않다. 오히려, 윌리엄스가 강조하듯이, '아이야스는 그러한 일들을 행했던 사람으로서 더 이상 살아갈 수 없었다. 그가 세상에 기대하는 것, 그리고 그러한 것을 기대하는 아이야스에게 세상이 기대하는 것의 관계에서 보았을 때 아이야스가 더 살아간다는 것은 불가능했다(Williams, 1993: 73)'. 그의 자살은, 그에게 적용될 수 있는 인과적 혹은 논리적 고려 사항들 때문이 아니라, 자기 상황에 대한 스스로의 내면적 고려 사항들 때문에, 필연적이었다.

윌리엄스는 이를 지지하기 위해 몇 가지 이유를 들지만, 그중 가장 심도 있고 중요한 것은 자발성(voluntariness)의 특정 견해에 관한 그의 반론에서 찾아볼 수 있다. 문제의 그 견해에 의하면(특히 윌리엄스는 이를 칸트와 관련시키고 있다), 자발적인 것이란 자유로이 선택된 것이며, 이때 선택을 하는 것은 추상적인, '특색 없는' 자아이며, 선택의 근거가 되는 것은 순수하고 실천적인 이성이다. 이러한 의미에서의 자발적인 것은 또한 필연적이다. 자유롭게 선택된 것은 필연적으로 다른 이성적인 행위자에 의해서도 자유롭게 선택될 것이다. 간단히 말해, 자발적인 것은 이성적 존재들에게 의무가 된다. 윌리엄스는 이러한 의무 개념에 매우 회의적이다. 그는 또한 여기서 파생된 책임에 대한 견해, 즉 지금까지 설명된 유형의 의무를 이행했거나 혹은 이행하지 못했다는 사실에 대해서만 우리는 책임이 있다는 견해에 대해서도 회의적이다. 아이야스가 자살해야 한다고 확신했을 때, 그것은 아이야스에게 책임이 있는 그 어떤 것에 의해서 촉발된 것이 아니다. 양 떼를 죽였을 때 그는 온전한 정신이 아니었다. 그는 확실히 그가 행한 행위를 '자유로이 선택'한 것은 아니다. 그러나 '여전히 그가 그런 행위들을 했다는 것은 참이며, 그것은 현재형인 참이다. 그는 그런 일들을 행했던 사람이다(71쪽)'. 이런 의미에서 아무리 비자발적으로 행한 일이라 해도 아이야스는 그 일에 책임이 있다. 책임에 대한 스스로의 인식에 의해 촉진된 그의 자살은, 이성적인 모든 인간에게 의무라는 의미에서의 필연성(불가피함)을 지니지도 않는다. 오히려 그것의 필연성(불가피함)은 그러한 상황에 처한 자신을 발견했을 때 자신에 대해 가지게 된 생각, 그리고 그것이 바로 자기 자신이라는 인정에서 도출된다. 그의 자살을 일으킨 상황이나 자살 그 자체는 칸트적인 견해로 설명될 수 없다. 그러나 우리는 소포클레스가 그려 낸 아이야스의 행동을 윤리적으로 이해할 수 있다.

따라서 윌리엄스는 칸트의 견해에 문제가 있다고 결론 내린다. 윤리적 삶에 대해 칸트처럼 생각한다면, 즉 주로 혹은 배타적으로, 자발성, 책임, 의무 등의 개념에 의해 구조화되었다고 생각한다면, 우리는 윤리적 삶을 제대로 이해할 수 없다. 윌리엄스의 견해는 다음과 같다.

> 자발성이라는 생각이 책임에 있어 독자적으로 중요하다고 생각한다면 우리는 우리를 기만하는 것이다. 자발성에 대한 생각이 어떤 특정 수준 이상으로 다듬어질 수 있다고 생각하는 것도 실수이다. 자발성에 대한 생각은 유용하다 … 그러나 본질적으로 피상적이다. 어떤 결과가 정확히 의도되었는지, 혹은 심리 상태가 정상적인지 아닌지, 혹은 행위자가 특정 순간에 자신을 제어할 수 있었는지 아닌지 등에 대한 질문을 특정 수준 이상으로 전개한다면, 우리는 근거 없는 일상적 회의주의로 빠지게 될 것이다. 자발성이라는 개념은 심오한 개념이 아니다 … 사실 … 그것은 심오해질 수가 없다 … 자발성 개념을 위협하는 것은 그것을 심오하게 만들려는 시도이며, 그러한 시도(예를 들어 칸트)의 영향으로 자발성 개념은 인식 불가능할 정도로 왜곡된다. 고대 그리스인들은 그러한 시도에 관여하지 않았다. 여기서 우리는 심오함을 벗어나는 그들의 피상성에의 재능을 만나게 된다. (Williams, 1993: 67-8)

명백히 니체적 찬사로 끝맺고 있는 이 문단은 그리스 비극 작가들에 대한 윌리엄스의 견해를 잘 포착하고 있다. 즉 그리스인들이 세상의 모습을 제시할 때 삶이 함축하는 일상적이고 정돈되지 않은 복합성 및 필연성(불가피함)을 제거하려 하지 않았으며, 또한 그것들을 허상으로 보지 않았다는 사실을 윌리엄스는 높이 평가하고 있다. 특히, 그리스 비극 작가들은 자발성이라는 '심오한' 개념을 자아라는 '심오한' 개념과 연결시키려 하지 않았으며, 상황이나 성격을 초월한 이성적 행위자와 필연적으로 연관되어 있다고 가정되는 의무나 책임의 범위를 분명하게 규정하려 하지 않았다. 즉 그들은 인간성의 비우연적 핵심을 찾으려고 노력하지 않았다. 그들은 삶을 형성하는 필연성(불가피함)이 모두 내면으로부터 나오는 것이 아님을 인식하고 있었다.

그렇다면 비극이 우리에게 가르쳐야 하는 것들 중 하나는 '어떤 이의 삶의 중요성, 그리고 그 삶이 세상과 가지는 관계의 중요성'은 '아무도 그에게 어떻게 하라고 요구할 권리가 없는 상황에서 그가 스스로 책임을 인식하고 표현해야 한다는 점에 있다'는 사실일 것이다(74쪽). 이로부터 자연스럽게 귀결되는 사실은, 어떠한 상황하에서 혹은 어떤 유형의 필연성(불가피함)의 압력이 가해졌을 때, 누군가가 행동하는 방식은 타인이 내리는 판단의 적절한 대상이 아닐 수 있다는 것이다. 윌리엄스는 아가멤논의 경우가 바로 그러한 경우라고 본다. 누스바움과는 대조적으로, 그는 "고통스러워하면서도 자신의 딸에게 희생의 칼을 들이대는 것은 아마도 매우 어려운 일일 것이며, 만약 아가멤논은 그날 실수를 저지르지 않았다고 우리가 생각한다면 … 그에게 무엇을 느꼈어야 했는지 말해주기보다는 그러한 일을 경험하는 것은 어떤 것인지 배우는 편이 더 나을 것이다(135)"라고 말한다. 그리고 그는 누스바움을 평한 롱(A. A. Long)을 인용한다. "주요 등장인물들이 곤경에 처할 때 우리가 확실히 느끼는 것은 그들의 상실과 몰락을 포착할 수 있는 적절한 언어, 특히 도덕적 금언은 없다는 사실이다(210)." 이렇게 비극에 관한 윌리엄스의 고찰은 칸트 이래로 윤리적인 것에 대해 우리가 익숙하게 가지고 있었던 개념보다 더 미묘하고 포용적인 개념을 전개하고 있다. 필자는 비극을 의미 있게 살펴보려면 인간이란 무엇인가에 대한 진지한 숙고, 다시 말해 인간성에 대해, 그리고 우리 자신과 우리가 지키려고 노력하는 가치들의 관계에 대해 진지한 성찰을 담고 있어야 한다고 말한 바 있는데, 윌리엄스의 연구가 그러한 모습을 보여 주고 있다.

4. 결론

누스바움과 윌리엄스의 비극에 대한 논의가 지니는 상대적 풍부성을 현대 미학자들은 배워야 할 것이다. 첫째, 이 둘은 실제의 예술작품을 직접 다룬다. 비극의 '패러독스'를 다루는 현대의 논쟁은 인간 심리와 관련된 수수께끼 혹은 유사-수수께끼들의 집합에 집착하여, 실제 예술작품은 언급조차 하지 않은 채 반복되고 있을 뿐이다. 이것은 단발적 현상이 아닌데, 예술철학자들은 기이하게도 실제 예술작품에 상당히 무관심하다. 둘째로, 누스바움과 윌리엄스의 접근 방식은, 반성적인 사람이라면 누구나 관심을 가져야 하는 문제들을 실제 예술작품이 스스로 제시하고 해명한다는 점을 보여 줌으로써, '패러독스' 논쟁을 원천에서부터 제거한다. 우리는 스스로 비극을 경험하고자 하는데 왜냐하면 우리는 이러한 문제들이 생각할 만한 가치가 있다고 보기 때문이다. 만약 지금 쾌가 한 가지 쟁점이라면, 쾌가 비극 경험의 어딘가에 있다고 생각할 수도 있다(예를 들어 아리스토텔레스는 인지적 활동은 그 자체로 즐겁다고 본다). 그러나 쾌가 유일한 쟁점이라고 간주하는 것은 진정으로 중요한 논점들을 회피하거나 혹은 생략하는 것이다. 마지막으로, 실제 예술작품을 논하면서 그리고 그것들이 진지하게 제기하는 문제들을 다룸으로써, 누스바움과 윌리엄스는 진정한 미학적 연구의 동기란 어떤 모습이어야 하는지 생생하게 보여 준다. 그리고 만약, 비극의 경우에서처럼, 연구의 내용이 주로 윤리적인 것으로 판명된다면, 이것은 미학이 실제로 철학의 한 부분이기 때문이며, 그러므로 철학의 다른 영역들로 불가피하게 확장되는 주제를 미학이 연구하는 것도 마찬가지로 적절하다.

* 이 논문의 이해를 돕기 위해서 이 책에서 다음의 논문들을 찾아 읽으면 좋을 것이다.
  〈예술과 정서〉, 〈예술과 도덕성〉, 〈예술의 가치〉, 〈미학과 윤리학〉, 〈연극〉, 〈음악〉

참고문헌

Aristotle (1987). *Poetics*, trans. S. Halliwell. London: Duckworth.

Beistegui, M. and Sparks, S. (2000). *Philosophy and Tragedy*. London: Routledge.

Budd, M. (1995). *Values of Art*. London: Allen Lane.

Burke, E. (1990). *A Philosophical Enquiry*, ed. A. Phillips. Oxford: Oxford University Press.

Carroll, N. (1990). *The Philosophy of Horror, or Paradoxes of the Heart*. New York: Routledge.

Cavell, S. (1987). *Disowning Knowledge in Six Plays of Shakespeare*. Cambridge: Cambridge University Press.

Eaton, M. (1982). "A Strange Kind of Sadness". *Journal of Aesthetics and Art Criticism* 41: 51–63.

Feagin, S. (1983). "The Pleasures of Tragedy". *American Philosophical Quarterly* 20: 95–104.

Gowans, C. (1987). *Moral Dilemmas*. Oxford: Oxford University Press.

Hegel, G. W. F. (1975). *Aesthetics: Lectures on Fine Art,* 2 vols., trans. T. M. Knox. Oxford: Oxford University Press.

Hume, D. (1993). "Of Tragedy". in S. Copley and A. Edgar (eds.), *Hume: Selected Essays*. Oxford: Oxford University Press.

Kierkegaard, S. (1985). *Fear and Trembling,* trans. A. Hannay. London: Penguin Books.

Kuhns, R. (1991). *Tragedy: Contradiction and Repression*. Chicago: University of Chicago Press.

Lamarque, P. (1995). "Tragedy and Moral Value". *Australasian Journal of Philosophy* 73: 239–49.

Levinson, J. (1982). "Music and Negative Emotion". *Pacific Philosophical Quarterly* 63: 327–46.

_____ (1991). "Horrible Fictions". *Journal of Aesthetics and Art Criticism* 49: 253–8.

Morreall, J. (1985). "Enjoying Negative Emotions in Fiction". *Philosophy and Literature* 9: 95–102.

Neill, A. (1998). "'An Unaccountable Pleasure': Hume on Tragedy and the Passions". *Hume Studies* 24: 335–54.

_____ (1999). "Hume's 'Singular Phaenomenon'". *British Journal of Aesthetics* 39: 112–25.

Nietzsche, F. (1996). *On the Genealogy of Morals*, trans. D. Smith. Oxford: Oxford University Press.

_____ (1999). *The Birth of Tragedy*, trans. R. Speirs. Cambridge: Cambridge University Press.

_____ (2001). *The Gay Science*, trans. J. Nauckhof. Cambridge: Cambridge University Press.

Nussbaum, M. (1986). *The Fragility of Goodness*. Cambridge: Cambridge University Press.

Packer, M. (1989). "Dissolving the Paradox of Tragedy". *Journal of Aesthetics and Art Criticism* 47: 211–19.

Peckham, M. (1962). *Beyond the Tragic Vision*. New York: George Braziller.

Plato (1956). *Great Dialogues of Plato*, trans. W. H. D. Rouse. New York: Mentor books.

Ridley, A. (1993). "Tragedy and the Tender-Hearted". *Philosophy and Literature* 17: 234–45.

Schier, F. (1983). "Tragedy and the Community of Sentiment". in P. Lamarque (ed.), *Philosophy and Fiction: Essays in Literary Aesthetics*. Aberdeen: Aberdeen University Press.

_____ (1989). "The Claims of Tragedy: An Essay in Moral Psychology and Aesthetic Theory". *Philosophical Papers* 18: 7–26.

Schopenhauer, A. (1966). *The World as Will and Representation*, 2 vols., trans. E. F. Payne. New York: Dover.

Williams, B. (1993). *Shame and Necessity*. Berkeley: University of California Press.

제24장

예술과 정서

알렉스 닐(Alex Neill)
번역: 신현주

예술은 이런저런 방식으로 인간의 정서와 깊이 연관되어 있으며, 연관된 그 방식으로 인해 미학과 심리철학의 중요 문제들이 발생한다는 생각은 매우 오랜 기간 지속되어 왔다. 피타고라스는 정서를 자극하거나 달래는 음악의 기능에 대해 아마도 처음으로 논한 사람일 것이며, 그러한 힘의 성질에 대한 철학자들의 관심은 피타고라스 이후에도 꾸준히 계속되었다(Budd, 1985; Ridley, 1995). 소크라테스 이전의 철학자였던 고르기아스는 아리스토텔레스보다 훨씬 먼저 이미 시가 관객들을 '두려운 떨림, 눈물 나는 동정, 그리고 애절한 갈망'으로 이끄는 힘을 지녔다고 지적했다(Barnes, 1979: 161). 그리고 시의 그 같은 측면, 즉 이성의 발전을 저해하면서 '격정을 북돋는' 측면에 대한 걱정으로 인해 플라톤은 《국가》(*Republic*)에서 재현 예술을 비판했던 것이다. 플라톤의 비판에 대한 아리스토텔레스의 시 옹호는 시(단지 비극만이 아니라)가 **카타르시스** 효과를 산출하여 정서적(더 나아가 도덕적) 균형과 건강에 기여한다는 점에 부분적으로 기반하고 있다. 이와 더불어 예술의 여러 형식과 정서 사이의 관계에 관한 고대의 글들은 이후 고전 및 르네상스 시기에 이르러 활발히 논평되었다. 계몽주의 시기에 이르면, 취미 판단에 있어서 정감(sentiment)의 역할에 대한 강조가 생겨나면서, 예술과 정서의 관계는 미학에서 가장 핵심적으로 다루어지는 주제가 되었다고 볼 수 있다. 이후에도 예술과 정서의 관계는 낭만주의적 예술 이론, 특히 낭만주의 시 이론 내에서 중요 주제로 논의되었으며, 현대 분석 미학 내에서도 중요 주제 중 하나로 자리 잡았다(Beardsley, 1966은 이러한 역사에 대한 훌륭한 개괄을 제공한다).

예술과 정서 간의 관계에 대한 이러한 지속적인 관심이 가장 명시적으로 드러난 이론은 표현이론(Expression Theory)이다. 표현이론 내에서도 상당한 이견을 지닌 여러 이론들이 존재하지만, 그 이론들이 공통적으로 내세우는 주장은 예술의 가치가 적어도 상당히 정서의 표현과 관련 있다는 생각이다. 반면 그 이론들은 표현의 성질을 어떻게 이해할 것인가에 대해서는 서로 상당히 다른 의견을 보인다. 본격적인 형태의 표현이론이라 간주될 수 있는 이론에 따르면 — 레오 톨스토이(Leo Tolstoy)와 클라이브 벨(Clive Bell)의 이론이 예가 될 수 있다(비록 후자의 이론은 일반적으로 형식주의 이론으로 분류되고 있지만) — 표현이란 예술가의 정서나 감정이 예술작품을 통해 감상자에게로 소통되거나 전이되는 것이다. 이러한 견해에 따르면, 예술작품의 가치는 그것이 전달하는 감정의 가치(예를 들어 톨스토이는 감정의 진정성과 개성이 감정의 가치를 결정하는 중요 기준이라 보고 있다) 및 감정의 '전염성(톨스토이의 은유를 이용하자면)', 그리고 감정이 전달되는 명료성의 함수이다.

위와 같은 표현이론은 여러 문제점을 지니는데, 그중 가장 명백한 문제점들은 다음과 같다. 첫째, 예술 표현에 대한 이런 식의 개념은 예술작품을 단지 감정의 전달을 위한 수단으로 보게 만드는데, 이때 문제의 그 감정은 원칙적으로 그것이 지닌 가치의 상실 없이 다른 수단으로도 얼마든지 전달될 수 있기 때문에 예술은 다른 수단으로 쉽게 대체될 수 있는 그런 것이 되어 버린다. 둘째, 예술작품이 전달하는 것처럼 보이는 감정을 경험함으로써 예술작품에 반응하는 방식이 언제나 적절한 반응 방식은 아닌 것 같다. 경쾌한 음악에서 그 경쾌함이 진실되고 명료하게 표현되었다 하더라도 그것은 거슬리는 것일 수 있다. 셋째, 예술가는 작품을 창작하면서 작품이 표현하는 감정을 느끼거나 기억, 상상할 필요가 없다. 경쾌한 음악은 비참함을 느끼는 예술가에 의해서 얼마든지 작곡되거나 연주될 수 있다.

본격적인 형태의 표현이론이 이러한 문제점들을 극복할 수 있는지 아닌지와 관계없이, 그러한 문제점들을 극복하기 위한 보다 제한된 형태의 표현이론들이 전개되었다. 그중 한 형태의 이론은 '모든 좋은 시는 강렬한 느낌의 즉흥적인 흐름'이라는 워즈워드(Wordsworth)의 생각에서 태동되어 콜링우드(R. G. Collingwood)의 이론에서 가장 세련된 형태로 드러나고 있는데, 그 이론에 따르면 표현은 예술가의 정서를 작품 그 자체 내에 체화하거나 명시하는 것이며 감상자에게 끼쳐진 정서적 영향과는 상관이 없다. 또 다른 형태의 제한된 표현이론으로서 레너드 마이어(Leonard Meyer)와 같은 이들에 의해 주장되고 있는 음악과 관련한 표현이론에 따르면, 표현은 예술가의 정서 상태와는 관계없이 감상자에게 정서를 환기하거나 발생시키는 것이다. 그리고 마지막으로, 수잔 랭어(Susanne Langer), 넬슨 굿먼(Nelson Goodman), 데릴 쿡(Deryle Cooke), 루돌프 아른하임(Rudolf Arnheim)과 같은 이론가들은, 표현이란 예술작품을 창조하는 작가 혹은 그것에 반응하는 관객의 정서와는 상관없는, 예술작품을 통한 일종의 정서의 상징 혹은 재현이라고 이해한다. 그러므로 다소 인위적이기는 하지만, 예술에 관한 표현이론은 작품의 창조에 초점을 둔 이론, 혹은 작품 그 자체에 초점을 둔 이론, 혹은 감상자의 반응에 초점을 둔 이론으로 분류될 수 있다. 이 글의 나머지 부분에서 나는 예술을 향한 반응 및 정서와 관련된 문제들을 살펴볼 것이다.

예술작품을 향한 우리의 반응과 관련하여 철학자와 이론가들을 사로잡았던, 언뜻 보기에는 서로 관련 없는 듯 보이는 다양한 문제들을 통합하는 방법은 그 문제들을 하나의 일반적인 질문에 의해 제기된 것으로 이해하는 것이다. 예술작품에 정서적으로 반응하는 것은 다양한 형식으로 나타나는 예술작품의 이해, 감상, 그리고 평가에 도대체 어떻게 관련될 수 있을까?

다수의 18세기 철학자들에게 있어, 미 그리고 미적 성질들을 감상한다는 것은, 그것들이 자연 내에서 발견되건 혹은 예술작품 내에서 발견되건 간에, 바로 그것들에 정서적으로 반응한다는 것이었다. 실제로, 데이비드 흄(David Hume)은 미, 그리고 그것의 반대인 '추'를 종종 정감(sentiment)이라 보았다. 물론 흄에게 있어 '미'와 '추'라는 용어는 감상자에게 문제의 정감을 일으키는 대상이 지닌 '부분들의 질서와 구성'을 또한 의미하기도 했지만 말이다. 이러한 관점에 따르면, 미적 판단, 혹은 취미 판단이라는 것은 정감적 경험의 보고(report) 혹은 표현이다. "이것은 아름답다"라고 말하는 것은 "이것은 나를 특정한 방식으로 느끼게 만든다(혹은 이것은 적절한 감상자를 특정한 방식으로 느끼게 할 것이다)"와 유사한 의미이다(Hume, 1978: 3권과 1987a 참조. 흄 미학에서 차지하는 정감의 역할에 대한 심도 있는 논의는 Townsend, 2001 참조). 그리고 에드먼드 버크(Edmund Burke)는 정감뿐만 아니라 이성도 취미의 작동에 포함된다고 보면서 흄과는 다소 상이한 견해를 드러냈지만, 그 역시도 숭고(the sublime) 및 미와 같은 미적 성질들에 대한 우리의 이해를 명확히 하기 위해서는 무엇보다 그러한 성질들을 지닌 대상이 감상자에게 일으키는 정서를 확인하고 분류하는 작업, 그리고 대상의 어떤 특성이 그러한 정서를 발생시키는지 고찰하는 작업이 필요하다고 보았다(Burke, 1998). 간단히 말해, 숭고, 미, 그림 같음(the picturesque) 등에 대한 18세기 철학자들의 관심은 사실 정념의 작동과 성질에 대한 보다 일반적인 관심의 일부분이라고 보아도 전혀 과장은 아니다.

이러한 18세기의 정의주의(emotivism, 情意主義)적 입장은 20세기 전반부의 논리실증주의(Logical Positivism)로 계승된다. 예를 들어 에이어(A. J. Ayer)는 "'아름다운'이나 '추한'과 같은 미적 용어들은 … 사실에 대한 진술을 하기 위해서가 아니라 단순히 특정 감정을 표현하거나 혹은 (타인에게) 특정 반응을 일으키기 위해서 사용된다 … 미적 비판의 목적은 지식의 전달이라기보다는 정서의 소통에 있다(Ayer, 1971: 150)"라고 본다. 그러나 철학자들은 이러한 입장을 그리 오래 지지하지는 않았고, 예술가와 비평가들은 보다 신속하게 그러한 입장에서 멀어지기 시작했다. 예술의 이해와 감상에 있어 정서적 반응이 하는 역할에 관한 가장 지배적인 20세기의 입장은(사실 철학자들 사이에서는 아닐지라도 예술가나 예술이론가들 사이에서 가장 지배적인 이론이었다고 볼 수 있는 입장) 형식주의(Formalism)이다. 형식주의의 가장 영향력 있는 형태는 클라이브 벨에 의해 발전되었는데, 그 이론 내에서 예술가는 영감의 순간에 세상의 대상들을, 칸트가 말했던 바와 같이, 무관심적으로 볼 수 있는 사람으로 그려지고 있다. 다시 말해, 대상을 수단이 아니라 목적으로서, 혹은 인간의 목적을 위해 봉사하는 것으로서가 아니라 그 자체로 볼 수 있는, 다시 말해 '순수한 형식'으로 볼 수 있는 사람이다. 순수한 형식에 반응하는 예술가는 특정한 종류의 정서를 경험하며 그것을 작품 내에서 포착하고자 한다. 만약 예술가가 이에 성공한다면 그때 그 작품은 벨이 '의미 있는 형식(significant form)'이라 부르는 성질을 가지게 되는데, 그 성질은 모든 진정한 예술작품들이 공통으로 가지고 있는 성질이며, 예술작품이 되기 위해서는 그 성질을 지녀야 한다. 그리고 벨에 따르면 우리가 예술작품 내에서 의미 있는 형식을 지각할 때, 우리는 예술가가 세상의 순수한 형식을 지각할 때 경험했던 것과 유사한 어떤 특정한 정서를 경험하는데, 이것을 벨은 '미적 정서(aesthetic emotion)'라 부른다(Bell, 1958). 미적 정서의 경험은 그러므로 미적 경험을 구성하며 또한 예술작품을 예술작품으로 인식하기 위한 필요조건이다. 이와 대조적으로, 만약 예술작품에 단순히 일상에서 경험되는 다양한 정서들로 반응한다면 우리는 의미 있는 형식을 지각하지 못하게 되므로 결국 예술작품에 미적으로 반응하는 데(예술작품에 예술작품으로서 반응하는 데) 실패하게 된다.

벨의 이론은 20세기 전반부에 큰 영향력을 행사했으나 또한 많은 문제점에 봉착하게 된다. 먼저, 직관적으로 생각해 볼 때 우리는 예술작품에 대한 반응으로 수많은 다양한 느낌(feeling)을 사실상 경험하는데, 하나를 제외한 나머지 모든 느낌들의 경험은 예술작품에 적절히 반응하는 것이 아니라는 벨의 주장은 단순한 규정 이상이 될 수 없을 것 같다. 모든 예술작품이 의미 있는 형식을 지닌다는 것이 진정 사실이라고 해도, 왜 의미 있는 형식은 오직 한 종류의 느낌만 일으킨다고 보아야 하는가? 또 다른 문제로, 미적 정서와 그 밖의 다양한 일상적 정서 간의 차이점이 명확하지 않다. 벨은 우리가 어떤 정서를 경험하는지는 우리의 내관(introspection)에 의해 분별될 수 있다고 보나, 내관만으로 느낌의 구분을 하지 못하는 이들은 매우 많을 것이며, 그런 이들을 단지 예술적 감수성이 부족한 사람으로 취급하는 것은 임시방편(ad hoc)일 뿐이다. 게다가 사람들이 내관을 통해 그들에게 미적인 느낌들을 확인할 수 있게 된다고 하여도, 그들이 미적이라 생각한 느낌들이 모두 같은 종류의 느낌인지 우리가 어떻게 확신할 수 있는가? 벨은 정서(emotion)를 본질적으로 느낌의 집합이라 보는 데카르트적 정서 개념을 따르고 있기 때문에, 미적 정서를 그것의 대상(우리가 공포를 그와 관련된 위험적인 혹은 위험한 대상을 통해 정의하는 것처럼)을 통해 확인하는 방식은 그에게 가능하지 않다(왜냐하면 벨이 말하고 있는 느낌은 적절한 정도로 지향적이지 않기 때문이다). 기껏해야 벨은 미적 정서를 의미 있는 형식에 의해 야기된 느낌의 한 종류로 정의할 수 있을 뿐인데, 이것은 위에서 제기된 문제, 즉 어째서 의미 있는 형식이 오직 한 종류의 느낌만을 일으킨다고 보아야 하는가에 대한 문제뿐만 아니라, 의미 있는 형식에 접근할 수 있는 우리의 유일한 통로는 미적 정서의 경험뿐이라고 보는 문제(이 점 때문에 벨의 이론은 또한 순환의 오류에 노출되게 된다)에 직면하게 된다(형식주의에 대한 철저한 비판으로 Budd, 1995의 2장 참조).

특별한 미적 정서, 혹은 넬슨 굿먼이 말하는 '미적 샘(glands)의 특별한 분비(Goodman, 1976: 247)'와 같은 것이 있어 우리가 예술과 관계를 맺을 때나 혹은 다른 대상들과 미적인 관계를 맺을 때 어떤 역할을 한다는 생각은 형식주의 이후로 지속되지 못했다. 비록 형식주의에서 발견되는 칸트적 요소들, 특히 예술과의 적절한 관계는 어떤 의미에서 무관심적이라는 생각은 제롬 스톨니츠(Jerome Stolnitz)와 같은 이들에 의해 전개된 미적 태도론(Aesthetic Attitude Theories)을 통해서 계속 발전되었지만 말이다(Stolnitz, 1960). 그러나 예술과의 무관심적 관계가 예술을 향한 정서적 반응을 배제하지도 않을뿐더러, 특정 유형의 정서적 반응만을 유일하게 적절한 반응으로 처방하지도 않는다는 점은 명백하다.

예술의 이해와 감상에 있어 정서적 반응이 하는 역할에 관한 또 다른 답변은 위에서 언급된 표현이론 중 한 형태에 내포되어 있다. 종종 '환기이론(arousal theory)'이라 불리는 그 특정한 형태의 이론에 따르면 예술적 표현이란 작품이 관객 안에 정서를 불러일으키는 것이다. 이 이론의 가장 극단적인 형태에 따르면, 어떤 것을 예술작품으로 만드는 것은 그것의 표현적 속성들이고, 작품이 어떤 특정한 감정을 표현한다는 것은 작품이 그 감정을 감상자 내에 일으킨다는 것이다. 그러므로 만약 감상자가 작품에 정서적으로 반응하는 데 실패한다면, 작품이나 혹은 감상자가 어떤 측면에서 실패했다는 뜻이 된다. 표현하고자 시도했던 감정을 감상자 내에서 일으키지 못하는 예술작품은 예술작품으로서 실패한 것이고, 그러므로 예술작품으로서 적절하게 이해되거나 감상되지 못한다. 작품이 문제의 감정을 일으키는 데 실패한 이유가 감상자의 지각 차원에서 일어난 실패이고(이 경우 감상자는 자기가 대면하고 있는 작품의 성질을 인식하는 데 실패한다), 바로 그 이유로 감상자가 작품을 적절하게 이해, 감상, 평가하지 못하게 되는 경우를 제외하고 말이다.

환기이론은 확실히 예술과 정서에 대해 우리가 가지고 있는 선이론적(pre-theoretical) 직관 중 일부를 잘 포착하고 있다. 그러나 위와 같은 형태의 강한 환기이론을 지지하는 예술철학자들은 별로 없는데, 주로 다음과 같은 두 가지 이유 때문이다. 첫째로, 상당수의 예술이 표현적이기는 하나 모든 예술이 표현적이지는 않다는 반론, 즉 예술은 표현을 통해 정의될 수 없다는 반론이 **예술** 이론으로서의 환기이론 및 다른 표현이론에 모두 제기될 수 있다. 둘째로 그리고 보다 중요하게, **표현** 이론으로서 환기이론은 우리가 '표현'이라는 용어를 통해 의미하는 바를 제대로 포착하지 못한다는 반론에 직면하는데, 이 점은 '이 작품이 승리를 표현하는 방식은 다소 우울하다', 혹은 '이 작품의 멍청한 쾌활함은 매우 짜증을 일으킨다'와 같은 진술들이 완벽하게 이해 가능한 방식으로 발화될 수 있다는 사실을 보면 알 수 있다. 물론 그렇다고 해서 예술작품이 감정을 표현하는 방식 중 하나가 감상자의 감정을 일으키거나 환기시킴을 통해서라는 사실, 또한 작품이 표현하는 것을 느낌으로써 작품에 반응하는 방식이 어떤 경우에서는 가장 좋은 방식(오직 하나의 적절한 방식은 아닐지라도)일 수 있다는 사실을 부정하는 것은 아니다(예술이론이 아닌 표현이론으로서의 환기이론에 대한 옹호로 다음을 참조. Mew, 1985; Matravers, 1998).

　　적어도 일부 예술작품과 적절한 관계를 맺기 위해서는 정서적 반응이 중요하다는 환기이론의 주장과 뚜렷하게 대립되는 입장은, 정서적 반응은 예술을 적절히 이해, 감상, 평가하는 과정과 관련이 없을 뿐만 아니라 오히려 그 과정을 적극적으로 방해한다고 본다. 이 입장에 따르면, 음악학자가 교향곡에 정서적으로 반응하는 것은 작품의 형식적 속성을 이해하는 데 방해가 되며, 마찬가지로 문학비평가가 소설 속 인물의 운명에 동요되는 것은 소설 전체의 서사 구조 내에 위치한 문제의 그 사건의 역할을 적절히 이해하는 데 방해가 된다고 본다. 이 입장의 유명한 옹호자 중 하나인 베르톨트 브레히트(Bertolt Brecht)의 견해에서 우리는 예술의 가치가 사회변혁의 힘이 될 수 있는 잠재성에 있다고 보는 마르크스주의적 요소를 발견할 수 있다. 브레히트는 이 잠재성이 실현되기 위해 감상자의 부르주아적 감정이 아닌 비판적 능력이 사용되어야 한다고 본다. 이를 위해 브레히트는 '서사극(epic theater)'의 새로운 한 형태를 구상하는데, 거기에서는 그가 '소외효과(alienation effects)'라 부르는 장치가 사용되고(예를 들어 경치와 소도구를 최소한으로 사용하고, 행위를 노래로 종종 방해하며, 연기자와 그가 연기하는 인물을 지속적으로 구분시켜 주는 연기 기술들), 이를 통해 관객은 끊임없이 그들이 실제가 아닌 인위적인 사건을 보고 있음을 확인하게 되고 결국 연극의 인물과 사건에 정서적으로 얽혀 들지 못하게 된다. 이러한 극의 목적은 인간성을 객관적으로 관찰하는 것이라고 할 수 있고, 이때 관객이 극의 인물과 사건에 정서적으로 반응하면 그러한 목적은 방해된다고 보는 것이다.

　　예술작품에 정서적으로 얽혀 드는 것이 작품의 적절한 감상을 방해한다는 관점은 여러 방식으로 전개될 수 있지만, 그 관점들을 아우르는 공통 전제는 바로 정서적 얽힘이 이러 저러한 방식으로 이성적 평가와 충돌한다는 생각이다. 정서에 관한 이러한 가정은 철학사를 살펴보았을 때 드문 것은 아니었지만, 지난 50년간 소위 정서의 인지이론(cognitive theories of emotion)이라 불리는 이론이 거의 정설로 확립되게 되었고, 그리하여 예술작품과 정서적 관계를 맺는 것은 적절하지 못하다는 관점은 더욱더 지지되기 힘들어졌다. 데

카르트나 윌리엄 제임스(William James)와 같이 정서를 본질적으로 신체적 느낌이나 자극으로 보는 이론과 대조적으로, 인지이론은 정서를 본질적으로 대상을 가진 지향적 상태(intentional state)로 본다. 우리는 무언가에 대해 두려워하며, 누구에 대해 혹은 어떤 것에 대해 화가 나고, 어떤 것에 대해 희망을 가진다. 더 나아가 인지이론에 따르면, 어떤 것이 특정한 정서의 대상이 되기 위해서는 그것이 정서를 경험하는 사람에 의해 특정한 방식으로 해석되어야 한다. 예를 들어 내가 어떤 것을 위협적이거나 위험하다고 해석해야만 나는 그것에 대해 두려워할 수 있고, 어떤 것이 불운에 희생되었다고 생각해야만 그것에 대해 동정심을 가질 수 있다. 그러므로 인지이론에 따르면 일종의 평가적 사고와 판단이 정서적 경험의 핵심이 된다. 그러나 평가적 판단의 정확한 성격, 그리고 정서적 경험에서 그것이 하는 역할에 대해서는 상당한 논쟁이 진행되어 왔다(Solomon, 1976; Lyons, 1980; De Sousa, 1987; Greenspan, 1988; Pugmire, 1998). 이 논쟁의 결과가 무엇이든 간에, 정서적 경험 중 몇몇의 전형적인 경우들은 인지적 요소를 포함하고 있다는 사실, 그리고 적어도 몇몇의 경우에 있어서 정서적 경험은 이성과 상충하는 것이 아니라 이성의 능동적 사용을 포함한다는 사실은 부정할 수 없다. 이러한 사실들에 대한 자각을 통해 정서적 경험이 인식적으로 기능할 수 있음을, 그리고 어떻게 그것이 가능한지를 볼 수 있게 되었다. 일상적 세계와 관련된 우리의 정서적 경험을 고찰해 보는 것은, 거칠게 표현하자면, 세계를 더 잘 알게 되는 한 방편이듯이, 넬슨 굿먼은 '미적 경험상의 정서는 작품이 어떤 속성을 지니며 표현하는지 식별하게 해 주는 한 방편(Goodman, 1976: 248ff)'이라고 본다. 어떻게 정서적 반응이 미적 경험 내에서 그와 같은 기능을 할 수 있는가라는 질문에 우리가 모호함 없이 일반적인 답을 내리기는 힘들며, 통찰력 있는 답을 찾기 위해서는 상당한 철학적, 비평적 명민함이 요구된다. 이 문제를 구체적으로 다룬 최근의 이론가들로는 엘리엇(우리는 작품에 표현된 정서를 다양한 방식으로 경험하면서 작품을 이해하게 된다고 봄), 레빈슨과 라이들리(음악에 대한 정서적 경험을 통해 우리는 감상을 위한 정보를 얻는다고 봄), 그리고 피이긴(허구 문학의 감상과 이해에 있어 정서적 경험이 중요하게 되는 방식에 대해 탐구)이 있다(Elliott, 1966; Levinson, 1990; Ridley, 1995; Feagin, 1996).

정서의 인지적 측면과 기능에 대한 인식이 '예술작품의 적절한 이해와 감상에 정서적 반응은 방해가 된다'는 관점을 약화시킬 수 있다고 한다면, 그것은 또한 정서적 반응에 관한 다양한 질문들을 발생시킨다. 이 질문들 중 지난 25년간 철학자들의 관심을 사로잡은 것은 바로 허구작품을 향한 정서적 반응의 성질과 합리성 문제이다. 간단히 말해 여기서의 문제는 다음과 같은 사실에 의해 발생한다. 평가적 판단이 정서에 중요하다는 인지주의의 입장이 전제하고 있는 것은 바로 문제의 대상이 존재한다는 믿음이다. 예를 들어 내가 어떤 것이 위협적으로 혹은 희생양으로 **존재한다**고 믿지 않는 한, 나는 그것이 위협적이라고 혹은 불운의 희생양이라고 믿을 수 없다(Donnellan, 1970). 허구적 인물들에 대한 우리의 정서적 반응은 다음과 같이 단순한 듯 보인다. 나는 노스페라투(Nosferatu) 흡혈귀의 존재를 믿지 않으므로 그 흡혈귀가 나를 위협한다고 믿을 수 없다. 그리고 몇몇의 인지이론이 주장하듯이 만일 그와 같은 믿음이 두려움을 가지기 위한 필요조건이라면 그로부터 나는 노스페라투를 두려워할 수 없음이 귀결된다. 이와 유사하게, 나는 안나 카레니나(Anna Karenina)가 존재했었다고 믿지 않으므로, 그녀가 고통 받았다고 믿을 수 없으며, 그러므로 내가 그녀를 동정한다고 진실되게 기술될 수 없다. 그러나 허구를 즐기는 많은 사람들은 진정 노스페라투를 두려워하며 안나 카레니나를 동정하는 것 같으며, 이러한 사실은 어째서 많은 이들이 허구를 가치 있게 여기는가와 중요하게 관련된다. 그리하여 종종 다음과 같은 '허구의 역설'이 발생한다. 한편으로 우리는 우리가 허구적이라고 알고 있는 인물들에 대해 동정이나 두려움과 같은 정서로 반응하나, 다른 한편으로는 그러한 유형의 정서적 반응은 정서의 논리에 의해 배제되는 듯하다.

　　이 주제는 아마도 최근 미학계 내에서 그 어떤 주제보다도 더 자주 다루어졌을 것이며, 적어도 세 편의 단행본(Boruah, 1988; Dadlez, 1997; Yanal, 1999)과 방대한 양의 논문들이 이 주제에 관해 논하고 있다(이 주제의 전반적 지형을 살펴보려면 Levinson, 1997 참조). 이 주제에 대한 현대적 관심의 기원은 콜린 래드포드(Colin Radford)의 논문이라 볼 수 있는데, 그는 허구에 대한 우리의 정서적 반응이 올바른 종류의 존재론적 믿음에 근거하고 있지 않다는 사실로 인해 우리의 반응은 비이성적이라고 주장한다. 이 견해에 따르면 안나 카레니나를 동정할 때 우리는 **비일관적 혹은 비정합적으로** 행동하는 것이다. 래드포드가 지적하듯이, '기술되거나 목격된 고난이 실재한다는 믿음이 우리의 정서적 반응에 필요하지만, 반면 허구적 고난에 의해서 우리가 정서적으로 동요되기도 한다는 사실이 문제를 일으킨다(Radford, 1975: 75, 78)'. 허구에 대한 우리의 정서적 반응이 비이성적이라는 래드포드의 지적에 대응하기 위해 일반적으로 다음과 같은 두 가지 전략이 제시되어 왔다. 첫 번째 전략은 허구에 대한 우리의 정서적 반응은 적절한 종류의 믿음들에 근거하고 있으며, 그러므로 래드포드가 지적한 방식으로 문제가 되는 것이 아님을 주장한다. 두 번째 전략은 허구에 대한 우리의 정서적 반응은 일반적으로 적절한 믿음에 근거하고 있지 않다는 사실을 받아들이면서, 그럼에도 불구하고 이성적이거나 합리적인 반응이 될 수 있음을 주장한다.

　　첫 번째 전략 내에서는 다음과 같은 세 가지 입장에 주목할 만하다. 먼저 가장 오래된 입장에 따르면, 허구작품은 감상자들로 하여금 그들이 대하는 것이 허구라는 사실을 무시하거나 간과하도록 함으로써, 허구적 인물이나 사건에 대한 그들의 정서적 반응을 거짓 믿음에 기반하도록 하여 그 인물이나 사건에 정서적으로 반응하도록 만든다. 예를 들어, 조나단 반즈(Jonathan Barnes)에 따르면, 시의 힘을 인식한 고르기아스는 시가 '영혼을 설득하고 속일 수 있으며', 시에 반응함에 있어 '기만당하는 자가 기만당하지 않는 자보다 더 현명하다고' 보았다(Barnes, 1979: 161부터). '잠시 동안 믿지 않음(disbelief)을 기꺼이 중지하는 것이 시적 믿음을 구성한다(Coleridge, 1907: 6)'는 콜리지의 견해도 그와 일맥상통한 것으로 볼 수 있다. 존슨은 이러한 입장의 문제점을 간결하게 요약하고 있는데, 그는 "진실은 바로 관객이 언제나 제정신이며, 처음부터 끝까지 무대는 단지 무대, 연기자는 단지 연기자일 뿐이라는 사실을 인식하고 있다는 것이다 … 비극의 즐거움은 그것이 허구라는 우리의 의식에서 나온다. 만약 살인이나 반역이 실제라고 믿는다면 우리는 더 이상 그로부터 즐거움을 얻지 못할 것이다(Johnson, 1969: 27-8)"라고 지적한다.

　　존슨은 관객의 '허구라는 의식'이 문제를 일으킬 수 있다는 사실을 잘 이해하고 있다. 그는 "연극이 실제라고 믿지 않는다면 도대체 어떻게 감상자의 정서적 반응이 나오는 것인지에 대한 문제가 발생할 것이다"라고 지적하고 있다. 그가 제시한 답변은 위에서 언급된 세 종류의 입장 중 두 번째 입장을 대표한다. 즉 허구는 '그것이 실제라고 착각되기 때문이 아니라 우리에게 실재를 인식하게 해 줌으로써' 우리를 감동시킨다(Johnson, 1969: 27-8)는 입장이다. 다시 말해서, 허구에 대한 우리의 정감적 반응은 믿음에 근거하고 있지만, 그 믿음들은 실제 세계에 대한 믿음들이며, 문제의 정감적 반응은 그러므로 허구적 대상이 아닌 실제 대상을 가진다(이러한 입장을 지지해 온 이들로 Weston, 1975; Charlton, 1984; Levinson, 1996이 있다). 그러나 비록 허구에 대한 우리의 정서적 반응 중 일부는 분명 그러한 종류이기는 하지만, 전부를 그렇게 이해할 수 있는 것은 아니다. 래드포드가 지적하듯, '안나 카레니나의 이야기가 실제 인물의 이야기가 아니라면 그 이야기에 의해 감정적으로 동요되지 말아야 하지만, 우리는 그녀에 대해 울며 그때 우리는 어떤 실재하는 인물이 처할지도 모르는 혹은 처했었던 고통에 대해 우는 것은 아니다. 우리는 **그녀에 대해** 우는 것이다(Radford, 1975: 75)'.

　　첫 번째 전략 중 가장 그럴듯한 세 번째 입장에 따르면, 허구를 향한 우리의 정서적 반응이 근거하고 있는 믿음, 즉 무엇이 허구 내에서 참인가에 대한 믿음은 사실상 개념적으로 정합적이고 잠재적으로 합리적인 정서적 반응들을 산출하기에 충분하다. 그러므로 안나 카레니나가 고통받았다는 것은 허구라는 나의 믿음은, 나에 관한 어떤 사실들과 더불어(나의 욕구 및 감정 등), 내가 안나를 동정한다는 것을 참으로 만들 수도 있다는 것이다. 그리고 만약 문제의 믿음이 그 자체로 적절한 근거를 지니며, 또한 나의 감정이 적절한 범위 내에 있다면, 나의 동정은 합리적일 수 있다(이 입장을 옹호하는 이들로 Schaper, 1978; Allen, 1986; Neill, 1993 참조. 이 입장에 대한 비판으로 Radford, 1995; Levinson, 1997 참조).

　　이제 살펴볼 두 번째 전략은 허구를 향한 우리의 정서적 반응이 일반적으로 그러한 반응을 문제없는 것으로 만드는 종류의 믿음들에 근거해 있지 않음을 인정하는데, 두 번째 전략 역시 적어도 세 가지 입장으로 나뉜다. 그중 두 입장은 문제의 정서적 반응을 정서에 관한 인지주의적 접근을 통해 기술함으로써 개념상 정합적인 것으로 만들고자 한다. 먼저 첫 번째 입장은 정서적 반응을 기분(mood)이나 감각(sensation)과 같은 비지향적인 (non-intentional) 상태(믿음에 의존적이지 않은 상태들)로 기술하려고 시도한다. 이러한 접근은 비재현적인 예술작품을 설명할 때, 즉 순수한 기악음악 또는 추상조각이나 회화와 같이 감상자에게 정서의 대상으로 작동하는 허구적 대상이나 사건을 제공하지 않는 작품들을 향한 우리의 정서적 반응을 설명할 때 가장 설득력이 있다. 그리고 분명 이러한 접근방식은 허구작품을 향한 우리의 정서적 반응을 설명할 때에도 적용할 수 있는 여지가 있다. 허구에 대한 우리의 반응 중 일부는 방향성이 있는 정서라기보다는 명백히 무대상적(objectless) 기분이거나 혹은 무방향적인 단순한 느낌들이다. 예를 들어, 어떤 소설은 우리의 기분을 음울하거나 침울하게 만들 수 있다. 허구적 괴물을 향한 공포와 같은 경우는 이 접근에 잘 들어맞지는 않지만, 그럼에도 불구하고 그것을 놀라움이나 얼떨떨함으로 재기술할 수 있다. 그러나 허구에 대한 우리의 반응 중 상당수는 안나 카레니나에 대해 느낀 동정심 혹은 이아고에 대해 느낀 혐오감과 같은 반응들이며, 그러한 반응은 상당한 왜곡이 가해지지 않는 한 비지향적 상태로 재기술되기 힘들다.

다른 경쟁 이론들에 비해 보다 이론적으로 정교하며 유망한 것은 켄달 월튼(Kendall Walton)의 이론이다(월튼 이론의 가장 정립된 형태로 Walton, 1990 참조). 월튼은 우리가 허구적 인물을 향한 동정 혹은 두려움으로 기술하고자 하는 경향이 있는 정서들은 사실 동정 혹은 두려움이 될 수 없다고 보는데, 왜냐하면 그것들은 적절한 믿음에 근거한 것이 아니며 또한 그러한 종류의 정서가 일반적으로 내포하는 행위들을 우리가 행하려 하지 않기 때문이다. 월튼에 따르면, 그러한 종류의 감정을 제대로 설명하기 위해서 우리는 허구작품의 독자 혹은 관객이 그 작품과 관계하면서 그것을 '소도구(props)'로 이용하는 믿는-체하기 (make-believe) 게임에 참여하고 있음을 인식해야 한다. 그리고 월튼은 믿는-체하기 게임이 허구적 참을 산출할 수 있다고 본다. 진흙 파이 게임에서 당신의 진흙이 내 진흙보다 클 경우 당신의 파이가 내 파이보다 크다는 것이 믿는-체하기적(make-believedly) 사실인 것처럼, 공포영화를 보면서 행해지는 믿는-체하기 게임 내에서 화면 안의 괴물이 카메라 쪽으로 다가오기 시작할 때 내가 위협받고 있다는 것이 믿는-체하기적 사실이 된다. 믿는-체하기적으로 위협받고 있다는 인식의 결과로 내가 공포에 특징적인 느낌들을 경험하게 된다면(예를 들어 증가된 맥박 수, 근육의 긴장 등 — 월튼은 이러한 느낌들을 '유사-공포'라 부른다), 내가 두려워한다는 것은 믿는-체하기적으로 참이 된다. 그리고 이것의 변형으로 안나 카레니나에 대한 '동정'과 이아고에 대한 '혐오' 등을 설명할 수 있다.

이러한 설명은 더 나아가 비재현적인 예술작품도 믿는-체하기 게임의 소도구로 작동할 수 있다고 주장함으로써 비재현적 예술작품에 대한 우리의 정서적 반응도 설명할 수 있다. 그러므로 예를 들어 기악음악이나 추상조각을 대하면서 수행되는 우리의 믿는-체하기 게임은 상상된 대상 및 그것과 맺는 우리의 관계에 관한 허구적 참을 산출할 수 있으며, 이것은 작품이 우리에게 일으킨 느낌들과 더불어 우리가 어떤 정서를 경험한다는 것을 믿는-체하기적 사실로 성립시킨다. 비록 그 정서를 우리가 경험한다는 사실을 문자 그대로의 참으로 만들어 주는 믿음을 우리가 가진 것은 아니지만 말이다.

위와 같은 월튼의 이론에 가해진 주요 비판들은, 내가 **두려워한다**(afraid)는 것이 믿는-체하기적으로 참이라는 주장을 내가 **동요되었음**(moved)이 믿는-체하기적으로 참이라는 뜻으로 간주하는 데에서 비롯한다. 그러나 이것은 오해이다. 월튼에게는 허구에 반응한 느낌의 존재 자체가 중요한 것이 아니라, 그 느낌들을 적절히 기술하는 것이 중요한 것이다. 어떻게 그러한 기술이 가능한지에 대한 그의 설명이 가지는 설득력은 그의 설명이 근거하고 있는 믿는-체하기로서의 재현이론이 가지는 설득력에 의존한다. 놀라운 점은 허구를 향한 우리의 감정에 대한 논의가 최근 미학계의 주요 주제였음에도 불구하고(Carroll, 1990; Neill, 1991), 믿는-체하기로서의 재현이론이라는 일반적 이론은 지금까지 미학자들로부터 크게 주목받지 못했다는 것이다(이에 대한 예외로 Currie, 1990; Levinson, 1996).

허구를 향한 우리의 정서적 반응은 비합리적이라는 래드포드의 견해에 대한 대응으로 현재 가장 선호되고 있는 견해는 정서가 경험되기 위해 일상적 믿음이 필요하다는 주장을 거부한다(Lamarque, 1981; Carroll, 1990; Morreall, 1993; Yanal, 1999). '사고 이론(Thought Theory)'이라 불리는 이 견해는 많은 경우에 있어서 위험 혹은 고통에 대한 생각을 품은 것만으로도 충분히 정서가 발생된다고 본다. 공포증적 두려움이 바로 이에 대한 명백한 예가 될 수 있는데, 왜냐하면 공포증의 경우 두려움은 종종 대상의 위험함에 대한 믿음에 근거하기보다는 대상에 대한 해석 방식에 근거하기 때문이다. 그러므로 허구의 인물과 사건이 존재한다는 믿음이 부재하는 경우에도 허구에 의해 감정적으로 동요되는 것은, 래드포드가 말한 바에도 불구하고, 다른 맥락에서 발생한 우리의 정서적 반응과 비일관적이지 않으며, 그러므로 비합리적이지 않다. 정서적 반응의 가능한 원인에 대한 논제로서, 그리고 허구에 대한 정서적 반응이 비일관적이라는 래드포드의 비판에 대한 반응으로서, 이러한 관점은 확실히 적절하다. 우리의 감정이나 정서는 우리가 사실이라고 믿는 것(즉 우리가 실제라고, 혹은 실제일 가능성이 있다고 믿는 사건, 인물, 상황)에 의해서만 발생하는 것은 아니며, 상상이나 공상, 환상 등 세상의 실제 모습에 부합하지 않는 내용을 지닌 생각들에 의해서도 발생한다. 그리고 사실 리듬이나 색깔, 심지어는 형태나 크기에 의해서도 발생한다(이것은 바로 숭고 이론가들이 강조하는 점이다. Burke, 1998 참조). 이 후자의 사실을 통해 우리는 비재현적 예술이 어떻게 정서를 일으키는지 설명할 수 있을 것이다(예를 들어 순수 기악음악이 어떻게 감상자의 정서를 일으키는가에 대해 설명한 Meyer, 1956 참조).

그러나, 위와 같은 통찰력이 허구를 향한 우리의 정서적 반응과 관련된 수수께끼를 완전히 해결해 줄 수 있을지는 확실하지 않다. 첫째, 믿음에 기초하지 않은 정서적 경험 중 상당수는 허구에 대한 우리의 정서적 반응과 유사하지 않다. 믿음에 기초하지 않은 정서적 반응에 속하다고 볼 수 있는 공포증적 반응은 명백히 비합리적인데('정상적' 반응과의 비일관성 때문이 아니라고 해도), 허구에 대한 정서적 반응과 관련하여 그 점을 거부하는 것이 바로 사고 이론의 핵심이다. 한편, 깜짝 놀람이나 반사적 반응과 같은 것들은, 비록 허구에 대한 우리의 경험 중에 그와 유사한 것이 있기는 하지만(공포영화가 특히 그러한 반응에 의존한다), 우리가 안나 카레니나에 대해 느끼는 동정심, 혹은 이아고에 대해 느끼는 혐오 등과는 상당히 다른 종류이다. 둘째로, 사고 이론의 지지자들이 말하고 있는 종류의 반응들이, 대상에 대한 평가적 믿음이 아닌 대상에 대한 생각을 품음 혹은 대상을 '보는 방식'에 의존하고 있다고 해도, 그러한 반응의 상당수는 그럼에도 불구하고 적어도 대상의 **존재**에 대한 믿음에 의존하고 있다. 쥐에 대한 공포증을 가지고 있는 사람은, 비록 쥐를 위험하다고 '볼' 수밖에 없을지도 모르지만, 여전히 쥐가 위험하다고 믿지 않을 수도 있다. 그러나 확실히 그는 쥐가 존재한다고 믿고 있다. 그렇지 않다면 그가 쥐를 무서워한다고 어떻게 말할 수 있는가? 그러므로 사고 이론의 지지자들이 논의하고 있는 반응들은 우리가 노스페라투를 무서워하는 것이 문제없는 사실임을 보이는 데 실패한다. 왜냐하면 노스페라투에 대한 두려움이 문제가 되는 이유는 그것이 노스페라투의 존재에 대한 믿음을 포함하고 있지 않기 때문이다. 마지막으로, 사고 이론의 지지자들이 논의하고 있는 정서적 반응 중 일부는 그러한 반응의 성격과 적절한 기술을 의문스럽게 만든다. 비록 먼 행성에서 길을 잃는다는 생각만으로(라마르크가 제시한 예를 이용하자면) 소름 끼칠(frightening) 수 있지만, 이때의 상태를 **두려움**(fear)으로 기술하는 것이 적절한지는 확실하지 않다. 왜냐하면 내가 먼 행성에서 길을 잃게 된다는 것을 내가 믿지 않는 상황에서 도대체 내가 무엇에 **대해** 두려움을 느낀다고 말할 수 있단 말인가? 그러므로 대상의 존재에 대한 믿음이 포함되지 않은 생각이 우리를 소름 끼치게(frightening) 할 수도 있다는 사실에 호소하는 것은, 과연 우리는 노스페라투를 두려워한다고 말할 수 있는가에 대한 답을 내려 주지 못한다.

허구에 대한 우리의 정서적 반응의 성격을 명확히 하는 데 장애가 되는 것 중 하나는 그러한 반응들을 모두 한 종류로 보려는 우리의 성향이다. 그러나 이는 잘못된 생각이다. 예를 들어, 자기 염려와 같은 자신을 향한 반응은 타인에 대한 공포와 같은 타인을 향한 반응과 중요한 점에서 구분된다. 또한 타인에 대한 공포와 같은 동정적(sympathetic) 반응은 타인에 대한 공포의 공유와 같은 공감적(empathetic) 반응과 다르게 작동한다(이러한 차이들에 대한 논의로 다음을 참조. Neill, 1993; M. Smith, 1995; Feagin, 1996). 허구와 정서에 관한 최근의 연구에서 두드러진 점은 공감적 반응에 관심을 가지려는 경향이다. 특히 몇몇 심리철학자들은 허구작품과 우리의 관계에서 심적 시뮬레이션(간단히 말해서, 타인의 관점을 도입해서 보는 것)이 하는 역할에 주목하며 그것이 공감을 가능하게 하는 심적 메커니즘이라고 주장한다 (Goldman, 1995; Davis and Stone, 1995에 실린 논문들). 시뮬레이션 이론의 호소력은 등장인물과의 동일시와 같이 우리를 감정적으로 허구작품에 얽혀 들게 하지만 그 작동이 신비스럽다고 여겨져 온 요소를 설명할 수 있을지도 모른다는 데에 있다(Carroll, 1990: 88-96). 현재의 논의 상태에서 시뮬레이션 개념이 허구에 대한 우리의 경험을 이해하는 데 얼마나 유용한지는 확실하지 않다. 피이긴과 커리는 시뮬레이션 개념이 허구에 대한 정서적 반응을 설명하는 데 유용할 것이라 보며(Feagin, 1996; Currie, 1995a, b), 반면 캐롤은 한계가 있다고 생각한다(Carroll, 1997).

예술에 대한 정서적 반응과 관련하여 가장 오래된 질문 중 하나는 비극에 대한 반응의 성질을 다룬다. 아리스토텔레스가 《시학》(Poetics)에서 비극에 '적절한' 쾌는 '미메시스를 통한 연민과 두려움에서 도출된 쾌(Halliwell, 1987: 46)'라고 주장한 이래로, 철학자들은 이 쾌의 성질에 대해 탐구하였고, 사실 비극의 쾌와 유사한 유형이 공포물(Carroll, 1990), 음악 (Levinson, 1990; Ridley, 1995: 7장) 그리고 미스테리나 서스펜스물(Carroll, 1996; Yanal, 1999: 8장)과 같은 예술을 향한 우리의 반응에서도 발견된다. 이 문제에 대한 18-9세기의 논의는 다음과 같은 두 커다란 흐름을 형성했다. 심리학을 강조하는 이들은, 두려움, 연민, 슬픔, 공포와 같은 정서의 경험이 어떻게 '미메시스를 통해' 유쾌하게 되는지 설명한다(Hume, 1987b; Burke, 1998; A. Smith, 1982). 한편, 형이상학을 강조하는 이들은, 비극이라는 예술형식의 주제를 탐구하면서 비극의 효과를 설명하고자 한다(Schopenhauer, 1969; Nietzsche, 1993). 최근의 분석 미학 내에서 이 주제는 전자의 흐름으로 계승되고 있다. 예를 들어 피이긴에 따르면 우리가 비극에서 얻는 즐거움은 작품 그 자체에 대한 우리의 부정적 반응을 향한 메타-반응(meta-response)이다(Feagin, 1983). 반면 이튼과 모렐은 비극을 경험할 때 관객의 정서적 반응은 작품 그 자체에 의해서 혹은 관객에 의해서 제어되며, 그 때문에 비극이 일으키는 고통에도 불구하고 쾌가 발생한다고 설명한다(Eaton, 1982; Morreall, 1985).

지금까지 이 장은 철학자를 포함하여 철학적 성향을 지닌 예술가 및 비평가들이 관심을 가져온, 예술과 정서의 관계를 다룬 여러 주제들 중 몇 가지만을 표면적으로 살펴보았을 뿐이다. 그럼에도 불구하고, 앞으로의 철학적 미학 내에서 계속 중심 주제로 지속될 것이 예상되는 이 분야의 풍부함이 독자에게 전달되었다면 이 글의 목표는 성취되었다고 볼 수 있다.

* 이 논문의 이해를 돕기 위해서 이 책에서 다음의 논문들을 찾아 읽으면 좋을 것이다.
〈예술과 표현〉, 〈미적 경험〉, 〈예술과 도덕성〉, 〈음악〉, 〈비극〉

참고문헌

Allen, R. T. (1986). "The Reality of Responses to Fiction". *British Journal of Aesthetics* 26: 64–8.

Arnheim, R. (1974). *Art and Visual Perception*, rev. edn. Berkeley and Los Angeles: University of California Press.

Ayer, A. J. (1971). *Language, Truth and Logic*, rev. edn. Harmondsworth: Penguin Books.

Barnes, J. (1979). *The Presocratic Philosophers*, vol. 2: *Empedocles to Democritus*. London: Routledge & Kegan Paul.

Barwell, I. (1986). "How Does Art Express Emotion?". *Journal of Aesthetics and Art Criticism* 45: 175–81.

Beardsley, M. C. (1966). *Aesthetics from Classical Greece to the Present*. New York: Macmillan.

Bell, C. (1958). *Art*. New York: Capricorn Books.

Benson, J. (1967). "Emotion and Expression". *Philosophical Review* 76: 335–57.

Boruah, B. (1988). *Fiction and Emotion*. New York: Oxford University Press.

Bouwsma, O. K. (1954). "The Expression Theory of Art". in W. Elton (ed.), *Aesthetics and Language*. Oxford: Blackwell.

Brecht, B. (1948). "A Short Organum for the Theatre". reprinted in T. Cole (ed.), *Playwrights on Playwriting*. Oxford: Blackwell.

Budd, M. (1985). *Music and the Emotions*. London: Routledge.

Burke, E. (1998). *A Philosophical Enquiry into the Sublime and Beautiful, and Other Pre-Revolutionary Writings*, ed. D. Womersley. Harmondsworth: Penguin Books.

Carroll, N. (1990). *The Philosophy of Horror*. London: Routledge.

_____ (1996). "The Paradox of Suspense". in P. Vorderer, H. Wulff, and M. Friedrichsen. (eds.), *Suspense: Conceptualizations, Theoretical Analyses, and Empirical Explorations*. Mahwah, NJ: Lawrence Erlbaum.

_____ (1997a). "Simulations, Emotions and Morality". in G. Hoffman and A. Hornung (eds.), *Emotion and Post-modernism*. Heidelberg: Univeritätsverlag C. Winter.

_____ (1997b). "Art, Narrative and Emotion". in M. Hjort and S. Laver (eds.), *Emotion and the Arts*. Oxford: Oxford University Press.

Casey, E. (1970). "Expression and Communication in Art". *Journal of Aesthetics and Art Criticism* 30: 197–207.

Charlton, W. (1970). *Aesthetics*. London: Hutchinson University Library.

_____ (1984). "Feeling for the Fictitious". *British Journal of Aesthetics* 24: 206–16.

Coleridge, S. T. (1907). *Biographia Literaria*, ed. J. Shawcross, 2 vols. Oxford: Oxford University Press.

Collingwood, R. G. (1938). *The Principles of Art*. Oxford: Oxford University Press.

Cooke, D. (1959). *The Language of Music*. Oxford: Oxford University Press.

Currie, G. (1990). *The Nature of Fiction*. Cambridge: Cambridge University Press.

_____ (1995a). "The Moral Psychology of Fiction". *Australasian Journal of Philosophy* 73: 250–9.

_____ (1995b). "Imagination and Simulation". in M. Davis and T. Stone (eds.), *Mental Simulation*. Oxford: Blackwell.

Dadlez, E. (1997). *What's Hecuba to Him: Fictional Events and Actual Emotions*. University Park, Pa.: Pennsylvania State University Press.

Davies, S. (1994). *Musical Meaning and Expression*. Ithaca, NY: Cornell University Press.

Davis, M. and Stone, T. (eds.) (1995). *Mental Simulation*. Oxford: Blackwell.

De Sousa, R. (1987). *The Rationality of Emotion*. Cambridge, Mass.: MIT Press.

Donnellan, K. (1970). "Causes, Objects and Producers of the Emotions". *Journal of Philosophy* 67: 947–50.

Eaton, M. (1982). "A Strange Kind of Sadness". *Journal of Aesthetics and Art Criticism* 41: 51–63.

Elliott, R. K. (1966). "Aesthetic Theory and the Experience of Art". reprinted in A. Neill and A. Ridley (eds.), *The Philosophy of Art*. New York: McGraw Hill, 1995.

Feagin, S. (1983). "The Pleasures of Tragedy". *American Philosophical Quarterly* 20: 95–104.

Goldman, A. (1995). "Empathy, Mind and Morals". in M. Davis and T. Stone (eds.), *Mental Simulation*. Oxford: Blackwell.

Goodman, N. (1976). *Languages of Art*, 2nd and edn. Indianapolis: Hackett.

Greenspan, P. (1988). *Emotions and Reasons: An Inquiry into Emotional Justification*. London: Routledge.

Halliwell, S. (1987). *The Poetics of Aristotle: Translation and Commentary*. London: Duckworth.

Hjort, M. and Laver, S. (eds.) (1997). *Emotion and the Arts*. Oxford: Oxford University Press.

Hume, D. (1978). *A Treatise of Human Nature*, ed. L. A. Selby-Bigge; 2nd edn. rev. by P. H. Nidditch. Oxford: Clarendon Press.

_____ (1987a). "Of the Standard of Taste". in his Essays *Moral, Political and Literary*, ed. E. F. Miller. Indianapolis: Liberty Classics.

_____ (1987b). "Of Tragedy". in his *Essays Moral, Political and Literary*, ed. E. F. Miller. Indianapolis: Liberty Classics.

Johnson, S. (1969). *Preface to Shakespeare's Plays*. Menston: Scholar Press.

Kandinsky, W. (1947). *Concerning the Spritual in Art*. New York: George Wittenborn.

Kivy, P. (1980). *The Corded Shell: Reflections on Musical Expression*. Princeton: Princeton University Press.

Lamarque, P. (1981). "How Can We Fear and Pity Fictions?". *British Journal of Aesthetics* 21: 291–304.

Langer, S. (1953). *Feeling and Form*. London: Routledge & Kegan Paul.

Levinson, J. (1990). "Music and Negative Emotion". in his *Music, Art and Metaphysics*. Ithaca, NY: Cornell University Press.

_____ (1996). "Making Believe". in his *The Pleasure of Aesthetics*. Ithaca, NY: Cornell University Press.

_____ (1997). "Emotion in Response to Art: A Survey of the Terrain". in M. Hjort and S. Laver (eds.), *Emotion and the Arts*. Oxford: Oxford University Press.

Lyons, W. (1980). *Emotion*. Cambridge: Cambridge University Press.

Matravers, D. (1998). *Art and Emotion*. Oxford: Clarendon Press.

Mew, P. (1985). "The Expression of Emotion in Music". *British Journal of Aesthetics* 25: 33–42.

Meyers, L. (1956). *Emotion and Meaning in Music*. Chicago: University of Chicago Press.

Morreall, J. (1985). "Enjoying Negative Emotions in Fiction". *Philosophy and Literature* 9: 95–103.

Neill, A. (1991). "Fear, Fiction and Make-Believe". *Journal of Aesthetics and Art Criticism* 49: 47–56.

_____ (1993). "Fiction and the Emotions". *American Philosophical Quarterly* 30: 1–13.

_____ (1995). "Fear and Belief". *Philosophy and Literature* 19: 94–101.

Nietzsche, F. (1993). *The Birth of Tragedy*, trans. S. Whiteside, ed. M. Tanner. Harmondsworth: Penguin Books.

Pugmire, D. (1998). *Rediscovering Emotion*. Edinburgh: Edinburgh University Press.

Radford, C. (1975). "How Can We Be Moved by the Fate of Anna Karenina?" *Proceedings of the Aristotelian Society*, suppl. vol. 69: 67–80.

_____ (1995). "Fiction, Pity, Fear and Jealousy". *Journal of Aesthetics and Art Criticism* 53: 71–5.

Ridley, A. (1995). *Music, Value and the Passions*, Ithaca, NY: Cornell University Press.

Schaper, E. (1978). "Fiction and the Suspension of Disbelief". *British Journal of Aesthetics* 18: 31–44.

Schopenhauer, A. (1969). *The World as Will and Representation*, Trans. E. J. F. Payne, 2 vols. New York: Dover.

Sircello, G. (1972). *Mind and Art: An Essay on the Varieties of Expression.* Princeton: Princeton University Press.

Smith, A. (1982). *The Theory of Moral Sentiments.* Indianapolis: Liberty Classics.

Smith, M. (1995). *Engaging Characters.* Oxford: Oxford University Press.

Solomon, R. C. (1976). *The Passions.* Garden City, NY: Anchor Press/Doubleday.

Stecker, R. (2001). "Expressiveness and Expression in Music and Poetry". *Journal of Aesthetics and Art Criticism* 59: 85–96.

Stolnitz, J. (1960). *Aesthetics and the Philosophy of Art Criticism.* Boston: Houghton Mifflin.

Tolstoy, L. (1995). *What is Art?* Harmondsworth: Penguin Books.

Tormey, A. (1971). *The Concept of Expression.* Princeton: Princeton University Press.

Townsend, D. (2001). *Hume's Aesthetic Theory.* London: Routledge.

Walton, K. (1990). *Mimesis as Make-Believe.* Cambridge, Mass.: Harvard University Press.

Weston, M. (1975). "How Can We Be Moved by the Fate of Anna Karenina?". *Proceedings of the Aristotelian Society*, suppl. vol. 69: 81–93.

Yanal, R. (1999). *Paradoxes of Emotion and Fiction.* University Park, Pa.: Pennsylvania State University Press.

제25장

예술과 지식

베리스 고트(Berys Gaut)
번역: 신현주

예술이 우리에게 지식을 줄 수 있는가라는 질문은 예술철학 자체만큼이나 오래되었다. 《국가》에서 플라톤은 시가 우리에게 지식을 주고자 하지만 사실 시는 단지 지식의 기만적 외양만을 산출할 뿐이라고 말한다. 반면 아리스토텔레스는 《시학》에서 시가 우리에게 보편적 지식을 줄 수 있는 능력이 있다고 주장한다. 이 논쟁은 근대에까지 지속되었고, 현대적 논쟁의 상당 부분도 여전히 이 문제의 고전적 형태와 연관되어 있다. 우리는 '예술이 감상자에게 지식을 줄 수 있는가?'라는 문제를 **인식적 문제**라 부를 수 있을 것이다. 비록 이 문제와 거의 분리되지는 않지만, 예술과 지식이라는 주제의 맥락 내에서 다루어져야 하는 또 하나의 다른 문제는 **미적 문제**라 부를 수 있는 다음과 같은 문제이다. 만약 예술이 지식을 줄 수 있는 능력이 있다면, 이것이 예술의 가치, 즉 보다 넓게 해석했을 때 예술의 미적 가치를 증진시키는가? 플라톤과 아리스토텔레스는 이 두 번째 질문에 대해 긍정으로 대답할 것이다. 그러나 20세기 초반 미적 가치와 다른 종류의 가치들 간의 엄격한 구분을 주장하는 형식주의의 등장과 함께, 두 번째 질문에 대한 부정적 대답이 등장하였다. 예를 들어 비어즐리는 예술을 통해 우리가 무언가를 배울 수 있다는 데에는 동의하지만, 그것이 미적 가치와 어떤 관계가 있다는 점은 부정한다(Beardsley, 1981: 426-9).

미적 인지주의(aesthetic cognitivism)는 다음 두 주장의 결합으로 이해될 수 있다. 첫째, 예술은 우리에게 (사소하지 않은) 지식을 주며, 둘째, 예술이 우리에게 (사소하지 않은) 지식을 줄 수 있는 능력은 예술로서의 예술의 가치, 즉 미적 가치를 결정한다. 미적 반인지주의(aesthetic anti-cognitivism)는 이 두 요소를 모두 거부하거나 혹은 둘 중 하나를 거부하는 입장이다. 최근 미적 인지주의를 옹호하는 이로는 월시(Walsh, 1969), 비어즈모어(Beardsmore, 1971, 1973), 굿먼(Goodman, 1976), 노비츠(Novitz, 1987), 누스바움(Nussbaum, 1990), 키비(Kivy, 1997)를 들 수 있다. 반인지주의를 주장하는 이들로는 스톨니츠(Stolnitz, 1992), 디피(Diffey, 1997), 그리고 다소 제한된 형태의 반인지주의를 주장하는 이들로는 라마르크와 올슨(Lamarque and Olsen, 1994)이 있다. 예술과 지식의 관계를 고찰하는 데 있어 가장 좋은 방법은 아마도 미적 인지주의를 구성하는 두 요소를 차례로 들여다보는 것이다. 인지주의와 반인지주의 사이의 논쟁은 주로 문학과 회화와 같은 재현적 예술과 관련하여 진행되었으며, 따라서 지금부터 문제의 두 요소를 들여다봄에 있어 문학과 회화에 초점을 맞출 것이다.

1. 인식적 문제: 인지주의

인지주의자들은 예술이 우리에게 지식을 줄 수 있다고 주장한다. 만약 그렇다면 예술은 어떤 유형의 지식을 주는가?

첫째, 어떤 이들은 문학이 우리에게 개념의 성질, 특별히 동정(sympathy)과 같은 도덕적 개념의 성질에 대해 알게 해 주므로 철학적 지식을 줄 수 있다고 주장한다(John, 1998). 마사 누스바움(Martha Nussbaum)에 따르면, 도덕철학이 우리에게 좋은 삶의 '형태'에 대한 지식을 주기는 하지만, 특정 상황에서 도덕적으로 요구되는 것들을 완전히 이해하기 위해서 우리는 오직 문학 작품에서만(예를 들어 헨리 제임스의 후기 소설들) 충분히 체화되어 있는 도덕적 통찰력(moral vision)을 필요로 한다(Nussbaum, 1990: 125-67). 어떤 문학작품들은 따라서 철학의 보다 정제된 확장으로 기능할 수 있다.

둘째, 어떤 이들은 예술이 가능성에 대한 지식, 예를 들어 한 상황이 어떻게 해석될 수 있으며, 누군가에게 어떻게 느껴질 수 있는지 등에 대한 지식을 준다고 주장한다. 힐러리 퍼트넘(Hilary Putnam)은 도리스 레싱(Doris Lessing)의 소설 《황금 노트북》(*The Golden Notebook*)이 특정한 '도덕적 당혹감이 특정 시대 내의 완전하게 가능한 개인(perfectly possible person)에게 어떻게 느껴질 것인지'를 우리에게 보여 준다고 주장한다(Putnam, 1978: 91). 퍼트넘은 가설들을 생성하고 가능성을 결정하는 기능을 개념적 지식과 동일시하는데, 개념적인 가능성이 아닌 다른 종류의 가능성이 존재한다는 점에서 그의 관점은 지나치게 제한적이다. 그리고 퍼트넘 자신이 든 예를 보아도, '완전하게 가능한(perfectly possible)'이란 표현은 개념적 가능성이 아닌 또 다른 무언가가 있음을 함축하며, 개연성(plausibility) 개념의 일부도 포함하고 있다.

셋째, 어떤 이들은, 아마도 위의 두 의견보다 더 강력하게, 예술은 우리에게 단지 가능한 것에 대한 지식이 아닌 실제적인 것에 대한 지식도 준다고 주장한다. 예를 들어 그들은 문학이 인간성에 대한 통찰력을 제공한다고 주장한다. 자신의 심리학적 개념들이 소포클레스와 셰익스피어의 작품 속에 이미 나타나 있다고 본 프로이트의 예는 유명하다. 데이비드 노비츠(David Novitz)는 문학을 통해 실제로 무엇이 참인지 배울 수 있다는 관점을 옹호해 왔다(Novitz, 1987: 132).

넷째, 개념적 혹은 명제적 지식으로부터 관심을 돌려, 인지주의자들은 또한 예술이 일들의 수행 방식에 대한 실용적 지식을 준다고 본다. 예술은 우리에게 어떻게 느끼는 것이 적절한지 가르쳐 주고, 즉 우리의 정서를 교육할 수 있고(Robinson, 1997), 이를 통해 우리의 실천 추론(practical reasoning)이 계발된다는 주장(Putnam, 1978), 그리고 계획을 세우거나 타인을 이해할 때 요구되는 상상적 능력이 증진된다는 주장(Currie, 1998)이 제기되어 왔다. 넬슨 굿먼(Nelson Goodman)에 따르면 시각예술은 우리가 세상에서 간과했던 측면들을 발견하도록 해 주어 세상을 바라보는 법을 가르쳐 준다. "마네나 모네, 그리고 세잔의 그림들을 평가할 때, 작품 그 자체와의 대면도 중요하지만 그 그림들이 세상을 바라보는 우리의 방식에 어떤 영향을 끼치는지 고려하는 것도 중요하다(Goodman, 1976: 260)." 비록 방법지(knowing-how)는 개념적으로 사실지(knowing-that)와 구분되지만, 후자는 종종 전자의 능력들에 의존한다.

다섯째, 어떤 이들은 예술이 우리에게 사건의 중요성에 대해 가르쳐 주며, 이것은 여타의 지식들과 구분된다고 본다. 비어즈모어(R. W. Beardsmore)에 따르면, 문학은 이전에 우리에게 무의미했던 사건의 의미를 우리가 이해하거나 찾도록 도와준다. 존 스튜어트 밀(John Stuart Mill)은 인생의 위기를 겪은 후 워즈워드의 시를 읽으면서 인생의 의미를 다시 찾기 시작했고, 에드윈 뮤어(Edwin Muir)는 유년기에 겪었던 굴욕적 사건에 대한 적절한 관점을 시를 쓰면서 얻게 되었다(Beardsmore, 1973).

여섯째, 몇몇 인지주의자들은 예술이 사랑에 빠지거나 자녀를 잃는 것 등은 어떤 느낌인지에 대한 경험적(현상적) 지식을 주며, 이는 예술을 통하지 않고서는 느끼거나 겪어 보지 못할 것들을 경험하도록 우리의 경험을 확장시킴으로써 가능하다고 본다.

마지막으로, 다수의 인지주의자들은 예술이 우리에게 가치, 특별히 도덕적 가치에 대해 가르쳐 준다고 주장한다. 이미 언급했듯이, 누스바움은 문학이 철학의 한 종류라는 자신의 주장의 예로 이러한 견해를 들고 있다. 예술이 우리에게 도덕적 가르침을 줄 수 있다는 관점을 지지하는 이들로는 비어즈모어(Beardsmore, 1971), 노비츠(Novitz, 1987), 엘드리지(Eldridge, 1989), 샤프(Sharpe, 1992), 키이란(Kieran, 1996) 등이 있다. 사실 예술의 인지적 가치에 대한 최근의 논쟁은 주로 예술을 통한 도덕적 지식에 관한 문제를 중심으로 진행되었다.

지금까지 살펴본 바와 같이 인지주의자들은 예술로부터 얻을 수 있는 지식의 종류에 대해 여러 주장을 펼쳐왔고, 다수의 인지주의자들은 위에서 언급된 지식의 종류들 중 모두 혹은 다수가 획득 가능하다고 주장한다. 위에서 언급된 주장들을 지지하는 직관은 충분하다. 독자들은 종종 문학이 인간의 본성에 대해 말해 줄 수 있다고 믿으며, 그들은 누스바움이 그랬던 것처럼 문학 텍스트를 꼼꼼히 읽음으로써 그러한 주장을 뒷받침할 수도 있다. 그림은 우리가 세상을 보는 방식에 진정 영향을 미칠 수 있다(모네의 그림을 통해서 본 세상은 그렇지 않은 방식으로 볼 때에 비해 더 섬세하고 다양한 색을 지니며 또한 보다 선명하다). 우리는 어떤 의미에서 읽기를 통해 타인의 삶에 대한 우리의 경험을 심화하고 확장하는 것 같다. 인지주의는 또한 단순한 오락보다는 예술에 우리가 부여하는 가치를 부분적으로 설명한다. 왜냐하면 인지주의적 설명에 따르면, 우리가 지식에 부여하는 특별한 가치(이 점은 교육이나 연구 등이 공적으로 지원받는 현상을 보면 알 수 있다)가 부분적으로 우리가 예술에 부여하는 가치도 설명하기 때문이다(Graham, 1995).

2. 인식적 문제: 반인지주의자들의 반론

인지주의를 옹호하는 보다 많은 논증들을 살펴볼 수 있겠지만, 반인지주의자들이 왜 인지주의에 반대하는지 살펴보는 것이 더 유용하다. 왜냐하면, 만약 반인지주의의 관점이 옳다면 예술은 지식을 전혀 제공하지 못하므로, 인지주의자들이 호소하고 있는 고려사항들이 모두 소용없어질 것이기 때문이다.

먼저, 감상자들은 자신들이 예술을 통해 배운다고 이야기하지만 일반적으로 **무엇을** 배우는지 말하지 못하며, 혹은 그들이 무엇을 배웠다고 말하는 경우에도 그들이 배운 것은 전적으로 진부한 것이라는 점이 지적되어 왔다. 이것은 감상자들이 과연 언급할 가치가 있는 무언가를 예술을 통해 배우는지 의문을 제기하면서 인지주의에 반론을 제기하는 입장이다. 《오만과 편견》(*Pride and Prejudice*)은 '고집 센 오만과 무지한 편견은 매력적인 사람들이 서로 가까워지지 못하도록 만든다'라는 진부한 명제 이외에 무엇을 가르쳐 주는가?(Stolnitz, 1992: 193) 그러나 그런 명제들이 모두 진부한 것은 아니다. 위에서 말했듯이, 프로이트는 자신의 심리학 이론이 소포클레스나 셰익스피어의 작품들에서 이미 예견되었다고 주장했으며, 프로이트 이론이 좋은 이론인지 아닌지 여부를 떠나 그 이론이 **진부하지 않다**는 것은 확실하다. 더 나아가 이러한 입장의 반인지주의는 우리가 무언가를 배운다면 그것이 언제나 일반적인 명제 형식으로 기술될 수 있다고 가정한다. 그러나 종종 인지주의자들은 예술작품에서 얻는 가장 중요한 것은 명제적 지식이 아니라 실천적 지식, 혹은 의의에 대한 감탄, 혹은 현상적 지식이라고 주장한다(Novitz, 1987: 133). 그리고 그러한 유형의 지식들은 명제 형식으로 적절히 기술되기를 거부한다. 예를 들어, 자전거를 탈 줄 아는 사람은 자신이 아는 것이 무엇인지 전혀 기술하지 못할 수도 있다(Currie, 1998: 164). 게다가, 예술을 통해서 우리가 배우는 것 중 상당한 부분을 차지하는 것은 실제 세계를 허구적 세계의 측면을 통해서 들여다보기이다. 예를 들어 제인 오스틴(Jane Austen) 소설의 우드하우스 씨(Mr. Woodhouse)를 통해 심기증 환자(hypochondriac)를 바라볼 수 있고, 그리하여 실제 세계의 인간들에 대해 더 잘 이해할 수 있게 된다(Graham, 1995: 34). 여기서도 그러한 종류의 지식은 정해진 명제 형식으로 기술되기를 거부하며, 그것은 은유를 이해할 때 우리가 서로 다른 두 실체의 현저한 유사성들을 열린 방식으로 탐구하면서 그로부터 무언가를 배우는 것과 유사하다.

두 번째로 살펴볼 반인지주의의 반론은 비록 예술에서 우리가 무언가를 배운다 해도, 예술에서만 독특하고 고유하게 배울 수 있는 무언가는 없다고 주장한다. 과학적 진리가 존재하는 반면 고유한 예술적 진리는 존재하지 않는다. 과학적 전문가, 과학적 방법론, 오직 과학만이 제공할 수 있는 진리 등이 있는 반면, 예술에 관해서는 예술적 전문가(예술에 관한 전문가가 아니라), 예술적 방법론, 오직 예술만이 제공할 수 있는 진리 등은 없다는 것이다(Stolnitz, 1992: 191-2). 물론 몇몇 인지주의자들은 독특성(uniqueness) 논제를 옹호해 왔다. 이미 언급했듯이, 누스바움은 훌륭한 문학작품은 도덕적 통찰력을 제공하기 위해 특화되었다고 주장한다. 그러므로 만약 헨리 제임스의 소설이 도덕적 모범이 된다는 그녀의 주장이 옳다면, 오직 문학만이 제공할 수 있는 진리가 있음을 보임으로써 스톨니츠와 같은 반인지주의자에게 대응할 수 있다. 그러나 누스바움의 독특성 논제는 옹호되기 힘들 수도 있는데, 왜냐하면 그 논제를 따르면 위대한 문학을 모르는 이들은 도덕에 관해 완전하게 적절한 이해를 할 수 없다는 점이 귀결되기 때문이다. 그러나 우리가 어떤 이의 도덕적 결함을 비난하면서 그의 문학적 무지를 도덕적으로 비난하지는 않는데, 만약 도덕적 결함을 치료할 수 있는 것이 오직 문학뿐이라고 한다면 우리는 그의 문학적 무지를 도덕적으로 비난해야 한다. 어째서 우리는 헨리 제임스가 제공하는 도덕적 통찰력을, 타인이 어떻게 느낄지 혹은 생각할지를 상상해 봄으로써(헨리 제임스가 사용한 문학적 도구들에 의존하지 않는 방식으로) 얻을 수 없는 것인지 그 점도 이해하기 힘들다.

그러므로 오직 예술만 제공하는 어떤 진리가 있다는 사실을 부정한 점에 있어 반인지주의자들의 주장이 더 설득력 있을 수 있다. 그러나 인지주의자가 되기 위해 독특성 논제를 주장해야 하는 것이 아님을 인지주의자들은 인식해야 한다. 예술이 지식을 제공할 수 있다는 주장은 어째서 예술이 특유한 지식이나 방법론을 제공해야 한다는 주장을 요구하는가? 신문을 생각해보라. 신문은 (종종) 세상에 대한 진실을 전달하지만, '신문 지식'과 같은 특유한 지식은 없으며, 신문적 방법론이나 전문가도 없다. 신문을 통해 배워지는 것과 그것이 배워지는 방식은 지식의 다른 원천들에 의해서도, 예를 들어 텔레비전 뉴스나 사람들과의 대화를 통해서도 제공될 수 있다. 인지주의자들이 예술적 지식은 독특해야 한다고 주장하는 이유 중 하나는 아마도 그렇지 않은 경우 예술이 불필요한 잉여가 될까 두렵기 때문이다. 만약 우리가 동일한 진리를 다른 방식에 의해서도(예를 들어 심리학 교과서를 읽음으로써) 얻을 수 있다면, 확실히 문학은 불필요한 것이 될 것이고 그러므로 위축될 것이 아닌가? 이러한 생각은 오류에 근거하고 있다. 인지주의자들은 인지적 가치가 예술적 가치의 유일한 종류라고 보아서는 안 된다. 시는 아름답거나, 잘 조직되거나, 감동적일 수 있고, 이런 가치들은 인지적이지 않다. 그러므로 예술 일반 혹은 특별히 문학이 제공하는 독특한 유형의 진리가 없다고 하더라도, 우리는 문학이 가지는 다른 가치들 때문에 심리학 교과서가 아닌 문학을 읽는 것을 이성적으로 선호할 수 있다. 이 점은 다른 매체에도 적용될 수 있다. 신문은 전해 줄 수 있지만 텔레비전은 전해 줄 수 없는 그런 진리는 없지만, 그럼에도 불구하고 신문은 소멸되지 않았다. 왜냐하면 신문은 편리함, 철저함, 휴대성 등과 같이 여전히 그것을 선택하도록 하는 다른 가치들을 가지기 때문이다.

세 번째로 살펴볼 반인지주의의 반론은, 실제 세계에 대한 지식을 전달하려면 예술은 그 세계를 지시해야 한다고 지적하면서, 그러므로 예술은 우리에게 지식을 제공하지 않는다고 주장한다. 예술은 실제 세계를 지칭하지 않는데, 왜냐하면 예술에서는 실제 세계의 지칭이 중지되기 때문이다. 소설은 '다음과 같은 것들이 단언된다(asserted)'가 아닌 '다음과 같은 것들을 상상하기로 하자'로 시작한다고 보아야 한다는 것이다. "예술작품이 본성상 사실—진술적이지 않다면 어떻게 사실에 충실할 수 있겠는가?(Diffey, 1997: 30)". (디피는 그러나 예술이 단언이 아닌 가설을 제시할 수는 있다고 인정한다) 흥미롭게도, 이러한 반론은 예술과 지식에 관한 논쟁에서 매우 흔한, 그러나 잘 인식되지 않는 일종의 미끄러짐(slide)을 반영한다. 즉 예술에서 허구로의 미끄러짐을 말이다. 모든 예술이 허구적인 것은 아니다. 예를 들어, 대부분의 초상화는 대상의 외양을 충실하게 재현하거나 혹은 재현하고자 한다. 다수의 풍경화는 창작이라기보다는 실제 경치의 기록이다. 다수의 영화는 허구가 아닌 다큐멘터리이다. 사실 문학이라는 범주는 허구라는 범주와 뚜렷이 구분된다. 상당수의 시는 단지 허구인 것이 아니라 개인적 경험의 회상이다. 애디슨(Addison)과 기번(Gibbon)의 《로마 제국 쇠망사》(Decline and Fall of the Roman Empire)는 문학작품이지만 허구는 아니다(물론 이 말은 그 작품이 언제나 정확하다는 뜻은 아니다). 그러므로 이러한 작품들은 내포적으로 '앞으로 다음과 같은 것들이 단언된다'로 시작한다고 볼 수 있다. 게다가, '재산이 많은 미혼남성은 아내를 찾고 있음이 분명하다는 사실은 보편적으로 인정되는 진리이다'와 같이, 심지어 허구 작품 내에서도, 반어적으로 쓰인 것이건 아니건 간에, 명백한 단언(assertion)인 것들이 있다. 그리고 예를 들어 《엠마》(Emma)라는 작품 전체가 건방지고 매력적이며 적극적인 젊은 여성은 종종 자기 자신의 행동과 동기를 잘 판단하지 못할 수도 있다는 단언을 포함하는 것처럼, 허구작품 내의 내포적 단언은 여러 방식으로 나타날 수 있다.

예술이 우리를 가르칠 수 있다는 주장과 관련하여 마지막으로 살펴볼 반론은 여러 면에 있어서 가장 중요하다. 단순히 참인 믿음은 지식이 아니다. 지식이 되려면 참인 믿음이 우연적으로 획득된 것이어서는 안 된다. 믿음은 **정당화되거나**(justified), 혹은 **신빙성이 있어야 하며**(reliable), 그렇지 않으면 어떤 다른 조건을 만족해야 한다. 여기서 반인지주의자의 주장은 예술은 이 조건을 충족하지 못한다는 것이다. 비록 우리가 예술로부터 참인 믿음을 얻는다고 해도, 예술작품과의 대면에 근거하여 그런 믿음을 가지게 된 것은 결코 정당화되지 못한다는 것이다. 디킨스(Dickens)의 《황폐한 집》(Bleak House)이 19세기 영국의 유산소송과정이 지나치게 느리다고 본 점은 정확하다고 해보자. 그러나 《황폐한 집》은 그에 대한 증거를 제공할 수 없다. 이를 위해 우리는 역사책을 참고해야만 한다(Stolnitz, 1992: 196).

비록 우리가 이 점을 받아들인다고 해도, 인지주의자들이 주목해 온 다양한 유형의 지식을 고려해 보았을 때, 모든 형태의 인지주의가 타격을 입는 것은 아니다. 스톨니츠의 주장은 사실 일부 인지주의자들에 의해 인정되고 있다. 퍼트넘은 문학이 우리에게 무엇이 가능한지를(한 상황에 관한 가능한 해석들, 그리고 무엇이 발생할지 등) 가르쳐 주지만, 그것은 결코 실제로 무엇이 발생했는지에 대한 지식은 주지 못한다고 본다. 왜냐하면 후자는 경험적 지식이며 그러므로 검증을 요구하기 때문이다(Putnam, 1978: 89-90). 그러므로 가능한 것들(세계에 대한 가설들 포함)에 대한 지식은 스톨니츠의 지적으로 인해 타격을 받지 않는다. 개념적 지식도 마찬가지이다. 새로운 개념에 대한 지식은 경험적 검증을 필요로 하지 않는다. 예를 들어, 《연애론》(On Love)에서 스탕달(Stendhal)이 도입한 '사랑의 결정화 작용(crystallization)'이라는 개념은 그것이 이해되기 위해 경험적 검증을 요구하지 않으며, 직접지(knowledge by acquaintance)와 같은 것으로 충분하다. 그러나 이러한 노선의 대응을 아무런 한계 없이 취할 수는 없다. 혹자는 이러한 대응이 방법지(knowing-how)에도 적용된다고 볼 것이다. 그러나 만약 어떤 방법지가 진정한 기술(skill)이라면 그것은 예술 내에서 잘못 재현될 수 있고, 그렇다면 그 기술을 실제 생활에 적용하려는 사람은 상당한 오해를 하는 것이다. 배관수리공의 작업을 매우 상세하게 그러나 완전히 부정확하게 그려내는 허구작품이 있다고 상상해 보자. 배관이 터졌을 때 그것을 고칠 수 있는 적절한 기술을 그 작품으로부터 얻을 수 없다는 것은 확실하다. 마찬가지로, 독자에게 특정한 지적 분별력과 사고 습관을 제공하는 것은, 그러한 것들이 텍스트의 세계에서는 유용하게 적용될 수 있다 하더라도, 실제 세계에서는 인식적 진보가 아닌 퇴보가 될 수도 있다. 예를 들어, 셀린(Celine)의 《밤의 끝으로의 여행》(*Journey to the End of the Night*)이 보여 주는 사랑에 대한 회의론은 우리에게 사람들의 가식을 벗겨 내도록 해주는 지적 기술을 제공할지도 모른다. 그러나 그러한 기술을 실제 세계에 적용한다면 (소망하건대) 우리는 인간의 동기들에 대해 체계적으로 오해하게 될 것이다.

그러므로 만약 예술에서 얻은 참된 믿음은 정당화되지 못한다는 반론이 옳다고 해도, 그것은 인지주의 중 일부 형태에 타격을 줄 뿐 전체를 공격하지는 못한다. 그러나 그 반론이 정말 옳은가? 앞서 지적되었던 점이 여기에서도 유용하게 언급될 수 있다. 문제의 반론은 기껏해야 오직 허구작품에만 직접적으로 적용되며, 비허구 예술작품에는 적용될 수 없다. 우리가 홀바인의 초상화 〈대사들〉(The Ambassador)을 보고 그림 속 두 남자의 생김새에 대한 믿음을 가질 때, 그들의 생김새에 대해 기록한 그 시대의 편지를 읽고 믿음을 가지는 것만큼이나 정당한 근거에 바탕을 둔다고 볼 수 있다. 그렇다면 허구작품은 어떠한가? 설득력 있는 인지주의자의 대응에 따르면, 만약 허구가 지식을 제공하지 못하며 단지 명제를 암시할 뿐이라고 한다면, 이것은 '또한 겸손한 참고 서적(reference book)들에 대해서도 참이 되는데, 왜냐하면 참고 서적이 신빙성 있다는 우리의 믿음이 정당화될 경우에만 그 책은 실제 세계에 대한 정보를 제공해 준다고 간주될 수 있기 때문이다. 그러나 그 책의 신빙성에 대한 우리의 지식은 그 책 자체에 대한 우리의 경험으로부터 얻어질 수 없음이 확실하다. 그러한 지식은 완전히 다른 경험들로부터 얻어진 것이다(Novitz, 1987: 132)'. 그러므로 만약 어떤 지식이 정당화되기 위해서 실제 세계에 대한 경험이 요구된다고 한다면, 허구나 참고 서적들은 동일한 인식적 위치에 서게 된다. 그렇다면 참고 서적이 지식을 줄 수 없다는 주장을 받아들일 이유가 없는 것만큼 허구작품이 지식을 줄 수 없다는 주장을 받아들일 이유도 없다.

내 생각에 이러한 인지주의자의 대응은 궁극적으로 옳지만, 보다 발전되고 옹호되어야 한다. 왜냐하면 지식의 차원에서 보았을 때, 허구와 참고 서적 사이에 중요한 차이가 있기 때문이다. 참고 서적의 경우, 관련 분야에 대해 잘 알고 있는 사람들에 의해 그 정확성이 적절히 획득되므로 소위 **제도적 보증**이라 불릴 수 있는 특성을 지닌다. 그러나 허구의 경우 그러한 보증은 존재하지 않는다. 비록 작가가 작품을 통해 암시적 혹은 명시적 주장들을 담는다 하더라도, 작품 출판의 제도에 속한 그 누구도 작가의 주장을 확인할 필요가 없다. 사실, 이는 인식론에서 증언(testimony)의 문제라 불리는 보다 일반적인 문제의 한 사례이다. 우리의 후험적(a posteriori) 지식의 근거가 되는 것은 경험이지만, 우리가 가진 지식의 상당한 부분은 또한 타인들, 특히 관련 분야에 대해 알고 있다고 간주되는 타인들이 우리에게 말해 준 바에 의존하여 도출된다. 그러므로 반인지주의자는 인식적 근거의 측면에서 볼 때 허구와 참고 서적에는 중요한 차이가 있음을 지적할 수 있다.

그러나 여전히 이 점은 조심스럽게 다루어져야 한다. 왜냐하면 제도적 보증이 보여 주는 것은 단지 확인 작업이 이루어져야 한다는 것뿐이며, 그것은 확인이 완전히 이루어졌음을 보여 주지는 않기 때문이다. 명백한 사기도 분명 존재하며(예를 들어 소위 '히틀러 일기'와 같은 것), 또한 제도 내에서 정확성을 점검하는 사람들이 놓친 실수들도 있다. 그리고 중요한 것은, 참고 서적을 들여다보는 것만으로는 그것이 적절한 점검을 거쳤는지, 그리고 얼마나 그 점검이 성공적이었는지 알 수 없다는 점이다. 이를 위해서 우리는 텍스트 바깥으로 나가 텍스트의 발생적 조건을 조사해야 하며, 그러므로 경험에 호소해야만 한다. 그렇다면 제도적 보증, 그리고 보다 일반적으로 증언은 지식의 근접 원천이기는 하지만, 지식의 궁극적 원천은 경험이라고 볼 수 있다. 그리고 이것은 다시 허구와 참고 서적을 동일한 인식적 위치에 놓이게 한다.

게다가, 참고 서적의 경우에서처럼 제도화를 발견할 수는 없지만, 몇몇 허구작품에서는 증언과 유사한 무언가를 찾아볼 수 있다. 작품 내에서 허구 작가들은 종종 자신들이 쓰고 있는 바가 상당히 정확함을 주장한다. 스톨니츠가 자주 드는 예인《황폐한 집》의 서문에서 디킨스는 "앞으로 전개될 챈서리(Chancery) 법원과 관련된 이야기는 상당 부분 참이다"라고 말한다. 그리고 사실주의와 같은 장르에 속한 작품들은 발생한 일들에 관한 정보를 우리에게 주고자 한다고 볼 수 있다. 졸라(Zola)의 소설《제르미날》(Germinal)을 생각해 보면, 그는 프랑스 제 2제정 시대를 사는 가난한 자들의 비참함을 극화하기 위해 그 소설을 썼다. 1885년에 출판된《제르미날》은 북프랑스의 탄전에서 발생한 자본과 노동 사이의 갈등을 다루며, 당시 프롤레타리아 계급의 삶에 관한 중요한 역사적 정보를 제공한다. 더 나아가, 한 작품의 존재는, 비록 그것이 사실주의적 작품이 아니라 해도, 그 자체로 글이 쓰였을 당시의 믿음과 태도들에 관한 중요한 증거가 될 수 있다. 이 점은 상대적으로 적은 증거를 가진 시대의 작품들을 고려할 때 명백해진다. 예를 들어,《일리아드》나《오디세이》는 고대 그리스의 지배 계층이 가졌던 태도나 믿음들에 관한 중요한 역사적 자료가 될 수 있다.

결론적으로, '정당성 없음'에 주목하는 반인지주의적 반론의 가장 강력한 형태에 따르면, 허구는 지식을 제공할 수 없고 기껏해야 단지 가설을 제안할 수 있을 뿐이다. 왜냐하면 비허구와는 다르게, 허구 내의 주장들은 일종의 증언적(testimonial) 증거인 제도적 보증을 획득할 수 없기 때문이다. 이에 대한 대응으로, 먼저, 몇몇 허구 장르가 증언적 요소를 가진다는 점을 지적할 수 있다. 두 번째 반응이 보다 중요한데, 이 반응에 따르면 단순히 비허구를 조사하는 것만으로 우리는 그것이 제도적 보증이나 사전 점검 등을 실제로 받았는지 알 수 없으며, 그러한 사실을 알기 위해 우리는 텍스트의 밖으로 나가 텍스트의 발생 조건 등을 살펴야 한다. 즉 경험에 호소해야 한다. 그러므로 허구나 비허구의 인식적 권위는 모두 궁극적으로 경험에 의존하고 있으며, 정당성의 측면에서 그들은 근본적으로 동일한 위치에 선다. 그러나 허구와 비허구가 제도적 보증이라는 차원에서 보이는 차이점은 왜 '정당성 없음'에 주목하는 반론이 그럴듯한지 설명한다. 그리고 그것은 또한 허구와 참고 서적의 진정한 차이를 강조한다. 허구의 독자는, 백과사전을 참고하는 이와 비교해 볼 때, 허구의 암시적 주장을 믿을 것인가를 결정하고자 할 때 자신의 경험이나 지적 혹은 정서적 자원에 의존한다. 왜냐하면, 많은 경우들에서 독자는 비허구가 제공할 법한 사전 점검의 전제조차 가지고 있지 않기 때문이다. 많은 경우들에서 독자는 허구 작품 내에서 암시적 혹은 명시적으로 주장되는 것들을 믿어야 하는지에 관한 증언을 거의 가지고 있지 않거나 혹은 아예 가지고 있지 않다. 이런 점에서 적어도 허구 문학에 관한 플라톤의 걱정이 잘 이해될 수도 있다. 독자의 조작과 현혹은 비허구보다는 허구에서 더 광범위하게 일어난다. 그러나 이 점은 미적 인지주의와 전적으로 양립 가능하다.

예술을 통한 배움에 대해서는 더 논의될 사항들이 많다. 특히 상상력의 역할은 지금까지 놀라울 정도로 간략히 연구되었지만 매우 중요한 주제이다. 일상의 삶에서 우리는 상상력을 통해 우리가 진정 원하는 것이 무엇이며, 우리가 가치 있게 여기는 것, 우리가 가지지 못했던 경험을 겪어 보는 것, 상상적 투사를 통해 타인의 입장이 되어 보는 것 등을 배울 수 있다. 일반적으로 예술은, 그리고 특히 문학은 상상력 발전을 위한 도구가 될 수 있으며, 그러므로 세계의 다양한 국면에 대해 배우도록 도와줄 수 있다. 그레고리 커리(Gregory Curry)는 타인의 삶과 우리 자신의 행동을 배우기 위해 상상력을 활용하는 데 있어 사실주의적 허구가 특별히 도움이 될 수 있다고 주장한다(Currie, 1998).

3. 미적 문제: 인지주의

미적 인지주의에 관한 논쟁의 상당 부분이 첫 번째 인식적 주장에 주목하고 있지만, 여러 면에 있어서 두 번째 미적 주장이 더 흥미롭고 도전적이다. 왜냐하면, 위에서 언급된 논증들의 구체적인 사항들에서 한 발 물러서서 바라보면, 예술처럼 풍부하고 다양하며 인간성에 깊이 연관된 실천을 통해 우리가 인간과 세계에 대해 배울 수 없다는 주장은 다소 놀랍기 때문이다. 예술이 지식의 주요 원천이 아니라고 보기에는 우리가 예술제작을 통해 우리 자신과 문화를 지나치게 노출하고 있다. 이러한 점은 고대 이집트와 같은 문명에 대한 우리의 지식을 생각해 볼 때 더 명백해진다. 인류 초기 문화에 대한 우리의 지식은 대부분 그 문화의 예술을 통해서 얻어진다.

이러한 방식으로 첫 번째 인지주의적 주장을 지지하는 것은 두 번째 인지주의적 주장이 처한 부담을 드러낸다. 몇몇 인지주의자들이 암묵적으로 받아들였던 것, 즉 예술작품으로부터 무언가를 배울 수 있기 때문에 그 작품은 예술로서 더 좋다는 생각은 잘못되었다. 인지주의자가 보여야 하는 것은 예술의 인지적 가치(cognitive value)가 미적으로 유관하다는 사실이다. 우리는 고대의 예술작품이 관련 문명에 대해 가르쳐 주는 바가 있으므로 인지적 가치가 있다고 볼 수 있다. 그러나 예술작품이 역사적 가치를 지녔다는 사실은 그것이 더 나은 예술작품이라는 점을 보여주지 않으며, 예술작품의 인식적(epistemic) 특성들 중 미적으로 무관한 것들도 있다(Gaut, 1998: 192).

　　미적 평가에 흔히 사용되는 특성들을 고려해 보면 인지주의자들의 미적 주장을 옹호하기 위해 사용될 수 있는 것들이 많다. 예를 들어, 우리는 예술작품의 통찰력과 심오함을 칭송하고, 그러한 특성들이 미적으로 유관하다고 생각한다. 반면 우리는 작품의 얄팍함과 감상적임을 비난하며, 그러한 특성들은 미적 결함이 된다고 생각한다. 이때 우리는 인지적 평가인 미적 평가, 혹은 인지적 평가에 의존하는 미적 평가를 내리고 있는 것이다. 예를 들어, 감상적임은 그것이 향하고 있는 대상에 대한 인지적 오해로부터 나온 일종의 감정이다(Miller, 1979). 우리가 살펴보았듯이, 예술작품의 모든 인식적 장점이 미적 장점인 것은 아니며, 인지주의가 참이 되기 위해서는 인식적 장점이 종종 미적 장점이기만 하면 충분하다. 언제 예술작품의 인지적 장점이 미적 장점이 되는지에 관한 일반적 기준이 형성된다면 흥미로울 것이나, 예술의 복합성을 고려해 보았을 때 과연 예외 없는 기준이 발견될 수 있을지는 미지수이다. 어찌 되었든 인지주의에 있어 그러한 기준의 규명이 필수적인 것은 아니다.

　　그러나 우리는, 적당히 일반적인 차원에서, 언제 인지적 장점이 미적으로 관련되는 경향이 있는지 논의할 수 있다. 비어즈모어는 "우리가 문학작품을 통해 배울 때, 우리가 배우는 것, 즉 작품의 내용은 본질적으로 작가가 자신을 표현하는 방식, 즉 작가의 양식(style)과 연관된다"라고 말한다(Beardsmore, 1973: 34). 위에서 살펴보았듯이 이는 보편적으로 참은 아니다. 왜냐하면 양식에 의존하지 않는 소설로부터 상당한 양의 역사적 정보를 얻을 수도 있기 때문이다. 그러나 언제 인지적 장점이 미적으로 유관하게 되는지에 관한 견해로 비어즈모어의의 주장은 설득력이 있다. 그의 주장은 다음과 같이 정리될 수 있을 것이다. 작품의 인지적 장점이 전달되는 **방식**, 즉 작품의 통찰력이 전달되는 **양상**(mode)이 작품의 인지적 장점을 미적으로 유관하게 만든다. 소설의 인지적 가치는 전형적으로 인물에 대한 묘사, 서사적 사건들, 작품이 처방한 감정들을 통해 드러날 때 미적으로 유관하다. 어떤 소설을 통해 전달되는 주장은 일반적일 수 있으나, 그 소설이 특수적인(particular) 요소들을 취급하는 방식을 통해 함축적으로 전달될 때 미적 가치를 지니는 경향이 있다. 예를 들어, 엠마의 행동 및 타인에 대한 그녀의 반응 등을 묘사함으로써 엠마의 성격이 구성되는데, 인간 본성에 대한 제인 오스틴의 통찰력이 그러한 구성 속에서 드러날 때《엠마》의 미적 가치는 증진된다.《엠마》에서 오스틴은 성격 특징들을 하나의 집합으로 구성하는 새로운 개념을 시도하였는데, 이를 통해 우리는 실제 인간들의 모습을 배우게 된다. 우리는 엠마라는 젊은 여성에 대한 이해를 실제 인간들에 적용하여 그들에 대해 더 많은 것을 배우게 된다. 오스틴의 인물 묘사가 깊이와 개연성을 지니는 이유는 인물의 심리에 부합하는 여러 특성들의 집합을 묶어 내기 때문이며, 우리는 이 세계에서 다수의 엠마들을, 행운인지 불행인지 모르겠지만, 발견하게 될 것이다. 이렇게 인지적 장점이 특수한(particular) 방식으로 전시될 때 미적 장점이 될 수 있다는 사실은,《오만과 편견》의 특수한 서사나, 인물, 양식으로부터 추상된 어떤 일반적인 진술 내에서 그 소설의 인지적 가치를 찾으려 했던 스톨니츠의 시도가 왜 인식적이고 미적인 측면에서 모두 실수였는지 보여 준다. 그렇게 일반적인 진술로서 이해된《오만과 편견》의 인지적 가치는 단지 진부할 뿐만 아니라, 작품의 특수적 요소들로부터 분리되어 고도의 추상을 통해 나온 극히 일반적 명제이기 때문에 그 소설에 예술적 광택을 부여해 줄 수 있는 유형의 인지는 아닌 것이다.

4. 미적 문제: 반인지주의자의 반론

위의 논의를 통해 미적 평가의 일반적 특성들은 인지주의를 상당히 지지하고 있음을 알게 되었다. 그리고 우리는 대략적으로나마 언제 인지적 가치가 미적 가치가 될 수 있는지에 대해서도, 물론 예외 없는 기준 같은 것은 없지만, 살펴보았다. 우리가 일반적으로 행하는 미적 평가의 모습이 미적 인지주의를 지지하는 것처럼 보이는 사실을 고려해 볼 때, 반인지주의자는 그러한 겉보기는 기만적임을 보여야 하고, 또한 그러한 겉보기에 대한 인지주의자의 해석에 문제를 제기해야 한다.

첫 번째로 고려할 반인지주의적 반론은 굿먼의 인지주의가 비평 관련 평가적 실천들을 그릇되게 포착하고 있다는 비어즐리의 주장이다. 비어즐리는 굿먼이 생동감, 균형, 미 등 비인지적 가치들을 설명할 수 없다고 지적한다(Beardsley, 1978: 113-15). 굿먼의 이론은 매우 강한 인지주의이다. 그는 "즉각적인 필요를 넘어서 상징(symbol)을 사용하는 것, 특히 예술에서 상징을 사용하는 것의 주목적은 인지 그 자체이다(Goodman, 1976: 258)"라고 주장한다. 이에 비해 보다 다원주의적인 노선에 따르면, 미적 가치에는 여러 가지가 있으며, 그중 인지적 가치는 유일한 가치도 아니고 또한 항상 주된 가치도 아닌데, 이러한 노선의 인지주의는 비평의 실제 여러 특성들과 쉽게 조화될 수 있다. 이와 유사하게, 인지주의자는 인지적 가치는 서로 다른 예술 형식에 따라 그 중요성에서 차이가 있음을 인정할 수 있다. 인지적 가치는 재현이 제한적 역할을 담당하는 무용이나, 음악, 추상회화에서보다는 (비추상적) 회화나 문학과 같은 재현적 예술에서 더 큰 미적 중요성을 가질 것이다. 그럼에도 불구하고, 심지어 전자의 예술들도 종종 미적 중요성을 지닌 인지적 가치를 가진다. 우리는 작품에서 보거나 들은 패턴들을 실제 세계에 적용할 수 있으며, 그러한 추상적인 패턴들 안에서 그 자체로 흥미로운 특성들을 발견하기도 한다. 요제프 알베르스(Josef Albers)의 추상회화 연작인 〈사각형에 대한 경의〉(Homage to the Square)는 사각형이라는 흔한 형식 내에서 상이한 색상 조합을 탐구한다. 이 연작은 색상 조합이 가지는 상이한 현상적, 정감적 속성들을 알아보고자 하는 시각적 실험으로 간주될 수도 있다.

두 번째로 살펴볼 반인지주의적 반론은, 우리가 미적 판단을 내릴 때 작가가 사실들을 제대로 알고 있는지에 대해 우리가 종종 무관심하다는 점에 주목한다. 예를 들어, 셰익스피어가 율리우스 카이사르의 정확한 전투일에 대해 잘못 알고 있다는 사실에 우리는 크게 신경 쓰지 않는다(Lamarque and Olsen, 1994: 297). 이는 확실히 진리가 **언제나** 예술적으로 유관한 것은 아니라는 점을 보여 준다. 그러나 물론, 이는 진리가 **절대로** 미적으로 무관할 수 없다는 점을 보여주지 않는다. 우리는 셰익스피어의 희곡이 영웅주의, 전쟁, 사랑, 배신 등의 주제를 탐구하기 때문에 그것에 관심을 가지며, 만약 이러한 주제들에 대한 피상적이고 거짓된 관점을 전개한다면(예를 들어 전쟁은 문제를 일으키지 않는 고상한 사건이라 본다면) 우리는 예술로서의 그의 희곡을 정당하게 저평가할 것이다. 물론 위에서 이미 살펴보았듯이, 미적 인지주의자들은 모든 인지적 장점 혹은 단점이 미적 장점 혹은 단점이라고 보아서는 안 된다.

세 번째 반인지주의적 반론은 예술작품을 향한 우리의 미적 주목(aesthetic attention)의 성질에 대해 논한다. 디피(T. J. Diffey)에 따르면, '예술에 대한 미적 반응은 예술작품을 검사, 조사, 혹은 전통적인 용어로 하자면, 관조의 상태를 위한 것으로 간주함으로써, 지시(reference)의 중지를 포함한다. 그러므로 예술작품으로부터 배운다는 것, 즉 작품 안에 드러난 것으로부터 세상에 대한 단언(assertion)으로 나아가려는 것은 미적 자세(stance)의 거부를 요구한다(Diffey, 1997: 30)'. 이 점은 예술작품은 어떤 것도 단언하지 않는다는 디피의 이전 주장과 연결되어 있다. 비록 미적 자세의 특징이 무엇인지 밝히고 있다는 점에서 이전의 주장을 넘어서고 있지만 말이다. 그러나 미적 자세는 그러한 특징을 가지지 않는다. 실제 세계에 대한 지시가 정확한지 평가하는 것은 종종 작품의 미적 평가에 있어 중요하다. 이는 작품의 주제를 심각하게 잘못 재현하는 것이 미적 결함으로 작용하는 다큐멘터리나 초상화 등의 비허구적 작품에서 참이다. 그리고 허구에서도 마찬가지로, 작품이 담고 있는 어떤 함축적 진리 주장이 미적으로 유관할 수 있다. 예를 들어 나체주의(nudism)가 우리를 지적으로 만들어 준다는 명제를 지지하는 진중하고 성공적인 소설은 매우 나오기 힘들 것 같다(Rowe, 1997: 337). 마찬가지로, 풍자와 같은 허구 장르가 성공하기 위해서는 독자가 풍자되고 있는 인물에 대한 지시, 그리고 그 인물의 실제 특성들은 그러한 풍자거리가 될 수 있음을(그 인물의 특성들이 아무리 과장되고 있다 하더라도) 인식하는 것이 중요하다. 그러므로 실제 세계를 지시함, 그리고 그러한 재현의 정확성에 대한 평가, 이 두 가지가 모두 종종 미적 자세에 유관하며, 그러므로 미적 자세와 양립 불가능한 것이 아니다.

마지막 반인지주의적 반론도 역시 미적 자세가 지닌다고 간주되는 특징에 의존한다. 라마르크와 올센은 문학의 가치에 대한 '비-진리(no-truth)' 이론을 옹호하는데, 그 이론에 따르면 문학작품에 의해 전개된 그 어떠한 주장도 결코 문학적 가치와 관련되지 않는다(여기서 문학적 가치란 문학작품이 소유한 일종의 미적 가치로 상정되고 있다). 물론 진리 이외의 수많은 인지적 가치가 있고(예를 들어, 예술작품은 매우 독창적일 수 있지만, 그것이 주장하는 바는 거짓일 수 있다), 라마르크와 올센은 예술작품이 비-진리적 인지적 장점들을 가질 수 있다고 본다. 사실 그들은 '문학은 특별한 종류의 인지로 발전되어 왔다'고 주장한다(Lamarque and Olsen, 1994: 452). 그러나 그들에 따르면 작품이 주장하는 바가 진리라는 사실은 결코 문학적 장점과 관련되지 않는다. 작품을 문학적 관점을 통해 바라보는 것은 작품에 문학적 미적 가치를 기대하는 것이고, 이것은 곧 작품 속에서 복합적, 정합적 형식을 가진 인간적으로 흥미로운 내용을 기대하는 것이다(Lamarque and Olsen, 1994: 10장). 인간적으로 흥미로운 내용은, 예를 들어, 운명과 자유의지 등과 같이 지속적인 테마들에 의해 전달되며, 문학은 그런 테마들을 탐구한다. 그러나 내용이 흥미롭기 위해 그것이 참이어야 할 필요는 없다. 사실 **제도론적 주장**이라 불릴 수 있는 눈에 띄는 주장에 따르면, 주제 내용의 참은 미적으로 무관하다. 왜냐하면 문학은 쓰기와 수용이라는 두 측면에서 모두 개별 작가의 의도가 아닌 관행들의 집합으로 구성된 어떤 제도적 수행이기 때문이다. 그리고 서사 기술이나 모티프에 집중하는 문학 연구의 분야들은 있지만, 문학작품에 의해 전개된 함축적 주장의 참 혹은 거짓에 대해 연구하는 분야는 없다. 이것을 철학과 대조해 보면, 철학에서는 철학적 주장의 진리치에 대한 연구가 철학 연구라는 제도의 중심부에 위치한다. 결론적으로, 문학적 자세, 그리고 문학적 자세의 대상인 문학적 가치는 진리치의 문제에 무관심하다(Lamarque and Olsen, 1994: 13장).

라마르크와 올센의 제도론적 주장, 그리고 그것이 옹호하는 보다 온건한 반인지주의는, 내가 생각하기에, 인지주의자의 두 번째 요소에 대한 반인지주의자의 반응 중 가장 강력하고 흥미로운 것이다. 라마르크와 올센은 문학과 과학철학이 제도론적으로 수용되는 모습에서 흥미로운 차이를 발견한다. 그러나 그들은 그 차이를 과장했다. 비평가들은 종종 어떤 문학적 주장의 진리치에 대해 논쟁하며(예를 들어 진리와 미가 동일하다는 키이츠의 주장), 여성, 흑인, 빈곤층 등 특정 집합의 사람들을 문학이 진실하게 그려내고 있는지에 대한 논의는 현대 비평의 주류를 구성한다(Rowe, 1997). 게다가, 문학의 제도론적 수용이 진리치의 문제에 무관심하다는 라마르크와 올센의 관점이 옳다고 하여도, 제임스, 디킨스, 발자크 등의 작가들은 그들이 참이라고 여기는 것들을 독자에게 전달하고자 했다는 사실은 문학적 수용의 실천들을 개선해야 할 이유가 될 수 있다. 문학은 의사소통을 위한 시도이며, 만약 우리의 제도적 실천들이 의사소통되고 있는 것에 무관심하다면, 그 점은 우리의 제도가 개선되어야 하는 한 이유가 될 것이다. 마지막으로 문학적 가치에 관한 라마르크와 올센의 설명은 그들의 '비-진리' 이론을 지지하지 못한다. 왜냐하면 그들에 따르면, 예술작품이 비록 지속적으로 어떤 주제들을 다루지만, 그 주제의 참 혹은 거짓은 아무래도 상관없기 때문이다. 그리고 이 말은 바로,《미들마치》(Middlemarch)와 같은 작품은 인간의 염원이 자신의 통제력을 벗어난 힘에 의해 좌절된다는 주제를 다루지만, 인간의 염원은 결코 좌절되지 않는다는 명제를 담고 있는 또 다른 작품도 동등하게 성공적일 수 있음을 의미한다. 그러나 그러한 작품이 유치한 공상을 넘어선 무언가가 될 수 있을 법하지 않다(Rowe, 1997: 338). 그러므로 만약 문학에 의해 탐구되는 어떤 주제들이 우리의 지속적 관심의 대상이었다면, 우리가 그것들의 진리에 무관심하다고 보는 것은 매우 그럴듯하지 않다.

비록 문학적 가치에 관한 라마르크와 올센의 '비-진리' 이론은 거부되어야 하지만, 문학 평가와 과학이론의 평가 사이에 중요한 차이점이 있다는 그들의 관점은 매력적이다. 과학이론의 성공에 대한 궁극적 평가 기준은 설명적 참이다. 그리고 과학이론이 아무리 우아하고 독창적이며 영리하다 하더라도, 그것이 거짓이면 당연히 파기되어야 한다. 그렇다고 해서 그러한 특징들이 과학이론의 평가에 무관하다는 것은 아니나(잘못된 이론은 여전히 우아함, 독창성, 영리함 등으로 인해 흥미로울 수 있다), 그런 특징들은 설명적 참이라는 기준에 비해 확실히 부차적이다. 반면 문학에 대해서 우리는 심각한 거짓을 담고 있는 작품을 그 때문에 자동적으로 파기하지는 않는데, 왜냐하면 많은 경우들에서 그러한 작품들은 그 결함을 보상하는 장점을 가질 수 있기 때문이다. 그러나 예술의 진리는 과학의 진리가 가지는 최종 권위를 가지지 않는다고 보는 견해는 진리가 미적 평가에 결코 관련되지 않는다는 견해와는 완전히 다르다.

미적 인지주의와 반인지주의 간의 논쟁은 최근의 철학 내에서 중요하게 다루어지고 있다. 지금까지 필자는 인지주의자들이 이 논쟁에서 우위를 점하고 있음을 보였다. 이 점이 인정되느냐 아니냐와 상관없이, 나는 인지주의가 두 배의 짐을 어깨에 지고 있기 때문에 문제의 논쟁이 보기와는 달리 훨씬 복잡하다는 사실을 보이고 싶었다. 인지주의는 예술이 진정한 지식을 제공할 수 있다는 사실을 보여야 할 뿐 아니라, 어떤 경우들에서는 지식을 제공할 수 있는 능력이 미적 장점이라는 사실을 보여야 한다. 비록 논쟁의 상당 부분은 주로 첫 번째 문제에 집중되어 있지만, 두 번째 문제도 첫 번째 문제만큼이나 중요하며, 그러므로 지금까지 받아 온 관심보다 더 많은 관심을 받아야만 한다. 일단 우리가 인지주의의 두 가지 주장을 구분할 수 있다면, 인지적 주장을 증명하는 것은 많은 반인지주의자들이 추측했던 것보다 쉬울 수도 있으며, 반면 미적 주장을 증명하는 것은 인지주의자들이 생각했던 것보다 훨씬 어려울 수 있다.

* 이 논문의 이해를 돕기 위해서 이 책에서 다음의 논문들을 찾아 읽으면 좋을 것이다.
  〈예술의 가치〉, 〈허구〉, 〈예술과 도덕성〉, 〈미학과 윤리학〉

참고문헌

Beardsley, M. (1978). "Languages of Art and Art Criticism". *Erkenntnis* 12: 95–118.

_____ (1981). *Aesthetics: Problems in the Philosophy of Criticism*, 2nd edn. Indianapolis: Hackett.

Beardsmore, R. (1971). *Art and Morality.* London: Macmillan.

_____ (1973). "Learning from a Novel". in G. Vesey (ed.), *Philosophy and the Arts: Royal Institute of Philosophy Lectures*, vol. VI. London: Macmillan.

Currie, G. (1998). "Realism of Character and the Value of Fiction". in J. Levinson (ed.), *Aesthetics and Ethics.* Cambridge: Cambridge University Press.

Diffey, T. (1997). "What Can We Learn from Art?". in S. Davies (ed.), *Art and its Messages: Meaning, Morality and Society.* University Park, Penna: Pennsylvania State University Press.

Eldridge, R. (1989). *On Moral Personhood: Philosophy, Literature, Criticism, and Self-Understanding.* Chicago: University of Chicago Press.

Gaut, B. (1998). "The Ethical Criticism of Art". in J. Levinson (ed.), *Aesthetics and Ethics.* Cambridge: Cambridge University Press.

Goodman, N. (1976). *Languages of Art.* Indianapolis: Hackett.

Graham, G. (1995). "Learning from Art". *British Journal of Aesthetics* 35: 26–37.

John, E. (1998). "Reading Fiction and Conceptual Knowledge: Philosophical Thought in Literary Context". *Journal of Aesthetics and Art Criticism* 56: 331–48.

Kieran, M. (1996). "Art, Imagination, and the Cultivation of Morals". *Journal of Aesthetics and Art Criticism* 54: 337–51.

Kivy, P. (1997). *Philosophies of Arts.* Cambridge: Cambridge University Press.

Lamarque, P. and Olsen, S. (1994). *Truth, Fiction and Literature: A Philosophical Perspective.* Oxford: Clarendon Press.

_____ (1998). "Truth". in *Encyclopedia of Aesthetics*, ed. M. Kelly. New York: Oxford University Press.

Miller, R. (1979). "Truth in Beauty". *American Philosophical Quarterly* 16: 317–25.

_____ (1998). "Three Versions of Objectivity: Aesthetic, Moral and Scientific". in J. Levinson (ed.), *Aesthetics and Ethics.* Cambridge: Cambridge University Press.

Novitz, D. (1987). *Knowledge, Fiction and Imagination.* Philadelphia: Temple University Press.

Nussbaum, M. (1990). *Love's Knowledge: Essays on Philosophy and Literature.* New York: Oxford University Press.

Putnam, H. (1978). *Meaning and the Moral Sciences.* London: Routledge & Kegan Paul.

Robinson, J. (1997). *"L'Education sentimentale".* in S. Davies (ed.), *Art and its Messages.* University Park, Pa.: Pennsylvania State University Press.

Rowe, M. (1997). "Lamarque and Olsen on Literature and Truth". *Philosophical Quarterly* 47: 322–41.

Sharpe, R. A. (1992). "Moral Tales". *Philosophy* 67: 155–68.

Stolnitz, J. (1992). "On the Cognitive Triviality of Art". *British Journal of Aesthetics* 32: 191–200.

Walsh, D. (1969). *Literature and Knowledge.* Middletown, Conn.: Wesleyan University Press.

Wilson, C. (1998). "Epistemology of Fiction". in *Encyclopedia of Aesthetics*, ed. M. Kelly. New York: Oxford University Press.

제26장

예술과 도덕성

매튜 키이란(Matthew Kieran)

번역: 이종희

1. 도입

예술로서 예술작품의 가치와 작품의 도덕적 특성 간의 관계는 현대 미학에서 아주 어려운 문제로 남아있다. 한 작품의 가치는 전적으로 그 도덕적 특성에 의해 결정된다는 톨스토이의 절대적인 도덕주의(Tolstoy, 1930)는 받아들일 수 없다. 우리는 한 작품의 도덕적 특성이 문제가 있다고 보면서도 그 작품의 예술로서의 가치는 인정하곤 한다. 밸러드(J. G. Ballard)의 《크래시》, 헨리 밀러(Henry Miller)의 《북회귀선》, 장 주네(Jean Genet)의 〈발코니〉는 도덕적으로 문제가 있는 성적 관념을 보여 주고 있지만 그럼에도 불구하고 여전히 정교하고 독창적이며 가치 있는 작품이다. 로체스터 백작(Earl of Rochester)의 시가 가진 도덕적이고 성적인 내용은 아주 허무주의적이지만 형식과 표현성에 있어 훌륭하다. 그런 작품들의 도덕적 특성이 부적절함에도 불구하고 우리는 여전히 그것들이 예술적으로 훌륭하다고 생각한다. 그러나 작품의 내용 전체가 예술로서의 그 가치에 무관하므로 도덕적 특성 역시 무관하다(Bell, 1914)는 극단적인 자율주의자들의 주장 역시 부적절하다. 우리는 표준적으로, 한 작품의 형식적 특성들의 배열이 뛰어나면서도 그 내용 때문에 가치가 어떤 식으로든 훼손될 수 있음을 인정한다. 많은 경우 이는 작품의 도덕적 특성과 관계가 없거나 다른 특성과 관계되지만, 적어도 몇몇 경우들에서는 도덕성과 관계가 있다. 디킨스

(Dickens)의 《데이비드 코퍼필드》의 형식적 구조는 뛰어나지만 군데군데 나타나는 음울한 감상성은 통상 예술로서의 그 가치를 감소시키는 것으로 여겨진다. 디킨스의 감상성의 일부는 가난한 사람들의 도덕적 특성에 대한 과도하게 단순하고 순진한 이상화로 이루어져 있다. 그 특성화가 도덕적으로 보다 복잡하고 적절했다면, 적어도 이 경우 작품은 덜 감상적이게 되었을 것이다. 따라서 여기에서는 적어도 작품의 도덕적 특성과 예술로서의 그에 대한 우리의 평가 사이에 어떤 관계가 있는 것 같다. 그리피스(G. W .Griffith)의 〈국가의 탄생〉과 레니 리펜슈탈(Leni Riefenstahl)의 〈의지의 승리〉는 그 형식적 가치와 독창적인 영화 기법 면에서는 훌륭한 예술작품으로 여겨진다. 그러나 전자의 명시적인 인종차별주의와 후자의 히틀러 찬양은 위대한 예술작품으로서 그들의 가치를 제한 없이 인정하는 것을 확실히 차단한다. 따라서 우리가 직면한 문제는 한 작품의 예술적 특성과 도덕적 특성 사이에 모종의 관계가 있느냐는 것이 아니다. 진짜 문제는 그 관계의 본성이 무엇이냐는 것이다.

　　한 작품의 도덕적 특성이 그 예술적 가치와 밀접하게 연결되어 있을 수 있다는 생각은 아리스토텔레스로 거슬러 올라간다. 그는 도덕적 기준이 그 자체로 좋거나 나쁜 비극들을 선별해 내는 데 도움이 된다고 주장한다. 극예술에서의 정확한 기준의 윤곽을 그리면서 그는 "비논리성과 도덕적 저열함이 필연적이 아니라면, 또 시인이 비논리성을 이용하거나(에우리피데스나 아이게우스의 경우처럼) 도덕적 저열함을 이용하는(〈오레스테스〉에서의 메넬라오스의 경우처럼) 것이 아니라면, 비논리성과 도덕적 저열함은 둘 다를 함께 비난하는 것이 정확하다"라고 주장하기까지 한다(Aristoteles, 1986: 25장). 이러한 주장을 다루는 하나의 방식은 작품의 도덕적 특성이 간접적으로 그 예술적 가치에 영향을 끼칠 수 있다고 주장하는 것이다. 나는 다음 절에서 이런 종류의 관점을 우선 검토해 볼 것이다. 그러나 다른 방식이 흄(Hume)에 의해 정식화되었다. 흄은, 한 작품이 우리의 도덕적 기준과 부딪칠 때 '이는 그 작품의 가치를 망가뜨리고 결함을 낳게 마련'이라고 주장했다. "나는 그런 감상성(sentiments)에 빠질 수 없고 그러는 것이 적절하지도 않다. 내가 그 시인이 속한 시대의 작풍이라는 이유로 그를 변명할 수 있더라도 나는 그 작품을 결코 즐길 수 없다."(Hume, 1993: 152) 이는 도덕적 흠결이 그 자체로 미적인 흠결이라는 주장에 달하는 훨씬 강한 주장이다. 3절과 4절에서 나는 이런 종류의 견해의 구분되는 두 버전을 비판적으로 검토하겠다. 마지막 두 절에서는 외설 및 포르노그래피적인 작품에 관련된 두 가지 반대되는 생각의 경향을 개괄한다. 이로써 우리가 위의 강한 주장을 의심할 이유가 있음이 암시된다. 흄의 생각에 반대되게 몇몇 경우들에서 예술로서의 작품의 가치는 그 부도덕한 특성 덕분에 강화될 수도 있기 때문이다.

2. 세련된 심미주의와 온건한 자율주의

오스카 와일드(Oscar Wilde)는《도리언 그레이의 초상》의 서문에서 "도덕적인 책 혹은 부도덕한 책이란 없다. 책은 잘 쓰이거나 잘못 쓰일 뿐이다"라고 썼다. 어떤 의미에서 이 주장은 명백히 그르다. 다른 사람에 대한 학대와 강간, 약탈을 미화하고 우리에게 권유하는 작품은 적어도 도덕적으로 문제가 있다. 그러나 와일드가 진정 말하고 싶었던 것은 문학으로서 혹은 보다 일반적으로 예술로서 작품은 그 도덕적 특성으로 평가되어서는 안 된다는 점이었을 것이다. 중요한 것은 작품이 심상과 캐릭터, 이야기와 주제를 우리가 아름답다고 생각하는 방식으로, 예술적으로 전개시키고 있느냐일 것이다. 한 작품의 도덕적 특성이 그 미적 특성에 영향을 준다고 인정하는 것은 이러한 관점과 정합적이다. 교훈적인 작품은 서투르고 예술성이 없을 것이다. 그러나 도덕적 특성과 예술로서의 가치 간에 내적 관계가 있는 것은 아니다.

　　이런 종류의 유사-형식주의적 관점이 세련된 심미주의(Beardsley, 1958; Lamarque, 1995) 또는 온건한 자율주의(Anderson & Dean, 1998)로 알려지면서 정식화되고 발전하였다. 그 주장은 작품의 도덕적 특성은 그것이 정합성이나 복잡성, 강도나 드라마 전개의 성질 같은 미적으로 가치 있는 특성들을 훼손하거나 증진시킬 때 오직 그때에만, 간접적인 방식으로 그 예술적 가치에 영향을 준다는 것이다. 작품이 허구적으로 만드는 바와 그 문학적 성질, 그리고 도덕적 특징의 본성은 개념적으로 서로 구분된다. 비록 도덕적 특성이 왜 비극 같은 특정한 종류의 작품이 그토록 진지하게 받아들여지는지를 설명해 주기는 하지만 그렇다. 따라서 그 도덕적인 묘사가 '삶에 충실'하지 못하다는 근거로 한 작품을 비난하는 것은 그 작품의 예술로서의 가치와는 무관하다. 그러나 하나의 주제가 인간에게 흥미로운 것이 아니라면, 또 그 주제가 훌륭하지 못하거나 비정합적으로 전개된다면 — 이는 둘 다 작품의 도덕적 특성에 의해 간접적으로 영향받을 수 있는데 — 작품의 예술로서의 가치는 심각하게 줄어든다. 새뮤얼 존슨(Samuel Johnson)의《영국 시인들의 삶》에 나오는 밀턴(Milton)의 〈리시다스〉에 대한 비평을 보라.

> 이런 시시한 허구들이, 무례한 잡동사니로 더럽혀져서는 결코 안 되는 가장 경이
> 롭고 성스러운 진실과 뒤섞여져 버렸다. 그런 식으로 양치기는 처음엔 양들을 먹
> 이는 자이지만, 나중에는 성직자, 기독교 무리의 지휘자가 된다. 그런 중의적 표
> 현은 항상 미숙한 것이다. 그러나 여기서는 그것이 꼴사나운 데다 작가는 의식하
> 지 못했을 테지만 불경스러움에 이를 정도다. (Johnson, 1964: 96)

밀턴의 시는, 심상에 나타나는 기독교 신앙에 대한 도덕적 특성화가 서툴고 거친 시적 중의성을 띠고 있고 이로써 그 미적 통합성 혹은 정합성을 훼손하며 결국 그 예술적 가치를 감소시킨다는 이유로 비난받고 있다.

그러나 존슨의 비판은 또한 중의성이, 근본적인 도덕적 참으로 여겨지는 바와 관계되어 그것을 혼란시키고 손상시키기 때문에 미적 결점이 악화된다고 이야기하는 것으로 여겨질 수 있다(Hume, 1993). 이런 종류의 생각 — 작품의 도덕적 특성이 미적 가치를 증진시키거나 감소시키는 데 있어 직접적인 역할을 수행할 수 있다는 — 은 직업적 비평가와 보통의 감상자 모두에게 상식적인 생각이다(Booth, 1988). 세련된 심미주의자는 항상, 그런 예술적 가치평가는 개념적으로 혼란된 것이라고 응수할 수 있다. 그러나 적어도 특정 환경하에서 비평적 관행이 이런 식이라고 생각할 이유가 분명히 있다.

적합성, 통찰력, 설명적 정보력 같은 것을 고려하지 않고서 한 작품을 공허하다, 감상적이다, 사소하다, 얄팍하다, 혹은 심오하다, 중요하다, 섬세하다, 통찰력 있다, 미묘하다고 평가하는 것이 언제나 완전히 가능하지는 않다(Miller, 1979; Kivy, 1997:5장). 따라서 상상적 경험과 인지적 고려 간의 날카로운 분리는 적어도 많은 재현적 예술에 있어 지지하기 어렵다(Kieran, 1996). 이는 곧바로 문제를 진리에 대한 고려로 환원시키자는 것은 아니다. 마치니의 《약혼자들》로부터 도스토예프스키의 《죄와 벌》에 이르기까지 우리가 높이 평가하는 많은 작품들이 자유 의지, 악의 본성, 도덕적 응보와 같은 주제를 탐구하고 그런 개념들에 대해 충돌하는 성격규정들을 승인, 거부하거나 제안하기 때문이다. 비전이 어떻게 전개되느냐가 결정적이다. 그리고 전달되는 이해는 통찰력 있지만 부분적일 수 있다. 그럼에도 불구하고 비전이 잘 전개되려면 그것은 적어도 이해할 수 있게 전개되어야 한다.

나아가, 작품의 도덕적 특성에 관련하여 우리가 종종 경험하는 상상적 저항이라는 현상이 있다(Moran, 1994). 허구적 작품에 관계될 때 우리는 종종 환상적이고 그럴 법하지 않은 것, 억지스러운 것을 상상하라는 요구를 받는다. 사실의 문제에 관계하여 우리는 그렇게 하는 데 있어 거의 문제가 없다 — 인간이 마음을 읽는다거나 시간여행을 하는 것으로 혹은 몇천 년을 사는 것으로 허구적 상상을 하는 것에 문제는 없다. 그러나 도덕적 사항에 관계되면 우리는 종종 우리가 받아들일 수 없다고 여기는 사태들을 상상하거나 그것에 찬성하는 태도를 취하는 데에 있어 어려움을 겪는다. 우리는 규정된 태도를 품거나 묵인하기를 할 수 없거나(Walton, 1994), 그렇게 하지 않을 것이다(Gendler, 2000). 예를 들어 다른 사람의 의지에 반하는 성적 취향의 폭력적인 만족에 대해 존경을 보이기를 명령하는 사드 후작(Marquis de Sade)의 《줄리엣》이나, 히틀러에 의해 인격화된 파시즘에 대해 존경을 보이게끔 처방된 레니 리펜슈탈의 〈의지의 승리〉 같은 작품에 빠져드는 것은 그런 것들이 두말할 것 없이 사악하다고 생각하는 대부분의 사람들에게 현상적으로 어렵다. 이제 한 작품의 도덕적 특성이 우리로 하여금 어떤 방식으로, 작품에 의해 규정된 상상과 태도를 취하는 것을 막는다면, 이는 그 자체로 그 작품이 실패라고 생각하도록 이끈다.

그러나 사태가 그렇게 직접적이지는 않다. 몇몇 작품들에 있어 가장 까다롭다고 생각되는 바들 중 하나는 정확히, 그것들이 우리가 도덕적으로 문제적이라고 여기는 견해들을 승인하도록 할 수 있고 그렇게 한다는 점이다(Tanner, 1994). 그것은 특정 명제에 허구적으로 동의하는 문제라기보다는 그 명제들이 자리한 작품에 의해 표현된 세계관의 문제이다. 에벌린 워(Evelyn Waugh)의 《다시 찾은 브라이즈헤드》는 찰스 라이더가 로마 가톨릭에 대한 무관심에서 그것을 수용하는 것으로 변화한다는 것을 허구적 사실로 만드는 데 그치지 않는다. 작품은 특정한 사실적·규범적 주장을 하고 있는데, 이런 주장은 실제 세계에 해당하는 것으로 여겨질 법한 로마 가톨릭의 특정 분파를 표현하고 있다. 그 소설은 찰스, 줄리아, 서배스천의 허구적 이야기의 전개 속에서 신과의 관계가 한 사람의 존재에서 중심이 되어야 한다는, 그리고 이것이 종종 위대한 자기-희생과 관계된다는 견해를 표현하고 예시한다. 신의 의지를 따르는 대가는 아마도 필연적으로 자기 자신 뿐 아니라 다른 사람의 행복을 희생하는 것이기 때문이다. 논의의 편의를 위하여 이런 종류의 가톨릭주의가 아주 문제가 있다고 가정하자. 《다시 찾은 브라이즈헤드》는 그런 견해를 이해하도록 할 뿐 아니라 그것에 개입함으로써 허구적으로 거기에 동의하도록 시도한다. 이 소설을 읽을 때의 어려움은 그것이 잘 작동한다고 했을 때 우리가 발전에 관한 찰스의 주장에 허구적으로 동의하는 것에서 세계에서의 우리 위치에 관해 이런 종류의 가톨릭주의가 제시하는 견해에 허구적으로 동의하는 쪽으로 변화하게 된다는 것이다. 그리고 이것이 우리를 괴롭히는 훌륭한 허구 작품을 보여주는 표준적인 사례이다. 어쨌든 우리는 이를 성취하지 못하는 작품에 의해서는 그렇게 말썽을 겪지 않을 것이다. 물론 우리에게 완전히 낯선 세계관을 구현하는 작품은 이런 식으로 도전적이지는 않다. 왜냐하면 이런 허구적 세계와 우리의 세계 간에 어떤 연관도 만들지 못하기 때문이다. 그러나 우리의 어떤 믿음 및 가치들과 적어도 강한 연관을 가지고 있는, 혹은 적어도 우리에게 실질적 가능성이 있는 작품들은 도전을 제기할 것이다. 따라서 상상적 저항의 문제를 언급하는 것은 그 자체 저절로 문제를 해결하지 못한다. 왜냐하면 많은 작품들이 우리가 저항하는 세계관에 허구적으로 동의하도록 하는 데에 성공하기 때문이다. 위의 고찰들은 도덕적 고려가 직접적으로 작품의 예술로서의 가치에 영향을 줄 수 있다는 주장에 동기를 제공하는 것이지만 여기에는 그 이상의 논증이 필요하다. 2개의 경쟁하는 이론인 윤리주의와 온건한 도덕주의가 바로 이것을 시도한다.

3. 온건한 도덕주의

온건한 도덕주의(Carroll, 1996)는 작품이 그 목적을 성취하기 위해 끌어내려는 감정적 반응들이 작품의 도덕적 특성 때문에 방해받거나 촉진된다면 도덕적 결함이 미적인 결함으로 여겨질 수 있고 도덕적 가치가 미적인 가치를 구성할 수 있다는 것이다. 목적을 성취하는 데 실패하는 작품은 그 자체로 실패이다. 그런 이론의 장점은 그것이 위대한 예술작품이 어떤 도덕적 특성도 가질 필요가 없음을 인정한다는 것이다. 그것은 예술 가치에 대해 인지주의적 설명을 전제하는 것 같지 않다. 그리고 한 작품이 도덕적으로 결함인 특성을 가질 때조차, 이것이 항상 예술로서의 그 작품의 가치에 상관되지는 않는다고 주장한다. 그것은 단지, 작품에 우리가 흡수되거나 작품이 추구하는 대로 우리가 거기에 반응할 능력을 방해할 때에만 그러하다.

그럼에도 불구하고 중요한 문제가 있다. 온건한 도덕주의에 의하면, 한 작품의 도덕적 특징들은 결과적인 예술적 가치에 있어 어떤 직접적인 역할도 하지 않는 것 같다. 한 작품이 몰입적이거나 우리에게서 감정적 반응을 일으키는 데 성공하느냐의 문제는 미적인 문제이다. 그러나 그것이 결함 있는 도덕적 관점을 부추김으로써 그렇게 하느냐는 개념적으로 분리된 문제이다(Anderson & Dean, 1998). 대상들은 다수의 목적을 가질 수 있다 — 내 컴퓨터는 아름다움과 실용성 모두를 위해 고안되었다. 확실히 사용하기 쉬우냐는 그것이 시선을 끌기 위해 어떤 식으로 고안되었느냐에 의해 영향받을 수 있다. 그러나 이로부터 자동적으로, 미적인 호소가 미적 대상으로서의 그 대상에 대조되는 컴퓨터로서의 그 대상의 가치평가에 내재적이라는 점이 따라 나오는 것은 아니다. 잘해야 캐롤의 논증이 말하는 대로 다음이 주장될 수 있다. 때때로 우리는 도덕적 특성에 대한 우리의 반응 때문에 한 작품이 얼마나 훌륭한지를 판단할 위치에 있지 못하게 된다(Jacobson, 1997). 로마 가톨릭이 아주 반동적이라고 생각한다면 나는 단테의 《신곡》이나 에벌린 워의 《다시 찾은 브라이즈헤드》에서 규정한 대로 그 작품들에 개입하고 반응할 수 없을 것이다. 그러나 이는 그 작품들이 예술로서 훌륭하지 않다는 것이 아니라 내가 그것들이 얼마나 훌륭한지를 평가할 최상의 인식론적 위치에 있지 않다는 것을 증명할 뿐이다.

목적의 성취에는 실패했지만 그로 인해 오히려 더 훌륭한 작품들에 관련하여, 또 다른 염려가 일어난다(Kieran, 2001a). 예를 들어 선전적이거나 교훈적인 작품은 예술적 가치를 높이는 방식으로 선전적이거나 교훈적으로 되는 데 실패할 수 있다. 스파이크 리의 〈똑바로 살아라〉를 보라. 리의 교훈적인 목적 가운데 하나는 관객이 명백히 경멸할 만하게 묘사된 인종차별주의에 반응하도록 하는 것이었다. 그러나 이 점에 있어서 영화는 실패하는데, 왜냐하면 중심 캐릭터 중 한 명인 샐이 처음에 인종차별주의자이지만 그럼에도 불구하고 많은 점에서 도덕적으로 아주 존경할 만한 사람이기 때문이다. 그래서 영화는 그것이 끌어내는 반응이 원래 의도했던 감정보다 더 복잡하고 세련되며 덜 감상적임으로 해서 정확히, 그 교훈적 목적들 중의 하나에 있어서는 실패한다. 그러나 영화가 실패하는 그 방식으로 인해 그것은, 리가 자신의 교훈적 목적을 달성하는 데 성공했을 경우 그러했을 것보다 내러티브 예술로서 훨씬 더 위대한 가치를 가진다.

캐롤은 자신의 주장이, 우리가 자발적으로 상상하기를 꺼려하는 바가 아니라 우리가 상상할 수 없거나 그러기 아주 어렵다고 생각하는 바에 관련된다고 지적했다(1986b, 2000) — 만일 하나의 작품이 우리에게, 단지 그렇게 하고 싶어 하지 않는 것이 아니라 그렇게 하는 것이 불가능하거나 사실상 불가능한 것을 요구한다면 작품의 디자인에 무언가 잘못된 것이 있음에 틀림없다. 나아가, 어떤 예술 장르에서는 내재적인 도덕적 제약이 있는 것 같다. 따라서 위의 염려에 대한 하나의 대답은 선전이나 교훈주의가 예술-무차별적 분류인 반면 비극은 본질적으로 예술적인 분류임을. 심지어 내재적으로 도덕적 특성을 가지는 분류임을 지적하는 것이 될 것이다. 비극이 그 자체로 성공적이기 위해서 우리는 주인공에게 닥친 사건을 두려워할 뿐 아니라 그를 동정해야 한다. 그러나 만일 우리가 아마도 철저하게 사악하게 묘사된 그의 행동 때문에 그를 동정받을 자격이 없다고 판단하다면, 그렇다면 다른 무엇이 참이건 그 작품은 비극으로서는 실패할 것이 분명하다. 그러나 그 이상의 논증이 필요하다. 이는 잘해야 단지, 특정한 도덕적 성격의 작품이 비극으로 적절하게 분류될 수 없음을 보여줄 뿐이지 그것이 예술작품으로서 성공할 수 없음을 보여주는 것은 아니기 때문이다. 말로(Marlowe)의 〈몰타의 유대인〉은 바로 이런 방식으로, 비극으로 고려될 때 문제적인 것으로 유명한 작품이다. 그럼에도 불구하고 그것은 야만적으로 어두운 희극으로 고려될 때 지독하게 성공적이다.

4. 윤리주의

19세기에 매슈 아놀드(Matthew Arnold)는 인간과 자연, 인생과 관련한 도덕적인 생각들에 대해 묘사한 점을 가지고 워즈워스(Wordsworth)의 위대함을 옹호했다. 특히 그는 "도덕적 생각에 반대하는 반란의 시는 삶에 반대하는 반항의 시이고 도덕적 생각에 무관심한 시는 삶에 대해 무관심한 시"라고 주장했다. 누군가는 여기에 시와 도덕을 혼동할 위험이 너무 많다고 말한 엘리엇에게 동의할지도 모른다(Eliot, 1933: 116). 그러나 진지한 예술은 인생에 대한 깊이 있는 반응이나 이해를 전달해 주는 데 관심을 두어야 한다는 아놀드의 가정은 헨리 제임스(Henry James)로부터 라이어널 트릴링(Lionel Trilling)과 리비스(F. R. Leavis)에 이르는 비평의 주된 흐름을 예견하는 것이다. 이런 전통에서 한 작품에 대해 그 작품이 거기에 재현된 인간 경험에 대한 성격규정을 적절히 하는 데에, 또 그 경험에 적합하게 반응하도록 하는 데에 실패한다는 점을 지적하는 것은 심오한 비평이 된다. 자연스럽게 이는 특히 도덕적 묘사, 평가, 태도에 적용된다.

한 작품의 도덕적 결점이 그 자체로 미적인 결점이라는 가정과 가장 밀접하게 관련된 것이 바로 이러한 비평적 전통이다(Hume, 1993; Kieran, 1996; Gaut, 1998a). 이런 종류의 견해를 위해 제시된 하나의 논증은 '윤리주의'라 불리는 것으로 한 작품의 도덕적 특성과 추구되는 인지-정감적 반응 간의 관계에 주목한다(Gaut, 1998a). 그 주장은 작품이 작품의 예술로서의 가치에 본질적으로 연관된 인지-정감적 반응을 규정할 때, 또 이때의 반응들이 윤리적 평가에 의존한다면 그 작품의 도덕적 특성은 항상 예술로서의 그 작품의 가치에 연관된다는 것이다. 재현된 바로서의 사태가 작품에 규정된 평가를 승인할 것을 보장하지 않는다고 우리가 생각한다면, 그것이 우리에게 요구하는 반응은 그럴 법하지 않으며 우리는 종종 합법적으로, 규정된 대로 반응하는 데 실패할 수 있고 그렇게 한다. 그럼직한 반응이 규정된 반응과 갈라진다면 작품은 그런 점에서 실패이다. 우리는 다시, 위대한 예술은 도덕적 특성을 가질 필요가 없고 훌륭한 예술이 도덕적으로 결함이 있을 수 있다는 점을 인정하게 된다. 왜냐하면 작품이 다른 점에서 매우 뛰어날지 모르기 때문이다. 윤리주의는 또한 온건한 도덕주의와 관련하여 일어난 염려들 몇몇을 언급하는 것으로 보인다. 윤리주의에 따를 때 중요한 것은 작품에 의해 규정된 반응이 그럴 법하냐 아니냐이다. 따라서 보다 적절한 반응을 유도함으로써 교훈적 목적에서는 실패하는 작품에 관한 문제는 일어나지 않는다. 나아가 실제 관객의 반응이 무엇이냐는 무관하다 — 그것은 그렇게 반응하는 것이 그럴 만하냐의 문제이다. 예를 들어 사드의 《줄리엣》의 예술로서의 가치는 실제 독자가 요구되는 방식으로 반응하는지 아닌지와는 무관하게, 비난받아야 할 바에 대한 존경을 요구한다는 점으로 인해 감소된다.

그러나 윤리주의에의 호소는 부분적으로, 얼마나 기꺼이 예술의 가치와 관련하여 인지주의를 일정 정도 인정할 것인가에 의존한다. 적어도 온건한 도덕주의가 그 해석의 한 차원에서 단지 한 작품이 몰입적인지, 우리가 요구되는 대로 반응할 수 있는지에 호소한다면, 대조적으로 윤리주의는 올바른 반응이라고 우리가 생각하는 바에 견주어, 과연 요청되는 대로 반응해야 하는지에 관심을 둔다. 그러나 잘못된 반응을 규정한다는 것이 한 작품에 대한 비판일 수 있는 것은 예술의 예술로서의 기능의 일부가 진리와 통찰, 이해를 전달하는 것임을 이미 전제할 때만이다. 그러나 세련된 심미주의와 온건한 자율주의가 거부하는 것은 정확히 이 전제이다(Beardsley, 1958; Lamarque & Olsen, 1994). 윤리주의에 의해 제시되는 부적합한 반응이라는 관념 자체는 그 이상의 방어를 요구한다.

농담과의 유비를 고려하라(Jacobson, 1997). 웃을 것이 보증되지만 부도덕한 — 가령 초현실적인 부조화를 나타내서 우습지만 아주 인종차별주의적인 — 농담들이 많이 있다. 그런 농담들에 웃거나 그것을 따라 하는 것은 도덕적으로 나쁜 것이 될 테지만, 유머로서는 이 점이 그 자체로 그런 농담이 우스운지 아닌지에 확실히 영향을 주지 않는다. 따라서 이런 경우들에서 우리는 종종 불편함을 느낀다. 유일하게 중요한 것은 농담이 유쾌함의 반응을 일으키도록 고안되었냐는 것이고 이는 부조화처럼 도덕적이지 않은 기준에 의해 설명되는 것이다. 따라서 비판하는 사람은 계속해서, 논증의 일관성을 들어 같은 것이 예술작품에도 해당한다고 말할 것이다. 하나의 작품은 부도덕하지만 그럼에도 불구하고 비-도덕적인 미적 기준에 의해 — 즉 미적으로 잘 디자인되었고, 복잡하고 일관적이며 마음을 끄는 덕분에 — 그럴 법한 반응을 요청할 수 있다. 물론 윤리주의자는 유비를 거부하려고 시도할 수 있고 고트가 주장하였듯(Gaut, 1998b) 유비는 받아들이면서도 부도덕한 농담이 절대적으로 우습다는 것을 거부할 수도 있지만, 그가 선결문제 요구의 오류라는 비난을 벗어나려면 그 이상의 논증이 요구된다.

　나아가, 어떤 작품의 도덕적 국면이 규정된 우리의 감정적 반응에 관계된다면 그 국면이 예술로서의 한 작품의 평가에 항상 등장한다는 주장은 지나치게 강한 것 같다(Kieran, 2001a). 우선, 우리는 한 작품의 요점과 목적에 본질적인 특성과 그렇지 않은 특성을 구분하며 이때 평가에서 후자의 대부분은 무시한다. 둘째, 단지 유쾌하고 즐겁게 하기를 추구하는 작품의 도덕적 특성은 그 특성이 예술적 가치와 보다 밀접하게 연결되어 있는 진지한 예술의 경우보다 예술적 평가에서 덜 등장하는 경향이 있다.

　한편, 캐롤의 온건한 도덕주의는 내러티브 예술에 관련해서만 특히 정식화된 것이고 고트의 논제는 예술 일반에 관한 주장이라는 점에 잠시 주목할 필요가 있다. 고트 주장의 보다 폭넓은 범위는 추상예술이나 순수 음악같은 예술형식과 관련하여 옹호하기가 훨씬 더 어렵다고 생각될 수 있다. 그러나 비-재현적 작품들이 우리에게서 인지-정감적 반응을 이끌어 내려 하는 한 고트의 논증은 여전히 유효하며, 특히 음악과 관련하여 작품의 도덕적 가치가 그 예술적 가치의 부분을 구성한다는 생각은 레빈슨(Levinson)에 의해 주장되었다(1998).

　특정 문제들을 제외하면, 온건한 도덕주의와 윤리주의는 모두 적어도 몇몇 경우들에서 한 작품은 도덕적으로 결함 있는 관점을 제시하는 한, 예술로서는 훌륭하더라도 미적으로 결함 있는 것일 수 있다고 주장한다. 다시 말해 도덕적으로 흠 있는 특성에도 불구하고 작품은 훌륭한 예술작품일 수 있다. 그러나 작품이 그 부도덕한 특성 덕분에 가치 있을 수 있다고 주장할 근거를 가진다면, 우리는 윤리주의도 온건한 도덕주의도 작품의 도덕적 특성과 그 미적 가치 간의 상호관계에 대한 적합한 설명이 될 수 없다고 주장할 강력한 이유를 가지게 될 것이다.

부도덕한 작품이 예술로서 가치 있을 수 있는 이유는 많은 것들의 본성과 도덕성에 대해 상이하면서 적합한 관점들이 여럿 있을 수 있기 때문이라는 주장이 존재해 왔다 (Jacobson, 1997). 따라서 우리와 다른 관점을 옹호하는 작품에 개입하는 것은, 그런 다른 관점들을 더 잘 이해하기 위해서라면 큰 이익이 될 것이다. 그러나 캐롤은 이런 식의 생각은 부도덕한 예술에 대해 단지 도구주의적 정당화만을 제공한다고 주장했다(Carroll, 2000). 이는 부도덕한 예술에 대한 검열에 반대하는, 혹은 지식과 이해를 얻는 수단으로서 부도덕한 예술에 개입하는 것의 중요성에 호의적인 논증을 제공할 수 있다는 점에서는 중요할 것이다. 그러나 그것 자체로는, 하나의 작품이 예술로서 그 부도덕한 특성으로 인해 미적으로 고양될 수 있다고 생각할 어떤 이유도 제공하지 못한다. 그러나 나는 비도덕주의 노선이 이보다 더 공감적으로 이해될 수 있다고 생각한다. 이어지는 부분에서 나는 그런 가능성을 보다 심각하게 다루어야 할 이유가 있음을 제시하는 두 가지 논증의 윤곽을 살펴볼 것이다.

5. 외설적 예술

어떤 종류의 예술작품은 종종 외설적이라고 판정되어 그 도덕적 성격이 비난받는다. 따라서 외설적인 작품이 그 외설성 덕분에 예술로서 가치 있을 수 있다는 주장에 근거가 있다면, 우리는 앞서 제시한 윤리적 비평의 설명들을 의심할 강력한 이유를 가지게 될 것이다.

외설성이 무엇으로 구성되느냐 하는 것은 논쟁적 주제이다. 그러나 최소한 외설성 그 자체에 대한 설명은 표준적인 인과적 고려로 틀지을 수 없는데, 그것은 표준적인 인과적 고려가 외설성 판단의 필요조건도 충분조건도 아니기 때문이다. 외설적 재현과 부도덕한 행위 혹은 특정 그룹에 대한 사회적 배제 간에 인과적 연결이 있다고 인정되더라도, 인과관계의 가정은 우리가 외설적이라고 판단하지 않을 많은 재현에도 적용된다. 어떤 영화는 여성을 의존적이고 공허하거나 변덕스럽게 재현하며, 라파엘 전파 회화나 어떤 종류의 낭만적 영화, 또 기사적 이상의 재현들은 자주 여성을 수동적이고 남성 욕망에 완전히 종속적인 존재로 재현한다. 따라서 그런 재현들만 예술적으로 감상하는 것은 여성에 관하여 도덕적으로 의심스러운 태도나 행동을 함양할 것이라고 걱정하는 것은 그럴 만하다. 그러나 그럼에도 불구하고 그런 작품을 외설적이라 비난하지는 않을 것이다. 반대로, 로체스터 백작의 많은 시들, 사드의 허구나 홀로코스트 희생자들을 먹는 농담 등은 다른 사람들을 어떻게 다루는지 또 사람들이 무엇을 먹는지에 관하여 그들의 성향에 영향을 미친다고 아무도 생각하지 않지만 외설적이라 여겨질 것이다. 따라서 외설성의 판단은 실제적이거나 예상 가능한 인과적 영향에 근거를 둔다기보다 주로, 작품이 가진다고 생각되는 특정한 도덕적 특성의 문제이다.

외설성의 판단은 도덕적으로 금지된 것으로서 우리가 인지-정감적으로 반응하는 것 모두에 관련해서 일어나지는 않는다. 만약 그렇다면 그것은 무언가를 부도덕한 것으로 집어내는 일에 대한 수사적 표현에 지나지 않을 것이다. 물론 어떤 종류의 주제 — 주로 성, 폭력, 죽음, 신체 — 나, 혹은 사람을 물건 취급하는 종류의 흥미를 요청하는 등 외설성의 표지가 되는 다수의 특성들이 있기는 하다. 그러나 외설성은 주로, 우리에게서 특정 종류의 반응을 일으키도록 재현에 의해 어떤 주제나 흥미가 취급되는 **방식**의 문제이다. 성이나 폭력의 경우 한 작품이 성적 욕구나 혹은 고통을 가하는 것에 대한 기쁨의 인지-정감적 반응을 유발한다고 판단될 때 — 그리고 그런 반응들이 도덕적으로 금지된 것으로 여겨질 때 — 외설성의 판단이 일어난다. 따라서 우리는 강간과 소아성애 혹은 야만적으로 폭력적이고 거슬리는 성적 행동들이 성적으로 자극적이고 바람직한 것으로 묘사되는 사드 타입의 작품들과 조너선 드미(Jonathan Demme) 감독의 〈피고인〉 같은 작품들을 구분하게 된다. 〈피고인〉은 희생자와 가해자 모두의 시점에서 강간을 묘사하고 있지만 외설적이지 않은데, 재현되고 있는 욕망을 전혀 권유하지 않고 비난하고 있기 때문이다. 보다 일반적으로 외설성에 대한 어떤 설명이라도, 전형적인 외설성 판단과 연관되어 있는 현상학의 중심 특성들 — 즉 거부감 — 에 대한 적절한 인식을 주어야 한다. 이때 전형적인 외설성 판단은 도덕적으로 금지된 것으로 여겨지는 반응들을 요청하는 재현으로 인해, 그리고 이런 반응에 대한 탐닉과 향유로 이끄는 힘으로 인해 일어난다.

윤리주의와 온건한 도덕주의 양자는 작품에 의해 우리에게 요청되는 인지-정감적 반응들을 도덕적으로 금지되어야 할 것으로 여기는 만큼, 우리가 그런 반응들에 실패하거나 그것들을 마땅하지 않다고 여기게 될 것이라는 기본적인 생각을 가지고 있다. 그러나 외설적 작품에 의해 요청되는 대로 반응하도록 동기부여된다거나 그렇게 되기 마련이라는 주장을 지지해 줄 수 있는 적어도 세 가지 이유들이 있다.

욕망 충족. 많은 외설적 재현들이 본래 도덕적으로 그릇된 것으로 여겨지는, 기본적인 동기부여적 욕망들의 탐닉을 이끌어 내고 형성한다. 이는 도덕적으로 금지된 방식으로 오도되거나 도덕적으로 문제 있는 과잉 탐닉을 유발한다. 희생자의 고통과 무기력, 성적 종속에 의해 일으켜지는 기쁨으로 경도되도록 하는 강간의 재현을 생각해 보라. 그런 반응들이 비도덕적이라고 판단됨에도 불구하고 작품은 적어도 그것이 성공적인 만큼, 성적인 흥분의 느낌과 욕구, 성적 자극을 불러일으킨다. 한편으로 성적인 힘과 지배 및 우월성을 향한 욕구나 다른 한편으로 다른 사람의 의지에 성적으로 종속되려는 요구는 남자들이나 여자들에게서 비범하지만은 않다. 비슷하게 폭력이나 고통, 죽음의 특정한 재현에 관련하여 하나의 작품은 다른 사람이 고통받는 것을 보거나 그렇게 만들려는 욕구, 다른 사람을 예속시킴으로써 힘을 과시하려는 욕구, 혹은 남을 희생시키려는 욕구에 호소하는 반응을 유발할 수 있다. 여기서도 그런 욕구들은 충분히 일상적이다. 그런 욕구들을 실제로 충족시킬 기회가 주어진다면 도덕적으로 건전한 사람은 그에 따라 행동하지 않을 것이며 그런 행동들을 목격하는 것에 완전히 반감을 느낄 것이다. 그들은 그렇게 할 것을 기대하는 데에 전혀 흥분을 느끼지 못한다. 그러나 욕망을 충족하는 것이 다른 사람에게 영향을 주거나 그를 해치는 것에 연관되지 않게 되어 있으면서 그런 욕망들에 호소하는 효과적인 재현에 관련해서는, 도덕적 금지의 힘이 느슨해져서 매력을 느끼기가 더 쉽다.

메타-욕구의 성취. 어떤 종류의 외설적 재현은 도덕적으로 금지된 1차적 욕망에 호소하는 것이 아니라, 도덕적으로 위반하려는 욕구 혹은 재현이 만들어 내는 1차적 반발의 느낌을 즐기려는 욕구처럼 도덕적으로 금지된 2차적 욕구와 관계될 것이다. 예를 들어 어떤 내러티브는 반-영웅으로 하여금 도덕적 터부들을 차례로 역겹게 위반하는 일을 맡도록 재현할 수 있다. 그 작품은 재현된 행동이 그 자체로 호소하는 특정 욕망을 요구하거나 권유하지 않는다. 작품이 추구하는 것은 도덕적 위반 그 자체를 통한 흥분, 흥미, 기쁨이다. 그런 작품은 우리가 일반적으로 묶여 있다고 생각하는 근본적인 도덕적 규범이나 관습으로부터 일탈하려는 충분히 평범한 욕구에 호소한다. 우리는 실생활에서는 그렇게 하는 것에 끌리지 않는데, 이는 스스로나 다른 사람에 대한 높은 도덕적 부담과 조심스러운 부담의 가능성 때문이다. 그러나 그런 부담은 그런 욕망들을 탐닉하지만 명백히 다른 사람에게 해가 되지 않는 재현에 관련될 때 훨씬 낮다. 따라서 이 경우에도 작품은 도덕적으로 금지된 메타-욕망이 가진 매력을 성공적으로 우리에게 호소한다.

인지적 보상. 어떤 외설적 재현의 추동적 매력이 도덕적으로 금지된 특정 욕망으로부터, 혹은 도덕적 위반을 하려는 욕망 같은 메타-욕망으로부터 반드시 생겨나는 것은 아니다. 하나의 재현은 도덕적으로 금지된 방식으로 사람들을 재현함에 있어 외설적이라 판단되면서도 인지적 흥미로움, 가령 호기심이나 매혹 덕분에 매력을 가질 수 있다. 사진작가 조엘-피터 위트킨(Joel-Peter Witkin)의 작품을 생각해 보자. 그의 작품의 다수가 기이하고 변형된, 잘려 나간 사람의 신체에 대한 강박적인 관심을 불러일으킨다. 이 작품들은 고통이나 고난에서 얻는 기쁨에 기반한 반응을 이끌어 내지 않으며 도덕적 위반 자체에 대한 욕망에도 호소하지 않는다. 그보다 작품들은 분명히 우리의 주목의 방향을 돌려서 그런 사람들의 겉모습에 대한 날카로운 호기심과 매혹에 바탕을 둔 반응을 이끌어 내려 애쓴다. 매혹과 기쁨의 대상이 기형이나 물리적 왜곡의 겉모습만이 아니라는 점에 주목해야 한다. 우리는 인간 이하 혹은 인간과 다른 것으로 묘사된 대상을 바라보고 기쁨을 얻도록 되어 있다. 플라톤의 《국가》에 나오는 절단된 시체의 외양에서 기쁨을 얻는 레온티온이나 죽음이나 재난, 교통사고 영화와 텔레비전 프로그램들에 많은 사람들이 매혹되고 높은 관람객 등급을 매기는 점이 보여 주듯이 여기서 호소되는 인지적 욕망 역시 비범하지 않다.

그렇다면 이제 외설적 작품이란 역겨운 방식으로 도덕적으로 금지된, 그러면서도 위에서 설명한 이유들로 인해 다소간 매력적으로 여겨지는 인지-정감적 반응들을 이끌어내거나 명령하는 작품이라고 그 대략적인 성격을 규정하도록 하자(보다 정교한 성격규정을 위해서는 Kieran, 2002a를 보라). 이제 문제는, 부분적으로 그 외설성 덕분에 어떤 작품이 훌륭한 예술작품인 경우가 있을 수 있느냐는 것이다. 헨리 밀러의 《북회귀선》을 고려하라. 그 중심적 캐릭터는 술주정뱅이, 낙오자, 창녀들 같은 하층 인간들 — 무감각하고 무기력하며 감상적이고 냉담하게 무신경한 사람들 — 사이에서 돌아다니는, 파리에 살고 있는 망명 작가이다. 어리석은 사건들과 취한들의 싸움, 욕정, 간통과 사기 따위가 소용돌이치는 바로크적인 내러티브는 중요 캐릭터가 가지는 경험의 본능적이지만 일상적인 국면들을 잘 보여 주는 거칠고 리드미컬한, 형용사가 많은 산문에 의해 전달된다. 독자의 반응은 묘사되어 있는 속되고 외설적이며 비열한 비도덕성에 도덕적으로 반감을 느끼면서도 동시에 끌리도록 규정되어 형성된다. 인간의 삶에 대한 그런 식의 성격규정에 대해 우리에게 요청되는 주된 태도는 수동적인 수용의 방식이다. 따라서 소설의 좁게 문학적인 국면과 묘사된 사건들 및 내재된 내러티브의 주제가 공생적으로 서로를 강화하여 인간성을 향한 태도에 대한 밀러의 이해가 가진 깊은 의미를 전달한다.

우리가 훌륭하고 옳다고 생각하는 방식으로만 그런 작품에 반응하도록 요구된다는 것은 너무 제한적이다. 왜냐하면 작품에 개입하는 가치의 일부는 작품들이 우리로 하여금 가능한 다양한 태도들과 반응들을 마음에 품어 보거나 상상하도록 만드는 특별히 강력한 방식에서 비롯되는 것 같기 때문이다. 실제 생활에서는 바람직하다고 판단하지 않지만 그럼에도 불구하고 이해 가능한, 작품이 이끌어 내는 많은 반응들이 있다-문제가 되는 것은 정확한 도덕적 관점이 무엇이냐 혹은 무엇이어야 하느냐가 아니라 도덕적 관점이 어떤 것이 될 수 있고 혹은 어떻게 보일 수 있는지이다. 《북회귀선》은 부패하고 타락한 인물로 재현된 캐릭터에 관한 상상을 성공적으로 규정할 뿐 아니라, 인간성에 대한 그런 그림에 대해 수용의 태도에 알맞은 방식으로 우리가 일반적으로 반응하게끔 한다. 그러나 인간성에 대한 그런 성격규정을 적어도 편파적이라고 여기는 만큼, 부분적으로 도덕적 이유 때문에 우리는 그런 반응과 우리에게 추천되는 전체적 태도를 마땅하지 않다고 여길 것이다. 왜냐하면 인간성의 끔찍함과 부패에 직면해 수동적인 수용을 감수하고 찬양하는 것은 가질 만한 적당한 태도가 아니라고 아마도 주장될 것이기 때문이다. 그러나 우리가 그런 반응을 실제에서는 마땅하지 않다고 여길지라도 그 반응들을 독자에게 환기함으로써 그것들을 이해 가능하게 만든다는 것은 이 소설의 성공의 지표이지 실패의 지표가 아니다.

문제의 주장은 단지, 《북회귀선》이 도덕적으로 부분적이며 왜곡되었거나 완전히 그릇된 것으로 여겨지는 태도에 대한 우리의 이해를 확장한다는 점에서 도구적으로 가치 있다는 것만이 아니다. 우리는 한 작품이 도덕적으로 결함 있는 태도를 권하는 정도만큼 그것이 바로 그 점에서 결함이 있다고 주장하면서도 방금의 주장에 동의할 수 있다. 지금 논의되고 있는 주장은 그보다 강한 것으로 예술로서의 작품에 대한 몰입이 부분적으로는, 거칠고 조잡하며 리듬감 있는 산문, 일상과 평범함에 대한 관심 및 전체 내러티브를 통해 우리에게 권유되는 도덕적으로 결함 있는 태도에 의해 강화된다는 것이다. 그리고 우리가 비도덕적으로 여기는 주제나 반응, 태도에 끌리고 몰입할 가능성이 있고 종종 실제로 몰입하는 이유의 적어도 몇몇은 위에서 제시되었다. 중요한 것은 그렇다면 《북회귀선》의 가치는 부분적으로 외설성에도 **불구하고**가 아니라 외설성**으로부터** 나오는 것 같다는 점이다. 왜냐하면 외설적이고 저속하며 조악하게 비도덕적인 것들에 대한 소설의 집착이 없이 어떻게 인간 세상의 추악한 공포에 대한 독자의 수동적인 수용의 유도가 성취될 수 있는지를 알기는 어렵기 때문이다. 밀러가 그런 주제들에 집중하면서도 소설이 구현하고 끌어내는 주된 태도는 다른 것일 수 있었다는 대답이 가능하다. 가령, 내러티브의 목표가 인간 조건과 관련하여 수용보다는 수치감을 유도하는 것이었을 수 있다. 그러나 그렇게 함으로써 작품의 강렬함, 통일성, 응집성은 나빠졌을 것이고, 소설은 그 때문에 더 나은 작품이 아니라 덜된 작품이 되었을 것이다. 이 점이 암시하는 것은 승인된 도덕적 관점이 우리가 바람직하다고 여기는 것이냐 아니냐가 중요하다기보다는 우리가 알 수 있고 신뢰하는 방식으로 그것이 전달되느냐의 문제가 중요하다는 것이다. 중요한 것은 예술가가 우리에게 그러도록 의도한 방식으로 우리가 재현된 세상을 보고 느끼고 반응하도록 할 수 있느냐이지 그 반응이 우리가 도덕적으로 가져야만 하는 것이냐가 아니다. 나아가 그런 작품들에서 우리에게 요청되는 비난받을 만한 인지적-정감적 반응은 그것이 우리의 이해와 감상을 심화시키기 때문에 인식적으로 가치 있을 수 있다. 그렇게 되면 작품의 가치는 증가한다(Kieran, 2002b).

온건한 도덕주의는 윤리주의와 달리 그런 경우들을 허용하도록 재정식화될 수 있다고 주장되어 왔다(Kieran, 2001a). 작품에 의해 제공되는 상상적 경험에 내재하는 중심적인 도덕적 특성들은, 적절하게 예민한 청중에게 재현된 인물과 사건, 상황들과 반응 및 태도들에 대한 인식을 침해하거나 향상시켜 주는 정도만큼 예술로서의 작품의 가치에 관련된다. 이를 가장 온건한 도덕주의라 부르자. 그런 재정식화의 주요 장점은 현대의 작품은 물론이고 과거의 많은 작품들이 완전히 그릇되지는 않더라도 우리가 의심스럽다고 생각하는 도덕적 측면들을 가지고 있으며 그런데도 우리가 그런 측면들에 요청받는 대로 반응할 수 있고 그렇게 한다는 점을 인정하는 것이다. 용서와 자비에 대한 강조와는 부딪치는 영웅적 미덕에 대한 존경을 명령하는 호머의 시와 아이슬란드의 영웅전설에서부터 적어도 부분적으로 전통적인 성적 윤리에 대한 경멸을 지시하는 헨리 밀러의 《북회귀선》과 장 주네의 〈발코니〉에 이르기까지, 많은 작품들이 실생활에서는 윤리적으로 바람직하다고 여겨지지 않는 바를 상상하도록 우리를 이끄는 데 성공한다. 그러나 우리는 그 때문에 작품을 가치가 덜한 것으로 생각하기보다는 이를 성공이나 그 상상적 힘의 표시로 여긴다. 그런 작품의 가치는 직접적으로, 그것들이 우리가 실생활에서 옳거나 좋다고 여기는 바를 준수하느냐의 문제가 아니라 우리가 인물이나 상황, 태도들을 알 수 있게 재현된 것으로 여기느냐 아니냐의 문제이다. 그러나 가장 온건한 도덕주의는 온건한 도덕주의가 제안된 원래의 정신과 완전히 부딪치지는 않는다 해도 실로 아주 약하다는 점에 주목하라. 한 작품은 부분적으로 그 도덕적 특성 덕분에 예술로서의 가치가 상승될 수도 있고, 어떤 경우에는 작품의 비도덕적 특성이 미적인 악이 아니라 덕을 구성할 수도 있다는 점이 허용된다. 따라서 그런 입장을 (아무리 약하더라도) 어떤 형태의 도덕주의로 성격 규정하는 것은 부적절한 이름 붙이기가 될 것이다.

6. 그랑기뇰과 포르노그래피 예술

그것의 비도덕적 특성 덕분에 예술적 가치를 실현하는 작품들이 있다는 주장을 지지하기 위해 끌어들일 수 있는 다소 다른 종류의 논증이 있다. 캐롤이 온건한 도덕주의를 지지하기 위해 사용한 논증의 하나가 비극 같은 특정한 장르에 본질적인 도덕적 제한을 강조했다는 점을 상기하라. 그 핵심적 생각은 한 작품이 비극으로서 성공하려면 우리가 주인공이나 중심 캐릭터를 동정해야 한다는 것이다. 주인공의 도덕적 성격이 동정의 여지가 없는 것이라면 작품은 비극으로서 성공할 수 없다. 반어적으로 같은 종류의 사고가, 정확히 그 비도덕적 성격 덕분에 목적한 작품으로서의 성공을 거두는 작품이 있을 수 있음을 시사한다. 그랑기뇰과 포르노그래피를 고려해 보자. 그랑기뇰은 19세기 파리 카바레에서 유행한 짧은 연극인 프랑스 극예술형식이다. 여기서 강조점은 선정적인 폭력, 공포, 사디

즘에 있다. 그러나 본질적으로 그랑기뇰의 자격을 부여받으려면 짓밟힌 미인, 순진한 희생자, 수족 절단, 타락에의 연루가 도덕적 금기들을 훼손하는 것으로서 재현되어야 한다. 비슷하게 포르노그래피 예술은 성적 속성들에 대한 명시적 재현을 통해 성적 생각들 및 성적 반응과 환기를 이끌어 내는 것을 통해서만 오로지 그 목표를 실현할 수 있다. 적어도 많은 사람들에게 이 목표를 실현하는 데 사용되는 수단들의 명시적 본성 자체가 도덕적으로 문제적이다. 그러나 그런 수단들이 사용되지 않는다면 하나의 작품은 그것이 다른 것으로서는 성공적일 수 있을지라도 포르노그래피 예술로서 성공할 수는 없다.

이런 식의 사고 노선은 다양한 방식으로 도전받을 것이다. 예를 들어 그랑기뇰이 도덕적 파괴와 연관된다는 것이 그것이 가진 선정주의에 있어 본질적이라고 주장하는 것은 논쟁적이라고 생각될 수 있다. 포르노그래피와 관련해서는, 어떤 종류의 포르노그래피가 부도덕하다는 것은 그 생산이 신체적이거나 심리적인 상해를 대상에게 가하지 않는다고 할 때 부인될 수 있다. 나는 두 주장 모두에 회의적이다. 그랑기뇰 극들은 불충분하게 부도덕하거나 금기파괴적이라고 여겨질 때 종종 비난받았다. 누군가 강간하는 것으로 기쁨과 흥분을 유발하는 포르노그래피는 그 자체 도덕적으로 문제적인 것으로 내겐 생각된다. 그리고 적어도 그리스 로마 문화 이래로 바로 이를 실현하는 포르노그래피적 재현들이 생산되어 왔다. 그러나 여기서 이 주제에 대해 논쟁하지는 않을 것이다. 더 광범위하고 흥미로운 반대는 그런 내러티브 장르들이 의미심장하게 진지한 예술적 미덕을 열망할 수 있다는 것을 부인하는 것이다. 예를 들어 포르노그래피가 그 자체로 예술로서 가치 있을 수 없다면, 이는 어떤 형태의 도덕주의에 대한 도전도 구성하기 어려울 것이다. 따라서 나는 포르노그래피 예술 같은 것은 없다고 종종 단언되는 주장에 집중하겠다.

포르노그래피적인 재현은 성적 흥분을 유발하는 것을 추구한다는 유일한 혹은 지배적인 목적을 가진 것으로 보통 성격이 규정된다. 대조적으로 에로틱한 재현은 이런 목표를 가질 수도 있으나 또한 다른 목적도 가질 것이고 자주 정말로 그렇다. 따라서 에로틱한 재현은 예술로서 자격을 가질 수 있고 주제가 주어질 때 그것이 예술적 의도를 실현하는 방식 덕분에 그 자체로 매우 가치가 있을 수 있다. 그러나 포르노그래피적 재현은 결코 예술일 수도, 또 예술로서 가치 있을 수도 없는데, 포르노그래피적 재현은 정의상 예술적 의도를 가질 수 없기 때문이다(Levinson, 1999).

그러나 어떤 이유로 우리가 이런 특성화를 용인해야 하는가? 포르노그래피는 본질적으로 성적 행위와 속성들에 대한 명시적 재현에 관련된다. 물론, 이는 하나의 재현이 포르노그래피적이기 위한 조건으로는 불충분하다. 왜냐하면 해부학적 그림이나 의학 교과서, 자연사 프로그램, 교육적 비디오는 포르노그래피적이지 않으면서 성적으로 명시적일 수 있기 때문이다. 성애물(erotica)과 대비되는 포르노그래피의 두드러진 특성은 주체를 성적 사물로 취급한다는 것이다. 이로써 포르노그래피는 모멸감을 주는 것으로 보통 생각된다. 여기서 말하는 사물화는 분석하기 어려운 개념이지만 적어도, 모든 성적 사물화가 그 자체로 본래 모멸적인 것은 아닌 것 같다. 어쨌거나 누군가의 파트너가 성적 환기를 위한 어떤 맥락에서 스스로를 성적으로 대상화하지 않는다면 그는 다소 실망하게 될 것이다. 그러나 논의의 편의를 위해 포르노그래피가 관람자 편에서의 성적 환기나 욕망을 유발하기 위하여 성적으로 명시적인 대상화와 관련된다고 가정해 보자. 따라서 포르노그래피는 성적 행위와 속성들의 명시적인 재현과 대상화를 통해 성적 환기나 욕망을 불러일으킬 것을 주로 추구하는 것이 된다. 포르노그래피는 성애물과의 관련에서 어떤 위치에 있는가? 성애물은 성적 행위와 속성들에 대한 성적으로 명시적인 대상화와 어떤 관련을 가질 필요가 없다. 예를 들어 로버트 메이플소프(Robert Mapplethorpe)의 꽃에 대한 사진 연구나 드가의 사창가 장면들의 그림은 성적 명시성이 없지만 그러면서도 자극적인 감각적 생각, 느낌, 연상들을 성공적으로 부추기고 그럼으로써 에로틱하다. 그러나 성애물이 여전히 신체의 대상화에 관계될 수도 있음에 주의하라. 성애물은 본질적으로 자극적으로 여겨지는 성적인 생각, 느낌, 연상들을 끌어내는 것을 목적으로 한다. 따라서 가령 도발적으로 딸기를 먹는 누군가의 재현처럼 에로틱하지만 포르노그래피적이지 않은 것이 많이 있지만, 포르노그래피적인 것은 무엇이든 에로틱하다. 포르노그래피는 에로틱한 모든 것의 본질적인 목표를 실현하려 하지만 이를 분명한 수단, 즉 성적으로 명시적인 대상화를 통해 실현하기 때문이다. 이는 많은 에로틱한 재현들은 사용하지 않는 수단이다. 이렇게 포르노그래피는 에로틱한 것 혹은 성애물의 변종이 된다.

이제 그 주목적이 에로틱한 재현으로서 성적 자극인 하나의 작품은 예술적인 목적을 포함하여 다른 목적들을 가질 수 있다. 예술가는 자극적인 작품을 만들어 내되, 나아가 예술성(artistry)이 묘사된 바에 대한 어떤 인지-정감적 상태나 태도를 관람자에게 전해 주는 방식으로 그런 작품을 만들려고 의도할 것이다. 이는 원칙적으로 에이젠슈테인이 선전이면서 동시에 예술적으로 가치 있기를 바라는 예술작품을 생산하려 의도하고 그렇게 하는 데 성공할 수 있다는 인식과 다르지 않다. 나아가 어떤 예술적 의도 없이 단지 성적으로 자극적이려는 목적으로 생산되는 작품은 그러면서도 가치 있다고 여겨지는 방식으로 시사하는 바가 많은 통찰, 관점, 태도를 전달할 수 있다. 누군가 순전히 종교적 신심을 일으키려는 의도로 종교적인 성상(icon)을 만들면서도 또한 예술적 가치를 갖는 성상을 만들어 낼 수 있는 것처럼 에로틱 예술에서도 같은 것이 가능한 것이다.

정의적 성격규정만으로는 원칙적으로 에로틱 예술에 관련하여 가능한 것이 에로틱 예술의 특정한 하위 부류 — 포르노그래피 — 에 관련해서는 불가능하다고 가정할 이유가 전혀 없다. 우리에게 요구되는 것은 왜 포르노그래피가 예술적 가치의 실현에 적대적이거나 혹은 그럴 수 있는지를 설명해 주는 이유이다. 그러한 가능성이 정의상의 명목만으로 배제되어서는 안 된다.

단일한 의도 대 다수의 의도로 포르노그래피와 성애물의 차이를 규정 짓는 것은 우리가 에로틱하다고, 또 포르노그래피스럽다고 여기는 재현들에 대해 빠르게 훑어봄으로써 적절해질 것이다. 우리가 에로틱하면서도 예술적으로 가치 있는 모범이라고 생각하는 재현들이 많이 있다 — 그 이름들 몇몇만 열거하더라도 클림트, 드가, 길, 로댕, 카노바, 틴토레토, 고야, 앵그르의 작품들 및 몇몇 셰익스피어의 소네트들, 오비디우스의 《유혹의 기술》, 세헤라자드의 《천일야화》, 부뉴엘(Bunuel)의 〈낮의 꽃〉 등등이 있다. 대조적으로 우리가 후기 빅토리아 시대의 플릭북에서 신문 가판대의 꼭대기 선반에서 집어 들 수 있는 잡지 더미에 이르기까지 포르노그래피적 재현의 모범을 생각해 보면 예술적 의도나 가치를 보여 주는 것이라고는 전혀 없다.

그러나 이런 식으로 사례들에 호소하는 것은 정의적인 구분을 지지해 줄 수 없다. 대부분의 포르노그래피적인 재현들이 거의 예술적 의미가 없다는 것은 명백하다. 그러나 대부분의 재현적 형식에 관해서도 이는 일반적으로 해당된다. 평범한 서점에서 보는 그림, 소설들, 연속극, TV 드라마, 영화들의 많은 수가 거의 예술적 중요성이 없다. 우리는 이것이 시각적 재현이나 소설, 영화가 예술적 가치가 있을 수 없다는 점을 보여 준다고 여기지 않는다. 사실 특정한 장르에서는 예술적으로 가치 있는 작품의 비율에 비해 예술적으로 가치 없는 작품의 비율이 월등히 높은 것 같다. 가령, 초상적 사진이나, 로맨스, 판타지나 공상과학 소설들에서는 전부 정형화되고 평범한, 거의 예술적으로 흥미롭지 못한 작품들이 대다수를 차지한다. 그럼에도 불구하고 이 점이 이런 작품의 몇몇이 예술로서 매우 높은 가치를 지닐 가능성을 배제하는 것은 아니다. 더구나, 공상과학 소설 같은 이런 장르들의 몇몇의 역사를 연구한다면 우리는 저가판으로 생산된 초기 작품의 다수가, 구분되는 장르로서의 공상과학 소설의 발전과의 관련성을 제외하고는 거의 예술적 가치가 없다는 것, 그리고 장르가 발전하고 나서야 예술적 가치를 가지는 최초의 소설과 영화들이 등장하기 시작했다는 것을 알게 된다. 적어도 그런 작품의 창조자들이 낮은 수준의 예술적 목표나 관심을 가지고 있었다고 반대할 수 있겠으나, 이는 포르노그래피 작품과 관련해서는 분명 사실이 아니다. 그러나 적어도 포르노그래피적이면서도 예술적 의도를 내보이는 것 같은 작품들이 몇몇은 있는 것 같다.

이런 고려들은 무엇을 보여 주는가? 에로틱 작품들과 대조적으로 예술적 가치를 가진 포르노그래피 작품을 생각하기가 어려울 수 있다는 단순한 사실 그 자체만으로는 포르노그래피 작품이 원칙적으로 예술로서 가치 있을 수 없다는 주장을 뒷받침해 주지 못한다. 첫 번째로, 그런 작품이 없다는 점을 인정하더라도 이것이 포르노그래피 **자체**에 내재한 본성과 한계 때문인지, 아니면 어떤 역사적, 사회-문화적 요인에 의한 우연적 사실인지는 결정되지 않은 채로 남아 있다. 포르노그래피가 아주 부도덕하며 음란하며 엄격한 검열에 종속되어 있으므로, 제도적·사회적 압박 때문에 예술적 재능을 가진 사람들이 포르노그래피적인 주제에 관련해서는 그 재능을 발휘하지 못한 것일 수 있다. 우리는 포르노그래피에서 음성적으로 돈을 벌려고 하는 행상인들이 예술적 고려에 관심을 기울일 것이라고는 사실 기대하지 않을 것이다. 이는 왜 공상과학 소설이나 모험 소설, 탐정 스릴러 등 전망이 좋지 못한 싸구려 작품들에서 시작한 다른 장르들이 예술적 고려에 따르는 방식으로 발전한 반면, 포르노그래피는 그렇지 못했는가를 설명해 줄 수 있을 것이다. 두 번째, 예술적으로 가치 있는 포르노그래피적 재현이 없다는 것은 전혀 명백하지 않다. 몇몇 예만 들어보자. 조르주 바타이유의 《눈 이야기》나 오시마의 〈감각의 제국〉, 니컬슨 베이커의 《복스》(Vox), 카마수트라의 삽화나 에곤 실레의 누드화, 말년의 피카소의 작품과 호쿠사이의 몇몇 목판화들은 모두 명백히 포르노그래피이면서도 예술적 가치에 있어 전혀 떨어지지 않는다. 정말로 그리스-로마 시대로까지 돌아가 보면, 매우 노골적으로 성적이고 대상화하는, 그러면서도 예술로서 가치 있는 재현들을 많이 만나게 된다. 빅토리아 시대 사람들이 폼페이를 발굴하면서 놀라고 경악했던 것처럼. 따라서 포르노그래피적인 재현들이 예술로서 가치 있을 수 있고, 위의 경우들에서 그렇듯 가치 있기를 목표하거나 가치가 있다고 주장할 근거가 있다. 그 자체로 그 작품들의 가치는 그것들의 부도덕한 특성에도 **불구하고**라기보다는 그것에서 부분적으로 유래한다.

이런 논증이 반대에 부딪힐 수 있는 다양한 방식들이 있다. 우리가 실수로, 위에서 인용된 작품들이 실제로 포르노그래피적이거나 예술적 의도나 가치에 관한 많은 것을 소유한다고 생각하는 것이라고 주장할 수 있겠다. 그러나 여기서 설명의 부담은 우리의 선-반성적 판단이 실수라고 주장하는 사람들의 편에 있다. 그러나 보다 전도유망하고 흥미 있는 생각의 노선을 좇을 수 있다. 하나의 재현이 성적 행위의 노골적인 재현을 통해 성적 흥분을 일으키려 한다면 그 작품이 예술로서는 가치 있을 수 없다는 생각에 그럴듯한 점이 있기 때문이다.

반대는 두 가지 도전의 형태로 제기될 수 있다. 첫 번째는 **포르노그래피적 목적성의 문제**라고 부를 수 있다. 포르노그래피적 재현은 본래 정형적이고 진부하며 기이하다고 주장하는 것이 적절할 수 있다. 성기에 대한 반복적인 집착, 성적 자극의 징후들, 그리고 1차원적인 내러티브를 배경으로 한 이야기 기법은 자극적일지는 몰라도 미적 흥미나 어떤 종류의 캐릭터가 된다는 것, 어떤 종류의 딜레마에 직면한다는 것 혹은 세계를 일정한 관점으로 바라본다는 것이 무엇인지에 대한 상상적 통찰력이나 미적 흥미는 거의 전달해 줄 수 없다. 따라서 성적인 노골화와 대상화를 통한 자극이라는 목표를 실현하려는 재현들은 작품을 미적으로 품격 있고 우아하게 만드는, 또 섬세하고 심오하며 삶에 충실하게 만드는 종류의 관심사에는 무심할 수밖에 없다.

두 번째 도전은 포르노그래피 예술 개념에 대한 레빈슨의 반대 논변의 일부에 내재하는 것으로 여겨진다(Levinson, 1999). 나는 이를 **포르노그래피적 수용의 문제**라고 부르겠다. 포르노그래피 작품이 대단한 예술적 기술과 독창성, 우아함, 품격, 통일성과 더불어 창조된다는 점을 인정한다고 하더라도, 작품의 미적 속성이나 국면은 그것이 포르노그래피로 수용되는 한 여전히 그 자체로는 감상될 수 없다. 포르노그래피적 관심은 본성상 성적 흥분과 만족을 위한 노골적인 신체 부분과 행동에 대한 주목에 기울어 있다. 그런 관심이 재현에서 취해지는 한 이는 작품의 미적 국면에 대한 주목과 향유를 차단한다. 우리는 감옥이나 다른 시설에서 도서관 책 중 가장 먼저 사라지는 것이 다양한 누드들을 포함한 예술 서적이라는 것이 우연이 아님을 지적할 수 있겠다. 예를 들어 마네의 〈올랭피아〉가 높은 예술적 가치를 지닌 작품이라는 점을 부인하는 사람은 아무도 없다. 그럼에도 불구하고 그런 작품이 포르노그래피적으로 이용된다면 그 미적 특성들은 완전히 없어지지는 않는다 하더라도 최소한으로 줄어들 수밖에 없으리라고 생각할 수 있다. 따라서 두 번째 도전은 다음과 같다. 하나의 작품은 포르노그래피와 예술로 동시에 감상될 수 없다. 그러므로 포르노그래피 예술**로서** 하나의 작품은 예술적으로 가치 있을 수 없다.

내가 생각하기에 두 도전에 대한 대처가 가능하긴 하지만(Kieran, 2001b), 포르노그래피 예술**로서** 가치 있는 재현이 있다거나 그럴 수 있다는 생각에 대한 이런 회의주의가 왜 정당화되지 않는가를 보여 주기 위해서는 그 이상의 논증이 필요하다. 그럼에도 불구하고, 외설적 작품 일반에 관하여, 또 그랑기뇰이나 포르노그래피 같은 특정 장르에 관련하여 그런 작품의 예술로서의 가치는 그 부도덕한 특성에 의해 **감소되기**보다는 **증가**할 수 있다는 주장에는 근거가 있다. 따라서 우리는 윤리주의나 온건한 도덕주의의 어떤 실질적인 버전에 대해서도, 그것이 도덕적 측면에서의 예술비평에 대한 적절한 이론인가를 의심할 이유를 가지게 된다.

* 이 논문의 이해를 돕기 위해서 이 책에서 다음의 논문들을 찾아 읽으면 좋을 것이다.
〈예술의 가치〉, 〈예술과 정서〉, 〈예술과 지식〉, 〈예술과 정치〉, 〈미학과 윤리학〉, 〈비극〉

참고문헌

Anderson, J. and Dean, J. (1998). "Moderate Autonomism". *British Journal of Aesthetics* 38: 150–66.

Artistotle (1986). *Poetics*. trans, S. Halliwell. London: Duckworth.

Arnold, M. (1879). *Preface to Poems of Wordsworth*. London: Macmillan.

Beardsley, M. (1958). *Aesthetics*. New York: Harcourt, Brace & World.

Bell, C. (1914). *Art*. London: Chatto & Windus.

Booth, W. (1988). *The Company We Keep: An Ethics of Fiction*. Berkeley: University of California Presss.

Carroll, N.(1996). "Moderate Moralism". *British Lournal of Aesthetics* 36: 223–37.

_____ (1998a). "Art, Narrative, and Moral Understanding". in J. Levinson (ed.), *Aesthetics and Ethics*. Cambridge: Cambridge University Press, pp. 126–60.

_____ (1998b). "Moderate Moralism versus Moderate Autonomism". *British Journal of Aesthetics* 38: 419–24.

_____ (2000). "Art and Ethical Criticism: An Overview of Recent Directions of Research". *Ethics* 110: 350–87.

_____ (2002). "The Wheel of Virtue: Art, Literature and Moral Knowledge". *Journal of Aesthetics and Art Criticism* 60: 3–26.

Conoly, O. and Hagdar, B. (2001). "Narrative Art and Moral Knowledge". *British Journal of Aesthetics* 41: 109–24.

Devereaux, M. (1998). "Beauty and Evil: The Case of Leni Riefenstahl's Triumph of the Will". in J. Levinson (ed.), *Aesthetics and Ethics*. Cambridge: Cambridge University Press, pp. 227–56.

Eliot, T. S. (1933). *The Use of Poetry and the Use of Criticism*. London: Faber and Faber.

Fenner, D. (ed.) (1996). *Ethics and the Arts*. New York: Garland.

Freeland, C. (1997). "Art and Moral Knowledge". *Philosophical Topics* 25: 11–36.

Gaut, B. (1998a). "The Ethical Criticism of Art". in J.Levinson (ed.), *Aesthetics and Ethics*. Cambridge: Cambridge University Press, pp. 182–203.

_____ (1998b). "Just Looking: The Ethics and Aesthetics of Humor". *Philosophy and Literature* 22:51–68.

Gendeler, T. S. (2000). "The Puzzle of Imaginative Resistance". *Journal of Philosophy* 97: 55–81.

Gracyk, T. (1987). "Pornography as Representation: Aesthetic Consideration". *Journal of Aesthetic Education* 21: 103–21.

Hanson, K. (1998). "How Bad Can Good Art Be?". in J. Levinson (ed.), *Aesthetics and Ethics*. Cambridge: Cambridge University Press, pp. 204–26.

Hume, D. (1993). "Of the Standard of Taste". *in Selected Essays*. Oxford: Oxford University Press.

Jacobson, D. (1997). "In Praise of Immoral Art". *Philosophical Topics* 25: 155–99.

John, E. (1995). "Subtlety and Moral Vision in Fiction". *Philosophy and Literature* 19: 308–19.

Johnson, S. (1964). *Lives of English Poets, i, Cowley to Prior*. London: Dent.

Kieran, M. (1996). "Art, Imagination and the Cultivation of Morals". *Journal of Aesthetics and Art Criticism* 54: 337–51.

_____ (2001a). "In Defense of the Ethical Evaluation of Narrative Art". *British Journal of Aesthetics* 41: 26–38.

_____ (2001b). "Pornographic Art". *Philosophy and Literature* 25: 31–45.

_____ (2002a). "On Obscenity: The Thrill and Repulsion of the Morally Prohibited". *Philosophy and Phenomenological Research* 64: 31–55.

_____ (2002b). "Forbidden Knowledge: The Challenge of Immoralism". in J. Bermudez and S. Gardner (eds.),

Art and Morality. London: Routledge.

Kivy, P. (1997). *Philosophies of Arts: An Essay in Differences.* Cambridge: Cambridge University Press.

Lamarque, P. (1995). "Tragedy and Moral Value". *Australasian Journal of Philosophy* 73: 239-49.

_____ and Olsen, S. H. (1994). *Truth, Fiction and Literature.* Oxford: Oxford University Press.

Levinson, J. (1998). "Evaluating Music". in P. Alperson(ed.), *Musical Worlds.* University Park, Pa.: Pennsylvania State University Press, pp. 93-107.

_____ (1999). "Erotic Art". *in The Routledge Encyclopedia of Philosophy*, ed.E Craig. London: Routledge, pp. 406-9.

Mason, M.(2001). "Moral Prejudice and Aesthetic Deformity: Reading Hume's 'Of the Standard of Taste'". *Journal of Aesthetics and Art Criticism*, 59: 59-71.

Miller, R. W. (1979). "Truth in Beauty". *American Philosophical Quarterly* 16: 317-25.

Moran, R. (1994). "The Expression of Feeling in Imagination". *Philosophical Review* 103: 75-106.

Mullin, A. (2002). "Evaluating Art: Morally Significant Imagining versus Moral Soundness". *Journal of Aesthetics and Art Criticism*, 60: 137-49.

Posner, R. (1997). "Against Ethical Criticism". *Philosophy and Literature* 21: 1-27. Radford, C. (1991). "How Can Music Be Moral?". *Midwest Studies in Philosophy* 16: 421-38.

Tanner, M. (1994). "Morals in Fiction and Fictional Morality, II". *Proceedings of Aristotelian Society*, suppl., 68: 51-66.

Tolstoy, L. (1930). *What is Art? and Essays on Art*, tr. Aylmer Maude. London: Duckworth. First published 1898.

Walton, K. (1994). "Morals in Fiction and Fictional Morality, I". *Proceedings of Aristotelian Society*, suppl., 68: 27-50.

제27장

예술과 정치

리디아 괴어(Lydia Goehr)
번역: 이종희

1.

《인간의 미적 교육》에서 실러는 그 최초의 행동이 호전적이었던 지혜의 여신 이야기를 들려준다. 그는 "그녀는 탄생의 순간에도 달콤한 잠에서 빠져나오기를 꺼리는 감각들과 힘겨운 전투를 벌여야 했다"라고 쓴다.

이 장에서 나는 예술과 정치 간의 관계에 대한 광범위한 현대적 논쟁들 가운데 하나의 주제, 즉 이런 논쟁들에서 철학의 역할과 그 공헌에 대해 집중하겠다. 본 검토는 배경적으로는 예술이 정치적 영역에, 그리고 정치적 영역과 관계하는 다양한 방식들에 관해 철학이 유용한 개념적 명료화를 제공할 것이라는 점을 인정한다. 다양한 방식들은 예를 들어 선전예술의 생산과 대중 매체에서 이미지의 활용, 정체성 정치 및 정치적 데모에서 예술의 이용, 제도적 역사와 예술 생산품의 마케팅과 소비, 검열 및 유출된 예술의 반환과 관련한 국제법의 문제 등이다. 그러나 표면적으로는 본 검토는 문제를 보다 추상적으로 다룬다. 그것은 세 가지 관계들에 집중한다. 참여박탈(disenfranchisement), 거리두기, 그리고 간접성이다.

여기서 20세기 문학의 넓은 범위를 검토하겠지만 말미에서 1986년의 단토의 고전적 논문 — 그가 '정치로부터 예술의 참여박탈'이라 부른 바에 대한 논문 — 에 특히 집중

하겠다. 이렇게 하는 것은 단토가 다른 저자들보다 논쟁에 더 많이, 더 만족스럽게 기여했다고 생각하기 때문이 아니라 그가 예술과 정치의 긴장 관계에 대해 철학이 가지는 깊은 관여와 책임을 분명히 했기 때문이다.

역사적으로 예술은 정치에 대해 적대적인 것으로 생각되어 왔다. 철학도 흥미롭게 비슷한 방식으로 그렇게 생각되었다. 양자는 정치로부터 상대적으로 참여박탈되었다. '참여박탈'은 중립화하는 행위나 태도를 함축한다. 즉 예술과/혹은 정치는 세계에서 '어떤 것을 일으키는' 데에도 '무력'한 것이 되었다. 그것들은 정치에서의 '진짜 행동'들이 일어나는 '효과의 질서'에서 분리되었다. 그러나 이러한 참여박탈의 공유는 정치에 대항한 예술과 철학 간의 동맹으로 결말지어지지는 않았다. 그보다는, 양자는 우선 — 철학이 세상에 대한 예술의 효과를 '중립화' 했을 때 — 철학에 의한 예술의 참여박탈로 인해, 그 이후에는 단토의 설명에 따르면 철학 자체의 참여박탈로 인해 정치로부터 절연되었다. 실러의 용어로는 지혜와 감성 간의 고대 전쟁이 예술과 철학의 공통적인 정치적 참여박탈의 근저에 놓여 있다.

그러나 단토 이후의 움직임을 볼 때, 참여박탈이 예술, 철학과 정치 간의 상호 대립 관계의 결과라면 거리두기와 간접성은 그 수단이었다. 역사적, 현대적 저작들에서 지속적으로 발견되는 주장이 있다면 그것은 미메시스, 재현, 후퇴, 기만, 소외, 고립, 그리고/또는 자율성을 통해 예술이 정치, 예술의 정치, 철학의 예술, 정치철학, 예술철학 등으로부터 혹은 그것들에서 해방되는 길을 모색해 왔다는 것이다(Adorno, 1997; Bernstein, 1992 참조). 그러나 갈등이 있다. 무언가가 참여박탈되었다고 말할 때 그것은 일어나지 말았어야 할 분리나 배제를 비판하고 있는 것처럼 들린다. 그러나 무언가가 다른 것으로부터 건강한 거리를 유지하고 있다고 말한다면 그것은 하나의 성취를 칭찬하고 있는 것 같다. 참여박탈이 투쟁하는 학과들, 시행들, 인간 경험들의 역사를 포착하는 반면 거리두기와 간접성은 상이한 것들을 서로로부터 보호하는 역사를 포착한다. 우리는 이러한 갈등을 시야에서 놓치지 말아야 한다. 왜냐하면 우리가 이제 보게 되겠지만 이것이 그토록 많은 현대적 논쟁들의 핵심에 놓여 있는 것이기 때문이다.

2.

이 절은 예술과 철학에 대한 현대의 토론들에서 생겨난 일단의 추상적이고 구체적인 경향들을 둘러본다. 2개의 일반적 진술에 주목할 것이다. "예술은 아름다움에 관한 것이고 정치는 공정한 정부에 관한 것이다"와 "예술은 자유에 관한 것이고 정치는 권력에 관한 것이다"가 그것이다. 첫 번째는 아름다운 사물에 대한 감상이 어떻게 우리를 정의로 향하게 하고 또 덕에 대한 사랑을 이끌어 내는지에 대해 하버드 대학의 인문학 교수가 최근에 쓴, 다소 인상주의적이지만 아주 전형적인, 미학적이고 낙관적인 보수주의 논문에서 발췌한 것이다(Scarry, 1999). 두 번째는 현재 뉴욕에 살고 있는 전(前) 루마니아 반체제 작가가 1989년에서 1991년 사이에 검열에 관해 쓴 심오하고 냉소적이며 사실적인 논문 모음집으로부터 직접 취한 것이다. 두 진술의 함축은 의미심장하게 다르다.

첫 번째 진술은 조화와 조화로운 관계에 대해 시사한다. 예술이 아름다움에 관한 것이고 정치가 공정한 정부에 관한 것일 뿐 아니라, 또한 예술을 통해 경험된 아름다움은 정의롭고 도덕적인 사람들에 의해 경험될 수 있는 무언가이다. 미적 경험의 역할은 도덕성이 그 뒤를 따르는 미적 상태로 한 사람을 위치짓는 것이라고 말할 수도 있다(Geuss, 1999: ch.3을 보라). 아니면 미에 대한 우리의 관조와 참과 좋음을 향한 감수성 사이에는 유비 혹은 상호성의 관계가 있다고 말할 수 있다(Scruton, 1997). 그러므로 예술은 아름다움에 관한 것이고 정치는 공정한 정부에 관한 것이라면 사회에 의한 예술의 생산은 정치와 같이 좋은 삶이라는 목적에 헌신한다. "우리는 아름다운 대상이 그 대칭성과 풍부한 감각적 자원을 통해 어떻게 우리를 정의로 향하도록 돕는지 알게 되었다. 지각자와 창조 행위의 두 다른 위치 또한 아름다움이 윤리적 평등의 방향으로 행사하는 압력을 드러낸다."(Scarry, 1997: 109) 이러한 논증은 '아름다운 영혼'이라는 가정, 즉 인간 감수성의 계발이 진·선·미를 향한 우리의 충동을 통합시키는 방향으로 작동한다는 가정에 의존한다.

이는 미학의 역사에서 잘 알려진 논증이다. 나의 목적에 중요한 것은 그 논증이, 거리두기이면서 **참여박탈은** 아닌 바에 관한 주장에 의존하고 있는 방식이다. 실러/칸트주의적 접근을 따라 그 논증은 우리가 어떻게 미를 감상하는지, 관조적 행위에 필요한 무관심적인 자세를 취하기 위해 우리 자신을 어떻게 탈중심화하거나 우리의 태도를 탈개인화하는지의 문제가 미적인 것을 윤리적인 것에 대립시키는 것이 아니라 양자의 기획을 통합시키는 것이라고 제안한다. 이러한 통일은 경험의 유비 혹은 대칭을 통해 성립한다. 미를 바라볼 때의 '탈중심화'의 경험은 '우리가 세계에 대한 우리의 관계가 변화되었음을 알게될' 때의 그 거리두기의 순간을 포함한다. "우리는 우리 자신의 세계의 중심에조차 있기를 그만둔다. 이는 마치 누군가 그 자신의 이야기에서의 주인공이기를 그만두고 민담에서 '부수적인 구경꾼'으로 불리는 바가 된 것과 같다." 구경꾼으로서 우리는 (윤리적 혹은 정치적인) 세계에 대한 관심을 잃는 것이 아니다. 그 반대로 이러한 반성적이지만 황홀경적인 (구경의) 순간, 우리의 '정신적 삶'은 '팽창'하거나 '개시'된다. "마치 아름다운 사물들이 세계 도처에 배치되어 쇠퇴한 기민함을 그 가장 예민한 수준으로 되돌리도록 자극하는, 지각에 대한 자그마한 알람으로 기능하는 것 같다." 우리는 무엇에 기민해지게 되는 것인가? 미적인 것과 윤리적인 것 간의, 보다 구체적으로는 아름다움의 인지와 사람들 사이의 '정의로운', '공정한' 처리의 인지 간의 '대칭'에 기민해지는 것이다. 이러한 대칭은 무엇에 의존하는가? 우선, 보는 사람으로서의 우리 자신과 보이는 대상 사이에서 오고 가는 관조적 행위의 움직임에, 그리고 유비적으로 우리 자신에 대한 관심과 남들에 대한 관심 사이에서의 움직임에 의존한다.

두 번째 진술, "예술은 자유에 관한 것이고 정치는 권력에 관한 것이다"의 분위기는 훨씬 더 적대적이다. 정치가 권력에 대한 것이라면 정치는 또한 압제 — 다른 것에 대한 무언가의 비합법적인 권력 — 에 관한 것이기 쉽다. 그리고 정치가 억압하는 것이 예술이라면, 예술이 자유에 관한 것임은 곧 자신을 정치의 억압으로부터 해방하는 것임을 의미하게 된다. 다르게 말하자면 정치가 권력에 관한 것이고 권력이 인간에 대한 억압을 암시한다면 예술은 인간을 억압으로부터 해방하는 것에 관한 것이 된다. 이는 다음의 방식으로 가장 강력하게 주장될 수 있다. "정치가 권력에 관한 것이고 예술이 자유에 관한 것이라면, 전체주의 국가에서 예술은 단지 모든 권위에 대한 도전으로서 성립하는 것뿐만이 아니다. 예술은 적이 아닌 어떤 것도 상징하지 않게 된다."(Manea, 1992: 31)

어떻게 예술이 압제나 전체주의적 정부에 대한 적으로서의 **정치적** 지위를 획득하는가는 명시적인 정치적 내용, 즉 소위 메시지를 담은 과격한 예술을 통해서가 아니라, 미적 기술이나 예술적 형식을 간접적으로 은밀하게('비밀스럽고 조용히') 사용함으로써이다(Adorno, 1997). 여기서 미적 기술은 참여박탈의 환영을 만들어 내도록 의도된 거리두기이다. 반어법, 은유, 유머, 상징주의는 암호화의 미적 과정으로, 그로써 거대한 환영 — 예술**로서의** 예술에 주목하는 미적 환영, 혹은 예술이 분명 정치적인데도 그렇지 않다는 정치적 환영 — 이 유지되는 미적 수단이다. "비정치적 태도는 … 기권이 공개적으로 선언되지 않았으므로 도피, 안전한 후퇴가 된다."(Manea, 1992: 19) 부정하기, 가장하기, 기만하기는 예술이 검열관의 펜에서 스스로를 공고히 방어하는 방식이다. 그것은 예술이 정치적 구조에 의한 이용에 저항하는 방법이다. 정치적 구조는 스스로의 목적을 위하여 예술을 지배하거나 이용하려 하기 마련이다. 이용을 받아들이지 않으면서 예술은 체제의 적으로서 저항한다. 이러한 논증에서 적절한 것은 예술이 관계하는 기만과 간접성 — 예술은 정치와 완전히 관련되어 있으면서 아무 관련성이 없는 듯한 외양을 만들어 낸다 — 은 모두가 아는 기만이라는 점이다. 그것은 공공연한 비밀이다.

유고슬라비아 자그레브의 한 예를 살펴보자. 여기서 젊은 지식인들은 '말 없는 언어'인 마임으로 대중들 앞에서 저항했다. 왜 마임인가? 왜냐하면 이것이 '법률 위반으로 기소되는 것을 회피할' 방법이었기 때문이다. 그러나 우리는 '관중들이 메시지를 완벽하게 이해했다'는 얘기를 듣는다. 그러나 관중들 중 누구인가? 모두인가 아니면 단지 지식인들인가? 아마도 둘 다일 것이다.

> 야만적인 압제 기제에 대한 반응으로서의 이런 종류의 암호화된 의사소통은 사
> 적인 관계들뿐 아니라 사회 전반에 퍼져 갔다. 전문가들에게만 인지 가능한, 또
> 종종 표현되기보다는 함축되는 기호체계에 대한 정확한 지식은 개인 간, 그룹 간
> 의 어떤 교환에서도 필수 불가결한 것이었다. 24시간 감시체계하에서 전체 사회
> 는 거짓 굴복과 감추어진 거부로 쪼개졌다. (Manea, 1992: 18)

진정한 긴장이 이러한 경계에 깃들어 있다. 오직 '지식인'만이 마임을 하는 저항자들
을 이해했다면, 저항자들은 이미 확신을 가진 사람들에 대해서만 저항하고 있었던 것이
아닐까? '지식인'들은 이미 대의에 동조적이었다고 가정한다면 말이다. 그렇다면 정치적
행동의 요점은 무엇이었는가? 그러나 국가기관원들을 포함해 비-지식인들 또한 '메시지
를 이해했다'면 왜 전복적인 저항이 허용되었는가? 검열관의 법률을 직접 위반하지 않는
미적 기술이나 형식을 사용하는 것이 전복적인 예술적-정치적 행동이 살아남는 방법이
었다는 것이 해답이 될 것이다. 그러나 전복이 정말로 누군가가 기만당하는 것에 의존하
였을까? 아무도 정말은 기만당하지 않았다면, 어떻게 전복이 작동할 수 있었는가? 형식
을 정교하게 채용하면 그 내용이 공개되지 않으면서도 누구나 그 숨겨진 메시지를 '취할'
수 있으므로 그렇게 하는 것이 전복적인 텍스트가 검열을 피하는 방법이라면, 전복은 환
영적이거나 그렇지 않으면 기만에 의존하지 않을 것이다. 여기서 우리가 배우는 것은 전
복, 기밀성, 기만에 대한 주장이 종종 혼동되어 있지만 그래서는 안 된다는 것이다. 혼동
을 다른 식으로 생각해 보자. 만일 메시지의 '감추어짐'이 그것을 보다 전복적인 것으로
만든다면, 동시에 이는 또한 그것을 덜 효과적으로 만들 것이다. 왜냐하면 그 대립이 간접
적이거나 '지하운동적'이기 때문이다. 아마 검열관은 메시지의 효과를 최소화하기 위해
간접성에 의존할 것이다(Coetzee, 1996; Edelman, 1995). 예술을 지하운동적으로 유지하는 것
은 억압적인 사회가 그 자신의 피할 수 없는 전복적 요소들을 제어하는 하나의 방법일 것
이다. 이러한 생각과 더불어 다른 생각도 떠오른다. 거리두기가 성취하는 정치로부터 예
술의 참여박탈은 양날의 검이다. 참여박탈이 예술에 간접적으로 정치적이거나 전복적일
공간을 준다면(Devereaux, 1993) 이는 또한 예술의 실질적인 정치적 효과를 무력화할 수
있다.
　위의 두 주요 진술이 예술과 정치의 관계에 대해 생각하는 두 주요 방식에 역사적,
개념적으로 상응한다는 것은 분명하다. 전자는 **낙관적이고 자연스러운** 태도에 (필연적이지는
않지만) 연관되어 있고 후자는 **비관적이고 불안해하는** 태도에 연관된다. 후자는 예술을 통한

혹은 예술에 의한 정치에의 **저항**의 역사를 포착한다. 전자는 양자의 화해를 향한 믿음과 희망의 역사를 포착한다. 이 진술들이 냉전의 긴장을 나타낸다는 점은 공히 명백하다. 최근의 저술들에서 두드러진바, 그중 미국 저술들에서 가장 명백한 것은 서구 연합의 미학이 가진 불안하고 심지어 편집증적인 조건이 얼마만큼 또 얼마나 자주 그로써 서구의 상태를 판단하는 기준 혹은 참조점으로 기능하느냐이다(Berman, 1989). 미국에서 국가예술기금의 정책에 대한 판단과 토론들, '제시 헬름스(Jessi Helms)'* 현상, 메이플소프(Mapplethorpe)와 세라노(Serrano), 핀리(Finley)의 매력적인 이미지들이 얼마나 자주 억압적이고 전체주의적 사회에 대한 냉전적 불안을 겨냥해 만들어졌는가? 현대 미국에서 사회적 책임감을 결정해야 하는 문맥에서 낙관주의적이고 약간은 교훈적인 이론가는 "왜 하벨에 대해 계속 말하고 체코 사회와 이런 유비를 하는 것인가?"라고 묻는다.

> 왜냐하면 이런 극적인 변화야말로 예술가의 역할이 역사적이고 사회적인 구축이라는 점에 대한 살아있는 증명이기 때문이다. … 그것은 변화하고 진화하며 성장하고 쇠퇴한다. 또 역사와 시장경제에게 명령하고 또 명령받는다. 그리고 예술가의 창조적 비전은 그 자체로 예술을 건설하고 새로운 사회를 건설하는 데에 이용될 수 있다. 이런 목적들은 각각 아직 존재하지 않는 것을 창조하는 것에 의존하기 때문이다. 많은 사회들에서 … 예술가들은 그들의 목소리를 주류 텍스트에 대한 투쟁을 위해, 시각적 이미지나, 춤, 음악이나 극을 통해 대안적 서사를 창조하기 위해 사용한다. 그들은 침묵당한, 억압받는, 사람들이 두려워하는, 감추어진 모든 것들을 한데 엮어 그것이 알려지도록 만들려 한다. 이런 나라들과 우리와의 차이는 여기에는 예술과 예술가들이 일상생활의 질에 기여하는 역할의 중요성에 대한 공공연한 인지와 지지가 있다는 것이다. … 이제 이 나라의 예술가들이 그동안 주어졌던, 그리고 그들 스스로가 낭만적으로 자유와 혼동했던 고립과 주변성의 위치를 거부해야 할 시점이다. (Carol Becker, in Buchwalter, 1992: 246-7)

동구와 서구 간의 이런 비교의 요점은, '낭만적인' 고립과 주변성이 — 혹은 '참여박탈', '불능', '중립화'라고 말할 수도 있다 — 예술이 세계에 "어떤 것도 일어나게 하지 못한다"라고 계속해서 생각할 만한 이유를 준다는 견해를 약화시키는 것이다. 체코슬로바키아에서 체코 공화국으로의 변모, 그리고 반체제 작가에서 대통령이-된-작가로 변모한 하벨의 경우를 생각해 보라.

---

* 전 공화당 상원의원(노스캐롤라이나주)으로, 미국 의회 내 대표적 보수강경파로 유명한 인물

우리의 두 진술이 또한, 역사적으로 각각 우익 및 좌익에의 정치적 충성과 상응한다는 주장은 너무 거칠긴 하겠지만, 완전히 장점이 없지는 않다. 우리는 좌익에게서 정치에 보다 의심을 가지고 예술을 더 신뢰하는 경향을, 우익에게서 정치를 보다 신뢰하고 예술에 더 의심을 가지는 경향을 본다. 그러나 정치에 극단적인 신뢰를 가지고 정치에 소용이 되는 예술에만 신뢰를 보이는 극단적 좌파가 있었다. 이는 (발터 벤야민을 따라) '예술의 정치화'로 불려 왔다. 또 정치에 회의를 가지거나 신뢰를 잃은 우파는 예술로, 특히 정치적 국가(state)의 모델로서 '미적 상태(state)'로 향한다. 예술작품이-된-국가(the state-become-artwork)이다. 이는 '정치의 감성화'로 불려 왔다(Jameson, 1980; Chytry, 1989; Ankersmit, 1996). 때때로 우익과 좌익은 그 극단에서 만난다. 그러나 그 사이에서 일어나는 일은 좌익과 우익 정치 의제에 적합한 더 좁고 넓은 개념들 사이의 복잡하고 계속적인 개념적 이동과 상호작용이다. 한쪽에 '예술', '예술들', '미적인 것'이, 다른 쪽에 '이데올로기', '정치', 그리고 '정치적인 것'이 있다(Freeden, 1996). 동시에 일어나는 것은 철학 이론들에서 이런 개념들 사이의 비슷한 움직임과 상호작용, 그리고 그것들 중 어느 것들 혹은 모두 사이에서의 의도된 제거들과, 그 제거에 대한 투쟁들이다(Eagleton, 1990).

좌-우익 충성을 혼동하는 또 다른 입장이 있다. 그것은 아름다움의 기능은 어떻게든 자유에 봉사하는 것이라 주장한다. 여기서 아름다움과 자유 간의 관계는 현존하는 혹은 유토피아적인 사회적, 정치적 합의와 관련지어 생각된다. 현재 요점은 누군가 예술과 미(혹은 추)에 대해 생각하는 바, 그리고 자유와 관련한 정치적 역할을 예술에 이론적으로 부여할 것을 선택하느냐의 문제가 세계의 정치적 상태에 대한 일반적인 낙관주의 혹은 비관주의에 의존한다는 것이다. 어떤 이론가들(여기서 나는 이름들을 거명하기보다는 경향을 기술하려고 한다)은 국가에 명백히 자유가 있을 때 예술이 그 '해방'의 기능으로부터 해방된다고, 예술을 위한 예술의 관조는 정치적으로 만족스러운 사람들의 성취라고 생각하는 것 같다. 다른 사람들은 그런 만족의 조건하에서 예술은 단순한 오락으로 사소화된다고 생각한다. 종종 말들을 하듯, 행복한 환경 혹은 '압제가 없는 분위기'에서는 정말로 진지한 예술이 전혀 생산되지 않는다(Manea, 1992를 참조하라). 그러나 다른 사람들은 좀 더 회의적으로 어떤 나라에도 충분한 자유 혹은 만족이 전혀 없다고, 그리고 이런 피할 수 없는 조건에서 예술이 생존하고 번성한다고 생각하는 것 같다. 심지어 어떤 사람들은 세계의 이러한 불완전한 조건이 예술을 살아 있게 만들기 때문에 유감스러운 것이 아니라고 제안하는 것 같다. 정치적 사안이나 인류의 복지를 위한 관심보다 예술에 우선권이 주어질 수 있다는 것이 유미주의자들이 본래 내세우는 끈질긴 가정이다.

예술을 정치와의 관련하에, 또 철학과의 관련하에 두는 것, 그러면서 동시에 예술의 독립성을 주장하는 것은 매우 중요하다. 왜냐하면 이것이 실제 세계에서 예술의 무능에 대한 반복되는 주장에 맞서 그것의 가치와 효과, 능력을 방어하는 방식으로 보이기 때문이다. 현재의 논쟁에서는 모더니스트 논쟁에서와 마찬가지로 무능이 정치와 예술에 대한 대화의 불변하는 출발점인 것 같다.

다음으로 다양한 저자들이 참여한《민주주의와 예술》(Melzer 외, 1999)이라는 제목으로 나온 최근 논문집을 고려해 보자. 정치학 교수 세 명에 의해 편집된 이 선집은 그 전형이 미국에 속한다고 여겨지는 민주주의에서 예술이 어떤 역할을 가지는지, 혹은 가져야 하는지에 대해 묻는다. 이 질문은 뉘앙스가 덧붙여진다. 목적은 예술이 **그 자체**로 어떤 역할을 하느냐보다는 '민주주의적 예술'과 같은 것이 있는지 혹은 있을 수 있는지를 묻는 것이다. 편집자들은 그 대답이 분명하다고 생각지 않는다. 민주주의가 아주 보편적인 **평등주의**를 제안하고 요구한다면, 예술은 소위 **엘리트주의**를 동반하고 요구한다 — 이는 예술 생산과 연관된 특별한, **보통-너머**의 재능을 인정하는, 또 예술 형식과 내용에서의 **예외**와 **전범**(典範)을 알아보는 미학을 인정하는 부류이다. 편집자는 묻는다. 그렇다면 민주주의는 예술을 위해 좋은 것인가, 만일 그렇다면 어떤 예술에서 특히 그러한가? 한 저자는 즉흥연주와 참여적인 공유라는 민주주의적 이상과 더불어 재즈라고 답하고 다른 저자는 기능적인 건축이라고 답한다. 아마도 '가장 민주적인 장르'인 소설일 수도 있다. 이런 대답들에는 '고급'과 '저급', '세련된'과 '대중적인' 범주 간의 구획에 대한 명백한 재정향과/혹은 재정립이 있다. 언뜻 보기에 민주주의적 이상은 더 많은 사람의 더 많은 관심을 언급하는 예술과 더 잘 맞는 것 같다. 그러나 그렇다면 평등과 공정함을 담당하는 긍정적인 민주적 정치와 표준화(차이를 감소시키는)를 위해 너무 많은 것을 요구한다고 알려진 부정적인 민주적 예술 간에 벌어지는 충돌에도 또한 주목이 주어진다. 다른 저자는 민주주의는 예술작품 **그 자체** 혹은 생산되는 예술작품의 종류에 의해서가 아니라 그것과 연관된 생산과 수용의 제도 — 예술적 이상의 자유롭고 개방된 교환을 허용하는 공적 후원과 재정지원의 조건 (또 하나의 민주주의적 이상)에 의해, 혹은 모범적인, 예외적인, 비범한 지위를 가짐으로써 민주적인 토론의 확대나 확장으로 향하는 데 기여할 수 있는 작품의 생산에 의해 그 자신을 보여 주거나 그 가치를 입증한다고 제안한다.

편집자들은 정치학자이지만 다른 저자들은 예술과 보다 직접적으로 관련된다(그들은 문학-문화 비평가, 작가들이고 시인, 음악이론가, 미학자들이다). 이 점은 상관이 있는데, 저자들이 민주주의를, 완벽히는 아니더라도 이미 충분히 실현된 정치적인 정부 형태로 다루는 경향이 있기 때문이다. 그들이 자신의 남은 임무로 생각하는 것은 그런 정부 형태 안에서, 그리고 그것과 일관적인 예술의 역할을 결정하는 것이다. 편집자들도 예술과 정치의 전통적 질문은 미국의 맥락에서 2개의 중요한 화제, 즉 예술이 민주주의에 기여하는지, 어떻게 그러한지와 민주주의가 예술에 기여하는지, 어떻게 그러한지로써 상술될 수 있다고 쓸 때 이런 접근을 부추긴다. '정치'와 '민주주의'가 동일하다는 너무나 미국적인 등가화의 비-명백성을 선언하는 사람은 '외국' 저자인 이스라엘 소설가 여호수아(A. B. Yehoshua)가 유일하다.

> 나는 민주주의라는 주제에 관한 미국의 지적인 헌신에 대한 감상을 표현하는 것으로 시작하고 싶다. 민주주의 국가가 다른 나라에서처럼 나 자신의 나라인 이스라엘에 존재하긴 하지만 우리에게 민주주의는 다른 스타일들을 시도해 본 후에 입어 보는 한 벌의 옷과 비슷한 것인 듯하다. 반면 미국인들에게 그것은 한 벌의 옷이나 코트 이상으로, 바로 그들 몸의 피부이다. 왜냐하면 … 미국은 그 국가적 정체성이 거의 유전적으로 민주주의와 관련된 세상에서 유일한 국가이기 때문이다. … 미국인들은 다른 나라들이 그들 국민성의 의미와 한계, 혹은 그들의 언어나 종교의 기원에 대해 탐구하는 방식으로 그들의 민주주의적 본성을 재검토한다. (Melzer 외, 1999: 43)

적어도 우리가 이해하는 정치 개념에 있어 민주주의란 주어진 것이라고 다룸으로써 '미국' 이론가들은 출발점에서 도약을 할 수 있게 된다. 그들은 우선 이상적인 정치적 조건을 결정하고 그 안에서 그를 위한 예술의 역할을 찾아야 할 필요성을 느끼지 않는다. 그보다 그들은 곧바로 그들의 주목을 예술로 돌린다. 이는 탐구를 역방향으로 진행하고 싶어 하는, 즉 우선 예술의 특징과 본성을 결정하고 그것을 정치적인 것에 연결시키려 하는 이론가들에게 특히 매력적인 것으로 여겨지는 것 같다. 어떤 명시적인 정치적 개념화로부터도 거의 완벽히 분리되어 예술에 관해, 그리고 심지어 그 정치적 특성과 의미, 중요성에 관해 주장하는 강렬한 경향을 가진 이론가들의 저작이 있다. 따라서 어떤 사람은 예술이 그들이 실행에서 아는 바와 같이 원칙적으로 정치적, 사회적, 혹은 도덕적 함의를 가질 수 있음을 보여 주기 위해서는 논리적으로, 예술이 예술-외적인 것과 어떤 형식적 관계에 있다고 주장하는 것으로 충분하다고 생각하는 것 같다. 여기서 주장되는 것은 정치 편의 구체적인 내용이나 전념이 없는, 예술과 정치 간의 형식적 관계이다. 요점은 정말로 정치를 의문 삼지 않으면서도 우리가 명백히 한편에, 예술의 '편에' 있을 수 있다는 점이다. 예술은 그렇다면 보다 보수적이고 자유주의적인 방식으로 정치에 연결될 것이다. 그러나 이런 이론가들은 이것이 그들의 주목을 요구하는 이론적이거나 철학적인 문제라기보다 경험적인 문제라고 말할지 모른다.

예술과 정치와의 관련성을 인정하지만, 그 관련성이 예술이 단지 정치나 다른 무언가에 대한 봉사로서만 기능적으로 간주된다는 점을 함축하지 않는 한에서만 인정하는 이론가들이 공유하는 경향이 최종적으로 이런 경향과 연관된다. 그런 이론가들은 아름다운 그림이 단지 아름다운 그림일 뿐이어야 할 때 그렇다는 것이 인정될 수 있도록 예술에 그 고유성, 특이성, 순수한 예술적 발전의 가능성을 견지하고 싶어 한다. 그들의 목적은 종종 예술의 특별한 성질을 본질화하는 것이다. 이로써 그들은 비록 예술이 사회적이거나 정치적 영역에서 많은 다양한 기능들을 가진다는 점을 인정하지만 — 이는 거의 아무도 사실 부정하지 않는데 —, 이 기능들은 예술의 대체물이나 그것의 흡수체가 아니라 예술의 '본질적', 혹은 '내재적' 성질에 '외재적'인 것으로 간주될 때 최선이 된다. 다시 한 번 이런 경향의 가장 일반적인 결과는 철학적 이론을 통해 예술과 정치 간의 비-제거적 관계를 탐색하는 것이 된다. 이는 한편으로는 정치가 압제적 힘을 휘두를 때 예술의 정치에 대한 필연적인 저항을 허용하고/혹은 다른 한편으로 선과 참의 **곁**에서 예술이 **교육**에 제공하는 독특한 기여를 허용하도록 하는 것이다.

3.

예술에 대한 집중과 정치에 대한 주목의 결여는 예술의 참여박탈에 관한 단토의 논문에 잘 예화되어 있다. 그러나 우리는 사실 그가 흥미있어 하는 것이 우리 이야기의 세 번째 형제인 철학이라는 점을 알아채게 된다. 철학은 예술의 무능에 개념적인 신뢰성을 주지만, 그렇게 함으로써 그 자신을 궁극적으로 입증한다. 철학이 그 자신의 참여박탈의 위협으로부터 구출될 수 있을까?

단토는 에이츠의 죽음과 아일랜드 정치 상태에 대해 오든(W. A. Auden)이 쓴 시에 나오는 주장, 즉 '시'는 '무언가가 일어나도록 하는' 데에 무능하다('정치'는 '사태들이 일어나도록 하는' 관념과 연관된다)는 주장과 더불어 정점에 이른 모더니스트의 '무능'에서 시작한다. 잠시 후 단토는 오든을 다시 인용한다. "세계의 정치적 역사는 시가 하나도 쓰이지 않고 그림이 하나도 그려지지 않으며 한 마디의 음악도 작곡되지 않았더라도 그대로였을 것이다." 단토는 특정 예술작품이 실제로 무언가를 일어나도록 했는가 하는 경험적인 질문에는 직접적 관심이 덜하다. 그가 고려의 후보를 제시하고는 있다(피카소의 〈게르니카〉). 그보다 그는 예술을 '정신화'하거나 예술을 사태가 발생하는 세계로부터 존재론적으로 거리를 두도록 하려는 철학적 노력이 얼마나 '만장일치'였는가를 보이는 데 관심이 있다. 이러한 철학의 거리두기 행위의 영향은 무엇이었는가? 예술에서 '인과적' 효능을 참여박탈하고 그것에 이미 일어난 세계의 사건을 단지 추억하거나 고이 간직하거나 반성적으로 반응하는 기능만을 남겨 두는 것이다. 왜 이러한 경향이 그토록 심오하게 만연해 있었는가? 왜냐하면 그것이 예술이 사실은 위험하다는 — 아주 위험하다는 더 깊이 뿌리내린 의심에 반대하는 가장 효과적인 방식임이 드러났기 때문이다. 단토는 이제, 예술의 역사는 사실 '예술의 억압의 역사'라고 선언한다. 무엇이 억압되었는가? 예술의 효과, 역설적으로 철학이 예술에 대해 부정한 바로 그 효과였다. 단토는 이 역설에 관심이 있다. 예술이 사건들이 일어나는 세계에서 무능하다면, 왜 그것을 억압하는가? 그것이 무능하지 않다면, 무능하다는 철학적 믿음이 왜 그토록 오래 지속되었는가? 단토에게 이 역설은 철학에 대해 심오한 무언가를 우리에게 말해 준다.

누군가는 역설이 예술의 사회 및 정치에 대한 적대적 역사 — 여기서 그 힘에 대한 억압은 역설적으로 아주 자주 그 힘의 부인과 결합되어 있다 — 를 고찰함으로써 경험적으로 가장 잘 설명될 것이라고 생각할 것이다. 그러나 단토는 경험적인 것을 넘어, 예술이 촉발했다고 알려진, 그리고 거기에 철학이 반응한 '형이상학적 위험'으로 나아간다. 그는 예술이 철학이 발명된 이유일 수 있는지 묻는다. 이는 우리로 하여금 철학이 예술에게 무엇을 하였는지, 어떻게 철학이 예술에 대해, 예술을 효과의 영역 바깥으로 밀어낼 뿐 아니라 궁극적으로 그 자신도 효과의 영역에서 배제하는 믿음을 구축하였는지에 대해 깨닫게 하기 위해서이다.

이런 식으로 단토의 관심은 예술이 무해하냐 그렇지 않냐 하는 질문으로 직접 향하는 것이 아니다 — 분명히 그것은 무해하지 않다. 그의 관심은 그것이 무해하다는 형이상학적 믿음에 대한 고고학을 수행하는 것이다. 이것을 아는 것이 중요한데, 그렇지 않으면 그가 자주 이야기되는 견해를 단지 무시했다고 그를 비난하게 되기 일쑤이다. 그것은 플라톤의 《국가》로부터의 인용문이 보여 주는, '시와 음악의 방식은 도시의 가장 중요한 법률의 변화 없이는 어떤 곳에서도 바뀌지 않는다'(《국가》 4권, 424c)는 견해이다. 그러나 단토 스스로가 말하듯 '예술을 그 본성상 아무것도 일어나게 할 수 없는 것으로 재현하는 것은 예술이 위험하다는 견해에 반대되는 입장에 해당하지 않는다. 그것은 예술에서 두려워할 것은 없는 것처럼 그것을 형이상학적으로 취급함으로써 감지된 예술의 위험에 반응하는 하나의 방식이다'. 예술을 이런 식으로 다루는 것은 철학에서 끊임없이 참여박탈적 이론을 생산하는 것과 뜻을 같이한다.

단토는 두 가지를 기술한다. 첫 번째는 칸트적인 예술의 '하루살이화' 이론이다. 예술을 우리 관심이 진짜로 만족되는 세계의 영역 바깥으로 내모는 거리두기 이론이 그것이다. 그렇게 함으로써 질문은 더 날카로워진다: 예술은 어떤 좋음인가? 그것은 무엇에 **쓸모** 있는가? 그리고서 그는 예술을, 전개하는 정신(Geist)의 역사에서 위장된(disguised), 덜 적합한 철학의 한 형태로 다루는 헤겔적인 '대체'의 예술이론을 기술한다. "예술이 그 자신의 역사를 내재화할 때, 즉 우리 자신의 시대가 그런 것처럼 그것이 자신의 역사에 자의식적이 될 때 — 그리하여 역사에 대한 그 의식이 자신의 본성의 일부를 형성하게 될 때, 예술이 마침내 철학으로 되어 간다는 것은 아마도 피할 수 없는 일이다. 그리고 그렇게 된 다면, 중요한 의미에서 예술은 종말에 이른다." 예술의 '무용성'이나 '종말'을 선언하는 이론들이 철학의 성취, 적에 대한 승리, '괴물'의 파괴를 입증하는 것으로 여겨질 만하다고 생각할 수도 있다. 그러나 두 가지 이유에서 그렇지 않다고 단토는 주장한다. 우선, 적으로서의 예술에 대한 철학의 두려움이 애초에 근거 없는 것이라면, 철학이 예술을 쓸모없다고 '증명'하기 위해 한 모든 것들은 허구적 용을 무찌른 셈이 된다. 두 번째, 예술을 종말로 가져감으로써 그것에 대한 두려움을 제거한다면 그로써 철학 자신이, 이제는 그 스스로를 향하게 되는 책략을 떠맡거나 거기에 갇히는 꼴이 된다. "예술이 아무것도 일어나게 하지 않고 예술이 단지 철학의 위장된 형태라면 철학 역시 어떤 것도 일어나게 하지 않는다." 조건문은 헤겔주의적 논리를 띤다. 이 논리에서 철학은 '이해를 제외하고는 무엇에나 늦은 때에 (황혼에) 스스로를 드러낸다'. 철학은 세계를 이해할 테지만, 마르크스와는 반대로 세계를 변화시킬 수는 없다.

단토가 2개의 근대적인 참여박탈 이론들에 더 초점을 두긴 하지만, 그는 자신의 자원을 플라톤의 《국가》에서 찾아낸다. 그렇게 하는 것은 중요하지만, 그가 이를 행하는 방식은 평범하지 않다. 그는 많은 사람들이 하는 대로 《국가》 3권에서 플라톤이 왜 특정 형태의 예술을 이상국가에서 금지했는지를 되짚어 보여 주지 않는다(cf. David Hoekema in Buchwalter, 1992). 그보다 《국가》 10권의 참여박탈 형이상학에 초점을 맞춘다. 즉 실재로부터 두 단계 멀어진 '존재론적 휴가'를 예술에 부여하는 모방 이론 말이다. 왜 그런가? 왜냐하면 후기의 참여박탈 이론들과는 달리 초기의 이론은 명시적으로 정치적 특성을 띠고 있기 때문이다. 이제 '정치적 특성'은 '형이상학적'인 무언가를 함축한다. 플라톤 자신은 그런 사안들에 관심이 있지만 그것은 사회의 조직 형태와는 직접적으로 덜 관계되고 세계에서 일어나는 것들과도 덜 상관한다. 그것은 단토가 철학의 역사에서 '인간 정신을 지배하기 위한 깊은 투쟁'이라고 부른 바와 더 관계있다. 이 투쟁은 이성의 우위를 위한 것으로 예술이 '적'으로 간주되는 결과를 가져왔다. 우리가 앞서 본 것처럼 억압적인 정부의 현재 형태에 맞서는 종류의 적이 아니라 '더 어둡고 더 혼란스러운 힘들', 비합리적 충동, '그림자, 환영, 망상, (그리고) 꿈들로부터' 구성되는 종류의 적 말이다. 플라톤의 형이상학은 자신이 두려워하는 바를 '무능력하게' 만듦으로써 스스로를 이겨 내려 시도하는, 형이상학적-정치적 공포에 대한 깊숙이 자리한 반응이다. 단토가 이런 반응을, 여성을 '쓸모없는' 혹은 '가정적'인 받침대 위에 위치시킴으로써 남성이 여성에게 행한 바라고 말한 것에 비교한 사실은 우연적이지 않고, 그러는 과정 가운데 누가 혹은 무엇이 무능하게 만들어지느냐 하는 물음을 더 날카롭게 제기한다. 보다 중심적인 지점은 정치가 명시적으로 단토의 관심이 아니더라도, 그것이 철학의 끈질긴, 형이상학적 부제(subtext)로서 그의 설명에서 생존해 있다는 점이다. 이 부제는 오래된, 그러나 고대 이래로 지속된 철학과 예술, 지혜와 감각 간의, 이성과 비이성 간의 '전쟁'을 추동했다.

단토는 이 지점에서 몇 가지 대안을 가진다. 그는 철학의 질병을 진단하고서 치료법이 있는가 하는 물음으로 돌아설 수 있었다. 철학은 예술을 참여박탈하려는 깊이 자리한 요구를 떨쳐 낼 수 있을까? 확실히 단토는 이런 질문의 이점을 이해한다. 왜냐하면 그의 담론에 따르면 철학과 예술 간의 전쟁이 지속되는 한, 철학과 그 자신 간의 전쟁도 지속될 것이기 때문이다. 아니면 그는 역사적으로 예술이 자신에 대한 철학의 참여박탈에 저항했는지 굴복했는지를 알기 위하여 예술로 방향을 전환할 수도 있었다. 아니면 끝으로 그는 정치 자신이, 철학의 정치적 하위텍스트(subtext)로서 무능해졌는지 아니면 《국가》 3권의 보다 구체적인 정치를 통해 그 힘을 유지했는지를 묻기 위하여 정치로 방향을 전환할 수도 있었다.

단토는 사실 이들 각각에 관련된 무언가를 말한다. 단토는 자신이 '사뭇 따분한' 관찰로 취급한 것에서 시작한다. "예술을 그것에 그 특성을 부여한 철학적 이론들로부터 분리시키게 되면, 예술이 무언가를 일으키느냐의 물음은 더 이상 철학적으로 그리 흥미로운 질문이 아니다. 그보다 그것은 경험적 질문으로 역사나 심리학, 또 다른 사회과학 따위가 결정할 문제이다." 그러고서 그는 구조적인 근저 수준에서의 '효력'을 예술에서 분리시킴으로써 다시 예술을 참여박탈하거나, 혹은 예술을 다른 종류의 사회적 표현으로부터 충분히 구분하지 못하는 마르크스주의와 다른 깊은 **역사** 이론을 고려한다. 이런 이론들에서 예술은 그 힘을 빼앗길 뿐 아니라 또한 그 특유성도 참여박탈당한다. 그리고 나서 **표면 역사**로 옮아가면서 단토는 다시 한 번 예술이 무언가를 일어나게 하느냐는 단순히 사실의 문제임을 상기시킨다. 그는 예술이 직접 '유대인을 구출할' 수 있다거나 '고래를 구해 줄' 수 있음은 의심한다. 그러나 직접적으로 소통될 수 없는 바를 간접적으로 예술이 소통할 수 있을 가능성은 고려하고 있다.

햄릿은 직접 발설될 수 없는 진리를 보여 주기 위해 '극중극'을 사용했다. 여기서 우리는 일찍이 제기된 주제로 되돌아간다. 우리가 예술이 단지 세계를 '반영할' 뿐이라고 생각하더라도 그러한 반영이 무죄라고 추정해서는 안 된다는 것이다. 단토는 그것이 무죄가 아닐 수 있음은 인정하지만 그렇다고 '간접적 의사소통'이 반드시 예술에 본질적인 무언가를 포착한다고 기계적으로 가정할 필요가 있다는 것은 아니다. 햄릿의 극 중 극은 은유적으로 '클라우디우스에게 반영'이었을 수 있지만 '관중 속의 다른 사람들에게는 무관하게가 아니면 반영이 아니었을 수 있다. 그리고 그 극중극은, 그것이 반영인 사람에게서와 마찬가지로 반영이 아닌 사람들에게도 같은 정도로 예술이었다'. 예술은 그 '특별한 쓰임'에 독립적으로 예술로서 기능할 수 있다 — 그것은 관객을 놀래거나 지루하게 만들거나 웃길 수 있다. 예술을 부호화된 의사소통으로 사용하는 것은 예술이 가질 수 있는 쓰임이지만, 다른 것도 이런 쓰임을 가질 수 있으므로 이 쓰임은 예술만이 예술로서 독자적으로 혹은 본질적으로 행하는 바로부터는 구분되어야 한다. 예술이 무언가를 일어나게 한다면, 그것은 예술로서 그러할 것이지만 이러한 우연적인 효능이 예술의 본질적 특성을 남김없이 보여 준다고 생각되어서는 안 되며 심지어 본질적 특성을 건드리지도 못한다. 그러한 효능은 '예술-외적'이다.

그러나 단토는 궁금해한다. 지금 우리는, 예술의 사회적 쓰임을 '외부'의 영역으로 철학적으로 치워 놓으면서 우리가 시작한 바로 그곳에 와 있는 것이 아닌가?(Goehr, 1998: 1장을 보라) 우리가 예술에 외부적으로, 사회적이거나 정치적으로 유용한 기능을 할당할 수 있더라도 예술이 본질적으로는 아무것도 일어나게 할 수 없다고 주장하는 것은 다시 한 번 철학적 참여박탈이 아닌가? 단토는 "예술 작품의 구조는 수사학의 구조를 가진다, 그리고 … 마음을 변화시키고 그 느낌을 새롭게 함으로써 사람들의 행동을 변화시키는 것이 수사학의 임무이다."(Danto, 1981 참조)라고 한다. 모든 느낌들이 행동으로 이끌리지는 않음을 단토는 인정한다. 그러나 몇몇은 행동으로 이끌리며 예술에 의해 촉발된 몇몇 느낌들은 이로써 무언가를 일어나도록 할 수 있다. 수사학은 구조처럼 예술작품에 외재적인 것이 아니다. "따라서 결국에 예술을 두려워해야 할 이유가 있다." 이것이 물론 플라톤의 《국가》 3권이 시작하는 지점이다.

정치가 수사학(효과)과의 연결 구조(형식)를 통해 예술의 공간으로 다시 들어온다면, 그것은 같은 방식으로 철학의 공간에도 들어온다고 주장할 수 있다. 그러나 이렇게 말하는 것이 철학이 예술의 한 형태로 간주될 수 있음을 함축한다면 단토는 이를 부인한다. 왜냐하면 예술은 철학이 아니고 철학은 예술이 아니기 때문이다. 여기서 우리는 단토 논증의 정점에 이른다. 예술에 대한 철학의(플라톤의) 공격은 수사학(궤변)에 대한 공격에, 그리고 훌륭한 논증(증명)에 반대되는 설득의 책략에 불가분하게 연결되어 있었다. 단토에게 있어 철학은 자신의 목적인 훌륭한 논증을 수사학의 목표로부터 구분하는 것에서 그 최후의 구원을 발견한다.

그러나 훌륭한 논증에 대한 언급으로 충분한가? 훌륭한 논증의 형식과 내용 사이의 관계에 대해서는 어떠한가? 좋은 논증의 형식이 내용의 '중립성'을 목표로 삼아 왔으므로(참여박탈 1), 철학적 논증의 내용은 참여박탈을 견뎌 온 역사였고, 예술보다 훨씬 더, 겉보기에 그 영역에 속하지 않는 무언가에 대한 참여박탈(참여박탈 2)이었다는 생각과 우리는 어떤 관계가 있는가? 단토는 철학의 목표를 구원하면서 예술을, 그리고 수사학과 예술의 연결을 통해 다시 철학을 재-참여박탈한 것이 아닐까? 그가 예술이 위험하다는 것을 인정한 논문에서 최후 직전의 단계를 기억하라. 여기서 예술이 '무해하다'고 증명할 철학의 노력은 이제 더 이상 통하지 않으며 그 참여박탈도 종말에 이른 것으로 보인다. 그러나 참여박탈이 일어난 이유가 항상 대체로, 철학의 논리를 예술의 비논리와 겨루게 한 결과라면, 우리는 이제 철학을 구원할 그 구분을 견지할 수 있을까? 철학이 좋은 논증에 헌신하고 예술은 수사학적 설득에 (그 기능들 중 하나로서) 헌신한다면, 우리는 계속해서 철학을, '예술의 정치'와 '정치의 예술'이라는 외양으로 예술과 정치에 의해 평가절하될 위협을 끊임없이 겪고 있는 바로서 제시하는 것이 아닐까? 단토는 수사학에 대한 철학의 공포를 인정함으로써 지혜와 감각 간의 전쟁을 지속하고 있는 것이 아닐까?

단토식의 설명에 반응하는 몇몇 이론가들은 논증과 수사학 간의 관계(이는 예술과 정치 간의 문제의 큰 부분이다)를 재고하는 것과 동시에, 또한 대서사에 대한 헌신도 재고해야 한다고 제안했다(Rorty, 1981; Hohendahl, 1991). 그들은 '예술', '정치'와 '철학'의 추상적이고 사변적인 관념들을 서로 맞서도록 하는 종류의 서사를 만들어 내려는 시도에 대해 말한다. 마치 거대하게 포괄적인 역사를 이야기함으로써 예술과 철학, 정치 서로 간의 관계와 대립의 교조적인 문제를 해결하는 것이, 다양한 예술들이 철학적 이론들 및 정치적 화제들과 다양하고 변화하는 방식으로 상호작용하는 세계 안에서의 실제의 갈등을 해결하거나 실제 관계를 결정하거나 실제 관계항들에게 명령한다고 여기는 시도들은 아예 포기해야 한다는 것이다. 한 철학자는 말한다. "비록 다원주의가 옳다고 해도, 아마도 그렇기 때문에 그것은 신조의 형태를 띨 수 없고 그럴 필요도 없다. 왜냐하면 그것은 그 자체로 모던과 포스트모던 미학의 계보를 형성한 다른 어떤 신조들보다 더 독특하거나 특권적이지 않으며 또한 더 훌륭하지도 않기 때문이다."(Michael Kelly in Kemal and Gaskell, 2000: 254)

다른 사람들은 철학이 예술과 정치의 관계에 있어 그런 거만한 자세를 취해서는 안 되고 비판적이고 자기-반성적인 기능에 골몰해야 한다고 제안했다. 좋은 논증은 수사학과의 분리보다는 그에 대한 비판적 개입에서 더 많이 성취된다. 플라톤《국가》에서의 좋은 논증과 예술(신화, 이야기), 그리고 수사학 간의 대화적이고 변증법적인 상호작용은 여전히 우리에게 '비판적 개입'에 대해 생각할 한 방도를 제공해 준다. 그것이 우리에게 제시하는 바, 미메시스가 우리에게 제공하는 것과 후에 칸트에서 거리두기가 우리에게 부여하는 것들, 그리고 헤겔에서 관념적 전개가 우리에게 주는 것들은 단지 참여박탈의 역사만이 아니고, 또한 자유에 대한 변증법적 일별(一瞥)의 역사라고 할 만하다. 예술과 정치에 대한 동시대 저작은 여전히 이 점을 인정하며 저작의 윤리적 차원에 대한 최근의 많은 생각들도 그러하다(Adamson 외, 1998; Nussbaum, 1996).

무언가를 일어나게 하는 모든 것이 직접적인 인과적 수단을 통하거나 그 대상을 직접 바라보는 눈을 통해 무언가를 일어나게 하는 것은 아니다. 예술과 정치의 명시적 관련에 천착해 온 한 예술사가는 '예술'에 대해 다음과 같이 쓴다.

> 예술은 사물과 이해의 끝자락을 탐색한다. 따라서 선호하는 방식은 반어, 부정,
> 무표정 그리고 무지와 순진함의 가장이다. 그것은 통사론적으로 불안정하고 의
> 미론적으로 기형인 미완성을 더 좋아한다. 그것은 자신이 보여주는 바와 그것을
> 보여주는 방식에서 균열을 만들어 내고 즐긴다. 최상의 지혜는 사물과 그림들이
> 합쳐지지 않는다는 깨달음이기 때문이다. (Clark, 1984: 12)

때로 사물들은 비스듬한 시선을 통해, 모든 방식의 에두름을 통해 간접적으로 영향
을 준다.

거리두기의 역사는 또한 참여박탈의 역사이기도 하다. 그것은 그러나 동시에 간접성
과 비결정성의 역사이기도 하다. 그리고 이는 철학이, 어떤 시도 쓰이지 않고 어떤 음악도
작곡되지 않으며 어떤 그림도 그려지지 않았더라면 세상이 달라졌을 것임을 — 아니면
달라지지 않았을 것임을 단번에 훌륭한 논증으로서 증명하려고 할 때 가장 두려워하는
바이다. 비스듬한 예술의 시선이 예술로 하여금 압제적인 정치권력에 맞서 자유에 대한
곁눈질을 가능하도록 한 바라면, 그렇다면 단토와는 반대되게 바로 이 곁눈질은, 그 스스
로의 목적을 위해 예술의 정치적 본성에 대한 원칙적 불관용을 나타내기에 이르게 된 '훌
륭한 논증'의 압제적 힘에 예술이 저항하도록 한 바로 그것일 것이다.

* 이 논문의 이해를 돕기 위해서 이 책에서 다음의 논문들을 찾아 읽으면 좋을 것이다.
  〈예술과 도덕성〉, 〈예술과 표현〉, 〈페미니즘 미학〉, 〈미학과 포스트모더니즘〉, 〈미학과 문화연구〉, 〈일상의 미학〉

참고문헌

Adamson, J., Freadman, R., and Parker, D. (eds.) (1998). *Renegotiationg Ethics in Literature, Philosophy, and Theory.* Cambridge: Cambridge University Press.

Adorno, T. W. A. (1997). *Aesthetic Theory*, trans. R. Hullot-Kentor. Minneapolis: Minnesota University Press.

Ankersmit, F. (1996). *Aesthetic Politics: Political Philosophy Beyond Fact and Value.* Stanford, Calif.: Stanford University Press.

Berman, R.(1989). *Modern Culture and Critical Theory: Art, Politics, and the Legacy of the Frankfurt School.* Madison, Wis.: University of Wisconsin Press.

Buchwalter, A. (ed.) (1992). *Culture and Democracy: Social and Ethical Issues in Public Support for Arts and Humanities.* Boulder, Colo.: Westview Press.

Chytry, J. J. (1989). *The Aesthetic State: A Quest in Modern German Thought.* Berkely: University of California Press.

Clark, T. J. (1984). *The Painting of Modern Life: Paris in the Art of Manet and his Follower.* New York: Alfred A. Knopf.

Coetzee, J. M. (1996). *Giving Offense: Essay on Censorship.* Chicago: Chicago University Press.

Danto, A. (1981). *The Transfiguration of the Commonplace.* Cambridge, Mass.: Harvard University Press.

_____ (1986). *The Philosophical Disenfranchisement of Art.* New York: Colombia University Press.

_____ (1987). *The State of the Art.* Englewood Cliffs, NJ: Prentice-Hall.

Devereaux, M. (1993). "Protected Space: Politics, Censorship and the Arts". *Journal of Aesthetics and Art Criticism* 51: 207-15.

Dubin, S. (1992). *Arresting Images: Impolitic Art and Critical Actions.* London: Tavistock.

Eagleton, T. (1990). *The Ideology of the Aesthetics.* Oxford: Blackwell.

Edelman, M. (1995). *From Art and Politics: How Artistic Creations Shape Political Conceptions.* Chicago:Chicago University Press.

Freeden, M. (1996). *Ideologies and Political Theory: A Conceptual Approach.* Oxford: Clarendon Press.

Geuss, R. (1999). *Morality, Culture, and History: Essays on German Philosophy.* Cambridge: Cambridge University Press.

Goehr, L. (1994). "Political Music and the Politics of Music". in P. Alperson (ed.), *The Philosophy of Music, Special Issue of Journal of Aesthetics and Art Criticism* 52(1): 99-112.

_____ (1998). *The Quest for Voice: Music, Politics, and the Limits of Philosophy.* Oxford: Clarendon Press.

Hohendahl, P. U. (1991). *Reappraisals: Shifting Alignments in Postwar Critical Theory.* Ithaca, NY: Cornell University Press.

Jameson, F. (ed.) (1980). *Aesthetics and Politics,* London: Verso.

Kemal, S. and Gaskell, I. (eds.) (2000). *Politics and Aesthetics in the Arts.* Cambridge: Cambridge University Press.

Manea, N. (1992). *On Clowns: The Dictator and the Artist.* New York: Grove Press.

Melzer, A. M., Weinberger, J., and Zinman, R. (eds.) (1999). *Democracy and the Arts.* Ithaca, NY: Cornell University Press,

Nussbaum, M. (1996). *Poetic Jusitice: The literary Imagination and Public Life.* Boston: Beacon Press.

Rorty, R. (1981). *Consequences of Pragmatism.* Minneapolis: University of Minnesota Press.

Scarry, E. (1999). *On Beauty and Being Just.* Princeton: Princeton University Press.

Scruton, R. (1997). *The Aesthetics of Music.* Oxford: Clarendon Press.

예술형식과 미학적 문제들

Aesthetic Issues of Specific Artforms

제28장

음악

스티븐 데이비스(Stephen Davies)
번역: 이종희

1. 음악의 철학

지난 30년간의 미학의 성장에 대해 메달을 수여한다면, 금메달은 음악의 철학이 차지할 것이다. 새롭게 일깨워진 관심은 많은 부분, 피터 키비(Peter Kivy, 서지사항을 보라)가 쓴 일련의 저작들에 의해 고무되고 지속되었다. 음악에 의해 제기된 철학적 질문들의 광범위한 영역에 대한 소개로는 크라우츠(Krausz, 1993), 알퍼슨(Alperson, 1994; 1998)과 로빈슨(Robinson, 1997)을 보라.

음악 철학이 불러들인 주목에도 불구하고 음악에 대한 철학자들의 관심의 초점은 다소 좁았다. 1990년대까지 그것은 거의 전적으로 서양의 고전적 기악음악 작품들에 집중되었고, 그 작품들은 그에 대한 보다 광범위한 문화적 의미보다는 형식과 표현성이라는 관심에 의해 접근되었다. 그 이후, 공연과 즉흥, 록 같은 대중적 음악 유형, 녹음 기술이나 비서구권 음악, 음악이 제시되고 감상되는 폭넓은 사회적 배경에 대한 관심이 점차 증가되었다.

2. 음악의 보편성과 특수성

사람들이 서구적인 의미에서의 예술을 모든 문화가 가지느냐에 대해 논쟁할지언정, 모든 문화가 음악을 가진다는 데 대해서는 거의 논쟁하지 않을 것이다. 낯선 문화로부터의 음악은 쉽게 이해되지 않을 때조차 음악인 것으로는 인식된다. 대부분의 음악들에서 예를 들어 옥타브의 기능적 동일성과 음높이의 선법적 조직화 등 몇몇 기본적 요소들이 공통된다. 또한 음악은 상이한 문화들에서 대체로 똑같이 폭넓게 다양한 기능들 — 의식(儀式)·노동·춤에 동반하기, 아이를 달래기, 극단적인 행복과 슬픔을 표현하기 등 — 에 종사한다. 그럼에도 불구하고 음악은 보편적 언어가 아니다. 몇몇 종류의 음악이 낯선 이들에게 접근 가능하게 여겨지긴 하지만 많은 음악은 그렇지 않다. 14세기의 정형반복 리듬의 모테트나 일본의 가부키 같은 특이한 유형은 교육받지 못한 이들에게는 사실상 불가해하다.

많은 종류의 음악은 다른 종류의 감상을 요구하는 것일까? 그렇다고 생각할 이유들이 있다. 동시대 서구 음악 가운데 재즈는 최고도로 발달된 즉흥연주와 관련된다. 이는 고전 음악에서 중요한 가치들과는 다른 공연가치들을 요구한다. 재즈에 있어서는 실시간의 모험적인 음악을 만들어 내는 시도에 수반될 수 있는 실수들을 기꺼이 용인하는 경향이 있는 반면(Brown, 1996), 고전 음악에서는 세련된 기교를 좀 더 강조한다(Godlovitch, 1998). 넓게 이해되었을 때 록은 또 다른 공연가치들을 촉진하는데, 이는 본능적인 반응을 목표로 하기 때문이기도 하고(Baugh, 1993), 녹음 기술과 전자 악기에 대한 특별한 의존 때문이기도 하다(Gracyk, 1996). 레게나 바로크 3성부 소나타, 19세기 베리스모 오페라, 12마디 블루스 같은 좀 더 세분화된 음악 장르들은 뚜렷이 구분되는 구조와 양식을 가지거나 그것들 특유의 기능에 종사하며, 이런 장르의 작품들이 감상되거나 비교될 때에는 이런 차이점들이 고려되어야 한다.

세분화된 수준에서 작동하는 차이들에도 불구하고, 보다 폭넓은 관점이 취해진다면 록이나 재즈, 고전 음악 같은 음악의 범주들이 배타적인 미학을 요구하는지는 분명하지 않다(Davies, 1999). 달리 말하면, 이런 광범위한 분류들 중 어느 하나 안에서 나타나는 다양한 형식들, 처리들, 역사나 기능 및 효과들은 다른 것들 안에서 나타나는 형식, 처리, 효과 등이 그런 것보다 더 통합적이거나 일관적이지 않다. 예를 들어 힙합과 길버트와 설리번의 익살노래(patter song)* 간의 차이는 힙합과 컨트리, 웨스턴 음악 간의 차이보다 더 크거나 더 체계적이지 않다.

---

* 주로 희가극 등에서 단조로운 가사와 리듬으로 빨리 불러 젖히는 익살노래로 길버트와 설리번의 작품이 유명하다.

3. 음악은 무엇인가?

많은 사전들이 음악을 '조직화된' 소리라고 특징 짓는다. 이것은 무언가가 음악이기 위해 필요한 조건일까? 존 케이지의 악명 높은 〈4분 33초〉가 반례라고 생각될 만하다. 이런 작품의 내용이 침묵이라면 음악은 조직화된 소리와 관련될 필요가 없다. 그러나 반례라고 주장되는 바를 논박하는 몇 가지 적절한 방식들이 있다(Levinson, 1990: 11장을 보라). 케이지 음악의 내용은 침묵 자체가 아니라 공연자의 시간적 경계들에 의해 틀 지어진(따라서 조직화된) 소리로 ─ 즉 다른 연주들에서는 주변적으로 간주되는 소리들로 생각하는 것이 더 나을 수도 있다. 대안적으로 우리는 이런 예술형식들 사이의 경계가 흐릿하다는 점을 인정하면서 케이지의 작품이 음악 자체라기보다 음악에 대한 이론적 작품이라고(Davies, 1997a) 주장할 수도 있다.

음악이 필연적으로 조직화된 소리라고 하더라도 이것이 무언가가 음악이기 위한 충분조건은 아니라는 것은 명백하다. 음악이 아닌 것들도 같은 조건을 만족시킨다. 예를 들어 해변에 규칙적으로 부딪치는 파도는 자연법칙에 따르는 소리의 조직화와 연관된다. 이에 대한 반응으로 무언가가 음악이려면 인간적으로 조직화된 소리를 요구하는 것으로 조건을 정제하는 것이 적절하다고 생각될 수도 있다. 다른 행성에 사는 외계인들이 음악을 창조할 가능성은 말할 것도 없이 음악의 영역에서 고래나 새의 '노래들'을 배제하는 것에 만족한다고 해도, 이 수정은 익숙한 반례들에 부딪친다. 인간의 언어적 발화는 소리의 의도적인 조직화에 관계되지만, 예를 하나 들자면 뉴스의 라디오 방송은 음악으로 간주되지 않는다. 음악을 발화된 언어 및 그와 비슷한 것과 구분하기 위해서는 조직되는 소리들에서의 차이, 조직화의 방법이나 원리, 또 활동이 취해지는 목적에서의 차이 등이 있어야 한다.

음악에서 중요한 소리 요소는 종종 음계(이는 옥타브 관계의 음들의 등가성에 대한 인지와 더불어 각 옥타브가 분할되는 음정 연쇄들에 따라 정의된다)로 구조화된 높이를 가지는 소리들이다. 음높이와 선법성 이외에 음들은 음색, 크기, 강조와 쇠퇴, 지속 등을 보여준다. 음들은 수직적으로는 화성으로 조합되고 수평적으로는 리듬적으로 분절된 동기, 악절과 선율들로 조합된다. 이런 것들은 리듬박을 배경으로 할 때가 많다. 보다 큰 섹션들이 선율이나 다른 상위 요소들이 서로 잇따르거나 조합하는 패턴에 따라 발생한다. 어떤 경우 전체는 몇 개의 큰 섹션들이나 악장들로 구성된다.

모든 음악이 음연쇄들의 수준으로 환원될 수 있는가? 이 질문에 어떻게 대답하느냐는 우리가 상위 요소들을 때때로 그들이 음연쇄들상의 변화에도 불구하고 정체성을 유지하는 것으로 판단하느냐에 달려 있다. 자주, 단조의 소나타 악장은 제2주제 선율은 우선

장조로 나타나고 후에 단조가 된다. 장조에서 단조로 바뀌면서 음정의 조절이 있음에도 불구하고 두 번째 나타나는 것도 동일한 주제이다. 다르게 생각하는 것은 형식을 알 수 없게 만들고 장조와 단조의 소나타들 사이의 구조적 대칭성을 침해한다. 선율의 정체성이 음정적 패턴에서의 변화에도 불구하고 살아남기 때문에 선율은 음연쇄로 환원될 수 없다.

　　우리가 많은 작품을 개별적 음들의 수준에서 완전히 명시할 수 없다는 점을 상기할 때 비슷한 점이 나타난다. 예를 들어 'tr'이라는 기호는 음표들의 번갈아 나타남을 요구하지만 들려야 할 정확한 숫자에 대해서는 미결정적이다. 또한 18세기의 베이스 음형은 연주자가 중간 부분을 즉흥 연주하도록 남겨둔다. 그런 기호들을 가진 작품들은 소리 나야 할 음의 숫자나 세부사항에 관련하여 미결정적이며 따라서 음연쇄로 환원적으로 분석될 수가 없다. 달리 말하면, 어떤 음악작품들은 조직화의 가장 낮은 수준으로서 음연쇄 수준보다 높은 조직화를 가지는 것이다.

　　그렇다고 해서 음악을 선율이나 악장 같은 보다 상위적 요소들의 조직화에 의존함으로써 정의할 수 있으리라고 말하는 것은 아니다. 어떤 작품들은 이런 상위 수준을 결여한다. 이는 항상 3옥타브보다 더 큰 음정 간격으로 서로를 잇따르는 음들로 구성된 무작위의 비조성 작품들의 경우에 해당할 것이다.

4. 형식주의와 맥락주의

형식주의자들에 따르면 하나의 음악작품은 다른 작품으로부터 오로지 그 패턴으로써만 구분된다. 우리가 한 작품의 소리 구조에 익숙할 때면 그 정체성의 근거에 대해 더 알아야 할 것은 없다. 이런 입장의 극단적 형태는 칸트와 그 선배로 거슬러 올라갈 수 있는데 표현적 특성을 형식적 특성과 구분되는 것으로, 또 그럼으로써 그것이 음악작품의 정체성에는 무관한 것으로 간주한다. 그러나 형식주의자들이 표현적 속성들이 객관적으로 작품에 속한다는 것을 주장한다면 그것들을 작품의 정체성에 유관한 것으로 포함하지 말아야 할 이유는 없다(이런 입장의 예로 Kivy, 1993을 보라). 형식주의자는 또한 작품의 소리 구조 안에 음색적 질을 포함시키는 데까지 나아갈 수 있지만, 작품의 악기 지정을 작품의 정체성을 규정하는 특성으로 보지 않으면서 그럴 수 있다(적절한 소리 구조가 신시사이저에 의해 발생할 수 있을 것이기 때문이다). 모든 종류의 형식주의에 있어서 적절한 소리 구조의 지정은 그것이 어떤 지정이건 간에 바로 그 구조에 의해 정체성이 정의되는 단일한 작품을 지정하게 된다.

　　조스캥 데 프레에 대한 어떤 지식도 없으면서 내가 그의 모테트 중 하나와 음표 하나

하나가 동일한 작품을 쓴다고 해 보자. 그의 작품은 그 시대에 속한 것인 반면 나의 것은 고대적인 프랑스 시와 학자풍의 캐논과 대위법, 선법적 조직으로 인하여 자의식적으로 의고적(擬故的)인 것이 된다. 조스캥이 유럽 르네상스 음악이 가진 매너리즘의 많은 부분을 사용했다면 — 실은 창조했다면, 나의 작품은 그것들을 자의식적으로 인용한 것이다. 나의 작품은 내가 의도적으로 거부한 많은 가능성들 — 무조성이나 전자악기의 사용 등 — 로 인해 주목할 가치가 있다. 그러나 이런 것들은 조스캥에게는 가능한 선택지가 아니었다. 그의 작품은 그의 시대의 문화의 가치들을 반영하고 그것을 형성하는 데 역할을 했지만 나의 것은 그렇지 않다. 언급된 종류의 차이들은 작품의 정체성이 그런 차이들에 의존한다는 것을 보여 주는 중요성을 가진다. 그런 경우 조스캥과 나는 두 작품이 소리 구조를 공유한다 하더라도 다른 작품을 작곡한 것이 된다. 나와 조스캥의 작품이 동일함을 함축하는 형식주의는 거부되어야 한다. 음악작품의 정체성은 소리 구조가 그 안에서 창조되는 맥락의 국면들에 의존하지 순수한 형식에만 의존하는 것이 아니다. 내가 **맥락주의**라 부르는 이런 새로운 입장의 버전들을 위해서는 다음을 보라. 레빈슨(Levinson, 1990), 월튼(Walton, 1990), 샤프(Sharpe, 2000), 데이비스(Davies, 2001).

　맥락주의자들은 맥락의 어떤 국면을 음악작품의 정체성에 유관한 것으로 보는 것일까? 작곡이 일어나는 음악-사적인 배경이 본질적이라는 합의가 있다. 작품의 정체성은 작곡가가 상속받은 일단의 작품들, 장르, 양식과 더불어 음악적 전통, 실행과 관습들에 의존한다. 어떤 맥락주의자들은 더 나아간다. 레빈슨(1990)은 작품의 정체성이 작곡가의 정체성에 의존할 것을 제안한다. 같은 음악-역사적 배경을 가진 두 명의 작곡가는 그들이 독립적으로 작업하면서 동일한 소리 구조를 지시했다면 다른 작품을 작곡한 것이 된다. 레빈슨은 또한 대략 1800년 이후의 작품에 대해서는 악기 지정 또한 그 정체성에 기여한다고 주장한다. 비록 신시사이저가 지정된 소리 구조를 재생해서 적절한 음색적 특성을 낳을 수 있다 하더라도, 그래서 작곡가에 의해 지정된 악기에 의한 연주와 음향적으로 구분될 수 없다고 하더라도, 그럼으로써 그것이 완전히 진짜 그 작품의 사례로서 소리 나는 것은 아니다.

　작품의 악기 지정은, 이것이 모두는 아니고 몇몇 작품의 정체성에서 중요하다고 주장한다면 적절하다. 요점은 단순히, 바흐의 〈푸가의 기법〉 같은 특정 작품이 구체적인 악기를 위해 창조된 것 같지는 않은 반면 라벨의 〈볼레로〉 같은 다른 작품들은 오케스트라의 사용에서 두드러진 특성을 가진다는 것만이 아니다. 보다 관련 있는 것은 몇 세기를 거쳐 관습이 변화되어 현재는 작곡가가 자신의 작품의 더 많은 세부사항들을 그 정체성을 결정하는 것으로 만드는 것이 가능해졌음을 아는 것이다. 18세기에 프레이징에 대한 주석이 연주자가 무시할 수도 있는 권고의 지위를 가졌다면 19세기 말 무렵 똑같은 지시는 작품의 정체를 규정하는 것이 되었다. 작품의 악기 지정이 그 정체성에 영향을 주는지 아닌지는 그것이 언제 작곡되었느냐에 달려 있다. 왜냐하면 그런 종류의 지시는 오케스트라와 악기가 표준화되는 시기인 1770년까지는 결정적이지 않았기 때문이다. 그 전까지 작곡가는 사용될 악기에 대해 무엇이 더 좋은지 의견을 가질 수 있었고 이는 대체로 고려할 만한 가치가 있었지만 그 시기의 관행은 그가 악기 사용을 강제하도록 허용하지 않았다.

작품의 정체성에 관해 작곡가가 규정할 수 있는 바에 사회-역사적 국면이 있다는 견해는 더 나아간 가능성을 불러온다. 즉 작품 개념이 그 자체로 역사적으로 변경 가능하다는 것이다. 괴어(Goehr, 1992)는 1800년경 이전에는 음악작품이 전혀 없었다고 말한다는 점에서 이러한 견해를 취하고 있다. 우리가 바흐의 작품에 대해 말할 때 우리의 용법은 회고적이고 시대착오적인 것이다. 그녀는 19세기 작곡가들에 의해 작품의 정체성에 중요하다고 간주되었던 모든 것을 규제적인 것으로 간주함으로써 이런 결론에 이르렀다. 그들은 작품을 음연쇄들의 수준에서 완전히 애매하지 않게 규정할 수 있는 것으로 생각하였다. 그들은 작품 내용의 독창성과 완결성을 높이 평가했다. 그들은 작품의 정의적 버전에 권위를 부여했다. 그들은 작품을 그것에 대한 공연보다 더 중요하다고 보았다. 초기의 작곡가들은 종종 어떤 음이 연주되어야 할지에 관한 많은 결정을 연주자에게 넘겨주었고 일반적으로 그들은 연주의 특정 경우들을 위해 자신의 음악을 개작하는 것에, 자신의 재료들을 재사용하거나 다른 이의 재료들을 끌어와 사용하는 데에 있어 훨씬 더 느슨한 태도를 가지고 있었다.

괴어의 이론에 대한 괜찮은 대안은 작품 개념이 서양 음악의 몇 세기를 거치는 과정의 끝에서야 존재하게 되었다기보다는 작품이 이러한 시기 동안 구성적 속성들에 있어 더 **두꺼워졌다**는 주장이 될 것이다. 이런 관점에서 반복적 공연을 유도하는, 또 공연에서 공연으로 재확인될 수 있는 존재자로서 생각되는 작품은 19세기 이전에 존재하였다. 작곡가들은 종종 하나의 작품을 여러 버전으로 만들었고 많은 부분을 공연자에게 남겨 두었지만 말이다. 왜 이런 다른 설명이 더 나은가? 왜냐하면 이것이 서양 음악의 역사를 묶어 하나의 내러티브로 만드는 연속성을 더 말이 되게 하기 때문이다. 괴어의 입장은 역사적 흐름에 급작스러운 단절을 만들어 낸다. 새롭고 예기치 못했던 종류의 음악적 존재자, 즉 작품이 19세기로부터 생겨나 지배적이게 되었다고 말이다. 그러나 우세한 양식적 패러다임 및 다른 음악적 패러다임이 교체되었을 때 그랬듯이 19세기 초와 그 이전 시기 사이에 차이들이 있었지만, 낭만주의자들이 그 자신의 독창성을 위해 만든 과장된 주장을 액면 그대로 받아들일 이유는 없다. 보다 설명적인 근거는 작품의 '두꺼워짐'을 향한 패턴의 일부로 그런 국지적 변화들 — 4세기 전에 시작되었고 20세기 중반에까지 이어진 —

을 바라봄으로써 획득된다(Davies, 2001).

5. 즉흥성

명백히, 음악은 음악 작품의 존재 없이 만들어질 수 있다(Wolterstorff, 1994). 연주자는 음악이 자유롭게 나타나도록 흥얼거리거나 즉흥연주할 수 있다.

즉흥연주를 어쩌다 단 하나의 연주만을 가지게 된, 작품의 한 변형이라고 보아서는 안 되는가(Alperson, 1984 및 Kivy, 1993에서 그랬듯이)? 즉흥 연주자에게도 작품을 작곡하는 사람의 기술들 약간이 필요한 반면 그의 재능의 다른 부분은 그 활동에 특별한 특성을 부여한다. 그는 '중간휴식(time-out)' 없이 실시간으로 자신이 연주하는 바를 창조한다. 브라운(Brown, 1996)이 주장하듯 이는 위험에 대한 강조와 함께 직접성을 연주에 부여하며, 그의 자발적인 노력은 자신이 창조하는 바의 구조적 완전성이나 통합성에 호소함으로써보다는 그가 일상적으로 할 수 있는 바의 한계를 밀어붙이는 방식과 보다 관련되어 평가되어야 한다(그러나 그가 만족스러운 완전성과 통합성을 또한 성취한다면 그의 노력은 더 칭찬받을 만하다). 자유로운 즉흥연주를 '작품'이라고 부르는 것은 오도적이다. 왜냐하면 이는 즉흥연주들에는 단지 2차적으로만 적용되는 기준으로 그 연주들이 접근되고 평가되어야 한다는 것을 함축하기 때문이다.

6. 음악작품의 존재론

여전히 많은 음악은 작품의 형태로 나온다. 우리는 세 종류의 음악작품들을 구분할 수 있다. 첫 번째는 라이브 연주의 작품이라는 종류이다. 작곡가는 작품의 잠재적 연주자에게 이야기하는 일련의 지시들을 통해 이 작품들을 만들어 내고 발표한다. 이런 처방전은 연주자가 문제의 작품을 예화하는 데 있어 무엇을 하거나 성취해야 하는지를 말해 준다. 그것은 작곡가가 기보할 때처럼 악보나 쓰여 있는 지시의 형태를 취할 수도 있고, 구두 전통에서는 사례의 지위를 가지는 연주를 만들어 내는 음악가에게 직접 전달될 것이다. 사례의 작품-결정적 특성들을 베낌으로써 다른 사람들도 같은 작품을 연주할 수 있다.

라이브 연주를 위한 작품은 속성들에 있어서 그 사례들보다 '얇다'. 작품 지시는 그것이 전제하는 연주 실행과 조합될 때 음악을 소리로 나타낼 때 결정되어야 하는 많은 부분들에 대해 침묵한다. 작품은 그 연주의 음향적 세부사항 전체에 대해서는 미결정적이다. 사례에서 구현되는 작품의 경우, 연주자는 모델의 음향적 디테일의 충만함으로부터 작품을 추상해 내야 하며, 그렇게 할 때 장르와 양식, 관행 및 그 작품이 속한 전통의 관습에 의해 인도된다. 연주 안에 작품-결정적이지 않은 바를 어떻게 실현할지 결정하는 것은 연주자이다. 그렇게 할 때, 그리고 작곡가의 지시를 따를 때 연주자는 작품을 해석한다. 많은 다양한 해석들이 작품의 충실한 연주와, 다시 말하면 작곡가의 작품-결정적 처방들에 대한 연주자의 준수와 양립 가능하다.

연주를 위한 작품은 그것의 충실한 사례들보다 구성적 속성들에 있어 얇다. 그러나 어떤 작품들은 다른 것들보다 더 두껍다. 선율과 화성 연쇄로서만 규정된 작품 — 많은 민요들을 이런 식으로 생각하는 것이 적절한데 — 은, 특히 연주 관행이 확장되고 장식이 많은 연주를 요구하는 경우 연주자에게 상당한 재량을 허용한다. 작품이 아주 얇다면 청자의 주목은 연주자가 그 연주에 가져다주는 바에 우선적으로 향하게 된다. 작곡가의 지시에 의해 결정되는 세부사항들이 더 많을수록 작품은 더 두껍다. 말하자면 전자테이프와 바이올린을 위한 작품은 테이프에 기록된 부분들이 고정되고 바이올린주자만 해석자이기 때문에 속성들에 대해 거의 그 연주만큼 두껍다. 그러나 그 부분들의 일부가, 움직임 범위를 제한해주는 매개변수들을 지시받는 연주자들을 위한 것인 한 그 작품은 라이브 연주를 위한 것이다. 연주자들이 작곡가가 그렇게 지시한다면 정통 악기들을 연주하기보다 전자적 장치를 작동할 수도 있음을 유의하라.

두 번째 종류의 음악작품은 그것으로부터 전형적으로 테이프나 디스크로서의 복제품이 복제되고 유포되는 마스터(원판)로서 발표된다. 이런 종류의 작품들은 연주와 해석을 위한 것이 아니라 재생을 위한 것이다. 정통 악기를 사용하는 음악가들이 재료에 기여한다면, 그들의 활동은 연주가 아니라 작곡 과정에 속하게 된다. 작품은 원판이나 신뢰도 높은 복사본상에 코드화되는 정보이며 그것은 CD 플레이어나 스피커 같은 적절한 장치에 의해 읽힐 때 예화된다. 그런 작품의 사례들은 연주가의 해석의 결과로서가 아니라 해독기의 변화나 해독기가 사용되는 환경에서의 변화 때문에 차이를 가질 수 있다. 해독기들 간에 허용되는 차이의 범위는 작곡자와 청자에게 용인되는 바에 의해서만이 아니라 기술자와 필요한 도구의 고안자에 의해 설정된다. 소리화하는 데 필요한 해독기에서 신뢰도 기준이 높다면, 그런 작품은 그 예화만큼 속성들이 충만할 수 있다.

연주를 위한 것이 아닌 작품들에 관해 논의하면서 현대 기술을 이야기했지만, 초기의 기술 또한 그런 식으로 사용된 바 있다. 특히 뮤직박스를 위해, 혹은 기계적 증기오르간(calliope)을 위해 쓰인 음악이 이런 종류이다. 종종, 그런 작품은 현장 공연을 위한 버전으로도 존재하는데, 이때에는 2차적 버전은 1차 버전의 번안으로 간주되어야 한다. 원래 현장 공연을 위해 창조된 작품이 순전히 전자적 구현으로만 주어진다면 이 또한 번안이다. 음악적 번안은 원래 염두에 두고 작곡되었던 악기나 소리 매체와는 다른 것을 위해 작품을 각색한 것과 관련된다. 그런 식으로 번안들은 그 원형의 정체성과는 구분되면서 거기에 기생하는 정체성을 가진다(Levinson, 1990: 10장; Scruton, 1997을 보라).

그래칙(Gracyk)은 녹음 기술에 대한 의존의 관점에서 록음악이 넓은 범주로 이해될 때 연주를 위한 것이 아니라고 주장하였다. 그는 록음악 작품이 디스크상의 것이라고 주장한다. 나는 그런 음악과 그것이 의존하는 기술 간의 관계에 대한 다른 설명을 선호한다. 나는 그런 음악이 **현장 공연보다는 스튜디오**를 위한 음악이라고 생각한다. 이는 따라서 음악 작품의 제3의 종류를 구성한다. 록은 현장 공연의 평범한 조건하에서는 재생이 불가능한 소리 파노라마를 창조하기 위하여 전형적으로 (신시사이저나 필터 같은) 전자적 수단들과 (멀티-트래킹 같은) 기술을 채용한다. 그 결과 그것들은 현장공연을 위한 작품이 아니다(그렇게 주어진 공연들은 디스크나 비디오상의 것과 비교함으로써 그 진품성이 평가되지 그 역이 아니다). 또한 그것들은 연주를 위한 것이 아닌 순전히 전자적 작품인 것도 아니다. 왜냐하면 '커버'들(다른 그룹의 곡에 대한 녹음)이 통상 구별되지만 파생적 작품으로서가 아니라 같은 작품을 예화하는 것으로 여겨지기 때문이다. 내가 말하는 것처럼 이런 음악은 공연을 위한 음악이다 ─ 즉, 구별되는 다양한 버전으로 예화될 수 있고 그것을 고무한다. 그러나 관련된 공연은 녹음 스튜디오의 기술에 의해 제공되는 특별한 환경들을 위해 의도된 것이다.

나는 음악을 나눈 나의 세 가지 범주가 연속적이고 침투적일 것을 용인한다. 그럼에도 불구하고 그것은 작곡가와 연주가들이 자신이 하고 있는 바를 개념화하는 방식과 들어맞는다. 나의 범주들은 음악 종류들 간의 차이 가운데 적합한 감상과 정체성에 핵심적인 차이를 전면에 내세운다. 그 범주들은 작곡가, 연주가, 청취자가 사회-음악적 역할들을 이해하고 발현하는 방식들과 밀접한 관계가 있는 종류의 것들을 존재론적으로 적합하게 만든다.

음악 존재론에 대한 대부분의 이론들은 이보다 추상적이다. 철학자들은 음악작품이 집합인지, 타입인지 혹은 종(種)인지에 대해 논쟁하며, 그것이 보편자인지 특수자인지, 그것이 창조되는지 발견되는지, 또 음악작품이 공연처럼 소리로 구성되는지에 관해 논쟁한다(Goodman, 1968; Wolterstorff, 1980; Wollheim, 1980; Ingarden, 1986; Levinson, 1990; Kivy, 1993; Scruton, 1997을 보라. 또한 이 책의 8장 〈예술의 존재론〉을 보라).

7. 현장 공연과 녹음

모든 녹음들이 순전히 전자적 작품에 대한 것이거나 스튜디오 연주를 위한 작품에 대한 것은 아니다. 아주 많은 수가 현장공연을 의도한 작품에 대한 것이다. 이런 녹음들은 작품 그 자체를 암호화하는 것이 아니라 그것의 연주 혹은 사례를 암호화한다. 현장공연보다 녹음이 시장에서 우세를 점하게 되었는데 이 둘이 어떤 점에서 다른지에 대해 고려하는 것이 유용하다(매체의 기술적 한계가 현장공연보다 녹음을 선호하는 사람들의 경험을 손상시키는 것이 확실히 가능하지만 여기서 그런 한계들은 무시하겠다).

녹음은 실시간으로 연주되는 실제 공연에 대한 무편집의 축음기적인 기록, 바로 그 것일 수 있다. 그것이 마이크에 닿는 소리들을 청자에게 완벽하게 재생할 수 있다고 해도 청자의 경험은 그 자리에 있었던 사람의 것과는 달라질 가능성이 크다. 이것이 녹음의 반복 가능성의 역할이다(Brown, 2000). 이는 공연에 대한 반복적 검사를 허용하는 반면, 현장 공연의 경험은 일시적이다. 뿐만 아니라 그것은 연주의 모든 불완전함과 특이성도 특별 히 두드러지게 한다. 각각의 잘못된 음과 기침은 특정 연주의 순간과 연합되어서 녹음이 재생될 때마다 반복하게 된다. 반면 현장공연에서 재미있고 도발적이었을 특이함들은 녹 음상으로는 짜증나고 주의를 흩뜨리는 것일 수 있다. 녹음은 현장공연과는 다르게 평가 되어야 한다. 그것들은 반복적인 청취를 관통해서 그 흥미를 유지할 필요가 있으므로 녹 음은 꼼꼼하게 작업되고 균형이 맞추어질 필요가 있다. 대조적으로 현장공연은 작품을 관객에게 던져서 주목을 지탱해야 하며 이는 거의 감지되지 않는 뉘앙스들에 대한 까다 로운 집착보다는 대담하고 탁 트인 제스처와 어느 정도의 과장에 의해서 더 잘 성취될 것 이다.

고들로비치(Godlovitch, 1998; Thom, 1993도 보라)는 현장공연에 규범적인 조건들의 윤곽 을 제시한다. 오직 하나의 작품이 한 번에 공연될 것, 지정된 속도를 지키는 등 적절한 연 쇄가 존중될 것, 정당화되지 않은 중단이 없이 공연이 연속적으로 진행될 것, 연주자들은 규정된 역할을 준수할 것. 또한 관람자는 전체 공연을 세부까지 수용할 위치에 있다. 고들 로비치가 인식하고 있듯 이런 조건들 대부분은 스튜디오 조건하에서 녹음이 이루어질 때 에는 위반된다. 이는 또다시 두 종류의 공연을 평가할 때의 기준에서의 차이를 만든다. 현 장 공연은 잘못된 음과 기억상의 실수의 위험에 맞닥뜨리는 한편 스튜디오에서의 예술가 들은 다수의 실행과 편집이라는 호사를 누린다. 스튜디오에서 결과가 만들어지는 녹음 은, 실시간에서 음악을 만드는 일이 가지는 도전에 의존하는 현장 공연의 특성들을(녹음도 그런 특성들에 관련되긴 하지만) 보여 주지 못한다. 한 번의 실행이 길었고 편집이 최소한이었을 수 있지만, 우리는 무언가가 잘못되었더라면 그 실행이 더 짧았거나 부분들 간의 분할이 더 있었을 것임을 알고 있다. 그러나 스튜디오의 자원들도 전반적인 응집력과 해석적 시 각을 대가로 세부사항에 대한 과도한 집중을 고무한다는 점에서 그 나름의 위험들을 가 진다. 더구나 스튜디오 녹음이 실제가 아닌 시뮬레이트된 공연을 암호화하기 때문에 우리는 그로부터 더 높은 수준의 기술적 성취와 해석적 완결성을 기대하게 된다.

현장공연을 위해 창조된 작품의 녹음은 작품의 특별하고 가치 있는 경험을, 특정한 해석과 특정한(시뮬레이트된) 공연을 제공할 수 있다. 그렇지만 녹음의 속성들을 녹음이 시뮬레이트하는 현장공연에 의해 소유될 법한 속성들에 등가적인 것처럼 다루는 것은 실수일 것이다. 매체에 대한 청자의 지식은 음향적 투명성이 성취되는 경우에조차 자신의 경험에 영향을 주게 마련이다.

8. 음악 기보들

음악 기보들은 연주의 번안으로, 분석의 도구로, 또한 기억에 저장된 작품을 상기하는 보조 수단으로 기능할 수 있다. 음악기보의 1차적 용법은 작품을 규정하는 것이다(Ingarden, 1986). 보통은 이러한 목적을 가진 기보를 악보(scores)라 부른다. 악보의 대부분의 세부사항은 결과를 위한 과정보다는 소리 나야 할 결과 자체에 관련된다. 작곡가는 음악가가 어떻게 악기를 연주해야 하는지 알고 있다고 가정하기 때문이다. 작곡가는 이런 기술들뿐 아니라 자신이 말을 거는 음악가들과 공유하고 있는 공연의 관행들도 당연한 것으로 여긴다. 따라서 규정된 종류의 작품에서 작품-결정적인 것들 중 다수가 기보에서 지시되지 않는다. 예를 들어 온건한 현 비브라토가 요구될 수 있는데, 작곡가는 이를 악보에 기록하지 않는다. 왜냐하면 당시의 현악기 주자들은 이것이 강제된다는 것을 알기 때문이다.

사태를 복잡하게 만드는 것은 작곡가에 의해 악보에 기록된 모든 것이 똑같은 규정력을 가질 필요가 없다는 것이다. 달리 말하면 어떤 것들은 작품-결정적이지 않고 해석적 선택지로서 추천될 수 있다. 이는 18세기 악보에 표시된 다이내믹과 프레이징에 해당한다. 그다음 세기 중반에는 그러나 똑같은 지시들이 작품-구성적인 것이 되었다. 악보 해석에서 연주자를 안내하고 작곡가가 작품-결정적으로 되기를 원하거나 의도하는 바에 제한을 주는 것 역시, 공연의 관행들이었다.

이 모든 것이 말하는 바는 작품-기보가 그것이 취하는 공연 관행과 기보적 관습의 견지에서 해석될 필요가 있다는 것이다. 이때 공연 관행과 기보 관습은 작곡가 시대의 것이다. 기보법이 그 내용에 대해 투명하다고 가정하거나 후대에 속하는 관습들로써 다루는 경우처럼 기보법에 대한 순진한 접근을 하게 되면 작곡가의 지시에 대한 잘못된 해석으로 인도될 수 있고 그로써 그 지시에 의해 규정된 작품에 대한 잘못된 정체 규정에 이르게 된다.

9. 무엇이 하나의 공연을 주어진 작품에 대한 것으로 만드는가?

하나의 공연이 어떤 작품에 대한 것이기 위해서는 작곡가에 의해 지시된 바의 대부분을 성취해야만 한다. 연주자는 자신 앞에 놓인 지시를 의도적으로 따름으로써 이를 행한다. 연주자들이 따르는 지시들과 작품이 발원하는 창조적 행위 간에는 인과적 연결이 있어야 한다. 이 마지막 조건은 작품의 창조와 연주자가 행하는 바 간에 반사실적 의존의 관계가 있다면 만족된다. 달리 말하면, 작곡가의 창조 행위가 달랐더라면 연주자가 행하는 것이 달랐을 것이라면, 그렇다면 연주가의 행위는 적절한 방식으로 작곡가의 행위에 의존하게 된다.

악보가 잘못되어서 연주자가 퍼셀의 트럼펫 볼런터리(교회 예배 전·후·중간에 연주되는 오르간 독주곡)를 연주하려고 의도하면서 실은 자신이 모르는 제러마이아 클락(Jeremiah Clarke)에 의한 작품을 연주하는 것으로 끝나게 될 수 있음을 주목하라. 공연의 정체성에서 핵심적인 공연의 의도는 높은 수준의 것(퍼셀의 작품을 연주하라)이라기보다 낮은 수준의 것(지시된 대로 음들을 연주하라)이다(Levinson, 1990 참조). 때로 X의 작품을 Y의 악보를 사용해서 연주하는 것이 가능하다. 그러나 이는 인과적 연결이 Y가 아니라 X에 이를 때 그렇다(Davies, 2001).

10. 작품 공연에서의 진품성

진정한 X는 진짜이거나 적합한 X이다. 진품성은 그렇다면 분류의 문제이고 해당 분류가 가치평가적인 만큼만 가치평가적이다. 진짜 살인은 고의적인 살해이지 가령 사고가 아니다. 덕성의 진짜 모범은 관련 덕성을 예증적 정도만큼 보여주는 사람이다. 주어지는 것이 다양하게 범주화될 수 있기 때문에 다양한 종류의 진품성에 대한 평가가 가능하다. 동일한 하나의 항목이 회화일 수도, 상속품일 수도, 베니스의 재현일 수도 있으므로 이 각각의 제목하의 진품성이 평가될 수 있다. 어떤 범주화가 더 근본적이거나 두드러질 수 있기 때문에 진품성에 대한 어떤 판단들은 보다 기본적이거나 중요할 것이다. 마지막으로 진품성은 정도가 있으며 항목에서 관련 특성에서의 다양성을 설명하기 위해 지표화될 수도 있다.

음악 작품의 공연은 양식적 진품성으로 평가될 수도 있고 다른 방식으로 평가될 수도 있지만, 핵심은 공연이 진품성을 가지고 작품을 예화하느냐는 평가이다. 공연은 그것이 규정된 작품-결정적 지시사항들을 충실히 실행하는 만큼 진품적이다. 특정 수준 아래에서 공연은 의도된 작품의 사례가 되는 데에 실패한다. 너무 부정확해서 작품이 식별될 수 없는 것이다. 작품으로 인지될 만한 공연도 이상적 진품성에는 훨씬 미치지 못할 수 있다. 예를 들어 그것은 잘못된 음들을 포함할 수 있다. 문턱 값을 더 많이 초과할수록 공연은 더 진품적이 된다.

공연들 간의 차이가 항상 진품성에서의 수준 차를 가리키는 것은 아니다. 위에서 지적했듯이 작품은 그것의 공연보다 앏다. 그 결과, 공연의 많은 세부사항들이 작곡가의 작품-결정적 지시사항 안에 담기지 못하는 대신 연주자의 해석에 속하게 된다. 공연들은 해석에 있어 다르면서도 동등하게 진품적일 수 있다.

이런 설명에서는 진품성을 위해 요구되는 것은 미리 규정된 바에 의존하게 되고, 후자는 또한 작곡가가 원했던 바뿐 아니라 그가 작업했던 시기의 기보 관습이나 연주 관행에 의존하게 된다. 나는 이것들이 작품의 작곡 시기에 적용되던 것들이라고 제안해 왔다. 19세기 작곡가는 작품의 악기 사용의 세부사항을 작품-결정적으로 만들 수 있지만 16세기 작곡가는 그럴 수 없었다. 그들의 음악을 연주하는 데 있어 많은 악기 배합이 이상적 진품성의 추구와 일관될 것이다. 그것들 모두가 최상의 취미로 이루어진 것은 아니지만 그렇다. 그렇지만 적절한 선택지들은 작곡가의 음악적 문화와 시대의 것이어야 할 것이다(Davies, 2001).

상이한 관점이 키비(1995)에 의해 제시되었는데, 그는 현재의 진품적 공연을 위해서는 작곡가가 과거에 선택했을 것이 아니라 지금이라면 선택하고 싶어 했을 것을 알 필요가 있다고 주장한다. 물론, 많은 경우들에서 이 질문에 어떻게 대답할 것인가를 알기는 어렵지만, 다른 사람들은 작곡가가 자신의 시대에서 이상적인 조건하에서 접근 가능했을 최선이 아니라 다른 무언가를 선택하리라 가정할 이유는 없다고 본다. 그러나 작곡가가 현대의 악기와 감수성, 양식 등을 위해 자신의 음악을 개정하는 것을 선호할 것이라고 가정해 보자. 나로서는 우리가 그 결과를 연주한다면 그것은 결과적으로 원래 작품의 진품적 공연이 아니라, 작품의 개정된 버전이 되는 것 같다. 브루크너의 제1교향곡을 그것의 1891년 재작곡으로 연주한다면 그로부터는 1866년 버전의 진품적 공연을 얻지 못한다. 비슷하게, 브루크너 제1교향곡의 적절하게 개정된 2000년 버전은 그것이 무엇이 되건 브루크너가 1866년 작곡한 작품의 진품적 버전임을 주장할 수는 없을 것이다.

진품적 음악 공연은 성취 가능한가? 완전하고 애매하지 않은 작품-결정적 지시들이 주어져 있고 연주가들이 그것들을 알아보고 실행할 수 있다면 나는 그렇다고 대답하겠다. 작품과 공연 사이의 시대나 문화적 거리가 더 멀수록 이런 조건들 모두가 만족될 가능성은 더 낮아진다. 그렇더라도 음악학적 연구의 결과, 과거의 음악작품과 공연 관행에 대해 상당히 많은 부분이 알려져 있다. 따라서 현재뿐 아니라 과거의 많은 작품들도, 고도의 진품성을 갖춘 공연이 가능하다.

진품적 공연이 가능하다 하더라도, 그것은 바람직한 것인가? 그것이 바람직하지 않다는 것을 제안하려는 목적의 한 논증은 우리가 작곡가의 동시대인들이 했던 대로 음악을 경험할 수 없다는 것과, 진품적 공연의 가치는 바로 그런 경험의 복제에 있음에 틀림없다는 두 가지를 주장한다. 이런 주장의 두 부분 모두에 도전할 수 있다. 음악이 오래된 것일 때, 우리의 청취는 그 후의 음악에 대한 지식을 갖추게 되어 작곡가의 동시대인은 그의 작품을 그런 식으로 들을 수 없었을 것이다. 이는 우리의 경험을 그들의 것과 다르게 만들기도 하지만, 우리는 작품의 예술사적 특성들을 감상하기에 더 좋은 위치에 놓이게 된다. 이런 상이한 경험은 그러나 작품의 진품적 공연의 가치를 훼손하지 않는다. 우리가 작곡가의 작품을 평가할 수 없고 그로써 작품이 충실하게 공연됨으로써 얻는 이점을 가질 수 없을 때에만 그럴 것이다. 그러나 이런 점에서 우리의 작품에 대한 경험이 작곡가의 동시대인의 것과 유사할 수도 있다. 청자는 초점이 되는 음악에 적합하도록 자신의 기대감을 조절할 수 있다. 예를 들어 한 사람이 컨트리와 웨스턴 및 리듬 앤드 블루스 사이를, 혹은 현대 재즈와 클래식한 미니멀리즘 사이를 오갈 수 있다. 같은 방식으로 음악적으로 학식 있는 청자는(Levinson, 1996을 보라) 과거의 음악에, 그 음악에 적용된 관습을 가지고 접근할 수 있다. 그가 음악적 조직의 다른 패턴과 규칙의 지배를 받는 다른 종류의 후대 음악들에 더 익숙하긴 하지만 말이다. 요약하자면 우리는 반대자들이 가정하는 것보다 청취에 있어 훨씬 더 유연할 수 있다.

그렇지만 한 가지는 명백하다. 작품에서의 진품성이 훌륭한 가치인 것은 오직, 공연되는 작품에, 또한 그 작곡가의 작품으로서의 작품에 흥미를 가지는 경우라는 것이다. 다른 관심들(예를 들어 연주자의 기교와 해석적 관점에 대한)이 이런 것과 양립 가능하지만, 또 이런 초점이 항상 적절한 것은 아니지만(자유로운 즉흥연주가 주목의 초점이거나 음악이 어떤 분위기를 만드는 데 이용되는 때처럼), 음악작품에 대한 흥미는 근본적이고 그것이 서구 고전 전통에서만 그런 것이 아니라고 나는 주장한다. 작곡가는 종종 자신의 작업에 엄청난 기술을 쏟아 부으며, 그의 작품이 그토록 가치 있고 설득력 있어지는 것은 미묘한 뉘앙스와 세부사항들에 대한 작곡가의 주목을 통해서이다. 이는 모차르트뿐 아니라 폴 매카트니나 존 레논, 또 자바나 발리섬의 가믈란 음악의 현대 작곡가 세대에게도 적용된다. 훌륭한 음악은 고도의 기술이 들어간 것으로 우리 자신이 제1의 공연적 가치로서의 진품성에 몰두하지 않는다면 그것이 제공하는 보상을 받아들이고 평가할 수 없다. 우리는 공연에서 진품성 말고 다른 것들도 높게 평가하지만 이것이 진품성의 추구가 여러 가지 가운데 단지 하나의 해석적 선택지임을 의미하지는 않는다.

이것은 흥미롭고 도발적인 해석을 만들어 내기 위해 진품성으로부터 고의적으로 거리를 두는 연주자가 왜 무언가 이상한 것인지 설명해 준다. 그런 사람은 자신이 참여하고 있는 기획의 요점을 오해하고 있다. X라는 작품을 흥미로운 방식으로 해석하기 위해서는 X라는 작품을 전달하는 일에 착수해야 하며 이는 충실함에 대한 전념을 전제로 한다. 이렇게 말하고 나서 이제, 이상적 진품성에 대한 집착은 부적절하게 과도한 요구를 할 수 있다고 이야기하는 것이 공정하겠다. 아마추어 연주자가 집에서 자신의 전자키보드로 바흐를 연주해서는 안 된다고, 혹은 멘델스존의 오케스트라 안에 포함된 오피클라이드*가 튜바로 대체 가능해진 마당에 시대에 뒤떨어졌다는 이유로 직업적 오케스트라가 멘델스존의 〈한여름 밤의 꿈 서곡〉을 연주하지 말아야 한다고 제안하는 것은 우스꽝스럽다.

11. 음악의 표현성

음악에 대한 철학적 담론에서 어떤 주제가 가장 중요하다고 한다면 그것은 음악의 감정적 표현성이라는 주제이다. 이는 통상 수수께끼라고 여겨져 왔는데 그 수수께끼를 진술하기는 쉽다. 우리는 음악을 감정을 표현하는 것으로 경험한다. 그러나 음악은 의식이 없는 대상으로 음악이 표현하는 감정을 경험할 수 있는 종류가 아니다. 그렇다면 정확히 무엇이 음악적 표현성에 해당하는가?

첫 번째 접근은 음악이 사실상 감정을 표현한다는 점을 아예 부인한다. 이런 관점에 대한 가장 초기의, 그리고 가장 인상적인 진술은 19세기 비평가 에두아르트 한슬리크(Eduard Hanslick, 1986; 토론을 위해서는 Budd, 1985a; Davies, 1994a를 보라)에 의한 것이었다. 그는 감정은 적어도 부분적으로, 그 감정이 향하는 대상에 관하여 연루되는 생각들로써 특징지어진다고 주장했다. 내가 사자를 바라볼 때, 사자가 나에게 위협이 된다고 믿지 않는다면 내가 느끼는 것은 나에게 공포가 아니다. 내가 당신을 질투한다면 나는 당신이 내가 원하지만 가지지 않은 이런저런 특성이나 대상을 가지고 있다고 생각해야 한다. 한슬리크는 음악이 이런 종류의 인지나 인지적 태도를 표현할 수 없다는, 따라서 감정을 표현할 능력이 없음에 틀림없다는 제안으로 나아간다. 긍정적 측면에서의 주장은 음악이 그 형식에 고유한 아름다움으로써 우리를 끌어들인다는 것이다.

한슬리크의 감정에 대한 '인지주의적' 설명이 철학자들에 의해 오늘날 광범위하게 받아들여지는 모형(하나의 버전으로 Solomon, 1976을 보라)에 부합하는 것이긴 해도, 음악의 감정

---

* 오피클라이드는 르네상스 시대의 악기인 세르팡을 대체하여 1817년에 발명된 악기이다. 그리스어로 '키를 가진 세르팡'이란 의미를 갖는다. 오피클라이드의 음색은 깊고 풍부하여 베를리오즈, 멘델스존, 슈만, 베르디, 바그너와 같은 작곡가들이 중요하게 사용하였다.

표현에 대한 그의 부인은 우리가 음악을 경험하는 방식에 배치된다. 표면적인 음악의 감정 표현 불가능성에도 불구하고, 청자의 경험적 데이터를 완전히 거부하기보다는 이를 설명하려 시도하는 것이 더 낫다고 생각된다.

다른 하나의 제안, 즉 음악적 표현성이 환원 불가능하게 **고유하다**(sui generis)는 제안은 받아들일 수 없다. 만일 '행복한'과 '슬픈' 같은 술어가 음악에 적용될 때 그 보통의 의미를 가지지 않는다면, 음악의 표현성이 청자에게 가지는 힘, 가치, 흥미를 설명하는 것은 불가능할 것이다. 따라서 음악이 그 자신의 방식으로 표현적이긴 하더라도 우리는 여전히 그 표현성의 방식을 그런 용어들이 적용되는 범례적 경우들 ― 즉 감정을 느끼는 존재가 자기가 느끼는 바를 행동을 통해 공적으로 표현하는 ― 에 연관시킬 수 있어야 한다. 또 음악의 표현성을 환원 불가능하게 은유적이라 특징짓는 것(Goodman, 1968 및 Scruton, 1997이 그랬듯이)도 도움이 되지 않는다. 왜냐하면 이런 접근은 주제가 되는 바, 즉 관련된 용어들이 음악적 경우에 적용될 때 어떻게 그 보통의 의미를 유지하느냐를 설명하는 어려움에 대해 고심하지 않은 채 단지 인정을 하는 것이기 때문이다. 그리고 음악의 표현성을 음악 분석의 세부적 문제로 환원시키려는 시도 역시 만족스럽지 않을 것이다. 그런 이론이 음악의 표현성이 근거하고 있는 장치와 과정들을 정확히 확인한다고 해도, 이런 용어들로써 음악의 경우에 관해 '행복한'과 '슬픈'이 왜 그 일상적 의미를 가지는지를 설명할 수는 없다.

여기에 첫 번째 제안이 있다. 음악적 발화는 우는 것 같은 행동이 감정과 가지는 관계와 비슷하다기보다 감정에 대한 언어적 진술과 비슷하다는 것이다. 음악은 날것 그대로의 느낌의 표현이 아니라 감정에 대한 사고의 표현이다. 이런 기능을 수행하기 위해서는 음악이 지각을 하는 존재일 필요는 없고 지각을 하는 피조물에 의해 그렇게 기능하도록 창조될 필요가 있다.

코커(Coker, 1972)는 음악이 요소들을 의미 있는 계열로 조합하는 규칙과 더불어 상징 체계를 형성한다고 주장하면서 자연언어와의 유비를 발전시켰다. 이 유비는 그러나 실패한다. 확실히 음악적 실행이 규칙-지배적이긴 하지만(Lerdahl과 Jackendoff), 이런 규칙들이 의미론을 발생시킬 수 있는 구문론적 체계를 기술한다는 것은 맞지 않는다. 음악에는 기술, 문장 종지, 부정, 함축, 연언과 선언 혹은 범위나 양상 및 그 밖에 진리-함수적 체계 안에서 의미론적 내용을 발생시키는 데 본질적인 것들에 등가인 어떤 작동도, 기능도, 구조도 없다.

대안적 관점은 음악의 의미가 체계적이라기보다는 연상적이라고 주장한다. 우연적이고 관습적인 방식으로 음악적 제스처는 감정과 관계 맺게 된다는 것이다. 이는 예를 들어 고조되는 기분에 대한 언급과 상승하는 멜로디가 짝지어질 때처럼 비슷한 음악적 구절들이 특정 감정이 기술되거나 표현되는 텍스트의 배경으로 쓰이거나, 시간을 표시하는 데 쓰이는 드럼이 군사훈련과 연합할 때처럼 음악이나 악기의 종류가 그 자체 감정적으로 채워져 있는 의식이나 사건에서 습관적으로 사용된다면 발생한다(Cooke, 1959). 그러나 이런 설명이 작동하기는 하지만, 이는 음악이 감정을 특징짓지 못하고 단지 가리킬 수 있다는 것을 암시한다.

이런 관점과 이전 관점의 한층 심한 단점은 그것들이 음악과 감정 간의 관계를 자의적인 것으로 기술한다는 것이다. 음악이 표현하는 바에 관심을 가지는 청자는 자신이 듣는 본질적으로 음악적인 특성들을 가지고 끙끙댈 필요가 분명히 없다. 그렇지만 사실 우리는 음악에 표현된 감정을 음악이 펼쳐지는 방식에 구체적으로 나타나는 것으로서, 또 그 방식에 반응하는 것으로서 경험한다.

음악이 감정을 상징화한다는 이론은, 음악이 그것이 표현하는 감정과 가지는 관계가 되는 대로이거나 불투명한 것이 아니라 자연스럽고 투명한 것이라면 바로 이 마지막 요점을 다룰 수 있을 것이다. 이러한 변형이 음악을 도상적이거나 예증적인 상징으로 간주하는 이론에 수용되었다. 여기에서의 주장은 사실적인 묘사가 그 대상과 닮은 것으로 경험되는 것처럼 음악은 감정을 닮은 것으로서 경험되기 때문에(Langer, 1942; Goodman, 1968), 음악은 감정을 상징화한다는 것이다.

음악이 인간 목소리의 표현적 억양을 중요하게 닮거나(Kivy, 1989), 웅변의 수사적 제스처를 닮았다는 주장이 제안되었다(Sharpe, 2000). 다른 대안들은 음악이 그 움직임과 패턴을 통해 감정의 현상적 특성(profile)을 닮을 수 있다거나(Langer, 1942; Addis, 1999), 감정의 외적인 행동적 표현을 닮을 수 있다고(Kivy, 1989; Davies, 1994a) 주장한다. 마지막 관점의 어려움은 닮음이 어떻게 음악이 표현적일 수 있느냐는 판단을 인가해 주는지 설명하는 데 있다. 인간의 경우 행동은 어떤 감정이 느껴졌을 때에만 그 감정을 표현하고, 그 현상학은 감정이 적절한 믿음과 욕구에 연결될 때에만 감정에 대한 현상학이 된다. 대조적으로 음악은 그 안에 표현되는 감정을 겪지 않는다. 아마도, 작곡가는 음악 안에 표현된 감정을 경험하고, 청자에게 반응을 일으키는 능력을 가진다는 이유로 우리가 음악을 표현적이라고 부르더라도 말이다.

표현 이론에 따르면, 우리는 음악의 표현성을 작곡 과정에서 방출된 느낌의 나머지로서 경험한다. 그러나 작곡가의 감정들 — 그가 어떤 감정을 가졌다면 — 과 그가 쓰는 작품 간의 관계는 뿜어냄 같은 간단한 종류가 아니다. 실로, 작곡가가 때로 자신의 감정을 작품 안에 표현한다면, 그것은 음악의 표현성을 이용함으로써이다. 달리 말하면, 작곡가는 음악이 이미 가진 표현적 본성을 자신의 느낌에 상응시킴으로써 자신의 감정을 표현한다(표현 이론에 대한 심층적 비판에 대해서는 Tormey, 1971; Davies, 1994a; Kivy, 1989; Goldman, 1995b를 참고하라).

환기이론에 따르면, 음악이 슬프거나 행복하다는 것이 참이 되는 것은 청자에게 이런저런 반응들을 불러일으키는 음악의 인과적 능력에 의한 것이다(Matravers, 1998). 그러나 음악의 표현성을 정확히 지각한 청자에게 틀림없이 그 표현성에 의해 정서가 일어나게 되는지는 명백하지 않다. 더구나 반응이 일어날 때 그 발생은 음악이 표현적임을 알게 된 때문인 것 같다. 그러나 환기이론은 그 반대를(반응이 일어나서 음악이 표현적임을 알게 된다고) 주장한다.

다른 가능성, 즉 음악이 감정을 재현할 가능성은 만족스럽지 못하다. 기악이 그 재현적 능력에 있어 한계를 가진다는 데에는 철학자들 사이에 광범위한 합의가 있다(Kivy, 1984; Walton, 1990; Davies, 1994a; Budd, 1995; Scruton, 1997을 보라). 그것은 기껏해야 소리를 모방함으로써 재현한다. 보통 우리는 기악음악을 그것이 무엇을 재현하는지(무언가를 재현한다면) 알지 못한 채 좇아가고 이해한다. 그러나 음악이 말이나 드라마와 결합할 때는 경우가 다르다. 그때에는 음악의 역동적 특성은 함께 나오는 텍스트나 행동의 내용을 묘사할 수 있다. 거친 예를 들자면, 현악기의 일정한 리듬은 연인의 심장 고동 소리를 나타낼 수 있다. 더구나 음악의 표현적 분위기, 에너지, 긴장은 캐릭터가 내러티브나 드라마에서 기술되거나 표현될 때 캐릭터의 느낌과 심리적 상태를 재현할 수 있다. 이런 견해를 따라가게 되면 기악에서도 청자는 음악을 페르소나의 감정적 삶에 관련된 내러티브를 제시하는 것으로 상상하고 그럼으로써 그 페르소나의 감정이 제시되는 것으로 듣는다는 주장이 가능해진다.

그러한 생각은 버드(Budd, 1985a), 월튼(Walton, 1990), 라이들리(Ridley, 1995. 또한 Robinson, 1997을 보라)에 의해 제안되었다. 레빈슨(1996)은 음악적 표현성을 다음과 같이 정의한다. 하나의 악구는 그것이 적절한 경험을 가진 청자에 의해 불특정의 상상적 행위자, 음악의 페르소나에 의한 감정의 표현으로서 들릴 때, 오직 그때에만 어떤 감정을 표현한다. 하나의 반론은 이런 주장이 적절한 경험을 가진 모든 청자의 경험에 부합한다는 것을 부인한다. 다른 반론은 순수한 기악음악이 청자가 자신이 상상하는 바를 음악에 귀속시키는 것을 적절하게 만들 만큼 청자의 상상을 인도한다는 점을 의심한다(Davies, 1997b). 그리고 이런 접근에는 설명적 힘을 의심할 만한 세 번째 이유가 있다. 만약 오페라의 음악이 캐릭터들의 감정을 드라마에 귀속되는 것으로 재현한다면, 음악은 적절한 환경하에 있는 그 감정들을 표현함으로써 그렇게 한다. 가령, 캐릭터가 자신이 슬프다고 말하거나 울 때, 혹은 풀이 죽어 있을 때 음악에서는 슬픔이 표현된다. 따라서 우리는 상상된 페르소나의 감정을 포함해 감정을 재현하는 능력에 호소함으로써 음악의 표현적 능력을 설명하거나 분석할 수가 없다. 설명은 반대 방향으로 진행된다. 요컨대, 음악적 표현성을 재현과 혼동해서는 안 된다.

음악의 표현성이 감정의 허구적 혹은 체하기 경험에 연결될 수 있는 방식이 하나 더 있다. 즉 청자는 작품 세계에 대한 체하기 개입에 근거해서 상상적으로 스스로에게 감정을 귀속시킨다면 그럴 수 있다(Walton, 1988). 특히 이 제안은, 청자가 체하기의 과정 가운데에서 자신의 청각 느낌들에 대한 의식을 자신의 감정에 대한 의식으로 여긴다는 것이다. 그러나 이것이 대다수 청자의 경험과 일치하지는 않는다.

다소 상이한 접근은 감정의 표현이 직접적으로 감정의 경험에 연결되어야 한다는 주장을 거부한다. 어떤 것은 단지 표현적 외관을 가진다. 예를 들어, 바셋하운드 개는 슬퍼-보이는 얼굴을 가지고, 어떤 나무는 고뇌하고 있는 것으로 보인다. 물론, 이것은 바셋하운드 개가 슬픔을 느낀다거나 나무가 고뇌를 경험한다는 것을 의미하지 않는다. 판단되고 있는 것은 그것들의 외관이 가진 특성이다. 그러나 내가 외관의 감정 특성이라고 부르는 바에 대한 이러한 관심은 느껴진 감정이 표현되는 범례적 경우에 여전히 연결되어 있다. 바셋하운드 개의 얼굴은 그 외양이 슬픔을 느끼고 그것을 보여주는 사람의 얼굴과 비슷하기 때문에 슬프게 보인다. 우리가 "음악이 슬프다"라고 말할 때, 우리는 어떤 느껴진 정서의 표현이 아니라 음악에 의해 제시되는 감정 특성에 대해 언급하고 있다. 전형적으로 음악의 진행은 인상보다는 걸음걸이나 행동을 연상시키지만 이런 것들도 얼굴 못지않게 표현적일 수 있다. 종종 윤곽선 이론으로 불리는 이러한 관점에서는 음악의 표현성이 음악에 문자 그대로, 객관적으로 속한다(Kivy, 1989; Davies, 1994a). 음악이 시간적 예술이기 때문에 그 표현적 특성은 음악의 역동적 진행에 대한 지속적으로 유지되는 주목을 통해서만 드러난다.

음악은 다소 일반적인 현상 — 인간이 아닌, 심지어 느끼지 못하는 대상 다수에서 감정의 반향을 경험하는 우리의 경향 — 의 한 특수한 경우이다. 그러한 반응은 감지될 수 있는 닮음에 의해 엄밀하게 함축되는 것은 아니지만, 우리는 종종 그러한 닮음을 표현적 효과가 있거나 표현적 잠재력이 있다고 생각한다. 이것은 가령, 뭉크의 유명한 〈절규〉의 얼굴에서 명백한데, 이 얼굴은 단순화되고 왜곡된 재현을 통해 그 (표현적) 힘을 전혀 잃지 않는다.

윤곽선 이론은 두 가지의 주요한 비판 경향에 부딪친다(Goldman, 1995b; Levinson, 1996, 1997b; Matravers, 1998). 몇몇 논자는 음악의 역동적 위상학(topology)과 감정을 표현하는 행동들 사이에 유비를 경험한다는 점을 부인한다. 음악은 인간의 표현적 행동이 움직이는 방식으로 소리 나지 않는다. 두 번째 반론은 윤곽선 이론이 음악의 표현성에 우리가 부여하는 중요성을, 혹은 왜 음악에 의해 정감적 반응이 일어나는지에 대해 설명할 수 없다고 주장한다. 음악이 진짜로 느껴진 감정의 사례나 그 유사물이 아니라 감정의 단지 외관만을 제시한다면 어떻게 그 표현성이 그토록 흥미롭고 강력한 것일 수 있겠는가?

12. 음악의 표현성에 대한 감정적 반응

음악적 표현성의 이론 모두가 상속해 온 일반적 문제가 하나 있다. 그것은 청자가 즐거운 음악에 의해 즐거워지고 슬픈 음악에 의해 슬퍼진다는 사실에 대한 것이다. 나의 반응이 슬픔이 되려면, 내가 주목하고 있는 상황이나 사물이 불행하거나 유감스럽다고 믿어야 한다. 그러나 베토벤 〈영웅〉의 청자는 그 표현성이 불행하다거나 유감스럽다고 여기지 않으면서도 슬픔을 느끼게 된다. 그의 반응은 음악에 의해 야기된 것이고 음악을 좋아가는 것이지만 음악이나 혹은 다른 어떤 것도 그 감정의 대상으로 삼지 않는다(Davies, 1994a; Goldman, 1995a; Matravers, 1998). 더 나아가 슬픔에 직면할 때 적절한 반응은 보통 동정이나 연민일 테지만 청자는 슬픈 음악에 그런 식으로 반응하지 않는다.

　키비(1988, 1989; 또한 Sharpe, 2000을 보라)는 청자가 자신이 주목하는 음악에 표현된 부정적 정서를 반영하도록 느끼지는 않는다고 함으로써 이 문제를 기각했다. 대부분의 철학자들은 이런 입장에 반대하면서 다른 사람의 말을 받아들일 뿐 아니라 자기 자신의 반응에 호소하고 있다(Levinson, 1990; Davies, 1994a; Goldman, 1995b).

　하나의 대답은 감정들 모두가 지향적 대상이나 그런 대상을 목표로 하는 믿음, 욕구에 관계되는 것은 아니라고 제안하는 것이다. 슬픔의 외관은 그 외관이 누군가가 어떻게 느끼는가를 보여 준다고 생각하지 않는 한 우리를 우울하게 느끼도록 만들 필요가 없다. 단순한 슬픔의 외양은 불행하다고 여겨지지 않으므로, 또 다른 이유들로 인하여 슬픔의 적절한 대상이 아니다. 그럼에도 불구하고 누군가가 그런 환경에서 감정이 일어난다면, 관련된 믿음과 욕구의 부재하에서 그러한 발생은 느낌이 관련되는 일종의 감염이나 삼투를 통해서만 가능하기 때문에 거울처럼 반영하는(mirroring) 감정이 될 것이다(Davies, 1994a). 심리학자들이 기록하고 있듯이(Hatfield 외, 1994) 우리를 둘러싼 분위기(혹은 감정적 기조)를 알아채는 것은 전혀 특별한 일이 아니다.

13. 음악에 대한 부정적 반응의 어려움

슬픈 음악이 때로 청자에게 슬픈 반응을 일으킨다면 하나의 어려운 문제가 일어난다. 즉 청자는 왜 그러한 음악을 가치 있게 평가하고 장차 그런 음악을 찾게 되는가? 왜 그런 음악을 피하려고 애쓰지 않는가? 보다 일반적으로 말해 어째서 우리는 부정적 감정을 표현하는 음악에 대해 반영하는 반응을 가지도록 이끌어지는가? 여기에는 두 가지 가능한 이유가 있다.

경험이 부정적 요소를 가지더라도 이는 긍정적인 요소에 의해 상쇄될 수 있다. 우리는 우리를 슬프게 만드는 작품 안에서 즐기고 상찬할 만한 많은 것들을 발견할 수 있다. 그렇더라도 이 대답은 아마도, 언급된 장점들의 다수가 우리가 행복한 작품들에만 집중한다면 대가 없이 획득 가능한 것들이라는 반론에 노출될 것이다. 따라서 보다 강한 노선은 적어도 그런 장점들의 몇몇은 부정적 반응을 유발하기 쉬운 작품으로부터만 획득 가능하다고 주장한다. 예를 들어 우리의 슬픈 반응은 '삶의 함축'이 결여되어 있으므로 음미되고 조사될 수가 있다. 이는 일상의 맥락에서는 성취가 어려운 것이다(Levinson, 1990).

두 번째 노선은 첫 번째 노선 위에 세워진다. 감정적으로 불쾌한 반응을 이끌어 내는 작품을 피할 이유가 있다고 하더라도, 그 이유들은 중요한 것이 아니다. 음악에서 부정적인 바는 종종 그 전체에 필수불가결한 것이다. 부정적인 것은 부분에서 나오는데 그것은 단지 견뎌 내야 할 무언가일 뿐 아니라 그것을 전체의 부분으로서 만드는 것이다. 우리가 작품을 이해하고 감상하고자 한다면 우리는 그 전체를 받아들여야 한다. 결과하는 경험은 균형 때문에만 훌륭한 것은 아닌데, 왜냐하면 그렇게 되면 덜 부정적인, 작품에 대한 완전하면서 더 훌륭한 경험이 있을 수 있다는 것인데 이는 잘못이다. 그런 경험도 훌륭한 경험이긴 하지만, 그것과 통합되어 분리될 수 없는 것은 우리가 추구하는 경험을 위해 받아들이게 되는 부정적 차원들인 것이다.

이런 점에서 음악은 그 본성의 일부로 부정적인 국면을 포함하는 삶의 다른 많은 국면들 — 아이 돌보기, 개인적 관계, 자아 구현 — 과 다르지 않다. 이런 활동들에 그 자체를 위해 참여한다는 것은, 우리가 목표하는 전체적 이득의 피할 수 없는 국면으로서 그 부정적인 면을 받아들인다는 것이다(Walton, 1990; Davies, 1994a).

14. 이해하는 청자

이해하는 청자의 자격은 무엇인가? 분명히 그는 음악을 좇아갈 수 있는 사람이다. 어떤 작품을 처음 들을 때에도 그는 멜로디를 그 자체로 인지하고 언제 중요한 섹션이 끝나는지를 알며 종종 연주의 실수를 찾아낼 수 있으며(무엇이 정확했을 것인가를 안다), 음악적 긴장의 적절한 고조와 이완을 경험하며, 그 외의 일들을 한다(Kivy, 1990; Levinson, 1996). 그의 능력은 자신이 이해하면서 듣는 종류의 음악을 지배하는 규범과 규칙들을 내재화하는 데에 달려 있을 것이다. 그는 그런 규칙들을 명시적으로 나타내지는 못할 수 있지만, 잘 형성된 구조와 잘못 형성된 구조를 인식할 뿐 아니라 다음에 무엇이 올 것인지를 예상할 수 있을 것이다. 음악 양식이 의미심장하게 다를 수 있으므로 하나의 양식에 익숙한 청자는 다른 양식은 파악하지 못할 것이다. 그러나 많은 청자들이 기대를 조절해 가면서 다양한 양식의 음악을 이해하며 따라갈 수 있다. 기술을 갖춘 청자는 기술을 갖춘 연주자일 필요는 없고 또한 음악이론이나 음악학의 전문적 어휘들에 익숙할 필요도 없다(Davies, 1994a). 그럼에도 불구하고 그는 관찰을 통해 관련된 악기들의 특성들과 악기들이 어떻게 연주되는지를 알아 두어야 하며 그 이해는 음악이론을 접함으로써 더 쉬워지거나 강화될 것이다.

레빈슨(1997a)은 귀로 음악을 이해하면서 좋아가는 것에 관련된 이론으로 '연속주의(concatenationism)'라 불리는 논쟁적인 이론을 내놓았다. 그는 청자가 자신이 어떤 순간에 들은 바와 함께 그것이 그 순간 직전의 그리고 직후의 사건들에 대해 가지는 관계에 대해서만 안다면 음악을 올바르게 이해하고 평가할 수 있다고 주장한다. 대규모 구조에 대한 인지는 음악에 대한 청자의 이해를 위해 요구되지 않는다. 정말로, 대규모 구조는 레빈슨에 따르면 그 자체로 인지될 수가 없다. 지각의 지속 시간은 그 최대치가 겨우 1분이다. 대규모 형식에 대한 인식은 지각적이 아니라 지적인 것이며 우리가 이런 인식에서 얻는 즐거움은 순간의 음악에서 취해지는 것과 비교할 때 창백하다.

레빈슨의 설명에서 음악적 형식의 인지는 대개 무의식적이고 비명제적이다. 이는 이론의 여지가 있다. 청자가 자신이 들을 때에 작품의 구조에 대해 실시간 언급을 제공하지 못하는 것은 사실이겠지만, 전체 패턴과 디자인에 대한 인식은 완전히 이론적이지 않으면서 의식적일 수 있다. 하나의 음악적 아이디어가 앞에 들렸던 다른 아이디어를 반복하거나 닮아 있다는 것을 인지하는 것은 확실히 추론적인 만큼이나 지각적이며 이 경우 대규모 구조가 청자가 지각하는 것들 중 하나라고 주장하는 것은 비합리적이지 않다.

15. 음악적 심오함

키비(1990)는 기악음악이 심오하다는 직관을 가지고 있지만 이것이 어떻게 그러한지를 입증할 수는 없었다. 그는 음악이 심오하기 위해서는 예증적 방식으로 다루어지는 심오한 주제에 관한 것이어야 할 것이라고 주장한다. 그러나 키비는 기악음악이 무언가에 관한 것임을 부정하므로 심오한 기악음악에 대한 논거를 만들 수 없었다. 어떤 음악은, 가령 바흐의 대위법은 그 자신의 재료에 대한 것일 수도, 흥미의 지속에 대한 것일 수도 있고 최상의 기교성에 대한 것일 수도 있다. 그러나 심오해지기 위해서 그것은 굉장한 중요성을 가지는 어떤 주제 ― 인간 삶의 도덕적 핵심에 육박하는 ― 에 대한 것이어야 하는데 음악 재료는 이런 의미에서 심오한 주제가 아니다. 키비는, 음악이 심오하게 이러저러할 수 있지만 이는 단지 아주 이러저러하다고 말하는 것이라고 결론 내린다. 그것은 심오할 수 없다.

레빈슨(1992)은 음악이 표현하는 감정에 대해 청자들이 반성하도록 이끌 수 있다고, 때로는 청자들을 그 감정을 반영하는 반응으로 인도함으로써 그런 감정에 대한 직접적인 대면을 제공할 수 있다고 응수한다. 이것이 자주 작곡가에 의해 의도되기 때문에 그런 음악은 넓은 의미에서 그 안에 표현된 감정에 대한 것이라고 말하는 것이 합리적이다(Davies, 1994a). 키비(1997)는 음악에서 감정이 표현되는 것, 적어도 몇몇 경우 상응하는 감정을 반영함으로써 음악의 표현성에 대한 자신의 경험에 청자가 반응한다는 것은 인정하지만, 이것이 음악이 그것이 표현하는 감정에 관한 것임을 확립한다는 점은 부인한다. 음악은 그것이 제시하는 감정에 관련하여 어떤 심오한 것도 말하지 않으며 어떤 명제적 내용도 가지지 않는다. 이에 대해 어떤 사람은 음악이 사물이 어떠한지에 대해 말하기보다는 보여 준다고 대답할 수도 있다. 이것이 허용된다고 하더라도 키비는 음악이 감정에 대해 깊이 있는 무언가를 보여 준다는 점에 대해 의심한다.

16. 음악의 가치

기악 음악이 어떤 명제적 내용도 가지지 않는다는 생각은 종종, 실로 그 가치의 원천인 것으로 제안된다. 하나의 가정에 따르자면 음악은 형용 불가능한(ineffable) 감정의 본성에 대한 진실을 제시하며 바로 그 사실 때문에 훨씬 더 중요해진다(Langer, 1942). 음악적 경험이 개념적 포섭에 비해 너무 세밀하다는 점에서 형용 불가능한 측면이 있겠지만(Raffman, 1993), 랭어의 관점은 별로 신뢰성이 없다(Budd, 1985a; Davies, 1994a). 이는 상징화에 대한 배타적 두 양식, 즉 담론적 상징화와 현시적 상징화 및 진리에 대한 두 상징화의 차별적인 접근에 대한 설득력 약한 주장에 의존하고 있다. 형용 불가능성에 관련하여 음악이 철저하게 일상적인 지각 경험들과 다르다고, 즉 일상적 지각 경험은 심오하지만 형용 불가능한 진리의 원천으로는 보통 생각되지 않는다고 가정할 이유는 전혀 없다.

보다 적절한 설명은 음악에서 명제적 내용의 부재를 실재에 대한 음악의 특별한 개입의 표시로서가 아니라 그것과의 구별의 표시로 간주하는 것이다. 음악은 우리를 그 자신의 내용 없는 세계로 끌어들이기 때문에 우리를 실제적 세계의 요구와 흥망성쇠로부터 해방시키며 여기에 음악의 가치가 있다는 것이다(Budd, 1995; Goldman, 1995a; Kivy, 1997). 음악은 음악적 흥미로 가득차 있고 따라서 공허하지 않다. 그러나 음악이 감정을 표현할지라도 음악은 자신의 경계를 넘어서는 실재에 대한 언급은 포함하지 않으며, 순전히 그 장르와 음악사적 위치의 관점에서만 감상될 수 있고 그 디자인에서 엄청난 정교성을 제시해준다. 음악은 실제적 세계로부터 분리됨으로써 가능해지는 형식과 감정의 유희에 의해, 그 자체로 가치를 가진다.

이런 관점은 쇼펜하우어까지 거슬러 올라갈 수 있다. 그는 실세계 안에서 행복을 성취할 가능성에 대해 매우 비관적인 관점을 가지고 있었기 때문에 음악을 매우 높게 평가하였다(Budd, 1985a). 그러나 이 관점은 실제와의 교섭에 대한 완전히 부정적인 평가에만 의존하지는 않는다. 왜냐하면 여기에는 또한 음악의 가치에 대한 긍정적인 측면이 있기 때문이다. 음악의 추상성이야말로 고요함, 긴장, 클라이맥스, 감정과 이완 간에 이루어지는 드라마를 강화한다. 보통 음악적 세계는 정교하게 구축되어 다양성 속의 통일성을 성취한다. 논증이 명제적 내용을 결여한다고 하더라도 Q. E. D.*로 로 끝맺는 설득력있는 논증의 의미가 분명히 있다(Tanner, 1992). 마치 법칙과 비슷한 진행은 불가피하게 균형, 해결, 종지로 이어진다. 그러나 이는 회고적으로 더 분명한 것이고 따라서 순간에서 순간으로의 이행은 예측 불가능하고 독창적이다. 작품 세계는 그것이 제기하는 수수께끼로 인해, 그리고 그것이 수수께끼를 해결하는 방식의 우아함과 경제성과 위트 덕분에 철저하게 관여적이고 경탄할 만한 것일 수 있다(Davies, 1998; 관련된 관점을 위해서는 Levinson, 1998을 보라).

기악 음악에 한정한다고 해도 이 이야기는 완전하지 않다. 왜냐하면 이는 연주자의 해석과 그 해석이 작품에 던지는 통찰력에 대한 우리의 흥미와 더불어, 어려운 기예를 선보이는 연주자의 능숙함을 보면서 우리가 느끼는 즐거움 같은 연주의 가치를 무시하고 있기 때문이다. 또한 이는 음악 감상의 더 광범위한 결과들을 무시하는데(Davies, 1995b), 여기에는 개인을 인간답게 하고 교화시키는 것뿐 아니라(Sharpe, 2000) 다른 사람들과의 유대감을 계발하는 것이 포함될 것이다(Higgins, 1991). 음악은 너무나 많은 사람들의 삶에서 중심적이어서 그들의 세계관을 형성하고 기본적 가치들인 자아감과 개별성을 형성하는 데 도움이 된다. 추상적 본성에만 호소함으로써 인간 삶에서 음악이 가지는 역할을 완전히 설명하기란 어렵다. 왜냐하면 음악은 사적인 로맨스나 공상뿐 아니라 중요한 사건이나 통과의례와 연합됨으로써 구체적인 의미를 가지게 되기 때문이다. 실로 음악은 자율적인 것으로 다루어질 때, 그럼으로써 정치적 표현적 의미에 대한 잠재력 전부를 실현하는 것이 방해될 때, 불완전하다고 주장될 수 있다(Goehr, 1998).

1920년대에서 1940년대까지 주요 저작 활동을 한 아도르노는 음악의 의미를 역사

---

* 이상이 내가 증명하려는(증명한) 내용이었다(라틴어 quod erat demonstrandum에서).

의 폭넓은 패턴 안에서 음악의 이데올로기적 위치로 간주했다. 그의 마르크스주의적 정향에 걸맞게 아도르노는 음악에서 해방을 향한 진보의 증거를 찾을 것을 기대했고 그 결과는 모든 사람에게 접근 가능한 예술을 완수하는 것일 터였다. 아도르노의 귀에 그것은 논리적 진보를 표상하는 12음 음악이었고 이것은 따라서 미래의 음악이 될 것이지만, 반면 스트라빈스키의 신고전주의는 반동적이고 부패한 것이었다(Adorno, 1973). 게다가 아도르노는 음악의 대중적 형식, 특히 재즈에 반대하였는데, 그는 재즈가 하층 계급을 자신에게 흥미롭고 보상을 줄 심각한 음악으로부터 고립시키기 위해 힘 있는 사람들에 의해 이용되는 저열한 음악이라고 보았다(Adorno, 1992).

사태들의 전개를 겪은 후의 입장에서 볼 때, 아도르노의 주장의 많은 부분들을 진지하게 받아들이기는 힘들다(Sharpe, 2000). 음렬주의에 대한 그의 관점은 1970년대까지 독일 음악의 작곡에 영향을 주었고 그럼으로써 음악의 역사적 맥박을 따라가는 것에 근접하는 것 같지만, 그 이후에는 훨씬 뒤처지게 되었다. 스트라빈스키의 혼합적인 절충주의가 쇤베르크의 표현주의보다 현대적 에토스에 더 가깝다. 확실히 12음 음악은 아도르노가 예견한 대로 대중들에게 좀 더 접근할 만한 것으로 되지 않았고 따뜻하게 받아들여지지도 않았다. 그동안 자신의 동시대 대중 음악에 대한 그의 공격은 지식이 충분히 갖추어지지 않은 악의적인 것이었다. 그의 관점은 오늘날 음악이 그 길을 따라 필연적으로 진화하게 되는 역사적으로 불가피한 경로를 드러내는 것으로서보다는 엘리트주의적인 편견의 표현으로서 읽힌다. 그러나 아도르노의 저작은 비단 그의 개성적 힘과 위엄에 찬 진지함, 영감을 주는 스타일 때문이 아니더라도 많은 사람들을 매혹시키고 있다. 음악과 지적인 삶 일반의 지나친 단순화를 염려하는 사람들은 그의 저작에서 많은 통찰적인 것들을 찾아낼 수 있을 것이다.

17. 음악과 언어

앞에서 시사했듯, 고전적인 기악 음악의 가치가 그것의 (삶으로부터의) 분리에 있다는 주장은 완전히 설득력 있는 것은 아니다. 우리가 다른 종류의 음악을 살펴본다면 이 관점은 훨씬 덜 매력적이게 된다. 록음악의 주요 가치가 그것을 추상적으로 관조하는 데서 얻는 즐거움에 있다고 가정하는 것은 말이 안 된다. 첫째로, 많은 록음악은 춤이나 편안한 사교 활동을 위한 기능 음악이다. 이보다 중요한 것은 록음악의 패러다임이 노래라는 것, 노래는 음악과 언어의 결합이라는 점이다. 결과로서의 합성물은 더 이상 추상적이지 않다. 이제 음악이 언어의 메시지에 무언가를 덧붙일 수 있다면 무엇을 덧붙일 수 있는지가 우리가 고려해야 할 대상이다. 나는 여기에서 언어뿐 아니라 드라마를 음악과 결합시키는 오페라에 대해 논하겠다.

오페라는 그 내적인 특이성, 환상을 위한 비용, 일시적인 스타들 및 그 기묘한 책략과 더불어 사회적 해설가에게 풍부한 자료를 제공한다. 아도르노에게 오페라는 부르주아에게 보호막을 씌워 주는 데 봉사하는 환상이었다. 카벨(Cavell, 1994)은 그 안에서 '목소리'를 찾아가는 개인의 탐색에 대한 은유를 읽어 낸다. 더구나, 카스트라토 남성과 '바지' 역할 여자들의 성적인 모호성은 불가피하게 예술형식에 함축되는 성 정치학에 대한 질문을 끌어들인다. 예를 들어 클레망(Clément, 1989)은 오페라가 여주인공의 파멸을 구미 당기는 것으로 보이도록 하는 데 음악을 사용하면서 그 파멸에 전념하고 있다고 주장한다.

오페라의 전체 의미에 대해 음악이 기여하는 부분에 대한 흥미로운 논쟁이 있다. 폴 로빈슨(Paul Robinson)에 따르면 오페라 음악은 감정적으로 구체적인 음악과 구조적으로 추상적인 음악 모두와 친화성이 있다. 주된 에토스가 순전히 '과학적'이지 않다는 점에서 오페라의 음악은 그 시대의 지적 관심에 개입할 수 있다 — 특히 계몽주의와 모더니즘을 특징짓는 사랑, 우정, 가족, 사회, 정치의 모형에 말이다. 이는 음악의 질에 대한 주장이자 음악이 대본의 내용 너머로 덧붙이는 것들에 관한 주장이다. 같은 정신에서 키비(1988)는 다양한 시대의 오페라에 대한 접근은 다양한 시대에 팽배했던 감정적, 심리적 실재의 본성에 대한 대조적인 관점들을 반영한다고 주장한다. 맥클러리(McClary, 1991)는 음악에서 강한 여성 캐릭터와 연합되는 반음계주의가 어떻게 그 캐릭터들을 질서와 안정성에 대한 위협으로서 제시하는지 분석한다. 좀 더 구체적인 주석에서 괴어(1998)는 바그너의 〈마이스터징거〉가 칸트에 의해 명세화된 미적 원리들 다수를 공고히 할 뿐 아니라, 또한 음악이 비평적 거리에서 독립적으로 스스로를 표현할 때 사회적 삶 안에서 자신의 자유를 찾는다는 정치적 메시지 역시 전달한다고 제안한다.

보다 평범한 수준에서 우리는 음악과 드라마 — 드라마는 여기서 오페라 대본의 핵심을 의미한다 — 가 어떻게 상호작용하는지를 살펴볼 수 있다. 키비(1988)는 가능한 두 가지 관계에 대해 논의한다. '드라마가 된 음악'에서 음악은 텍스트에 의해 결정된 구조에 수반하여 그것을 강화하는 역할을 한다. 대조적으로, '음악이 된 드라마'에서는 드라마가, 고유의 순수 음악적 관점에서 완벽한 구조를 창조하기 위한 기회를 제공한다. 이런 접근들을 구분하면서 키비는 오페라 음악이 드라마에 종속된다거나, 아니면 그 역이 된다고 가정하고 있는 것 같다. 그의 설명은 그 둘이 서로를 지원할 가능성, 따라서 전체가 그 부분의 합보다 더 커질 가능성의 여지를 남기지 않는다. 이러한 일은 예를 들어, 오페라 텍스트가 만족스러운 음악 형식과 결합하여 그 전체로서 음악이나 텍스트가 스스로는 성취하지 못할 깊이와 의미를 갖추게 될 때 일어난다.

어떻게 이런 일이 작동할 것인지를 보여 주기란 어렵지 않다. 많은 대규모 음악 형식들은 갈등과 해결의 패턴과 관계되며 음악의 전체적 통일성은 삽화적이거나 주기적인 구조들과 정합적이다. 결과적으로, 재능 있는 작곡가는 음악적으로 만족스러우면서 드라마의 형식을 강화하거나 증대시키는 전체를 창조할 수 있다. 이는 드라마 형식과 음악 형식을 단순히 합치는 문제일 필요가 없다. 주제의 반복적 발생은 그와 더불어 텍스트에는 없는 극적인 함축을 전달할 수 있다. 예를 들어, 베르디의 〈오셀로〉 4막 가운데 오셀로가 데스데모나를 목 조르는 장면에는 1막에 나오는 행복한 사랑의 듀엣에서의 '키스' 모티브가 끊임없이 들리는데, 이는 두 장면을 심리적으로 결합시킴으로써 가슴을 쥐어짜도록 고통스러운 효과를 낸다. 그러한 음악적 반복 없이 드라마의 효과는 성취될 수 없었을 것이다. 연극 대본으로 여겨질 때 대부분의 오페라 대본이 얼마나 보잘것없는지, 그런데도 그 대본에 상응하는 오페라가 극적으로 얼마나 성공적인지를 생각해 볼 때 음악과 텍스트의 성공적인 결합은 키비가 암시하듯 예외적이라기보다는 통상적인 것으로 드러난다.

* 이 논문의 이해를 돕기 위해서 이 책에서 다음의 논문들을 찾아 읽으면 좋을 것이다.
  〈예술과 표현〉, 〈예술과 정서〉, 〈예술의 존재론〉, 〈예술과 창조성〉, 〈예술의 가치〉, 〈예술의 진정성〉, 〈연극〉

참고문헌

Addis, L. (1999). *Of Mind and Music*. Ithaca, NY: Cornell University Press.

Adorno, T.W. (1973). *The Philosophy of Modern Music*, trans. A. G. Mitchell and W. V. Blomster. London: Sheed & Ward.

_____ (1992). *Essays on Music and Culture*, trans. R. Livingstone. London: Verso Books.

Alperson, P. (1984). "On Musical Improvisation". *Journal of Aesthetics and Art Criticsm* 43: 17–30.

_____ (ed.) (1994). *What is Music? An Introduction to Philosophy of Music*. University Park, Pa.: Pennsylvania State University Press.

_____ (ed.) (1998). *Musical Worlds: New Directions in the Philosophy of Music*. University Park, Pa.: Pennsylvania State University Press.

Baugh, B. (1993). "Prolegomena to Any Aesthetics of Rock Music". *Journal of Aesthetics and Art Criticism* 51: 23–9.

Brown, L. B. (1996). "Musical Works, Improvisation, and the Principle of Continuity". *Journal of Aesthetics and Art Criticism* 54: 353–69.

_____ (1999). "Postmodernist Jazz Theory: Afrocentrism, Old and New". *Journal of Aesthetics and Art Criticism* 57: 235–46.

_____ (2000). "Phonography, Repetition and Spontaneity". *Philosophy and Literature* 24: 111–25.

Budd, M. (1985a). *Music and Emotions: The Philosophical Theories*. London: Routledge & Kegan Paul.

_____ (1985b). "Understanding Music". *Proceedings of the Aristotelian Society*, supp., 59: 233–48. '

_____ (1995). *The Values of Art: Pictures, Poetry, and Music*, London: Allen Lane/Penguin Press.

Butt,J. (2002). *Playing with History*. Cambridge: Cambridge University Press.

Cavell, S. (1994). *A Pitch of Philosophy: Autobiographical Exercises*. Cambridge, Mass.: Harvard University Press.

Clément, C. (1989). *Opera, or the Undoing of Women*, trans. B. Wing. London: Virago.

Coker, W. (1972). *Music and Meaning: A Theoretical Introduction to Musical Aesthetics*. New York: Free Press.

Cooke, D. (1959). *The Language of Music*. Oxford: Oxford University Press.

Davies, S. (1994a). *Musical Meaning and Expression*. Ithaca,NY:Cornell University Press.

_____ (1994b). "The Evaluation of Music". in P. Alperson (ed.), *What is Music? An Introduction to Philosophy of Music*. University Park, Pa.: Pennsylvania State University Press, pp. 307–25.

_____ (1997a). "John Cage's *4'33"*: Is It Music?". *Australasian Journal of Philosophy* 75: 448–62.

_____ (1997b). "Contra the Hypothetical Persona in Music". in M. Hjort and S. Laver (eds.), *Emotion and the Arts*. Oxford: Oxford University Press, pp. 95–109.

_____ (1998). "Musical Understanding and Musical Kinds". in P. Alperson, *Musical Worlds: New Directions in the Philosophy of Music*. University Park, Pa.: Pennsylvania State University Press, pp. 69–81.

_____ (1999). "Rock versus Classical Music". *Journal of Aesthetics and Art Criticism* 57: 193–204.

_____ (2001). *Musical Works and Performances: A Philosophical Exploration*. Oxford: Clarendon Press.

De Bellis, M.(1995). *Music and Conceptualization*. Cambridge: Cambridge University Press.

Godlivitch, S. (1998). *Musical Performance: A Philosophical Study*. London: Routledge.

Goehr, L. (1992). *The Imaginary Museum of Musical Works: An Essay in the Philosophy of Music*. Oxford: Clarendon Press.

_____ (1998). *The Quest for Voice: On Music, Politics, and the Limits of Philosophy*. Oxford: Clarendon Press.

Goldman, A. H. (1995a). *Aesthetic Value*. Boulder, Colo.: Westview Press.

_____ (1995b). "Emotion in Music (A Postscript)". *Journal of Aesthetics and Art Criticism* 53: 59–69.

Goodman, N. (1968). *Languages of Art*. Indianapolis: Bobbs–Merrill.

Gracyk, T. A. (1996). *Rhythm and Noise: An Aesthetics of Rock Music*. Durham, NC: Duke University Press

Hanslick, E. (1986). *On the Musically Beautiful*, trans. G. Payzant. Indianapolis: Hackett.

Hatfield, E., Cacioppo, J. T., and Rapson, R. L. (1994). *Emotional Contagion*. New York: Cambridge University Press.

Higgins, K. (1991). *The Music of our Lives*. Philadelphia: Temple University Press.

Ingarden, R. (1986). *The Work of Music and the Problem of Musical Representation*, trans. A. Czerniawski. Berkeley, Calif.: University of California Press.

Kivy, P. (1984). *Sound and Semblance: Reflections on Musical Representation*. Princeton: Princeton University Press.

_____ (1988). *Osmins's Rage: Philosophical Reflections on Opera, Drama and Text*. Princeton: Princeton University Press.

_____ (1989). *Sound Sentiment*. Philadelphia: Temple University Press.

_____ (1990). *Music Alone: Philosophical Reflections on Purely Musical Experience*. Ithaca, NY: Cornell University Press.

_____ (1993). *The Fine Art of Repetirion: Essays in the Philosophy of Music*. New Yotk: Cambridge University Press.

_____ (1995). *Authenticities: Philosophical Reflections on Musical Performance*. Ithaca, NY: Cornell University Press.

_____ (1997). *Philosophies of Arts: An Essay in Differences*. New York: Cambridge University Press.

_____ (2001). *New Essays on Musical Understanding*. Oxford: Clarendon Press.

Krausz, M. (ed.) (1993). *The Interpretation of Music: Philosophical Essays*. Oxford: Clarendon Press.

Langer, S. K. (1942). *Philosophy in a New Key*. Cambridge, Mass.: Harvard University Press.

Lerdahl, F. and Jackendoff, R. (1983). *A Generative Theory of Tonal Music*. Cambridge, Mass.: MIT Press.

Levinson, J. (1990). *Music, Art, and Metaphysics*. Ithaca, NY: Cornell University Press.

_____ (1992). "Musical Profundity Misplaced". *Journal of Aesthetics and Art Criticism* 50: 58–60.

_____ (1996). *The Pleasures of Aesthetics*. Ithaca, NY: Cornell University Press.

_____ (1997a). *Music in the Moment*. Ithaca, NY: Cornell University Press.

_____ (1997b). "Emotion in Response to Art: A Survey of the Terrain". in M. Hjort and S. Laver (eds.), *Emotion and the Arts*. Oxford: Oxford University Press, pp. 20–34.

_____ (1998). "Evaluating Music". in P. Alperson (ed.), *Musical Worlds*. University Park, Pa.: Pennsylvania State University Press.

_____ et al. (1999). "Symposium on Music in the Moment". *Music Perception* 16: 463–94.

McClary, S. (1991). *Feminine Endings: Music, Gender, and Sexuality.* Minneapolis: University of Minnesota Press.

Madell, G. (2002). *Philosophy, Music and Emotion*. Edinburgh: Edinburgh University Press.

Matravers, D. (1998). *Art and Emotion*. Oxford: Clarendon Press.

Raffman, D. (1993). *Language, Music, and Mind*. Cambridge, Mass.: MIT Press.

Ridley, A. (1995). *Music, Value and the Passions.* Ithaca, NY: Cornell University Press.

Robinson, J. (ed.) (1997). *Music and Meaning.* Ithaca, NY: Cornell University Press.

Robinson, P. (1985). *Opera and Ideas: From Mozart to Strauss*. New York: Harper & Row.

Ross, S. and Judkins, J. (1996). "Conducting and Musical Interpretation". *British Journal of Aesthetics* 36: 16–29.

Scruton, R. (1997). *Aesthetics of Music*. Oxford: Clarendon Press.

Sharpe, R. A. (2000). *Music and Humanism*. Oxford: Oxford University Press.

Solomon, R. C. (1976). *The Passions*. Garden City, NY: Anchor Press/Doubleday.

Tanner, M. (1985). "Understaniding Music". *Proceedings of the Aristotelian Society*, suppl., 59: 233–48.

_____ (1992). "Metaphysics and Music". *Royal Institute of Philosophy*, suppl., 33: 181–200.

Thom, P. (1993). *For an Audience: A Philosophy of the Performing Arts*. Philadelphia: Temple University Press.

Tormey, A. (1971). *The Concept of Expression*. Princeton: Princeton University Press.

Walton, K. L. (1998). "What is Abstract about the Art of Music?". *Journal of Aesthetics and Art Criticism* 46: 351–64.

_____ (1990). *Mimesis as Make-Believe: On the Foundations of the Representational Arts*. Cambridge, Mass.: Harvard University Press.

Wollheim, R. (1980). *Art and Objects*. Cambridge: Cambridge University Press.

Wolterstorff, N. (1980). *Works and Worlds of Art*. Oxford: Clarendon Press.

_____ (1994). "The Work of Making a Work of Music". in P. Alperson (ed.), *What is Music? An Introduction to Philosophy of Music*. University Park, Pa.: Pennsylvania State University Press, pp. 103–29.

제29장

회화

수전 페이건(Susan Feagin)
번역: 신운화

그림을 그린다는 것은 다소 유동성 있는 색채 질료를 평면에 바르는 것이다. 보통 붓을 쓰시만 때로는 팔레트 나이프, 손가락은 물론 에어브러시같이 뿌리는 도구를 사용하기도 한다. 회화는 인공물로서, 어떤 면에서는 독창성과 기량을 발휘하여 만든 것이기도 하고 때로는 훈련받지 않은 순전한 시각이나 태도를 표현한 것이기도 하다. 예술철학에서는 회화를 시각 예술의 하나로서 다루고 있는데, 해당 부분은 지각의 철학, 심리 철학의 분야와 명백하게 겹쳐지며 인간 행위 및 행위와 사고의 관계, 철학적 심리학, 개인 정체성에 관한 이론을 포함한다. 더욱이 회화적인 대상 및 예술가, 해석자, 감상자들의 정체성이 역사적, 문화적 현실 속에서 형성되고 이러한 현실이 회화적 대상과 사람들을 이해하고 해석하는 데 관련되는 한, 예술철학 내의 회화 부분은 사회과학에 대한 철학과도 관련된다.

　　회화의 철학은 또 철학 외부의 회화적 관행은 물론, 전 세계 역사를 통틀어 그림에 관한 개인의 말과 기록 역시 고찰한다. 지난 30년간 예술사가들은 회화와 관련된 문제에 점점 관심을 더 많이 기울이고 있는데, 회화의 정치적·문화적·도덕적 기능들에 관한 이론적인 문제들과, 역사적 세력들, 문화적 제도와 관습들을 통해 화가들이 어떻게 힘을 얻게 되었고 또 스스로 어떤 제한을 가했는가 하는 문제가 그것이다. 회화를 이론적으로 사고하는 데 있어, 예술 이론, 사회사 및 지성사, 문화인류학 그리고 정치 이론은 끊임없이 중요한 자원을 제공하고 있다.

앞으로 이 글에서는 예술로서의 회화에 관해 제기되는 문제들을 네 가지 범주로 정리하여 살펴볼 것이다. 첫 번째 범주는 물리적 대상인 회화의 존재론적 지위에 관한 것이다. 회화에서 다양한 유형의 물감과 물질적 지지대가 가지는 중요성, 회화가 물리적 대상이기에 갖는 가치, 또 물리적인 것은 부식되기 마련이므로 이에 따른 보존과 복원의 문제가 그것이다. 두 번째 범주는 시각적 형식을 지각하고 가치 판단을 내리는 것, 그리고 회화의 본성과 가치를 순수하게 시각적인 측면에서 정의하려는 노력에 관한 것이다. 세 번째 범주에서는 다양한 문화권들에서 회화의 형태가 저마다 다양하기 때문에 생기는 존재론적·해석적 문제들을 탐구한다. 네 번째 범주는 개인의 행위성과 자율성에 관한 것으로서, 이것은 개인적 표현, 회화 속에서 각 개인들과 문화적 관습들이 재현되는 것, 회화에 잠재된 인식적 능력과 사회적 지위가 결부되어 있다는 것 등과 관련된다.

1. 물리적 대상으로서의 회화

역사적으로 볼 때 서양에서 가장 대표적인 예술적 회화로 생각되어 온 것은 이젤 회화이다. 전형적으로 이젤 회화는 눈으로 보기에 적당한 크기이며 그림의 경계가 고정되어 있다. 또 다른 그림들과도 개별 단위로 잘 구별되며 액자처리와 운반, 판매를 하기에도 적합하다. 이젤 회화가 회화의 전형이라는 것은 다양한 유형의 실제 그림들을 보면 알 수 있다. 예를 들면 채색 필사본의 페이지, 주거 공간이나 교회, 성당의 천장과 내벽 표면에 그려진 그림, 또 벽화나 그래피티로 뒤덮인 건물 외벽 등 다양한 형태들이 있는데, 이것들은 이젤 회화가 그렇듯이 원래 자리에서 제거되거나 액자처리되거나 전시되거나 논의되고 기타 다른 방식으로 취급되기도 한다. 시각 예술의 역사를 다루는 교과서들은 회화를 설명하는 삽화로 자기충족적 개체인 그림들을 싣고 있다. 즉 심지어 벽화나 일부 제단화들에서처럼 장소특정적(site-specific)인 건축적 주위 환경이나 필수적인 틀 같은 것이 없어도 되는 독립된 개체인 것처럼 말이다. 예술로서의 회화를 적절하게 설명하고자 한다면, 일부에는 그림이 그려졌지만 그 자체가 회화는 아닌 예술 작품들, 예컨대 도자기, 저부조 및 고부조, 조각 등도 최소한 어느 정도 고려해야 할 것이다. 더욱이, 물건이나 건축 구조물, 기타 주위 환경 내의 표면에 그려진 그림들도 있다. 이 경우 그림 부분은 예술로 생각되지만 물질적 지지대가 되는 해당 부분은 예술로 간주되지 않는다. 비트겐슈타인은 철학적 예시들이 한쪽으로 치우치는 것을 경계한 바 있다. 이젤 회화를 회화의 전형으로 생각한다면 회화를 적절히 이해하고 가치 평가하는 데 관련된 존재론적 문제들에 대해 편향된 시각을 갖기 쉽다. 특히 실제 관행을 보면, 이젤 회화는 전 세계 역사를 통틀어 비교적 드문 것이다.

회화에 관한 철학에 부적절한 제한을 가하는 또 한 가지가 회화와 회화적 재현(picto-rial representation)을 같은 것으로 취급하는 것이다. 넬슨 굿먼(Nelson Goodman)은 도발적인 대표작 《예술의 언어들》(Languages of Art, 1968)에서, 20여 년 넘게 예술철학의 중심에 놓여 있던 일련의 논제들을 정의했다. 여기에는 회화적 재현을 어떻게 정의할 것인가, 회화적 재현과 다른 방식의 재현, 특히 언어적 재현과의 차이를 어떻게 설명할 것인가의 문제도 포함된다. 유감스럽게도 굿먼은 회화를 회화적 재현과 함께 묶어 생각하는 경우가 많은데 이를 가장 분명하게 보여 주는 곳이 다음의 각주이다. "회화에 매우 필수적인 것 중에서, 보통 3차원적인 회화 표면의 본성에 의존하는 것은 없다."(42n.) 맬컴 버드(Malcolm Budd) 등은 가장 순수한 형태의 회화적 재현은 2차원적인 것이고 그것을 가장 잘 보여 주는 예가 투사된 사진 슬라이드라고 보는데 이것은 적절한 관점인 듯 보인다. 슬라이드의 경우 매체는 빛이고 재현적 내용은 매체의 물질성, 혹은 적어도 공간 속에서 그것이 차지하는 크기와 물리적 위치로부터 분리되어 있다고 볼 수 있다. 물론 물감은 어떤 대상이 회화이기 위해서 본질적인 것이지만, 사진이기 위해 본질적인 것은 아니다.

그리는 행위 및 그림들 자체에는 물리적 지지대가 있기 마련인데, 이 물리적 지지대가 예술 작품으로서 그 그림의 정체성의 일부로 여겨진다는 것을 알 수 있는 좋은 예가 하나 있다. 물론 회화가 재배접될 수도 있다는 사실에도 불구하고 말이다. 재배접(relining)이란 그림이 고정되어 있던 패널이나 캔버스로부터 그림을 분리하여 다른 표면에 부착하는 것을 말한다. 이 재배접은 일반적으로 회화를 보존하기 위해 할 수 있는 최후의 시도이다. 마치 질병이 몸에 더 심하게 퍼지는 것을 막기 위해 팔다리를 절제하는 것처럼, 회화의 일부를 잃을 위험을 무릅쓰고 행하는 방법이다. 그림에서 지지대는 예컨대 캔버스, 패널, 벽 혹은 물건 등인데, 이 지지대가 무엇인가에 따라 완성된 그림에서 의도하는 시각적 효과를 얻기 위해 예술가가 해야 할 일이 조금씩 달라진다. 틀에 팽팽하게 고정된 캔버스는 특유의 질감을 가지고 있는데, 예컨대 브론치노 같은 화가는 캔버스의 질감이 드러나 보이지 않게끔 효과적으로 잘 처리하였고, 목판의 표면도 최대한 매끄러운 바탕이 되도록 미리 공들여 처리했다. 한편 어떤 예술가는 캔버스 자체의 무늬가 보이게 처리하면서 그 무늬가 회화적으로 중요한 의미를 가지게끔 그릴 수도 있다. 예컨대 캔버스 자체의 오늬 모양의 직조를 이용하여 그림 속의 사람이 마치 오늬 무늬의 옷을 입고 있는 것처럼 보이게 처리할 수도 있는 것이다. 알타미라의 구석기 동굴 벽화는 동굴 벽의 울퉁불퉁한 표면을 이용해 어떤 동물이나 대상의 일부분을 효과적으로 재현하고 있다. 이러한 것은 화가의 선택이다(Podro, 1998).

만일 그림이 본질적으로 회화적인 재현이라고 생각한다면, 지지대의 표면 형태와 그것이 완성된 그림과 맺는 관계는 그리기 행위와 그림들 사이에서 타협한 요소가 아닐 것이며, 사실 지금까지 그래 왔던 대로, 회화성(pictoriality)의 본성에 따라 좌우될 것이다. 20세기 중반 미술평론가이자 이론가인 클레먼트 그린버그(Clement Greenberg)는 평면성 및 평면이 그림의 경계를 짓는다는 점을 회화의 유일한 본질적 속성으로서 찬미했다(1962). 마이클 프리드(Michael Fried)는 회화와 관련하여 예술과 대상성 간의 문제적 관계에 대해 기술했다(1967). 이러한 생각은 단순한 화가가 아니라 예술가로 여겨지기를 원했던 수많은 당대 화가들의 열망에 자양분이 되었다. 재스퍼 존스는 깃발, 과녁, 숫자 등 그 자체가 평면인 사물들을 그림으로 그렸는데 이것은 그림이 평면이라는 것을 사람들이 느슨하게 인식하고 있다는 점을 이용하고 있는 것이다. 그리고 존스는 그것들을 다시 3차원적 구조물과 결합시켰다. 윤곽과 외곽선만으로 이루어진 만화 이미지들은 평면성을 강조했다. 모리스 루이스, 헬렌 프랑켄탈러를 비롯해 '얼룩(stain)' 회화를 그린 화가들은 밑칠처리를 하지 않은 캔버스에 물감을 발라 그 물감이 표면 위에 머무르지 않고 그림의 지지대인 캔버스 자체에 스며들도록 했다. 물감과 지지대는 하나가 되었다. 마치 수백 년 전의 프레스코화들처럼 말이다. 그러나 프레스코화의 시대에는 모든 그림들이 평면이라거나 평평한 표면 위에 그려져야 한다고 생각되지는 않았다. 레온 바티스타 알베르티(Leon Battista Alberti)는 당대의 '새로운 예술' 양식의 화법을 설명하고 있는데(1435), 그것은 마사초, 브루넬레스키, 도나텔로 등이 그랬던 것처럼 다양한 형태들에서 '양괴감이 느껴지도록' 그리는 것이었다. 알베르티는 물감과 같은 3차원적 재료들을 가지고 이렇게 그리려면, 선을 거의 보이지 않도록 하여 재료의 물질성을 감추어야 한다고 조언했다(Alberti, 1956을 보라).

예술가들은 가능한 한 다양한 유형의 물감을 집어 들어, 다양한 목적에 따라 다양한 표면에 사용했을 때 최상의 질적 결과가 나타나도록 했다(《위대한 예술 거장들의 기예들》(Techniques of the Great Masters of Art, 1985)를 보라). 불투명한 느낌, 무광의 마감처리가 특징인 템페라는 반투명함, 광택, 채도, 더 넓은 색채 범위를 자랑하는 유화에 밀려났다. 그러한 유화의 색채도 에나멜의 광택, 지속성, 밝은 색감에 비하면 흐릿하다. 에나멜의 색은 오염에 의해 쉽게 흐려지지 않으며 특히 비교적 작은 대상들을 장식하는 데 적합하지만, 그 표면은 미묘함이 떨어지고 이후에 쇄신이 불가능하다. 잭슨 폴록은 큰 물감 방울을 사용하고, 물감 자체를 다른 사물을 작품에 결합시키는 반죽으로 사용함으로써 물감의 물질성을 통해 회화의 3차원성을 주목하도록 만들었다. 이러한 방식은 수채화나 템페라에서는 불가능한 것이다. 존 버거(John Berger)는 유화에는 그것을 보는 특유한 방식이 있다고 주장하면서 다음과 같이 말하고 있다(1972). "유화는 묘사하는 대상의 가촉성, 질감, 윤기, 견고함을 강조한다. 유화는 실제 대상을 만질 수 있을 것처럼 그린다. 어떤 사물을 캔버스 위에 그려놓은 것은 그것을 사서 집 안에 둔 것과 마찬가지일 정도이다."(83, 88) 아크릴 물감은 유화와 같은 깊이감이나 층감(層感, layering)은 없지만 색깔이 더 순수하고 잘 바래지 않아서, 쉽게 알아볼 수 있는 대중적 이미지를 나타내기에 이상적이다. 선불교 전통을 배경으로 하고 있는 중국과 일본의 문인화가들은 비단 위에 나타나는 먹의 미묘한 색조 변화를 중시했고, 가끔 최소한의 색채를 가미하기도 했다. 여기에서 보이는 여백과 암시성은 일본 국내의 건축과도 완벽하게 어울린다. 수채는 아마추어들이 비교적 저렴하고도 손쉽게 사용하는 물감인데, 서양 전통에서는 예술적 회화의 가치 문제와 관련해 별로 큰 몫을 하지 못했다. 일본의 붓 그림에서 그토록 중시하는 미묘함과 암시성이 서양에서는 수채화의 몰락 원인이었다. 수채화의 이러한 특징들은 오랫동안 서양에서 가장 중요한 회화 장르였던 역사화나 종교화에 부적합했기 때문이다. 또한 수채화는 보통 종이 위에 그려지고 따라서 판화나 소묘와 함께 묶이는데, 이것들은 명백히 그 물질적 지지대로부터 분리될 수 없는 그림들이며, 역사적으로 고가로 취급되지 않았고 일반적으로 귀하게 여겨지지도 않았다. 한 가지 예외가 있다면 예술 후원자들에게 제공되는 '제안화'로, 이것은 베네치아산 청지(Venetian blue)같이 내구성이 더 좋고 값비싼 종이나 또는 양피지에 그려져서, 예술로서의 지위를 인정받았다는 것을 보여 준다.

또한 회화는 재현적인 내용을 전달하는 주요 수단으로서보다는, 어떤 작품이나 다른 사물을 시각적으로 더 매력 있게 하고자 색을 덧입히는 것으로도 생각되어 왔다. 이러한 관점에서 본다면 모자이크와 석공 상감(pietra dura)이 인타르시아(intarsia, 목재 상감)보다 회화에 더 가깝다고 할 수 있다. 이 관점에서는 예술은 2차원적 기하학의 도식에 의거해야 한다고 보는데, 이 도식은 깊이와 양감을 만들어내는 데 있어 알베르티가 최고로 꼽았던 것이다(Tormey and Tormey, 1982). 중국 당나라 시대로부터 기원한 '청록' 산수는 분명 '인공적인 느낌'이 강하지만 그럼에도 눈을 뗄 수 없을 만큼 감각적으로 뛰어나다. 회화가 오랫동안 음악, 시, 수학과 같은 자유 학예 교육에 속하지 못했던 한 가지 이유는, 색채가 가진 매력은 즉각적이고 쉬우며 칸트(Kant)가 말한 '카나리아산 백포도주'의 맛처럼 주관적인 쾌락과 유사한 것이기 때문이다(Kristeller, 1951-2; Beardsley, 1966). 색채 자체로 구성되고 주제에 따라 복잡하게 완성된 형식적 관계들은 이것과는 별개의 이야기로서, 더 지적인 것이며 단순히 예쁜 그림을 목적으로 하지 않는다. 마이클 박산달(Michael Baxandall, 1972)에 따르면, 청금석의 울트라마린은 양질에다 고품격의 느낌을 주는데, 그것은 단지 호화로운 색깔 때문만이 아니라 상대적으로 희귀하고 더 값비싼 재료였기 때문이다(그런데 유감스럽게도 박산달이 이 설명을 위해 선택한 사례의 경우는 청금석이 아닌 것으로 밝혀졌다고 한다).

회화에서 다른 재료들을 물감과 함께 사용하거나 혹은 아예 물감 대신으로 사용하여 형태를 그려 내고 표면을 시각적으로 흥미롭게 하는 일이 흔히 있다. 또한 이로써 예술로서의 회화를 정의하는 조건의 문제를 제기하기도 한다. 초기 이탈리아 르네상스의 제단화들에서는 직물 위에 패턴을 표현하는 금박과 각인을 볼 수 있다. 일본에서는 모모야마 시대부터 에도 시대까지 금박을 입혀 병풍을 호화롭게 장식했다(병풍들은 이젤 회화처럼 운반할 수 있으면서 또한 벽처럼 공간에 펼쳐지는 효과가 있다). 이와 사뭇 다른 경우로, 20세기 초 피카소와 브라크는 와인 라벨이나 시가 밴드 같은 일회용 잡동사니를 회화 표면에 붙였는데, 이것은 콜라주로 알려지게 되었다. 콜라주는 이 대상이 회화로서 갖는 정체성에 도전하면서 회화를 '일상'의 영역으로 옮겨 놓았다. 아르헨티나의 현대 화가 파비안 마르키아노는 일부 그림에 커다란 붓 자국 모양을 한 3차원적인 무색 실리콘 젤을 사용해, 색채, 평면성, 물감이 회화에 얼마나 중심적인 것인가 하는 질문을 제기한다. 사실 한 대상, 시각적 이미지 혹은 디자인을 만들 때 얼마나 물감이 적게 사용되는지, 그리고 얼마나 적은 물감으로도 그림이 되는지 궁금한 일이다.

화가가 그림에 필요한 기교와 화학적 측면에 대해 무지하다면, 물감이 캔버스 위에서 미끄러져 내리거나 사라져 버릴 것이다. 이러한 조건을 이름하여 '고유의 하자(inherent vice)'라고 하는데, 이 말은 명백히 가치 판단을 담고 있다(시각 예술의 물리적 보존을 위한 기초적인 안내서로, Bachmann, 1992를 보라). 앤서니 새빌(Anthony Savile)은 회화와 관련된 일상 언어적 기술들을 동원하여, 사람들이 '작품'을 초시간적으로 고정된 속성들을 가지는 것으로 규정하며 그 속성들이 무엇인지에 대해서는 원제작자의 의도를 특권적으로 우선시하는 경향이 있다는 것을 보여 준다. 이것은 물리적 대상이 더 이상 그러한 속성들을 가지지 않을지라도 마찬가지라는 것이다(1993). 우리는 어떤 작품의 시제-특정적(tense-specific) 속성이 회화의 초시간적인 실제(real) 속성과 겉보기에 일치하지 않을 때 그 시제-특정적인 현재 상태에 대한 기술들을 인정하는데, 그것은 그 현재 상태에 대한 기술들이 작품의 실제 속성들이 더 이상 보이지 않는다는 것을 말하고 있기 때문이라고 새빌은 지적한다. 복원 관행 또한, 현재의 감상자들에게 미치는 작품의 '미적 충격'이 약해지는 경우에도 보통은 역사적 정확성을 목표로 한다는 것이다. 결국 복원하지 않기로 결정하는 것은 흔히 '손상 방지' 정책의 결과로, 새로운 질료를 더하게 되면 미래에 그 물리적 대상이 더 악화될 수 있다는 것을 인식하고 있는 것이다.

그러나 심지어 딜러, 수집가, 비평가 등 예술 분야 전문가들은 실제 관행에서는 예술가의 의도보다 수집가들이나 일반 대중을 더 신경 쓴다. 초상화에서 얼굴을 더 아름답게 만드는 '개선' 혹은 원근법의 '교정'이 20세기까지 계속 이루어져 왔고 아마 지금도 계속되고 있을 것이다. 딜러들은 작품의 일부분이 잠재적인 구매자의 눈에 거슬릴 것 같으면 그 부분들을 덧칠한다고 알려져 있다. 액자에 맞추기 위해 캔버스가 잘리기도 했다. 미국 주요 미술관들의 보존 관리자들은 이러한 무시무시한 이야기들을 많이 알고 있고, 이 사실을 아는 사람들이 박물관계 바깥에도 있다. 파르테논 박공부의 조각들은 원래는 이탈리아 르네상스나 19세기 신고전주의 시대의 매끈하게 윤나는 대리석 조각들보다 멕시코 민속 예술에 더 가까운 모습으로 채색되어 있었다. 많은 사람들은 이렇게 고대 그리스 인 들의 취향상의 과실을 눈감아 주는 것을 고대인들에게 호의를 베푸는 것으로 여긴다. 이 것은 또한 역사적으로 정확한 것보다 근대적인 미적 취향을 더 선호한다는 것을 드러내 는 것이기도 하다. 미켈란젤로의 시스티나 성당 천장 프레스코에서 색이 어두워진 표면 광택제층을 제거할지를 둘러싸고 논란이 일어난 것도, 어떤 면에서는 보존을 우선시하는 생각에서, 또 어떤 면에서는 일부 비평가들이 제거 후에 나타날 새로운 색채가 밝고 한눈 에 매력적으로 보이는 것을 꺼렸기 때문이다. 심지어 그 비평가들은 미켈란젤로가 그런 피상적인 매력을 의도했을 리 없다고 믿었다. 옛날 작품이든 최근 작품이든 사용된 재료 에 대한 정보가 부족한 상황은 회화 보존 관리자들에게는 악몽과도 같다. 작품을 보존하 기를 바라는 것은 예술가들만이 아니라 보존 관리자의 고용주와 고객들도 그러하기 때문 이다.

20세기 말에 이르러 시각 예술가들은 흔하고 일상적인 재료들을 사용하여 그림을 그리고, 넓게 본다면 기타 벽에 거는 작품들도 물론 만들고 있다. 이 재료들은 종종 '혼합 재료'라고 애매하게 표현된다. 회화와 소묘는 성공을 꿈꾸는 시각 예술가들이 밟는 교육 과정의 유일한 기초라는 지위를 잃어 가고 있는 듯 보인다. 이것은 이젤 회화가 예술적 회 화의 전형으로서의 지위를 잃어 가는 것과 때를 같이하고 있다. 많은 예술 학교들이 이미 교육 과정을 바꾸었고, 이미지를 만드는 다양한 방식을 반영하고 있다. 특히 디지털 방식, 비디오 그리고 더 새로운 매체를 사용하는 방법 등이 이에 포함된다.

2. 회화에서 보이는 것(vision)과 시각적 형식

18세기 중반 알렉산더 바움가르텐(Alexander Baumgarten)은 지식의 두 가지 원천이 있다고 말 했다. 하나는 논리를 통해 이해되는 것으로, 사유가 어떻게 지식을 제공하는지를 탐구한 다. 그러나 다른 방식의 지식, 즉 감각 경험이나 지각을 통해 제공되는 지식의 본성을 탐 구하는 것을 지칭하는 용어는 존재하지 않았다. 바움가르텐은 그 빈 자리를 지각을 의미 하는 그리스어 단어의 라틴어식 표현인 에스테티카(aesthetica)라는 용어로 채워 넣었다(《시에 대한 성찰, 에스테티카》(Reflections on Poetry, Aesthetica)). 이마누엘 칸트는 이러한 바움가르텐의 용어와 생각을 전용하여, 미적 판단을 경험에 기초하고 있는 것으로 분석하는 자신의 이론을 설 명하고 있다(《판단력 비판》(Critique of Judgement, 1790)). 칸트의 관점에서는 취미 판단, 즉 무엇이 아름답다는 판단은 미적이다. 즉 취미 판단은 감상자의 쾌적한 경험에 기초한다. 그러나 취미 판단은 감각 판단과 달리 보편적인 동의를 요구한다. 이 두 가지 특징을 가지는 판단이 어떻게 가능한가? 칸트는 인간은 대상의 형식을 파악하는 데 있어서 누구나 할 수 있는 경험, 이 경우는 쾌적한 경험을 제공하는 특정한 감관(sense)인 '공통 감각(common sense)'을 가지고 있다고 주장한다. 이 형식은 어떤 목적을 띤 모습을 하고 있다. 그 형식이 실제로 목적을 가지든 가지지 않든 말이다. 이러한 경험들은 상호주관적으로 가능한 것이라고 생각되는데, 그것은 그 경험들이 각자의 관심들, 개인적 욕망, 특정한 믿음 및 개념적 도구들에 의존하지 않으며 오직 사람들이 공통적으로 가지고 있는 바에만 의존하기 때문이다. 칸트가 형식주의자인지, 어느 정도까지 형식주의자인지에 관해서는 여전히 논쟁이 계속되고 있다.

예술 작품으로부터 의미와 내용을 배제한 것이 형식주의이다. 가장 널리 알려진 형식주의의 주창자는 클라이브 벨(Clive Bell)로, 그는 20세기 초의 예술 비평가이며 케임브리지 대학의 예술학과 교수였다. 벨은 회화가 미적 대상이며 회화를 감상하는 것과 회화의 가치는 오직 의미 있는 형식(significant form)에만 의존한다고 주장했다. 벨은 의미 있는 형식을, '특정한 방식으로 결합된 선과 색채, 그리고 어떤 형식들 및 형식들의 관계'이며 이 형식은 미적 정서를 불러일으키는 것이라고 정의했다(17-18). 작품을 감상하기 위해서 삶에서 어떤 것도 끌어올 필요가 없다. 즉 그림의 재현적 내용과 관람자의 실제적, 개인적 관심은 작품 감상에 있어 부적절하며 원칙적으로 그 감상 경험으로부터 제거될 수 있는 것이다. 그의 견해에 따르면, 화가들이 그들의 작품에 대해 어떻게 생각하는지, 그 작품들이 화가들의 작품 전체(oeuvre)와 당대의 시각 예술의 맥락에서 어떤 역할을 하는지는 물론 과거와 미래의 일들 또한 감상에 부적절하다. 역설적이게도 벨은 인간이 어떤 형식들을 통해 그토록 깊이 감동받는 이유는 그 형식들이 인간이 창조한 것으로서 실재(reality)에 대해 심오하고 근본적인 진실을 표현하고 있기 때문이라고 상정했다. 벨 자신은 음악을 감상하지 못한다고 인정했고, 다른 이들도 시각 예술을 감상할 능력이 없다는 것을 솔직하게 인정하기를 바랐다.

맬컴 버드(Malcolm Budd)는 형식을 파악하는 수많은 다양한 방식들에 대해 서술하고 있다. 버드가 말하는 방식들은 벨의 방식보다 인지적으로 풍부하면서도 지각 측면에서 즉각적인 것들이다(1995: 2장). 한 가지 유망한 선택지는 게슈탈트 심리학과 더불어 등장하는 것으로, 수전 랭어(Susan Langer)는 그것을 비서술적(non-discursive) 상징 혹은 표현적(presentational) 상징이란 개념에서 사용했다. 표현적 상징은 내적으로 복잡하기는 하지만, '직접적인 창조적 파악을 위한 새로운 개념'을 제공하는 '게슈탈트' 안에 그 의미가 있거나 그 게슈탈트를 통해 이해할 수 있는 상징이다(Langer, 1957: 23). 익히 알려져 있는 '게슈탈트 시프트[*] 현상을 생각해 보라. 비트겐슈타인의 오리-토끼 형상과 네커 육면체처럼 시각적인 배열에 전혀 변화가 없더라도 보는 이 스스로 그것을 시각적으로 다르게 볼 수 있다는 것을 쉽게 확인할 수 있다. 대부분의 회화를 비롯해 더 복잡한 경우들에서는, 더 깊고 의미 있게 그림을 감상하기 위해서는 상당히 정제된 인지적 비축(stock)은 물론이고, 그림 자체와 그 그림을 효과적으로 비교할 수 있는 다른 것들과의 면식 기간이 필요하다. 인지적 비축으로 말하자면 언어적 자원들이 반드시 필요하다. 아놀드 아이젠버그(Arnold Isenberg)가 여전히 영향력 있는 논문 〈비판적 의사소통〉(Critical Communication)에서 주장하는 바에 따르면, 비평의 기능은 이미지의 의미를 언어적으로 변환시키는 것이 아니라 '이미지와 관련된 감각들의 차원에서 소통'할 수 있도록 하는 것이다(1949). 이와 비슷한 맥락에서 마이클 박산달은 비평적 용어의 의미들이 어떻게 다양하게 특수한 경우들을 통해 정립되었는지를 지적하고자 초(超)지시성(super-ostensivity)이란 개념을 동원한다(1985). 또 제럴드 레빈슨(Jerrold Levinson)은 화가들이 그림에 붙인 제목은 그 그림들을 지각하고 이해하는 방식을 결정하는 데 있어서 특별한 지위를 차지한다고 주장한다. 단어와 이미지들이 역사적, 의미론적으로 뒤얽히는 또 다른 방식들은 회화의 인지적, 사회적 지위와 관련하여 아래에서 논의하겠다.

　　감정(connoisseurship)은 그림의 연대를 정하고 그것을 그린 화가들을 식별하는 능력으로서, 데이비드 흄(David Hume)이 〈취미의 기준에 관하여〉(Of the Standard of Taste)에서 주장한 바와 같이 지식을 통해 보는 능력을 향상시키고 경험과 연습이 계속 뒷받침될 때에만 가능한 것이다. 그림을 감상하는 능력은 점차적으로 발전하는 것이다. 켄달 월튼(Kendall Walton)은 유명한 논문 〈예술의 범주들〉(Categories of Art, 1970)에서, 사람이 지각하는 것은 그 대상의 다양한 특징들을 그 대상의 범주와 관련된 기준, 변수, 반대-기준(contra-standard) 중 어떤 것으로 받아들이는지에 달려 있음과 이것이 어떻게 이루어지는지를 설명한다. 이러한 접근법을 취한 사례 연구라 볼 수 있는 것으로, 레오 스타인버그(Leo Steinberg)는 피카소가 1954년 12월부터 1955년 2월까지 들라크루아의 〈알제의 여인들〉(Women of Algiers)에 대한 변주 격으로 그린 수많은 작품들을 조사하여, 각 변주 작품에서 그 작품의 어떤 부분들과 어떤 재현적 장치들을 인상적인(salient) 것으로 보아야 하는지를 정리하고 있다. 유감스럽게도 일부 사람들은 작품 감정이 완전히 가짜는 아닐지라도 적어도 의심스러운 면이 있다고 주장한다. 초기 이탈리아 르네상스의 무명 화가들이 그린 회화와 소묘들을 식별할 수 있다고 주장한 버나드 베린슨(Bernard Berenson)의 능력은 미술사적으로 중요한 사

---

[*]　　게슈탈트 시프트(gestalt shift)란 이미지나 형태가 그 자체로는 전혀 변하지 않고 있음에도 보는 이의 시각에 따라 하나에서 다른 하나로 바뀌는 것을 말한다.

례이다. 어쨌든, 교육받은 '지적인 안목'이 많은 전문 직업에 있어 핵심적이라는 것과, 지성이 무오류성을 보장하지 않는다는 것을 기억할 필요가 있다.

굿먼은《예술의 언어들》(Languages of Art)에서, "단지 바라보는 것만으로 진품 회화와 가짜의 차이를 구별할 수 없다면, 그 둘 사이의 미적 차이가 있는가?"라는 질문에 대해 예술철학자들은 모두 저마다 나름대로 답변을 할 것이라고 장담한다(1968: 99). 굿먼은 우선 그림이 한 가지 방식으로만 보이지 않는 것처럼 그림을 바라보는 방식 또한 한 가지만 있지 않다는 점을 주목한다. 대상, 사건 등과 그것을 그린 그림 사이의 시각적 유사점들의 목록을 만드는 일은 그 양자를 모두 보아야만 가능하다. 굿먼에 의하면, 이러한 의미에서 '우리는 세계를 창조한다'. 즉 우리는 어떤 속성을 재현할지 또 어떻게 그것들을 재현할지를 결정한다. 물론 여기에는 다양한 방식의 제한이 있을 수는 있다. 스테퍼니 로스(Stephanie Ross)는 굿먼과 같은 노선을 취하면서, 정치적 만평 등에 등장하는 캐리커처들이 이미 익숙하게 그 인물을 보는 방식과 대조되는 방식을 제시함으로써 사람들이 그를 바라보는 방식을 어떻게 바꿀 수 있는지를 설명한다(1974).

굿먼이 말하는 보다 중요한 핵심은, 작품 감정이 궁극적으로 목표하는 것은 그림들을 서로 구별하고 복사본, 가짜나 위조로부터 진품을 식별해 내는 능력이 아니라, 전체적으로 그림들의 집합을 식별하는 능력이라는 것이다. 즉 베르메르(Vermeer)의 작품군을 다른 작품군의 그림들, 예컨대 베르메르 작품의 복제본들이나 또는 더 호흐 같은 동시대의 다른 화가들의 그림들로부터 구별하는 능력이다. 전통적인 미술사의 방법론은 특정 화가의 작품 혹은 특정 유파나 시대의 작품에 대한 연구를 할 때 그 출처가 가장 좋은 그림들로 시작하라고 지시하고 있다. 즉 그것은 작품의 진품성(authenticity)을 가장 잘 보장하는 소장처와 소유권의 역사를 보유하고 있는 그림들을 말한다. 예를 들어 만일 일단 반 메헤렌이 그린 위조작 한 점이 베르메르의 것으로 생각되는 작품군에 속하게 되면, 그 위작의 특징들이 베르메르 작품의 외형적 특징으로 식별되는 것들을 오염시키고 따라서 작품 하나만이 아니라 작품군 전체에 대한 지각을 왜곡시키게 된다. 그러므로 베르메르의 작품과 아닌 작품들을 구별할 수 있는 지식은 미적으로 중요하다는 것이 굿먼의 주장이다. 왜냐하면 그 지식을 통해 해당 베르메르 작품을 보는 방법은 물론이고, 다른 베르메르 작품들을 보는 방법도 알 수 있기 때문이다. 미술품을 보존하고 복원하는 관행은 한 작품의 양식을 역사적으로 바라볼 수 있도록 해 준다. 다른 양식 및 그 예술가의 다른 작품들, 명백히 미적인 관심사가 되는 점들과 관련지어서 말이다(위조에 관한 정보를 제공하는 좋은 글 중 하나는 Dutton의 1983년 책이다).

마크 새고프(Mark Sagoff)는 맥락화된 시각적 능력에 관한 핵심을 보강하고 있는데, 그의 주장에 따르면 회화, 그리고 위조나 다른 시각적 복제품을 모두 동시에 포함하는 특별한 대상 범주는 없다(1976). 위조는 예술 작품인 회화와 달리 그것들이 원작과 얼마나 닮았는가, 즉 화가의 모방 기교 측면에서 가치가 매겨진다. 베르메르 작품을 본뜬 반 메헤렌의 위작을 메헤렌의 다른 위작들과 관련지어 보면서 그가 다른 화가들의 양식을 얼마나 잘 흉내 냈는지 평가할 수도 있을 것이다. 이 경우는 물론 진기하다는 점에서 가치가 있겠지만 미술사적으로 중요한 의미를 갖는 것은 아니다. 윌리엄 케닉(William Kennick)은 그의 유명한 논문을 통해 새고프의 주장에 답하면서 위조, 가짜, 복제본과 독창적인 원작, 진품들 사이의 차이를 섬세하게 논의하고 있다. 어떤 그림과 그것의 복제본, 특히 어떤 작품과 그 작품에 대한 예술가 자신의 복제를 모두 포함하는 중요한 범주가 최소한 하나 있다고 주장한다.

현명하게도 케닉은 회화들 간의 **미적** 차이를 만드는 요소가 무엇인가 하는 문제에 있어 대대적인 이론적 혁신을 도모하지 않으며, **순수하게 시각적인 것**의 정의를 내리라는 골치 아픈 역사적 요구도 거부한다. 다른 이들은 그러지 않았다. 순수하게 시각적인 것을 탐구하는 일부 학자들은 그것을 회화의 공간적·시간적 성질들로부터 분리하고자 애썼다. 그러나 서사적인 목적을 가진 일부 회화들은 관람자가 그것을 시간적으로 경험하도록 고안된 것이며, 하나의 게슈탈트로 경험하도록 된 것이 아니다(추상표현주의 이후 이러한 예술의 대상성 측면 관련 논의에 대해서는 Fried, 1967을 보라). 전성기 바로크 시대에 만들어진, 회화와 조각을 결합한 작품들은 하나의 고정된 관점에서 감상할 수 없고, 관람자는 무엇이 그림이고 무엇이 3차원으로 튀어나온 대리석이나 석고인지를 알아내려 하면서 작품과 숨바꼭질을 하게 된다. 마이클 포드로(Michael Podro)는 화가들이 어떤 형상을 강조하기 위해 도자기의 만곡을 장식적·묘사적으로 이용하는 방식과, 관람자가 그 대상 주위를 따라 걸으면서 특정 형상들에 접근해야 하는 방법에 대해 서술하고 있다. 중국의 두루마리 풍경화는 보통 보는 이가 그것을 펼치면서 보도록 그려진다. 오른쪽에서부터 펼치게 되어 있고 한 번 펼칠 때마다 30-36인치짜리 한 폭씩 나타나는데, 이렇게 보면서 관람자는 그 풍경 속을 거니는 것을 상상하게 되는 것이다. 이러한 서사적 기능과, 그림을 볼 때 관람자는 회화적으로 재현된 것을 본다고 상상한다는 월튼의 생각(1990: 8장)은 흥미로운 연관이 있다. 비슷한 방식의 생각으로, 조슈아 테일러(Joshua Taylor)는 관람자가 '단순히 어떤 형식을 볼지, 아니면 다른 무엇으로 이끄는 리듬에 참여할지를 선택'해야 한다고 쓰고 있다(1974: 93). 이미지를 따라가면서, 전체 그림을 한눈에 보지 않고도 그 그림을 감상하는 능력은 시간을 두고 연습하여 계발할 수 있는 또 다른 시각적 기술이다.

회화는 인간의 시각이 가진 특유의 약점들(inadequacies)을 시각적으로 보여 주고자 하는 것으로 알려져 있다. 칸트는 미는 대상의 형식 속에 존재하지만 숭고의 경험은 무형식성에 의해 일어난다고 주장했다. 현상학적으로 표현하면 그것은 형식이 부재하는 경험이라고 할 수 있다. 수학적 숭고에서 예컨대 관람자가 감관을 통해 하는 경험은 무한성이란 사고와 더불어 생겨나는데, 설사 무한성이 시각적으로 제시될 수 없을지라도 그러하다. 칸트는 사람들이 숭고를 경험할 때 자신의 지각이 한계가 있다는 것을 알게 되므로 숭고의 경험은 유쾌하지 못한 것이라고 생각했다. 그러나 칸트는 그러한 숭고의 경험으로 인해 사람들이 관념들을 추구하는 본성에 매여 있지 않다는 것을 확인하게 되므로 한편으로는 그 경험이 묘하게 만족스럽기도 한 것이라 주장한다. 19-20세기의 독일과 미국 회화의 주요 흐름들은 숭고를 공공연히 추구하고 있다(Bierstadt와 Kiefer). 이미지가 무형식성을 이용하는 또 다른 방식은 일본 목판화의 구성 양식에서처럼 그 이미지가 완결된 것으로 보이지 않게 하는 것이다. 이 방식은 드가나 반 고흐 같은 유럽 화가들도 채택하였고, 시각 문화에서 흘러가는 순간을 포착하는 데 일익을 담당하는 사진이 이 방식을 강화시켰다.

3. 문화적으로 특수한 회화 형태들

다양한 문화들에는 사물을 재현하는 다양한 방식과 다양한 형태의 회화가 있다. 회화, 그리고 그림이 그려진 사물과 표면들을 원래의 문화적 맥락에서 떼어 내어 새로운 문화적 맥락 속의 다양한 관람자들 앞에서 전시하게 되면, 특히 예술가들 입장에서는 아주 불쾌하고 상상할 수 없는 방식으로 전시한다면, 원래 작가들이 의도했던 그 대상들의 고유한 의미를 모호하게 만들어 버리기 쉽다. 20세기 말 일종의 '자문화인류학(auto-anthropology)'에 관여하고 있는 다양한 분야의 이론가들은 그들 자신이 속한 문화의 다양한 관습과 제도를 이해하고자 했다. 이러한 자기-성찰은 통상적으로 세기전환기의 문화적 활동에서 두드러지는 하나의 특징이 되어 왔다. 하지만 한편 이것은 분명 오랜 세월에 걸쳐 회화적 관행 속에 생각 이상으로 단단히 자리 잡고 있는 것이기도 하다. 나는 특히 중요한 문제 몇 가지를 여기에 서술하고자 한다.

자크 마케(Jacques Maquet)는 미적인 것을 다양한 문화들 내의 여러 제도와 관습 속에 구체화된 하나의 문화적 보편자로서 기술하고자 하는데, 이 관점은 여전히 열띤 논란을 불러일으키고 있다(Dutton, 2000; Anderson, 1990; Hatcher, 1999를 보라). 1980년대 뉴욕에서 있었던 두 차례의 아프리카 미술 전시는 미적인 것에 관한 서양의 자문화중심주의를 보여 주는 교과서적인 사례이다. 1985년 뉴욕 현대미술관(MOMA)의 '원시주의(Primitivism)'전과 1987년 아프리카 미술 센터(the Center for African Art)의 '관점들(Perspectives)'전이 그것이다. 세부적인 측면은 매력적이었으나(Appiah, 1992; 7장을 보라), 주요한 실수는 보편적인 미적 기준이 있다는 것, 이와 동시에 비서양 문화권의 예술가들은 그 미적 기준을 이해하지 못한다고 가정하고 있었다는 점이다. 21세기로 접어들면서 운반과 판매가 용이한 이젤 양식의 그림들이 아프리카에서도 더 보편화되고 있다. 또한 그와 동시에 서양에서는 그림이 그려진 '전통적인' 아프리카 물건들을 감상하는 일이 점점 널리 퍼지고 있다. 문화적 정체성에 관한 설명을 따른다면(Appiah, 1992; 특히 9장을 보라) 이젤 회화는 이제 자전거나 신기한 것들만큼이나 아프리카적인 것이라고 결론 내릴 수 있을 것이다.

새고프는 토템이라는 인류학적 개념을 사용하여 걸작으로 인정되는 그림들에 대한 서양의 전통적 사고방식을 보다 분명히 밝히고자 한다. 이러한 유형의 움직임은 다른 문화와 자신의 문화 사이에 중요한 유사점이 있다는 것을 보임으로써, 다른 문화를 **타자로서** '본질 규정하는' 것을 타파하는 데 도움이 된다. 새고프는 어떤 문화에서 위대한 그림들은 그 문화가 정의하는 이상들을 형상화하면서 토템으로서 기능한다고 말한다. 위조는 대단히 가치 있다고 인정되는 그림들에 관해서만 문제가 된다. 이러한 위조물들은 가치 없지만 위험한 것으로 생각되면서 문화적 유전자 풀의 오염을 막기 위해 추방된다. 반대로 값싸게 재생산된 인기작들은, 그것들 나름대로 만들어지고 팔리면서 원작의 가치를 문화적으로 구성하는 일부분이 된다. 이러한 재생산물은 원작의 가치를 상징함으로써 기능하지만, 원작과 시각적으로 구별 불가능하기 때문에 그런 것은 아니다. 반대로 시각적 복제물을 걸작만큼 훌륭한 것으로 받아들인다는 것은 그 문화가 죽었거나 혹은 사라져가고 있다는 것을 보여 준다. 다른 정본 작품들과 함께 그 복제본도 그 문화의 정체성을 나타내는 중심 요소로서 더 이상 기능하지 않기 때문이다.

그림을 감상하는 초심자들은 초상화 속 인물의 눈이 마치 마법처럼 방 곳곳으로 관람자들을 따라다니는 것처럼 보이는 것에 흔히들 놀라고 기뻐한다. 이러한 효과가 성취하기 어려운 것은 아니지만, 그 현상은 그림이 살아 움직이는 것처럼 보이게 하여 관람자들에게 영향력을 행사하는 한 방편이기에 중요하다. 전 세계에서 주기적으로 확산되어 온 성상파괴주의의 물결을 보면 그려진 이미지 속에 존재하는 것으로 지각되는 어떤 유형의 힘이 있다는 것을 확인할 수 있다. 그때 인물의 눈은 보통 성기가 흔히 그렇듯 덧칠될 뿐 아니라, 그 이미지가 그려진 표면이나 대상이 도려내어지거나 훼손된다. 데이비드 프리드버그(David Freedberg)는 《이미지의 힘》(the Power of Images, 1989)에서 그림이 가진 이러한 여러 가지 힘에 대해 논의한다. 그는 자신의 책이 **이미지**의 역사에 관한 연구이지 **예술**의 역사에 관한 연구가 아니라고 단호하게 주장한다. 그러나 이탈리아 르네상스의 거장들은 그림 속 자신의 모습을 관람자를 바라보도록 그리는 일이 드물지 않았으며, 마네의 〈올랭피아〉(Olympia)가 충격적인 주요 이유도 동명의 창부가 무례하게도 관람자들을 자기가 바라보는 대상으로 만들고 있기 때문이다. 이미지의 이러한 생생함은 이러한 그림을 예술로 이해하는 데 있어 그리고 미술사 내에 오랫동안 포함되어 왔다. 마치 미적 지각들이 그러한 것처럼, 그림 등의 시각적 이미지를 살아 움직이는 것처럼 보는 능력은 아마도 주체들 간에 공유할 수 있는 것일 터이다. 이 경우 문제는 이러한 잠재력이 그림을 예술로서 감상하는 것에 해당하는 것인지 혹은 다른 중요한 문화로서 감상하는 것에 해당하는지 아닌지가 된다(Gombrich, 1960을 보라).

해당 문화 내의 회화, 그림이 그려진 대상, 구조물이 가진 장소특정성은, 장소가 그 대상들이 실제로 어떻게 보이는가 혹은 어떻게 보일 수 있는가에 중요한 영향을 미치는 것으로, 그 장소에 있는 관람자들에게 다른 요구를 할 수 있다. 데이비드 서머스(David Summers)는 회화는 한 공간을 어떤 장소로, 말하자면 관람자들이 제의나 행사에 참가할 책임을 갖게 되는 장소로 변화시킬 수 있다고 주장한다(1991). 최소한 이러한 행위는 관람자가 그림을 보는 시각적 경험의 성격을 변화시킨다(Feagin, 1997). 미술관에서 제단화를 볼 때, 그 제단화는 확장된 면밀한 시각적 집중의 대상이다. 미술사 강의실에서는 제단화의 슬라이드나 혹은 그 제단화 중 그림이 그려진 부분만을 보며, 흔히 적절한 비교 대상들의 슬라이드를 함께 보기도 한다. 소규모 예배당에서 제단화는 관람자의 신앙적 행위에 초점을 맞추며 그 행위를 인도한다(문화적 맥락을 비교적 상세히 다룬 논문을 원한다면 Stokstad, 1995를 보라).

그림이 그려진 대상, 소위 민속 미술, 그리고 장식 미술은 예술계에 속하는 것으로 점점 인식되고 있다. 예컨대 도기와 자기, 유리잔이나 창문 같은 기능적인 유리 가공품들, 보석, 가구 등이 이에 해당한다. 예술품으로서 그 대상들은 그것을 사용하는 사람들의 손을 떠나서 귀중한 대상으로 보존되고 선별적으로 관람된다. 비록 일부 사람들은 현재 미술관 관행의 특징이기도 한 그 포괄성에 전반적으로 박수를 보내지만, 다른 이들은 그러한 동질화가 과연 바람직한지 의문을 표한다. 여기서 논쟁이 일어나는 지점은 이러한 대상들이 예술인지 아닌지를 지시하고 최소한 그것을 결정하는 역할을 하는 것이 무엇인가, 그리고 이것은 누구의 관행인가 하는 것이다. 화가들인가, 아니면 그 대상에 그림을 그리도록 한 사람들, 그 대상을 선택하거나 의뢰한 사람들, 수집가들, 미술관의 큐레이터들의 관행인가?

한 문화 내에 있는 다양한 제도와 관습의 공언된 공식적 기능들로 인해 그 제도와 관습의 실제 작용이 흔히 가려지곤 한다. 문화를 규정짓는 것으로 여겨지는 일군의 제도, 대상, 관습들의 유기적인 통일체에 도전하는 것이 다수 있다. 라캉의 정신분석학, 권력에 대한 푸코적 관점 그리고 젠더, 인종, 계층, 경제적 지위 등의 관점에서 제기되는 방대하고 끊임없는 비평들이 그것이다. 예컨대 1768년 영국 왕립 아카데미가 설립될 당시인 18세기의 영국에서는 누드 사생이 화가들의 교육에 있어 중요한 한 부분이었다. 점잖은 여성들은 이러한 훈련 과정에 참여할 수 없었기 때문에 여성이 화가로서 주요한 역할을 하는 것이 사실상 불가능했다(Chadwick, 1990). 가장 중요한 유형의 회화가 종교적, 역사적, 신화적 주제를 다룬 그림이라는 사실로 인해 그것은 더 어려운 일이 되었다. 이러한 그림 속의 인물들은 필수적으로 아카데미가 미리 정해 놓은 대로 그려져야 했다. 초상, 정물, 풍속화는 사생 훈련을 필요로 하지 않았지만, 이러한 주제들은 여성이 그리건, 보나르와 뷔야르 같은 남성 화가가 그리건 아카데미 내에서 2차적인 지위로 밀려난 것들이었다. 그에 반해 17세기 네덜란드에서는 여성들이 중산층 가정 내에서 좀 더 큰 경제적 책임을 담당하고 있었고, 이로 인해 장르화와 정물화 시장이 만들어졌다.

　어떤 문화의 구성원들은 그 문화 구성원이 아닌 사람들에 의해 역으로 자신의 정체성을 확인하거나 규정하게 될 수도 있다. 이때 그 문화의 구성원들은 이러한 규정들에 저항할 수도 있다. 예컨대 마크 앤서니(Mark Anthony)는 흑인분장 소가극(blackface vaudeville) 놀이에서 사용되는 인종적 고정관념이 투영된 이미지를 전유하고 있는데, 그는 순회 콘서트 그룹의 운반용 옥외 광고판을 그린 가나 화가이다(Gilbert, 2000). 앤서니가 이 이미지를 선택한 것은 그 이미지가 가진 힘 때문이며 또한 그 이미지의 인종주의적 잘못과는 무관한 관람객들을 향해서였다. 최소한의 사회적 양심을 가진 서양의 백인 관람자들이라면 이러한 이미지들을 보면서 당혹감을 느끼지 않을 수 없다. 그러나 서양의 관람자들은 앤서니가 겨냥한 관람객들이 아니며, 따라서 그들의 반응이 적절한지는 논의의 여지가 있다. 이것은 작품의 감상과 전시가 새로운 맥락에서 이루어지게 되면 이러한 대상들을 회화로서 그리고 예술로서 인정하고 이해하고 감상하는 것과 관련된 문제가 생겨나는 수많은 사례 중 하나일 뿐이다.

　자연적 혹은 사실적 양식의 회화적 재현이 있는지 아닌지, 회화적 재현을 자연적이거나 사실적으로 만드는 것이 무엇인지, 그리고 그것이 회화의 진정한 목적인지 혹은 심지어 하나의 목적이라도 될 수 있는지 아닌지를 둘러싼 논쟁은 그 역사가 길다. 곰브리치(E. H. Gombrich)는 소위 자연주의적이거나 사실주의적인 방식의 재현이 받아들여진 것은 드문 일이었고, 따라서 이 사실은 통상적으로 사실주의를 회화의 가치평가 기준으로 내세우는 데 있어 불리하게 작용한다고 지적한다(1960). 회화와 시각적 이미지들은 다양한 문화권 내에서 다양한 기능을 하는데, 이 기능들은 다른 양식, 형식, 도식들도 최고로 잘 수행할 수 있는 것들이다. 6세기 라벤나의 산 비탈레 성당의 모자이크는 '제국의 의식과 신성한 계시에 대한 요구'에 부응하기 위해 고도로 양식화되었다고 곰브리치는 말한다. 이와 반대로 15세기 피렌체에서는 인문주의가 강력한 힘을 얻어 선 원근법이 중시되었다. 선 원근법은 한 사람의 단일한 시점에서 세계 내의 대상들 간의 공간적 관계를 하나의 일관된 세트로 처리할 수 있는 방법으로 생각되었던 것이다. 만일 재현되는 내용을 사실상 어떤 관람자에게라도 쉽게 전달할 수 있는 재현 도식을 사용한다면, 모든 개인이 객관적 진리를 알고 이해하는 힘을 가지고 있다는 생각에 힘을 불어넣을 것이다(Kemp, 1990).

오늘날의 관람자들이 드물고 특이해 보이는 예술적 회화를 감상하는 자신의 능력보다, 복잡하고 불가사의한 이미지를 그리는 예술가들의 지성, 능력, 성실성에 일반적으로 더 강한 의문을 표한다는 것은 흥미로운 일이다(Steinberg, 1972, 〈컨템퍼러리 예술과 그 대중의 곤경〉(Contemporary Art and the Plight of its Public)).

4. 회화의 동인과 정체성

회화가 개인의 표현이고 그러한 것으로서 가치를 가진다는 생각에 전제되어 있는 것은, 인간 개개인이 각기 특유한 무언가를 제시하는 행위자라는 것이다. 따라서 회화는 행위자의 작품이며, 특정 개인의 행위를 넘어서 추상되는, 문화의 일반적인 특징들에 의거하여 받아들일 수 있는 것이 아니다. 마이클 박산달은 개인의 자율성과 문화, 역사 사이의 까다로운 관계를 정리하고자, 1920년경 말리노프스키(Malinowski)가 처음으로 표명한 관찰자와 참여자 간의 인류학적 구별을 빌어 온다(1985). 박산달은 또 미술사 문헌들에서 널리 쓰이는 '영향'이란 용어 대신, 문화 속의 참여자들이 할 수 있는 선택들을 기술할 수 있는 더 풍부한 단어를 사용해야 한다고 주장한다. 적응시키다, 전유하다, 도용하다 등과 저항하다, -에 반대하는 반응을 보이다, 면밀하게 도전하다, 정해진 규범에 의문을 제기하다 등의 말이 그것이다(Bryson, 1983을 보라). 그러나 화가는 문화 내의 참여자로서조차도 다른 모든 이들처럼 전적으로 자율적으로 행동하는 것은 아니다. 박산달에 따르면(1972), 15세기 이탈리아에서 어떤 회화가 그려지는 '원인(cause)'은 화가만이 아니라 그림의 의뢰자이기도 한 것으로 여겨졌고, 심지어 어떤 경우에는 화가보다도 의뢰자가 더 중요하게 생각되었다. 아피아에 따르면(Appiah, 1992: 7장) 1990년대까지 아프리카 미술은 '개인이나 공방 단위가 아니라 일반적으로 "민속적인" 집단의 자산으로서 수집되어 왔다'. 전통 중국 회화에서 두루마리 회화 소유자의 판권은 종종 화가의 판권 위에 군림한다. 그럼에도 불구하고 어떤 중국 화가들은 그들의 디오니소스적인 기행(奇行)으로 인해 찬미받는다. 이것은 예술가를 이성이나 문화적 관습에 구애받지 않는 천재로 보는 서구 낭만주의적 관념에 필적하는 것이라고 하겠다. 또한 중국 문인예술가의 전통도 있다. 이 문인예술가들은 경제적으로 독립된 세련된 엘리트로서, 그들이 선택한 회화 양식을 통해 대중적인 인기나 정치적 올바름으로부터 초연하고자 했음을 알 수 있다(Cahill, 1960; Stokstad, 1995). 개인적, 문화적 정체성에 관한 이야기는 지나치게 단순화하기 어려운 것이다.

예술로서의 회화에 관한 리처드 볼하임(Richard Wollheim)의 관점이 특별히 주목할 만한 것은, 시각 예술로서의 회화와 특정 개인의 노력과 능력의 산물로서의 회화의 지위를 통합시키는 방식 때문이다.《예술로서의 회화》(Paintings as an Art)에서 그는 다음과 같이 쓰고 있다(1987). "회화는 섬세한 차이를 만들어 낼 수 있는 손과 … 섬세한 식별을 할 수 있는 눈을 필요로 하는 행위라는 점에서 예술 작품이다."(17, 25) "관람자가 그림의 의미를 파악하도록 하려면 그려진 표면은 예술가의 마음 상태를 관람자가 느낄 수 있게 하는 회로가 되어야 한다."(22) 그래서 회화적 의미는 '예술가가 관람자가 그것을 알아차릴 수 있도록 의도할 때, 적절한 감수성과 소양을 갖춘 관람자가 그 회화의 표면을 볼 때 경험하는 것에 달려 있다'(22). 화가들은 본인 그림의 관찰자인 것처럼 행동한다. '화가가 그려진 표면 **안**에서 의미를 경험하는 것(볼하임은 이것을 '이중성(twofoldness)'이라 부른다)에 의거해 표면에 의미를 표시하게 되다는 측면에서 보면' 화가는 '그 이미지를 주제화한다'(21, 원문의 강조는 제거하였다). 이것이 '행위자가 자신의 생각을 따라서 표면에 표시를 하게 된다는 것을 이해할 수 있는' 유일한 방법이라고 볼하임은 주장한다(21). 그렇다면 비평의 본령은 예술가가 작품을 만드는 과정을 다시 찾아 가는 것이다(Wollheim, 1980).

볼하임은 단순히 **보이는 것** 자체의 견지에서 회화의 시각적 의미를 분석해서는 안 된다고 말한다. 볼 수 없는 것도 그려질 수 있기 때문이다. 예컨대 일반적 탁자같이 어떤 특정한 탁자가 아닌 추상적 차원의 개체나, 키메라 같은 신화적/허구적 존재가 그러하다. 앞에서 논의했듯이, 볼하임은 시각이 분명 훈련 가능한 것이라고 믿지만, 대신 시각적 의미가 작품 **안에서 볼 수 있는** 것들에 좌우된다고 주장한다. 안에서 보기(seeing-in)를 위한 적절한 '인지적 비축'에는 예술가의 눈에 정보를 제공하는 문화적, 예술적 요인들이 포함된다. 그러나 예술가가 내면화하지 않은 역사적, 문화적, 정치적 혹은 그 외 요인들은 거기에 포함되지 않는다. 더 논란이 될 만한 점은, 볼하임은 인간과 인간의 제작물들을 클라인주의적(Kleinian) 정신분석이라는 이론적 자원을 동원하여 이해할 수 있는 것으로 생각한다는 것이다. 대니얼 허위츠(Daniel Herwitz)는 다음과 같이 말한다(1991). 볼하임에 따르면 '가장 깊고 중요한 층위에서 예술가의 의도와 그림의 의미가 담고 있는 내용을 만들어 내고, 설명하고, 그 내용으로서 받아들여지는 것은 "예술가의 정신 깊은 곳"에서 생겨난 요인들이지, 예술사적, 사회적', 정치적 혹은 넓게는 문화적 요인들로부터 생겨나는 것이 아니다(138).

볼하임이 이중성(twofoldness)을 재현의 조건으로 요구하는 것은 다음과 같은 이유로 비판을 받아 왔다. 첫째, 볼하임의 관점에 따르면 비재현적 회화란 없고, 둘째, 눈속임(trompe l'oeil) 그림들은 재현적이지 않은 것이 되기 때문이다(Lopes, 1996; Levinson, 1998을 보라). 첫 번째 비판에 대한 답으로 볼하임은 다음과 같이 주장했다. 회화는 인공품으로서 그 재현적 내용은 회화를 제작하는 과정에서 예술가가 주제화하는 것이라는 관점에서 파악되어야 한다. 설령 몇 번의 붓질만으로 된 그림일지라도 그러하다(Wollheim, 1998). 두 번째 반대는 눈속임 그림이나 환영적인 그림들이 언제나 예술적 회화의 경계선에 있었다는 것을 감안하면 다소 이상한 것이다. 만약 환영이 예술에 중심적인 것이라면, 예술의 인지적, 지적, 표현적 가치들은 하찮은 것이 되고 말 것이고, 훌륭한 예술가가 되기 위해 필요한 기예들 역시 마찬가지이다(Feagin, 1998a). 일점 투시 원근법은 환영주의의 핵심으로 통상 간주되는 것인데, 사실상 열 살 난 아이라면 누구나 이 원근법을 써서 그림을 그릴 줄 안다. 더욱이 15세기 이후의 회화사를 보면 점점 복잡해지는 원근법 체계들의 발전이 나타나는데, 이 복잡한 원근법들은 배우기에 더 어려운 것이지만 인지적으로 더 미묘한 느낌이 들게 재현할 수 있는 장점이 있다. 두 번째 반대에 대한 또 다른 답변은 환영주의적 회화들은 소재를 재현한다기보다는 그대로 눈앞에 제시하는 것으로 생각하는 편이 더 낫다는 것이다. (Freedberg가 1989년에 주장했던 바대로) 이로 인해 환영적 회화들이 예술 작품이 되지 못하는 것인지 아닌지는 여러 가지 이유로 논쟁거리이다. 여기에 위에서 논의된 문화적 고려들이 포함되는 것은 물론이다.

칸트의 도덕 이론에서 중심이 되고 있는 것은, 자신의 쾌락을 위해 타인을 단지 다른 목적을 위한 수단으로서 취급하는 것과 타인을 그 자체로 목적으로 대하는 것을 분명하게 구별하는 것이다. 누군가의 생각과 행동이 궁극적으로 그가 통제할 수 없는 요인들 때문에 초래된 것인지, 혹은 어떤 면에서는 그가 자신의 행동에 대한 책임이 있는 것인지는 알 수 없는 문제일 수 있다. 그럼에도 불구하고 사람은 단지 수단으로만 취급되거나 혹은 타인이 그를 어떻게 보는지에 따라서 취급되는 경험을 할 수 있다.《존재와 무》(Being and Nothingness)에서 장 폴 사르트르(Jean-Paul Sartre)는 개인 경험의 현상학이 이 사고에서 중요한 핵심을 어떻게 포착할 수 있는지를 인상적으로 기술한다(1945). 나는 열쇠 구멍을 통해 방 안의 누군가를 본다. 그는 내가 주목하는 대상이다. 그는 **나를 위해** 존재한다. 그러나 갑자기 나는 뒤에서 나는 발자국 소리를 듣는다. 이제 내가 **다른** 누군가가 주목하는 대상인 것이고, 그 타인의 시선에 사로잡히고 제한받는다. 심지어 내가 그 타인의 얼굴 표정을 보지 않는데도 그 사실을 안다.

젠더, 인종, 계급, 민족성, 그리고 다른 변수들과 관련하여 시각과 권력을 연관시키는 문헌은 많고 계속 더 늘고 있다. 여기서는 그 문헌들이 취하는 방향의 몇 가지 사례들만 다룬다. 마이클 프리드는 몰입(absorption)을 18세기 프랑스 회화의 주제로 본다. 이 몰입은 프리드의 연극성이라는 테마를 보완한다(Fried, 1967, 1980). 시각 예술로서의 회화는 '과시할' 기회를 완벽하게 제공한다. 즉 단지 보이는 것이 아니라 적극적으로 눈앞에 드러내는 것이다. 그러나 프리드는 사람들이 자신의 일에 몰입한 모습으로 그려진 것, 즉 관람자가 주목하는 대상으로서가 아니라 생각하고 행동하는 모습으로 그려진 일군의 중요한 이미지들을 주목한다. 한 가지 전략은, 예컨대 뒷모습처럼 설령 재현된 사람이 누구인지 혹은 무엇을 하고 있는지를 관람자가 알 수 없을지라도, 무언가를 하고 있다는 것은 분명한 자세로 재현하는 것이다. 사르트르의 예에서처럼 응시(gaze) 자체가 보이지 않을 때 응시의 힘은 커진다. 여기서 그림이 시각의 한계를 시각적으로 보여 주는 또 다른 방식을 볼 수 있다.

플라톤의 시대까지 시인들은 삶을 어떻게 살아야 하는지에 대해 대단한 지혜와 통찰력을 가진 것으로 여겨졌다. 여기서의 시인에는 극작가도 포함되는데, 희곡이 행(verse)으로 쓰였기 때문이다. 그런데 《국가》(Republic)의 10권에서 플라톤은 뚜렷한 이설을 제기하는데, 그는 시인들이 실재에 대한 통찰력 면에서 화가들보다 나을 것이 없다고 주장한다. 플라톤에 따르면 화가와 시인들 모두 사물의 외양을 복제하거나 흉내 낸다는 것이다. 소크라테스가 생각하듯 신적인 영감에 의해서건, 혹은 플라톤이 생각하듯 수많은 규칙을 배워 그들이 하는 작업이 무엇이며 어떻게 그 작업을 하고 있는지조차 이해하지 못한 채로 작업을 하건 마찬가지라는 것이다. 웅변술이 약한 주장을 강력한 것으로 보이게도 하고 강력한 견해를 빈약하게 보이게도 할 수 있듯이, 회화 또한 좋은 사람을 나쁘게, 나쁜 사람을 훌륭하게 보이도록 할 수 있다. 정확하든 그렇지 않든 회화는 아주 자연스러운 방식으로, 지각하는 이들이 '그림에 불과한 것'이 자신의 판단에 이렇게 중요한 영향력을 행사한다는 것을 자각하지 못하게 만든다. 이것 또한 회화의 힘 중 하나이다.

플라톤은 포도나무를 잘 그려 새들을 속인 제욱시스와, 그러한 제욱시스조차 속여 제욱시스가 커튼 뒤에 가려진 그림을 보려고 그림일 뿐인 커튼을 젖히게 만든 파라시오스의 이야기를 이와 관련시킨다. 여기서 다시, 화가가 성취할 수 있는 가장 위대한 것이 '눈을 속이는' 환영적인 기교에 불과하다면, 회화의 지적인 잠재력이 하등한 것으로 평가되는 이유를 이해할 수 있다. 소피스트이자 웅변술 교사였던 필로스트라투스(Philostratus)는 이 점을 좀 더 깊게 파고들어, 조각가들에게는 심지어 화가들보다도 더 낮은 지적 등급을 매긴다. 조각가들은 새들조차도 못 속이기 때문이다. 필로스트라투스의 《이마기네스》(Imagines)는 에크프라시스(ekphrasis)*라는 그리스의 고전 장르에 속하는 사례들로서, 이 장르에서 언어는 시각적 이미지를 소재로 간주한다. 이것은 회화 및 다른 시각 예술에 가치를 둔다고 할 수 없는 관행이다. 웅변술의 기예가 회화에서의 기예보다 훨씬 더 중요한 것으로 생각되었고, 플라톤에 반대하여, 무언가를 행하는 것보다 그것에 관해 말하는 것이 훨씬 어렵다고 선언한 오스카 와일드(Oscar Wilde)에게서조차도 이 점을 간과할 수 없다.

서양 문화사를 통해 볼 때 회화는 오랫동안 순수예술이 되기를 '동경하는 자'였다. 크리스텔러(P. O. Kristeller)는 학문적 영향력이 큰 2부작 논문 〈예술의 근대적 체계〉(The

---

* 에크프라시스(ekphrasis)란 고대 그리스의 수사학의 한 분야로, 시각 예술 작품이나 사물, 사람, 경험 등을 언어를 통해 생생하고 극적으로 묘사하는 것을 뜻한다.

Modern System of the Arts, 1951-2)를 통해, 18세기에 회화, 조각, 건축, 음악, 그리고 시가 어떻게 해서 '순수예술(fine arts)'이라는 동일한 종류의 것으로 묶이게 되었으며 이로써 과학, 종교, 기예, 실용적 추구들로부터 분리되었는지 설명하고 있다. 고대 그리스와 로마의 공식 교육 과정에서 시는 매우 존중받는 것으로 문법 및 수사학(웅변술)과 밀접하게 관련되는 것이었고, 한편 음악은 수학, 천문학과 관련되었다. 이와는 대조적으로 시각 예술들은 수공예와 연관되어 공방과 도제 전통을 따라 학습되었으며, 이러한 분야에서는 대가가 아니라면 식자 능력이 필요하지 않았고 식자층으로 생각되지도 않았다. 그 당시 시각 예술가들이 사회적 위계 속에서 이러한 지위를 차지하고 있었다는 것은 20세기의 사고방식에 비추어 볼 때 매우 낯설다. 20세기에는 흔히 '예술(art)'이란 단어로 시각 예술만을 지칭하기도 하며 이어서 시각 예술을 '고급 예술'의 전형적인 예로 간주한다.

한편으로 환영이 예술적 회화에서 한몫을 하는 경우 환영의 기능은 단지 환영 자체만을 위한 것이 아니라 실제라고 간주되는 바에 관한 질문을 제기하는 것이다. 예를 들어 지오토는 선 원근법을 이용해 환영을 만들어 내는 회화의 잠재력에 대한 질문을 제기했다(White, 1957). 다른 한편, 전 세계적으로 수많은 회화 전통들이 명백히 인위적인 양식들을 사용하여 사람들의 생각을 불러일으킨다. 이것은 해당 주제에 대한 시각적 경험을 제공하는 것을 대신하기도 하고, 혹은 시각적 경험을 제공하면서 그에 덧붙여 이루어지기도 한다. 회화의 목적이 단순한 모방이나 눈속임이라고 생각할 필요는 없으며, 아리스토텔레스가 《시학》(Poetics)에서 비극을 옹호할 때의 사고 노선을 따라서 회화의 목적은 오히려 재현이라고 생각해야 한다. 재현의 핵심은 마음에 어떤 생각들을 불러일으키는 것이다. 안타깝게도 고대 서양에서는 화가나 조각가에 관해 아리스토텔레스보다 더 진전된 체계적인 이론화나 다른 자료들이 없고, 이 사실은 그 자체로 중요하다. 이후에 열렬히 받아들여진 것은 회화와 시를 비교한 호레이스(Horace)의 말, **"시는 회화와 같이**(ut pictura poesis)"로서, 시와 회화는 공통적으로 기쁨과 교훈을 주는 기능이 있는 것으로 생각되었다. 이렇게 회화가 시처럼 합법적인 인식적 자격을 갖추었다는 생각이 싹트면서 서구에서는 디제뇨(disegno)*의 아카데미가 만들어지게 되었다. 이 아카데미들은 자유 학예와 학문들의 아카데미를 모델로 하여 자유 학예의 영향력과 명망을 전유하려는 면밀한 시도였다(Kristeller, 1951-2; Beardsley, 1966). 아카데미들은 또한 회화 자체 내에서도 주제의 위계를 인식했다. 종교, 신화, 역사와 같은 텍스트에 기초한 주제를 다룬 회화가 가장 중요한 자리를 차지했

---

* 디제뇨(disegno)는 스케치, 소묘(素描, drawing, design)라는 뜻이다. 16-17세기 시각 예술에서 대상의 이상적인 형태를 표현하기 위해 필요한 형식적 훈련을 가리키는 말로 쓰였다. 여기서의 형태란 특히 예술 작품 속에서 선적 구조로 표현되는 것으로서 드로잉 능력이 중시되었다. 그러나 디제뇨는 이러한 드로잉 능력은 물론 발상이나 관념을 형태로 풀어내는 지적 능력 모두를 가리키는 것이었다.

다. 예컨대 어떤 종교적 이미지가 사용될지를 성서가 결정하는 한, 화가들은 식자 능력을 갖추는 것이 유리할 것이다. 초상화나 정물화 같은 유형의 그림은 이러한 텍스트적 기초가 없었다. 브라이슨은 정물화는 회화에서 가장 덜 '이론화된' 장르이며, 따라서 정물화는 항상 '위계의 최하위에' 있었다고 주장한다(1990: 8).

칸트의 비판 철학은 마이클 포드로가 비판적 미술사가들이라고 부르는(1982) 학자들에게 지적 구조를 제공했다. 비판적 미술사가들의 주된 관심사는 우리가 대상을 경험하고 해석하는 것을 통해 세계 속에 있는 것들을 어느 정도로 포착하는가 하는 것, 또 그 대상들이 우리 자신을 어느 정도로 반영하는지를 확실히 밝히는 것이었다. 헤겔의 역사 개념은 칸트의 지적 유산에 의지했다. 헤겔이 주장한 것은 역사는 절대정신이 그 자신을 이해하고자 하는 과정이고 이 과정 속에서 절대정신은 그 자신이 사고하는 대상이 되어야 한다는 것이다. 헤겔은 인지적인 기능이 거의 또는 전혀 없는 단순한 모방, '무조건적인' 흉내에서 회화가 시작되는 것으로 본다. 회화를 3차원적 세계의 2차원적 재현으로서 자각하면서 진보가 이루어진다. 이 회화들의 내용은 명백히 구성이다. 즉 그림들은 평면이지만 그림이 재현하는 것들은 그렇지 않다. 이것은 아서 단토(Arthur Danto)의 용어로 '구체화된 의미'의 영역인데(1964, 1981), 이 영역에서는 언어의 풍부함이 회화의 시각적 가능성을 이해하는 것을 돕고, 언어의 풍부함 없이는 회화의 시각적 가능성을 이해할 수 없다. 그러나 회화를 이해하는 데 해당하는 모든 인지들이 시각적 경험에 영향을 미치거나 시각적 경험을 구조화하지는 않을 것이다. 어떤 경우에는 회화가 시각적인 것을 넘어선다. 단토는 형체를 가지지 않는 생각들이 회화에 본질적인 것이 될 때, 그것은 더 이상 예술이 아니라고 주장한다. 그것은 시각적 경험이라는 인지적으로 흐릿한 영역을 초월하여 철학이 되기 때문이다. 단토가 드는 특징적 사례가 시각적으로 식별 불가능하지만 그럼에도 불구하고 서로 다른 적절한 해석들을 가지는 그림이다. 이 그림은 그 경계의 끝에 존재하는 회화를 보여 준다. 철인-통치자 대신에 우리에게는 철인-비평가, 철인-예술가가 있다. 즉 예술 관련 저술에 종사하는 '하이픈이 붙은' 전문가들 말이다(Carrier, 1987). 에크프라시스(ekphrasis)라는 고대의 관행은 변형되어 예술에 관한 글쓰기의 수많은 장르, 양태, 장소(venue)들이 되었고, 이것은 그 본성과 범위 면에서 모두 역사상 독특한 것이다.

이 글에서 나는 회화, 그림이 그려진 대상과 구조물을 이해하고 감상하고자 할 때 제기되는 철학적 문제들에 초점을 맞추었다. 예술에 있어 중심적인 것들과 예술로서의 지위가 논쟁적인 것들을 모두 포함한다. 이러한 문제들을 언급하기 위해서는 전 세계적으로 수많은 그림들 및 회화적 관행들과 친숙해야 하고, 그리하여 이 장의 상당 부분을 회화의 물질성이라 일컬어지는 것에 할애했다. 즉 그것은 물감과 그림의 지지대, 회화와 관람자의 공간적 관계, 그리고 사회의 물질 문화의 구성원이자 예술가의 행위에 의해 창조된 대상이며 부식될 수밖에 없는 사물로서의 회화이다. 나는 묘사적(pictorial)인 것의 본성에 관한 논의를 포기했는데, 그것은 묘사(picture)들이 언제나 그려지는 것은 아니며, 회화들이 항상 묘사적인 것도 아니기 때문이다. 그리고 나는 '순수하게 시각적인' 것에 대한 논쟁도 피했는데, 그것은 그림들이 설사 예술 작품으로서라 할지라도, 순수하게 시각적이지 않은 여러 가지 기능을 하기 때문이다. 예술 작품으로서 회화를 이해하고 감상하는데 있어 미적으로 부적절한 것들을 배제하는 것은 이러한 회화들에 폐가 되는 일이다. 마지막으로, 열광할 수도 있고 실망할 수도 있는 사실이겠지만, 주목할 것은 결국 회화는 예술로서 확고한 존중을 받아 왔지만 21세기를 여는 지금 예술의 영역에서 중심적인 위치를 잃어 가고 있는 것처럼 보인다는 점이다. 예술을 정의하려 시도한다면 그것이 어떤 식이더라도, 개인적 차원에서건 문화적 차원에서건 예술의 질료와 형식 면에서 일어나고 있는 이러한 변화들을 확실히 수용해야 할 것이다.

* 이 논문의 이해를 돕기 위해서 이 책에서 다음의 논문들을 찾아 읽으면 좋을 것이다.
  〈예술에서의 재현〉, 〈예술의 진정성〉, 〈예술의 매체〉, 〈예술에서의 스타일〉, 〈예술의 의도〉, 〈조각〉, 〈사진〉

참고문헌

Alberti, L. B. (1956). *Della Pittura*, rev. edn, 1966, trans. with introduction and notes by J. R. Spencer. New Haven: Yale University Press.

Anderson, R. (1990). *Calliope's Sisters: A Comparative Study of Philosophies of Art.* Englewood Cliffs, NJ: Prentice-Hall.

Appiah, A. (1992). *In My Father's House: Africa in the Philosophy of Culture.* New York: Oxford, University Press.

Bachmann, K. (1992). *Conservation Concerns: A Guide for Collectors and Curators.* Washington, DC: Smithsonian Institution.

Baxandall, M. (1972). *Painting and Experience in Fifteenth Century Italy: A Primer in the Social History of Pictorial Style.* Oxford: Clarendon Press.

Baxandall, M. (1985). *Patterns of Intention: On the Historial Explanation of Pictures.* New Haven: Yale University Press.

Beardsley, M. (1966). *Aesthetics from Classical Greece to the Present. A Short History.* Tuscaloosa, Ala.: university of Alabama Press.

Bell, C. (1913). *Art.* New York: Capricorn Books.

Berger, J. (1972). *Ways of Seeing.* London: BBC and Penguin Books.

Bryson, N. (1983). *Vision and Painting: The logic of the Gaze.* London: Macmillan.

_____ (1990). *Looking at the Overlooked: Four Essays on Still Life Painting.* Cambridge, Mass.: Harvard University Press.

Budd, M. (1993). 'How Pictures Look', in D. Knowles and J. Skorupski (eds.), *Virtue and Taste.* Oxford: Basil Blackwell.

_____ (1995). *Values of Art: Pictures, Poetry and Music.* London: Penguin.

Cahill, J. (1960). *Chinese Painting.* Geneva: Skira.

Carrier, D. (1987). *Artwriting.* Amherst: University of Massachusetts Press.

Chadwick, W. (1990). *Women, Art, and Society.* London: Thames & Hudson.

Danto, A. (1964). 'The Artworld'. *Philosophical Review* 61: 571–84.

_____ (1981). *The Transfiguration of the Commonplace: A Philosophy of Art.* Cambridge, Mass.: Harvard University Press.

Dutton, D. (1983). *The Forger's Art: Forgery and the Philosophy of Art.* Berkeley: University of California Press.

_____ (2000). 'But They Don't Have Our Concept of Art', in N. Carroll (ed.), *Theories of Art Today.* Madison, Wis.: University of Wisconsin Press.

Elkins, J. (1998). *On Pictures and the Words that Fail Them.* Cambridge: Cambridge University Press.

Feagin, S. (1997). 'Painting and its Places', in S. Davies (ed.), *Art and its Messages: Meaning, Morality, and Society.* University Park, Pa.: Pennsylvania State University Press.

_____ (1998a). 'Presentation and Representation'. *Journal of Aesthetics and Art Criticism* 56: 234–40.

_____ (1998b). 'Drawing', in M. Kelly (ed.), *Encyclopedia of Aesthetics.* New York: Oxford University Press.

Freedberg, D. (1989). *The Power of Images: Studies in the History and Theory of Response.* Chicago: University of Chicago Press.

Fried, M. (1967). 'Art and Objecthood', *Artforum* 5: 12–23.

_____ (1980). *Absorption and Theatricality: Painting and the Beholder in the Age of Diderot.* Chicago: University of

Chicago Press.

Gilbert, M. (2000). *Hollywood Icons, Local Demons: Ghanaian Popular Painting by Mark Anthony, Exhibition Catalogue.* Kansas City: University of Missouri.

Gombrich, E. (1960). *Art and Illusion: A Study in the Psychology of Pictorial Representation.* Princeton: Princeton University Press.

_____ (1982). *The Image and the Eye.* Oxford: Phaidon Press.

Goodman, N. (1968). *Languages of Art: An Approach to a Theory of Symbols.* Indianapolis: Bobbs–Merrill.

Greenberg, C. (1962). 'After Abstract Expressionism'. *Art International* 6: 24–32.

Hatcher, E. (1999). *Art as Culture: An Introduction to the Anthropology of Art*, 2nd edn. Westport, Conn.: Bergin & Garvey.

Herwitz, D. (1991). 'The Work of Art as Psychoanalytical Object: Wollheim on Manet'. *Journal of Aesthetics and Art Criticism* 49: 137–53.

Isenberg, A. (1949). 'Critical Communication'. *Philosophical Review* 58: 330–44.

Kemp, M. (1990). *The Science of Art: Optical Themes in Western Art from Brunelleschi to Seurat.* New Haven: Yale University Press.

Kennick, W. E. (1985). 'Art and Inauthenticity', *Journal of Aesthetics and Art Criticism* 44: 3–12.

Kristeller, P. (1951–2). 'The Modern System of the Arts'. *Journal of the History of Ideas* 12: 496–527; 13: 17–46.

Langer, S. (1957). *Problems of Art.* New York: Scribner's.

Levinson, J. (1985). 'Titles'. *Journal of Aesthetics and Art Criticism* 44: 29–39.

_____ (1998). 'Wollheim on Pictorial Representation'. *Journal of Aesthetics and Art Criticism* 56: 227–33.

Lopes, D. (1996). *Understanding Pictures.* Oxford: Clarendon Press.

Maquet, J. (1986). *The Aesthetic Experience: An Anthropologist Looks at the Visual Arts.* New Haven: Yale University Press.

Podro, M. (1982). *The Critical Historians of Art.* New Haven: Yale University Press.

_____ (1998). *Depiction.* New Haven: Yale University Press.

Pollock, G. (1988). *Vision and Difference: Femininity, Feminism and Histories of Art.* London: Routledge.

Ross, S. (1974). 'Caricature'. *The Monist* 58: 285–93.

Sagoff, M. (1976). 'The Aesthetic Status of Forgeries'. *Journal of Aesthetics and Art Criticism* 35: 169–80.

_____ (1981). 'On the Aesthetic and Economic Value of Art'. *British Journal of Aesthetics* 21: 318–29.

Sartre, J.-P. (1956). *Being and Nothingness*, trans. H. Barnes. New York: Philosophical Library. First published, in 1943.

Savile, A. (1993). 'The Rationale of Restoration'. *Journal of Aesthetics and Art Criticism* 51: 463–74.

Steinberg, L. (1972). *Other Criteria.* New York: Oxford University Press.

Stokstad, M. (1995). *Art History.* New York: Abrams.

Summers, D. (1991). 'Real Metaphor: Toward a Redefinition of the "Conceptual" Image', in N. Bryson, M. Holly, and K. Moxey (eds.), *Visual Theory: Painting and Interpretation.* New York: HarperCollins.

Taylor, J. (1974). "Two Visual Excursions'. *Critical Inquiry* 1: 91–7.

Techniques of Great Masters of Art (no author listed) (1985). Secaucus, NJ: Chartwell Books.

Tormey, A. and Tormey, J. (1982). 'Renaissance Intarsia: The Art of Geometry'. *Scientific American* 247: 136–43.

Walton, K. (1990). *Mimesis as Make-Believe: On the Foundations of the Representational Arts.* Cambridge, Mass.: Harvard University Press.

_____ (1970). 'Categories of Art'. *Philosophical Review* 79: 334–67.

White, J. (1957). *The Birth and Rebirth of Pictorial Space*, 3rd edn. 1987. Cambridge, Mass.: Harvard University Press.

Wollheim, R. (1975). 'On Drawing an Object', in his *On Art and the Mind*. Cambridge, Mass.: Harvard University Press.

_____ (1987). *Paintings as an Art*. Princeton: Princeton University Press.

_____ (1980). 'Criticism as Retrieval', in his *Art and its Objects*. Cambridge: Cambridge University Press.

제30장

문학

페이즐리 리빙스턴(Paisley Livingston)

번역: 신운화

'문학'이란 단어 및 그것과 어원이 같은 능변(eloquence), 박식(erudition), 외국어에 대한 지식 등의 말들은 한때 사람의 광범위한 특성들을 가리키기 위해 사용되었다. 예컨대 18세기에 제임스 보즈웰(James Boswell)은 동료 작가를 '상당히 학식(literature) 있는' 인물이라 언급했고, 새뮤얼 존슨(Dr. Samuel Johnson)은 '문학'을 명백히 '배움, 즉 문필적 기술'로 정의했다 (Wellek, 1973: 81-2에서 인용).

오늘날 '문학'이란 단어는 글로 쓰인 것을 지칭하는 데 가장 흔히 사용된다. 하지만 학자들은 흔히 '구전 문학'이란 말을 하고 혹자는 결혼식에서의 유창한 연설이 문학적 발화의 특징을 가진다고 말하기도 한다. 때로 이 말은 '논문은 문헌(literature) 조사로부터 시작된다'는 구절에서처럼 특정 주제에 대한 모든 발행물을 지칭한다. 그러나 학술지에 발표된 논문은 호르헤 루이스 보르헤스의 《픽션들》(*Ficciones*) 속의 이야기들 같은 의미에서의 문학적 글은 아니다. '문학'은 때로 시와 대조되어 왔는데(예컨대 Croce, 1936), 그러나 더 일반적이게는 시, 연극, 산문적 허구를 포함해 훨씬 더 넓고 불분명한 범주를 가리키는 데 사용된다. 그러나 다른 경어적 의미에서는, 위대하거나 역사적으로 중요한 저작들만이 문학으로 간주된다. 그렇게 보면 에드먼드 버크의 《프랑스 혁명에 관한 성찰》(*Reflections on the Revolution in France*)은 문학 작품이지만 싸구려 통속 소설들은 그렇지 않다. 가치와 지속성을 갖춘 작품들만이 진정 문학으로 간주된다는 생각은 물론 널리 인정되고 있지만, 일시적일 뿐 가치 없는 문학 작품들이 있다는 생각도 인정된다. 비서양문화권에도 '문학'이란 말에 대해 용법상 비슷한 대비와 변화(Petterson, 1990; Widdowson, 1999)가 존재하는 것을 흔히 볼 수 있다(예컨대 Trappl, 1992).

철학자들과 문예 이론가들 간의 반응은 실로 다양하다. 혹자는 용법상의 불일치가 있는 것을 보면 '문학'이라는 용어가 지목하는 어떤 '본질'이나 그 용어에 고유하게 해당하는 사물들이 없다는 것을 알 수 있다고 말한다. 존 설(John Searle)은 문학의 개념에 대해 어떤 분석도 할 수 없다고 주장한다. "문학적인 것은 비문학적인 것과 연속적이다. 분명한 경계가 없을뿐더러, 경계라고 할 만한 것이 없다."(1979: 59) 다른 이들은 용법이 다양하다는 것을 인지하고서 해당 용어들을 다소 분명하게 정의할 수 있는 새로운 규정을 수립하고 옹호하려 노력했다. 그것은 문학, 때로는 '문학성(literariness)'이라고 일컫는 것의 본질을 발견하는 것이 문학에 대한 새롭고 과학적인 형태의 탐구를 위한 기초를 제공하리라는 생각이다(이에 대한 개관을 싣고 있는 곳이 Gray, 1975; Aron, 1974이다). 여기서 우리는 1921년 로만 야콥슨(Roman Jakobson)의 유명한 금언을 발견한다. "문학이라는 학문의 대상은 문학이 아니라 문학성, 즉 해당 작품을 문학 작품으로 만드는 것이다."(1973: 15)

문학의 본질에 관한 주장들을 보면 그 동기가 언제나 학문적 탐구 영역에 적합한 대상을 확인하려는 목적에서 비롯되지는 않았다. 때로는 그 동기의 핵심이 문학을 모방적(mimetic) 타락과 기만의 원천으로 폄하하는 것이었던 적도 있었다(역사적 배경에 대해서는 Barish, 1981 참고). 하지만 위대한 도덕적 가치나 인식적 가치가 문학에 부여되는 일이 더 잦았는데, 이때 진정으로 의미하는 것은 '최상의 문학'이다. 그 수많은 예들 중 하나가 문학은 일종의 실존적 진정성(existential authenticity)을 위해 중요한 회의적 과정이라고 특징짓는 모리스 블랑쇼(Maurice Blanchot, 1986)의 견해이다. 이러한 이론화 방식에 대해 제기되는 타당한 불만이라면, 이 이론들은 나쁜 문학들이 있다는 것, 또 이론가들이 강조하는 미덕을 결여한 훌륭한 문학 작품들이 있다는 것을 중요하게 인지해야 한다는 점을 간과한다는 것이다.

1970년대와 1980년대의 많은 문학 연구자들이 학제적 성향을 선호하기 시작하면서, 문학의 특수성과 관련된 문제에 대한 답변들에서는 그들의 연구와 가르침에 도움 될 가치 있는 지침을 얻지 못하리라고 생각한 경우가 많았다. 그러나 심지어 광범위한 문화 연구(cultural studies)적 접근을 옹호하는 이들조차도 문학의 본성에 관한 특정 견해, 즉 문학의 본성 같은 것이 존재한다는 것을 확고하게 역사주의적으로 부정하는 견해들의 영향을 받았다. 보다 최근에는, 뚜렷한 정치적 성향을 띤 문예 이론가들 일부(한 예가 Lentricchia, 1996)가 신념을 철회했고, 지금은 문학 작품을 문학 예술 작품으로서 읽고 감상하는 것이 의미하는 바에 관한 문제를 재개하는 것이 가치 있다는 것을 알고 있다. 그러면 목표는 '문학'이란 단어의 정의를 제안하는 것뿐 아니라 이 세상에서 분명하게 문학으로 꼽을 수 있는 사물들의 집합을 지칭하는 관념을 밝히고 구성하는 것이다. 이러한 탐구를 고무하는 한 가지 가정은, 그것은 어떤 종류의 사물의 특징이나 특수성을 정의하게 되면 그 범주에 속하는 사물들에 대한 접근 방향을 마련할 수 있다는 것, 그러나 정의가 언제나 접근 방향을 마련할 필요는 없다는 것이다. 그러면 만일 문학을 그와 같이 이해하고 감상하고자 한다면, 개념적인 재구성은 돕는 길잡이가 될 수 있을 것이다. 이러한 재구성이 염두에 둘 것들로는, 탐구의 인식론적 목표, 확인할 수 있는 관련 사실들, 인지하고 고취할 가치가 있는 적절한 가치의 이해, 다양한 특수 사례를 다루는 방법에 관한 잠재적으로 수정 가능한 직관의 자유로운 발휘 등이 포함된다. 이러한 요소들이 어떻게 함께 작용하도록 하는가, 그리고 그 요소들이 독창적인 해결책을 산출하는 데 충분한가 아닌가는 여전히 논쟁적인 문제이다.

1. 문학의 개념들: 예비적 문제들

그렇다면 문학이란 무엇인가? 이 질문이 제기하는 첫 번째 문제는 그 종이 속하는 최근류(最近類, genus proximum)와 관련된다. 적어도 한 가지 자연 언어로 말해지고 쓰인다는 것이 어떤 대상이 문학 작품이 되기 위한 필요조건이라는(비록 충분조건은 아니지만) 윌 반 페르(Will Van Peer, 1991)의 가정은 그럴듯하고, 전문가들이 이 가정에 이미 동의한다는 것은 안심이 되면서도 비현실적으로 여겨지기도 한다. 이와 경쟁하는 어떤 입장은 문학을 일종의 사회 체계나 상호작용의 패턴으로 본다. 그리고 설령 최초의 언어적 조건이 받아들여진다고 해도 중요한 이견들과 문제점이 여전히 남아 있다. 많은 저술가들(예컨대 Todorov, 1973)이 '담화(discourse)'라는 단어가 최초의 정의적 요구 조건을 적합하게 가리킨다는 것을 당연하게 받아들인다. 즉 모든 문학은 담화이다. 설령 모든 담화가 문학적이지 않더라도 그러하다. 그러나 담화라는 관념 또한 논쟁의 여지가 있다. 어떤 학자들에게 담화는 단지 쓰이거나 발화된 언술이거나 사용하고 있는 언어의 한 예시일 뿐이다. 다른 학자들은 담화라는 단어를 좀 더 광범위하게 이해한다. 일부 유명한 푸코주의적 문헌들(예컨대 Reiss, 1992)에서는 사회문화적 영역의 모든 국면은 어떤 '담론적 형성(discursive formation)'의 일부라고 주장하는데, 이것은 명백히 기호론적 과장이다.

때로는 문학 작품이 속하는 범주를 칭할 때 '담화' 대신 '텍스트'라는 단어가 선호된다. 그러나 일부 저자들(예컨대 Barthes, 1973)은 '텍스트(the text)'를 기호학적, 리비도적 상호작용이 일어나는 다의적이고 왜곡된 영역으로 생각하며, 그들에게 이 '텍스트'는 경어적 의미에서 언제나 이미 문학적인 것이라는 점도 상기하자. 텍스트라는 관념에 대해 더 주의 깊고도 덜 규범적인 설명들이 다양하게 제시되고 있지만, 그러나 그 어떤 설명에 대해서도 합의가 이루어지지 않고 있다. 반 페르(1991)는 '텍스트'를 다양한 맥락이나 상황에서 반복되는 언술, 혹은 발화 행위의 유형을 지칭하는 데 사용할 것을 주장한다. 넬슨 굿먼(Nelson Goodman, 1976)의 이론에 따르면 텍스트상의 동일성은 언어적 철자가 같음으로써 결정되는데, 굿먼의 이론은 그 문제를 분명하게 정리한다는 장점이 있다. 그러나 텍스트를 개별화하는 데 있어서도 화용론적인 고정이 필요하다는 주장이 굿먼의 제안을 반박해 왔다(Tolhurst & Wheeler, 1979). 굿먼주의자들은 어떤 텍스트의 동일성을 결정하는 데 있어 언어적 기능만으로도 충분하다고 주장하는 한편, 다른 철학자들은 어떤 언어적 항목(item)이 생겨나게 된 실제 역사를 필수적으로 알아야 한다고 주장한다. 모국어만 사용하는 프랑스인과 영국인이 각각 쓴 'chat'라는 두 개의 다른 기명(inscription)은 동일한 텍스트-유형의 징표들인가, 아니면 이 경우 두 기명을 두 개의 다른 텍스트-유형의 예시들로 보아야 하고 따라서 한 텍스트의 동일성은 글쓴이가 사용하고 있는 언어를 참조하여 결정되는 것인가? 그리고 글쓴이의 행위와 목적을 언급하지 않고 어떻게 어떤 문자열을 독립되고 완결된 단위로 해석하고자 하는가? 한편 쓰이지 않았거나 구전된 문학은 텍스트 본위의 접근에 있어 또 다른 문제가 된다(Howell, 2002).

또 다른 주장은 문학적 사물들이 중요한 언어적 **발화**(utterance) 범주에 속한다는 것이다. 그 언어적 발화는 넓게는 어떤 행위나 수행(performance) 혹은 그것을 통해 의도한 산물로 생각되는 것으로, 하나 혹은 그 이상의 자연언어로 이루어지며 어떤 생각을 표현한다(Davies, 1992). 문학적 사물들은 언어로 된 발화의 부분집합으로, 우선 그것의 언어적 기능만으로 구별되고 파악되는 발화들과 대조된다. 일부 철학자들(Margolis, 1959; Currie, 1991; D. Davies, 1991; Wilsmore, 1987; Lamarque & Olsen, 1994; Lamarque, 2000b)에게 있어 '작품(work)'이란 단어는, 전형적인 문학적 사물들이 어떤 종류의 사물인가에 대한 화용론적 접근법을 확인하는 데 가장 유용하다. 작품들은 발화-종(species-of-utterance)들이고 어떤 사물은 언어적 발화, 즉 표현적인 내용을 가지고서 기재되거나 발화된 글자나 단어의 연쇄일 때에만 문학 작품이라는 주장은 설득력이 있다. 이때 표현은 어떤 의미를 나타내는 태도에 대해 증거를 제공하는 것이다. 이러한 의미에서 표현이 진실된(sincere) 것일 필요는 없기에, 허구나 체하기(pretence)와 같은 소위 '기생적인(parasitic)' 발화들도 배제되지 않는다.

2. 문학 예술을 정의하기: 형식과 기능

문학 예술이란 개념을 설명하려는 시도들이, 예술 정의와 관련된 일반적인 철학적 논의에서 특징적으로 나타나는 논변과 입장들을 흔히 반복해 왔다는 것은 놀랍지 않다. 한 가지 중요한 사례가 단순한 기능주의적 정의에서 제도적이고 작용적인 정의 전략으로의 이행이다. 문학 이론에서 이러한 일이 어떻게 일어났는지에 대한 탐구는 예술의 특수한 기능들에 대한 러시아 형식주의자들의 생각과, 텍스트를 문학 예술 작품으로 만드는 미적 특징들을 찾는 그들의 관련 연구들로부터 시작할 수 있다.

빅토르 쉬클로프스키(Viktor Šklovskij) 및 상트 페테르스부르크 분파의 여타 러시아 형식주의자들에게 있어 (훌륭한) 예술의 중심적인 기능은 익숙한 사고 패턴들을 방해하는 것, 그리고 세계를 더 새롭고 활기 있게 지각하고 사고하는 방식을 선포하는 것이었다. 예술의 가장 특징적이고 가치 있는 목적은 '오스트라네니예(ostranenie)'라는 것으로, 종종 '낯설게 하기' 혹은 '이상하게 만들기'로 번역된다. 여기서 예술은 '감각의 신선함'을 제공할 수 있다는 새뮤얼 테일러 콜리지(Samuel Taylor Coleridge)의 생각을 떠올릴 수 있는 면도 있다. 어쨌든 기본적인 핵심은 별다른 것이 아니다. 말하자면 시의 농밀하며 낯설고 어려운 언어는 독자들로 하여금 시에 더 주의를 기울이도록 유도하고, 습관적이거나 '상투적인' 반응을 보이거나 순전히 도구적, 비미적으로 시를 이해하려는 태도를 삼가도록 만든다는 것이다.

형식주의 문학 이론은 '자기목적적' 혹은 자기성찰적인 문학적 언어를 '비사회적으로' 고집하는 것으로 흔히 일축되곤 한다. 그리고는 결국 낭만주의와 모더니즘의 미적 이상들이 특수하게 융합된 것으로서 범주화된다. 츠베탕 토도로프(Tzvetan Todorov, 1977)가 지적했듯, 문학의 장치들에 대한 형식주의자들의 논의는 예술이 가진 본래적인 미적 기능의 가치와 중요성이라는 관점에 의거해 틀이 잡혔다는 것을 상기해야 한다. 그래서 쉬클로프스키는 1914년의 논문에서 '새로운 예술 형식을 창조하는 것만이 사람들에게 세계를 인식하는 감각을 회복시키고 사물들을 부활시키며 비관주의를 무찌를 수 있다(1972: 13)'고 썼다. 여기서 자기목적적인 언어를 강조하는 것이 **예술을 위한 예술**이라는 교의를 수반하지 않는다는 것은 분명하다.

쉬클로프스키는 분명 예술의 정서적인 기능들을 강조했지만, 로만 야콥슨과 같은 다른 형식주의자들은 언어학 본위의 접근을 발전시켰는데, 이 접근에서는 낯설게 하기가 '규범으로부터의 일탈'로서 재개념화되면서 시나 문학적 텍스트의 **내재적인**(intrinsic) 특징으로서 기술되었다. 그래서 문학 **자체로서** 문학을 연구하는 것은 이러한 일탈적인 언어적 장치들과 패턴에 대한 체계적 분석으로 생각되었다. 시적 언어 안에서 '드러나는' 장치에 관한 형식주의자들의 주장을 상세하게 검토하는 것은 이 장의 범위를 넘어서는 것이지만, 그 장치들이 좁은 의미의 '형식적' 요소들 가운데뿐 아니라 문학 작품의 모든 층위에 자리하고 있다는 것은 다시 생각해 볼 가치가 있다. 예를 들어, 그들은 민간인이 전쟁터를 처음 경험하는 것 같은 이야기 요소들이 새로운 지각 혹은 '의미론적 변화'를 전달하는 기대 효과를 가져온다고 여겼다. 물론 더 유명한 것은, 형식주의자들이 문학적 서사의 분석에서 파불라/쉬제(*fabula/sjuzet*), 즉 이야기/플롯 구분의 중요성을 주장했고, 그렇게 함으로써 사건들이 짜이고 전달되는 방식에 주목하게 만든 것이다. 특이한 성격 묘사, 설정, 화자의 말투는 형식주의 비평가들이 연구한 다른 스토리텔링 장치들이었다. 시에 관해 형식주의자들은 리듬과 운율, 혹은 에즈라 파운드(Ezra Pound)가 말한 멜로포에시스(*melopoesis*)*, 또 이미지의 패턴과 구문적 구조들을 강조했다. 더 일반적으로 말하자면, 형식주의를 이끄는 가설은, 시적 언어 자체의 관점으로 시작하여 새로운 전망을 선포하려고 시도할 때는 어떤 언어적/담화적 규칙, 패턴, 관습이라도 원칙적으로 위반할 수 있다는 것이다. 비록 이러한 접근은 문학 작품을 언어적 장치들의 화석화된 무덤에 불과한 것으로 만들 위험을 무릅쓰고 있지만, 형식주의자들의 저술들은 곧이어 문학 작품의 전체적인 유기적 구성(organization)을 강조하고 있다. 핵심적인 영향력을 발휘한 것은 셸링(Schelling)에게서 영감을 받은 후기 유기체론자 브로데르 크리스텐센(Broder Christensen, 1909)의 예술철학이다. 예술가는 규칙을 깨뜨리지만, 그렇게 함으로써 새로운 패턴을 구성하고 예술 작품에 다양 속의 통일을 부여한다.

미적 대상으로서의 텍스트의 지위는 텍스트의 특수한 유기적 구성 방식과 일상적인 실제 담화 방식 간의 대조를 통해 성립된다는 생각은, 문학성의 본질에 관한 문제에 깔끔한 답변을 제공하지 못한다. 일탈, 혁신, 언어적 전경화(前景化)는 실제의 비문학적 발화에서도 종종 발견되기 때문이다. 그리고 이 점을 인정하고 그 구별을 정도의 문제로 재구성하는 것도 충분한 해결책이 아닌데, 판에 박힌 상투적인 문학적 생산물과 반응들이 많기 때문이다. 형식주의자들이 내세운 목표는 문학에 대한 체계적인 개념을 발전시키는 것이었지, 할리퀸 로맨스와 안부 카드의 시들을 독창성, 진정성 혹은 도덕적 진지함이 없다는 이유로 배제하는 그런 개념을 만드는 것이 아니었다.

얀 무카로브스키(Jan Mukařovský, 1977) 같은 프라하 학파의 문학 연구자들(배경 설명은 Galan, 1984 참고)은 러시아 형식주의자들의 기획을 지속해 나감에 있어서, 작품이 다른 문학 작품들 및 문학과 대조되는 실제 언어와 맺는 '역동적인' 역사적 관계를 강조하기 시작했는데, 이것은 중요한 전환점이 되었다. 텍스트의 미적 기능은 독자의 '집단(set)' 혹은 태도에 달려 있는데, 그것은 결국 특수한 텍스트의 장치들이 이미 널리 퍼진 규범으로부터 일탈하고 있음을 인지할 수 있는 맥락과 배경에 좌우되는 것이다. 그러면 미적 가치는 그 자체로 끊임없이 변하는 선행 패턴에 대해 대조와 혁신이 진행되는 과정으로서 발전한다.

---

* 시의 음악성을 말한다.

무카로브스키는 나아가 어떤 대상 혹은 행위는 그것이 유기적으로 구성된 방식과 무관하게 적절한 미적 기능을 실현할 수 있다고 주장하기에 이른다(Fokkema & Ibsch, 1995: 32). 여기서 텍스트의 **내재적인** 문학성을 찾으려 한다면, 그것이 밀도, 생생함, 반복과 유사성, 자기-지시, 일탈적인 구성, '방해되는 형식(impeding form)' 등 그 무엇이건 간에 좌절되고 만다. 그 이유는 찾으려는 미적 기능이 텍스트 안에 단순히 제시되거나 텍스트에 의해 결정되는 것이 아니라, 감상자의 심리 및 예술적·문화적 맥락의 관련 특징들을 포함하여 광범위한 관계적 요소들에 핵심적으로 의존한다는 것이 인정되고 있기 때문이다. 이로부터 일반적인 관념상 문학은 사회적 체계, 제도, 혹은 그것의 역사적 계승이라는 생각까지 바로 이어진다. 곧 살펴볼 것이지만 영향력 있는 문예 이론가들 다수가 이러한 입장을 취한다.

　　이야기하는 김에 르네 웰렉(Rene Wellek)과 오스틴 워런(Austin Warren, 1942) 같은 20세기의 저명한 다른 문예 이론가들이 문학적 언어와 비문학적 언어의 기능상의 다양한 차이를 구분했다는 것도 상기할 필요가 있다. 20세기 초 오그던(C. K. Ogden)이나 리처즈(I. A. Richards, 1923)와 같은 영미권의 유력한 비평가들은 시적 언어의 '정서적인' 기능을 과학적 담화의 '지시적' 기능과 대조했다. 신비평이 제시한 문학 및 시적 언어의 독특한 특징 목록에서 눈에 띄는 것은 양의성, 패러독스, 긴장, 아이러니이다. 이러한 노선의 초기 주장들을 먼로 비어즐리(Monroe Beardsley, 1958, 1973)가 철학적으로 포용한 것은 일반적으로 '문학의 의미론적 정의'로 알려져 있는데, 그 중심적인 논제는 '문학 작품은 그 의미의 중요한 부분이 함축적인 담화'라는 것이다(1958: 126). 일상적 대화에도 함축이 널리 포함되어 있다는 그라이스(Grice)적인 발견에 비추어 본다면, 함축적 의미라는 관념이 문학의 특수성을 정확히 짚어내는 데 어떤 소용이 있을지 잘 모르겠다. 비어즐리는 결국 이 점을 인지하고(1978), 문학이란 관념은 허구 개념의 견지에서 분석될 수 있다는 식의, 다른 그럴듯한 주장을 검토하게 되었다.

3. 문학과 허구

문학성에 대한 의미론적·구문론적 설명의 결점이 명백해지면서 화용론적 조건들에 기초한 이론들이 나타났다. 리처드 오먼(Richard Ohmann, 1971)과 그 외의 학자들(예컨대 Maatje, 1970)이 제안한 한 가지 접근법은 허구성에 대한 화용론적 설명에 근거한다. 예컨대 바버라 헤른스타인 스미스(Barbara Herrnstein Smith)는 "담화를 허구적으로 제시하는 것은 정확히, 이를테면 '상상적인 문학'이나 '넓은 의미의 시' 같이 우리가 명명하고 구별 짓기 어려운 언어 작품들의 집합을 규정하는 것이다(1971: 268)"라고 말한다. 여기서 두 가지 핵심적인 문제가 분명하게 드러난다. 그것은 이론가들이 우선 허구를 정의해야 한다는 것, 그리고 나서 문학의 개념을 분석하는 데 이 관념이 어떻게 사용될 수 있는지를 보여야 한다는 것이다.

첫 번째 문제에 관해, 발화행위 이론가들의 기본적인 생각은 허구는 단호한 주장 같은 발화수반 행위의 믿는-체하기(make-believe)가 수행되는 담화라는 것이었다. 여기서는 어떤 행위도 실제로 수행되지 않는다. 1974년 허구에 대한 이러한 관점을 종합하면서, 존 설은 허구 제작자를 '비기만적 체하기(non-deceptive pretence)'에 관여하는 사람으로 특징지었다. 이에 대한 한 가지 반대는, 친구의 타성을 희극적으로 모방하는 것 같은 일부 비기만적 체하기의 경우는 허구로 간주되기 어렵다는 것이다. 여기서 허구 제작을 그 나름의 고유한 발화수반 행위로 인식하는 것이 해결책이 될 수 있다(Currie, 1990). 이 경우 허구적 지위는 적어도 부분적으로는, 사람들을 특정한 상상이나 체하기에 참여하도록 초대하고자 발화를 한 저자나 화자의 의도에 의해 결정된다. 독자들이 어떤 작품이 허구인지 아닌지를 알 수 있는 증거가 무엇인지는 별개의 문제이고, 허구 제작자의 의도를 나타내는 지표로서 다양한 텍스트적·맥락적 특징들이 사용될 수 있다는 것을 인식해야 한다.

문학이 허구의 견지에서 분석될 수 있는지 아닌지에 관해 설(1974)은 문학과 허구가 서로에게 필요조건이 되지 않는다는 것을 지적하면서 양자를 등가로 놓자는 제안을 봉쇄했다. 즉 우선 문학성은 허구성을 수반하지 않는다. 그것은 어떤 문학 작품은 허구가 아니기 때문이다(노먼 메일러의《밤의 군대들》(*Armies of the Night*) 같은 작품이 그 예이다). 또한 허구성이 문학성을 수반하지도 않는데, 어떤 허구적 발화들은 문학 예술 작품으로 합당하게 분류되지 않기 때문이다(수많은 농담과 사고실험들이 그 예이다). 허구에 기대어 문학을 설명하는 또 다른 방식은, 허구성이 문학을 정의하지는 않지만 문학을 특징짓는 것은 이러한 작품들이 '마치' 허구인 것처럼 읽힐 수 있거나 그렇게 읽혀야 하는 것이라고 주장하는 것이다(Culler, 1975: 128). 피터 라마르크(Peter Lamarque, 2000a)는 이 사고 노선에 입각해 최대한 그럴듯한 설명을 하는데, 어떤 철학적이고 역사적인 비허구 작품들은 그것들이 **마치** 허구인 것**처럼** 독해하면 '명예(honorary)' 문학 작품이 될 수 있다는 것이다. 예컨대 토마스 홉스의《리바이어던》(*Leviathan*) 같은 철학적 논문을 읽으면서 그 텍스트의 언어적·주제적인 유기적 구성에 집중하고, 그렇게 함으로써 도입 단락의 수많은 극적 이미지 같은 것을 주목할 수 있다. 이러한 읽기에도 보상이 있지만, 그로 인해 충족되는 것은 **명예** 문학의 지위라는 불완전한 조건뿐이라는 것을 상기해야 한다. 아이들의 농담 같은 허구들은 이렇게 희석된 의미에서조차도 문학적이지 않다. 그러나 이 수정된 주장은 공허하다고 한층 더 반대에 직면할 수도 있는데, 그것은 원칙적으로 **모든** 작품들이 '마치' 허구인 것처럼 읽힐 수 있기 때문이다. 이것이 만일 저자가 허구를 집필하려는 의도로 썼다고 독자가 상상해야 한다는 것을 의미할 뿐이라면 말이다. 또한 비허구적인 발화의 미적 특징이나 예술적 특징에 주목하게 되면 왜 저자의 주장이 가진 힘을 상상적으로 유예해야 하는지 의문스럽기도 하다. 우리는 홉스가 그의 글에서 진실한 주장들을 전혀 하지 않는다고 상상해야만 홉스의 문체와 상상에 집중할 수 있는가? 기억해야 할 점은 다양한 작품들 속의 호소력 없는 주장과 포고들에 괄호를 치는 것이 그 작품의 **문학적** 가치를 더 긍정적이고 포괄적으로 감상하는 데 도움이 될 것이라는 점이다. 그 문학적 가치는 언어적 구상, 문체상의 창의적인 예술적 기교, 다양하고 복잡한 주제들을 표현하는 방식들과 관계가 있다. 그렇다면 우리는 과시적이고 자기중심적인 화자의 목소리가 작가의 목소리가 아니라 허구적 인물의 목소리라고 상상한다면 《밤의 군대들》의 소설적 기교를 더 잘 감상할 수 있을 것이다. 그러나 만일 우리가 정말 그 작품이 진정으로 어떤 것인지를 알고자 한다면, 그 책을 그런 방식으로 읽는 것은 적절하지 않다.

4. 문학의 절차적 정의들

1950년대와 1960년대에 걸쳐 비트겐슈타인(Wittgenstein)에게서 영감을 얻은 모리스 웨이츠(Morris Weitz, 1956) 같은 철학자들은 '예술'이란 단어를 비롯한 미학의 핵심 용어들에 대해 분석적 정의를 내리고자 하는 기획을 비판했다. 모리스 맨들바움(Maurice Mandelbaum, 1965) 같은 다른 철학자들은 소위 전통 미학에 대한 비판들은 물론 개진된 대안들 양쪽 모두 심각한 결함이 있다고 반박했다. 이 논의들을 통해 부각된 한 가지 핵심은, 모든 문학적 텍스트가 아무런 불변적 속성 혹은 속성들을(언어적 규범으로부터의 일탈과 같은) 공유하지 않는다는 주장이, 문학에 대한 어떤 실제적인 정의도 내릴 수 없다는 것을 필연적으로 의미하는 것은 아니라는 것이다. 이러한 결론은 문학의 본질을 제작자, 사용자, 관련된 인공품 간의 모종의 **관계**에서 발견할 수 있는 가능성을 간과하고 있기 때문이다. 비록 텍스트의 내재적 속성에 기초한 정의들 혹은 심지어 텍스트의 관계적·의미론적 속성들에 기초한 정의들이 사실 실패할 수밖에 없을지라도, '절차적(procedural)' 정의 즉, 문학적 관행에 참여하는 행위자 같은 일련의 요소들과 그 텍스트가 맺고 있는 관계를 고려하는 정의는 합당할 것이다.

가장 단순한 형태로는, 문학의 절차적 정의는 그 정의 관계를 텍스트 그리고 독자나 해석자의 행위로 구성된 이자 관계와 동일시한다. 이러한 관점의 유력한 초기 지지자가 스탠리 피시(Stanley Fish)인데, 그는 '시적 성질이 현존하여 그것이 어떤 주목을 하도록 강요하는 것이 아니라, 주목을 함으로써 시적 성질이 드러나게 되는 것(1980: 326)'이라고 주장했다. 피시는 자신의 독자본위적인 제안이 대조적인 두 직관, 즉 '문학적 발화라는 특수한 집합이 **진정으로 있다**는 직관과 어떤 언어적 단편이라도 그 집합의 구성원이 될 수 있다는 직관'을 화해시킬 수 있는 유일한 것이라고 주장한다(1973: 52). 그렇다면, 테제는 어떤 텍스트가 '독자나 신봉자들의 공동체'에 의해 문학적인 것으로 읽히거나 분류되는 경우에 한해 그 텍스트는 문학적이라는 것이다. 그것은 문학성의 부여는 개인 독자에 의해서 이루어질 수 없고, 오직 집단적인 층위, 즉 독해들이 수렴되는 '공동체'가 확고해질 때에만 나타날 수 있다는 주장이다. 같은 공동체의 일원이기 위해 독자들이 서로 상호작용할 필요는 없다. 독자들이 텍스트를 같은 방식으로 읽기만 하면 된다. 한 텍스트를 문학으로 만들기 위해 이러한 평행적 독해가 몇 번이나 필요한지, 왜 하나 이상의 독해가 요구되는지는 언급되고 있지 않다.

분명, 문학적 발화의 범주를 (충분히 큰 규모의 또는 중요한 독자 집단에 의해) **문학으로서** 읽히는 발화들이라고 정의하는 것은, 강조 표기로 알 수 있듯 뻔뻔하게도 순환적인 분석이다. 궁금한 것은 이것이다. 독자들이 어떤 텍스트를 진정으로 문학으로서 읽고자 한다면 그들은 어떻게 해야 하는가? 이 질문에 정보를 제공하는 대답만이, 즉 어떤 점에서건 명시적이거나 암시적인 문학성 개념으로 다시 돌아가지 않는 대답만이 그 이론의 순환성 문제에 적절히 대처할 수 있을 것이라며 불평들이 이어졌다. 이 점에 있어 피시의 지적들은 어떤 텍스트를 문학으로 읽는 것은 '언어가 항상 가지고 있었던 자원(resources)들을 특정한 자의식을 가지고 바라보기로' 결정하는 것이라는 주장으로 귀결된다(1973: 52). 이것은 형식주의가 언어적 전경화를 강조했던 것이 희미하게 되풀이되는 것이다. 이러한 절차주의적 정의에 대해 바로 제기되는 비판은 그 정의가 독자나 문학 비평가에게 지나치게 큰 역할을 맡긴다는 것이다. 비평가들이 쇼핑 목록과 문학 작품 모두에 대해 모종의 해석적인 의견을 제시한다(할 수 있다)는 이유만으로, 쇼핑 목록이 단테의 《신곡》(Divine Comedy)과 같은 의미에서의 문학 작품인가? 그리고 홉스의 언어적 성취에 주목하는 독자들이 그것 때문에 《리바이어던》을 문학 작품의 범주에 편입시키는가?

절차주의적 맥락에서 나오는 또 다른 주장은 엘리스(John M. Ellis)의 주장으로, '문학적 텍스트의 정의는 사회가 그 텍스트를 사용할 때, 그것이 기원한 당시 맥락에만 특수하게 들어맞는 것만은 아니라고 간주하고 사용하는 그러한 텍스트(1974: 44)'라는 것이다. 《타르튀프》(Le Tartuffe)를 몰리에르(Molière)가 개인적인 적수를 공격하는 것으로 읽거나 당시 사람들이 프티 콜레(les petits collets)로 알려진 부패한 17세기 프랑스 성직자들에게 앙갚음하는 것으로 읽는다면 이 희곡을 문학으로 감상하는 데 실패하는 것이다. 문학으로서 감상하려면 보다 일반적인 의의를 탐구할 필요가 있다. 그러나 비평가들(예컨대 Hjort, 1993: 4장)은 때로 한 작품이 처음 쓰이고 수용된 맥락의 특징들을 효과적으로 주목하면서, 몰리에르가 그의 독자들, 적들, 후원자들과 주고받은 문학적 상호작용에 대해 묻는다. 그리고 비평가들이 그렇게 한다고 해서 몰리에르의 희곡을 문학으로서 읽기를 그만두는 것이라고 주장하는 것은 억지스러워 보인다. 또 어떤 철학자의 극한 상황을 무시하고 대신 그 작품의 더 일반적인 함의에 집중하는 독자들이 그 텍스트를 문학의 범주로 편입시킨다고 말하는 것은 바람직한가, 혹은 도움이 되는가?

　　문학의 절차적 정의를 초기에 옹호한 또 다른 이론가 찰스 앨티어리(Charles Altieri, 1978)는 텍스트를 문학으로 읽을 때 텍스트에 대해 제기할 수 있는 문제와, 이러한 감상 방식에서 추구하는 특질에 대해 다른 생각을 가지고 있었다. 그의 주장으로는 문학 교육은 두 가지 기본적인 기대를 가지고 텍스트에 접근하는 방법을 가르치는 것이다. 즉 '텍스트에 대해 알려 주는 수사적·구조적 패턴을 통해 우리가 주인공들의 상황, 행위, 감정, 생각에 공감할 수 있어야 한다는 것, 그리고 주인공의 행위, 감정에 잠재된 일반적 의의를 성찰할 수 있어야 한다는 것'이 그것이다(1978: 72). 앨티어리는 이러한 대략적인 조건들이 이론적으로는 명시될 수 없는 방식으로 개별 텍스트에 적용되는 것이 분명하다고 강조한다. 그러나 적합한 문학적 읽기 방식에 대한 그의 설명이 적절한지 아닌지는 실제 활동에서 이러한 도식적인 절차들이 어떻게 구체적으로 실현되는지에 달려 있다. 어떤 읽기에서, 그 절차들은 사실주의 장르의 허구 작품에 대한 **문학적** 반응을 직접적으로 특징짓는다. 여기에서 등장인물, 이야기, 그것들을 제시하는 방식을 공감하면서 예리하게 분석해 나가는 것이 분명 중요하다. 그러나 사뮈엘 베케트의 후기 작품들 혹은 스테판 말라르메의 시 같은 다른 종류의 문학 작품에는 또 다른 접근이 필요해 보일 것이다. 앨티어리는 이러한 경우, 그 작품의 일반적인 의의와 언어적 제시를 탐구하는 공감적 반응의 대상이 되어야 하는 것은 특수한 화자의 목소리라고 대답한다. 그러나 일단 앨티어리의 절차적 정의가 이런 방식으로 확장되면, 그 정의가 특수하게 문학적인 읽기 방식을 어떻게 포착할 수 있는지 알기 어렵다. 결국 관건이 되는 것은 사람의 성격이나 **에토스**의 언어적 표현을 적절하게 이해하고자 하는 노력이기 때문이다. 이러한 반대에 대한 한 가지 대답은 '그렇게 되도록 두라'는 것이다. 문학적인 것은 인문학적 학습 및 이해와 그저 연속된다는 것을 알게끔 하라. 그러나 문학적인 '삶의 형식'이, 보다 제한되고, 순문학적인 의미의 '문학'을 실제로 포기하는지는 분명하지 않다.

5. 문학의 제도적 정의

만일 어떤 텍스트가 (가능한 다양한 의미론적 혹은 표현적 특징을 포함해) 내재적, 언어적 속성들의 집합에 의해서 문학 작품이 되는 것이 아니라면, 심지어 정해져 있는 특수한 읽기나 해석의 방식 때문도 아니라면, 문학과 비문학 사이의 그나마도 흐릿한 경계를 결정하는 조건을 어디서 찾을 수 있을까? 1970년대와 1980년대에 부상한 답변은 사회적 관행들이라는 전체적인 틀 혹은 **제도**만이 이러한 경계를 결정할 수 있으리라는 전체론적인 직관을 그 동기로 하고 있었다. 문학/비문학의 경계가 사회적으로 결정된다는 점을 강조하는 경향이 널리 퍼지게 된 원인들은 많았다. 하나는 조지 딕키(George Dickie, 1969, 1974)의 유명한 예술 제도론이지만, 문학 연구 분야 내의 보다 일반적인 정치적 분위기를 지적하는 것이 아마도 더 정확할 것이다. 이러한 분위기는 딕키의 이론이 소위 문학의 '미적 자율성'을 강조하는 이전 이론들을 비판하도록 동기를 부여했다.

문학적 제도론과 관련된 다양한 접근들을 살펴볼 때, **예술-의존적**(art-dependent) 사고와 **예술-독립적**(art-independent) 사고를 구별하는 것이 중요하다. 전자에 따르면 문학 개념에 대한 올바른 설명은 어느 정도 문학 예술 작품과 시 예술 같은 관념들에 의거해야 하며, 따라서 예술적 현상과 비예술적 현상 간의 차이에 대한 이해를 바탕으로 해야 한다는 것이다. 두 접근 모두 또 다른 문제와 부딪히면서 두 갈래로 나뉘는데, 그 문제는 누군가가 문학의 개념을 가지게 될 때, 문학 개념이 그것에 논리적으로 선행하는 미적인 것이라는 관념에 개념적으로 의존하는지 아닌지이다. 예술적인 것은 이미 미적인 것이라는 선행 개념을 핵심 구성요소로서 수반한다고 보는 이론가와 철학자들에게는, 문학이라는 예술-의존적 관념은 미적인 것이라는 관념에 또한 의존한다. 그러나 제도적 혹은 다른 절차적 예술 정의를 지지하는 이들 일부는 예술/비예술의 구별을, 미적인 것이라는 더 근본적인 개념과 무관하게 설명할 수 있다고 주장해 왔으며, 한 작품의 미적 특징은 모두 그리고 오직 예술 작품 **자체로서** 가지는 성질이며 그러한 성질인 것으로 약정되곤 한다.

문학을 이론화하는 데 있어 어떤 유력한 추세는, 모든 예술적 혹은 미적 개념들로부터 엄격하게 독립된 사회학적 설명을 발전시키려는 시도이다. 이러한 맥락에서 널리 받아들여지는 주장은 문학이 역사적으로, 최소한 18세기 이래 유럽에서 미적·예술적인 관념들과, 또 우선적이며 가장 중요하게는 문학과 시 예술 작품이라는 사고와 관련되어 왔다는 것, 한편 이러한 담화는 사실 문학적 현상들과 관련되어야 할 진정 결정적인 사실들을 은폐하는 데 사용된 잘못된 이데올로기라는 것이다. 말하자면, 그 사실들은 사회적 관계들의 영역 내에서 수행하는 기능 측면에서 볼 때 가장 정확히 확인할 수 있는 관행들의 지형도이다. 이 사회적 관계 영역에서 이루어지는 중심적인 이해관계와 상호 작용들은 권력, 특권, 승인, 구별의 문제이다. 사회역사적 관점을 '미적 자율성의 신화'를 침식하는 것으로 보는 이러한 경향의 한 예가, 미적인 것과 이데올로기적인 것 사이의 구별은 '실제적이라기보다는 방법론적인 것'이라는 테리 이글턴(Terry Eagleton)의 선언이다(1976: 178). 정확한 기술을 하기 위해 사회학적 이론가들이 미학적 담화를 무비판적으로 사용하는 이들의 언어를 취해야 하는 경우가 있지만, 사회역사적 설명의 궁극적인 목표는 이러한 기만적인 이야기를 그 이데올로기를 조건 짓는 결정적인 사회기반적 요인들로 환원시키는 것이다(마르크스주의 문학 이론에 대해 알려 주는 연구로는 Fokkema & Ibsch, 1995: 4장 참고).

문학의 사회학적·역사적 조건의 중요성을 인식한다고 해서, 문학적 관행은 실제로는 다른 더 결정적인 현상들의 왜곡된 반영일 뿐이라고 할 정도로 강한 환원적 논제를 수반하는 것은 아니다. 예컨대 독일의 문예 이론가 슈미트(Siegfried J. Schmidt, 1980, 1992)는 문학성을 구성하는 절차와 제도에 관해 다소 다른 주장을 개진했다. 그의 중심적인 가설은 텍스트에 대한 특수하게 문학적인 접근은 두 가지 관습, 즉 '미적인' 것과 '다가치성(polyva-lence)'을 따르는 데서 나온다는 것이다. **미적 관습**은 독자가 도구적이거나 실제적인 관심들이 작용하는 가운데 그 텍스트에 반응해야 하는 부담을 덜어 주는 '자유 구역'을 수립한다. 요컨대 진리와 유용성의 문제는 괄호 안에 묶인다. 미적 관습에 의해 수립된 일반적 틀 안에서, **다가치적 관습**은 의미를 텍스트에 귀속시키는 것은 극도로 열려 있고 다양해야 한다고 명시한다. 특히 이 개방성은 문학적 틀 밖에 퍼져 있는 해석적 관행과 비교할 때 두드러진다. 문학 밖의 해석적 관행에서는 실제적인 이유에서 의사소통 중심의 협동이 목표가 된다. 예컨대 문학적 체계 내에서는 다양하고 양립 불가능한 텍스트 해석 방식들을 독자가 적극적으로 탐구하며 타인의 해석적 추측에 대해 관대하다. 다가치성은 또한 인지적·도덕적·쾌락주의적 강조를 다양하게 고려하면서 바로 문학적 경험이라는 요소에 대한 가정들을 담고 있다. 슈미트는 문학적 체계에 대한 그의 체계-이론적 모델을, 근대 유럽 내에서 중요한 문학적 관습들이 출현하는 것을 개괄하는 역사적 내러티브 안에 놓는다. 그의 주장은 18세기 이전, 종교적 권위 등이 완전히 심미화된 자율적인 문학적 소통을 특징짓는 의미론적·가치론적 자유를 사전에 제압했다는 것이다.

슈미트의 주장에 대해 수많은 비판적 논의가 이루어져 왔다(그 개괄적 내용에 대해서는 Schram & Steen, 1992 참고). 한 가지 문제(Livingston, 1992)는 문학 읽기와 비문학 읽기 사이의 구별이 사실 관습의 문제인지 아닌지이다(적어도 그가 옹호하는 관습의 개념을 생각한다면 그러하다. 그는 관습의 개념에 대해 David Lewis, 1969를 따르고 있다). 이러한 의미에서 관습은, 집단의 구성원들이 **조건적으로** 즉, 집단의 나머지 다른 구성원들 역시 그것을 선호한다고 믿는 이유만으로 선택하는 행동 패턴이다. 그 기대가 변하면, 선호도 따라서 변할 것이다. 그러나 《모비 딕》(Moby Dick)을 읽을 때 고래에 대해 뭔가를 배울 수 있기 때문에 읽는 것보다 미적 보상을 기대하고 읽는 것을 선호하는 문제가, 다른 사람들도 그렇게 하는지에 좌우되거나 혹은 그래야 한다는 것은 분명하지 않다. 왜냐하면 그때 그 텍스트를 읽는 방식에 대한 다른 더 나은 이유가 있을 수 있기 때문이다. 다른 문제는 텍스트를 특수하게 문학적으로 취급하도록 결정하는 수동적 읽기(readerly) 관행에 대한 슈미트의 설명이 정확한가 하는 것이다. 수동적 읽기라는 기능은 사실은 관대하고 '아무것이나 가능한' 해석 방침의 문제인가? 교육학적 방법 및 비평적 논쟁의 패턴을 포함해 널리 통용되는 문학적 관행의 일부 특징은 이러한 가정과 일치되기 어려운데, 그것은 교사들과 비평가들이 규칙적으로 어떤 읽기 방식들을 잘못되거나 부족한 것으로 여겨 바로잡고 혹평하기 때문이다. 슈미트는 이에 대해, 이것이 사실인 한 해당 관행들은 그가 말하는 규제적인, 혹은 이상화된 의미에서 진정으로 '문학적'이지 않다고, 그가 옹호하는 약정은 문학적 체계에 관한 가장 특수하고 자율적인 것을 가장 잘 포착할 수 있는 것이라고 답할 수 있다. 그럼에도 불구하고 이러한 체계의 설득력이나 가치에 대해 여전히 의문이 있을 수 있다. 슈미트의 제안을 정교하게 다듬는 데 공헌한 학자들(예컨대 Barsch, 1992)은 문학적 체계에 포함되어야 할 것과 포함되지 않아야 할 것에 관한 문제들을 제기한다. 이 학자와 이론가들의 메타-문학적 행위들은 미적·다가치적 관습에 의해 지배되지 않는 것들인데, 이것 역시 문학의 사회적 체계의 일부인가? 또 슈미트의 역사주의적 가정들은 난해하고 원대한 문제들을 제기하는데, 18세기 유럽에서의 특수한 사회 체계 혹은 그러한 사회 체계 유형이 출현하기 이전에 문학 작품들이 있었는지, 그리고 문학 작품 **자체로서** 텍스트를 읽는 방식들이 있었는지 아닌지의 문제로부터 시작한다. 사포(B.C. 6C)와 무라사키 시키부(978-1020)는 문학 작품을 쓴 것이 아니었는가?

　　문학에 대한 다른 제도적 설명은, 다시 문학의 예술적·미적 기능에 관한 주장들에 좌우되는 것인데, 스타인 호검 올슨(Stein Haugom Olsen, 1978, 1987)과 피터 라마르크(1996; Lamarque & Olsen, 1994도 참고)가 그 옹호자들이다. 문학 작품들을 정의하는 것은 텍스트의 내재적 속성들이 아니라 작품이 인간의 관행 속에서 수행하는 역할이다. '제도(institution)'로써 의미하는 것은 담화들을 문학 작품으로서 창조, 감상, 가치 평가하는 관습들인데, 여기서 예술-의존적이고 평가적인 문학 개념이 중심적인 것으로 간주된다. 라마르크와 올슨은 '텍스트는 그 텍스트가 문학의 (제도를 구성하는) 관행을 정의하는 관습들의 틀 안에서 만들어지고 읽히도록 한 저자의 의도를 인식함으로써 문학 작품으로 확인된다'고 주장한다 (1994: 255-6). 그들은 나아가 그 의도는 '문학적 반응을 불러일으키려는 의도'라고 명시하고 있는데, 여기서 이러한 반응을 본질적으로 특징짓는 것은 미적 가치에 대한 기대이다. 이러한 일차적 의도에 이차적인 (그라이스적) 의도가 덧붙여져, 문학적 반응은 독자가 일차적 의도를 최소한 어느 정도 인지하면서 일어난다. 문학의 미적 가치는 두 가지 주요한 차원을 가지는 것으로 생각되는데, 그것은 '상상적' 차원과 '모방적' 차원이다. 여기서 상상적 차원은 이야기나 주제(subject)의 창조에 의해서이거나 저자가 창안하지 않은 주제에 대해 어떤 질서나 형식을 부과함을 통해 실현된다. 복잡하고 일관된 형식을 발견하리라는 기대는 문학을 대하는 자세(literary stance)에서 중심이 되는 요소이다. 텍스트를 문학 작품으로 읽는 것은 이러한 유기적으로 구성된 패턴을 찾는 것이다. 문학의 '모방적' 국면에 대해 말하면서 올슨과 라마르크가 생각하는 것은, 문학을 대하는 자세에 내재된 또 하나의 기대는 '인간적으로 흥미로운 내용'을 발견하고자 하는 기대이고 작품의 특수한 주제와 더 일반적인 테마의 층위에서 모두 그것을 발견할 수 있다는 것이다. 여기에 또 한 가지 기대가 덧붙여지는데, 그것은 작품의 소재(subject matter)나 이야기에 대해 독자가 성찰하게 되면, 결국 더 넓고 근원적인 인간의 관심사를 다루는 테마들에 대한 보다 깊은 상상적 성찰에까지 도달할 수 있으리라는 기대이다. 결국, 문학을 대하는 자세에는 이러한 테마들이 작품의 요소들과 구성을 통해 유지되고 발전될 것이라는 기대, 그리고 작품의 요소와 구성 양자 간의 관계를 주목하는 독해가 합당한 보상을 받을 것이라는 기대가 내재되어 있다.

이러한 접근법은 문학 예술에서 중심적인 것은 언어가 특수한 용법과 가치를 가지는 것이라고 강조하는, 직관적으로 납득할 만한 형식주의자들의 생각을 그대로 견지하고 있지만, 그러나 본질적인 시적 장치나 강약(dynamics)의 집합을 고집스럽게 추구하지는 않는다. 문학 작품은 언어적 인공물로 인정되지만, 문학 작품으로서의 지위와 기능은 인간의, 사회적 관행을 '구성하는(constitutive)' 관습에 좌우된다. 불변하고 본질적인 것으로서 구체화될 것은 관습적으로 문학에 기대하는 목표로서, 창의적, 주제적 관심을 뒷받침할 수 있는 일관된 형식을 제작하면서 언어적 속성들을 활용하여 특수하게 문학적인 미적 가치가 실현될 수 있도록 하는 것이다.

어떤 제도적 (문학) 예술 정의들과 관계된 한 가지 문제는 적절한 사회학적 제도 개념이 어느 정도로 특유한 관건이 되는가이다. '제도(institution)'란 말로 임의의 모든 사회적 과정이나 규칙성을 특징짓는 것은 부정확할 것인데, 그 용어는 수많은 핵심적 역할과 절차들이 명백하게 성문화되거나 형식화된 사회적 체제들을 지칭하도록 유보하는 것이 나을 것이기 때문이다. 예술계와 문학계가 이러한 종류의 체제라고 주장하는 것은 설득력이 떨어진다. 한 가지 대답은 '비공식적인' 제도들의 이야기로 넘어가는 것이다. 비공식적인 제도들을 정의하는 특성들은 명백하게 성문화된 규범이 아니라, 종종 '관행(practices)'으로 지칭되는 보다 느슨한 행위의 규칙성들과 패턴들이다. 예컨대 라마르크와 올슨은 '그러한 의미에서 제도는 규칙에 지배받는 관행으로서, 관행의 규칙에 따라 정의되고 이러한 규칙들 없이는 그 상태로 존재할 수 없었을 어떤 (제도적인) 행위들을 가능하게 하는 관행(1994: 256)'이라고 말한다.

또 하나의 문제는 제도론자들이 이러한 관행을 '구성하는' 것으로서 사회적 '역할', '관습', '규칙'을 환기시키는 것과 관련된다. 여기서 '관습'이 의도적 행위의 어떤 규칙성이나 패턴 이상의 것을 언급하는지 아닌지가 불분명하다. 규칙이란 관념은 이러한 결론을 미연에 방지하는 것으로 보이는데, 그 자체가 다양한 까다로운 문제들을 야기한다. 관행을 구성하는 행위들이 반드시 규칙에 의해 지배되는가? 규칙은 어떻게 작용하는가? 예컨대 문학 작품을 혁신시키는 글쓰기 관행은 어느 정도까지 포괄적이고 일관된 규칙 체계를 따르는 것인가? 그리고 이러한 규칙들이 어떻게 생겨났는가? 추가적인 문제는 문학적 제도를 구성하는 규칙이나 규범적 체계들이 어느 정도까지 특수한 문화, 전통의 규칙이나 체계들인지에 관한 것이다. 여기서 서로 경쟁하는 제도론적 문학 정의의 지지자들 간에 의견 충돌이 일어나는 중요한 지점들을 정리할 수 있다. 어떤 이들에게 (순문학적인 의미의) 문학의 개념은 오직 유럽의 근대적 예술 체계 안에서만 출현한다. 예컨대 로버트 스테커(Robert Stecker)는 문학이란 개념이 '고대 그리스까지 거슬러 올라가는지'에 의문을 품는다(1996: 686). 문학을 정의하는 '인간 본연의' 관행을 강조하면서 라마르크와 올슨은 이러한 역사주의적 설명으로부터 분명하게 갈라져 나온다.

라마르크와 올슨의 제도적 문학 작품 정의의 중심에는 의도주의적 조건으로 인해 생기는 다른 문제들이 있다. 어떤 이론가들은 저자의 의도가 필요조건이라는 것을 부정하는데, 그들이 주장하는 바에 따르면 우리의 문학적 제도가 라마르크와 올슨이 말한 바와 같은 의도로 쓰이지 않은 일부 작품들을 문학적인 것으로 인정하기 때문이라는 것이다. 예컨대 비어즐리는 예술적 (그리고 확장해서 문학적) 지위는 다음 두 가지 선언지 중 하나를 만족시킴으로써 획득될 수 있다고 주장했다. 즉 "예술 작품은 두드러진 미적 특징을 지닌 하나의 경험을 산출할 수 있도록 의도된 조건들의 배열(arrangement)이거나 혹은, (부수적으로) 이러한 능력을 가지도록 전형적으로 의도된 배열의 집합이나 유형에 속하는 배열이다."(1982: 299) 비슷하게 로버트 스테커(1996)는 문학의 선언(選言)적인 정의를 옹호하면서, 언어적 매체로 된 작품은 간략하게 다음과 같은 네 가지 조건들 중 하나를 만족시키는 경우에만 문학 작품이라고 주장한다. 첫째, 그 작품이 미적, 인지적 혹은 해석중심적 가치를 가지도록 할 의도로 쓰인 소설, 단편, 이야기, 극, 혹은 시이다. 둘째, 비록 이러한 의도로 쓰이지 않았더라도 그 작품이 유의미한 정도로 이러한 종류의 가치 중 한 가지를 소유한다. 셋째, 그 작품은 우리의 문학 개념의 선행 개념에 들어맞고 그 선행 개념이 지배하고 있는 동안 쓰였다. 넷째, 그 작품이 위대한 저자의 작품에 속한다. 스테커가 네 번째 조건을 포함시키는 것은(모든 이가 이 조건을 공유하지는 않는다) 다음과 같은 직관을 수용하기 위해서이다. 비록 어떤 문학적 저자의 개인적인 편지나 일기는 그 자체로는 그다지 문학적 장점이 없을지라도 그 작가의 전체 작품이나 전집(oeuvre)에 속하기 때문에 문학으로 분류해야 한다는 직관이 그것이다. 스테커의 세 번째 조건은 제럴드 레빈슨(Jerrold Levinson, 1979)이 주장한 역사적 예술 정의의 이면에 깔려 있는 통찰을 적용한 것인데, 레빈슨의 주장에 의하면 어떤 사물은 이전의 작품들과 모종의 관계를 갖도록 의도되었기 때문에 예술 작품이다.

제도론적 문학 이론이 야기하는 핵심적 문제는 제도의 규칙과 그 기능 사이의 관계 문제이다(S. Davies, 1991). 일부 이론가들에게 있어 예술 정의에 대한 제도론적 접근의 강력한 핵심 중 하나는 그 접근법이 제도적 관행, 그리고 한때 그것과 관련되었던 기능들이 '사라져 버린' 경우들을 포용할 수 있다는 것이다. 특히, 제도론의 초기 옹호자들 일부는 예술 정의의 문제가 미적 관념들에 어떠한 개념적 의존도 하지 않기를 희망했다. 그러나 예술 제도의 바로 그 특수함은 결국 어떤 기능을 완수하는 데 달려 있기 때문에, 이러한 측면에서 제도의 힘에는 한계가 있다고도 주장할 수 있다.

문학의 제도를 특수하게 문학적인 제도로 만드는 기능이 **미적** 기능인지 아닌지, 그리고 여기서 '미적'이란 단어가 어떤 의미인지에 대해서는 의견이 분분하다. 의도된 혹은 실제의 미적 기능 측면에서 문학을 정의하는 것은 설령 넓게 정의하더라도 문학을 쓰고 읽는 데서 실현될 수 있는 가치들 중 제한된 범위의 것만을 포함하는 듯하다. 어떤 용인된 방식(예컨대 순수하게 관능적인 외양의 문제로 보는 것)으로 '미적인 것'이란 관념을 해석하는 것이 문학 감상에서 선포되는 광범위한 가치와 관심들을 모두 포용하기에 너무 좁기는 하지만, 그 반대 극단에 있는 것은 '문예 미학(즉 비평 이론으로서의 미학)' 측면에서의 이해이다. 문예 미학은 문학적 텍스트 읽기에 대해 문학 비평가들이 언급하고자 하는 모든 화제를 아우른다. 또 다른 움직임도 되풀이되고 있는데, 문학 작품의 미적 속성들은 문학을 예술 작품으로서 특징짓는 것들이라고 말하는 것으로, 이것은 부적절하다. 만일 예술 작품으로서의 속성에 대한 설명이 어느 지점에서 예술의 의도된 혹은 실제의 미적 기능이라는 생각에 의거하고 있다면 특히 더 그렇다. 그러나 또 다른 전략은 문학의 개념과 정의에 대해 보다 화용론적이고 유명론적인 입장을 채택하는 것이다. 이러한 접근을 옹호하는 이가 앤더스 페터슨(Anders Petterson, 1990, 2000)인데, 그는 니컬러스 월터스토프(Nicholas Wolterstorff, 1980)의 '제시적(presentational)' 방식의 의사소통이라는 생각을 원용하여, 문학적 언어·경험과 비문학적 언어·경험 간의 역사적으로 우연적인 구분에 대해 상세하게 논의하고 있다.

문학성의 문제를 다루는 하나의 원천을, 미적 성질과 가치 그리고 다른 성질과 가치들 간의 차이에 관한 전통적인 철학적 통찰에서 찾을 수 있다(Lewis, 1946; Sparshott, 1982). '순수하게 무관심적인 태도'란 관념(혹은 이데올로기)을 둘러싼 극단적인 혼란들은, 본유적인 가치와 도구적 가치 간의 중요한 차이를 흐릿하게 만들고 해당 행위나 관행이 두 종류의 가치 모두를 추구할 수 있다는 것을 주목하기 어렵게 만들었다(Ross, 1930). 한 학생이 시적 심상에 주의 깊게 주목하는 것이 어느 정도 시험을 잘 치르고자 하는 바람 때문이라고 해서, 그것이 그 학생이 이때 어떤 본유적인 가치를 잠재적으로 인식하면서 이 시를 읽는 경험을 하지 않는다는 것을 반드시 의미하지는 않는다. 예컨대 그 학생이 그 시를 '시 자체로' 즉 어떤 심오한 목적을 위한 수단으로뿐 아니라 그 자체로 가치 있는 경험으로서 읽고 감상하기를 원한다면, 갑자기 좋은 성적을 받기 위한 더 직접적인 방법을 취할 수 있게 된다고 해서 그 학생이 그 시를 시 자체로 읽는 것을 그만두지는 않을 것이다. 그러나 경험의 본래적(inherent) 가치, 이러한 경험을 가능하게 하는 성질들을 추구하는 것으로는 텍스트의 미적 가치나 문학성에 주목하는 읽기를 특징짓기에 충분하지 않다. 예컨대 초판본의 수집가는 가치 있는 책들을 그가 소유하고 있는 것으로 내내 흡족해하지만, 그러나 그 책들의 문학적 가치들의 본성에 대한 단서는 전혀 알지 못하는 채로, 그 책들을 개인 서재에서 숙독하는 것이 본유적으로 가치 있는 일이라고 생각할 수도 있다. 미적 성질을 경험하는 데 대한 두 번째 전통적 관념은 특수하게 미적인 경험은 대상의 속성들, 특히 낮은 층위의 지각적 속성들을 앎으로써 창발되는 성질들을 적극적, 관조적으로 주목하며 깊이 음미하는 것이라고 명시함으로써 이러한 경우들을 배제한다(Eldridge, 1985; Levinson, 1996). 그렇게 되면 문학의 경우 발화의 언어적 특징에 대한 지속적이고 주의 깊은 직접적 관심을 요구한다. 어떤 소설의 내용을 가장 완벽하게 다른 말로 바꾸어 쓴다 할지라도 그것이 그 작품에 대한 적절한 미적 경험을 선사할 수 없는 것은 바로 이러한 이유에서이다. 더욱이, 그 읽기가 '주의 깊은' 것이어야 한다는 생각은 그 조건에 규범적인 요소를 도입하는데, 해당 특징들을 전적으로 잘못 받아들이고 있다면 온전하게 주의를 집중하는 것일 수 없다고 가정된다. 여기에 추가되는 가정들은 작품을 구성하는 데 있어 작가의 의도를 비롯한 맥락적 요소들이 결정적인 역할을 하는 문제와 관련된 것으로, 문학 작품의 적합한 미적 독해를 위해서는 그 텍스트가 적절하게 맥락화되어 있어야 한다는 주장을 뒷받침한다. 그리고 이것은 그 작품이 창조된 맥락에 관한 것으로, 저자의 전작(全作) 내에서 그 작품이 차지하는 위치, 해당 예술 전통과 관계된 지위 등을 포함한다. 결국, 문학의 다원적·이종(異種)적 성질을 인지하는 것과, 이러한 속성들의 부분집합들만이 해당 언술들을 예술 작품으로 만든다는 테제가 양립 가능하다는 것을 상기하는 것이 유익하다.

* 이 논문의 이해를 돕기 위해서 이 책에서 다음의 논문들을 찾아 읽으면 좋을 것이다.
⟨허구⟩, ⟨시⟩, ⟨서사⟩, ⟨은유⟩, ⟨예술의 해석⟩, ⟨예술의 의도⟩, ⟨예술의 정의⟩

참고문헌

Altieri, C. (1978). 'A Procedural Definition of Literature', in P. Hernadi (ed.), *What is Literature?* Bloomington: Indiana University Press, pp. 62–78.

Aron, T. (1984). *Littérature et Littérarité: un essai de mise au point.* Paris: Belles Lettres.

Barish, J. (1981). *The Antitheatrical Prejudice.* Berkeley: University of California Press.

Barsch, A. (1992). 'Handlungsebenen des Literatursystems'. *Spiel* 11: 1–23.

Barthes, R. (1973). 'Texte (théorie du)', in (*Euvres complètes*, vol. II: *1966*–73. Paris: Seuil, 1994, pp. 1677–89.

Beardsley, M. C. (1958). *Aesthetics: Problems in the Philosophy of Criticism.* New York: Harcourt Brace.

_____ (1973). "The Concept of Literature', in F. Brady, J. Palmer, and M. Price (eds.), *Literary Theory and Structure: Essays in Honor of Williams K. Wimsatt.* New Haven: Yale University Press, pp. 23–40.

_____ (1978). 'Aesthetic Intentions and Fictive Illocutions', in P. Hernadi (ed.), *What is Literature?* Bloomington: Indiana University Press, pp. 161–77.

_____ (1982). 'Redefining Art', in M. J. Wreen and D. M. Callen (eds.), *The Aesthetic Point of View: Selected Essays.* Ithaca, NY: Cornell University Press, pp. 298–315.

Blanchot, M. (1968). *L'Espace Littéraire.* Paris: Gallimard.

Christensen, Broder (1909). *Philosophie der Kunst.* Hanau: Clauss and Feddersen.

Croce, B. (1936). *La Poesia: introduzione alla critica e storia della poesia e della letteratura,* Bari: Laterza, 1969.

Culler, J. (1975). *Structuralist Poetics: Structuralism, Linguistics, and the Study of Literature.* London: Routledge & Kegan Paul.

Currie, G. (1990). *The Nature of Fiction,* Cambridge: Cambridge University Press.

_____ (1991). 'Work and Text', *Mind* 100: 325–40.

Davies, D. (1991). 'Works, Texts, and Contexts: Goodman on the Literary Artwork'. *Canadian Journal of Philosophy* 21: 331–46.

Davies, S. (1991). *Definitions of Art,* Ithaca, NY: Cornell University Press.

Davis, W. C. (1992). 'Speaker Meaning', *Linguistics and Philosophy* 15: 223–53.

Dickie, G. (1969). 'Defining Art'. *American Philosophical Quarterly* 6: 253–6.

_____ (1974). *Art and the Aesthetic: An Institutional Analysis,* Ithaca, NY: Cornell University Press.

Eagleton, T. (1976). *Criticism and Ideology: A Study in the Marxist Literary Theory.* Atlantic Highland, NJ: Humanities Press.

Eldridge, R. (1985). 'Form and Content: An Aesthetic Theory of Art'. *British Journal of Aesthetics* 25: 303–16.

Ellis, J. (1974). *The Theory of Literary Criticism: A Logical Analysis,* Berkeley: University of California Press.

Fish, S. (1973). 'How Ordinary is Ordinary Language?' *New Literary History* 5: 41–54.

_____ (1980). *Is there a Text in this Class?* Cambridge, Mass.: Harvard University Press.

Fokkema, D. and Ibsch, E. (1995). *Theories of Literature in the Twentieth Century*, 4th edn. London: C. Hurst.

Galan, F. W. (1984). *Historic Structures: The Prague School Project, 1928-46.* Austin: University of Texas Press.

Goodman, N. (1976). *Languages of Art: An Approach to a Theory Symbols.* Indianapolis: Hackett.

Gray, B. (1975). *The Phenomenon of Literature.* The Hague: Mouton.

Hernadi, P. (ed.) (1978). *What is Literature?* Bloomington: Indiana University Press.

Herrnstein Smith, B. (1971). 'Poetry as Fiction'. *New Literary History* 20: 259–81.

Hjort, M. (1993). *The Strategy of Letters*. Cambridge, Mass.: Harvard University Press.

Howell, R. (2002). 'Ontology and the Nature of the Literary Work'. *Journal of Aesthetics and Art Criticism* 60: 67–79.

Jakobson, R. (1973). *Questions de poétique*. Paris: Seuil.

Lamarque, P. (1996). *Fictional Points of View*. Ithaca, NY: Cornell University Press.

_____ (2000a). 'Literature', in B. Gaut and D. Lopes (eds.), *The Routledge Companion to Aesthetics*. London: Routledge.

_____ (2000b). 'Objects of Interpretation'. *Metaphilosophy* 31: 96–124.

Lamarque, P. and Olsen, S. H. (1994). *Truth, Fiction, and Literature: A Philosophical Perspective*. Oxford: Clarendon Press.

Lentricchia, F. (1996). 'The Last Will and Testament of an Ex-Literary Critic'. *Lingua Franca* 6: 59–67.

Levinson, J. (1979). 'Defining Art Historically'. *British Journal of Aesthetics* 19: 232–50.

_____ (1996). 'What is Aesthetic Pleasure?', in his *The Pleasure of Aesthetics: Philosophical Essays*. Ithaca, NY: Cornell University Press, pp. 3–10.

Lewis, C. I. (1946). *An Analysis of Knowledge and Valuation*. La Salle, Ill.: Open Court.

Lewis, D. (1969). *Convention: A Philosophical Study*. Oxford: Basil Blackwell.

Livingston, P. (1992). 'Convention and Literary Explanation'. in M. Hjort (ed.), *Rules and Conventions: Literature, Philosophy, Social Theory*. Baltimore: Johns Hopkins University Press, pp. 67–94.

Maatje, F. C. (1970). *Literaturwetenschap. Grondslagen van een theorie van het literaire werk*. Utrecht: Oosthoek.

Margolis, J. (1959). 'The Identity of the Work of Art'. *Mind* 68: 34–50.

Mandelbaum, M. (1965). 'Family Resemblances and Generalization Concerning the Arts'. *American Philosophical Quarterly* 2: 219–28.

Mukařovský, J. (1977). *The Word and Verbal Art: Selected Essays*. New Haven: Yale University Press.

Ogden, C. K. and Richards, I. A. (1923). *The Meaning of Meaning: A Survey of the Influence of Language on Thought and of the Science of Symbolism*. New York: Harcourt Brace.

Ohmann, R. (1971). 'Speech Acts and the Definition of Literature'. *Philosophy and Rhetoric* 4: 1–19.

Olsen, S. H. (1978). *The Structure of Literary Understanding*. Cambridge: Cambridge University Press.

_____ (1987). *The End of Literary Theory*. Cambridge: Cambridge University Press.

Petterson, A. (1990). *A Theory of Literary Discourse*. Lund: Lund University Press.

_____ (2000). *Verbal Art: A Philosophy of Literature amd Literary Experience*. Montreal and Kingston: McGill-Queen's University Press.

Reiss, T. J. (1992). *The Meaning of Literature*. Ithaca, NY: Cornell University Press.

Robson, W. W. (1982). *The Definition of Literature and Other Essays*. Cambridge: Cambridge University Press.

Ross, W. D. (1930). *The Right and the Good*. Oxford: Clarendon Press.

Schmidt, S. J. (1980). *Grundriss der empirischen Literaturwissenschaft*. Braunschweig: Vieweg.

_____ (1992). 'Convention and Literary Systems', in M. Hjort (ed.), *Rules and Conventions: Literature, Philosophy, Social Theory*. Baltimore: Johns Hopkins University Press, pp. 215–49.

Schram, D. H. and Steen, G. J. (1992). 'But What is Literature? A Programmatic Answer from the Empirical Study of Literature'. *Spiel* 11: 239–58.

Searle, J. R. (1974). 'The Logical Status of Fictional Discourse'. *New Literary History* 6: 319–32; reprinted in *Expression and Meaning: Studies in the Theory of Speech Act*. Cambridge: Cambridge University Press, 1979, pp. 58–75.

Šklovskij, V. (1972). 'Die Auferwekung des Wortes', trans. of 'Voskresenie Slova' (first published 1914), in W. D. Stempel (ed.), *Texte der Russichen Formalisten*, II: *Texte zur Theorie des Verses und der poetischen Sprache*. Munich: Fink, pp. 3–18.

Sparschott, F. E. (1982). *The Theory of the Arts*. Princeton: Princeton University Press.

Stecker, R. (1996). 'What is Literature?' *Revue Internationale de Philosophie* 4: 681–94.

Todorov, T. (1973). 'The Notion of Literature'. *New Literary History* 5: 5–16.

_____ (1977). *Théories du symbols*. Paris: Seuil.

Tollhurst, W. E. and Wheeler, S. C. (1979). 'On Textual Individuation'. *Philosophical Studies* 35: 187–97.

Trappl, R. (1992). 'Notions of "Literature" in the Chinese Tradition', *Spiel* II: 225–38.

Van Peer, W. (1991). 'But What is Literature? Toward a Descriptive Definition of Literature', in R. D. Sell (ed.), *Literary Pragmatics*. London: Routledge, pp. 127–41.

Weitz, M. (1956). 'The Role of Theory in Aesthetics'. *Journal of Aesthetics and Art Criticism* 15: 27–35.

Wellek, R. (1973). 'Literature and its Cognates', in N. Wiener (ed.), *Dictionary of the History of Ideas*, vol. 3. New York: Scribner's, pp. 81–9.

Wellek, R. and Warren, A. (1942). *Theory of Literature*. New York: Harcourt Brace.

Widdowson, P. (1999). *Literature*. London: Routledge.

Wilsmore, S. (1987). 'The Literary Work is not its Text'. *Philosophy and Literature* 11: 307–16.

Wolterstorff. N. (1980). *Works and Worlds of Art*. Oxford: Clarendon Press.

제31장

건축

고든 그레이엄(Gordon Graham)
번역: 신운화

1. 도입

철학적 미학의 측면에서 건축이 여타 예술 형식들과 확연히 다른 것은 적어도 두 가지 이유에서이다. 첫째, 건축 예술의 본성과 특수성에 대한 철학적 성찰이 체계적으로 이루어진 것은 비교적 최근의 일이라는 점이다. 쇼펜하우어의 간소한 논의를 제외하면 위대한 철학적 미학자들 중 건축에 관해 언급한 사람은 헤겔이 유일하다. 플라톤, 아리스토텔레스, 흄, 칸트는 건축에 대해 거의 전적으로 침묵한다. 심지어 크로체, 콜링우드, 가다머 등 20세기의 주요 철학자들도 건축에 대해서는 단지 지나치듯 언급할 뿐이며 《블랙웰 컴패니언 미학 편》(*Blackwell Companion to Aesthetics*, 1992)에는 아예 건축의 항목이 없다. 둘째, 건축에 대한 철학적 성찰을 이끌어 낼 만한 전문적 개념을 주로 확립한 사람들은 이론가들이 아니라 건축가들이다. 건축 유파들은 철학자의 저술에서보다 저명한 건축가들의 교의로부터 비롯된 경우가 더 많았다.

건축이라는 주제의 이 두 뚜렷한 특징 때문에 초래된 결과 중 **긍정적인** 것은 본격적으로 철학적이랄 수 있는 성찰이, 다소 제한적이긴 하지만 실무 건축가들의 당면 문제나 관심사에서부터 시작될 수밖에 없었고, 따라서 철학적 미학이 빠져들기 쉬운 공허한 추상적 관념을 대체로 피할 수 있었다는 것이다. 한편 **부정적인** 결과는 건축가, 건축 이론가들이 본질적으로 철학적인 주제들을 철학 일반과 별개로 논의하고자 했기 때문에 이론적 논의가 갖추어야 할 명확성과 설득력이 다소 떨어진다는 것이다.

이제 지난 150년간 주요 건축 경향들을 특징짓고 분류하는 근거가 되어 온 여러 생각들과, 이 생각들을 건축 철학자들이 더 넓은 철학적 관점에서 다듬어 온 바를 추적할 것이다. 사실 다양한 건축 유파들 간의 차이는 단지 암시적으로 표현될 뿐이지만, 철학자들과 건축가들 양측이 중요시하는 개념적 문제들에는 어떤 근원적인 통일성이 있다는 것을 쉽게 감지할 수 있다. 이것은 "건축이 어떻게 미학의 영역 내에 자리 잡을 수 있는가?", 더 간단히 말하면 "무엇 때문에 건축이 예술인가?" 하는 물음이다.

이것은 왜 문제인가? 유명한 건축사가이자 비평가인 니콜라스 페브스너(Nicholas Pevsner)의 책《유럽 건축의 개요》(Outline of European Architecture)의 도입부에 나오는 구절이 흔히 인용되곤 한다. "자전거 보관소는 건물이다. 링컨 대성당은 하나의 건축 작품이다."(Pevsner, 1963: 15) 모더니즘 건축의 선구자 르코르뷔지에(Le Corbusier)도 거의 같은 표현으로 건축을 '단순한 건물'과 대비시킨다. 페브스너가 든 예를 보면 그 둘을 구별하지 않을 수 없다. 그러면 이제 페브스너와 르코르뷔지에가 생각한 대로 건축과 단순한 건물을 구별한다면, 한 건물을 건축 작품으로 변화시키는 것이 무엇인가, 무엇이 공학으로부터 예술을 만들어 내는가, 혹은 무엇이 물적인 건축 구조를 예술 형식으로 만드는가 하는 질문이 당연히 제기된다.

2. 건축적 사고들의 역사

이것은 중요한 측면에서 근대적인 문제이다. 고대인들이 때때로 건축에 대해 사고했던 것은 분명하다. 존 홀데인(John Haldane)은 건축 철학사에 관해 훌륭한 논문을 쓰면서, 로마 저술가 비트루비우스(Vitruvius)의《건축 10서》(Ten Books of Architecture)를 이 분야의 전범으로서 인용했다. 이 사실은 교과서들을 통해 늘 되풀이되고 있다. 홀데인은 또 중세의 건축자들이 중세 철학의 일반적 구조로부터 강력한 영향을 받았다는 어윈 파노프스키(Erwin Panofsky)의 주장을 뒷받침하기 위해 토마스 아퀴나스(Thomas Aquinas)를 문헌적 근거로 든다. 페브스너 또한 이 주장을 어느 정도 강조하고 있다. 하지만 비트루비우스나 아퀴나스 같은 선참자들은 건축을 미학의 영역 안으로 자리매김하는 데는 그다지 관심이 없다. '미적인 것'이라는 사고는 훨씬 이후의 것이기 때문이다. 이 관념은 17세기와 18세기에 와서야 비로소 명확히 구분된, '기계적' 기예와 '순수' 예술 간의 구분에 크게 의존한다.

이 점은 근대 이전의 건물들과도 관련된다. 가장 위대한 건축미 중 일부는 고전 시대와 중세 시대에 기원을 두고 있다. 북유럽의 고딕 성당들이 그 대표적인 예이다. 그러나 주목할 것은 이 성당들 중 건축가의 이름이 알려진 것이 별로 없다는 사실이다. 심지어 캔터베리 대성당의 상스의 윌리엄(William of Sens)같이 건축가의 이름을 알 수 있는 경우라도 그 건축가는 현대적인 의미에서처럼 총괄적 지휘를 한 건축가가 아니라 수십 년간 지어온 이 건물들이 최종적인 모습을 갖출 때 힘을 보탠 장인 집단의 우두머리이다.

'건축가', 즉 자의식을 가지고 어떤 양식을 취하여 일종의 예술가로 간주될 수 있는 건축가라는 생각은 1450년 알베르티(Alberti)의 《건축론》(De Re Aedificatoria)에서 출현하고 있음을 확인할 수 있다. 이 논문은 알베르티가 1435년작 《회화에 관하여》(On Painting)에 이어 내놓은 것이다. 알베르티는 유명한 건축가 브루넬레스키(Brunelleschi)의 동료였을 뿐 아니라, 그 자신이 이탈리아 전성기 르네상스의 대표적인 건축가로, 리미니, 피렌체, 만토바에 있는 유명 교회들의 건축 책임자였다. 알베르티는 고전 세계의 형식과 원칙들을 되돌아보았는데, 이것은 다른 르네상스 건축가들과의 공통점이었으며 또 당대의 정신에 발맞추는 것이기도 했다. 사실 그의 책은 비트루비우스의 부활이자 갱신이고, 도리아, 이오니아, 코린트, 토스카나 등의 고전적 주식(柱式, order)을 발굴하고 회복하려는 지속적인 시도에 다름 아니다.

알베르티의 《회화론》은 매우 큰 영향을 미쳤지만 《건축론》의 영향은 그보다 훨씬 덜했다. 실제 건축 관행에 가한 충격 면에서 오히려 더 영향력이 컸던 것은 세바스티아노 세를리오(Sebastiano Serlio, 1475-1554)의 논문이었다. 이 책은 1537-45년에 걸쳐 여러 권으로 쓰였고 본질적으로 실용서로서, 삽화가 있다는 점이 중요하다. 삽화가 없는 알베르티의 책과는 대조적이다. 이 책의 영향력이 지속되었다는 증거는 한 세기도 더 지난 뒤 크리스토퍼 렌(Christopher Wren)도 여전히 이 책을 참조했다는 사실에서 확인할 수 있다.

페브스너가 말한 '고전주의(classicism)의 절대적 지배', 좀 더 정확하게는 고전주의 겸 바로크의 정수를 발견할 수 있는 곳은, 렌(Wren, 1632-1723)과 동시대의 후배인 존 밴브러경(Sir John Vanbrugh, 1664-1726)의 건축이다. 렌이 건축한 런던의 세인트 폴 대성당과 밴브러의 블레넘 궁을 보면 이 건물들은 '단순한 건물'을 뛰어넘어 소위 '건축'의 영역으로 들어가는 것이 무엇인지에 대한 결정적인 관념이 구체화된 예시임을 알 수 있다. 이것은 단지 고전 주식이나 바로크의 장식을 채택하는 차원의 문제가 아니라, 특정 지역에 전형적인 건축들에서 보이는 축적된 무의식적인 토착(vernacular) 양식보다 예술적으로 자의식이 깃든 양식들을 선호한다는 차원의 문제이다. 심지어 오늘날에도 단순한 건물의 반대 개념으로서 건축이 무엇인가 하는 일반적 생각에 영향을 미치고 있는 것은, 이러한 고전적 혹은 팔라디오풍의 건축적 사고이다. 이와 더불어 19세기에 고딕과 로마네스크 부흥기에 제작된 건축물들도 한몫을 했다. 그리고 워싱턴 DC의 미 국회의사당이나 파리의 개선문에서 볼 수 있듯, 개인뿐 아니라 국가의 건축적 야심을 구현한 것도 팔라디오 양식의 건축적 이상이다.

그러나 역설적이게도, 거의 고전주의적 건축 언어만이 '실제' 건축의 양식이 되었다는 사실은 고전주의적 이상을 거부하는 건축적 사고들이 발전하도록 자극했다. '고전주의의 절대적 지배' 아래, 팔라디오 양식의 특징들은 애초에 팔라디오 양식이 발원한 르네상스 인문주의 세계와는 거의 혹은 전혀 무관한 기능을 하는 건물들의 전면부(파사드)로서 널리 채택되었다. 예컨대 은행, 보험사, 정부 청사 등은 가장 놀라운 예들이라 할 수 있다. 그러나 고전주의적 파사드가 이렇게 광범위하게 사용되면서 반작용이 일어났다. 즉 파사드는 일종의 위장을 암시하는 것이기에, '진짜' 건축에서는 이것이 필요 없기 마련이고 이에 대해 새로운 의견이 조성되었다. 그 결과 건축가들 사이에서 형식과 기능의 통합에 대한 관심이 대두되었고, 이 관심으로 말미암아 그 이후로도 줄곧 건축을 이론화하게 될 수많은 의제들이 설정되었다. 사실 그것은 대체로 '통합(integrity)'의 추구와 관련되어 있으며 이로써 건축에서 형식과 기능의 통일을 보장하고자 하는 시도이다. 최근의 지배적인 건축 유파들은 추구하지 않는 방향이기도 하다.

3. 모더니즘과 포스트모더니즘

고전적 건축의 지배 현상이 도전받은 것은 19세기에 이르러 로마네스크, 특히 고딕 같은 다른 과거 형식들이 부활하면서부터였다. 네오-고딕 건축을 가장 열성을 다해 다변적으로 옹호한 이는(1835년경) 영국의 건축가 오거스터스 웰비 노스모어 퓨진(Augustus Welby Northmore Pugin, 1812-52)으로, 그는 네오-고딕에서 기독교적 이상으로의 복귀를 보았고, 따라서 건축에는 하나의 삶의 방식을 표현하고 그것을 사람들의 마음에 심어 주는 능력이 있다고 믿었다. 이러한 의미에서 일반적인 생각과는 반대로 네오-고딕 유파는 형식주의자라기보다는 기능주의자였고 건축의 미적 형식은 사회적 목적에 따라 결정되어야 한다고 여겼다. 그 사회적 목적이란 일종의 도덕적·정신적 교육을 의미했다. 유럽과 미국에서 도서관, 박물관, 대학 등 19세기를 특징짓는 **공공**건물이 괄목할 만큼 증가한 것은, 부분적으로는 건축의 역할에 대한 이러한 생각 및 네오-고딕이 이 역할에 적합하다는 인식 덕분이라고 할 수 있다.

주목할 것은 고전주의가 영국과 북유럽에 확산되는 동안 다른 한편으로 네오-고딕 또한 확산되고 있었다는 점이다. 영국만큼 열정적으로 네오-고딕을 좋아한 나라는 없었다. 그러나 얼마 후 유럽 대륙의 수많은 도시에 네오-고딕의 주요 건물이 세워지는 것을 볼 수 있었고, 그중 눈에 띄는 도시가 퀼른이다. 결국 미국에서도 역시 네오-고딕의 영향을 감지할 수 있게 되는데, 특히 프린스턴 대학과 워싱턴 DC의 국립 성당이 그 대표적인 건물이다.

묘한 것은, 퓨진의 생각이 뿌리 깊은 기능주의적 성격을 띠고 있음에도 불구하고 대중들은 물론 건축가 자신들조차도 네오-고딕 운동을 일차적으로 외관에 대한 관심과 동일한 것으로 인식했다는 사실이다. 사실 네오-고딕의 대표자 중 한 사람인 조지 길버트 스콧(George Gilbert Scott, 1811-78)은 건축의 위대한 원칙은 '건축물을 장식하는 것'이라고 공언했다. 이 관점은 존 러스킨(John Ruskin)이 그의 《건축에 대한 강의》(Lectures on Architecture, 1853)에서 일반화한 것으로, 러스킨은 여기서 "장식은 건축의 주요한 부분이다"라고 선언한다. 이에 힘입어 다수의 장식 스타일이 생겨났다. 로마네스크, 초기 기독교, 비잔틴, 네오바로크, 심지어 인도와 무어 양식들까지 발생하여, 홀데인의 말을 빌면 '건축은 하나의 스타일 북 디자인 서비스가 되었다'고 할 상황에 이르렀다(Haldane, 1988: 174). 이렇게 장식 스타일들이 즉각 사용되는 현상은 이른바 **유겐트슈틸**(혹은 아르누보) 운동에서 절정에 이르렀고, 가장 활기차게 다방면에 걸쳐 장식을 사용하는 유겐트슈틸 양식을 볼 수 있는 곳은 발트 해의 항구 도시 리가이다.

오래지 않아 곧 이에 대한 반작용이 일어났다. 러스킨이 장식에 열광하는 데 반대하여 오스트리아 건축가 아돌프 로스(Adolf Loos, 1870-1933)가 한 유명한 말이 있다. "장식은 범죄다!"(Loos, 1982) 왜 그런가? 어떤 면에서 그 답을 찾을 수 있는 곳은 위장에 대한 공포(a horror of deception), 즉 고전적 파사드를 사용하는 데 대해 의문을 제기하는 사고이다. 그러나 그것은 예술적 통합(integrity), 즉 예술 작품은 유기적 통일체여야 한다는 이상에 대한 열망이라고 좀 더 긍정적으로 해석할 수도 있다. 예술 작품의 하위 범주인 건축 예술 작품의 이상도 마찬가지이다. 장식은 이 이상을 위반하는 것처럼 보인다. 그것은 장식 때문에 건축가의 노력이 두 가지 측면으로 갈라지기 때문이다. 즉 건축가는 건축물 자체라는 기본 예술과 장식이라는 예술적 추가물에 모두 공을 들여야 하는 것이다.

로스는 통합이라는 이상을 마음속에 품었던 주요한 모더니즘 건축가 중 한 사람이었다. 모더니즘 건축의 다른 유명 인사로는 발터 그로피우스(Walter Gropius)와 미스 반데어로에(Mies van der Rohe)가 있다. 그러나 이 유파의 **정신적 스승**은 스위스 인 샤를-에두아르 잔레(Charles-Eduard Jeanneret)로, 우리에겐 르코르뷔지에로 더 잘 알려져 있는 인물이다. 르코르뷔지에는 일차적으로 이론가이자 선동가였다. 그는 건축가로서는 다작하는 편이 아니었으나, 마르세유에 건축한 위니떼 다비따시옹(Unité d'habitation)은 세부나 장식이 없이 콘크리트 기둥들로 지지되는 높이 솟은 평평한 직사각형 건물로, 전 세계적으로 친숙한 하나의 건물 양식 패턴을 구축했다. 그리고 곧 이 건물은 미스 반데어로에의 시그램 빌딩과 같은 마천루와 더불어 모더니즘 건축의 전형적인 표현으로 인식되었다.

네오-고딕의 부흥이 '미적'인 장식에 대한 믿음으로 잘못 인식되었던 것처럼, 모더니즘 건축 유파도 기능주의자로 잘못 생각되었다. 물론 오해를 부추긴 것은 널리 회자되는 르코르뷔지에의 '집 기계(House Machine)**란 표현이다. 그러나 사실 퓨진의 근본적인 주장이 기능이 형식을 결정해야 한다는 것이었듯이, 르코르뷔지에의 근본적인 주장은 반대로 형식이 기능을 결정해야 한다는 것이었다. 즉 형태와 공간에 대한 건축적 탐구가 우리가 사는 방식을 가르쳐 주어야 한다는 것이다.

> 건축가는 형식들을 배치함으로써 자신의 정신이 순수하게 창조해 낸 하나의 질서를 실현한다 … 더 이상 관습이나 전통, 건설의 문제, 혹은 실용적 필요에 맞출수는 없다 … 우리 마음속에 있는, 집에 관한 모든 죽어 버린 개념들을 제거하고, 비판적이고 객관적인 관점에서 그 문제를 바라본다면 우리는 '집 기계'에 이르게될 것이다. (Haldane, 1988: 179에서 Le Corbusier 재인용)

'더 이상 실용적인 필요에 맞출 수는 없다'는 구절은 이 건축적 사고의 비기능주의적 성격을 드러낸다. 이러한 형식주의적 사고로부터 출현한 모더니즘 양식, 즉 바우하우스는 다른 건축 유파에서는 유례가 없을 정도로 자의식이 강했고, 사실 분명한 '바이마르 바우하우스 선언'의 결과였다. 더욱이 기능 면에서 그 양식은 고도로 선험적이었다. 즉 건물의 본래의 기능은 디자인에 의해 결정되는데, 따라서 만일 그 디자인이 올바르게 된 것이라면 '집 기계'는 보편적인 것이다. 이 선험주의를 생각한다면, 다소 아이러니하기는 하지만 바우하우스로부터 직간접적으로 영향받은 그렇게나 많은 모더니즘 건축들이 매우 역기능적(dysfunctional)인 것으로 판명된다는 것, 즉 일반적으로 매력 없고 불편하게 여겨진다는 것이 전혀 놀랍지 않다.

그러자 바우하우스 측에서도 하나의 반응을 내놓았는데, 그것은 팔라디오 양식의 이상으로가 아니라 토착 양식에 대한 지지로 복귀하는 것이었다. 《바우하우스에서 우리의 집까지》(From Bauhaus to Our House)는 톰 울프(Tom Wolfe)가 모더니즘을 통렬하게 비판하고 있는 책으로 그 점을 뛰어나게 잘 요약하고 있다. 이러한 의미에서 자의식적으로 '토착적인' 건축은 새로운 것이 아니다. 그것은 19세기에서 20세기 초에 '예술 공예 운동(Arts and Crafts)'으로 알려진 광범위한 미학적 운동이 건축에로 연장된 데서 그 선구를 찾을 수 있다. 예술 공예 운동의 핵심 인물은 1833년 《오두막 건축》(Cottage Architecture)의 저자인 루던(J.

---

* "집은 살기 위한 기계다(A house is a machine for living in)."

C. Loudon, 1783-1843)이고 가장 위대한 주자는 윌리엄 모리스(William Morris, 1834-96)이며, 건축 분야에서 가장 뛰어난 주창자는 보이지(C. F. A. Voysey, 1857-1951)라 하겠다. 하나의 유파로서 예술 공예 운동은 특수한 지역 및 시대, 대표적으로는 중세와 영국의 튜더 왕조 시대와 관련된 건축 구조(construction)와 외관(appearance)의 양식을 본보기로 했다. 그리고 모더니즘에 반응하는 신토착주의(neo-vernacular)에서도 이와 동일한 일부 양식들을 찾아볼 수 있다. 사실 양식이 다소 다르기는 하지만, 미국의 가장 유명한 건축가 프랭크 로이드 라이트(Frank Lloyd Wright)도 '예술 공예 운동'에 속하는 이로 분류될 수 있다.

분명한 이유들로 인해, '신토착주의' 건축은 '포스트모더니즘'으로서 알려졌다. 로버트 벤투리(Robert Venturi)는 가장 일반적으로 포스트모더니스트라 불리는 건축가들 중 한 사람이다. 그는 미스 반데어로에의 "적은 것은 더 많은 것이다(less means more)"라는 모더니즘적인 슬로건에 대해 "적은 것은 지루한 것이다(less means bore)"라는 말로 응수한 것으로 유명하다. 그리고 사실 '포스트모던'과 '포스트모더니즘'이란 용어가 처음으로 사용되었던 곳이 바로 건축이었다. 이제 이 말들은 훨씬 더 광범위한 이론적 사고와 문화적 영향에 붙는 라벨이 되었고, 다른 분야에서처럼 건축에서도 '포스트모던'은 폭넓고 다양한 이질적인 양식들을 지칭하게 되었다. 포스트모던으로 일컬어지는 양식들의 범위는 좁은 의미의 신토착주의로부터 파리의 퐁피두 빌딩에 영감을 준 하이-테크 기능주의 같은 것에까지 이른다.

4. 건축 철학들

고전주의, 모더니즘, 포스트모더니즘은 좁게도 혹은 넓게도 해석할 수 있는 범주들이다. 넓게 해석할 때 고전주의는 바로크를 포함하기도 하며, 이상하게 들리겠지만 네오-고딕 및 더 정확하게는 팔라디오 양식도 포함한다고 할 수 있다. 모더니즘은 바우하우스 및 하이-테크 기능주의를 지칭하는 데 일반적으로 사용하는 용어이다. 포스트모더니즘은 흔히 예술 공예 운동의 건축과 함께 컨템퍼러리 토착주의를 포함한다. 이 세 가지 범주를 넓게 해석할 때 그 이점은 이 건축적 범주들을 이미 확립된 철학적 이론들과 연합시킬 수 있다는 것이다. 네오-고딕 등을 포함하여 고전주의는, 심미주의, 즉 건물을 건축으로 분류하도록 하는 것은 건축 구조와 외관상의 아름다움이라는 교의와 어느 정도 연합하는 듯 보인다. 바우하우스는 기능주의보다는 형식주의로부터 창조적 영감을 받았지만, 그럼에도 미적인 철학이라기보다는 목적론적인 철학이다. 바우하우스는 건축의 역할이 어떤 사회적 목적과 자가 내의(domestic) 목적들을 모두 성취하는 영역에 있다고 이해하며, 이러한 의미에서 건축의 중요성을 광범위하게 기능적인 방식으로 설명한다. 고전주의나 바우하우스와는 대조적으로, 포스트모더니즘은 그것이 신고전주의적이든 신토착주의적이든 건축적 '어휘'에 대해 말하며 이 점 때문에 건축은 표현, 재현, 상징, 기타 인지 가능한 예술철학의 영역에 들어가게 된다. 이 장의 나머지 부분에서 이 세 가지 철학, 그리고 그 철학들을 건축에 적용할 때의 논제들을 살펴볼 것이다.

5. 심미주의

페브스너가 건물과 건축을 구별하여 설명하는 것은 주목할 만하다. "건축이란 용어는 미적으로 호소하기 위해 디자인된 건물들에만 적용된다."(Pevsner, 1963: 15) 이것은 건축 이론가들을 매료시킨 하나의 사고 노선을 분명히 한다. 그것은 건축이 순수 예술 중 하나라는 것이다. 우리는 이 관점을 '심미주의(aestheticism)'라고 부를 수 있는데, 왜냐하면 이 생각은 건축의 미적인 국면을 강조하고, 따라서 클라이브 벨 등이 '의미 있는 형식(significant form)'으로서 예술을 정의한, 더 광범위한 철학적 예술 이론과 연합되기 때문이다. 심미주의에 따르면 아름다운 외관은 '단순한' 건물을 건축으로 변환시키는 핵심적인 국면이다. 그러나 건축에서의 아름다움은 그 나름의 특유한 변수들을 가지고 있다. 비례(예컨대 벽면 공간과 창 공간의 비율), 장식(트레이서리, 새김, 주두), 형태(돔, 경사진 지붕) 등이 그것이다. 이 모든 것이 마치 회화나 음악 작품이 그러하듯 '미적 감상'을 위한 기회를 제공한다. 이렇게 해서 건축에 대한 미적 사고는 건축과 다른 순수 예술들의 관련성은 물론 건축이 타 예술과 구별되는 특징들까지 모두 설명한다.

    에드워드 윈터스(Edward Winters)는 건축적 심미주의를 가장 확실하게 지지하는 최근 이론가 중 한 사람이다. 그는 '건물의 외관을 건물의 가치를 결정하는 것으로 간주한다'(1991: 253). 윈터스는 그의 입장을 극단적 유미주의와 구별하고 싶어 한다. 그 이유는 극단적 유미주의자에게는 '건물의 겉모습이 중요한 전부이며, 겉모습을 지탱하기 위한 것과 무관한 기술적 성취는 그 건물의 가치에 기여하지 못하는'(p. 253) 반면 윈터스는 건축에 대한 미적 태도가 기술적인 것을 방해하지 않는다고 생각하기 때문이다. 그럼에도 불구하고 미적 태도와 기술적 부분은 범주적으로 별개의 것이고, 건축가의 관심의 본령은 미적 태도에 있지 기술적인 것에 있지 않다. 윈터스는 건축 기술 면에서 시간에 따른 진보가 분명히 있어 온 반면 '과거에 비해 지금의 예술이 더 훌륭하거나 어떠한 미의 이상에 더 가깝다'고 주장하는 것은 타당하지 않다는 것을 생각하면 이를 분명히 알 수 있다고 말한다. 그리고 윈터스는 이로부터 건축적인 것과 기술적인 것은 본질적으로 별개의 것이라고 결론짓는다. 기술적인 것의 역할은 디자인 기능들을 더 훌륭하게 실현하고자 하는 것이고, 미적인 태도의 역할은 미적으로 매력 있게 건축된 환경을 통해 우리의 삶을 더 풍요롭게 하려는 것이다.

그러나 윈터스는 그가 증명하려 한 것을 사실상 미리 전제하고 있다고 할 수 있다. 윈터스의 논증에 호소할 입장이 되는 때란 오직 우리가 건축 구조와 외관을 개념적으로 분리할 때뿐이다. 건축이 형식과 기능의 **통일체**(unity)인 한, **기술적으로** 더 좋은 건물이 그만큼 **건축적으로도** 훌륭한 것이 될 것이다. 그러나 설령 윈터스의 주장이 순환적이라고 비난할 수는 없다고 해도, 건축적 심미주의의 지지자들이 핵심적으로 생각하는 바인 건축 구조와 외관 간의 분리를 반대할 충분한 일반적 이유가 있다. 건축에는 **본질적으로** 기능적인 어떤 측면이 있는 듯 보이기 때문이다. 칸트는 《판단력 비판》(the Critique of Judgement)에서 건축에 대해 스쳐 지나가듯 언급하면서 다음과 같이 말한다. "**건축 예술 작품에 있어 본질적인 것은 그 생산물이 어떤 용도에 적합한가이다.** 반면, 오직 바라보기 위해 만들어진 **단순한 조각**은 그 자체로 즐기기 위한 것이다."(Kant, 1987: 192 원문 강조)

건축과 조각을 이렇게 개념적으로 대조하는 것에 대해, 로저 스크루턴(Roger Scruton)은 《건축 미학》(The Aesthetics of Architecture)에서 가우디가 건축한 콜로니아 구엘 성당의 예를 들어 효과적으로 부연하고 있다. 이 특이한 건물은 나무처럼 자라는 형태를 하고 있으며 나무둥치를 닮게 만든 지지 기둥들과 나뭇잎처럼 만든 천장의 윗가지들로 되어 있다. 그래서 이 건물은 고도로 '예술적'이지만, 스크루턴이 보기에는 전혀 건축적으로 성공적이지 못한 결과를 낳았다. 오히려 '건축이라고 애써 주장하는 그 건물은 더 이상 건축으로 보이지 않고, 안쪽으로부터 보는 정교한 표현주의 조각 작품 같아 보일 뿐이다'(Scruton, 1979: 8). 만일 심미주의자들이 옳다면 건축 구조가 더 예술적이면서 덜 기능적일수록 그 건물의 건축적 가치는 더 **훌륭할** 것이다. 사실 여기서의 가우디처럼 극단으로 치닫게 되면 건축은 진정 순수 예술이 되기는 하지만 일차적으로 더 이상 하나의 건축물이 아니다.

건축에 대한 심미주의가 흔히 간과하는 두 번째 특징은 이것이다. 건축물은 본질적으로 기능적일 뿐 아니라 본질적으로 공적인 것이기도 하다는 점이다. 즉, 다른 예술 작품들은 화랑, 극장, 콘서트홀 등을 통해 정규적으로 공적으로 전시되거나 공연되지만 이 예술들에 있어서 공적인 것은 부수적인 문제이다. 이러한 예술 작품들을 사적 혹은 개인적인 관조를 위해 따로 보유하는 것은 개념적으로 이상한 것이 전혀 없다. 오히려 매우 많은 위대한 예술 작품들이 정확히 이러한 목적으로 의뢰받은 것이고, 순수 예술의 공적인 전시나 공연이 규범이 된 것은 상대적으로 최근의 일일 뿐이다. 그러나 건축의 경우는 매우 다르다. 건축적 산물은 **진정으로** 공적인 건축물이며, 말하자면 공적인 공간 내에 그 공간을 위해 있는 것이다. 다만 베르사유 궁전이나 블레넘 궁같이 성이나 큰 저택들의 경우를 생각할 때는 확실히 이 주장에 단서를 좀 붙일 필요가 있다. 이 건물들은 지금 우리가 아는 의미의 '일반 대중'에게 원래 개방되지 않았다. 그러나 분명 소유자의 가족과 손님은 물론, 수많은 하인, 정원사, 출입 상인들이 일하고 생활하는 환경을 이루고 있었다.

건축과 순수 예술 간에 중요한 차이가 있다는 것은, 건축이 예술을 확실히 **이용**할 수 있다는 사실로 인해 알 수 있다. 르코르뷔지에의 제자, 건축가 유진 로젠버그(Eugene Rosenberg)는 《건축가의 선택》(*Architect's Choice*)에서 이것이 가능하다는 것을 상당히 길게 옹호하고 설명한다. 이 책의 모든 삽화들은 대부분 모더니즘 건축물들로, 조각을 전시하기 위한 공간을 부분적으로 조성하도록 디자인한 건물들을 보여 준다. 이 삽화들에서 알 수 있는 중요한 점은, 건축과 조각이 관련되어 있기는 해도 전시되는 것은 건축이 아니라 조각이라는 것이다. 이 둘이 어떻게든 미적으로 관계되어 있다는 것은 확실하다. 삽화에 동반된 텍스트(Rosenberg and Cork, 1992: 14)는 이 관계가 독주자와 오케스트라의 관계와 비슷하다고 말하는데, 이 유비는 문제를 명확하게 설명한다기보다 그 숨은 의미가 무엇인지를 살펴도록 만든다. 그러나 어쨌든 그 관계란 건축은 순수 예술**이기보다**는 순수 예술을 **이용한다**는 것과 일관되는 것은 분명하다.

심미주의에 불리하게 작용하는 건축의 세 번째 특징은 위치(location)의 중요성이다. 건축 작품은 앨런 칼슨(Allen Carlson)의 용어로 '장소-특정적(site-specific)'이다.

> 어떤 작품의 위치와 관련하여, (건축과) 다른 예술 형식들을 비교하는 것이 … 더 명확한 설명이 된다. 회화도 물론 위치한 곳이 있다. 물리적 대상으로서 회화는 어딘가에 자리 잡고 있다. 그러나 예술 작품으로서 회화에서는 그것의 위치 문제는 생기지 않는다. 즉 작품이 있는 곳을 선포하거나 그곳에 대한 문제를 제기하지 않는다. 작품이 위치한 곳을 하나의 장소(site)라고 하는 것은 기껏해야 문제를 잘못된 방향으로 이끌 터이고, 작품이 위치한 곳을 가지고 그 작품에 대해 생각하는 것은 그것이 무엇이든 적절한 감상의 일부분이 아니다. (Carlson, 2000: 201)

이와 대조적으로, '건축 작품을 감상할 때는 구조가 그 장소에 대해 갖는 관계를 총체적 경험의 일부분으로서 감상해야 한다'(Carlson, 2000: 203). 넬슨 굿먼(Nelson Goodman)도 같은 점을 강조한다. 건축이 다른 예술과 차이를 보이는 여러 측면을 지적하면서 굿먼은 다음과 같이 말한다. "건축 작품은 보통 위치한 공간에 고정된다. 다시 액자 처리되고 다른 장소에 걸리는 회화나 여러 다른 콘서트홀들에서 연주될 수 있는 협주곡과는 다르게 건축 작품은 물리적이면서 문화적인 환경 내에 견고하게 세워진다."(Goodman, 1992: 368) 다른 철학자들은 여기에 과도한 일반화의 위험이 있다고 경고해 왔다. 예술적인 손상을 입지 않고 다시 액자 처리되거나 다른 곳에 걸릴 수 없는 회화들도 있으며 음악 작품 모두가 어느 장소에나 적절한 것은 아니다. 그럼에도 불구하고 대체로 입지성(situatedness)은 다른 예술에서는 중요할 **수 있다**는 정도이지만 건축에 있어서는 **확실히** 중요한 것처럼 보인다.

이 세 가지 반대에 덧붙여 네 번째를 들 수 있는데 이것은 좀 더 근본적인 것이다. 칼스텐 해리스(Karsten Harries)는 《건축의 윤리적 기능》(The Ethical Function of Architecture)의 도입 장에서 그가 '미적 접근'이라고 부르는 것과 그 접근법으로 장식을 설명하는 것을 일관되게 비판적으로 탐구한다. 해리스는 인상적인 어구를 써서 페브스너가 한 유명한 구별을 핵심적으로 되풀이하는데, 그는 다음과 같이 결론 내린다. "미적 접근이 건축 이론을 지배하는 한, 건축 이론에서는 칸트처럼 무엇보다 건축을 부가된 미적 구성 요소, 즉 장식된 셰드*를 가진 기능적인 건물로 이해해야 한다."(Harries, 1997: 26) 물론 여기에 함축된 의미는, 미적 접근은 건축을 예술의 지위로 끌어올리려고 분명히 애쓰는데도 불구하고 사실은 건축을 장식이라는 더 낮은 지위로 떨어뜨린다는 것이다. 해리스는 이 점이 포스트모던 건물 양식들에서 예시되고 있는 것을 확인한다. 미적 접근이 건축을 예술적으로 의미 있는 영역에서 단순히 장식적인 영역으로 옮겨 놓는다는 것, 말하자면 이것은 그림을 예술적 회화에서 벽지의 영역으로 옮긴다고 하는 것이나 마찬가지이다. 미적 접근에 대해 이보다 더 혹독한 비판은 없을 것이다. 왜냐하면 미적 접근의 전체적인 핵심은 건축의 예술적 자격을 확고하게 하려는 것이기 때문이다.

6. 목적론

칸트가 주장하는 바와는 반대로, 미적 접근법이 예술을 장식으로 격하해 버리는 경향이 있는 것은 형식과 기능을 내적으로 구분하고 있기 때문이다. 이것이 결국 심지어 가장 위대한 건축물조차도 '장식된 셰드'로 이해되어야 하는 이유이다. 결국 이것은 기능이 **그 자체로** 건축에 본질적인 것이며 건축가의 작업 기초가 되는 공학이나 디자인 하부구조에만 해당되는 것이 아니라는 점을 인지하지 못했기 때문이다. 이러한 분석을 통해 볼 때, 오히려 반대 관점을 취해 건축의 본질을 기능성에 두고자 하거나, 혹은 익숙한 표현대로 '형식

---

* '셰드(shed)'란 통상적으로 1층 지붕을 한 단순한 건물 구조를 말한다. 보통 뒷뜰이나 경작지에 저장이나 취미 생활용, 혹은 작업실로 사용할 목적으로 지어지지만, 용도에 따라, 또 구조와 크기의 복잡성 측면에서 상당히 다양한 셰드가 있다.

이 기능을 따르도록' 하는 편이 더 나은 이해일지도 모르겠다. 이 반대 선택지를 달리 표현하자면, 미적 접근은 건축과 건물 간의 구별과 더불어 시작된 반면, 목적론적 대안은 건축은 기껏해야 건물이기 때문에 정확히 이러한 구분을 부정한다고 할 수 있다.

여기서는 '기능주의적'이란 용어보다 '목적론적'이라는 용어를 사용하는 것이 더 나을 것이다. 기능이란 관념이 매우 검박하며 장식이 없는 건축 양식과 관련된 좁은 의미인데 비해, '목적론적'이라는 말은 그보다 더 넓은 범위의 목적성을 의미하기 때문이다. 건축에서의 목적론적인 것을 심지어 기능적 세부들을 보여 주는 것을 중시하고 종종 여러 색을 사용하는 덜 검박한(austere) 양식과 같은 것으로 생각해서도 안 된다. 이러한 양식의 가장 유명한 예 중 하나가 리처드 로저스(Richard Rogers)의 퐁피두 센터이다. 목적론의 개념은 오히려 건축을 건물을 단순히 사용하는 것보다 더 큰 목적을 성취하려는 맥락에 놓는다는 견지에서 생각해야 한다.

이러한 차이를 포착하려는 용어법 중 하나가 단순한 기능성 대신 '적합성(fittedness)'이라고 말하는 것이다. 그것은 앨런 칼슨이 《미학과 환경》(Aesthetics and the Environment)에서 공공연히 채택하고 있는 사고 노선이다. 칼슨은 '형식은 기능을 따른다'는 좁은 의미의 목적론적 슬로건과 함께 시작하지만, 미적 접근이 흔히 간과하곤 하는 건축의 두 가지 뚜렷한 특징들을 인정하면서 재빨리 그것을 확장한다. 그 두 특징은 건축의 공공적 성격과 장소(site)의 중요성이다. 칼슨은 이것을 '실존의 문제'와 '위치(location)의 문제'라고 부르며, 엄격한 의미에서의 '기능의 문제'와 나란히 중요성을 부여하면서 이 두 가지를 포용하고자 한다. 그럼에도 불구하고 그의 설명에 의하면 기능이 가장 우세하며 건축의 공공적 성격 및 위치에 대한 불가피한 고려는 기능과 관계를 맺음으로써 중요성을 띠게 된다. 그 결과 확실히 건축을 더 폭넓게 이해할 수 있다. 예컨대 칼슨은 건물의 기능성은 단지 목적에 대한 수단의 문제가 아니라 건물 내부에 대한 건물 외부의 '적합성'과 관련된다는 것을 적절히 강조한다.

그러나 결국 그가 이러한 판단을 내릴 때 궁극적으로 발을 딛고 있는 관점은 여전히 '미적 감상'이다. 그 결과, 건축에 대한 칼슨의 설명은 단순한 기능주의보다 더 넓은 의미에서 목적론적이기는 하지만 결국 미적 접근과 똑같은 문제점을 갖게 된다. 이것은 그가 건축에 대해 쓴 장의 마지막 절 제목이 〈기능, 위치, 실존: 감상의 경로〉인 데서 드러난다. 제목에 맞게 그는 다음과 같이 쓰고 있다. "감상의 진정한 경로에는 그 작품의 외적 기능에서 다시 눈을 돌려 건물 내부와 건물 외부 공간의 어울림, 건물과 그것이 위치한 장소의 어울림, 마지막으로 바로 그 건물의 실존 자체까지 차례로 인식할 것이 포함된다."(Carlson, 2000: 213)

요컨대 칼슨은 목적론적인 성향을 보임에도 불구하고 약간 다르긴 하지만 건축에 대한 미적 관념을 지지한다는 것이 드러난다. 즉 건축을 감상의 효용에 그 의의를 두는 작품들의 매개물로 보는 생각이다. 이 입장을 넘어서는 목적론적 건축 이론의 주창자는 존 홀데인이다. 중요한 두 논문을 통해 홀데인은 자신이 '건축적 자연주의(architectural naturalism)'라 부르는 관점을 상술하고 옹호하는 근거인 역사적·철학적 배경을 기술한다. 홀데인의 주된 영감과 자원은 아리스토텔레스와 아퀴나스의 자연주의이다. 아퀴나스의 철학적 노작들은 기독교적 자연주의 안에 정초하고 있는데, 기독교적 자연주의는 만물의 본성과 가치를 신이 정한 목적이라는 견지에서 설명한다. 홀데인의 건축론에 있어 특히 흥미로운 것은 아퀴나스가 거의 아무 언급도 하지 않은 주제에 대해 이러한 중요한 근본적 사고를 새롭게 적용하고 있다는 것이다. 모더니즘의 결함을 설명하는 홀데인의 이론을 이끌어 가는 생각은 이것이다. 건축은 인간 실존을 위한 목적이라는 일반적(혹은 포괄적(global)) 관념, 그리고 가치 있는 목적에 인간의 창조적인 모든 노력들을 쏟아야 할 필요에서 힌트를 얻어야 한다는 것이다. 그래서 홀데인은 다음과 같이 결론 내린다.

> 모더니즘의 이러한 문화적 파편화 상황에 대한 해결책은 사고로 시작하여 행위로 끝난다. 첫째, 우리의 자연과 현재 환경에 대한 성찰이 있어야 한다. 그 성찰은 우리의 필요를 확인하고자 하는 것으로, 부분적으로는 사회를 결속시키면서 현재의 사회를 과거의 사회와 연결시키는 공유된 가치를 고려하여 이루어진다. 둘째, 이러한 필요를 충족시킬 수 있도록 건설할 때, 관련된 모든 부분에 걸쳐 진지하게 개입해야 한다. 그렇게 하여 사회적 안정성을 제공하고 인간과 자연에 관해 모더니즘이 제안한 것과는 다른 대안적인 사고를 공표할 수 있도록 하는 것이다.
> (Haldane, 1988: 187)

이러한 견해는 알베르티, 팔라디오, 세를리오 등의 관점과 크게 다르지 않으며, 분명 건축과 건축의 사회적 역할에 대한 규범적 관념이다. 이것은 건축 작품뿐 아니라, 위 구절의 끝부분에 함축되어 있듯 건축 유파와 양식들에 대해서도 판단을 내릴 수 있도록 하는 관점이다. 홀데인은 신토착주의와 신고전주의의 귀환을 환영할 근거들을 찾아내고 있다. 그러나 그는 고전주의에 대한 어떤 이론, 이 글에서 대략 '심미주의'라고 일컬은 이론은 모더니즘처럼 인간 경험에 대한 '이중 세계적 관념'을 구성하며, 한편 '건축적 자연주의'의 정확한 핵심은 경험의 통일성을 성찰하는 데 있어 건축의 역할을 분명히 하는 것이라고 주장한다.

홀데인이 스크루턴과 다른 점이 이것이다. 홀데인은 스크루턴이 근거 없이 고전주의를 선호한다고 본다. 양자의 관점은 여러 측면에서 비슷하지만, 스크루턴은 칸트주의적 성향을 보이는 반면 홀데인은 아리스토텔레스주의적 성향을 보인다. 그 결과 인용한 구절에서 힘주어 주장하듯, 건축과 건축의 가치를 설명할 때 홀데인은 궁극적으로 행위(action)에 의거하는 반면, 스크루턴은 관조(contemplation)에 의거하고 있다.

> 이 책《건축의 미학》(*The Aesthetics of Architecture*) 전체를 통해 내가 주장하려는 것은, 미적 이해는, 대상을 그 자체로 상상적으로 관조한다는 의미에서 일상적 삶의 중요한 일부라는 것이다. 또한 더 고급하고 더 개인적인 예술 형식이 아무리 필수불가결한 것이 아니라고 해도, 미적 충동이 전혀 없는 합리적 존재가 있으리라고 생각하기 어렵다는 것이다. … 모든 작업에는 설령 그것이 기능적인 작업일지라도 수많은 진행 방식들이 있다. 기능적으로 모두 대등한 선택지들이 혼재하는 가운데 어떤 것을 선택하는 것이고, 이 선택은 당면한 목적뿐 아니라 막연하고 말로 표현하기 어려운 열망에도 영향을 준다. 무엇보다 가장 중요한 것은 비실용적인 잔여 부분이다. 잘 건축하는 것은 적절한 형식을 찾아내는 것이고, 그것은 사라지는 것이 아닌 지속되는 것에 부응하는 형식을 의미한다. … 그리고 만일 그 적절한 형식이 올바르게 보이는 형식이라면, 실제적인 문제들에 관해 온전하게 사고할 수 있는 사람은 시각적 타당성의 감각을 습득하게 될 것임에 틀림없다. 이것은 가구, 의복, 예절에서 그러하듯이 건물의 경우에도 해당된다. (Scruton, 1979: 240)

이 설명에 의하면 건축은 실제적인 이유에서 하나의 실행(exercise)이고, 따라서 단순한 상자 장식이 아니다. 그러나 이것은 기능적인 것이나 목적론적인 것에 한정되지 않는다. 시각적 타당성, '비실용적인 잔여 부분'은 기능적인 것을 넘어선다. 홀데인의 입장에 비해 이 입장이 이점이 있다면, 그것은 덜 논쟁적인 철학적 사상에 기반을 두고 있다는 점 때문이기도 하다. 건축의 철학을 위한 기초로서 칸트 미학이 아퀴나스의 형이상학보다 좀 더 나을 것이다. 그러나 더 중요한 것은, 건축이 순수 예술 범주에 광범위하게 포함되는 이유, 건축이 이러한 점에서 자기의식적인 분야가 된 이유를 칸트 미학이 더 잘 설명한다는 것이다. '과거에 건축은 자연주의의 정신으로 만들어졌다. 고대, 중세, 계몽주의 시기가 그러하고 더 최근인 19세기와 20세기에는 사회 내부적인 것의 부흥이 건축의 정신에 영향을 미친다'고 홀데인은 말한다(1988: 187). 홀데인이 열거한 시대들은 예컨대 바로크 시대 및 네오-고딕 시대와 뚜렷하게 대비되는데 이 두 시대는 미적으로 자의식적인 시대이다. 그가 염두에 둔 듯한 건물들은 이렇게 미적으로 자의식적이지 않다.

그와 동시에 스크루턴은 건축의 가치와 중요성에 대해 설명하면서 '시각적으로 타당한' 것뿐 아니라 '도덕적인 것'을 넌지시 암시한다. 그가 실제로 도덕적인 것을 포함시키지는 않고 있지만 말이다. 스크루턴은 고전주의를 옹호하면서 그가 기술하는 바를 '미적인 것과 도덕적인 것 양자가 맺는 관계의 근본적인 문제'로 말하고 있다. 그러나 그의 목적은 '미적이면서 동시에 도덕적이지만 그럼에도 불구하고 도덕주의에 오염되지 않은' 비판적 사유라는 관념에 도달하고자 하는 것이다(Scruton, 1979: 263).

스크루턴과 마찬가지로 데이비드 왓킨(David Watkin)도 '도덕주의의 오염'에 대한 두려움을 가지고 있다. 왓킨은《도덕과 건축》(Morality and Architecture, 1984)이라는 짧지만 영향력 있는 책을 통해 다양한 건축 양식들의 가치를 도덕적으로 보는 것을 끈질기게 거부한다. 왓킨의 목표는 미적 접근의 통합성(integrity)을 보존하고 시각적 타당성 혹은 그 유사 개념으로도 충분하다고 주장하는 것이다. 그리고 왓킨과 스크루턴의 생각이 같다면 그 이상의 문제가 야기된다. 스크루턴이 사용한 것과 같은 '도덕적'이란 용어는 규범적(normative)인 것 이상의 무언가를 의미하는가?

7. 의미, 재현 그리고 상징

어느 쪽이 스크루턴을 올바르게 이해하는 것이든 간에, 건축에 있어 강한(robust) 형태의 도덕주의를 기꺼이 포용하고 상술하려는 다른 철학자들 및 건축 이론가들도 분명히 있다. 그래서 존 러스킨은 고딕 건축의 본성과 가치에 대해 쓰면서 '고딕 건축의 내적인 정신을 구성하는 다양한 도덕적 혹은 상상적 요소들'을 밝히고자 한다(Ruskin, 1966: 433). 미적 접근에서 핵심적인 문제는 "건물들이 얼마나 훌륭해 보이는가?" 하는 것이다. 목적론에서는 "건물이 얼마나 훌륭하게 기능하는가?"를 묻는다. 그러나 러스킨의 생각과 비슷한 또 다른 사고 노선은 "건물이 무엇을 말하는가?"를 묻는다. 이 세 번째 질문은 건물들이 의미를 가질 수 있다고 전제하는데, 넬슨 굿먼은 그의 짧은 논문 〈건물들은 어떻게 의미를 갖는가〉(How Buildings Mean)에서 이 문제를 명확하게 언급한다. 굿먼은《예술의 언어들》(Languages of Art)과《세계 제작의 방식들》(Ways of Worldmaking)에서 흔히 '미적 인지주의'로 알려진 입장을 옹호하는 것으로 유명한데 이 논문에서 그는 꽤 깔끔하게 자신의 입장을 요약한다. "어떤 작품의 탁월함은 쾌보다는 계몽의 문제이다."(Goodman, 1992: 375) 그는 이러한 견해를 건축에 적용하여 다음과 같이 말한다.

건물은 대부분의 작품들보다 환경을 물리적으로 더 많이 변화시킨다. 하지만 그 뿐 아니라 예술 작품으로서 건물은 의미의 다양한 통로를 통해 우리의 전체 경험에 정보를 제공하고 경험을 재조직할 수 있다. 다른 예술 작품들 및 과학 이론들처럼 건물은 새로운 통찰을 제공하고, 이해를 증진시키고, 우리가 세계를 끊임없이 다시 제작하는 데 참여할 수 있다. (Goodman, 1992: 375)

굿먼은 건물이 이러한 일을 수행하는 여러 방식에 대해 밝히고 있다. 재현, 표현, 예시 등이 그것으로, 지칭적 연결을 통해 이것 모두를 통합시킬 수 있다. 즉 '만일 교회가 범선을 재현하고, 범선이 이 땅으로부터의 자유를 예시하고, 이어서 이 땅으로부터의 자유가 영성을 예시한다면, 그 교회는 3중 관계로 영성을 지칭한다'(Goodman, 1992: 373).

이렇게 건물을 이해하는 방식은 확실히 단순한 '시각적 타당성'을 넘어서는 것이지만 건물의 의미충만(meaningfulness)을 위한 굿먼의 노력은, 이것을 예시하고 저것을 암시한다 등으로서 여전히 비교적 온건하다. 더욱이 굿먼은 건물이 의미하는 바가 양의적이거나 모순될 염려가 없는 것이라고 생각하지 않는다. "통상적으로 예술 작품은 다양하고도 때로는 대조적이기도 한 방식으로 의미를 담아내며, 동등한 정도로 훌륭하고 통찰력 있는 수많은 해석들에 대해 열려 있다."(p. 373) 이러한 온건함 때문에 굿먼의 수정된 인지주의와 스크루턴의 수정된 심미주의 사이에는 사실상 실제로 큰 차이가 없는 듯 보인다. 양쪽 입장의 최종적인 결과는 같다. 건물은 환경을 확장시키며 다양한 방식으로 감상될 수 있지만, 이 방식의 다양함은 전면적인 정도는 아니다. 굿먼과 스크루턴 양측의 관점과 대조해 볼 수 있는 것으로 칼스텐 해리스의 입장을 들 수 있는데, 해리스는 《건축의 윤리적 기능》(The Ethical Function of Architecture, 1997)에서 건축의 인지적 역할에 대해 훨씬 더 중요한 설명을 제시한다.

다만 이 책의 제목은 다소 오해를 불러일으킬 여지가 있다. 해리스는 기능주의자가 아니며, 심지어 홀데인이 발 딛고 있는 넓은 범위의 목적론적 관점에서 보더라도 그렇지 않다. 덧붙여 '윤리적'이란 용어는 스크루턴과 왓킨이 거부하는 '오염된' 종류의 도덕주의를 가리키지도 않고, 다만 '윤리적 삶'이라는 헤겔주의적 표현에서와 같은 의미로 사용된다. 사실 해리스의 책이 가진 흥미로운 특징적 차이 하나가 그가 기대고 있는 철학적 배경이다. 해리스가 자양분을 얻은 철학자들은 플라톤, 아리스토텔레스, 칸트가 아니라 헤겔과 하이데거이다. 이로 인해 건축의 의미에 대한 해리스의 설명은 규범적이면서 역사적인 것이 되고 있으며, 그의 입장에서 이 양자가 서로 연관되어 있다는 것을 다음 구절에서 알 수 있다.

계몽이 할 일을 마치고 나면 예술이 할 수 있는 것은 삶의 진지한 문제들로부터의 휴식 같은 것을 선사하며 미적 즐거움을 누릴 기회를 제공하는 것에 지나지 않는다. 교육학적인 이유에서, 독자적으로 수립된 도덕적 금언들을 예술로 옷 입히는 것이 도움이 된다는 사실을 제외한다면 말이다. (Harries, 1997: 354)

계몽주의적 사고로부터 생겨나고 지탱되어 온 '미적 접근'과는 달리, 해리스는 '건물은 이념화하는 자기-재현으로서 고안될 때 건축 작품이 된다'고 주장한다. 이러한 관념에서 해리스는 '건축을 단순한 건물과 구별 짓는 것은 "미적으로 호소하기 위해 고안"되는 점이라는 페브스너의 언급을 잊고 있었다'고 말한다(Harries, 1997: 122). 그 이후 해리스는 건축에서의 재현과 상징에 대해 계속 탐구하는데, 여기에서 그는 굿먼의 개념과 유사한 개념들을 사용하지만 중세 성당에 대해 아퀴나스가 정의하고 설명한 바를 상세하게 조사하여 자신의 탐구를 뒷받침한다. 성례가 거행되는 집은 가톨릭 교회 전체(the Church)를 의미하며 '교회(church)'라고 불린다(《신학 대전 제3권》(Summa theologiae III) 83, 3).

이 간략한 요약에서 보이듯, 해리스는 기독교 사상과 건축의 통일이 계몽사상에 의해 깨뜨려진다는 역사적 내러티브를 자세히 설명하고 있다. 계몽사상과 더불어 건축에 대한 미적 접근이 도래한다. 그러나 이러한 접근은 부적절할 수밖에 없다. "헤겔처럼, 우리는 예술에 더 많은 것을 요구한다. 본질(what is)과 중요한 것(what matters)에 대한 통찰력을 얻고자 한다."(Harries, 1997: 357) 그리고 위축된 심미주의는 단지 '더 이상 이해받지 못하는 전통적 건축을 건축가가 약탈하여, 기능적인 건물에다 빌려 온 화려한 옷을 입히는 것'으로 귀결될 뿐이다.

해리스가 옳다면 이제 현대 건축의 철학적 문제를 언급해야 할 상황이다. "사원이나 교회가 한때 점유했던 장소가 어떤 의미에서 다시 점유되어야만 건축에 미래가 있을 것이다."(p. 324) 그러나 그것이 가능한가? 하나의 답에 도달하면서 해리스는 하이데거의 〈예술 작품의 근원〉(The Origin of Work of Art)에 광범위하게 의존하며 그 책의 정신을 충실히 따라서 '거주의 문제들은 건축적인 것이 아니라 윤리적인 것'이라고 주장한다(p. 363). 이것은 모더니티라는 문화에 대해 보다 광범위하게 질문을 던진다. 건축은 진정으로 윤리적인 기능을 가지지만, 그 자체로 극도의 문화적 결핍을 메울 수는 없다. 결국 건축이 표현하고 재현하는 윤리적 삶은 건축만의 것이 아니라 그 건축이 기능하고 있는 사회의 것이다. 그리고 그의 책으로 미루어 볼 때 해리스는 모더니티의 전망이 특별히 밝다고 생각하지 않는다. 기념비와 극장, 아마도 쇼핑몰까지 '이 건물들의 임무는 각각 어떤 전망을 담지하는 것이지만, 그중 어느 하나도 혹은 그것들 전부라도 사원과 교회를 대체할 수는 없다'.

우리는 건축의 전통적인 윤리적 기능을 자신 있게 떠맡고 있는 모든 건축들에 의문을 표할 충분한 이유가 있음을 알게 되었다. 오늘날 그 기능에 대해 말하고자 하는 건축가가 알아야 할 것은, 그가 그렇게 말하는 데는 아무런 권위도 없다는 것, 자신은 필요하다고 여기는 바를 말하지만 그 말을 다른 이들이 듣기를 오직 희망할 뿐인 그런 바보와 같다는 사실이다. (Harries, 1997: 367)

8. 건축 그리고 박물관의 위험성

해리스는 위에서 살펴본 주요 건축 철학자들을 모두 포섭할 수 있는 주제 및 문제들을 헤겔주의적으로 표현하고 있다. 홀데인, 스크루턴, 칼슨, 페브스너, 해리스는 모두 위대한 중세 성당들, 르네상스 교회들, 유럽의 팔라디오 양식의 집들을 건축적 승리로 꼽고 있다. 어떻게 그러지 않을 수 있겠는가? 동시에 이들은 모두 이 건축들이 근대에 들어와서는 중세 시대와 같은 위상일 수 없다는 데 동의한다. 그렇다면 근대는 이 건축물들을 어떻게 전용할 것인가?

　건축 철학이 중요한 것은 바로 이러한 핵심적 문제에 답하고자 한다는 점이다. 그것은 컨템퍼러리 문화에서 건축을 미술관이나 박물관으로 밀어내 버리고자 하는 위협이 계속되고 있는 듯 보이기 때문이다. 결국 미적 접근은 도시를 미술관으로 변모시키고, 하이데거식으로 말하면 건물과 거주를 분리한다. 그러나 또 다른 입장인 기능주의는 건축에서 본질적으로 목적론적인 성격을 강조하며, 건축을 박물관으로 밀어내 버릴지 모르는 끊임없는 위험을 무릅쓴다. 박물관에서는 유행이 지난 다른 건축적 인공물들을 발견할 수 있다. 그리고 실제로, 위대한 건물들 중 다수가 사실 그렇게 박물관으로 향한다. 해리스가 언급했듯, '이러한 "예술의 사원"으로 올라가 … 우리는 미적인 교회로 들어간다. … 우리의 태도는 변함없는 거의 종교적인 숭배와 경의, 또한 진정으로 중요한 것은 다른 곳에 있다는 느낌에 의해 결정되는 면이 있다'(Harries, 1997: 357).

　어떤 면에서 이것은 프레드릭 제임슨(Frederic Jameson)의 《포스트모더니즘 혹은 후기 자본주의의 문화 논리》(*Postmodernism or the Cultural Logic of Late Capitalism*, 1991)의 건축 관련 장의 주제이기도 하다.

포스트모더니즘은 건축에 대한 취향의 문제들을 제기하며 사실상 그 문제를 곧다른 방향으로 돌린다. 음식과 마찬가지로 건축은 북미에서는 상대적으로 최근의 취미(taste)로 생각될 수 있다 … 건축에 대한 이 취향은 그보다 더 오래된 것인 나와-무관한-것들과 양립할 수 없는데, 그 나와-무관한-것들은 미국의 다양한 사회적 계층이 그것과 협상하면서 그들의 도심을 형성해 온 것이다. (Jameson, 1991: 98)

제임슨에 따르면 포스트모더니즘 세계에서는 본령상 기념비적인 것들을 의뢰하는 것이 가능하지 않다. 혹은 그가 말하듯 이 도시 풍경에서는 '더 오래된 고급한 건축 메뉴를 주문하는 것이 훨씬 더 어려워진다'(Jameson, 1991: 98). 그리고 이 때문에 건축에 대한 현대적 취향은 실제로는 다른 무엇에 대한 취향임에 틀림없는데, 제임슨은 이것을 사진, 즉 표면적 외관과 동일시한다. 제임슨은 '자본주의의 논리는 산개되어 있고 이접적(disjunctive)'이라는 사실, 그래서 이전 유형의 건축 속에 압축된 "총체성"이라는 기념비적 모델'을 방해한다는 사실을 가지고 현상을 더 심층적으로 설명한다. 포스트모던 문화는 이것을 촉진한다.

> 이제 포스트모던의 이완성(relaxation)은 이전의 집합적인 형식들로 회귀하지 않고 모던 건축들을 느슨하게 흩어 놓기로 결정한다. 그 결과 그 요소들과 구성물들은 기적적인 안정 상태나 정체 상태로 서로 얼마간의 거리를 두고 부유하게 된다. 마치 별자리들과도 같은 이 상태는 금방 흐트러질 것이 확실하다. (Jameson, 1991: 100)

이것은 매우 야심 찬 사회적 이론화라 할 수 있으며, 후기 자본주의 및 후기 자본주의의 논리라는 생각이 설득력 있는 것일 때에만 진전될 수 있다. 그러나 설사 제임슨의 이론과 저작이 일부 취향을 가진 이들에게는 지나치게 과장된 것이라고 할지라도, 그는 다른 사람들도 확인하는 한 가지 문제를 분명하게 설명하고 있는 듯하다. 그 문제는 건축 및 나머지 다른 예술들에 대한 적절한 관념을 공식화하는 문제이다. 이 관념으로 인해 과학처럼 건축이 컨템퍼러리 문화의 '진정 중요한 문제'에서 한몫을 담당할 수 있게 된다. 이것이 바로 굿먼과 해리스 같은 이론가들이 재현과 상징적 표현에 대해 탐구한 이유이며, 사실 만약 어떤 해결책이 가능하다면 그 해결책을 발견할 수 있는 곳이기도 하다. 그러나 그 해결책은 건축 너머의 세계가 상징화할 가치가 있는 경험이라는 관념을 가지고 있을 때에만, 그리고 그러한 한에서만 발견될 수 있을 것이다.

* 이 논문의 이해를 돕기 위해서 이 책에서 다음의 논문들을 찾아 읽으면 좋을 것이다.
⟨조각⟩, ⟨환경미학⟩, ⟨미학과 포스트모더니즘⟩, ⟨예술과 도덕성⟩, ⟨예술과 정치⟩

참고문헌

Carlson, A. (1986). 'Reconsidering the Aesthetics of Architecture'. *Journal of Aesthetic Education* 20: 21–7.

_____ (2000). 'Existence, Location, Function: The Appreciation of Architecture'. in his *Aesthetics and Environment*. London: Routledge, chapter 13.

Goldblatt, D. (1991). 'The Dislocation of Architectural Self'. *Journal of Aesthetics and Art Criticism* 49: 337–48.

Goodman, N. (1992). 'How Buildings Mean', in P. A. Alperson (ed.), *Philosophy of Visual Art*. New York: Oxford University Press, pp. 368–76.

Graham, G. (1989). 'Art and Architecture'. *British Journal of Aesthetics* 29: 248–57.

_____ (2000). *Philosophy of the Arts*, 2nd edn. London: Routledge, chapter 7.

Haldane, J. (1987). 'Architecture and Aesthetic Perception: Aesthetic Naturalism and the Decline of Architecture, Part 1'. *International Journal of Moral and Social Studies* 2: 211–24.

_____ (1988). 'Form, Matter and Understanding: Aesthetic Naturalism and the Decline of Architecture, Part 2'. *International Journal of Moral and Social Studies* 3: 173–90.

_____ (1999). 'Form, Meaning and Value: A History of the Philosophy of Architecture'. Journal of Architecture 4: 9–18.

Harries, K. (1997). *The Ethical Function of Architecture*. Cambridge, Mass.: MIT Press.

Heidegger, M. (1993). 'The Origin of the Work of Art', in *Basic Writings*, ed. D. F. Krell. London: Routledge.

Jameson, F. (1991). *Postmodernism or the Cultural Logic of Late Capitalism*. Durham, NC: Duke University Press, chapter 4.

Jencks, C. (1998). *The Language of Post-Modern Architecture*, 6th edn. New York: John Wiley.

Kant, I. (1987). *Ciritique of Judgement*, trans. W. Pluhar. Indianapolis: Hackett.

Leach, N. (1999). *The Aesthetics of Architecture*. Cambridge, Mass.: MIT Press.

Loos, A. (1982). *Spoken into the Void: Collected Essays, 1897-1900*. Cambridge, Mass.: MIT Press.

Pevsner, N. (1963). *An Outline of European Architecture*, 7th edn. London: Penguin.

Rosenberg, E. and Cork, R. (1992). *Architect's Choice: Art in Architecture in Great Britain since 1945*. London: Thames & Hudson.

Ruskin, J. (1966). 'The Stones of Venice', in E. G. Holt (ed.), *From the Classicists to the Impressionist: A Documentary History of Art and Architecture in the 19th Century*. London/New York: University of London Press/ New York University Press, pp. 421–33.

Savile, A. (2000). 'The Lamp of Memory'. *European Journal of Philosophy* 8: 89–105.

Scruton, R. (1979). *The Aesthetics of Architecture.* Princeton: Princeton University Press.

Venturi, R. (1990). *Complexity and Contradiction in Architecture*, 2nd edn. New York: Harry Abrams.

Vitruvius (1960). *The Ten Books of Architecture*, trans. M. H. Morgan. New York: Dover Press.

Watkin, D. (1984). *Morality and Architecture*. Chicago: University of Chicago Press; 2nd edn. London: John Murray, 2001.

Winters, E. (1991). 'Technological Progress and Architectural Response'. *British Journal of Aesthetics* 31: 251–8.

Wolfe, T. (1993). *From Bauhaus to Our House*. London: Picador.

제32장

조각

로버트 홉킨스(Robert Hopkins)
번역: 신운화

철학에서 조각에 대한 언급은 많지 않다. 칸트(Kant)가《판단력 비판》에서 간략하게 언급하고 쇼펜하우어(Schopenhauer, 1969)와 헤겔(Hegel, 1974)이 그보다 조금 길게 논의하는 정도이다. 철학적 내용을 포함하는 더 최근의 저술로는 전문 철학자들의 저작, 이론적 성향을 띤 비평가들 및 예술사학자들의 저작들이 있다. 이렇듯 적게 언급되기는 하지만, 조각은 나름의 고유한 철학적 문제들을 분명 가지고 있다.

그중 특히 중요한 문제는 다음 세 가지이다. 첫째, 조각이란 무엇인가? 이에 대한 답은 평범해 보인다. 조각은 3차원적인 형태로 사물을 재현하는 것이다. 하지만 바버라 헵워스의 작품 같은 추상 조각은 어떠한가? 또 모델이나 축소 모형같이 일반적으로 다른 범주로 묶이는 3차원적 재현들, 그리고 매우 얕은 저부조로 된 재현적 조각처럼 분명한 조각과 분명한 회화 사이의 경계에 있는 것들은 무엇이라 말할 것인가? 둘째, 조각적 재현이란 무엇인가? 조각은 단어, 그림, 몸짓, 기호 혹은 극적 공연처럼 무언가를 재현할 수 있다. 그러나 이것들 모두가 같은 방식으로 재현하지는 않는다. 재현은 다양한 형태로 이루어진다. 그렇다면 조각으로 재현하는 것이 다른 재현 방식과 뚜렷하게 구별되는 점은 무엇인가? 셋째, 조각 예술이 가지는 독자적인 미적 특징은 무엇인가? 다른 곳에서 얻을 수 없는 미적 만족을 조각이 제공하는가, 그리고 만일 그렇다면 조각을 감상할 때에만 알 수 있는 특별한 특징들은 무엇인가?

서로 관련되어 있긴 하지만 이 질문들은 각각 독립된 것이다. 나는 미학적 문제에 집중하면서 조각의 재현에 대해서도 약간 언급하고자 한다. 조각의 정의에 관한 논의는 하지 않을 것이다.

1. 조각적 재현

조각이 철학적 측면에서 등한시되었기에 초래된 점 하나는, 조각적 재현에 대한 명시적인 설명이 매우 적다는 것이다. 조각적 재현에 관해서는 홉킨스(Hopkins, 1994)의 설명이 있고, 굿먼(Goodman, 1976)과 샤이어(Schier, 1986)가 다른 주제를 말하면서 잠깐 논의한 바도 있지만 흥미롭게 살펴볼 만한 언급들은 대부분 조각과 가장 근접한 유비 관계에 있는 회화적 재현에 관한 설명을 조각에 적용해야 하는 것들이다. 결국 조각과 관련된 논의의 지형을 보면 회화에 대한 논의에서 나오는 내용들이 뚜렷이 연상된다.

조각적 재현을 설명하는 방식은 다른 재현과의 핵심적인 대비점을 무엇으로 보는가에 일부분 좌우된다. 조각을 통한 재현은 언어적 재현과는 매우 다른 것으로 여겨질 것이다. 조각으로 말을 재현하는 것을 말에 대해 서술하는 것과 비교해 보라. 조각 양식들은 다양하고 많으며 따라서 수많은 변형된 말-조각들이 가능하다. 그럼에도, 이러한 재현에 작용하는 제약은 실제 서술이든 가능한 서술이든 말을 서술하는 언어적 기호들에 작용하는 제약보다 더 엄격해 보인다. 모든 이가 조각과 언어가 이렇게 강하게 대조된다고 생각하지는 않을 것이다. 굿먼(1976)은 조각과 언어 간의 차이를 해당 상징체계의 형식적 특성으로 간단하게 정리한다. 그리고 양자 간의 강한 대조를 인정하는 일부 학자들은 이에 대해 그들 나름의 설명을 제시한다. 예컨대 플린트 샤이어(Flint Schier, 1986)는 조각이 재현하는 것을 파악하려면 그 대상을 실물로 인지할 때와 똑같은 지각적 재료가 필요하다고 주장한다. 그러나 그 대조를 명확하게 설명하는 광범위한 접근법 한 가지를 특별히 주목할 만하다. 이 접근법에서는 조각적 재현을 관람자 측의 어떤 특유한 **경험**(a distinctive *experience*)과 관련되는 것으로 본다.

이 접근법에 따르면 어떤 조각의 내용을 파악하는 것은 그것을 특별한 방식으로 보는 것이다. 그 조각을 경험할 때는 어떤 생각들이 투영된다. 생각들은 단순히 그 경험에 동반되는 것이 아니라 실제로 그 경험의 현상학을 결정한다. 말하자면 그 생각들은, 이를테면 말과 같은 재현된 대상에 대한 생각이다. 말에 대한 생각이 경험에 투영되는 것은 말을 실물로 볼 때도 그러하다. 왜냐하면 말이 바로 관람자 앞에 있다는 것을 내용으로 하는 경험이 성립되려면 말에 대한 생각이 필요하기 때문이다. 그러나 이러한 접근법이, 조각이 재현하는 대상이 눈앞에 있다는 환영을 만들어 내어야 한다는 입장은 아니다. 우리가 말 조각을 볼 때 우리 앞에는 말이 있지 않으며, 우리는 말이 거기에 있다고 생각하지도 않고, 우리의 경험에는 말을 보는 경험의 현상학적 측면이 없다. 대신 우리 앞에는 세공된 대리석, 청동 등의 덩어리가 있다. 그러나 설령 눈앞에 보이는 것이 대리석이나 청동뿐일지라도 우리는 그 질료가 특유한 방식으로 구조화된 것을 경험한다. 그 경험은 예컨대 갈기를 바람에 날리며 달리는 아랍 종마 같은, 조각의 대상에 대한 생각에 의해 구조화된다.

이러한 경험의 현상학에 관하여 설명해야 할 것이 더 있다. 즉 해당 경험의 구조를 명시하고, 지금 눈앞에 있지 않은 말에 대한 생각이 대리석을 보는 경험에 어떻게 침투하는지를 설명해야 한다. 한 가지 방법은 그 경험이 달리는 말을 몇 가지 측면에서 **닮은** 눈앞의 질료에 대한 경험이라고 하는 것이다(Hopkins, 1994). 다른 방법은 조각된 돌에서 보고자 하는 어떤 사물을 **상상하는** 경험이라고 하는 것이다(Walton, 1990). 그리고 또 다른 선택지들이 있다. 그중 어떤 것이 가장 설득력이 있는지는 각 관점이 조각적 재현을 회화의 재현과 얼마나 뚜렷하게 대조되는 것으로 보는가에 좌우되는 면이 있다. 지금까지 내가 말한 것은 회화적 재현에도 똑같이 그럴듯하게 적용되기 때문이다. 그림에서도 눈앞에 보이는 것, 즉 어떤 것이 그려진 표면은 재현된 대상에 대한 생각에 의해 구조화된 것으로서 경험되기 때문이다. 사실 전반적인 경험적 접근의 원형이 되고 있는 것은 회화에서의 재현에 관한 리처드 볼하임(Richard Wollheim, 1968, 1987)의 설명이다. 그러나 **언뜻 보기에** 회화를 경험하는 것은 조각을 경험하는 것과 다르고, 양자가 같은 형식의 재현과 관계되는지는 분명하지 않다.

조각적 재현에 대한 경험적 접근을 구체적으로 설명하는 일부 방식들은 여타의 방식들에 비해 조각과 회화의 재현상의 차이점들을 더 잘 수용한다. 경험상의 닮음 관점(the experienced resemblance view)은 이 차이점들을 꽤 자연스럽게 수용하는 유일한 관점이다. 회화와 조각에서 경험하는 닮음의 **차이**를 명시하기만 하면 된다. 월튼의 입장에는 적어도 이 관점에 해당되는 몇 가지 측면이 있다. 월튼이 광범위한 종류의 상상된 사물들을 두고 펼치는 주장들 가운데는 조각에는 해당되지만 회화에는 해당되지 않는 것들이 있다(Walton, 1990: 63, 227, 296). 그러나 월튼의 설명에는 조각과 회화를 경험할 때 그 지각상의 차이를 충분히 잘 설명해 줄 듯한 질료들에 관한 이야기는 없다. 내가 의심쩍게 여기는 것은, 만일 그가 조각과 회화 간의 지각적 차이를 말하고자 한다면 설명 중에 이것을 언급했어야 하지 않는가 하는 것이다. 월튼의 이론적 틀의 맥락 밖에서, 그리고 그 아래에 다소 다른 미학적 문제에 대한 답을 하면서 이를 언급했어야 한다. 환영주의적 입장과 볼하임의 설명에서는 그리기와 조각으로 재현하기 사이의 어떤 중요한 구별도 불가능한 것으로 보인다(cf. Vance, 1995). 그리고 경험적 접근법 말고도, 굿먼의 기호학적 설명과 샤이어의 지각적 재료 관점에 있어서도 이것은 마찬가지이다.

여기서 이 논제들을 더 탐구하지는 않을 것이다. 우리의 목적상 조각적 재현에 관해 가능한 접근법들을 이해하고, 특히 경험적 접근법을 이해하는 것으로 충분하다. 눈앞에 있는 것에 대한 어떤 환영을 만들어 낸다는 생각들은 제쳐 두고, 재현된 대상에 관한 생각에 의거해 조각이 경험된다는 생각을 다음 부분에서 활용할 것인데, 위 두 가지 문제 중 경험적 접근법에 대해 다루면서 하겠다.

2. 시각, 촉각, 그리고 2차원적 국면들

조각의 재현 문제에서 핵심이 되는 조각, 회화 간의 대조점이 무엇이든 간에, 미학적 문제는 조각과 회화적 예술 간의 비교에 집중된다. 조각은 문학 예술과는 미적으로 상당히 달라 보이지만, 소묘나 회화와는 매우 유사하다. 레싱(Lessing, 1962)을 비롯한 일부 이론가들은 조각과 회화를 하나로 다루기까지 하여, 문학의 매력과 조각 및 회화의 매력을 대조하면서 조각과 회화의 미적인 공통점에 대한 설명을 전개하고 있다. 내 생각은 레싱과 다르다. 미학적 문제의 핵심은 회화와 소묘에서 찾을 수 없는 무엇을 조각이 갖고 있어야 하는가이다.

이에 대한 답을 어디에서 찾을 수 있을까? 한 가지 자연스러운 생각은 조각은 촉각에 호소한다는 점에서 미적으로 독특하다는 것이다. 조각은 그 3차원성으로 인해 시각과 촉각에 모두 호소할 수 있다. 반면 회화의 평면성은 시각에만 호소한다. 그래서 조각을 감상할 때는 완전히 새로운 감각이 관계한다. 이것은 큰 차이로서 조각의 미학을 정초하는 근거로 삼기에 적절하다. 이 생각은 허버트 리드(Herbert Read, 1961)의 유명한 관점으로서 계속해서 지지자들이 늘고 있다(Vance, 1995). 그러나 이 못지않게 중요한 반대 입장의 저작들도 있다. 그래서 리스 카펜터(Rhys Carpenter)는 다음과 같이 말한다.

> 조각은 시각 예술이지 촉각 예술이 아니다. 눈으로 관조하기 위해 만들어진 것이지 손으로 만지기 위한 것이 아니기 때문이다. 더욱이 조각은 손끝이 아니라 눈을 통해 우리에게 닿는 것처럼, 비록 조각가가 작품을 만들 때 손을 사용한다고 해도 조각은 시각적으로 창조된다. … 조각된 형상(form)은 촉감으로 감상하거나 촉각적 정확성으로 평가할 수 없다. (Carpenter, 1960: 34)

이 논쟁은 계속되고 있지만 여기서 결정적으로 중요한 것이 무엇인지를 식별하기는 쉽지 않다. 나는 몇 가지 모호한 요소를 제거하고자 한다.

조각은 시각이나 촉각으로 탐구할 수 있지만 회화는 일반적으로 시각만으로 탐구할 수 있다(일반적으로 그렇다는 것은, 만일 회화 표면이 요철로 되어 있다면 촉각을 사용한다고 볼 수 있기 때문이다. cf. Kennedy, 1993; Lopes, 1997). 그러나 여기서 미적으로 중요한 것은 무엇인가? 우리가 할 수 있는 것이 아니라 우리가 해야 하는 것에 관한 주장이 제기되어야 한다. 즉 그것은 우리가 조각을 **적절하게 감상하기 위해** 사용하는 감각들에 관한 주장이다. 그래서 이론적으로는 다음 세 가지 견해가 고려되고 있다. 즉 조각을 감상할 때 본령이 되는 감각은 첫째, 촉각뿐이라는 견해, 둘째, 시각뿐이라는 견해, 셋째, 촉각과 시각 둘 다라는 견해이다. 카펜터는 두 번째 견해를 주장하고 리드는 세 번째를 주장한다.

그러나 우리가 해당 감각을 무엇 때문에 사용하는가를 묻는다면 문제는 더 복잡해진다. 한 감각은 작품을 감상할 때 다음 둘 중 하나의 방식으로 사용될 수 있기 때문이다. 언어적 기술(記述)을 구성하는 기호들을 읽을 때 시각을 사용하듯이, (작품의 내용이 있다면) 내용을 결정짓는 해당 작품의 특징들을 파악하는 데에도 시각을 사용할 수 있다. 혹은 언어적으로 기술된 소리들을 통해 증기 열차의 소리를 재인할 때 과거의 청각적 경험들에 의존하는 것처럼, 청각적 특징들을 통해 작품이 무엇을 재현하고 있는지를 결정짓기도 한다.

조각을 감상하는 데 있어 촉각이 아무런 역할도 하지 않는다는 두 번째 주장은 누구라도 선뜻 지지하기에는 너무 강한 주장으로 보인다. 예컨대 카펜터조차도 지금 조각을 보고 있는 나의 시각적 경험이, 재현된 대상이나 속성들에 관한 과거의 **촉각적** 경험에 의거하여 형성될 수 있다는 것을 인정한다. 조각이 회화와 다르지 않은 것은 바로 이러한 측면 때문이다.

조각은 흔히 우리의 촉각과 물리적 접촉에 호소하는 면이 있다고 확실히 주장할 수 있다. 그러나 그것은 회화도 마찬가지이다. 이러한 촉각적 느낌들은 두 예술에 모두 있고, 이차적인 것이며 주관적인 심리적 연상을 통해 나온 것이다. 티치아노나 브론치노의 그림에서 모피나 벨벳 같은 재료의 질감 재현은 우리가 그것을 만질 때 벨벳이나 모피의 느낌에 대한 기억을 불러일으킬 정도로 시각적으로 정확하다. 나는 조각의 촉각적 호소력이 특별히 다른 것이거나 더 강력하다고 생각하지 않는다. 여기에 이견이 있다면 아마도 조각으로 제시된 것이 물리적인 실제성이 더 강하다는 사실을 생각했기 때문일 것이다. 우리는 캔버스를 만져 보아서 그려진 질감을 직접적으로 느낄 수는 없는 반면, 단단한 조각적 형태에는 손가락을 대어 실제로 살펴볼 수 있다. 그러나 만일 이런 이유로 조각이 촉각적 측면에

더 직접적으로 관련된 것이라고 추론한다면 그 논리는 부당하다. 왜냐하면 기껏
해야 우리는 질료적 매체를 만질 수 있을 뿐 눈으로 관조할 시각적 상으로서 의
도적으로 계산된 예술적 재현을 만지는 것은 아니기 때문이다. (Carpenter, 1960: 34)

연상주의적 심리 철학의 측면을 제거하고 나서 좀 더 분명하게 규정하면, 카펜터의
주장은 촉각과 관련된 조각의 유일한 특유성은 촉각이 재현 내용을 결정짓는 특징들을
파악하는 데 사용될 수 있다는 것이다. 그리고 그는 그것이 미적으로 흥미로운 이유를 묻
고 있다.

그러나 촉각의 역할과 관련하여 더 강한 형태의 회의론이 가능하다. 많이 논의되어
온 힐데브란트(Hildebrand, 1932)의 관점을 생각해 보라. 힐데브란트의 관점에서 조각은 일
차적으로 일련의 실루엣을 제시하거나 또는 관람자가 조각을 둘러보며 움직일 때 보게
되는 변화하는 2차원적 국면들을 제시하는 것과 관련된다. 조각에 올바르게 미적으로 몰
입할 때 중요한 것이 이러한 2차원적 국면들이라면, 이러한 미적 몰입에서 촉각이 관여할
여지는 없는 것으로 보인다. 촉각이 조각의 내용을 결정하는 특징을 발견하는 방식이 되
든, 이렇게 결정된 내용에 이 특징들을 관련시키는 방책이 되든지 간에 말이다. 촉각이 실
루엣에 대해 알려 주는 바가 전혀 없다고 한다면 지나친 주장일 것이다. 경험주의에 입각
한 일부 저술에서는 위와는 다르게 주장하기 때문이다(Kennedy, 1993). 그러나 이러한 특징
들을 감지하는 방식으로서 촉각이 시각에 비해 매우 열등하다는 것은 확실히 옳다. 그래
서 힐데브란트의 관점으로는 조각에 우리가 미적으로 몰입할 때 촉각은 기껏해야 시각이
잘하는 일을 시각보다 열등한 방식으로 할 뿐이다. 위에서 말한 두 가지 역할 면에서 모
두, 시각은 우리가 효과적으로 사용해야 할 감각이고 촉각은 시각으로 얻을 수 있는 유익
을 그보다 못한 방식으로 다시 제공하는 감각이다.

물론 힐데브란트의 관점이 받아들일 만한 것인지는 여전히 생각해 볼 문제이다. 그
러나 여기서 얻을 수 있는 교훈은, 시각과 촉각을 둘러싼 전체적인 논쟁이 사실 핵심적인
것은 아니라는 점이다. 힐데브란트의 관점은 조각을 감상할 때 시각과 촉각의 역할 문제
와 관련하여 중요한 주장이다. 그러나 핵심적인 것은 이 관점이 두 감각의 역할 문제를 설
명하기 위해 조각에서 감상해야 할 것이 무엇인지에 대해, 즉 조각에서는 일련의 2차원적
국면들을 감상해야 한다는 주장을 실질적으로 하고 있다는 것이다. 이것은 조각과 관련
된 미학적 문제에 대해, 조각을 감상할 때 특정 감각을 사용해야 하는지 아닌지에 대한 어
떤 주장들보다도 만족스러운 답변을 내놓는다. 힐데브란트는 조각에서 무엇을 감상해야
하는지를 말하는 것이지, 그 감상할 내용에 접근하기 위해 무엇이 필요한지를 말하는 것
이 아니기 때문이다. 후자에 속하는 주장들은 모두 기껏해야 조각의 미학을 이해하고자

성실히 시도한 결과일 뿐이다. 그리고 전자와 같은 실질적인 미학이 없이는, 시각이나 촉각 사용의 적부성에 관한 어떤 주장일지라도, 미적으로 관심을 끄는 **어떤** 특징이 있고 해당 감각은 그 특징을 감상하는 유일한 혹은 최상의 수단이라는 실존적인 일반화로 귀결될 뿐이다.

힐데브란트의 주장이 가진 장점은 무엇인가? 그의 주장은 시각적 지각에 대한 잘못된 설명에 근거하고 있다고 하여 비판받기도 한다. 힐데브란트의 주장은 시각적 경험은 세계에 대한 2차원적 경험이며 이미 학습되어 있는 시각적 입력과 촉각적 경험 간의 연결이 깊이감에 대한 정보를 제공한다고 가정하고 있다(Martin, 1976). 여기서 듣게 되는 시각적 경험에 관한 설명은 버클리적인 관점 대신에 메를로퐁티의 입장에 근거하고 있는데, 그 설명에 의하면 시각적 경험은 온전하게 3차원적이며, 관람자 본인이 눈에 보이는 대상을 향해 움직일 수도 있고 그 대상에 어떤 행위를 할 수도 있다는 것을 인지하는 것과 본질적으로 관련되어 있다. 그러나 도널드 브룩(Donald Brook, 1969)이 지적하듯이, 버클리적인 관점은 확실히 영향력이 있기는 하지만 힐데브란트의 입장을 옹호하는 이들과 거부하는 이들 양쪽에서 모두 지지해 온 것이다. 그리고 힐데브란트를 거부하는 관점에는 버클리적인 설명이 필요하지 않은 듯 보인다. 확실히, 설령 시각이 완전히 3차원적인 대상들을 잘 제시한다고 해도 우리는 적어도 때로 그 대상들이 제시하는 실루엣을 볼 수 있고, 우리가 대상을 감상할 때 예술은 이러한 실루엣을 다시 만들어 내는 능력을 발휘하기만 하면 되기 때문이다. 힐데브란트의 설명에서 잘못된 것은 그 설명이 기초하고 있는 근거나 그 설명이 포함하고 있는 내용이 초래하는 결과가 아니라, 그 설명이 배제하고 있는 바이다. 확실히, 우리가 조각의 3차원적 형태를 인지하고 있다는 것은 조각을 감상하는 데 있어 중심적인 역할을 한다.

3. 다른 공간들

완전히 다른 또 하나의 시작점은, 조각은 그것이 놓인 장소에 특유하게 관계되어 있다는 것, 조각은 회화적 예술과는 달리 장소와 상호작용을 한다는 생각이다. 이 문제는 헤겔이 지적한 바 있고(1974: 702), 최근 저자들(예컨대 Martin, 1976)이 더 상세히 논의해 온 것이기도 하다. 그리고 그 생각에는 확실히 매력적인 데가 있다. 조각은 그것이 놓인 장소와 상호작용한다. 즉 우리가 조각을 감상할 때 그것이 위치한 장소가 어떤 곳인지는 중요하다. 만일 어떤 조각이 너무 작은 장소에 놓여 있다면 그 조각이 답답해 보일 것이다. 만일 어떤 그림이 벽에서 너무 높은 곳에 걸려 있다면 천장 때문에 답답해 보일 수 있다. 그러나 여기에는 차이가 있다. 그림의 경우 그 그림이 재현하는 것을 관람자가 미처 알아보지 못했거나, 아무것도 재현하지 않은 그림이지만 대략 색과 크기가 비슷한 캔버스가 걸려 있을 때라도 그 답답한 느낌이 남아 있을 것이다. 조각의 경우, 적어도 때로는 장소에 잘 들어맞거나 어울리는지 아닌지가 조각이 재현하는 바에 따라 좌우된다. 만일 조각의 내용을 볼 수 없거나 그것을 대략 비슷한 모양과 크기를 한 비재현적 대상으로 한다고 해도, 그 답답한 느낌이 반드시 남아 있지는 않을 것이다. 이것은 조각과 회화 간의 차이를 시사한다. 그러나 이것을 어떻게 하면 더 정확하게 설명할 수 있을까?

앞 문단의 주장을 요약하면, 회화적 대상의 경우 답답해 보이는 것은 재현, 즉 그 그림인 반면, 조각의 경우 주위 환경에 의해 찌그러져 보이는 것은 재현된 사물이라고 할 수 있다. 그리고 이것은 조각과 회화 간에 다음과 같은 차이가 있음을 말해 준다. 조각의 공간은 재현 자체를 둘러싼 공간이다. 조각의 본성이나 위치에 대한 선입견을 배제하고 이 공간을 '관람 공간(gallery space)'이라 부르기로 하자. 회화의 공간은 관람 공간과는 분명히 다르다. 회화 속에 묘사된 공간은 그 묘사(회화)와 관람자가 위치하고 있는 공간으로부터 분리된 영역이다.

그러나 이것으로는 불충분하다. 재현물인 회화와 조각 모두 우리가 그것을 지각하는 장소 안에 있다. 그리고 회화적으로 묘사된 대상과 조각적으로 재현된 대상은 그 공간 안에 있지 않다. 그러면 이 양자 간의 차이는 무엇인가? 조각된 말은 관람 공간에서 제시되지 않지만 적어도 그렇게 보인다는 식으로 생각해 볼 수도 있다. 그러나 이것은 단순한 환영주의로, 우리가 1장에서 이미 거부한 관점이다. 게다가 조각을 경험하는 것은 어쩌면 그 대상이 실제 눈앞에 있는 것처럼 보이는 것이라고 설령 이해한다고 해도, **회화적** 경험 또한 그렇게 이해하는 데 별 어려움이 없다. 또 다른 답변은 그림들은 흔히 조각보다 더 완전하게 공간들을 재현한다는 점을 지적하는 것이다. 그림은 대상을 담을 수 있는 일정한 부피의 공간 안에 다양한 대상들이 배치되어 있는 것을 보여 줄 수 있는 반면, 조각은 주위 공간이나 동반된 사물들 없이 단지 달리는 말만을 제시하기 때문이다. 그러나 이것은 일부 조각과 일부 그림의 부수적인 특징인 것으로 보인다. 군상들도 가능하고 특정 맥락에 있지 않은 말들을 묘사한 조각일 수도 있기 때문이다. 또한 이것은 지금 다루고 있는 문제와도 관련이 없다. 적어도 한 대상, 그리고 대상의 부분들 간의 공간적 관계를 재현한다는 점에서 모든 조각과 그림은 공간을 재현한다. 우리가 다루는 문제는 조각과 회화에서 그 재현된 공간이 각기 다른 방식으로 관람 공간과 관련을 맺는가 하는 것이다. 그리고 이 문제에 대한 답은 아직 없다.

논의를 진전시키려면 공간이 같거나 다르다고 말하는 것이 의미하는 두 가지 측면을 구별할 필요가 있다. 첫 번째 의미는 다소 형이상학적인 것이다. 두 공간이 한 연속체에 속한 일부분이 아니라면 두 공간은 다르다. 그림에서 재현된 공간은 이러한 의미에서 관람 공간과 다르다. 그림 속에 재현된 공간은 관람 공간이 속하는 공간적 연속체의 일부분이 아니기 때문이다. 벨리니의 〈신성한 알레고리〉(Sacred Allegory)에 묘사된 공간이 그러한 하나의 예이다. 갤러리에서 그림 속에 재현된 공간까지는 우회적으로라도 공간적으로 연속되는 통로가 없는데, 그 공간이 실제의 공간이 아니기 때문이다. 물론 벨로토가 그린 베로나 시의 풍경화에서처럼 재현된 것이 실제 공간이라면 문제는 좀 더 복잡하다. 그러나 이러한 복잡함은 고려하지 않아도 될 것이다. 벨리니 같은 예는 어떤 의미에서 그림의 공간과 관람 공간이 같지 않은 가장 분명한 경우라고 할 수 있다. 물론 문제는 조각이 재현하는 공간(예컨대 드가의 무용수 조각에서 재현된 팔이 점유하는 공간)은 **역시** 이러한 의미에서도 관람 공간과 다르다는 것이다.

'같은 공간'의 두 번째 의미는 보다 일상적인 것이다. 이러한 의미에서는 창밖의 공간은 방 안의 공간과 다르다. 하나의 공간적 연속체에 속한 일부분이란 점은 같지만 이 두 공간은 그 연속체의 **다른** 부분들을 구성한다는 점에서 그러하다. 더욱이 이 부분들은 윤곽선, 초점 등을 구조화하는 자연적 경계가 달라서 우리 눈에 명백히 다르게 보이는 것들이다. 조각의 공간은 같은 공간인 반면 회화적 공간은 관람 공간과 다르다는 말을 이해함에 있어서, 나는 이 두 번째 의미로 해석하는 것만이 합당하다고 생각한다. 형이상학을 차치하고도, 회화 속에 그려진 공간은 그 공간이 관람 창 밖에 있는 것이라는 의미에서 관람 공간과는 다르다. 회화적 공간은 독자적인 구조상의 특징을 가진 별개의 공간 단위로 경험된다. 조각이 제시하는 공간은 그렇지 않다.

그러나 조각의 경우를 정확히 어떻게 정의적으로 설명할 것인가? 조각된 대상은 환영주의로 빠질 위험을 무릅쓰고 관람 공간인 지각된 공간적 단위 안에 있는 것으로 경험된다고 할 수 없다. 그리고 조각 자체가 그 안에 놓여 있는 것으로서 경험된다고 말하는 것으로 충분하지 않다. 회화, 재현 기호들 자체도 그러하기 때문이다. 마틴(Martin, 1976: 282)은 '조각을 둘러싼 공간은 비록 조각의 질료적 몸체의 일부가 아닐지라도, 그 조각에서 지각할 수 있는 구조의 본질적인 부분'이라고 주장한다. 하지만 이것은 무엇을 의미하는가?

4. 조각과 공간의 구조화(organization): 랭어(Langer)

그 답은 수전 랭어(Susan Langer)의 설명에서 찾을 수 있다. 랭어의 《감정과 형식》(Feeling and Form)에 나오는 조각 관련 설명은 문헌적인 설명으로는 가장 정교한 것이다. 랭어는 우리가 지금까지 취해 온 일반적인 접근법을 조각이 회화나 건축에 비해 독특한 형태의 '시각적 공간'을 창조하는 것으로 보는 것이라고 규정한다(Langer, 1953: 86). 내 생각에 이것이 의미하는 것은, 조각의 경험에서 특징적인 것은 특유한 공간적 내용을 가진다는 것이다. 그 내용이 특유한 것은 위에서 기술한 일상적 의미에서의 분리된 공간, 별개의 지각적 단위를 우리에게 제시한다는 점 때문이다(p. 88). 그 공간은 특정한 방식으로 구조화되어 있다. 그렇다면 그 특정한 방식은 무엇인가? 랭어는 두 가지 측면으로 답한다. 첫째, 랭어는 우리는 일반적으로 주위 환경을 우리의 움직임, 행위와 관련하여 구조화된 것으로서 경험한다고 지적한다.

> 만질 수 있는 입체(volume)나 사물, 또 그것들 사이의 빈 공간과 같은 운동(kinetic) 영역은 각 사람이 중심이 되는 공간, 즉 그의 환경으로서 당사자의 실제 경험 속에서 구조화된다. 각 사람의 육체와 자유롭게 움직일 수 있는 범위, 육체가 숨 쉬는 공간과 팔다리가 미치는 범위는 그의 고유한 운동 용적이고, 대상, 거리, 동작, 모양과 크기와 양 등 만질 수 있는 실제 세계를 구조화할 수 있는 진원점이다.
> (Langer, 1953: 90)

둘째, 우리는 조각 주위의 공간을 **그 조각**의 운동 가능성과 관련하여 구조화된 것으로서 볼 수 있다는 것이다.

> 하나의 조각은 3차원적 공간의 중심이다. 그것은 가상의(virtual) 운동하는 입체이며 주위 공간을 지배한다. 그리고 이 주위 환경 내의 모든 비례와 관계는 그 조각으로부터 비롯된다. 이것은 마치 실제 환경 내의 비례와 관계가 사람의 자아로부터 비롯되는 것과 같다. (Langer, 1953: 91)

랭어가 요약하듯 '조각은 말 그대로 감각할 수 있는 공간 내에서 움직이는(kinetic) 입체 이미지이다'(p. 92).

조각과 회화가 주위 환경과 맺는 관계상의 차이를 완전하게 설명하는 데 필요한 요소들이 여기 있다. 그러나 랭어의 생각을 유용하게 활용하려면 주의 깊게 다루면서 약간의 조정도 해야 한다. 그녀의 주장을 지금 살펴보고 있는 문제와 관련지어 볼 때 핵심적인 것은 랭어가 우리가 조각에 의해 구조화된 것으로 경험하는 공간을 관람 공간으로 보는지 아닌지이다. 랭어가 그렇게 생각하지 않는다는 것을 암시하는 힌트들이 있긴 하다. 그러나 랭어의 실제 입장이 어떠하건, 우리 입장에서 볼 때 그 핵심적인 주장은 그녀에게는 분명 열려 있는 문제이다. 랭어는 명확하게 재현적인 조각을 경험하는 경우처럼 우리가 특정한 방식으로, 또 재현된 내용에 관한 생각을 통해 구조화된 것으로서 조각으로 성립되는 대리석을 본다고 말할 것이다. 그래서 랭어는 그 경험을 조각의 미학에서 핵심적인 것으로 보는데, 우리는 조각 주위의 실제 공간이 특정한 방식으로 구조화된 것이며, 그 구조화에는 재현된 대상을 잠재적으로 움직이고 행위할 수 있는 것으로 보는 우리의 인식이 작용한다고 생각한다. 조각과 주위 공간을 경험할 때 둘 중 어떤 것에도 환영이 개입되지 않는다. 즉 그 경험들은 우리가 주위 환경의 본성을 착각하도록 만드는 것들이 아니다. 오히려 그 경험들은 앞의 1절에서 말한 바 있는 구조를 가진다. 구조화에 생각이 작용하여 지각 자체가 변형되는 것이다. 그러나 이것은 사실과 합치하지 않는 경험을 산출하려는 것이 아니다.

따라서 조각에서 특별한 것은, 조각의 경험에는 특유한 방식으로 구조화된 관람 공간에 대한 경험이 포함된다는 것이다. 여기서 관람 공간은 조각을 둘러싼 공간 중 일정 부분으로, 아마도 그 경계가 비결정적인 공간을 말한다. 반면 회화에 있어서는 이와 유사한 현상이 시각적 기호가 그려진 표면의 경계에서 멈춘다. 그 시각적 표지들은 지각적으로 변형되지만 주위의 공간은 그렇지 않다. 이제 조각 미학의 핵심을 보여 주는 이 설명의 가치에 대해 살펴보려 한다. 다만 그 전에 한두 가지 다른 문제들을 정리하도록 하자.

첫째, 랭어 역시 조각이 시각 및 촉각에 대해 맺는 관계와 관련된 문제들에 얽혀들게 된다.

여기 우리 앞에 가상의 공간이 있는데, 이것은 회화의 공간과는 매우 다른 방식으로 창조된 것이다. 회화의 공간은 장면(scene)으로, 이것은 직접적인 시각의 장이다. 조각은 이와 유사하게 시각적인 공간을 창조하지만 이것은 직접적인 시각의 공간이 아니다. 입체는 본디 만질 수 있는 것이기 때문이다. 촉각적인 것과 접촉이 제한된 육체적 움직임이 모두 해당된다. 조각이 할 일은 그 데이터를 완전히 시각적인 용어로 번역하는 것, 즉 촉각적 공간을 가시적으로 만드는 것이다. (Langer, 1953: 89-90)

이것은 옳지 않다. 인용한 구절로 보면, 랭어가 핵심으로 여기는 현상은 사실 적어도 부분적으로는 '촉각적'인 것이다. 그러나 조각은 '촉각적 공간을 가시적으로 만들고' 회화는 그렇지 않다고 해야 할지는 불분명하다. 회화는 확실히 운동적으로 구조화된 주위 환경을 환기시킬 수 있기 때문이다. 회화와 조각의 차이는 다른 데 있으며 이 차이는 이중적인 것이다. 첫째, 회화에서 그렇게 구조화된 것으로 보이는 주위 환경은 실제로 그 그림을 둘러싼 것이 아니라, 그 안에 묘사된 것이다. 둘째, 그 환경을 구조화할 때의 중심은 그 장면이 묘사되는 시점에 있을 것이다. 시점은 실제 관람자가 상상적으로 점유하는 지점이다. 반대로 조각의 경우에는 관람자가 그 대상의 입장에서 자신을 상상함으로써 관람 공간이 조각된 대상 주위에 구조화되어 있는 것이라고 보지 않는다. 관람자 자신의 실제 시점은 여전히 관람과 관계된 유일한 시점이다. 그 시점에서 관람자는 조각 주위의 공간을 조각된 대상이 다양하게 움직이고 행위할 가능성이 잠재되어 있음을 고려하여 만들어진 것으로 경험한다. 이것들이 유일한 중요한 차이점이라는 것을 랭어가 보지 못한다면, 시각적 경험을 생각할 때 과도하게 버클리적인 사고방식에 입각한 탓일 것이다. 위에 인용한 구절 첫 부분에 나오는 생각들, 즉 메를로퐁티를 연상시키는 그 생각을 랭어 본인이 완전히 받아들인다면, **모든** 시각적 경험은 '움직이는 입체'의 경험이라는 것, 즉 움직이고 행위할 수 있는 것이라는 의미가 투영되어 있다는 것을 알 것이다. 이 시각적 경험에는 회화적 경험, 즉 우리가 그림의 내용을 파악할 때의 경험도 포함된다.

그러나 랭어의 관점은 올바른 조각 감상 방식이 무엇인지를 생각하는 데 확실히 영향을 미친다. 왜냐하면 조각 자체를 만지는 것은, 조각의 주위 공간을 적절하게 구조화된 것으로서 지각하는 것을 방해할 것이기 때문이다.

> 조각의 형체에 손을 대는 것은, 그렇게 해서 어떤 느낌을 받든 조각의 형상을 우리가 지각하는 데 있어서 언제나 간주(interlude) 같은 것에 불과하다. 우리는 한 걸음 물러나, 조각의 공간적 영향권을 침범한 손이 방해하지 않은 그대로의 조각을 보아야 한다. (Langer, 1953: 92)

랭어가 구체적으로 말하고 있지는 않지만 그 이유들을 쉽게 미루어 생각할 수 있다. 하나는, 조각을 만지는 것은 적절하게 구조화된 공간을 경험하기에는 조각 주위 공간의 중심으로 지나치게 가까이 간 것이다. 공간 구조화 경험은 아무리 다른 감각들과 자기 수용 감각을 통해 정보를 얻는다 해도 본질적으로 시각적인 것이고, 더 가까이 가면 그 공간을 단번에 충분히 시각적으로 받아들일 수 없기 때문이다. 다른 이유는, 촉각적으로 조각을 살펴보는 것은 관람자 자신의 실제 운동 가능성과 관계된 감각을 강화하는 것이고, 이것은 논리가 아닌 심리학의 문제로서 관람자가 다른 대상으로 구성된 공간을 그 대상이 운동하는 중심에서 볼 수 있는 능력을 필연적으로 저하시키기 때문이다.

랭어의 설명은 일관되고 설득력이 있다. 이 설명은 얼마나 만족스러운 조각 미학을 제시할까? 이것은 큰 문제이고 그 답은 이 장의 범위를 넘어선다. 약간의 마무리 논평으로 만족해야 할 것이다.

긍정적인 측면을 든다면, 랭어의 관점은 수많은 조각이 동물, 특히 인간의 형상과 관계되는 이유를 설명하는 데 유망하다. 조각이 '감각할 수 있는 공간에서 움직이는 입체 이미지'라면, 이러한 움직이는 입체의 중심 형태가 되는 것을 재현하는 데 집중할 것이라 생각할 수 있고, 우리가 실제 움직임과 행위를 경험할 때, 그 경험에서 지배적인 것은 더 큰 생물체들이기 때문에 그 형태들은 사람이나 동물들을 의미하게 되는 것이다. 한편, 같은 이유로 이 설명은 어떤 조각 작품들, 특히 더 추상적인 조각들의 경우도 수용해야 한다는 압박을 받게 된다. 그 이유는 대략 이러하다. 아무것도 재현하지 않거나 '잠재적인 운동성'을 가질 만큼 확고한 형태가 없다면 그 조각은 앞에서 기술한 방식대로 어떻게 주위 공간을 구조화할 수 있겠는가? 랭어는 어느 정도 이 문제를 인지하고 있고, 그래서 그녀는 핵심적인 경험을 제공하기 위해 조각이 갖추어야 할 특징들로 '활기찬' 혹은 '살아 있는' 형태, 일종의 통일성, 부분들 간의 어울림, 부분들이 기능에 부합할 것 등을 꼽으면서, 유기체들에서 이 특징들을 볼 수 있어야 한다고 말한다. 그러나 '살아 있는 형태'가 무엇으로 귀결되는지 분명한 이상, 더 추상적인 작품이 그러한 형태를 가진다고 할 때 그 작품에서 랭어가 강조하는 움직이는 입체의 경험이 어떻게 가능할지는 불분명하다.

다른 반례들도 있다. 군상은 랭어가 말하는 주위 공간과의 상호작용이 일어나지 않을 만큼 충분히 자기완결적일 수 없는가? 회화는 그러한 상호작용을 보여 줄 수 없는가? 그러기 위해서는 회화는 그것들이 창문과 공유하는 속성, 즉 지각적으로 별개의 독립된 공간을 제시하는 속성을 극복해야 한다(위의 3절 참고). 그러나 회화는 마사초의 〈성 삼위일체〉(Holy Trinity)의 경우처럼, 그 테두리를 주위 배경에 맞춘다면 아마 그것이 가능할 것이다. 또 부조 조각은 어떠한가? 저부조일수록 조각에서의 제약은 회화에서의 제약에 근접해 간다고 볼 수 있다. 아마 랭어는 그녀의 설명을 조각에는 모두 적용되지만 회화에는 전혀 적용될 수 없는 것이 되게끔 의도하지는 않았을 것이다. 그러나 그녀의 주장에 들어맞는 시각 예술의 범위가 협소할수록, 그녀가 규정하는 현상이 덜 핵심적인 것이라고 간주해야 할 것이다. 결국 그것이 충분히 핵심적인지는, 조각에서 미적으로 특유한 또 다른 특징들을 꼽을 수 있는지, 또 우리가 조각을 실제로 얼마나 특유한 예술로 인식하는지에 달려 있다.

* 이 논문의 이해를 돕기 위해서 이 책에서 다음의 논문들을 찾아 읽으면 좋을 것이다.
〈회화〉, 〈건축〉, 〈예술에서의 재현〉, 〈예술의 매체〉, 〈미적 경험〉

참고문헌

Brook, D. (1969). 'Perception and the Appraisal of Sculpture'. *Journal of Aesthetics and Art Criticism* 27: 323–30.

Carpenter, R. (1960). *Greek Sculpture*. Chicago: University of Chicago Press.

Goodman, N. (1976). *Language of Art*, 2nd edn. Oxford: Oxford University Press.

Hegel, G. W. F. (1974). *Aesthetics: Lectures on Fine Art*, vol. II, trans. T. M. Knox. Oxford: Clarendon Press.

Hildebrand, A. (1932). *The Problem of Form in Painting and Sculpture*, New York: Stechert.

Hopkins, R. (1994). 'Resemblance and Misrepresentation', *Mind* 103: 421–38.

Kennedy, J. M. (1993). *Drawing and the Blind*. London: Yale University Press.

Langer, S. (1953). *Feeling and Form*, New York: Charles Scribners.

Lessing, G. E. (1962). *Laocoon*, New York: Dover. First published 1766.

Lopes, D. (1997). 'Art Media and the Sense Modalities: Tactile Pictures', *Philosophical Quarterly* 47: 425–40.

Martin, D. F. (1976). 'The Autonomy of Sculpture'. *Journal of Aesthetics and Art Criticism* 34: 273–86.

Read, H. (1961). *The Art of Sculpture*, Princeton: Princeton University Press.

Schier, F. (1986). *Deeper into Pictures*, Cambridge: Cambridge University Press.

Schopenhauer, A. (1969). *The World as Will and Representation*, trans. E. F. J. Payne. New York: Dover. First published 1819.

Vance, R. D. (1995). 'Sculpture', *British Journal of Aesthetics* 35: 217–25.

Walton, K. (1990). *Mimesis as Make-Believe*, Cambridge, Mass.: Harvard University Press.

Wollheim, R. (1968). *Art and its Objects*. Cambridge: Cambridge University Press.

_____ (1987). *Painting as an Art*. London: Thames & Hudson.

제33장

춤

노엘 캐롤(Noël Carroll)

번역: 최근홍

율동을 갖춘 몸의 움직임이라고 잠정적이고 막연하게 이해될 경우 춤은 종종 음악과 하나가 되는 인간 문화의 보편적 현상이다. 이러한 움직임이 본성상 구조화되어 있다는 점 — 그 움직임에 두드러진 리듬과 반복 — 은 우리 사회뿐 아니라 전통 사회들의 의례와 의식에서 중요하며, 춤이 특별한 역할을 하는 경우들을 특징짓는다는 점에서 특별한 성격을 갖는다. 그러므로 춤은 장례식, 결혼식, 대통령 취임식, 동맹 관계, 바르미츠바(bar mitzvah) 의식*, 출정식 등을 기념하는 수단으로서, 기우제나 풍요(다산) 기원 의식처럼 신과 자연의 힘을 달래는 수단으로서, 승리, 혁명, 계절 변화, 종교 지도자 탄생 등등을 상기시키는 수단으로서 지속적으로 기능해 왔다. 게다가, 많은 사회들에서 춤은 유흥과 쾌락, 자기표현 등의 수단으로서 비공식적인 맥락을 통해 나타나지만, 이런 경우에도 종종 — 언제나 그런 건 아니지만 — 구애나 사교처럼(예컨대 스퀘어 댄스**처럼) 보다 큰 사회적 기능을 도모한다. 실제로 전통 사회들에서 춤은 참여자들 사이의 강력한 연대를 산출하는 방식으로 활동을 조정함으로써 매우 심층적인 목적에 기여했다는 견해가 제시된 적이 있다 (Dissanayake, 2000; McNeill, 1995). 그러므로 춤은 신성한 것이든 세속적인 것이든 한 문화 내에

---

*   유대교에서 13세가 된 소년의 성인식.

**   남녀 4쌍이 한 조를 이루어 사각형으로 마주 보고 서서 시작하는 미국의 전통 춤.

서 사회적 연대감을 불어넣고 강화하는 도구일 수 있다.

하지만 춤의 기능이 단지 의례와 의식, 사교에만 있었던 것은 아니다. 춤은 연극의 한 요소이기도 했다. 고전적인 그리스 극의 공연은 춤과 결합되었다. 이런 결과는 예측 가능한 것인데, 왜냐하면 그리스 극은 기존의 의례와 의식에서 진화했기 때문이다. 플라톤(Plato)과 아리스토텔레스(Aristotle)가 춤을 언급하는 맥락은 대개 연극 제작에서 춤이 수행하는 역할이다. 이는 현재의 철학자들과는 달리 전근대 철학자들이 예술형식으로서 춤 그 자체의 문제 — 말하자면, 음악과 마찬가지로 이른바 자율적인 예술형식으로서의 춤 — 에는 별반 관심을 갖지 않았다는 것을 의미한다. 고대와 중세에도 춤에 관한 이론적인 서술들은 산발적으로 나타났지만, 그러한 서술들이 예술로서의 춤 그 자체를 구성하는 것이 무엇인지의 문제에 특별히 주목하진 않는다. 오히려 그런 서술들에서 춤은 사회적 매개체, 개인적인 즐거움의 수단, 연극의 한 요소로서 논의된다(Carter, 1998).

춤이 예술형식이 되게끔 만드는 것이 무엇인지의 문제는 18세기까지는 그리 긴박한 철학적 이슈로 부각되지 않지만 그 이후에는 핵심적인 주제가 된다. 그 이유는 아주 명백하다. 18세기에 이르러서야 이론가들이 예술의 근대적 체계를 조직하는 — 어떤 관행들이 예술(the beaux arts)의 자매 관계에 속하는지를 결정하는 — 일에 전념하게 되었기 때문이다. 이러한 변화에서 특별히 중요한 두 인물은 존 위버(John Weaver)와 장-조르주 노베르(Jean-Georges Noverre)였다. 중요한 사실은 두 사람 모두 이론가일 뿐 아니라 안무가이기도 했다는 점이다. 그러므로 그들은 이론과 실천 모두에 전념했다. 즉 그들은 춤이 예술형식일 수 있음을 이론적으로 확립하려 했을 뿐 아니라, 그들 스스로 춤 예술작품들을 창작하고 자신들의 이론적 논증이 뒷받침되도록 다른 사람들의 춤 창작을 장려하는 일에도 나섰다.

위버와 노베르에 따르면 예술로서의(qua art) 춤은 본질적으로 재현의 한 형태이다. 여기서 '재현'은 일차적으로 모방 — 행위, 사건, 인물 등의 외양을 시뮬레이트 함으로써 그것들을 지칭하는 과정 — 으로 이해된다. 이런 점에서 그들은 아리스토텔레스적인 미메시스 이론을 춤 이론으로 전용(轉用)하려 시도하고 있는 것이다.

이 주장의 요점을 이해하려면 위버와 노베르가 애덤 스미스(Adam Smith) 같은 사람에게 대답하는 상황을 상상해 보는 것이 스스로 깨닫는 데 도움이 된다. 스미스에게는 우아함과 민첩성을 드러내는 기능을 가지면서 리듬을 갖춘 스텝들로 이루어진 움직임이면 무엇이든 그것은 춤이었고, 18세기의 것이든 그 이전의 것이든, 모방적일 수도 그렇지 않을 수도 있었다. 스미스는 춤이 본질적으로 모방이라는 어떠한 주장에 대해서도 그 반례로서 '공통 춤(사교춤)'을 언급함으로써 춤이 필연적으로 또는 본질적으로 모방인 것은 아니라는 데 주목한다. 물론 스미스도 어떤 춤은 모방적임을 인식하고 있다. 그러나 그는 이것을 춤의 선택적 특징으로 간주한다. 그러므로 그는 모방을 춤의 정의에 포함시키지 않는다. 스미스의 주장에 따르면 '특정한 박자에 맞춰 리듬을 갖춘 스텝, 흔히 춤 스텝(a dancing step)이라 불리는 것은 그것과 동반되는 음악이 이끄는 대로 장단을 맞추는데, 다시 말해 그 음악에 박자를 맞추는데, 이러한 춤 스텝은 모든 다른 부류의 움직임과 춤을 구분하는 본질적인 특성이다'(Smith, 1980: 107).

스미스의 정의는 18세기 사람들이 향유할 수 있는 종류의 춤을 고려할 때 매우 합당해 보인다. 그렇지만 춤을 규정하는 특징이 모방이라는 위버와 노베르의 주장은 여전히 확고하다. 위버는 다음과 같이 언급한다. "나는 이러한 **예술**(춤)의 탁월함이 무엇인가 혹은 무엇이어야 하는가를 보이고자 애쓸 것이다. 그것은 **모방**의 아름다움이다."(Weaver, 1712: 159) 한편 노베르의 주장에 따르면 "잘 짜여진 발레는 이 세상 모든 국가들의 정념과 풍습, 의례, 관습 등을 보여 주는 생생한 그림이다. 춤은 회화예술과 마찬가지로 자연의 충실한 모방에 의존한다는 점에서 그것이 요구하는 완전성을 얻기란 더욱 어렵다."(Noverre, 1966: 16)

하지만 스미스와 마찬가지로 위버와 노베르도 사교춤을 포함한 많은 춤들이 무언가에 대한 직접적인 모방은 아님을 인식하고 있었다. 그렇다면 왜 근대 초기의 주요 춤 이론가들은 이런 자료를 무시하는 것처럼 보일까? 물론 그들의 논의 영역이 스미스의 것과는 다르다는 점이 한 가지 이유이다. 스미스는 민속 지그 춤(folk jigs)에서 귀족 미뉴에트까지 아우르는 모든 춤을 정식화하려 시도하는 반면, 위버와 노베르는 사실상 오직 무대에 올려질 춤에 대해 그것이 무엇으로 '구성되거나 구성되어야 하는가'에 대해서만 논의한다. 위버와 노베르는 오직 무대를 위한 춤을, 특히 (극이나 오페라의 일부로서가 아닌) 자율적인 춤 구성을 다룬다. 그들의 이론은 무엇이 이러한 유형의 춤이어야 할지, 그리고 그렇지 않은 것일지에 관련된다. 다시 말해, 그들은 춤 **그 자체**(dance tout court)가 아니라 이른바 '예술로서의 춤'이 갖는 본성을 이론화하고 있다.

위버가 이러한 춤이 무엇으로 구성'되는가' 그리고 무엇으로 구성'되어야만 하는가' 사이에서 움직이고 있다는 점은 분명 시사하는 바가 있다. 위버와 노베르는 춤을 기술하는 설명을 발전시키는 것과 춤의 규범에 대한 설명을 발전시키는 것 사이에서 미끄러지고 있다. 분명 그들은 춤이 — 심지어 그들이 살던 시대에 무대 위에 올려진 춤조차도 — 전(前)이론적으로(pre-theoretically) 말해서 전부 다 모방은 아님을 알고 있다. 그들의 견해를 이런 식으로 묘사하는 것은 공정하다. 왜냐하면 그들은 **여흥**(divertissements)을 지나치게 강조한 데 대해 비통해하며 그 당시 무대 위에 올려진 춤이 갖는 비모방적 경향들을 불평하고 있기 때문이다. 노베르는 다음과 같이 말한다.

그렇다면 발레라는 명칭은 그러한 호화로운 오락에, 말하자면 웅장한 풍경, 엄청난 규모, 부유하고 잘난 체하는 복장, 매혹적인 시, 음악 그리고 연설, 유혹하는 목소리, 찬란한 인공조명, 즐거운 춤과 여흥, 스릴 넘치고 위태로운 뜀뛰기, 차력 등을 섞어 놓은 장려한 축제에 잘못 적용되어 왔다는 것이 내 의견이다. (Noverre, 1966: 52)

사람들은 어떤 일상적인 의미에서 이것이 춤이라고 말하지만, 노베르에게 이것은 적절한 의미에서의 춤은(자율적인 예술로서의 춤은) 아니다. 위버와 노베르는 춤이 예술로 간주되기 위해서는 모방적이어야만 한다고 주장하고, 그에 따라 춤을 근대적으로 이론화하는 첫 시대를 열어 놓는다.

위버와 노베르는 예술로서의 춤이 본질적으로 모방이라는 확신을 다양한 방식들로 뒷받침한다. 특히 위버는 춤의 진정한 원형이 로마의 팬터마임이며 그것을 변형한 것이 춤이라고 가정하면서 팬터마임에 관해 자세하게 논의한다. 여기서 그는 춤의 본질을 확인하기 위해 과거 관행의 신빙성을 언급한다. 근대 초기의 음악 이론가들과 마찬가지로, 그는 아마도 많은 동시대 춤이 기존의 관행에서 벗어난 어떤 것임에 틀림없다고 확신했다. 왜냐하면 그것은 고전적인 춤이 관람자들에게 갖는다고 알려진 효력 — 모방에서 발생하는 효력 — 을 더 이상 갖지 않는 것처럼 보였기 때문이다.

위버와 노베르는 춤이 제자리를 찾도록 복원하는 일을 논의한다. 이를 위해 춤은 모방이라는 직무로 되돌아감으로써 단순한 **여흥**을 떠나 행위의 재현이 되어야 한다는 것이 그들의 생각이다. 이 점에서 그들은 춤의 참된 본질을 재발견해야 한다고 요청하는 개정론자들이다.

이러한 춤의 본질을 확인하기 위해 그들은 아리스토텔레스에게 명시적으로 의존한다. 물론 아리스토텔레스는 극을 행위의 모방과 연결했다('극'은 '행위'에 해당하는 그리스어와 밀접하게 관련되어 있다). 그러므로 연극이 극인 한에서 무대에 올린 춤이 행위의 모방에 포섭되는 하위종이라는 추론은 자연스러우며, 위버와 노베르는 그렇게 생각할 만했다(행위의 모방이 연극의 본질이라는 생각은 아리스토텔레스적인 근거를 갖는다).

앞에서 살펴봤듯이 플라톤이나 아리스토텔레스 같은 고전적인 저술가들은 종종 춤을 연극의 일부로 간주했다. 만약 춤이 연극의 본질적인 목적을 실현해야 한다면, 그것이 행위의 모방에 기여할 것임은 사실상 자명해 보였다. 왜냐하면 위버와 노베르가 발전시킨 아리스토텔레스적 춤 이론에서 무대를 구성하는 모든 부분들은 아리스토텔레스의 관점에 따라 플롯 — 행위의 재현 — 에 종속되게끔 되어 있기 때문이다.

이미 언급했듯이 근대적 예술 체계가 단지 막 굳건해지고 있을 당시에 위버와 노베르가 이론화 작업을 하고 있었다는 사실 덕분에 아리스토텔레스의 이론이 그들에게 갖는 매력은 의심할 여지 없이 배가되었다. 오늘날 우리는 예술로 분류되는 전통적인 목록 ─ 그 목록이 수호하는 예술은 최소한 회화, 조각, 음악, 문학, 극, 춤, 그리고 때때로 영화를 포함한다 ─ 을 당연하게 여기지만, 그 목록은 18세기 이전에는 표준적인 것이 아니었으며 이런 (예술)실천들을 분류하는 각기 다른 방식들이 있었다. 이를테면 그리스 인들은 음악과 수학을 하나로 묶었다. 하지만 18세기에 이르러 예술 체계에 속하는 핵심 자격이 확립되었다.

물론 이를 위해 요구된 것은 어떤 포함 원칙이었다. 그 원칙은 다름 아닌 플라톤-아리스토텔레스 식의 미메시스 개념이었다. 1747년 아베 샤를 바퇴(Abbé Charles Batteux)는 다음과 같이 서술했다. "우리는 회화, 조각, 춤이 색, 양각, 태도를 통해 전달된 아름다운 자연의 모방이라고 정의할 것이다. 그리고 음악과 시는 소리를 통해 또는 운율을 갖는 이야기를 통해 전달된 아름다운 자연의 모방이다."(Batteux, 1989: 101)

위버와 노베르는 이런 식으로 나타난 예술에 관한 합의를 명백히 공유했다. 그러므로 우리는 그들의 추론을 다음과 같이 재구성할 수 있다. 그들이 춤을 하나의 예술이라고 믿는 한, 그들에게 예술로서의 춤은 어떤 것이 본질적으로 예술로서 간주되기 위한 필요조건들을 만족해야만 한다. 이런 관점에 따르면 단지 고도의 기교를 보여 주는 여흥은 사람들이 전(前)이론적으로 어떻게 말한다 해도 적절한 의미에서의 춤 ─ 춤 예술 ─ 은 아니다. 시와 회화는 그것들이 갖는 상상적 힘 덕분에 예술의 적합한 사례로 수용되었다. 그리고 극은 그것의 행위 모방 능력 때문에 예술의 지위를 얻었다. 유사하게, 노베르는 **발레 닥시옹**(ballet d'action)*이 예술로서의 춤을 적절하게 실현한다고 주장했다. 왜냐하면 춤은 오직 행위의 모방을 통해서만 예술의 지위를 얻을 수 있었기 때문이다.

극은 플롯을 강조했기 때문에 노베르에게도 특별히 중요한 모델이었다. 물론 아리스토텔레스에게 플롯은 연극적 재현의 핵심이었다. 노베르는 플롯을 통해 춤 관람자들을 통합할 방법을 찾았다. 하지만 동시에 노베르는 춤과 극의 구분을 완전히 흐리길 바라지는 않았다. 그래서 그는 춤의 전형적 특징인 말 없음(wordlessness)과 관련하여 춤에 말이 끼어드는 것을 비판한다. 그는 긴 레치타티보(recitative)**와 글이 적힌 배너를 사용하는 춤이 춤 개념에 반하는 것이라고 불평한다. 노베르에 따르면 비록 춤과 극이 특정한 성질들을 공유한다 해도 말은 춤이 극에서 빌려 와야 할 무언가는 아니다.

노베르가 제시한 모방으로서의 춤 이론은 적합하게 기술되어 있지 않다. 그 이론은 가장 사교적인 춤뿐만 아니라 무대에 올리는 많은 춤 역시 무시한다. 그러나 아리스토텔

---

*   줄거리가 있는 발레로 일반적으로 비극을 주제로 하고 있음.

**   오페라에서 낭독하듯 노래하는 부분. 여기서는 춤에 레치타티보를 도입하는 것을 일컬음.

레스의 이론적 틀을 받아들이는 노베르는 되도록 많은 춤을 포괄해야 한다는 제약에 구애받는 것처럼 보이지 않는다. 왜냐하면 그는 춤의 본질적인 **목적**(telos)을 확인하려 시도하고 있고, 이러한 부류의 본질은 규범적인 측면을 갖기 때문이다. 그렇다면 그의 이론에 대한 반례처럼 보이는 것들은 얼마나 많든 간에 진정한 춤의 사례로 간주되지 않는다. 왜냐하면 그것들은 춤의 적절한 기능을 실현하지 못하기 때문이다.

게다가, 춤을 모방으로 이해하는 것은 매우 영향력 있는 생각이었다. 노베르와 위버 같은 사람들의 개혁과 논쟁 결과 **발레 닥시옹**은 지배적인 춤 형식이 되었다. 이를테면 그것은 낭만주의 발레의 기초가 됐다. 그러므로 19세기 초에 이르러 춤에 대한 모방 이론은 인상적인 실질적 지지 기반을 모을 수 있었다. 물론 노베르의 이론적 논쟁이 다양한 방식들로 수행한 기능은 본질적으로는 자기충족적 예언이었지만 말이다.

모방적 춤을 위한 논증과 노베르의 권위에도 불구하고, 형식주의라는 대안적 입장이 춤 예술의 본성과 관련하여 서서히 나타났다. 다른 예술들에서 등장한 형식주의와 마찬가지로 그 관점은 춤의 서사-모방(narrative-mimetic) 요소들을 무시하고, 대신 춤이 무엇보다 움직임 패턴에 의한 것이라는 생각을 옹호했다. 1837년, 〈템페스트〉(La Tempête)에서 알신느(Alcine) 역을 맡은 패니 엘슬러(Fanny Elssler)에 대한 리뷰에서 테오필 고티에(Théophile Gautier)는 다음과 같이 선언했다. "결국 춤은 우아한 자세에서 나온 아름다운 형상들과 그것들이 눈에 쾌적한 동선으로 전개되는 것을 보여 주는 예술에 다름 아니다. 춤은 소리 없는 리듬이자 보이는 음악이다. 춤은 형이상학적 주제들을 제공하기 위해 선택되는 것이 아니다."(Gautier, 1932: 17)

이런 노선을 이론화하여 가장 강력하게 공식화한 사람은 앙드레 레빈슨(André Levinson)이다. 그는 노베르의 간명한 주장을 '아리스토텔레스적 궤변'으로 간주했다. 게다가, 단지 고티에뿐 아니라 스테판 말라르메(Stéphane Mallarmé)와 폴 발레리(Paul Valéry)를 자신의 동조자들이라고 주장하며, 움직임이야말로 (예술로서의) 춤의 핵심 또는 춤을 감상하도록 하는 힘이라는 관점을 견지했다. 노베르와 그의 추종자들에 반대하여 레빈슨은 다음과 같이 서술한다.

나는 지금까지 춤에만 배타적으로 속하는 특성들에 헌신해 왔거나 춤 예술의 법칙들을 그것 자체에 기반해 특정하게 공식화하려 애써 온 사람을 아무도 떠올릴 수 없다. 그 누구도 결코 춤 스텝의 내재적 아름다움, 그것의 타고난 성질, 그것의 존재를 위한 미적 이유를 묘사하려 시도해 본 적이 없다. 아름다움을 창조하려는 무용수는 자신의 역학 지식을 사용하여 결국 이 지식의 지배자가 되려는 욕구를 가진다. 무용수는 자신의 근육들을 엄격한 규율에 맡긴다. 무용수는 엄청난 연습을 통해 자신의 몸을 구부리고 조정하여 추상적이고 완벽한 형태라는 강도 높은 요구에 적응한다. (Levinson, 1974: 113)

예술을 미메시스로 보는 아리스토텔레스의 이론이 노베르 같은 이론가들이 제안한 춤에 대한 모방 이론을 뒷받침하는 것이라면, 레빈슨이 요약한(또한 고티에와 발레리 그리고 말라르메가 암시하기도 한) 관점을 틀 짓는 것은 아름다움에 대한 칸트의 전통적인 이론에서 유래된 생각이다. 후자의 논의를 관통하는 주제가 패턴의 우선성이라는 사실뿐 아니라 춤이 실용적 관심에서 독립적이어야 하고 '비효용성'을 가져야 한다는 발레리의 주장 역시 미적 반응은 무관심적이어야 한다는 칸트의 가정에 부합한다. 말라르메는 춤이라는 기호에 귀속시킨 형용 불가능성이 유익하다고 여겼는데, 이는 아름다운 것이 하나의 개념하에 포섭될 수 없다는 칸트의 확신을 상기시킨다. 한편 레빈슨은 형식의 중요성을 강조할 뿐만 아니라 무한하게 다양한 움직임을 체계적으로 생성하는 능력을 통해 고전적인 형식의 미적 의미를 분석함으로써 전통 미학 이론에서 다양성 속의 통일성 공식을 떠올리게 한다. 요컨대 레빈슨은 춤의 미적 본성에 대한 한 가지 관점 — 어떤 것이 지각 가능한 안무 형식을 소유하는 오직 그 경우에만 그것은 진정한 춤이다 — 을 옹호하는데, 이는 클라이브 벨(Clive Bell)이 시각예술에 관해 옹호했던 부류의 형식주의와 많은 측면에서 비슷하다.

모방 이론과 마찬가지로 형식주의도 춤의 역사에 커다란 영향을 미쳤다. 많은 모던 발레들이 이룬 업적 중에서 의도적으로 강조된 것들(형식과 움직임)은 형식주의를 통해 추적된다. 그중에서 특히 조지 발란신(George Balanchine)*의 신고전주의(예컨대 Jewels)는 주목할 만하다. 뿐만 아니라 형식주의는 동시대 비평가들 사이에서조차 지속적으로 명망을 얻은 전문가 집단을 형성하는 데 기여했다. 더 나아가, 형식주의 이론은 특정한 이점들도 갖는다. 감상자들은 형식주의 이론을 통해 패턴과 움직임에 면밀하게 주목하게 되며, 이러한 방식은 춤을 통해 감상하고 향유할 무언가에 대해 배우고자 하는 사람이라면 누구에게라도 도움을 주는 조언이 된다. 그러나 춤(과 예술)에 대한 모방이론과 마찬가지로 형식주의에도 지나치게 국지적인 측면이 있으며, 이는 춤 및 다른 예술들 모두와 관련된다. 형식주의는 팬터마임 같은 다른 요소들보다도 형식적 요소들을 특권화한다는 단지 그 이유만으로도 하나의 포괄적 이론을 제공하는 데 실패한다. 그러므로 형식주의 이론에 따르면 반직관적이게도 장 도베르발(Jean Dauberval)**의 〈말괄량이 딸〉(La Fille Mal Gardée) 1막은 춤의 지위를 박탈당할 것이다.

---

*   러시아 출신의 미국 무용가 겸 안무가. 1904-1983.

**   프랑스 출신의 무용가 겸 안무가. 1742-1806.

세 번째로 살펴볼 것은 춤에 대한 표현 이론이다. 형식주의와 마찬가지로 표현 이론도 모방 이론에 대한 반작용으로 나타난다. 대략적으로 말해서 춤에 대한 표현 이론은 예술에 대한 표현 이론과 마찬가지로 춤의 한 가지 기능인 느낌의 표현, 특히 감정의 표현을 강조한다. 표현 이론은 **발레 닥시옹**에서 나타나는 감정 묘사들을 춤으로 간주한다. 하지만 표현 이론에서 감정 표현은 모방 이론에서 나타나는 것보다 더 넓게 이해된다. 왜냐하면 표현 이론은 감정의 진정한 표현을 무대 위 인물들의 감정적 상태에 국한하지 않으며, 서사적 맥락에 의해 동기부여되든 아니든, 의인화 성질을 갖는 어떠한 움직임도 춤으로 간주하기 때문이다. 표현 이론에서는 표현적 성질들이 서사 특징들로부터 유리되어 있다고 하더라도, 어떤 것이 표현적 성질들을 소유하거나 투사하는 오직 그 경우에만 그것은 춤 움직임이다. 음악에서 소리가 서사와 분리된 채 슬픔과 같은 표현적 속성들을 소유할 수 있는 것처럼, 몸의 움직임도 그럴 수 있는 것으로 가정된다. 그러므로 그러한 표현적 속성들의 투사가 신체적 움직임의 목적인 경우 표현 이론은 그것을 춤의 한 사례로 간주한다.

만약 모방 이론이 **발레 닥시옹**의 등장과 역사적 상관관계를 맺고, 형식주의가 고전 발레 및 신고전 발레의 미학과 역사적 상관관계를 맺을 수 있다면, 춤에 대한 표현 이론도 안무 관행에서 나타난 현대적 변화들과 평행을 이룬다. 주로 아메리카 대륙의 모던 댄스와 독일의 **표현주의 댄스**(Ausdruckstanz)의 등장은 표현 이론과 평행을 이룬다. 이러한 춤은 — 마사 그레이엄(Martha Graham), 도리스 험프리(Doris Humphrey), 메리 위그먼(Mary Wigman), 호세 리몬(Jose Limon) 등등의 작품을 포함한다 — 춤의 적절한 기능이 느낌의 표현이라는 확신에 의해 하나로 묶인다. 게다가, 안무가들의 저술뿐 아니라 존 마틴(John Martin, 1972)과 수잔 랭어(Susanne Langer, 1953) 같은 비평가들과 철학자들의 이론적 사변에서도 이러한 확신은 표명된다.

마틴과 랭어는 예술에 대한 표현 이론에 동조한다. 그들은 춤의 핵심이 표현적 움직임에 있다고 본다. 마틴은 그것을 '메타-키네시스(meta-kinesis)'라고 부르고, 랭어는 그것을 '가상적 힘들(virtual powers)'의 영역에 위치시킨다. 랭어는 진정한 춤이 가상적 힘들의 영역으로 제한된다는 점에서 춤을 운명의 영역인 극과 구분한다. 랭어의 주장에 따르면 춤의 기능은 이러한 가상적 힘들을 가시화하는 것이다. 그녀가 '가상적 힘들'이라는 용어를 통해 염두에 둔 것은 삶의 활력 — 자유로운 행위와 영향력이 나타나는 방식 — 인데, 그것은 의지적 행동에 동반되는 느낌이다. 여기에는 자유 의지의 느낌들, 외계의 힘들에 대한 저항감, 사랑의 끌림, 강박의 느낌들, 비상을 꿈꾸는 것 등등이 포함된다. 유사하게, '내부 느낌들의 논리'가 춤 형식들의 배열을 좌우한다는 마틴의 관점은 (느낌의 논리가 애초에 행동의 논리, 즉 서사의 논리와 다른 한) 연극에서 모방이 갖는 규제적 기준과의 결별이 필연적임을 암시한다. 그러므로 형식주의와 마찬가지로 표현 이론도 춤의 이상이 극처럼 무대에 올리는 예술이라고 보는 노베르를 거부한다.

춤에 대한 표현 이론은 현재 비평가, 안무가, 이론가, 그리고 일반 감상자 사이에서 가장 폭넓은 지지를 얻고 있을 개연성이 크다. 먼로 비어즐리(Monroe Beardsley, 1982)는 표현 이론을 매우 명료하게 구체화했다. 비어즐리의 주장에 따르면 어떤 것이 실용적인 목적에 필수적이라고 보이는 것 이상으로 열정이나 활력, 능숙함 또는 확장성을 소유할 경우 그것은 춤 움직임으로 간주된다. 달리 말해서, 여분의 표현성이 있을 경우 해당 움직임은 진정한 춤의 영역에 속하는 것으로 특징지어진다.

그러나 춤에 대한 표현 이론으로 비어즐리가 제시한 공식은 다소 애매하다. 비어즐리가 여분의 표현성을 춤 움직임에 대한 필요조건이라고 믿는지, 충분조건이라고 믿는지, 아니면 둘 모두라고 믿는 것인지가 불분명하다. 그런데 여분의 표현성은 춤 움직임에 대한 충분조건일 수는 없다. 왜냐하면 많은 연극 제스처들이 큰 동작으로 — 여분의 표현성 지점까지 과장되는 식으로 — 나타나는 데 비해 춤 움직임은 그렇지 않기 때문이다. 그러한 큰 움직임들은 극장 뒷줄 관객도 그 제스처를 확실하게 지각할 수 있도록 하기 위함이지만, 강렬한 극적 효과를 위해 채택되는 경우조차 그 움직임들은 춤 움직임이 아닌 경우가 빈번하다. 하나님의 말씀을 강조하기 위해 여분의 표현적인 움직임을 보이며 설교에 임하는 목사들의 제스처도 역시 춤 움직임이 아니다. 마찬가지로 퍼레이드를 펼치고 있는 군인들의 활기찬 도상(iconography)도 — 오리걸음들, 딱 떨어지는 제식들, 그리고 단호한 경례들을 생각해 보라 — 춤 움직임이 아니다. 비록 이것이 비어즐리의 기준들을 만족시키는 것처럼 보일지라도 말이다.

그렇다면 어떤 것이 춤 움직임인지 아닌지를 결정할 때 여분의 표현성은 필요조건인가? 만약 그렇다면, 이것은 몇 가지 서로 다른 방향에서 비판에 직면한다. 만약 비어즐리가 단지 예술로서의 춤이 아니라 춤 그 자체를 가리키는 것이라고 한다면, 아메리카 원주민의 옥수수 춤처럼 여분의 표현성을 보이지 않는 현상들이 있다. 그 춤은 여분의 표현성은 고사하고 땅 가까이에서 되도록 에너지를 소비하지 않는 식으로 표현성을 거의 갖지 않는 작은 스텝들을 포함한다.

예술로서의 춤에 주목한다면 많은 반례들이 있다. 무용단은 이른바 '게슈탈트 효과(gestalt effect)'를 만들어 내려 빈번하게 애쓴다 — 고용된 무용수들은 버스비 버클리(Busby Berkeley)* 뮤지컬에서 볼 수 있는 만화경 속 문양 같은 구성이나 필로볼러스(Pilobolus)**의 복잡한 형상처럼 어떤 전체론적(holistic) 이미지를 투사한다. 이런 이미지들이 꼭 '회화적'일

---

*   미국의 영화감독 겸 안무가. 1895-1976.

**   1971년 창단된, '그림자 댄스'로 유명한 퍼포먼스 무용단.

필요는 없다 ― 그것들은 단순히 기하학적 패턴들일 수 있다. 그럼에도 불구하고 이러한 패턴들을 야기하는 움직임들은 춤 움직임이다. 비록 그것들이 그 자체로는 표현적이지 않고, 그것들의 효과가 필연적으로 표현적이지는 않으며, 그것들을 적합하게 수행하기 위해 여분의 표현성이 요구되지 않는다고 하더라도 말이다. 게다가, 모던 발레의 몇몇 스타일뿐 아니라 커닝햄 테크닉(Cunningham technique)처럼 특정한 춤 용어들 역시 명시적인 효과를 짐작하지 못하게끔 함으로써 여분의 표현성을 명백하게 없애도록 고안된 것이다. 설령 인간의 몸이 표현성을 전적으로 박탈당할 수는 없다고 주장하고 싶다 해도, 우리는 비어즐리의 이론이 과도한 표현성에 의해 틀 지어진다는 점과 감정을 드러내지 않는 스타일의 춤은 비어즐리의 표현 이론을 손쉽게 벗어날 수 있다는 점을 기억해야만 한다.

춤에 대한 비어즐리의 표현 이론은 포스트모던 댄스라고 불리는 최근의 많은 사례들을 수용하는 데에도 실패한다. 스티브 팩스턴(Steve Paxton)의 'Satisfyin' Lover'는 일군의 무용수들이 마치 거리를 걸어 내려가는 것처럼 무대를 가로질러 왔다 갔다 하도록 배치한다. 이본 레이너(Yvonne Rainer)의 'Room Service'는 매트리스를 옮기는 일상적인 일을 하는 무용수들과 관련된다. 이러한 춤들은 일상적인 움직임에 기초한 것이다. 이 춤들은 일상적인 일을 할 때 몸이 작동하는 방식에 주목할 것을 요구하려는 목적을 갖는다. 이를 위해 이 춤들에서는 일상적인 삶에서 이러한 일을 하는 데 필요한 것 이상의 표현성은 부득이하게 배제된다. 결국, 만약 포스트모던 안무에서 이러한 시도들이 춤으로서 간주된다면, 그것들은 실용적인 목적을 위해 필요한 것 이상으로 춤에 여분의 표현성이 필요하다는 생각을 뒤집는 명백한 반례들이다.

더 나아가, 이런 사례들을 춤 예술의 실례로 수용할 충분한 이유가 있다. 최초의 공연 이후 40년간 댄스 페스티벌에서는 이 사례들을 지속적으로 재구성해 왔고, 안무 수업 시간에는 그것들을 배워 왔으며, 춤 역사를 다루는 책에서는 그것들을 분석해 왔다. 이러한 시도들은 그저 일상적인 움직임들을 모아 놓은 것이 아니라, 종종 우리가 의식하지 못하지만, 주목과 감상의 가치가 있는 움직임의 특징들 ― 매트리스 같은 물체를 나르는 과정에서 근육의 지적인 신체적 조정과 같은 것 ― 을 드러내는 일상적 움직임의 예시이다. 이런 측면에서 포스트모던 춤은 명백한 예술의 기능, 즉 일상적인 것을 낯설게 하여 새롭게 보이도록 하는 기능을 수행한다. 게다가, 이러한 낯설게 하기가 움직임을 주제로 삼는 한, 오직 춤의 범주만이 그것을 포섭하기에 적합하다. 그러므로 포스트모던 춤은 비어즐리, 랭어, 마틴 등의 표현 이론이 지닌 결정적인 문제점을 보여 준다.

역사적으로 볼 때 포스트모던 춤이 등장한 시기는 앤디 워홀(Andy Warhol)의 중요한 작품이 나타난 시점과 대략 일치한다. 팩스턴과 레이너의 초기 공연들은 1963년 뉴욕 주드슨 처치(Judson Church)에서 이루어졌는데, 워홀은 〈브릴로 상자〉(Brillo Box)를 1964년 스테이블 갤러리(Stable Gallery)에서 전시했다. 게다가, 포스트모던 춤과 위홀의 팝 아트(Pop Art)가 갖는 철학적 의미도 거의 일치한다. 〈브릴로 상자〉를 눈으로 봐서는 일상적인 브릴로 상자들과 위홀의 상자들이 차별화될 수 없듯이, 레이너와 팩스톤의 작품들은 일상적인 움직임과 춤 움직임이 지각적으로는 차별화될 수 없음을 암시한다. 더 나아가, 위홀이 아서 단토의 포스트-역사적 예술 시대 — 예술이 어떤 것으로도 보일 수 있는 시대 — 를 시작한 것만큼이나 유사하게 포스트모던 춤도 춤의 포스트-역사적 시대 — 춤이 일상적인 걷기와 심지어 매트리스 나르기조차도 포함하여 어떠한 종류의 움직임과도 같아 보일 수 있는 시대 — 가 지속되도록 인도했다.

　　포스트모던 춤이 이룬 성취들 덕분에 춤의 본성에 관한 과거의 이론들은 낡은 것이 되었다. 이제 춤이 어떠한 종류의 지각 가능한 움직임도 포함할 수 있는 한, 모방, 형식, 혹은 표현처럼 지각 가능한 움직임 속성들과 춤을 동화시키는 전통적인 춤 예술 이론들은 충분히 포괄적이지 않다. 한편 네오비트겐슈타인적인(neo-Wittgensteinian) 가족 유사성 절차에 따라 춤 예술의 사례들을 식별하려는 시도는 과도하게 포괄적이므로 실패한다 — 춤은 일상적인 움직임과 식별 불가능할 수 있기에 어떤 것이든 춤으로 간주될 수 있다. 예술의 일반 이론처럼 오늘날 춤에 대한 동시대 철학도 이제 춤 예술작품들을 정의하고 식별하기 위해 보다 맥락주의적인 방법들을 찾아야만 할 것처럼 보인다.

　　그 한 가지 방법은 기존의 춤 작품들과 새로운 후보 작품을 비교하는 일에 달려 있다. 하지만 사례들을 다룰 때 선행하는 춤과 새로운 작품을 연결하는 유사성들은 단순히 지각적인 것이 아니다. 그 유사성들은 관련된 안무를 결정하는 동기가 무엇인지를 살펴 맥락적으로 타당한 이유들을 설명함으로써 뒷받침되어야 한다. 이런 방식의 맥락주의적 방법은 춤의 전통과 관행에 관한 지식을 통해 충분한 정보를 얻어 제한을 가하는 수정된 비트겐슈타인적 접근일 것이다(McFee, 1992). 아마도 양립 가능한 또 다른 방법이 있다면, 이는 이미 인정된 춤 예술작품들을 통해 새로운 작품을 수용하는 발전 과정을 추적하여 역사적 내러티브를 확립함으로써 그 새로운 후보들을 춤으로서 식별하길 권고할 것이다. 이때 기존의 작품들은 관행의 지배적인 목적과 목표를 고려할 때 앞뒤가 맞는 일련의 안무들이 이해 가능한 방식으로 선택되었기 때문에 인정된 것이다(Carroll and Banes, 1998). 물론 맥락 의존적인 방식으로 춤을 **정의**하는 것도 가능하다. 하지만 우리는 춤을 보고 나서야 그 정의를 알게 될 것이다.

* 이 논문의 이해를 돕기 위해서 이 책에서 다음의 논문들을 찾아 읽으면 좋을 것이다.
　〈음악〉, 〈연극〉, 〈조각〉, 〈예술의 정의〉, 〈예술에서의 재현〉, 〈예술과 표현〉

참고문헌

Armelagos, A. and Sirridge, M. (1978). "The Identity Crisis in Dance". *Journal of Aesthetics and Art Criticism 37*: 129-39.

Batteux, C. (1989). *Les Beaux-Arts reduits à un même principe*, (ed.) J.-R. Mantion. Paris: Aux Amateurs de Livres.

Beardsley, M. (1982). "What is Going On in a Dance?". *Dance Research Journal* 15: 31-7.

Best, D. (1974). *Expression in Movement and the Arts: A Philosophical Enquiry*. London: Lepus Books.

Camp, J. van (1998). "Ontology of Dance", in M. Kelly (ed.), *Encyclopedia of Aesthetics*. New York: Oxford University Press.

Carr, D. (1997). "Meaning in Dance". *British Journal of Aesthetics* 37: 349-66.

Carroll, N. (1992). "Theater, Dance, and Theory: A Philosophical Narrative". *Dance Chronicle* 15: 317-31.

Carroll, N. and Banes, S. (1982). "Working and Dancing". *Dance Research Journal* 15: 37-42.

_____ (1998). "Expression, Rhythm and Dance". *Dance Research Journal* 30: 15-24.

Carter, C. (1998). "Western Dance Aesthetics". *International Encylopedia of Dance*. Oxford: Oxford University Press.

Copeland, R. and Cohen, M. (eds.) (1983). *What is Dance?* New York: Oxford University Press.

Dissanayake, E. (2000). *Art and Intimacy*. Seattle: University of Washington Press.

Fancher, G. and Meyers, G. (eds.) (1981). *Philosophical Essays on Dance*. Brooklyn, NY: Dance Horizons Press.

Gautier, T. (1932). *The Romantic Ballet as seen by Theophile Gautier*, trans. C. W. Beaumont. New York: Dance Horizons Reprint.

Goodman, N. (1969). *Languages of Art*. Indianaplis: Bobbs-Merrill.

Langer, S. (1953). *Feeling and Form*. New York: Scribners.

Levinson, A. (1974). "The Spirit of the Classic Dance", in S. J. Cohen (ed.), *Dance as a Theatre Art*. New York: Dodd, Mead.

McFee, G. (1992). *Understanding Dance*. London: Routledge.

_____ (1998). "Dance: Contemporary Thought", in M. Kelly (ed.), *Encyclopedia of Aesthetics*. New York: Oxford University Press.

McNeill, W. (1995). *Keeping Together in Time: Dance and Drill in Human History*. Cambridge, Mass.: Harvard University Press.

Martin, J. (1972). *The Modern Dance*. Brooklyn, NY: Dance Horizons.

Noverre, J.-G. (1966). *Letters on Dancing and Ballet*, trans. C. W. Beaumont. Brooklyn, NY: Dance Horizons.

Sheets-Johnstone, M. (ed.) (1984). *Illuminating Dance: Philosophical Explorations*. Lewisburg, Pa.: Bucknell University Press.

Smith, A. (1980). *Essays on Philosophical Subjects*. Oxford: Oxford University Press.

Sparshott, F. (1988). *Off the Ground: First Steps to a Philosophical Consideration of the Dance*. Princeton: Princeton University Press.

_____ (1995). *A Measured Pace: Toward a Philosophical Understanding of the Arts of Dance*. Toronto: University of Toronto Press.

Weaver, J. (1712). *An Essay towards a History of Dancing*. London: J. Tonson.

제34장

연극

폴 우드러프(Paul Woodruff)
번역: 신운화

유럽 문화권에서 예술철학은 연극에 대한 플라톤의 비판, 그리고 아리스토텔레스의 비극 이론과 더불어 시작되었다. 예술에 대한 근대의 철학적 논의에서 연극은 주가 되기보다 문학과 허구라는 더 광범위한 주제 속에 포함되는 것이 일반적이었으며, 최근에는 영화에 대한 관심이 높아지면서 상대적으로 연극의 비중이 약해졌다.

1. 역사적 배경

고대 그리스 철학자들은 연극의 문제들에 관심을 가졌고 이후 수 세기 동안 다룰 의제와 논조를 수립했다. 그러나 많은 경우 가장 현대적인 예술철학자들조차도 고전 작품에 대한 오래된 번역과 주석에 매달리고, 이 영역에서의 최근의 학문적 결과물을 대담하게 간과한다(플라톤에 관해서는 재너웨이(Janaway, 1995)의 책에 최근 학자들의 훌륭한 논평이 포함되어 있다. 또 아리스토텔레스의 《시학》(*Poetics*)의 독자라면 잰코(Janko, 1987)와 헬리웰(Halliwell, 1995)의 판본 및 벨피어(Belfiore, 1992)의 연구와 로티(Rorty, 1992)의 논문들을 참고할 수 있다).

고대 그리스에서 시는 공연되기 위해 만들어졌고 따라서 시에 대한 고대의 논의에서는 지금 우리가 문학이라고 부르는 것과 공연 예술을 구별하지 않고 있다. 시에 대한 플

707

라톤의 비판은 대부분 배우와 관객에게 미치는 공연의 도덕적 효과에 근거한다(이 책의 〈예술과 도덕성〉 참고). 르네상스시대 이후 연극 관련 논의들에서는 대본을 주로 문학적 텍스트로 다루어 왔다. 그러나 20세기 전반, 실제 연극 분야에서 두 혁신자가 나타나 연극은 공연의 영역에 포함된다는 생각을 개진했다.

베르톨트 브레히트(Bertolt Brecht, 1898-1956)는 극작가로 출발했지만 곧 이론적 저작을 계속해서 발표했다. 윌렛(Willett, 1964)이 정리한 1918-1932년 간의 저작들에서 브레히트는 서사극(epic theatre), 혹은 교훈을 위한 극이라는 구상을 분명하게 표현하고 있다. 시급한 정치적, 도덕적 의제에 이끌려 브레히트는 당대의 문학과 무대의 관습을 거부하고, 투명한 연기 방식을 지양하고 관객이 등장인물에 무심코 감정을 이입하지 못하도록 하는 연극 형태를 지지했다. 배우들은 극 중 인물과 자신을 동일시하지 말고 스스로를 이야기 전달자(storyteller)로 여기도록 권장된다. 한편 브레히트 식의 무대 장치의 모든 측면들, 즉 거짓 프로시니엄*의 제거, 뻔히 볼 수 있게 세워진 무대 세트, 노출된 조명 등은 관객이 공연의 연극성(theatricality) 자체에 주목하도록 하려는 것이다. 이러한 '소격 효과(alienation effect)'는 환영을 제거하기 위해 모두 계산된 것이다. 그 결과 관객은 등장인물의 감정에 휩쓸리지 않게 되지만, 등장인물들이 울 때 웃고, 웃을 때 우는 등 반대되는 반응을 보이면서 사회를 비판적으로 이해하게 된다. 이러한 연극 모델은 공연의 모든 국면을 주목하지 않고는 생각할 수 없는 것이다.

앙토냉 아르토(Antonin Artaud, 1896-1948)는 자연주의 연극이 은폐하고자 한 제의적 요소들에 주의를 돌린 것으로 주로 알려져 있다. 이 제의적 요소들은 사실상 모든 문화에서 나타나지만, 배우와 관객 내면의 의식 상태를 변화시킬 경우에는 연극에 대한 고전적 관념들을 위협한다. 이러한 목적을 가진 연극에는 근대 유럽 문화에서 주된 관심의 대상이었던 재현적 내용이 결여될 수 있다. 아르토는 철학자라기보다는 예언자였고 그는 극장에서보다 개인적으로 더 많은 실험을 했다. 그러나 그의 잔혹극(theatre of cruelty) 개념(Schumacher, 1989)은 공연에서 관객을 배우와 동등한 위치에 놓게끔 하는 길을 열었고, 그로토프스키(Grotowski, 1968)와 셰흐너(Schechner, 1977)의 실제와 이론이 겸비된 저작에서 그 결과

---

* 프로시니엄(proscenium)은 연극에서 무대와 객석의 경계를 짓는 가상의 수직면으로서, 무대의 전면부에 위치하여 보통 상부와 측면은 개구부 같은 물리적인 프로시니엄 아치(proscenium arch)로 되어 있고 바닥은 무대 자체와 공유한다. 이 프로시니엄은 연극 공연 중에 관객이 무대 위에서 일어나는 일들을 통일된 각도로 바라볼 수 있도록 돕는 기능을 하며, 또한 배우와 무대 위의 세계를 관객으로부터 분리하려는 사회적 약속이기도 하다. 즉 무대와 객석을 분리하면서 관객이 무대의 장면에 편안하게 몰입할 수 있도록 하는 이중적인 기능을 가지고 있다. 프로시니엄은 개념상 가상의 면이지만, 그러나 무대의 커튼이 보통 프로시니엄 아치 바로 뒤에서 내려지기 때문에 커튼이 내려지면 프로시니엄은 물리적 실재성을 갖게 된다. 참고적으로 뒤에 언급되는 '제4의 벽'이란 개념도 본질적으로는 이와 유사하다.

를 확인할 수 있다. 아르토의 추종자들을 이끌어 온 것은 이론적으로는 연극의 인류학이고, 실행의 측면에서는 연극을 통해 관객을 연대 혹은 공동체의 제의에 참여시키려는 사회적 의제이다. 비록 브레히트의 경우처럼 이 운동의 정치성이 1960년대의 급류 이후에 사라졌다 해도, 이 운동이 공연의 이론과 실제에 미치는 영향력은 계속 살아 있고 1990년대에 시작된 공동체 운동에서 부흥을 기대하고 있다.

2. 연극이란 무엇인가?

연극은 점점 정의하기 어려워지고 있다. 전통적인 이론들은 연극을 문학 속에 함께 묶는 것을 허락하지만, 20세기의 새로운 구상들은 소위 아리스토텔레스적 연극 모델의 안락한 틀을 부수고, 연극 이론가들로 하여금 종교, 정치, 공동체의 삶에 있어 연극이 가지는 독특한 영향력을 인식할 것을 요구했다. 이러한 발전에 힘입어 최근 학자들은 고대의 텍스트를 독해하는 새로운 방식을 발견했다(논의에서 고대 그리스 비극을 전형으로 드는 철학자들은 시퍼드(Seaford, 1994)와 시걸(Segal, 1996) 등의 연구를 알고 있어야 한다).

연극은 그 자체가 별개로 분리된 예술 형식이라 하기 어렵다. 특수한 고유 매체를 가지고 있지 않으며, 특징을 정연하게 열거하기 어려울 만큼 수많은 다른 방식들로 실행될 수 있다. 연극에 대한 일반적인 정의는 다음과 같은 것이어야 할 것이다. 연극은 현장 공연이나 통상 사건을 모방적으로 상연하는 것에, 시, 산문, 음악, 춤, 의상, 배경 그림 그리고 현재는 비디오나 디지털 효과가 결합된 혼성적인(hybrid) 예술 형식이다. 이 사건들은 결국 허구적, 역사적, 제의적, 상징적인 것이고 혹은 그것들이 결합된 것이다. 그리고 상연 자체는 대본을 다소 면밀하게 따를 수도 있고 즉흥적일 수도 있다. 실제 배우들이 연기할 수도 있고, 연극의 형태를 취하면서 실제 공연자가 조종하는 인형, 마리오네트, 그림자 장치로 상연될 수도 있다. 연극은 보통 무대와 구분된 객석에 앉은 관객 앞에서 공연되지만, 그 자리에 있는 모든 사람, 심지어는 관객까지도 참여하도록 초대하거나 심지어는 강제할 수도 있다. 연극은 등장인물의 선악을 드러내고, 외경심을 공유하는 관객의 경험을 다시 새롭게 하고, 인간 삶의 부조리함을 제시하여 현혹된 대중에게 충격을 주거나 부조리로 말미암아 웃음과 위안을 얻도록 하는 등 다양한 목적을 가질 수 있다.

연극에 대해 광범위한 정의를 내리고자 하는 시도는 모두, 어떤 특정한 경우마다 연극이 목적과 매체의 선택에 얼마나 극도로 의존하고 있는지, 연극에 대한 이론이 사회의 관점들과 얼마나 깊이 얽혀 있는지, 연극이 그 자체의 목적과 도구들을 표방하는 측면이 얼마나 미약한지를 보여 준다. 연극을 구성하는 모든 요소들을 다른 예술 형식에서도 찾아볼 수 있으며, 그 결과 연극은 예술계 내에서 쉽게 독자적으로 구별되지 않고 연극에 대해 제기되는 철학적 문제들은 통상 다른 예술 형식들과 어느 정도 공유된다. 다른 예술 형식들은 이 책의 다른 부분에서 다루어지고 있기 때문에, 이 장에서는 공연 예술로서 연극만을 특수하게 다루는 이론들에 관심을 집중할 것이다. 설령 음악, 춤, 심지어 스포츠 이벤트도 연극으로 해석될 수 있다 할지라도, 그것들은 따로 다루는 편이 낫다.

연극을 정의하는 문제에 철학적 관심을 두는 것은 최근의 현상이다. 살츠(Saltz, 1998)의 책은 그 문제에 관한 여러 학파들의 생각을 탁월하게 개관하고 있는데, 이 장에서는 그 내용을 반복하여 다루지는 않을 것이다. 연극에 대한 가장 최근의 논의들에서는 20세기 초에는 혁명적이었던 것을 지금은 당연하게 여기고 있다. 즉 연극은 공연 예술에 속한다는 것, 그리고 연극에 대한 본격적인 논의는 공연에 관한 이론으로 시작해야 한다는 것이 그것이다. 공연에 기반한 연극 이론이 미메시스(mimesis)와 상연(enactment)에 대한 논의로 이어지는 것을 보도록 하자.

3. 공연(performance)

공연을 이해하는 데 있어 톰(Thom, 1993)의 책은 귀중한 시작점이 된다. 톰은 공연의 다양한 요소들, 즉 저자, 공연자, 관객 등을 철저하고 주의 깊게 논의한다. 그는 그가 각 요소의 가치로 일컫는 바를 온건하게 옹호하며, 어느 한 가지 요소를 지나치게 중시하거나 경시하는 급진적인 이론들을 거부할 충분한 이유를 제시한다. 유럽권의 전통적인 관점에서는 저자의 작품을 가장 중요한 것으로서 우선시하고 따라서 공연은 가능한 한 투명하게 작품을 충실히 따를 것을 요구한다. 그 결과 공연은 저자의 작품에 대해 단지 보조적인 것이 된다. 톰은 이것을 왜곡으로 간주한다. 즉 공연을 통한 해석의 가치가 안타깝게도 폄하된다는 것이다. 다른 한편 톰은 비슷한 이유에서 미적 가치가 일차적으로 공연에 있다고 하는 좀 더 급진적인 관점에 대해서도 반대하는데, 이 관점은 저자의 작품을 경시하기 때문이다. 관객에 대한 견해를 보면, 톰은 관객이 중요하다고 말하지만 관객의 적극적인 역할은 공연을 해석하는 데 한정되어야 한다고 생각하는 듯하다. 톰은 유럽의 고전 음악을 염두에 둔 듯 보이는데, 여기에서는 일반적으로 수동적인 관객을 생각하게 된다. 만일 그가 대중음악, 비유럽권의 음악, 혹은 연극 등 모두 청중이 공연의 과정과 성격에 여러 가지 방법으로 영향을 줄 수 있는 분야에 좀 더 주의를 기울였더라면 톰도 아르토 이후의 많은 연극 이론가들처럼 청중에게 더 많은 역할을 부여했을 것이다. 그럼에도 불구하고 톰의 이론은 철학자들이 내놓은 이전의 공연 이론보다 진전된 것이다. 그리고 연극을 문학과 영화 같은 비공연 예술 형식과 구별하는 데에도 이 이론이 도움이 된다는 것을 알 수 있다.

4. 미메시스, 상연 그리고 기호(sign)

플라톤 이래 철학자들은 대부분 연극이 **미메시스**(mimesis)의 한 형태라는 것을 당연시했다. 미메시스는 흔히 '모방(imitation)' 혹은 '재현(representation)'으로 번역되며 예술가 쪽에서는 속임, 관객 쪽에서는 상상과 관련되는 것으로 여겨진다. (Walton, 1990과 같은) 미메시스에 대한 현대의 가장 훌륭한 논의에서는 이 단어를 그 자체로 독립적으로 다루고 있고, 핼리웰의 아리스토텔레스 번역본(1995)은 이 단어를 번역하지 않고 그대로 두고 있다. 사실 현재의 맥락에서 사용되는 어떤 영어 단어도 고전 그리스에서 통용된 **미메시스**와 용법이 같은 것은 없다. 고대인들에 따르면 의술은 자연에 대해 미메시스적인 것인데, 치유의 기능은 의술과 자연 모두에 공통적인 것이기 때문이다. 이러한 종류의 미메시스는 기만적이거나 상상을 자극하는 것으로 생각하기 어려우며 굳이 말하자면 의술이 모방적이거나 재현적이라고 할 수 있을 것이다.

다른 예로, 한 아테네 인이 다른 그리스 지역의 방언을 말할 때 그는 미메시스적으로 말한다고 할 수 있다. 그러나 그는 실제로 그 방언을 말하고 있는 것이 아니다. 또 고대인들은 음악을 성격에 대한 미메시스로 생각했는데 이것은 현대 독자들에게 필요 이상의 혼란을 준다. 흔히 간과되곤 하는 아리스토텔레스 저작의 한 구절은 음악이 그것이 가진 용맹스런 느낌을 청중이 갖도록 할 때 그 음악은 용기라는 특질에 대한 미메시스가 된다는 것을 보여 준다(Woodruff, 1992).

일반적으로 이러한 관점에서는 Y가 그 청중에 미치는 효과와 최소한 부분적으로라도 동일한 효과를 X가 청중에 미칠 때, X는 Y의 미메시스이다. 이것은 의술과 자연 간의 **미메시스**를 설명한다. 말하자면 자연은 우리가 완전히 이해할 수 없는 방식으로 천천히 치유하는 반면, 의술은 우리가 경험적으로 발견한 수단을 통해 같은 효과를 좀 더 빨리 얻고자 하는 것이다. 그렇다면 연극은 그 수단이 재현적이건 아니건 연극 특유의 수단을 통해 실제 사건이 관객에게 영향을 미치는 모종의 방식으로 관객에게 영향을 주고자 한다는 점에서 미메시스적인 것으로 생각될 수 있다.

그러나 현대 미학에서 **미메시스**는 하나의 영어 단어로서 나름 중요한 명맥을 이어 오고 있다. 미메시스에 대한 가장 철저하고 독창적인 현대적 정리는 월튼의 작업(Walton, 1990)으로, 월튼은 미메시스를 믿는-체하기(make-believe)로 이해하면서 이것을 가지고 모든 재현적 예술을 설명한다. 하지만 월튼의 이론은 특히 연극의 문제들에 잘 적용된다. 이 이론은 발표된 이래 연극과 관련된 철학적 논의들에 광범위한 영향을 행사해 왔고 앞으로도 그럴 것이다. 월튼의 이론은 비판자들 대부분이 인지했던 것보다 더 정교하고 유연하며, 광범위한 미학적 문제들을 다루는 강력한 방법들을 제공한다. 예술을 관람하는 사람들은 그들에게 폭넓은 선택을 허용하는 믿는-체하기의 과정에 참여한다. 관람자들은 해석, 감정과 유사한 반응, 혹은 심지어 무대 위의 사건에 대한 직접적인 상호작용을 통해 연극에 참여할 수 있다. 월튼의 이론은 관람자들이 그야말로 무대 공연에 관해 주장하는 바와 그들이 무대의 등장인물이나 사건에 관한 믿는-체하기 놀이 안에서 주장하는 것을 명쾌하게 구별할 수 있도록 한다. 유사하게, 그 이론은 관람자들이 공연 동안에 실제로 경험하는 감정들과, 무대 위에서 일어난다고 상상하는 것에 대해 느끼는 믿는-체하기 감정을 구별한다. 그 결과 월튼의 이론은 허구적 개체의 존재 혹은 실제가 아닌 것들에 대해 진짜 감정을 느끼게 된다는 역설을 지지하는 약한 주장들에 굴복하지 않고, 우리가 연극을 경험하는 문제에 충실하게 들어맞는 설명이 된다. 월튼은 또한 동일한 대상이 믿는-체하기 놀이에서 하나의 역할을 담당하면서도, 한편으로는 실제 생활에서의 목적을 위해서도 사용된다는 것을 설명할 수 있다. 월튼은 어떤 대상이 '상상을 위한 소도구(prop)'가 될 수 있다는 생각을 연극으로부터 취하여 그 생각을 예술에 대한 일반적인 이론에로 확장한다. 무대 위의 의자는 실제로 배우가 앉는 의자이면서, 동시에 믿는-체하기에서의 의자, 즉 상상을 위한 소도구이다. 이때 의자는 무대 위에서 표상되는 어떤 등장인물이 앉는 의자이다(이 책의 〈예술에서의 재현〉과 〈허구〉 참고).

그러나 연극이 항상 재현적인 예술로 생각되는 것은 아니다. 연극이 믿는-체하기와 실제 삶 간의 경계를 무너뜨리고자 할 때는 월튼의 이론에서와 같은 분석이 통하지 않는다. 아르토의 잔혹극은 관객들에게 실제로 사건들이 일어나게 함으로써 안락한 믿는-체하기 놀이 속에서 관객이 느끼는 쾌락을 무산시키고자 하는 것이다. 아르토는 제의에서 일어나는 일들을 실제인 것처럼 느끼는 전통들을 생각한다. 포도주가 피로 성변화(聖變化)하는 것을 믿는-체하기 행위로 설명하고자 한다면 미사의 핵심을 놓치게 될 것이다. 그리고 종교적 전통에서 연극은 신적인 것을 지상으로 불러오고자 하는 것이고, 또는 적어도 청중으로 하여금 그들이 신적인 존재의 현존이라 여기는 바를 인식하게 하려는 것이다. 반대로 브레히트의 소격 기법이 계획하는 것은, 무대 위에서 재현되는 바를 상상하려 애쓰는 것에 대해 관객이 반발하게 만들어 관객이 믿는-체하기를 그만두도록 하는 것이다. 그들 앞에 보이는 것이 실제로 불가능한 것이라는 점을 생각하면서, 관객들은 자본주의 사회에서 실제로 일어나는 일들을 성찰하게 된다. 그렇다면 연극의 목적에 대한 일반적인 설명은, 재현, 상상, 믿는-체하기에 의존하지 않는 관점들을 고려할 수 있는 최소한의 여지를 남겨 두어야 한다.

5. 무대 위의 행위와 상연

살츠(Saltz, 1991)는 그의 논문에서 연극 속의 행위에 관한 이론을 전개하여 이후 논의들에 영향을 주었다. 발화-행위 이론(speech-act theory)의 관점에서 살츠는 연기 중인 배우들은 이를테면 약속 같은 진정한 발화수반 행위(illocutionary act)*를 할 수 없다는 입장을 비판한다. 살츠의 견해에 따르면, 연극 속의 발화행위는 모방적이거나 '-체하기(pretend)'가 아니지만 (적어도 연극 속에 있는 것 때문은 아니다), 진정한 발화수반 행위의 특징들을 모두 가질 수 있다. 배우들이 그가 말하는 '차용한 지향성(borrowed intentionality)'을 가지고 있을 때를 제외하고는 말이다. 예컨대 연극 속에서 화자가 상대에게 한 약속은 그들이 같은 극 안에 있는 한에서만 성립된다. 비슷한 방식으로, 게임을 하는 사람들의 합의는 그 게임의 범위 안에서만 구속력을 가진다. 살츠는 게임의 유비에 적절한 제한을 가하여, 연극의 관객들을 텍스트의 독자보다는 스포츠 경기의 관람자처럼 생각하라고 말한다. 핵심은 배우들은 연극에서 실제 행위를 하고 있다는 것, 그리고 관객은 배우들의 행위에 실제로 주의를 집중하고 있다는 것이다.

상연은 연극을 둘러싼 논의에서 최근 전면에 부상한 것이다. 이것은 수많은 연극 형태들의 본질적인 특징을 잘 포착하지만, 한편으로 재현과 미메시스의 문제에 있어서는 여전히 중립적이다. 그래서 폭넓게 다양한 양식과 문화적 전통을 가진 연극적 관습들을 설명하는 데 유용하다. 해밀턴(Hamilton, 2000)은 자연주의적인 연극과 그 경쟁자들 간의 차이를 설명하는 데 그 개념이 유용하다는 것을 명쾌하게 설명한다. 나는 철학자들이 연극 관련 저작에서 이러한 방식으로 나아가야 한다고 생각한다. 즉 핵심 개념을 분석하고 그 개념들을 사용하여 어떻게 연극의 실제를 설명하고 더 명쾌하게 할 수 있는지를 보여 주는 것이다.

다른 대조적인 접근은 거대 철학 이론들을 예술과 관련시킨다. 예컨대 기호학자들은

---

* 발화수반행위(illocutionary act)는 화자가 발화를 통해 달성하고자 의도하는 것이다. 오스틴(Austin)의 발화행위이론에 따르면, 발화행위(locutionary act)는 뜻과 지시 대상을 갖는 특정한 문장을 발화하는 행위이고, 발화수반행위는 그 발화행위를 함으로써 야기하거나 달성하고자 하는 것으로, 약속, 요청, 명령, 질문, 진술, 강요 등의 유형이 될 수 있다. 예컨대 식탁에서 "소금 없니?"라고 말한다면, 그 문장을 말하는 것은 발화행위이지만, 발화수반행위는 그 발화가 의도하는 의미로서 "누가 소금 좀 건네줘"라는 요청이다. 이 발화수반행위는 사회적 관습 체계 내에서 정의된다. 또한 이 상황에서 누군가가 소금을 가져다주는 실제 행위가 일어난다면, 그것은 발화효과행위(perlocutionary act)이다.

연극이 하나의 기호 체계라고 주장한다. 즉 연극은 기호를 통해 의미를 만들어 낸다는 것이다. 연극에 대한 가장 철저한 기호학적 논의는 피셔-리히테(Fischer-Lichte)의 저작(1983, 영역본 1992)이다. 기호학에 반대하면서 현상학을 연극에 적용한 입장으로는 버트 스테이츠(Bert States, 1985)의 논의가 최근의 가장 훌륭한 연구로 꼽힌다. 스테이츠는 기호라는 관념이 연극에 대한 우리의 실제 경험을 설명하기에는 너무 협소하다고 주장한다. 이것은 연극이 재현적 예술이라는 생각에 반대하는 최근 주장들과 잘 들어맞는다.

6. 연극에 해당되지 않는 것

연극이 공연 예술이라고 한다면 연극 자체에 해당되지 않는 다른 많은 것들이 있다. 그리고 근대 철학자들이 연극에 대해 쓰고자 했던 것들 대부분이 실제로는 연극이 아닌 다른 것들에 관한 것이다. 특히, 연극에 특유한 철학적 문제들은 문학이나 허구에 특유한 문제들이 아니며 또한 영화의 문제들과도 구별되어야 한다.

첫째로, 문학은 연극을 정의하는 데 있어 필연적인 관계가 없는데, 연극은 텍스트를 필요로 하지 않는다. 문학 비평가들, 특히 신비평주의자들은 오랫동안 연극을 문학적 텍스트를 단지 상연하는 것일 따름이라고 생각해 왔다. 그러나 이 점에서 그들은 연극을 그 나름의 독자적인 예술 형식이기보다는 다른 것에 대한 보조물로 취급하고 있다. 종종 실연을 통해 텍스트들을 잘 가르칠 수 있는 것은 사실이지만, 문학을 가르치는 것이 연극의 고유한 목적은 아니다. 더욱이 마치 다른 숭배 의식처럼, 쓰인 텍스트를 숭배하는 행위는 일종의 연극일 수는 있다. 그러나 이것이 연극의 본질은 아니다.

그러나 연극을 공연 예술로 간주하는 이들에게는 존재론적인 문제가 대두된다. 만일 〈햄릿〉(Hamlet)이 연극 작품이고 〈햄릿〉의 어떤 연극 작품도 그 대본과 동일시될 수 없다면, 우리는 작품 〈햄릿〉이 진정 무엇인지를 어떻게 말할 것인가? 이 연극은 수많은 버전들이 있고, 수많은 공연들, 다수의 공연 양식들이 있다. 즉 유형-징표 간의 구분이라는 관점에서 쉽게 답하기에는 너무 많은 다양한 〈햄릿〉들이 있는 것이다(유형-징표 설명에 따르면 방금 내가 사용한 '구분'은 '구분'이란 단어의 하나의 징표가 된다). 각 공연을 하나의 특정한 제작(production)이라는 유형에 대한 징표로 간주할 수 있지만, 〈햄릿〉의 제작들이 그 연극 자체와 맺는 관계를 정확히 밝히기는 더욱 어렵다. 이 문제에 관해서는 확정적인 답이 없으며, 무엇이 〈햄릿〉의 제작인지 아닌지에 관한 논쟁을 종식시킬 수 있는 방법도 없다. 그러나 다음과 같이 나는 월튼(1990)과 샬츠(1991)의 주장과 일치하는 한 가지 전략을 추천한다. 하나의 지속되는 공연 예술 작품을 축구 같은 경기와 유비적인 것으로 생각해 보라. 통상적으로 우리는 언제 축구 경기가 행해질지에 대해 동의하듯이 언제 〈햄릿〉이 공연될지에 대해 동의하지만, 양자 모두 그 기준은 변할 수 있다. 이 유비에서 〈햄릿〉을 공연하는 것은 축구 경기를 하는 것과 같다. 해야 할 역할과 따라야 할 규칙이 있고 이것들은 해당 경기에 맞추어 어느 정도 적절하게 수행될 것이다. 그것을 잘 수행하기 위해서는 대본이나 경기 각본 이상의 것이 필요한데, 그것은 어떤 발전해 나가는 수행(performance) 전통 또한 필요로 할 것이기 때문이다. 그래서 나는 특정한 연극 작품을 다양한 방식으로 경기가 치러질 수 있는 일종의 예술적 게임으로 간주하고자 한다.

둘째, 허구는 곧 창안된 것이라는 전통적인 의미에서라면 연극은 본질적으로 허구적이지 않다. 순수하게 다큐멘터리적인 역사적 소재가 연극으로 제시될 수 있고, 설령 역사의 재현이 확연히 미메시스적이라 해도 여기에서는 창안할 필요가 없다. 역사가들 모두 역사를 재현할 때 선정과 각색을 하지만 말이다. 그러나 월튼의 더 광범위한 정의는 재현을 믿는-체하기로 간주하며, 이것은 모든 재현적 공연들을 허구적인 것으로 취급할 수 있도록 한다. 그러나 연출자들은 종종 무대 위에서 일어나는 사건들이 재현인지 실제인지의 문제를 열어 놓은 채로 두고 싶어 한다. 질투하는 남편을 연기하는 배우가 **실제로** 질투하는 남편일 수 있고, 관객은 무대에서 실제의 살인을 목격할 수도 있다. 관객은 배우가 제4의 벽*을 부수고 관객을 직접 대면할 때, 혹은 관객이 그다음에 무슨 일이 일어날지 결정하도록 요청받을 때는 심지어 자신의 좌석이 무대 위의 행위로부터 안전하게 격리되어 있지 않다는 것을 알게 될 것이다. 이런 경우는 드물지만 연극에서 무대 위의 사건이 현실로 뚫고 나올 가능성은 항상 있으며, 이는 연극 장르 특유의 흥분감을 선사한다.

셋째, 연극은 현장 공연(live performance)이라는 점에서 영화와 다르다(물론 실제 연극 공연에서 적절한 장치를 써서 영화 상영을 **사용**할 수 있다고 하더라도 말이다). 연극 공연은 똑같은 것이 두 번 있을 수 없다. 심지어 반복해서 관람하는 관객도 공연마다 다른 태도로 과거의 제작물을 새롭게 경험하고, 관객의 태도 변화는 배우들에게도 영향을 준다. 그러나 영화는 책처럼 고정된 형태로 완성되고 발표된다. 영화는 수년에 걸쳐 얼마든지 많은 소비자에게 같은 방식으로 보일 수 있다. 손태그(Sontag, 1969)가 말한 대로 '영화는 타임 머신'인 반면, 연극은 고전을 현재 상황에서 제시한다. 더욱이 영화는 인물의 표현적인 얼굴을 엄청나게 클로즈업 하는 등, 감정을 조절하는 데 있어 연극에서는 불가능한 강력한 효과를 마음껏 사용한다. 연극에서 공통적으로 사용되는 더 약한 효과들은 영화보다 더 폭넓은 범위의 관객

---

* 제4의 벽(the fourth wall)은 무대와 관객 사이를 떼어 놓는 보이지 않는 수직면을 말한다. 앞에서 말한 프로시니엄과 본질적으로 유사한 개념이라 할 수 있다. 덧붙여 '제4의 벽을 무너뜨리기(breaking the fourth wall)'란 표현은 연극, 영화, 소설 등 매체 속에 존재하는 허구의 인물이 객석, 관람객, 독자 등을 향한 제4의 벽을 무너뜨리고 자신을 노출하는 것을 뜻한다.

반응을 고려하며, 관객들은 각각 다른 각도에서 그 행위를 보면서 같은 연극을 두고 다른 경험을 할 것이다. 그러나 영화에서는 모든 이에게 한 가지 앵글만이 허락되고, 배우와 관객 간의 상호작용이 불가능하기에 현장 공연을 활기 있게 만드는 긴장이 사라져 버린다. 더욱이 한 영화의 다른 부분들을 동시에 눈앞에 제시할 수 있고, 어떤 부분이라도 다시 감기와 반복이 가능하다. 반면 연극은 그렇지 않다.

영화와 연극 사이의 경계선이 모호해지는 것은 영화나 비디오로 실황 공연을 녹화하여 다수의 관객에게 전송하는 관행이 있기 때문이다. 이것은 오늘날 오페라나 스포츠 행사에서 종종 있는 일이다(오페라나 스포츠 행사는 일종의 즉흥적인 연극이라 할 수 있다). 톰은 동물의 그림이 동물이 아니듯이 공연의 이러한 재현은 공연이 아니라고 주장하지만, 이것은 확실히 지나친 생각이다. 영화 상영은 일종의 공연이다. 말하자면 관객은 영화에 반응하고 그렇게 함으로써 그 영화에 대한 서로의 경험에 영향을 줄 수 있다. 그리고 〈로키 호러 픽처 쇼〉(Rocky Horror Picture Show)의 예처럼 영화를 컬트적으로 상영하는 것은 공동체 의식을 형성시키는 제의로서의 연극을 대신할 수 있다.

7. 오페라

연극에는 종종 음악이 있다. 그리고 처음부터 끝까지 음악으로 간주되는 푸치니의 〈나비 부인〉(Madam Butterfly)같은 그랜드 오페라와, 음악 없는 장면들 사이에 노래를 삽입하는 브레히트의 〈남자는 남자다〉(A Man's a Man) 같은 극 사이에는 미끄러운 비탈길*이 있다. 그 차이는, 〈나비 부인〉은 전체가 콘서트 공연의 소재가 될 수 있지만 〈남자는 남자다〉는 그렇지 않다는 점이다. 사실 같은 오페라 작품을 공연할 때 제작의 가치는 다소 극적이거나 음악적인 것이고, 오페라 관람자가 보게 되는 것은 의상을 차려입은 콘서트와 악보에 맞추어 연기하는 극의 중간쯤에 해당하는 공연이다. 피터 키비(Peter Kivy)는 오페라를 '극으로 만들어진 음악(drama-made-music)'이라고 분석하면서, 오페라의 성공은 철학·심리학상의 발전 때문인데 이 발전으로 인해 청중과 오페라 관계자들이 오페라의 요소들(특히 다 카포

---

*   미끄러운 비탈길(slippery slope)이란 미끄러운 비탈길 논증을 염두에 둔 말로, 이것은 마치 비탈의 위쪽 끝에서 살짝 민 물건이 비탈의 바닥 끝까지 계속 밀려 내려오듯이, 상대적으로 사소한 첫걸음이 연속적으로 관련된 사건들을 잇따라 발생시켜 결국 어떤 중대한(보통 부정적인) 결과를 초래하는 것을 말한다. 여기서 〈나비 부인〉과 〈남자는 남자다〉는 음악의 활용 면에서 매우 차이가 크지만 결국 정도의 문제이므로 비탈의 양 끝과 같이 유사하게 연속되어 있다는 점을 말하려는 것이다.

아리아*)을 음악적 형식과 '감정적 삶'의 재현 양 측면에서 완벽한 것으로 받아들이게 되었다고 주장한다(Kivy, 1988). 그러나 키비는 오페라가 극으로 간주될 수 있다는 것을 진정 인식하고 있으며 그의 책은 연극에 대해 논의하는 철학자들이 주목할 가치가 있다.

8. 연극과 감정

플라톤이 당대의 연극을 비판했던 것은 무엇보다도 그것이 이성을 약화시키면서 감정을 고무한다는 이유 때문이었다. 브레히트가 그가 아리스토텔레스적 연극이라 칭하는 종류들을 거부하는 것은 감정이 이성을 약화할 수 있다는 플라톤적 전제를 취하고 있는 것이다. 루소(Rousseau)가 제네바에 내려졌던 연극 금지령을 옹호하는 것은 이와 유사한 노선을 따르고 있지만 보다 극단적인 것이라 할 수 있다. 즉 연극의 성공 여부는 도덕적으로 악한 관객 반응에 전적으로 좌우된다는 것이다(Bloom, 1960).

이 세 가지 모두 감정과 이성적 판단 사이의 관계에 대한 문제를 제기한다. 플라톤은 암시적으로 그리고 브레히트는 직접적으로, 받아들일 수 있는 연극의 가능성에 대해 생각하고 있고 따라서 연극이 관객에게 영향을 미치는 다양한 방식들에 관해 문제를 제기한다. 이러한 철학적 공격 어느 것도 허구에 대한 감정 반응이라는 현대적인 문제에 직접적으로 관련되지 않는다. 이 현대적 문제는 간단히 말하면, 감정은 통상적으로 실제 세계의 대상에 관한 것으로서 그 감정을 느끼는 이들이, 예컨대 도망을 치거나 악인을 응징하거나 하는 식으로 실제 대상에 대한 행동을 취하게 된다고 생각된다는 점이다. 반면 연극에서 관객이 느끼는 감정은 관객이 자기 좌석에 행복하게 머물러 있도록 한다. 이것은 감정과 예술에 관한 일반적인 문제이다. 이것은 이 책의 다른 장(〈예술과 정서〉, 〈허구〉)과 최근의 연구(Levinson, 1997)에서 다루고 있다. 연극에 가장 잘 들어맞는 최근의 연구들은 월튼(1990)과 캐롤(Carroll, 1990)의 논의이지만, 이 두 사람은 허구에 특유한 문제들에 초점을 맞추고 있다.

연극에 있어서, 현장에서 실제로 행동을 취하는 배우들이 관객과 같은 장소에 있다는 것은 영화나 허구에는 없는 복잡한 문제를 낳는다. 관객이 배우와 배우의 행위에 어떤

---

*	다 카포 아리아(da capo aria)란 17세기 말엽부터 18세기에 걸쳐 사용된 전형적인 아리아의 형식으로서, A-B-A 세 부분의 구성으로 되어 있으며 제3부분은 가수가 즉흥적으로 장식을 하는 경우가 많다. B의 부분은 조성·박자·템포가 A와 대조적인 경우가 많다. 스카를라티가 다 카포 형식을 그의 오페라에 채용한 이후로 성악적인 묘기를 발휘시키기 위한 이 아리아는 나폴리 악파에서 대단한 인기를 가졌으며 모든 극음악에 쓰였다.

태도를 취하는지가 관객 반응에서의 중요한 차이를 만든다. 해밀턴(2000)의 책에는 관객의 주의를 끄는 다양한 방식들이 나온다. 우드러프(1988)는 감정이입(empathy)으로 일컬어져 온 다양한 종류의 관객 반응을 구별한다. 일반적으로는 그 사건이 연극 내부의 일이건 실제이건 상관없이 관찰자들의 감정은 사건에 참여한 이들의 감정과 다르다. 관찰자의 감정은 행위를 불러일으키는 일이 거의 없고, 이것은 극장에서와 마찬가지로 거리에서도 그러하다. 실제 사고의 목격자들은 스스로 방관자인지 참여자인지를 결정해야 하고, 만일 자신이 참여자라고 생각한다면 얼마나 적극적으로 참여할지를 결정해야 한다. 그렇다면 연극과 관련해 제기되는 흥미로운 문제는 "어떻게 사람들은 다 알고도 허구에 반응할 수 있는가?"가 아니라 "이 경우 관객은 관찰자와 참여자의 연속선상에서 어디에 위치하며, 왜 그런가?" 혹은 "이 공연에서 연출자는 관객을 이 연속선상의 어디에 위치시키고자 하는가?"이다. 연출자는 관객들이 정확히 마치 실제 거리에서 사고를 목격한 상황에 있는 것처럼 만들어서, 그들이 실제로 눈을 가리거나 경찰을 부르고 도움을 요청하고 싶도록 만들고자 할 수도 있다. 그러나 어떤 관객들은 감정 없이 그것을 바라볼 수 있다. 다양한 선택이 가능하고, 이것은 실제 사건이나 무대 위의 사건이나 거의 동일하다. 목격된 사건에 감정이 개입될 때, 연극과 실제의 삶은 비슷한 상상력을 요구한다(Moran, 1994 참고). 플라톤과 브레히트의 염려는 잘못된 것이 아니다. 연극계 관계자들은 그들이 실제 세계와 관련하여 관객에게 어떻게 영향을 미칠 수 있는지에 대해 진지하게 생각할 필요가 있다.

9. 비극과 희극의 역설

어떤 연극 장르에서는 감정이 특별한 문제를 제시한다. 실제 사건의 목격자는 그것을 외면할 수 있다. 그리고 설령 관객이 자유로이 자리를 떠날 수 있다고 해도 연극의 본질적인 목적은 공연이 지속되는 동안 관객을 붙들어 두는 것이다. 전형적인 경우 관객은 연극 속의 사건들에 관심이 있기 때문에 자리를 지킨다. 예컨대 성공할 때의 기쁨이나 실패에 대한 두려움처럼, 어떤 것에 관심을 기울인다는 것은 그것에 대해 어떤 감정을 가지고 있다는 것이다. 아리스토텔레스 이래 공통된 가정은 연극에서 유발된 감정들은 즐거운 것이어야 한다는 것이었다. 그러나 연극에 특징적인 많은 감정들이 고통스럽다. 그리고 연극, 스포츠, 놀이공원 등의 맥락을 제외하면 우리는 보통 공포나 연민 같은 고통스러운 감정을 느끼는 상황들을 찾지 않는다. 고통스러운 감정에서 쾌락을 찾는 것은 분명 기묘해 보이며, 이것은 비극의 역설이라 불리는 것으로 최근 많이 논의되어 왔다(〈비극〉참고).

희극에도 유사한 역설이 있다. 웃음은 감정을 수축시키는 경향이 있다. 예컨대 우리는 적들을 더 많이 비웃을 수 있게 될수록 적들에게 덜 겁먹게 된다. 그리고 웃음은 사랑의 흥분 역시 누그러뜨릴 수 있다. 그러나 우리가 주로 공포와 사랑을 통해 사람들에게 관심을 갖는다고 해도, 여전히 우리는 희극 속의 인물과 사건들에 대해서도 관심을 갖는 것 같다. 희극에서의 웃음과 염려가 혼합되는 것은 비극에서 쾌락과 고통이 혼합된 것과 마찬가지로 설명을 필요로 한다(Woodruff, 1997 참고).

* 이 논문의 이해를 돕기 위해서 이 책에서 다음의 논문들을 찾아 읽으면 좋을 것이다.
　〈예술과 정서〉, 〈예술과 도덕성〉, 〈허구〉, 〈유머〉, 〈비극〉, 〈춤〉, 〈음악〉, 〈영화〉, 〈예술에서의 재현〉

참고문헌

Belfiore, E. (1992). *Tragic Pleasures: Aristotole on Plot and Emotion*. Princeton: Princeton University Press.

Bloom, A. (ed.) (1960). *Politics and the Arts: Rousseau's Letter to M. D'Alembert On the Theater.* Ithaca, NY: Cornell University Press.

Carlson, M. (1993). *Theories of the Theatre: A Historical and Critical Survey, from the Greeks to the Present,* exp. edn. Ithaca, NY: Cornell University Press.

Carroll, N. (1990). *The Philosophy of Horror, or Paradoxes of the Heart.* New York: Routledge.

Fischer–Lichte, E. (1992). *The Semiotics of Theater*, abr. and trans. from the 1983 original by J. Gaines and D. Jones. Bloomington: Indiana University Press.

Grotowski, J. (1968). *Toward a Poor Theatre*. New York: Simon & Schuster.

Halliwell, S. (1995). *Aristotle: Poetics*. Cambridge: Harvard University Press. (Loeb edn.)

Hamilton, J. (2000). 'Theatrical Enactment'. *Journal of Aesthetics and Art Criticism* 58: 23–35.

_____ (2001). 'Theatrical Performance and Interpretation'. *Journal of Aesthetics and Art Criticism* 59: 307–12.

Hjort, M. and Laver, S. (eds.) (1997). *Emotion and the Arts*. Oxford: Oxford University Press.

Janaway, C. (1995). *Images of Excellence: Plato's Critique of the Arts*. Oxford: Clarendon Press.

Janko, R. (1987). *Aristotle: Poetics*. Indianapolis: Hackett.

Kivy, P. (1988). *Osmin's Rage: Philosophical Reflections on Opera, Drama, and Text*. Princeton: Princeton University Press.

Lamarque, P. (1989). 'Expression and the Mask: The Dissolution of Personality in Noh'. *Journal of Aesthetics and Art Criticism* 47: 157–78.

Levinson, J. (1997). 'Emotion in Response to Art: A Survey of the Terrain', in M. Hjort and S. Laver (eds.), *Emotion and the Arts*. Oxford: Oxford University Press, pp. 20–34.

Moran, R. (1994). 'The Expression of Feeling in Imagination'. *Philosophical Review* 103: 75–106.

Rorty, A. (ed.) (1992). *Essays on Aristotle's Poetics*. Princeton: Princeton University Press.

Saltz, D. (1991). 'How To Do Things On Stage'. *Journal of Aesthetics and Art Criticism* 49: 31–45.

_____ (1998). 'Theater', in M. Kelly (ed.), *The Encyclopedia of Aesthetics*. New York: Oxford University Press.

_____ (2001). 'What Theatrical Performance Is (Not): The Interpretation Fallacy'. *Journal of Aesthetics and Art Criticism* 59: 299–306.

Schechner, R. (1977). *Essays on Performance Theory 1970-76*. New York: Drama Book Specialists.

Schumacher, C. (ed.) (1989). *Artaud on Theatre*. London: Methuen Drama.

Seaford, R. (1994). *Reciprocity and Ritual*. Oxford: Oxford University Press.

Segal, C. (1996). *Dionysiac Poetics and Euripides' Bacchae*, 2nd edn. Princeton: Princeton University Press.

Sontag, S. (1969). 'Theatre and Film', in her *Styles of Radical Will*. New York: Farrar, Strauss, & Giroux, pp. 99–122.

States, B. (1985). *Great Reckonings in Little Rooms: On the Phenomenology of Theater*. Berkeley: University of California Press.

Thom, P. (1993). *For and Audience: A Philosophy of the Performing Art*. Philadelphia: Temple University Press.

Walton, K. (1990). *Mimesis as Make-Believe: On the Foundations of Representational Arts.* Cambridge: Harvard University Press.

Willett, J. (1964). *Brecht on Theatre.* New York: Hill & Wang.

Woodruff, P. (1988). 'Engaging Emotion in Theater: A Brechtian Model in Theater History'. *Monist* 71: 235–57.

_____ (1991). 'Understanding Theater'. in D. Dahlstrom (ed.), *Philosophy of Art*. Washington: Catholic University of America Press, pp. 11–30.

_____ (1992). 'Aristotle on Mimesis', in A. Rorty (ed.), *Essays on Aristotle's Poetics*. Princeton: Princeton University Press.

_____ (1997). 'The Paradox of Comedy'. *Philosophical Topics* 25: 319–35.

제35장

시

알렉스 닐(Alex Neill)
번역: 이종희

예술형식으로서의 시와 관련하여 제기되는 철학적 화제들이 대부분의 경우 시에 특유한 것이 아니라 문학(나아가 다른 형태의 예술들)의 이해와 평가에 보다 일반적으로 관련된다는 점은 놀랍지 않다. 그 명백한 예가 바로 은유의 본성에 관한 것이다. 따라서 '문학의 철학'이나 '비평의 철학'이 있다는 의미와 비슷하게 '시의 철학'이 있는지는 전혀 분명하지 않다. 그럼에도 불구하고, 시와 연관되어서 적어도 다른 맥락에서만큼 끈질기게 제기되는 몇몇 흥미로운 철학적 문제들이 있다. 본 장의 목적은 이런 화제들 가운데 보다 중요한 것들의 몇몇을 간략하게나마 소개하고 살펴보는 것이다.

　　의심할 바 없이 철학자들이 전념해온 시와 관련된 가장 오래된 질문은 시라는 예술형식의 본성에 관계된다. 대체 무엇이 시인가, 그리고 특히 어떻게 시적 담론은 산문과 구분되는가?《시학》의 서두 부분에서 아리스토텔레스는 자신이 속한 시대의 표준적인 용법과 대립되는 입장을 보여준다. 그 시대의 용법에 따르면 '사람들은 "시(*poein*)"라는 언어적 관념을 운율의 이름에다 부여하며, 따라서 그 작가들을 "서정시인(*elegopoioi*)", "서사시인(*epopoioi*)" 등등으로 부른다. … 의학이나 자연과학 저작이 운율이 있게 쓰여도 사람들은 이런 명칭을 사용하게 된다'. 아리스토텔레스는 이것이 천박한 오류라고 주장한다. "호머와 엠페도클레스는 운율을 제외하곤 전혀 공통점이 없다. (그리고) 전자를 시인으로 불러야 하는 반면 후자는 시인보다는 자연과학자로 불러야 한다."(Halliwell, 1987: 32) 요약하자면,

그 시대에 아마도 흔했고 오늘날에도 흔한 이야기 방식과는 반대로, 아리스토텔레스는 시가 결코 운문과 동일시될 수 없다고 주장한다. 그리고 이는 확실히 옳다. 우리가 '운문'을 어떻게 이해하건 간에, 모든 운문이 시가 아닌 것은 확실한 듯하다. 〈저어라, 저어라, 저어라 네 조각배를〉이나 〈양키 두들〉을 생각해 보라. 시드니 경(Sir Philip Sidney)이 자신의 《시를 위한 변명》에서 말한 것처럼, '이즈음 시인이라는 이름에 값할 수 없는 수많은 엉터리시인들(versifier)*이 득시글거린다'(Sidney, 1973: 103).

시와 운문의 동일시가 시의 범위를 너무 넓혀 놓는다고는 해도, 매체(언어, 멜로디, 리듬)와 방식(드라마적이거나 내러티브적인), 시적 미메시스(mimesis), (혹은 거칠게 말해 재현)의 대상을 통한 아리스토텔레스 자신의 시에 대한 규정은 그러나, 우리가 아마도 시라고 기술하고 싶어 할 것들의 다양함을 포괄하기에는 지나치게 제한적이다. 예를 들어, 시적 모방의 대상을 '행위 중인 사람들'이라고 주장함으로써 아리스토텔레스는 자연이나 신에 대한 시의 가능성을 배제하는 것 같다. 또 그는 시적 모방의 방식이 드라마적이지 않으면 내러티브적이라고 주장함으로써 거의 모든 서정시와 비가들을 배제하는 것 같다. 이런 일들은 퐁주(Francis Ponge)와 홉킨스(Gerard Manley Hopkins), 키츠(John Keats) 같은 이들의 작품을 숭상하는 이들을 경악게 할 것이다.

그러나 《시학》으로부터의 자료들에 근거하여 시에 관해 아리스토텔레스의 생각을 정확히 포착한다고 확신할 수 있는 이론을 끌어내기란 불가능하다는 점이 강조되어야 한다. 텍스트의 파편적인 성격과 더불어, 아리스토텔레스가 자신이 그 개념들로써 말하려는 바에 대한 설명을 거의 하지 않으면서 사용하고 있는 기술적 개념들이 가지는 어려움들로 인해(이 점에서 미메시스와 카타르시스가 두드러진다), '시작의 기술 일반'이라는 그의 관념이 실제로 대체 어떤 것인지는 완전히 불분명하게 남아 있다.

모든 운문이 시가 아니라고 하더라도, 모든 시는 운문인 것일까? '운문'이 '운율적 담론'(《옥스포드 영어 사전》은 그것을 '자연적이거나 인정된 운율 규칙에 따라 배열되어 완벽한 운율 가락을 형성하는 단어들의 연쇄'로 정의한다)을 의미한다고 이해된다면, 그 대답은 다시 '아니오'가 되어야 할 것이다. 왜냐하면 시드니 경이 말하듯이 운문의 이러한 의미에서는 '결코 운문으로 쓰지 않은 가장 뛰어난 시인들이 많이 있었'기 때문이다(Sidney, 1973: 103). 그러나, 비어즐리(Monroe Beardsley)는 현대 철학자에 의해 시에 대해 이루어진 아마도 가장 포괄적인 토론(그 토론이 비록 자기-완결적이지 않고 그의 〈미학: 비평철학의 문제들〉의 여러 섹션들 안에 흩어져 있긴 하지만) 가운데에서, 운문을 '그 소리 패턴이 산문보다 더 고도로 조직화되어 있는 담론'으로 이해하는 것이 더 낫다고 주장하고 있다. 그리고 용어의 이러한 의미에서 운문이 시의 본질적 요소라는 주

---

*   엉터리시인, 산문을 운문으로 고치는 사람

장은 아주 적절하다. 비어즐리는 시로서의 운문과 시가 아닌 운문 간의 차이는 문제의 운문이 의미를 담지하는 방식의 문제라고 주장한다. 시는 그 의미의 대부분이 드러나지 않게, 넌지시 제시되거나 암시되는 운문이다(Beardsley, 1981: 233-5). 이는 하나의 담론이 시인지 아닌지 하는 질문을 딱 떨어지는 사안으로 만들지는 않는다. 위의 정의 속에 들어있는 '더 고도로 조직화된'이나 '그 의미의 대부분'이라는 말은 분명히 특정 담론이 시인지 아닌지에 대한 논쟁의 여지를 많이 남겨두고 있다. 실은 그러한 것이야말로 사태의 실상임에 틀림없다.

시가 그 밖의 담론들로부터 그 의미를 담지하는 방식으로 구분되어야 한다는 비어즐리의 관점은 그에게만 속한 주장이 전혀 아니다. 그것은 다른 철학자, 비평가, 시인들도 있지만, 특히 월시(Dorothy Walsh), 엠프슨(William Empson)과 에즈라 파운드(Ezra Pound)에 의해서 이런저런 버전으로 제안되었다. 물론 비어즐리가 이름 붙인 시에 대한 '의미론적 정의'도 경쟁자가 없지 않다. 시는 또한 정감에 의해 정의되거나(예를 들어 바필드(Owen Barfield)), 혹은 표현으로써 정의되기도 했다(이 관점을 보여 주는 가장 유명한 문장은 분명히 워즈워스의 《서정 발라드》 제2판 서문에 쓰인 "시는 강렬한 감정의 자발적인 분출이다. 시는 그 원천을 고요함 속에 고이게 된 감정으로부터 구한다"라는 말일 것이다). 그러나 원하는 것이 시적 담론을 산문으로부터 구분해 주는 바에 대한 설명이라면, 비어즐리의 '의미론적 정의'가 가장 전도유망하다.

이렇게 말한다고 해서 이런 종류의 설명이 반대로부터 면역력을 가진다고 말하는 것은 아니다. 예를 들어 앙드레 브르통과 다른 초현실주의자가 행했던 '자동기술' 실험의 산물이나 누구보다도 트리스탄 자라(Tristan Zara)와 윌리엄 버로우스(William Burroughs)가 수행했던 '컷업 기법'의 산물들 — 이는 사실상 무작위로 합쳐진(다고 알려진) 단어들의 콜라주이다 — 이, 모든 시가 특정한 방법으로 그 의미를 전달하는 운문이라는 주장이나 시의 본성에 대해 제시된 어떤 이론에 대해서건 반례로 제공될 것이라고 상상하기는 너무나 쉽다. 이는 뒤샹의 '레디메이드'나 다다 운동의 다른 산물들이 어떤 전통적인 예술이론에 대해서건 반례로 제공되었던 것과 마찬가지가 될 것이다. 1960년 이후 보다 일반적인 예술철학의 문맥에서 예술작품을 필요충분조건으로 정의할 가능성에 대해 비트겐슈타인이 촉발시킨 회의주의의 결과 제도론에 대한 움직임이 일어났던 것처럼, 그런 도전의 결과는 시에 대한 '제도론'의 발전으로 향하는 움직임이 될 것이다. 당시 그러한 움직임은 예술계 자체에서의 도전적인 산물들이 차츰 늘어난 흥미로운 상황과 결합하여 작동하였다. 그러나 그러한 방향은 유감스러운 것이 될 것이다. 이는 특히, 예술철학의 최근 역사가 보여 주는 것처럼 예술에 대한 제도적 이론화로의 전환이 놀랄 만큼 많은 수의 철학자들을 바쁘게 한 반면, 예술작품과 관련하여 확실히 가장 심오한 철학적 질문들에 해당하는 것들에 대해서는 어떤 통찰도 거의 제시하지 못했기 때문이다. 즉 예술작품이 왜, 그리고 어떻게 그것이 중요한 방식으로 우리에게 **중요한** 것인가라는 물음 말이다. 대조적으로 시를 정의하려는 보다 전통적인 시도들은 시가 **작동하는** 방식 — 예를 들어 시가 어떻게 표현적이게 될 수 있고 명시적으로 진술하지 않는 의미들을 담지할 수 있는지 — 에 대한 반성을 고취시키고, 그럼으로써 우리들을 시의 정의나 산문과의 차이에 관한 질문 너머로 향하게 하여 그 가치에 관련된 숙고에 이르도록 한다.

시의 가치와 관련한 물음들은 플라톤이 자신의 《국가》 제10권에서, 플라톤의 주장과는 달리 시가 인식론적으로나 도덕적으로 개인과 사회를 타락시키는 영향력을 미치지 않는다는 시의 '옹호'에 도전을 제기한 이래로 철학자와 비평가들의 흥미를 끌어 왔다. 아리스토텔레스의 《시학》은 사실상 대부분 이러한 도전에 대한 응답이다. 플라톤이 관람자의 감정에 대한 시의 호소가 저급하다고 주장한 반면, 아리스토텔레스는 연민과 공포의 **카타르시스**를 관객에게 일으키는 비극의 능력이 이런저런 방식으로(불행하게도 《시학》의 카타르시스 개념이 모호하기 때문에 이런 방식이 정확히 어떤 것인지를 말하기는 어렵다) 심리적이고 도덕적인 건강의 추구에서 비극이 긍정적 역할을 맡도록 한다고 주장하였다.

시드니 경도 그의 〈시를 위한 변명〉에서 플라톤의 도전에 응하면서 시의 가치는 '가르치면서 즐거움을 주는', 나아가 부분적으로는 즐거움을 주는 **덕분에** 가르치는 독특한 시의 능력에 있다고 주장하였다. 교훈과 지식의 원천으로서의 시의 가치는 대부분, 철학처럼 따분함과 어려움을 겸지도, 또 역사처럼 특정 사건과 '고리타분한 기록'에 갇히지도 않는 점에 있는 것이라 시드니는 주장한다. 대조적으로 시인은, '길을 보여 줄 뿐 아니라 아주 달콤하게 그 길의 전망을 제시해 주므로 누구라도 그 길로 이끌릴 것이다'(Sidney, 1973: 113).

시의 가치가, 즐거움의 원천이자 동시에 진리의 원천일 수 있는 시의 능력에 있다는 시드니의 논제는 다소 다른 방향에서 셸리의 〈시의 옹호〉에서 전개되었다. 그리고 이 논제는 20세기 전반기에, 대개는 시의 기능과 가치에 관련한 실증주의적 주장에 대한 반응의 문맥에서 다시금 철학자와 비평가들에 의해 채택되었다. 문학의 미학에서 실증주의 입장의 가장 주목할 만한 표현은 오그던(C. K. Ogden)과 리처즈(I. A. Richards)의 '상징적' 언어와 '정감적' 언어와의 구분에 들어있다. 그들은 후자가 시의 언어라고 주장하였다. "단어의 상징적 사용은 진술이다. 그것은 기록, 옹호 및 지칭의 조직과 소통이다. 단어의 정감적 사용은 더 단순한 문제이다. 그것은 느낌과 태도를 표현하기 위한 단어의 사용이다." 따라서 '시와 종교에 관해 그것이 마치 "지식"을 주는 능력이 있는 양 이야기하는 것은 틀림없이 불가능하다. … 시는 … 우리에게 아무것도 말해 주지 않고 말해 주어서도 안 된다'(Ogden과 Richards, 1926: 149, 55) — 이런 생각은 미국 시인 매클리시(Archibald Macleish)가 완벽하게 의미심장한 자신의 시 〈시 예술〉에서 "시는 의미해서는 안 되고 / 무언가이어야 한다"라고 말했을 때 약간은 역설적으로 울려 나오고 있는 생각이기도 하다. 뒤따르는 20-30년 동안 시에 대한 철학적 저술들에서는 실증주의 입장에 대한 비판적인 반응이 지배적이었는데, 그 반응의 대부분은 시적 담화가 지식의 원천일 수 있다는 것과 어떻게 그럴 수 있는지를 보여주려는 시도가 차지하고 있었다(주목할 만한 사례들에는 Marguerite Foster, 1950; Max Rieser, 1943; Dorothy Walsh, 1938 및 Moris Weitz, 1950, 1955의 저작들이 포함된다).

실증주의의 쇠퇴와 더불어 열기가 가시긴 했지만 시의 인지적 가치에 대한 이러한 논쟁은 지속되었는데, 논쟁의 언어들은 다소 달랐다. 비-인지주의 진영에서 올슨(Stein Haugom Olsen)은 예를 들어 '시는 그것이 정보의 언어로 구성되었더라도 정보를 주는 언어 게임에서 쓰이고 있는 것이 아니라는 점을 잊지 말라'는 비트겐슈타인의 진술(Wittgenstein, 1967: 28)에서 암시된 입장의 세련된 버전을 전개하였다. 그리고 하이데거에 의해 얼마간 직접적으로 영감을 얻은 가다머 같은 철학자들은, 시적 언어의 특이한 본성과 기능에 대한 분석과 사변을 통해 인지주의적 입장 — 시적 담론이 진리의 중요한 원천일 수 있다고 주장하는 입장 — 을 전개하였다.

시의 가치가 적어도 부분적으로는 시가 표현하는 생각과 아이디어들에 있다고 보고 싶은 유혹은 상당한데, 비평가들이 사용하는 '심오한', '진부한', '감상적인' 등의 어휘들에 의해 그 중요성이 더해진다. 그러나 버드(Malcolm Budd)는, 시적 가치에 대한 가장 정교하고 풍부한 최근의 철학적 논의들 가운데에서 이것이 저항해야 할 유혹이라고 주장한다. "시로서의 시의 가치는 시가 표현하는 생각의 중요성에 있지 않다"라고 버드는 쓴다. "왜냐하면 만일 그러하다면 시가 표현하는 생각이 일단 포착되고 나면 시는 치워도 될 것이기 때문이다."(Budd, 1995: 83) 그리고 후자는 명백히 참이 아니다. 즉 우리는 사업보고서를 다루는 방식, 즉 '일단 그 안에 포함된 생각을 다른 단어로 표현할 수 있다면 … 그 생각을 원래 형식화했던 단어들을 더 이상 필요로 하지 않는' 그러한 방식으로 시를 다루지 않는다. 사업보고서나 그와 비슷한 글의 경우에는 그 글의 가치가 소통되는 생각의 중요성에 달려 있는데, 그 보고서 자체를 읽는 것이 같은 생각을 소통하는 어떤 다른 것을 읽는 것보다 더 가치 있는 것은 아니다. 유비적으로, 시의 가치가 그것이 표현하는 생각의 중요성에 달려 있다면, 우리는 그 시를 완벽하게 바꿔 쓴 것에 비교해 그 시를 높이 평가할 이유가 전혀 없을 것이다. 후자는 참이 아니기 때문에 시의 가치가 그것이 표현하는 생각에 달려 있다는 것은 사실일 수 없다고 버드는 결론짓는다.

시의 불가결성을 인정하면서 이런 결론에 저항하기를 시도하는 하나의 방식은, 시의 경우에는 완벽한 바꿔쓰기가 불가능하다는, 즉 시의 내용을 다른 단어들로 표현하는 방식이 없다는 점에서 정확히, 시가 사업보고서 따위와는 다르다고 주장하는 것이다. 이러한 입장의 고전적 진술은 '신비평'으로 알려지게 된 흐름의 주요 옹호자였던 브룩스

(Cleanth Brooks)의 것이다. 그는 바꿔쓰기에 대해 "시의 중심을 향해서가 아니라 그로부터 멀어지도록 이끈다. … 우리가 하고 있는 바가 무엇인지 알고 있다고 가정한다면, 바꿔쓰기를 안내판과 축약적 지시로서 아주 적절히 사용할 수 있다. … 우리는 바꿔쓰기가 시의 본질을 구성하는 의미의 진짜 핵심이 아니라는 것을 분명히 안다"라고 주장한다. 그는 계속해서, "사실상 우리가 정확히 말해야 한다면 시 자체는 소통되는 특정한 '무언가'를 전달하는 **유일한 매체이다**"(Brooks, 1971: 180, 60)라고 한다. 신비평가들은 이를 부인하는 것은 '바꿔쓰기의 이단'을 저지르는 것이라고 주장하였다. 요약하자면, 시가 사업보고서와는 달리 없어도 되는 것이 아닌 까닭은 시가 그것이 소통하는 생각에 대한 유일하게 가능한 매개체이기 때문이다. 그리고 시의 가치가 생각의 특정한 표현뿐 아니라 그것이 표현하는 생각 자체에도 달려 있을 가능성은 아직 열려 있다.

시적 언어를 바꿔쓰기할 가능성에 대한 물음은 많은 주목을 끈 초점이었는데, 논쟁의 주요 인물은 브룩스와 윈터스(Yvor Winters, 1947), 카벨(Stanley Cavell, 1976)이었다. 여기서 한 가지 어려움은 '바꿔 쓰다'라는 용어가 논쟁에 참여하는 각각의 사람들에 의해 상이한 방식으로 사용된다는 점이다. 그러나 '바꿔쓰기의 가능성'으로써 우리가 대체로 시의 의미를 다른 단어로 나타낼 가능성을 뜻한다고 해 보자(물론, 이런 말 자체가 상이한 방식으로 이해될 가능성이 있다). 두 가지 질문이 즉각 떠오른다. 우선, 이것이 가능하지 않다고 생각할 어떤 이유가 있는가? 두 번째, 시적 담론이 특히 바꿔쓰기가 안 된다고 생각할 어떤 이유가 있는가? 즉 왜 시와 사업보고서는 앞선 단락에서 제시된 방식으로 서로 다르다고 생각되어야 하는가?

시적 언어의 본성에 호소함으로써 이러한 이유들을 제공하려는 시도는 익숙하긴 하지만 전망이 별로 없다. 시에서의 은유의 중요성에 호소하는 것이 이러한 맥락에서 흔한 일이지만 모든 종류의 담론에서 은유는 중요하기 때문에 — 여기에는 가장 따분한 사업보고서도 포함된다(시황의 등락을 생각해보라) —, 이런 방식으로 위에서 제기된 두 번째 질문에 대답할 수는 없다. 보다 중요하게는, 은유가 바꿔쓰기를 허용하지 않는다는 것은 참이 아니다(이런 주장에 대한 최근의 논증으로 가령 Levinson, 2001을 보라). 분명히, 어떤 은유들은 다른 것들에 비해 더 쉽게 바꿔쓰기될 것이고, 또 분명히 모든 경우는 아니지만 많은 경우에 바꿔쓰기는 원래 은유의 효과를 결여할 것이다. 그러나 은유가 본질적으로 바꿔쓰기에 저항한다고 생각할 훌륭한 이유는 없다. 시에서는 의미의 대부분이 이런저런 방식으로 명시적이지 않다는 사실에 호소하는 것도 우리의 질문에 대답하는 데에 별 도움이 되지 않는 것 같다. 왜냐하면 어떤 의미가 암시적이거나 넌지시 제시되었다는 사실은 그 자체로 그 의미가 명시적으로 될 수 없음을 의미하는 것은 아니기 때문이다. 시가 그 의미를 숨김없이 드러내지 않는다는 사실은 우리가 그 시가 의미하는 바 모두를 파악한 것인지 궁금하게끔 이끌 수 있고 따라서 그 시에 대한 어떠한 바꿔쓰기에 대해서도 그것이 과연 완벽한 것인지 의심할 이유가 되겠지만, 이것이 바꿔쓰기가 이 맥락에서 원칙적으로 불가능하다고 생각할 이유인 것은 아니다.

말할 필요도 없이, 이러한 논의들이 시의 바꿔쓰기의 불가능성에 대한 가능한 논증 전부는 아니다. 예를 들어 브룩스는 좋은 시의 경우, 시인의 태도는 아주 섬세해서 오직 하나의 표현만을 가질 수 있기 때문에 바꿔쓰기는 불가능하다고 주장한다. 시에서 취해진 바대로의 단어들에 의해서 획득된 표현 말이다. 한편으로는 시의 의미가 어떤 방식으로든 시가 포함하는 소리의 패턴들로부터 창발할(emergent) 뿐 아니라 거기에 의존하며, 따라서 바로 그 소리 패턴을 정확히 포함하지 않는 어떤 형태의 단어들도 — 즉 어떤 바꿔쓰기도 — 문제의 의미를 전달할 수 없을 것이라는 주장이 있을 수 있다. 그러나 이런 논증의 어느 것도 설득력이 큰 것은 아니다. 그런 논증이 확립할 수 있는 것은 기껏해야, 바꿔쓴 것의 의미는 아무리 그것이 훌륭한 바꿔쓰기라 해도 정확히 원래 시의 의미는 아닐 것이라는 점뿐이기 때문이다. 그리고 이는 참이긴 하지만, 그것은 바꿔쓰기가 불가능하다는 점을 보여 주기보다는 바꿔쓰기가 어떤 종류의 것인지를, 즉 바꿔쓰기와 바꿔쓰기되는 문장은 다른 사물이라는 점을 제시해 준다(Cavell, 1976을 보라).

그렇지만, 여기서 문제가 되는 것이 일단 시의 의미가 파악되었을 때 시가 없어도 되는지 아닌지인 만큼, 바꿔쓰기의 불가능성에 대한 그런 논증의 실패는 결정적이지는 않다. 왜냐하면, 시가 표현하고 있는 생각이나 아이디어가 시 자체에서 표현되고 있는 방식과 다른 식으로 표현될 수 있다는 것이 참이라 하더라도 시 자체는 없어도 되는 것이 아닐 수 있기 때문이다(그렇다고 해서 모든 시가 그럴 것이라고 말하는 것은 아니다. 시가 일반적으로 없어도 되는 것이 아니라는 관점은 나쁜 시 — 다시 말하면 대부분의 시 — 에 맞닥뜨려서는 유지하기 아주 힘든 신념이다). 시가 의미하는 바가 다른 형태의 단어들로 완전히 표현될 수 있다고 하더라도, 시 자체는 그것이 말하자면 아름답기(이 말은 일종의 준말로서 사용되었다) 때문에 없어도 되는 것이 아닐 수 있다.

그러한 경우, 문제의 시의 가치는 시가 표현하는 생각의 중요성에 **전적으로** 달려 있지는 않을 것이지만 — 이것이 버드의 논증이 확립한 전부이다 —, 시의 가치가 그것이 표현하는 생각의 중요성에 **부분적으로** 달려 있을 가능성은 여전히 남아 있다. 이것은 시의 가치가 '시를 읽으면서 당신이 겪는 상상적 경험'에 달려 있다는, 그리고 ' … 그것은 이러한 상상적 경험으로 구성되므로 또한 그 시에 배열된 대로의 단어들을 인식함으로써 구성된다'는 버드의 주장과 완전하게 일관적이다. 따라서 '메시지를 전달하는 것은 결코 시의 단일한 목표가 아니다. 그보다 시로서의 시의 기능은 시가 그 자체로 경험되어야 한다는 데에 있다. 이 말은 그 기능이 시 자체와 독립적으로는 완전히 성격 지을 수 없는 경험을 제공하는 데 있다는 것이다'. 그리고 '시적 가치를 결정짓는 것은 … 시행이 제공하는 경험이다'(Budd, 1995: 83-5). 그러나 시의 체험에서 경험되는 바는 정확히, 특정한 방식으로 표현되거나 설명되는 생각 혹은 일단의 생각들이다. 혹은 적어도 매우 자주 그렇다. 표현이나 설명의 특이성이 물론 시적 가치의 본질이지만, 그렇다고 해서 설명되는 바의 중요성이 그 가치에 무관하다는 것은 아니다(예술작품에서 '내용에 대한 형식의 적합성'이 갖는 중요성을 강조하는 예술의 일반이론을 위해서는 Eldridge, 1985를 보라).

시적 가치에 관련된 이러한 논제는 시를 하나의 언어에서 다른 언어로 번역할 가능성에 관련하여 느껴질 법한 불안감을 설명해 준다. 다른 언어의 단어들로 시에서 표현된 생각을 단지 포착하는 것은, 그 단어들이 운문이라고 해도 사실상 그것을 바꿔쓰기한 것 이상에 이르지 못하며 따라서 원래 시의 가치를 획득하는 데에 거의 항상 실패하게 될 것이다. 시의 번역이 바꿔쓰기 이상에 값하기 위해서는, 번역이 관객에게 허용하는 경험이 원래 시에 의해 관객에게 가능했던 경험에 상당히 닮아야만 한다. 더 가깝게 닮을수록 번역이 더 나은 것이 된다. 시의 체험이 가지는 성격이 시를 구성한 단어들의 정확한 배열에 더 밀접하게 연관되어 있을수록 번역은 더 어려워질 것이며, 어떤 시는 바꿔쓰기 이상으로는 번역이 불가능할지도 모른다. 비록 이것이 참이더라도, 그것은 시의 본성에 대한 일반적 진실이라기보다 그런 특성을 가진 몇몇 시들에 관한 우연적인 사실임을 기억하는 것이 중요하다. 이로부터 번역이란 (잠재적으로 아주 흥미로운 종류의) 파생성이 (잠재적으로 아주 흥미로운 방식으로) 결합된 하나의 활동(콜링우드의 용어에 따르면 예술이라기보다는 기예 ― 그 목적이 창작자에게 미리 알려지는 제작의 형식)이라는 결론이 뒤따른다.

바꿔쓰기와 번역의 가능성에 대한 물음은 분명히 시에만 특유한 것이 아니고 문학작품에 보다 일반적으로 적용된다. 시의 문맥에서 자주 논의되는 두 개의 질문, ― 작가의 진실성이 적절한지 ― 시가 표현하는 생각의 수용 가능성 또는 수용 불가능성이 적절한지에 관한 물음들도 마찬가지이다. 그럼에도 불구하고, 그리고 아마도 시에서의 서정적 형식의 중요성 때문에 이러한 물음들은 시에 대한 비평적, 철학적 논의들에서 특별한 절박함을 획득했다. 후자의 질문에 관련하여, 몇몇 경우들에서는 관객이 거짓된 생각으로 간주하는 바에 대한 시의 표현이 적어도 관객들이 보기에 그 시의 가치를 저하시킴에 틀림없다고 믿는 사람들과, 시에 표현된 생각이 적절한지 아닌지가 엄밀한 시적 가치와 아무 관계가 없다고 주장하는 사람들 사이의 논쟁이 있다. 전자의 질문에 관련하여 문제가 되는 것은 시에 표현된 생각이나 태도가 정말로 저자가 가지고 있는 것이 아니라면, 그 시가 그로 인해 결함이 있느냐 하는 점이다. 시의 가치가 그것이 관객에게 가능하도록 만드는 경험의 가치에 있다는 논제가 맞다면, 위의 질문들에 대한 대답은 다음의 질문들에 의존하게 된다. 즉, 시에 표명된 생각에 대해 독자나 청자가 공감이 부족하거나 시인이 시에서 말한 바를 진실로 의미하지 않았다는 것을 그들이 알게 될 때, 시에 대한 경험의 가치가 저하될 필요가 있는가 하는 질문 말이다. 이 두 질문에 대한 가장 풍부한 현대적 논의들은 버드에 의해 제공되었다(1995).

* 이 논문의 이해를 돕기 위해서 이 책에서 다음의 논문들을 찾아 읽으면 좋을 것이다.
  〈문학〉, 〈비극〉, 〈연극〉, 〈은유〉, 〈예술과 정서〉, 〈예술과 지식〉

참고문헌

Abrams, M. H. (1973). *The Mirror and the Lamp: Romantic Theory and the Critical Tradition*. New York: Oxford University Press.

Barfield, O. (1952). *Poetic Diction: A Study in Meaning*. London: Faber & Faber.

Beardsley, M. C. (1981). *Aesthetics: Problems in the Philosophy of Criticism, 2nd edn.* Indianapolis: Hackett. First published 1958.

Bradley, A. C. (1999). *Oxford Lectures on Poetry.* Oxford: Oxford University Press.

Brooks, C. (1971). *The Well Wrought Urn.* London: Methuen.

Budd, M. (1995). *Values of Art: Pictures, Poetry and Music.* London: Allen Lane.

Cavell, S. (1976). "Aesthetic Problems of Modern Philosophy". in his *Must We Mean What We Say?* 2nd edn. Cambridge: Cambridge University Press.

Eldridge, R. (1985). "Form and Content: An Aesthetic Theory of Art". *British Journal of Aesthetics* 25: 303–16.

Empson, W. (1966). *Seven Types of Ambiguity.* New York: W. W. Norton.

Foster, M. (1950). "Poetry and Emotive Meaning". *Journal of Philosophy* 47: 657–60.

Gadamer, H. G. (1986). "On the Contribution of Poetry to the Search for Truth". in his *The Relevance of the Beautiful and Other Essays.* Cambridge: Cambridge University Press.

Halliwell, S. (1987). *The Poetics of Aristotle: Translation and Commentary.* London: Duckworth.

Jacobson, D. (1996). "Sir Philip Sidney's Dilemma: On the Ethical Function of Narrative Art". *Journal of Aesthetics and Art Criticism* 54: 327–36.

Kivy, P. (1997). *Philosophies of Arts.* Cambridge: Cambridge University Press.

Levinson, J. (2001). "Who's Afraid of a Paraphrase?". *Theoria* 67: 7–23.

Martin, G. D. (1975). *Language, Truth and Poetry.* Edinburgh: Edinburgh University Press.

Ogden, C. K. and Richards, I. A. (1926). *The Meaning of Meaning.* London: Routledge & Kegan Paul.

Olsen, S. H. (1978). *The Structure of Literary Understanding.* Cambridge: Cambridge University Press.

Pinsky, R. (1999). *The Sounds of Poetry.* New York: Farrar, Straus & Giroux.

Pound, E. (1960). *ABC of Reading.* New York: W. W. Norton.

Reiser, M. (1996). "Language of Poetic and of Scientific Thought". *Journal of Philosophy* 40: 421–35.

Sidney, P. (1973). *An Apology for Poetry.* ed. G. Shepherd. Manchester: Manchester University Press.

Stevenson, C. L. (1957). "On 'What is a Poem?'". *Philosophical Review* 66: 329–62.

Walsh, D. (1938). "The Poetic Use of Language". *Journal of Philosophy* 35: 73–81.

Weitz, M. (1950). *Philosophy of the Arts.* Cambridge, Mass.: Harvard University Press.

_____ (1955). "Truth in Literature". *Revue International de Philosophie* 9: 1–14.

Winters, Y. (1947). *In Defense of Reason.* Athens. Ohio: Ohio University Press.

Wittgenstein, L. (1967). *Zettel*, ed. G. E. M. Anscombe and G. H. von Wright and trans. G. E. M. Anscombe. Oxford: Basil Blackwell.

제36장

사진

나이젤 워버튼(Nigel Warburton)
번역: 최근홍

사진술은 스틸 이미지(still image)를 사용하는 시각적 의사소통 방식 중 가장 널리 알려진 형태이다. 사진술의 발명 이후 최근에 디지털 사진이 발명되기 전까지는 최소한 그 매체의 실질적인 변화는 없었다. 그러나 사진술의 활용과 그것을 둘러싼 관습들에는 상당한 진전이 있었다.

스틸 사진에 관해 서술한 분석철학자들은 대부분 상당히 좁은 범위의 주제들에 주목했다. 그들의 주된 관심은 사진의 대상과 사진 이미지 사이의 인과적 연결이 갖는 본성을 정식화하는 것이었다. 예를 들어 사진 미학을 주제로 삼은 철학적 서술을 조망한 최근의 한 연구(Currie, 1998)는, 특히 사진과 사진 내용 사이의 광화학적인 인과적 연결에서 나타나는 관계, 즉 사진의 역학성과 그것의 투명성 주장이 맺는 관계에 집중되었다. 비록 그러한 문제들을 밝히는 일이 미학의 문제와 직접적으로 관련되긴 해도, 그 문제들 자체는 사진 재현의 본성에 관한 것이고, 사진 예술작품에 적용되는 만큼이나 스냅샷(snapshot)에도, 그리고 사진을 증거로 사용하는 일에도 마찬가지로 적용된다.

사진술이 비교적 최근에 발명됐다는 점과 사진예술이라는 개념을 하찮게 보던 과거의 경향을 고려한다면, 철학자들이 '사진'에 대한 일반적인 분석에서 내려와 사진예술에 관한 물음들을 다루길 주저한다는 사실은 어느 정도 설명될 수 있다. 이제 대부분의 주요 예술 수집품들이 사진예술을 포함하므로 사진술을 가장 야심차게 활용하는 일을 무시할 만한 변명거리는 거의 없다. 물론 보들레르(Baudelaire)의 1859년 선언, 즉 사진술의 진정한 의무는 '과학과 예술의 공복 — 하지만 문학을 창조하지도 보완하지도 않는 인쇄술이나 속기술처럼 바로 그 미천한 공복'(Baudelaire, 1859: 113)이어야 한다는 선언에 동의하는 사람들이 여전히 있다. 하지만 사진에 관한 글을 쓰는 대부분의 저술가들은 이제 최소한 사진 예술이 가능하다는 점은 인정한다. 비록 그 저술가들이 그것의 개별 사례들에 관해서는 상대적으로 거의 아무 말도 하지 않았더라도 말이다. 물론 주목할 만한 예외적인 저술들이 있긴 하다(Snyder and Allen, 1975; Batkin, 1991; 그리고 Savedoff, 1999처럼 말이다).

1. 바쟁과 카벨: 자동 사진들

20세기 후반에 이루어진 사진에 관한 철학적 고찰은 리얼리즘 영화 이론(Realist film theory)의 직계 후손이다. 이 흐름에 주요한 영향을 미친 사람은 앙드레 바쟁(André Bazin)이다. 〈사진 이미지의 존재론〉(The Ontology of the Photographic Image, 1945)이라는 짧은 에세이에서 바쟁은 그 후의 사진 이론가들이 받아들이고 정교화한 많은 주제들을 구별하여 제시했다. 그는 스틸 사진이 기하학적 원근법 속에서 유사성들을 만들어 냄으로써 바로크 예술의 목표 중 많은 것들을 성취했음을 인정했다. 하지만 그의 주된 주장은 사진이 이것 이상으로 너무 멀리 나갔다는 것이었다. 회화는 훌륭한 유사물일 수 있지만, 사진은 단지 그런 방식의 훌륭한 유사물이 아니다. 사진은 그것이 주제와 맺는 독특한 인과적 연결 때문에 전혀 다른 부류로 구분된다. 바쟁은 이런 생각을 전달하기 위해 이미지와 재현된 대상을 과장된 방식으로 동일시한다.

> 사진 이미지는 대상 그 자체이다. 즉 사진은 그것을 지배하는 시간과 공간이라는
> 조건들로부터 자유로운 대상이다. (Bazin, 1945: 14)

추정컨대 이것으로 바쟁이 의미하려던 바가 내가 갖고 있는 조르주 심농(Georges Simenon) 사진이 실제로 심농이라는 주장일 수는 없을 것이다. 〈연극과 시네마〉(Theatre and Cinema)라는 후속 에세이에서 이러한 과장된 설명에 대한 행간이 언급된다.

> 사진술은 자동 발생이라는 점에서 다른 재생산 기술들과 확연하게 구분된다. 사
> 진은 렌즈라는 수단을 통해 빛 속에서 어떤 진실된 인상의 포착 — 하나의 형틀
> (mold) — 에 이른다. 사진은 그것 자체로 단순한 닮음 이상의 것, 즉 일종의 동일

성을 보유한다. (Bazin, 1951: 96)

　다시 말해, 사진은 다른 형태의 회화적 재현과는 차별되는 부류에 속한다. 내가 갖고 있는 심농 사진은 단지 심농처럼 보이는 것이 아니다. 그 사진은 소묘나 회화에 비해 어쨌든 심농에 더 가깝거나 심농과 보다 긴밀하게 연결되어 있다. 그것은 일종의 과거의 그 사람이다.
　〈사진 이미지의 존재론〉에 따르면 의도가 개입된 의미는 사진에 포함되지 않으며, 따라서 바쟁은 사진이 어떤 의미에서는 객관적(objective)이라고 주장한다. 바쟁은 프랑스에서는 렌즈가 '대물렌즈(objectif)'라고 불린다는 사실을 활용하여 '사진이 갖는 본질적으로 객관적인 성격'에 대해 서술한다. 사진가가 수행하는 역할이라는 측면에서 그는 다음과 같이 언급한다.

　처음으로 세계의 이미지는 인간의 창조적 개입 없이 자동적으로 형성된다. 사진
　가의 개성은 오직 사진에 담을 대상을 선택할 때 그리고 사진가가 염두에 둔 목
　적을 통해서만 그 과정에 개입한다. 비록 최종 결과물이 사진가의 개성에 대한
　무언가를 반영할 수도 있지만, 이것은 화가의 개성이 하는 역할과 동일하지는 않
　다. (Bazin, 1945: 13)

　1970년대에 스탠리 카벨(Stanley Cavell)은 자신의 저작, 《보여진 세계》(The World Viewed, 초판 1971년; 개정판 1979년)에서 주로 활동 이미지(moving image)에 초점을 두고 매체에 대해 기술했는데, 바쟁이 사진을 이해하는 방식은 여기에서 다시 논의되었다. 카벨은 사진에서 '오토마티즘(automatism)' 과정이 갖는 역학적 본성 때문에 회화적 재현의 주관적인 요소가 제거됐다고 주장했다.

　사진은 회화였다면 꿈도 꾸지 못할 방식으로, 즉 회화에서는 만족될 수 없었을
　방식으로 주관성을 극복했다. 이는 그림을 그리는 행위를 물리치는 것이 아닌 전
　적으로 회피하는 방식이다. 그것은 **오토마티즘**, 즉 재생산의 임무에서 인간 행위
　자를 제거하는 방식이다. (Cavell, 1979: 20)

　더 나아가, 카벨의 주장에 따르면 회화는 오직 매우 드물게 리얼리티(reality)를 갖지만, 사진은 모두 필연적으로 리얼리티를 갖는다. 이를테면 사진에서는 건물 뒤에 무엇이 있는지를 묻는 일이 언제나 가능하다. 카벨의 말로 표현하자면 '우리는 다음과 같이 말할

수도 있다. 한 점의 회화는 하나의 세계이고, 한 장의 사진은 그 세계에 대한 것이다'(Cavell, 1979: 24).

진 블로커(H. Gene Blocker, 1977)와 조엘 스나이더(Joel Snyder, 1983)는 둘 모두 회화의 세계가 사진의 세계와 근본적으로 다르다는 생각에 문제를 제기했다. 이어질 나의 논의에서 나타나겠지만, 카벨의 주장이 설명력을 갖는 경우가 있다 하더라도, 이는 오직 사진을 **다큐멘터리**(documentary)를 위해 사용하거나 **수사 목적**(detective)으로 활용하는 특별한 영역으로 한정된다 — 사진을 **회화적**(pictorial) 혹은 **묘사적**(depictive)으로 사용할 경우에는 회화와 마찬가지로 사진도 그것 자신의 세계를 창조한다.

사진이 어떤 의미에서는 객관적이라는 생각, 그리고 사진이 필연적으로 세계에 대한 것이라는 생각은 로저 스크루턴(Roger Scruton)의 논문, 〈사진술과 재현〉(Photography and Representation, 1983; 초판 1981년)에서 발견된다. 이 논문은 사진에 관한 보다 논쟁적인 철학 논문들 중 하나이다. 켄달 월튼(Kendall Walton)의 〈투명한 사진들〉(Transparent Pictures, 1984)도 이 논문과 함께 바쟁의 전통에서 사진 이론을 구체화하는 가장 의미 있고 가장 많이 논의되는 논문이다. 사진 재현의 본성에 관해 철학적으로 흥미로운 물음들이 있다는 주장이 분석 철학자들에게 설득력을 갖게 된 것은 모두 스크루턴과 월튼 덕분이다.

2. 스크루턴과 그의 비판자들

스크루턴은 최소한 그 이상적 형태에 있어서는 사진을 찍는 일이 의도가 개입된 과정이 아닌 광화학적 과정이라고 주장한다. 이것은 카벨의 입장과 일관적이다. 회화는 그것의 대상을 보는 방식을 우리에게 제시하고 그 대상에 관한 생각을 드러내는 데 반해, 이상적인 사진은 그저 그 대상의 대리물일 뿐이다.

> 이상적인 사진의 경우 그 사진이 어떻게 보이는가를 결정할 때 사진가의 의도가 중요한 요소로 들어가야 한다는 것은 필연적이지 않으며, 심지어 가능하지도 않다. 무언가가 어떻게 보였는지는 사진에서 즉각적으로 재인된다. 사진을 본다는 것은 어떤 의미에서 그 대상 자체를 보는 일을 대신한다. (Scruton, 1983: 111)

회화의 대상은 존재하거나 존재하지 않을 수 있다. 반면에 이상적인 사진의 대상은 필연적으로 존재하며 다소간 그 사진처럼 보인다. 사진은 광화학적 기원을 갖기 때문에 그것이 무엇을 재현하는지에 대해 **투명하다**(transparent). 사진은 회화에 비해 거울에 더 가깝다. 스크루턴은 이상적인 사진을 이렇게 정식화함으로써 놀랍게도 사진을 찍는 일이 재현적 과정이 아니라고 결론 내린다. 분명 사진은 거기에 찍힌 대상을 대신한다는 점에서 재현적이다. 하지만 스크루턴이 이 주장을 통해 의미하는 바는 사진이 그것의 대상에 대해 투명하므로 그 자체로는 미적으로 흥미롭지 않다는 것이다.

> 만약 누군가 어떤 사진이 아름답다고 한다면, 이것은 그 사람이 그 사진의 대상에서 아름다운 무언가를 발견하기 때문이다. 한편 회화는 심지어 그것이 추한 대상을 재현하는 때조차 아름다울 수 있다. (Scruton, 1983: 114)

많은 독자들은 이 결론을 사진 예술이 가능할 수 있다는 생각에 대한 공격으로 받아들였다. 스크루턴은 사진 매체가 '본유적으로 포르노그래피적'이라고 주장했다. 그는 이 주장을 통해 사진의 역할이란 사진에 찍힌 대상에 관한 사고를 드러내는 것이 아니라 그 대상의 대리물을 제공하는 것임을 의미했다.

스크루턴은 실제로 사진을 찍는 일이 그가 묘사한 이상적인 사진 찍기와는 다를 수 있다고 양보한다. 사진가는 실제로 사진을 찍을 때 사진에 나타나는 세부사항을 통제할 수 있지만, 이는 그것이 더 이상 순수한 사진 찍기가 아니게 됨을 감수할 경우에만 그렇다. 스크루턴의 용어로 말하자면 그런 식으로 사진을 찍는 것은 매체를 '오염시켜서' 그것을 일종의 회화로 변화시킨다. 스크루턴의 확고한 생각에 따르면 본질적으로 투명한 이 매체를 통해서는 오직 양식을 이루는 가장 볼품없는 요소들만이 성취될 수 있다.

몇몇 서로 다른 버전들로 재출간된 스크루턴의 논문은 처음 등장한 이래로 상당한 비판을 받아 왔다(예컨대 Wicks, 1989와 King, 1992를 보라). 사진술의 이상을 현실의 사진술과 매우 다른 것으로 정의하고, 그것을 기초로 사진 매체의 본성에 관한 결론들을 이끌어 내는 방식은 형식상 선결문제 요구의 오류를 범하는 것으로 보인다. 예를 들어 윌리엄 킹(William King)은 구체적인 사례들을 통해 사진에 관심을 갖는 일이 어떻게 그 사진에 찍힌 대상에 관심을 갖는 일이 될 필요가 없는지를 보였다. 그의 결론에 따르면 '어떤 사진들은 말하자면 회화가 재현 방식 덕분에 흥미로울 수 있는 한 가지 방식으로 흥미로울 수 있다'(King, 1992: 264). 스크루턴의 논문이 나오기 몇 해 전, 조엘 스나이더와 닐 월시 앨런(Neil Walsh Allen)이 출간한 논문에서는 사진이란 '인화되는' 것이며 다소간 우리 눈에 보이는 것을 보여 준다는 관점을 설득력 있게 약화시키는 주장이 제기됐다.

> 사진이 '우리가 거기에 있었더라면 보았을 것'을 우리에게 보여 준다는 생각은 부조리한 것으로 판명되어야 한다. 사진은 '우리가 보았을 것'을 우리에게 보여

주지만, 이는 특정한 시점에, 특정한 지점으로부터, 우리가 우리 머리를 고정시켜 놓고, 또한 한쪽 눈을 감았을 경우, 추가로 150밀리미터 혹은 24밀리미터 구경 렌즈와 같은 것을 통해 그것을 보았을 경우, 게다가 아그파컬러(Agfacolor) 혹은 Tri-X 필름을 사용하여 D76으로 현상되고 코다브로마이드 3(Kodabromide 3) 종이 위에 인화된 것을 보았을 경우이다. 이 모든 조건들이 조합되는 시점에 원래의 배치는 역전되어 있다. 그렇다면 이제 우리는 카메라가 우리 눈에 보였을 것을 보여 준다고 말하는 대신, 우리의 시각이 사진을 찍는 것처럼 작동했더라면 카메라에 보이는 방식으로 우리가 그것을 볼 것이라는 다소 이해하기 힘든 명제를 상정하고 있는 것이다. (Snyder and Allen, 1975: 151-2)

스나이더와 앨런은 사진술이 적용된 사진 제작에서 사진가의 해석이 수행하는 역할을 설득력 있게 주장한다. 이 주장을 활용하면 스크루턴이 이후에 제기한 비판에 답하는 것이 가능할 것이다.

그러나 스크루턴에 대응하는 보다 강력한 방법이 있다. 이는 사진을 통해 세련된 의사소통이 성취되는 전형적인 방식이 있다는 인식에 근거한다. 그 방식이란 이미지들로 구성된 레퍼토리를 만들고, 그 안에서 새로운 의미들을 부여하는 것이다. 사진술에는 양식이라는 것이 부재하거나 기껏해야 빈약한 양식만이 있다는 스크루턴의 생각은 틀렸다. 사진술의 개별 양식은 단지 하나하나의 이미지들 속에서 세부사항을 통제함으로써 성취되는 것이 아니다(Warburton, 1996을 보라). 그러므로 설령 사진가가 세부사항을 통제하지 못한다는 이유로 개별 사진 이미지들에는 양식이 없다는 주장이 참이었다고 해도, 그 매체가 본질적으로 양식을 갖지 않는다는 점이 따라 나오지는 않을 것이다.

3. 월튼과 그의 비판자들

사진은 정확히 우리 눈에 보였을 것을 우리에게 보여 주는 것이 아니며, 그 점에서 스나이더와 앨런은 의심할 여지 없이 옳다. 하지만 여전히 사물 보기를 매개하는 방식으로서 사진 보기를 다루려는 유혹은 만연해 있다. 예를 들어 빌 브랜트(Bill Brandt)가 프림로즈 힐(Primrose Hill)을 배경으로 서 있는 화가 프랜시스 베이컨(Francis Bacon)을 찍은 초상 사진을 볼 때 우리는 프랜시스 베이컨을 볼 수 있다고 말하고픈 유혹이 들 수 있다. 최소한 누군가를 찍은 사진을 보는 경험은 초상화를 보는 전형적인 경험에 비해 그 사람을 실제로 보는 것과 더 유사하게 느껴진다. 사진에 대해 저술한 많은 사람들이 이 경험을 언급한 바 있다. 롤랑 바르트(Roland Barthes)는 자신의 저서, 《밝은 방》(*Camera Lucida*)에서 이 경험을 다음과 같이 서술한다.

> 꽤 오래전 어느 날 나는 우연히 나폴레옹(Napoleon)의 막내 남동생인 제롬(Jerome)이 찍힌 1852년 사진을 보았다. 그리고 나는 그때 다음을 깨달았는데, 이는 지금까지도 가장 놀라운 일이다. '나는 황제를 보았던 눈을 보고 있다.' (Barthes, 1984: 3)

패트릭 메이너드(Patrick Maynard)는 대화 형식으로 된 논문, 〈세속적 도상〉(The Secular Icon)에서 사진의 대상을 다루면서 사진이 제공할 수 있는 직접성의 의미를 설명했다.

> 만약 벽 반대편에 밝은 창문이 있고 당신이 벽 가까이에서 확대경을 들고 있다면 당신은 벽에서 그 창문의 작은 이미지를 (혹은 그 창문 밖에 있는 것을) 볼 수 있을 것이다. 그리고 그 이미지를 볼 때 당신은 간접적으로 창밖에 있는 것도 본다. 당신도 알다시피 카메라는 단지 그런 이미지들을 고정시키기 위한 장치일 뿐이다. 그러므로 사진을 봄으로써 당신은 그것이 무엇을 묘사하는지를 간접적으로 본다. 우리는 사진을 통해 실제 대상을 본다. (Maynard, 1983: 160)

켄달 월튼은 이러한 생각을 발전시킴으로써 대상에서 사진으로 이어지는 인과적 연쇄를 따라 우리가 말 그대로 사진을 통해 대상을 보게 된다고 주장했다.

> 카메라 덕분에 우리는 모퉁이 주변을, 그리고 멀리 있는 것과 작은 것을 볼 수 있을 뿐만 아니라 과거까지도 들여다볼 수 있다. 우리는 오래전 돌아가신 조상들의 먼지 낀 스냅샷들을 볼 때 그들을 본다. … 우리는 그들이 찍힌 사진을 볼 때 정말 말 그대로 우리의 죽은 친척들을 본다. (Walton, 1984: 251, 252)

그러므로 월튼에게 사진의 투명성은 사진 리얼리즘이 갖는 본질이다. 바쟁과 마찬가지로 월튼도 사진술은 실제처럼 보이게 하려는 목적 이상의 것을 갖는다고 생각한다. 월튼에 따르면 사진 리얼리즘은 회화의 리얼리즘과는 다른 부류에 속한다. 왜냐하면 우리는 친척들의 사진을 볼 때 실제로 그들을 보기 때문이다. 그리고 그 사진이 거기에 찍힌 사람들처럼 보이든 그렇지 않든 이것은 사실이다. 월튼은 미끄러운 경사길 논증을 통해 이러한 결론에 이른다. 이 경사길은 일상적 보기에서 시작하여 거울, 안경, 현미경, 망원경 그리고 텔레비전 이미지를 통해 보기를 거쳐 사진을 통해 과거 들여다보기로 이어진다. 회화나 소묘의 경우 우리는 그것들을 통해 보는 것은 아니다. 왜냐하면 이때 우리는 기계적으로 산출된 것이 아닌 인간의 마음에 의해 매개된 것을 보기 때문이다. 만약 실제처럼 보인다는 것이 문제의 전부였더라면, 회화와 사진은 본질적으로 서로 다르지 않았을 것이다. 월튼이 설명하듯이 사진 리얼리즘은 그 자체로 회화의 리얼리즘과는 다른 부류에 속한다.

월튼은 사진술에 대한 자신의 입장을 통해 사진을 그럴듯하게 설명할 수 있다고 주장한다. 이를테면 어떤 사진을 보는 사람이 그 사진에 찍힌 것이 나체의 연인이 아니라 실물 크기의 조각임을 깨닫는 경우 그 사진은 덜 충격적이다. 만약 그 사진에 찍힌 것이 그 조각이라면 우리는 그저 한 연인을 재현한 모습을 보는 것이지만, 그 사진에 찍힌 것이 그 연인이었더라면 우리는 말 그대로 그들의 벗은 모습을 보았을 것이다. 유사하게, 포토리얼리즘 화가인 척 클로스(Chuck Close)가 그린 자화상을 보는 사람은 그것이 실제로는 사진이 아닌 그림임을 알게 될 때 특별한 종류의 경험을 하게 된다. 월튼은 자신의 입장을 따라 이 경험을 설명할 수 있다고 믿는다.

> 사진을 경험하고 그것에 대해 어떤 태도를 취할 때 우리는 어떤 근본적인 변화를 겪는다. 이 변화는, 예컨대 처음에는 에칭(an etching)인 줄 알았다가 그것이 사실은 펜과 잉크로 그린 소묘임을 발견할 때 겪는 변화에 비해 훨씬 더 심층적이며 보다 의미심장하다. 이것은 밀랍 박물관의 경비원이 단지 또 다른 밀랍 인형이었음을 발견한 것과 더 비슷하다. 클로스의 초상이 사진이 아님을 알게 된 경우 우리는 왠지 클로스와 덜 '접촉되어' 있다고 느낀다. (Walton, 1984: 255)

월튼을 비판하는 사람들은(예를 들어, Martin, 1986; Warburton, 1988b; Currie, 1991; Carroll, 1996a) 미끄러운 경사길 내리막의 특정 지점에서 완강하게 버티기 위한 다양한 논증들을 제시했다. 말하자면, 경사길 은유를 약간 수정함으로써 그 경사길이 월튼이 생각하는 것만큼 미끄럽지는 않다고 주장했다. 본다는 것의 일상적인 뜻과 사진을 통해 본다는 것으로 월튼이 뜻하는 바 사이에는 유의미한 차이점들이 있다. 예컨대 마틴(Martin, 1986)의 주장에 따르면 우리가 실제 이미지와 가상 이미지를 구분할 때 나타나는 보다 자연스러운 기준점들이 있으며, 어떤 경험을 보기 경험이라고 기술하는 것이 적절한지 아닌지를 결정하는 요소는 인과 연쇄가 어디까지 이어져 있느냐이다. 워버튼(Warburton, 1988b)은 대상과 사진이 맺는 관계에는 결여되어 있지만 일상적 보기에는 전형적인 네 가지 요소들을 확인했다. ① 실질적 동시성(일상적 보기의 경우 보이는 대상은 그 대상 존재에 대한 우리의 경험과 거의 동시에 존재하고 있다), ② 변화 민감성(보이는 대상을 통해 시각적으로 나타나는 잠재적인 변화들은 그 대상에 나타난 변화들과 일치한다), ③ 시간적 합치(보이는 행동이 일어나는 데 걸리는 시간은 우리가 그 행동을 보는 데 걸리는 시간과 동일하다), 그리고 ④ 인과 연쇄에 대한 보는 사람의 지식(우리는 보통 지각이 그 지각의 원인과 어떻게 연결되는지에 대한 기본적인 지식을 갖고 있다). 또한 그레고리 커리(Gregory Currie, 1991)의 주장에 따르면 보는 사람과 사진 찍힌 대상이 맺는 관계가 직접적인 지각적 관계라고 서술하는 월튼은 너무 멀리 나간 것이다. 월튼에 반대하여 커리는 사진이 재현적이라고 주장한다. 즉 우리는 말 그대로 사진을 통해 보는 것이 아니다. 커리는 사진은 자연적 재현인 데 반해, 회화는 의도적 재현이라고 서술함으로써 사진과 회화의 차이를 포착한다. 사진은 거기에 찍힌 대상에 대해 '자연적 의존'을 보이기 때문에 자연적 재현이다. 말하자면, 사진은 인간의 의도에 의해 매개될 필요가 없는 일종의 반사실적 의존을 보인다. 커리에 따르면 선조의 사진을 볼 때 나는 그 사람의 재현을 보는 것이지 그 사람 자신을 보는 것이 아니다.

그러나 월튼은 대부분 마틴(1986)의 논문에서 제기된 이러한 종류의 비판들에 대해서라면 자신의 이론을 수정할 필요를 느끼지 않았다(월튼의 답변에 대해서는, Walton, 1986, 1997을 보라). 월튼은 가장 최근의 답변을 통해 캐롤(Carroll)과 커리 둘 모두 투명성 주장을 잘못 이해했다고 주장한다. 그들은 투명성 주장이 사진이 재현적이지 않음을 함축한다고 가정했다. 그러나 월튼의 입장에 따르면 '다큐멘터리 사진을 포함하여 사진은 본다고 상상하기를 유도하며 투명할 뿐 아니라 재현(묘사, 그림)이다'(Walton, 1997: 68). 조너선 프라이데이(Jonathan Friday)가 이 논쟁을 개괄한 논문은 유용한데, 거기서 그가 분명히 했듯이(Friday, 1996) 월튼의 사진(술) 분석이 옳은지 아닌지는 궁극적으로 지각을 다루는 철학 내에서의 논쟁적 이슈들에 달려 있다.

4. 매체특정성

스크루턴과 월튼은 각자의 논문에서 사진에 관한 본질주의를 주장하는데, 이 점은 주목할 만하다. 스크루턴은 사진이 어떤 본질을 갖는다고 분명하게 믿는다. 그 본질은 이상적 사진이라는 개념에 의해 포착되고, 회화적 테크닉들이 사용될 경우 '오염된다'. 한편 월튼에게 사진의 본질이란 그가 특별한 의미에서 설명하는 투명성이다. 바쟁과 카벨도 마찬가지로 사진을 논의할 때 본질주의적이다. 노엘 캐롤은 *Theorizing the Moving Image*(Carroll, 1996b)에 재출간된 일련의 논문들(Carroll, 1984-5, 1985, 1987, 1996a)을 통해 사진 및 영화 이론의 본질주의 또는 이른바 '매체특정성(medium specificity)'에 반대하는 논증을 내놓았다. 거기서 캐롤은 다음과 같은 사실에 주목했다.

사진 매체의 진화를 이끌거나 사진 매체에 대한 우리의 적절한 감상 반응을 안내하는, 사진 매체나 사진 재현의 본질은 없다. 오히려 우리가 사진 매체를 통해 발견하는 것은 문화적 목적이나 기획이며, 이 매체는 그것들을 위해 사용된다. 사진 및 영화와 관련하여 우리가 보게 되는 재현 유형들은 사진 이미지 존재론에 따라 등장하는 것이 아니라 스틸 사진과 활동 사진 각각을 통해 나타난 목적들에 대응하는 것이다. (Carroll, 1996b: 48)

만약 사진이 어떠한 내재적 본질도 갖지 않고 오히려 우리는 다양한 사진 매체들을 계속해서 사용할 수 있을 뿐이라는 캐롤의 생각이 옳다면, 이것은 다음과 같은 함축을 지니는 것으로 보인다. 말하자면, 사진을 탐구하는 철학자들은 사진이 실제로 사용되는 일부 방식들과 그렇게 사용될 때 사진에 주어지는 의미들을 아주 면밀하게 살펴보아야 할 것이라는 점이다. 이 경우 사진 매체가 보유한 다양한 의사소통 가능성은 사회적 맥락 속에 있는 것이기 때문에 그러한 가능성에 대해 사진의 '이상'이나 '본질'을 조사해서 얻어진 설명은 부분적이거나, 어쩌면 무관한 것일 공산이 크다.

5. 사진술의 사용

패트릭 메이너드는 일련의 논문들(Maynard, 1983, 1985, 1989, 1991)을 엮은 저서, *The Engine of Visualization*(Maynard, 1997)에서 사진술을 이해하는 하나의 틀을 제시했는데, 여기서 사진술은 다양한 용도를 갖는 광범위한 테크닉들로 간주된다. 사물을 탐지하고 상상하는 우리의 능력은 이러한 이미징 기술 덕분에 향상되고 선별된다. 초창기 이론가들은 사진 매체가 다양하게 사용된다는 점을 무시하는 경향이 있었다. 이들은 보다 소박한 가정들을 제시했고, 메이너드의 연구는 그것들 중 일부가 지닌 문제점에 대해 유익한 해결책이 된다. 메이너드의 구분에 따르면 사진 탐지는 사진이 광화학적 흔적으로서 담는 대상에 의해 결정되지만 사진 묘사는 사진이 그려 내는 대상에 의해 결정되며, 이 둘은 동일한 것이 전혀 아닐 수 있다. 사진 탐지와 사진 묘사는 둘 모두 우리의 상상력을 증폭시킬 수 있다. 철학에서 사진을 다룰 때 계속해서 혼동이 초래된 이유는 사진의 대상과 사진 묘사의 대상이 명백하게 구분되지 않았기 때문이다. 메이너드는 사진술에 관한 모든 저술에서 이 구분을 매우 분명하게 한다. 예를 들어 *The Engine of Visualization*에서 그는 다음과 같이 서술한다.

다른 여느 묘사 기술과 마찬가지로 사진술에도 상상하기를 유도하는 표면 특징화(marking) 방법들이 있다. 이것은 묘사 대상을 사진 찍음으로써 때때로 달성되지만, 때로는 그렇지 않다. 흥미로울 뿐 아니라 전형적인 사례들은 영화에서 다수 발견된다. 〈킹콩〉(King Kong)은 엠파이어 스테이트 빌딩(the Empire State Building)을 올라가는 엄청나게 큰 유인원을 묘사하는 장면이 포함된 영화이고 다양한 대상들을 필름에 담아냄으로써 제작됐지만, 그 대상들 중 어느 것도 유인원이나 엠파이어 스테이트 빌딩은 아니었다. 그 장면의 포토 스틸들은 그것들이 묘사하는 대상들을 찍은 사진이 아니며 그 누구도 그것들이 그러하리라 기대하지 않을 것이다.

(Maynard, 1997: 114)

로버트 카파(Robert Capa)의 작품, 〈스페인 공화당 군인이 죽는 바로 그 순간〉(Spanish Republican Soldier at the Very Instant of his Death)은 연출된 장면을 찍은 사진이라는 논란이 있다. 워버튼은 이 논란을 포함하여 다양한 사진 속임수가 갖는 함축을 이야기하기 위해 메이너드와 유사한 구분을 사용했다(Warburton, 1991, 1998). 사진은 거기에 찍힌 대상을 담아낸다고 가정하는 경우, 우리는 '다큐멘터리 모드'라는 용어를 통해 사진술이 그렇게 사용되는 사례들을 아우를 수 있다. 반대로 '회화 모드' 사진은 사진적 묘사이다. 이것은 사진의 원인이 되는 대상을 담아낼 수도, 담아내지 않을 수도 있다. 만약 카파의 사진이 연출된 것이었다면, 사진 저널리즘 맥락에서 그는 포토저널리스트의 역할이나 책무를 명백히 위반하는 방식으로 그 사진을 사용한 것이다. 왜냐하면 포토저널리스트는 다큐멘터리 모드의 이미지들을, 말하자면 최소한 사진 찍힌 대상에 관해 고의적으로 오도하지 않게끔 하는 사진들을 제공해야 하기 때문이다.

바버라 사비도프(Barbara Savedoff)는 사진술을 사용하는 널리 알려진 방법 중 다른 하나인 예술작품을 재생산하는 일, 특히 회화를 사진으로 찍는 것과 관련해 제기된 철학적 물음들을 언급한다(Savedoff, 1993, 1999). 그녀의 주장에 따르면 우리는 사진으로 재생산된 것에 의존하여 마치 그것이 변형된 것이 아니라 투명한 것인 양 다룸으로써 회화 그 자체에 대해 생각하고 경험하는 방식에 영향을 받는다.

6. 사진과 도덕적 지식

수전 손태그(Susan Sontag)는 일련의 사변적 에세이들을 엮어 출간한 저서, 《사진에 관하여》(On Photography)에서 플라톤이 걱정했던 회화적 재현의 피상성 문제를 되짚었다. 특히 그녀의 주장에 의하면 사진은 시간에 따른 변화가 아닌 정적인 외양만을 다루기 때문에 세계에 대한 이해를 제공할 수 없고, 따라서 윤리적 지식을 줄 수 없다.

> 엄밀히 말해 우리는 사진을 통해 어떠한 것도 결코 이해하지 못한다. … 무언가가 어떻게 보이는지에 기초하는 애정어린(amorous) 관계와는 대조적으로, 이해한다는 것은 그 무언가가 어떻게 기능하는지에 기초한다. 그런데 기능이란 시간의 흐름에 따라 나타나며 시간 속에서 설명되어야 한다. 우리는 오직 서사를 갖춘 것만을 이해할 수 있다.
> 세계에 대한 사진적 지식은 양심을 자극할 수는 있지만, 결국 그것이 윤리적 지식이나 정치적 지식일 수는 없다는 데 그 한계가 있다. (Sontag, 1979: 23-4)

스테퍼니 로스(Stephanie Ross, 1982)는 손태그가 서술한 사진술의 한계를 뒷받침할 근거를 찾기 위해 사진술에 관한 스크루턴의 논증 중 일부를 끌어왔다. 그러나 손태그와 마찬가지로 로스의 결론도 오도적이다. 사진술은 다양한 서사 테크닉들을 **실제로** 갖고 있으며 이것들을 활용할 수 있다. 이를테면 일련의 이미지들을 사용하는 방식 또는 시간의 흐름에 따라 나타난 사건들에 암시된 바를 적절하게 읽어 내는 방식 말이다. 결국 통시적인 사건들에 관해 의사소통할 가능성과 관련해 사진술을 공격하는 일은 번지수를 잘못 찾은 것일 수 있다(Warburton, 1988a를 보라).

7. 사진 예술의 철학을 향하여

사진 예술에 대한 철학적 탐구는 여전히 상대적으로 초기 단계에 있다. 사진술에 주목하게 된 철학자들은 사진 일반과 대비되는, 사진 예술에서 특별히 발생하는 문제들을 세부적으로는 거의 다루지 않았다. 최근의 예외적인 인물로는 *Transforming Images*(Savedoff, 1999)의 저자인 바버라 사비도프를 들 수 있다. 사비도프는 사진이 갖는 변형적 힘을 강조한다. 사진은 그 대상을 다양한 방식들로 변형시키지만, 여전히 우리는 그 사진이 현실을 기록하거나 문서화한다고 볼 수밖에 없다. 옳든 그르든 우리는 사진을 회화에 비해 보다 객관적인 것으로 지각한다. 이렇게 조합한 특징들을 통해 사진 보기 경험은 고유한 성격을 부여받는다. 특정 사진 이미지들이 우리를 매료시키는 힘은 종종 그것들의 변형적 본성에 달려 있다. 사비도프는 재현 사진을 포함한 다양한 사진 사례들을 끌어옴으로써 사진 예술의 경험에 대해 가르침을 준다.

워버튼은 사진 예술의 또 다른 측면을 언급했다. 그는 사진 인화물들이 '진본(authen-tic)' 또는 최종적인 것으로 고려되어야 하는지, 그리고 왜 그런지를 묻는다(Warburton, 1997). 그의 주장에 따르면 예술계에서 이른바 '빈티지 인화물'이 선호되는 현상은 대체로 합리적인 것이 아니다.

8. 디지털 사진

최근에 발명된 디지털 사진술은 사진이 사용되고 이해되는 방식에 이미 많은 변화를 불러왔다. 이 새로운 기술은 이미지를 픽셀로 바꾸며, 그 픽셀 각각은 전자적으로 통제될 수 있다. 이 기술 덕분에 아날로그 이미지는 디지털 이미지로 대체됐으며 정확한 복제 ─ 디지털 사진은 고정된 양의 정보를 보유한다는 사실의 직접적인 결과 ─ 가 가능해졌다. 이는 다시 한 번 사진 증거에 대한 의문을 낳았다. 이제 거의 누구든 사실상 탐지 불가능한 방식으로, 즉 네거티브 필름이었다면 나타났을 조작 증거 기록을 남기지 않고서도 너무나 쉽게 사진을 조작할 수 있다. 따라서 많은 저술가들은 다큐멘터리 사진술의 시대가 끝날 날이 얼마 남지 않았다고 예상했다. 예컨대 윌리엄 미첼(William J. Mitchell)은 우리가 '포스트-사진 시대'로 접어들고 있다고 선언했는데, 이런 입장은 사진술의 과거를 다소 감상적으로 바라보기 때문이다.

> 사진 이미지 구성 과정은 매우 표준화되어 있고, 그것의 재현적 책무는 잘 알려져 있으며, 표준적인 사진과 그 대상 사이에 개입되는 의도 관계는 상대적으로 직접적이고 분명하다. (Mitchell, 1992: 222).

이 새로운 기술이 의미하는 가능성들에 관한 사비도프(1997, 1999)의 생각은 보다 그럴듯하다. 그녀는 '전통적인 사진을 둘러싼 증거적 권위'가 소실될 공산이 크며 일단 그렇게 되면 사진 미학의 변화는 불가피하다고 강조했다. 다른 저술가들(Ritchin, 1990; Warburton, 1998)의 주장에 따르면 사진술을 다룰 때 언제나 제기됐던 문제들은 이 새로운 기술 때문에 전면으로 부각된다. 이를테면 다큐멘터리 사진과 현실이 맺는 관계처럼 말이다.

> 포토저널리즘 영역에서 사진의 능동적 역할 그리고 공중의 확신 둘 모두를 유지하려면 모호한 사진 신화가 아닌 저널리즘 원칙들이 언급되어야 한다는 점은 명백하다. 이렇게 분명히 함으로써 사진술이 지니는 주관성과 그것의 적용 범위, 사

진술을 사용하는 상이한 방식들, 사진술에 대한 접근 방법들, 사진술의 원천들, 그리고 사진술이 품는 야망들이 뒤늦게라도 인정되게끔 독려해야만 한다. 사진을 획일적으로 다루는 일은 지양되어야 할 것이다. 단어들처럼 이미지들도 다양한 목적으로 사용될 수 있고 상이한 전략들에 따라 만들어질 수 있음을 이해한다면 말이다. 사진은 사실적일 수도, 환상적일 수도, 보고하는 것일 수도, 또는 견해를 드러내는 것일 수도 있다. (Ritchin, 1990: 144)

디지털 사진술의 발명과 그로 인해 사진이 갖는 새롭고 다양한 선택지들은 다큐멘터리 사진술의 소멸을 불가피하게 야기하는 것이 전혀 아니다. 오히려 그것들을 통해 우리는 도덕적 상상력을 확장할 힘을 가진 또렷한 시각적 증거를 확보하게 되었으므로 다큐멘터리 사진술의 가치를 분명히 해야 한다. 다큐멘터리 사진술에서 통용되던 관습들은 디지털 이미징의 회화적 관습들을 따라 계속해서 존재할 수 있다. 이것이 불가피하다는 것은 결코 아니지만 말이다.

9. 결론

미학에서 사진 및 사진술에 대한 철학은 상대적으로 미지의 영역으로 남아 있다. 포토저널리즘과 사진 예술에 관해서는 아직 언급되지 않은 많은 중요한 문제들이 있으며 다른 문제들은 재현에 대한 철학, 윤리학, 비평 이론 등에 의존하는 것들이다.

* 이 논문의 이해를 돕기 위해서 이 책에서 다음의 논문들을 찾아 읽으면 좋을 것이다.
  〈회화〉, 〈영화〉, 〈예술에서의 재현〉, 〈예술의 매체〉, 〈예술에서의 스타일〉, 〈예술과 도덕성〉, 〈대중예술의 미학〉

참고문헌

Barthes, R. (1984). *Camera Lucida*, trans. R. Howard. London: Fontana.

Batkin, N. (1991). "Paul Strand's Photographs in Camerawork". *Midwest Studies in Philosophy* 16: 314–51.

Baudelaire, C. (1859). "Photography", in B. Newhall (ed.) (1981) *Photography: Essays and Images*. London: Seeker and Warburg, pp. 112–14.

Bazin, A. (1945). "The Ontology of the Photographic Image", reprinted in A. Bazin, *What is Cinema?*, trans. H. Gray. Berkeley: University of California Press, 1967, pp. 9–17.

_____ (1951). "Theatre and Cinema", in A. Bazin, *What is Cinema?*, trans. H. Gray. Berkeley: University of California Press, 1967, pp. 76–124.

Blocker, H. (1977). "Pictures and Photographs". *Journal of Aesthetics and Art Criticism* 36: 155–62.

Carroll, N. (1984–5). "Medium Specificity Arguments and the Self–consciously Invented Arts". *Millenium Film Journal* 14/15: 127–53; reprinted in Carroll (1996b): 3–24.

_____ (1985). "The Specificity of Media in the Arts". *Journal of Aesthetic Education* 19: 5–20; reprinted in Carroll (1996 b): 25– 36.

_____ (1987). "Concerning Uniqueness Claims for Photographic and Cinematographic Representation". *Dialectics and Humanism* 2: 29–43; reprinted in Carroll (1996b): 37–48.

_____ (1996a). "Defining the Moving Image", in Carroll (1996b): 49–74.

_____ (1996b). *Theorizing the Moving Image*. Cambridge: Cambridge University Press.

Cavell, S. (1979). *The World Viewed*, rev. edn. Cambridge, Mass.: Harvard University Press; first published 1971.

Currie, G. (1991). "Photography, Painting and Perception". *Journal of Aesthetics and Art Criticism* 49: 23–9.

_____ (1998). "Photography, Aesthetics of", in E. Craig (ed.), *The Routledge Encyclopedia of Philosophy*, vol. 7. London: Routledge, pp. 378–80.

Friday, J. (1996). "Transparency and the Photographic Image". *British Journal of Aesthetics* 36: 30–42.

_____ (2001). "Photography and the Representation of Vision". *Journal of Aesthetics and Art Criticism* 59: 351–62.

_____ (2002). *The Aesthetics of Photography.* Aldershot: Ashgate.

King, W. (1992). "Scruton and the Reasons for Looking at Photographs". *British Journal of Aesthetics* 32: 258–65.

Martin, E. (1986). "On Seeing Walton's Great–Grandfather". *Critical Inquiry* 12: 796–800.

Maynard, P. (1983). "The Secular Icon: Photography and the Functions of Images". *Journal of Aesthetics and Art Criticism* 42: 155–70.

_____ (1985). "Drawing and Shooting: Causality in Depiction". *Journal of Aesthetics and Art Criticism* 44: 115–29.

_____ (1989). "Talbot's Technologies: Photographic Depiction, Detection, and Reproduction". *Journal of Aesthetics and Art Criticism* 47: 263–76.

_____ (1991). "Photo–opportunity: Photography as Technology". *Canadian Review of American Studies* 22: 501–28.

_____ (1997). *The Engine of Visualization: Thinking through Photography.* Ithaca, NY: Cornell University Press.

_____ (2001). "Photograpy", in B. Gaut and D. Lopes (eds.), *Routledge Companion to Aesthetics.* London: Routledge.

Mitchell, W. (1992). *The Invented Eye: Visual Truth in the Post- Photographic Era.* Cambridge, Mass.: MIT Press.

Ritchin, R. (1990). *In Our Own Image: The Coming Revolution in Photography.* New York: Aperture.

Ross, S. (1982). "What Photographs Can't Do". *Journal of Aesthetics and Art Criticism* 41: 5–17.

Savedoff, B. (1993). "Looking at Art Through Photographs". *Journal of Aesthetics and Art Criticism* 51: 455–62.

_____ (1997). "Escaping Reality: Digital Imagery and the Resources of Photography". *Journal of Aesthetics and Art Criticism* 55: 201–14.

_____ (1999). *Transforming Images: How Photography Complicates the Picture.* Ithaca, NY: Cornell University Press.

Scruton, R. (1983). "Photography and Representation", in R. Scruton, *The Aesthetic Understanding: Essays in The Philosophy of Art and Culture.* London: Methuen, pp. 102–26; first published in *Critical Inquiry* 7: 577–603.

Snyder, J. (1983). "Photography and Ontology", in J. Margolis (ed.), *The Worlds of Art and the World.* Amsterdam: Rodopi, pp. 21–34.

Snyder, J. and Allen, N. W. (1975). "Photography, Vision and Representation". *Critical Inquiry* 2: 143–69.

Sontag, S. (1979). *On Photography.* Harmondsworth: Penguin.

Walton, K. (1984). "Transparent Pictures: On the Nature of Photographic Realism". *Critical Inquiry* 11: 246–77.

_____ (1986). "Looking Again through Photographs: A Response to Edwin Martin". *Critical Inquiry* 12: 801–8.

_____ (1997). "On Pictures and Photographs: Objections Answered", in R. Allen and M. Smith (eds.), *Film Theory and Philosophy.* Oxford: Oxford University Press, pp. 60–75.

Warburton, N. (1988a). "Photographic Communication". *British Journal of Aesthetics* 28: 173–81.

_____ (1988b). "Seeing Through 'Seeing through Photographs'". *Ratio,* n.s. 1: 64–74.

_____ (1991). "Varieties of Photographic Representation". *History of Photography* 15: 203–10.

_____ (1996). "Individual Style in Photographic Art". *British Journal of Aesthetics* 36: 389–97.

_____ (1997). "Authentic Photographs". *British Journal of Aesthetics* 37: 129–37.

_____ (1998). "Ethical Photojournalism in the Age of the Electronic Darkroom", in M. Kieran (ed.), *Media Ethics.* London: Routledge, pp. 123–34.

Wicks, R. (1989). "Photography as Representational Art". *British Journal of Aesthetics* 29: 1–9.

제37장

영화

베리스 고트(Berys Gaut)
번역: 최근홍

1. 영화 이론과 철학

오늘날 영화에 대한 철학적 논의는 왕성하다. 실제로, 수행된 연구의 질과 다양성 그리고 흥미로움 등을 고려할 때 개별 예술철학들 가운데 오직 음악철학만이 영화의 그것에 필적할 만하다. 또한 이 논의에는 예술을 철학적으로 다루는 경우에만 고유한 것은 아니지만 매우 드물게 나타나는 최소한 한 가지 놀라운 특징이 있다. 그것은 많은 철학자들과 영화 이론가들이 서로의 연구를 통해 상호작용하며 서로에게서 배운다는 점이다. 분명 전부는 아니지만 다수의 연구에서 나타나듯이 철학자들은 여러 측면에서 영화 이론을 비판했다. 하지만 그러한 상호작용 덕분에 두 학문 분과 모두 일정한 결실을 맺었다. 영화 이론가들과 철학자들의 교류는 그들의 논의가 함께 수록된 몇몇 논문 모음집에 나타난다 (Bordwell and Carroll, 1996; Allen and Smith, 1997; Plantinga and Smith, 1999). 노엘 캐롤(Noël Carroll), 스탠리 카벨(Stanley Cavell), 길버트 하먼(Gilbert Harman) 등 철학자들의 저술은 가장 널리 사용되는 영화 입문용 선집에도 수록되어 있다(Braudy and Cohen, 1999).

영화철학은 거의 (1890년대 중반에 발명된) 그 매체 자체만큼이나 오래되었다. 이를테면 철학자이자 심리학자인 휴고 먼스터버그(Hugo Munsterberg)는 1916년에 영화에 관한 선구자적인 연구를 수행했다. 그러나 영화는 1970년대가 되어서야 광범위한 철학적 주목을 끌기 시작했다. 이 시기에 카벨(1979, 초판은 1971년), 프란시스 스파르샷(Francis Sparshott, 1992, 초판은 1971년), 알렉산더 시손스키(Alexander Sesonske, 1973), 아서 단토(Arthur Danto, 1979) 등의 주요 저서와 논문이 등장했다. 그 이후로 영화에 대한 철학적 논의는 급증했다. 캐롤 (1988a, b, 1990), 커리(Currie, 1995), 윌슨(Wilson, 1986) 등이 보다 최근에 펴낸 단행본들은 그중에서도 중요한 저술로 간주된다. 영화철학 일반에 관한 저서와 논문 이외에도 철학자들은 개별 영화들을 다루는 연구를 다수 수행하였다. 1994년 이후로는 이 분야만을 전문적으로 다루는 학술지인 《영화와 철학》(Film and Philosophy)가 등장했다.

영화철학의 아젠다를 설정하는 작업에 영화 이론의 역할이 있었음을 고려한다면, 영화 이론의 발전을 짧게나마 개괄하는 일은 그럴 만한 가치가 있다. 고전적인 영화 이론은 영화의 발명 직후 시작됐다. 그것의 관심사는 크게 세 가지로 구분되었다. 첫째, 새로운 매체가 태어났다. 하지만 이것이 예술인가? 영화 매체는 과학적 실험에 기초하며 기록을 위한 기계적 수단이다. 이러한 사실은 개인의 표현이나 창작된 형식에는 전혀 도움이 되지 않는 것처럼 보였다. 이는 영화 매체가 예술로서의 지위를 갖지 못한다는 반론의 빌미가 됐다. 고전적인 영화 이론을 주장한 사람들, 예컨대 루돌프 아른하임(Rudolf Arnheim, 1957)은 이러한 혐의에 반대하여 영화를 옹호하고 영화가 진정으로 하나의 예술형식임을 보이고자 애썼다. 둘째, 영화는 사진술에 기초하고 있기 때문에 어떤 의미에서 보자면 현저하게 사실주의 매체였다. 그러므로 영화는 이전의 예술형식들과는 구별되는 새로운 예술적 자원을 갖는 것으로 보았다. 이런 맥락에서 바쟁(Bazin, 1967)과 크라카우어(Kracauer, 1960)는 영화 사실주의의 본성을 탐구했다. 셋째, 영화가 예술이라고 가정한다면, 많은 사람들은 영화마다 그것을 맡은 예술가를 확인할 수 있어야 한다고 보았다. 그러므로 작가주의자들(예컨대 Sarris, 1999; Perkins, 1972: 8장)은 영화 한 편마다 한 명의 작가가 존재한다고 주장했고, 그 작가는 통상 감독과 동일시됐다. 앞으로 보겠지만 철학자들은 이 세 가지 문제들 모두에 흥미를 가졌다. 실제로 고전적인 영화 이론은 주요 관심사, 표현의 명료성, 그리고 논증의 엄밀성이라는 측면에서 오늘날의 영화철학과 어느 정도 밀접하게 관련되어 있다.

두 번째 유형의 이론인 동시대 영화 이론은 1960년대 중반에 두각을 나타냈다. 이 이론의 한 가지 핵심 주장에 따르면 영화는 일종의 언어이다. 고전적인 영화 이론 진영에서도 아이젠슈타인(Eisenstein, 1992) 같은 일부 이론가들은 이런 아이디어를 제기한 바 있다. 하지만 그 아이디어는 크리스티언 메츠(Christian Metz, 1974)의 손을 거치고 나서야 지속적인 지지 기반을 얻었다. 이후 여기에 덧붙여진 주장에 따르면, 특히 자크 라캉(Jacque Lacan)의 저작들로 대표되는 형태의 정신분석학은 영화 매체 그리고 영화에 대한 관람자의 반응을 이해하는 데 핵심적이다(Metz, 1982). 게다가, 동시대 영화 이론가들은 영화 매체가 갖는 어떤 특징들 때문에, 또는 사실주의 영화처럼 어떤 유력한 부류의 영화들 때문에 이념이 영화 곳곳에 스며든다고 주장했다(Spellerberg, 1985). 이러한 유형의 영화 이론이 영화 연구에서 갖는 영향력은 여전히 지배적이다. 하지만 최근에 그 이론은 보다 다원주의적으로 변모했으며, 이에 따라 대이론을 확립하는 일에는 그만큼 관심이 줄어들었다. 특히 페미니즘(Mulvey, 1999)과 정치 비평, 흑인 연구(Stam and Spence, 1999) 등의 영향이 커지면서 탐구 대상에도 변화가 일어났다. 이를테면 영화에서 주제가 재현되는 방식들과 그러한 방식들에 영향을 미치는 이념적 가정들이 그 탐구 대상이 되었다. 몇몇 철학자들은 방금 개괄한 세 가지 주요 주장들에 대해 매우 비판적이었다(예컨대 Currie, 1995; Carroll, 1998b, 1996b).

세 번째 유형인 인지주의 영화 이론은 지난 15년 남짓한 기간 동안 성장했다. 데이비드 보드웰(David Bordwell, 1985, 1989)은 이 이론을 주장하는 가장 영향력 있는 연구자이다. 그는 현재 생존해 있는 뛰어난 영화 이론가로서 인지 심리학의 발견들을 형식주의 계열 미학과 조합하려고 했다. 다른 인지주의 이론가들은 신경 과학 분야에서 발견된 것들(Grodal, 1997) 혹은 심지어 분석철학적 연구(Smith, 1995)에서도 도움을 받아 영화에 대한 관람자의 감정 반응을 설명하고 이와 더불어 영화 장르 및 서사 패턴이 이러한 반응을 인도하는 방식을 설명해내려 했다. 영화 연구에서 인지주의 영화 이론은 여전히 소수 견해에 불과하다. 하지만 이 이론이 영화 철학에서 차지하는 엄청난 중요성은 분석철학과의 교류를 수용한다는 점에서 드러난다. 인지주의 이론의 관심사는 관람자가 영화를 해석하는 방식 그리고 영화에 감정적으로 반응하는 방식이며, 이는 영화철학에서 제기된 일부 이슈들을 틀 짓는 데 도움이 되었다.

우리는 지금까지 철학의 도움 속에서 영화를 이해했지만, 어쩌면 그 철학적 공헌의 핵심은 영화에 관한 새로운 이슈나 퍼즐을 파악하게끔 했다는 데 있는 것이 아니다. 그런 작업은 대체로 영화 이론이 수행해 왔다. 철학의 주된 역할은 그 논쟁이 개념적으로 보다 세련된 것이 되게끔 한다는 데 있다. 사실주의, 언어, 그리고 해석이라는 개념들은 철학 일반에서 논의되는 핵심 관심사이다. 그러므로 철학자들이 영화 이론 내에서 이 개념들이 매우 혼돈스럽게 다루어져 왔음을 밝히는 데 성공한다면, 이것은 놀라운 일이 아니다. 철학자들이 언급한 문제들은 광범위하며 다음과 같은 것들을 포함한다. 고전적 영화 이론과 동시대 영화 이론의 일부 주장에 대한 비판(Carroll, 1998a, b), 인지주의 영화 이론의 일부 주장에 대한 비판(Gaut, 1995; Wilson, 1997a), 영화 언어가 있다는 입장에 대한 비판(Harman, 1999; Currie, 1995: 4장), 영화의 의미가 작가의 의도에 의해 결정되느냐에 대한 문제(Currie, 1995: 8장), 영화의 서사와 시점이 갖는 본성(Wilson, 1986, 1997b), 영화에서 음악의 역할(Levinson, 1996; Kivy, 1997), 논픽션 영화 개념의 분석 및 타당성 문제(Carroll, 1996c), 영화적 시간과 공간의 현상학(Sesonske, 1973, 1974), 영화의 묘사에서 우리는 허구적 대상을 본다고 상상하는가, 아니면 비인칭적이고 지각적인 방식으로 그 대상을 상상하는가(Walton, 1990: 8장; Walton, 1997; Currie, 1995: 6장), 장르, 특히 공포와 관련된 다양한 문제들(Carroll, 1990; Freeland, 1999). 우리는 이 목록을 쉽게 확장할 수 있고, 여기에 이제 개별 영화들을 분석하는 철학자들의 연구를 상당수 추가할 수 있다(이는 Cavell, 1981과 Wilson, 1986에 두드러진다). 여기서 나는 이 문제들 중 일부를 심층적으로 다루기 위해 단지 네 가지에만 초점을 맞출 것이다. 영화가 갖는 예술로서의 지위에 관한 문제, 영화 저자(authorship)의 문제, 영화는 어떤 의미에서 사실주의 매체인가, 그리고 영화에 대한 관객 반응의 본성(보다 많은 문제들을 개괄하기 위해서는 Gaut, 1997a를 보라). 이러한 핵심적인 문제들을 세부적으로 탐색함으로써 독자들은 이 분야에서 논쟁이 갖는 본질적인 의미 그리고 영화 이론과 철학의 상호작용이 갖는 의미를 알게 될 것이다.

2. 영화와 예술

아른하임은 영화가 갖는 예술로서의 지위에 대한 도전을 다음과 같이 간결하게 서술했다. "영화는 예술일 수 없다. 왜냐하면 영화는 그저 현실을 기계적으로 재생산하기 때문이다."(Arnheim, 1957: 8) 이 간단한 문장에는 두 가지 구분되는 도전이 숨겨져 있다. 첫 번째 도전은 재생산이라는 아이디어에 초점을 맞춘다. 아른하임의 주장에 따르면 만약 무언가가 사람을 본뜬 밀랍처럼 한 대상의 정확한 시각적 재생산이라면 거기에는 표현이 개입될 여지가 없다. 표현은 예술에 본질적인데도 말이다. 왜냐하면 대상의 겉모습과 그것을 재생산한 것의 겉모습은 차이가 없기 때문이다. 아른하임은 영화와 현실이 실질적인 차이를 갖는다는 점 — 즉 영화는 2차원 이미지이고 그것 주변에 프레임(틀)을 가지며 편집이 개입된다는 것 등등 — 그리고 이러한 차이가 예술적 표현을 위해 사용될 수 있다는 점 — 예를 들어 몽타주(짜집기, 편집)는 무성영화의 위대한 예술적 장치들 중 하나였다 — 에 주목함으로써 영화에 우호적인 태도를 보이기도 했다. 그러나 그는 유성영화가 그 본성상 무성영화에 비해 현실에 더 가깝기 때문에 미적으로도 열등하다고 주장했다(아른하임의 저서 초판은 1933년에 출간되었고, 이는 유성영화가 등장한 지 불과 몇 년 후였다). 게다가, 매체 예술작품은 미적 가치를 갖기 위해 매체 특정적인 방식으로, 즉 매체에 고유한 방식으로(이를테면 편집이 영화에 특정적인 식으로) 현실과 달라야 한다고도 주장했다.

　　여기서 아른하임이 제시한 기본 요점은 분명 옳다. 영화와 현실은 다르다. 말하자면, 어떤 대상을 영화화한 것과 그 대상 자체는 지각적으로 쉽게 구별 가능하다. 하지만 아른하임의 이론은 거센 비판에 직면했다. 예술이 갖는 본질적 속성이 표현이라는 생각도, 정확한 재생산은 표현적일 수 없다는 주장도 모두 분명하지 않다(두에인 핸슨(Duane Hanson)의 몇 몇 사실주의 조각들을 생각해 보라). 게다가, 만약 작품이 오직 매체에 특정한 방식으로 현실과 다를 경우에만 예술적 가치를 갖는다면, 우리는 영화가 소설과 시 같은 다른 매체와 공유하는 모든 능력들, 이를테면 서사 능력은 영화와 미적으로 무관하다고 판단해야 할 것이다 (아른하임의 이론에 대한 확장된 설명과 비판에 대해서는 Carroll, 1988a: 17-91을 보라). 어쩌면 아른하임의 기본적인 이론이 실패했음을 가장 특징적으로 보여 주는 부분은 유성영화가 본유적인 미적 열등성을 갖는다고 결론짓는 지점이다. 이 결론은 영화와 현실의 차이를 재현 능력의 한계 — 예컨대 무성영화는 소리를 재현할 수 없다 — 로 간주하려는 데서 나온 것이다. 하지만 정말 중요한 것은 재현의 한계가 아니라 대상을 각기 다른 방식들로 재현하는 능력이다. 이를테면 서로 다른 빛, 서로 다른 렌즈들, 서로 다른 카메라 움직임 등을 채택함으로써 말이다. 진정한 영화적 표현은 대상을 재현하는 방식이 다양하다는 사실 덕분에 가능해진다. 왜냐하면 대상의 표현적 측면을 전달할 방편으로서 그 대상이 영화화되는 방식이 채택될 수 있기 때문이다. 게다가, 이것은 재현 능력의 한계가 아니라 재현을 위해 진일보된 능력과 관련된다. 그러므로 무성영화에 대한 아른하임의 결론은 잘못된 것이다. 예를 들어 무성영화가 아닌 유성영화에서만 침묵은 표현적일 수 있다. 왜냐하면 우리는 오직 유성영화에서만 침묵이 표현적인 무언가를 전달한다고 파악할 수 있기 때문이다. 영화제작자는 오직 유성영화에서만 그러한 지점에서 소리를 사용할지 말지에 관한 선택권을, 즉 현실을 재현하는 방법에 대한 선택권을 가졌기 때문이다.

아른하임이 제시한 도전, 즉 영화의 예술 지위를 부정하는 주장의 나머지 부분에 대해서도 폭넓은 철학적 논의가 이루어졌다. 그것은 영화 매체의 '기계적' 본성, 보다 정확히 말해서 사진 이미지들의 인과적 기초에 주목하는 것이다. 로저 스크루턴(Roger Scruton)은 사진술을 천착하여 이 주제를 발전시켰으며 진정한 영화 예술은 가능하지 않다고 명시적으로 결론 내렸다. 즉 '영화는 극(劇) 재현을 찍은 사진이다. 영화는 사진적 재현일 수 없기 때문에 사진 재현이 아닌 것이다. 그러므로 만약 명작 영화 같은 것이 있다면 애초에 그것은 — 〈Wild Strawberries〉와 〈La Règle du jeu〉처럼 — 명작인 극이기 때문에 그럴 것이다'(Scruton, 1983: 102). 달리 말해서, 만약 영화가 예술이라면, 이는 영화 제작 자체가 기여하는 그 무언가 때문이 아니라 단지 카메라 앞에서 벌어진 일을 표현하는 기교 덕분이다. 그러므로 사진 매체인 영화는 스크루턴이 사용하는 특별한 의미에서는 재현으로 이루어져 있지 않다. 이때 재현이란 생각을 전달하는 무언가이고 그 생각은 의도가 개입된 상태이다. 그러나 사진은 의도를 포함하지 않고 인과적이기에 생각을 전달할 수 없다 (엄밀하게 말하자면 이것은 '이상적인' 사진들 — 오버페인팅(overpainting) 같은 특별한 조작이 가해지지 않는 사진들 — 에 대해서는 사실이다). 이미지가 그 주제에 관한 생각을 전달할 수 있는 오직 그 경우에만 우리는 이미지에 미적인 관심을 가질 수 있다. 왜냐하면 그 관심이 향하는 곳은 이미지의 주제가 아니라 그 주제를 제시하는 방식, 즉 이미지의 주제에 관해 전달된 생각이기 때문이다. 그러므로 재현으로 이루어지지 않은 영화는 진정한 예술일 수 없다.

스크루턴의 논증은 도발적이면서도 영화가 예술로서의 지위를 가진다는 점을 우려하는 전통적인 견해를 꽤나 잘 포착한다. 이 논증은 폭넓게 논의되어 왔다. 비록 대개는 영화가 아닌 스틸 사진을 겨냥한 것이었지만 말이다. 그러나 사진에 관한 스크루턴의 관점은 거부되어야 한다. 왜냐하면 사실 우리는 사진이 그 주제를 다루는 방식에 대해 미적 관심을 가질 수 있기 때문이다. 예를 들어 우리는 안젤름 아담스(Anselm Adams)의 요세미티(Yosemite) 사진들이 시점이나 조명 조건 등을 조심스럽게 선택함으로써 극적으로 사실적인 무언가를 매우 비현실적이게 보이게끔 하면서 미적 변화를 성취한다는 사실에 주목할 수 있다(King, 1992; 또한 Wicks, 1989를 보라). 스크루턴은 사진에 관한 한 가지 진실은 정확하게 파악하고 있다. 즉 사진에 의한 관계는 인과 관계이므로, 만약 어떤 대상의 사진이 있다면 사진이 찍힌 당시에 그 대상도 존재했다는 점이 논리적으로 따라 나온다(엄밀히 말해서 사진이 찍힌 당시 혹은 그 이전에 그 대상이 존재했다는 점이 따라 나온다. 왜냐하면 우리는 지구에 빛이 도달하는 시점에는 더 이상 존재하지 않는 별들의 사진을 찍을 수 있기 때문이다). 하지만 킹(King)이 제시한 사진 사례들에서 예증되듯이 사진이 그 주제에 관한 생각을 표현할 수 없다는 점이 사진에 의한 인과 관계로부터 따라 나오는 것은 아니다. 어떤 대상의 사진이 있다는 사실은 사진 찍힌 시점에(혹은 그 이전에) 그 대상이 존재했음을 함축하며, 이 함축 덕분에 사진에 의한 관계는 비의도적 관계이다. 하지만 사진은 이에 덧붙여 그 대상에 대해 의도된 생각을 전달할 수 있다. 이때 그 의도된 생각은 앞서 인과 관계를 통해 그 대상에 귀속됐던 속성들에 관한 함축을 갖지 않는다(예컨대 아담스가 찍은 사진에서 그 대상이 비현실적으로 보인다는 생각 같은 것이 바로 여기서 말하는 의도된 생각이다 — 물론 사실상 그 대상이 실제로 소유하는 성질들에 대해서도 동일한 요점이 적용된다). 스크루턴의 논증은 방금 다룬 협소한 논리적 측면만을 증명할 뿐이다. 여기서 따라 나오는 사실은 사진이 생각을 전달한다는 점이 사진의 **필연적** 특징은 아니라는 점이다. 그러므로 '자연적' 사진들, 즉 인간의 개입 없이 자연이 갖고 있는 어떤 기이함을 통해 형성된 사진들이 있을 수 있다. 하지만 그런 사진들이 있을 단순한 논리적 가능성은 우연일 뿐 사진이 그 대상에 관한 생각을 전달할 수 없음을 보여주진 않는다 — 게다가, 실제 사진들이 인간의 의도적 선택으로 인한 산물임은 거의 변함없기 때문에 그런 사진들 대부분은 생각을 전달한다(Gaut, 2002).

3. 저자

영화가 예술로서의 지위를 갖느냐는 물음은 영화 저자에 대한 문제와 연관된다. 왜냐하면 영화는 문학을 모델로 삼지만, 그럼에도 영화 저자 개념은 작가 개념에 비해 폭넓을 뿐 아니라 기본적으로는 영화 예술가 개념이기 때문이다. 그러므로 만약 영화가 예술이라면 영화 예술가도 있어야만 한다. 프랑스 감독인 프랑수아 트뤼포(Francois Truffaut)는 작가주의 초기 주창자인데, 1954년 그는 영화가 하나의 예술형식임을 옹호하고, 특히 영화 저자가 감독임을 보이면서 자신의 논쟁 의도를 분명하게 했다. 1962년에 이르러 앤드루 새리스 (Andrew Sarris, 1999)는 이 관점을 보다 체계화하여 위대한 감독들과 영화들로 이루어진 하나의 '신전'을 만들었다. 이후 이 관점은 다양한 형태로 변형됨으로써 영화에 관한 가장 영향력 있는 관점들 중 하나가 되었다.

다양한 협업자들(감독, 제작자, 각본가, 배우 등)을 포함하는 영화, 즉 우리가 '주류'라고 부르는 유형의 영화에 소설과 마찬가지로 논쟁의 여지 없는 단일 작가가 있을 수 있느냐 하는 것은 저자 개념에 대한 많은 비판적 논의의 핵심이었다. 퍼킨스(Perkins, 1972: 8장)는 이것이 가능하다고 주장했다. 말하자면, 영화는 예술적으로 의미 있는 종합적 관계들 덕분에 한 편의 **영화**가 되고, 감독은 그러한 관계들을 통제할 수 있기 때문에 영화의 저자일 수 있다. 한편 감독의 협업자들은 그러한 관계들 중 예술적으로 외재적인 요소들을 통제한다. 게다가, 영화 저자가 되기 위해 감독에게 필요한 것은 절대적 통제가 아니다. 오히려 감독은 협업자들을 선택하고 그들이 할 일을 하게끔 통제함으로써 저자가 되기에 충분하다. 하지만 퍼킨스는 영화의 요소들이 맺는 관계를 개별화하기 위한 어떠한 기준도 제공하지 않는다. 설령 그런 개별화가 가능하다고 해도, 영화에서 예술적으로 의미 있는 특징들 중에는 연기처럼 감독 혼자에게만 귀속되지 않는 것도 있음은 분명하다. 또한 감독이 종종 협업자들을 선택할 수 있고 그들의 활동에 대해 어느 정도의 통제력과 선택권을 발휘할 수 있어도, 이것 때문에 감독이 영화의 단독 저자가 된다고 보기는 어렵다. 마찬가지로 무대감독이 배우들과 무대 디자이너들에 대해 비슷한 정도의 통제력을 발휘했다고 해서 연극 공연의 단독 저자로 간주되지는 않을 것이다 ― 많은 예술가들이 그 공연에 관여한다. 많은 협업 예술형식들에서 종종 지배적인 협업자가 있다는 점은 사실이지만, 그렇다고 해서 그 협업자가 거기에 관여하는 유일한 예술가가 되진 않는다. 그러므로 우리는 모든 주류 영화들이 다수 저자를 갖는 사례들이라고 주장해야만 한다.

그러나 페이즐리 리빙스턴(Paisley Livingston)은 주류 영화의 단독 저자 가능성을 옹호했다. 리빙스턴의 정의에 따르면 저자란 '의도를 갖고 발화하는 주체(들)이다. 이때 "발화"는 표현 또는 의사소통이라는 의도된 기능을 갖는 모든 행위를 지칭한다'(Livingston, 1997: 134.

이 정의에서는 전통적으로 중요했던 저자와 기교 사이의 필수적인 연결이 삭제된다). 리빙스턴의 주장에 따르면 저자는 없으나 제작자는 있는 영화들이 있다. 왜냐하면 그런 영화에서는 표현 또는 의사소통 의도를 반영하기에 충분할 정도로 전반적인 통제력을 갖는 사람이 없기 때문이다. 그렇게 귀결된 영화는 교통 혼잡과 유사하다. 즉 그것은 다수의 의도적 행동들이 상충하여 의도치 않은 결과를 낳는다. 심지어 단독 저자가 있을 때조차 어떤 경우에는 감독이, 이를테면 제작자의 지시에 따라 강하게 제약받을 수 있으므로 저자로서의 지위는 이 경우 부분적이다. 그러나 리빙스턴은 어떤 경우에는 우리가 주류 영화의 단독 저자에 대해 적법하게 이야기할 수 있다고 주장한다. 예를 들어 비록 〈Winter Light〉가 스웨덴 스튜디오 시스템이라는 제약들 가운데서 제작되었음에도 불구하고, 잉마르 베리만(Ingmar Berg-man)은 그 영화의 단독 저자이다. 하지만 리빙스턴의 이러한 주장은 여전히 영화에 대한 전반적인 통제권을 가지고 협업자들을 선택하며 관리하는 누군가가 그 영화의 단독 저자라는 관점에 의존한다. 그러므로 방금 언급한 퍼킨스의 입장에 대한 반론들과 유사한 반론들이 리빙스턴의 이러한 주장에도 마찬가지로 적용된다.

리빙스턴은 '저자 없는(unauthored)' 영화라는 아이디어도 발전시킨다. 이런 유형의 영화를 만드는 사람들은 그 누구도 영화에 대해 실질적인 예술적 통제력을 갖지 않으며, 영화는 그들 사이에서 충돌하는 의도들이 빚어낸 산물이다. 이런 영화의 가능성에 주목했다는 점에서 리빙스턴은 분명 옳다. 그렇지만 저자 없는 영화가 있다고 주장하는 리빙스턴의 논증은 의사소통 의도를 가진 그 누구도 영화에 대한 전반적 통제력을 갖지 않는 경우 영화의 저자는 없다는 관점에 의존하는 것처럼 보인다. 그러나 이는 일반적으로 너무 강한 주장이다. 초현실주의자들은 이른바 'cadavre exquis'라는 놀이를 하곤 했다. 이 놀이에 참여하는 각각의 예술가는 머리나 몸, 다리를 그려서 자기 차례가 지나면 종이를 접어 다음 사람에게 건네줌으로써 무엇이 그려진 것인지를 불분명하게 한다. 우리는 이 놀이가 문학에 적용된 단편 소설 쓰기를 쉽게 상상해 볼 수 있다. 이것은 저자 없는 이야기 사례가 아니라 서로의 행동을 무시하면서 수행된 다수 저자의 사례로 묘사되는 것이 보다 자연스럽다. 리빙스턴이 '저자 없는' 영화라고 주장하는 상황은 각자의 의도가 조화를 이루는 것이 아니라 서로 예술적 충돌을 빚는(그리고 초현실주의의 경우와는 달리 그 저자들은 서로의 행동 또한 의식할 것이다) 다수의 저자를 포함하며, 이렇게 이해되는 것이 더 나은 경우가 훨씬 더 빈번하다. 이는 영화 제작에서 드물지 않게 나타난다. 아마 가장 잘 알려진 사례는 〈칼리가리 박사의 밀실〉(The Cabinet of Dr. Caligari)일 것이다.

주류 영화의 단독 저자를 옹호하는 또 다른 논증은 그 저자를 지금까지 우리가 주장해 온 실제 개인이 아닌 함축된 저자 또는 가정된 저자라는 비평적 구성물로 생각하는 것과 관련된다(Nowell-Smith, 1981; Wilson, 1986: 134-9). 비평적 구성물 개념을 적용한다는 것은 마치 어떤 영화가 한 개인의 산물인 것처럼 그 영화를 해석하고 평가한다는 뜻이다. 이는 저자를 실제 개인들이 경험하는 통제력의 한계로부터 자유롭게 해 준다는 장점을 지닌다. 그러나 비평적 구성물을 적용할 때조차 우리는 주류 영화들이 단독이 아닌 복수의 저자들을 갖는다고 주장해야 한다. 영화에서 한 명의 저자가 있다고 믿기 위한 하나의 기준은 그 영화에서 명시된 하나의 페르소나(persona)가 있느냐 아니냐이다. 그런데 감독뿐만 아니라 배우, 작곡가, 세트 디자이너 등도 분명 영화에서 구체화될 수 있는 페르소나들을 갖는다. 그러므로 만약 주류 영화가 단 한 명의 개인에 의해 만들어진다고 상상한다면, 우리는 그가 연기를 포함해서 제작의 모든 측면들을 수행한다고 상상해야 할 것이다. 그렇다면 가장 평범한 영화조차도 다재다능함을 이룬 대단한 작품이 될 뿐 아니라 이것을 이루어 낸 존재는 당신이나 내가 수족을 움직이듯이 배우들을 움직일 수 있는, 말 그대로 인간을 초월한 존재라고 생각되어야 할 것이다. 왜냐하면 그의 수족은 영화에 관여하는 유일한 예술적 대리물일 것이기 때문이다. 설령 우리가 그런 존재에 대한 관념을 이해 가능하게 설명할 수 있다고 해도, 그 존재가 드러내는 태도에 따라 영화를 이해하려 하는 것은 부조리한 일일 것이다. 왜냐하면 그런 존재가 갖는 심리 상태는 우리에게 전혀 알려져 있지 않을 것이기 때문이다(Gaut, 1997b).

4. 사실주의

영화를 '사실주의적' 매체라고 부르는 경우 이것이 무슨 뜻인지를 묻고 이것이 참인지 아닌지를 따지는 일은 영화 이론가들에게 흥미로웠던 것만큼이나 철학자들에게도 영향을 미쳤다. 스크루턴의 주장을 통해 이미 살펴본 것처럼 사진 메커니즘의 인과적 본성 때문에, 사진이 있다는 사실로부터 사진 찍힌 대상은 그 찍힌 시점(혹은 그 이전)에 존재했음이 따라 나오지만, 그런 인과적 함축이 회화에는 동일하게 적용되지 않는다. 진정한 의미에서 사실주의는 이것 — 존재론적 사실주의 — 이며 사진적 영화들은 이러한 의미에서 사실주의적이다.

　이것과 다르지만 더욱 보편적으로 옹호되는 사실주의 개념은 환영주의이다. 환영주의는 동시대 영화 이론가들에게 매우 잘 알려져 있다. 이 관점에 따르면 영화는 일반적으로 영화 관람자의 마음에 환영을 만들어 낸다. 커리는 인지적 환영과 지각적 환영을 구분하는데 그 구분은 유용하다. 전자는 거짓 믿음과 관련된다 — 예를 들어 묘사된 대상은 실재하며 감상자는 그 대상과 함께 있다는 거짓 믿음. 그러나 이는 영화 감상자의 표준적인 반응과 맞아떨어지기 어렵다. 실제로 공포 영화에서 도끼를 휘두르는 미친 사람과 함께 있다는 환영에 처해 있었다면 감상자는 영화관에서 도망쳤을 것이다(Currie, 1995: 22-4). 반대로 지각적 환영은 거짓 믿음과 관련될 필요가 없다. 예컨대 나는 뮐러-라이어 환영 속 두 선분들의 길이가 같음을 알 수도 있지만, 여전히 내 경험은 그 선분들의 길이가 서로 다르다고 표상한다. 이런 의미에서 우리는 영화 속에서 우리 앞에 나타난 물리적 대상들에 대해 환영을 갖지 않는다. 왜냐하면 우리 경험의 내용은 그 물리적 대상들의 **이미지**들과 함께 있다는 것이기 때문이다(Currie, 1995: 44). 흥미롭게도 커리는 이미지들의 움직임조차도 환영이 아니라고 주장한다. 즉 영화 이미지들의 움직임은 반응 의존적이지만 실재 속성이다(pp. 34-47). 커리의 지적에 따르면 영화적 움직임이 환영이라고 생각하는 표준적인 이유는 잘못된 것이다. 왜냐하면 셀룰로이드 원통, 즉 필름 위에는 정적인 이미지들만 있다고 해도, 움직이고 있는 것은 카메라 내부에 숨겨진 무언가가 아니라 스크린 위에 있는 무언가이기 때문이다. 게다가, 영화적 움직임이 우리 지각 체계의 산물이라는 견해는 그것이 환영적 속성이 아닌 반응 의존적 속성이라는 점과 양립 가능하다(pp. 38-9).

영화적 움직임이 환영적이지 않다는 커리의 관점은 매우 기발함에도 불구하고 거부되어야 한다. 진정한 움직임은 연속적이다. 즉 사물들은 출발점과 도착점 사이의 모든 중간 지점들을 연속적으로 채우지 않은 채 한 공간적 지점에서 다른 지점으로 뛰어넘지 않는다. 그러나 영화 이미지들의 연쇄, 말하자면 스크린 위의 빛-패턴들은 이런 의미에서 연속적이지 않다. 그러므로 그것들은 움직이는 것이 아니다. 오히려 그것들은 스틸 이미지들의 연속이다. 이 경우를 그림자 극(shadow-play)과 대조해 보자. 만약 내가 프로젝터의 빛을 이용해 손으로 토끼 모양을 만든다면, 그 그림자가 움직일 때 그것은 연쇄의 시작과 끝 사이의 모든 중간 지점들을 채울 것이다. 그림자 극 영화는 그림자 극과 지각적으로 구별되지 않을 수도 있기 때문에 영화에서 그 이미지-연쇄는 마치 연속적인 것처럼 보일 것이다. 하지만 그것은 연속적이지 않을 것이므로 움직임은 그저 환영일 뿐이다(이 반론과 다른 반론들에 대해서는 Kania, 2002를 보라).

커리는 이 논증의 전제, 즉 스크린 위의 빛-패턴이 영화 이미지와 동일하다는 생각에 반대할 가능성이 크다. 오히려 그는 영화 이미지가 스크린 위의 빛-패턴에 그저 수반할 뿐이라고 주장한다. 커리는 이러한 수반을 받아들임으로써 수반 기저는 갖지 않는 속성들, 예컨대 실제 움직임과 같은 속성을 영화 이미지는 갖게 된다고 주장한다(Currie, 1995: 40). 나는 커리가 주장하는 비동일성이 맞는 것인지 의심스럽지만, 어쨌든 여기서 이 문제를 해결할 필요는 없다. 그가 제시하는 다른 요점을 생각한다면 말이다. 이를 위해 커리는 한 가지 시나리오를 논의하는데, 그것에 따르면 완전히 어두운 영화관에서 스크린 위의 고정된 지점에 빛이 투사되면 관객은 그 지점이 움직이고 있다는 환영을 갖는다. 커리는 이런 경우가 환영이라고 말한다. 왜냐하면 한 이미지가 진짜로 움직이기 위한 필요조건은 '그 이미지가 움직이면서 차지하는 스크린 위의 각 지점마다 스크린 위의 바로 그 지점에 (적절한 시점에) 빛이 조사되어야 한다'(Currie, 1995: 46)는 것이기 때문이다. 그런데 동일한 기준을 따른다면 영화 이미지들도 진짜로 움직이는 것이 아니다. 왜냐하면 영화 이미지들이 연속적으로 움직이는 것처럼 보일 때 연관된 빛-패턴들의 연쇄는 정적이고 불연속적이므로 스크린 위에는 이미지들이 연속적으로 움직이는 것처럼 보이지만 그 시점에 빛이 조사되지 않는 많은 지점들이 있기 때문이다. 게다가, 영화 이미지들은 빠르게 방출되는 빛을 통해 투사되며, 그 빛이 노출되는 시간 사이사이에는 프로젝터에서 아무런 빛도 나오지 않는다. 그러므로 관객들은 영화 관람 시간의 절반 정도를 어둠 속에서 보낸다. 이 시간 동안 스크린 위에는 그 어디에도 빛-패턴이 없지만 영화 이미지는 계속 있는 것처럼 보인다. 영화에서는 단지 이미지의 움직임만 환영적인 것이 아니라 그와 연관하여 빛이 스크린에 연속적으로 조사된다는 것도 마찬가지로 환영적이다.

영화에서 논의되는 또 다른 종류의 사실주의는 지각적 사실주의라고 불린다. 이 관점에 따르면 사진 이미지들, 그로써 영화는 그 대상과 중요한 측면들에서 유사해 보인다. 이런 종류의 주장이 맞이하는 어려움은 잘 알려져 있다. 유사성 또는 닮음이 어떤 측면들에서 성립하는지를 말할 수 없다면 그 주장은 공허하다는 것이다. 왜냐하면 조금만 생각해 봐도 우리는 대상들을 어떻게 짝짓든 그것들 사이에서 무한하게 많은 유사성들을 발견할 수 있기 때문이다(Goodman, 1976: 1장). 물론 이 어려움을 해결하는 일은 단지 사진이나 영화가 아닌 묘사 일반에 대한 이론에서 제기되는 주요한 문제이다. 유사성 또는 닮음을 명시하는 방식 중에서는 반응 의존적 용어들을 사용하는 편이 가장 유망할 것이다. 예를 들면 사진과 그 찍힌 대상은 동일한 재인 능력들을 촉발하기 때문에 서로 닮아 있다(Currie, 1995: 3장). 그러므로 록 허드슨(Rock Hudson)의 사진과 록 그 자신은 둘 모두 록-재인 능력을 촉발하며, 그 둘이 공통적으로 갖는 시각적 속성들은 무엇이든 이러한 반응을 설명해 준다. 그러나 이 설명이 거부된다고 하더라도, 사진과 그 대상이 서로 닮아 있는 두드러진 측면들이 있다는 점은 직관적으로 그럴듯하다. 우리가 이것을 어떻게 설명하든 그 용어의 지각적 의미에서 영화는 일반적으로 사실주의적인 묘사 양태로 간주될 것임이 명백하다.

마지막으로, 영화에서 사실주의가 옹호되는 또 다른 의미는 투명성이다. 이 견해에 따르면 우리는 사진을 볼 때 사진 찍힌 대상을 말 그대로 보고 있는 것이다(Walton, 1984). 안경이나 현미경, 망원경을 통해 그리고 거울에서 실제로 대상들을 보는 것과 마찬가지로 우리는 사진을 통해 실제로 대상들을 본다. 이 주장은 사진이 의도적 행위의 산물이고 개인의 양식을 표현할 수 있다는 사실과 꽤나 양립 가능하다. 왜냐하면 모든 인공물은 의도적 행위의 산물인 데다 개인의 양식을 반영하도록 설치된 거울을 상상하는 일도 쉬울 것이기 때문이다. 게다가, 묘사된 대상이 더 이상 존재하지 않는다는 사실은 우리가 그것을 보고 있는 것이 아니라는 점을 보여 주지 않는다. 왜냐하면 망원경을 통해 보는 별들에도 그 동일한 것이 적용될 수 있기 때문이다. 이러한 유비들 외에도 사진의 투명성을 주장하는 핵심적인 이유는 사진이 사진 찍힌 장면에 대한 반사실적 의존을 보이기 때문이다. 말하자면, 사진에 기록된 무언가는 카메라 앞에 있는 무언가에 의존하지, 그것에 관한 사진가의 믿음에 의존하는 것이 아니다. 반대로 회화는 그 장면에 관한 화가의 믿음에 반사실적으로 의존한다. 시각적 경험도 사진과 마찬가지로 우리 앞의 장면에 반사실적으로 의존하지, 믿음에 의존하는 것이 아니다. 즉 사진을 보는 것은 묘사된 그 장면을 보는 것과 특정한 방식에서 유사하다. 그러므로 사진을 보는 것이 사진 찍힌 대상을 보는 것이라고 주장할 좋은 근거들이 있다.

사진이 투명하다는 월튼의 논증은(바쟁의 관점과 만나는 지점이 있다. Bazin, 1967을 보라) 광범위한 비판을 받아 왔다(Currie, 1995: 2장; Carroll, 1996a; Warburton, 1988). 실제 시지각은 언제나 (나의 신체와 대상이 관계 맺는) 자기중심적인 정보를 제공하지만, 사진은 일반적으로 그렇지 않으므로 투명할 수 없다는 것이 공통된 반론이다. 그러나 월튼이 주장했듯이 일상적인 시지각의 경우에는 자기중심적인 정보를 제공하는 일이 본질적이지 않다. 예컨대 거울들이 연이어 세워져 있고, 거기에 보이는 대상이 나와의 관계 속에서 어디에 위치하는지 나는 전혀 모를 수 있다. 하지만 여전히 내가 그 대상을 실제로 보는 게 아니라고 부정하는 것은 그럴듯하지 않다(Walton, 1997: 70). 커리도 두 시계 반례를 활용하여 투명성을 비판했다. 가령 시야에서 벗어나 있는 시계 A의 시계침은 전파 신호를 통해 또 다른 시계 B의 시계침을 통제한다고 해 보자. 그렇다면 B의 시계침과 A의 시계침 사이에는 비의도적인 반사실적 의존관계가 있다. 하지만 나는 B를 볼 때 그로써 A를 보는 것은 아니다(Currie, 1995: 65). 월튼은 이것에 동의하지만, 이는 반사실적 의존이 충분히 풍부하지 않기 때문이라고 주장한다. 이 경우에는 오직 B의 시계침이 갖는 위치와 움직임만이 A의 시계침이 갖는 위치와 움직임에 의존한다. 만약 B가 A에 의존하는 측면들을 많이 가졌더라면, B를 통해서 A를 본다고 말하는 것이 적절했을 것이다(Walton, 1997: 75, fn. 47).

월튼은 투명성이 성립하려면 그 의존이 얼마나 풍부해야 하는지는 말하지 않는다. 하지만 그 의존이 가능한 한 풍부하다고 해 보자. 가령 아프리카 고릴라 서식지가 점점 척박해져서 다음 세기 어느 시점쯤에는 관광객들이 야생에서 그 고릴라들을 방문하는 일은 전면 금지하기로 결정된다고 해 보자. 대신 사업 수완이 좋은 어떤 기획자는 실제 고릴라 집단의 고릴라들과 시각적으로 구별 불가능한 몇몇 로봇들을 숲에 설치한다. 그리고 그것들의 움직임, 크기, 모양 등이 컴퓨터에 의해 제어되도록 하여 수백 마일 떨어져 있는 실제 고릴라들의 움직임, 크기, 모양 등을 똑같이 흉내 내도록 한다. 그렇다면 로봇들을 보는 관광객들은 실제 고릴라들을 보는 경험과 시각적으로 구별 불가능한 경험을 할 것이고, 그 경험은 실제 고릴라들과 그들의 움직임이 갖는 특징들에 대해 원하는 만큼 풍부하게 반사실적으로 의존할 것이다. 그 기획자는 이 전시를 광고하면서 "당신은 고릴라들을 볼 수 있습니다", "당신은 실제로 고릴라들을 봅니다", 그리고 심지어 "당신은 진짜 고릴라들을 봅니다!"와 같이 말할 수 있다. 월튼의 설명에 따르면 이 발화들 각각은 그 마지막 발화조차도 참이다. 왜냐하면 당신이 로봇들을 통해 보고 있는 것은 실제로 진짜 고릴라들이기 때문이다. 하지만 이 모든 주장들은 거짓이다. 왜냐하면 그 관광객들은 자기들이 현혹됐다고 정당하게 느낄 것이기 때문이다.

월튼은 때때로 '보다'의 일상적 의미를 충실히 지키기 위해 특별히 신경 쓰지 않는다고 말한다(Walton, 1997: 69). 하지만 월튼의 이론에서 규정하는 '보다'의 의미가 무엇이든 그것은 그 단어의 일반적인 의미와는 분명 어느 정도 거리가 있다. 게다가, 위 사례는 우리의 일반적인 용법이 왜 거울과 망원경, 그리고 안경을 통해 본다고 하는 것에는 부합하고, 사진을 통해 본다고 하는 것에는 부합하지 않는지를 암시한다. 왜냐하면 관광객들은 고릴라들과 매개되지 않은 방식의 시각적 접촉을 원하기 때문이다. 말하자면, 관광객들은 고릴라들을 보길 원한다. 우리는 거울과 망원경, 그리고 안경의 경우 매개되지 않음을 다음과 같은 무언가로 생각한다. 즉 광선은 어떤 대상에 부딪히고, 그 동일한 광선은 우리에게 도달하는 데 매우 긴 거리와 시간이 걸리더라도 튕겨져 우리 눈으로 돌아온다. 하지만 사진의 경우(또는 더 나아가 라이브 비디오 링크의 경우) 사진(혹은 스크린)으로부터 우리 눈에 와 부딪히는 광선은 사진 찍힌 대상에 부딪힌 광선과는 다른 광선이다. 그러한 이유로 우리의 시각적 접촉은 매개되며, 우리가 사진 찍힌 대상을 **본다**고는 간주되지 않는 것이다. 이제 이런 단편적인 통속 물리학이 잘못된 것으로 드러날 수 있다고 해 보자. 만약 그렇다면, 이는 우리가 사진을 통해 볼 수 있다는 주장을 강화시킬 것이다. 그러나 통속 물리학은 사진 또는 복잡한 로봇 재현을 보는 것과 대상 그 자체를 보는 것을 정합적으로 구분하며 그것들 사이의 명백한 차이를 근거 짓는다. 게다가, 그것은 대상과 직접적으로 지각적인 접촉을 하고자 하는 인간의 지속적인 욕구를 반영한다 — 이는 사람들이 집에서 텔레비전 방송으로 스포츠 경기를 볼 때 무슨 일이 일어나는지를 훨씬 더 잘 '볼' 수 있다고 하더라도, 스포츠 경기를 보러 가고 싶도록 추동하는 욕구를 구성한다. 그렇다면 우리는 '보다'의 일반적인 의미에서 사진을 통해 보는 것이 아니다.

5. 감정, 동일시 그리고 시점

최근 수년에 걸쳐 철학자들과 영화 이론가들 모두는 영화에 대한 관객 반응의 본성이라는 주제에 점점 더 관심과 흥미를 갖게 되었다. 영화는 관객의 마음을 강하게 동요시키는 능력을 가지고 있다. 이런 현상을 설명하는 한 가지 방식에 따르면 관객은 영화의 인물들과 자신을 동일시하게 되는데, 영화에는 이런 동일시를 촉진하는 특별한 자원들이 있다. 이를테면 시점 샷(the point of view shot) 같은 영화적 장치들을 활용하는 것이다. 동시대 영화 이론가들은 특히 관객의 반응을 설명할 때 동일시가 강한 설득력을 갖는다고 생각해서 동일시 개념에 대해 정신분석학적인 해석을 제시하는 경향이 있다(Metz, 1982: 46).

그러나 캐롤은 우리가 인물들과 동일시한다는 생각을 공격한다. 분명 우리는 우리 자신이 그 인물들이라고 믿지 않는다. 마찬가지로 우리의 심적 상태도 인물들의 심적 상태를 완전히 복제하지 않는다(예컨대 오이디푸스(Oedipus)는 죄책감을 느끼지만 우리는 연민을 느낀다). 게다가, 심적 상태를 부분적으로 복제하는 것도 동일시를 위해 충분하지 않다. 왜냐하면 두 사람이 한 경기에서 동일한 운동선수를 응원하면서 부분적으로 유사한 심적 상태에 있을 수 있겠지만, 둘 중 누구도 상대방을 동일시할 필요는 없기 때문이다. 대신 캐롤은 영화 속 인물들에 대해 반응할 때 우리가 동화되는 것으로 이해되어야 한다고 주장한다. 우리는 한 인물이 자신의 상황에 대해 내린 평가를 그 인물의 시점에서 이해하고, 그 상황에서 그 인물이 알지 못할 수도 있는 다른 특징들까지 고려한 외부 시점에서 그 평가에 동화하여, 결국 전체적인 상황에 대해 감정적으로 반응한다(Carroll, 1990: 88-96).

캐롤이 우리에게 주목하길 요구하는 중요한 사실은 인물에 대한 우리의 시점과 인물 자신의 시점이 같지 않을 수 있다는 점이다. 서스펜스의 순간에 전형적으로 나타나듯이 우리는 인물이 아는 것보다 많은 것을 알 수도 있기에 인물과 다른 방식으로 반응할 수 있다. 게다가, 어떤 복잡성을 지닌 영화들은 종종 다수 시점들에 관련된다고 생각할 만한 좋은 이유들이 있다. 이 경우 그 시점들 중에는 인물들의 시점이 아닌 것도 있다(Wilson, 1986: 특히 6장). 하지만 그렇다고 해서 동일시가 일어나지 않는다고 결론 내릴 수는 없다. 다만 때때로 동일시 이상의 무언가가 나타날 뿐이다. 특히 영화 속 인물의 심적 상태를 완벽하게 복제하는 경우가 매우 드물다는 데 동의할 수 있다고 해도, 동일시를 위해 이것이 요구되어야 할 이유가 있는지는 모르겠다. 실생활에서 나는 비탄에 빠진 누군가와 동일시할 때 그 사람에게 닥친 상황을 경험하는 일이 무엇과 같을지를 상상한다. 그러나 그 사람의 심적 상태 전부를 복제해야 하는 것은 아니다(그것은 실제로 불가능하다). 마찬가지로 오이디푸스 사례에서 나는 그의 상황을 외부에서 바라볼 수 있고, 그리하여 연민을 느끼면서도 한편으로는 여전히 그와 동일시할 수 있다(즉 오이디푸스의 상황에 처한다는 것이 무엇과 같을지를 상상할 수 있다). 캐롤의 스포츠 경기 사례도 부분적인 동일시가 불가능함을 보여 주는 것이 아니다. 왜냐하면 우리가 어떤 사람과 동일시하려고 할 때 필요한 것은 우리의 상상 행위가 그 사람에 관한 믿음에 의해 통제되어야 한다는 것이기 때문이다. 게다가, 스포츠 경기 사례에서 관람객들은 서로의 존재를 알지도 못한다.

머레이 스미스(Murray Smith)는 동일시 개념의 효용성을 의심했다. 그래서 그는 몰입이라는 후속 개념이 동일시를 대신해야 한다고 제안했다. 그 후속 개념은 우리가 한 인물에 몰입할 때 고려할 수 있는 서로 다른 많은 측면들을 허용한다. 스미스는 리처드 볼하임(Richard Wollheim)의 연구를 끌어옴으로써 중심적 상상하기(인물의 상황을 내부로부터 상상하기)와 탈중심적 상상하기(그 상황을 내부로부터 상상하지 않고도 무언가가 사실이라고 상상하기)를 구분한다. 스미스의 주장에 따르면 영화에 대한 관객 반응에서는 탈중심적 상상하기가 더 중요하며, 그것은 다시 서로 다른 몰입 양태들로 나뉜다. 예를 들어 우리는 한 인물과 공유하는 정보의 양(우리가 그 인물과 일치된 정도)에 대해, 또는 그 인물에 공감하는 정도(우리가 그 인물을 지지하는 정도)에 대해 이야기할 수 있다. 게다가, 스미스는 한 인물에 대해 어떤 측면에서는 몰입하지만 다른 측면에서는 그렇지 않을 수도 있다고 주장한다. 예컨대 공포 영화에서 흔하게 나타나듯이 살인자가 자신의 먹잇감을 몰래 따라다니는 시점 샷을 통해 우리는 그 살인자의 시점을 지각적으로 공유한다. 하지만 그렇다고 해서 그 살인자에게 공감하라고 요청받는 것은 분명 아니다(Smith, 1995; 시점 샷에 대해서는 Currie, 1995: 175-6도 보라).

인물들에 대해 우리가 맺는 관계가 복합적이며 영화에서 시점이 애초에 보이는 것보다 더 복잡하다는 사실에 주목하도록 환기시킨다는 점에서 스미스의 기여는 가치 매김할 만하다. 게다가, 스미스는 시점 샷이 인물에 감정이입하거나 공감을 발전시키는 수단이 아닌 경우가 종종 있다는 점을 설득력 있게 예증한다 — 실제로 그런 측면에서 반응 샷이 보다 강한 힘을 지니는 경우가 꽤 있다. 그러나 그가 도입한 분류에는 일부 문제가 있다. 예를 들어 스미스에게 중심적 상상하기와 감정이입은 다르지 않다. 감정이입을 하기 위해서는 누군가가 느끼는 것을 실제로 느낄 것이 요구되지만, 나는 그렇게 하지 않고도 여전히 그 누군가가 느끼는 대로 느끼는 것이 무엇과 같은지를 상상할 수 있다. 게다가, 적합한 반응 이론이 모종의 복잡성을 수용해야 한다는 스미스의 생각은 그럴듯하지만, 동일시 개념을 받아들인다고 해서 그런 종류의 복잡성을 거부할 필요는 없다. 만약 어떤 인물임을 상상하는 것이 아닌 그 인물의 상황에 처해 있음을 상상함으로써 동일시를 이해한다면, 우리는 동일시에도 많은 국면들이 있음을 인정할 수 있다. 왜냐하면 하나의 상황에는 많은 국면들이 있기 때문이다. 그러므로 한 측면에서의 동일시가 다른 측면에서의 동일시를 요구하지 않을 수도 있다. 그렇다면 우리는, 예컨대 지각적 동일시(시점 샷에서처럼 인물의 관점에서 본다고 상상하기), 정감적 동일시(인물이 느끼는 무언가를 느낀다고 상상하기), 인식적 동일시(인물이 믿는 무언가를 믿는다고 상상하기) 등등에 대해 이야기할 수 있고, 더 나아가 이렇게 서로 다른 동일시 유형들 사이의 상호작용은 어떻게 일어나는 것인지를 살펴볼 수 있을 것이다. 비록 우리가 관객 반응의 복잡성을 인정해야만 한다고 하더라도, 이것이 동일시 개념을 버리도록 요구받을 만큼 설득력 있는 이유로는 보이지 않는다(Gaut, 1999).

알렉스 닐(Alex Neill)은 인물에 대한 관객 반응에서 감정이입의 중요성을 옹호했다. 감정이입은 관객이 느낀다고 상상하는 무언가가 아니라 관객이 실제로 느끼는 무언가를 통해 이해되어야 한다. 이때 관객이 느끼는 무언가는 허구적 사실에 관한 관객의 믿음이 인도하는 대로 인물이 겪고 있는 내용을 상상함으로써 그 근거를 마련한다. 감정이입은 다른 사람의 감정에 관해 우리에게 가르쳐 주고 이를 통해 우리가 다른 사람 및 우리 자신의 상황을 보다 잘 이해하게 해 준다는 점에서 중요한 역할을 한다(Neill, 1996). 닐은 감정이입을 논의하면서 동일시가 유용한 개념인지 아닌지에 관해 주저한다. 그러나 만약 우리가 (닐의 의미에서 넓게 이해되고 실제 느낌들에 관여하는) 감정이입적 동일시와 상상적 동일시를 (특히 이러한 실제 느낌들을 상상하는 정감적 동일시를) 구별한다면, 여전히 동일시 개념을 버릴 만큼의 설득력 있는 이유는 없는 것 같다. 오히려 그것을 정교하게 다듬어야 할 이유가 있는 것처럼 보인다. 닐은 영화 속 인물들에 대한 관객 반응을 설명할 때 감정이입이 중요한 영향력을 가진다고 인식될 수 있게끔 감정이입을 정합적으로 정의하는 일이 가능함을 보여 주었다.

6. 결론

지금까지 보았듯이 오늘날 영화철학 분야에서 수행되는 연구는 다양하고 풍부하다. 우리는 앞으로 이 주제가 어떤 방향으로 전개되리라 기대할 수 있을 것인가? 나는 간략하게 두 가지를 제안하면서 끝맺고자 한다.

대부분의 분석철학자들은 동시대 영화 이론에서 구현된 정신분석학적 패러다임과 언어로서의 영화 패러다임을 거부해 왔다. 반면에 우리는 기껏해야 포괄적인 대안적 이론을 제시하는 초기 단계에 아직 머물러 있다. 어쩌면 이것이 현재 이 분야에서 가장 두드러진 특징일 것이다. 실제로 어떤 철학자들은 포괄적이고 진실된 영화 이론이 가능하다는 바로 그 생각에 반대했다. 대신 그들은 영화가 갖는 서로 다른 국면들을 설명하는 개별 이론들이 발전되고 있을 뿐이라고 주장했다(Carroll, 1996a). 그러나 커리(1995)는 영화적 재현을 포괄적으로 설명하는 이론을 제안하는 쪽으로 가닥을 잡았다. 또한 윌슨(1984)은 영화의 시점과 서사에 대한 하나의 이론을 발전시키는 쪽으로 나아가고 있다. 그러므로 영화 철학에서 보다 포괄적인 영화 이론이 발전될 수 있다는 낙관론에는 어느 정도 근거가 있다. 커리의 연구와 인지주의 영화 연구는 공통적으로 인지과학의 영향을 받고 있다. 그러므로 아마도 포괄적인 이론이 발전된다면, 그것은 인지과학으로부터 영감을 얻을 것이다. 포괄적 이론은 인지주의 영화 이론과 철학 사이의 연결을 더욱 빈틈없게 할 것이다. 설령 이 분야가 그러한 경로를 따르지 않는다 해도, 포괄적 이론이 기초로 삼는 것은 서사와 표현, 재현처럼 영화가 다른 많은 예술형식들과 공유하는 특징들을 영화 매체의 본성에 의거하여 제한하고 조건화하는 방식들을 체계적으로 성찰하는 작업일 수 있다. 이러한 이론은 영화와 다른 예술형식들 사이의 공통점과 차이점을 드러내고 그 이유 또한 보여 줄 것이다.

내가 제안하는 다른 한 가지는 영화 매체 자체의 본성과 관련되며 그것이 영화철학이라는 주제의 향방에 어떻게 영향을 줄 수 있는지와 관계가 있다. 이것을 언급하는 이유는 지금까지 내가 다음과 같은 꽤 중요한 이슈에 대해 침묵하고 있었기 때문이다. 즉 '영화'라는 것에 대해 이야기할 때 우리는 무엇에 관해 이야기하고 있는가? 가장 넓은 의미에서 영화는 움직이는 이미지이다. 하지만 (시네마*라는 단어의 어원이 갖는 의미인) 움직이는 이미지는 역사적으로 볼 때 그 종류가 많다. 가장 오래된 것은 그림자 극이다. 1832년부터는 그림들이 하나하나 새겨진 원판을 회전시키고, 그 원판 둘레에 난 구멍을 통해 거울 속에서 그것들을 보는 방식의 움직이는 이미지가 계속 만들어졌다. 1877년에는 손으로 그린 이미지들이 있는 원통을 빛이 통과해 스크린에 투사되었다(Perkins, 1972: 41-2). 이 모든 것들은 움직이는 이미지들이며 어느 것도 사진에 기초한 것이 아니다(그러나 현대의 애니메이션 영화는 일반적으로 그림들을 찍은 사진이라는 점에서 사진에 기초한다). 앞의 것들과 유사하게 비디오는 화학적 기초를 갖지 않는 아날로그식 전자 매체라는 점에서 사진을 이용하지 않는다. 컴퓨터에 저장될 수 있고 무한한 조작이 허용되는 완전한 디지털 이미지들이 나타나면, 사진술에 기초한 영화는 아마 궁극적으로는 소멸될 것이다. 그러므로 사진술에 바탕을 둔 움직이는 이미지는(즉 좁은 의미의 영화는) 움직이는 이미지의 많은 종류들 중 단지 하나이며, 이런 의미에서 영화의 시대는 지나갈 것임에 틀림없다. 우리에게는 디지털 제작 이미지로 전체가 구성된 영화가 이미 있다. 이것은 여태껏 상업적인 상영 목적 때문에 사진 기반 영화로 전환되어 왔다. 다음 단계는 사진 매체를 사용하지 않고 이것을 직접 상영하는 일일 것이다.

철학자들은 움직이는 이미지와 좁은 의미의 영화를 구분하는 일의 중요성을 언급한

---

*   시네마(cinema)는 'cinematograph'의 줄임말로서 움직임을 뜻하는 그리스어 'kinema'와 그려진 무언가 또는 기록된 무언가를 뜻하는 접미사 '-graphos'가 합쳐진 말이다.

적이 거의 없다. 하지만 그것들 사이에는 중요한 본질적 차이들이 있다. 2절에서 보았듯 이 사진이 인과적으로 생성된 이미지라는 사실로부터 사진 찍힌 대상은 그 사진이 만들 어진 시점에(혹은 그 이전에) 존재했다는 점이 따라 나온다. 하지만 손으로 그린 경우에는 일 단의 움직이는 이미지들이 있다고 해서 그 이미지들의 대상들이 존재했다는 점이 따라 나오지는 않는다(만약 그 그림들이 사진으로 기록되었고 그 사진들이 대부분의 현대적 애니메이션 영화들과 마 찬가지로 상영되었다면, 당연히 그 그림들(drawings)은 그것들이 기록된 그 시점에 존재했다는 점이 따라 나온다). 순 수하게 디지털로 생성된 이미지가 있는 경우에도 그 이미지의 대상이 존재했다는 점은 따라 나오지 않는다 — 그런 이미지들은 어떤 대상을 녹화한 것에 기초할 필요 없이 컴퓨 터 프로그램에 의해 생성될 수 있다. 영화철학에서 사진 이미지들은 거의 배타적으로 집 중 조명되어 왔으며, 이 글에서도 그 조망의 목적상 마찬가지 방식을 취했다. 하지만 이제 분명해졌듯이 움직이는 이미지 매체들은 다양하며 사진술에 기초한 영화는 그것들 중 단 지 하나일 뿐이다. 그러므로 우리는 그러한 영화의 어떤 국면들이 사진의 본성에 의존하 고 어떤 국면들이 움직이는 이미지임에 의존하는지를 체계적으로 분리할 필요가 있다. 이런 기획을 통해 우리는 사진술에 기초한 영화 그 자체를 더 잘 이해하게 될 것이고, 현 재 존재하기 어려운 철학적 탐구 — 비디오와 컴퓨터 이미지의 본성에 대한 탐구 — 를 위한 공간이 마련될 것이다.

* 이 논문의 이해를 돕기 위해서 이 책에서 다음의 논문들을 찾아 읽으면 좋을 것이다.
  〈예술의 정의〉, 〈예술의 매체〉, 〈예술에서의 재현〉, 〈예술과 표현〉, 〈예술의 해석〉, 〈서사〉, 〈문학〉, 〈음악〉, 〈연극〉, 〈사진〉, 〈미학과 인지과학〉, 〈페미니즘 미학〉, 〈대중예술의 미학〉, 〈미학과 문화이론〉

참고문헌

Allen, R. and Smith, M. (eds.) (1997). *Film Theory and Philosophy*. Oxford: Oxford University Press.

Arnheim, R. (1957). *Film as Art*. Berkeley: University of California Press; first published 1933.

Bazin, A. (1967). *What is Cinema?* Vol. I, trans. H. Gray. Berkeley: University of California Press.

Bordwell, D. (1985). *Narration in the Fiction Film*. Madison: University of Wisconsin Press.

_____ (1989). *Making Meaning: Inference and Rhetoric in the Interpretation of Cinema*. Cambridge, Mass.: Harvard University Press.

Bordwell, D. and Carroll, N. (eds.) (1996). *Post-Theory: Reconstructing Film Studies*. Madison: University of Wisconsin Press.

Braudy, L. and Cohen, M. (eds.) (1999). *Film Theory and Criticism: Introductory Readings*. New York: Oxford University Press.

Carroll, N. (1988a). *Philosophical Problems of Classical Film Theory*. Princeton: Princeton University Press.

_____ (1988b). *Mystifying Movies: Fads and Fallacies in Contemporary Film Theory*. New York: Columbia University Press.

_____ (1990). *The Philosophy of Horror or Paradoxes of the Heart*. London: Routledge.

_____ (1996a). *Theorizing the Moving Image*. Oxford: Oxford University Press.

_____ (1996b). "Film, Rhetoric, and Ideology", in Carroll (1996a).

_____ (1996c). "From Real to Reel: Entangled in Nonfiction Film", in Carroll (1996a).

Cavell, S. (1979). *The World Viewed: Reflections on the Ontology of Film*, enlarged edn. Cambridge, Mass.: Harvard University Press; first published 1971.

_____ (1981). *Pursuits of Happiness*. Cambridge, Mass.: Harvard University Press.

Currie, G. (1995). *Image and Mind: Film, Philosophy, and Cognitive Science*. Cambridge: Cambridge University Press.

Danto, A. (1979). "Moving Pictures". *Quarterly Review of Film Studies* 4: 1–21.

Eisenstein, S. (1992). "The Cinematographic Principle and the Ideogram", in G. Mast, M. Cohen, and L. Braudy (eds.), *Film Theory and Criticism: Introductory Readings*, 4th edn. New York: Oxford University Press.

Freeland, C. (1999). *The Naked and the Dead: Evil and the Appeal of Horror*. Boulder, Colo.: Westview Press.

Gaut, B. (1995). "Making Sense of Films: Neoformalism and its Limits". *Forum for Modern Language Studies* 31: 8–23.

_____ (1997a). "Recent Work on Analytic Philosophy of Film: History, Issues, Prospects". *Philosophical Books* 38: 145–56.

_____ (1997b). "Film Authorship and Collaboration", in Allen and Smith (1997).

_____ (1999). "Identification and Emotion in Narrative Film", in Plantinga and Smith (1999).

_____ (2002). "Cinematic Art". *Journal of Aesthetics and Art Criticism* 60: 299–312.

Goodman, N. (1976). *Languages of Art: An Approach to the Theory of Symbols*, 2nd edn. Indianapolis: Hackett.

Grodal, T. (1997). *Moving Pictures: A New Theory of Film Genres, Feelings, and Cognition*. Oxford: Clarendon Press.

Harman, G. (1999). "Semiotics and the Cinema: Metz and Wollen", in Braudy and Cohen (1999).

Kania, A. (2002). "The Illusion of Realism in Film". *British Journal of Aesthetics* 42: 243–58.

King, W. (1992). "Scruton and Reasons for Looking at Photographs". *British Journal of Aesthetics* 32: 258–65.

Kivy, P. (1997). "Music in the Movies: A Philosophical Enquiry", in Allen and Smith (1997).

Kracauer, S. (1960). *Theory of Film: The Redemption of Physical Reality.* Oxford: Oxford University Press.

Levinson, J. (1996). "Film Music and Narrative Agency", in Bordwell and Carroll (1996).

Livingston, P. (1997). "Cinematic Authorship", in Allen and Smith (1997).

Metz, C. (1974). *Film Language: A Semiotics of the Cinema*, trans. M. Taylor. New York: Oxford University Press.

_____ (1982). *The Imaginary Signifier: Psychoanalysis and the Cinema*, trans. C. Britton et al. Bloomington: Indiana University Press.

Mulvey, L. (1999). "Visual Pleasure", in Braudy and Cohen (1999).

Munsterberg, H. (1916). *The Photoplay: A Psychological Study.* New York: D. Appleton.

Neill, A. (1996). "Empathy and (Film) Fiction", in Bordwell and Carroll (1996).

Nowell-Smith, G. (1981). "Six Authors in Pursuit of The Searchers", in J. Caughie (ed.), *Theories of Authorship: A Reader.* London: Routledge.

Perkins, V. (1972). *Film as Film: Understanding and Judging Movies.* Harmondsworth: Penguin.

Plantinga, C. and Smith, G. (eds.) (1999). *Passionate Views: Film, Cognition and Emotion.* Baltimore: Johns Hopkins University Press.

Sarris, A. (1999). "Notes on the Auteur Theory in 1962", in Braudy and Cohen (1999).

Scruton, R. (1983). "Photography and Representation", in his *The Aesthetic Understanding: Essays in the Philosophy of Art and Culture.* London: Methuen.

Sesonske, A. (1973). "Cinema Space", in D. Carr and E. Casey (eds.), *Explorations in Phenomenology.* The Hague: Martinus Nijhoff.

_____ (1974). "Aesthetics of Film, or A Funny Thing Happened on the Way to the Movies". *Journal of Aesthetics and Art Criticism* 33: 51–7.

Smith, M. (1995). *Engaging Characters: Fiction, Emotion, and the Cinema.* Oxford: Oxford University Press.

Sparshott, F. (1992). "Basic Film Aesthetics", in G. Mast, M. Cohen, and L. Braudy (eds.), *Film Theory and Criticism: Introductory Readings*, 4th edn. New York: Oxford University Press; first published 1971.

Spellerberg, J. (1985). "Technology and Ideology in the Cinema", in G. Mast and M. Cohen (eds.), *Film Theory and Criticism: Introductory Readings*, 3rd edn. New York: Oxford University Press.

Stam, R. and Spence, L. (1999). "Colonialism, Racism and Representation: An Introduction", in Braudy and Cohen (1999).

Walton, K. (1984). "Transparent Pictures: On the Nature of Photographic Realism". *Critical Inquiry* 11: 246–77.

_____ (1990). *Mimesis as Make-Believe: On the Foundations of the Representational Arts.* Cambridge, Mass.: Harvard University Press.

_____ (1997). "On Pictures and Photographs: Objections Answered", in Allen and Smith (1997).

Warburton, N. (1988). "Seeing through 'Seeing Through Photographs'". *Ratio*, n.s. 1: 64–74.

Wicks, R. (1989). "Photography as a Representational Art". *British Journal of Aesthetics* 29: 1–9.

Wilson, G. (1986). *Narration in Light: Studies in Cinematic Point of View.* Baltimore: Johns Hopkins University Press.

_____ (1997a). "On Film Narrative and Narrative Meaning", in Allen and Smith (1997).

_____ (1997b). "Le Grand Imagier Steps Out: The Primitive Basis of Film Narration". *Philosophical Topics* 25: 295–318.

IV

이후 향방과 미학적 문제들

Further Directions in Aesthetics

VI

제38장

페미니즘 미학

메리 드베로(Mary Devereaux)
번역: 이종희

이 장은 1970년대 초반 이후 미학 영역에서 나온 영어권 페미니즘 저작에 대한 비판적 개관을 제공한다. 그 목적은 분석 미학 전통에서 철학적 미학에 가장 중요하게 영향을 미친 페미니즘 연구의 영역들에 초점을 맞추는 것이다.

1. 기본적 사항들

1.1 정의와 예비적 성격규정

이하에서 '페미니즘 미학'이라는 용어는 예술과 미적 경험의 영역에서 '남성'의 특권과 지배에 대한 저항으로 묶이는 일군의 다양한 이론, 접근, 비평 모형을 널리 지칭하기 위해 사용된다. 페미니즘 미학은 페미니즘 일반과 마찬가지로 '가부장제라는 사실'이라 불리는 바에서 시작한다. 여기서 사용되는 '가부장제'라는 용어는 여성과 여성의 이해를 침해하면서 남성과 남성의 관심에 힘과 지위, 권리를 배분하는 사회적 체계로 간주된다. 이러한 체계는 일반적으로 인간의 사고와 경험의 거의 모든 국면에 영향을 주는 것으로 이해되는 제도, 관행, 습관, 태도로 구성되어 있다. 가부장제라는 **사실**에 관해 말하는 것은 현존하는 사회가 가부장적이라거나 그러한 구조적 특성들을 보여 준다는 논쟁적 논제를 단언하는 것이다.

페미니스트들이 사용하는 '가부장제'란 말은 중립적인 기술(記述)적 범주가 아니다. 실로 그것은 가부장제가 **부당하다는** 페미니즘의 중심 기조(基調)이다. 가부장제의 부당성은 불공정 혹은 지배(domination)로 이해된다. 공정함이라는 논점은 가부장제가 여성과 남성을 평등하지 않게 다루는 체계라는 것이다. 지배라는 논점은 가부장제가 여성의 본성과 남성의 본성, 그리고 그 체계 자체에 대한 거짓되고 왜곡된 신념에 근거해서만 정당화될 수 있다는 것이다(전형적으로 이런 믿음은 일정한 형식의 성 본질주의, 즉 남성과 여성의 '본성'이 생물학적으로 혹은 '신의 계획'에 의해 고정된다는 믿음과 연관된다).

페미니즘의 핵심적 과제는 가부장제라는 사실을 들추어내는 것이다. 이는 사회적 관행, 제도적 조직과 사고 패턴들이 다양한 방식으로 남성의 관심과 믿음, 욕구에 봉사하는 방식을 폭로하고 분석하는 것과 관계된다. 그것은 또한 가부장제가 이런 지배를 인식하거나 거기에 저항하는 것을 어렵게 만드는 수단들에 대한 폭로를 의미한다. 페미니즘의 목표에 대한 이러한 성격화가 주어지면 가부장제의 참된 본성을 밝혀낸다는 이론적 기획은 필연적으로 정치적 차원을 가지게 될 것이다. 일단의 제도들을 가부장적이라고 기술하는 것은 그 적법성을 침해하는 방식으로 그것의 성격을 규정짓는 것이다. 따라서 이론적 목표는 페미니즘의 정치적 목표와 꼭 들어맞는다. 그 목표는 가부장제의 폐지이다.

여기서 그 성격이 규정되었듯이 페미니즘에는 두 가지 측면이 있다. 하나는 전통적인 정치적 자유주의의 연장으로서의 측면이고 또 하나는 프랑크푸르트 학파 및 비판 이론의 연장으로서의 국면이다. 페미니즘은 그것이 개인의 권리와 자유를 보장하고자 한다는 점에서 자유주의를 따른다. 페미니즘은 가부장제를, 마르크스주의자들에게 있어 자본주의와 같은 구조 유형의 한 사례로 본다는 점에 있어 비판 이론을 따른다.

페미니즘 **미학**은 예술과 미적인 것의 역사적 영역이 그 자체로 가부장적이라는 가정에서 출발한다. 한 층위에서 그것은 가부장제의 분석을 예술 제도의 관행으로, 특히 예술 제도 안에서 그 제도가 여성을 다루는 방식(예를 들어 과거 남성의 작품으로 여겨졌던 여성 작가 작품들의 지위 격하)으로 단지 확장한 것이다. 또 다른 보다 근본적인 층위에서 페미니즘 미학은 미적 쾌나 미적 가치, 예술작품 및 미학의 다른 근본적인 관념들에 대한 분석에 **젠더**(gender)의 개념을 도입한다. 여기서 분석의 방식은 사회적이거나 정치적이지 않고 미적이다. 예술작품에 관련해 그 목적은 어떻게 왜곡된 젠더 관념이 예술의 주제(예를 들어 행복한 어머니, 매력적인 요부 및 자발적인 희생자로서의 여성에 대한 만연한 이미지)와 그 형식 및 **방법**(예를 들어 많은 시각 예술이 취하는 남성의 시선)에 영향을 줄 수 있는가를 보여 주는 것이다. 미적인 가치 자체와 관련해서 그 목적은 작동 중인 젠더화된 관념을, 지각하는 **주체** 및 미적 주목의 **객체**에 대한 성격규정, 양자의 입장에서 증명하는 것이다(전자의 예는 순수한 취미 판단에 대한 성격규정에서 작동하고 있는 남성적 모형이고 후자의 예는 18세기, 예술적이거나 자연스러운 미와 여성성과의 결합 및 보다 위험한 극단인 숭고와 남성성과의 결합이 될 것이다. Korsmeyer, 1998: 150-1). 페미니즘 미학은 이런 식으로, 학과로서의 미학의 근본으로 향하는 탐구와 관계한다.

　페미니즘과 페미니즘 미학에 대한 이런 일반적 성격규정은 단일한 기획을 암시하는 것으로 여겨져서는 안 된다. 페미니즘 이론은 다양한 형태와 형식을 취한다. 페미니스트들은 남성/여성 구분을 강조할 것인지 경시할 것인지, 젠더를 생물학적으로 이해할 것인지 문화적으로 이해할 것인지 등에 대해 모두가 동의하는 것이 아니다. 비슷한 내적 논쟁이 페미니즘 미학에서도 일어난다. 실로 '페미니즘 미학'이라는 용어의 사용은 그 자체로 논쟁적이다. 배터스비(Christine Battersby) 같은 이론가가 이 꼬리표가 매력적이고 유용하다고 생각한 반면(Battersby, 1989), 펠스키(Rita Felski) 같은 학자들은 이 말이 분리된, 분명하게 여성적인 '여성의 예술'이나 '여성의 미학'을 함축하는 것으로 여겨질 수 있음을 염려한다(Felski, 1998). 이런 논쟁은 종종, '페미니즘 미학'이 페미니즘의 적절한 목표에 관한 보다 근본적인 논쟁의 선상에서 이해되는 방식에 의존한다.

　페미니스트들의 이론적 차이에도 불구하고 미학에서의 페미니즘 저작들은 공유된 관점에 의해 통합된다. 그것은 코스마이어(Carolyn Korsmeyer)가 철학적 미학의 근본적 개념과 이상들의 '성 왜곡'이라 일컬은 바에 대한 도전이 중요하다는 관점이다(Korsmeyer, 1998: 151). 예술에 관심을 가졌던 몇 세대에 걸친 철학자와 다른 사람들이 결코 알아채지 못한 바를 폭로하는 일이 지니는 흥분은 또한 공통의 목적의식을 불러일으킨다.

1.2 초기 역사

미학에서의 페미니즘 작업은 현대 페미니즘 역사의 일부이다. 1970년대 초반의 여성들이 일반적으로 그랬던 것처럼 여성 예술가들은 서로 간에 접촉을 하기 시작했고 집단을 이루고 페미니즘 예술가로서의 그 자신에 대한 긍정적인 자의식을 키워 나갔다. 그 결과 여성 예술 운동은 새로운 종류의 예술, 여성들만의 전시 및 인식과 지원의 다른 대안들을 탄생시켰다. 이는 또한 예술계 도처에서 작용하고 있는 의식적, 무의식적 '남성 본위'의 종식에 대한 대중적 요구를 이끌어냈다(Parker and Pollock, 1987: 3-8). 리퍼드(Lucy Lippard) 같은 예술 비평가들은 《미국의 예술》이나 다른 주류 예술사 잡지의 지면들을 할애하여, 차별의 구체적 실례들, 가령 부족한 여성 큐레이터들이나 관용적인 지원 기관과 갤러리들의 여성 지원자들과 관련한 '형편없는' 기록들을 열거하면서 예술계가 '성차별주의와 맞서 싸워야' 한다고 요구했다(Lippard, 1976: 28-37).

이런 정치적 활동과 나란히, 전략과 목표에 대해서(예를 들어 동화냐 분리된 '여성예술'이냐) 뿐 아니라 예술과 예술 제도의 근원적 특성에 대한 중요한 이론적 토론들이 등장했다. 1970년대 중후반 즈음에는 페미니즘 관점이 대학의 학풍에 두드러진 영향력을 행사하기 시작했다. 문학 부문에서 페미니즘 학자, 교사, 작가들은 남성적 규범의 신성함과 문학비평의 관행들에 도전을 제기하고 있었다. 그들은 예전 텍스트들을 새로운 방식으로 읽을 것을 요구했고 이는 시인이면서 이론가인 리치(Adrienne Rich)가 '되돌아보는 행위, 새로운 눈으로 보는 행위, 낡은 텍스트들에 새로운 비평적 방향으로 진입하기 등 다시봄(re-vision)'이라 부른 바를 창조했다. 많은 다른 페미니스트들에게서처럼 리치에게 있어 문학은 여성들에게 여성으로서 읽는 것을 허용할 급진적인 비평을 요구했다. 이런 관점에서 과거의 작품들은 전통을 계승하기 위해서가 아니라 '그 영향력을 파괴하기 위한' '필독서'였다. 리치는 여성들에게 '어떻게 우리가 살아왔는지, 어떻게 우리가 우리 스스로를 상상하도록 유도되었는지, 어떻게 언어가 우리를 해방시키는 만큼이나 우리를 가두어 왔는지'를 배우기 위해 문학을 들여다보라고 권고했다(Rich, 1971: 35). 간단히 말해 문학은 낡은 정치적 질서, 여성들이 깨닫고 탐구해야 하는 질서를 구현하는 동시에, 여성이 그들 스스로를 '응시'하고 '명명'하는 남성적 특권을 전용하기 시작할 수 있는 수단을 제공했다.

'주류에 저항하는 독법'이라는 이러한 일반적 전략은 읽기에 대한 어떤 적절한 설명도 젠더나 상호 관련된 인종, 계급의 이슈를 간과할 수 없다는 주장과 더불어 페미니즘 문학 비평의 주요소가 된다. 페미니즘 이론가와 비평가들은 다른 형식의 예술에도 비슷한 전략을 사용하여 접근했다. 그 결과 예술과 성정치학의 결합은 잇따르는 전개가 보여주듯이 과격하게 상이한 방식의 예술작품에 대한 이해와 연구로 이어졌다.

흥미롭게도 문학과 다른 예술-관련 학과들에서 학문적 논쟁의 중심에 있는 성정치학의 이슈는 철학적 미학에 영향을 미친 속도가 느렸다. 굿먼의 〈예술의 언어들〉이 1968년 미학적 논쟁의 전면에 내세운 예술적 재현과 같은 주제에 대한 페미니즘의 노골적인 관심에도 불구하고, 예술철학자들은 1980년대 내내 예술에서 등장하고 있던 페미니즘 이론의 성장세를 대개 무시했다. 이런 점에서 예술철학에서의 상황은 철학의 다른 영역보다 뒤떨어져 있었다. 예를 들어 윤리학에서는 길리건(Carol Gilligan)의 작업이 초기에 심오한 영향력을 끼쳤고(Gilligan, 1982), 1980년대 말에 이르면 인식론이나 과학철학, 정치 이론의 영역에서 상당한 양의 영향력 있는 저작들을 페미니스트들이 생산해냈다(Garry와 Pearsall, 1989; Harding, 1986; Okin, 1989).

미학에서는 1990년,《히파티아: 페미니즘 철학 저널》과《미학과 예술비평 저널》이 각각 페미니즘 미학이라는 주제로 특별판을 발행했을 때 비로소 변화가 일어났다. 이러한 저작들의 출현은 예술철학자들과 미학자들에게 페미니즘적인 주제에 대한 관심을 불러일으켰고 그럼으로써 페미니즘 미학에서 두드러진 **철학적** 저작을 위한 길을 열었다.

2. 비평들

미학에서의 페미니즘 저작은 세 가지 주요 관심사를 가진 것으로 이해될 수 있다. 첫 번째는 주요 작가목록(canon), 그리고 예술사에서 여성의 축소거명(under-representation)에 관련된다. 두 번째는 예술적 재현 및 여성이 예술작품 안에서 전형적으로 묘사되고 자리하는 방식과 관계된다. 세 번째는 미학의 근본적 가치와 이상에 관계된다. 각각의 영역에서 페미니스트들은 근본적 관념을 탐구하고 전통적 질문을 추구하는 일에 젠더의 인식을 가져오는 작업에 착수했다. 상호연관된 이러한 프로젝트들의 성공과, 미학에 대한 그 프로젝트들의 가능한 함축들을 보다 일반적으로 평가하기 위한 하나의 단계로서, 다음의 세 가지 하위 섹션들은 주요 작가목록과 예술적 재현, 그리고 미학의 가치와 이상들에 대한 페미니즘 비평을 상세히 탐구한다.

2.1 주요 작가목록

축소거명

예술사에 대한 페미니스트들의 관심은 여성예술가들이 주요 작가 목록에 덜 거명되고 있다는 생각으로부터 출발한다. 초기 페미니스트들이 주목했듯이 잰슨(Janson)의 《서양미술사》(1970년 출판)와 같은 표준적인 텍스트들은 여성 예술가들에 대한 언급을 전혀 담고 있지 않다. 그들은 또한 위대한 작곡가, 드라마작가 등의 목록에서도 여성들은 결코 더 거명되고 있지 않다는 점을 관찰했다.

문학은 하나의 주목할 만한 예외로 생각될 만하다. 영국 소설가들 가운데에서 브론테 자매(the Bröntes), 조지 엘리엇(George Eliot), 그리고 제인 오스틴(Jane Austen)은 상당한 지위를 누렸고 미국 작가 이디스 훠턴(Edith Wharton)과 거트루드 스타인(Gertrude Stein)도 그랬다. 시인들 가운데에서는 일반적으로 에밀리 디킨슨(Emily Dickinson), 엘리자베스 배럿 브라우닝(Elizabeth Barrett Browning)과 크리스티나 로세티(Christina Rossetti)가 표준적인 선집에서 자리를 차지하고 있었다. 많은 점에서 문학은 중산층의 교육받은 여성들에게 음악이나 시각예술에서는 여성들이 아주 드물게만 실현한 부류의 예술적 성취의 가능성을 부여했다. 그러나 다른 관점에서는 펜을 쥔 여성들은 그림이나 작곡을 추구했던 여성들이 맞닥뜨렸던 것과 같은 많은 장애들에 직면했다. 버지니아 울프(Virginia Woolf)는 아주 설득력 있게

'자기만의 방'의 필요성을 기술했는데, 이로써 울프가 의미한 것은 무엇보다도 남성 작가들은 그토록 쉽게 당연시했던, 예술적 창조와 내적 자유의 감각에 자신을 헌신하는 데 필요한 수입이었다(Woolf, 1929). 울프 자신을 비롯하여 이런 장애를 극복한 몇몇들조차 종종, 스스로를 고급 예술의 전당에서 배제되어 있다고 느꼈다. 즈워들링(Alex Zwerdling)이 지적한 것처럼 1960년대 쯤에는 울프의 문학적 명성은 그녀가 흥미롭지만 덜 모더니스트적인 작가들 사이에 확고하게 위치하도록 했다. 다시 말해 문학에서조차 여성은 천재의 후보로 거의 자격을 부여받지 못했다.

그런 사태는 새로울 것이 없었다. 새로웠던 것은 천재 등급에 해당하는 여성이 없다는 것이 특별한 설명을 필요로 하는 어떤 **문제**라는 급진적 가정이었다(Nochlin, 1971). 표준적 견해는 위대한 여성 예술가들이 없다는 것에 특별한 설명이 필요치 않다는 것이었다. 여성 예술가가 위대함을 성취한다는 것은 기대할 만한 것이 아니었다. 여성은 예술작품을 생산할 수도 있고, 실제로 그랬다. 제인 오스틴이나 메리 카사트(Mary Cassatt) 같은 몇몇들은 심지어 명성을 획득할 수도 있었다. 그렇지만 여성은 예술적 성취의 최고 수준에 필요한 힘과 에너지, 그리고 신적인 영감이 부족했고, 이러한 결핍은 보통 여성의 생물학적 특성에 그 원인이 돌려졌다. 이 점에서 여성 예술가들은 과학, 정부 및 전문직업에서의 여성들과 다르지 않다고 생각되었다.

따라서, 예술에서 여성이 덜 재현되었다는 이슈에 접근할 때 페미니즘 예술사가들의 반응 한가지는 '설명할 것이 없다'거나 여성의 성취 부족이 평범한 환경으로 여겨져야 한다는 관점을 완전히 거부하는 것이었다. 노클린이 주장하기를 그 상황은 다른 설명을 요구했다. '위대한' 예술을 만들어 내지 못했던 것은 여성이 다른 영역에서 남성의 성공에 미치지 못했던 것과 마찬가지로 '여성의 본성' 때문이 아니라 성적 차이에 사회가 부여한 의미와 여성의 사회적·물질적 환경 때문에 일어난 것이었다. 기젤라 에커(Gisela Ecker)는 요약해서, 여성의 부족한 점은 '압제적인 사회적 조건이나 편견'에 의해 '여성에게 부과된 바'에 의해 설명될 수 있다고 썼다(Ecker, 1985).

사회적인 조건들 및 사회적으로 매개된 물적 조건들과 예술적 성취 사이의 관계를 특히 중시하는 데 있어, 노클린의 중요한 논문 〈왜 위대한 여성 예술가가 없었는가?〉 (Nochlin, 1971)의 영향력에 필적하는 것은 없다. 개념적으로, 노클린의 저작은 올스톤크로프트(Mary Wollstonecroft), 존 스튜어트 밀(John Stuart Mill) 같은 '초기 페미니스트'들의 작업과 울프와 보부아르에서 중세 프랑스 작가 크리스틴 드 피잔(Christine de Pizan)에 이르는 오랜 전통에 기초하고 있다. 이러한 저자들을 비롯해서 페미니스트 작가들은 실질적인 예술적 성취는 특별한 사회적 조건 및 사회적으로 매개된 물적 조건들에 접근을 요구하는 정교한 사업이었음을 설득력 있게 확립했다. 재능만으로는 충분하지 않았다.

노클린은 자신의 선배들의 물질적 분석과 전통적인 예술사학의 방법론을 접합하여, 가령 (누드모델과 함께하는) 인체화 수업에 여성이 접근할 수 없었던 것이 역사화 및 다른 '주요' 장르에서 그들의 성공이 없었던 점을 어떻게 설명하는지 보여 주었다. 인간 형상을 그리는 훈련이 없이는, 르네상스에서 19세기 말에 이르는 위대한 회화들에 결정적인 것으로 생각되는 행동 중인 신체들에 대한 대규모 재현은 가장 무모한 학생들만이 시도했을 것이라고 노클린은 지적했다. 과거에 간과되었으나 비슷하게 분명한 설명이 예술사적 탐구의 다른 영역에서 마련되고 있었다. 초기 페미니즘 예술사가들은 여성이 최고의 수준에서 성공하기 위해서는 체계적인 사회적 변화가 필요했을 것이라고 인정하면서도, 일단 평등한 환경이 자리 잡게 되면 여성이 남성과 동등한 위대함을 성취할 것이라는 낙관적인 전망을 내놓았다.

주요 작가목록을 확장하기

여성이 주요 작가목록에서 덜 거명되었다는 이슈에 대한 두 번째 반응은 사실상 위대한 여성 예술가들이 없었다는 가정을 의문시하는 것과 관계된다. 헬렌 프랭컨탈러(Helen Frankenthaler), 루이즈 니벨슨(Louise Nevelson), 조지아 오키프(Georgia O'Keeffe) 같은 몇몇 여성들은 이미 주요 작가목록 가운데 있었다. 다른 여성들의 상대적인 부재는 여성들의 재능의 부족이 아니라 '덜 보고됨'의 문제에서 비롯되는 것인가? 이런 질문은 과거에 간과되었거나 저평가된 여성 예술가들의 작품들을 발굴하고 존재를 인정함으로써 '주요 작가목록을 확장하려는' 노력을 기울이는 것으로 이어졌다. '여성 미켈란젤로의 탐색'은 바로크 시대 이탈리아 화가 젠틸레스키(Artemisia Gentileschi)와 18세기 영국 왕립 아카데미 회원이었던 앙겔리카 카우프만(Angelica Kauffmann)과 메리 모저(Mary Moser) 같은 잊혀진 여성 예술가들을 주요 작가목록에 추가하는 데 성공했다(Chadwick, 1990). 이는 이전에 2차적 인물이었던 베르트 모리조(Berthe Morisot) 같은 사람들의 업적에 대한 학문적 관심을 증가시키는 결과를 낳았으며 또한 페미니스트들로 하여금 20세기 인물인 리 크래스너(Lee Krasner), 애그니스 마틴(Agnes Martin), 파울라 모더존-베커(Paula Modersohn-Becker)와 티나 모도티(Tina Modotti), 프리다 칼로(Frieda Kahlo) 같은 사람들의 작품에 보다 주목을 쏟도록 이끌기도 했다. 주요 작가목록을 확장하려는 노력은 사실 숨겨졌던 여성의 역사를 쓰는 일로서 이러한 노력은 또한 뮤즈로서, 모델로서, 예술의 주제로서 여성들이 행한 '보이지 않는' 예술적 노동의 중요성에 대한 인정을 불러왔다. 뒤늦게 음악에서는 클라라 슈만(Clara Schumann), 프란체스카 카치니(Francesca Caccini), 바르바라 스트로치(Barbara Strozzi), 파니 멘델스존(Fanny Mendelsohn), 제르맹 타이유페르(Germaine Tailleferre), 루스 크로퍼드 시거(Ruth Crawford Seeger), 에이미 비치(Amy Beach), 폴랭 비아르도(Pauline Viardot) 등에게 최근 주목이 주어졌다.

예술적 위대함

후대의 '2세대' 페미니스트들은 주요 작가목록 안에 내포되는 평가의 형태와 관련된 일단의 이슈들을 따로 제기했다. 전통적 예술사에 '침투해서' 그것을 '통합하려' 한 진보적 페미니즘의 노력은 '남자처럼 되기에 자리한' 자유의 모형을 강화한다는 점에서 비난을 받았다. 예술사가 그리젤다 폴록(Griselda Pollock)은 여전히 '위대함, 위험, 미지로의 도약으로' 이해되는 예술적 행위의 개념에 대한 노클린의 용인을 비판했다(Pollock, 1988: 35). 폴록이나 보다 급진적인 그녀의 동시대인들에 있어, 여성 예술가들로 하여금 '1인 쇼'를 성취하고 관습적인 장소에서 전시하며 기성 비평가와 예술사가들의 인정을 받아 '전통적' 의미에서의 성공을 추구함으로써 자신의 남성 동료들이 하는 식대로 하라고 권유하는 것은 예술적 오류였다.

폴록이 여성 예술가들의 역사를 복원하는 일의 중요성을 인정한 반면, 그녀는 역사적 복원의 기획만으로는 충분하지 않다고 주장했다. 페미니즘 예술사는 또한 예술사 자체의 담론과 관행을 검토하는 일에도 착수해야 한다. 그 생각은 학과의 틀을 재이론화하는 것이었다(Pollock, 1988: 55).

이러한 재이론화를 수행하는 데 있어 폴록과 덩컨(Carol Duncan), 알퍼스(Svetlana Alpers) 같은 다른 예술사가들은 버거(John Berger)와 클라크(T. J. Clark) 등이 옹호한 마르크스주의적 문화이론의 패러다임을 끌어들였다. 그들은 계급 정치학적 분석에 성적 차이와 불평등의 분석을 추가했다. 그 결과는 마르크스주의와 페미니즘의 핵심을 합친 사회적 예술사였다. 이로써 주요 작가목록에서의 여성의 축소거명에 대한 분석이 가능해졌고 이는 여성이 마주한 '조작된 경쟁'을 폭로하고 설명하려는 초기 노력을 심화시키고 확장했다. 예를 들어 폴록 자신의 저작은 본질적으로 공적 대상으로서의 예술작품 개념과 남성적-여성적 공간이라는 널리 퍼진 구분 사이의 상관관계를 입증했다(Pollock, 1998: 56-66). 그녀는 '옛 거장(13-17세기의 유럽의 대(大)화가)'이란 관념에도 유사한 접근을 하면서 보헤미안처럼 '예술가'라는 용어가 남성성과 남성의 사회적 역할과 동일시되어 온 방식과, 예술적 '위대함'이란 관념 속에 들어 있는 낭만주의, 엘리트주의, 개인주의를 지적한다. 폴록과 다른 2세대 페미니즘 예술사가들의 저작은 관점의 급진적 변화를 만들어 냈다. 얼마나 급진적이었는지를 이해하기 위해, 그 당시 학술적 예술사는 대개, 이런저런 위대한 예술적 인물의 발전을 추적하고 기리는 데 바쳐진 기획이었음을 상기해 보기로 하자(Duncan, 1993: xiii). 어떤 가치가 당대의 중요성 관념을 결정했는지, 그 가치가 누구의 것이었는가, 또 그것이 누구의 이해관계에 기여했는가 하는 근본적인 물음을 던졌다는 점에서 페미니즘 예술사가들은 주요 작가목록이 기리는 특성들이 기려야 할 만한 가치가 있는가 하고 질문할 길을 열어 주었다.

우리 자신의 예술

전통적 예술사의 가치평가적 규준들을 더 잘 인식함으로써 몇몇 페미니스트들은 '여성의 예술'이라는, '페미니즘' (혹은 '여성적인') 미학에 근거한 독립된 전통을 창조할 것을 요구하기에 이르렀다. 여기서 '페미니즘 미학'이라는 용어의 사용은 여성의 예술이 남성의 예술과 중요한 — 그리고 가치 있는 — 방식으로 다르다는 입장을 견지하는 특정 이론적 태도를 가리킨다. 대부분의 사람들에게 이러한 성적 차이는 본질주의적 방식으로, 즉 여성의 두드러지게 여성적인 감수성 및 상상력 같은 여성 '본성'의 결과로 이해되어야 할 것이었다. 다른 사람들은 그 차이를 여성이 처한 단지 특수한 사회적·정치적 환경의 결과로 이해했다. 어떤 경우든 그 결과는 '여성성과 특정한 종류의 문학(혹은 예술적) 구조, 스타일, 형식 사이의 필연적이거나 특권적인 관계'에 대한 믿음이었다(Felski, 1989: 19). 따라서 예를 들어 쥘리아 크레스테바(Julia Kristeva) 같은 프랑스 페미니스트들은 특히 실험적 글쓰기 같은 아방가르드 예술을 '가부장적 기호 질서'에 대한 저항과 동일시하게 된다. 결정적 의미, '인공적으로 부과된 구조'와 관습적 내러티브의 선적 논리는 이제, '부르주아 남성성'과 동일시되었다(Kristeva, 1987: 110-117).

이런 '여성중심적' 페미니즘은 남성적 속성들의 여성적 속성들에 대한 일상적인 특권성을 전복시키고자 했다. 여성 자신의 몸에 대한 의도적인 연관과 감정적 감수성 및 디테일에 대한 주목, 약한 공격성 따위는 힘과 자존감의 원천으로, 그리고 공유되어야 하는 무언가로 여겨지게 되었다. 미적 관점에서 이러한 전복은 여성들에게 자신의 작품을 주류적 장소에 입성하기 위해 경쟁하기보다는 여성 전용의, 종종 협동 갤러리나 공간들 안에 전시할 것을 권유한다는 것을 의미했다. 이는 또한 기성 예술이 비하하거나 무시했던, 여성의 전통적 예술 행위의 국면들을 고수하고 상찬한다는 것을 의미했다. 과거에 마이너 장르나 기예, 혹은 장식예술에 속하는 것으로 범주화되었던 퀼팅이나, 자수, 도예 같은 활동들이, 전통적으로 여성적인 예술적 노동의 공동체적이고 삶을 긍정하는, 종종 본능적인 과정들의 일부로 인정되었다. 주디 시카고의 〈저녁 파티〉 같은 예술기획의 여성 이미지, 몸에 대한 관심과 공동작업적 본성은 서유럽 문화를 지배한 것으로 여겨지는 도구주의와 권위주의, 극단적 개인주의라는 가치들에 대한 대안을 제시하기 위해 의도되었다고 그들의 옹호자들은 주장했다.

많은 사람들에게 여성적인 것에 대한 이러한 상찬은 상당한 호소력을 발휘했다. 그것은 정치적 부담 또한 가지고 있었다. 여성의 예술과 여성적인 창조 과정이 남성의 것과 **본유적으로** 다르다는 주장은 남성과 여성의 본성에 대한 가부장적 관념들과 연합된 어떤 종류의 성-본질주의를 다시 끌어들였다. 이런 접근의 비판자들은 여성이 구분되는 '본성'을 가진다는 생각과 특정 예술형식에 본유적으로 성별화된(gendered) 성격을 부여하는 것 모두에 반대했다.

그러나 주목할 가치가 있는 것은, 명확하게 페미니즘적인 미학의 옹호자 전체가 여성을 구분되게 만드는 바에 대한 생물학적 견해에 동의하지는 않는다는 것이다. 가령 배터스비는 여성들이 다르게 **다루어졌다**는 사실 자체가 페미니즘 미학에 대한 요청을 보장하기에 충분하다고 주장한다. 페미니즘 미학은 그녀가 전통의 모계적 패턴과 부계적 패턴 양자를 모두 공정하게 포함한다고 말하는 예술적 성취의 기록을 정립하기 위해 총괄적으로 작업한다(Battersby, 1989: 157).

2.2 예술적 재현

'이미지 연구' 접근

페미니즘적 미학 저작들이 여성에 대한 제도적 속박에 지금까지 초점을 맞추어 왔다면, 다른 일군의 저작은 예술작품 자체 내부의, 상징적 차원에서의 여성에 대한 취급에 주목한다. 여기서의 생각은 가부장적 사회에서의 여성이 경제적·정치적 압제하에 있을 뿐 아니라, 이런 사회의 구성원들이 세계를 바라보는 방식과 그 세계를 재현하기 위해 사용하는 '예술의 언어'에 있어서도 압제하에 있다는 생각이다. 언어 그 자체처럼 예술은, 남성의 믿음과 욕망, 목적을 불평등하게 반영하고 장려하여 남성과 여성 모두로 하여금 세계와 그 자신을 '남성의 시선'을 통해 바라보도록 이끄는 상징적 매체라고 주장된다. 이러한 관점에서 회화와 문학 및 다른 형식의 예술적 재현은 젠더의 사회적 구축에 있어 핵심적 역할을 수행한다. 이를 통해 여성과 소녀들은 남성의 특권을 지지하고 가부장적 문화에 유용하도록, 스스로를 (능동적) 남성적 욕망의 (수동적) 대상으로 바라보도록 교육받는다.

상징적 매체의 힘에 대한 관심이 가장 완전히 전개된 곳 가운데 하나는 영화와 관련해서였다. 여기서의 목표는 할리우드 영화 및 광고, 패션 사진 같은 다른 형태의 대중문화였다. 영화는 회화 같은 전통적 순수예술에 비해 더 큰 규모의, 덜 비판적인 관객을 끌어들인다고 생각된다는 점 때문에 부분적으로, 페미니즘 이론가들의 주목을 끌었다. 그들 전에 마르크스주의자 이론가들과 매체 비평가들이 주목했듯이 영화 매체는 욕망을 만들어 내고 만족시키며, 욕구를 생성하고, 의식적 마음뿐 아니라 무의식적인 마음에 작용할 힘을 가지고 있었다. 그것이 제공하는 즐거움들 — 내러티브적 동일시, 시각적이고 에로틱한 즐거움, 오락 등 — 이 결합하여 할리우드 영화는 그 비판자들이 '가부장적 무의식'이라 여기는 것을 지니는 사회를 창조하고 유지하는 데 완벽한 매체가 되었다. 남성과 여성의 사회적 기능에 대한 가부장적 관념과 싸우는 전투에서 할리우드 영화는 자연스러운 목표물로 보이기에 이르렀다.

영화가 가진다고 생각되는 이데올로기적 힘에 대한 관심으로 인해 초기 페미니즘 영화 이론가들은 개별적인 영화들에서 어떻게 여성들이 (긍정적으로 혹은 부정적으로) 재현되고 있는지에 대한 연구를 하게 된다. 해스켈(Molly Haskell)의 《숭배에서 강간까지: 영화에 나타난 여성상》(1974) 같은 저작들은 기본적으로 사회학적 접근법을 채택하였는데, 영화 속 여성에 대한 특성화를 영화 바깥에 위치한 여성의 사회적·정치적·문화적 환경의 맥락에서 추적하였다. 영화 속 여성 이미지에 대한 이러한 연구들은 문학이나 다른 예술들에서의 여성 재현에 대한 비슷한 연구들과 나란히 진행되었다(Heilbrun과 Higonnet, 1983; Millett, 1970을 보라).

남성의 응시

영화에서 이러한 '이미지 연구' 접근법에 의한 내용과 스타일의 분석은 얼마 지나지 않아 보다 추상적이고 이론적인 분석에 자리를 내주게 되었다. 존슨(Claire Johnson)과 다른 이미지-기반 접근법의 비판자들은 페미니즘 영화 이론이 어떤 실질적인 정치적 영향력을 갖기 위해선 적극적인 여성 주인공들이나 여성의 문제에 대한 관심을 넘어선 그 이상을 연구해야 할 것이라고 주장하였다. 존슨의 말을 빌면, '그것이 의식에 영향을 주려면', 페미니즘 영화 이론에게 '혁명적인 전략'이 필요할 것이다. 필요한 것은 영화가 제공하는 오락과 시각적 즐거움의 '표면 구조' 아래에 놓인 일종의 '심층 구조'를 파헤치는 방식이었다. 이 과제를 착수함에 있어 페미니즘 영화 이론가들은 라캉의 정신분석학과 알튀세르의 마르크스주의 및 기호학의 이론적 접합을 선택하였다(Freeland, 1998: 201).

이런 접근의 발아적 시도는 멀비(Laura Mulvey)가 쓴 1975년의 고전적 논문 〈시각적 즐거움과 내러티브 영화〉(Mulvey, 1988에 수록)였다. 멀비는 영화를 고도로 성공적인 부르주아 이데올로기 제공자로 생각하는 경향을 마르크스주의자 영화 이론가들과 공유하였다. 그녀의 저작이 마르크스주의자 선배들과 구분되는 점은 예술과 성 정치학과의 연결, 그리고 선택의 정치적 무기로서 정신분석학 이론에 대한 의존이었다. 멀비는 영화적 재현이 지배적인 가부장적 질서의 구획을 복제한다는 가정으로부터 출발한다. 이러한 해석에서 영화는 (능동적인) 응시와 (수동적인) 응시됨의 '분할'에 의존한다. 남성은 '응시의 수행자'이고 여성은 그 대상이다. 비-이론적 용어로 표현하자면 멀비의 주장은, 카메라가 관람자의 응시를 영화 속 남성 캐릭터의 응시에다 맞춤으로써 이야기 속 남성 주인공과의 동일시를 확립하고 스크린 위의 여성을 남성적 욕망의 대상으로 묘사한다는 것이다. 이런 분석에서 할리우드 내러티브 영화는 이러한 소위 남성적 응시를 구현하여 남성이 매혹되는 바, 그의 욕구, 쾌락의 패턴에 작용하게 된다. 멀비의 논문이 분석하려고 시도한 것 — 그리고 분석을 통해 파괴하려고 한 것 — 은 이러한 패턴이었다.

'남성적 응시'에 대한 멀비의 이론은 마르크스주의/정신분석적 패러다임 내부의 페미니즘 작업과 그 바깥에서의 작업, 두 진영 모두에서 강력한 비판에 부딪쳤다. 멀비의 기본적 접근에 동조적이었던 앤 캐플런(E. Ann Kaplan) 같은 페미니즘 영화 이론가들조차 그녀가 여성 관람자의 경험을 과도하게 단순화하는 작업을 했다고 여겼다. 멀비에게 있어 여성 영화 관객은 자신을 남성 주인공과 동일시하거나 자신의 대상화에 대해 피학적 쾌를 즐기거나 둘 중 하나였다(Kaplan, 1987: 231). '대립적' 응시의 가능성을 멀비는 명백히 간과했다. 그러나 벨 훅스(bell hooks)가 주장하였듯이 흑인 여성 관람자들은 오랫동안, 〈국가의 탄생〉이건 셜리 템플의 영화건 주류 할리우드 영화의 무력화시키는 효력들을 의식하고 거기에 저항하면서 영화를 보아 왔다. 훅스는 백인 여성들도 그러했다고 가정한다(hooks, 1992). 다른 이들은 단일한 지배적 남성 응시자라는 멀비의 가정에 반대하였는데 이 가정은 남성들 간의 힘에서의 실질적 차이를 보이지 않게 만든다(Devereaux, 1990).

다른 방향에서 노엘 캐롤(Noël Carroll)은 멀비의 응시 이론과 영화에 대한 정신분석적 접근 일반이 영화가 **내재적으로** 이데올로기적이라는 잘못된 가정과 성적 차이에 기반한 시각적 쾌의 일반이론이 가능하거나 바람직하다는 잘못된 믿음에 근거하고 있다고 주장하면서 분석철학적 방법들을 도입하였다(Carroll, 1995). 캐롤에게 있어서는 영화에 대한 정신분석적 접근법은 완전히 거부되고 대신 초기의 보다 인지주의적인, 해스켈과 밀레가 제시했던 '이미지-기반' 접근법으로의 복귀가 선호되었다.

이런저런 비판들에도 불구하고 멀비의 남성적 응시에 대한 이론은 젠더를 영화 분석의 필수적인 부분으로 만들었고 남성과 여성 스테레오타입에 대한 해스켈의 강조를 훨씬 뛰어넘어, 페미니즘 영화 이론에서의 작업이 폭발하는 기반을 닦았다.

2.3 철학적 미학의 이상과 가치들

미학에서 작업하는 페미니스트들의 세 번째 관심은 철학적 미학 자체의 이상과 가치에 대한 것이다. 페미니즘 미학자들은 그 관심을 철학으로 돌리면서 다른 학문에서의 페미니즘 이론가들처럼 젠더 및 젠더 관련 고려사항들의 영향력을 염두에 두지 않는 이론적 틀의 부적절함을 증명하려고 시도한다. 원칙적으로 이런 기획은, 페미니즘 자체의 통찰을 모르거나 거기에 무관심한 모든 미학 이론들에 대한 비판적 재평가에 관계된다. 따라서 페미니스트들은 미학의 역사에 대해 비판적인 재평가에 착수하는 것으로 생각될 수 있다(예를 들어 플라톤과 아리스토텔레스의 고전적 저작들, 실러와 연관된 낭만주의 미학, 톨스토이와 콜링우드가 신봉한 표현과 의사소통의 이론 등). 보다 자연스러운 표적에는 비어즐리(Monroe Beardsley), 굿먼(Nelson Goodman), 단토(Arthur Danto), 딕키(George Dickie), 볼하임(Richard Wollheim) 등 동시대의 주요 이론가들이 포함될 것이다. 사실상, 철학적 미학에 대한 페미니즘 비평가들은 하나의 아주 좁은 표적에 거의 배타적으로 초점을 맞추어 왔다. 칸트와 형식주의적인 네오 칸트주의 전통이 그것이다. 칸트 전통을 표적으로 삼으면서 페미니스트들은《판단력 비판》에서의 칸트의 생각과 오스카 와일드, 20세기 모더니즘 및 프라이(Roger Fry), 벨(Clive Bell)과 그린버그(Clement Greenberg)의 작업과 연관된 미학적 사고의 궤적을 염두에 두고 있다. 실로, '칸트와 형식주의'의 비판자들이 '미학에 대한 페미니즘 비판'으로 의미하는 바를 거의 정의하게 되었다고 해도 과언이 아닐 것이다.

따라서 왜 페미니스트들이 이 하나의 전통에 그토록 집중하게 되었는가를 묻는 것은 가치가 있다. 칸트나 칸트가 배태한 네오 칸트주의 미학 문화가 미학사의 다른 이론들 대다수보다 핵심적인 페미니즘 관심에 더 배타적이거나 더 무지했는가? 그렇지 않다면, 왜 이것은 페미니스트들의 혐의 주요한 대상이 되었는가?

하나의 대답은, 칸트적 미학에 집중하는 가운데 페미니즘 비평가들이 주류 미학의 역사와 주인공들에 대한 주류 스스로의 이해를 분명히 선택하게 되었다는 것이다. 논의 중인 '분석적' 미학자들(시블리와 아이젠버그, 비어즐리 등의 후예)에게, 일차적으로 현대적 의제를 제기한 이는 플라톤이나 니체, 헤겔이 아니라 칸트 ─ 또는 칸트와 흄 ─ 이었다. 마찬가지로 미학에서의 '전통적' 분석적 접근을 프랑크푸르트 학파가 채택한 보다 명시적으로 정치적인 접근 및 해석학이나 대륙 철학 일반의 보다 역사적이고 맥락적인 접근으로부터 계속해서 구분하는 것은, 미적 자율성과 무관심성에 대한 칸트적 유산에 의지하고 있는지 여부이다. 이런 관점에서 칸트에 대한 비판은 그 자체로 전통적 미학에 대한 비판인 것이다.

그러나 '칸트'에 대한 페미니즘 비판이 칸트에 대한 특정 관념을 전제하고 있음을 지적하는 것이 중요하다. 이 칸트는 역사적 칸트나《판단력 비판》에 대한 정밀한 독서에서 연원하는 칸트에 대한 관념이 아니라 칸트라는 이름과 연관되어 그 이름으로 발전된 일군의 생각들이다. 따라서 몇몇 예외는 있지만 이러한 유산에 비판적인 페미니스트들은 역사적이거나 문헌학적인 질문들에는 거의 관심을 기울이지 않는다. 또한 이는 놀랍지 않은데, 페미니스트들의 진짜 싸움은 일차적으로 칸트에 대한 것이 아니라 특히 벨과 그린버그의 이론 같은, 형식주의 이론의 20세기 버전과의 싸움이기 때문이다. 그토록 많은 페미니스트들이 마음 깊이 거부한 것은 현대 미학에 대한 칸트의 이러한 유산 ─ 라우터(Estelle Lauter)가 영미 미학의 최근세기의 '지배이론'이라 주장한 ─ 이 가진 깊고 굳건한 영향력이다(공정을 기하자면 그것은 또한, 나중에 주목되겠지만 많은 현대 영-미 미학자들에 의해서도 다른 이유에서이긴 하지만 대체로 거부되었다). 칸트에 대한 페미니즘 비평에서처럼, 여기에서 공격의 주된 대상은 그린버그나 벨의 특정 이론이 아니라 형식주의라는 보다 일반적인 관념이었다.

이러한 일반화된 혹은 '유(類)적인' 형식주의는 종종 '미적 자율성'의 관념과 동일시되었는데, 그것은 미적 판단의 무관심성과 삶과 예술의 확고한 분리에 대한 주장을 포함한다.

이러한 형식주의를 페미니스트들은 우선 일반적 이유들로 비판한다. 프랑크푸르트 학파의 일원들과 다른 비판 이론가들처럼 페미니스트들은 예술이 삶과, 특히 정치적 삶과 깊이 연루되어 있다는 관념을 가지고 있다. 이러한 관점에서는 예술에 대한 형식주의 이론은 두 가지 실패를 겪는다. 예술의 본성에 대한 몰이해와, 의존하는 분류와 평가의 기준들이 이론적으로는 그렇지 않더라도 실제적으로 배타적이고 차별적인 점이다. 비판자들은 형식주의가 예술의 창조와 평가 모두에 있어 정치적 차원을 인식하려 들지 않는다고 비난한다. 미적인 것에서 도덕적인 것과 정치적인 것의 범주를 떼어 냄으로써, 그리고 예술의 감상자로 하여금 오로지 형식만을 위해 예술의 내용과 역사 등등을 무시할 것을 요청함으로써 형식주의는 많은 종류의 예술이 가진 진짜 가치와 매력을 감상하는 것을 어렵게 또는 불가능하게 만들어 버린다. 여기에서 형식주의의 반대자들은 고야의 〈카프리초스〉 같은 정치적 예술, 밀턴의 《실낙원》 같은 종교 예술, 디킨스와 오웰의 소설들 및 다른 사회적 비판을 담은 작품들 같은 예들을 가리킨다. 그들은 이런 작품들 가운데 어느 것도 가치에 대한 형식주의 이론으로써는 예술작품으로서 제대로 이해될 수 없다고 주장한다. 더욱이 예술에 대한 이런 관점은 예술을, 다소 협소한 테두리 바깥에서는 관객을 모을 것 같지 않고 별 중요성도 없다고 생각되는 주변적인 무언가로 만들어 버린다.

페미니스트들 역시 형식주의를 비난하는데, 그들은 보다 구체적으로 형식주의의 젠더적 편견 때문에 그들을 비난한다. 이러한 편견은 인종적이고 계급적인 편견 또한 포함하도록 넓게 이해하자면, 어떻게 소위 예술의 보편적 형식이 특정한 종류의 화자와 청자에게 특권을 주는지에 대해 형식주의는 눈을 감는다는 것이다. 유사하게, 보편적인 미적 가치에 의존하도록 의도된 분류와 평가의 기준들은 그것이 약속하는 바보다 훨씬 적은 것을 제공한다. 그것은 객관성과 공평무사함이 아닌, 성에 대해 남성 위주로 정의된 가정들(남성과 여성이 어떻게 생각하는지, 어떻게 그림을 그리는지, 그들이 할 수 있고 할 수 없는 것은 무엇인지에 대한)과 예술 자체에 대한 가정들(대규모 역사화나 모더니스트 회화의 대담한, '남성적' 붓질과 '중요한 것'의 등치, 가정적인 주제, 소규모 작품과 기예 및 '여성적' 예술형식 일반에 대한 평가절하)에 기반한 판단들이라고 비판자들은 비난한다.

페미니즘 이론가들이 형식주의가 협소한 예술 관념과 부적절한 미적 가치 이론을 향한 작업을 했다고 말한 최초의, 또 최후의 사람들이었던 것은 아니다. 실로 형식주의 이론은 가령 아이젠버그와 단토, 볼하임(Isenberg, 1973; Danto, 1981; Wollheim, 1995) 등에 의해 분석철학 내부에서도 신랄한 비판을 받았다. 그러나 형식주의를 비판한 페미니즘 비평가들은 반-형식주의적 교의(敎義)에 있어 중대한 발전을 이루어 냄으로써 유럽 문명에서만이 아니라 전 세계에 걸쳐, 예술작품이 다양한 사회적 역할을 수행한다는 관점에 더 밝은 전망을 부여했다. 더욱이, 페미니스트 비평가들은 형식주의의 가치평가 관행에서 작동 중인 구체적으로 젠더화된 가정들을 드러냄으로써 '순수하게 형식적'인 미적 기준으로서 제시되는 바가 실은 국지적이고 역사적으로 특정한 태도와 가정들을 반영하고 있다는 점을 밝혀냈다. 따라서 예를 들어, 정물보다 역사화를 선호하는 '보편적' 관행은 관조보다는 행동에, 혹은 '작거나' 가정적인 작품보다 대규모 작품에 상대적 가치를 부여하는 태도와 관련 있을 것이다.

같은 비난을 미적 가치 자체에 대한 형식주의 이론에 대해 입증할 수 있는지는 아직 두고 봐야 한다. 형식주의적 실천이 종종 순수한 형식주의적 고려들로부터 출발한다는 사실로부터 형식 측면에서의 평가라는 **이상** 자체에 문제가 있다는 결론이 따라 나오지는 않는다. 그러나 때때로 형식주의에 대한 페미니즘 비평은 바로 이 논제에 의존하고 있는 것 같다. 만약 예술작품을 색이나 선(혹은 다른 엄밀하게 형식적인 특성들)으로써 평가하는 것이 내재적으로 젠더-편견을 가진 과정이라고 주장한다면, 정확히 어떤 점에서 젠더-편견이 구성되는 것인지가 구체적으로 밝혀져야 한다 — 어떤 형식적 가치를 가진 작품을 선호하는 것이 그런 편견을 구성하는지 아니면, 직업적 숙련의 성취에 필요한 훈련과 연습의 기회로부터 여성이 배제되는 일이 그런 편견을 구성하는 것인지(Devereaux, 1998a).

철학 바깥에 있는 많은 사람들에게, 페미니즘 미학이 형식주의에 명백히 계속 전념하고 있는 것은 다소 의아스럽다. 그 다수가 해체주의, 포스트 구조주의, 포스트 모더니즘의 범주 안에서 작업하는 문학과 영화 이론가들에게 있어, 그런 논쟁들은 어떤 정치적 진영에 속한 것이건 거의 필요가 없다. 그들의 의견대로, 예술계와 예술 관련 학문들은 이미 오래전에 형식주의 및 예술과 정치의 분리를 포기했다. 그들의 관점에서 보면 이런 싸움은 이미 끝난 것이고, 그 적잖은 부분이 페미니즘 그 자체로 인한 것이다. 어떤 의미에서 이것은 참이다. 최근의 몇십 년 동안 많은 예술철학자들은 훨씬 더 맥락적이고 역사적인 접근법을 수용했다. 이는 그러나, 그들 자신이 페미니즘 이론가가 **되었다**거나 그들의 저작이 예술 이론과 실천에서 여전히 작동 중인 미세한, 그러나 아주 미세하지는 않은 편견들에 대한 인식을 더 많이 보여 준다는 것 따위를 의미하지는 않는다. 따라서 '칸트와 형식주의'는 엄밀히 말해 이미 진압된 적이긴 하지만, 분석적 미학자 일반에게 젠더와 젠더-편향이라는 화제가 철학의 담화 안에서 주변적 지위를 점하는 것 이상이 되어야 한다는 페미니스트들의 주장은 정당하다.

이 마지막 요점을 인정하는 것은 그러나, 칸트와 형식주의에 대한 많은 페미니즘 비평이 명백히 그들의 표적을 놓치고 있다는 사실을 바꾸지는 못한다. 왜 이것이 중요한 문제가 되어야 하는가? 어떤 사람들은 그들의 적을 '칸트와 형식주의'라는 딱지로 묶는 일이 결국, 반대할 만하지만 여전히 만연해 있는 정치적으로 퇴행적인 일단의 가정과 주장들에 해당하는 것들을 단지 편리하게 다루도록 하는 것이라 주장할 수도 있다. 중요한 것은 정치이지, 이름이 아니다.

그러나 다른 점에서 살펴보자면 이런 잘못된 이름붙이기는 **진정** 중요하다. 무엇보다 우리가 도달한 것이 페미니즘의 정치적, 이론적 목적에 대한 진정한 장애물이 누구 혹은 무엇인지에 대한 잘못된, 혹은 왜곡된 그림이기 때문이다. 《판단력 비판》에서 칸트는 예술과 정치에 대해서는 말하고 있지 않다. 대부분의 설명에서 그는 예술에 대한 완결된 이론을 결여하고 있다. 그리고 형식주의적 가치평가 관행이 이론 그 자체가 요구하는 객관성과 보편성에 있어 부족한 반면, 형식적 평가의 이상은 **그 자체로는** 내재적인 젠더 편견을 담지한다고 밝혀질 수도 있고, 그렇지 않을 수도 있다. 또한 이러한 잘못된 이름붙이기는 정치적 결과를 초래할 수 있다. 칸트나 미적 자율성의 이상을 전적으로 거부하는 것은 페미니즘 미학자들에게서, 예를 들어 정치적 예술작품들을 다양한 형태의 간섭으로부터 보호하는 데 있어서 그들이 유용하게 끌어들일 수 있는 전통의 일부를 박탈해 버릴 수도 있다(Devereaux, 1998a를 참조할 것).

이런 것들은 그러나, 칸트와 그가 일궈 낸 미학적 전통에 대한 건전한 비판이 있다는 사실, 또 페미니스트들이 그런 비판의 전개에 있어 중요한 역할을 했다는 사실을 부인하는 것은 아니다. 천재론이나 미적 판단의 무관심성에 대한 전념 및 칸트주의 미학의 다른 국면들은 단지 페미니즘적 관점에서가 아니라 다양한 비판적 관점에서 볼 때 진정 특유의 문제점들을 보여 주고 있다. 그러나 페미니즘적 분석 도구를 사용하는 연구들은 《판단력 비판》이나 벨과 그린버그의 역사적 이론들 및 알베르티나 와일드 같은 초기 형식주의 저작들에 대해 훨씬 주의 깊고 해석적인 연구를 행할 필요가 있다. 다른 방면에서는 강력하고 흥미로운 페미니즘 미학의 많은 연구들이, 형식주의만을 **본질화한** 나머지 와일드의 입장과 가령 벨의 입장 사이의 미묘한 차이점들을 무시하거나 다양한 이론가들이 글을 쓴 배경을 무시해 버리는 경향을 보여 준다. 이는 현대 미학자들이라면 거의 수용하지 않을 포괄적인 형식주의의 편에 서는 것이다.

같은 식으로 본질화화려는 경향은 영미 미학 자체에 대한 페미니즘 논의들에서도 찾아볼 수 있다(20세기 미학을 지배했다고 이야기되는 '지배' 이론에 대한 Lauter의 비판). 그 전통에 속한 인물들의 저작과 특징들에 대한 광범위한 성격규정이 수정의 필요성을 제기하는 데 있어 중요한 역할을 했다는 것은 인정되지만, 이런 경향은 역사와 특수성의 중요성에 그토록 주의를 환기시켰던 페미니스트들로서는 이제는 마땅히 뛰어넘어야 할 것이 되었다.

3. 영향과 결과들

페미니즘을 철학적 미학에 도입한 것은 이 학문에 활기를 불어넣는 데 큰 기여를 했다. 미학 영역에서 작업하는 페미니스트들은 스스로와 미학에 도전하여 새로운 자기 관념을 발전시켰다. 그것은 예술철학과 미학을 스스로의 정치적 내용과 정치적 결과들을 가진, 세계에 대한 가부장적 관점과 깊이 얽혀 있는 이론적 기획으로 보도록 하는 것이다. 한때는 보기가 불가능하지는 않았더라도 어려웠던 것을 볼 수 있도록 하는 이러한 관점에서의 변화는 아주 풍부한 결실을 가진 것으로 드러났다.

페미니즘 예술가들이 새로운 예술형식들을 창조해 오면서 페미니즘 예술사가들은 지배적 전통에서 전형적으로 배제되었던 여성의 작품들과 여타 작품들을 인식하도록 하는 데에 성공을 거두었다. 그들은 또한 예술사의 방법과 관행들에 대한 역사적이고 개념적인 연구를 시작했다. 비평에 있어 페미니스트들은 여성의 이익에 해로운 것으로 생각되는 예술작품과 전통들에 능동적으로 저항하거나 재전용(再轉用)하는 다양한 전략들을 고안해 냈다. 이러한 '주류에 저항하는' 독법에서 페미니즘 비평가들은 좋은 비평가들이 항상 이루어온 바를 해낸다. 그들은 텍스트를 새로운 눈으로 바라본다. 페미니즘 예술철학자들 편에서는 예술에 대한 페미니즘적인 관념과, 감상과 가치평가의 페미니즘적 모형을 계발하는 어려운 작업을 시작했다. 하나의 결과는 '과거의' 미학과 '새로운' 미학 사이의 활기차고 도발적인 변증법이다.

이러한 대화가 궁극적으로는 단지 몇몇의 익숙한 관념들에 대한 재고(再考)로 이어지든 아니면 완전히 새로운 이론적 틀의 개발이라는 결과를 낳든 간에, 재고의 과정은 흥미로운 것으로 드러날 가능성이 크다. 그것은 또한 안정을 무너뜨리는 것일 수 있다. 예술적 자율성이라는 칸트적 관념의 가치에 의문을 제기하는 것, 우리의 미적 판단과 우리의 제도가 모든 이들에게 비편파적이고 공정하다는 확신을 포기하는 것, 젠더 편견들이 예술적 가치에 대한 우세한 관념들 및 그런 가치들에 기반한 기준들에 영향을 끼친다고 보는 것은 미학이라는 학과 자체의 근본에 변화를 주었다.

이러한 전통에 대한 페미니스트들의 도전이 진지하게 다루어져야 한다고 제안하는 일은 전통적 미학이 쓸모없다거나 분석적 미학의 한 세기가 이루어 낸 것이 별로 없다는 것을 함축할 필요가 없다. 또한 그것은 단일한 전통으로서의 미학의 종말을 의미할 필요도 없다. 예를 들어 마골리스(Joseph Margolis)는 분석미학과 페미니즘적인 관심이 다양한 종류의 실용주의를 수용함으로써 서로 화해하는 협력적 미래의 가능성을 주장한다(Margolis, 1995). 그러나 어떤 사람들에게 그런 '화해'는 어렵거나 바람직하지 않다고 생각될 수 있다. 워프(Joanne Waugh)는 심지어 공감적인 부류의 분석철학이 미래의 페미니즘 기획에서

할 수 있는 역할에 대해서도 의문을 제기한다. 워프에게 있어 페미니스트들이 미학의 과거를 향해 아이러니하고 비판적인 접근을 취해야 한다는 점은 마골리스가 말하는 '협력적' 미래를 상상하기 어렵게 한다(Waugh, 1995). 페미니즘과 다양한 형태의 전통적 미학이 화해할 수 있건 그렇지 않건 간에, 많은 사람들은 미학이 젠더 문제와의 직면을 이제는 회피할 수 없다는 데에 동의할 것이다. 젠더라는 화제는 미학의 과거에 대한 우리의 관점을 굴절시키는 동시에 그 미래를 향한 우리의 태도에 있어서도 일정한 역할을 하고 있다.

4. 미래의 방향

최근의 몇 가지 발전은 미학에서의 페미니스트 작업에 흥미롭고 새로운 방향을 암시하고 있다. 첫 번째는 문학과 문화 안에서 차지하는 미적인 것의 본성과 역할에 대한 새로운 관심이다. 훌륭한 — 심지어 아름다운 — 저작에서 즐거움과 유쾌함은 더 이상 금지된 주제가 아니다. 미적인 것에 대해 새롭게 주어지는 관심의 옹호자들이 협소한 전(前)페미니즘의 형식주의나 사회적, 문화적 실재로부터 분리된 비평적 기준으로 단순히 회귀하고 있지는 않다는 점은 다행스러운 일이다. 많은 학자들에게 있어 오늘날 미적인 것의 복귀는 예술적 형식과 도덕적 가치 간의 서먹한 관계를 마감하고 예술과 정치 간 투쟁의 풍부한 역사를 탐구하며, 예술작품을 창조하고 숭배하려는 충동을 이해하는 데 있어 앞으로 나아가려는 노력이다(Devereaux, 1998b).

이러한 복귀의 결과는 철학에서뿐 아니라 예술 비평과 예술 이론 및 문화 연구와 연행 예술에서도 아름다움이라는 주제에 대한 흥미가 부활했다는 것이다. '미가 귀환했다'는 주장은 이 주제에 대한 새로운 저작의 급증으로 뒷받침된다. 스캐리(Elaine Scarry)의 《아름다움과 공정함에 관하여》(1999)는 정치적 불만의 시대에 맞서 아름다움을 옹호하려는 시도를 보여준다. 브랜드(Peg Brand)의 적절하게 명명된 선집 《아름다움이 중요하다》(2000a)는 아름다움에 대한 철학적 탐구를 신체 예술이나 미화(美化)에 대한 여성적 방법의 영역으로 확장시키고자 한다. 좀 더 앞서 마더실(Mary Mothersill)의 저작 《재건된 아름다움》(1984)은 지각과 쾌로서의 아름다움의 관념을 부활시킨다.

이들이 마련하고 있는 발전과 변화들은 페미니즘 학자들에게 명백히 중요한 문제인데, 이는 그들 스스로가 아름다움과 미적인 것에 대하여 행한 비판들 때문만이 아니라 이런 개념들과 과거의 엘리트주의적이고 배타적인 관행과의 역사적 연결 때문에도 그러하다. 미학에서 작업하는 브랜드와 여타의 페미니스트들에게 그들이 '되돌려' 놓길 원하는 아름다움이라는 개념은 과거의 소위 무시간적이고 불변하는 보편적 아름다움이 아니라,

표준적 개념을 넘어서 변화하는 무언가이다. 페미니스트들은 아름다움의 개념이 '아름다움의 신화'와 분리될 수 있는 것인지, 남성이건 여성이건 아름다움에 대한 보다 실증적인 개념은 어떠한 것인지, 또한 아름다움이 건강이나 미덕, 인류의 번영과 관계가 있다면 그것이 어떠한 관계인지를 탐구하는 작업을 이미 활발하게 벌이고 있다. 후자의 관련성에 대하여 페미니즘 미학자들은 미적 가치와 도덕적 가치 간의 관계에 대한 철학적 저작(Levinson, 1998을 보라)들에 의지하고 이를 확장하는 것이 유용할 것이다.

진화생물학과 진화심리학에서의 새로운 연구들이 두 번째로 풍성한 탐구의 영역을 제공해 준다. 에트코프(Nancy Etcoff, 1999)와 길먼(Sander Gilman, 1999), 그리고 여타 연구들에서 나타나는 인간의 매력의 기준에 대한 진화론적 설명이 연속적인 성형수술이나 만성적인 다이어트에 대한, 그리고 이것들이 함축하는 자아와 신체 관념들에 대한 페미니스트들의 태도에 어떻게 영향을 주는가? 아름다움이 우리의 지각과 태도 및 행동에 어떻게 영향을 주는가에 관해 생물학은 무엇을 말해 주며, 예술에 대한 인간의 반응을 이해하려는 이러한 연구들의 함축은 무엇인가?

마지막으로, 그리고 철학적 미학의 작업들에서 가장 중요한 것은, 미학의 역사 자체가 미래의 탐구를 위해 무르익어 있다는 점이다. 이 분야에서는 위에서 언급된 다른 영역에서와 달리 페미니스트들이 거의 흥미를 보이지 않았다. 형이상학, 인식론, 윤리학, 그리고 철학의 다른 영역들에서 페미니스트들은 아리스토텔레스, 데카르트, 홉스, 흄, 헤겔 및 철학사 속의 다른 인물들에 대해 최고의 작업을 해 왔지만, 미학에서 페미니스트들은 종종 철학사의 큰 부분들을 무시하곤 한다. 이는 불행한 일이다.

칸트와 형식주의에 대한 학문적 작업에 착수하는 것과는 별도로, 페미니스트들은 플라톤과 아리스토텔레스의 예술철학에, 아름다움에 대한 중세 이론에, 취미에 대한 흄의 이론에, 18세기의 미적 도덕성에 대한 이론(예를 들어 실러의 이론)에, 그리고 문학과 철학의 관계에 대한 머독(Iris Murdoch)의 논문들에 유익하게 주목할 수 있을 것이다. 실로, 머독의 연구가 보여 주는 것처럼 여성은 20세기 후반기 미학에서 눈에 띄는 역할을 해 왔다(랭어(Susanne Langer)와 손태그(Susan Sontag), 셰퍼(Eva Schaper), 로빈슨(Jenefer Robinson)과 누스바움(Martha Nussbaum)을 생각해 보라). 이 역할은 보다 깊이 연구해야 할 가치가 있다. 이때 여성에 의해 쓰인 미학과 페미니즘 미학 사이의 관계를 물어볼 수 있을 텐데, 이들 초기 인물들 가운데 자신을 페미니스트로 생각한 사람은 거의 없었을 것이다. 또한 미학 자체의 여성화, 즉 미학이 철학의 '보다 부드러운', 보다 주변적인 분과로 규정되는 것에 대해 탐구하는 것이 유용할 수 있다.

이러한 탐구 및 비슷한 다른 탐구들은 페미니즘 미학뿐 아니라 미학과 철학의 역사 일반에도 분명히 가치가 있을 것이다. 행운이 따른다면 그러한 탐구들은 또한 페미니즘 미학자와 도덕철학자, 심리철학자 및 철학사학자들 간의 상호작용을 촉진시킬 것이며, 그럼으로써 미학을 철학의 다른 영역들에 더 긴밀하게 연결시키는 결과를 낳을 것이다.

* 이 논문의 이해를 돕기 위해서 이 책에서 다음의 논문들을 찾아 읽으면 좋을 것이다.
〈미〉, 〈회화〉, 〈영화〉, 〈예술과 창조성〉, 〈예술에서의 재현〉, 〈예술의 해석〉, 〈예술과 정치〉, 〈예술과 도덕성〉, 〈미학과 윤리학〉

참고문헌

Alpers, S. (1983). *The Art of Describing: Dutch Art in the Seventeenth Century.* Chicago: University of Chicago Press.

Barwell, I. (1995a). "Who's Telling This Story, Anyway? Or How to Tell the Gender of a Storyteller". *Australasian Journal of Philosophy* 73: 227–38

_____ (1995b). "Levinson and the Resisting Reader: Feminist Strategies of interpretation". Journal of Gender Studies 4: 169–80

Battersby, C.(1989). *Gender and Genius: Towards a Feminist Aesthetics.* Bloomington: Indiana University Press.

_____ (1998). "Genius and Feminism". in M. Kelly (ed.), *The Encyclopedia of Aesthetics.* New York: Oxford University Press, pp. 292–8.

Bell, C. (1931). *Art.* London: Chatto & Windus.

Brand, P. Z. (ed.) (2000a). *Beauty Matters.* Bloomington: Indiana University Press.

_____ (2000b). "Glaring Omissions in Traditional Theories of Art". in N. Carroll (ed.), *Theories of Art Today.* Madison: University of Wisconsin Press.

Brand, P. Z. and Korsmeyer, C. (eds.) (1995). *Feminism and Tradition in Aesthetics.* University Park, Pa.: Penn Satate University Press.

Carroll, N. (1995). "The Image of Women in Film: A Defense of a Paradigm". in Brand and Korsmeyer (1995: 371–91).

_____ (ed.) (2000). *Theories of Art Today.* Madison: University of Wisconsin Press.

Chadwick, W. (1990). *Women, Art and Soceity.* London: Thames & Hudson.

Curran, A. (1998). "Feminism and Narrative Structures of the Poetics". in C. Freeland (ed.), *Feminist Interpretations of Aristotle.* University Park, Pa.: Penn State University Press.

Danto, A. (1981). *The Transfiguration of the Commonplace: A Philosophy of Art.* Cambridge, Mass.: Harvard University Press.

Devereaux, M. (1990). "Oppressive Texts, Resisting Readers and Gendered Spectator: The 'New' Aesthetics". *Journal of Aesthetics and Art Criticism*, 48(4): 337–47.

_____ (1998a). "Autonomy and its Feminist Critics". in M. Kelly (ed.), *The Encyclopedia of Aesthetics.* New York: Oxford University Press, pp. 178–82.

_____ (1998b). "Beauty and Evil: The Case of Leni Riefenstahl's Triumph of the Will". in J. Levinson (ed.), *Aesthetics and Ethics: Essays at the Intersection.* New York: Cambridge University Press, pp. 227–56.

Duncan, C. (1993). *The Aesthetics of Power: Essays in Critical Art History.* Cambridge: Cambridge University Press.

Ecker, G. (ed.) (1985). *Feminist Aesthetics.* Boston: Beacon Press.

Erens, P. (ed.) (1990). *Issues in Feminist Film Criticism.* Bloomington: Indiana University Press.

Etcoff, N. (1999). *Survival of the Prettiest: The Science of Beauty.* New York: Doubleday.

Felski, R. (1989). *Beyond Feminist Aesthetics: Feminist Literature and Social Change.* Cambridge, Mass.: Harvard University Press.

_____ (1998). "Critique of Feminist Aesthetics". in M. Kelly (ed.), *The Encyclopedia of Aesthetics.* New York: Oxford University Press, pp. 170–2.

Freeland, C. (1998). "Feminist Film Theory". in M. Kelly (ed.), *The Encyclopedia of Aesthetics.* New York: Oxford University Press, pp. 201–4.

Garry, A. and Pearsall, M. (eds.) (1989). *Woman, Knowledge and Reality: Exploration in Feminist Philosophy.* Boston: Unwin Hyman.

Gilligan, C. (1982). *In A Different Voice: Psychological Theory and Women's Development.* Cambridge, Mass.: Harvard University Press.

Gilman, S. (1999). *Making the Body Beautiful: A Cultural History of Aesthetic Surgery.* Princeton: Princeton University Press.

Hall, K. (1997). "Sensus Communis and Violence: A Feminist Reading of Kant's Critique of Judgment". in R. Scott (ed.), *Feminist Interpretations of Kant.* University Park, Pa.: Pennsylvania University Press.

Harding, S. (1986). *The Science Question in Feminism.* Ithaca, NY: Cornell University Press.

Haskell, M. (1974). *From Reverence to Rape: The Treatment of Women in Movies.* New York: Holt, Rinehard & Winston.

Heibrun, C. and Higonnet, M. (eds.) (1983). *The Representation of Women in Fiction.* Baltimore: Johns Hopkins University Press.

Hein, H. and Korsmeyer, C. (eds.) (1993). *Aesthetics in Feminist Perspective.* Bloomington: Indiana University Press.

hooks, b. (1992). "The Oppositional Gaze: Black Female Spectators". in her *Black Looks: Race and Representation.* Boston: South End Press, pp. 115–31; reprinted in Brand and Korsmeyer (1995: 142–59).

Isenberg, A. (1973). "Formalism" and "Perception, Meaning, and the Subject Matter of Art". in William Calligan et al. (eds.), *Aesthetics and the Theory of Criticism: Selected Essays of Arnold Isenberg.* Chicago: University of Chicago Press, pp. 22–35 and 36–52.

Kant, I. (1987). *The Critique of Judgment.* trans. W. S. Pluhar. Indianapolis: Hackett. First published 1790.

Kaplan, E. A. (1987). "Is the Gaze Male?". in M. Pearsall (ed.), *Women and Values: Readings in Recent Feminist Philosophy.* Belmont, Calif.: Wadsworth.

Kneller, J. (1997). "The Aesthetic Dimension of Kantian Autonomy". in R. Scott (ed.), *Feminist Interpretations of Kant.* University Park, Pa.: Pennsylvania University Press.

Korsmeyer, C. (1990). "Gender Bias in Aesthetics". APA Newsletter 89(2): 45–7.

_____ (1993). "Pleasure: Reflections on Aesthetics and Feminism". *Journal of Aesthetics and Art Criticism* 51(2): 199–206.

_____ (1998). "Perceptions, Pleasures, Arts: Considering Aesthetics". in J. A. Kourany (ed.), *Philosophy in a Feminist Voice: Critiques and Reconstructions.* Princeton: Princeton University Press.

Kristeva, J. (1987). "Talking about polylogue". in T. Moi (ed.), *French Feminist Thought: A Reader.* Oxford: Blackwell, pp. 110–17.

Langer, S. (1942). *Philosophy in a New Key: A Study in the Symbolism of Reason, Rite, and Art.* 3rd edn. Cambridge, Mass.: Harvard University Press.

Lauter, E. (1993). "Re-enfranchising Art: Feminist Interventions in the Theory of Art". in Hein and Korsmeyer (1993: 21–34).

Leibowitz, F. (1996). "Art, Feelings, or Why 'Women's Films' Aren't Trivial". in D. Bordwell and N. Carroll (eds.), *Post-Theory: Reconstructing Films Studies.* Madis, Wis.: University of Wisconsin Press, pp. 219–29.

Levinson, J. (ed.) (1998). *Aesthetics and Ethics: Essays at the Intersection.* New York: Cambridge University Press.

Lippard, L. (1976). *From the Center: Feminist Essays on Women's Art.* New York: Dutton.

Margolis, J. (1995). "Reconciling Analytic and Feminist Philosophy and Aesthetics". in Brand and Korsmeyer (1995: 416–30).

Millett, K. (1970). *Sexual Politics.* Garden City, NJ: Doubleday.

Mothersill, M. (1984). *Beauty Restored.* New York: Oxford University Press.

Mullin, A. (2000). "Art, Understanding and Political Change". *Hypatia*, 15(3): 113-39.

Mulvey, L. (1988). "Visual Pleasure and Narrative Cinema". in *Visual Art and Other Pleasures.* Bloomington: Indiana University Press, pp. 13-26. First Published 1975.

Murdoch, I. (1950). *Existentialists and Mystics: Writings on Philosophy and Literature.* New York: Penguin.

Nead, L. (1994). *The Female Nude: Art, Obscenity, and Sexuality.* London: Routledge.

Nochlin, L. (1971). "Why Have There Been No Great Women Artists?". in Nochlin (1988).

_____ (1988). *Women, Art and Power and Other Essays.* New York: Harper & Row.

Okin, S. M. (1989). *Justice, Gender and Family.* New York: Basic Books.

Parker, R. and Pollock, G. (1981, 1986). *Old Mistresses: Women, Art and Ideology.* New York: RKP and Pandora Press.

_____ (eds.). (1987). *Framing Feminism: Art and the Women's Movement 1970-1985.* London: Pandora Press.

Pollock, G. (1988). *Vision and Difference: Femininity, Feminism and the Histories of Art.* London and New York: Routledge.

Reckitt, H. (ed.) *Art and Feminism.* London: Phaidon.

Rich, A. (1971). "When We Dead Awaken: Writing as Re-Visions". in *On Lies, Secrets and Silence: Selected Prose 1966-1978.* New York: W. W. Norton, 1979.

Robinson, J. and Ross, S. (1993). "Women, Morality and Fiction". in Hein and Korsmeyer (1993: 105-18).

Rothschield, J. (ed.) (1999). *Design and Feminism: Re-visioning Spaces, Places, and Everyday Things.* New Brunsick, NJ: Rutgers University Press.

Scarry, E. (1999). *On Beauty and Being Just.* Princeton: Princeton University Press.

Silvers, A. (1993). "Pure Historiticism and the Heritage of Hero(in)es: Who Grows in Phillis Wheatley's Garden?". *Journal of Aesthetics and Art Criticism* 51: 475-82.

Sontag, S. (1973). On Photography. New York: Farrar, Straus & Giroux.

Vogel, L. (1988). "Fine Arts and Feminism: The Awakening Consciousness". in A. Raven, C. Lager, and J. Fruch (eds.), *Feminist Art Criticism: An Anthology.* New York: Harper Collins.

Waugh, J. (1995). "Analytic Aesthetics and Feminist Aesthetics: Neither/Nor?". in Brand and Korsmeyer (1995: 399-415).

Wollheim, T. (1995). "On Feminism and Its Kinds". in *On Formalism and Its Kinds/Sobre el Formalisme i els seus tipus.* Barcelona, pp. 7-47.

Woolf, V. (1929). *A Room of One's Own.* London: Hogarth Press.

Zwerdling, A. (1986). *Virginia Woolf and the Real World.* Berkely: University of California Press.

제39장

환경미학

존 A. 피셔(John A. Fisher)

번역: 이종희

20세기의 마지막 수십 년 동안 자연환경에 대한 관심의 빠른 성장에 힘입어 자연은 미학에서의 중요한 주제로 반갑게 재도입되었다. 자연에 대한 과거의 태도들을 변화시키면서 환경미학자들의 사고는 자연과의 미학적 상호작용과 자연의 미적 가치, 그리고 자연에 대한 예술의 지위 등을 어떻게 개념화할 것이냐는 질문들을 제기하였다. 환경에 대한 관심들이 자연에 대한 새로운 미학적 흥미를 고무시킨 것은 의심할 나위가 없지만, '환경 미학'이라는 용어는 두 개의 겹치지만 구분되는 주제를 함께 지칭한다. 하나는 환경주의에 의해 이해된 자연의 미학을 강조하고 나머지 하나는 감상의 대상으로서 모든 종류의 환경의 개념에 초점을 맞춘다.

우선 환경적 뿌리를 살펴보자. 낭만주의 시대부터 시인과 화가들은 인간사와 드라마의 단순한 배경 이상으로 자연을 재현하기 시작했다. 자연은 그 자체의 야생적 아름다움을 강하게 나타내는 풍경을 이루는 것으로, 사소한 세부조차 가치 있는 대상으로 여겨지기 시작했다. 19세기 말 소로(Henry David Thoreau)와 뮤어(John Muir)는 그들의 저작에서 다양한 방식으로 야생과의 직접적인 상호작용을 강조했다. 그렇게 하면서 그들은 야생적 자연이 많은 점에서 문명과 그 산물보다 우월하다는, 또 자연과 조화를 이루는 비착취적인 만남은 변화를 일으키는(transformative) 가치를 가진다는 급진적 관념을 도입했다.

여기에는 인간을 자연의 지배자라기보다 단지 그 안의 한 요소로 자리매김하도록 하는 다윈적 혁명과 자연의 요소들이 철저하게 상호의존적이라는 생태학적 사고의 발전이 덧붙여져야 한다. 자연의 요소들 간의 이러한 상호관련성은 1940년대에 알도 레오폴드(Aldo Leopold)로 하여금 대지 윤리를 정식화하도록 이끌었다. "하나의 사물은 그것이 생물 공동체의 통합성, 안정성과 아름다움을 보존하는 경향이 있을 때 올바르며 그렇지 않다면 그르다."(Leopold, 1966: 240) 레오폴드의 대지 윤리는 도덕적 중력의 중심을 인간으로부터 인간이 속한 더 큰 자연으로 옮겨 놓으며, 또한 자연의 미적 가치에 중심적인 위치를 할당한다.

이런 관점으로부터 자연은 지배받고 착취되어야 할 대상이나 자원으로서가 아니라, 그 자체로 자율적이고 가치 있는 존재를 가지는 무언가로 여겨진다. 유럽의 이전 태도들과 대조적으로 황야는 추하거나 존재상의 결함으로 여겨지지 않고 존중할 만한, 그것도 미적으로 존중할 만한 무언가로 여겨진다. 실로 환경주의 사상가들은 종종 자연에 대한 전통적인 방식의 이해와 생각을 '인간중심적'이라고 비난한다.

'환경주의 미학'이라는 표지는 뒤이어 일어난 흐름, 즉 환경주의적 관심의 영향력 아래 수행된 자연미학적 탐구 경향에 자연스럽게 적용된다(Berleant, 1998에서는 환경주의 미학이 사실상 자연미학의 계승자라고 말한다). 그러나 또한 중요한 것은 벌런트(1992)와 칼슨(Carlson, 1992)에 의해 옹호된 보다 넓은 용법이다. 이들은 이 명칭을 자연적인 환경뿐 아니라 인간이 만들어 낸 것들도 포함하는 모든 종류의 환경의 경험에 대한 미학적 탐구들을 포함하도록 사용한다. 환경미학의 이런 넓은 범주는 도시 계획, 경관 건축과 환경 디자인 등 다양한 영역들을 포괄하며 이 점은 중요한데, 왜냐하면 그것이 자연적 환경에 적용되건 만들어진 환경에 적용되건 미학에서의 표준적 이론과 연관된, 거리를-두는-대상 모형에 직접적인 도전이 되기 때문이다. 그렇긴 하지만, 사실 환경에 대한 넓은 정의에 개념적으로 포섭되는 새로운 작업의 대다수는 환경주의에 의해 촉발된 자연에 대한 관심으로부터 나오며 이것들은 자연적인 환경에 집중한다. 따라서 이 장에서 탐구되어야 할 작품의 대다수는 이런 특정 종류의 것이 될 것이다. 벌런트가 인정하듯이, '환경미학에 대한 관심은 환경 문제에 대한, … 또한 환경적 이슈를 공적으로 인식하고 행동하는 데 대한 보다 광범위한 반응의 일부이다'(1992: xii).

넓은 의미에서의 환경적 사고와 그에 따른 환경에 대한 관심에 있어, 어떤 사상가들은 20세기 동안 예술에 기반한 이론에 입각해 자연을 지속적으로 무시했던 학과인 미학의 일반적 관행에 대해 함축하는 바를 생각한다. 그러나 환경적 사고는 예술에서 끄집어낸 미적 개념들이 또한 자연과 일상생활에도 적합하다는 가정에 긴장을 불어넣기 시작했다.

1. 자연의 미적 가치

20세기의 대부분에 걸쳐 고급 예술에서 미를 말하는 것은 유행이 지난 것이 되어 버렸지만, 대부분의 사람들은 기꺼이, 자연을 아름답다고 바라보고 그렇게 기술한다. 실로, 예술작품의 미적 성질에 대한 불일치가 일반적인 반면, 자연에서의 개별적 대상(시베리아 호랑이)이나 장소(그랜드 캐니언)에 아름다움이나 장엄함 같은 긍정적인 미적 성질을 부여하는 데 관해서는 보통 불일치가 덜하다. (아방가르드를 제외하고) 하나의 범주로서 예술작품들에 대해 의문의 여지 없이 받아들여지는 것은 그것이 **가치**를 지닌다는 사실이다. 나아가 이 가치를 **비도구적**인, 즉 내재적 가치로 생각하는 것은 자연스럽다. 예를 들어 우리는 예술을 파괴하는 것이 편리하거나 이익이 될 때에도 ─ 실로 그 보존이 상당한 대가로 이어지더라도 ─ 그 일을 가볍게 생각하지 않는다.

　　환경주의적 사고는 자연 역시 그와 같은 식으로 다루어져야 한다는 생각에서 정확히, 미학에 영향을 준다. 하그로브(Hargrove, 1989)와 톰프슨(Thompson, 1995)은 예를 들어, 우리가 예술작품을 하나의 범주로 인정하고 그 보존에 관련된 의무를 받아들인다는 점에 주목했다. 그들은 이러한 인정을 자의적인 관습이라 여기지 않는다. 예술작품이 소유하는 다양한 미적 속성과 의미들은 그러한 미적 특성들로부터 유래하는 미적 가치를 작품에 부여한다. 하그로브와 톰프슨은 자연도 비슷하게, 그것의 미적 성질 때문에 귀중하고 보존할 가치가 있다고 주장한다. 톰프슨은 우리가 아름다운 예술작품을 보존해야 할 의무를 받아들이듯이 미적으로 가치 있는 자연의 지역들을 보존할 의무를 가진다고 강하게 주장한다(그러한 미적 보존주의의 비판을 위해서는 Godlovitch, 1989를 보라). 톰프슨은 또한 예술에 적용되는 비평적·가치평가적 담론과 같은 종류의 담론이 적절하게 자연에 적용된다고 주장한다. 예술작품이 고도의 미적 성질을 가진다는 결론으로 우리를 이끄는 것과 같은 패턴의 추론이 자연의 부분들에 적용될 수 있다. 자연에 아름다운 세부와 장대하고 풍부한 구조들이 있을 뿐 아니라, 자연적 대상과 장소들은 지각의 관습적 방식, 문화적인 의미 및 과거와의 연관성 등에 도전을 제기할 수 있다.

　　미적 가치는 보존주의자들의 논증에서 핵심적 역할을 하기 때문에 현대 예술 미학에서보다는 환경주의 미학에서 더 중요한 개념이다. 고급 부류로서의 예술작품들은 현대 사회에서 거의 도구적 가치를 가지지 않는다고 여겨진다. 그것들은 감상되는 것 말고는 어떤 쓰임도 가지지 않는다. 그러나 자연에서는 확실히 이야기가 다르다. 현대적이건 아니건 인간은 자연의 많은 국면들을 이용할 필요가 있고 우리는 그렇게 하기로 작정한다면 그 국면들 거의 모두를 개발할 능력도 완전히 가지고 있다. 자연은 한마디로 거대한 도구적 가치를 지닌다. 미적 보존주의자들이 주장하는 대로 미개발된 자연의 미적 가치가 자원 추출이나 산업, 오락 따위를 위해 그것을 사용하는 것을 억제해야 한다면, 미적 가치는 중요한 비중을 차지해야 한다.

보존주의자의 추론은 미개발된 혹은 야생 자연의 미적 가치가 개발된 자연의 그것보다 우월하다는 점을 함축한다. 예를 들어 인공 호수는 피상적으로는 매력적일지언정 호수를 만드느라 물에 잠긴 계곡이나 협곡의 미적 가치를 가지지는 못할 것이다. 이는 단지 형식적 성질들(형태, 색깔, 반짝이는 표면 등)이 자연의 미적 가치를 온전히 설명한다는 것은 그럴 법하지 않다는 점을 암시한다. 그러나 그렇다면 형식적 속성들에 더해 무엇이 더 필요한가? 그리고 자연(협곡)과 인공품(호수) 사이의 어디에, 어떻게 경계선을 그을 것인가?

환경주의 사상가들은 미적 가치를 단지 쾌의 차원에서 다루는 것에 어려움을 느낀다(가령 Beardsley, 1982). 브래디(Brady, 1998)는 그런 접근을 미적 감상의 '쾌락주의 모형'으로 분류한다. 그녀는 '쾌락주의 모형은 미적 가치를 일종의 생활편의시설적 가치로 분류한다. 여기서 자연은 그곳의 거주자나 방문자에게 제공하는 미적 쾌로써 가치평가된다'(p. 97)고 말한다. 그는 주관적 쾌에 대한 그러한 강조는 가령 잠재적으로 다채로운 휴양지 개발 같은 것에 대항하여 자연적 지역을 보존하는 것을 지지하지 않을 것이라 주장한다. 대안으로 그는 칸트적 무관심성의 최신 버전이 — 자기이익과 유용성을 피하는 것으로써 — 자연 감상을 적절하게 뒷받침하는 미적 입장에 대한 더 나은 설명을 제공한다고 제안한다(자연 감상에 적용된 무관심성에 대한 비판으로 Berleant, 1992와 Miller, 1993을 보라).

그렇다면 확실히 환경주의 이론가는 진짜 혹은 야생의 자연과 그와 지각적으로 비슷할 인공적 자연 사이의 차이를 설명해야 한다. 따라서 식별 불가능한 대응물이라는 개념이 환경미학에서 중요한 역할을 하게 된다. 이는 최근의 예술 미학에서 월튼, 단토, 레빈슨, 커리 같은 철학자가 예술작품의 지위와 미적 성질이 전적으로 내적인 지각적 속성에 의해 결정된다는 생각에 반대하기 위하여 하나는 예술작품이고 다른 하나는 다른 예술작품이거나 예술작품이 전혀 아닌, 식별 불가능한 대상들의 예를 들었던 것과 마찬가지이다. 자연의 경우 지각적으로 유사한 상태들의 미적 차이는 복원생태학의 문맥에서 실제적으로 중요해진다. 복원생태학은 인간의 개발에 의해 파괴된 자연 지역을 복구하거나 재건할 것을 제안하는 분야이다(Elliot, 1997을 보라). 이것이 생물학적으로 가능한지는 차치하고, 미학적 질문은 자연이 가령 채굴 등에 의해 개발되고 나서 비슷한 미적 성질을 가진 본래의 상태로 회복될 수 있느냐는 것이다.

첫 번째 질문은 '자연'의 인공화된 부분을 마치 자연인 양 감상할 수 있느냐는 것이다. 칼슨(Carlson, 1981)은 자연적인 해안선과, 구조물의 제거와 대규모의 토사 및 바위의 이동과 유사한 식물들의 조경으로 이루어지는 지각적으로 식별 불가능한 가정(假定)상의 해안선 간의 차이를 고찰한다. 그는 이 두 해안선이 하나는 인공적 해안선으로, 다른 하나는 자연적인 해안선으로 다르게 지각되어야 한다고 주장한다. 두 해안이 비슷한 굴곡과 선, 색과 형태를 가진다고 하더라도, 비슷한 지각적 패턴들에 수많은 다양한 2차 속성들을 적절하게 부여하게 된다는 것이다. 가령 한쪽(인공적) 해안의 굴곡은 아주 독창적인 반면 자연적인 해안의 굴곡은 전혀 그런 것이 아니라 바다에 의한 침식의 결과이다. 다른 한편으로 자연적인 해안선이 **바다의 힘을 표현하는** 반면 인공적 해안은 그렇지 않다. 칼슨은 우리가 대상에 다양한 속성들을 부여하도록 이끌리기 때문에, 하나의 대상을 인공물이나 자연적 힘의 산물 같은 그것이 속하는 범주하에서 지각하는 것이 미적으로 중요하다고 결론짓는다. 이는 하나의 예술작품을 진정한 예술사적 범주에서 지각하는 것이 미적으로 중요한 것과 같다(Walton, 1970을 보라).

어떤 대상의 미적 **가치**가 그 미적 **성질**과 함께 증가한다고 가정하는 것은 자연스럽다. 이런 관계를 자연에 적용하는 것은 자연의 어떤 부분이 다른 부분보다 더 큰 미적 가치를 가진다는 점을 함축하는 것 같다. 어떤 이론가들(가령 Thompson, 1995)은 이것을 받아들이지만 다른 많은 사람들은 자연이 예술작품과 유사한 방식으로 미적으로 가치평가되고 순위가 매겨질 수 있다는 생각을 거부한다.

환경주의 이론가들 사이에서 공통적인 관점은 칼슨에 의해 '긍정적 미학'이라고 이름 붙여진 관점이다. 이런 입장의 가장 강한 버전은 인간의 손이 닿지 않은 모든 자연이 아름답다고 주장한다(Carlson, 1984: 10). 보다 약한 공식은 '자연적 환경은 그것이 인간의 손길을 타지 않은 이상 주로 긍정적인 미적 성질을 가진다'는 것이다. 자연은 가령, 단조롭고 따분하며 맥 빠지고 비일관적이고 혼란스럽기보다는 우아하고 섬세하며 강렬하고 통일적이며 질서 정연하다(Carlson, 1984: 5). 약한 버전은 명확히 자연의 모든 부분이 동등하게 아름답다는 것을 함축하지 않으며 따라서 이는 강한 버전에 의해 함축되는 주장, 즉 자연의 한 부분이 다른 부분보다 미적으로 더 우수하다고 주장할 수는 없다는 입장을 옹호하지 않을 것이다. 긍정적인 미학의 옹호자는 자연에 관련하여 관습적인 미적 위계 — 가령 장엄한 산 대 단조로운 평원 대 눅눅한 습지 간의 위계 — 를 거부한다. 예술작품의 미적 가치평가가 위대함에서 평범함, 그리고 형편없음까지 다양할 수 있고 그 성질이 아름다움에서 지루함이나 추함에까지 이르지만, 이는 긍정적 미학에 따르면 정확히 자연에 관해서는 그렇지 않은 바이다.

긍정적 미학은 두 가지 직관의 결과로 이해될 수 있다. 먼저, 예술의 미적 가치평가는 비평, 판단, 그리고 궁극적으로 **비교**에 관련된다. 그러나 그런 비교적인 판단은 자연이 아니라 일정한 방식이 되도록 혹은 어떤 목적을 성취하도록 의도된 인공품에만 적절하다. 두 번째, 자연의 어떤 부분이 지루하거나 따분하다고 혹은 불쾌하다고 여기는 우리의 경향은 우리 경험의 대상에 **부적절한** 생각이나 비교를 투사하는 것에 모두 근거하고 있다. 가령 자연에 대해 아름답게 짜이고 균형 잡힌 예술적 재현과 비슷한 장면을 추구한다든가 어두운 숲을 악령이 가득찬 것으로 바라보는 것처럼 말이다. 생물학과 지리학, 생태학을 배경으로 하여 적절하게 이해된 자연은 사실상 다양한 방식으로 아름답거나 혹은 적어도 미적으로 훌륭하다.

레오폴드(Leopold)의 주장을 단지 표현만 바꾸어 캘리콧(Callicott)이 되풀이하듯, 유기체와 진화론적, 지질학적 역사 및 기타 사항들 간의 생태학적 관계에 대한 지식은 습지를 "'쓸모없는", "신이 버린" 모기들의 늪으로부터 귀중하고 아름다운 사물로 변화시킨다' (Callicott, 1987: 162). 습지를 모래언덕 왜가리의 서식지로 바라볼 때, 왜가리가 지질학적으로 아득히 오랜 시대로부터 유래했다는 것을 이해할 때, 그리고 습지 안의 모든 생물들 간의 복잡한 상호관계를 이해할 때 등등, 우리는 습지가 아름다운 사물이라는 것을 알게 된다. 거꾸로, 피상적으로는 매력적이지만 그 생태에 속하지 않은 동식물은 자연의 균형을 훼손하는 부조화스러운 침해자로 여겨질 수 있다(긍정적 미학에 대한 공감적인 비판을 위해서는 Godlovitch, 1998을 보라).

2. 환경주의와 자연의 감상

환경주의자들의 주장이 야기하는 많은 질문들 가운데 우리가 예술을 감상할 때 사용하는 동일한 방법과 가정들을 가지고 자연이 적절하게 감상될 수 있는가 히는 질문보다 더 근본적인 것은 없다. 표준적인 예술 미학의 핵심에 있는 감상의 모형은 대체로 다음과 같다. 그것은 관습적으로 규정된 지각을 바탕으로 한, 경계지어진 대상에 대한 해석적 판단이다. 환경주의적으로 정향된 미학자들은 이러한 감상 모형의 많은 국면들에서 어려움을 발견하였다. 환경주의 전통은 상호연관된 요소들로 이루어진 자연적인 세계 안에서의, 그리고 그 세계와의 보다 적극적인 관계에 대한 선호를 일으킨다. 이런 점은 환경의 감상이 ① 전형적으로 물리적인 적극적 상호작용이고, ② 촉각과 후각을 포함하여(투안(Tuan, 1993) 모든 감각들을 통합적이고 의식적으로 사용하게 되며, ③ 어떤 하나의 유리한 관점이나 관점의 작은 집합도 자연적인 배경이나 대상을 경험하는 우선적으로 정확한 지점이 될 수 없는 그러한 관념(Carlson, 1979; Bearlant, 1992)으로 귀결된다.

이런 조건들이 자연(혹은 환경)에 대한 미적 경험을 위한 충분조건이 되는가? 그렇다면 자연과의 자의식적인 상호작용 무엇이라도, 가령 쾌적한 일광욕도 미적 경험인 것인가? 그렇지 않다면 어떤 것이 추가로 더 필요한가? 칼슨(1979)은 그 이상으로 요구되는 특성은 감각적 상호작용이 자연에 대한 상식적/과학적 지식에 의해 인도되어야 한다는 것이라고 말한다. 이런 인식 없이는 우리의 경험은 정신없고 웽웽거리는 혼란이다. 그런 과학에 근거한 인식과 더불어 우리의 날(raw)경험은 미적 의미의 확실한 중심부를 차지하며 조화롭고 의미 있게 만들어진다.

환경주의 모형에 의해 촉발되는 다른 질문은 자연적인 환경에 대한 미적 반응이 관습적 미학에서처럼 본질적으로 지각-판단적인 것이냐, 혹은 암벽등반이나 하이킹 혹은 소로*식의 땅파기와 콩 심기 같은 하나의 行爲일 수 있느냐는 것이다. 고도로 미적이라 통상 여겨지는 행위 혹은 일련의 행위들은 일본식의 다도 의식에 나타난다. 여기에서 다기(茶器)와 차 내용물, 그리고 찻집의 자연적인 배경에 대한 존중은 의식의 필수적인 부분이며 그러한 의식의 기본적인 목표들 중의 하나는 주인과 그 장소 사이의 조화를 예시하는 것이다. 그러나 이런 사례들조차 고도로 섬세하게 단련된 지각을 행위의 필수적인 구성요소로서 보여 준다. 따라서 우리는 일반적으로, 우선 어떤 행위가 대상과 상황에 대한 반응이고, 두 번째로 그 반응이 상황에 대한 미적 지각에 기반한 것이라면 그 행위는 미적일 수 있다고 제안할 수 있을 것이다.

자연의 미적 감상에 대한 칼슨(1979, 1981)의 과학-기반 모형(Carlson, 1985에서 모든 환경으로 확장됨)은 상당한 주목을 받았다. 예를 들어 사이토(Saito, 1984)는 칼슨이 옹호하는 식의 자연에 대한 과학-기반 감상이 필요조건인지를, 롤스턴(Rolston, 1995)은 그것이 충분조건인지를 문제 삼았다. 캐롤은 나아가 칼슨의 시각에 대한 대안이 있다고 주장하면서 자연에 대한 정서적 반응이 '자연 감상의 적합한 형식일 수 있으며'(Carroll, 1993: 253), 이때 그러한 반응은 과학적 지식에 근거할 필요가 없다고 본다: 그것은 단지 말하자면 '까마득한 폭포'의 장관에 압도당하는 것에 관련된다. 캐롤은 이런 식으로, 과학적 정보를 갖춘 지각에 근거하지 않지만 두드러진 자연적 특성들의 지각에 근거한 반응의 부류를 자연에 대한 적법한 미적 감상의 한 종류로 허용하는 다원주의 모형을 제안한다.

자연에 대한 과학-기반 감상을 지지하는 주된 논증은 우리가 자연에 대해 희망하거나 두려워하는 바가 아니라 진짜 그 모습대로 자연을 감상하기 위해서는 객관적인 기반이 필요하며 과학이 자연을 객관적으로 이해하는 최선의 절차라는 것이다. 고들로비치(1994)는 이 논증이 그리 멀리 가지 않는다고 생각한다. 그는 '단지 그것이 우리에게 보여지는 대로뿐 아니라 실제 있는 그대로'(p. 16) 자연을 바라보아야 한다는 환경주의자들의 요건을 강조한다. 따라서 그는 '자연주의 미학은 문화적 대상에 대한 우리의 미적 반응과 견해를 적절히 정의하고 지배하는 인간중심적 제한들을 포기해야 한다'(p. 16)고 주장한

---

* 헨리 데이비드 소로(Henri David Thoreau, 1817-1862)는 미국의 사상가이자 문학가이다. 자연주의 운동을 몸소 실천한 작가로《월든의 숲속생활》이라는 책으로 유명하다.

다. 그는 과학마저도 진정한 환경주의 미학, 즉 **탈중심적**이고 어떠한 관점에도 — 적어도 인간적인 관점에는 — 특권을 인정하지 않을 그러한 미학의 기반을 구축하기에는 지나치게 인간 감수성을 반영하는 것이라고 여긴다. "중심적인(가령 인간중심적이거나 생물중심적인) 환경주의는 자연을 전체로서 숙고하는 데에 실패한다. 왜냐하면 자연이 그것에 의해 분할되고 파편화되기 때문이다."(p. 17) 그러나 인간적 관점을 회피하는 자연에 대한 감상을 받아들이는 것이 가능할까? 만약 가능하다고 하더라도, 우리는 이것을 미적 감상에 관련된 것으로 간주할 수 있을까?

3. 환경주의 예술?

자연 예술은 분명히, 야생 자연에 대한 감상의 전반적 증가와 환경주의의 성장 가운데에서 핵심적인 요소였다 — 자연보호 그룹의 노력에서 자연 사진이 가지는 중요성을 살펴보라. 그렇다면 우리가 어떻게 자연을 감상해야 하는지와 관련된 환경주의 논증이 자연 예술의 적법성을 침해하려 위협하고 자연에 대한 다른 종류의 예술에 대해서도 문제를 일으킨다는 사실은 아이러니하다.

자연에 대한(about) 예술이라는 일반적인 범주 안에서 우리는 '자연 예술'이라는 익숙한 장르를, 어떤 예술 매체를 사용하든 — 주로 문학과 시각예술임 —, 인간이 아니라 자연을 주요 주제로 삼은 자연의 재현으로 정의할 수 있다. 부가적으로 자연 예술은 보통 긍정적 미학과 같이 자연에 대해 호의적인 시각을 보여 주는 것으로 생각된다. 험악하거나 황량한 혹은 위협적인 풍경도 존경할 만한 것으로 혹은 긍정적인 미적 특성을 가진 것으로 제시된다.

자연 예술이 자연의 감상을 고무하긴 하지만, 그것이 환경주의 미학이 자연 예술을 이해하는 식으로 자연의 미학을 반영하는가? 이러한 폭넓은 질문의 한 가지 국면은 다음과 같이 진술될 수 있다. 자연 예술작품은 그것이 재현하는 자연의 미적 성질을 **드러내거나 재현**할 수 있는가?

칼슨(1979)은 자연 감상의 '대상'과 '경관' 모형을 거부하기 위해 캘리콧(1987)과 캐롤(1993), 그리고 고들로비치(1994)가 승인한 영향력 있는 논증을 제시한다. 이 논증은 미적 적합성의 질문에 관련되는 것 같다. 예술 감상을 기반으로 한 대상과 경관 모형들은 자연의 대상을 그 형식적, 표현적 성질 때문에 바라보는 것, 그 대상들을 마치 조각 작품인 양 맥락으로부터 분리해 내거나 그것들이 풍경화 안에 있는 것처럼 장면을 틀 짓고 지각하는 것과 관련된다. 칼슨은 이런 방법 중 어느 것도 자연의 실제 본성을 존중하지 않는다고 주장한다. 자연을 자연으로서 감상하기 위해 우리는 자연을 예술로서가 아닌 (넓은 의미의) **환경**으로서, **자연적인** 것으로 바라보아야 한다. 이는 대상 모형에서처럼 우리가 대상을 그 환경으로부터 떼어 놓을 수는 없다는 것을 의미한다. 우리가 그것을 관념적으로라도 옮겨 놓으면 그 대상이 오직 그 전체 환경과의 관련에 의해서만 가지게 되는 미적 성질들을 변화시키게 된다. 예를 들어 그 자체로 고려된 하나의 바위는 그것이 자연에서 가지는 성질을 결여할 것이다 — 자연에서 그 바위는 그것을 형성시킨 힘(빙하 작용, 화산 폭발, 침식)에 관련된다. 경관 모형의 문제는 이 모형이 자연을 특정한 관점과 거리에서 바라본 웅대한 전망으로 지각하는 것에 관계된다는 것이다(Carlson, 1979: 131). 칼슨은 자연을 이런 식으로 감상하는 것을 '마치 풍경화 전시관을 걸어가는 것처럼', 어떤 그럴듯한 위치에서 바라보도록 자연을 경치 조각들로 나누는 것이라고 기술한다(p. 132). 그러나 그가 말하는 것처럼, '환경은 장면이나 재현이 아니며 정지된 것도, 2차원인 것도 아니다'(p. 133).

그러나, 이것이 자연을 미적으로 경험하는 잘못된 방법이라면 우리는 자연을 (간접적이긴 해도) 미적으로 경험하는 것, 혹은 자연 예술을 감상하는 것을 통해 자연의 미적 속성들을 경험하는 것을 할 수 있는 것일까? 칼슨의 논증은 우리가 자연적 환경의 사진의 아름다움을 감상함으로써 그 환경의 아름다움을 감상할 수 있을 것인가 하는 질문을 제기한다. 그러나 자연 예술은 자연의 한 부분이 실제로 특정 시점으로부터 특정 순간에 어떻게 보이는가를 드러내는 것이 아닌가? 비록 한계 지어지고 불완전하긴 하지만 왜 하나의 재현이 재현된 대상이나 경관의 미적 성질들의 **몇몇**을 진짜로는 드러낼 수 없다고 필연적으로 여겨져야 하는가?

다양한 문제들이 자연에 관한 비-재현적 예술 — 가령 자연적 대상이나 장소, 과정들을 요소로 통합시키는 작품들에 의해 제기되었다. 물론 그런 특성들은 그 자체로는 하나의 작품이 자연에 **관한** 것임을 필연적으로 결정하지 않는다. 자연적 배경에 자리한 조각품(예를 들어 조각 공원)처럼 자연적인 장소에 표면적으로 연관된 예술작품의 몇몇과, 제프 쿤스의 1992년 작 〈강아지〉(수천 송이의 생화(生花)로 덮인 43피트 높이 웨스트 하이랜드 테리어* 모형)처럼 자연적 요소를 사용한 작품은 명백히 자연에 **관한** 것이 아니다. 칼슨이 '환경 예술작품'의 범주를 "자연의 일부가 관련 대상의 일부를 구성하도록 대지 안, 혹은 그 위에 있는 작품 … 환경 작품의 장소가 환경적인 장소일 뿐 아니라 장소 자체가 작품의 한 국면이다"(1986: 636)라고 정의한 것은 도움이 된다.

예술과 환경적 사고를 분리시키는 깊은 심연을 생각해 볼 때 인공물의 이런 광범위

---

* 영국 스코틀랜드의 서부 지방이 발상지로 수달, 여우, 쥐 등을 사냥하는 개로 만들어진 하이랜드 테리어(Highland Terrier)의 일종.

한 영역과 관련하여 그들의 관점을 대조시키는 것이 핵심적이다. 예술의 관점에서 주목은 자연스럽게 환경적 작품을 어떻게 **예술로서** 해석하고 감상하느냐에 주어진다. 자연과 문화에 관한 어떤 주제들을 예술가는 다루고 있는가? 어떻게 작품이 최근 예술 흐름과 연결되는가? 그 작품은 어떤 태도를 표현하는가? 등등이다. 예를 들어 길버트-롤프(Gilbert-Rolfe)는 스미스슨(Smithson)의 〈나선형 방파제〉를 영화와 관련시켜 해석한다. "스미스슨에게서 작품의 아이디어는 작품 안에 있는 것만큼이나 작품에 대한 영화 안에 자리하고 있다."(Gilbert-Rolfe, 1988: 72) 대지예술 이론가로서 스미스슨(1973)은 센트럴파크를 18세기 픽처레스크*에 의해 영감을 받은 경관으로서 해석한다. 마지막으로 로스는 하나의 범주로서 환경 예술작품이란 조경이라는 18세기 고급 예술의 후예라고, '환경 예술은 **조경술의 아방가르드**'라고 제안한다(Ross, 1993: 153).

또한, 예술과 자연 사이에서 가장 중간적인 것으로 보이는 환경인 정원과 공원이 완전한 의미의 예술작품인가 하는 문제가 있다. 확실히 두 유형의 인공물의 많은 사례들이 예술의 지위를 강하게 주장한다. 가령 스미스슨(1973)은 뉴욕 센트럴파크가 그 자신의 대지 예술작품이 가진 변증법적 원리의 많은 부분을 예시하는 위대한 예술작품이라고 주장한다. 밀러는 정원이 회화나 조각과 어깨를 나란히 하는 예술의 종을 구성한다고 강하게 주장한다. 이는 아주 명확해서 하나의 퍼즐로 이어진다. "그렇다면 왜, 예술의 현재 이론은 그것들을 배제하는 어떤 근거도 보여주지 못하는가? … 만일 정원이 예술종으로 취급된 역사를 가지고, 다른 예술들처럼 아름답고 독창적이며 자의식적인 형식을 가진다는 것이 입증될 수 있더라도 현재 정원은 예술의 범주에서 배제되고 있는가?"(Miller, 1993: 72) 그녀는 특정 장소와 연관되어 있고 자연적 요소 등으로 인해 계속 변화하는 그 본질로 말미암아 정원이 제기하는 도전, 즉 작품에 대한 완벽한 예술적 제어와 시간을 관통하여 지속하는 작품의 성질 같은 것들에 대한 예술이론의 표준적인 선호에 정원이 제기하는 다양한 방식의 도전을 지적함으로써 이를 해결한다.

그러나 환경주의적 사고의 견지에서는 자연을 사용되어야 하는 무언가나 그 목적이 문화적 관점에서 결정되어야 하는 무언가로서 바라보는 어떤 활동이나 입장도 본질적으로 거부한다. 이제 화제는 상이한 방향에서, 어떻게 환경적 예술작품이 자연을 다루느냐는 쪽으로 향하게 된다. 이런 점에서 대지예술은 그 출발에서부터 종종 환경주의자들로부터 반발을 불러일으켰으므로 환경주의 예술작품이 자연에 대한 **침해**인지의 문제가 탐구되었다는 것은 놀랍지 않다(Carlson, 1986). 이보다는 덜 심각한 질문, 가령 환경주의 작품이 자연에 대한 적합한 관념에 기초해 있는가, 또 그 작품들이 자연과의 적절한 미적 관계

---

*   '그림 같은'이란 뜻의 이 용어는 18-19세기 자연과 풍광에 대한 낭만주의적 동경을 반영하는 말이다.

를 유도하는가와 같은 질문이 제기될 수 있다. 예를 들어 토피어리*는 예술형식으로서 흥미롭다. 그러나 인위적인(기하학적이거나 재현적인) 형식을 자연적 대상(나무와 덤불)에 부과함으로써 토피어리는 자연으로서의 자연의 미적 속성을 분명히 밝혀 보여 주지는 않는다. 그것은 자연이 미적으로 향상될 수 있다는 것뿐 아니라, 조작되고 개발되는 조각의 재료를 제공한다는 것을 시사한다.

로스(Ross, 1993)는 환경 예술을 7개의 범주로 조직한다. '환경 안의 남성적인 제스처'(Heinz, Smithson, De Maria), '환경 안의 일시적인 제스처'(Singer, Long, Fulton, Goldworthy), 그리고 '원형적-정원'(Sonfist, Irwin) 등이 그 범주이다. 이런 작품의 몇몇은 명백히 자연을 어떻게 이용하고 (혹은) 바라보는지에 있어 문제적이다. 예를 들어 하인저(Heinzer)의 〈이중 부정〉(1969-70) — 버진 리버(Virgin River)의 메사**에 있는 24만 톤의 유문암(流紋岩)과 모래를 치우고 불도저로 민 15.24미터×9.144미터×457.2미터 크기의 더블 컷 — 과 크리스토(Christo)의 〈둘러싸인 섬들〉(1983) — 비스케인(Biscayne) 만(灣)에 있는, 섬에서부터 만 쪽으로 200피트 뻗어 있는 물 위의 밝은 분홍색 플라스틱 부표로 2주 동안 둘러싸여 있었던 11개의 섬들 — 이 그런 작품이다.

칼슨(1986)은 이런 독특한 작품들에 대한 몇몇 평범한 방어들 — 가령 그 작품들이 임시적이라거나(Christo) 자연을 개선시킨다는, 또 예술가의 행위가 자연적 과정에 의한 장소의 변화와 다르지 않다(Smithson의 논증)는 방어 — 을 반박했다. 이런 점에도 불구하고 손피스트(Sonfist)의 〈시간 풍경〉(1965-78) 같은 또 다른 환경 예술작품들이 있다. 이 작품에서 예술가는 빈 도시 주차장 위에 도시 지역의 잃어버린 자연적 식물 군집을 재창조하려고 시도했다. 그것은 자연의 미적 성질을 변화시키지 않기 때문에 자연에 대한 훼손으로 여겨질 수 없다. 그런 작품들도 자연을 자연으로서 존중하기 때문에 롱(Long), 펄튼(Fulton)과 골즈워디(Goldsworthy)의 관념적 보도(步道)나 환경적 제스처들처럼 자연에 미적으로 적절하다고, 즉 자연의 실제 미적 성질들을 반영한다고 여겨질 수 있다.

그러나, 성가신 질문이 아직 남아 있다. 이런 예술이 자연의 감상에 기여할 수 있는가? 칼슨(1986)은 자연에 대한 미적 흥미가 우선 자연이 예술로 여겨져야지만 인식될 수 있는 이유는 무엇인지 묻는다. 사실상 딜레마가 있는 것 같다. 하나의 작품은 ('남성적 제스처'처럼) 자연을 변화시키거나, ('일시적인 제스처'처럼) 아니거나이다. 전자의 경우 작품은 자연을 훼손하거나 잘못 이해할 수 있다. 그런데 후자의 경우 작품은 자연의 감상에 무엇을 덧붙

---

*   기하학적 무늬나 동물 모양 등으로 깎아서 손질해 놓은 정원 또는 그 기법.

**   메사는 수평한 경암층(硬岩層)이 있는 대지에 침식이 진행되어 꼭대기는 평탄하고 주위는 급사면을 이루는 탁자 모양의 대지를 말한다. 에스파냐 어로 탁자란 뜻이다.

이는가? 그런 예술이 적어도 감상자로 하여금 이전에 주목하지 못했던 국면들에 주목하도록 이끄는 것이라 대답할 수 있을 것이다. 그러나 그 이상을 주장할 수 있다. 예술은 항상 세계와 세계에 대한 우리의 느낌과 생각들을 탐험하는 하나의 방식이었다. 환경 예술은 자연에 대한 우리의 생각들, 그리고 우리와 자연의 변화하는 관계들을 탐험한다. 작품이 그 자체로는 환경적으로 가장 계몽된 관점들을 표현하는 것만이 아닐 수 있다. 과거의 작품들, 가령 정형(定形) 정원들은 아마 그런 표현을 하지 않았을 것이다. 그러나 자연에 대한 부적절한 관념은 완전히 잘못된 것일까? 그런 작품에 의해서도 유용하게 끌어내어질 수 있는 자연의 국면들이란 있을 수 없는 것일까? 어찌 되었건, 환경적으로 계몽적인 관점을 채택하는 환경적 작품들은 우리가 어떻게 해서 자연을 있는 그대로 존중하면서 동시에 자연과 미적으로 상호작용할 수 있는지에 대해 독특한 방식으로 언급하고 있다고 생각할 수 있다.

* 이 논문의 이해를 돕기 위해서 이 책에서 다음의 논문들을 찾아 읽으면 좋을 것이다.
  〈자연의 미학〉, 〈일상의 미학〉, 〈비교미학〉, 〈건축〉

참고문헌

Beardsley, M(1982). "The Aesthetic Point of View". reprinted in M. J. Weeren and D. M. Callen (eds.), *The Aesthetic Point of View: Selected Essays.* Ithaca, NY: Cornell University Press, pp. 15–34.

Berleant, A. (1992). *The Aesthetics of Environment.* Philadelphia: Temple University Press.

_____ (1998). "Environmental Aesthetics". in M. Kelly (ed), *Encyclopedia of Aesthetics.* New York: Oxford University Press, pp. 114–20.

Berleant, A. and Calson, A. (1998). "Introduction" to Special Issue on "Environmental Aesthetics". *Journal of Aesthetics and Art Criticism* 56: 97–100.

Brady, E. (1998). "Imagination and the Aesthetic Appreciation of Nature". *Journal of Aesthetics and Art Criticism* 56: 139–47.

Callicott, J. (1987). "The Land Aesthetic". in J. Callicott (ed.), *Companion to A Sand County Almanac: Interpretive and Critical Essays.* Madison: University of Wisconsin Press, pp. 157–71.

Calson, A. (1979). "Appreciation and the Natural Environment". *Journal of Aesthetics and Art Criticism* 37: 267–75.

_____ (1981). "Nature, Aesthetic Judgment, and Objectivity". *Journal of Aesthetics and Art Criticism* 40: 15–27.

_____ (1984). "Nature and Positive Aesthetics". *Environmental Ethics* 6: 5–34.

_____ (1985). "On Appreciating Agricultural Landscapes". *Journal of Aesthetics and Art Criticism* 42: 301–12.

_____ (1986). "Is Environmental Art an Aesthetic Affront to Nature?" *Canadian Journal of Philosophy* 16: 635–50.

_____ (1992). "Environmental Aesthetics". in D. Cooper (ed.), *A Companion to Aesthetics.* Oxford: Blackwell, pp. 142–4.

(2000). *Aesthetics and Environment: The Appreciation of Nature, Art and Architecture.* London: Routledge.

Carroll, N. (1993). "On Being Moved by Nature: Between Religion and Natural History". in S. Kemal and I. Gaskell (eds.), *Landscape, Natural Beauty and the Arts.* Cambridge: Cambridge University Press, pp. 244–66.

Elliot, R. (1997). *Faking Nature: The Ethics of Environmental Restoration.* London: Routledge.

Fisher, J. (1998). "What the Hills are Alive with: In Defense of the Sounds of Nature". *Journal of Aesthetics and Art Criticism* 56: 167–79.

Gilbert–Rolfe, J. (1988). "Sculpture as Everything Else, or Twenty Years or So of the Question of Landscape". *Arts Magazine* January: 71–5.

Godlovitch, S. (1989). "Aesthetic Protectionism". *Journal of Applied Philosophy* 6: 171–80.

_____ (1994). "Icebreakers: Environmentalism and Natural Aesthetics'. *Journal of Applied Philosophy* 11: 15–30.

_____ (1998). "Valuing Nature and the Autonomy of Natural Aesthetics". *British journal of Aesthetics* 38: 180–97.

Hargrove, E. C. (1989). *Foundations of Environmental Ethics.* Englewood Cliffs, NJ: Prentice–Hall.

Leopold, A. (1966). *Sand County Almanac with Other Essays on Conservation from Round River.* New York: Oxford University Press. First Published 1949.

Miller, M. (1993). *The Garden as an Art.* Albany, NY: State University of New York Press.

Rolston, H. III (1995). "Does Aesthetic Appreciation of Landscapes Need to be Science–based?" *British Journal of Aesthetics* 35: 374–86.

Ross, S. (1993). "Gardens, Earthworks, and Enveronmental Art". in S. Kemal and I. Gaskell (eds.), *Landscape, Natural Beauty and the Arts.* Cambridge: Cambridge University Press, pp. 158–82.

_____ (1998). *What Garden Mean.* Chicago: University of Chicago Press.

Saito, Y. (1984). "Is There a Correct Aesthetic Appreciation of Nature?". *Journal of Aesthetic Education* 18: 35–46.

_____ (1998). "The Aesthetics of Unscenic Nature". *Journal of Aesthetics and Art Criticism* 56: 100–11.

Sepanmaa, Y. (1993). *Beauty of Environment: A General Model for Environmental Aesthetics.* 2nd edn. Denton. Tex.: Environmental Ethics Books.

Smithson, R. (1973). "Frederick Law Olmstead and Dialectical Landscape". Artforum February; reprinted in N. Holt (ed.), *The Writings of Robert Smithson: Essays with Illustrations.* New York University Press, 1979, pp. 117–28.

Thompson, J. (1995). "Aesthetics and the Value of Nature". *Environmental Ethics* 17: 291–305.

Tuan, Y. (1993). *Passing Strange and Wonderful: Aesthetics, Nature, and Culture.* New York: Kodansha International.

Walton, K. (1970). "Categories of Art". *Philosophical Review* 79: 334–67.

제40장

비교미학

캐슬린 히긴스(Kathleen Higgins)
번역: 최근홍

'예술'과 '미학'이라는 용어가 특정 문화와 그 문화가 전제하고 있는 것들에 뗄 수 없는 방식으로 속박되어 있는지 아닌지는 비교미학(comparative aesthetics)에서 가장 먼저 제기되는 물음들 중 하나이다. 계몽주의 이후 서구에서 '예술'을 이해하는 지배적인 방식은 일상생활에서 사용되는 '공예'를 이해하는 것과는 구분된다. 예술작품은 주로 관조를 위해 디자인된 것으로 이해된다. 만약 예술작품이 어떤 다른 실천적인 기능을 가진다면, 이것은 부차적인 것으로 간주된다. 이론가들은 예술작품을 판단하는 기준들에 대해 서로 다른 의견을 가지지만, 이 기준들은 일반적으로 감상자의 마음 상태와 (그것이 정서적이거나 지적이거나 혹은 그 둘의 어떤 조합이건 간에) 연결된다. 반성적인 감상에 적합한 예술작품들은 콘서트 홀이나 미술관처럼 일상생활에 의해 방해받지 않는 제도적 환경 안에 자리하는 것이 자연스럽다. 서구에서 '미학'은 일반적으로 서구의 용어들을 통해 식별된 예술에 초점을 둔 개념이었다. 이와는 대조적으로 다른 많은 사회에서 제작된 예술 또는 그와 비슷한 무언가는 관조적인 몰입 이외의 목적들을 갖는다. 그런 사회에서는 예술과 공예가 구분되지 않고, 예술작품은 실천적인 기능을 수행함으로써 판단되며, 예술과 일상적 삶은 통합된다(Keil, 1979; Feld, 1994; Van Damme, 1996을 보라).

어떤 사람들은 '예술'이 다른 사회들에서 사용되는 용법과 유비되지 않는 함축을 너무 많이 갖는 용어라서 문화 간 비교에 유용하지 않다고 생각한다. 인류학자인 로버트 플랜트 암스트롱(Robert Plant Armstrong)도 그런 사람들 중 한 명이다. 대신 그는 '영향력 있는 현전(affecting presence)'이라는 개념을 제안한다. 이 용어는 인간이 만들어 낸 대상과 사건 중에서 인간에게 경험적으로 영향을 미치는 '힘'과 한 인간의 현전에 필적할 만한 '현전'을 갖는 것들을 가리킨다(Armstrong, 1971). 암스트롱은 이른바 '영향력 있는 현전들'이라는 현상에 대해 보편성을 주장하지만, 비서구적 예술을 논의할 때 서구적 용어들을 사용하는 전략에 비판적인 사람들이라면 '보편성' 그 자체가 너무 많은 서구적인 것들을 끌어들인다고 주장할 것이다. 한편 윌프리드 반 담(Wilfried Van Damme) 같은 사람은 전통적인 서구 용어들의 영역을 확장하여 다른 사회들에서 유래한 유사한 표현적 형식들과 그 형식들에 대한 반성까지 포함시키는 일에 대해 보다 낙관적이다(Van Damme, 1996을 보라).

맥락주의를 옹호하는 사람들은 다른 방법론적 문제들을 제기한다. 그들은 예술과 미학의 실천들을 평가할 때 그것들이 나타나는 맥락이 참조되어야 한다고 주장한다. 맥락주의는 예술이 오직 형식적 기준들에 기초하여 판단되어야 한다는 관점(이마누엘 칸트(Immanuel Kant)의 영향력 있는 입장)과 위대한 예술작품들은 그것들을 산출한 문화를 불가피하게 '초월한다'는 관점에 직접적으로 도전한다. 배리 핼런(Barry Hallen, 1998)에 따르면 형식주의는 아프리카 사회의 토착적인 미적 관점들을 일축하는 태도를 조장한다. 그러나 한 사회의 특징들 중 어떤 것들이 그 사회의 미학을 이해하기 위한 유관한 맥락을 구성하는가?

이때 예술을 산출한 사회를 확인하는 일은 분명 유관한 맥락으로 보일 것이다. 하지만 이전의 제도적 관행들을 생각해 보면 이러한 확인 작업이 단순히 가정되어야 하는 것은 아니다. 예를 들어 20세기 중반 이전까지만 해도 서구에서 아프리카 예술을 전시하고 연구할 때 주어진 예술작품이 어느 부족에서 기원한 것인지는 표시되지도 않았다(Hallen, 1998). 비서구적 예술작품에 접근할 때 그것이 만들어진 기준을 참조하는 일도 바람직해 보이겠지만, 서구인들은 그 기준에 필요한 정보를 오직 점진적으로 습득해 오고 있을 뿐이다.

토착 미학 용어 연구의 필요성이 특별히 시급한 곳은 주로 구전적인 전통이 자리 잡은 분야이다. 토착 미학과 미학 언어에 대한 새롭고 가치 있는 인류학적 연구들이 지난 수십 년간 등장해 왔다(예컨대 Feld, 1990; Roseman, 1991; Thompson, 1983을 보라). 비서구 사회에서의 미적 산물들을 이해하기 위한 연구의 중요성은 명백하다. 만약 서구인들이 예술과 예술의 목표로 간주하는 것에 대해 그들 자신의 사회에서 사용하던 기준들을 단순히 적용한다면, 그들은 비서구 예술가들의 성취를 잘못 판단하기 쉬울 것이다. 스티븐 펠드(Steven Feld)는 여기에 들어맞는 한 가지 사례를 언급한다. 이 사례에 의하면 선교사들은 파푸아 뉴기니(Papua New Guinea)의 칼룰리(Kaluli) 부족원들이 찬송가를 합창하는 데 어려움을 겪는 것 같다는 이유로 이 부족은 음악성이 없다고 경멸했다. 그런데 사실 이 부족의 음악적 구성은 서로 겹치는 목소리들을 포함하게끔 되어 있다(Feld, 1994).

요루바(Yoruba) 부족의 조각에 사실주의적 재현 기준들을 적용하는 일도 유사하게 부적절할 것이다. 로버트 패리스 톰프슨(Robert Farris Thompson)은 나이지리아의 요루바족 사람들 사이에서 조각에 대한 기본적인 평가적 기준으로 통용되는 **지조라**(jijora), 즉 '중간지점에 있는 미메시스'라는 규준에 대해 기술한다(Thompson, 1968). 그것의 목표는 사실적임과 추상적임 사이의 '중간지점'이다. 예술가는 생동감 있는 인간 현전을 제시하려 시도하지만, 모델이 조각을 통해 악한 마법에 노출되지 않도록 각 개인의 외양을 너무 정확하게 복제하는 일은 피하려 한다. 바바튠드 로월(Babatunde Lawal)은 **오리샤스**(orishas, 오리샤스는 **올로론**(Oloron)을 보좌하는 역할을 맡은 하급 신들이며, 상급 신인 올로론은 결코 묘사되지 않는다)라는 요루바 조각이 신체에서 가장 중요한 부분, 특히 머리를 가장 두드러지게 하는 식으로 오직 선택적으로만 사실적이라고 말한다(Lawal, 1974).

많은 사회의 종교적 전통이 갖는 맥락도 예술과 미학 이론의 지위를 이해하는 데 중요한 배경이 된다. 비서구 사회들 중 가장 발달된 문자 전통을 가진 몇몇 사회들은 미학적 텍스트에서 종교를 명시적으로 언급한다. 예를 들어 인도의 전통 미학 이론은 힌두교의 전통적 관념에서 유래한 것으로서 황홀경의 상태를 유도하는 예술의 힘에 초점을 둔다. 힌두교 전통을 따르는 대부분의 학파들은 개인의 자아(지바(jiva))가 궁극적으로 환영적이라고 본다. 참된 자아(The true Self), 즉 **아트만**(atman)은 모든 이들의 안에 있는 동일한 단일 존재이다. 명상과 같은 종교적 실천은 이러한 진리와 더불어 우리의 참된 자아가 브라만(Brahman, 최고 신 또는 절대적 실제)과 동일하다는 보다 심오한 진리를 깨닫는 것을 목표로 삼는다. 많은 주석가들은 특정하게 정화된 예술 경험들이 신을 닮거나 신과의 일체감을 자극하는 것이라고 서술한다.

인도의 미학 전통에서 가장 중요한 텍스트는 바라타(Bharata)의 《나티야사스트라》(Natyasastra, CE 200-500)인데, 이것은 주로 극(drama)을 다룬다(Goswamy, 1986; 또한 Rowell, 1992도 보라). 서구에서 아리스토텔레스(Aristotle)의 《시학》(Poetics)과 마찬가지로 《나티야사스트라》의 연극 미학 이론은 예술 전반에 적용되었다. 이 텍스트는 극이 감상자를 변화시키는 힘에 초점을 두는데, 그것은 상연된 극이 가지고 있는 특별한 정서적 풍미 또는 '취미'인 **라사**(rasa)를 통해 설명된다. 모든 예술작품은 고유한 라사를 가지지만, 그 라사들은 다음의 여덟 가지 혹은 아홉 가지의 기본 유형들로 분류된다. 관능적인 것(Shringara), 익살스러운 것(Hasya), 연민을 자아내는 것(Karuna), 격정적인 것(Raudra), 영웅적인 것(Vira), 끔찍한 것(Bhayanaka), 혐오스러운 것(Bibhatsa), 경이로운 것(Adbhuta), 그리고 몇몇 이론가들이 아홉 번째 유형이라고 생각하는 고요한 것(Shanta).

라사는 정서적 상태를 유발하는 대상, 그 상태를 고양시키는 주변 환경, 정서 상태들을 전달하는 제스처들, 그리고 극이 상연되는 와중에 나타나고 사라지는 일시적인 감정들을 포함하여 그러한 극의 상연을 구성하는 다양한 요소들을 함께 묶는다. 이런 요소들이 혼합된 효과는 **바바**(bhava)라고 불리는 근본적인 정서적 성질이다. 바바는 작품의 상연이 감상자의 '마음을 휘저어' 놓을 정도로 충분히 강렬할 때 성취된다. 이러한 지배적인 정서적 성질은 기교를 갖춘 공연에서 나타난다. 그러나 감상자 모두가 그 온전한 풍미, 즉 라사를 경험할 준비가 된 영혼을 보유한 것은 아니다(Goswamy, 1986).

라사의 황홀한 경험은 오직 충분한 능력을 보유한 감상자, 말하자면 **라시카**(rasika)에게서만 나타난다. 카슈미르(Kashmir) 지방의 이론가인 아비나바굽타(Abhinavagupta, CE 950-1000)는 자신의 주석서인 《아비나바 바라티》(*Abhinava Bharati*)에서 라시카란 영혼의 수련을 통해 개인의 자아 의식을 초월한 자라고 주장한다. 자의식을 잃은 라시카는 예술작품에 전적으로 동화되어 라사가 그 혹은 그녀의 존재로 스며드는 결과가 초래된다. 아비나바굽타는 덜 수련된 감상자에게서 나타나는 보다 세속적인 정서를 바바라고 명명하고, 오직 초월적인 미적 정서에 대해서만 라사라는 용어를 사용한다(Gerow, 1997).

종교적 전통은 몇몇 사회들에서 양식적 선호를 결정하는 중요 요인이기도 하다. 이슬람 디자인의 주요한 요소인 아라베스크 문양, 즉 자기교차 방식으로 연속된 선은 수많은 무슬림 신념들을 반영한다. 이 장식 기술은 재현을 회피하려는 종교적 요구조건과 오직 추상만이 신의 초월적 무한성을 나타낼 수 있다는 신념을 반영한다. 복잡한 공간적 구성을 위해 선 하나만을 사용하는 것은 **타우히드**(tauhid), 즉 알라(Allah)의 유일성이라는 핵심 교의와 더불어 모든 곳에 알라가 현전한다는 점을 반영한다. 게다가, 아라베스크 문양의 선은 감기고 감겨서 결국 그것 자신으로 되돌아가기 때문에 끝이 없다는 인상을 심어 주는데, 이는 시작이나 끝이 없이 알라가 무한하다는 생각을 상징한다(Madden, 1975). 또한 아라베스크 문양의 기하학적 완전성은 수학에서도 일반적으로 그러하듯이 신의 완전성을 반영한다.

개별적인 예술적 기교들은 특정 문화의 종교적 세계관에 의해서도 배양되었다. 중국의 선불교(Chan sect of Buddhism)와 그것에 대응하는 일본의 선종(Zen)은 이 두 나라들에서의 예술 실천에 지대한 영향력을 발휘하였다. 필립 로슨(Philip Rawson)은 선불교와 선종의 수행자들이 이해하는 돈오(頓悟, sudden illumination)의 강렬함을 표현하기 위해 발달된, 특별히 주목할 만한 회화 양식에 대해 서술한다. 이 양식을 나타내는 중국어는 '**일품**(逸品, i-pin)'인데, 이것은 '방해받지 않음' 또는 '제약 없음'을 의미한다(Rawson, 1967). 이것의 목표는 기의 표현으로서 종종 정제되지 않은 결과물을 낳기도 한다. 이때 사용된 기교들을 통해서 자발성이 전달된다. 그 형태는 대략적이어서 묘사된 대상들이 실체성을 가지지 않음을 암시한다. 붓질은 거칠다. 불교의 교의에 따르면 고유한 사물이나 자아가 있는 것이 아니라 오직 상호 의존적인 전체만이 존재한다. 이 교의를 지킬 때 일품의 형태는 대략적이며 사람들은 캐리커처로 나타난다. 경계는 사라진다. 잉크는 후드득 떨어질 수 있다. 때때로 그림 전체가 단 하나의 붓질로 완성된다.

이러한 선종 회화는 일반적으로 무제한적인 환경 속에서 묘사를 제시함으로써 모든 사물들의 덧없음이라는 불교의 교의를 암시하기도 한다. 감상자는 소재를 떠나 속박되지 않은 환경과 그것의 공허함에 주목하게 된다. 때때로 그려진 소재는 마치 더 이상 구체화되지 않는 것 속으로 분해되듯이 배경 속으로 사라지는 것처럼 보인다. 피터 라마르크(Peter Lamarque)는 불교의 교의가 예술적 해소의 또 다른 사례와 맺는 관련성에도 주목한다. 그 사례는 일본의 노(Noh, 能) 극에서 묘사되는 인물 개성의 해소이다(Lamarque, 1989).

이런 예술을 해석하기 위해서는 불교의 몇 가지 핵심 개념들을 아는 것이 중요하지만, 여전히 우리는 많은 문화들이 다양한 종교적 전통들의 혼합체이며 그것들 모두가 예술 발전에 영향을 미친다는 점을 명심해야 한다. 실제로 선불교는 도교(道教, Daoism)의 영향을 강하게 받았는데, 중국에서 이 두 가지 전통이 언제나 구별되는 것은 아니다. 아서 손힐(Arthur H. Thornhill)은 한 사회의 예술과 단 하나의 종교 분파 내지는 세계관을 일대일 대응 관계로 연결하려는 시도에 대해 경고한다. 손힐은 흔히 바쇼(Basho, 芭蕉)를 선종의 대시인으로 파악하는 일이 바쇼가 신-유교적 이상들 또한 다양한 방식으로 표현했음을 간과하는 것이라고 주장한다(Thornhill, 1998; Kasulis, 1998도 또한 보라).

한 문화의 종교적 유산을 복잡하게 설명하는 일조차 예술 관행 및 다른 미적 관행을 맥락화하기 위한 근거로는 불충분하다. 왜냐하면 그 설명에서는 예술 관행과 다른 미적 관행을 구조화하는 다른 요인들이 고려되지 않기 때문이다. 특히 칼 마르크스(Karl Marx)의 영향을 받은 몇몇 인류학자들은 한 사회의 경제 체제가 예술 관행을 설명하기 위한 가장 근본적인 구조적 기반이라고 제안한다. 마르크스주의자의 관점에 따르면 예술 관행에는 경제 권력의 역학적 관계들이 반영된다. 자본주의 문화는 예술을 크게 가치 매김하는 사적 개인들의 예술 소유권을 장려하는데, 왜냐하면 그것이 사회경제적 지위를 보여 주기 때문이다. 반면에 보다 덜 계층화된 사회에서는 평등주의적 예술 관행이 발전되기 쉽다. 이를테면 예술 활동을 향유하고 그러한 활동에 참여하기 위한 공동체 맥락처럼 말이다.

마르크스주의자는 개별 예술작품의 특징들에는 거의 관심을 갖지 않는 대신 한 사회가 예술을 제작하고 사용하는 전형적인 방식들에 초점을 둔다. 다른 관점을 가진 사람들은 예술 관행을 맥락화할 때 주어진 사회 내에서 개별 예술 형식이나 장르의 발전을 설명하는 데 보다 많은 관심을 기울인다. 예를 들어 많은 음악인류학자들의 주장에 따르면 노래 장르에서 목소리들이 조합되는 방식에는 한 사회에서 각자 다양한 역할을 갖는 공동체 구성원들 사이의 상호작용이 어떠해야 하는지에 대한 이해가 반영되어 있다(Feld,

1984; Lomax, 1968을 보라).

한 사회의 예술 관행 전반을 맥락화하는 것과는 대조적으로 개별 예술작품들을 맥락화하기 위해서는 여전히 다른 정보가 필요하다. 정치적 논평을 포함하는 예술작품 해석에는 정치적 맥락에 대한 특정한 인식이 필수적이다. 왜냐하면 정치적인 문제들에 대한 암시는(특히 보복 위협이 있는 경우) 종종 꽤나 미묘하기 때문이다. 심지어 사회적 관행과 역사적 발전의 광범위한 특징들에 대한 지식조차도 종종 예술적 암시와 풍자를 겨냥한 사례들을 설명하지 못할 수 있다(Stokes, 1994를 보라). 한 예술작품이 일반적인 성질들을 보여주는 정도와 그 작품이 개인적 성취를 드러내는 정도를 확인하기 위해서는 개별 예술가들의 통찰과 혁신에 영향을 주는 요인들을 인식할 필요가 있다. 예컨대 이시도어 옥피후(Isidore Okpewho)는 아프리카 예술가들이 예술작품에 형태를 부여할 때 '놀이 충동'에 의해 영향을 받는다고 언급하는데, 이것은 예술이 전적으로 종교적인 세계관으로만 해석될 때 놓치게 되는 예술 제작의 심리적 특징이다(Okpewho, 1977).

그러나 학자들은 비서구 예술과 미학을 문화적 맥락에 위치시키려 시도할 때 비서구 예술가들이나 주석가들에게 거짓된 '진품성'을 요구하지 않도록 주의해야 한다. 한 문화에서 '진품'인 것에 대한 이해 이면에는 특히 그 문화가 과거의 관행에 대해 갖는 균질성과 동시대적인 충실성에 관한 어느 정도의 환상이 종종 포함된다. 콰메 앤서니 아피아(Kwame Anthony Appiah), 데니스 더턴(Denis Dutton), 그리고 래리 샤이너(Larry Shiner)는 연구 대상이 되는 사회 내에서 현재 통용되는 관행을 평가하는 대신 서구의 이론적 기대에 기초하여 진품성을 판단하려는 서구적인 이해 방식에 도전하였다(Appiah, 1991; Dutton, 1993; Shiner, 1994).

지금까지 우리는 비서구 미학을 특정한 방식으로 인식하기 위해 서구 미학자들이 내놓은 아젠다의 몇몇 특징들을 살펴보았다. 그러나 서구에서 다른 문화의 미학에 관심을 보이는 경우에는 전통들을 비교하여 공식화하는 데 대한 관심도 함께 나타나곤 한다. 비교를 통한 공식화 노력에는 그 자체로 제기되는 물음들이 있다. 주목하기에 마땅할 정도로 충분히 의미 있는 유사점들과 차이점들이 어떤 것들인지를 어떻게 결정하는가? 사람마다 서로 다른 결론에 도달할 것 같다. 동일한 증거를 가지고도 누군가는 미적 상대주의를 정당화하려 할 것이고, 다른 누군가는 사람들이 얼마나 많은 공통점을 가지는지를 보이려 할 것이다. 일부 아프리카 문화에서 개인 치장을 위해 사용되는 상처내기 기술들(Keil, 1979)이 서구의 관행과 보다 두드러지게 상이하거나 유사한가의 여부를 묻는 물음에 대해 두 비교미학자들은 서로 다른 견해를 가질 수 있다. 서구인들은 치장하려고 피부에 고의로 선을 새기진 않는다. 그러나 서구의 미용 관행에도 다소 고통스러운 과정들은 많이 있다.

유사하게, 오하시 료스케(Ohashi Ryosuke, 1998)와 케이지 니시타니(Keiji Nishitani, 1995)의 논의에 따르면 우리는 서구와 일본에서 예술작품을 마무리하는 기술들을 비교할 때 유사점이 더 중요한지 아니면 차이점이 더 중요한지를 물을 수 있다. 예컨대 니시타니는 꽃들이 '허공에 부유'하게끔 하는 일본의 절화(切化, cut flowers) 예술인 이케바나(ikebana)를 묘사한다. 그는 이것이 한 대상을 일상적인 맥락으로부터 '절단함'으로써 그 대상에 주목하도록 한다고 주장한다. 꽃은 일단 절단되면 더 이상 그것을 둘러싼 환경의 나머지 부분과 상호작용하지 않지만, 마치 영원한 현재에 있는 것처럼 시간에 대한 초월을 드러낸다. 일시적으로 유지되는 예술 제작을 의도한다는 생각과 더불어 우리 모두가 공허의 맥락 속에서 부유한다는 선종의 관념은 서구의 전통적인 규준들과 비교할 때 다소 낯선 것들이다. 비록 20세기에 서구의 많은 예술가들 중 특히 공연 예술가들이 새로운 예술 형식으로서 일시적으로 유지되는 작품들을 발전시켜 왔지만 말이다. 예술작품을 마무리하는 것에 대한 서구의 오래된 관념은 예술작품이 명백한 경계를 갖게끔 하는 것이었지만, 어떤 현상을 그 맥락으로부터 분리함으로써 주목하게끔 한다는 점에서 일본의 '절단'과 유사한 것으로 생각될 수도 있다.

불가피하게도 비교미학자는 자신에게 익숙한 것에서 시작하여 그것을 통해 외래 문화에 접근할 것이다. 지금까지의 많은 비교미학 연구들은 서로 다른 사회에서 두드러지게 나타나는 미적 가치들을 대조하는 데 주목했다. 예를 들어 도널드 킨(Donald Keene)은 서구의 전통적인 미적 가치들과 대조되는 일본의 많은 미적 가치들을 확인하였다(Keene, 1969). 그는 서구에서 유기체적 통일성, 완성성, 규칙성, 상대적 지속성, 복잡성 등을 형성하는 명시적인 부분들이 선호된 것과 대비하여 일본의 미학에서 그만큼 중요한 것으로서 암시, 불규칙성, 사멸성, 단순성 등을 확인했다.

그러나 혹자는 서로 다른 사회의 예술작품과 인공물을 피상적으로 조사한다고 해서 그 사회들의 미적 가치들 가운데 중요한 유사점들과 차이점들이 모두 자명하게 드러날지를 의심할 수 있다. 반 담(Van Damme)의 지적에 따르면 무엇이 미적으로 가치 있는지에 관해 서로 다른 사회에서 공유되는 어떤 원리들이 있을 수 있으며, 사회마다 예술형식이 완전히 다름에도 불구하고 그 공유된 원리들은 그러한 예술형식들을 통해 표현될 수 있다(Van Damme, 1996). 이는 서로 다른 문화에 속한 예술작품들 사이의 유사점들과 차이점들을 판단하는 일이 불가피하게 이론을 담지하는 작업임을 암시한다. 즉 이러한 판단 작업은 각각의 문화에서 예술을 제작하고 평가할 때 이루어지는 미적 선택들을 뒷받침하는 원리들을 특정하게 분석하는 일에 의존한다. 비교미학의 한 가지 소임은 다양한 문화의 예술에 대해 알려 주는 미적 원리들을 경계 짓는 일이다. 또 다른 소임은 그러한 원리들이 다양한 문화의 예술작품들 속에서 드러나는 방식을 설명해 내는 일이다.

그러나 비서구 문화에서 미적 사고와 관행에 관련된 원리들은 해당 문화에서 미적으로 가치 매김되는 꽤나 많은 현상들에 노출된 이후에야 분명해질 수 있다. 많은 문화에서 이런 현상들과 관련되는 관행은 서구에서 예술로 식별되는 것을 벗어나 있다. 그러므로 비교미학자들은 서구의 '예술'과 닮은 인공물들로 연구를 국한해서는 안 된다. 비실용적이면서 아름다운 예술과 기능적이면서 보다 일상적인 공예라는 서구적인 구분을 다른 비서구 사회에 적용하는 일은 부적절할 수 있으며 그 사회에서의 미적 가치에 대한 이해를 방해할 수 있다(Onyewuenyi, 1984를 보라).

많은 비서구 사회들에서는 예술작품이나 공연의 아름다움을 판단할 때 공통적으로 그것이 자신의 기능을 잘 수행하는지의 여부처럼 온전히 실천적인 기준을 따르려는 경향이 있다. 칼룰리 부족의 가면이 공연에서 사용될 때 춤추는 사람이 한 마리의 새로 변화하여 그 형상 속에서 죽은 이의 영혼이 지속된다는 믿음을 가지게 하면 그 가면은 미적 가치를 갖는다(Feld, 1990). 나바호 부족(the Navajo)은 노래와 다른 예술형식들을 통해 아픈 사람이 성공적으로 치유될 경우 그것들이 아름답다고 간주한다(McAllester, 1973을 보라).

예술을 판단하는 이러한 실천적 기준 또는 실용적 기준 때문에 과연 'beauty'가 비서구 사회의 핵심적인 미적 가치의 진정 적절한 번역인지, 심지어 대충이라도 그런지는 의문시된다. 추정컨대 비서구 사회의 중요한 미적 용어를 영어의 'beauty'로 옮기는 번역가들은 그 용어가 거기서 사용되는 방식과 서구의 사고에서 'beauty'를 둘러싼 관념들 간에 어떤 유사점을 본 것이다. 예를 들어 해당 비서구 용어는 인간에게서 최상의 매력 기준을 의미하기 위해 사용될 수 있으며, 이는 영어에서 흔히 'beauty'가 가리키는 것일 것이다. 그러나 우리는 아마도 많은 사회에서 아름다움에 관한 서구의 관념들 중 어떤 부분은 받아들여지지만 다른 어떤 부분은 받아들여지지 않는다고 결론 내릴 수 있을 것이다. 그러므로 비교미학자는 이러한 개념들 사이의 유사점들과 차이점들을 구체화하고 비서구 미적 용어들의 번역이 갖는 한계를 일깨워 주어야 할 것이다.

서구와 비서구의 미적 사고가 일치하지 않는 다른 영역들을 보여 주는 연구는 이미 수행된 바 있는데, 예컨대 자연에 대한 미적 접근이 그러하다. 바버러 샌드리서(Barbara Sandrisser)는 서구에서 비처럼 '나쁜' 날씨 상황으로 보일 수 있는 것에 관한 일본인의 미적 감상에 주목하였다(Sandrisser, 1982). 유리코 사이토(Yuriko Saito)에 따르면 자연에 대한 일본인의 태도를 특징짓는 것은 숭고를 드러내는 데 있지 않으며 오히려 자연 피조물의 매력에 빈번하게 주목하는 데 있다. 그녀의 제안에 의하면 이런 경향은 인간이 자연의 일부이며 자연과 긴밀한 관계를 맺는다고 여기는 일본인의 시각 때문에 나타난다(Saito, 1985). 인간은 자연 현상들을 자신과 동일시할 수 있는 능력을 가지고 있다. 그러므로 인간과 유사하게 사멸하는 자연 존재자들에 대한 공감적 슬픔은 사물들의 도식에서 인간이 차지하는

자리에 대한 의식을 반영한 것이다. 인간이 자연 속에서 자연스럽게 편안함을 느낀다고 보는 문화적 이해는 사물들의 페이소스를 뜻하는 일본인의 중요한 미적 가치인 **모노 노 아 와레**(物の哀れ, mono no aware)와 관련된다(Sokoloff, 1996을 보라).

중국 미학 역시 인간이 본질적으로 자연의 일부분이라는 문화적 믿음을 반영한다. 중국의 산수화 전통에서 풍경은 인간의 정신과 동일하며 이것을 성취하기 위해 화가는 자신이 그릴 풍경 속에서 시간을 보내고 집에 돌아와 기억을 떠올려서 그리도록 장려된다. 북송 시대(960-1127) 산수화의 이상은 일반적으로 각자 거리를 두고 있는 3개의 평면들과 더불어 전경에서 배경으로 인도하는 것처럼 보이는 하나의 길을 제시함으로써 감상자가 그 산수화 속으로 초대받도록 하는 것이었다. 감상자는 그 산수화로부터 적절한 거리를 두는 것이 아니라 그 산수화 안에 있음으로써 적절한 관점을 취하게 된다(Li, 1994).

화가를 위한 규칙들은 중국의 화론 문헌에 구체화되어 있다. 그 규칙들 속에는 자연에 대한 중국인의 확신이 자명하게 드러나는데, 이때 자연은 모든 개별 사물에 스며드는 기운으로서 전체로 향하는 어떤 단일한 흐름이다. 이 규칙들 중 가장 영향력 있는 것은 사혁(謝赫, Xie He 또는 Hsieh Ho라고도 알려진 인물, 6세기 CE)의 '고화품록(古畫品錄)'에 수록되어 있다. 그는 여기서 화가들을 위한 여섯 가지 원칙들을 다음과 같이 명시했다. ① 기운생동(氣韻生動), ② 골법용필(骨法用筆), ③ 응물상형(應物象形), ④ 수류부채(隨類賦彩), ⑤ 경영위치(經營位置), ⑥ 전이모사(傳移摹寫). '골법'이란 3차원을 암시하며 형상의 구조 또는 '뼈대'를 아주 명료하게 만들기 위해 붓질을 조절하는 일과 관련된다(Goldberg, 1997). 성공적인 산수화를 위한 사혁의 첫 번째 규칙에는 화가 자신의 기운과 자연 대상의 기운을 합일시키는 일의 중요성이 분명하게 드러난다. 이후에 나온 문헌인 형호(荊浩, Jing Hao 또는 Ching Hao라고도 알려진 인물, 활동 시기는 AD 900-960)의 '필법기(筆法記)' 또는 '산수결(山水訣)'에서도 유사하게 자연물의 생기를 표현하는 화가의 능력을 가장 중요한 것으로 여긴다(Sullivan, 1984).

또 다른 비교 주제는 서구에 비해 비서구 문화에서 일상의 미학에 상대적으로 보다 큰 강조점을 둔다는 사실이다(Small, 1980을 보라). 예를 들어 나바호 부족 사회의 구성원들에게 일일 기도는 모든 활동을 아름답게 만든다는 믿음을 반영한다. 나바호 부족은 아름다움이 건강, 행복, 조화, 자연의 정상적인 패턴 등을 포함한 온갖 부류의 적절성을 조합한 것이라고 이해한다(Witherspoon, 1977). 사이토의 언급에 따르면 일본인이 선물뿐만 아니라 제품의 포장에도 주목한다는 사실은 일상에서 마주치는 세속적인 사물들조차도 미감화하려는 문화적 목표를 반영한다(Saito, 1999; Sandrisser, 1998 또한 보라). 서예를 간판에 사용하고 방에서 가장 중요한 장소에 전시하는 등 중국인들이 일상의 맥락에 서예를 통합하는 일도 일상적인 환경을 미감화하는 역할을 한다.

더 나아가, 제작된 산물 대신 예술 제작 과정을 강조한다는 사실도 비교 주제가 된다. 이러한 사실은 서구 바깥의 많은 문화들을 특징짓는다. 예를 들어 중국의 서예는 하나의 실천 행위로 간주된다. 우리가 서구에서 '서예'라는 단어로 가리키는 산물은 행위로서의 예술작품이 남긴 흔적에 불과하다(Vinograd, 1988을 보라). 예술의 과정을 강조하는 전통은 이른바 '다중매체' 형식들을 발전시키곤 한다. 예컨대 뉴기니의 가면은 음악과 춤 그리고 다른 의상 요소들을 포함하는 의식 수행의 맥락에서만 그것의 의도된 기능을 수행할 수 있다.

중국에서 시(詩)·서(書)·화(畫) '삼절(三絶)'을 (언제나 그런 것은 아니지만 종종 두루마리 위에) 단일 예술작품으로 통합한 것도 다중매체 형식의 인상적인 사례이다. 이것의 이상은 각각의 기량을 경지에 올리는 것 외에도 서로의 표현적 힘을 고양시킴으로써 그것들 사이에서 미묘한 반향을 창조해 내는 것이다. 원화가의 작품에 다른 사람들이 서예를 추가하는 일반적인 관행은 이러한 형식의 개방성과 상호작용적인 성격에 기여한다. 마이클 설리번 (Michael Sullivan)의 제안에 따르면 중국인들에게 두루마리란 세월이 흐름에 따라 그 성격이 변화하고 발전되는 '생체(living bodies)'로 간주된다(Sullivan, 1980).

최근의 서구 미학과 다른 문화의 미학 전통 가운데 미적 가치와 윤리적 가치를 관련 짓는 경향은 후자의 경우 보다 두드러진다는 점에서 인상적인 대비가 나타난다. 물론 이런 경향은 서구의 역사에서도 보편적이던 시기들이 있었지만 말이다. N. 스콧 모머데이 (N. Scott Momaday, 1976)는 아름다움에 대한 미적 반응이 아메리카 인디언들 사이에서 대지윤리(land ethic)를 발전시킨 기반일 수 있다고 생각한다. 바바튠드 로월의 언급에 따르면 나이지리아의 요루바족은 인간미의 가장 중요한 측면이 도덕적 성격이라고 생각하며, 따라서 과도하게 매력적인 외양은 나쁜 성격의 가면을 쓴 것일 수 있기에 그만큼 의심받는다. 다른 자연 형상들의 아름다움도 그것이 인간의 필요에 대비할 수 있게 해 준다면 '좋은 성격'을 가지는 것으로 설명된다(Lawal, 1974).

중국의 예술 사상은 미학과 윤리학의 관계에 초점을 둔다. 유교 전통에서는 인간관계를 절충하는 제례 행위의 중요성이 강조된다. 이런 관점에서 윤리적 행위란 본질적으로 미적 성격을 갖는 것으로 이해된다. 따라서 예술의 관행은 윤리적 함양을 위해 중요하다(Goldberg, 1997). 음악은 윤리적 행위를 위해 특별히 중요한 모델이다. 음악에서 목소리들을 상호 조율하는 것은 사회적 조화를 위한 모델로서 역할을 한다. 악기, 특히 현이 분할되지 않은 고대 중국의 섬세한 거문고인 금(琴, qin 또는 ch'in)을 통달하기 위해서는 자기통제가 필수적이었는데, 이는 윤리적 행위에 요구되는 것과 유사해 보인다(De Woskin, 1982).

유교에서 주목하는 사람들 사이의 조화는 다른 관행들과 마찬가지로 예술에서도 그 내부의 전통을 지키는 일에 상대적으로 높은 가치를 두고자 할 때 중요한 요인이 된다. 예술은 윤리적 가치를 전달하는 일차적인 수단이고, 전달되는 가치의 올바름은 예술적 참신성보다 더 중요한 것으로 간주된다. 유교 전통에서는 교훈적인 예술이 장려되며 도덕적으로 이상적인 상황은 이미 존재하는 것으로 제시된다. 예술은 인간의 마음에 감정을 불러일으켜서 그것이 어떤 도덕적 반응으로 옮겨 가기 때문에 윤리적으로 가치 있는 것으로 간주된다(Wu, 1989).

도교의 전통도 미학과 윤리학을 연관 짓는다. 도교의 이상은 인간이 자연의 자발적 역동성과 하나가 되는 것이다. 자연에 대한 미적 감상은 이러한 노력을 돕는다. 왜냐하면 미적 감상은 환경 내에서 흐르는 기운을 인식하는 것에 관련되기 때문이다. 인간은 자연 환경과 말 그대로 의사소통할 수 있다. 왜냐하면 인간은 다른 자연물들과 마찬가지로 기(氣, qi 또는 ch'i)로 이루어져 있기 때문이다. 도교 사상가인 장자(莊子, Zhuang Zi 또는 Chuang Tzu)는 다양한 예술가들과 공예가들의 이야기를 통해 이상적인 윤리적 조건을 예증한다. 이들은 작품을 통해 자연이 작동하게끔 한다는 정확히 그 이유 때문에 경이로운 작품을 창작할 수 있다(Chuang, 1964).

일본인의 미적 선호에서도 윤리적인 고려가 역할을 한다. 이는 와비(わび, 불충분함), 시부이(渋い, 약간 쏘는 듯한 절제), 사비(さび, 소박한 단순성) 등의 미적 가치들 속에서 특히 분명하게 나타난다(Koshiro, 1995를 보라). 사이토는 호화로움을 지양하기 위해 발전된 불완전성과 불충분성의 미학이 16세기 일본 막부의 수장들을 통해 나타난다고 언급한다. 이러한 미학은 값비싸지만 그럼에도 불구하고 허름해 보이는 찻집에서 분명하게 드러나며 화려함을 멀리하는 형태로 자기절제를 반영한다. 찻집 구조의 단순성 덕분에 사람들은 다도(茶道)에만 집중하게 된다. 정치인인 이이 나오스케(井伊 直弼, 1815-60)도 이런 환경 속에서 모든 참여자들이 자신의 운명에 만족하게끔 장려된다는 이유로 다도가 사회적 가치를 갖는다고 주장했다(Saito, 1997).

다양한 사회에서 미적 경험이 갖는 인식론적 의미도 또 다른 비교 주제로서 여전히 연구할 만한 가치가 크다. 아즈텍 현자들(the Aztec tlamtinime, 사물들에 대해 '아는 사람들')로 이루어진 철학 분파들은 궁극적 실재에 대한 지식을 얻기 위해 미적 기준을 사용했다(Clendinnen, 1991; León-Portilla, 1963을 보라). 이 현자들은 이성만 가지고는 특히 가시적인 것 너머의 실재에 대한 통찰을 제공하는 데 한계가 있음을 확신했다. 따라서 그들은 시적 영감과 미적 황홀감이 이성으로는 접근 불가능한 실재의 특징을 밝혀 줌으로써 고유한 종류의 앎을 줄 수 있다고 믿었다. 그들은 시인들이 신들의 창조적 힘을 공유하는 예언가라고 믿었다.

보다 최근에 페루의 사상가인 알레한드로 데우스투아(Alejandro Deústua), 멕시코의 철학자인 호세 바스콘셀로스(José Vasconcelos) 등은 미적 경험이 인식론적 의미를 갖는다는 관점을 옹호했다(Davis, 1984). 우리는 아비나바굽타의 이론을 통해 미적 경험이 궁극적 실재에 접근하는 하나의 양태임을 이미 살펴보았다. 물라 사드라(Mulla Sadra), 알-가잘리(al-Ghazzali), 그리고 시인인 잘랄 알-딘 루미(Jalal al-Din Rumi) 등을 포함하는 이슬람 전통의 수많은 사상가들도 유사한 관점을 옹호한다(Nasr, 1997). 우리는 다음과 같이 물어볼 수 있을 것이다. 이런 관점들은 플라톤(Plato), 쇼펜하우어(Schopenhauer), 니체(Nietzsche), 콜리지(Coleridge) 등 서구 사상가들이 예술의 인식론적 역할에 관해 발전시킨 이론들과 얼마나 유사한가?

다른 비교 주제들은 더 많은 연구를 필요로 한다. 이것들 중에는 개별 사회에서 구체화된 미학 이론들이 여러 문화에 걸쳐 인간에 공통적인 무언가를 반영하는지의 여부를 묻는 연구도 있다. 예를 들어 라사(rasa)에 대한 인도의 이론은 인간에게 기본 감정들이 있다고 가정하는데, 이 이론은 인간의 심리 일반을 정확하게 묘사하는가(Shweder, 1993을 보라)? 보다 일반적으로 말해서 미적 가치가 서로 다른 문화들 사이의 가교 역할을 하려면 어느 정도까지 충분히 통-문화적(cross-cultural)이어야 하는가(Ellis, 1988; Roseman, 1991을 보라)?

왜 미학이 (최소한 최근에는) 서구의 사상보다는 많은 비서구 철학에서 더욱 핵심적인 역할을 하는지 역시 생각해 볼 만한 또 다른 문제이다. 불가피하게도 비교 연구는 서구 미학의 어떤 특징들이 — 예컨대 서구에서는 개인의 예술적 독창성에 높은 가치를 둔다 — 문화적으로 특이성을 가지는지에 대한 통찰을 낳게 될 것이다. 또한 서구 미학의 어떤 특징들이 전 인류에게 보다 광범위하게 적용되는지에 대한 통찰도 낳게 될 것이다. 종종 그렇듯이 타자에 대한 통찰을 얻는 일은 우리 자신을 아는 일에 영향을 미칠 것이다.

* 이 논문의 이해를 돕기 위해서 이 책에서 다음의 논문들을 찾아 읽으면 좋을 것이다.
  〈일상의 미학〉, 〈자연의 미학〉, 〈미〉, 〈환경미학〉, 〈미학과 윤리학〉, 〈예술과 지식〉, 〈예술의 진정성〉

참고문헌

Cross-cultural

Anderson, R. (1989). *Art in Small-Scale Societies.* Englewood Cliffs, NJ: Prentice-Hall.

_____ (1990). *Calliope's Sisters: A Comparative Study of Philosophies of Art.* Englewood Cliffs, NJ: Prentice-Hall.

_____ (1992). "Do Other Cultures Have 'Art'?" *American Anthropologist* 94: 926-9.

Armstrong, R. P. (1971). *The Affecting Presence: An Essay in Humanistic Anthropology.* Urbana: University of Illinois Press.

Blacking, J. (1973). *How Musical is Man?* Seattle: University of Washington Press.

Blocker, H. G. (1994). *The Aesthetics of Primitive Art.* Lanham, Md: University Press of America.

Dissanayake, E. (1995). *Homo Aestheticus: Where Art Comes From and Why.* Seattle: University of Washington Press.

Dutton, D. (1993). "Tribal Art and Artifact". *Journal of Aesthetics and Art Criticism* 51: 13-22.

Higgins, K. M. (1991). *The Music of Our Lives.* Philadelphia: Temple University Press.

Kelly, M. (1994). "Danto, Dutton, and Our Understanding of Tribal Art and Artifacts", in C. C. Gould and R. S. Cohen (eds.), *Artifacts, Representations and Social Practice.* Dordrecht: Kluwer.

Lomax, A. (1968). *Folk Song Style and Culture.* Washington: American Association for the Advancement of Science.

Rawson, P. (1967). "The Methods of Zen Painting". *British Journal of Aesthetics* 7: 315-38.

Rowell, L. (1983). *Thinking about Music.* Amherst: University of Massachusetts Press.

Sartwell, C. (1995). *The Art of Living: Aesthetics of the Ordinary in World Spiritual Traditions.* Albany: State University of New York Press.

Shiner, L. (1994). "'Primitive Fakes', 'Tourist Art', and the Ideology of Authenticity". *Journal of Aesthetics and Art Criticism* 52: 225-34.

Small, C. (1980). *Music, Society, Education.* London: John Calder.

Stokes, M. (ed.) (1994). *Ethnicity, Identity and Music: The Musical Construction of Place.* Providence, RI: Berg.

Van Damme, W. (1996). *Beauty in Context: Towards an Anthropological Approach to Aesthetics.* Leiden: E. J. Brill.

Africa

Appiah, K. (1991). "Is the Post- in Postmodern the Post- in Postcolonial?" *Critical Inquiry* 17: 336-57.

Danto, A. and Vogel, S. (eds.) (1988). *ART/artifact: African Art in Anthropology Collections.* New York: Center for African Art.

Hallen, B. (1998). "African Aesthetics", in M. Kelly (ed.), *Encyclopedia of Aesthetics,* 4 vols, vol. 1. New York: Oxford University Press, pp. 37-42.

_____ (2000). *The Good, the Bad, and the Beautiful: Discourse about Values in Yoruba Culture.* Bloomington: Indiana University Press.

Keil, C. (1979). *Tiv Song: The Sociology of Art in a Classless Society.* Chicago: University of Chicago Press.

Lawal, B. (1974). "Some Aspects of Yoruba Aesthetics". *British Journal of Aesthetics* 14: 239-49.

Okpewho, I. (1977). "Principles of Traditional African Art". *Journal of Aesthetics and Art Criticism* 35: 301-13.

Onyewuenyi, I. C. (1984). "Traditional African Aesthetics: A Philosophical Perspective". *International Philosophi-*

cal Quarterly 24: 237–44.

Thompson, R. F. (1968). "Aesthetics in Traditional Africa". *Art News* 66: 44–66.

_____ (1983). *Flash of the Spirit: African and Afro-American Art and Philosophy.* New York: Random House.

American Indians

Allen, P. G. (1974). "The Mythopoeic Vision in Native American Literature: The Problem of Myth". *American Indian Culture and Research Journal* 1: 3–11.

McAllester, D. P. (1973). *Enemy Way Music: A Study of Social and Esthetic Values as Seen in Navaho Music.* Milwood, NY: Kraus International.

Momaday, N. S. (1976). "A Native American Views His Land". *National Geographic* 150: 13–18.

Witherspoon, G. (1977). *Language and Art in the Navajo Universe.* Ann Arbor: University of Michigan Press.

China

Chuang, T. (1964). *Basic Writings,* trans. B. Watson. New York: Columbia University Press.

De Woskin, K. J. (1982). *A Song for One or Two: Music and the Arts in Ancient China.* Ann Arbor: University of Michigan Center for Chinese Studies.

Goldberg, S. J. (1997). "Chinese Aesthetics", in E. Deutsch and R. Bontekoe (eds.), *A Companion to World Philosophies.* Maiden, Mass.: Blackwell Publishers, pp. 225–34.

Li, Z. (1994). *The Path of Beauty: A Study of Chinese Aesthetics,* trans. G. Lizeng. New York: Oxford University Press.

Sullivan, M. (1980). *The Three Perfections: Chinese Painting, Poetry and Calligraphy.* New York: George Braziller.

_____ (1984). *The Arts of China,* 3rd edn. Berkeley: University of California Press.

Vinograd, R. (1988). "Situation and Response in Traditional Chinese Scholar Painting". *Journal of Aesthetics and Art Criticism* 46: 365–74.

Wu, K.-M. (1989). "Chinese Aesthetics", in R. E. Allinson (ed.), *Understanding the Chinese Mind.* Hong Kong: Oxford University Press, pp. 236–64.

India

Gerow, E. (1997). "Indian Aesthetics: A Philosophical Survey", in E. Deutsch and R. Bontekoe (eds.), *A Companion to World Philosophies.* Maiden, Mass.: Blackwell, pp. 304–23.

Goswamy, B. N. (1986). *Essence of Indian Art.* San Francisco: Asian Art Museum of San Francisco.

Rowell, L. (1992). *Music and Musical Thought in Early India.* Chicago: University of Chicago Press.

Shweder, R. A. (1993). "The Cultural Psychology of the Emotions", in M. Lewis and J. M. Haviland (eds.), *Handbook of Emotions.* New York: Guilford Press, pp. 417–31.

The Islamic world

Madden, E. H. (1975). "Some Characteristics of Islamic Art". *Journal of Aesthetics and Art Criticism* 33: 423–30.

Nasr, S. H. (1997). "Islamic Aesthetics", in E. Deutsch and R. Bontekoe (eds.), *A Companion to World Philosophies.* Maiden, Mass.: Blackwell, pp. 448–59.

Japan

Kasulis, T. P. (1998). "Zen and Artistry", in R. Ames et al. (eds.), *Self as Image in Asian Theory and Practice*. Albany: State University of New York Press, pp. 357–71.

Keene, D. (1969). "Japanese Aesthetics". *Philosophy East and West* 19: 293–326.

Koshiro, H. (1995). "The Wabi Aesthetic through the Ages", in N. Hume (ed.), *Japanese Aesthetics and Culture: A Reader*. Albany: State University of New York Press, pp. 245–78.

Lamarque, P. (1989). "Expression and the Mask: The Dissolution of Personality in Noh". *Journal of Aesthetics and Art Criticism* 47: 157–68.

Marra, M. F. (ed.) (1999). *Modern Japanese Aesthetics: A Reader*. Honolulu: University of Hawaii Press.

_____ (2001). *A History of Modern Japanese Aesthetics*. Honolulu: University of Hawaii Press.

Nishitani, K. (1995). "The Japanese Art of Arranged Flowers", trans. J. Shore, in R. C. Solomon and K. M. Higgins (eds.), *World Philosophy: A Text with Readings*. New York: McGraw–Hill, pp. 23–7.

Ryosuke, O. (1998). "Japanese Aesthetics: Kire and Iki", trans. G. Parkes, in M. Kelly (ed.), *Encyclopedia of Aesthetics,* 4 vols, vol. 2. New York: Oxford University Press, pp. 553–5.

Saito, Y. (1985). "The Japanese Appreciation of Nature". *British Journal of Aesthetics* 25: 239–51.

_____ (1997). "The Japanese Aesthetics of Imperfection and Insufficiency". *Journal of Aesthetics and Art Criticism* 55: 377– 85.

_____ (1999). "Japanese Aesthetics of Packaging". *Journal of Aesthetics and Art Criticism* 57: 257–65.

Sandrisser, B. (1982). "Fine Weather: The Japanese View of Rain". *Landscape* 26: 42–7.

_____ (1998). "Cultivating Commonplaces: Sophisticated Vernacularism in Japan". *Journal of Aesthetics and Art Criticism* 56: 201–10.

Sokoloff, G. (1996). "By Pausing before a Kicho", in K. M. Higgins, *Aesthetics in Perspective*. Fort Worth, Tex.: Harcourt Brace, pp. 620–7.

Thornhill, A. H. III (1998). "'Impersonality' in Basho: Neo– Confucianism and Japanese Poetry", in R. Ames et al. (eds.), *Self as Image in Asian Theory and Practice*. Albany: State University of New York Press, pp. 341–56.

Meso-America and Latin America

Baddeley, O. and Fraser, V. (1989). *Drawing the Line: Art and Cultural Identity in Contemporary Latin America*. New York: Verso.

Clendinnen, I. (1991). *Aztecs*. Cambridge: Cambridge University Press.

Davis, H. E. (1984). "Alejandro Deústua (1849–1945): His Criticism of the Esthetics of José Vasconcelos". *International Philosophical Quarterly* 24: 69–78.

León–Portilla, M. (1963). *Aztec Thought and Culture*. Norman, Okla.: University of Oklahoma Press.

Oceania and Malaysia

Ellis, C. J. (1988). *Aboriginal Music, Education for Living: Cross-Cultural Experience from South Australia*. St Lucia: University of Queensland Press.

Feld, S. (1984). "Sound Structure as Social Structure". *Ethnomusicology* 28: 383–410.

_____ (1990). *Sound and Sentiment: Birds, Weeping, Poetics, and Song in Kaluli Expression*, 2nd edn. Philadelphia: University of Pennsylvania Press.

_____ (1994). "Aesthetics as Iconicity of Style (Uptown Title); Or (Downtown Title) 'Lift-Up-Over Sounding': Getting into the Kaluli Groove", in C. Keil and S. Feld (eds.), Music Groves. Chicago: Chicago University Press, pp. 109-50.

Roseman, M. (1991). *Healing Sounds from the Malaysian Rainforest: Temiar Music and Medicine.* Berkeley: University of California Press.

제41장

미학과 진화심리학

데니스 더턴(Denis Dutton)
번역: 이종희

1. 역사적 선례들

예술의 기원과 본성의 이해에 심리과학을 적용하는 것은 최근의 현상이 아니다. 사실 그것은 그리스만큼 오래되었다. 플라톤은 형이상학의 관점에서만이 아니라 예술이 개인과 사회에 주는 심리적 위험, 특히 감정적인 위험의 관점에서 예술에 관해 썼다. 《국가》에서 예술의 형식과 내용에 대한 사회적 제어를 요구한 그의 유명한 주장은 예술에 관한 플라톤의 심리학의 결과였다. 반면 아리스토텔레스는 예술을 경험하는 데 있어, 철학자로서보다 편안하게 접근했다. 그의 저작은 그만큼 더 공평무사하게, 그가 '미적 경험'이라 일컬은 바에 있어 보편적이라고 여기는 심리적 특성들을 기술했다. 플라톤과 아리스토텔레스 둘 다 예술을 암묵적으로 모든 문화에 적용가능한 일반화의 관점에서 기술하긴 했지만 가장 의식적으로 자신의 예술 이론을 일반 심리학과 연결시킨 사람은 아리스토텔레스였다.

아리스토텔레스는 인간의 불변하는 심리적 본성이, 명시할 수 있는 불변적 특성들을 예술이 가지도록 규정할 것이라고 명시적으로 주장했다. 《정치학》의 그다지 주목되지 않은 한 부분에서 그는 "실질적으로 모든 것이 시간이 흐름에 따라 많은 경우들을 통해 — 혹은 무한한 경우들에서 — 발견되었다. 왜냐하면 필연성이 인간에게 절대적으로 요구되는 창안들을 가르친다고 가정될 수 있기 때문이다. 그리고 이것이 가정될 때 삶을 치장하고 풍요롭게 할 다른 것들도 점차적으로 성장하리라는 것은 당연하다"(1329b25)라고 이야기한다. 우리는 아리스토텔레스가 염두에 두었던 것이 무엇이었을지 상상할 수 있다. 칼은 처음에는 돌 박편으로 출현해 나중에 자귀로 형태가 잡혔을 것이다. 잡기 쉽게 하기 위해 거친 손잡이가 요구되었는데, 이것은 그 자체로 시각적 즐거움의 원천이 될 십자로 교차하는 새김으로써 성취되었을 것이고, 장식이 더해지면서 종국에는 장식된 금속제 칼에 이르렀을 것이다. 아리스토텔레스에게 있어 이런 식의 자연스러운 진전은 인간 사회가 기초가 세워지고 번성할 때마다 시각적 재현과 드라마, 이야기와 음악 등 예술에서의 창안이 있으리라는 것을, 그리고 이런 것들이 그 개별적 본성에 따라 대체로 필연적인 과정을 따라 발전할 것임을 의미한다(Aristotle, 1920).

아리스토텔레스의《시학》은 예술, 그중에서도 특히 드라마와 허구에 대해, 그것들이 일정한 지적, 상상적, 감정적 본성을 가진 인간에 의해 창조되고 인간을 위해 창조되었다는 이유로 정확히 가지리라 기대되는 특성들의 목록으로 이해될 수 있다. 예를 들어 그는 비극의 핵심 주제가 〈오이디푸스〉와 〈메데아〉에서 보는 것처럼 평범한 가족 관계의 붕괴일 것이라 주장한다. 드러내 말하지 않은 함축은 단지 그리스의 문화적 관심의 국지적 표명에 불과한 것이 아니라 가족의 스트레스와 파열에 대한 이러한 매혹은 **인간의 관심**의 불변하는 특성을 재현한다는 것이다.

18세기 데이비드 흄은 그의 1757년 논문, 〈취미의 기준에 관하여〉(Hume, 1987)에서 비슷한 논제를 주장했다. 그는 '취미의 일반적 기준들은 인간 본성상 일정하다'고 믿었다. 인간 본성이 역사와 문화를 관통하여 비슷하지 않으면 우리는 고대의 작품들과 같은 예술작품을 즐길 수 없을 것이다. 예술에서의 가치에 대한 흄의 유명한 기준, '시간의 시험'은 항상적이고 공통적인 인간 본성의 존재를 전제한다. 하나의 예술이 발원하는 문화 바깥에서 그 예술의 가치를 감상하는 것을 어렵게 만드는, 모든 국지적이고 문맥적인 특성들이 문예의 역사에 드리우고 있다. 흄은 그럼에도 불구하고 그 자신의 문화 바깥으로 뻗어나가는 것을 가능하게 해 주는 관심과 감성의 불변하는 핵심이 존재한다고 믿었다. 이것이 2,000년 전 아테네와 로마에서 즐거움을 준 바로 그 호머가 왜 여전히 파리와 런던에서 존경받는지를 설명해 준다.

일정한 인간 본성이 있다는 흄의 관념은 그의 동시대인 칸트(Immanuel Kant)와 일치를 보이는 지점인데, 칸트는 그 아이디어를《판단력 비판》(Kant, 1987)에서 자신의 미 이론의 기반으로 사용했다. 칸트가 자신이 그렇게 부르는 '취미 판단' 모두가 그 기원에 있어 주관적이라고 생각했음에도 불구하고, 판단을 하는 주체인 호모사피엔스가 **공통감**(sensus communis), 즉 공유된 인간 감각을 가지기 때문에 예술과 미적 경험에 대한 토론과 의견 일치 또한 가능했다. 만일 인간이 자신의 개인적이고 특이한 기호와 욕망을 제쳐 둠으로써 칸트가 무관심적 관조라 부른 바를 성취할 수 있다면 그들은 예술의 가치와 의미에 관하여 의견일치로 향하게 될 것이다.

20세기, 특히 그 후반기에 예술이론가들은 인간 본성에 관한 고정된 관점을 함축하는 이론들로부터 물러나 예술을 그 생산의 역사적, 문화적 문맥으로써 해석하는 소위 역사주의 이론을 선호하는 경향을 보였다(Barkow 외, 1992). 광범위하게 받아들여진 인간 지성에 대한 이러한 관점은 이성을 내용-부재의, 소위 텅 빈 서판으로 간주했다. 인간 존재는 다양한 문화들이 가르칠 수 있는 상이한 기술과 가치들 모두를 배울 수 있는 일반적 능력을 소유하고 있다는 것이다. 정신에 대한 이러한 이론이 심리학을 지배했던 것과 동시에, 20세기 중엽 미학은 그것에 상응하는 예술의 이론을 받아들이는 경향으로 가게 된다. 미적 가치는 문화가 미적으로 가치 있다고 가르치는 것이면 어떤 것이든 그것으로 간주되었다. 미적 가치와 의미는 문화에 의해 남김없이 구성되는 것으로 간주되었고 예술작품은 문화의 규범과 관습 안에서 창작, 감상되었다. 미학에서의 '문화적 구성주의'는 미적 가치에서의 상대주의로 귀결되어 뒤따라 아리스토텔레스와 흄이 옹호했을 종류의 미적 보편주의에 대한 부정이 이어졌다. 예술은 순전히 문화에 의해 결정된 산물로 여겨졌고 문화의 수만큼 많은 종류의 예술과 예술적 가치가 있었다.

2. 진화심리학: 자연 선택

그러나 최근, 진화심리학에서의 점진적 발전과 더불어 예술의 범문화적인 보편적 특성에 대한 흥미가 부활되었다. 진화심리학은 진화된 종의 유전적 상속물의 관점에서 인간의 심리적·문화적 삶을 이해하려고 시도한다. 모든 동물 종은 생존과 재생산에의 적합성을 증가시키도록 진화해 왔다. 인간 유기체의 모든 물리적 국면은 진화의 영향에 노출되어 있으며 모든 것이 어떤 식으로든 그에 의해 설명될 것이다. 우리가 면역 체계의 본성과 복잡성을, 또 간의 기능이나 헤모글로빈의 특성, 직립보행과 양안 시각을 고려하건 그렇지 않건 간에, 현생 인류 호모사피엔스를 탄생시킨 것은 우리와, 우리와 유사한 포유류 조상들의 진화에 작용한 자연 선택이다.

진화심리학은 다윈 이론의 발견물들을 인간 심리의 작용으로 확장시킨다. 특히 그것은 우리의 정신적 능력, 경향, 욕망을 홍적세기 이후 지난 200만 년에 걸쳐 발전한 적응으로 다룬다(Barkow 외, 1992). 이런 마음의 특성들은 대략 1,000년 전쯤, 농업과 도시의 도입 및 기록과 금속제 도구의 발전이 있었던 시기인 홀로세의 시작 지점에 그 현대적 형태로 완전히 발전하였다. 그 이후로 인간 뇌는 유전적 성격에 있어서는 크게 바뀐 것이 없다 (Mithen, 1996). 태어났을 때의 마음을, 개인이 속한 문화의 기술과 가치가 그 위에 새겨지는 내용-부재의 텅 빈 서판으로 보는 대신 진화심리학은 자연적, 성적 선택의 과정을 거쳐 자리하게 되는 본유적 관심, 능력, 취미의 존재를 상정한다. 진화심리학은 마음을 위한 은유로 텅빈 서판 대신 스위스군용 칼을 제시한다. 마음은 중요한 업무와 흥미에 특화된 일군의 도구와 능력들이다. 이러한 획득은 우리의 조상이 현재 이해되는 바로서의 문명이 시작되기 이전 10만 세대 동안 그 안에서 살아왔던 소규모 수렵-채집 무리에서의 생활에 대한 적응이다. 거기에는 석기 시대, 수렵-채집적인 마음이 가진 보편적 특성들의 긴 목록이 포함된다. 가령 문법적 규칙에 따르는 언어 사용, 근친상간을 피하는 친족 체계, 뱀이나 거미에 대한 두려움 등의 공포, 아이-양육 관심, 족벌주의, 혈족 관계의 선호, 분노와 복수의 감정과 연관된 정의·공정성·의무에 대한 감각, 손도구를 만들고 사용하는 능력, 인간 관계를 질서 짓는 지위와 등급, 음식의 청결과 오염에 대한 감각; 등등이다(Pinker, 1997). 이들 가운데 몇몇 특성들은 인간 종 전체를 통틀어 일정하다; 다른 것들은 통계적으로 성에 연관된다. 예를 들어 여성들은 아이 양육의 관심에 보다 잘 편향되며 시각 경험에서의 세부사항들을 더 잘 기억하는 능력을 가지는 반면, 남성들은 신체적으로 보다 공격적이고 방향성을 더 잘 결정할 수 있고 '지도 읽기'에서도 더 낫다.

예술의 두 특성이 이런 심리적 요인들과 예술을 연결시킨다. 첫째, 예술형식은 범-문화적으로 모든 곳에서 발견된다. 인간 문명으로 알려진 것 가운데 유럽 문화가 예술적이라고 확인할 종류의 표현적 만들기 형식을 보여 주지 않는 문명은 존재하지 않는다(Dissanayake, 1995). 이는 모든 문화가 모든 예술형식을 가진다는 것을 의미하지는 않는다. 널리 예술로 여겨지는 일본 다례는 서양에서는 어떤 근접한 유사물도 없다. 뉴기니의 세픽 강 주민들은 열정적인 조각가로, 자신의 에너지를 몸치장과 전투 방패 만들기에 쏟아붓지만 조각은 거의 하지 않는 뉴기니 고산지대의 동료들과 대조된다(Dutton, 2000). 동부 아프리카의 딩카족은 거의 시각 예술을 가지지 않는데 그 형태와 색채, 그리고 그들이 생계를 의존하는 소 떼 위의 자연스러운 반점 문양들로 감식가들을 매료시키는 매우 발달된 도기를 가지고 있다. 이런저런 문화들이 우리가 예술적이라 여기는 산물과 실행들을 가지고 있다는 점은 진화심리학으로부터의 어떤 설명을 요구한다. 예술의 바로 이러한 보편성이, 그것이 아주 오래된 심리학적 적응과 연관되어 있음을 강하게 암시한다.

예술을 심리학적 흥미의 초점으로 두드러지게 만드는 두 번째 특성은 그것이 종종 아주 강렬한 종류의 쾌와 감정을 인간에게 제공한다는 점이다. 쾌, 고통과 감정 ― 매력, 혐오, 경이, 공포, 사랑, 존경, 증오의 경험을 포함하는 ― 이 적응적 관련성이 있다는 것은 진화심리학의 공준(公準)이다. 달콤하고 기름진 음식을 먹는 즐거움은 영양과 생존을 위한 홍적세기의 적응이며 이는 성적 쾌가 출산을 위한 적응인 것과 마찬가지이다. 먹기와 섹스를 즐겼던 조상들은 후손을 낳고 자신의 특성을 그들에게 물려줄 가능성이 사실 더 컸다. 혐오의 경우에는 그 역이 해당한다. 잠재적인 인간 먹거리 중 가장 위험하게 유독한 물질 가운데 하나는 박테리아가 든 썩은 고기일 것이다. 썩은 고기가 인간에게 가장 역한 냄새를 풍기는 것들 중 하나라는 사실은 진화론적 우연이 아니다. 모종의 홍적세기적 유산이랄 수 있는 경험적 항목들의 범위에는 다음의 것들이 포함된다. 다른 인간 존재 및 그들의 자세·표현·행동을 향한 감정적 경향성, 동물이나 식물 및 밤의 어둠과 자연 경관 등 환경에 대한 반응, 상상적인 위험이나 모험적 장애의 극복 등 확인 가능한 주제들을 가진 내러티브를 만들고 듣는 데 대한 관심, 문제풀이를 즐김, 공동체적 활동에 대한 선호, 기량과 솜씨를 뽐내는 것을 감상하기 등이다.

3. 환경적 선호

어떤 유기체에서건 그 생존에 있어 가장 중요한 고려사항들 가운데 하나는 서식지 선택이다. 1만 년 전 도시가 발전하기 전까지 인간의 삶은 거의 방랑에 가까웠다. 특히 잠재적 먹이와 포식자에 유의하여 생존에 알맞은 조건을 찾는 것은 경관에 대한 인간의 반응에 선택적으로 영향을 주었을 것이다 — 경관 유형은 긍정적 감정, 거부, 탐구성, 탐험의 욕망이나 일반적인 평안감을 일으키는 능력이 있다. 경관 유형에 대한 반응은 경관 유형의 표준화된 사진들이 다양한 연령과 국적의 사람들에게 제시되는 실험으로 시험되었다. 낙엽 지는 숲, 열대우림, 나무가 있는 탁 트인 사바나, 침엽수림과 사막 등. 성인들 사이에서는 어떤 범주도 선호되는 것으로 두드러지지 않았다(사막 경관은 다른 것들보다 선호 비율이 약간 떨어졌다). 그러나, 실험이 어린아이들에게 적용되었을 때 이들은 나무가 있는 사바나에 두드러진 선호를 보여 준다는 것이 밝혀졌다 — 정확히 말하면 초기 인간 진화의 많은 부분이 일어났던 동부 아프리카 경관이다(Orians와 Heerwagen, 1992). 사바나에 대한 선호를 넘어, 물이 있는 경관에 대한 일반적인 선호가 있다. (우리가 숨을 곳과 야생동물들에게 숨을 곳을 지시하는) 개방되고 나무가 우거진 다양한 공간, (탈출 가능성을 제공하는) 지면에서 1-2미터 위로 열매가 맺힐 가능성이 있는, 지면 근처에서 갈라지는 나무들, 굽이돌면서 시야를 벗어나 탐험을 이끄는 길이나 강을 포함하는, 멀리서 희미해지는 경치, 먹을 만한 야생동물의 직접적인 출현이나 그것이 있다는 암시, 그리고 변화무쌍한 구름 문양들. 사바나 환경은 사실 (평방킬로미터당 단백질의 킬로그램으로 계산했을 때) 유독 먹이가 풍부한 환경이고 수렵-채취의 생활 방식에 매우 바람직하다. 놀랍지 않게 이러한 것들이 바로, 달력 예술이나 세계 곳곳에 있는 공원들의 디자인에서 끝없이 반복해서 보게 되는 요소들이다.

경관에 대한 홍적세기적 취미의 만연이라는 생각은 두 명의 러시아 망명 예술가 코마르(Vitaly Komar)와 멜라미드(Alexander Melamid)가 1993년 수행한 비범한 프로젝트로부터 지지를 받았다. 그들은 여론조사 전문 기관을 고용하여 아시아, 아프리카, 유럽, 아메리카의 10개국에 사는 사람들의 예술 선호도에 대한 광범위한 조사를 수행했다(Wypijewski, 1997). 푸른색이 전세계적으로 가장 선호하는 색깔로 나타났고 녹색이 2위였다. 응답자들은 사실적인 재현적 회화에 대해 선호를 표현했다. 선호되는 요소에는 물, 나무와 다른 식물들, 인간(여자와 아이들에 대한 선호, 그리고 조모 케냐타나 쑨원 같은 역사적 인물들에 대한 선호)과 동물, 특히 야생이건 가축이건 커다란 포유동물들이 포함된다. 통계적 선호를 길잡이 삼아 코마르와 멜라미드는 각 나라마다 가장 좋아하는 그림을 만들어 냈다. 그림이 완전히 양립 불가능한 요소들 — 〈미국에서 가장 원하는 그림〉이란 제목의 그림은 허드슨 리버 학교를 커다란 하마가 포효하고 있는 호숫가에 서 있는 조지 워싱턴과 함께 제시한다 — 을 유머스럽게 뒤섞어 놓은 데서 보이듯 그들의 의도는 분명히 반어적이었다. 그러나 이 프로젝트에는 진지한 측면도 있었다. 다양한 문화의 선택으로 만들어지긴 했어도 그림들은 놀랍게도 비슷한 선호 집합을 공유하는 경향이 있었기 때문이다 — 그 그림들은 사진이건 그려진 것이건 평범한 유럽의 경관 달력 예술과 비슷해 보였다. 이런 이상한 범문화적 통일성 — 동부 아프리카인들은 그들의 일상생활에서 익숙하다고 느낄 경관보다 초목이 무성한 달력 경치를 골랐다 — 을 설명하려 시도하면서, 아서 단토는 코마르와 멜라미드의 그림들이 취미에 영향을 주어 토착적 가치로부터 멀어지고 유럽적 관습으로 향하도록 하는 국제적인 달력 산업의 영향력을 입증한다고 주장했다. 그는 케냐 인들이 케냐 같아 보이는 경치보다 뉴욕 주 북부처럼 보이는 경치를 더 선호했다는 점을 인정하지만, 여론조사 작업은 대부분의 케냐 인들이 자기 집에 달력을 가지고 있다는 점 또한 보여 주었다(Wypijewski, 1997의 Danto 논문). 여기서 인정되지 않는 것은 왜 전 세계 달력들이 같은 경관 주제를 가지느냐는 물음이다 — 이 주제는 진화심리학이 예견할 만하다. 진짜 질문은 "왜 달력은 전 세계적으로 그렇게 내용에 있어 통일적인가?"이다. 이 통일성은 아기, 예쁜 소녀, 아이들, 동물 같은 경관이 아닌 다른 주목의 대상들도 포함한다. 시장 수요에 맞춰 감으로써 야외 경관에서의 홍적세기 취미를 발견한 것이 바로 달력 산업인 것이다.

4. 문제 풀이와 스토리텔링

생존이 종종 적대적인 물리적 세계를 다루는, 그리고 친구이건 적이건 우리 종의 일원들

을 다루는 문제라면, 이후의 도전에 대비하기 위해 상상적으로 정신을 훈련하는 것에서
얻을 수 있는 일반적 이익이 있을 것이다. 모든 종류의 문제 풀이, 어려움에 대처하기 위
해 대안적 전략들을 상상함으로써 생각해 보는 것, 이런 것들이 예술이 우리로 하여금 행
하도록 하는 바의 핵심에 있다. 허구 내러티브에서 우리는 일생 동안 만나게 되는 것보다
훨씬 더 다양한 종류의 장애에 부딪치면서 그 잠재적 해결책들도 만난다. 스티븐 핑커(Ste-
phen Pinker)가 주장하듯 '인생은 체스보다 훨씬 더 수(手)들이 많다. 사람들은 항상 어느 정
도 갈등 상황에 있고 그들의 수와 그 대응수들이 증식하여 상상 못 할 정도로 광대한 상
호작용의 집합이 된다'(Pinker, 1997). 이런 모형에서 스토리텔링은 행위의 결과가 어떻게
되는지를 상상 속에서 알아보기 위하여 상대적으로 비용이 낮은 다양한 삶의 실험을 수
행해 보는 하나의 방식이다. 내러티브가 자연 세계의 도전을 다룰 수도 있지만 그 통상적
인 본거지는 아리스토텔레스 또한 이해했듯이 인간 관계의 영역에 있다. 핑커가 표현하
듯이, '부모, 자식, 자매는 그들의 부분적인 유전자 중첩 때문에 공통적이면서 경쟁하는
이해관계를 가지고, 한쪽 편이 다른 사람을 향해 하는 어떤 행위건 이타적이거나 이기적
이거나 이 둘의 조합이 될 것이다'. 여기에 연인, 부부, 친구, 낯선 이들의 복잡함을 덧붙이
면 길가메시의 서사시로부터 오늘날 가판대용 연애소설에 이르는, 문학사의 대부분을 이
루는 기본적 재료를 가지게 된다(Storey, 1996).

조셉 캐롤(Joseph Carroll)은 허구 내러티브의 적응적 이점에 대한 이런 평가에 동의하지
만 상상적인 스토리텔링은 가능한 만일의 사태를 위한 명시적인 가짜 설명서 이상을 한
다고 강조한다. "그것은 개인적이고 사회적인 발달에 기여하고 복잡하고 변화하는 환경
에 유연하고 창조적으로 반응하는 능력에 기여한다."(Carroll, 1995) 우리들 중 어느 누구도
섬에 외따로 표류되지 않을 테지만《로빈슨 크루소》를 읽음으로써 독자는 '크루소가 고
립 속에서 스스로를 지탱한 성격적 특성들을 알게 되고 이런 인식을 자신의 심리학적 잠
재력의 꾸러미 안에 통합시키게 된다'고 캐롤은 주장한다. 이런 식으로 허구는 '정신적으
로 다른 사람의 경험 속으로 들어가기 위한 본유적이고 사회적으로 적응적인 능력을 함
양하는 매체이다'(Currie, 1998도 보라).

5. 진화심리학: 성적 선택

자연 선택의 다윈주의 메커니즘이 모든 과학 가운데에서 가장 용도가 다양하고 강력한
설명적 아이디어 가운데 하나임이 밝혀졌지만, 다윈주의에는 또 다른 보다 덜 알려진 측
면이 있다. 성적 선택이다. 성적 선택의 가장 유명한 예는 공작의 꼬리인데, 이 거대한 전

시물은 야생에서의 생존을 증진시키기는커녕 공작이 포식에 더 취약하도록 만든다. 꼬리는 무거워서 자라는 데에도, 끌고 다닐 때에도 많은 에너지를 필요로 한다. 다음이 자연의 요점인 것 같다. 그런 꼬리를 어떻게든 달고 다닐 수 있다는 것은 암컷공작에게 하나의 광고로서 기능한다. "내가 얼마나 힘세고 건강하고 잘난 수컷공작인지 봐라." 안목 있는 암컷공작에게 꼬리는 적자 표지로서 그들은 가장 큰 꼬리를 보여주는 수컷과 짝지을 것이다(Cronin, 1991; Zahavi와 Zahavi, 1997).

다음 세대를 생산하기 위해 암컷의 참여를 끌어들여 수컷이 힘과 영리함 및 일반적인 종적합성을 보여 주는 것이 대부분의 종에게 전형적인 패턴이므로 동물의 왕국에서 성적 선택에 있어 기본적인 것은 암컷 선택이다. 그러나 인간이라는 동물에 있어서는 선택의 상호관계성이 더 크다. 밀러(Geoffrey Miller)는 성적 선택이 성격이나 재능, 태도의 성질들처럼 우리가 가장 긍정적으로 인간적이라고 여기는 경향이 있는 특성들의 원천이라고 주장할 뿐 아니라 예술적 창조성과 향유도 홍적세기에 남녀가 성적 파트너를 선택하는 과정 가운데에서 생겨나게 되었다고 주장한다.

우리가 성적 선택을 통해 우리 스스로를 바꿀 수 있다는 관념은 받아들여질 만하다. 심지어 최근인 역사 시기에도 작동 중인 놀라운 인간의 성적 선택의 사례들이 있다. 나이지리아와 니제르의 워다브(Wodaabe)족은 그들의 지르 월(geere wol) 축제로 여행사진가들에게 사랑받는데, 그 축제에서 이 부족의 젊은 남자들은 유럽 인들에게는 여성처럼 보이게끔 스스로를 단장하고는 지구력과 건강함을 보여 주기 위해 격렬하게 춤을 춘다. 그러면 여성은 가장 좋아하는 사람을 고르게 되는데 선호되는 것은 키가 가장 크고 눈도 가장 크며 이가 가장 희고 가장 곧은 코를 가진 남자이다. 세대를 거듭하면서 워다브족은 이웃 부족에 비해 더 키가 커지고 더 하얀 이와 곧은 코를 가지게 되었다. 만일 2-3세기 동안에 이런 종류의 변화를 관찰하는 것이 가능하다면, 수만 세대 동안 호모사피엔스를 다시 만들거나 정제하는 것이 분명히 가능하다. 자연 선택의 경우에서처럼 아주 약간의 선택 편향도 오랜 기간에 걸치면서 인간성의 측면들을 엄청나게 변경할 것이다. 이는 사실 우리에게 우리 스스로가 사실상 창조해 온 개성과 성격의 종적 특성들을 부여하게 된다. 우리의 조상은 자신의 짝으로 '따뜻하고 위트 있으며 창조적이고 지적이고 관대한 동료'에 대한 취향을 발휘했고 이는 우리의 현재 취향과 특성들의 구성에서, 또 예술을 창조하고 감상하는 경향에서 스스로를 드러낸다(Miller, 2000).

따라서 아프리카 사바나에서의 생존의 필요성을 훨씬 뛰어넘는 특출한 능력을 가진 기관인, 놀랍도록 커다란 인간의 두뇌의 원인이 된 것은 성적 선택이다. 인간의 뇌는 모든 문화에서 발견되지만 생존의 이점으로 설명하기는 어려운 특성들의 긴 목록에 특별히 적합한 마음을 가능하게 한다. '유머, 스토리텔링, 가십, 예술, 음악, 자기-의식, 화려한 언어,

상상적 이데올로기들, 종교, 도덕성'(Miller, 2000). 성적 선택의 관점에서 볼 때 마음은 우리의 석기시대 조상들이 서로를 유혹하고 즐겁게 하며 같이 자는 것을 돕도록 진화된, 야하고 압도적인 가정 오락 체계로 보는 것이 최선이다.

스스로 창조한 인간의 정신적 능력의 과잉의 좋은 예로 어휘를 생각해 보라. 인간이 아닌 유인원들은 20개 정도 구분되는 신호를 가지고 있다. 평균적 인간은 대략 6만여 개의 단어를 안다. 이 단어들은 18세에 이르기까지 매일 평균 10개에서 20개 정도씩 학습된 것이다. 일상 대화의 98퍼센트가 대략 4,000개의 단어들만을 사용하고, 홍적세기의 생존을 위해서는 많아야 2,000-3,000개를 넘지 않는 단어들로 충분했을 것이므로 과잉 어휘들은 성적 선택 이론에 의해, 적합성과 일반적 지성의 지표로 잘 설명된다. 밀러는 신체 균형 ─ 잘 알려진 적합성 지표 ─ 과 지성 간의 상관성이 단지 20퍼센트 정도라고 지적한다. 어휘 사이즈는 다른 한편 보다 강력한 지성의 표지로서, 그 때문에 그것은 여전히 심리학 테스트에서 어떤 사람이 얼마나 똑똑한가를 측정하는 데에 이용된다. 또한 보다 일반적으로 사람들은 자동적으로 똑똑함의 측정에 어휘 사이즈를 사용한다. 그러한 지표는 특히 구애의 문맥에서 효과적이다. 실로 언어의 번드르르한 시적 사용 ─ 거대한 어휘 집합과 통사적 기교를 포함하여 ─ 은 전 세계적으로 사랑과 연합되는 일종의 인지적 전희(前戱)이다. 그러나 그것은 또한 밀러가 주장하듯이 '누군가의 개성, 계획, 희망, 두려움, 그리고 이상에 대한 전체적인 전망을 제시'할 수 있다. 따라서 그것은 짝 선택 기준의 목록 안에서 핵심적인 항목이었을 것이다(Miller, 2000).

따라서 놀이를 창조하고 삶의 어느 곳이든 장식하고 꾸미려는 인간의 경향은 짝 고르기의 결과이다. 이 경향은 춤, 몸치장, 의복, 보석, 헤어 스타일링, 건축, 가구, 조경, 인공물 디자인과 동굴 벽화에서부터 달력에 이르는 이미지들, 언어의 창조적 사용, 종교적인 행렬에서 TV 드라마에 이르는 대중연예 및 모든 종류의 음악의 발전을 설명해 준다. 예술적 표현 일반은 어휘 창조와 언어적 전시와 마찬가지로 성적 선택에 따르면 적합성 표지로서의 유용성에 그 기원이 있다. "인간 예술에 적용되었을 때 이는 아름다움이 곧 어려움 및 고비용과 등치임을 시사한다. 우리는 매력적인 높은 적합성 성질, 가령 건강과 활력, 끈기, 눈과 손의 협응, 정교한 운동 제어, 지성, 창조성, 희귀한 재료들의 획득 가능성, 어려운 기술을 배울 능력 및 많은 여가 시간 같은 자질들을 가지는 사람들만 생산할 수 있었을 그런 사물들이 매력적이라고 생각한다."(Miller, 2000) 이러한 관점은 그리스에서 니체와 프로이트에 이르기까지 추적할 수 있는 다음의 끈질긴 직관과 부합한다. 예술은 어떤 식으로든 근원적으로 성과 연결되어 있다. 전통적인 예술 이론에서의 실수는 예술에 무언가 암호화되거나 승화(昇華)된 성적 내용이 있을 것이라 상상한 점이었다. 그러나 성적인 것은 내용 그 자체가 아니다. 생산의 전시적 요소 및 무엇보다 예술가와 그들의 예술을 존경하는 것이 태초의 인류에서부터 예술을 성적으로 근거지은 것이다.

홍적세기에 예술생산이 적합성 표지였던 만큼, 그것은 낮은 적합성을 가진 예술가들이 복제해 내기 어려운 무언가이어야 했을 것이다(만일 복제하기 쉬운 것이라면 그것은 적합성의 기준으로서 부정확하게 될 것이다). 홍적세기의 마음이 예술 관념에 미친 영향은 따라서 적어도 심리학적 수준에서 오늘날의 철학적 미학의 문제들에 일정한 관점을 제공해 준다. 거장적 기예를 고려해 보라. 만일 음악이 형식적 관계에 있는 일련의 소리들이라면, 왜 파가니니 카프리치오소의 소리가 바이올린으로 실현하기에 또한 어렵다는 것이 우리에게 어떤 차이를 만들겠는가? 성적 선택 이론의 관점에서 이것은 문제가 안 된다. 거장성, 숙련성, 어려움에 대한 능숙한 극복은 전시로서의 예술에 본질적이기 때문이다.

어려움이 다는 아니다. 예술은 또한 대가와도 연관된다. 경제학자 베블런(Thorstein Veblen)이 말한 것처럼 '값비쌈의 표시는 값비싼 물품의 아름다운 특성으로 받아들여지게 된다'. 이 점은 예술 관념에 핵심적인 것으로서의 솜씨와 대가에 대한 모더니스트들의 평가절하와 부딪치는 만큼, 예술에 대한 끈질긴 대중적 반응과는 뜻을 같이한다. 대중들은 솜씨 좋은 사실적 회화를, 음악적 거장성을, 그리고 값비싼 건축적 디테일들을 좋아한다. 이는 유명한 박물관의 회화가 얼마나 값이 나가느냐고 묻는 속물주의를 정당화하지는 못할 테지만 설명을 해 주긴 한다.

어려운 무언가를 하는 능력에 대한 경의는 예술에서 고유한 것은 아니다. 우리는 운동선수들을, 발명가들을, 능숙한 웅변가나 곡예사들을 존경하며, 솜씨에 대한 경의는 적어도 인간 노력의 다른 분야에만큼이나 예술에 본질적이다(Godlovitch, 1998). 디사나약(Ellen Dissanayake)은 '특별한 만들기'라는 과정을 홍적세기로부터 현재에 이르기까지 실행된 예술들에 본질적인 것으로 보았다(Dissanayake, 1995). 그러나 그녀가 특별한 만들기를 수렵-채취무리에서 강렬한 공동체적 의미를 증진하는 경향이 있는 것으로 간주한 반면, 밀러는 그 현상을 전시와 보다 관계된다고 해석한다. '표지 이론은 특별한 무언가를 만드는 것이, 제작자에 관해 특별한 것을 드러내도록 그것들을 하기 어렵게 만듦을 의미한다고 주장한다'. 그렇다면 흉내 내기 어려운 방식으로 어떤 것을 수행함으로써 거의 모든 것이 예술적인 것이 될 수 있을 것이다. 경칭으로서의 '예술'은 따라서 '뛰어남, 예외성, 그리고 고도의 성취를 함축'하며, 그러므로 적합성 표지로서 유용하게 될 것이다.

이것이 참이라면, "내 아이가 저것보다는 잘 그리겠다"라는 통속적인 관람자의 언급은 적어도 성적 선택의 관점에서는 타당한 것으로 인정되며 인간 역사의 남은 기간 동안 예술적 맥락에서 들을 수 있으리라 기대될 수 있다. 사람들은 그들이 속한 문화로부터 솜씨가 중요하지 않다는 것을 '학습하지' 않을 것이다(이는 일반적인 신체 균형이 적합함을 표시하지 않는다는 것을 학습하지 않으리라는 것과 마찬가지이다). 더구나 엘리트들에 있어서도 이는 사실 크게 다르지 않다. 엘리트들의 솜씨 식별이 단지 더 정제된 수준에서 이루어지는 것일 뿐이다. 트웜블리(Cy Twombly)의 백묵과 칠판 작품은 대부분의 사람들에게 어린아이들의 칠판 낙서처럼 보이는데, 고급예술 비평가들에 의해서는 극도로 정교한 예술적 솜씨를 보여 주는 것으로 여겨진다. 그 작품들이 비숙련가들에게 솜씨를 분명하게 보여 주지 않는다는 것은 그것들이 세련되지 못한 사람들은 파악할 수 없는 수준으로 제작되고 있음을 입증할 뿐이다. 이런 식으로, 예술의 비밀스러운 본성은 그것의 지위 및 위계와 더불어 제자리에 남아 있다.

　　자연 선택에 의해 결정된 흥미와 경향들처럼 우리가 성적 선택으로부터 물려받은 가치들의 궁극적인 이유는 직접적인 내성을 통해서는 이해할 수 없다. 잘 익은 과일은 맛있는 달콤함으로 느껴지는 반면 썩은 고기는 역겹다. 이는 타당한 생물학적 이유로 인해 그러하지만, 우리는 직접적 경험을 통해서는 왜 이런 것들이 각기 즐거움과 역겨움을 일으키는지를 알 수 없다. 비슷하게, 성적 선택 이론에 따르면 우리는 예술과 음악 같은 유희에서, 매력적인 상대방과의 탐색적인 대화에서, 뛰어난 운동 솜씨를 뽐내는 모습이나 멋진 은유와 잘 지어낸 이야기에서 엄청난 즐거움을 만끽한다. 이런 활동과 경험들이 그토록 유쾌함을 자아낼 수 있다는 사실 또한 설명을 필요로 하며 지금까지 성적 선택 이론은 우리가 가진 설명들 가운데 가장 적합하고 매력적인 설명 가운데 하나를 제공하고 있다.

6. 진화심리학의 한계

진화심리학이 예술의 존재와 그 지속적인 성질들에 대한 해명을 해 줄 능력이 있을지 모르지만, 그것이 우리가 예술에 대해 알고 싶은 모든 것을 설명하는 체해서는 안 된다. 특히 미학적 문맥에서 진화심리학을 논의할 때에는 염두에 두어야 할 칸트 미학의 한 측면이 있다. 칸트는 그가 쾌적하다고 부른 것과 아름다움을 구분했다. 쾌적한 것은 우리가 직접 경험에서 선호하는 솔직한 주관적 느낌이다. 예를 들어 달콤한 맛이나 푸른색 같은. 그런 감각의 유쾌한 경험에는 전혀 지적인 요소가 없다고 칸트는 주장한다. 그것은 한갓된 느낌으로 종종 욕구(배고픔 같은)를 만족시키는 것으로 보이며 그 자체로 아름다움의 경험과는 주의 깊게 구분되어야 한다. 아름다움의 경험에서는 상상적 대상의 경험 가운데 상상력이 합리적 오성과 결합한다. 칸트에게 있어 예술에 대한 적절한 취급을 특징짓는 무관심적 경험은 욕구로부터 단절되어 있다 — 아름다운 대상은 관조되거나 관찰되며 사용되거나 소비되지 않는다. 예술작품, 특히 순수예술(fine art) 작품은 따라서 고도의 능력들과 관계되며 그러한 능력이 만들어 내는 즐거움은 성적이거나 미각(味覺)적인 쾌의 느낌과는 전혀 다른 종류의 것이다.

이는 많은 진화심리학자들이 완전히 인정하는 구분은 아니다. 예를 들어 손힐(Randy Thornhill)은 시먼스(Donald Symons)의 의견에 동의하면서 "모든 경험들과 마찬가지로 즐거움은 뇌 작용기제의 산물이며 뇌의 작용기제는 … 선택에 의한 진화의 산물이다"라고 말한다. 여기에는 욕구의 만족에서 직접 함축되는 쾌와 역사적으로 미적이고 예술적인 것으로 확인된 관조적 즐거움 간에 구분의 여지가 없다.

쾌와 아름다움 간의 칸트적 구분의 이러한 붕괴가 예를 들어 풍경화의 역사에서 무엇을 의미할 것인가 고려해 보라. 유럽의 풍경화를 진화적으로 바람직한 환경적 성질들의 검사 항목과 함께 조사해 보면 우리는 예술작품의 내용에 관해 많은 것을 배울 수 있다. 다른 한편 우리가 컨스터블의 위대한 풍경화와 대중적인 달력 풍경을 구분 짓는 것이 무엇인지 알고 싶다면, 홍적세기의 풍경 선호에 관한 이론에는 도움이 될 만한 것이 그다지 없다. 비슷하게 에트코프(Nancy Etcoff)의 《가장 예쁜 것들의 생존: 아름다움의 과학》(1999) 같은 책은 범문화적으로 아름답다고 지각된 인간신체에 대한 진화적 관심과 관련된 정보는 엄청나게 많이 제공할지언정, 인간 존재가 예술에서 어떻게 묘사될 것인가에 대해서는 새로운 것을 훨씬 적게 알려준다. 황량한 불모의, 마음을 끌 것 없는 풍경 그림이 우리의 홍적세 조상들이라면 개척해서 거주하기를 가장 원했을 종류의 초록색 언덕을 찍은 달력 사진보다 훨씬 위대한 예술작품일 수 있다. 늙고 메마른 여인의 그림 — 예를 들어 렘브란트가 그린, 성경을 읽고 있는 자기 어머니의 초상화 — 이 성적 관심을 겨냥한 건강한 핀업걸 사진보다 훨씬 아름다운 예술작품일 수 있다.

이는 이런 영역에서 진화심리학이 우리에게 중요하게 말해 줄 것은 없으리라 말하는 것이 아니다. 심오하고 복잡한 예술작품은 풀기 어려운 풍부한 의미와 가치들을 켜켜이 담고 있다. 렘브란트의 경우, 나이든 여인에 대한 존경, 그녀가 자신의 종교에 바치는 헌신에 대한 경의와 예술가의 기술에 대한 놀라움, 이 모두가 진화적 의미들을 가진다. 예술에 대한 완전히 만족스러운 일반이론을 제공하는 것은 결코 가능하지 않더라도, 진화심리학은 예술과 그 효과에 대한 철학적 이해에 중요한 공헌을 할 잠재력이 있다. 이러한 공헌들은 파악되고 발전되어야 할 시작일 뿐이다.

* 이 논문의 이해를 돕기 위해서 이 책에서 다음의 논문들을 찾아 읽으면 좋을 것이다.
  〈미학과 인지과학〉, 〈미〉, 〈예술에서의 스타일〉, 〈예술과 지식〉, 〈환경미학〉

참고문헌

Aristotle (1920). *Aristotle on the Art of Poetry*, trans. I. Bywater. Oxford: Oxford University Press.

Barkow, J. H., Cosmides, L., and Tobby, J. (eds.). *The Adapted Mind: Evolutionary Psychology and Generations of Culture.* New York: Oxford University Press.

Carroll, J. (1995). *Evolution and Literary Theory.* Comlumbia, Mo.: University of Missouri Press.

Cronin, H. (1991). *The Ant and the Peacock.* Cambridge: Cambridge University Press.

Currie, G. (1998). "Realism of Character and the Value of Fiction". in J. Levinson (ed.), *Aesthetics and Ethics.* Cambridge: Cambridge University Press.

Dissanayake, E. (1995). *Homo Aestheticus: Where Art Comes From and Why.* Seattle: University of Washington Press.

Dutton, D. (2000). "But They Don't Have Our Concept of Art". in N. Carroll (ed.), *Theories of Art Today.* Madison: University of Wisconsin Press.

Etcoff, N. (1999). *Survival of the Prettiest: The Science of Beauty.* New York: Doubleday.

Godlovitch, S. (1998). Musical Performance. London: Routledge.

Hume, D. (1987). "of the Standard of Taste". in E. F. Miller (ed.), *Essays, Moral, Political, Literary.* Indeanapolis: Bobbs–Merrill.

Kant, I. (1987). *The Critique of Judgment*, trans. W. Pluhar. Indianapolis: Hackett.

Miller, G. F. (2000). *The Mating Mind: How Sexual Choice Shaped the Evolution of Human Nature.* New York: Doubleday.

Mithen, S. (1996). *The Prehistory of the Mind: A Search for the Origins of Art, Religion, and Science.* London: Thames & Hudson.

Orians, G. H. and Heerwagen, J. H. (1992). "Evolved Responses to Landscapes". in J. Barkow et al. (eds.), *The Adapted Mind.* New York:Oxford University Press.

Pinker, S. (1997). *How the Mind Works.* New York: W. W. Norton.

Storey, R. (1996). *Mimesis and Human Animal: On the Biogenetic Foundation of Literary Representation.* Evanston, Ill.: Northwestern University Press.

Thornhill, R. (1998). "Darwinian Aesthetics". in C. Crawford and D. L. Krebs (eds.), *Handbook of Evolutionary Psychology.* Mahwah, NJ: Lawrence Erlbaum.

Veblen, T. (1994). *The Theory of the Leisure Class.* New York: Dover. First Published 1899.

Wypijewski, J. (ed.) (1997). *Painting by Numbers: Kosmar and Melamid's Scientific Guide to Art.* New York: Farrar, Straus & Giroux.

Zahavi, Am. and Zahavi, Av. (1997). *The Handicap Principle: A Missing Piece of Darwin's Puzzle.* New York: Oxford University Press.

제42장

미학과 인지과학

그레고리 커리(Gregory Currie)
번역: 이종희

이 장의 주제는 경험적 측면을 어느 정도 가지는 마음의 모든 국면들과 예술과의 연관성이다. 그것은 심리철학의 다양한 부분들뿐 아니라 신경생리학과 신경과학, 인지심리학 및 발달심리학에서의 결과들을 망라한다. 나는 우리의 정신적 능력의 자연사에 관한 질문들을 무시하겠다. 이것들은 앞서 나온 장에서 언급되었다.

1. 방법론적 문제들

예술의 생산과 소비를 근거 짓는 상태와 과정들에 대한 과학적 이해가 미학에 대해 어떤 관련성을 가지는가? 우리는 시각 예술과 가령 기하학적 광학이나 색채 이론과의 관련성에 대한 미학적으로 초점을 맞춘 연구들에 익숙하다(Kemp, 1990의 포괄적이고 우아한 조사를 보라). 이는 미학과 예술사에 대한 모든 문제-기반적 접근의 핵심적 부분을 형성한다. 그것들은 예술가가 때로 의식적으로 부딪치는 문제들과 그들이 내놓는 해법들에 빛을 던져준다. 그러나 예술가들은 대체로 내가 아래에서 기술할 결과들에 무지하며 이런 상황이 바뀐다고 해서 그들의 작업이 이점을 얻게 될 것인지는 전혀 분명하지 않다. 예술과 인지의 관계에 대한 의심은 신경과학자들 자신들의 몇몇 야심 찬 기여들로 인해 강화된다. 제키

(Semir Zeki)는 최근 책(Zeki, 1999)의 첫 부분에서 뇌의 기능과 시각예술의 기능이 같다는 놀라운 주장을 한다. 그가 계속해서 제시하는 것은 그림 지각이 시각 뇌의 구조에 의해 강제되는 방식에 대한, 주의를 사로잡지만 미학적으로는 정보력이 없는 설명이다. 그 설명은 이를테면 '색채 분석을 위한 기능적 기제가 없다면 색채 그림을 감상하지 못할 것이다' 따위이다. 환상지(phantom limb, 幻像肢) 통증에 대한 연구로 유명한 라마찬드란(Vilayanur Ramachandran)은, 우리의 미적 선호에 대해 설명한다고 가정되는 몇몇 원리들을 제시하는데, 여기에는 예술에서 캐리커처의 역할에 확실히 비현실적인 중요성을 부여하는 원리가 포함된다. 그의 노력은 그가 미적 가치와 뇌의 둘레역(limbic areas)을 자극할 능력을 분명히 동일시하고 있다는 점에 의해 더욱 그 가치가 훼손된다(Ramachandran과 Hirstein, 1999). 결국에 그런 연구가 철학적 결실을 거두긴 하겠지만 아직까지는 보여 줄 것이 거의 없다.

예술이 인간 심리를 그 주제로 가지는 정도만큼, 마음에 관한 과학과의 충돌은 잠재적으로 있을 수밖에 없다. 철학자들이 최근 주목해 왔듯이 사회심리학에서의 결과들은 인간의 동기에 대한 일상적 관념에 도전을 제기하면서 행동을 형성하는 데 있어 도덕적 성격은 전혀 존재하지 않거나 중요하지 않은 역할을 한다는 점을 암시하고 있다(Campbell, 1999; Harman, 1999). 관련된 연구의 이점이 무엇이건 간에 위대한 예술의 가치가 인간 조건에 대한 통찰이라고 생각하는 사람이라면 누구나, 문제의 예술이 실은 인간 조건을 아주 잘못 취할 수 있다는 점, 과학은 그것이 그래 왔다는 점을 우리에게 설득할지도 모른다는 점을 받아들여야 한다. 이것이 말하자면 셰익스피어 희곡의 미적 가치에 전혀 차이를 주지 않는다고 생각하기 위해서는 미적인 것에 대해 아주 협소하게 규정된 관념을 가져야만 할 것이다.

우리가 사람에게 내용-담지적 상태를 부여하는 **개인적** 수준에서 작동시키고 있는 성격과 동기에 대해 이야기 할 때면, 예술과 과학 간의 충돌이라는 생각은 충분히 그럴듯해 보인다. 그러나 마음에 대한 과학적 생각의 많은 부분은, 시각이론가들이 시각 체계에 의해 전달되는 정보 — 이 정보는 주체 자신에게는 접근불가능할 수 있다 — 에 대해 이야기할 때처럼 **하위개인적**(subpersonal) 수준*의 분석에 대한 것이다. 비트겐슈타인의 영향을 받은 몇몇 철학자들은 하위개인적 심리학이, 의미가 통하는 영역을 넘어서는 언어의 확장이라고 주장하면서 그 아이디어를 아예 거부한다(Kenny, 1984를 보라. 그리고 묘사 이론과 관련된 이에 대한 논의로는 Hyman, 1989: 3장을 보라). 그러나 하위개인적 심리학을 적법한 것으로 인정한다 하더라도 우리는 여전히 오로지 개인적 수준에서만 미적인 것과 의미 있게 접촉한다

---

* '생물학적, 혹은 화학적 요인들처럼 도덕적 설명에서 개인의 수준 아래에 자리한 요소들에 관한'을 의미하는 철학적 용어

고 주장할 수 있다. 이런 관점에서는 우리가 인간의 시각 체계가 회화 표면의 특정 구역을 그것이 마치 대상의 경계인 양 다룬다는 것을 알게 될 때 그림의 미학에 대해서는 아무것도 배우는 것이 없다.

이런 주제가 집중적으로 토론되지는 않았지만, 현대 철학에서 그에 대한 몇몇 반응들을 생각해 볼 수 있다. 한쪽 극단은 비트겐슈타인적인 주장으로, 인지에 대한 과학적 연구로부터 배우는 어떤 것도 예술로서의 예술에서 흥미롭거나 가치 있는 것에는 어떤 통찰도 제공하지 않는다는 생각이다. 그 연구가 정확한 원칙 위에서 건전한 방법에 따라 수행되었다는 점을 인정한다고 하더라도 그렇다. 다른 편 극단은 마음에 대한 환원주의 이론과 일관된 견해로, 예술, 창의성, 감상에 대한 과학적 접근이 감식가나 철학자, 역사학자들에 대한 지겨운 미신을 치워 버릴 수 있다는 주장이다. 처치랜드(Churchland, 1979)가 상상한 미래, 즉 사람들이 석양으로 붉게 물드는 하늘을 바라보는 것이 아니라, '다가오는 태양 복사의 파장 분포가 더 긴 파장의 방향으로 이동하는' 것을 보게 되는 미래에는 전시회 관람객들의 그림에 대한 경험도 비슷하게 변화될 것이다.

나는 여기에서 이 문제를 해결하려고 하지는 않을 것이다. 그보다는, 개인적 수준과 하위개인적 수준 모두에서 예술과 미적인 것에 관련된 것으로 여겨질 만한 이론과 발견들의 목록들을 제공할 것이다. 이런 결과들이 얼마간 흥미롭겠지만, 그것들이 상대적으로 무차별적이라는 점이 인정되리라 생각한다. 그것들은 특정한 작품, 전통, 양식 혹은 장르에 관한 미적 판단에 도움이 되는 것은 거의 하지 않는다. 질문이 "우리는 대체 어떻게 그림의 내용을 인지하는가?"라거나 "상상에 있어서는 어떤 종류의 정신적 작용이 가담하는가?" 같이 폭넓은 것일 때, 현재의 인지과학은 흥미로운 것을 말해 줄 수 있다. 그러나 절대주의 회화나 상징주의 시에 대한 반응에 대해, 제키나 라마찬드란이 하는 식으로 묻는다면 우리는 아직까지는 인지과학에 의해 대개 밝혀진 바가 없는 영역에 있게 된다.

2. 창조성

예술에 의해 제기된 인지에 대한 가장 엄청난 도전은 예술에서의 창조적 요소이다. 창조성이란 무엇이며, 어떻게 인간의 마음이 그것을 표명하는가? 보덴(Margaret Boden, 1990)에 따르면, 창조성은 관념적 공간을 조직하는 원리들의 변형이다. 보덴은 이런 생각이 우리로 하여금 연산 이론의 도움을 요청할 수 있게 해 준다고 제안한다. 그러나 심리적인, 궁극적으로 신경적인 창조성의 근거들에 대해 생각할 때 우리가 창조성에 대한 이런 정의를 어떻게 이용할 것이냐는 얼마간 불분명한 채로 남아 있다. 또한 특히 예술에서의 창조성이 항상, 아니면 통상적으로라도 그녀가 기술하는 방식으로 변형적인지는 불분명하다. 쇤베르크의 창조성이 아마도 그런 변형과 연관되어 있는 반면, 모차르트의 창조성이 그러한 것인지는 전혀 명백하지 않다. 그리고 이전 노력들을 강제해 온 관념적 공간들에 대해 사람들이 모르거나 무시할 때에도 굉장한 창조성이 일어날 수 있다(Novitz, 1999). 노비츠(David Novitz)는 재조합으로써 창조성에 대해 설명하는 것을 선호하는데, 그의 설명은 창조적 재조합과 비창조적 재조합 간의 구분을 분명히 하지 않는다.

창조성에 대한 실험에 입각한 연구들에서 아마도 가장 흥미로운 것은 공간적인 사고의 역할과 심적 상(mental images)들이 조작되어 예상치 못한 패턴들과 관계들을 드러낼 가능성에 관계된다(Finke, 1990을 보라). 셰퍼드(Roger Shepard)와 동료들의 고전적 실험(Shepard 와 Cooper, 1982)은 우리가 때로 심적 상들을 검사하고 조작함으로써 문제를 해결한다는 점을 보여 주었다. 애매한 형상을 볼 때 우리가 마주치는 것과 같은 종류의 국면적 보기는 영상으로 재생 가능하다는 증거도 있다(Finke와 Shepard, 1986, 또한 Reisberg와 Morris, 1985도 보라). 그런 결과로부터 시작해서 창조성에 대한 인지적 접근은(Finke, Ward 외) 창조성을 심적 상의 최초 형성, 혹은 그 안에서 예기치 못한 요소나 관계들이 발견되는 모형으로써 설명한다. 이런 접근의 지지자들은 창조성을 탐구하는 사람들은 무엇보다도 '새롭고 애매하며 창발적 특성들을 가지는, (그리고) 의미 있어 보이는' 모형들을 만들어 내야 한다고 말한다(Finke, Ward 외, 1992: 199). 그러나 그들은 이것이 어떻게 이루어져야 하는지에 대해서는 말하지 않는다. 만약 이러저러함이 창조적으로도 비창조적으로도 행해질 수 있다면, 그리고 이 두 가지 방식을 구분하기 위해 할 수 있는 것이 없다면, 이러저러하게 함을 가지고 창조성을 설명할 수는 없다. 또한 모든 상 조작이 창조적인 것이 아니기 때문에 상 조작이 예술적 창조에서 하는 역할이 정확히 무엇인지도 불분명하다. 그리고 영상이 창조적 작품에서 어떤 역할을 할 수 있다 하더라도 '확장된 마음'에 대한 최근 연구(Clark, 2001a)는 우리가 창조성을 정신적 내부의 상태로서 다루어서는 안 된다고 제안한다. 예술가의 스케치판은 일기 기록이 자신의 기억을 확장하는 것과 같은 방식으로 자신의 창조성을 확장할 수 있다(Van Leeuwen 외, 1999).

3. 지각

우리는 매우 자주, 어떤 대상들의 그림을 봄으로써 그 대상의 인지를 배우게 된다. 유아들은 그림 안의 익숙한 대상들을 인지하는 데 있어 거의 어려움을 겪지 않는 것 같다. 환자가 어떤 종류의 대상들을 인지할 수 있는지에 대한 좋은 실험은 그가 그 종류의 사물의 묘사를 인지할 수 있는가 하는 것이다. 이런 사실들은 사자를 봄과 그것을 사자로서 인지함, 또 어떤 그림을 봄과 그것을 사자의 그림으로서 인지함은 중첩적 원인을 가진다는 점을 시사한다. 사자와 사자 그림에 의해 촉발될 수 있는 하나의 메커니즘이 그것이다. 그런 메커니즘은 매우 정교하게 조절될 수는 없다. 그러나 그렇다면 지각이 매우 정교하게는 조절될 수 없을 것 같다. 지각을, 종종 사자가 없는데도 '사자'를 신호하는 상대적으로 잡음이 섞인 통로를 통해 우리에게 정보를 제공하도록 기능한다고 생각하는 것은 적절하다. 왜냐하면 잡음을 줄이는 것의 대가는 실제적인데 누군지는 모르는 포식자를 놓칠 가능성이 증가한다는 것이기 때문이다(신호 탐지 이론을 통한 지각과 인지에 대한 통찰력 있는 접근으로 Godfrey-Smith, 1997과 Cummins, 1996을 보라). 따라서 우리의 시각 체계는 단지 사자에게뿐 아니라 사자 그림에 의해 제공되는 사자-같은 자극에 대해서도 '앞에 사자 있음'이란 반응을 하도록 조절되어 있다. 샤이어(Flint Schier)가 표현한 대로, 우리는 그림 혹은 그 일부가 우리의 사자 인지 능력을 작동시키기 때문에 그림에서 사자를 본다(Schier, 1986; 비판을 위해서는 Hopkins, 1998: 2장을 보라).

지각이 만약 대체로 믿음에 의존했더라면 느렸을 것이다. 그것은 또한 아주 신뢰도가 낮았을 것이다. 우리는 있다고 생각하는 것이 아니라 있는 것을 지각하기를 원한다. 믿음에의 무차별성, 혹은 포더(Jerry Fodor, 1983)가 캡슐화라고 부른 것은 아마도 모듈적 체계의 가장 중요한 특징일 것이다. 포더는 다른 '입력' 체계처럼 시각이 모듈적이라고 주장했는데 이는 대충 말해, 그것이 다른 체계로부터 상대적으로 분리해서 발전하고 기능한다는 것을 뜻한다. 이는 그레고리(Gregory)와 곰브리치(Gombrich)의 주장과는 달리 가설 검증에 의존해서가 아니라 가령 빛의 갑작스러운 변화로부터 사물의 경계를 도출해 내는 복잡하고 유연한 기술들을 사용함으로써 상대적으로 빈곤한 자극을 기반으로 우리가 세계에 대한 풍부한 표상을 구축할 수 있도록 해 준다. 마(David Marr, 1982)의 연구에 의해 크게 영향을 받은, 시각에 대한 연산적 이론들은 이런 접근에 호의적이다. 그들은 시각을 위계적으로 질서 지어진 일단의 업무들에 대한 해결책으로 분석한다. 이때 한 하위체계에서의 출력은 그 다음 단계에 대한 입력을 제공한다. 여기에 왜, 객관적으로 그 대상을 거의 닮지 않은 듯 보이는 선 소묘가 그토록 쉽게 재인(recognition) 가능한지에 대한 단서가 있을 수 있다. 시각 체계의 상대적으로 초기적인 작동 하나는 가장자리 탐지라고 생각된다. 이 기능을 수행하는 인공적 시각 체계들이 발전해 왔는데 시각적 장면에 적용된 가장자리 탐지의 결과는 장면에 대한 선 소묘에 밀접하게 상응한다. 이는 선 소묘가 지각을 위해 미리 묶음이 되어 있음으로 인해 시각의 모듈성을 이용한다는 점을 시사한다. 선 소묘들이 힘들이지 않고 재인될 수 있는 것은, 재현되는 장면 자체에 시각 체계가 노출될 때 그 체계가 특정한 방식으로 하게 될 무언가를 그 소묘들이 그 장면에 대해 해 놓은 것이기 때문이다.

캐리커처는 일반적으로 묘사 이론에 대해, 특히 그림이 그 주제를 닮는다는 생각에 의존하는 이론들에 대해 문제를 제기한다(Peacocke, 1987을 보라, Hopkins, 1998: 4장이 닮음 이론의 시각에 입각한 자세한 논의를 제공한다). 캐리커처에서 대상을 쉽게 재인한다는 것이, 그림이 자연적인 재인 능력을 촉발한다는 가정에 의해 설명될 수 있을까? 캐리커처는 어떤 대상에 있어 그 종류의 대상의 평균과는 다른 특징들을 과장한다. 제시된 얼굴의 확인이 그 얼굴의 비표준적 특성들을 재인함에 의해 부분적으로 촉발된다고, 그리고 이 특성들이 기억에서의 표상에 상응한다고 가정해 보라(얼굴 재인에는 감정적 요소가 또한 있는 것 같다. Stone과 Young, 1997을 보라). 얼굴 캐리커처는 그림이고 현재의 제안에서는 우리가 얼굴 재인에 사용하는 기제들을 거쳐 재인되어야 한다. 캐리커처가 과장을 통해 일탈적 특성들을 더 두드러지게 하기 때문에 그것들은 사실주의적 그림에서 제시되는 얼굴들보다 더 쉽게 재인되어야 한다. 그리고 이것이 우리가 보게 되는 바이다. 다른 조건이 같을 때 사람들은 사실적 초상화보다 캐리커처에서의 얼굴을 더 잘 알아볼 수 있는 것 같다. 같은 결과가 다른 종류의 사물들, 가령 새들의 경우에도 입증되었다(Mauro와 Kubovsky, 1992를 보라).

나는 대상을 재인하기 위한 모듈화되어 있고 오류 발생이 쉬운 하위개인적 능력을 사용한 시각적 재인의 설명의 개요를 제시했다. 그러나 그림 재인은 개인-수준의 능력이다. 그림에서 사람을 보는 것은 나이지(Wollheim, 1998), 나의 시각 체계가 아니다. 따라서 하위개인적 이야기는 잘해야 출발점이 될 뿐이다. 우리는 촉발된 재인 능력으로부터 평평한 캔버스를 사람 그림으로 지각하는 것으로 나아갈 때 무엇이 일어나는지를 이야기해야 한다. 지금까지는 이 물음에 대한 답에 도움이 되는 것이 거의 없다.

음악은 미적 지각의 설명에 다른 종류의 문제를 제기한다. 왜냐하면 음악 지각은 보통 음악을 새의 노래나 사람들이 말하는 것으로 듣는 것, 이런 것들을 음악 안에서 듣는 것과는 상관이 없기 때문이다(그러나 음악이 의미를 전달한다는 생각에 대한 제한된 옹호로 Raffman, 1993을 보라). 그것은 말하자면 6개의 음을 3개 음으로 된 두 그룹으로 듣거나 하나의 음을 다른 음에 종속되는 것으로 듣는 것과 관련된다. 그러나 음악에서 무언가를 듣는 것에 실패하면서도(왜냐하면 무언가가 거기 있는 것으로 들리도록 재현되는 어떤 것도 음악 안에는 없기 때문이다), 음악의 경험은 여전히 재현적 내용을 가진다는 것을 깨닫는 것이 중요하다. 즉, 음악에 대한 누군가의 경험은 세계가 특정 방식으로 있는 것을 표상하는, 즉 세계를 특정 관계에 있는 소리들을 생산하는 것으로 표상하는 경험일 것이다. 따라서 6개의 음을 3개 음으로 된 두 그룹으로 듣거나 하나의 음을 다른 음에 종속되는 것으로 듣는 것은 여전히 우리의 경험이 음악을 어떻게 표상하느냐의 문제가 된다.

이것이 부정되어 왔다. 피콕(Christopher Peacocke, 1983)은 지각의 표상적 속성과 감각적 속성들을 구분했다. 전자는 경험이 세계를 어떻게 표상하느냐 덕분에 어떤 경험이 가지는 속성들이고, 후자는 경험이 어떤 현상적 특성을 가짐으로 인해 어떤 경험이 가지는 속성들이다. 그리고 피콕은 음들을 그룹 짓는 것으로 듣는 것 혹은 음정 간격을 증4도가 아니라 감5도로 듣는 것은 음악의 표상적 속성이 아니라 감각적 속성의 문제라고 주장했다(Peacocke, 1983). 이는 잘못된 것 같다. 왜냐하면 이런 식으로 음악을 듣는 것은 확실히 음악의 특성들인 대상들을 듣는 문제이기 때문이다(그것들이 음악의 특성들이 아니라면, 누군가 그것을 그런 방식으로 듣는 것은 분명히 잘못이다. DeBellis, 1995; Levinson, 1996도 보라). 반면 한 음정을 감5도로 듣는 것을 그 경험의 표상적 속성으로 생각지 않는 하나의 이유는 누군가가 감5도의 **개념**이 없으면서도 그것을 그런 식으로 들을 것이라는 점이다. 어떻게 그런 방식에 대한 개념을 갖지 않으면서 세계를 특정 방식인 것으로 표상할 수 있겠는가? 그러나 최근 피콕을 포함하여 많은 사람들이 경험이 세계를, 그들 말에 따르면 **비개념적으로** 표상할 수 있다고 주장해 왔다(Evans, 1985; Peacocke, 1992; Budd, 1985; 한편 그 반대 관점으로 McDowell을 보라). 그리고 드벨리스(Mark DeBellis)는 이것이 실로, 주의 깊지만 음악적으로 훈련받지 않은 청자들에게서 일어나는 일이라고 주장했다. 감5도의 개념을 갖지 않고서도 어떤 음정을 감5도로 들을 수 있다는 것이다(논의를 위해 Levinson, 1996을 보라). 음악적 훈련은 부분적으로 감5도 같은 음악-이론적 개념들의 획득으로 구성되며 드벨리스는 그 음정을 감5도로 듣는 음악적으로 교육받은 청자는 자신의 지각적 경험이 더 풍부해지는 것을 경험한다고 주장한다. 그는 이것이, 지각이 통시적으로 캡슐화되어 있다는, 혹은 시간을 관통하여 믿음의 효과에 영향을 받지 않는다는 생각에 대한 반례라고 결론짓는다(지각이 캡슐화되어 있느냐 하는 일반적 질문에 대한 대립하는 관점들에 대해서는 Fodor, 1984, 1988과 Churchland, 1988을 보라).

그러나 음악적 지각이 비개념적 내용을 가진다는 생각에는 어려움이 있다. 이는 회화적 지각이 비개념적이라는 생각에 있어서의 어려움이기도 하다. 문제는 지각에 있어서의 비개념적 내용에 대한 옹호자들이 종종 지각과 행동 간의 연결에 호소한다는 점이다. 에번스(Gareth Evans, 1985)는 지각이 이성이나 언어적 보고와의 관련 덕분이 아니라 행동과의 연관을 통해 내용을 가진다고 주장했다. 거친 땅 위를 속도감 있게 달리면서 모터사이클을 타는 사람의 숙련된 동작은 그가 보는 바를 어떻게 개념화하느냐에 의해서가 아니라 자신이 보는 바에 의해 인도된다. 그러나 음악의 지각은 직접적인 행위-지도적 잠재성을 거의 혹은 전혀 가지지 않는다. 그러한 잠재성은 확실히, 모터사이클 타는 사람의 경우처럼 적절한 행동의 풍부한 스케줄 같은 것에 그 섬세한 차이가 반영되는 지각의 내용을 투사하기에는 충분하지 않다. 하나의 그림은 누군가 행위 하는 공간을 재현할 수 있지만, 그림을 볼 때 우리는 직접적이고 숙련된 행동을 허용하는 그런 공간에 관계를 가지는 것이 아니다. 그림 속의 공간은 캠벨(John Campbell)의 의미에서 자아중심적으로 틀 지어진 것이 아니다(Campbell, 1993; Hopkins, 1998: 7장을 보라). 따라서 지각에서 그림으로 비개념적 내용을 이전하는 것은 지금까지 우리가 생각해 왔던 것보다 훨씬 더 어려울 것이다. 한층 복잡한 것은, 비개념주의자의 경우가 경험적 사실들에 의해 실패할 수 있다는 것이다. 특정 손상을 가진 환자에 대한 상세한 연구로부터 얻어지는 실험을 포함하여 다양한 종류의 실험들이 시각적 의식이 하나의 뇌 영역에서의 처리에 의존한다는 암시를 주는데, 실시간으로 시각-운동 행위를 지도하는 능력은 다소 상이한 영역에서의 처리에 의존한다(Milner와 Goodale, 1995). 이런 놀라운 제안이 실질적인 경험적 근거를 가지는지, 비개념적 내용에 대한 우리의 생각에 대해 그것이 가지는 함축이 무엇일지는 현재 불분명하다(이해에 도움이 되는 논의로 Clark, 2001b를 참고하라).

적어도 절대음악의 경우 우리는 내용에 대한 논의를 지각에 제한해야만 한다. 음악 그 자체는 분명히 전혀 내용이 없다. 그러나 그림은 어떤가? 지각자가 그것이 어떻다고 말하기 위해 필요한 개념을 가지지 않으면서 지각이 세계가 어떤 방식이라고 표상할 수 있다면, 그림은 같은 종류의 내용을 가질 수 있을까? 묘사에 대한 곰브리치적 설명은 예술가가 개념적 도식의 틀 안으로 외양들(appearances)을 모으는 방식에 대한 강조와 더불어, 회화와 같은 그림그리기의 전통적 형식이 본질적으로 개념적이라고 제안한다(Gombrich, 1960). 반면 사진 같은 그림그리기의 '기계적' 형식은 제작자의 개념적으로 매개된 상태에 본질적으로 독립적이라고 말해져 왔다. 사진사는 자신이 거기에 있다고 믿거나 그러기를 원하는 바가 아니라 거기에 있는 바를 묘사한다(Walton, 1984). 그것이 근거 있는 것이라면, 손으로 만든 이미지가 기계로 만든 이미지와는 달리 개념적 내용을 가진다는 생각은 이 두 가지 형식에 대한 우리의 꽤 상이한 반응을 설명해 줄지도 모른다. 그러나 로페스(Dominic Lopes)는 손으로 제작한 그림조차 개념적 내용을 가지지 않는다고 주장했다. "드로잉에서 눈과 손은 함께 작업한다. 그러면서 아마도 마음을, 아니면 개념과 믿음을 다루는 마음의 영역을 지나친다."(Lopes, 1996: 186) 그가 옳다면, 우리는 한 종류의 그림을 다른 종류로부터 구분하기 위해 비개념적 내용에 호소할 수 없다. 이는 복잡한 문제이지만 로페스의 주장은 그림과 드로잉이 기대와 희망 따위에 의해 어떻게 영향받는지에 대해 곰브리치와 다른 사람들로부터 우리가 배운 바와는 모순되는 것 같다. 이런 점에서 '손으로 만든' 그림을 그리는 것은 지각과 사진 이미지 양자에 대해 매우 대조적이다.

4. 상상

나는 대상 재인과 그림 재인 간의 강한 연관성에 대한 생각이 잘 근거지어져 있다고 주장했다. 대상 재인과 **심적 상**(mental images)의 발생 간에도 비슷한 연관이 있을까? 두 가지 이유로 이 주제를 짧게 살펴보는 것이 가치가 있다. 하나는 심적 상들이 다양한 방식으로 어떤 종류의 예술형식, 무엇보다 음악과 문학에 대한 우리의 반응의 중요한 특성이라는 점이다. 두 번째로 심적 상들은 상상의 한 형식으로, 그런 상들에 대해 우리가 주목하게 될 바는 상상에 대한 보다 일반적인 원칙들에 대해 시사점이 된다.

여기서 2개의 교의가 정확히 구분될 필요가 있다. 이것들은 같은 직관, 즉 심적 상을 가지는 경험이 보기 경험과 유사하다는 직관에 대한 반응으로 생겨났기 때문에 혼동되기 쉽다. 첫 번째 교의는 대부분의 철학자들이 반대하는 것으로 어떤 대상에 대한 심적 상을 가지는 것이 '대상에 대한 심적 그림을 보기'로써 설명되어야 한다는 것이다. 두 번째는 심상들이 체계적으로 시각에 다양한 방식으로 연관되어 있으며, 어떤 측면에서 시각적 탐색에 대한 하나의 대안적 방식으로 기능한다는 것이다. 나는 여기에서 주로 두 번째 교의에 관심이 있다. 그러나, 심상들을 근거짓는 정신적 표상들이 문자 그대로 그림으로 이루어지지는 않지만 '유사-그림적' 형식을 가진다고 주장한 심리학자들(Kosslyn, 1994; 비판을 위해서는 Abell과 Currie, 1999를 보라)에 의해 심적 그림이라는 아이디어가 새로운 관심을 얻게 되었음을 주목해야 한다.

두 번째 가설로 넘어가자. 심상에 대한 우리의 일상적인 생각과 말 안에는 시각과 시각적 심상들 간의 유사성이 어느 정도 들어가 있으며, 심상에 대한 생각과 말은 시각적 기술에 쓰이는 개념과 어휘들에 호소하고 있다. 그러나 유사성은 더 깊게 들어간다. 사람들의 심상 작업에서의 실수와 반응 시간 및 패턴들뿐 아니라 심상으로부터의 정보의 이용 가능성은 시각 작업에서의 그것과 아주 밀접한 상응을 가진다. 이는 주체가 이런 효과에 대한 선지식을 가지지 않을 때에도 그렇다. 예를 들어, 주체는 줄무늬 영상을 떠올리고 그 패턴으로부터 멀어지는 것을 상상하도록, 그리고 나서 줄무늬가 더 이상 구분이 되지 않는 지점을 보고하도록 요청을 한다. 경계가 흐려지는 현상이 나타나는 거리는 줄무늬가 사선일 때보다 수직일 때 더 큰 것으로 나타난다(Kossln, Sukel 외, 1999). 이는 실제로 줄무늬를 보고 멀어질 때의 경우와 정확히 같다. 다른 감각의 심상들도 해당 양상에서의 실제 수행과 밀접하게 상응한다. 움직이는 것을 상상하는 데 걸리는 시간은 그것을 실제로 수행할 때 걸리는 시간과 밀접하게 연관되어 있다. 운동 심상은 또한 운동 역량과 심지어 근육 역량을 개선시키는 데 있어 행동에 대한 놀랍도록 효과적인 대체물이다(Yue와 Cole, 1992). 양전자 방사 단층 촬영(PET) 같은 영상화 기술로부터의 증거 또한 두뇌가 시각적 심상을 구축하기 위해 시각 체계를 재사용한다는 것(Kosslyn, Thompson 외, 1996; Kosslyn 외, 1999a), 시각 장애는 심상과 관련하여 비슷한 장애를 종종 동반한다는 것(Levine, Warach 외, 1985; Farah, 1988)을 보여 준다. 운동 심상은 뇌의 특정 운동 영역을 활성화시키고 파킨슨병처럼 신경학적 원인을 가지는 운동 장애는 손상된 운동 심상에 반영된다(Dominey 외, 1995).

여기서 드러난다고 생각되는 것은 심상의 형태가 다른 목적을 위해 고안된 체계 위에 올라타 있다는 것, 그리고 이런 체계들이 지지해 주도록 되어 있는 종류의 상태들을 재창조하는 데 혹은 그 대체물이 되는 데 소용된다는 것이다. 이는 각각 독립적으로 확인되는 인지적·지각적 상태들과 다양한 형식의 상상을 연결시키는 틀에 기반하여 상상에 대한 일반 이론을 전개할 수 있다는 것을 시사한다. 예를 들어 상상은 일반적으로 재현적 예술작품, 특히 내러티브를 채용하는 예술에 대한 우리의 감상에 있어 핵심적이라는 동의가 있다. 그러나 여기서 관련된 상상의 형식들은 주로 심상의 형식이 아니다. 소설을 읽으면서 상상하는 바는 우리가 가지는 심상들이 어떤 것이냐의 문제만은 아니고 극장과 영화의 경우에는 심상이 전혀 상관이 없는 것 같다. 실로 이야기들에 대한 우리의 교육받지 않은 반응은 여기에서의 상상이 **믿음**과 중요한 특성들을 공유한다는 것을 시사한다. 당신이 하루는 소설 주인공이 런던에 있다고 상상하고 다음 날에는 시카고에 있다고 상상한다면, 당신은 또한 다른 수단으로 거기에 갔다는 언급이 작품 안에 있지 않다면 그가 비행기를 타고 갔다고 상상한다. 독자로서 우리는 상상을 믿음과 뒤섞이도록 하며 나아가 믿음에만 기초한 추론이 작동한 결과 나타날 법한 것과 내용상 동일한 상상하기가 나타난다. 허구적인 이야기하기를 가능하게 하는 것은 믿음의 추론적 패턴들을 반영하는 바로 이러한 상상하기의 능력이다. 만일 상상하기가 추론적으로 믿음과 상응하지 않는다면, 우리는 이야기가 우리에게 말해 주는 바를 채우기 위해 우리의 믿음을 끌어들이지 못할 것이고, 이야기꾼은 모든 세부사항들을 명시적으로 알려 주어야 할 것이다. 그러나 이것은 그들이 할 수 있는 바를, 또 우리가 듣기를 지탱할 수 있는 정도를 넘어선다.

아동 심리에 대한 최근 연구는 상상에서의 추론의 보존이 매우 일찍 나타난다는 것을 보여준다. 아이들이 우선 추론적으로 구속되지 않은 상상하기에 개입하고, 나중에 어떤 방식으로든 그것들을 구속하기를 배우는 것 같지는 않다. 아주 어린 아이들이 동물 위로 물이 쏟아졌다는 것이 체하기 게임의 일부라는 것을 안다면, (엎어진 컵이 비어 있었으므로) 그 동물이 실은 마른 상태라고 해도 젖었다고 자동적으로 상상하게 될 것이다(Leslie, 1988; Harris와 Kavanaugh, 1993). 동물이 물을 뒤집어썼다는 아이의 상상은 물이 쏟아지는 상황에 대한 믿음과 결합해서 동물이 젖었다는, 믿음과 유사한 상상에 도달한 것 같다.

상상이 믿음과 유사할 수 있는 다른 방식들이 있다. 추론은 이론적일 뿐 아니라 실용적일 수 있으며 믿는 바뿐 아니라 상상하는 바에 기초한 실용적 추론을 행하는 것이 가능하다. 그 결과는 상상에서 무언가를 하기로 하는 결정일 것이다. 무언가를 상상하는 것은 또한 무언가를 믿는 것의 감정적, 정감적 결과와 아주 유사한 감정 및 정감적 결과들을 가질 수 있다. 우리가 이야기를 읽거나 영화를 보면서 그 사건들에 상상적으로 관여한다면, 우리는 실제 삶에서의 상황에 대한 반응으로 경험하는 것들과 명백히 연속적이면서 강력한 감정들을 종종 경험한다(Oatley, 1994: 54; Harris, 2000: 71을 보라).

이런 감정적 반응들이 믿음-기반이 아니라 상상-기반의 것이라 가정한다면 중요한 물음은 다음이다. 관람자는 어떤 종류의 상상적 관련을 허구의 사건들이나 캐릭터에 대해 가지는가? 단순히 관람자들이 상당히 믿음과 유사한 상상을 한다는 제안은 별 도움이 되지 못한다. 우리는 우리 가족과 친구들에 대해 믿음을 가지지만 우리와 시-공간적으로 멀리 있는, 우리와 중요한 관계가 없는 사람들에 대해서도 그렇다. 이런 물음에서 지배적인 의견은 우리가 작품의 시-공간적 틀 내부에 스스로가 위치한다고, 때로 우리 스스로를 이런저런 등장인물과 동일하다고 상상한다는 식이기 쉽다. 영화나 TV 작품의 경우, 우리가 스스로를 카메라 시점을 가지는 것으로 상상한다고 가정한다(Wilson, 1987을 보라). 다른 관점은 캐릭터와의 상상적 동일시라는 행위가 일어나지만, 우리의 전형적인 상상적 태도는 시-공간적으로, 그러나 반드시 감정적이지는 않게 거리를 둔다는 것이다(Currie, 1995a: 3장).

이런 관점은 상상에서의 소위 자기-관념의 역할에 대한 순전히 철학적인 물음을 일으킨다. 다른 한편 경험적 연구의 여지도 있는 것 같지만 이에 대하여 심리학자들에 의해 행해진 연구의 양은 많지 않은데, 다음의 두 실험이 전형적이다.

1. 한 부류의 실험자들은 어떤 캐릭터가 이 방에서 저 방으로 옮겨 간 것을 읽는 피험자는 방금 떠난 방에 대해서보다는 들어간 방에 대한 질문에 더 빨리 대답했고, 여정에 포함되지 않은 방에 대해서는 훨씬 더 늦게 대답했다(Morrow, Greenspan 외, 1987).
2. 다른 그룹은 피험자에게 "빌은 저녁 신문을 보면서 거실에 있었다"란 문장을 제시했다. 이 피험자는 곧이어 (a)문장을 (b)문장보다 더 빠르게 읽었다.
    (a) 빌이 신문을 다 읽기 전에 존이 방에 들어왔다.
    (b) 빌이 신문을 다 읽기 전에 존이 방으로 갔다(Black, Turner 외, 1979).

이와 같은 자료들은 관람자가 허구 세계 안에 자리하는 상상적 시점을 수용한다는 관점을 지지해 준다. '내러티브 내부의 지형 및 사건들의 시간적 연쇄에 상대적인 시점' (Harris, 1998; 또한 Gerrig와 Prentice, 1996을 보라) 말이다. 그러나 한 편으로 이 자료는, 독자가 단순히 선택적으로 이야기 속의 사건, 위치, 캐릭터들에 주목하며 주목의 초점이 내러티브가 진행해 감에 따라 이동한다는 가정에 의해 설명될 수도 있다(Currie, 1999).

방에서 방으로 옮겨가는 캐릭터의 경우를 고려하라. 허구에 몰입된다면, 나의 주목은 캐릭터가 움직임에 따라 이 (허구적) 장소에서 저 (허구적) 장소로 이동하며 ― 여기서도 그런 것 같은데 ― 목적지를 예상하면서 캐릭터 보다 앞서서 움직일 수도 있다. 그렇다고 해서, 나의 주목이 초점지워진 방 안에 있는 것으로 상상하고 있다는 것이 따라오는 것은 아니다.

실험 1과 2에 서술된 피험자의 반응을 결정하는 데 있어 상상이 하나의 요인이라는 데 대해서는 보다 직접적인 증거가 필요한 것 같다. 우리는 방금 기술된 것과 같은 실험을, 상상력에 있어서의 독립적으로 확인 가능한 장애를 가진 피험자에 대해 수행하는 것이 가능한지 물어볼 수 있다. 그 수행이 보통의 제어에서와 같다면 우리는 1과 2의 결과가 이야기의 틀 안으로의 상상적 위치보다는 인지적 주목으로써 설명될 수 있다고 생각할 이유를 가지게 된다. 그런 피험자들이 있을까?

자폐증의 가장 두드러진 특징들 중 몇몇은 그것이 상상력에서의 장애와 관련됨을 시사한다. 어린아이들에게서 나타나는 자폐증의 초기 징후는 자발적인 체하기 게임의 부재이고 자폐증 환자들은 예상 가능한 판에 박힌 일에 고집스럽게 집착한다. 그들은 종종 대부분의 사람들이 지루하다고 여기는 것들에 강박적으로 흥미를 보인다. 기차 시간표, 주소록이나 배수 파이프의 연결 따위가 그것이다. 자폐증은 이 증세를 가진 사람들이 다른 사람들의 감정적, 인지적 상태를 이해하는 데 어려움을 겪기 때문에 '마음맹'이라 불리곤 한다(Baron-Cohen, 1995). 이에 대한 하나의 설명은 다른 사람들에게 적절하게 감정이입하는 상상력 능력이 그들에게 결여되어 있다는 것이다(Harris, 1993; Currie, 1996도 보라). 자폐증이 제대로 이해되고 있지 않기는 하지만, 통용중인 이론 가운데 하나는 자폐증이 정신적 비탄력성, 즉 단일한 행동이 환경에 의해 확실히 명령되지 않았을 때 적절한 반응을 선택하는 데 겪는 어려움과 행동을 계획하는 데 겪는 어려움으로 특징지어지는 '실행 기능'에서의 장애라는 것이다(Russell, 1998을 보라). 이는 또한 특히 계획과 관련된 상상적 무능력과 연관된다. 왜냐하면 적절한 행위의 과정을 선택하는 것은 부분적으로 우리 스스로가 특정 방식으로 행위해 보는 상상을 하고 그것이 잘 되어 가는지를 상상 속에서 알아보는 것으로써 행해진다는 것이 적절하기 때문이다.

1과 2와 같은 과제에 대해 자폐 환자들의 수행과 제어를 비교하는 체계적인 연구가 아직 완결되지는 않았다. 그러나 이는 예술에 대한 반응에 상상이 어떻게 또 어느 정도로 사용되는지 하는 주제에 더 깊은 통찰을 제시할 수 있는 하나의 방식이다. 우리는 동시에, 자폐증 환자들이 겪는 상상력 장애를 정확히 어떻게 특징지을 것인가에 대해서도 더 많은 것을 알게 된다. 그리고 심리적 장애에 대한 연구는 철학자들이 논의해 온, 예술에 대한 다른 잘 알려진 문제에도 통찰을 줄 수 있다.

내러티브 예술에 대한 열정의 많은 부분이 우리가 허구적 이야기들에 감정적으로 반응한다는 사실에서 유래하는 것 같다. 어떤 사람들은 우리가 존재하지 않는다는 것을 알고 있는 사람들에 대한 사실에 관심을 가지는 것이 매우 비합리적이라고 이야기해 왔다(Radford, 1975). 그러나 우리의 감정이 왜 진짜 사건들뿐 아니라 상상적 사건들에 의해서도 촉발되는지에 대해서는 훌륭한 진화론적 이유가 있을 수 있다. 우리의 선조들은 그 안에서 집단의 다른 일원들의 감정 상태에 대해 아는 것이 아마도 유리한, 강하게 사회적인 집단 안에서 생활했다. 그런 감정적 상태들에 대해 아는 한 가지 방식은 당신이 다른 사람의 상황에 있다고 상상할 때 자동적으로 그 상황에 어울리는 감정을 갖게 되도록 구성되는 것이다. 또한 상상적 기획의 일부로서 경험되는 감정은 계획하기에 있어 중요한 부분일 수 있다. 다마지오(Damasio, 1994)는 뇌의 전두엽 특정 부위에 손상을 입은 비자폐증 환자들을 조사했다. 그들은 실용적 사안에 대한 추리를 잘할 수 있는 것으로 보인 반면, 현명한 판단을 내리는 능력은 현저하게 떨어졌고 어떤 경우에는 파산과 가족 해체로까지 이어졌다. 그는 이런 사람들이 매우 줄어든 수준의 감정을 가진다는 것을 발견했다. 하나의 설명은 효과적인 계획하기가 상상된 행동의 결과에 주목하는 것뿐 아니라 적절한 감정을 경험하는 것과도 연관된다는 것이다. 나로 하여금 어떤 위험한 행동 경로를 취하는 데 반대하도록 하는 것은, 위험에 대한 나의 인식뿐만이 아니라 나빠질 다양한 것들을 상상한 결과 생겨나는 걱정들의 경험이다.

이와 같은 고려는 상상된 사건에 대한 반응으로 감정을 경험하는 우리의 능력에 대한 퍼즐을 풀어내는 방향으로 향할 수 있다. 그러나 상상에 관계된 내러티브에 대한 반응으로 **부정적** 감정을 경험할 기회를 우리가 왜 추구하느냐는 물음은 아직 설명되지 않았다. (〈비극에 관하여〉에서) 흄이 주장하듯 비극의 관람자는 '자신이 고통받는 정도에 비례해서 즐거워진다'(Hume, 1993). 여기서 논의된 다른 질문들처럼 이는 이 책의 다른 곳에서 다루어진 상대적으로 선험적인 종류의 문제를 제기한다. 그러나 인지과학의 관점에서 기꺼이 〈햄릿〉을 보는 관객과, 부정적 감정을 추구하는 것과 관련된 문화적으로 덜 발달되고 자의식적인 행동 간에 연속성이 있는지를 알아보는 것은 흥미로울 것이다. 어린아이의 상상적 체하기에는 이런 종류의 연속성이 있는 것 같다. 아이들은 때로 상상적 친구의 행동에 당황하고 그에 대해 불평한다. 그러면서 문제가 되는 행동들을 단순히 없어지기를 바라는 데에서 항상 해결책을 찾지는 않는다(Harris, 2000: 4장).

아마도 이런 상황에 놓인 아이들은 상상의 유령이나 괴물에 두려움을 느끼는 것에 불평하는 사람들처럼 자신이 상상한 것과 실재를 혼동한다. 만약 그렇다면 그들의 반응은 플롯에의 명백한 개입에도 불구하고 햄릿과 오필리어가 실제라고 확실히 믿지는 않는 성숙한 극장 관객과는 거의 관련이 없을 것이다. 그러나 증거들은 아이들이 환상을 실재로 혼동한다는 관념을 지지하지 않는다. 4–5살 어린아이들은 실제와 상상을 잘 구분할 수 있고 그들의 구분은 공포나 감정적인 관련을 가지는 다른 방식으로 제시되는 상상적 사물들에 의해 영향을 받지 않는다(Harris 외, 1991). 또한 오랜 기간 상상의 친구를 가지는 아이들은 실제와, 친구를 포함하는 상상적 사물들을 잘 구별할 수 있는 것 같다(Harris, 2000). 전반적으로 아이들은 자기 자신이 고안한, 때로 그들에게 고민을 주는 허구 안에 흡수되지만 그것을 현실과 혼동하지는 않는다고 가정하는 편이 더 낫다. 그렇다면 어린 아이에게서 나타나는 상상적 능력의 표출과 발전은 연구에 대한 보상을 줄 것이다.

이 장은 연구의 두 영역에 초점을 맞추었다. 지각의 신경인지적 탐구와 상상에 대한 심리학적 탐구이다. 이런 분야들에서 우리가 예술작품에 개입하는 것을 가능하게 해 주는 기본적 작동기제를 이해하는 방향으로는 상당한 진전이 이루어지고 있다. 그러나 다양한 전통, 양식, 장르들의 작품에 대해 우리가 보이는 풍부하게 다양한 미적 반응들을 이해하는 것을 돕는 방향으로는 거의 진전이 이루어지지 않았다. 그런 연구들의 목적에 관해서도 중대하게 불분명함이 있다. 그것은 단지, 비평과 감식가의 익숙한 언어로 우리가 기술하고 평가할 수 있는 반응들의 기반(underpinnings)을 발견하기를 의도하는 것인가? 아니면 목표는 미학 자체의 영역에 낯선 개념들을 끼워 넣어 아마도 미적 가치에 대한 개정된 이해에 이르는 것인가? 두 번째 목표가 훨씬 흥미로울 것이지만 이를 수용하는 것은 본성상 그 자체로 철학적인 상당한 양의 논증을 요구할 것이다.

* 이 논문의 이해를 돕기 위해서 이 책에서 다음의 논문들을 찾아 읽으면 좋을 것이다.
〈미학과 진화심리학〉, 〈미적 경험〉, 〈허구〉, 〈예술과 정서〉, 〈비극〉, 〈예술의 해석〉, 〈예술에서의 재현〉

참고문헌

Abell, C. and Currie, G. (1999). "Internal and External Pictures". *Philosophical Psychology* 12: 429–45.

Baron-Cohen, S. (1995). *Mindblindness: An Essay on Autism and Theory of Mind.* Cambridge, Mass.: Bradford Books/MIT Press.

Black, J. B., Turner, T. J. et al. (1979). "Point of View in Narrative Comprehension, Memory and Production". *Journal of Verbal Learning and Verbal Behavior* 18: 187–98.

Boden, M. (1990). *The Creative Mind.* London, Weidenfeld & Nicholson.

Budd, M. (1985). "Understanding Music". *Proceedings of the Aristotelian Society*, suppl. vol., 59: 233–48.

Campbell, J. (1993). *Past, Space and Self.* Cambridge, Mass.: MIT Press.

_____ (1999). "Can Philosophical Accounts of Altruism Accommodate Experimental Data on Helping Behavior?". *Australasian Journal of Philosophy* 77: 26–45.

Churchland, P. (1979). *Realism and Plasticity of Mind.* Cambridge: Cambridge University Press.

_____ (1988). "Perceptual Plasticity and Theoretical Neutrality". *Philosophy of Science* 55: 167–87.

Clark, A. (2001a). "Reason, Robots and Extended Mind". *Mind and Language* 16: 121–45.

_____ (2001b). "Visual Experience and Motor Action: Are the Bonds Too Tight?". *Philosophical Review* 110: 495–519.

Cummins, R. (1996). *Representations, Targets and Attitudes.* Cambridge, Mass.: MIT Press.

Currie, G. (1995a). *Image and Mind: Film, Philosophy and Cognitive Science.* New York: Cambridge University Press.

_____ (1995b). "Imagination and Simulation: Aesthetics Meets Cognitive Science". in M. Davies and T. Stone (eds.), *Mental Simulation.* Oxford: Blackwell.

_____ (1996). "Simulation Theory, Theory Theory and Evidence from Autism". in P. Carruthers and P. K. Smith (eds.), *Theories of Theories of Mind.* Cambridge: Cambridge University Press.

_____ (1999). "Desire and Narrative: A Framework". in C. Plantinga and G. Smith (eds.), *Passionate Views.* Baltimore: Johns Hopkins University Press.

Currie, G. and Ravenscroft, I. (2002). *Recreative Minds.* Oxford University Press.

Damasio, A. R. (1994). *Descartes' Error.* New York: Avons Books.

DeBellis, M. (1995). *Music and Conceptualization.* Cambridge: Cambridge University Press.

Dominey, P., Decety, J., Brouselle, E., Chazot, G., and Jeannerod, M. (1995). "Motor Imagery of a Lateralized Sequential Task is Asymmetrically Slowed in Hemi-Parkinson's Patients". *Neuropsychologia* 33: 727–41

Evans, G. (1985). "Molyneaux's Problem". *Collected Papers.* Oxford: Oxford University Press.

Farah, M. J. (1988). "Psychophysical Evidence for a Shared Representational Medium for Visual Images and Percepts". *Journal of Experimental Psychology: General* 114: 91–103.

Finke, R. (1990). *Creative Imagery.* Hillsdale, NJ: Lawrence Erlbaum.

Finke, R., Ward, T. et al. (1992). *Creative Cognition.* Cambridge, Mass.: Bradford Books/MIT Press.

Finke, R. and Shepard, R. (1986). "Visual Functions of Mental Imagery". in K. Boff, L. Kaufmann, and J. Thomas (eds.), *Handbook of Perception and Human Performance.* New York: Wiley.

Fodor, J. (1983). *The Modularity of Mind: An Essay on Faculty Psychology.* Cambridge, Mass.: Bradford Books/ MIT Press.

_____ (1984). "Observation Reconsiderd". *Philosophy of Science* 51: 23–43.

_____ (1988). "A Reply to Churchland's 'Perceptual Plasticity and Theoretical Neutrality'". *Philosophy of Science* 55: 253–63.

Gerrig, R. and prentice, D. (1996). "Notes on Audience Response". in D. Bordwell and N. Carroll (eds.), *Post-Theory: Reconstructing Film Studies.* Madison: University of Wisconsin Press.

Godfrey-Smith, P. (1997). *Complexity and Function of Mind in Nature.* Cambridge: Cambridge University Press.

Gombrich, E. (1960). *Art and Illusion.* Princeton: Princeton University Press.

Harman, G. (1999). "Moral Philosophy Meets Social Psychology". *Proceedings of the Aristotelian Society* 99: 315–31.

Harris, P. (1993). "Pretending and Planning". in S. Baron-Cohen, H. Tager-Flusberg, and D. J. Cohen(eds.), *Understanding of Other Minds. Perspectives from Autism.* Oxford: Oxford University Press.

_____ (1998). "Fictional Absorption: Emotional Responses to Make-Believe". in S. Braten (ed.), *Intersubjective Communication and Emotion in Ontology.* Cambridge/Paris: Cambridge University Press and Madison des Science de l'Homme.

_____ (2000). *The Work of the Imagination.* Oxford:Basil Blackwell.

Harris, P. and Kavanaugh, R. D. (1993). "Young Childeren's Understanding of Pretense". *Monographs of the Society for Research in Child Development* 58.

Harris, P. et al. (1991). "Monsters, Ghosts and Witches: Testing the Limits of the Fantasy-Reality Distinction in Young Children". *British Journal of Development Psychology* 9: 105–23.

Hopkins, R. (1998). *Picture, Image and Experience.* Cambridge: Cambridge University Press.

Hume, D. (1993). "Of Tragedy". in *Hume: Selected Essays.* Oxford: Oxford University Press.

Hyman, J. (1989). *The Imitation of Nature.* Oxford: Basil Blakwell.

Kemp, M. (1990). *The Science of Art.* New Haven: Yale University Press.

Kenny, A. (1984). "The Homunculus Fallacy". in his *The Legacy of Wittgenstein.* Oxford: Basil Blackwell.

Kossly, S., Thompson W., Kim, I., Rauch, S., and Alpert, N. (1996). "Indiviual Difference in Cerebral Blood Flow in Area 17 Predict the time to Evaluate Visualized Letters". *Journal of Cognitive Neuroscience* 8: 78–82.

Kossly, S. et al. (1999a). "The Role of Area 17 in Visual Imagery: Convergent Evidence from PET and rTMS". *Science* 284: 167–70.

Kossly, S., Sukel, K. E. et al. (1999b). "Squinting with the Mind's Eye". *Memory and Cognition* 27: 276–87.

Leslie, A. M. (1988). "Some Implictions of Pretense for Mechanism Underlying the Child's Theory of Mind". in J. Astingston, P. Harris, and D. Olson (eds.), *Developing Thories of Mind.* New York: Cambridge University Press.

Levine, D. N., Warach, J. et al. (1985). "Two Visual Systems in Mental Imagery: Dissociation of 'What' and 'Where' in Imagery Disorders due to Bilateral Posterior Cerebral Lesions". Neurology 35: 1010–1018.

Levinson, J. (1996). "Critical Notice of DeBellis, Music and Conceptualization". *Music Perception* 14: 85–91.

_____ (2002). "Aesthetics". in *Encyclopedia of Cognitive Science.* London: Macmillan/Nature Publishing Group.

Lopes, D. (1996). *Understanding Pictures.* Oxford: Clarendon Press

McDowell, J. (1994). *Mind and World.* Cambridge, Mass.: Harvard University Press.

Marr, D. (1982). *Vision.* San Francisco: Freeman.

Mauro, R. and Kubovsky, M. (1992). "Caricature and Face Recognition". *Memory and Cognition* 20: 433–40.

Milner, D. and Goodale, M. (1995). *The Visual Brain in Action.* Oxford: Oxford University Press.

Morrow, D. G., Greenspan S. et al. (1987). "Accessibility and Situation Models in Narrative Comprehension". *Journal of Memory and Language* 26: 165–87.

Novitz, D. (1999). "Creativity and Constraint". *Australasian Journal of Philosophy* 77: 67–82.

Oatley, K. (1994). "A Taxonomy of the Emotions of Literary Response and a Theory of Identification in Fictional Narrative". *Poetics* 23: 53–74.

Peacoke, C. (1983). *Sense and Content.* Oxford: Oxford University Press.

_____ (1987). "Depiction". *Philosophical Review* 96: 383–410.

_____ (1992). *A Study of Concepts.* Cambridge, Mass.: Bradford Books/MIT Press.

Radford, C. (1975). "How Can We Be Moved by the Fate of Anna Karerina?". *Aristotelian Society*, suppl. vol.49: 67–80.

Raffman, D. (1993). *Language, Music and Mind.* Cambridge, Mass.: MIT Press.

Ramachandran, V. S. and Hirstein, W. (1999). "The Science of Art". *Journal of Consciousness Studies* 6: 15–51.

Reisberg, D. and Morris, A. (1985). "Images Contain What the Imager Put There". *Bulletin of the Psychonomic Society* 23: 493–6.

Russell, J. (ed.) (1998). *Autism as an Executive Disorder.* Oxford: Oxford University Press.

Schier, F. (1986). *Deeper into Pictures.* Cambridge: Cambridge University Press.

Shepard, R. N. and Cooper, L. A. (1982). *Mental Images and their Transformations.* Cambridge, Mass.: MIT Press.

Stone, T. and Young, A. (1997). "Delusions and Brain Injury: The Philosophy and Psychology of Belief". *Mind and Language* 12: 327–64.

Van Leeuwen, C., Vrestijnen, I., and Hekkert, P. (1999). "Common Unconscious Dynamics Underlie Common Conscious Effects". in S. Jordan (ed.), *Modelling Consciousness Across the Disciplines.* Lanham, Md: University Press of America.

Walton, K. (1984). "Transparent Pictures: On the Nature of Photographic Realism". *Critical Inquiry* 11: 246–77.

Wilson, G. (1987). *Narration in Light.* Baltimore: Johns Hopkins University Press.

Wollheim, R. (1998). "On Pictorial Representation". *Journal of Aesthetics and Art Criticism* 56: 217–26.

Yue, G. and Cole, K. (1992). "Strength Increases from the Motor Program: Comparison of Training with Maximal Voluntary and Imagined Muscle Contractions". *Journal of Neurophysiology* 67: 1114–23.

Zeki, S. (1999). *Inner Visions.* Oxford: Oxford University Press.

제43장

미학과 윤리학

리처드 엘드리지(Richard Eldridge)

번역: 최근홍

자연과 맺는 관계 속에서 가치들을 찾아내고 확인하는 일은 결코 쉬웠던 적이 없다. 그리스 인들은 이미 **노모스**(nomos)라는 가변적 관습과 **퓌시스**(physis)라는 사물들의 존재 방식을 구분하여 의식하고 있었다. 근대성의 개념이 나타나고 유물론적 형이상학에 대한 신뢰가 커짐에 따라 문화적으로 국지적이며 가변적인 것과 자연 속에서 고정되어 주어진 것 사이의 대립이 갖는 이러한 의미는 보다 선명해져 갈 뿐이었다. 새가 알을 낳는다거나 물로 불을 끈다거나 하는 것은 사실의 문제인 것처럼 보이지만, 바흐(Bach)의 〈프랑스 모음곡〉(French Suites)이 아름답다거나 소크라테스(Socrates)가 덕을 갖추고 있다는 것 등은 보다 논의의 여지가 있는 가치의 문제인 것 같다.

그러나 이와 동시에 우리는 가치의 문제를 실지로는 특별한 종류의 사실 문제로 보고자 하는 유혹에 빠지기 쉽다. 가치판단을 내리는 일은 문화적 삶을 영위하는 데 중요하다. 게다가, 가치판단이란 그저 취향이나 이른바 개인적 특이성을 반영하는 것이 아니라 최소한 실제로 무언가를 추적하는 것이라는 제안이 있을 정도로, 우리는 그러한 가치판단에 대해 충분한 합의와 논증을 갖고 있다. 아름다움과 예술적 좋음에 대한 판단, 의무와 성격적 좋음에 대한 판단 등이 주를 이루는 가치판단은 관련된 특별한 사실들을 추적한다. 미학과 윤리학이라는 분과는 크게 보아 그러한 사실들을 찾아내고 확인하기 위한 다양한 전략들로 구성된다. 어쩌면 이들 분과는 애초에 물질적으로 주어진 것들로 구성된 자연 세계에 대한 판단과 대조를 이룬다는 공통점 때문에 가치의 본성을 다룰 때 종종 평행한 관점과 전략을 발전시켜 왔던 것이다. 이 장에서는 미학에 강조점을 두고 이러한 평행을 탐색할 것이다. 이는 최근에 등장한 일군의 표현주의적 전체론 관점들(expressivist-holist views)을 평가하는 일로 귀결되는데, 이 관점들은 미적 표현, 윤리적 표현, 그리고 철학적 표현 사이의 연속성을 강조한다.

가치실재론(value realism)은 가치 속성들이 대상에 실재하는 식별 가능한 특징들이라고 전제한다. 자연과 예술의 아름다움, 성격과 행동의 좋음 등은 모두 가치 있다고 판단되는 대상들 안에 있는 것으로 주장된다. 물론 이것들을 보기 위해서는 특별한 식별 능력이 필요할 수 있다. 훈련된 시각적 지각은 개별 대상들의 가치 속성들을 식별하기 위한 하나의 모델이다. 잘 알려진 바와 같이 플라톤(Plato)은 이 모델을 수용하여 **토 칼론**(to kalon), 즉 훌륭한 것들이라는 보다 일반적인 이름하에서 아름다움과 도덕적 좋음을 식별한다.

판단 대상에 일차적인 관심을 가질 경우 가치실재론은 **직관주의**(intuitionism)로 기울게 된다. 윤리학에서는 20세기 초 로스(W. D. Ross)와 프리처드(H. A. Prichard) 등의 철학자들이 직관주의 견해를 주장한 바 있다. 미학에서는 메리 마더실(Mary Mothersill)이 다음과 같이 주장했다. "아름다움이란 ① 일종의 좋음이고, ② 어떠한 부류의 대상들도 보유할 수 있는 것이며, ③ 쾌와 결부되어 사랑을 불러일으킨다는 플라톤의 가정들은 기본적이다. 왜냐하면 모든 이론은 그러한 가정들을 설명해야만 하고, 그것들이 근본적 진리로서 상식에 호소하기 때문이다."(Mothersill, 1984: 262) 이와 유사하게 필립 페팃(Philip Pettit)의 주장에 따르면 대상이 아름답다거나 기괴하다고, 또는 훌륭하다거나 결함이 있다고, 또는 앙증맞다거나 땅딸막하다고 하는 미적 성격규정은 대상의 속성에 관한 진정한 단언(assertion)이다. 동시에 이러한 성격규정은 다음과 같은 특징들을 갖는다. 미적 성격규정은 본질적으로 지각적이고(우리는 어떤 대상이 미적 특징을 가지는지 아닌지를 직접 들여다보아야 한다), 지각적으로 난해하며(식별 능력 없이 단순히 그 대상을 보는 것은 그 대상의 미적 속성을 결정하는 데 충분하지 않을 것이다), 그러한 성격규정의 대상을 비교 대상들로 이루어진 불안정한 참조 집합 속에 놓는 일에 의존한다. 이 특징들은 반실재론을 암시하는 것일 수 있다. 하지만 참조 집합 속에 대상을 위치시키는 일은 합당한 역사적, 해석적 제한조건하에서 이루어지기 때문에 미적 속성은 실재하기에 충분하며, '미적 특징을 기술하는 일은 가장 엄밀하고 진정한 의미에서 단언에 속한다'(Pettit, 1983: 38).

미적 속성과 윤리적 속성이 실재하며 유사지각적으로 식별 가능하다는 주장은 가치판단의 규범성을 뒷받침한다는 측면에서 장점을 갖는다. 대상 — 성격, 행위, 혹은 작품 — 에는 그 대상에 관한 판단이 옳거나 그르다고 할 무언가가 있다. 한편 이 주장은 아름다움과 좋음의 담지자와 그러한 담지자를 식별할 때 필요한 자질 모두에서 나타나는 역사·문화적인 극적 전이를 평가절하할 위험을 무릅쓴다는 단점도 갖는다. 좋은 성격을 가지는 일, 성공적인 작품을 만드는 일, 그리고 그러한 성격과 작품을 평가하는 일 모두에서 주관성은 직관주의 견해가 허용하는 정도보다 더 많이 개입하는 것처럼 보인다. 그리스 사원의 아름다움은 바르토크(Bartok)의 4중주가 지닌 아름다움과는 다른 부류에 속하는 것 같다. 게다가, 그리스 귀족의 됨됨이가 좋다는 것은 현대 민주주의자의 그것과는 다른 것처럼 보인다. 미적인 특징과 윤리적 특징의 기술이 맥락 상대적임을 인정하면서도 여전히 대상의 실재 특징들에 관한 것이라고 주장하는 것은 역사적·문화적 변화 가능성에 맞서는 수세적인 방식인 것 같다. 이런 방식은 가치판단에 진정으로 옳고 그름이 있음을 주장하는 한 가지 방편이긴 하나 공허한 주장일 뿐이다. 이 견해가 잘못된 것은 아닐 수 있으나, 이것이 우리의 미적, 윤리적 관행들, 그리고 그 관행들 내에서 이루어진 비판적 판단들의 세부사항에 대해 알려 주는 바가 얼마나 있을지는 분명치 않다.

밀접하게 관련된 다른 형태의 가치실재론에서는 적절한 미적·윤리적 지각자가 보유한 특별한 식별 능력에 보다 분명하게 주목한다. 여기에 역사적으로 영감을 불어넣은 사람은 플라톤이 아니라 아리스토텔레스이다. 이 경우 우리는 대상의 고정된 이상적 성질들에 주목하기보다는 예술과 삶에서 개별 대상들의 좋음이나 나쁨을 맥락에 맞게 특정하게 판단하는 일에 관심을 갖는다. 지난 40여 년간 필리파 풋(Philippa Foot), 앨라스데어 매킨타이어(Alasdair MacIntyre), 버나드 윌리엄스(Bernard Williams), 마이클 스토커(Michael Stocker), 로렌스 블룸(Lawrence Blum), 마이클 슬롯(Michael Slote), 마사 누스바움(Martha Nussbaum) 등은 덕 윤리학을 부활시켰는데, 이것은 보편적 원칙들을 거부하는 견해인 **개별주의**(particularism)와 개별자들의 가치 속성을 식별할 **수** 있다는 실재론을 결합시켰다는 점에서 의미 있는 일이다(매킨타이어와 누스바움은 모두 인간의 기능적 좋음에 대해 매우 독특한 다차원적 일반론을 구체화한 바 있다). 이러한 형태의 가치실재론에 따르면 가치에 관한 구체적인 판단들을 뒷받침하기 위해 **우리가 보유한** 이유들이 최소한 광범위한 비판적 조사 후에도 살아남을 경우 그 판단들은 실재하는 무언가를 추적한다는 점을 가리키기에 충분하다. 오직 물리적으로 측정 가능한 것만이 실재한다고 받아들일 필요는 없다. 존 맥다월(John McDowell)이 언급하듯이 '여기서 드러나는 것은 어떤 가능성이다. 즉 (우리의) 지각에 삶의 방식들이 반영된다는 설명은 실재하는 무언가가 지각을 통해 발견된다는 주장을 **일소해 버리는** 것은 아닐 수 있다' (McDowell, 1983: 4, n. 5). 이때 지각이 맥락 특정적일 수 있다 해도 말이다. 내적 실재론을 주장하는 힐러리 퍼트넘(Hilary Putnam)도 미적 가치판단과 윤리적 가치판단 모두에 대해 유사한 입장을 지지한다. 퍼트넘의 언급에 따르면 우리는 '다른 무언가를 옹호한다는 이유로', 즉 '정말로' 객관적인 판단들을 옹호한다는 이유로 주어진 문제에 관해 '규범적인 것' (Putnam, 1992: 79)을 제거할 필요가 없고 그렇게 해서도 안 된다. 규범적인 것을 제거한 채

문화적 삶을 향유하는 대가는 매우 클 것이므로 가치판단은 형이상학적으로 존중받을 만한 것이다.

동시대 신아리스토텔레스주의자들 중 마사 누스바움은 매우 구체적인 맥락하에서 개별 문학작품들과 개별 행동들에 대한 구체적인 가치판단들을 가장 상세하게 다루었다. 그러한 판단들의 배경이 된다는 점에서 좋음에 대한 일반 이론과 원칙에 대한 참조는 필수적이지만, 진정 식별력을 갖춘 윤리적 판단을 내리기 위해서는 헨리 제임스(Henry James)가 언급한 '섬세한 의식과 두터운 책임감'(Nussbaum, 1990: 148) 또한 구비되어야 한다. 소설가가 주목한 동기, 인물, 배경, 어조, 스타일 등의 어우러짐은 원칙을 배경으로 하는 특정한 윤리적 평가에 부합하는 것이다. 윤리적 평가 속에서 우리는 '인간 삶의 심연에 있는 무언가가 하나의 관점과 전반적으로 가장 적합하게 들어맞는 지점'(p. 26)을 탐색한다. 누스바움이 제시한 비평 과정은 이러한 적합성에 대한 탐색을 특정 문학작품의 평가로 확장시킨다.

신아리스토텔레스주의적 가치실재론은 좋음을 다차원적으로 설명하고 맥락에 따라 (성격과 예술이 갖는) 서로 다른 미덕들을 매우 유연하게 이해하게끔 해 주는 한 우리가 가치 매김하는 성격, 행동, 예술작품 등의 다양성을 잘 설명하는 이론이다. 하지만 개별주의와 객관주의가 어떻게 서로 부합하는지를 정확히 아는 일이 언제나 쉽진 않다. 종종 국지적인 문화적·역사적 여건에 좌우될 정도로 가치판단이 다양할 경우 그런 판단이 그저 개인적인 또는 사회적인 선호의 표현일 뿐이라는 생각은 비록 사실일 **필요가 없다** 해도 나타나기 마련이다. 반대로 좋음이나 아름다움에 대한 일반 이론이 그 형태와 내용을 보다 잘 갖춤으로써 서로 다른 개별자들 사이에서 아름다움이나 좋음의 공통 특징들이 식별 가능한 경우 개별주의는 약화된다. 물론 어느 쪽으로도 기울지 않으려면, 즉흥적인 측면을 갖는 특정한 미적 또는 윤리적 비평 작업 속에서 이론이 채택한 일반 용어들의 의미를 탐색함으로써 일반 이론을 구체화할 때 특정 가치평가들이 동반되게끔 상시적으로 보조를 맞추어야 한다. 이것은 분명 누스바움 자신이 실천하는 신아리스토텔레스주의적 스타일이 '보다 큰 완전성을 추구해야 하는 영역으로서의 경험과 문학 텍스트로 나아가려 할 때 완전성의 결여를 스스로 의식'(Nussbaum, 1990: 49)해야만 할 것이라고 언급할 때 염두에 둔 무언가이다. 이러한 완전성의 결여가 강조되는 관점은 아래에서 논의할 **표현주의적 전체론자** (expressivist-holist)의 관점에 보다 근접하게 된다.

윤리학과 달리 미학에서 현대적 전략들이 갖는 한 가지 특이성은 예술과 아름다움을 감상할 때 감정의 역할이 강조된다는 점이다. 우리가 사랑하거나 우리에게 감동을 주는 성격, 행동, 사람 등이 갖는 아름다움을 논의하려는 경향은 우리보다는 그리스 인들에게서 더 많이 나타나는 것 같다. 어쩌면 이것은 우리가 그리스 인들보다 관능적인 매력을 꺼려하고 그것을 윤리적, 미적 평가에서 분리하고자 하기 때문일 것이다. 반면에 예술을 통한 감동에 관한 논의는 우리에게서 보다 더 자연스럽게 나타난다.

그러나 예술을 식별하고 감상할 때 감정이 문제가 되는 방식이 정확히 무엇인지는 줄곧 논쟁거리였다. 가장 직설적으로 말해서 감정은 때때로 예술작품을 식별하고 그것에 몰입하기 위한 수단으로 간주된다. 제럴드 레빈슨(Jerrold Levinson)의 적절한 표현에 따르면 여기서 예술에 관한 판단은 '인간의 감수성과 연동된다'(Levinson, 1998a: 8). 한 대상을 파악할 때 우리가 어떻게 느끼느냐의 문제는 그 대상이 무엇인지를 어떻게 밝혀내느냐, 그리고 그것을 어떻게 올바르게 사용하느냐의 문제이기도 하다. 리처드 밀러(Richard Miller)는 플라톤을 상기시키면서, 하지만 토 칼론에 대한 플라톤의 포괄적인 설명은 삼가면서, 감정을 포함하는 미적 판단은 '배움과 충분히 유사'하지만 여전히 '진리를 습득하는 것에 대한 관심' 또는 의사결정에 대한 관심에는 기여하지 않을 경우 그리고 오직 그 경우에만 객관적이라고 주장한다(Miller, 1998: 54). 밀러의 생각에 따르면 우리는 예술작품에 몰입함으로써 감정을 느끼는 우리의 능력을 탐색하고, 그럼으로써 우리 자신에 대한 무언가를, 특히 우리의 능력과 우리가 미래에 향유할 만한 대상들에 대한 무언가를 배운다는 것이다. 피터 레일턴(Peter Railton)의 언급에 따르면 '우리는 지각에 기초한 풍성한 쾌의 원천이 될 수 있는 대상들을 창조하며 그것들에 둘러싸이길 바란다. 더 나아가, 우리는 가족과 친구들 사이에서 쾌를 공유할 수 있도록 하고 다른 이들의 경탄을 불러일으키며 더 많이 알수록 보다 깊은 만족을 제공할 그런 대상들을 창조하며 그것들에 둘러싸이길 바란다'(Railton, 1998: 78). 유사하게 앨런 골드만(Alan Goldman)은 다음과 같이 주장한다.

> 도덕적 판단과 미적 판단은 그 판단 대상이 갖는 비-평가적 속성(그 자체로 관계적인 속성)과 이상적 평가자의 반응이 맺는 관계를 지시한다. … 우리는 전형적인 작품들에 주목하여 미적 속성이나 미적 관계로 묶일 수 있는 것들에 대해 배우며, 그럼으로써 하나하나가 그 자체로 유일한 작품인 다른 작품들 속에서도 그것들을 탐색한다. 게다가, 전형들로 이루어진 하나의 집합이 있다는 주장은 취미를 공유하는 비평가들로 이루어진 하나의 참조 집단을 확립한다. … 이런 종류의 미적 교육은 도덕 교육만큼 사회의 연속성에 결정적이진 않지만, 사회의 문화가 갖는 연속성에 대해서는 결정적이다. (Goldman, 1990: 718, 730)

그러나 밀러와 레일턴, 골드만에게는 매우 추상적인 차원의 공리주의 말고는 좋음에 대한 일반 이론이 없기 때문에 이러한 배움이 왜 시급한지 또는 객관적인지를 정확히 설명하기 어렵다. 이러한 어려움이 나타나는 경우는 대부분 우리 문화에서 타인들 일반, 친분 있는 사람들 또는 상류층 사람들이 느끼는 무엇이든 그것을 느끼게 되는 것의 문제, 아니면 우리가 향유하는 무엇이든 그것을 향유하는 것의 문제를 다룰 때인 것 같다. 미적 속성의 본성에 관해 유사한 관점을 취하는 스튜어트 햄프셔(Stuart Hampshire)는 이러한 이유로 다음의 결론을 이끌어 낸다. 즉 우리는 도덕성을 반드시 가져야 하지만, 이와 달리 '예술작품을 꼭 가져야 하는 것은 아니다. 예술작품은 **본질적으로** 어떤 물음에 대한 대답, 또는 제시된 어떤 문제에 대한 해결책이 아니다'(Hampshire, 1952: 652). 감정, 그중에서도 특히 쾌와 즐거움이 다른 기능들과 독립적으로 예술 경험에 핵심적이게 되는 경우, 우리 또는 우리 중 일부가 동일한 대상들을 향유하거나 동일한 평가자들을 상찬할 만큼 서로 충분히 비슷하다는 경험적 주장은 강제된 것으로 보인다. 상당한 반대 증거에도 불구하고 이 주장은 향유할 만한 것 그 자체에 관한 어떤 철학적 사실을 확립하려는 시도이다. 일반적으로 도덕성은 시급성을 갖는 것으로 생각되므로 근래의 도덕 철학에서 도덕적으로 향유할 만한 것 그 자체에 대한 논의가 거의 없다는 점은 놀라운 일이 아니다. 물론 흄은 미학과 마찬가지로 도덕 이론에서도 그러한 관점을 견지했지만 말이다. 햄프셔에게는 안된 일이지만, 만약 우리가 취미판단의 객관성을 지지해야 한다면, 예술작품을 어떤 문제에 대한 해결책으로 간주하는 편이 더 나을 것이다. 에바 셰퍼(Eva Schaper)가 주장했듯이 햄프셔가 하는 일, 즉 '미학의 수조를 철학의 넓은 물길로부터 봉쇄하는 일'(Schaper, 1983a: 39)은 잘못된 것이다. 하지만 만약 우리가 **토 칼론**, 즉 훌륭함 그 자체라는 객관적인 성취를 논하려 하지 않는다면, 예술은 어떤 문제에 답하는 것인가?

인간의 감수성과 독립적으로 객관적인 아름다움과 좋음을 성취하는 방식은 아니면서, 인간 삶의 일반적인 문제를 명시하는 가장 유명하고 전도유망한 방식은 신칸트주의이다. 칸트(Kant)에 따르면 인간의 삶에서 핵심적인 문제는 자율성을 위해 우리가 보유한 능력을 적절하게 표현하는 것이다. 이 문제는 우리가 자유 의지를 갖는다는 사실을 통해 우리 안에 내재되어 있으며, 그러므로 단순히 외부의 힘에 휘둘리는 것 이상의 무언가일 수 있다. 폴 가이어(Paul Guyer)가 잘 정리한 칸트의 입장에 따르면, '도덕적 가치는 자연의 단순한 산물인 다른 모든 동물들로부터 우리 인간을 구별해 준다는 바로 그 이유 때문에 우리가 가진 경향성에 수반되는 것이 아니라 자유 의지를 능동적으로 사용할 때 수반된다'(Guyer, 1993: 347). 우리는 자기입법의 도덕 원칙에 따라 행동함으로써 **자기 자신에 대한 주인**(p. 349)이 되고자 해야 한다.*

---

* 칸트는《윤리형이상학》(백종현 번역)에서 덕을 언급하면서 그것이 일종의 숙련이라고 설명한다. 이 경우 숙련이란 "의사의 성질이 아니라 의지의 성질이며, 이때 의지란 그것이 취한 규칙을 가지고서 동시에 보편적으로-법칙수립하는 욕구능력이다. … 그러나 내적 자유를 위해서는 두 요소가 요구되는바, 즉 주어진 경우에서 자기 자신의 장(長)(自制之心)과 자기 자신에 대한 주인(克己自制)이 될 것이 요구된다. 다

개별주의자와 덕 이론가들이 칸트를 비판하는 것과는 대조적으로 오노라 오닐(Onora O'Neill), 크리스틴 코스가드(Christine Korsgaard), 마샤 배런(Marcia Baron), 바버라 허먼(Barbara Herman), 앨런 우드(Allen Wood), 리처드 엘드리지(Richard Eldridge) 등은 최근의 신칸트주의 도덕 철학에서 자기 자신에 대한 주인이 되는 일, 즉 극기자제(克己自制)하는 일이 감정이나 인간관계의 폄하 또는 도덕적 엄숙주의로 이어질 필요가 없음을 보이는 데 주로 전념해 왔다. 이를 위해 그들이 일반적으로 강조한 것은 '우리의 정감과 성향이 가변적'(Guyer, 1993: 367)이라는 사실이다. 그 결과 '다형적이고 애초에 제멋대로인 정념들에 이성이 작용하여 그것들을 부분적으로 변화시키고, 그로써 우리의 성향과 감정은 사람들에게 경의를 표하는 행동이나 활동이라고 지금껏 알려져 온 것들에 수반될 수 있다'(Eldridge, 1989: 45). 엘드리지는 이런 방식으로 감정을 변화시키는 훈육의 전형으로서 특정 내러티브 문학작품들에 관심을 돌렸다.

이러한 노선의 논증은 칸트가 《판단력 비판》(The Critique of Judgement)에서 예술에 특별히 할당한 소임에 의존하고 그 소임을 지지한다. 가이어(1993: 39)가 언급하듯이 예술작품은 상징적 재현을 통해 '도덕 이념들을 감각에 분명하게 드러낼' 수 있다. '우리처럼 완전히 체화된 이성적 행위자는 … 도덕성을 떠받치는 이성의 자율성을 감지할 수 있다'(p. 19). 만약 주인공이 순조롭게 올바른 일을 행하고 이후에도 계속 행복하게 산다는 이야기들이 가장 성공적인 내러티브 예술작품들로 간주되어야 한다면, 이런 관점은 미적 교훈주의와 도덕적 엄숙주의라는 자명한 위험을 무릅쓰는 것이다. 그러나 엘드리지는 자기 자신에 대한 주인이 되는 일, 즉 극기자제하는 일이 기껏해야 그저 '편향적이고 염려스러운 전형들'(Eldridge, 1989: 187)만을 가질 뿐이라고 강조한다. 엘드리지는 칸트가 역사와 인류학에 관해 쓴 글들을 세부적으로 살펴봄으로써 칸트에게든 실제로든 '능력이나 덕을 발휘하는 모든 것들, 즉 독창성, 용기, 친절함, 정의, 사랑 등 우리 문화를 발전시키는 것으로 주목할 만한 모든 행위는 자만심과 적대감이라는 특징을 동시에 가질 것'(Eldridge, 1996a: 184)이라고 주장한다. 그러나 여전히 우리는 삶에서뿐 아니라 예술에서도 자유로운 표현이라는 이념으로 일관되게 이끌린다. 이러한 복잡한 관점을 통해서는 자유, 자기 자신에 대한 주인이 됨(극기자제), 자유로운 표현 등 추상적인 이념들이 우리의 예술과 삶에서 수행하는 역할을 분명히 하기 어렵다. 보다 자연주의적인 관점을 취할 경우 인간의 삶과 예술은 이

시 말해 자기의 격정을 억제하고, 자기의 열정을 지배하는 것이 요구된다."(A50)라고 한다. 여기서 '자기 자신에 대한 주인'이라는 표현은 극기자제를 뜻하며, 본문에서는 'self-mastery'의 번역으로 사용되었다. 그런데 본문에서 가이어는 이 표현을 'Oberherrschaft'라는 표현과 같은 의미를 갖는 것으로 병기하고 있다. 후자의 표현은 '최고통치권'이라는 용어로 번역되고 있으나(같은 책, AA판, VI 371 참조), 본문에서는 의미 전달을 수월하게 하기 위해 굳이 병기하진 않았으며 본 역자주를 통해 참고할 수 있도록 하였다.

런 이념들에 관한 것이라기보다는 먹고 자고 후손을 얻고 즐기는 것 등에 관한 것으로 보일 것이다. 우리는 오직 예술과 삶에서 진정으로 소중하게 여기는 무언가를 세부적으로 추적함으로써만 이 비판에 답변할 수 있다.

신칸트주의 노선을 따를 경우 예술의 기능은 삶의 행위와 연결된다. 마찬가지로 지난 40여 년간 가치에 관한 가장 중요한 연구에 의하면 가치에 관해 사고하는 철학적 활동은 이상적인 형상들이나 인간 본성에 관한 불변적인 철학적 사실들을 발견하는 것이 아니라 삶의 행위 안에서 이루어지는 것으로 생각되었다. 후기 비트겐슈타인(Wittgenstein)의 저작에서 상당한 영감을 받은 **표현주의적 전체론자**의 관점에 따르면 미적, 윤리적 개별자들에 대한 비판적 판단이라든지 행하고 만들 만한 가치가 있는 부류의 대상들에 관한 보다 일반적인 언급들은 모두 현재진행형인 인간의 삶 속에서 나타나는 움직임들이다. 이것들은 상호 관련되어 있고 계속해서 진행 중이며 서로 경쟁하면서 대화를 통해 논쟁될 수 있는 것들이다. 여기서 아이리스 머독(Iris Murdoch)은 '존재의 결'(Murdoch, 1956: 39)에 **주목하는 일 ― 이것은 미적, 윤리적, 철학적, 그리고 특히 비판적 주목을 한꺼번에 일컫는다 ― 이** 갖는 중요성에 대해 논한다. 왜냐하면 존재의 결은 자기 자신과 타인을 모두 포함하는 삶 속에서 발전하기 때문이다. 인간의 삶은 어떤 이상적 형태에 완전하게 도달하는 것이 결코 아니며 지속적으로 사려 깊게 그 방향을 재설정하길 요구하는 것으로 보인다. 머독이 언급하듯이 '우리는 수많은 지점에서 스스로에게 거리를 두고 방향을 바꾸며 욕구를 재설정하고 에너지를 새롭게 하고 정화하며 끊임없이 올바른 방향을 찾아야만 한다. 결국 우리는 신념을 통해 도달하게 되는 품위를 지켜 내야 한다'(Murdoch, 1992: 25). 예술작품을 만들고 가까이서 지켜보는 일은 삶에 긴밀하게 주목하는 전형적인 방식이며 삶 속에서 수행되는 일이다. '예술은 무언가를 알려 주고 즐기게 해 준다. 예술은 개별 대상들에 주목하게끔 인도함으로써 세계를 응집시키고 명료하게 한다. … 예술은 우연, 앞으로 일어날 일, 그리고 삶의 전반적인 혼란 상태에 빛을 던져 준다. …'(p. 8). 인간에 관해 분명하고 올바르게 이해해야 할 것들은 언제나 존재하며, 그것들은 인간의 삶 속에서 나온 것들이다. 예술, 윤리학, 그리고 철학은 모두 이러한 지속적인 노력에 동참한다.

표현주의적 전체론은 올바른 행동이나 의무 **일반**(überhaupt)을 다루기보다는 맥락 속에서 드러나고 발전되는 성격에 보다 전형적으로 주목한다. 또한 마찬가지로 자율미나 의미 있는 형식을 논의하기보다는 예술을 통해 대상의 구체적인 비전들을 구현하고 명료화하는 일을 보다 전형적으로 다룬다. 이런 흐름 속에서 에바 셰퍼가 예술대상에 면밀하게 주목하는 일과 타인을 사랑하는 일 사이의 유비를 언급하는 것은 자연스럽다. 사랑의 당사자들은 '사랑하는 사람에게 빠져 있을 때 자존적이지도 몰아적이지도 않다. … 사랑이라는 감정은 사랑하는 사람의 삶 전체에 스며든다. 이는 취미의 쾌에 대해서도 마찬가지이다'(Schaper, 1983a: 51). 여기서 윤리학은 미학과 서로 분리되지 않으며 개별 대상들에 대한 비평적 주목은 폭넓은 성찰들과 분리되지 않는다. 헤어(R. M. Hare)가 언급하듯이 '이는 마치 한 사람이 자기 자신의 삶과 성격을 하나의 예술작품이라고 간주하고 어떻게 해야 그것이 가장 잘 완성되는지를 묻고 있는 것과 같다'(Hare, 1965: 150). 마샤 이튼(Marcia Eaton)이 공식화했듯이 '성숙한 도덕적 인간이 되는 일은' 그 자체로 '미적 능력을 요구한다'(Eaton, 1997: 361).

이러한 표현주의적 전체론은 유미주의가 지닌 자명한 위험들을 떠안는다. 모든 것은 패턴이나 배열의 문제인 것처럼 보인다. 미학, 윤리학, 철학, 그리고 비평 사이의 경계들은 허술해 보인다. 게다가, 우리가 우리의 본성과 의지에 의해, 신에 의해 또는 좋음에 의해 요구받는 무언가를 진정으로 올바르게 이해한다는 생각은 위협받는 것처럼 보인다.

이 우려에 대해 알렉산더 네하마스(Alexander Nehamas)는 신니체주의 관점에서 '예술적 결정들이 모든 행위에 모델을 제공한다'(Nehamas, 1996: 233)는 생각을 받아들이라고 답변한다. 그리고 다음과 같은 두 가지를 주장한다. 첫째, 예술과 삶 양자 모두에서 우리는 언제나 특정한 무언가를 가리킬 수 있을 만큼 충분하게 맥락을 고려한다. 둘째, 우리는 어디에나 존재하면서 어디에도 없는 것으로부터 우리의 선택들을 정당화하려는 비겁한 '형이상학적' 충동에서 벗어나야 한다. 그러나 이런 형태의 유미주의가 맥락 속에서 이루어진 선택들을 안내하기에 적합한 것인지, 만약 그 선택들을 통해 올바르게 이해하려는 것이 맥락에 의존하는 것 이상의 무언가라는 직관을 가졌다면 이런 형태의 유미주의가 그 직관에 답변할 수 있거나, 아니면 그 직관을 무효화할 수 있는지 등은 여전히 지켜봐야 할 일이다.

리처드 슈스터만(Richard Shusterman)은 니체(Nietzsche), 푸코(Foucault), 비트겐슈타인, 듀이(Dewey) 모두가 주장했듯이 예술이 '삶의 필요와 관심에 깊게 뿌리'(Shusterman, 1997: 6)내리고 있다는 사실을 상기시킴으로써 이런 종류의 관점에 다소 더 규범적인 내용을 제공하고자 시도했다. 슈스터만은 특히 듀이의 관점에 따라 '체성적 탐색'(p. 34)을 제안한다. 체성적 탐색이란 움직임과 반응이 갖는 신체적 가능성들을 탐색하는 일이다. 이를테면 그 가능성들은 듀이 자신이 실천했던 알렉산더 테크닉* 혹은 춤에서 발견되며, 이러한 탐색은 예술적 자기제작의 한 가지 중요한 방식이다. 슈스터만이 신체를 강조하는 이유는 보다 자유롭고 충실하게 니체적이면서도 광범위한 유미주의, 공적 정의와 사적 자기실험을 구분하자는 로티식의 주장 양자 모두가 극단으로 치우치지 않게끔 하려는 것이다. 슈스터만의 주장에 따르면 신체는 공적이고 사적인 다양한 형태로 수렴되는 가운데 현전하

---

* 프레데릭 마티아스 알렉산더(Frederick Matthias Alexander)가 창안한 명상적인 춤 수련법.

며, 그 수련을 통해 우리는 스스로를 어떻게 훈육해야 하는지를 구체적으로 알 수 있다. 그러나 몸의 수련이 말해 주는 바가 도대체 무엇인지, 그리고 그러한 수련이 재치나 정의 혹은 고결함을 주장하는 것과 어떻게 조화를 이룰 것인지 등을 아는 일이 언제나 쉬운 것은 아니다. 표현주의적 전체론을 주장하는 다른 견해들과 마찬가지로 여기서도 세부적인 사항들이 결정적인 역할을 할 것이다.

테드 코헨(Ted Cohen)은 농담을 연구하는 맥락에서 표현주의적 전체론의 틀을 사용할 때 신흄주의 입장을 추구했다는 점에서 구별된다. 만약 자연스러운 정서적 삶으로부터 소외된다면, 우리는 '자기 자신이 가진 인간성의 이해에 대한 위협'(Cohen, 1999: 26)에 직면한다. 우리는 가치 문제에 대해 추상적인 증명 요구에 답할 것이 아니라 우리가 정서적으로 어떤 존재인지부터 이야기해야 한다. 인간이 스스로의 죽음을 의식해야만 하므로 다른 동물들과 달리 죄책감, 사랑, 호혜성, 우울감, 편견 등에 열려 있어야 한다는 생각은 모순적이고 이해하기 어렵다. 우리는 스스로의 삶의 모습에 책임이 있지만 어떻게 그 책임을 다하는지 알지 못한다. 게다가, 우리는 가족, 문화, 전형 등으로부터 양식과 감수성의 많은 편린들을 얽혀 있는 방식으로 물려받는다. 이런 모든 것들에도 불구하고 '웃음은 우리 인간성의 표현이다. 그것은 이해할 수 없거나 억누를 수 없는 무언가를 지니고 살아가는 우리의 유한한 능력이다'(Cohen, 1999: 41). 우리는 웃을 때 잠시나마 타인 및 우리 자신과 '감정 속에서 결합'(p. 25)된다. 게다가, 우리가 그것 이상으로 훨씬 더 잘할 수 있는지는 분명치 않다. 코헨은 자기 감정을 표현할 때 자신의 발언이 갖는 유머와 모순 모두를 예리하게 의식하고 있다. 만약 이런 표현주의적 전체론자가 가진 신흄주의에 어떤 난점이 있다면, 그것은 흄주의가 일반적으로 보이는 어려움과 마찬가지로 칸트주의자들이 강조한 지점에 거의 주목하지 않는다는 것이다. 즉 감정이 가소성(plasticity)을 갖는다는 점과 감정이 성찰을 통한 변화에 열려 있다는 점에 거의 주목하지 않는다는 것이다.

로버트 피핀(Robert Pippin)은 최근 들어 표현주의적 전체론에서 말하는 현재진행적인 삶의 구성에 대해 독특하게 헤겔적인 전회를 제시하였다. 피핀에 따르면 최소한 근대에 이르러 우리가 목표로 삼는 것은 자기이해의 자유이다. 말하자면, 우리는 '오직 자유롭게 주어진 인식 속에서 타인을 통해 (자신의 삶을) 자기 자신의 것으로 이해'(Pippin, 200: 164)할 수 있다. 헤겔(Hegel)과 반대로 표현주의자에게 자유는 '애매하게 인식되지 않는다'(p. 157). 대신 우리는 언제나 '끝없이 고군분투하고 상호 반영하며 정제되어 있고 의문을 가지며 상상력을 동원하는 의식'(p. 162)이 작용하는 사회성 속에 사로잡혀 있다. 이러한 작용 속에서 우리 자신이 처한 각각의 위치를 받아들이려 애쓸 때 우리는 조심스럽게 일종의 자유를 성취할 수 있다. 이는 '비극적인 자포자기'(p. 166)와 '자신만의 삶을 갖는 것'(p. 168)이 긴밀하게 뒤섞여 있는 경우이다. 피핀은 대표적으로 헨리 제임스(Henry James)의 《대사들》

(*The Ambassadors*)에서 등장하는 램버트 스트레더(Lambert Strether)라는 인물이 이런 성취를 이룬 것으로 간주한다. 여기서 스트레더는 자신을 사랑하는 마리아(Maria)와 자신이 사랑할 수도 있는 음 드 비오네(Mme de Vionnet)를 모두 포기하고 미국으로 돌아온다. 삶을 구성함에 있어 근대적인 도덕적 지성을 발휘하는 모범적인 사례로 피핀이 든 것은 스트레더가 자신이 처한 상황에 면밀하게 주목한 것, 그리고 제임스가 욕망, 관계, 물질적 배경, 역사, 눈길, 목소리 등의 복잡성에 주목한 것 등이다. 물론 피핀에 반대하는 주장이 있을 수 있다. 즉 (신칸트주의 표현주의자인 엘드리지의 주장처럼) 그러한 주목과 구성을 지배하거나 지배해야 하는 원리가 있다거나, 아니면 (신아리스토텔레스주의 표현주의자인 누스바움의 주장처럼) 숙고하는 데 충분한 정보를 제공할 만한, 좋음에 관한 일반적이고 다차원적인 이론적 이해가 있다는 것이다. 피핀의 견해는 이런 식으로 어느 정도 고정된 배경 구조가 없다면 네하마스식의 더욱 유미주의적인 맥락주의 입장으로 돌아가 무너질 위험이 있다.

스탠리 카벨(Stanley Cavell)은 상당히 일찍부터 인간의 삶이란 타인들을 회피하고 인정하는 양자 사이에서 그리고 그런 와중에 살아가는 일이라고 생각했다. 카벨은 인간의 삶을 이러한 의미로 바라보기 시작한 비트겐슈타인을 받아들였으며, 이것은 지난 35년간 표현주의적 전체론 연구에서 가장 인상 깊고 상세하며 지속적일 뿐 아니라 자의식적인 일이었다. 여기에는 조금의 과장도 없다. 우리는 인간 고유의 사고와 지각을 가능하게 하는 배경으로서 일상 언어에 속박되어 있지만, 동시에 그러한 일상 언어에 저항함으로써 독자적인 길을 따르고자 하고 자신만의 독립적인 태도에 이르고자 하며 일상적인 것을 인정하라는 요구에서 벗어나고자 한다. 카벨은 인간의 삶이 갖는 이런 의미를 비트겐슈타인에게서 가져옴으로써 연구를 시작했다. 카벨의 핵심적인 주장은 〈근대 철학의 미학적 문제들〉(Aesthetic Problems of Modern Philosophy, 1969b)과 《이성의 주장》(*The Claim of Reason*, 1979) 3부에서 다시 한 번 나타난다. 그 주장에 따르면 미적 논변과 도덕적 논변 모두는 주어진 상황에서의 문제 해결 과정과 관련하여 어떤 사고나 지각에 대해 일치를 추구하는 방식으로 지속적으로 **비판적**(critical)이라는 것이다. 어떤 가치 이론을 고수하여 구체적 판단들이 단지 연역적으로 따라 나오는 경우보다는 그러한 해결 과정, 즉 자기 자신 및 타인과의 대화 속에서 비판적인 주장을 펼쳐 나갈 때 이성은 보다 많은 역할을 한다. 카벨은 표현주의적 전체론의 골자를 제시하면서 가치에 관한 철학적 이론화란 이러한 비판적 주장을 펼치는 활동 내에서 한 걸음 더 나아가는 일 — 때때로 능숙하고 자의식적이며 자기수정적이지만, 때로는 교조적이고 거짓된 확실성으로 도피하는 일 — 임을 읽어 낸다. 사고의 어려움이 나타날 때 카벨은 주로 회의론에 의지한다.

인간 존재 조건이 표현되는 것을 부정하고자 할 때 인간이 찾는, 어쩌면 가장 세속적인 장소는 회의론이다. 그러한 부정이 우리가 인간이라고 여기는 바에 본질적인 한, 회의론은 부정될 수 없거나 부정되어서도 안 된다. 이러한 이유로 회의론은 개별적이고 독자적인 인간 피조물에 내적인 논변이 된다. 말하자면, 회의론은 그 자체로 자아에 대한 논변이다. (Cavell, 1988: 5)

카벨은 자신뿐 아니라 다른 사람들과의 합의점을 찾을 때 철학자로서는 드물게도 자기주장을 펼치는 활동에 관해 자의식적이었다. 카벨은 비트겐슈타인을 필두로 에머슨(Emerson), 소로(Thoreau), 오스틴(Austin), 키에르케고르(Kierkegaard) 등의 철학자들, 그리고 셰익스피어(Shakespeare)를 비롯해 콜리지(Coleridge), 워즈워스(Wordsworth), 클라이스트(Kleist) 등의 작가들, 그리고 영화제작자들과 그 등장인물들 ― 프레스턴 스터지스(Preston Sturges), 헨리 폰다(Henry Fonda), 하워드 호크스(Howard Hawks), 케리 그랜트(Cary Grant), 요제프 폰 스턴버그(Josef von Sternberg), 마를레네 디트리히(Marlene Dietrich) 등 ― 이 제시한 사고의 흔적들을 전형으로 삼아 추적한다. 이때 카벨은 종전에 자신이 추적하던 흔적들에 더해 그 과정에서 약간의 자기 생각을 종종 명시적으로 상기시킨다. 어떤 독자들은 카벨의 이러한 추적 과정이 책임감 있게 논변을 제시하는 일이 아니라 다분히 인위적이라고 ― 객관적인 것이 아니라 해결책 없이 심지어 규범이나 규칙의 존재를 부정하는 것이라고 ― 생각했다. 그러나 가치에 관한 생각을 추적하는 일이 온갖 종류의 상황과 매체 속에서 이루어질 때 그 범위와 세부사항을 고려한다면, 카벨에게 주어진 혐의는 무엇보다도 그저 참을성 없음을 드러내는 것이거나 일반적으로 잘 구획된 철학 분과 내에서 확정적인 결과를 기대하기 때문인 것으로 보인다. 가치의 문제에서 이런 기대는 포기하는 것이 더 합당할 수 있다.

사람들이 역사를 통해 발견한 것은 엄청나게 방대한 것들이 가치 있다 ― 좋거나 아름답거나 기릴 만하거나 심오하거나 흡입력 있다 ― 는 사실이다. 가치 이론을 구성하기 위한 확실한 방법론은 없다. 가치에 관해 생각하는 방식도 그 자체로 미학과 윤리학의 지속적인 주제들 중 하나이다. 하지만 여전히 우리는 때때로 특정 맥락 속에서 가치에 관한 어떤 개별 판단들을 뒷받침하는 설득력 있는 이유들을 제공할 수 있는 것처럼 보인다. 이러한 사실을 고려할 때 예상 가능한 미래에 미학과 윤리학 모두에서 가장 유익한 연구는 표현주의적 전체론이라는 틀 안에서 나타날 가능성이 큰 것 같다. 그러한 연구에서 감수성을 다룰 때 그것이 신아리스토텔레스주의이든, 신흄주의이든, 신칸트주의이든, 신헤겔주의이든, 아니면 신니체주의이든 간에 가치에 대한 개별 판단들을 설득력 있게 유지하는 동시에 가치들을 바라보는 일반적인 방법을 구체화하려는 노력은 이루어질 것이다. 이러한 공동의 노력을 통해 우리는 하나의 관점을 현재진행적으로 그리고 자의식적으로 구성하는 일에 참여하게 될 것이다. 분명 한 번에 확실한 것을 제시하려는 근본주의적 관점은 더 이상 가능하지 않은 것으로 보인다.

데이비드 위긴스(David Wiggins)는 근본주의적인 방식에서 벗어나서 가치들과 삶의 의미에 관해 어떻게 생각할 것인가를 걱정하면서 표현주의적 전체론 입장의 기본 특징들을 유용하게 기술한 바 있다. 위긴스의 제안에 따르면 우리는 '객관성, 발견, **그리고**(and) 발명의 양립 가능성'을 받아들일 필요가 있다. '우리는 요체(목적이나 목표)로부터 그것에 답하는 인간 활동들로 내려가는 방향 그리고 그 활동들로부터 (인간들이) 타고난 자신의 요체를 발견할 수 있는 삶의 형식으로 올라가는 방향 양쪽 모두를 생각할 수 있게끔 할 필요가 있다'(Wiggins, 1976: 371, 374-5). 목적에 부합하는 삶과 의미 있는 삶에 대해 생각할 때 우리는 미학과 윤리학이 교차하는 지점에서 이중 목표를 가진 이런 종류의 사고를 통해 두 학문 분과들 모두의 상호 확장과 이익에 기여한다.

* 이 논문의 이해를 돕기 위해서 이 책에서 다음의 논문들을 찾아 읽으면 좋을 것이다.
〈예술과 도덕성〉, 〈예술과 정서〉, 〈비극〉, 〈예술의 가치〉, 〈예술과 표현〉, 〈미적 실재론 1〉, 〈미적 실재론 2〉

참고문헌

Altieri, C. (1994). *Subjective Agency: A Theory of First Person Expressivity and its Social Implications.* Cambridge, Mass.: Blackwell.

Cavell, S. (1969a). *Must We Mean What We Say?* New York: Charles Scribner's Sons.

_____ (1969b). "Aesthetic Problems of Modern Philosophy", in Cavell (1969a: 73–96).

_____ (1979). *The Claim of Reason.* New York: Oxford University Press; reissued with new preface, New York: Oxford University Press, 1999.

_____ (1988). *In Quest of the Ordinary: Lines of Skepticism and Romanticism.* Chicago: University of Chicago Press.

Cohen, T. (1999). *Jokes: Philosophical Thoughts on Joking Matters.* Chicago: University of Chicago Press.

Eaton, M. (1997). "Aesthetics: The Mother of Ethics". *Journal of Aesthetics and Art Criticism* 44: 355–64.

Eldridge, R. (1989). *On Moral Personhood: Philosophy, Literature, Criticism, and Self-Understanding.* Chicago: University of Chicago Press.

_____ (1996a), "Kant, Hölderlin, and the Experience of Longing", in Eldridge (1996b: 175–96).

_____ (ed.) (1996b). *Beyond Representation: Philosophy and Poetic Imagination.* Cambridge: Cambridge University Press.

Goldman, A. (1990). "Aesthetic Versus Moral Evaluation". *Philosophy and Phenomenological Research* 50: 715–30.

_____ (1995). *Aesthetic Value.* Boulder, Colo.: Westview Press.

Guyer, P. (1993). *Kant and the Experience of Freedom.* Cambridge: Cambridge University Press.

Hampshire, S. (1952). "Logic and Appreciation". *The World Review*, reprinted in W. Kennick (ed.), *Art and Philosophy*, 2nd edn. New York: St Martin's Press, 1952, pp. 651–7.

Hare, R. M. (1965). *Freedom and Reason.* New York: Oxford University Press.

Levinson, J. (1998a). "Introduction: Aesthetics and Ethics", in Levinson (1998b: 1–25).

_____ (ed.) (1998b). *Aesthetics and Ethics: Essays at the Intersection.* Cambridge: Cambridge University Press.

McDowell, J. (1983). "Aesthetic Value, Objectivity, and the Fabric of the World", in Schaper (1983b: 1–16).

Miller, R. W. (1998). "Three Versions of Objectivity: Aesthetic, Moral, and Scientific", in Levinson (1998b: 26–58).

Mothersill, M. (1984). *Beauty Restored.* Oxford: Clarendon Press.

Murdoch, I. (1956). "Vision and Choice in Morality". *Proceedings of the Aristotelian Society*, supp. vol. 30: 32–58.

_____ (1992). *Metaphysics as a Guide to Morals.* New York: Penguin Books.

Nehamas, A. (1985). *Nietzsche: Life as Literature.* Cambridge, Mass.: Harvard University Press.

_____ (1996). "Nietzsche, Modernity, Aestheticism", in B. Magnus and K. M. Higgins (eds.). *The Cambridge Companion to Nietzsche.* Cambridge: Cambridge University Press, pp. 223–51.

Nussbaum, M. (1990). *Love's Knowledge: Essays on Philosophy and Literature.* New York: Oxford University Press.

Pettit, P. (1983). "The Possibility of Aesthetic Realism", in Schaper (1983b: 17–38).

Pippin, R. B. (2000). *Henry James and Modern Moral Life.* Cambridge: Cambridge University Press.

Putnam, H. (1992). *Renewing Philosophy.* Cambridge, Mass.: Harvard University Press.

Railton, P. (1998). "Aesthetic Value, Moral Value, and the Ambitions of Naturalism", in Levinson (1998b: 59–105).

Schaper, E. (1983a). "The Pleasures of Taste", in Schaper (1983b: 39–56).

_____ (ed.) (1983b). *Pleasure, Preference, and Value*. Cambridge: Cambridge University Press.

Shusterman, R. (1997). *Practicing Philosophy: Pragmatism and the Philosophical Life*. New York: Routledge.

Wiggins, D. (1976). "Truth, Invention, and the Meaning of Life". *Proceedings of the British Academy* 62: 331–78; reprinted in D. Wiggins (ed.), *Needs, Values, Truth*. Oxford: Basil Blackwell, 1987.

제44장

대중예술의 미학

데이비드 노비츠(David Novitz)

번역: 최근홍

1. 배경

대중예술(popular art)의 미적 가치와 감상에 관한 문제들은 최근에서야 영미 미학의 관심 영역이 되었다. 이것은 특이한 일이다. 왜냐하면 20세기 내내 비평가들, 철학자들, 그리고 문화이론가들은 고급문화와 대중문화, 아방가르드 미술과 대량생산 미술(mass art)을 구분해 온 것처럼 고급예술과 대중예술을 빈번하게 구분해 왔으며, 이는 친숙하고 오래된 구분이기도 하기 때문이다. 발터 벤야민(Walter Benjamin) 같은 마르크스주의 사상가들은 이 구분을 폭넓게 논의했으며, 비판이론가인 테오도어 아도르노(Theodor Adorno)와 막스 호르크하이머(Max Horkheimer)는 이러한 구분을 주요 직무로 여기기도 했다. 뿐만 아니라 콜링우드(R. G. Collingwood), 클레멘트 그린버그(Clement Greenberg), 드와이트 맥도널드(Dwight MacDonald) 등으로 대표되는 하이 모더니즘(high modernism) 철학자들과 비평가들도 '고급'예술과 '저급'(또는 대중)예술 사이의 구분을 중요하게 여겼다. 그렇다고 해도 이러한 구분이 철학적 미학에서 진지한 관심을 얻은 것은 1980년대에 이르러서이다.

　이 구분이 간과된 이유는 복잡하다. 영미철학 및 여기에 포함되는 예술철학은 계몽주의 사상에 크게 빚지고 있다. 르네 데카르트(René Descartes), 데이비드 흄(David Hume), 이마누엘 칸트(Immanuel Kant) 등의 철학자들은 사실상 계몽주의 이후 200년 동안 영미철학이 다루게 될 어젠다를 설정함으로써 예술철학 그 자체가 계속해서 자신들의 수고에 크게 빚지게 될 것임을 확실히 했다. 칸트 이후 진정한 예술은 오직 개별 주체에 의해 무관심적으로 관조될 경우에만 그것의 미적 성질들 덕분에 적절하게 감상될 수 있을 것이라는 가정이 널리 받아들여졌다. 이러한 관점에 따르면 작품이 미적으로 감상되기 위해서는 그것이 애초에 어디서 유래했든 자율성을 가진 것으로 취급되어야 한다. 말하자면, 작품은 어떤 목적을 위한 수단으로 취급되면 안 된다. 당연히 도덕이나 종교의 도구가 되어서도 안 된다. 더 나아가, 칸트에 따르면 미적 가치판단은 문화적으로 내재된 것이 아니라 오직 자율적 개인에 의존하는 것이었다. 작품의 미적 가치를 판단하는 데 결정적인 역할을 한 것은 개인의 심적 능력들 또는 취미였다. 진정한 예술작품이란 독립적인 주체의 상상력과 지성이 만들어 낸 산물로 간주되었다. 그러한 주체는 자연적 재능 또는 천재를 타고났으며 오직 적절한 취미판단에 의해서만 제한받았다.

개인의 능력과 자율성을 강조하는 것이 그저 계몽주의 사상의 핵심 테마이기만 한 것은 아니었다. 그것은 계몽주의에 대한 강력하고도 지속적인 반작용을 야기하기도 했다. 헤겔(G. F. W. Hegel)은 개인의 자율성을 강조한 계몽주의를 비난하면서 전통과 공동체의 상실을 비통하게 여겼다. 계몽주의 도그마에서 태동한 근대정신은 스스로 사고하는 정신이다. 이러한 정신은 수용 가능한 것의 가치와 기준을 어떤 과거 세대로부터가 아닌, 위르겐 하버마스(Jurgen Habermas)의 말로 하자면 '그 자신의 사고하기'(Habermas, 1987: 7)로부터 가져온다. 하버마스에 따르면 이것은 예술 영역에서 처음 나타났다. 낭만주의 운동과 탐미주의 운동에 가담한 근대 예술가들은 예술적 적합성의 기준들을 기존의 전통에서 빌려 오길 거부하고 그들 스스로 새로운 기준들을 고안하였다.

이런 반작용은 계몽주의를 통해 예술과 예술가의 자율성이 강조됨으로써 전통과 공동체가 훼손됐다고 여겨진 방식들 중 단지 하나일 뿐이다. 왜냐하면 계몽주의의 미적 교의들을 믿어야 했다면, 위대한 예술은 공동체나 문화의 산물이 아니었을 것이고 문화적 친밀감을 환기시키려 한 것도 아니었을 것임은 거의 확실하기 때문이다(cf. Cohen, 1993: 155-6). 오히려 위대한 예술은 개인이 가진 천재의 산물로 간주되었고, 예술의 미적 감상은 칸트 덕분에 단지 개별 주체가 취미와 분별력을 발휘한 결과로 생각되기에 이르렀다. 공동체적 가치와 활동은 계몽주의 예술과는 거의 아무런 관련이 없었다. 혼자이기에 외롭지만 재능을 타고난 개인이 비전을 갖고 있을 경우 계몽주의는 그 비전을 추구하기 위해 공동체 및 공동체의 기대와 결별하려 했다.

전통적인 미학은 이러한 계몽주의적 교의들에 기초한 것이었다. 나는 전통적인 미학이 대중예술에 관심을 갖는 데 실패한 이유가 바로 그 교의들 때문이라고 생각한다. 많은 미학자들은 명백하게 도구적인 작품들을 진정한 예술로 받아들이길 완강하게 거부했다.

소위 예술이라는 것이 그저 사람들이 원하는 것과 즐기는 것에 영합하면서 시장의 요구들을 가르치고 알려 줌으로써 사람들을 설득하고 회유해서 그 결과 그러한 요구에 굴복한다면, 그것은 진정한 예술로 간주되지 않았다. 그건 기껏해야 '저급한' 형태의 예술이었다. 그건 때때로 '저급예술', '대중예술', '대량생산 예술' 또는 '유희예술(amusement art)'이라고 불렸지만, 결국 예술이라고 해도 언제나 '열등한 예술'이었다. 이러한 믿음은 전통적인 미학에서 받아들여진 많은 것들 사이에서 하나의 명시적 도그마조차 되지 못했다. 하지만 이 믿음은 어떤 뿌리 깊은 가정이었다. 그 가정은 대체로 언급되지도 주목받지도 않은 채로 당연하게 여겨졌으며, 우리가 지금 대중예술이라고 부르는 것에 대한 미적 감상을 설명하는 어떤 것도 거의 완전히 무시하도록 이끌었다.

이제 알 수 있듯이 전통적인 미학이 대중예술에 관심을 갖지 않은 이유는 그런 예술이 진정한 예술은 갖고 있는 자율성을 갖지 못했기 때문이다. 대중예술은 개인의 정신에서 태동한 것이 아니며 어떤 특별한 재능을 가진 사람에게서 태어난 것은 더더욱 아니었다. 대중예술은 훨씬 더 심층적으로, 보다 분명하게는 공동체와 공동체적 필요에 내재되어 있던 것이기에 그러한 공동체가 파악하고 원하는 무언가에 명시적으로 부응했다. 대중예술은 공동체가 갖고 있는 선입견과 편견으로부터 발생하고 그것들에 기여하는 예술, 즉 전통 — 때로는 분명 황폐화된 전통 — 에서 나온 예술이었다. 오직 주체의 취미와 타고난 천재에만 의존하여 독립적으로 활동하는 개인이 만들어 낸 결과물은 결코 아니었던 것이다.

콜링우드(1938)는 저명한 전통 미학자들 중에서는 드물게도 1980년대 후반 이전에 대중예술에 대해 많은 이야기를 했다. 심지어 그 당시에 그는 대중예술이나 대량생산 예술이 아닌 '유희예술'에 대해 언급했다. 그는 유희예술이 단지 테크닉에만 의존해서 제작된 결과물로 간주되는 한, 그것은 예술이 아닌 공예라고 매도했다. 유희예술은 '공학적인 작업만큼이나 기술적으로 능숙하게 구성되어 있어서 … 사전에 예상된 대로의 확실한 효과, 즉 특정한 부류의 청자에게 특정한 유형의 감정을 환기하는 효과를 제공한다'(Collingwood, 1938: 81). 유희예술(또는 대중예술)은 공예이기 때문에 사실은 전혀 예술이 아니다. 말하자면, 그것은 유사예술 — 일상의 관심과 가치를 이용하여 일상적인 감정들을 환기함으로써 즐거움을 얻도록 하는 공예품 — 이다.

주류 미학자들이 콜링우드의 이런 생각을 직접적으로 언급하고 평가하기까지는 그 당시로부터 50년이 더 걸렸다. 그 당시에는 영미미학자들이 아닌 하이 모더니즘과 마르크스주의 이론가들 사이에서 대중예술 또는 대량생산 예술에 대한 비난이 빠른 속도로 번져 나갔다. 드와이트 맥도널드에 따르면 대중예술 — 그의 표현으로는 대량생산 예술 — 은 가능한 한 많은 사람들을 위해 생산되므로 사회에서 가장 낮은 수준의 이해와 취미로 하강하는 경향을 갖는다(MacDonald, 1953). 대중예술은 결코 개인의 필요에 맞춘 비전을 제시하는 것이 아니다. 오히려 그것은 '대중을 위한 비개인적 상품의' 비개인적 생산에 관련된다.

클레멘트 그린버그는 대중예술과 문화를 더 무시하는 쪽이었다. 그의 입장에 따르면 '도시 대중은 그들 자신의 소비에 적합한 종류의 문화를 제공하도록 사회에 압력을 행사한다'. 이는 '진정한 문화의 가치에 무감하지만 그럼에도 불구하고 모종의 문화가 제공할 수 있는 오락을 갈망하는 사람들에게 예정된 유사문화(ersatz culture) 또는 키치(kitsch)'(Greenberg, 1939: 12)로 귀결됐다.

모더니즘 비평가들만 이런 비난을 쏟아낸 것은 아니었다. 테오도어 아도르노와 막스 호르크하이머 같은 비판이론가들도 여기에 동참했다. 그들은 대중예술 또는 대량생산 예술이 단지 미적으로 결함 있는 것일 뿐 아니라 정치적으로 조작된 것으로, 즉 그들이 생각하기에 순진한 대중에게 특정한 이념적, 상업적 효과를 내도록 고안된 것이라고 보았다. 그들의 입장에 따르면 그런 예술 — 대량생산 예술 — 은 도구적 이성을 '숭배'하고 대중을 의도적으로 조작하는 반면, 진정한 예술은 자율적이며 도구적으로 감상되거나 이해되지 않는다(Adorno and Horkhemier, 1990: 120-67; Adorno, 1978). 게다가, 아도르노에 따르면 '의식적으로 스스로 판단하고 결정하는 자율적이고 독립적인 개인들의 발전을 가로막는'(Adorno, 1975: 19) 것이 대량생산 예술 또는 대중예술이다. 그는 이러한 사고의 독립성이 민주사회의 번영과 발전을 위해 필수적이라고 생각한다. 그러므로 비판이론의 적절한 직무는 대중예술의 그러한 효과를 비판하고 폭로하는 것이었다.

아이러니하게도 비판이론가들의 저술에서 발견된 대중예술 비난은 하이 모더니즘 사상가들이 제안한 대중예술 비난을 정확히 되풀이한다. 유일한 차이점이라면 하이 모더니즘은 대중예술이 저속하지만 어느 정도 예술의 진정한 본성을 구성하는 것으로 여겼던 반면, 비판이론은 대중예술이 전적으로 저속할 뿐 아니라 정치적으로 조작된다고 간주했다는 것이다. 발터 벤야민은 비판이론가들과 마찬가지로 마르크스주의의 신념에 고취되어 있긴 했으나 그들과는 매우 다른 방식으로 대중예술에 접근했다. 그의 입장에 따르면 대량생산 예술 또는 대중예술은 반전통적이고, 따라서 전통문화에 대한 비판적 반응을 독려하므로 아도르노와 호르크하이머가 대중예술에 대해 부정했던 사고의 독립성을 배양한다는 정확히 바로 그 이유로 잠재적으로 가치 있다.

그러나 이런 논증들이 주류 미학에서 명시적으로 고려되기까지는 수년이 더 걸렸다(Carroll, 1998: 15-168). 이미 설명했듯이 계몽주의 사상의 핵심 교의를 통해 단순히 독려된 믿음은 대체로 인정받지 못한 것이었다. 말하자면, 이른바 대중예술 작품은 그것이 실제로 무엇이든 미적 가치가 떨어지는 것으로 파악된다는 믿음 말이다. 이는 최소한 한 가지 철학적 문제를 촉발했다. 왜냐하면 여기에는 미적으로 보다 가치 있는 부류의 예술작품들과 특정한 방식으로 구분될 수 있는 어떤 부류의 작품들이 있다는 가정이 개입되었기 때문이다. 문제는 이렇게 구별되는 부류들을 구체적으로 명시하는 것이었다. 주류 미학 저널에서 이 문제가 처음 언급된 것은 1960년대 중반 에이브러햄 캐플런(Abraham Kaplan)의 논문을 통해서였지만(Kaplan, 1966), 그 논문은 기존에 대중예술을 공격하던 보편화된 관례를 찾아 그저 전통미학의 맥락 내에서 재개했을 뿐이다. 그 논문의 주장에 따르면 대중예술은 형식적으로 단순할 뿐 아니라 상투적으로 반복되고 해묵은 감정들에 호소함으로써, 따라서 열등한 취미에 호소함으로써 그 미적 장점 또한 열등하다. 결국 대중예술은 이러한 특징들 때문에 고급예술과 구분된다(Kaplan, 1966: 49).

　　캐플런의 연구는 주요 저널 ― *The Journal of Aesthetics and Art Criticism* ― 에 실렸지만 크게 주목받지 못했다. 거의 20년이 지나도록 이 관점에 명시적으로 도전한 미학자는 없었다. 예술 이론과 사회 비평이라는 보다 넓은 영역에서 비평가들과 이론가들은 대중예술을 계속해서 구분하고 심지어 옹호했지만 여전히 대중예술의 미적 가치를 하찮게 여겼다. 예컨대 사회이론가인 허버트 갠즈(Herbert Gans)는 바로 이런 식으로 ― 즉 대중예술의 미적 열등함을 무비판적으로 가정하면서 ― 대중예술을 옹호하는 중요한 논변을 제안했다. 그의 입장에 따르면 고급예술은 '보다 크고 어쩌면 보다 지속적인 미적 만족감을 제공한다. 왜냐하면 고급예술은 대중예술과 달리 창조적이고 실험적이며 심오한 사회적, 철학적, 정치적 문제를 제기하기 때문이다'(Gans, 1974: 76-9, 125). 고급예술은 이런 점에서 대중예술과 구별된다. 하지만 대중은 고급예술을 감상하는 데 필수적인 경제적, 교육적 기회들을 갖지 못한다. 그러므로 대중은 자신들이 향유할 수 있는 문화적 산물을 추구한다는 이유로 비난받아서는 안 된다. 오히려 평범한 사람들이 가진 취미의 '(실제적) 필요들과 기준들을 만족할 문화적 내용의 창작을 허용해야 한다'. 이것은 민주주의 사회에서 반드시 요구되는 조건이다(Gans, 1974: 128, 129).

　　리처드 슈스터만(Richard Shusterman)의 주장에 의하면 '대중예술에 대해 그런 식으로 사회적 양해를 구하는 일은 그것을 진정으로 옹호하려는 관점을 약화시킨다. 왜냐하면 이는 반대 입장에서 가해진 비난과 마찬가지로 절망적인 미적 빈곤의 신화를 지속시키기 때문이다'(Shusterman, 1992: 171). 슈스터만은 피에르 부르디외(Pierre Bourdieu)가 대중예술을 바라보는 태도에 대해서도 유사하게 비판적이다. 슈스터만의 관점에 따르면 '어쩌면 가장 큰 문제는 "미적"이라는 용어를 다루는 지적 논의에서 마치 대중적인 미적인 것이라는 개념이 그 자체로 용어상 모순인 양 고급예술의 용어로만 배타적으로 전유되는 경향이다'(Shusterman, 1992: 172). 이런 경향이 아니었더라면 고급예술이 '무관심적', '비상업적' 본성을 갖는다는 주장이 허위임을 알아챘을 피에르 부르디외도 이 경향 때문에 '전적으로 부정적이고 열위에 있으며 빈곤한 것만은 아닌 대중적이면서도 미적인 무언가가 있음을 인식하지 못했다'(Shusterman, 1992: 172). 실제로 부르디외의 관점에서 대중적인 미적인 것이라는 아이디어 자체는 그저 마음속으로 구성한 생각일 뿐이다. 그것은 진정 미적인 것이 항상 멀리해야 할 '대조점 또는 준거점'이다(Bourdieu, 1984: 41, 57).

슈스터만은 대중예술에 미적인 것이 어느 정도 독립적으로 있음을 강력하게 암시한다. 그러한 미적인 것이 고급예술이 갖는 보다 지적이고 난해한 미적인 것과 쉽게 구별될 수 있다고 믿는 것처럼 보이는 부분이 더러 나타난다(Shusterman, 1992: 172). 하지만 이것이 그렇게 분명하지 않은 부분도 있다. 왜냐하면 그는 대중적이면서도 미적인 것이 '우리가 미적인 것에 대해 전통적으로 갖고 있는 개념을 풍부하게 하고 그 형태를 새롭게 다듬는' 방식으로 '우리의 미적 전통에 내재된 가장 중요한 기준들'을 만족할 수 있으며, 나아가 '그러한 전통적인 개념을 계층 특권과의 배타적인 연결로부터 보다 완전하게 해방시킨다'고 주장하기 때문이다(p. 173). 물론 문제는 대중적이면서도 미적인 것이 고유한 방식으로 정말 존재하느냐의 여부이다. 우리는 어느 쪽으로 결정 내려야 하는가? 또한 그러한 결정으로 인한 귀결들은 무엇인가?

2. 논쟁 영역들

대중예술의 미학에 주목했던 몇몇 미학자들은 1980년대 중반에 이르러 후속 논문들을 통해 여러 기본적인 철학적 이슈들이 먼저 언급된 후에야 이 논쟁이 격론으로 치우침 없이, 또는 엄밀하게 진행될 수 있을 것임을 인정하기 시작했다.

그 철학적 이슈들 중 고급예술과 대중예술의 본성을 구분하는 일은 중요했으며 곧장 또 다른 논쟁으로 분기되었다. 그 논쟁에는 이러한 구분을 위한 어떤 형식적 기초 또는 구조적 기초가 있는지, 이 구분이 가치나 취미에 기초한 것인지, 이 구분이 순전히 사회적 구분인지, 그리고 이 구분이 대량생산 예술과 아방가르드 예술 사이의 구분과 일치하는 것인지 등등이 포함됐다(Novitz, 1989; Carroll, 1992: 5-38).

고급예술과 대중예술을 구분하는 논의에서 불가피하게 나타나는 다른 부류의 이슈들은 예술의 공동체적 본성, 예술이 갖는 자율성의 적합한 정도, 개인의 천재성과 노력이 예술과 맺는 관계, 예술이 전달하는 공동체적 가치와 편견, 그리고 성찰의 정도에 관련된다(Novitz, 1989, 2001; Cohen, 1993, 1999; Higgins and Rudinow, 1999). 만약 공동체 구성원들이 원하는 무언가 — 그들의 관심과 편견 같은 것들 — 에 주목함으로써 대중예술이 일부 구분된다면, 대중예술은 자아와 사회에 대한 특정 관점을 굳히는 데 도움이 된다는 분명한 의미가 있다. 이를 통해 대중예술 작품들은 특정한 사회적 태도를 갖는 데 기여하고, 심지어 때때로 사회·문화적 정체성을 형성하는 데에도 기여한다. 이런 사회적 효과의 메커니즘에 주목하는 일이 예술비평 및 감상 관행에 적절하게 포함되는지를 묻는 것은 비록 종종 간과되긴 하지만 대중예술의 미학을 심층적으로 다루는 논의에 핵심적이며 미적 감상 일반을 아우르는 논의에도 분명 결정적이다.

연결된 또 다른 이슈는 미적 반응의 본성이 무엇인지, 미적 반응이 오직 고급예술에 대해서만 가능한지에 관련된다. 대중적이면서도 미적인 것이 고유하게 있으며 그것이 최소한 보다 고양된, 전통적으로 미적인 것만큼 가치 있다는 주장은 다음을 암시한다. 즉 미적 원리 또는 미적 원리들의 집합이 하나 이상 있어서 어떤 원리는 대중예술에 적합하고 다른 원리는 고급예술에 적합하다는 점 말이다(Shusterman, 1992). 이는 면밀하게 살펴볼 가치가 있는 주장이다. 이 주장이 야기하는 특정한 철학적 문제들은 지금까지 폭넓게 채택되어 온 감상 관행에 관한 것이다. 그 문제들은 때때로 고급예술과 대중예술의 구분을 보다 불안정하게 하는 방식으로 나타난다.

나는 앞으로 이러한 이슈들 각각을 보다 구체적으로 다루겠다.

3. 구분: 고급예술, 대중예술, 대량생산 예술 그리고 아방가르드 예술

아마도 노엘 캐롤(Noël Carroll)과 스탠리 카벨(Stanley Cavell)은 대중예술과 대량생산 예술에 속한 일부 작품들 — 특히 몇몇 영화들 — 이 상당한 미적 가치를 갖는다고 가장 먼저 인정한 주류 미학자들이었을 것이다. 그러나 그들은 애당초 대중예술과 고급예술의 구분을 언급하지 않았다. 추정컨대 그들은 20세기 사상의 지배적인 경향에 따라 그 구분을 단순히 당연하게 받아들인 것 같다.

이와는 대조적으로 노비츠(Novitz, 1989)는 그 구분 자체를 면밀하게 조사할 가치가 있다고 주장했으며 구분의 근거들이 무엇일 수 있는지를 알고자 했다. 특히 그는 만연해 있던 계몽주의 가정들에 반대하여 고급예술 작품들 또는 대중예술 작품들의 가치, 형식적 복잡성이나 단순성, 작품들이 호소하는 취미 등 어디에서도 그 구분의 근거는 발견될 수 없다고 주장했다. 고급예술이든 대중예술이든 작품들 각각은 가치 있는 것이거나 진부한 것일 수 있고, 형식적으로 단순하거나 복잡한 것일 수 있으며, 세련된 취미나 세련되지 않은 취미에 호소하는 것일 수 있다(Novitz, 1989: 214-18). 작품들 각각은 유행의 소산일 수 있으며, 시간의 테스트에서 살아남거나, 아니면 전적으로 일시적인 것으로 판명될 수도 있다. 이러한 측면들에서 고급예술은 대중예술에 비해 어떠한 본유적인 이점도 향유하지 못한다. 게다가, 노비츠는 고급예술이 언제나 천재적인 개인의 창작물인 것도 아니고 대중예술이 항상 협업의 결과이거나 상업적인 노력의 산물인 것도 아니라고 주장했다. 그의 관점에 따르면 고급예술과 대중예술의 구분은 무엇보다 경제적인 가치가 지배적인 가치로 강조됐던 19세기 유럽의 특정한 역사가 갖는 사회적 측면을 통해 가장 잘 설명된다. 경제적 가치의 강조로 인해 예술계는 위기에 봉착했다. 왜냐하면 이 시기에 사회의 일반 대중은 예술적 가치를 경제적 가치와 동일시하도록 장려되었기 때문이다. 이제 좋은 예술가란 수요 공급 시장에서 자신의 작품들을 팔 수 있는 사람이라는 생각이 널리 퍼졌으며, 이로 인해 그 자체로 탐구할 만한 자율적인 예술의 가치라는 생각은 완전히 무너지는 결과를 낳았다.

일부 예술가들은 대중이 원하는 무언가를 만들어 냄으로써 시장에 영합하기보다는 필요와 완전히 동떨어진 예술적 복잡성을 내재적으로 가치 있는 목적으로 삼아 탐구함으로써 오히려 의식적으로 예술 그 자체를 추구했다. 프랑스와 영국, 미국 등지에서 인상주의와 신인상주의가 등장하고 마침내 입체파와 추상 인상주의가 그 뒤를 잇게 됨으로써 아방가르드 작품들의 수는 점점 더 늘어났다. 이런 추세 속에서 그 작품들은 사람들 대부분이 예술에서 기대하고 원했던 무언가와 신속하게 단절했다. 그 결과 해당 예술작품들은 어떤 의미에서는 문화적으로 배양되고 개선된 것으로, 심지어 우리 문화유산의 담지체로 간주되었지만, 사회의 일반 대중이 갖는 관심에서 멀어지게 되었다. 예술가들은 감상자들의 관심사와 단절했고 그 과정에서 예술 이해의 위기를 의도적으로 만들어 냈다. 하지만 예술을 통해 정보를 얻고 교육받으며 즐기길 바라던 감상자들은 이러한 아방가르드 운동으로부터 떼 지어 등을 돌리면서도 예술에 주목하길 멈추지 않았다. 오히려 다른 일군의 예술작품들이 그들의 관심을 사로잡았는데, 그 작품들은 그들에게 즐거움과 가르침을 주려 했으며, 무엇보다 통속적인 상상력을 포착하고자 시도했다. 잡지, 저널리즘, 통속 로맨스 소설, 보드빌(music hall*), 그리고 마침내 극장과 텔레비전 등은 모두 평범한 감상자가 갖고 있는 열망과 공포, 편견을 이야기하고 키워 나갔다. "전통적인 예술가들은 대체되었다. 추측건대 그들이 자신의 예술을 '고급예술'이라고 묘사하고 다른 이들의 예술을 그저 '대중적'이라고 하게 된 것은 사라져 가는 자신의 권위를 복구하기 위한 노력에서 나온 것이었다."(Novitz, 1989: 222-3)

노엘 캐롤은 고급예술과 대중예술을 이런 식으로 구분하길 반대한다. 캐롤의 관점에

---

* 원문에는 'music hall'로 표기되어 있으나, 같은 뜻의 다른 표현은 'vaude ville'이고, 대개 '보드빌'이라고 음차하여 번역된다. 여기서는 사전에서 쉽게 찾을 수 있는 '보드빌'이라는 용어로 일괄 번역하였다. 보드빌은 19세기 후반에서 20세기 초 사이에 유행했던, 노래와 춤을 섞은 대중적인 희가극을 뜻한다.

서 보면 대중예술 또는 대량생산 예술에 대해 노비츠가 제안하는 설명은 제거 이론이다. 그러한 제거 이론에 따르면 '실제로 대중예술이나 대량생산 예술은 기존의 사회적 계층 구분 및 정체성을 강화하는 특정 대상들의 역할과 별개로 존재하지 않는다'(Carroll, 1992: 7-8). 그러나 노비츠는 대중예술 또는 대량생산 예술의 실재성을 부정하고자 하는 것이 아니다. 물론 노비츠의 관점에서 대중예술과 고급예술은 사회적으로 구분된다. 그러나 노비츠가 생각하기에 이는 그 구분이 특정한 방식으로 비현실적이라는 주장, 또는 실제로는 대중예술과 같은 것이 없다는 주장의 근거가 아니다. 게다가, 캐롤이 보기에 노비츠는 특정 작품들이 기존의 계층 구분을 강화하는 기능을 한다는 점에서 그 구분의 근거를 찾지만, 이것은 노비츠의 관점이 아니다. 노비츠는 예술작품들이 대개 사회적으로 생산되기 때문에 고급예술과 대중예술의 구분 역시 사회적이라는 가정이 합당해 보인다고 말하는 것뿐이다. 노비츠의 관점에서 그 구분은 특정한 사회적 맥락 속에서 그 기원과 근거를 갖는다(Novitz, 1989: 219).

반대로 캐롤은 대중예술이 어쩌면 탈역사적인 현상일 수 있다고 생각한다. 왜냐하면 현대적 용어인 '대중예술'에 지금도 부합하는 작품들이 과거 앞선 시기에도 있었다고 말하는 것이 아무 문제가 없어 보이기 때문이다. 그러나 예술가들과 비평가들이 고급예술과 대중예술의 구분을 중요하게 생각하고 그 구분을 위해 이러한 개념들을 고안한 시기는 단지 19세기 후반이었다는 주장이 가능하다. 노비츠는 그들이 그 구분을 중요하게 여긴 이유를 설명하는 것을 목표로 삼는다. 노비츠의 주장에 따르면 그들이 그 구분의 근거로 제시한 것은 고급예술이든 대중예술이든 그것이 가진 내재적·정서적 속성들과는 전혀 관련이 없었다. 오히려 그 근거는 예술계와 보다 큰 사회의 역학 관계 속에 깊이 함축되어 있었다.

그런데 만약 이것이 옳다면, 우리가 어떤 공동체에 속한다는 사실이 고급예술과 대중예술을 어떻게 구분하는지에 영향을 미칠 위험이 상존한다(Gould, 1999). 우리는 고급예술과 대중예술을 구분하는 범위에 대해, 또는 그것들의 가치에 대해 공동체적으로 주입된 관점을 채택하기 때문에 자연스럽게 특정한 노선을 따라 그것들을 구분하는 경향을 보일 것이다. 게다가, 이런 방식으로 구분할 경우 고급예술 또는 대중예술이라고 명백하게 논란 없이 분류될 수 있는 작품이 없다는 점도 문제이다. 오히려 우리는 직관적으로 고급예술 또는 대중예술 작품이라고 간주된 인공물들에 주목하도록 강요받는다. 오브리 비어즐리(Aubrey Beardsley)의 관능적인 판화와 소묘는 어떻게 분류되어야 하는가 — 그것들은 고급예술인가 아니면 대중예술인가? 왜 그것들은 시간의 흐름에 따라 분류 범주가 바뀌는 것처럼 보이는가? 히치콕(Hitchcock) 영화나 로트레크(Lautrec) 포스터는 어떠한가 — 그것들은 고급예술인가 아니면 대중예술인가? 공식적이든 비공식적이든 이후에 고급예술과 대중예술을 구분하는 일도 이런 식으로 그 구분에 대한 선행적 이해를 반영할 수밖에 없다.

그러나 이 문제는 확고한 회의주의자가 생각하는 것만큼 심각하거나 그 영향력이 지대하지 않다. 왜냐하면 이런 경우에 우리는 언제나 다른 사람들의 직관뿐 아니라 우리의 문화와 더불어 다른 이들의 문화에 대한 지식도 검토함으로써 우리 스스로의 직관을 점검하기 때문이다. 마크 로스코(Mark Rothko)의 그림이 대중예술의 한 사례라고 생각하고 그에 따라 이론화하는 철학자는 진지하게 받아들여지지 않을 것이다. 편견이 야기하는 문제는 충분히 현실적이지만, 그 문제에 맞서는 것 또한 가능하다.

게다가, 굴드(Gould)가 지적한 것처럼 예술을 고급예술, 대중예술, 아방가르드 예술, 대량생산 예술 등으로 분류하는 일에 관심을 갖다 보면 개별 예술작품이 지니는 가치와 철학적 흥미에 주목하기 어렵다는 사실은 더욱 중요하다. 만약 그렇다면, 대중예술을 둘러싼 논쟁 전체는 자기논박적인 것이 되진 않겠지만 최소한 요점 없는 것이 되어버릴 것이다(Gould, 1999: 130-5). 그럴 경우 우리는 고급예술과 대중예술 사이의 경계들을 너무 심각하게 받아들이고 있는 것 아니냐는 견해가 있다(Gould, 1999; Novitz, 1992). 그러한 경계들에 신경 쓰다 보면 대중예술을 포함하는 일상적 삶의 인공물들과 이른바 진정한 예술 혹은 고급예술 작품들이 매우 많은 측면들에서 유사한 가치와 관심사를 갖는다는 사실에 주목하기 어려워진다는 것이다.

그러나 이것은 고급예술과 대중예술이라는 구분이 단순히 인위적임을 암시하진 않는다. 왜냐하면 테드 코헨(Ted Cohen)이 지적하듯이 우리가 예술에 관해 생각할 때 그 구분은 '필요불가결'하기 때문이다(Cohen, 1993: 152). 우리가 이런 구분을 하고, 또 해야만 하는 이유는 대중예술과 고급예술이 우리의 삶에서 수행하는 역할이 서로 다르기 때문이다. 이 지점에서 코헨은 헤겔(Hegel)에게 동조한다. 말하자면, 사람들이 이해할 수 있고 관계 맺을 수 있는 그런 예술은 공동체를 형성하는 데 도움이 된다. 고급예술은 이해하기가 어렵기도 하거니와 좌절을 안겨 주는 경우도 다반사여서 그만큼 사람들이 원하는 무언가, 그들이 이해하는 무언가에서 물러나 있으며 그러한 것들에 호소하지도 않는다. 그러므로 고급예술은 공동체 형성에 분명하게 기여하진 않는다. 오히려 고급예술은 자율적이며 한 개인의 재능 또는 천재의 소산임이 자명하므로 어떤 감상 가능한 사람들의 공동체적 관심사를 표명하는 것이 아닌 그 자체 목적으로서 이해되어야 한다. 고급예술은 공동체에 지장을 초래하는 쪽에 가깝다. 고급예술은 매우 개인적인 것이며, 드와이트 맥도널드가 생각하듯이 공동체적 비전이 아닌 개인화된 비전을 구현한다.

이 주제에 관한 논의를 더욱 진전시키기 전에 고급예술과 대중예술의 구분을 둘러싼 논쟁에서 언급됐던 특정 이슈들을 재검토할 필요가 있다. 이미 살펴봤듯이 캐롤(1992,

1998)은 노비츠의 구분 방식을 거부할 뿐만 아니라 대량생산 예술 또는 대중예술에 대해 노비츠가 제안한 설명이 사실상 제거 이론이었다고 전제한다. 캐롤의 관점에서 볼 때 제거 이론은 다음을 견지한다. "대중예술 또는 대량생산 예술을 다른 부류의 예술과 구분하는 형식적 특징은 전혀 없다. … 오히려 그 구분은 실제로는 계층 구분이다."(Carroll, 1998: 176) 캐롤은 이것이 확실히 틀렸다고 생각하며 대량생산 예술 또는 대중예술을 구분할 형식적 특징들이 있다는 믿음을 옹호하고자 한다. 그렇기 때문에 캐롤은 이 현상을 사회적 환원주의로 설명하는 견해를 방지하는 일이 중요하다고 생각하는 것 같다.

캐롤이 제거 이론을 논의할 때 이상한 점은 대량생산 예술이 아닌 대중예술에 초점을 맞춘다는 것이다. 이는 분명 캐롤이 대량생산 예술을 대중예술의 하위 범주로 취급하기 때문이다(Carroll, 1998: 176, 199). 그러므로 캐롤의 관점에서 볼 때 대중예술이 형식적 속성들에 의해 구분될 수 없다면 대량생산 예술도 그런 방식으로는 구분될 수 없게 될 것이다. 그러나 이러한 함축이 성립하지 않음을 보이는 일은 어렵지 않다. 설령 대중예술이 사회적 환원주의를 통해 설명된다고 해도, 대중예술의 하위 범주인 대량생산 예술도 마찬가지로 그것을 통해 설명된다는 것이 사실일 필요는 없다.

다음과 같은 사례를 생각해 보자. 어떤 사람이 군주라는 사실을 사회적으로 설명해야 한다는 것에는 논쟁의 여지가 없다. 코에 사마귀가 난 군주들이 군주라는 상위 집합의 하위 범주를 형성한다는 점도 역시 논쟁의 여지가 없다. 하지만 제시된 두 명제들로부터 그 하위 범주의 구성원들 — 즉 코에 사마귀가 난 군주들 — 이 특정한 형식적, 구조적 특징들에 의해 구분될 수 없다는 점이 따라 나오지 않음은 명백하다. 그 구성원들이 군주들임을 이미 알고 있다면, 우리는 그들에 대해 형식적, 구조적 특징에 따른 구분을 할 수 있다.

그러므로 대중예술을 사회적 환원주의로 설명하는 이론에 대한 캐롤의 반대는 잘못된 것이다. 캐롤이 암시하고 있듯이 대량생산 예술은 언제나 대중예술일 수 있다. 하지만 설령 대중예술을 구분하는 내재적인 속성들이 없다고 해도, 이것이 대량생산 예술을 구분할 내재적인 속성들도 없음을 함축하는 것은 분명 아니다. 대량생산 예술이 갖는 형식적 특징들을 통해 대중예술을 구분할 수 있다는 캐롤(1998: 183)의 주장도 이러한 이유로 마찬가지로 잘못된 것이어야 한다 — 한 집합이 갖는 임의의 부분집합을 식별해 주는 특징들로부터 그 원래 집합을 식별해 주는 특징들을 직접 추론하는 것이 불가능하다는 단지 그 이유로 말이다. 코에 사마귀가 난 군주들로 구성된 부분집합을 식별해 주는 결정적인 특징은 그 군주들의 코에 사마귀가 나 있다는 점이지만, 이 특징은 군주들 일반을 식별해 주는 특징들에 관해서는 말해 주는 바가 아무것도 없다. 마찬가지 방식으로 대량생산 예술이 대중예술이게끔 하는 부류의 것들은 대량생산 예술이 대량생산 예술이게끔 하는 부류의 것들일 필요가 없다.

그러므로 대중예술에 대한 사회적 환원주의 설명에 반대하는 캐롤의 주장과 대량생산 예술을 구분하는 형식적 속성들이 있다는 캐롤의 관점은 엄밀히 말해 서로 관련성이 없다. 이 글의 목적과 관련해 중요한 것은 대량생산 예술이 언제나 대중예술일 필요는 없다는 사실과 그것이 '우리 시대에 부합하는 대중예술'(Carroll, 1998: 31)의 하위 범주일 필요도 없다는 분명한 사실이다. 20세기 후반에 상당수의 고급예술이 대량 생산되었는데, 이는 가능한 한 많은 사람들이 그것을 감상하게끔 할 목적에서 이루어진 것이다. 조지 엘리엇(George Eliot)의 소설들, 크리스토퍼 말로(Christopher Marlowe)의 희곡들, 제인 오스틴(Jane Austine)의 작품들은 모두 명백히 이러한 사례들이다. 이런 작품들이 대량생산 예술로 간주될 수 있음은 그럴듯한 반면, 그것들이 대중예술이라고 하기는 어렵다. 그것들은 고급예술이며 여전히 그렇게 남아 있다. 단지 대량생산 기술의 도움으로 많은 감상자에게 배포되었을 뿐이다. 게다가, 모든 대중예술이 대량생산 예술인 것도 아니다. 학생 5행시(school-boy limerick)는 어떻게 설명되더라도 대량생산 예술이 아닌 대중예술 형식에 속한다. 그러한 학생(the said schoolboy)이 그린 관능적인 소묘도 아마 마찬가지일 것이다. 18세기의 나이브 아트(naive art), 보드빌, 풍자극(burlesque), 찰스턴(Charleston)과 폭스-트롯 같은 춤도 당연히 모두 대중예술 형식에 속한다. 하지만 이것들 중 어느 것도 캐롤이 생각하는 대량생산 예술은 아니었다. 그러므로 캐롤의 주장에도 불구하고 대량생산 예술과 대중예술은 서로 다르게 설명될 필요가 있다. 이 둘은 같은 것이 아니다.

4. 공동체와 감상

대중예술은 처음에 예술의 한 부류로 구별되어 언급될 만한 가치가 있다고 생각되었고 그런 생각은 당연한 것일 수 있다. 왜냐하면 서구 사회에서 날로 증가하던 난해한 하이모더니즘 작품들은 소수의 사람들만이 이해할 수 있었고 그 결과 많은 사람들의 주목과 관심을 잃었던 반면, 대중예술은 그 시기에 많은 사람들의 관심을 끌었기 때문이다. 대중예술은 대중의 관심사들을 다뤘고 널리 받아들여지는 취미와 선호에 호소했기 때문에 점점 더 많은 사람들에게 주목받았다.

대중예술이 사람들이 이미 기대하고 가치 매김한 무언가를 통해 감상되었고 이해되었다고 한다면, 이는 사실상 대중예술이 공동체적으로 주입된 가치, 관심, 믿음 등에 호소했다고 보는 것이다. 대중예술은 미학 운동으로서의 예술에 비해 공동체가 갖는 의미에 훨씬 더 많이 의존하므로, 대중예술에 대해 비판적으로 반응함으로써 특정 시기에 유행한 가치, 믿음, 태도, 선입견 등이 드러나길 기대할 수 있음은 당연하다. 대중예술이 이러한 믿음, 태도, 기대, 가치 등을 활용하고 그것들을 강화하는 활동을 하는 측면이 있음은 분명하다. 이런 방식을 통해 대중예술은 어떤 정체성을 형성하는 방향으로 ― 공동체의 믿음과 가치를 찬양함으로써 그 공동체를 통합하는 방향으로 ― 작동한다(Higgins and Rudinow, 1999).

물론 대중예술이 강화하거나 옹호하는 믿음과 가치가 작품 내에서 모두 명시적으로 진술되진 않는다. 어떤 것들은 단순히 가정된다. 노비츠(1995)는 예술 '내에서의' 메시지들, 즉 재현적이고 표현적인 내용을 통해 작품이 현실세계에 관해 명시적으로 전달하는 메시지들과 예술을 '통한' 메시지들을 구분함으로써 이 점을 설명하려 한다. 후자의 메시지들은 작품의 내용과 아무런 관련도 없으며 예술가나 작가가 그것들을 의도할 필요도 없다. 오히려 그 메시지들은 '(작품의) 제작과 전시를 둘러싸고 널리 받아들여지는 특정한 믿음과 가치의 함수'이다(Novitz, 1995: 200). 노비츠는 이런 구분이 '어떤 예술작품들은 ― 그 작품이 〈The Young and the Restless〉라는 TV 프로그램이든 〈Damage〉라는 영화이든 ― 여성들에게 해악을 끼치는 메시지들을 담고 있다는 페미니스트 주장의 근거로 유용하다'고 결론 내린다(Novitz, 1995: 202). 설령 이런 작품들이 그 메시지들을 의도할 필요가 없고 작품에서 묘사된 행위나 주제, 플롯 등에는 그것들이 포함되어 있지 않다고 하더라도, 그 메시지들은 여전히 강력한 영향력을 갖고 있으며 어떤 경우에는 해롭다. 그렇다면 예술 '내에서의' 메시지들과 예술을 '통한' 메시지들을 구분하는 일은 작품이 특정 시기에 특정 감상자에게 미칠 수 있는 복잡하고 미묘한 효과를 설명하기 위한 한 가지 방식을 우리에게 제공하는 것으로 받아들여진다. 우리는 작품을 통해 그런 효과를 인식하지만, 그 효과는 작품이 명시적으로 전달하는 무언가에 포함되진 않는다.

메시지 전달 방식의 구분에서 출발하여, 방금 제시한 예술작품들이 의도치 않게 전달하는 심층적인 가정이나 믿음, 가치 등을 드러내는 일이 그 작품들을 감상하는 데 전적으로 적절하다는 결론에 이르기 위해서는 한 발짝만 더 나아가면 된다. 그런데 이것은 대중예술이 독려하는 감상 관행에는 속할지 몰라도 일반적으로 아방가르드 예술이나 고급예술을 적절하게 감상하는 일에 관련된다고 여겨지진 않는다. 후자의 예술에서 우리는 작품이 갖는 형식적 속성과 표현적 속성 그리고 명시적 내용에만 반응하며 이것들 자체를 목적으로 취급한다. 만약 이 점이 사실이라면, 이는 대중예술의 미학과 고급예술의 미학이라는 두 가지 미학이 있다는 슈스터만의 잠정적인 제안을 뒷받침할 것이다(Shusterman, 1992: 172). 하지만 이미 살펴본 것처럼 슈스터만은 이러한 제안에 관해 양가적인 생각을 갖고 있다. 왜냐하면 그는 대중예술의 미학이 '우리가 가진 미학 전통의 가장 중요한 기준들'을 만족시킬 수 있다고도 제안하기 때문이다. 그렇다면 이 지점에서 이른바 두 미학들은 합쳐진다. 그러므로 슈스터만이 고급예술의 미학과 올바르게 구분될 수 있는 대중예술의 미학이 있다고 믿는지는 그야말로 분명치 않다. 이 장의 마지막 부분에서 나는 바로 이 문제를 살펴보고자 한다.

5. 대중예술과 고급예술의 미적인 것

대중예술만이 갖는 어떤 고유한 미적인 것이 있다는 주장은 문헌에서 아주 다양한 방식으로 점점 더 빈번하게 나타난다(Shusterman, 1992; Baugh, 1993). 이와 관련하여 근래에는 록 음악을 주제로 삼는 논쟁이 한창이지만, 그 주제가 반드시 록 음악이어야 할 이유는 없다. 그럼에도 불구하고 문헌에서 음악미학에 대한 관심은 상당하며 록 음악에 관한 논쟁은 고려할 만한 가치가 꽤 있다.

최근에 록 음악이라는 주제는 록 음악이 '그것에 고유하게 적용되는' 또는 '고유하게 적절한 방식으로 그것에 적용되는 록 음악만의 기준들'을 가진다는 브루스 보(Bruce Baugh)의 믿음을 중심으로 논의된다(Baugh, 1993: 23). 스티븐 데이비스(Stephen Davies)는 이 믿음이 명백하게 사실인 것은 아니라고 설득력 있게 주장했다(Davies, 1999). 왜냐하면 보의 믿음이 옳은지 아닌지는 그러한 기준들이 어느 수준에 있다고 받아들이는지에 달려 있기 때문이다. 만약 낮은 수준에서 '우리가 록 음악을 감상하고 평가할 때 서로 다른 성질들에 주목하는지 아닌지를 묻는 것이라면, 그 대답은 "그렇다"일 것이다. 만약 … 높은 수준에서 평가와 감상의 원리들이 두 종류의 음악에 대해 완전히 다른지 아닌지를 묻는 것이라면, 그 대답은 부정적일 것이다'(Davies, 1992: 202-3). 그런데 데이비스는 낮은 수준에서 우리가 서로 다른 범주에 속한 예술에 관심을 갖는다고 말하는 것처럼 보인다. 그렇다면 켄달 월튼(Kendall Walton)이 주장하듯이 우리는 작품을 감상할 때 각각의 범주마다 가변적인 속성들을 고려할 것이고 이 속성들을 통해 작품에 대해 반응할 것이다. 하지만 이것은 한 예술작품에 대한 미적 반응일 뿐 록 음악과 클래식 음악이 서로 구별되는 미학을 갖는다는 점을 암시하진 않는다. 이는 서로 다른 범주에 속한 예술을 감상할 때 우리가 고려하는 속성들이 기저 수준에서 상이하다는 점만을 암시한다. 높은 수준에서 록 음악과 클래식 음악을 음악으로서(qua music) 감상할 때 '미적으로 중요한 속성들 — 서사적, 재현적, 표현적 속성들 또는 다양성 속의 통일성 같은 속성들 — 은' 많은 경우 양쪽 장르 모두에 똑같이 유관하다(Davies, 1999: 203).

사정이 이와 같다면 데이비스의 논증은 옳은 것처럼 보인다. 다양한 역사적 이유들로 인해 서로 다른 감상 관행들이 있으며, 더 나아가 현재 대중예술에서 적절하다고 여겨지는 그런 관행들은 고급예술이나 아방가르드 예술에서는 대개 적절하다고 간주되지 않는다. 이는 너무나 빤한 사실이며 데이비스는 이러한 사실을 고려하거나 논의하지 않는다. 대중예술에 대해서라면 우리는 작품이 활용하고 전달하는 심층적인 믿음, 태도, 가치 등을 염두에 두고 접근하는 것이 적절하다고 생각된다. 대중예술은 대개 도구적이고 사회적인 기능을 가지며, 그렇기에 작품 외적인 메시지를 갖는 것으로 간주된다. 대중문화 비평가는 대중예술을 '통해' 전달되는 메시지를 분석하고 작품이 내고자 하는 '목소리'를 발견하는 일을 직무로 삼는다. 반면에 고급예술을 감상할 때 우리는 오직 작품의 형식적, 재현적, 표현적 속성들에만 주목하도록 요구받는다. 고급예술은 특정한 방식으로 삶과 분리되어 있고 비도구적이며, 그렇기에 내재적 가치를 갖는다고 종종 주장된다. 만약 고급예술이 세계에 관한 어떤 메시지를 전달한다면 그 메시지는 작품 내부의 것이므로 작품의 내용으로부터 발생한다는 의미에서 작품 '안에' 있다. 고급예술에서 예술가와 감상자의 심층적 태도나 표현되지 않은 암시적 믿음 — 예술을 '통한' 메시지들 — 이 비평 관행에 적법하게 속한다고 볼 필요는 없다. 비평 관행은 그런 것이 아닌 다른 것들을 좌우한다(Lamarque and Olsen, 1994: 256).

그러나 이런 구분에 반대하여 감상 관행이란 특정한 역사의 우연적인 산물이라는 주장이 제기되었다(Novitz, 2001). 만약 이것이 사실이라면, 예술작품을 온전하게 감상하는 일은 그러한 감상 관행으로 국한될 수 없다. 왜냐하면 그 관행은 작품이 갖는 다양한 차원들을 이해하려는 진실된 시도에서 나온다기보다는 사회적 또는 정치적 편의에 따른 산물이기 때문이다. 예술작품을 온전하게 감상하기 위해서는 작품이 가진 형식적, 비형식적 내용 이상의 것을 이해해야 한다. 이는 작품이 발전시키거나 억제하려는 기저의 사회적, 정치적 이해관계들을 파악하는 일에도 관련된다. 이것을 무시하게 되면 작품에 포함된 예술적 기교를 이해하고 감상하는 데 제약을 받는다 — 예술이 가진 힘은 때때로 장대하며 간혹 놀라움을 주기도 하지만, 우리는 예술이 갖는 이러한 힘을 적절하게 감상하지 못하고 방해받는다(Novitz, 1992: 10장). 만약 이러한 힘이 예술작품의 전반적인 의미와 효과에 진정 포함된다고 받아들일 준비가 되어 있고, 그러한 예술적 기교가 작품에 대한 미적 반응을 통해 반드시 감상되어야 한다고 생각한다면, 전통적인 자율주의 관점에서 미적 감상을 이해하는 것은 불완전함에 틀림없다.

우리는 대중예술로 인해 제기된 문제들 — 대중적인 미적인 것이 고유하게 구분될 수 있는지, 그리하여 대중예술을 감상하는 고유한 방식이 있는지 아닌지가 가장 특수한 문제이다 — 덕분에 미적 감상 일반의 문제를 다시 언급할 수 있다. 왜냐하면 대중예술을 감상하기 위해 작품의 내용뿐만 아니라 그것을 '통해' 전달된 메시지들 — 말하자면, 대중예술 작품들이 전달하는 메시지들 가운데 심층적이고 종종 문제의식 없이 무비판적으로 수용된 믿음, 가치, 태도, 기대 등등 — 까지 포괄하는 동시대 관행은 모든 예술의 감상을 위한 새롭고 차별화된 모델을 제공하기 때문이다. 대중예술과 마찬가지로 고급예술도 많은 경우 무비판적으로 널리 수용된 특정한 믿음과 가치를 배경으로 생산되고 전시된다. 그러므로 고급예술을 '통해서'도 모종의 메시지들이 종종 전달된다. 그러나 고급예술 감상을 둘러싼 하이 모더니즘 관행 때문에 우리는 이러한 메시지들에 실질적으로 주목하지 못한다. 말하자면, 예술작품을 도구적으로 또는 그것의 사회적 기능에 따라 보지 못하고 방해받는 것이다(Bourdieu, 1984).

대중예술의 발흥 덕분에 고급예술 '내에서의' 메시지뿐 아니라 그것을 '통한' 메시지에도 접근하도록 하는 보다 포괄적인 감상 관행이 제안되었다. 이러한 포괄적 관행 덕분에 우리는 삶에서 예술이 지니는 힘을 이해할 수 있게 되었고, 그로써 예술 일반에 대한 우리의 이해는 의심할 여지 없이 풍부해졌다.

* 이 논문의 이해를 돕기 위해서 이 책에서 다음의 논문들을 찾아 읽으면 좋을 것이다.
〈일상의 미학〉, 〈아방가르드의 미학〉, 〈미학과 문화이론〉, 〈예술과 지식〉, 〈예술과 도덕성〉, 〈예술과 정치〉, 〈음악〉, 〈영화〉

참고문헌

Adorno, T. W. (1975). "The Culture Industry Reconsidered". *New German Critique* 6: 12–19.

_____ (1978). "On the Fetish Character in Music and the Regression in Listening", in A. Arato and E. Gebhardt (eds.), *The Essential Frankfurt School Reader*. Oxford: Blackwell, 1978.

Adorno, T. W. and Horkheimer, M. (1990). "The Culture Industry: Enlightenment as Mass Deception", in their *Dialectic of Enlightenment*. New York: Continuum.

Baugh, B. (1993). "Prolegomena to any Aesthetics of Rock Music". *Journal of Aesthetics and Art Criticism* 51: 23–9.

Benjamin, W. (1969). "The Work of Art in the Age of Mechanical Reproduction", trans. H. Zorn, in H. Arendt (ed.), *Illuminations*. New York: Schocken Books, pp. 217–52.

Bourdieu, P. (1984). *Distinction: A Social Critique of the Judgment of Taste*. Cambridge, Mass.: Harvard University Press.

Carroll, N. (1990). *The Philosophy of Horror.* London: Routledge.

_____ (1992). "The Nature of Mass Art". *Philosophical Exchange* 23: 5–38.

_____ (1998). *A Philosophy of Mass Art.* Oxford: Clarendon Press.

Cavell, S. (1981). *Pursuits of Happiness: The Hollywood Comedy of Remarriage.* Cambridge, Mass.: Harvard University Press.

Cohen, T. (1993). "High and Low Thinking about High and Low Art". *Journal of Aesthetics and Art Criticism* 51: 151–6.

_____ (1998). "Television: Contemporary Thought", in M. Kelly (ed.), *Encyclopedia of Aesthetics.* New York: Oxford University Press.

_____ (1999). "High and Low Art and High and Low Audiences". *Journal of Aesthetics and Art Criticism* 57: 137–44.

Collingwood, R. J. (1938). *The Principles of Art.* Oxford: Oxford University Press.

Davies, S. (1999). "Rock versus Classical Music". *Journal of Aesthetics and Art Criticism* 57: 193–204.

Freeland, C. (2000). *The Naked and the Undead: Evil and the Appeal of Horror.* Boulder, Colo.: Westview Press.

Gans, H. J. (1974). *Popular Culture and High Culture: An Analysis and Evaluation of Taste.* New York: Basic Books.

Gould, T. (1999). "Pursuing the Popular". *Journal of Aesthetics and Art Criticism* 57: 119–35.

Gracyk, T. (1996). *Rhythm and Noise: An Aesthetics of Rock.* Durham, NC: Duke University Press.

_____ (1999). "Valuing and Evaluating Popular Music". *Journal of Aesthetics and Art Criticism* 57: 205–20.

Greenberg, C. (1939). "Avant-garde and Kitsch", in *Clement Greenberg: The Collected Essays and Criticism*, vol. 1, ed. John O'Brien. Chicago: University of Chicago Press, 1986, pp. 5–22.

Habermas, J. (1987). *The Philosophical Discourse of Modernity: Twelve Lectures.* Cambridge, Mass.: MIT Press.

Higgins, K. and Rudinow, J. (1999). "Introduction" to Special Issue on "Aesthetics and Popular Culture". *Journal of Aesthetics and Art Criticism* 57: 109–18.

Kaplan, A. (1966). "The Aesthetics of Popular Art". *Journal of Aesthetics and Art Criticism* 24: 351–64; reprinted in J. B. Hall and B. Ulanov (eds.), *Modern Culture and the Arts.* New York: McGraw-Hill, 1972, pp. 48–62.

Lamarque, P. and Olsen, S. H. (1994). *Truth, Fiction, and Literature: A Philosophical Perspective.* Oxford: Clarendon Press.

Levinson, J. (1995). "Messages in Art". *Australasian Journal of Philosophy* 73: 184–98.

MacDonald, D. (1953). "A Theory of Mass Culture". *Diogenes* 3: 1–17; reprinted in B. Rosenberg and D. M. White (eds.), *Mass Culture: The Popular Arts in America.* New York: Free Press, 1957, pp. 59–73.

Nehamas, A. (1998). "Plato and the Mass Media". *The Monist* 71: 214–35.

Novitz, D. (1989). "Ways of Artmaking: The High and the Popular in Art". *British Journal of Aesthetics* 29: 213–29.

_____ (1992). *The Boundaries of Art.* Philadelphia: Temple University Press.

_____ (1995). "Messages 'In' and Messages 'Through' Art". *Australasian Journal of Philosophy* 73: 199–203.

_____ (2001). "Participatory Art and Appreciative Practice". *Journal of Aesthetics and Art Criticism* 59: 153–65.

Shusterman, R. (1992). *Pragmatist Aesthetics: Living Beauty, Rethinking Art.* Oxford: Blackwell.

제45장

아방가르드의 미학

그레그 호로비츠(Gregg Horowitz)
번역: 신운화

오늘날 아방가르드 예술의 상황에 대한 신뢰할 만한 연구라면 모두, 이제 더 이상 아방가르드 예술은 사실상 존재하지 않을 수도 있다는 것을 인정할 수밖에 없을 것이다. 아방가르드 예술이 더 이상 존재하지 않는다는 사실은 많은 이들에게 당황스러운 소식일 것이다. 그 이유는 아방가르드란 개념이 지칭하는 것이 사실상 아무것도 없는데도 불구하고, 많은 작가와 예술가들은 아방가르드 개념이 오늘날의 예술적·미적 관행들을 설명할 역량이 당연히 있다고 여기면서 이 개념에 계속 많은 기대를 걸고 있기 때문이다. 예컨대 헨리 세이어(Henry Sayre)의 《수행의 대상》(The Object of Performance)은 1970년대부터 1980년대 후반까지의 미국 미술에 대한 가장 풍부하고 자세한 연구 중 하나인데, 〈1970년 이후 미국의 아방가르드〉(The American Avant-garde since 1970)란 부제가 붙어 있다. 그 당시의 미국 아방가르드라는 것이 있다고 믿는 사람들은, 세이어가 제시한 아방가르드 운동의 참여자 명단에 익히 예상한 예술가들과 예술 운동이 포함되어 있는 것을 보게 될 것이다. 캐롤리 슈니먼, 로버트 모리스, 주디 시카고, 그리고 로버트 스미스슨, 플럭서스와 저드슨 무용단 등이 그들이다. 직관적으로는 그 명단이 적절해 보이지만, 그러나 세이어는 이 작가들의 작품에서 특수하게 아방가르드적인 것이 무엇인지를 명확하게 밝히지 않는다. 세이어가 최근의 예술에서 '아방가르드주의'를 진정 따로 구별하고자 애쓰는 바로 그 순간, 그것은 예술의 '포스트모더니즘'과 동일한 것으로 판명된다. 즉 포스트모더니즘은 다음과 같은 모더니즘을 거부하는 운동이다. '1930년대 후반부터 60년대 초반까지 클레먼트 그린버그(Clement Greenberg)가 정의하고 발전시켰으며 마이클 프리드(Michael Fried)와 바버라 로즈(Barbara Rose) 같은 비평가들이 이후에 수정한 것으로, 특히 그 시대의 미술사학적 내용을 지배했던 모더니즘'을 거부하는 것이다(Sayre, 1989: p. xi).

포스트모더니즘을 이렇게 특징짓는다면, 세이어가 차라리 '포스트모더니즘'이란 말을 선택하지 않고 굳이 '아방가르드'란 명칭을 쓰는 이유가 당연히 궁금해진다. 왜냐하면 포스트모더니즘이란 개념은 세이어의 역사적 분석을 지지하는 내용들을 천명해 왔기 때문이다. 물론 우리가 이 질문을 제기해야 할 상대가 세이어뿐만은 아니다. '아방가르드'란 개념은 세이어가 그러하듯 **저항적이거나 전복적인** 예술을 지칭하는 데 광범위하게 사용된다. 그렇더라도 예술이 저항적이라는 것이 그것을 포착하기 위한 어떤 하나의 개념을 만들어 내는 것을 정당화하기에 충분한가, 또 그렇다면 언제 그러한가, 그리고 '아방가르드'는 그에 부응하는 올바른 개념인가 등의 문제를 제기함에 있어 세이어의 견해는 특별히 유용하다. 세이어는 그의 아방가르드가 반대하는 모더니즘을 간결하게 설명한 뒤 곧이어 그 논쟁이 펼쳐지는 격전장을 보여 준다.

> 포스트모던 아방가르드는 모더니즘이란 지배적인 브랜드와 **예술계 전반에 걸쳐 모더니즘이 계속 우위를 점하고 있는 것**에 계속해서 반대하면서, '모더니즘'이라는 사고 자체에서 하나의 시대 '양식'이 가진 일관성, 선명함, 자율성(요컨대 시대 양식의 위안)을 제거하려고 시도해 왔다. (Sayre, 1989: pp. xi-xii, 강조는 호로비츠의 것)

여기서 분명히 할 것은 세이어는 최근의 아방가르드 예술을, 예술계 내에서 발군이 되려는 투쟁에서 우위를 점하고자 모더니즘 비판에 종사하는 것으로 특징짓고 있다는 것이다. 세이어가 아방가르드주의를 전적으로 예술내적인 현상으로 본다는 것은, 최근의 아방가르드의 근원이 그린버그적이지 않은 또 다른 예술적 모더니즘, 즉 다다와 미래주의 같은 모더니즘으로 거슬러 올라간다고 주장하는 것을 보더라도 분명하다. 이것은 포스트모더니즘을 확실하게 방어하는 것으로서는 거의 결정적인 주장이다. 이러한 이유로 아방가르드주의는 모더니즘의 권위 상속에 대한 지배권을 둘러싸고 벌어진 예술계 내 경쟁의 한 축이 되고 있는 듯 보인다. 요컨대 아방가르드가 반대하고 전복하고자 하는 대상은 다른 예술인 것이다. 그러나 만일 아방가르드주의가 엄밀하게 하나의 예술계적 현상이라면, '아방가르드 예술'이 아무런 중요한 개념적 내용을 갖지 않는 이유가 분명해진다. '아방가르드'는 그 이름이 여전히 암시하듯이, 그 영역의 통합성(intergrity)을 무너뜨리려 위협하는 어떤 운동의 단면을 집어내려는 것이라기보다는 지위를 재분배하기 위한 예술계 메커니즘의 동력을 이룸하려는 것이고 이 메커니즘의 목적을 역사 철학이라는 허울 뒤로 숨겨 준다. 예술계 내에서의 이러한 지위 재분배는 예술 시장 자체만큼이나 오래된 현상이기도 하다. 그런데 아방가르드란 용어를 이렇게 사용하게 되면 이상한 결론이 도출된다. 즉 현대의 추상표현주의 회화가 지금 설치 미술과 비디오 아트가 지배하는 컨템퍼러리 미술의 아방가르드가 되는 것이다.

예술에서의 아방가르드주의가 엄밀하게 하나의 예술계적 현상인지 아닌지를 놓고, 우리는 세이어의 입장을 토마스 크로(Thomas Crow)의 입장과 효과적으로 대비시켜 볼 수 있다. 크로는 그의 책《60년대 미술》(The rise of the sixties: American and European art in the era of dissent)에서 그 시대의 미술을 대략 4개의 지리적 지역으로 나눈다. 런던, 유럽 대륙, 뉴욕, 미국 서해안이 그것이다. 미국 미술 중에서 크로는 서해안 쪽의 미술을 분명히 선호한다. 예컨대 제스, 월리 헤드릭, 브루스 코너, 에드워드 킨홀츠 등이 이에 속한다. 그 이유는 '캘리포니아 쪽의 중견 화가, 조각가들은 뉴욕에서 재스퍼 존스, 라우션버그가 경험했던 것처럼 주변적 존재로 소외되는 경험을 모두 공통적으로 하고 있었지만 그러나 그들에게는 세속적으로 성공하리란 현실적 희망을 줄 갤러리, 후원자, 관객이라는 안정된 구조물이 없었기' 때문이다(Crow, 1996: 23).

크로에 따르면 미국 서해안의 미술가들에게는 예술계 내에서 전쟁을 수행한다라는 선택지가 없었다. 당시 그 지역에는 예술계가 없었기 때문이다. 그래서 예술가들은 스스로 자기 몫의 관객을 점유하기 위한 새로운 예술을 만들어 낼 수 없었다. 오히려 그들은 주위 문화 속에 있는 날것 그대로의 질료들을 가지고 관객들을 끌어오고자 애써야 했는데, 관객을 끌어모으는 수단으로서 예술을 이용했고, 관객을 끌어 모으는 목적은 그 예술에 호응하게끔 하는 것이었다. 크로는 이러한 급진적인 상황을, 뉴욕의 추상표현주의 이후 실험적 예술 운동의 선구자 중 한 사람인 앨런 캐프로(Allan Kaprow)의 해프닝과 신랄하게 대비시킨다.

캐프로는 자신이 높은 교육 수준, 내부자로서의 위치, 세련된 감수성을 갖춘 데서 얻는 이점을 헛되이 하지 않으려고 면밀히 애썼다. 1959년 그는 〈6부로 된 18개의 해프닝〉(18 Happenings in 6 parts)이라 이름한 오케스트라 이벤트 차기작을 엄격한 직각의 공간 프레임 장치 안에 넣어 무대에 올렸다. 〈18개의 해프닝〉은 우연에 기반하여 서로 연결되지 않는 행위들과 깜짝 놀래키는 중단들을 지시하고 있는 시나리오를 따랐다. 그러나 일단 그 대본이 준비되면 캐프로 작품의 참가자들은 대본의 지침을 따라야 했다. 관객의 자리는 그 앉은 위치가 세 번 바뀌는데 역시 이것도 똑같이 미리 결정되어 있다. 마지막 요소로서, 캐프로는 수많은 예술계의 전문가들을 불러 모아 존스와 라우션버그에게 반투명한 플라스틱 벽 위에 합동 회화를 그리도록 요청하여 단번에 성공시켰다. (Crow, 1996: 33-4)

크로가 자신의 이론에서 '아방가르드'를 1960년대의 미술을 설명하기 위한 결정적 개념으로 채택하지 않는다는 것을 주목할 필요가 있다. 그렇다고 해도 크로는 미 서해안의 미술을 더 진보된 것으로, 뉴욕의 미술을 더 보수적인 것으로 생각했다. 이것은 아마 미학적 이유뿐 아니라 제도적인 이유에서이기도 했을 것이다. 어쩌면 후자가 더 일차적인 이유일 것이다. 뉴욕의 예술가들은 권력이라는 예술계의 구조적 관계들을 대체로 온전하게 남겨 두면서 예술계의 요소들을 재배열했다. 미 서해안의 예술가들은 이와 대조적으로 또 필연적으로, 미미한 준제도(semi-institution)들 및 거기서 형성되는 욕망들과, 규정되지 않은 제도외적 공간 혹은 제도 이전의 공간 사이의 경계를 구체화했다. 효과적으로 정리하자면 미 서해안 예술은 뉴욕 미술의 제도적 자율성을 그 당시엔 아직 얻지 못했고 그래서 무법적인 형식과 관행들 쪽으로 발전했다. 크로가 말하는 진보된 예술은 세이어가 말하는 진보된 예술처럼 예술 제도 내에서 자신의 자리를 찾으려고 하지 않는다. 대신 기존 예술 제도 밖에 자리 잡는다.

적어도 크로의 관점에 의하면, 기존 예술 제도 바깥의 공간은 예술에서의 아방가르드주의를 끌어들이는 자석과도 같다. 그리고 만일 이렇게 일반적인 예술 제도에 반대한다는 것을 핵심으로 놓는다면, 아방가르드주의란 개념을 단지 저항적인 것 이상의 보다 특수한 개념으로 발전시킬 수 있다. 즉 아방가르드 예술은 예술 제도 자체에 반대하는 것이지, 특정 예술가나 예술 운동에 반대하는 것이 아니다. 확실히 세이어는 이런 식의 구체적 명시에 반대하지 않는다. 세이어는 페터 뷔르거(Peter Bürger)의 주장, 즉 다다 이후의 예술 제도는 심지어 그것에 대한 저항들조차 포함할 수 있을 만큼 확장되었기 때문에 아방가르드는 더 이상 가능하지 않다는 것에 이의를 제기하고, 그 근거로 1970년 이후의 많은 미국 미술이 사실은 제도 외적인 것이라는 점을 든다(뷔르거의 주장은 이후에 다시 다룰 것이다). 비평가들은 이에 찬성하지 않을 것이다. 그러나 어쨌든 크로와 세이어 사이의 또 다른 중요한 차이가 이 부분에서 발생하는데, 그 이유는 세이어가 미국 아방가르드가 제도 외적인 성격을 띠고 있다고 주장하지만 이 제도 외적인 성격은 아방가르드 미학에 대한 자신의 설명에 아무런 역할을 하지 못하기 때문이다. 달리 말해 세이어와 크로 모두 저항적이거나 기존 예술에 반대하는 예술들의 특징적인 형식들에 관심을 가지고 있는데, 크로만이 아방가르드 형식과 그 제도 외적 성격을 연결시키고 있다. 크로에게는 예술계 내에서 아방가르드 선언들이 분출된 것은 예술계 바깥에 있는 아방가르드적 기원이 작용한 것이고, 그래서 그 선언들의 아방가르드주의는 예술계가 분열하는 데 있어 제도 외적인 계기가 보존되는 것이다. 크로가 자신이 영웅시하는 유럽 예술가 피에로 만초니의 작품에 대해 말하고 있듯이, '작가는 미적 보상이 전혀 주어지지 않고, 작품에서 유일하게 볼 수 있는 것이라고는 작품의 겉포장과 예술가의 입증되지 않은 진정성뿐인 그러한 작품으로 나아가고 있었다'(Crow, 1996: 137). 크로는 여기서 모더니즘의 역동성을 '부정성을 형식으로 만들기'로 규정하는 클라크(T. J. Clark)의 생각을 되풀이하는 것에 다름 아니다(Clark 1982). 비록 크로의 관점에서 모더니즘과 아방가르드의 개념적 구별이 반드시 필요하게 되는 더 극단적인 계기가, 아방가르드 선언 속의 무언가가 재건되지 않아서(un-remade) 겉으로 드러나는 형식에 적대적으로 보인다는 것 때문이기는 해도 말이다. 아방가르드 작품은 비예술적인 것들이 예술계 안에서 모습을 드러낼 수 있는 치외법권적 장소이다. 그것은 작품 자체에 반대하는 작품이다.

아방가르드 작품이 범주상의 위반이 일어나는 장소일 수 있다는 것은, 예술적인 것과 비예술적인 것 사이에 명백히 견고한 범주적 구분이 존재한다는 것, 따라서 그 구분에 대한 위반도 가능하다는 것을 전제한다. 티에리 드 뒤브(Thierry de Duve)는 이러한 구분을 강요하는 것은 전통적으로 아카데미와 살롱의 지적 · 사회적 작업이었는데, 이를 끊임없이 위협한다는 점이 예술적 모더니즘이 가진 역동성의 본질이라고 주장한다.

> 쿠르베의 〈돌 깨는 사람들〉, 플로베르의 《보바리 부인》, 보들레르의 《악의 꽃》에서부터 마네의 〈올랭피아〉, 피카소의 〈아비뇽의 처녀들〉, 스트라빈스키의 〈봄의 제전〉, 조이스의 《율리시스》, 그리고 뒤샹의 레디메이드 작품들에 이르기까지, 모던 예술의 모든 걸작들이 처음에는 격렬한 분개를 불러일으켰다. "이것은 예술이 아니야!" 이 경우 모두 "이것은 예술이 아니다"는 미적으로 판단하기를 거부한다는 표현이다. '이것은 심지어 취미 판단을 할 가치조차 없다'는 것을 의미한다. (de Duve, 1996: 303)

어떤 충격적인 인공물이나 선언들이 예술이 아니라는 주장은 지금도 흔히 들을 수 있는 것이다. 이것은 그 인공물이나 선언이 그것을 예술로 승인할 수 없는 예술적 맥락에서 등장할 조짐이 보일 때 나오는 방어적인 반대 주장으로 보아야 할 것이다. 그 맥락이 제도적인 것일 때, 즉 질서를 유지하는 기능을 할 때, 위반적인 작품의 승인을 공공연히 거부하는 것은 그 작품이 준 모욕을 뒤늦게 인정하는 것이다. 드 뒤브에 따르면 어떤 작품이 해당 예술 맥락에서 추정되는 견고한 제도적 경계를 방해하는 수단이 되고 그 작품의 즉각적인 충격이 사라진 뒤에도 이러한 정전(正典)적인(canonical) 위반이 계속된다면, 그 작품은 아방가르드이다.

방금 언급한 작품 모두를 비롯해 기타 다수 작품들은 결과적으로 아방가르드 예술의 걸작, 간략하게(*tout court*) 예술의 걸작으로도 평가되어 왔다. 그리고 그 작품들에는 심지어 지금의 우리에게조차도 미나 숭고의 즐거움을 방해하는, 혐오나 우스꽝스러움 같은 기이한(uncanny) 느낌을 불러일으키는 어떤 힘이 남아 있다. (de Duve, 1996: 303-4)

드 뒤브에게 있어 우리의 미적인 쾌감 한편에 흐르는 기이한 느낌은, 아방가르드 작품이 제도적으로 부적절한 장소에서 부적절한 형식을 띠고 등장하는 데서 기인하는 것이다. 설령 거기가 그 대상이 작품으로서 등장할 수 있는 유일한 장소라고 해도 말이다. 이러한 작품들은 그 작품들이 온당하게 예술이라는 판단과, 미적인 의미에서는 예술이 아니라는 의혹이 공존하는 채로 계속 애매한 상황에 놓인다. 드 뒤브에게 있어서 이러한 갈등은 아방가르드주의의 본질이기 때문에, 아방가르드 작품의 도래를 알리는 언명, 즉 "이 것은 예술이 아니다"에 대한 그의 설명을 아서 단토의 설명과 대조해 볼 가치가 있다. 단토는 "X가 예술이 아니다"라는 것은 양의적인 언명으로서, X가 스스로를 예술로서 홍보하는지 아닌지에 따라 그 의미가 달라진다고 주장한다. 예컨대 X는 만초니의 〈예술가의 똥〉(Merda d'Artista)이란 작품인지 아니면 만초니의 배설물(merda)처럼 의미론적으로 침묵하는 '단순한 사물'인지에 따라 그 의미가 다르다는 것이다. 전자의 경우 "X는 예술이 아니다"라고 말하는 것은 예술로서 평가되어야 한다는 X의 요구를 이미 승인하는 것이다. 비록 그렇게 말함과 동시에 그것을 예술적으로 실패작이라고 여기는 것일지라도 말이다. 달리 말해, 아방가르드 작품에서 "X는 예술이 아니다"라는 말은 "X는 형편없는 예술이다"라는 말로 번역될 수 있다. 드 뒤브가 가치 평가를 거부하는 것으로 받아들이는 말을 단토는 가치 평가로 받아들인다(Danto, 1981). 그렇게 해서 단토에게는 가치 평가로 수용되는 범위에 도전하는 비예술적 요소는 그 작품 안에서 그 나름의 합법적인 힘을 전혀 갖지 못하게 되고, 따라서 다소 강하게 말한다면 단토에게 아방가르드란 없다. X가 과연 예술 작품인지 그리고 어떤 측면에서 예술 작품인지를 결정하기 어려운 경우들이 있지만, 이러한 경우들은 사실 그 대상들이 존재론적으로 모호해서라기보다는 단지 적절하게 인식되지 못하는 경우라 할 수 있다. '실재는 예술이 접근한다고 볼 수 있는 한계를 규정한다. 그러나 그 한계는 더 이상 예술이 아닐 것을 무릅쓰고 도달할 수는 없는 한계이기 때문에 (Danto, 1997)', 예술-개념은 그 모든 제도적 담지자들이 그런 것은 아닐지라도, 엄격한 이치(二値) 논리에 따라 작동한다.

〈브릴로 박스〉와 〈샘〉에 예술의 지위를 부여하는 것은 선언의 문제라기보다는 발견의 문제였다. 우주비행사들이 무엇이 별인지 아닌지를 결정하는 문제에 대해 전문가인 것처럼, 예술 전문가들 역시 진정 전문가였다. 그들은 이 작품들이 그것들과 외형상 식별이 불가능한 다른 사물들이 가지지 않은 의미들을 갖고 있다는 것과, 또한 이 작품들이 그 의미들을 어떻게 구체화하고 있는지를 알았다.

(Danto, 1997: 195)

철학의 실재론/반실재론의 논쟁에서 별들이 오랫동안 해 온 역할을 고려해 볼 때, 어떤 대상이 예술인지 아닌지는 천문학적 사실처럼 사실의 문제이고 그로부터 다음을 추론할 수 있다. 단토가 의미하는 것은 그것이 인간의 제도가 작용하여 만들어진 사실이 아니라는 것이다. 그러나 일단 예술의 지위가 제도의 기능이 아니거나 그렇게 보이지 않는다면, 즉 일단 제도가 권위를 가진 것으로 보이지 않는다면 근본적으로 분열을 일으키는 아방가르드주의가 나타날 가능성은 없는 것이다. 그래서 "컨템퍼러리 예술은 과거의 예술에 반대하는 임무를 갖지 않으며, 과거는 그것으로부터 해방되어야 할 것도 전혀 아니다"라는 것이 단토의 주장이다(Danto, 1997). 이러한 예술을 보면 놀랍게도 예술의 세계 속에는 우리가 철학에서 꿈꾸어 온 것보다 훨씬 더 많은 것이 있다는 것을 깨닫게 된다. 그러나 이 예술에는 예술이 성립할 수 있는 바로 그 조건인 제도에 저항함으로써 위협을 끼칠 만한 역량은 없다.

단토는 오늘날에는 아방가르드주의가 가능하지 않다고 생각하며 이 생각은 극도로 형이상학적인 예술적 자율성에 대한 믿음에 의존하고 있기 때문에, 단토의 입장은 페터 뷔르거의 《아방가르드 이론》(The Theory of the Avant-garde, 독일어 초판 1974)과 나란히 놓인다. 뷔르거의 이론은 우리가 접할 수 있는 이론들 중, 가장 온전하고 명확하게 아방가르드를 설명하고 있는 이론이다. 이제 단토같이 포스트모던 예술에 경도되어 있는 옹호자와, 뷔르거같이 모더니즘의 지속성을 동등하게 옹호하는 입장이 서로 수렴되는 것은 이상하게 보일 수밖에 없는데, 특히 이 문제에 관해서는 더욱 그러하다. 그러나 당면 문제인 예술의 자율성의 본성에 관한 두 관점 간의 차이를 밝혀내고자 한다면, 이 이상함에 주목하기보다 눈을 돌려 오늘날의 아방가르드주의가 왜 불가능한지를 이해하려는 목적에 집중할 수 있을 것이다. 이 차이로 인해 뷔르거는 지금은 어떤 아방가르드도 불가능하다는 주장에 대해, 단토의 입장과는 매우 다른 의미를 덧붙이게 된다.

단토에게 예술은 본성상 자율적인 것이다. 즉 현실(reality)과는 본질적으로 종(種)이 다르다. 그러나 뷔르거에게 있어 예술의 자율성은 부르주아 사회에서 가치 영역이 급격하게 분리되었다는 것을 보여 주는 중요한 역사적 성취이다. 예술의 자율성을 성립시킨 원인이 된 모든 힘들을 상세하게 거론하는 것은 여기서 다루려는 문제가 아니다. 그러나 지금 말하는 예술의 자율성이 역사적인 결과라는 뷔르거의 주장에서 다음 두 측면은 매우 중요하다. 첫째, 예술은 예술 나름의 실천적 관행과 그것이 생산, 분배, 수용되는 고유한 장소가 발전되면서 사회의 나머지 영역들로부터 자율적인 것이 된다. 예술의 내부화(domestication), 즉 예술이 개인적 경험의 영역으로 점진적으로 옮겨 가 그곳에서는 괴짜와 실험적인 것들이 '단지 예술'에 불과한 것이라서 허용된다는 식의 이야기는 과도한 규정이다. 그러나 어떻게 말하건 그 이야기의 결론은 예술의 자율성은 형이상학적 사실이 아니라 제도적 사실이라는 것이고, '논란 없이 확고한 것이 전혀 아니라, 전체적인 사회적 발전에 따른 불안정한 산물'이라는 것이다(Bürger, 1984). 그러하기에 삶의 실천(praxis of life)으로부터 분리된 예술의 자율성은 원래부터 당연히 있던 것이 아니라 사회 구성체의 총체성 속에서 적극적으로 만들어지고 재생산된 것이다.

그래서 둘째로, 자율적 예술 제도가 유지되기 위해서는 예술계의 경계에 대해 개념적·실제적인 질서가 유지되어야 한다. 예술 제도가 아닌 사회 제도들이 수행하는 도덕적·정치적·법적 격리 활동은 열려 있다. 예컨대 어떤 사진은 예술이거나 혹은 외설이다. 관심의 초점이 형식에 있다면 그것은 예술이지만 호색적인 관심과 관계된 것이라면 외설이다. 또 사진이 미술관에 있으면 예술이고, 버스의 옆면에 붙어 있다면 외설이다. 그러나 어떤 제도가 존재하는 것은 그 제도의 규범이 올바르게 입법되고 집행되는 것에 달려 있다. 예술계가 있기 위해서는, 예술에서 배제되는 것들을 내적인 예술적 근거들에 기반하여 산출할 수 있는 규범들을 구체화해야 한다. 이러한 이유로 예술의 자율성이 의미하는 것에는 삶의 실천으로부터 예술이 분리되는 것은 물론이고, 예술을 외부의 목적에 맞추도록 강요하는 작용들을 억제하고 몰아내는 능동적·규칙적인 작업도 포함된다. 아메리칸 공예 박물관(American Craft Museum)과 현대 미술관(Museum of Modern Art)이 지리적으로 인접해 있다고 해도 예술계가 충분히 내부로부터 개념적인 간극을 만들어 낸 것을 숨길 수는 없다.

그러나 이것은 자율적 예술이라는 관행을 명백히 역설적으로 특징짓고 있다. 만약 예술이 제도적 자율성을 적극적으로 집행하여야 한다면, 실질적인 예술 행위자들의 믿음들과는 무관하게 예술은 그것이 몰아내고자 하는 것들에 관행적으로 속박되어 있는 것이다. 즉 예술이 추방하고자 하는 것이 예술 안에 **합법적으로 유효하게** 남아 있다. 그리고 따라서 예술은 결국 순수하게 자율적으로 자기 입법을 하고 있지 않음이 드러난다. 그래서 뷔르거는 다음과 같이 말한다.

'자율성'이란 범주에서는 그 지시 대상을 역사적으로 발전해 온 것으로 이해하지
않는다. 부르주아 사회에서 삶의 실천으로부터 예술 작품이 상대적으로 분리된

것은 이렇게 해서 예술 작품은 사회로부터 전적으로 독립된 것이라는 잘못된 생각으로 변화한다. 그래서 엄격한 의미에서 '자율성'은 참인 요소(삶의 실천으로부터 예술을 분리하는 것)와 참이 아닌 요소(역사적 발전의 결과인 이 사실을 예술의 '본질'로서 상정하는 것)를 결합하는 하나의 이데올로기적 범주이다. (Bürger, 1984: 46)

단토와 뷔르거의 차이를 더 깊이 탐구하려면 이 구절이 완벽한 시작점일 것이다. 그러나 여기서 관심사는 아방가르드주의의 성쇠에 대한 뷔르거의 설명을 해석하는 것이다. 삶의 실천으로부터 예술이 상대적으로 유리되는 변화가 의미하는 바에 대한 뷔르거의 생각을 따라가 볼 필요가 있다. 뷔르거에 의하면 삶에서의 유리됨이 바로 삶의 실천에 예술이 관계하는 방식이다. 이러한 생각은 이제 삶의 실천과 완전히 유리된, 즉 절대적으로 자율적인 것으로서의 예술이라는 이데올로기적인 사고에까지 이르게 된다. 이러한 변화의 결과를 일컫는 말이 심미주의로, 예술의 목적은 삶의 다른 목적들과 어떤 관련도 갖지 않는다는 믿음으로서 말하자면 예술을 위한 예술이다. 이렇게 일관성이 없고 유사 신학적인 예술 개념은 부르주아적 도구주의의 음화(陰畵)로서만 이해될 수 있다. 역사적으로 같은 시기에 예술은 그 자체가 목적인 것이 되었다. 이것은 세속적인 본유적 선(善, good)이라는 생각이 현실화되고 있다는 사실을 위장하기 위한 것이었다.

그러나 만일 예술이 불모의 사회적 삶으로부터 절대적으로 자율적인 것으로 보인다는 이유만으로 예술이 본유적으로 훌륭한 것인 듯 보인다면, 자율적 예술은 그것이 떨쳐버린 사회적 삶을 필수적으로 부정한다는 것을 베일로 가려야 한다. 이렇게 해서 심미주의가 예술이 가진 상대적 자율성을 절대적인 것으로 만드는 것은 부르주아 사회의 삶을 예술이 적극적으로 부인하고 있다는 것을 결과적으로 은폐하게 된다. 이러한 은폐는 예술과 삶의 관련에 있어 예술이 마치 올라온 뒤에 사다리를 치워 버리는 것과 같은 이데올로기적 작업을 하는 것이다. 뷔르거가 보여 주는 것은, 예술이 삶의 실천에 불가피하게 관련되어 있다는 것을 숨기고자 하는 자율적 예술로부터 아방가르드주의까지 이르는 거리는 불과 한 발짝이라는 것이다. 카바레 볼테르의 다다 드러머들이 예술의 종언을 외쳤을 때 그들은 부르주아 사회를 심미주의적으로 규탄하는 방식을 채택했다. 그러나 다다 드러머들은 그리고 나서 그 규탄을 급진적으로 만들어 스스로가 규탄하는 현실로부터 절대적으로 자율적인 것으로 간주하는 예술 관행들을 포함시켰다. 뷔르거는 다음과 같이 말하고 있다.

유럽의 아방가르드 운동들은 부르주아 사회 내에서 예술이 차지하는 지위에 대한 하나의 공격으로 정의될 수 있다. 아방가르드가 부정하는 것은 이전의 예술

형식(양식)이 아니라 인간의 삶의 실천과 결부되지 않은, 제도로서의 예술이다. …
아방가르드주의자들은 예술의 지양을 주장했다. … 예술은 단순히 파괴되어야
할 것이 아니라 삶의 실천으로 옮겨 가야 하는 것이었다. … 심미주의가 언급하
고 또 부정하는 삶의 실천은 부르주아적 일상의 수단-목적 관계의 합리성이다.
그러면 이제 예술을 이러한 실천 속으로 통합시키는 것은 아방가르드주의자의 목
표가 아니다. … 아방가르드주의자들이 심미주의자들과 구별되는 점은 예술에
기반하여 새로운 삶의 실천을 체계화하려고 시도한다는 것이다. (Bürger, 1984: 49)

뷔르거가 여기서 언급하는 양차 대전 사이의 아방가르드는 현실에서 유배된 듯한
자율성으로부터 예술을 일상적 삶으로 복귀시키는 것을 목적으로 했다. 일상적 삶에서
생산되고 재생산되는 것들은 본유적 훌륭함이라는 사고를 예술의 영역 속으로 쫓아 버릴
것을 요구했기 때문에 일상적 삶은 대대적으로 혁신될 필요가 있었다. 이 때문에, 우리는
아방가르드주의가 ① 어떻게 저항적인지, 그리고 ② 일반적인 자율적 예술 제도에 어떻
게 특수하게 대립하는지를 이해할 수 있다. 그러나 뷔르거의 설명이 완전하고 정교한 것
은, 이 설명을 통해 또한 ③ 아방가르드의 저항이 취하는 형태가 왜, 예술이 이데올로기적
으로 자율적인 형식들 안에 품고 있어야만 했던 격렬한 비예술적인 요소들을 예술의 내
부로부터 배출하는 형태인지를 파악할 수 있기 때문이다. 자율적인 예술은 19세기와 20
세기 초반, 사회적 합리화라는 거대한 물결이 일어난 시기 동안 추방되었던, 그래서 삶의
요소들로서 인지될 수 없었던 모든 삶의 요소들의 저장소가 되었다. 사실 이러한 요소들
을 축출하는 것이 **바로** 그 합리화였다.

그러나 예술에 대한 심미주의적인 사고는, 자율성을 절대화하면서 이 기능을 부정할
것을 요구했다. 즉 예술의 자율성을 위해 관건이 되는 것은 사회적 무의식으로서의 예술
의 역할을 제도적으로 외면해야 한다는 것이었다. 아방가르드주의는 이러한 외면을 비판
했다. 그 이유는 심미주의 자체에 반대하여 예술의 저항적 본성으로 되돌아옴으로써만
예술은 예술의 자율성이 함축하는, 사회적 삶에 대한 비판을 진정성 있게 이해하고 따라
서 비판을 제기할 수 있기 때문이다. 그래서 심미화된 자율적 예술에 대한 아방가르드의
저항은, 스스로의 비합리성 속에서 예술적 가치를 한껏 피난처로 삼고 있는 예술의 요소
들을 사회적 삶 속으로 다시 돌려보냄으로써만 이행될 수 있었다.

모든 예술적 가치들을 재평가하는 데 있어, 예술 속에 남아 있는 잔여물들, 최소한
심미주의 측면에서 볼 때는 비예술적인 잔여물들을 있는 그대로 제시하는 것이 아방가르
드 예술 작품의 목적이 되었다. 그래서 양차대전 사이의 아방가르드 선언들의 특징적인
과정은 다음과 같다. 우연에 의한 예술, 집단적으로 생산되는 예술, 거리 예술, 예술적 매

체의 혼합 등이 그것이다. 사실 예술적 자율성의 기본 개념인 '예술 작품'은, 예술 작품의 유기적 통일성이라는 미적 이념에 대해 적대감이 고조된 모습으로 나타난 아방가르드의 1차 공격 대상이었다. 따라서 아방가르드 선언들은 어떤 특정한 이전 예술 양식들을 전복하려는 것이 아니라, 인간성이 제거된 사회적 삶에 대한 이데올로기적 가림막인 예술적 양식의 자율성을 이론과 실천 측면에서 전복하고자 하였다. 캐프로가 이후에 말했듯이, 아방가르드주의는 예술과 삶의 경계를 무너뜨리고자 하는 노력이었다(Kaprow, 1993). 여기서 이 글이 논의의 시작점으로 삼았던 바인 세이어에 대한 비판적 해설이 정당성을 얻게 된다. 그것은 설사 아방가르드가 모더니즘을 전복했다는 주장이 있다고 하더라도, 최초의 아방가르드들의 핵심이 이전의 모더니즘을 전복하려는 것이 아니고 예술과 삶 간의 확실한 구별을 전복시키는 것이었기 때문이다. 예술과 삶 간의 구별은 오로지 예술의 세계 속에만 있는 삶을 모더니즘의 일관된 선택지인 것처럼 보이도록 하는 것이었다.

양차대전 사이의 아방가르드가 예술과 삶 간의 구별을 없애는 데 공공연히 실패했기에, 뷔르거는 그것을 '역사적(historical)' 아방가르드로 명명한다. 이 용어로써 뷔르거는 아방가르드가 확실히 과거에 속한 것임을 우리가 앎으로 해서 아방가르드주의가 컨템퍼러리 예술에서 유효한 선택지가 되지 못하게 된다는 것을 의미하고 있다. 그러나 설사 역사적 아방가르드가 삶의 실천을 혁신하는 데 실패했다고 해도, 그것은 깊은 충격을 선사했다고 뷔르거는 주장한다. 비록 예술계 자체에 국한된 충격이었다고 해도 말이다. 아이러니한 반전 속에서 하나의 '제도로서의 예술에 대한 역사적 아방가르드의 저항은 이제 예술로서 받아들여진다'고 뷔르거는 말한다(Bürger, 1984). 그 결과, 예술 제도에 대한 저항은 예술 제도 내부로 복권되어 들어왔고, 따라서 예술에 대한 저항은 예술적 현상이 되었다.

> 서명한 병 건조대가 일단 박물관 안에 자리 잡을 가치가 있는 대상으로 받아들여지면, 그러한 도발은 더 이상 도발이 아니다. 그것이 저항하던 대상이 되어 버리는 것이다. 만일 오늘날 어떤 예술가가 난로의 연통에 서명을 해서 전시한다면, 그 예술가는 확실히 미술 시장을 맹비난하는 것이 아니라 미술 시장의 상황에 부응하는 것이다. (Bürger, 1984: 52)

지금 뷔르거가 주장하려는 것이 이 직설적인 아방가르드 비판이 순전히 불행한 상황이라는 것은 아니다. 그것은 예술을 하나의 제도로서 인식할 수 있도록 본질적인 이론적 기여를 한다. 예술에 대한 이 제도적 인식은 심미주의가 이데올로기적으로 부정하고자 애쓴 것이고 그래서 예술의 상대적 자율성이란 관점을 더 분명히 했다. 그러나 오늘날의 예술가들은 그들이 아방가르드적 지위를 얻고자 열망할 때 이러한 인식을 부정한다.

> 하나의 제도로서의 예술에 대한 역사적 아방가르드의 저항이 지금은 **예술로서** 받
> 아들여지기 때문에, 네오 아방가르드의 저항의 몸짓은 진정성이 약해졌다. 구제
> 할 길이 없다는 것이 드러났기에 저항이 되고자 하는 주장은 더 이상 유지될 수
> 없다. (Bürger, 1984: 53)

뷔르거가 여기서 사용하는 '네오 아방가르드'란 개념은 확실히 아이러니한 데가 있
다. 그 이유는 그가 염두에 두고 있는 예술은 역사적 아방가르드의 지속적인 실패에 의존
하면서도 한편으로는 역사적 아방가르드의 특권으로 살아 나가고 있기 때문이다. 세이어
와 크로가 살펴본 예술이 이것이다. '전복적인' 이란 수식어는 컨템퍼러리 예술계 내에서
권위 있는 위치를 점하게 되었고, 예술적 지위를 수여하는 메커니즘에 반대하기보다 예
술적 지위를 요구하게 되었다. 사실 그 전복이 더욱 양식적일수록, 제도 속으로 진입하고
자 하는 주장도 더욱 분명해지고, 그래서 그 제도를 **합법화**(legitimating)하는 데 있어서 더욱
효과적이다. 예술의 자율성에 대한 저항은 증가된 예술적 자율성의 동인이 되어 왔다. 전
복적인 예술은 예술의 정치성이 연극으로 다시 만들어지는 장소가 되었다. 이러한 작동
은 개념적 측면과 실제 관행 측면 모두에서 예술계가 확장되도록 돕는다. 한편 그럼에도
그것은 역사적 아방가르드가 목표했던 역사적 극복을 심미화한다. 대니얼 허위츠(Daniel
Herwitz)는 탈심미화를 아방가르드주의의 **필수 불가결한 요소**라고 주장하고 있는데, 이러한
탈심미화의 계기에 대한 유토피아적인 희망이 없다면 네오 아방가르드 예술은 반(反)아방
가르드 예술이라 말하는 편이 더 정당할 것이다. 네오 아방가르드 예술은 그 전복적인 교
묘함 뒤에 아방가르드 예술을 위한 조건들이 더 이상 존재하지 않는다는 사실을 숨기고
있다.

뷔르거는 다른 이유들로 인해 단토와 똑같은 결론에 도달했다. 아방가르드 예술의
시대는 지나간 것으로서 뒤에 남겨지게 되었다. 예술계의 현재 상황(status quo)을 전복함으
로써 자신의 지위가 흔들릴 위험을 성공적으로 무릅쓴 최근 예술 작품의 사례를 들기 어
려운 것을 보면 이 주장의 설득력은 더 강해진다. 한스 하케(Hans Haacke)의 〈샤폴스키 등의
맨해튼 부동산 소유 현황, 1971년 5월 1일부 실시간 사회적 시스템〉(Shapolsky et al. Manhattan
Real Estate Holdings, A Real-Time Social System, as of May 1, 1971)은 하나의 그럴듯한 사례라 할 수 있
다.* 그러나 설사 은혜를 원수로 갚은 것 때문에 하케의 작품이 그것이 전시될 예정이었

---

* 이 작품은 사진, 정보, 차트 등을 통해 당시 맨해튼에서 부동산 투기로 큰 이익을 취하고 있던 샤폴스키

던 구겐하임 미술관에 들어가지 못했다고 해도, 제도로부터 배제된다는 것은 예술계 일반에서 그 작품의 명성을 드높이는 데 일조했다. 이렇게 말하는 것은 하케나 그의 의도에 의문을 제기하는 것이 아니다. 예술계 내에서 순환되고 수용되는 것은 개인적 의도로 통제할 수 있는 것이 아니기 때문이다. 이것은 역사적 아방가르드의 실패로 인해 우리가 예술의 제도성을 자각하게 된 것을 또 다른 방식으로 확언하는 것이다. 네오 아방가르드는 이러한 제도성의 자각을 끊임없이 부정하기 때문에 우리에게는 새로운 심미주의이다.

그러면 이로 인해 우리가 지금 서 있게 된 지점은 어디인가? 아방가르드적 충동은 예술로부터 완전히 사라졌는가? 역사적 아방가르드가 실패한 이후의 다음 세상을 담당하는 어떤 예술 제작 형식이 있는가? 이러한 질문들에 대한 답을 마련하기 위해 뷔르거의 주장 속에서 분석되지 않은 계기를 탐구해 보기로 하자. 뷔르거가 네오 아방가르드가 제도화된 것을 역사적 아방가르드를 부정하는 것으로서 특징짓는 순간, 그는 역사적 아방가르드가 성공할 실질적 전망이 없다고 생각한 것이다. 역사적 아방가르드의 실패는 시작부터 운명 지어진 것이었다.

> 예술을 다시 삶의 과정 속으로 통합시키려는 아방가르드주의자들의 시도는 그 자체가 심각하게 모순적인 노력이다. 그것은 현실을 비판적으로 인지하기 위해서는, 그 비판적 인지와 동시에 충족되어야 하는 조건이 삶의 실천으로부터 예술이 상대적으로 자유로워야 한다는 것이기 때문이다. 더 이상 삶의 실천과 구별되지 않고 삶의 실천 속에 전적으로 흡수된 예술은 삶의 실천과 거리를 두면서 그것을 비판할 능력을 잃기 마련이다. (Bürger, 1984: 50)

예술이 삶과 거리를 유지하는 것이 삶을 구원하는 모델로서 예술이 가지는 가치의 원천이라는 점, 그리고 그 삶과의 거리는 예술과 삶의 재통합 속에서 철회되어야 한다는 점, 아방가르드는 이 양자를 모두 일관되게 유지할 수 없었다는 점에 있어서 뷔르거의 생각은 확실히 옳다. 이러한 의미에서 역사적 아방가르드는 실패할 수밖에 없었다. 그러나 뷔르거가 '삶의 과정 속에 예술을 재통합시키려는' 아방가르드의 시도를, 삶의 실천 속에 '완전히 흡수된' 예술을 창조하려는 노력과 동일시한다는 것에 주목하라. 여기서 '완전히 흡수된' 것이 의미하는 바는 어떤 비판적인 거리도 없다는 것이다. 뷔르거가 말하듯, 역사적 아방가르드가 무비판적인 삶을 예술로 대체하려고 진정으로 목표했다는 것은 아마도

가문 등의 유명 부동산업자들을 비판하는 내용을 담고 있었다. 샤폴스키 가문은 당시 미술계에 큰 영향력을 행사하고 있었고, 구겐하임 미술관에서 열릴 예정이었던 하케의 개인전은 관장의 불허로 취소되었다.

참일 것이다. 다다이스트 후고 발(Hugo Ball, 1996)과 리하르트 휠젠베크(Richard Huelsenbeck, 1991)의 회고록이 확실히 그것을 암시하고 있다. 그러나 그것이 진정 아방가르드의 의도였다면, 아방가르드 기획은 삶에 대한 심미주의적 거부와 간단하게 연속된다. 결국 예술을 삶에로 돌려놓고자 한 아방가르드의 실패가 예술을 위해 저항적인 삶을 제거하는 데 실패한 것이라면, 역사적 아방가르드의 실패는 심미적 기획을 완성하는 데 실패한 것이다. 두말할 나위 없이 이것은 뷔르거가 말하고자 했던 바가 아닐 것이다. 그렇다면 뷔르거가 오늘날의 아방가르드 예술의 가능성을 비판적으로 파괴하고 있다고 가정할 때, 아방가르드적 충동이라는 보다 적절한 관념, 즉 아방가르드와 심미주의적 기획을 더 정확하게 구별할 수 있도록 하는 관념을 이끌어 낼 수 있는지를 자문해 보자.

이 관념을 분명하게 공식화하려 할 때 뷔르거가 직면하는 난점은, 예술과 삶 사이의 경계를 허물어 버린다는 생각을 그가 애매하게 사용하고 있는 데서 기인한다. '예술적 자율성' 개념의 애매함은 지금까지 철저하게 분석되어 왔다. 사실, 이 문제는 예술의 자율성 주장들을 상대적인 것으로 취급한다는 점에 있어 비판 이론의 전통 전체가 뷔르거와 일치한다(일부를 거론하자면 Theodor Adorno, 1997; J. M. Bernstein, 1992; Christoph Menke, 1998 등이 있다).

이 글에서 특별히 뷔르거에게 주목했던 것은, 그가 심미주의 즉, 예술적 자율성에 대한 이데올로기적 옹호를 비판하는 것을 역사적 아방가르드의 작업과 공공연히 연관시키고 있기 때문이다. 심미주의는 반성적(reflective) 가치 판단의 가능성을 전적으로 예술에 맡기고, 따라서 나머지 삶의 부분을 비성찰적으로 경시하는 것을 반동적으로 정당화함으로써 예술적 자율성을 옹호한다. 아방가르드주의의 관행 속에서 심미주의와 비성찰적인 예술 제도에 복수를 가하는 것은, 이러한 비성찰적인 경시의 계기이고, 예술적 자율성의 핵심에서 말없이 숨 쉬고 있는, 회피할 수 없는 경시된 삶의 편린들이다. **심미주의자들은 이 삶의 편린들에 반응하지 않는다.** 뷔르거의 분석은 아방가르드 관행의 단호하게 반예술적인 계기를, 말할 수 없는 것들을 대신하는 복수의 외침으로서 주목한다.

시가 말(speech)의 기억을 불러일으키는 준(準)의미론적 소사(小辭, particle)들로 조각날 때, 혹은 영화 제작자가 관람객이 눈을 가늘게 뜨고 보도록 하고 싶어 할 때, 아방가르드적 충동은 심미주의가 아는 것, 무의식적으로 심미주의에 속한 것들을 심미주의와 대면시킨다. 이로 인해, 아방가르드 예술이 의미 있는 삶의 기이한(uncanny) 잔여물들을 가지고 심미주의를 위협할 때 아방가르드 예술의 최종 목표는 예술을 삶으로 재통합시키는 것이다. 더욱이 아방가르드는 도구화된 삶, 즉 심미주의적 기획을 불러일으키는 손상된 삶은 심지어 그러한 삶에 등 돌린 예술 제도의 한복판에서조차, 아니 특히 바로 그 한복판에서 삶의 곤궁함을 계속 표현한다는 것을 인지시키려 한다. 그렇다면 아방가르드적 충동이 목표로 하는 것은 예술을 삶 속으로 흡수시키려는 것이 아니다. 예술을 삶 속으로 흡수시키는 것은 심미주의자들의 꿈이 진정으로 성취되는 것일 터이다. 아방가르드적 충동의 목표는 손상된 삶이 예술에게 요구하는 것을 다시 돌아보는 것이다. 그 요구는 자율적 예술 제도가 귀 기울여야 하는 것이다.

예술의 자율성을 심미주의적으로 이해하는 관점은, 예술이 뒤에 남겨 둔 삶을 비성찰적으로 경시하는 데 바탕을 두고 있는 한, 사람들은 삶을 견딜 만한 것으로 만들기 위해 예술을 필요로 한다고 가정한다. 니체가 그의 가장 대표적인 심미주의적 계기들 중 하나에서 언급했듯이 삶은 오직 하나의 미적 현상으로서만 정당화된다. 예술 제도의 자율성을 이렇게 극도로 과대평가하게 되면 심지어 자율적인 예술마저도 사회적 삶의 총체성에 종속시키게 되는 모순을 이데올로기적으로 외면하게 된다.

그러나 모든 이데올로기들이 그렇듯 자율적 예술의 이데올로기도 그 중심부에 역설이 있다. 즉 심미주의는 삶이 해결을 요구하는 것들을 그 지지자들이 우연히 듣지 못하게 차단하려 하는데, 그와 동시에 심미주의의 지지자들은 삶의 어떤 요구도 강요될 수 없다고 여긴다. 구체화된 삶의 비탄들에 대해 심미주의자들이 귀를 닫음으로써 보전되는 핵심적인 믿음은, 예술 제도가 그 자체의 규범들을 가지고 있다는 사회학적인 믿음만이 아니다. 사람들이 이러한 규범들에 조화롭게 맞추며 통합적인 삶을 영위할 수 있다는 도덕-정치적 사고 또한 보호받는다. 달리 말하면 심미주의는 가치의 영역에 대한 근대적(modern) 구별을 공식화하면서 또한 통합적인 삶이 여전히 가능하다고 계속 주장한다. 그런 점에서 심미주의는 하나의 가치 영역에만 결부되어 있는 통합적 삶이라는 전근대적 사고의 마지막 숨결처럼 보인다. 그것은 미몽에서 깨어난 시대에 있어 예술의 기독교주의와 같다고 하겠다. 이 시대에 전적으로 예술로 통합되어 버린 삶이 가장 열렬히 바라던 변모일 것이다. 아방가르드적 충동은 변모의 공간 속에서 적나라한 물성(materiality)으로 분출하는, 변모되지 않은 잔여물이 불경하게 나타난 것이다. 뷔르거는 이것을 알고 있다(Greil Marcus, 1990의 주제는 장르를 넘나들며 설명한다).

이것을 다음과 같이 정리하여 이전의 주제들에 다시 연결시킬 수 있다. 아방가르드적 충동은 예술의 경험 속에서 제도 외적인 계기들이 귀환하는 것이고, 예술적 자율성을 심미주의적으로 해석하기 위해서는 그것을 경험하지 않는 것이 필수적이다. 이 글이 세 이어로부터 추적해 왔던 아방가르드주의의 역설이 출현하는 것은, 상처받은 것들이 인식을 요구하는 것이, 상처에 모욕을 가하지 말라고 예술에 요구하는 것이 아닌 새로운 종류의 예술이 될 때이다. 아방가르드적 충동은 예술이 충족시키지 않은 채 남겨 둔 인간의 필요를, 예술 속에서 비예술적으로 상기시키는 것이다. 그렇다면 이제 네오 아방가르드가 아방가르드주의에 대한 신(新)심미주의적 부정인 이유가 분명하게 밝혀진다. 네오 아방가르드가 의미 있는 표현을 반예술적으로 기도하는 것은 네오 아방가르드 자체의 만족을 위한 것이다. 그러나 네오 아방가르드주의가 아방가르드적 충동이 역사적 아방가르드로 표현된 것을 부정하는 것이라고 해서, 그 충동 자체가 예술계가 회복되면서 다 소진되는 것은 아니다. 이 지점에서 알브레히트 벨머(Albrecht Wellmer)의 생각을 따르도록 하자. 벨머 자신은 아도르노를 따라, 경시되어 온 것들에 반응하는 것이 이제 예술의 문제이자 전망 이라고 주장한다.

> 이전에는 이질적이고 주제에 맞지 않으며 무의미한 것으로서 배제되어 왔던 것 들을 통합하게 되면서, 그만큼 모던 예술에는 더 유연하고 개별화된 방식의 구조 화가 필요하게 된다. 예술 작품의 경계가 완화(opening-up)되고, 예술의 경계들이 소멸하는 것은, 흩어져 있는 것들과 이질적인 것들을 미적으로 통합하기 위해 예 술의 수용력이 증대된 것과 밀접하게 관련된 듯 보인다. (Wellmer, 1991: 89)

자율적 예술은 그것의 비예술적인 대응부분(counterpart)이 침묵하는 것에 언제나 의존 해 왔다. 따라서 예술 작품의 경계 완화(opening-up)가 예술적 개방(opening)이 되려면, 경계 완화는 그것이 예술 작품 속에서 나타나기 시작할 때 아방가르드적 충동과 비예술적인 것들의 침묵이 함께 작용하여 이루어져야 한다. 그들이 반심미주의자들일지라도, 아방가 르드적 충동의 이 운명은 타율적인 것이 아니라 사실 예술적 자율성의 동력이다. 만일 자 율성이 그 나름의 법칙에 따라 발전하는 것을 의미한다면 예술적 자율성은 예술 작품을 그 안으로부터 분리해 내는 것에 반응을 보여야 한다. 만일 벨머가 말하는 '미적 통합'이, 손상과 분열의 계기들을 가리고 그렇게 함으로써 그것들의 가치를 다시 절하하는 통합된 예술 작품들을 통해 예시된다면, 물론 아방가르드적 충동은 시들 것이고 예술적 자율성 의 전망은 어두워질 것이며, 역사적 아방가르드의 실패는 헛된 일이 될 것이다.

예술을 열려 있게 하는 학적인 규칙들은 없다. 이제 예술에서의 도전은, 성급하게 말 하려 한다면 영원히 침묵당할 충동들에 반응하면서 열려 있는 형식들을 제작하는 것이 다. 그래서 실패한 역사적 아방가르드 충동의 가장 중요한 상속자들은, 설사 아방가르드 처럼 보이지 않을지라도 부서진 삶의 편린들을 거두어 그 편린들로 작품을 만들고 또한 그 편린들이 그 작품들을 어지럽히도록 하는 예술가들이다. 여기서 루이즈 부르주아, 조 지프 코넬, 데이비드 해먼스 같은 작가들을 들 수 있을 것이고, 또 내 책(Horowitz, 2001)에서 자세히 다룬 두 작가 일리야 카바코프와 게르하르트 리히터를 또한 들 수 있다. 이 편린 들은 완전히 침묵하는 것은 아니지만 아직 잘 이해되지 않은 것들인데, 벨머가 말하는 '소 멸된 낡은(archaic) 차원의 일상적 의미'를 담지하고 있다. 이 놀라운 구절은 예술 작품이 우 리의 주목을 끌 수 있는 의미를 명명하고 있는데, 그러나 그 작품들이 온전히 삶의 실천에 흡수되어 '일상적 의미의 견고해 보이는 격납처 안에 가두어진 폭발적 에너지'를 발산하는 데 필요한 거리를 제공할 수 있을 때에만 그러하다(Wellmer, 1991: 53). 이미 보았듯, 이러한 에너지를 가지고 있는 아방가르드적 충동이 단독으로 예술을 만들 수는 없지만 그러나 다른 어떤 것도 예술을 필연적인 것으로 만들 수는 없다.

* 이 논문의 이해를 돕기 위해서 이 책에서 다음의 논문들을 찾아 읽으면 좋을 것이다.
〈예술과 정치〉, 〈미학과 포스트모더니즘〉, 〈미학과 문화연구〉, 〈대중예술의 미학〉, 〈예술의 가치〉

참고문헌

Adorno, T. W. (1997). *Aesthetic Theory.* Minneapolis: University of Minnesota Press.

Ball, H. (1996). *Flight Out of Time: A Dada Diary.* Berkeley: University of California Press.

Bernstein, J. M. (1992). *The Fate of Art: Aesthetic Alienation from Kant to Derrida and Adorno.* University Park, Pa.: Pennsylvania State University Press.

Bürger, P. (1984). *Theory of Avant-Garde,* trans. M. Shaw. Minneapolis: University of Minnesota Press. First published in 1974.

_____ (1992). *The Decline of Modernism.* University Park, Pa.: Pennsylvania State University Press.

Clark, T. J. (1982). 'Clement Greenberg's Theory of Art'. *Critical Inquiry* 9: 139–56.

Crow, T. (1996). *The Rise of the Sixties: American and European Art in the Age of Dissent.* New York: Harry N. Abrams.

Danto, A. (1981). *The Transfiguration of the Commonplace.* Cambridge, Mass.: Harvard University Press.

_____ (1997). *After the End of Art: Contemporary Art and the Pale of History.* Princeton: Princeton University Press.

de Duve, T. (1996). *Kant After Duchamp.* Cambridge, Mass.: MIT Press.

Herwitz, D. (1993). *Making Theory/Constructing Art: On the Authority of the Avant-Garde.* Chicago: University of Chicago Press.

Horowitz, G. (2001). *Sustaining Loss: Art and Mournful Life.* Stanford, Calif.: Stanford University Press.

Huelsenbeck, R. (1991). *Memoirs of a Dada Drummer.* Berkeley: University of California Press.

Kaprow, A. (1993). *Essays on the Blurring of Art and Life.* Berkeley: University of California Press.

Marcus, G. (1990). *Lipstick Traces: A Secret History of the Twentieth Century.* Cambridge, Mass.: Harvard University Press.

Menke, C. (1998). *The Sovereignty of Art: Aesthetic Negativity in Adorno and Derrida.* Cambridge, Mass.: MIT Press.

Sayre, H. (1989). *The Object of Performance: The American Avant-garde since 1970.* Chicago: University of Chicago Press.

Wellmer, A. (1991). *The Persistence of Modernity: Essays on Aesthetics, Ethics, and Postmodernism.* Cambridge, Mass.: MIT Press.

제46장

일상의 미학

크리스핀 사트웰(Crispin Sartwell)
번역: 신운화

'일상의 미학'이 다루는 문제는 비예술적인 대상과 사건들을 통해 미적 경험을 할 수 있는 가 하는 것, 그리고 오늘날 철학적 영역에서 이 주제와 관련된 개념들을 대립적으로 구분 하는 것을 반대하거나 문제시하는 경향이다. 이와 관련된 개념쌍은 순수 예술과 대중예 술(popular art), 예술과 공예, 미적 경험과 비미적 경험이다. 이러한 움직임이 본격적으로 시 작된 것은 듀이(Dewey)의 《경험으로서의 예술》(Art as Experience, 1934)에서부터라고 할 수 있지 만, 하이데거(Heidegger)와 같은 대륙 철학자들의 생각 역시 그 연원이 되고 있다(Heidegger, 1971).

1. 경험의 영역

일상의 미학이라는 주제를 탐구할 수 있는 것은 다음 두 가지 분명한 사실에 기인한다. 첫째, 예술은 비예술적 활동과 경험들의 영역으로부터 출현했다는 것, 둘째, 미학의 영역 이 통상 순수 예술로 생각되는 것의 영역을 넘어서서 훨씬 넓게 확장되어 있다는 점이다.

1.1. 예술의 원천

우리가 예술로 생각하는 것들 대다수가 어떤 아름다운 대상과 관련되며 그 대상을 성스러운 것과 관련짓는 종교적·정신적 표현이나 제의로부터 생겨났다는 사실은 널리 인정되고 있다. 인도 전통 문화, 아프리카 인, 아메리카 원주민의 문화 중 예술이라 볼 수 있는 것들은 거의 모두 해당 문화의 숭배 의식이나 제의와 직접적인 관련이 있다. 많은 문화에서 제의와 관계된 대상을 만들 때는 뛰어난 기술이 필요하고 전통적으로 규정된 형태를 따라야 한다. 대표적인 예가 나바호 인디언의 모래 그림이다. 그 그림은 숙련된 장인들이 만든 것으로서 놀랍도록 정교하고 형식적으로도 훌륭하지만, 그럼에도 서양의 순수 예술 개념에는 들어맞지 않는다. 특히 모래 그림은 보존되는 것이 아니라 제의 도중에 사용되면서 파괴된다는 점에서도 그러하다. 사실 이 모래 그림의 문화적 기능은 어떤 면에서는 서양에서의 의술의 기능에 가까워서, 그 모래를 아픈 사람의 몸에 바르기도 한다.

《비극의 탄생》(*The Birth of Tragedy*, 1999)에서의 니체(Nietzsche)의 말을 따라서, 그리스 연극의 기원은 종교적 제의라는 것이 널리 받아들여지고 있다. 사실 서양 예술의 역사는 서양의 종교를 언급하지 않고서는 이해할 수 없다. 예컨대 유럽의 회화는 바로크 시대 내내 종교적 숭배와 일차적으로 관련되어 있었다. 바흐와 그 시대 전후 작곡가들의 음악은 성서 및 예배 의식과의 관계를 고려하여 이해해야 한다. 종교를 감안하여 해석해야 하는 것은 문학도 마찬가지이다. 밀턴은 물론 호머의 작품 역시 그렇다. 심지어 오늘날에도 이것은 마찬가지여서, 순수 예술 전통에 속한 걸작들에 경의를 표하는 의미에서 행해지는 일들, 예컨대 작품을 박물관, 도서관, 콘서트홀 등과 같이 거대한 사원 같은 건물에 보존, 전시하거나, 사람들이 작품들 앞에서 마치 제의에 참여하듯 고무된 심적 도취를 경험하는 등의 일은 예술과 종교가 끈질기게 연관되어 있다는 것을 보여 준다고 해도 과언이 아닐 것이다(Benjamin, 1969).

예술의 또 다른 주요 원천이면서, 표면상 그 자체는 예술 외적인 것이 공예이다. 일반적으로 공예는 숙련된 기술을 동원해 실용적인 물건을 만드는 것으로 생각된다. 한편 서양 미학 전통에서 예술로서의 대상은 일차적으로 실용적인 물건이 아니다. 콜링우드(Collingwood) 등은 예술과 공예를 구분하였고, 이러한 구분을 예술을 언급하는 데 있어 핵심으로 삼았다(Collingwood, 1938). 그러나 공예 기술들을 떼어 놓고서 예술의 역사를 생각할 수는 없다(Sparshott, 1982). 조각할 때 사용하는 석공이나 목공 기술은 분명 실제적인 요구에 부응하고 공학적 기획에 필요하여 발달한 것이다. 야금 기술은 무기와 농기구를 제작하는 일에서 그 기원을 찾을 수 있다. 건물을 세우는 데 필요한 기술이나 그릇을 견고하고 아름답게 만드는 기술은 순수 예술을 제작하는 데 직접적으로 사용된다.

르네상스기의 유럽에서는 순수 예술들이 공예로 생각되거나 최소한 공예와 유사한 것으로 여겨졌다. 특히 화가들이 공예 길드의 회원이었다는 점으로 미루어 이를 분명히 알 수 있다. 또 예술가들이 훈련 과정에서 재료를 선택하고 안료를 빻는 것에서부터 지지대를 준비하는 것에 이르기까지, 해당 공예 기술들과 관련하여 기본적으로 정교한 입문 과정을 거쳤다는 데서도 이 점은 명백하다. 예술과 공예 기술이 연관되어 있다는 것은, 공예라고 할 만한 부분이 별로 없는 예술이 환영받는 것을 흔히 사람들이 회의적으로 생각하는 것을 보아도 심지어 알 수 있다. "이봐, 우리 집 아이도 이건 할 수 있겠다"라는 식으로 말이다. 또 예컨대 카라바조나 들라크루아의 작품이 끊임없이 사람들에게 깊은 인상을 남길 수 있는 이유 중 하나는 재료를 다루는 완숙한 기술을 눈부시게 발휘하고 있기 때문이고, 이것은 의심할 바 없이 뛰어난 공예와 관계된다. 사람들이 공예 기술 면에서 그다지 뛰어나지 않은 화가들의 예술적 장점들 또한 민감하게 잘 알아보는데도 말이다. 그러나 공예가 계속해서 사람들의 보편적인 찬사를 받는 것은, 해당 기술이 습득하기 힘든 것이면서 또 매우 유용하기 때문이다. 그리고 아름답게 만들어진 물건은 일상적 경험에 미적인 차원을 더해 준다. 이러한 물건은 사용할 때도 순수한 만족감을 느낄 수 있다.

1.2 미적인 것의 영역

사람들의 경험에는 어떤 미적 차원이 있다. 이 경험은 거의 모든 사람에게 공통적이지만 순수 예술을 경험하는 것과는 다른 것들이다. 예컨대 몸단장은 모든 문화에서 공통적으로 나타난다(Novitz, 1992: 6장). 즉 모든 문화에서 사람의 외모에 대한 민감성 및 외모를 단장하는 기술들을 명백히 확인할 수 있다. 서양을 포함한 일부 문화에서는 외모와 관련된 일에 이해할 수 없을 정도로 많은 에너지를 쏟는데, 의복과 화장품 회사, 성형 수술, 체육관, 미용업자 등의 총수입 규모로 이를 확인할 수 있다.

또한 눈앞의 환경을 정리하고 장식하여 쾌적함을 추구하는 것 또한 모든 문화에서 공통적이다. 예술가이건 아니건 사람들은 주변을 아름답게 꾸민다. 집을 고치고 집 안을 소품들, 이미지, 기념품, 수집품 등으로 채운다. 이 물건들의 겉모습에 놀라울 정도로 주의를 기울인다. 이러한 행위들을 예술이라고 하기는 어렵겠지만 이 행위들은 다양한 미적 감수성들은 물론 일상적인 경험에서 미적인 것이 중심이 된다는 것을 분명히 보여 준다. 잔디와 정원도 마찬가지인데, 이 경우는 매우 특수한 미적 효과를 겨냥하며 또한 대단한 기술이 발휘되는 분야이기도 하다. 예컨대 일본 같은 일부 문화권에서는 정원 자체가 분명 하나의 순수 예술이기도 하지만, 평범한 많은 미국인, 유럽인들도 그 못지않게 특정한 시각적, 환경적 분위기를 조성하고자 노력한다(Miller, 1993; Ross, 1998).

요리는 사실상 모든 문화에서 미적 차원을 가지는 또 하나의 활동이다. 배고픔을 해결하거나 영양상의 필요를 충족시키는 차원에 머무르지 않고 극적이고 품위 있는 경험을 제공하는 것이 관건이 되기 때문이다. 4성급 레스토랑에서 좋은 와인이나 정찬을 드는 경험에는 확실히 미적인 차원이 있으며, 이러한 경험에 포함되는 것으로 인테리어 장식, 시중드는 사람의 몸가짐, 마치 연극에서의 구성과 비견될 만한 요리 코스의 시각적·시간적 배열, 그리고 대화법 및 미각적인 자극 등을 들 수 있다(Korsmeyer, 1999).

또한 대중음악, 웹 디자인, 영화, TV 애니메이션, 드라마 같은 대중예술은 오늘날 문화에서 많은 부분을 차지하고 있다. 사람들은 일상의 많은 시간을 대중예술 장르에 할애하며, 통상 대중예술에도 대단한 미적 측면들이 있는 것이 사실이다. 시골에 사는 미국인이 시벨리우스의 음악을 즐기는 경우는 상대적으로 드물지만, 그들은 컨트리 뮤직 스타 앨런 잭슨의 음악을 듣는 데 엄청난 시간을 투자한다. 잭슨의 작품이 시벨리우스의 작품과 그다지 비슷하다고는 할 수 없고, 또 문제가 될 법한 말이긴 하지만 심지어 시벨리우스의 음악은 예술이고 잭슨의 음악은 예술이 아니라고 할 수도 있다. 그러나 확실한 것은 잭슨 음악의 팬들이 그 음악 특유의 어떤 음악적 성질에 민감하고 실제로 그 성질들을 각기 구별하며, 그러한 성질을 보이는 작품들과 그렇지 않은 작품들을 구별하는 데 있어서는 전문가일 수도 있다는 것이다. 비슷한 경우로서 연속극은 셰익스피어 연극이 아니지만 양자가 공통점이 많다는 것은 부정하기 어렵다. 예를 들면 실수로 정체를 오인하기, 날카로운 아이러니, 성별을 혼동하여 생기는 당황스러운 상황, 극단적인 폭력 등이 양쪽에 공통적으로 포함되는 플롯 요소들이다.

이러한 예들은 순수 예술과 대중예술, 예술과 공예, 기예적 예술과 정신성 간의 연속성을 보여 주기 위한 것이다. 이 모든 면에서 예술들은 일상적 삶으로 통합되고 또한 일상적 삶을 기반으로 하여 만들어진다(Sartwell, 1995).

2. 서양 순수 예술 개념의 역사적 상대성

서양 등지의 예술과 미에 대한 철학적 성찰의 역사를 살펴보면 예술 작품이 아니지만 미적으로 감상하는 대상들이 있다는 것을 알 수 있다. 사실 인간의 신체와 성격, 그리고 자연적 대상들까지 전형적인 미적 대상으로 생각하는 것이 일반적이다. 예컨대 《향연》(Symposium)에서 플라톤은 아름다운 소년들이 형상들(Forms)에 깃든 신적인 완전함의 미를 보여 준다고 생각한다. 또한 공자는 그가 말하는 이상적인 군자를 '깎고 윤낸 옥', 즉 마치 예술 작품과 같은 것으로 묘사한다. 그리고 공자의 윤리학과 정치학은 일차적으로 미학이며,

공자가 예술로서의 문화라는 관념을 전개하고 있다고 해도 과언이 아니다. 꽃이나 석양 같은 자연적 대상을 바라볼 때 사람들은 보편적으로 무언가를 감상하는 마음 상태가 되기도 한다. 또 아름답게 만든 실용적인 물건들도 마찬가지이다. 셰이커 교도의 가구들이나 아미시 사람들의 퀼트가 그 예이다. 또한 아름다운 무기나 건물들도 호머의 시대 이래로 감상의 대상이 되어 왔고, 어쩌면 섬세하게 준비된 음식들처럼 그보다 훨씬 이전부터 이미 감상되어 왔을지도 모른다.

사실 예술 작품을 통해 아름다움을 창조하고 향유한다는 개념은 고대 이래의 오랜 관념인 자연계와 정교한 인공물들의 아름다움이라는 의미가 발전된 것으로 생각할 수 있다. 사실 고대 언어들에서 '미'에 해당하는 단어의 어원을 살펴보면 여러 다양한 향유 방식에 미적 경험을 연관시킨 흔적들이 보인다. 예컨대 산스크리트어의 칼야나(kalyana)의 어근은 전체와 성스러움 모두를 의미하며 종교적 체험 속에서 미적인 것의 원천을 찾고 있음을 보여 준다. 미를 의미하는 헤브라이어 단어 중 하나인 야파(yapha)는 빛난다는 의미이며 지금 우리가 미적인 것이라고 생각하는 것보다 아마도 훨씬 더 단순한 관능적 즐거움을 의미한다(Leddy, 1997). 그리스어 칼로스(kalos)는 정교하거나 고귀하다는 의미를 가지며, 많은 문화들에서 그러하듯이 미적·도덕적 탁월함이라는 개념들을 연결시키고 있다.

그래서 예술을 하나의 독립된 인간 행위 영역으로 생각하는 것은 일부 문화에서 특수한 역사적 시기에 나타난 것이며, 특히 르네상스 이후 서양의 특유한 관념이라는 것은 놀라운 일이 아니다. 참고로 예를 들자면 셰익스피어의 연극은 그 당시에는 대중적인 여흥이었다. 지금 우리가 알고 있는 '문학'의 개념은 엘리자베스조의 영국에서는 정확히 정립되어 있지 않았다.

이러한 사실로부터 결론 내릴 수 있는 것은, 르네상스 이전까지 예술이란 개념이 전혀 없었다는 것이 아니라, 그 당시의 예술 개념은 공예나 대중적인 여흥 개념과 확실하게 구별되지 않았다는 것이다. 다만 실용적인 쓰임이나 제작 동기와 무관하게 그 자체로 순수한 미적 경험의 영역이 있다는 생각은 칸트 그리고 적어도 18세기 말의 유럽 철학과 제도적 관행에 힘입은 것으로 보아야 한다. 물론 중국이나 일본 같은 동아시아권 국가의 궁정에서의 예술 감식 관행을 보면 이와 유사한 생각을 찾을 수 있지만, 대부분의 문화에서는 간단히 말해 종교적 경험과 미적인 것, 혹은 종교적 관행과 예술을 구별하지 않는다.

만일 미적인 것이 일상적인 인간의 목적과 감정들로부터 완전히 분리될 수 있다면, 그리고 감상하는 도중에 이러한 목적, 감정들을 잊거나 그것에 초연할 수 있을 정도로 관람자에게 지극한 행복감을 선사한다면, 미적인 것은 공예, 오락, 산업, 정보 기술, 그리고 실용적이거나 경제적인 다른 인간 행위 영역과는 확연하게 구별될 것이다. 그래서 이 미적인 것이라는 관념은 결국 근대적인 박물관 체계가 시작되면서 정립된 순수 예술이란 관념에 부합하는 것이라 할 수 있다. 또한 미적인 것의 관념은 헤겔의 비호 아래 예술사의 한 모델, 사실 예술사라는 학문 분과가 생겨난 것에도 부합한다. 이로써 예술의 역사는 예술을 성(性), 상업, 정치, 즉 일상적 삶으로부터 분리하여 점차 순수하게 정화시키는 과정이라는 내러티브가 된다. 예술 관념과 미적인 것이란 관념은 이렇게 서로 개념적으로 맞물려서 결과적으로 낭만주의 및 모더니즘과 관계된 일군의 예술 관행들에 일조한다. 추상적인 조형 예술, 무조 음악, 그리고 무엇보다도 '아방가르드'와 관련된, 과거 예술들을 급진적으로 전복시키려는 끈질긴 시도들이 이 관행에 포함된다. 독창적인 천재로서의 예술가, 그리고 그의 불가해하거나 극도로 난해한 작품이라는 관념 또한 이 관행에 속하는 것으로, 결국 이로 인해 일종의 전문적인 해석자들이 등장하게 된다.

포스트모더니즘의 중요한 측면 중 하나는 이러한 관념들을 비판한다는 것이다. 이론가들은 모더니즘 특유의 천재와 독창성 같은 관념을 공격했고, 예술가들은 모더니즘의 다양한 관행들을 위반함으로써 그것에 비판을 가했다. 예술을 창조하는 과정 자체에 관람자를 적극적으로 끌어들이거나 혹은 명백히 정치적이거나 다문화적인 예술, 혹은 작품이 구체화되는 과정을 본격적으로 경험하게 하는 예술은 낭만주의나 모더니즘의 시도들과 양립할 수 없다. 낭만주의와 모더니즘은 예술적인 것을 인간의 일상적 경험으로부터 분리하려 하기 때문이다. 다음은 포스트모더니즘의 이러한 특징을 보여 주는 사례들이라 할 수 있다. 뒤샹을 비롯해 일상적 대상을 예술로 통합한 많은 예술가들, 대중예술을 순수 예술로 통합한 워홀, 리히텐슈타인과 그 동료들, 또 현대의 '공예' 유리('art' glass), 목공, '섬유 예술(fibre art)' 등과 같이 공예가 순수 예술의 영역인 박물관으로 편입된 경우도 그러하다. '일상의 미학'으로 알려진 철학적 운동은 다른 수많은 예술 이론들보다 이러한 발전들을 더 쉽게 설명한다.

3. 일상의 미학 운동의 역사

따라서 '일상의 미학' 운동은 낭만주의/모더니즘의 제도, 관행, 철학들에 대한 비판이라 할 수 있다. 앞서 언급했듯 일상의 미학 운동은 존 듀이(John Dewey)의 프래그머티즘에 기원을 두고 있다. 그러나 이 운동은 처음 듀이가 그 생각을 표명한 이래 일련의 단계들을 거쳐 진행되어 왔고 이 단계들은 서로 겹치기도 한다. 첫째 단계는 듀이의 미학을 해석하고 정교하게 다듬어 상술하는 작업으로서, 호러스 캘런(Horace Kallen), 존 맥더모트(John McDermott), 리처드 슈스터만(Richard Shusterman), 토마스 알렉산더(Thomas Alexander) 같은 철학자들에 의해 이루어졌다. 둘째 단계는 여기에 기초하여 다른 다양한 대상 및 인간 경험과 활동의 방식을 다루는 미학을 회복시키는 것이다. 이러한 작업을 한 철학자들로는 아놀드 벌런트(Arnold Berleant), 조엘 러디나우(Joel Rudinow), 사이토 유리코(Yuriko Saito), 케빈 멜키어니(Kevin Melchionne) 등이 있다. 세 번째는 이것이 예술과 인간 경험들에 관한 비서양 문화권들의 관념을 진지하게 탐구하고 숙고하는 미학적 '다문화주의'로 확장되는 단계이다. 메라 밀러(Mara Miller), 바버라 샌드리서(Barbara Sandrisser), 캐슬린 히긴스(Kathleen Higgins) 그리고 크리스펀 사트웰(Crispin Sartwell)의 작업에서 이러한 노력을 확인할 수 있다.

3.1 듀이의 미학

듀이의 미학은 우선 '하나의 경험(an experience)'이란 개념에 집중한다. 하나의 경험이란, 일상적이건 특별한 것이건, 일관성이 있고 완결된 하나의 단위로 선명하게 마음속에 자리 잡고 있으며, 세부적으로도 통일적인 성질(unifying quality)을 보여 주는 그러한 경험이다. 듀이가《경험으로서의 예술》(Art as Experience, 1934)에서 들고 있는 첫 번째 사례는 훌륭한 식사로, 그것을 두고 "그 식사는 정말 **하나의 경험**(an experience)이었어"라고 말할 만한 것이다. 또 다른 사례는 한 소년이 소방차가 사이렌을 울리며 불을 향해 달려가는 것을 보는 것이다. 그 경험은 이전과 이후의 다른 경험들에 비해 극적으로 선명하다. 듀이의 책 제목이 선언하고 있듯이, 그는 예술을 어떤 종류의 경험과 동일한 것으로 본다. 그 경험은, 사람들이 매일같이 겪을 수 있고 아마도 그 자체가 경험을 대표하는 상징과도 같은 일관되고 강렬한 경험들이 정제된 것이다. 예술가들은 이러한 경험들을 형상화하고 소통할 수 있는 사람들이며, 그리하여 관람자들의 경험을 다시 새롭게 한다. 듀이는 예술 작품의 핵심적인 역할은 인간의 경험을 만들어 내고 그것을 다시 분명하게 표현하며 사람들에게 보고 느끼는 방법을 가르쳐 주는 것이라고 강조한다.

예술이 일종의 경험이라는 생각은 크로체(Croce)와 콜링우드(Collingwood)가 주장한 현대의 '관념적(Ideal)' 예술 이론과 때로 관련된다. 크로체와 콜링우드는 예술 작품의 소재지가 예술가의 머릿속이라고 주장했다. 그러나 듀이의 관점을 이러한 관념론과 같은 것으로 보는 것은 잘못된 이해이다. 듀이에게 있어서 경험은 '이중적(double-barreled)인' 용어이다. 즉 듀이가 말하는 경험은 머릿속에서 일어나는 것과 바깥 세계에서 일어나는 것 모두를 가리킨다. 우리는 보통 우리 자신의 지각을 경험한다고 말하지 않고, 식사, 소방차 등을 경험한다고 말한다. 경험은 바깥 세계와 생물 유기체 간의 상호 교환이다. 그래서 듀이에게 예술은 인간이 세계를 다루는 한 가지 측면이다. 더욱이 듀이에게 인간의 경험은 문화적이고 역사적인 것이며 따라서 예술 자체가 근본적으로 사회적이다. 사실 인간의 경험을 분명하게 하고 다시 새롭게 표현한다는 측면에서 예술은 문화를 전달하는 탁월한 도구이다.

이러한 관점에서 보면 결국 예술과 일상적 삶은 연속성을 가진다고 주장하게 된다. 듀이는 그의 입장에 잠재된 더 극단적인 함의에까지 도달해 버릴 수 있는 위험을 때로 아슬아슬하게 피하고 있는 듯하다. 예컨대 종교적 제의가 일관되고 강렬한 경험을 제공하며 문화적 전달의 행위자로서 기능한다는 것을 부정하기는 어렵다. 그렇다면 종교적 제의는 예술이다. 사실 듀이 자신은 그가 말하는 예술 모델과 일반적으로 순수 예술로 생각되는 것들을 선명하게 분리하고, 이를테면 비슷한 시기의 아도르노(Theodore Adorno)처럼 재즈에 대해 부정적인 평가를 내리기도 했다. 하지만 듀이의 이론은 분명 대중예술을 주요한 기본 예술로 설명할 수 있도록 하는 요소들을 제공하고 있다. 리처드 슈스터만이 주장하듯이 예컨대 랩 음악은 현대의 '예술 음악'보다도 프래그머티즘 미학을 훨씬 더 훌륭하게 예시한다. 랩 음악이 가진 표현의 강렬함, 문화적 중심성, 삶에 리듬을 밀어 넣는 힘을 볼 때, 랩 음악은 듀이 자신이 흔히 예로 드는 르누아르의 그림보다도 듀이의 미학을 더 잘 구현하고 있다.

듀이의 일상의 미학은 1934년 《경험으로서의 예술》이 출간되었을 때 상당히 큰 영향력을 발휘했고, 호러스 캘런, 어윈 에드먼(Irwin Edman) 같은 철학자들은 듀이의 생각을 상술하고 정교하게 다듬었다. 듀이의 미학은 한동안 주목받지 못하고 있었지만, 존 맥더모트, 토마스 알렉산더, 케이지 해스킨스(Casey Haskins)와 같은 철학자들이 그 이론에 다양한 방식으로 독창적인 변화를 가미하면서 다시 관심의 중심에 놓이게 되었다.

3.2 현상학적 전통과 해석학적 전통

일상의 미학에 대한 다소 다른 접근은 현상학적 전통과 해석학적 전통으로부터 출현하는데, 특히 하이데거(Heidegger)의 논문 〈예술 작품의 기원에 관하여〉(On the Origin of the Work of Art)에 잘 나타나 있다(Heidegger, 1971). 하이데거는 듀이처럼 예술 작품이 일상적인 지각을 성립시키고 변화시키는 데 있어 중요한 역할을 수행한다는 것을 강조한다. 그는 그리스의 신전을 하나의 예로 든다. 하이데거에 따르면 이 신전은 그리스 세계를 건립한다. 그리스 신전은 땅과 하늘, 인간과 신들, 서로 다른 인간들 사이의 관계를 만들어 내고 구현한다. 신전은 하나의 우주론을 설립하고 사람들이 그렇게 설립된 질서(cosmos) 속에 살도록 한다. 신전을 만들면서 그리스 인들은 그들이 처한 환경을 해석하고 그리하여 그들의 세계를 건립한다. 이미 잘 알려져 있는 바이지만 하이데거는 곧이어 반 고흐의 구두 그림을 또 다른 예로 든다. 하이데거는 고흐가 농부의 구두 한 켤레를 그린 그림을 두고도 비슷한 방식의 논의를 펼친다. 하이데거에 의하면 반 고흐의 그림은, 지극히 평범한 사물들과 새로운 관계를 맺음으로써 세계가 그 자신을 우리에게 드러내는 방식을 수립하고 있는 것이다.

하이데거가 지각과 해석을 동일시하는 것은 그의 사고에서 근본이 되며, 이것은 에른스트 곰브리치(Ernst Gombrich), 넬슨 굿먼(Nelson Goodman), 한스-게오르크 가다머(Hans-Georg Gadamer) 등 다른 철학자들의 저작에서도 비슷한 형태로 확인할 수 있다(의구심이 든다면 Shusterman, 1992: 5장을 참조하라). 이들은 모두 예술이 일상적 경험을 창조하거나 일상적 경험의 원천이 된다고 본다. 이 세계를 해석하는 방법들을 창조하면서 예술은 인간의 경험을 위해 세계 자체를 창조한다. 예를 들면 가다머의 해석학은 텍스트적 해석이라는 모델에 의거해 모든 경험을 이해한다. 이러한 생각의 연원을 찾자면 최소한 그의 스승인 하이데거에게로 거슬러 올라가게 된다. 이 사상가들은 모두 예술이 어떤 의미로든 일상적 경험과 연속되어 있다고 본다. 즉 예술은 그 원천을 일상적 경험에서 찾으며 또한 그 경험의 원천이기도 하다는 것이다(이것이 가다머가 '해석학적 순환'이라고 말하는 것의 한 예이다). 미셸 푸코(Michel Foucault)와 자크 데리다(Jacques Derrida)를 비롯한 많은 사상가들이 이러한 생각을 주의 깊게 발전시켰다.

특히 이러한 테크닉을 풍부하고 흥미롭게 적용하고 있는 곳이 롤랑 바르트(Roland Barthes)의 《신화학》(Mythologies, 1987)에 수록된 논문들이다. 여기에서 바르트는 프로레슬링, 세제, 스트립쇼, 아이들의 장난감 같은 '텍스트'를 정교하게 기호학적으로 독해하고 있다. 사실 이 논문들은 일상의 미학의 고전이라 할 수 있는 것으로, 소비문화 속 평범한 대상들에 대해 지적으로 대단히 세련된 해석 장치를 적용한다. 이 글에서는 일상적인 것들과 순수 예술의 연속성을 보이면서 일상적인 것들이 문화적 인공물로서 풍부한 의미를 가지고 있다는 것을 보여 주고 있다. 예를 들어 바르트는 반쯤 농담조로 프로레슬링을 그리스 비극에 비유하고 극도로 도발적인 유사점들을 몇 가지 제시한다. 장 보드리야르(Jean Baudrillard)도 이와 다소 비슷한 접근 방식을 취한다.

4. 일상의 미학 운동의 구체화

예술철학에서 일상의 미학 운동의 두 전범이 되고 있는 것은 벤-에이미 샤프스타인(Ben-Ami Scharfstein)의 《새, 짐승, 다른 예술가들에 관하여》(Of Birds, Beasts, and Other Artists, 1988)와 아놀드 벌런트의 《예술과 참여》(Art and Engagement, 1991)이다.

샤프스타인의 책은 예술과 미학적인 것이라는 두 개념을 완전히 서양의 순수 예술 전통의 범위 밖에서 설명하고 있다. 사실 샤프스타인의 설명에 의하면 인간의 미적 행위들은 다른 동물들의 실용적인 행위 그리고 명백히 비실용적인 행위들, 특히 짝짓기 의식과 관계된 과시 행위와 연관되어 있다. 자연을 보면 여러모로 불필요한 미적 측면이 넘쳐난다. 예를 들어 다양한 종의 새들이 엄청나게 화려한 깃털을 하고서 이로 인해 포식자들의 눈에 더 잘 띄어 쉽게 잡히고 만다. 그리고 많은 동물들이 가까운 주위 환경을 장식하는 습성이 있다.

인간의 미적 관습을 논의하면서 샤프스타인은 인간의 다양성과 문화권 간의 연속성을 모두 진지하게 고려한다. 샤프스타인은 제작과 장식 관행에 폭넓게 기반을 두고 시작하여, 예컨대 제도적 이론이나 서양 예술 개념에 대한 표현론, 모방론, 그 외 다른 친숙한 이론들이 정의하고 있는 것보다 훨씬 광범위한 '예술' 개념을 설명한다. 샤프스타인의 견해에서 핵심은, 예술이 인간의 삶에서 담당하는 본질적 기능은 그의 용어로 '융합(fusion)'이라는 것이다. 융합이란 예술가가 자신을 넘어서는 삶을 살고자 하거나 자기 밖 세계와의 관계들을 발견하려 하는 것이다. 첫째, 예술은 환경과 인간이 융합하는 원천이다. 이것은 예술가가 자신의 재료나 도구에 몰입하는 것뿐 아니라 재료나 도구가 속한 자연적·기술적 맥락과도 연결된다는 의미이다. 콜트레인이 그의 호른과 맺는 관계, 폴록이 그의 물감과 맺는 관계는 특별히 친밀하고 강렬하다. 둘째, 예술은 사람들 간의 융합을 가능하게 하고 사회를 문화적으로 응집(cohesion)시키는 핵심적인 방식이다. 이것은 모든 문화에서 예술이 수행하는 기능인 듯하다. 콜트레인은 그의 호른과 융합되고 그 융합은 우리에게로 이어진다. 우리는 그의 호른 소리를 듣고 콜트레인에 연결되는 경험을 하게 된다. 이러한 방식으로 문화의 명시적 표현이자 보관소로서 예술이 가진 표현적 능력과 역할을 설명할 수도 있는 것이다. 서양 문화에 응집력이 있는 것은 확실히 순수 예술과 같은 유산을 공유한 덕이 크다고 할 수 있다. 마지막으로, 샤프스타인에 따르면 예술은 초인간적인 실재와의 관계를 모색하는 시도이기도 하다. 그리고 앞에서 논의했듯이, 세상의 예술 대부분까지는 아닐지라도 많은 예술이 광범위하게 종교적인 목적으로 만들어졌다. 그리고 사실 이러한 융합 방식들은 모두 그 자체가 예술 속에 녹아들어 있다. 종교적 예술은 사회적 응집에 있어 명백히 한몫을 담당한다. 또한 분명 그 제작자를 그가 사용하는 재료와 도구, 사람들, 그리고 만일 신이 있다면 신들까지 연결시키는 관계망 속으로 끌어들일 것이다(예술에 대한 다른 횡문화적(transcultural) 설명을 시도하는 것으로는 Dissanayake, 1995를 보라. 여기서는 '특별하게 만들기(making special)'가 중요 개념이 되고 있다).

벌런트의 《예술과 참여》는, 분석 미학, 대륙 미학, 프래그머티즘식의 접근처럼 일상의 미학을 구성하는 다양한 미학 이론들과, 예술을 일상적 삶과 밀접하게 연결하는 하나의 일관된 미학을 구축하려는 시도들을 종합하고 있다. 벌런트는 예술을 제작하고 감상하는 것에 대해 설명할 때, 서양 미학의 칸트주의적 전통을 비판하면서 시작한다. 그는 칸트주의적 전통을 세 가지의 '도그마'와 관련시킨다. 즉 예술은 일차적으로 대상들로 구성된다는 것, 이러한 대상들은 특별하거나 고귀한 지위를 가진다는 것, 그리고 그 대상들은 특유한(unique) 방식으로 주목되어야 한다는 것이 그것이다. 이러한 '무관심적 쾌'와 '심적 거리'와 같은 관념을 공격하면서 벌런트는 예술을 일상적인 문화적 관습과 환경상의 관계들에 연결시키는 '참여적(participatory) 미학'을 옹호한다. 그는 다다, 해프닝, 연행 예술(performance art)을 포함한 다양한 20세기 예술 운동을 설명하는 데 있어 이러한 미학이 다른 접근들에 비해 훨씬 유망하다고 본다.

《예술과 참여》는 서양 역사 속에 자리하고 있는 전통인, 일상적 삶과 분리된 예술, 무관심성의 전통에 대한 대안을 제시하고자 한다. 그 대안은 애니미즘, 디오니소스적 황홀경, 신비주의, 사랑, 유희, 스포츠 등에서 찾을 수 있다. 이것들은 강렬한 몰입의 방식들이며 예술 작품은 이로부터 출현한다. 사실 벌런트는 이러한 전통이 예술의 순수성을 강조하는 입장에 비해 서양에서도 더 오래된 것이며 더 지속적으로 이어져 온 것이라고 주장한다. 그는 이 전통을 플라톤의 모방(mimesis) 개념, 아리스토텔레스의 카타르시스 개념, 니체, 듀이, 메를로-퐁티, 데리다의 저작들과 연결시키고 있다.

* 이 논문의 이해를 돕기 위해서 이 책에서 다음의 논문들을 찾아 읽으면 좋을 것이다.
  〈미적 경험〉, 〈비교미학〉, 〈환경미학〉, 〈미학과 윤리학〉, 〈대중예술의 미학〉, 〈자연의 미학〉, 〈예술의 정의〉

참고문헌

Anderson, R. (2000). *American Muse: Anthropological Excursions into Art and the Aesthetic.* Upper Saddle River, NJ: Prentice-Hall.

Barthes, R. (1987). *Mythologies.* New York: Hill & Wang.

Baudrillard, J. (1995). *Simulacra and Simulation.* Ann Arbor: University of Michigan Press.

Benjamin, W. (1969). 'The Work of Art in the Age of Mechanical Reproduction', in H. Arendt (ed.), *Illuminations.* New York: Shocken.

Berleant, A. (1991). *Art and Engagement.* Philadelphia: Temple University Press.

Collingwood, R. G. (1938). *Principles of Art.* Oxford: Oxford University Press.

Dewey, J. (1934). *Art as Experience.* New York: Minton Balch.

Dissanyake, E. (1995). *Homo Aestheticus: Where Art Comes From and Why.* Seattle: University of Washington Press.

Edman, I. (1939). *Arts and the Man: A Short Introduction to Aesthetics.* New York: W. W. Norton.

Gadamer, H. (1975). *Truth and Method.* New York: Crossroad.

Gombrich, E. (1960). *Art and Illusion.* London: Phaidon.

Haskins, C. (1992). 'Dewey's Art as Experience: The Tension between Aesthetics and Aestheticism'. *Transactions of the C. S. Peirce Society* 28: 2.

Heidegger, M. (1971). 'The Origin of the Work of Art', trans. A. Hofstadter, in his *Poetry, Language, Thought.* New York: Harper Collins, pp. 15-88.

Higgins, K. (1991). *The Music of Our Lives.* Philadelphia: Temple University Press.

Kallen, H. (1942). *Art and Freedom.* New York: Duell, Sloan, & Pearce.

Korsmeyer, C. (1999). *Making Sense of Taste,* Ithaca, NY: Cornell University Press.

Leddy, T. (1995). 'Everyday Surface Qualities: "Neat", "Messy", "Clean", "Dirty"'. *Journal of Aesthetic and Art Criticism* 53: 259-68.

_____ (1997). 'Sparkle and Shine'. *British Journal of Aesthetics* 37: 259-73.

McDermott, J. (1986). *Streams of Experience.* Amherst: University of Massachusetts Press.

Melchionne, K. (1999a). 'Living in Glass Houses: Domesticity, Decoration, and Environmental Aesthetics'. *Journal of Aesthetics and Art Criticism* 56: 191-200.

_____ (1999b). 'Of Bookworms and Busybees: Cultural Theory in the Age of Do-It-Yourselfing'. *Journal of Aesthetics and Art Criticism* 57: 247-55.

Miller, M. (1993). *The Garden as Art.* Albany: State University of New York Press.

Nietzsche, F. (1999). *The Birth of Tragedy,* trans. A. Speirs. Cambridge: Cambridge University Press.

Novitz, D. (1992). *The Boundaries of Art.* Philadelphia: Temple University Press.

Ross, S. (1998). *What Gardens Mean.* Chicago: University of Chicago Press.

Rudinow, J. (1999). 'Race, Ethnicity, Expressive Authenticity: Can White People Sing the Blues?' in P. Alperson (ed.), *Musical Worlds: New Directions in Philosophy of Music.* University Part, Pa.: Pennsylvania State University Press.

Saito, Y. (1999). 'Japanese Aesthetics of Packaging'. *Journal of Aesthetics and Art Criticism* 57: 257-66.

Sandrisser, B. (1998). 'Cultivating Commonplaces: Sophisticated Vernacularism in Japan'. *Journal of Aesthetics and Art Criticism* 56: 201-10.

Sartwell, C. (1995). *The Art of Living: Aesthetics of the Ordinary in World Spiritual Traditions.* Albany, NY: State University of New York Press.

Scharfstein, B. (1988). *Of Birds, Beasts, and Other Artists.* New York: New York University Press.

Shusterman, R. (1992). *Pragmatist Aesthetics.* Oxford: Blackwell; 2nd edn, Totowa, NJ: Rowman & Littlefield, 2001.

Sparshott, F. (1982). *Theory of the Arts.* Princeton: Princeton University Press.

제47장

미학과 포스트모더니즘

리처드 슈스터만(Richard Shusterman)

번역: 신운화

1. 도입

포스트모더니즘에 관해 가장 분명하고 확실한 것은 이것이 매우 불분명하며 논란이 많은 개념이라는 것이다. 포스트모더니즘은 보수적, 엘리트주의적으로 점점 굳어져 온 모던 이데올로기의 답답한 한계들로부터의 해방이라며 찬미받기도 하지만, 반대로 그 자체가 띠고 있는 보수성의 감옥에 우리를 가둔다고 비판받기도 한다. 그것은 포스트모더니즘이 진보와 독창성이라는 관념에 대해 회의적이고, 전유와 재활용을 옹호하며, 이데올로기의 종언이라는 이데올로기를 견지함으로써 느슨한 태도를 부추기기 때문이다. 그러나 포스트모더니즘을 둘러싼 논쟁은 그것의 가치 문제를 훨씬 넘어선다. 포스트모더니즘이라는 바로 그 의미, 영역, 성격이 모호하고 중의적일 뿐 아니라 그것에 대한 이견도 분분하여, 포스트모더니즘은 나쁘고 정당하지 않으며 터무니없는 개념(non-concept)이라는 공격을 받아 왔다. 이에 대해 옹호자들은 포스트모더니즘 개념은 바로 그 모호함 때문에, 개념들은 명백하고 의미 있고 생산적이며 중요해야 한다는 관점에 실질적으로 도전한다고 답한다.

　한 개념의 정당성을 어떻게 정확하게 결정하는가는 그 자체로 매력적인 문제이다. 개념적 정당성은 논리적 정합성의 문제인가, 아니면 실재를 지칭하는 문제인가, 혹은 확립된 용법, 실제적 유용성의 문제인가? 어쨌든 포스트모더니즘이란 개념은 20세기 후반

이래 다양한 예술 및 기타 문화적 영역에서 그 개념을 명확히 하고 다듬으려는 풍성한 학문적 작업들로 인해 당장은 그 정당성이 적절히 입증될 수 있는 듯하다.

여기에는 철학, 더 특수하게는 철학적 미학으로 알려진 형태의 문화적 산물이 포함된다. 포스트모더니즘에 대한 구체적인 입문을 이 책에 포함시키기로 결정한 것은 이러한 맥락에서 이 개념의 정당성을 확립하기에 충분한 것으로 보이기에, 나는 혼란스러울 정도로 다양한 포스트모더니즘의 의미와 주장들을 명확히 하는 데 집중하려고 한다. 나는 포스트모더니즘의 철학적 문제, 주제, 이론들 그리고 그것들이 미학의 영역에 미친 영향에 초점을 맞출 것이다. 그러나 과거 반세기 동안에 포스트모더니즘이 어떻게 하여 특수한 예술 양식 개념에서 사회, 문화적으로 중요한 일반적 관념으로 진화했는지를 역사적으로 간략히 개괄하면서 시작할 것이다. 그리고 포스트모더니즘이란 개념 속에 고약하게 얽혀 있는 애매함과 갈등을 살펴보고, 포스트모더니즘 관련 주요 철학 이론들을 조망하려 한다. 나는 포스트모더니즘이 미학 이론에 어떤 결과를 초래했는지 그리고 포스트모던 미학은 어떤 것인지를 고찰함으로써 결론에 다가갈 것이다.

2. 역사적 조망

포스트모더니즘이란 개념이 처음 사용된 것은 1947년 건축에서였지만(Jencks, 1977), 중요하게 통용되기 시작한 것은 1960년대에 이르러 문학 예술 분야에서 사용되면서이다. 레슬리 피들러(Leslie Fiedler), 이합 하산(Ihab Hassan), 어빙 하우(Irving Howe)와 같은 문예 비평가들은 사뮈엘 베케트, 호르헤 루이스 보르헤스, 존 바스, 도널드 바셀미, 토마스 핀천 등 2차 대전 이후 두각을 드러낸 작가들의 실험적 소설을 특징짓기 위해 '포스트모더니즘'이라는 용어를 사용했다. 그 이유는 이들의 작품이 문체와 어조 면에서 전성기 모더니즘의 고전들과의 강한 대비를 보여 주었기 때문이다. 포스트모더니즘은 1950년대의 시에서도 유사하게 나타나는데, 이러한 시인들로는 찰스 올슨, 로버트 크릴리, 프랭크 오하라, 앨런 긴즈버그 등이 있다. 이런 초기 단계에서조차도 포스트모더니즘이란 용어는 옹호와 비판 두 가지의 의미로 모두 사용되었다. 비평가들은 이 개념이 분명한 의미 그리고 실제로 과거와 다른 새로운 무엇을 가리키는지 아닌지에 대해 회의를 표했다. 조이스와 카프카, 그리고 다다 및 초현실주의와 관련된 작가들은 포스트모더니즘 문학을 정의하는 특징인, 문체상의 트릭, 과장된 판타지, 그리고 예술의 자율성 및 통일성, 고도의 진지함, 의미, 예의범절에 대한 도전을 다양한 방식으로 이미 수행하지 않았는가? 아이러니, 유희, 회의주의, 위반 등과 같은 이러한 불경한 정신이 다시 떠오르고 있었던 것은 문학에 있어, 더 넓게는 사회에 있어 좋은 일이었는가? 포스트모더니즘 문제에 있어 더 중대한 점을 제대로 인식하려면 1960-1980년대의 격동하는 사회적, 정치적, 경제적 변화라는 관점에서 포스트모던 예술과 이론을 보아야 한다. 그것은 예술의 자율성이라는 근대적인 관념에 도전함으로써 포스트모더니즘은 미학조차도 정치학과 경제학의 영역 내로 끌어들이기 때문이다. 나는 이 주제를 차후에 다시 언급할 것이다.

1970년대 포스트모더니즘에 있어 건축은 특별히 중심적인 예술이었다. 건축적 모더니즘의 순수 국제주의 양식(the purist international style, 예컨대 유리와 강철로 된 장식 없고 인상적인 하드-에지의 고층 건물들)에 반대하면서, 포스트모던 건축이 주장하는 것은 건물들이 다양한 지역적 환경에 잘 어울리고 공동체의 요구와 취향을 만족시키는 문제에 대해 미학적, 사회적으로 더 민감해야 한다는 것이었다. 지역적 맥락에 주목함으로써 지역의 양식적 토착성(vernacular)을 사용하도록 고무하였고, 포스트모던 건축은 양식적 다원주의뿐 아니라 심지어는 흔히 절충주의까지도 더 일반적으로 옹호하였다. 절충주의에서는 여러 시대에 뿌리를 둔 놀랍도록 다양한 양식들이 한 건물 안에 섞여 있다. 이러한 절충적 전유, 그리고 대중적 취향과 토착성의 포용을 예술적 창조의 중심에 둔다는 점에서, 포스트모던 건축은 예술적 자율성, 통일성, 독창성, 기념비적 성격, 보편성, 진보라는 전성기 모더니즘의 이상에 대한 날카로운 비판을 제시했다. 이러한 모더니즘의 이상들은 모두 고급 예술과 대중문화 사이의 전통적인 구별을 강조하는 것이었다.

이러한 다원주의, 전유, 절충주의, 또 고급 예술과 저급 예술의 경계 흐리기는, 예술과 일상 그리고 미학과 정치 간의 전통적인 미학적 구별이 문제시되는 다른 포스트모던 시각 예술에서도 마찬가지로 뚜렷이 나타난다(예컨대 앤디 워홀, 로버트 라우션버그, 제프 쿤스, 한스 하케, 바버라 크루거, 제니 홀저 등이 있다). 일시성과 우연성(예컨대 존 케이지의 우연 음악)을 포스트모던이 강조하는 것은 영속성 및 용의주도한 완벽함이라는 전통적인 미학적 이상에 대한 또다른 도전이었다. 이러한 많은 테마들이 1970년대 후반에서 1980년대에 걸쳐 예술로부터 철학과 사회과학에 이르기까지 점차 확산되어 간 포스트모더니즘으로서 일반적인 포스트모던 이론에 흡수되었다. 1980년대 후반과 1990년대에 이르러 '포스트모던' 개념은 우리 문화 전반에 관한 일반적 의식에 스며들게 되어, 그 용어는 심지어 광고, 대중 매체, 대중 문화의 세계에서도 일상적인 것이 되었다.

예술에서의 포스트모던적 사고들은 부분적으로는 '문예 이론' 혹은 종종 단순하게 '이론'으로 불리는 영역을 통해 철학에 투과되었는데, 이것은 프랑스 후기구조주의의 이론적 전술 및 발달과 깊이 관련된다. 프랑스 후기구조주의자들(바르트, 푸코, 데리다, 들뢰즈, 리오타르)은 포스트모더니즘의 중심 테마, 예컨대 통일성, 보편성, 자율성, 순수성, 작가의 권위, 결정성, 그리고 정치와 자본 환경으로부터 지식과 문화를 따로 구분 짓기 등과 같은 관념들에 대해 비판을 표명하는 것처럼 보였다. 장 프랑수아 리오타르(Jean François Lyotard)의 《포스트모던의 조건》(The Postmodern Condition, 1979)이 출판되면서 후기구조주의-포스트모더니즘의 연결이 더욱 분명해졌고, 포스트모더니즘은 철학의 일반적 의제들 가운데서 중요하고 활발히 논쟁되는 문제가 되었다. 이렇게 해서 심지어 미학에 대해 실질적으로 관심 없는 하버마스(Habermas) 같은 철학자들도 포스트모더니즘의 문제를 다루어야 한다는 압박을 느꼈다.

그러나 후기구조주의를 포스트모더니즘과 완전히 융합해서는 안 된다. 첫째, 포스트모더니즘은 후기구조주의라는 관념이 출현하기 전에 논의되었고, 후기구조주의의 저자들과 논쟁들(언어, 주체성, 권력과 관련된 논쟁들)을 동원하지 않더라도 포스트모더니즘은 옹호될 수 있다. 둘째, 반대로 데리다, 푸코, 들뢰즈의 후기구조주의를 인식적·정치적으로 진지한 것이라며 긍정하는 사상가들 중 다수(예컨대 노리스(Norris))가 포스트모더니즘을 단지 회의적이고 허무주의적이며 경박한 것이라며 거부한다. 셋째, 포스트모더니즘은 역사적인 형성과 중요한 관계를 맺고 있는 것처럼 보이지만, 후기구조주의는 사고, 언어, 권력이 기능하는 것에 관한 (구조주의와 구조주의의 비판자들에 근거한) 더 일반적인 이론적 성향이라고 할 수 있다. 이제 포스트모더니즘이란 개념을 설명할 때 마주치는 특수한 철학적 난점들을 더 깊이 살펴보도록 하자.

3. 개념상의 애매함(ambiguity)

포스트모더니즘 개념은 상당히 애매한 측면이 있는데 여기에는 적어도 세 가지의 중요한 차원 혹은 근원이 있다. 첫째, 포스트모더니즘은 역사적이거나 시대적인 개념으로 흔히 생각됨에도 불구하고, 종종 하나의 양식 개념으로도 사용되고 연구된다(예컨대 McHale, 1987). 개념을 이렇게 다양하게 이해하기 때문에 어떤 작품이나 이론이 포스트모던한지 아닌지에 대해 모순적인 판단들을 내릴 수도 있다. 또 각각의 개념 이해 방식들은 나름의 문제점들을 가지고 있다. 만일 포스트모더니즘이 어떤 역사적 시대를 가리킨다면 그리고 그 역사적 시대가 우리가 현재 살고 있는 시대라면, 우리 시대의 모든 것을 포스트모던한 것으로 특징지어야 한다거나 혹은 그럴 수 있다는 의미인가? 모더니즘의 관점들이나 모더니즘 예술 작품 혹은 심지어 전통적인 관점들의 표현은 더 이상 불가능한 것인가? 반대로, 만일 포스트모던 시대에 속하는 것이 어떤 일관되고 통일된 문화적 표현을 예시하지 않는다면, 포스트모더니즘을 하나의 시대 개념으로 취급하는 것의 타당성과 가치를 우리는 어떻게 정당화할 수 있는가? 사실 포스트모던 이론 자체가 결정성과 통일성을 비판하고 있기 때문에 분명하게 시대를 구분하는 관념 전체가 매우 문제 있는 것이 되어 버리는 듯 보인다.

포스트모더니즘을 하나의 양식 개념으로 다루는 데에도 비슷한 어려움이 있다. 한 작품을 포스트모던한 것으로 간주할 수 있도록 하는 정확한 본질적인 양식적 특징이 무엇인지에 대해 분명하게 합의된 것이 없다. 더욱이 흔히 포스트모더니즘과 관련되는 양식적 특징들, 즉 아이러니, 유희적임, 전유, 양식의 혼합, 대중문화와 우연적 기술의 사용, 정치적 주석, 전통 미학의 통일성, 심오함, 확립된 미적 순수성 등에 대한 도전 같은 특징들은 이미 모더니즘 예술과 심지어는 모더니즘 이전의 예술에서도 찾아볼 수 있다. 마지막으로, 설사 우리가 어떤 것을 양식적 특징의 측면에서 포스트모던한 것으로 생각할 수 있다고 하더라도, 모더니즘 이전 시대의 작품(예컨대 스턴의 《트리스트럼 샌디》(Tristram Shandy))을 포스트모던 작품으로 간주하지 못할 것은 없다. 많은 이들에게 모더니즘 이전 시대의 포스트모던한 작품이란 역설은 선뜻 받아들이기 힘든 놀라운 결과일지 모른다.

포스트모더니즘이 시대 개념인지 양식 개념인지의 애매함을 더 가중시키는 것은, 리오타르 같은 주요 옹호자들이 이 용어를 양쪽 의미 모두로 사용한다는 것이다. 리오타르는 한편으로는, 포스트모던적인 것이라는 관념은 '후기 산업사회 시대'의 결과 그리고 '컴퓨터화된 사회들 속의 지식'의 변화와 '상업화'의 결과라며, 이 관념을 역사적으로 설명하면서 소개한다. 그러면서도 다른 한편으로는, 몽테뉴의 작품은 범위가 자유롭고, 다원주의적이고 규칙에 얽매이지 않는 문체로 쓰였기에 포스트모던한 것이라고 정의함으로써 이 관념과 관련된 역사적 시대 구분의 제한에서 기꺼이 자유롭게 벗어난다(Lyotard, 1984: 3, 5, 81).

심지어 포스트모던을 시대 개념으로 제한할 때도, 더 심각한 두 가지 애매함과 직면하게 된다. 첫째는 '모던' 시대, 그리고 그것과 관련된 문화적 이데올로기가, 그것에 반대하는 것으로 포스트모던적인 것을 정의할 만큼 분명히 대조되는가 하는 것이다. 때때로 그 시대는 '모더니즘' 시대로 알려져 있는데, 20세기 초반 예술적 혁신이 강력하게 만개했던 것으로 정의되고 있다. 이 시대를 대표하는 작가로는 T. S. 엘리엇, 버지니아 울프, 프루스트, 조이스 등이 있고, 회화 운동에서는 큐비즘, 표현주의, 미래주의, 다다가 대표적이며, 그로피우스, 미스 반데어로에, 르코르뷔지에 등의 건축가 및 쇤베르크와 알반 베르크 등의 작곡가들도 이 시대의 대표자들이다. 그러나 종종 포스트모던은 예술적 모더니즘에 대조되는 것으로서가 아니라, 모더니티라는 더 큰 개념에 대조되는 것으로서 정의된다. 이 일반적인 모더니티 개념은 적어도 헤겔(Hegel)과 19세기 초반까지 거슬러 올라가는데, 이 시기는 시간에 관한 의식이 고조되어 문화 속에서 나타나기 시작했던 때였다. 그러나 모더니티의 시대는 때때로 더 이른 시기인 18세기의 계몽사상까지 포함하기도

하며, 심지어 적어도 철학에서는 데카르트(Descartes)까지 거슬러 올라간다. 모더니티의 일반적 기획은 다양한 문화적 영역들을 합리적으로 구획 짓고 전문화함으로써 진보의 목적을 추구하는 이성의 지배로 특징지을 수 있다.

　　예술적 모더니즘에 대비되는 것으로 포스트모더니즘을 정의하게 되면, 그것은 기본적으로 20세기 중반까지의 예술적 현상만을 돌아보는 것이다. 그러나 계몽주의적 모더니티라는 일반적 기획에 대조되는 것으로 포스트모더니즘을 정의한다면, 포스트모더니즘의 의미는 훨씬 풍부해지고 그 시간적 범위도 확장된다. 여기서 포스트모더니즘은 미학뿐 아니라, 윤리학, 정치학, 언어 철학, 심리 철학, 그리고 메타철학 전체를 제공한다. 더욱이 모더니티에 대항하여 정의되었기에 포스트모더니즘은 (예컨대 하버마스 등이 말한 바대로) 계몽주의적 이성을 비판한 니체 같은 19세기 철학자들로부터 시작된다고 할 수 있다. 우리는 포스트모던이 이렇게 애매한 것이라고 단순히 비판해서는 안 된다. 당연한 일이지만, 포스트모던의 원천은 모던이란 개념 안에 있기 때문이다.

　　포스트모던 개념의 애매함 중 핵심적인 것 세 번째는 '이후(post)'라는 말의 의미와 관련된다. 이 말이 예술적 모더니즘이나 철학적 모더니티와의 '대대적인 분리' 혹은 급진적인 파열을 뜻하는 것인가(Huyssen, 1986)? 아니면 포스트모더니즘의 '이후(post)'는 모던의 지속 혹은 모던의 여파가 유지되고 있다는 것, 말하자면 모던한 주제들, 양식들, 논리들의 연장 혹은 변주를 의미하는가? 설령 그것이 비판, 전도 혹은 전복에 의한 연장일지라도 말이다(Wellmer, 1991; Shusterman, 1997).

4. 포스트모더니즘의 철학적 이론들

포스트모더니즘은 단순히 시대 개념으로 생각될 때조차도 다양한 방식으로 설명되어 왔다. 물론 포스트모더니즘을 설명하는 이 이론들 간에는 다소 중복되는 중요 부분들이 있다. 리오타르는 포스트모더니즘을 가장 간단하게 '메타서사에 대한 불신'이라고 정의한다(Lyotard, 1984: xxiv). 그러나 리오타르 자신은 포스트모던을 서사(내러티브)의 관점으로 설명하고 있다. 비록 그 내러티브는 어떤 내러티브들의 위기라는 내러티브이기는 하지만 말이다. 내러티브는 포스트모던적인 것에 대한 모든 철학적 이론화에 있어 중심적인 것으로 보인다. 그래서 리오타르가 말하고자 하는 실질적인 핵심은, 모던 시대에 철학, 과학, 정치를 전통적으로 정당화하는 일종의 합법화된 거대 서사에 대한 불신이다. 그 거대 서사는 지식과 자유 면에서 점차 합의와 통일성이 증대되도록 나아가는 진보라는 내러티브이다. 후기자본주의 사회에서 지식이 상업화되면서 그 목적은 이제 더 이상 안정된 통일이 아니라 경쟁을 통한 폭발적 성장이 되었다. 지식과 사회는 다양한 비트겐슈타인적 언어 게임들로 분산되어 합의 못지않게 갈등도 나타난다. 포스트모던적 사고에서는 하나의 진리에 대한 동의가 널리 공유되는 것보다 각기 다른 언어 게임들 내에서의 생산적 수행성(productive performativity)이 정당한 것이다. 그래서 우리는 사고와 커뮤니케이션의 영역에서 새로운 퍼즐, 패러독스, 테크놀로지의 창조에 찬탄을 보낸다. 포스트모던의 다원주의와 '차이(difference)'를 리오타르가 옹호하는 것은 전통적 토대론자들뿐 아니라 하버마스와 같은 비판이론가들을 겨냥한 것이기도 하다. 하버마스는 (인지적, 정치적) 정당화를 이성의 지배가 보장하는 합의와 통일에서 찾고 있다. 포스트모더니즘 측에서 보면 합리화된 전체성은 전체주의라는 강압적인 결말을 환기하도록 만드는데, 홀로코스트에서 나타난 그 가공할 결과는 합리적 진보에 대한 모더니티의 확신을 흔들어 놓는다.

물론 이성은 계몽주의 모더니티와 결부된 최고의 가치이자 힘이다. 그러면 이성에 맞서는 포스트모던 측의 상대는 무엇일까? 대부분의 이론가들은 모종의 미학적 힘 혹은 원칙이 그것이라고 주장한다. 리오타르는 이성적 합의에 대한 요구 그리고 통일에 대한 대중의 열망에 반대하는 미적 경험과 '예술적 실험'의 가치를 주장한다. 포스트모던 예술가처럼 포스트모던 철학자도, 이미 수립된 모든 합리적 규칙들을 넘어섬으로써 '표상 자체 안에 표상 불가능한 것'을 추구함으로써 모더니즘을 넘어서는 미적 숭고를 표현한다 (Lyotard, 1984: 72-3, 82). 미적인 것은 또한 하버마스와 리처드 로티의 포스트모던 이론들 속에서도 중심이 된다. 다만 하버마스와 로티는 그 가치를 매우 다르게 평가한다.

하버마스는 모더니티와 합리성 사이에 '내적 관계'가 있다고 주장하는데, 그에게 있어 니체(Nietzsche) 사상에 깃들어 있는 심미주의는 '포스트모더니티로 가는 입구'를 나타내는 것이다. 미학은 '이성의 절대적 타자'로서 반이성적이고, '인식과 목적적 행위의 모든 제한으로부터 해방된 탈중심적인 디오니소스적 주관성'으로서 악마적인 것으로 묘사된다. 그래서 포스트모더니즘은 (미학적이고 미학적이어야 하는) 모든 것을 미학적 차원으로 환원한다(Habermas, 1987: 4, 94-6). 그리고 나서 하버마스는 니체로부터 시작하여 조르주 바타유(Georges Bataille)의 '미학적으로 영감받은' 에로티시즘과 미셸 푸코(Michel Foucault)의 생체권력과 섹슈얼리티에 이르는 포스트모던의 미학적 도전을 추적한다. 포스트모던에서 이성의 우위에 놓인 것으로서 미학적인 것이 특권화되고 있는 것은, 로티와 데리다(Derrida)가 '논리에 대한 수사의 우위', '문제-해결식' 논쟁보다 '세계를 드러내는' 문학 예술의 우선성, '보통의' 담화에 대한 은유의 우위, 즉 '일종의 글쓰기로서의 철학'이라는 사고에 담겨 있는 이 모든 것'을 옹호하는 데서 더욱 분명하게 나타나고 있다(Habermas, 1987: 190-207).

하버마스는 반이성주의적인 포스트모던 미학이 그 권위를 모던 시대의 미적 경험이 가진 막대한 힘으로부터 끌어낸다고 주장한다. 그러나 그에 의하면 이 경험은 모더니티가 문화를 과학, 정치, 미학적 문화의 영역들로 합리적으로 분리한 것의 산물일 뿐이다. 그래서 모더니티로부터 벗어나거나 모더니티를 공격하기 위해 미적 경험이라는 사고를 이용하는 것은 수행적 모순을 안게 된다. 즉 이성을 거부하는 한 방편으로서 바로 그 이성의 생산물을 사용하는 것인 셈이다. 더욱이 하버마스는 언어는 '의미와 타당성 간의 내적 연결'이 있기 때문에 본질적으로 그리고 필연적으로 합리적이라고 주장하면서, 이성의 우선성의 근거를 언어의 우선성에서 찾고 있다(Habermas, 1987: 313-14). 그래서 그는 언어를 더 중요하게 미학적, 수사적, 은유적인 것으로 서술하려는 로티와 데리다를 비판한다(Derrida, 1980; Rorty, 1989, 1991a, b).

로티 또한 언어의 우선성을 옹호하기는 하지만 그는 언어의 창조적이고 미학적인 사용과, 새로운 어휘들을 사용하는 새로운 내러티브들 속에서 사물들을 재서술함으로써 사물들을 새롭게 만드는 언어의 힘을 특별히 주목한다. 철학은 '이론으로부터 돌아서서 내러티브로 향해야' 한다(Rorty, 1989: xvi). 포스트모더니티에 대한 로티의 내러티브에서는 헤겔이 《정신현상학》(The Phenomenology of Mind)에서 철학을 역사적 내러티브로 취급함으로써 철학에서 미학적 전환을 시작했다고 하여 헤겔을 상찬한다. 그러나 하버마스처럼 로티는 포스트모더니티의 미학적 전환을 명시적으로 이루어 낸 첫 번째 철학자는 니체라고 보는데, 니체는 관점주의를 옹호하고 진리와 형이상학을 우선시하는 대신에 창조적 해석과 계보학적 재서술의 힘을 중시함으로써 그 전환을 이루었다.

만일 니체, 하이데거, 그리고 심지어 초기의 데리다가 여전히 그들의 재서술을 보편적으로 타당한 것이라 주장한다면, 로티는 포스트모던 심미주의의 가장 위대한 지혜는 누군가의 철학에 대해 이러한 보편타당성의 주장을 **전혀** 할 수 없는 것이라고 반박한다. 소설가들처럼 포스트모던 철학자는 설득력 있는 매력적인 이야기를 하고자 하는데, 그 이야기는 또한 그 매력으로 인해 설득력이 있는 것이다. 그러나 그 이야기의 타당성으로 인해 경쟁적 내러티브가 타당하지 못하게 되는 것은 아니다. 만일 언어가 창조를 위한 도구라면, 개인적 자유의 가치를 높이 두는 자유민주적 사회에서 각 개인은 자신을 하나의 예술 작품으로 만들고자 자기-창조(self-creation)의 개인적 노력에 필요한 새로운 어휘와 사고들을 창조하기 위해 과거의 어휘와 사고들을 재맥락화해야 한다. 그래서 로티는 자신이 '포스트모던 부르주아 자유주의'(Rorty, 1991a: 197)라고 부르는 것을 옹호한다. 이러한 개인주의적 자기-창조의 이상은 니체에게서 이미 명백하게 나타나고 있고, 로티는 '포스트모더니즘'이란 용어를 둘러싼 혼란스러운 논쟁에 점점 민감해져 왔기 때문에 이제 그는 자신의 철학을 포함한 포스트모던 철학을 기술하는 데 있어 '포스트니체적'이라는 용어를 사용하고 싶어 한다(Rorty, 1991b: 1-2). 개인적 창조를 추구하기 위해 언어를 급진적으로 미학화하는 로티의 사고에서 한 가지 심각한 문제는, 비미학적 맥락뿐 아니라 예술을 창조하고 감상하는 맥락에서 효과적인 의사소통을 위해 필요한, 언어 용법과 의미의 안정적인 공용성을 설명하거나 보장하는 문제일 터이다.

미학적인 기반을 가진 다른 포스트모더니즘 관련 내러티브들은 '예술의 종언'이라는 생각과 밀접하게 관련된다. 예컨대 아서 단토(Arthur Danto)는, 예술이 선적으로 진보한다는 과거의 내러티브들이 사라졌거나 종결되었다는 의미에서 예술은 끝났다고 주장한다. 말하자면 미메시스(mimesis, 모방)의 요구는 사진에 의해 성취되었고, 예술의 진정한 본질을 발견해야 한다는 20세기 회화의 예술적 요구는 예술이 예술철학으로 전환됨으로써 종결되었다는 것이다. 단토가 말하듯 이것은 예술이 철학이라는 보다 정신적인 영역으로 진화함으로써 종언에 이른다는 헤겔적 예술관의 재해석이다. 하나의 공통된 목적을 향해 선적으로 진보하는 예술사의 종결은 반대로 예술을 다원주의라는 역사–이후의 단계에 대해 열린 것으로 남겨 둔다. 그래서 단토에게는 '포스트모더니즘은 개방성에 대한 찬미'이고, 여기에서는 어떠한 예술적 목적, 양식, 방법 혹은 혼합도 타당한 것이 될 수 있다(Danto, 1984: 213). 그러나 또한 단토는 포스트모더니즘이 특수하게는 '바로크나 로코코 양식의 예들을 식별할 수 있도록 학습하는 것처럼 우리가 배워서 인지할 수 있는 어떤 특정한 양식'이라고도 주장한다(Danto, 1997: 11). 그러나 특정 양식의 특수성은 실제로는 모든 것에 대해 열려 있지는 않은 것으로 보인다.

지아니 바티모(Gianni Vattimo) 또한 포스트모던을 헤겔의 '예술의 종언' 개념과 결부시킨다. 그러나 그의 이론은 포스트모더니티를 더 광범위한 철학적·문화적 현상에도 연결시키고 있기에 단토의 이론보다도 훨씬 더 폭이 넓다. 이 철학적·문화적 현상은 '형이상학의 종언'(하이데거), '최고의 가치(즉 진정성, 진리, 심지어는 존재 혹은 실재 자체)에 대한 절하'라는 측면에서 점점 힘을 얻는 니체적 허무주의를 포함하며 또 예술의 자율성과 미적 경험의 특수성을 보장하는, 모더니티에서의 문화적 영역의 명백한 분화가 붕괴되는 것도 포함한다. 포스트모더니즘은 예술을 기계적으로 재생산하고 정치적으로 사용하는 것에 관한 발터 벤야민(Walter Benjamin)의 견해에서 이미 예측된 바대로, 삶의 모든 국면을 전 지구적으로, 기술적으로 심미화하는 것과 관련된다.

포스트모더니즘의 니체적 허무주의의 요소는 아마도 장 보드리야르(Jean Baudrillard)의 저작에서 가장 노골적으로 드러난다고 할 수 있다. 보드리야르는 마르크스주의를 헤치고 나와, 사용가치와 교환가치, 진리와 이데올로기 같은 마르크스주의의 몇 가지 기본적 개념 구분에 대해 날카로운 비판을 내놓았다. 마르크스주의에서의 그 개념 구분들은 실재와 그것의 단순한 이미지 혹은 실재와 시뮬라시옹 간의 핵심적인 구분에 기대고 있다. 포스트모더니즘은 실재 자체는 이미지와 표상들의 구조, 특히 대중 매체와 광고 선전에 끈질기게 스며 있는 구조에 불과하다는 것을 점점 더 분명히 감지함으로써 위와 같은 구분의 기반을 약화시키는 것과 관련된다. '실재는 더 이상 과거의 실재와 같은 것이 아니므로', 보드리야르가 '과도실재(하이퍼리얼, the hyperreal)', '기원이나 실재성(reality)을 결여한 실재(a real)의 모델들'이라고 부르는 것들이 점점 더 많이 생산되고 과도실재인 것을 진정성이 있는(authentic) 것처럼 보이게 하는 과장된 허구적 이미지들이 생산되는 가운데, 실재에 대한 우리의 욕망이 공표된다(Baudrillard, 1988: 144). 그래서 '디즈니랜드는 가상의 것으로서 제시되어 우리로 하여금 그 나머지가 실재라고 믿도록 하기 위한 것이며, 이때 사실 로스앤젤레스와 그 주변의 미국은 모두 더 이상 실재가 아니고, 과도실재와 시뮬라시옹의 질서에 의한 것이다(Baudrillard, 1988: 172)'.

때때로 위트가 있긴 하지만 보드리야르가 실재와 진리를 과도하게 해체하고 있는 것은 현실을 효과적으로 인식·비판·개선하는 것을 심각하게 방해하는 듯 보인다. 그래서 포스트모더니즘은 철학적·사회적 이론뿐 아니라 정치적 행위 측면에서도 엄청난 결과를 초래했기 때문에 비판을 받아 왔다. 포스트모더니즘은 진보와 해방이라는 거대 서사를 의심하고 전통적인 계몽주의적 가치들을 비판하기 때문에 현실에 안주하는 정치적 보수주의라는 비판을 받는다(Callinicos, 1989; Norris, 1990). 사실 포스트모더니즘을 인도하는 것이 미학적 원칙이라면, 미학과 정치 사이에 표면적인 간극이 있음을 고려할 때 포스트모더니즘은 정치적으로 무용하고 정치와 상관없는 것이라는 비난까지도 제기되는 듯하다. 그러나 일부 포스트모던 이론과 예술적 관행은 정확히 이러한 이분법에 반발하고 따라서 미적 경험(단지 어떤 대중예술들에 국한되지 않는 미적 경험)이 실제적, 윤리적, 정치적인 것들과 깊고 강력한 관계를 가지고 있다는 것을 인식하면서 프래그머티즘 미학으로 수렴된다(Shusterman, 1992). 확실히 많은 포스트모던 이론들과 예술적 관행에는 뚜렷이 진보적인 정치적 국면들이 있다. 예컨대 권위주의적으로 동질화시키는 본질주의에 맞서서 차이를 존중하고 인지하는 것(이것은 포스트모더니즘을 페미니즘과 유용하게 연결하는 주제이다), 토착적이고 대중적인 미학적 형식을 향유하는 것과 예술계 안으로 그 미학적 형식들이 내파되는 것, 예술과 정치 간의 깊은 관계들을 인지(예술 제도의 엘리트주의에 대한 비판과 실제 예술 작품 속의 더 공공연한 정치적 관여를 모두 인지)하는 것 등이 그것이다. 더욱이 포스트모더니즘이 전통적인 계몽주의적 가치들을 비판하는 것은 그 가치들을 전부 거부하는 것이 아니라 모더니즘의 몇몇 절대주의적, 유토피아적, 토대론적 환상들을 거부하는 것일 따름이다.

프레드릭 제임슨(Fredric Jameson)류의 마르크스주의적 포스트모던 이론은 포스트모더니즘의 미학적 선언에 대한 창의적인 설명뿐 아니라, 마르크스주의와 포스트모더니즘 간의 긴장을 생산적으로 다루고 있다는 점에서 귀중한 이론이다. 보드리야르와 리오타르의 관점을 기반으로 이론을 전개하면서 제임슨은 포스트모던 문화를 정치경제학상의 보다 심층적인 변화라는 관점에서 다국적 자본주의가 도래한 결과물로서 설명한다. 다국적 자본주의가 전 지구적으로 확산된 결과 전 세계가 근대화(modernize)되었고, 절충주의가 고무되고 모든 전통적 가치들이 평가절하되면서 시장 가치라는 자본주의적 기준의 헤게모니가 확보되었다. 만일 '근대화가 완성되고 자연(nature)이 아주 사라진다면', 진보, 새로움, 유토피아적 사고가 설 자리는 없는 것으로 보인다. 이런 이유로 포스트모더니즘은 과거 양식에 대한 절충주의적이고 노스탤지어적인 전유를 추구하고, 인식적 혹은 정치적 변화에 관한 거대 이론들에 대해 회의적인 태도를 보인다. 제임슨은 정치적 개혁의 기초가 될 수 있을 통일된 '실제 역사'와 메타서사가 포스트모던에서 상실된 것을 애석해한다. 포스트모더니즘이 총합적인 이론들을 거부하고 통일된 역사에 대한 감각을 우리가 잃어버리게 된 것은, 우리 사회가 파편화되고 자유 시장경제 체제에서 프로그램된 혼동, 경쟁, 분리가 낳은 결과라고 제임슨은 주장한다. 이제 더 이상 전통적인 통합된 하나의 이론을 신뢰하고 그것에 몰입할 수 없는 상황이라면, 이에 제임슨은 '트랜스코딩(변환부호화)' 그리고 '인식적 지형화'라고 부르는 이론적 해설(commentary)의 방법론을 제안한다. 그것은 포스트모던 관행에서 다양한 코드나 개인 언어로 발화되고 생각되는 것들을 측정하고 비교하는 방법이다(Jameson, 1991: ix, 394).

제임슨은 포스트모더니즘을 하나의 역사적 개념으로 다루고 있기는 하지만, 또한 포스트모던 예술이 어떤 특유한 양식적 특징들을 전형적으로 보여 준다는 것을 인정한다. 절충주의적 전유, 다양한 역사적 시대로부터 가져온 다양한 양식들과 요소들의 혼합, 파편화, 시간적인 것의 공간화와 관련된 강화된 공간 감각, 최신 기술과 대량생산 예술 문화(mass culture)에 대한 열광적 수용, 일종의 평면성(깊이 없음)과 피상성, 패스티쉬와 공허한 패러디의 논리 등이 그것이다. 제임슨의 주장에 의하면 이러한 특징들은 모더니즘 작품들에서도 발견될 수 있고 그래서 '포스트모더니즘의 이종(異種)적 양식과 산물들의 가족 유사성을 이해할 수 있게 된다. 이 가족 유사성은 포스트모더니즘 산물들 자체 내에서가 아니라 어떤 전성기 모더니즘적인 충동과 미학 속에 있으며, 모더니즘 속의 그러한 유사점들에 대해 포스트모던 산물들 모두가 이러저러한 방식으로 반응하고 있는 것이다'. 모더니즘이 부르주아 사회의 대중적 취향과 수용되는 가치들에 대해 날카롭게 반대하면서 고급 예술의 자율성과 순수성을 옹호하고, 모더니즘의 다양한 형식들이 '시장과 상업주의에 대한 뚜렷한 적대감'을 공유하고 있었던 데 비하면, 포스트모더니즘은 그러한 의미에서는 저항적이지 않다. '대량생산 예술 문화 혹은 상업적 문화로 낙인찍혔던 것들이 지금은 포스트모던 예술 형식의 확장된 새로운 영역'으로 받아들여지고, 이 포스트모던 예술 형식들은 '시장에 대한 긍정적 반향'을 공유하고 있다(Jameson, 1991: 55, 64, 305).

앞에서 보았듯, 이렇게 하여 경제학은 포스트모던에 대한 제임슨 이론의 궁극적인 토대를 제공한다. 더 특수하게는 경제학자 에르네스트 만델(Ernest Mandel)이 《후기자본주의》(*Late Capitalism*, 1975)에서 말한 다국적 자유 시장자본주의의 세 번째 단계가 그 토대이다. 만델은 이 단계가 1945년경에 출현했다고 보았지만, 제임슨은 문화적 포스트모더니즘은 1960년대가 되어서야 발흥한 것으로 본다. 그래서 그 시간 차에 대한 설명이 필요하다. 더욱이 적어도 건축에서는, 뉴욕의 쌍둥이 세계 무역 빌딩과 시카고 시어스 빌딩과 같은 마천루들에서 볼 수 있듯 전성기 모던의 국제주의 양식이 1960년대까지 계속되었다. 그러므로 만일 유물론적 원인이라는 관점으로 문화적 포스트모더니즘의 폭발적 등장을 설명하고자 한다면, 1970년대 초반의 정치경제학상의 대변동을 살펴보는 것이 나을 것이다.

이것은 데이비드 하비(David Harvey)의 전략인데(1990), 하비는 모더니즘에서 포스트모더니즘으로 이행하게 된 것이, 포드-케인스적 자본주의 정책에서 벗어나 자본의 축적과 '값싸게 쓰고 버리는' 소비가 훨씬 유연하게 이루어지게 되면서 시공간적 거리가 점점 압착되고 있다는 관점에서 설명한다.

> 만일 근대적인 (포드-케인스적) 이익 극대화 방식이 안정을 통한 성장, 대량 생산, 안정적이고 표준화된 동종적 시장 내의 고정 자본, 정치경제학적 영향과 권력의 고정된 배치, 쉽게 확인 가능한 권위와 메타이론들, 물질성과 기술과학적 합리성 등에 안전하게 기반하는 것 등을 추구함으로써 작동한다면, … (중략) … 다른 한편, 포스트모더니즘의 유연성을 지배하는 것은 허구, 환상, 무형의(특히 돈의) 것, 허구적인 자본, 이미지, 덧없음, 우연이며, 또한 생산 기술, 노동 시장, 틈새 소비시장의 유연성이다. (Harvey, 1990: 327)

그럼에도 불구하고 하비는 모더니즘과 포스트모더니즘 간에는 깊은 연속성이 있다고 주장한다. 만일 모더니즘이 성장, 유토피아적 사회 변혁, 예술적 독창성을 추구하여 안정성을 강조했다면, 포스트모더니즘의 유연성은 종언이라는 내러티브와 미학적 생활양식을 추구하면서 지배적인 세계 질서를 받아들임으로써, 바로 눈앞에 있는 것의 안정감을 벌충하고자 하는 욕망을 종종 보여 준다. 다른 주석자들처럼 하비는 '혼동과 불확실성의 시대에 미학으로의 전환이 더욱 확연해졌'고 말하면서 포스트모더니즘에서 미학이 강조되고 있는 것에 주목한다(Harvey, 1990: 338-9). 그러면 이제 미학으로 돌아가, 미학 이론에 대한 포스트모더니즘의 교훈들을 평가하도록 하자. 다만 이러한 미학적 전환이 포스트모더니즘의 애매함과 불확실성을 떨쳐 버릴 것이라는 환상은 갖지 않기로 한다.

5. 포스트모던 미학 이론

포스트모더니즘은 모더니즘 미학 이론을 지배해 온 핵심적 성향들에 도전하는데, 모더니즘 미학 이론은 대체로 칸트로부터 헤겔을 거쳐 콜링우드(Collingwood), 클라이브 벨(Clive Bell), 그리고 20세기의 고전적인 분석 미학으로 이어지는 관념론적 전통에 의해 확립되었다. 이러한 성향들은 예술의 철저한 자율성과 다른 영역들로부터의 분리, 예술의 이상적인 위상, 올바른 예술적 경험의 무관심적(disinterested) 본성, 그리고 더 일반적인 차원에서는 미적 경험 전반의 자율성과 무관심성을 주장한다. 또한 형식과 목적의 명쾌함과 순수성, 뚜렷한 독창성, 기념비적 성격, 보편성, 깊이, 그리고 고도의 진지함 등의 가치를 주장한다. 그래서 우리는 예술을 좁게는 순수 예술(fine art)이나 고급 예술과 동일시하고, 산업 예술이나 대중예술의 미적-예술적 중요성을 일축해 버리는 경향을 보게 된다. 포스트모더니즘은 예술이 삶과 문화의 다른 국면들과 어떻게 불가분리적으로 섞여 있는지를 강조함으로써 이러한 성향들에 도전해 왔다. 사회적이고 정치적인 문제들, 대중예술, 그리고 일상의 미학적 문제들(패션, 환경, 생활 양식) 모두가 미학 이론에 있어서는 중요해진다. 전유, 절충주의, 차이, 다원주의, 우발성, 유희적임, 그리고 심지어 파편화, 덧없음, 피상적인 경박함까지 미적 가치들로서 유사하게 받아들여지게 되었다.

포스트모던의 다원주의는 여전히 진리와 이성 등을 비롯한 과거의 가치들 일부를 수용할 수 있다. 비록 그 가치들에서 고급함, 초월성, 숭고함 같은 특유의 아우라가 약간 빛바래기는 했지만 말이다. 예컨대, 포스트모더니즘의 절충주의적 전유는 모든 예술은 과거의 것으로부터 빌려 온 것을 포함하고 있다고 주장하면서 철저한 독창성이란 관념을 문제시하기는 하지만, 한편으로는 우리가 빌려 온 재료들을 사용하는 방법상의 창조성과 독창성을 또한 인정한다. 피상성이라는 관념을 강조하고 틀 짓는 데 있어서, 포스트모더니즘은 표면과 맥락들의 깊이를 보여 준다. 포스트모더니즘이 예술과 미적인 것의 구획지어진 자율성에 도전한다면, 그것은 단지 예술과 미학을 그것의 미학 외적인 영향관계들로부터 떼어 내어 그 자체만으로 고려하기에는 예술과 미학이 우리의 사회적, 윤리적, 정치적 세계 안에 너무나 강력하게 곳곳에 스며 있다는 점을 주장하는 것일 따름이다. 설사 포스트모더니즘이 고급 예술의 지고한 권리를 축소시킨다 해도, 포스트모더니즘은 삶의 주요한 문제들에 있어 미학이 더 중심적인 것이 되도록 함으로써 그것을 벌충한다.

어떤 특성들이 포스트모던 미학을 설명해 줄 수 있을까? 포스트모던 개념에 대해 이견이 분분하다는 점을 생각할 때, 비록 이 장에서 이미 포스트모더니즘의 가장 뚜렷한 양식적 특징들을 언급했다고 하더라도, 어떤 본질주의적인 정의도 제공할 수 없다. 그리고 어떠한 방법론적 태도들이 포스트모던 미학의 **철학**을 특징지을까? 가장 가능성이 높은 것은, 반본질주의적 다원주의의 개방성, 반토대론적 오류가능주의, 맥락주의, 프래그머티즘적 개입, 학제 간 연구, 자기-비판적 아이러니, 그리고 예술계와 미적 경험을 구조화하는 사회적, 정치적 경제적 힘들에 대한 고려 등이 될 것이다. 포스트모더니즘은 미학에 대한 냉소적 거부가 아니라 미학에 대한 찬미이다. 그러나 본질주의적 정의, 각 영역을 구획하는 원칙들, 그리고 토대론적 예술 이론에 대하여 미학적 탐구가 우선시되어야 한다는 것에 대해서는 분명하게 이의를 제기한다.

* 이 논문의 이해를 돕기 위해서 이 책에서 다음의 논문들을 찾아 읽으면 좋을 것이다.
〈미학과 문화연구〉, 〈아방가르드의 미학〉, 〈예술과 정치〉, 〈예술에서의 스타일〉, 〈예술의 정의〉, 〈건축〉

참고문헌

Baudrillard, J. (1983). *Simulations.* New York: Semiotext(e).

_____ (1988). *Selected Writings.* Cambridge: Polity Press.

Bauman, Z. (1992). *Intimations of Postmodernity.* London: Routledge.

Callinicos, A. (1989). *Against Postmodernism: A Marxist Critique.* Cambridge: Polity Press.

Danto, A. (1984). *The Philosophical Disenfranchisement of Art.* New York: Columbia University Press.

_____ (1997). *After the End of Art.* Princeton: Princeton University Press.

Derrida, J. (1980). *Writing and Difference,* trans. A. Bass. Chicago: University of Chicago Press.

Featherstone M. (ed.) (1988). *Theory, Culture & Society,* Special Issue on Postmodernism. London: Sage.

Habermas, J. (1987). *The Philosophical Discourse of Modernity,* Cambridge, Mass.: MIT Press.

Harvey, D. (1990). *The Condition of Postmodernity,* Oxford: Blackwell.

Huyssen, A. (1986). *After the Great Divide: Modernism, Mass Culture, Postmodernism.* Bloomington: Indiana University Press.

Jencks, C. (1977). *The Language of Post-Modern Architecture.* London: Academy. Editions Limited.

Jameson, F. (1991). *Postmodernism, or the Cultural Logic of Late Capitalism.* Durham, NC: Duke University Press.

Lyotard, J.-F. (1979). *The Postmodern Condition.* Minneapolis: University of Minnesota Press. 1984.

McHale, B. (1987). *Postmodernist Fiction.* London: Methuen.

Mandel, E. (1975). *Late Capitalism.* London: Verso.

Norris, C. (1990). *What's Wrong with Postmodernism.* Baltimore: Johns Hopkins University Press.

Rorty, R. (1989). *Contingency, Irony, and Solidarity.* Cambridge: Cambridge University Press.

_____ (1991a). *Objectivity, Relativism, and Truth.* Cambridge: Cambridge University Press.

_____ (1991b). *Essays on Heidegger and Others.* Cambridge: Cambridge University Press.

Perloff, M. (1990). *Poetic License: Essays on Modernist and Postmodernist Lyric.* Evanston, Ill.: Northwestern University Press.

Shusterman, R. (1992). *Pragmatist Aesthetics.* Oxford: Blackwell.

_____ (1997). *Practicing Philosophy.* New York: Routledge.

Vattimo, G. (1988). *The End of Modernity.* Baltimore: Johns Hopkins University Press.

Wellmer, A. (1991). *The Persistence of Modernity.* Cambridge, Mass.: MIT Press.

제48장

미학과 문화연구

데보라 나이트(Deborah Knight)

번역: 신운화

초기 문화연구의 역사는 기원에 관한 신화 차원에서 이루어졌다. 문화연구는 1950년대 영국에서 가시적으로 출현하였고, 오스트레일리아, 뉴질랜드, 아일랜드, 캐나다, 그리고 미국의 문화연구 등 이른바 '국제적' 문화연구라는 용어로 일컬어지는 문화연구들이 각각의 정체성을 확립한 것도 일차적으로는 영국의 문화연구에 대한 반향이다.

첫 번째 단계는 창시자 3인의 작업으로 대표된다. 리처드 호가트(Richard Hoggart,《교양의 효용》(*The Uses of Literacy*)), 톰프슨(E. P. Thompson,《영국 노동 계급의 생성》(*The Making of the English Working Class*)) 그리고 레이먼드 윌리엄스(Raymond Williams,《문화와 사회 1780-1950: 장구한 혁명》(*Culture and Society 1780-1950: The Long Revolution*))가 그들이다. 두 번째 단계는 1963-4년 호가트와 스튜어트 홀(Stuart Hall)이 버밍엄 현대 문화연구 센터(Birmingham Centre for Contemporary Cultural Studies, CCCS)를 건립하면서 시작된다. 스튜어트 홀은 종종 문화연구의 네 번째 창시자로 여겨진다.

첫 번째와 두 번째 단계의 문화연구는 공공연히 정치적인 성격을 띠었으며, 영국의 신좌파 및 마르크스주의 계열의 사회/정치 철학들과 명백히 관계되어 있었다. 1970년대와 1980년대까지 버밍엄 센터식의 문화연구는 이데올로기, 언어, 담론과 텍스트성, 경찰의 역할, 청년들의 하위문화, 그리고 대중(popular)문화와 대량(mass)문화적 텍스트에 대한 청중의 반응 같은 주제들에 관한 연구 성과들을 배출했다. 문화연구의 세 번째 단계는 대략 1980년대 후반부터 오늘날에 이르기까지 특히 '국제적' 경향들 속에서 나타나는 것으로, 마르크스주의, 특히 마르크스주의의 정치경제학에 경도되었던 데서 벗어나, 더글러스 켈너(Douglas Kellner)가 '포스트모던의 문제의식'이라 부르는, '쾌락, 소비, 그리고 정체성의 개인적 구축'을 다루는 문제들에 점점 더 초점을 맞춘다(Kellner, 1997: 19-20). 한편 문화연구 이전부터 있어 왔고 그 전제와 관심사 다수가 문화연구와 공통되는 지적 전통들도 있는데, 대표적으로는 프랑크푸르트 학파를 비롯해 발터 벤야민(Walter Benjamin)과 지크프리트 크라카우어(Siegfried Kracauer) 등 프랑크푸르트 학파와 밀접하게 관련된 이들의 연구가 있고, 미셸 푸코(Michel Foucault)와 특히 피에르 부르디외(Pierre Bourdieu) 등 최근 프랑스 이론가들의 저작들에서 보이는 또 다른 중요한 문화 분석 모델들도 있다. 그러나 여기서는 CCCS와 관련된 이론가들이 내놓은 저작들을 문화연구의 전범으로 취급할 것이다.

문화연구의 첫 단계와 일차적으로 관련되는 문화는 윌리엄스가 '삶의 총체적 방식'이라는 용어로 제시하는 관점에서 이해되는 문화이다. 이러한 입장은 '문화주의'라고 일컬어져 왔는데 문화주의가 보여준 중요한 행보는, 매슈 아놀드(Matthew Arnold), 리처즈(I. A. Richards), 리비스(F. R. Leavis, 《스크루티니》(Scrutiny)의 편집자로서 아마도 그 전통의 가장 영향력 있는 주창자)와 같은 이전 이론가들과 관련된, '문화와 문명'이라는 두 개념을 대조적으로 구분하는 전통으로부터 결정적으로 이탈한 것이다. 첫 번째 문화연구와 아놀드 등의 이전 전통, 이 두 관점은 비엘리트적인 문화의 중요성과 성공 가능성을 상대적으로 평가하는 데 있어서 차이를 보인다. 리비스는 선배 매슈 아놀드처럼, 노동계층과 중·하류층의 개인들을 그가 말하는 '비판적인 성인 대중'으로 성장시키기 위해서는 아주 특수한 종류의 교육이 필요하다고 느꼈다. 사실 리비스는 비판적인 성인 대중은 '사실 매우 소수에 불과하며'(Leavis, 1998: 17), 특히 미국 영화들과 같은 다른 대중적인 서사 형식은 물론 이달의 책 클럽(the Book of the Month Club)*의 '질식할 것 같은' 서적들 때문에 끊임없이 위험한 환경에 처해 있다고 초조해했다. 리비스의 불길한 예감대로 만약 '문화의 전망이 매우 어둡다면'(Leavis, 1998: 18), 문명의 전망 또한 그러할 것이었다. 리비스는 문학, 혹은 최소한 정전적인 영문학 중 특수한 일부는 비판적 대중이 성장할 수 있는 가능성을 제공했다고 진정으로 믿었다. 그가 높이 평가하는 작가들이, **위대한 전통**(The Great Tradition)에 속한 작가들이었다는 것은 놀랍지 않다. 예를 들면 오스틴, 엘리엇, 콘래드 같은 작가들은 거기에 포함되지만, 울프나 조이스 같은 모더니즘 작가들은 그렇지 않다. 특히 리비스는 도덕적 세계관을 표현하여 독자의 도덕적 감수성을 계발하고자 하는 소설들의 가치를 높이 평가했다.

이와 대조적으로 호가트의 《교양의 효용》은 아마도 노스탤지어를 풍기는 1930년대

---

* 이달의 책 클럽(the Book of the Month Club)은 미국 최대의 회원제 도서 통신 판매 조직이다.

영국의 활기찬 노동계층 문화의 미래상을 옹호한다. 호가트는 이 '삶의 총체적 방식'을, 그가 관찰한 점점 파편화되고, 불만이 가득하고, 미국화되고, 대량화된 1950년대 영국 노동계층의 문화와 대비시킨다. 호가트는 노동계층의 동질적인 문화적 환경이 무너진 것, 그리고 새로운 형식의 대량 고용과 대량생산 예술 문화적 오락이 가진 효과에 주목했다. 그가 보기에, 그 도전은 노동계층의 재구상되고 재활성화된 문화가 어떻게 대중 문화의 유해한 영향에 대항해 싸울 수 있는가에 있다. 특히 호가트는 몰락하는 노동계층 문화 전통들과 후기 자본주의의 새로운 고용과 여흥의 테크놀로지 사이에 끼인 남성 청년 문화를 준열하게 특징지어 버린다. 그는 산업 노동의 조건을 통탄했고, 미국 대중음악과 영화의 영향을 받은 15세에서 20세 사이의 소년들이 그들의 여가 시간을 어떻게 소란스런 아이스크림 가게에서 빈둥거리며 보내기 시작했는지, 또 싸구려 극장에서 어떻게 그들의 '푼돈'을 낭비하기 시작했는지를 기술했다. 호가트는 다음과 같이 특유하게 논평한다. "그들은 스스로 미국적 삶의 요소로 간주하는 몇 가지 단순한 요소들이 결합된 신화적 세계에 살고 있다."(Hoggart, 1998: 46)

문화연구의 두 번째 단계에서는 CCCS 공동체가 《의식을 통한 저항: 전후 영국의 청년 하위 문화》(Resistance through Rituals:Youth Subcultures in Post-War Britain), 《위기의 감시: 강도, 국가 그리고 법질서》(Policing the Crisis: Mugging, the State, and Law and Order), 《노동계층 문화: 역사와 이론 연구》(Working Class Culture: Studies in History and Theory), 《이데올로기에 관하여》(On Ideology), 《문화, 매체, 언어》(Culture, Media, Language) 등 수많은 공동 저작물들을 출판했다. 이 단계의 문화연구의 주된 관심사를 범주별로 묶으면 다음과 같다. 문화주의로부터 발전해 나온 것들, 프랑스의 새로운 이론 그리고 특히 기호학과 구조주의 방법론을 전유한 것들, 그람시의 헤게모니 관념을 계급 연구에 적용한 것, 그리고 마르크스주의와의 대화가 진행 중인 것들이 그것이다. 스튜어트 홀은 자신은 '신좌파로부터 문화연구로 들어섰으며, 신좌파는 마르크스주의를 해결책이 아니라 하나의 문제, 골칫거리, 위험으로 간주했다'고 말한다(Hall, 1992: 279). 그래서 초창기부터 문화연구 내에서 마르크스주의가 항상 중심이 되고 있었음에도 불구하고 문화연구와 마르크스주의는 결코 단순한 수용 관계가 아니었다. 그리고 마르크스주의와의 이러한 불편한 관계는 왜 문화연구가 그람시(Gramsci)뿐 아니라 루이 알튀세르(Louis Althusser)의 마르크스 다시 읽기, 특히 이데올로기에 관한 알튀세르의 해석 작업을 포용하는지를 설명해 준다.

그러나 1980년대 중반, 스튜어트 홀의 표현대로라면 CCCS가 몇 가지 중요한 '방해들'을 직면하게 되면서 문화연구의 의제가 바뀌었다. 홀은 특히 페미니즘과 인종 문제 두 가지를 생각하고 있었다. 그러나 곧 이것들은 젠더와 섹슈얼리티의 문제들, 푸코적인 권력의 분석, 정신분석 이론, 특히 라캉식으로 변형된 프로이트 이론 등에 부합하는 새로운 중심점에 의해 확장되었다. 학계의 다른 분야에서처럼 페미니즘과 인종 관련 연구는 방 뒤편으로 조용히 물러나지 않았고, 홀에 따르면 그것들은 '불쑥 침범하여' CCCS의 작업과 논쟁했다. 특히 이것은 호가트와 톰프슨 이후 생겨난, 남성 노동계층의 문화와 청년 남성 문화에 대한 편향을 지적하고, 또한 일반적으로 청년 문화와 하위문화연구에서 인종적 차이의 문제들이 배제되고 있음을 지적하면서 이루어졌다.

학계 내에서 문화연구는 온갖 학문분과들을 모아 놓은 만찬 테이블에 단지 새롭게 추가된 것이 아니라, 그 자체가 완전히 비전통적인 것으로 사실상 반(反)학문적인 것으로서 생각되었다. 반학문적인 것으로서 문화연구는 특정한 방법론을 갖지 않고, 오히려 다양한 학문적·지적 전통 속에서 브리콜라주(bricoleur)*식으로 핵심적인 사고에 접근하는 쪽을 열렬하게 채택했다. 특수하게는 유럽, 특히 프랑스에서 지배적인 분위기였던, 다양한 이론적 관점들에 대해 문화인류학적이고 경험적인 연구를 선호하게 된 상황과도 맞물렸다. 특히 문화연구의 세 번째 단계에서는 문화연구의 악명 높은 방법론적 절충주의가 인종, 계급 그리고 젠더의 문제와 관련을 맺게 되었다. 이 문제들은 지금은 그 자체로 대학의 인문학 계통 학문분과 사이에서 널리 받아들여지는 문제들이다. 현재 문화연구는 이러한 시도들 속에서 그 자체가 독자적으로 우선시될 것을 요구하면서, 사실은 이러한 인종, 계급, 젠더 문제 및 후기식민주의, 대중문화 이론, 담론 이론, 학문분과의 문제, 다양한 종류의 포스트모더니즘들 같은 관련 문제들에 대한 다른 학문적·학제적 접근과는 단지 바탕을 공유하고 있을 뿐이다. 그러는 사이에, 비록 종종 서로 대립 관계에 있기는 하지만 익숙하거나 더 새로운 다양한 학문분과들과 문화연구 사이에 특별히 생산적인 교환이 이루어져 왔다는 것을 우리는 인지해야 한다. 이것이 의미하는 것은 문학 연구, 비교 문학, 음악 연구, 예술사, 영화 연구, 사회학, 인류학 등 전통적 학문 혹은 새롭게 출현하고 있는 학문분과들에 문화연구가 직접적으로 공헌하든 혹은 명백히 도전하는 방식을 통해서든, 지난 20여 년간 이러한 학문들의 발달에 중요한 역할을 수행해 왔다는 것이다.

이러한 역사적인 언급은 문화연구가 여성주의 철학, 인종 철학 등등은 물론이고 사

---

* 브리콜라주(bricolage, or bricoleur)란 사용할 수 있는 다양한 범위의 사물들을 가지고 작품을 조립하거나 창조하는 것을 의미한다. 예술 및 철학, 비판 이론, 교육, 소프트웨어, 비즈니스 등 여러 분야에서 사용되는 단어이다. 여기서는 특정한 틀에 구애되지 않고 다양한 학문의 방법론을 취하여 새로운 학문분과로서 문화연구가 나아가는 과정을 말하고 있다. 한편 문화연구 분야 내에서 사용될 때 브리콜라주는 사람들이 다양한 사회적 분과들에서 취한 대상들을 가지고 새로운 문화적 정체성을 창조하는 과정을 의미한다. 특히 이것은 펑크 문화 같은 하위 문화의 특징이기도 한데, 여기서 지배문화에서는 한 가지 의미를 가지거나 무의미한 대상들이 전복적인 의미를 새롭게 획득하는 일이 흔히 일어난다. 브리콜라주는 그 외예술에서도 다양한 질료와 방법을 혼합하는 방식을 일컬을 때 널리 쓰이는 용어이다. 발견된 오브제의 활용, 다양한 재료의 혼합, 문학의 상호텍스트성, 다양한 시대와 양식의 건축물을 한데 밀집시키는 것 등이 그 예이며, 이러한 브리콜라주는 포스트모던 예술에서 흔히 나타나는 특징이기도 하다.

회/정치 철학의 좌편향된 철학 영역과 가장 밀접하게 관련되어 있음을 의미한다. 두 번째 주요한 연결점은 문화연구와 19-20세기의 대륙 철학, 즉 마르크스주의와 프로이트주의에서부터 프랑크푸르트 학파의 비판 이론을 거쳐 프랑스 구조주의와 후기구조주의에 이르는 철학들 사이의 연결 속에 위치한다. 그리고 이것은 더글러스 켈너가 정확히 말했듯이, '영국의 문화연구는 프랑크푸르트 학파가 발전시킨 대량생산 예술 문화 비판을 적대적인 방식으로 무시하거나 희화화하는 경향이 있다'(Kellner, 1997: 12)는 사실에도 불구하고, 또한 1980년대에 이론적으로 주도된 북미-영어권의 문학 연구에서 지배적인 전범이 된 데리다식의 해체주의의 '텍스트 바깥이 없는(il n'y a pas de hors-texte)' 버전에 문화연구가 결코 사로잡힌 적이 없음에도 불구하고 그러했다.

한동안, 문화연구는 스스로를 '공식적인 학문분과의 경계에서 전투를 벌이는 지적 게릴라 운동의 일부'로 생각했다. 존 맥기건(John McGuigan)은 이 점을 다음과 같이 상기시킨다. "낭만적이고 영웅적인 문화연구의 관념은 지금은 분명히 구식(passe)이다."(McGuigan, 1997b: 1) 이러한 낭만적인 자기이미지를 가능하게 했던 것은 이데올로기라는 개념이었다. 이것은 문화연구의 다양한 비판적 방법론이 선호하는 목표물이다. 마르크스로부터 알튀세르를 거쳐 이데올로기의 개념을 수정하고 그람시의 헤게모니 개념으로부터 영향을 받으면서 문화연구는 어떤 종류의 문화적 '텍스트'도 이데올로기적 비판의 대상이 될 수 있다는 관점을 채택했다. 이러한 비판은 한편으로는 문화적 제도 및 관습들 간의 상호 관계를, 다른 한편으로는 권력의 관계들을 밝힐 수 있을 것으로 기대를 모았다. 특히, 이데올로기적 비판은 사회적 주체로서의 인간이 어떻게 문화적 제도와 관습에 의해 규정되어 권력 체제들을 받아들이는가를 살펴보기 위한 도구였다. 그람시가 헤게모니를 이해하는 방식은 여기에 명백한 기여를 하는데, 그것은 헤게모니가 사회적 주체들이 그들을 억압하는 권력 체제들을 받아들이게 되는 방식을 기술하고 있기 때문이다. 특히, 지식인들이 특수한 지배 계층의 사고를 지지하는 환경을 조성하는 데 헤게모니가 어떻게 일조하는지를 말하고 있다. 이것은 교육과 대중 매체 같은 다양한 수단을 통해 이루어진다.

이데올로기적 비판을 불러일으키는 문화적 '텍스트'의 범위는 매우 넓은 것으로 가정되었는데, 펍에 간다거나, 대중음악 혹은 록 음악을 듣거나, 축구 경기를 보거나 하는 일상적인 문화적 실천으로부터 시작해 모든 다양한 담론적인 실천들을 포함한다. 정전적인(canonical) 문학, 뉴스, 광고, 그리고 뮤직 비디오 모두가 동등하게 이데올로기적 비판의 대상으로 생각되었다. 책, 장난감, 음식, 패션과 같은 소비 대상, 그리고 사실 어떤 문화적 산물이나 과정일지라도 모두 마찬가지였다. 그래서 문화이론가들은 한동안 스스로 주요한 정치적/개념적 변화의 최전선에 있다고 생각했다. 그것은 그들이 자본과 후기자본주의 이데올로기의 접합적 영향을 드러내는 것이 자신들의 역할이라고 믿었기 때문이다.

문화연구가 대학 내로 통합되기 시작함에 따라 기존 학문분과들의 권한 내에 속하는 텍스트들은 '비지배적인' 혹은 '배제된' 구역에서 나온 텍스트들보다 상대적으로 덜 흥미로운 것이 되었다. 그러한 비지배적 영역, 배제된 영역들은 예컨대 대량생산 예술 문화와 대중 문화, 비유럽 문화들, 디아스포라 문화들 등이다. 문화연구의 범텍스트주의가 남긴 두 가지 유산은, 역사조차도 그 본성이 본질적으로 텍스트적이라는 신역사주의와 관련된 관념, 그리고 젠더는 생물학적이기보다는 사회적이고 텍스트적이라는, 젠더 및 퀴어 연구와 관련된 관념이다.

문화연구는 계급과 문화에 대한 비판적 연구 분야에 대해 소규모의 저항적인, 학제적이면서 특유하게 영국적인 개입이 이루어지면서 시작되었는데, 이것은 영어권 학계, 특히 미국에서 가장 인기 있는 새로운 움직임 중 하나로 빠르게 자리 잡았다. 문화연구가 제도적 정당성을 획득한 것은 전격적으로 이루어진 일이지만, 그러나 여전히 심히 어리둥절한 것이기도 하다. 영국에 중심을 둔 탐구 영역이던 것이 어떻게 영국과는 다른 미국 같은 나라에서 이렇게 철저하게 전유되게 되었는지는 완전히 분명하게 밝혀지지 않았다. 의외로 문화연구가 주목할 만한 인기를 끌게 되었다는 것은, 존 스트래턴(John Stratton)과 엔 앙(Yen Ang)이 정확히 지적하듯, '국제적' 문화연구가 이루어지는 이 시대에, '"문화연구"가 의미하는 바에 대한 합의가 점점 더 축소되고 있다는 것'을 뜻한다(Stratton and Ang, 1996: 361). 처음 영국의 문화연구 및 국제적 문화연구를 대표하는 가장 중요한 학자인 스튜어트 홀이 목도한 것은, 미국의 문화연구가 '빠르게 전문화되고 제도화'되어, '권력-정치, 인종, 계층, 젠더, 예속, 지배, 배제, 주변성, 타자성(Otherness) 등을 광범위하게 끝없이 계속 이론화할 수밖에 없는' 상황으로 전개되어 가는, 실로 어안이 벙벙한 광경이었다. 달리 말하면 원래는 문화인류학이나 광범위한 사회학적 탐구에 강하게 기울어 있던 연구의 궤적이 '문화연구 자체 담론의 압도적으로 강력한 텍스트화'에 굴복한 것이다(Hall, 1996: 372).

설령 문화연구와 사회/정치 철학, 여성주의 철학, 인종 철학과 같은 철학 영역들 사이의 연결이 뚜렷이 나타나 있다 해도, 예술철학과의 연결, 그리고 특히 예술에 대한 분석철학과의 연결은 그만큼 분명하지 않다. 여성주의 예술철학은 여성의 예술적 재현, 허구 문학에서의 다양한 서사적 목소리, 그리고 고급 예술, 공연 예술, 광고 등 다양한 매체 속의 미에 대한 비판 등 여성주의 문화연구와 많은 공통적 기반을 가진 문제들을 탐구해 왔다(이 책의 〈페미니즘 미학〉 참고). 또한 문화 이론을 예술철학에 연결시키는 인종 및 민족성 문제에 대한 비판적 학문들의 전통도 발전하고 있다(hooks, 1995: Taylor, 2000 참고). 그리고 예술철학 내에서 록 음악(Gracyk, 1996 참고)과 랩 음악(Shusterman, 1992)의 지위에 관한 논쟁들은 다양한 음악 형식에 관한 논쟁들과 공명하는 것으로, 문화연구 음악학자들에게 꾸준하게 매우 풍성한 영역을 제공해 왔다(Frith, 1996, 1998). 어쨌든 전체적으로는 예술에 대한 문화연구 작업(고급 예술이건 대중예술이건, 엘리트 예술이건 대량생산 예술이건)은 전반적인 연구 결과 중 비교적 작은 일부분이라는 점을 강조해야겠다. 그래서 우리는 문화연구와 분석적 예술철학 양 진영에서의 예술의 지위를 고려할 때, 현대 문화 테크놀로지, 특히 대중 매체로 대표되는, '고급' 예술의 기존 규범에 대한 도전을 마주해야 할 것이다.

대중 문화 및 대량생산 예술 문화적 텍스트에 대해 문화연구가 쏟은 집중적인 관심은 확실히 분석적 예술철학이 보편적으로 포용해 온 것들이 아니다. 분석적 예술철학은 여전히 특히 정전적인 문학, 클래식 음악, 유화라는 고급 미술 전통 같은 '순수' 예술과 관련된 예술형식들을 선호하는 경향이 있다. 대중 매체나 대중 문화의 예술형식들, 특히 레코드 음악, 텔레비전, 영화 등을 다루는 분석 예술철학자들이 점점 늘고 있는 것은 사실이다. 그럼에도 불구하고 이러한 대량생산 예술들에 대한 주된 접근법은 문화인류학적이기보다는 텍스트적이고, 관객-중심적이기보다는 대상-중심적인 경향이 있다. 콜린 맥케이브(Collin MacCabe)는 이것을 '지적 전략(intellectual strategy)'이란 말로 적절히 표현하고 있다. 맥케이브가 말한 바대로, 이 전략은 '광범위하고 성공적'인데 그 정확한 이유는 이 전략이 '가장 기대하지 않는 곳에서 고급 문화의 조건들을 다시 찾아내기' 때문이다(MacCabe, 1986b: vii). 어떤 영화예술, 랩 음악 혹은 그래피티 예술의 예들이 '고급' 예술에서 발견되는 종류의 미적 전략을 상당히 재복제하는 것을 발견하기란 그리 어렵지 않다. 이렇게 해서 보통 '고급' 예술과 관련된 주제들, 예를 들면 미적 형식, 서사적 구조, 창조성, 표현성, 청중의 감정 이입 등을 이러한 대량생산 예술작품을 분석할 때도 도입할 수 있다(이 책의 〈대중예술의 미학〉 참고).

문화연구는 록 음악, 할리우드 영화, 정크 소설, 텔레비전 연속극 등의 대량생산 예술형식에 끊임없이 초점을 맞추어 왔는데 이것을 통해 중요한 점 하나가 드러난다. 즉 문화연구라는 학문분과는 대중적인 것이란 관념에 암묵적으로 경도되어 있다는 것이다. 프랑크푸르트 학파식의, 대량생산 예술 문화에 대한 비관주의와의 차별점을 보이기 위해 문화연구는 '소비 행위 속 상품 문화의 보완적인 특징들'을 찾아내려는 경향을 보여 왔다(Frith, 1998: 571). 여기서의 지배적인 가정은, 노엘 캐롤(Noël Carroll)이 최근 대량생산 예술을 옹호하면서 든 예들(Carroll, 1998)에서도 공통적인 것으로, 단지 수동적이지만은 않은 대량 소비의 형식들이 분명 있다는 것이다. 대량생산 예술형식은 '소비자들' 즉 관람자/청자/독자들이 해당 대량생산 예술작품과 동질감을 느끼거나 그것을 이해하거나 감상하는 과정에 능동적으로 참여할 가능성을 최소한 제공한다. 이로 인해 모든 대량생산 예술은 나쁘다는 프랑크푸르트 학파의 금언은, 적어도 수동적이지 않고 능동적인 일부 청중에게는 어떤 대량생산 예술형식들이 사실 좋을 수도 있다는 새로운 금언으로 바뀐다. 여기서 우리는 문화연구가 초기에 권한의 분산 및 정체성 같은 세 번째 단계의 사고들과 결합된 저항의 관념을 강조했던 흔적을 보게 된다(Frith, 1998: 572).

문화연구의 범텍스트주의는 물론 대량생산 예술대상들(노래, 비디오, 영화)을 텍스트로 간주할 뿐 아니라 스타들 또한 텍스트로 간주한다는 것을 의미한다. 배우, 감독, 밴드, 래퍼, 모델에 대해서건, 혹은 다른 문화적 공인들(예컨대 영국 왕세자비)과 집단들(예컨대 왕실 가족들)에 대해서건 말이다. 최근인 1997년 더글러스 켈너는 마돈나와 마이클 잭슨의 관객들이 이루어 낸 '의미, 영향, 그리고 사용'에 대해 논의했다. 그래서 1980년대의 문화연구란 학문이 MTV의 출현을 얼마나 밀접하게 추적했는지를 상기시킨다(Kellner, 1997: 34-6). 이러한 '텍스트들'이 어떻게 사용되는가, 그 청중들이 이 텍스트가 무엇을 의미한다고 생각하는가, 청중들은 이 텍스트에 재정적, 심리적, 이데올로기적 투자를 함으로써 자신들의 삶에 어떤 영향을 받는가 하는 것이 이제 문화연구가 다룰 문제가 된다. 문화연구는 청중의 반응이라는 문제들을 일관되게 강조하고 있기 때문에, 유럽의 풋볼 문화 및 청년들의 하위문화를 탐구하면서 그와 함께 (할리퀸과 같은) 로맨스 소설, (《댈러스》(Dallas) 같은) 저녁 연속극 같은 형식들에 청중이 어떻게 반응하고 그 형식들을 어떻게 이용하는지를 문화연구가 이미 탐구하고 있었다는 것은 놀라운 일이 아니다. 존 듀이 같은 20세기 초의 예술철학자가 일상의 예술과 함께 대중예술과 고급 예술 간의 연속성을 강조했음에도 불구하고, 분명 1980년대의 예술철학에는 그에 비견될 만한 전통이 없다. 그러나 그것은 표준적인 것이 아니었다(《일상의 미학》 참고).

분석적 예술철학은 문화연구를 활성화하는 일차적인 문제, 즉 로맨스 소설이나 텔레비전 연속극 같은 대량생산 예술 문화 텍스트를 청중이 접하게 되면 계층, 젠더, 가족 같은 지배적인 이데올로기의 구축에 저항할 생각을 할 수 있는지 아닌지, 또 그렇다면 어느 정도까지일지의 문제에는 대체로 관심을 두지 않았다. 분석적 예술철학은 그것에 만연한 반사실주의는 물론, 낭만적이고 방법론적으로 특이하며 문화인류학적인 접근법 때문에 비판을 받아 왔다. 그럼에도 불구하고 분석적 예술철학을 이끌어 나간 원동력은 대중 문화나 대량생산 예술 문화의 텍스트를 접한 결과로 사람들이 실제로 무엇을 하는지에 대한 근본적인 관심이었다. 말할 필요도 없이, 예술철학은 청중에 대한 문화인류학적 조사나 경험적인 조사를 거의 하지 않는다. 독자, 관람자, 청자 등 청중에게 관심을 진정 가지게 될 때, 그 관심은 보통 규범적이거나 뭔가 가늠하는 듯한(speculative) 것이다. '가늠하는 듯한'이란 말로써, 나는 예술철학자들이 예술로부터 '배우는' 것이 가능한지 아닌지, 그리고 특히 우리가 문학작품을 읽음으로써 무언가를 배울 수 있는지 등의 문제를 고려한다는 것을 의미한다. '규범적인'이라는 단어로 내가 의미하는 바는, 예술철학자들이 만일 우리가 예술과 문학으로부터 뭔가를 배울 수 있다면 무엇을 배워야 하는가 같은 문제를 고려한다는 것이다. 윤리적 비평(이 책의 〈예술과 도덕〉, 〈미학과 윤리학〉 참고)에 초점을 맞춘 최근 논쟁들은 예컨대 독자들이 문학적 텍스트를 접함으로써 어떻게 더 도덕적이고 더 나은 사람이 되는지에 관심을 둔다는 점에서 규범적이다.

예술철학의 가장 기본 바탕이 되는 문제들 중 하나는 가치 평가 문제이다. 예술에 대해 전적으로 기술적(descriptive)이면서 동시에 평가적(evaluative)이지 않은 설명을 제공하고자 조지 딕키(George Dickie)가 최선의 노력을 기울였음에도 불구하고(〈예술의 정의〉 참고), '예술'이 기술적일 뿐 아니라 평가적으로도 사용되는 용어인 것은 불가피한 사실이다. 그리고 예술이란 용어가 평가적으로 쓰이게 되면, 또 어떤 작품, 장르 혹은 그 점에 있어 예술 양식이 다른 것보다 '뛰어난' 것으로 일컬어지게 되면 그 즉시 민속 예술, 대중예술, 대량생산 예술과 반대되는 '고급' 혹은 '엘리트' 예술의 상대적 지위와 가치에 대한 논쟁의 한가운데로 들어가게 된다. 문화연구는 사이먼 프리스(Simon Frith)가 '취미와 미적인 식별을 연습하는 것은 고급 예술에서와 마찬가지로 팝 예술에 있어서도 중요하지만, 그것에 대해 말하기는 더 어렵다'(Frith, 1998: 571)고 표명한 입장을 오랫동안 방어해 왔다. 그 주제가 문화, 특히 대중 문화로 넘어오게 될 때, 학자로서 우리는 학문적으로 이미 인정받고 있는 동료들의 견해를 참고하는 경향이 있다. 학자들은 〈웨스트 윙〉(West Wing)의 팬들이 그 첫 번째 시리즈 마지막의 손에 땀을 쥐게 하는 상황을 어떻게 생각하는가, 혹은 사람들이 왜 〈제나〉(Xena)와 〈심슨 가족〉(The Simpsons)을 좋아하는가 하는 것보다 해럴드 블룸이나 앨런 블룸, 제럴드 그래프나 스티븐 골드블랫, 스튜어트 홀, 주디스 버틀러, 헨리 루이스 게이츠 주니어, 아도르노, 데리다와 같은 이들의 관점에 확실히 더 익숙하다. 사실 예술 작품을 적절하게 해석하거나 감상하는 조건이 되는(예컨대 형식이나 주제적 발전과 같은) 어떤 속성들을 예술 작품이 가진다고 간주하도록 학자들이 훈련되는 것은 확실하다. 그리고 예술작품의 **비평**을 수행하는 사람들은, 그들이 예술철학자이건, 문학평론가이건 혹은 어떤 문화이론가이건, 로저 시먼(Roger Seaman)이 '신학적인'(Seamon, 1997: 324) 것으로서 기술하는 기본 가정, 즉 예술 작품은 우리에게 표면, 외양을 제시하고 비평가의 임무는 그 표면 아래에 존재하는 실제의 패턴, 질서 잡힌 구조 혹은 지배적 이데올로기를 드러내는 것이라는 가정을 공유한다. 그 비평가가 신비평의 기법을 따르든 정신분석학 혹은 후기구조주의적 독해의 방법론을 따르든 간에, 공통적으로 가정하고 있는 것은 비평가의 역할은 텍스트에 관한 진실을 우리에게 말하는 것이라는 점이다. 이러한 종류의 해석 관행은 아서 단토(Arthur C. Danto)가 '깊은(deep)' 해석이라고 표현한 것이기도 하고 수전 손태그(Susan Sontag)가 그녀의 유명한 에세이 〈해석에 반대한다〉(Against Interpretation)에서 폐지하고자 한 것이기도 하다. 예술철학이 이러한 해석 관행을 이용할 때, 예술철학은 예술 작품이 비평적으로 탐구할 만한 가치가 있다는 것을 나타내는 적절한 깊이와 복잡성, 또한 얽히고설킨 기획과 의도를 명백히 표명하고 있다고 상정한다. 한마디로 예술철학에 있어서 이러한 비평적 탐구의 여지가 있는 예술 작품은 **진지하다**.

그래서 비록 상황이 변하고 있기는 하지만, 예술철학자들 사이에서는 대중 예술형식들, 특히 대량생산 예술형식들은 진지하지 않다는 뿌리 깊은 의식이 자리하고 있다. 특정한 대량생산 예술작품은 물론 예외가 될 수 있다. 스탠리 카벨(Stanley Cavell)에게 있어, 히치콕의 〈북북서로 진로를 돌려라〉(North by Northwest)는 렘브란트의 자화상만큼이나 진지한 작품이다. 테드 코헨(Ted Cohen)과 같은 일부 분석철학자는 소위 '고급' 예술형식과 '저급' 예술형식의 상호침투에 대해 탐구했고, 한편 노엘 캐롤 같은 이들은 대량생산 예술을 옹호하는 작업에 착수했다. 그러나 이러한 발전에도 불구하고 예술철학은 다음과 같은 일반적인 우려를 여전히 인식하고 있다. 즉 우리가 이러저러한 대중예술 작품들에 대해 어떻게 생각하건, 일반적으로 테크놀로지로 생산되고 전파되는 대량생산 예술은 우려스럽다는 것이다. 캐슬린 히긴스(Kathleen Higgins)는 대량생산 예술이 우려스러운 이유들을 개략적으로 다음과 같이 서술하고 있는데, 그녀는 캐롤이 대량생산 예술에 대한 최소한의 다음 두 가지 기본적인 비판들을 성공적으로 반박하지 못했다고 생각한다. 첫 번째 비판은 대량생산 예술은 청중을 수동적이 되도록 한다는 것이고, 두 번째 비판은 대량생산 예술은 '우리의 지각 습관에 치명적 영향을 줄 수 있다'는 것이다(Higgins, 1999: 200). 히긴스는 일반적인 대량생산 예술이 청중에게 도덕적으로 유해한 영향을 미칠 것을 공공연히 우려하며, 또 대량생산 예술작품이 열렬히 지지하는 듯 보이는 지배적인 도덕적 상황 판단 앞에서 우리가 수동적으로 되는 것, 우리가 대량생산 예술을 점점 '무차별적'이고 '왜곡된' 방식으로 사용함으로써 '다른 사람들을 도덕적으로 민감하게 대하는' 능력을 계발하는 데 '방해'를 받을 것도 우려한다(Higgins, 1999: 205).

대량생산 예술에 대해 히긴스 등이 우려하는 바의 일부는 밀란 쿤데라(Milan Kundera)가 키치에 대해 비판적으로 언급하면서 표명한 바 있다. 쿤데라가 상기시키는 것처럼 키치는 '단지 저급한 취향의 작품과 다른 무엇'이다. 즉 문제는 키치 대상 자체에 있다기보다 키치에 대한 열망이 유발하는 태도와 행위에 있다. 쿤데라는 이것을 "거짓으로 아름답게 보이도록 하는 거울을 들여다보려는 욕구, 그리고 자신이 비친 모습에 만족하여 눈물 흘리며 기뻐하고 감동하고 싶은 욕구"라고 쓰고 있다(Kundera, 1986: 135). 대중예술과 키치가 만나는 곳에서, 청중은 고도로 관습화되고 단순화된 감상적인 서사물에 자신이 반응하면서 느끼는 만족감, 감성에 대해 일차적으로 관심을 가진다. 학자들이 그토록 오랫동안 여성 취향의 영화('최루물(weepies)') 및 서스펜스나 멜로드라마에 일차적으로 의존하는 다른 대중예술 형식 등의 장르를 연구하는 데 그다지 열렬하게 동의하지 않았던 이유 중 하나가 이것이다.

문예 미학에서의 관습적 견해로는 할리퀸 시리즈의 여성 독자들이나 〈댈러스〉(Dallas)의 여성 시청자들은 진지한 문학이 지켜 내고 있는 도덕적 교육의 가능성에 반응할 수 없는 감성적이고 어수룩한 사람일 터이다. 그와 달리, 페미니즘에 영향을 받았고 대중 문화나 대량생산 예술 문화의 생산물에 대한 도매금의 평가를 받아들이기를 주저하는 문화연구자들은 로맨스물의 독자들과 연속극 팬들을 자신들이 좋아하는 것들을 읽고 보는 데 대해 강력한 문화인류학적 방어를 할 수 있는 '훌륭한' 소비자로 취급한다. 그럼에도 불구하고 프리스가 말했듯, 예컨대 '이지리스닝 음악 애호가나 가벼운 독자, 앤드루 로이드 웨버의 팬' 같은 다른 비엘리트적 소비자들은 취미나 미적 판단의 견지에서 진지하게 고려되는 일이 거의 없다. 이것은 심지어 문화연구 내에서조차도 그러하다(Frith, 1998: 572). 이것은 진영을 넘어 문화 대중주의자들에 편승하지 않더라도 표명되었을 편견이다. 문화 대중주의자들은 대중 예술형식이라면 어떤 것이나 그것이 대중의 인기를 끈다는 이유만으로도 찬양할 가치가 있다고 믿는 이들이다. 그러나 이 문제를 문화연구의 관점에서 볼지, 예술철학의 관점에서 볼지를 어떻게 구별하는가? 다음과 같은 프리스의 말은 확실히 옳다. "문화연구 이론가들이 그들 스스로 지루하다고 생각하는 대중 문화 형식들을 얼마나 찬미할지 궁금하다."(Frith, 1998: 573-4) 가벼운 십대 취향의 브리트니 스피어스 노래들에 맞추어 짜인 소녀문화 본위의 실질적인 대학 과정도 생각해 볼 수 있겠지만, 그 과정을 가르치고 싶어 하는 이가 있을 것 같지는 않다.

문화연구가 대중 문화적 대상들에 쏟는 꾸준한 관심을 고려하면 예술철학 측에서는 '고급'과 '저급' 문화 혹은 '고급'과 '저급' 예술형식을 단순하게 대립시킬 수 없다는 것, 어떤 예술이 반드시 해당 사회 계층만의 영역이라는 것을 증명할 수는 없다는 것을 생각하게 된다. 예술철학은 이미 이것을 알고 있었겠지만 여러 가지로 반대에 사로잡혀 있다. 문화연구의 범텍스트주의와 브리콜라주식의 방법론은, 이데올로기적 비판에 관심을 가지고 있기에 좋든 나쁘든 어떤 대상이라도 분석 대상으로 삼을 수 있다. 예술철학은 예술작품이나 다른 문화적 텍스트에 대한 일차적 접근으로서 이데올로기적 비판을 채택하지 않는 한, '훌륭한' 작품, 진지한 작품, 비판적 분석과 탐구의 가치가 있는 작품들을 선택하는 데 훨씬 더 노력을 투자한다. 이러한 경향이 여전히 두드러지게 나타나는 부분에서 예술철학은 매슈 아놀드와 리비스가 말하는 종류의 인문주의에 여전히 연결되어 있다.

문화연구와 예술철학 사이에서 보이는 대조는 바로 미적인 것이라는 사고, 더 일반적으로는 미학에 중심을 두고 있다. 프랜시스 스파르샷(Francis Sparshott)은 철학적 미학의 3중 기획이란, 그것을 구성하는 탐구들을 다음 세 가지로 정리하는 것이라고 설명한다. 즉 가치로서의 미의 문제에 대한 탐구, 비평과 예술적 판단의 논리, 순수 예술(fine art)에 관한 연구가 그것이다(Sparshott, 1998: 17). 이것이 명백히 의미하는 바는 역사적으로 예술철학은 철학적 미학의 하위영역이라는 것이다. 또 '3중 기획'의 모든 단계에서 가치가 중심에 자리하고 있다는 것이다. 문화연구는 미나 비평의 논리에 대해 거의 말하지 않지만 그럼에도 미적인 것이라는 관념과 그 나름의 관계를 가지고 있다. 결국 문화인류학적 영향을 받은 문화연구 기획들은 청중이 어떻게 대중 예술형식 혹은 대량생산 예술형식을 '사용'하는지, 그리고 이러한 예술형식들이 그 청중들의 삶에 어떤 중요한 의미를 갖는지를 탐구하며, 통상적으로 미적인 것이라는 관념을 통해 접근되어 왔을 것이다.

그러나 문화연구는 끊임없이 반(反)미학적 경향을 띠어 왔다. 핼 포스터(Hal Foster)는 '반미학'이란 관념을 예술과 재현들에 대해 취하는 하나의 비판적 입장으로서 설명한다. 이 비판적 입장은 '미적인 것이라는 바로 그 관념', 특히 '미적 경험은 "목적" 없이 따로 떨어져 존재하고, 거의 역사를 초월해 있다는 생각'에 의문을 제기한다. 요컨대 포스터가 말하듯 일반적으로 문화이론은 미적인 것을 이해하는, 서로 경쟁하는 다음 두 가지 주요 방식에 대해 의문을 제기해 왔다. 첫 번째 방식은 미적인 것을 잠재적으로 체제전복적이거나 심지어 혁명적인 것으로 바라보는 낭만주의적 관념이다. 이 관점은 1,000개 채널의 우주가 있는 시대에는 점점 지지 근거를 찾기가 어렵다. 다음은 미적인 것을 무관심성과 예술을 위한 예술이라는 제의의 지표로 보는 초기 모더니즘의 관점이다(Foster, 1983: xv). 어떤 문화이론가들은 '문화연구 운동은 스스로를 미학에 대한 비판으로 생각한다'고 주장하기까지 한다(Hunter, 1992: 347). 그리고 마르크스주의에 기반한 테리 이글턴(Terry Eagleton)의 《미적인 것의 이데올로기》(Ideology of the Aesthetic, 1990)는 칸트에서 시작하여 니체와 마르크스를 거쳐 벤야민과 아도르노에 이르는 독일권 미학 이론들 대부분을 전면적으로 개괄하고 있는데, 그의 시작점은 매우 특이했다. 이글턴의 책은 미적인 것에 대한 바움가르텐(Baumgarten)의 본질적으로 생리학적인 설명을 지배적인 테마로 간주한다. 그리고 그 결과 이 책은 바움가르텐에 기초한, 미적인 것과 몸(the body) 간의 관계에 대한 하나의 논쟁이 되고 있다. 스파르샷이 말하고 있듯 '바움가르텐주의의 성스러운 불꽃의 수호자들은 오늘날 드물고'(Sparshott, 1998: 5), 이글턴이 그 드문 이들 중 하나라는 점은 주목할 만하다.

이글턴의 책은 몸에 초점을 맞추는 학문들이 최근 부활하는 것을 예증하는 면이 있지만, 한편으로는 미학 이론에 대한 선입견적 사고의 한 예로 보이기도 한다. 만일 그 평가가 옳다면 이글턴이 미적인 것을 중요하게 위치시킬 자리는 아마도 이 문제에 관한 문화연구의 주류에서 사실 멀리 떨어져 있지 않을 것이다. 문화연구는 미적인 것의 영역과 예술적 문제에서의 취미의 계발을 사회적 엘리트들을 위한 '순수하게 주관적인 소수의 취미'로서 다루는 경향이 있다(Hunter, 1992: 347). 그리고 미적 감수성의 계발과 미적 가치의 인지가 식별과 판단을 포함하는 것으로 간주되는 곳에서는, 미적인 것이 '윤리학과 취미 속으로 흔적 없이 사라지도록 두어야' 한다는 관점이 문화연구 내에서 광범위하게 지지받고 있다(Hunter, 1992: 347-8).

문화연구는 점점 범위를 넓혀 가고 있는 비정형적인 학문 영역으로 인정되고 있다. 이 문화연구와 분석적 예술철학이 방법론을 공유하고 공통적인 텍스트를 가지면서 서로 수렴하는 날이 올 것이다. 분석 철학과 대륙 철학이 최근에 화해하고 있는 것은 이러한 일이 가능하리라는 것을 암시한다. 그러나 한동안 그 교차점에서 이루어질 학문적 작업들은 다음과 같은 근미래의 의제들을 제안한다.

첫째, 우리는 가치, 취미, 식별, 판단의 문제들, 또 특수하고 뿌리 깊은 학적 혹은 지적 편견을 단지 더하는 것 이상으로 이 문제에 대해 어떻게 이야기할지를 진지하게 생각해야 한다. 흄(Hume)의 《취미의 기준에 대하여》(Standard of Taste, 1993/1757)는 중요한 모델을 제공하며, 부르디외의 《구별 짓기》(Distinction)도 그러하다. 둘째, 우리는 광범위하게 해석된 윤리학과 미학 양자 간에 이루어지고 있는 최근의 논의들을 계속해야 한다(Eaton, 1997 참고). 이러한 논의들은 의심할 바 없이 문화이론가들보다 철학자들이 주도할 것이지만, 그러나 윤리학과 미학 간의 관계는 긴급한 것이고 주목해야 할 문제이다(Levinson, 1998 참고). 셋째, 우리는 대중예술과 비전통적 형식의 예술들을 포함하여 모든 예술들을 계속해서 숙고해 나가야 한다. 한 세대의 고급 예술이 다른 세대의 키치가 될 수 있다는 것을 기억할 필요가 있다(Solomon, 1990 참고). 넷째, 우리는 미에 대한 논의를 재개해야 한다. 그 미가 행위의 미이든, 인간의 미이든, 인공품 혹은 예술 작품의 미이든 간에 말이다(Brand, 2000 참고). 다섯째, 우리는 학자들을 비롯해 부르디외가 '지식인 계층'이라고 언급한 이들에 대해 생각하고, 준(準)기업적인 대학 내의 요구들이 변화하고 있는 오늘날, 예술 및 미학과 결부된 지식들을 어떻게 소통해야 할지, 그리고 그 지식의 목적이 무엇인지를 숨김없이 성찰해야 할 것이다(Frow, 1995).

* 이 논문의 이해를 돕기 위해서 이 책에서 다음의 논문들을 찾아 읽으면 좋을 것이다.
〈미학과 포스트모더니즘〉, 〈미〉, 〈대중예술의 미학〉, 〈아방가르드의 미학〉, 〈미학과 윤리학〉, 〈예술과 지식〉, 〈예술과 정치〉, 〈페미니즘 미학〉

참고문헌

Bennett, T. (1997). 'Toward a Pragmatics for Cultural Studies', in J. McGuigan (ed.), *Cultural Methodologies.* New York: Routledge, pp. 42–61.

_____ et al. (eds.) (1981). *Culture, Ideology and Social Process: A Reader.* London: Trafalgar Square.

Bourdieu, P. (1984). *Distinction: A Social Critique of the Judgement of Taste*, Cambridge, Mass.: Harvard University Press.

Brand, P. Z. (ed.) (2000). *Beauty Matters.* Bloomington: Indiana University Press.

Carroll, N. (1998). *A Philosophy of Mass Art.* New York: Oxford University Press.

Clarke, J. et al. (eds.) (1979). *Working Class Culture: Studies in History and Theory.* London: Hutchinson.

Cohen, T. (1993). 'High and Low Thinking about High and Low Art', *Journal of Aesthetics and Art Criticism* 51: 151–6.

_____ (1999). 'High and Low Art, and High and Low Audiences', *Journal of Aesthetics and Art Criticism* 57: 137–43.

During, S. (1993). *The Cultural Studies Reader.* New York: Routledge.

Eagleton, T. (1990). *The Ideology of Aesthetic.* Oxford: Blackwell.

Eaton, M. (1997). 'Aesthetics : The Mother of Ethics?' *Journal of Aesthetics and Art Criticism* 55: 355–64.

Foster, H. (ed.) (1983). *The Anti-Aesthetic : Essays on Postmodern Culture.* Port Townsend, Wash.: Bay Press.

Frith, S. (1996). *Performing Rites: On the Value of Popular Music.* Cambridge, Mass.: Harvard University Press.

_____ (1998). 'The Good, the Bad, and the Indifferent: Defending Popular Culture from the Populists', in J. Storey (ed.), *Cultural Theory and Popular Culture: A Reader*, Athens: University of Georgia Press, pp. 570–86.

Frow, J. (1995). *Cultural Studies and Cultural Value.* Oxford: Oxford University Press.

Gracyk, T. (1996). *Rhythm and Noise: An Aesthetic of Rock.* Durham, NC: Duke University Press.

Grossberg, L. et al. (1992). *Cultural Studies.* New York: Routledge.

Hall. S. (1992). 'Cultural Studies and its Theoretical Legacies', in L. Grossberg (ed.), *Cultural Studies.* New York: Routledge, pp. 277–86.

_____ (1998). 'Cultural Studies and its Theoretical Legacies', in D. Morley et al. (eds.), *Stuart Hall.* New York: Routledge, pp. 262–75.

_____ and Jefferson, T. (eds.) (1976). *Resistance through Rituals: Youth Subcultures in Post-War Britain.* London: Hutchinson.

_____ et al. (eds.) (1978). *Policing the Crisis: Mugging, the State, and Law and Order.* London: Hutchinson.

Higgins, K. M. (1999). 'Mass Appeal'. *Philosophy and Literature* 23: 197–205.

Hoggart, R. (1957). *The Uses of Literacy: Aspects of Working Class Life.* London: Chatto.

_____ (1998). 'The Full Rich Life and the Newer Mass Art: Sex in Shiny Packets', in J. Storey (ed.), *Cultural Theory and Popular Culture: A Reader*, Athens: University of Georgia Press, pp. 42–6.

hooks, b. (1995). 'The Oppositional Gaze: Black Female Spectators', in P. Z. Brand and C. Korsmeyer (eds.), *Feminism and Tradition in Aesthetics.* University Park, Pa.: Pennsylvania State University Press.

Hume, D. (1993). 'Of the Standard of Taste', in *Hume: Selected Essays.* Oxford: Oxford University Press, pp. 133–54. First published 1757.

Hunter, I. (1992). 'Aesthetics and Cultural Studies', in L. Grossberg et al. (eds.), *Cultural Studies.* New York:

Routledge, pp. 347–67.

Kellner, D. (1997). 'Critical Theory and Cultural Studies: The Missed Articulation', in J. McGuigan (ed.), *Cultural Methodologies*. London: Sage, pp. 12–41.

Knight, D. (1997). 'Aristotelians on Speed: Paradoxes of Genre in the Context Cinema', in M. Smith and R. Allen (eds.), *Film Theory and Philosophy*. Oxford: Oxford University Press, pp. 343–65.

Kundera, M. (1986). *The Art of the Novel*. New York: Grove Press.

Leavis, F. R. (1954). *The Great Tradition: A Study of the English Novel*. New York: Doubleday.

_____ (1998). 'Mass Civilization and Minority Culture', in J. Storey (ed.), *Cultural Theory and Popular Culture: A Reader*, Athens: University of Georgia Press, pp. 13–21.

Levinson, J. (ed.) (1998). *Aesthetics and Ethics: Essays at the Intersection*. Cambridge: Cambridge University Press.

MacCabe, C. (ed.) (1986a). *High Theory/Low Culture: Analysing Popular Television and Film*. New York: St Martin's Press.

_____ (1986b). 'Preface', *High Theory/Low Culture: Analysing Popular Television and Film*. New York: St Martin's Press.

McGuigan, J. (ed.) (1997a). *Cultural Methodologies*. London: Sage.

_____ (1997b). 'Introduction', in his *Cultural Methodologies*. London: Sage, pp. 1–11.

Morley, D. and Chen, K.–H. (eds.) (1996). *Stuart Hall: Critical Dialogues in Cultural Studies*. New York: Routledge.

Seamon, R. (1997). 'Theocratism: The Religious Rhetoric of Academic Interpretation', *Philosophy and Literature* 21: 319–31.

Shusterman, R. (1992). *Pragmatist Aesthetics: Living Beauty, Rethinking Art*. Oxford: Blackwell.

Solomon, R. (1990). 'In Defence of Sentimentality', *Philosophy and Literature* 14: 304–23.

Sparshott, F. (1998). *The Future of Aesthetics*. Toronto: University of Toronto Press.

Storey, J. (ed.) (1998) *Cultural Theory and Popular Culture: A Reader*, 2nd edn. Athens: University of Georgia Press.

Stratton, J. and Ang, I. (1996). 'On the Impossibility of Global Cultural Studies: "British" Cultural Studies in an "International" Framework', in D. Morley et al. (eds.) *Stuart Hall*. New York: Routledge, pp. 361–91.

Taylor, P. C. (2000). 'Malcolm's Conk and Danto's Colour; or Four Logical Petitions Concerning Race, Beauty, amd Aesthetics', in P. Z. Brand (ed.), *Beauty Matters*. Bloomington: Indiana University Press.

Thompson, E. P. (1980). *The Making of the English Working Class*. Harmondsworth: Penguin.

University of Birmingham Centre for Contemporary Cultural Studies (1977). *On Ideology*. London: Hutchinson.

Williams, R. (1958). *Culture and Society 1780-1950*. London: Chatto.

_____ (1960). *The Long Revolution*. London: Chatto.

용어 찾아보기

ㄴ

ㅊ

인명 찾아보기

에렌츠바이크 Ehrenzweig, A. 315

에번스 Evans, G. 843

에이어 Ayer, A. J. 513

에커 Ecker, G. 776

에코 Eco, U. 354

에트코프 Etcoff, N. 414, 789, 835

에픽테토스 Epictetus 424

엘드리지 Eldridge, R. 232, 529, 657, 729, 860, 864

엘리스 Ellis, C. J. 819

엘리스 Ellis, J. M. 65, 649

엘리엇 Eliot, T. S. 264, 272, 279-550, 775, 880

엘리엇 Elliot, R. 797

엘리엇 Elliot, R. K. 99, 517

엘스터 Elster, J. 308, 313

엠프슨 Empson, W. 724

영 Young, A. 842

오그던 Ogden, C. K. 725

오니에우니 Onyewuenyi, I. C. 815

오닐 O'Neill, O. 860

오든 Auden, W. A. 575

오리지안스 Origians, G. H. 828

오먼 Ohmann, R. 646

오스틴 Austen, J. 531

오시안 Ossian 350

오틀리 Oatley, K. 847

옥피후 Okpewho, I. 813

올슨 Olsen, S. 528, 551, 643, 653, 726, 883

와일드 Wilde, O. 546, 633, 783, 786

왓킨 Watkin, D. 675-676

우 Wu, K.-M. 818

우드 Wood, A. 860

우드러프 Woodruff, P. 718

울프 Wolff, N. 414

울프 Woolf, B. 775

워 Waugh, E. 548-549

워드 Ward, T. 840

워러쉬 Warach, J. 845

워런 Warren, A. 646

워버튼 Warburton, N. 737, 739, 742-744, 759

워즈워스 Wordsworth, W. 263, 271

워프 Waugh, J. 787

워홀 Warhol, A. 704

월러스 Wallas, G. 309

월시 Walsh, D. 528, 724, 726

월터스토프 Wolterstorff, N. 33, 212, 469, 591, 593, 656

월튼 Walton, K. 28, 35, 51, 110, 114, 139, 156-157, 166, 187, 211, 233, 235, 260, 275, 299, 303, 348, 353, 372, 406, 468, 472, 475, 520, 547, 589, 602-603, 605, 623, 625, 683, 711-712, 714, 735, 738-740, 751, 758-759, 798, 844, 882

웨스톤 Weston, M. 519

웨이츠 Weitz, M. 29, 181, 230, 648

웰렉 Wellek, R. 646

위긴스 Wiggins, D. 866

위너 Winner, E. 367

위더스푼 Witherspoon, G. 816

위도슨 Widdowson, P. 641

위버 Weaver, J. 696-697, 700

위에 Yue, G. 845

위트킨 Witkin, J.-P. 555

윅스 Wicks, R. 736, 753

윈터스 Winters, E. 668

윈터스 Winters, Y. 727

윌러 Wheeler, S. C. 643

윌렛 Willett, J. 708

윌리엄스 Williams, B. 503, 505-507, 856

윌리엄스 Williams, R. 933-934

윌스모어 Wilsmore, P. 643

윌슨 Wilson, G. M. 483, 749-750, 755, 761, 763, 847

논문 기고자 명단

(아래의 소속은 원서가 출간된 2003년 당시의 것으로, 이후 이직과 퇴직 등 소속이 변경된 경우도 있다.)

필립 알퍼슨 Philip Alperson · (필라델피아 소재) 템플대학교 철학과

존 W. 벤더 John W. Bender · (아테네 소재) 오하이오대학교 철학과

맬컴 버드 Malcolm Budd · (런던 소재) 유니버시티 칼리지 대학교 철학과

노엘 캐롤 Noël Carroll · (매디슨 소재) 위스콘신대학교 철학과

테드 코헨 Ted Cohen · (일리노이주 소재) 시카고대학교 철학과

그레고리 커리 Gregory Currie · (영국 소재) 노팅엄대학교 철학과

데이비드 데이비스 David Davies · (몬트리올 소재) 맥길대학교 철학과

스티븐 데이비스 Stephen Davies · (뉴질랜드 소재) 오클랜드대학교 철학과

메리 드베로 Mary Devereaux · (산디에고 소재) 캘리포니아대학교 철학과

데니스 더튼 Denis Dutton · (뉴질랜드 소재) 캔터베리대학교 철학과

리처드 엘드리지 Richard Eldridge · (펜실베이니아 소재) 스워스모어 칼리지 철학과

수전 페이건 Susan Feagin · (캔자스시티 소재) 미주리대학교 철학과

존 A. 피셔 John A. Fisher · (볼더 소재) 콜로라도대학교 철학과

베리스 고트 Berys Gaut · (스코틀랜드 소재) 세인트 앤드류스 대학교 윤리철학과

리디아 괴어 Lydia Goehr · (뉴욕시티 소재) 컬럼비아대학교 철학과

앨런 H. 골드만 Alan H. Goldman · (버지니아주 윌리엄스버그 소재) 윌리엄 앤 메리 칼리지 철학과

고든 그레이엄 Gordon Graham · (스코틀랜드 소재) 애버딘대학교 철학과

폴 가이어 Paul Guyer · (필라델피아 소재) 펜실베니아대학교 철학과

캐슬린 히긴스 Kathleen Higgins · (오스틴 소재) 텍사스대학교 철학과

로버트 홉킨스 Robert Hopkins · (영국 소재) 셰필드대학교 철학과

그레그 호로비츠 Gregg Horowitz · (내슈빌 소재) 벤더빌트대학교 철학과

게리 아이제밍거 Gary Iseminger · (노스필드 소재) 칼턴대학교 칼리지 철학과

매튜 키이란 Matthew Kieran · (영국 소재) 리즈대학교 철학과

데보라 나이트 Deborah Knight · (온타리오주 킹스턴 소재) 퀸즈대학교 철학과

피터 라마르크 Peter Lamarque · (영국 소재) 요크대학교 철학과

제럴드 레빈슨 Jerrold Levinson · (칼리지 파크 소재) 매릴랜드대학교 철학과

페이즐리 리빙스턴 Paisley Livingston · (덴마크 소재) 코펜하겐대학교 철학/교육/수사학과

알렉스 닐 Alex Neill · (영국 소재) 사우샘턴대학교 철학과

데이비드 노비츠 David Novitz · (뉴질랜드 소재) 캔터베리대학교 철학/종교연구학과

애런 라이들리 Aaron Ridely · (영국 소재) 사우샘턴대학교 철학과

스테퍼니 로스 Stephanie Ross · (세인트루이스 소재) 미주리대학교 철학과

크리스핀 사트웰 Crispin Sartwell · (볼티모어 소재) 메릴랜드 예술원 인문대학

리처드 슈스터만 Richard Shusterman · (필라델피아 소재) 템플대학교 철학과

로버트 스테커 Robert Stecker · (마운트 플레전트 소재) 센트럴 미시건대학교 철학과

나이젤 워버튼 Nigel Warburton · (영국 밀튼 케인즈 소재) 오픈대학교 철학과

조지 M. 윌슨 George M. Wilson · (데이비스 소재) 캘리포니아대학교 철학과

닉 쟁윌 Nick Zangwill · (스코틀랜드 소재) 글래스고우대학교 철학과

옮긴이

김정현

서울대학교 미학과에서 박사 논문 〈예술적 가치에 관한 다원주의: R. Stecker의 비본질주의를 중심으로〉로 철학박사 학위를 받았다. 발표된 논문으로는 〈예술적 가치와 미적 가치 구분의 필요성〉(2007), 〈예술적 가치의 다원성〉(2007), 〈노엘 캐롤의 대중예술의 정의에 대한 소고: 존 피셔와 데이비드 노비츠의 비판을 중심으로〉(2016)가 있다. 현재는 서울대학교에서 강사로 재직 중이다.

신운화

서울대학교 미학과를 졸업하고 동 대학원에서 석사 및 박사 학위를 받았다. 박사 학위 논문은 〈예술작품에 대한 해석적 다원론에 관한 연구: J. 마골리스의 상대주의 해석 이론을 중심으로〉이며, 그 외 게재 논문으로는 〈작품 해석에 있어서의 온건한 의도주의〉, 〈예술 작품의 해석 문제와 마골리스의 상대주의 해석 이론〉 등이 있다. 현재는 조선대학교 미술대학에서 초빙교수로 재직하고 있다.

신현주

2012년 미국 미네소타대학교 철학과에서 〈심리적 내재론과 미적인 것〉("Individualism and the Aesthetic")이란 논문으로 박사 학위를 받았다. 발표된 논문으로는 〈미적 형식주의와 심리적 내재론〉(2013), 〈심리적 내재론과 미적 지각〉(2014), 〈미적 속성 실재론 대 반실재론 논쟁과 심리적 내재론〉(2016) 등이 있다. 현재는 서울대학교, 한국외국어대학교, 경희대학교, 명지대학교의 강사로 재직 중이다.

이종희

서울대학교 미학과 졸업 후 동 대학원에서 음악미학으로 석사, 허구적 대상에 대한 연구로 박사 학위를 받았다. 공역서로 《순수음악의 미학》이 있고, 논문으로 〈허구적 대상에 대한 양상 문장의 해석〉, 〈음악적 표현성과 말할 수 없음(ineffability) 논제에 관하여〉 등이 있다. 현재는 서울대학교, 연세대학교, 한국예술종합학교와 한국외국어대학교에서 가르치고 있다.

최근홍

서울대학교 공과대학 응용화학부를 졸업하고 서울대학교 미학과 대학원에서 석사 및 박사 학위를 받았다. 박사 논문은 〈미적 개별주의 연구: 예술비평 담론에서 개별주의 접근의 전망〉이며, 그 외 게재 논문으로는 〈두터운 미적 개념의 평가적 함축: 의미론적 개별주의를 향하여〉, 〈미적 불일치, 상대주의, 그리고 미적 실재론〉 등이 있다. 현재는 서울대학교와 중앙대학교에서 강사로 재직 중이다.